Romer의

5th Edition

거시경제학

ADVANCED

MACROECONOMICS

저자소개

저자 David Romer는 캘리포니아 주립대학교 버클리 캠퍼스의 정치경제학 로이어(Royer) 교수이다. 그는 1988년 이후로 교편을 잡아왔다. 그는 또한 National Bureau of Economic Research 화폐금융론 프로그램의 공동이사이기도 하다. 프린스턴 대학교를 졸업한 후 매사추세츠 공과대학교(MIT)에서 박사학위를 취득하였다. 그는 2006년 이후 American Academy of Arts and Sciences의 회원이기도 하다. 버클리 대학교에서 경제학 대학원생협회의 우수강의교수상 및 우수지도교수상을 세 차례 수상하였다. 2013-2014년에 버클리 대학교의 사회과학 우수강의교수상을 받기도 하였다. 최근 연구의 대부분은 통화정책과 재정정책에 초점을 맞추고 있다. 이들 연구는 정책이 경제에 미치는 효과와 정책의 결정요인을 함께 다루고 있다. 그 외의 다른 연구분야는 가격경직성의 기초이론, 경제성장에 관한 실증연구, 자산가격 변동 등이다. 최근 연구는 금융위기 대한 것과 관련되어 있다. 그는 자주 공동연구를 하는 부인 Christina Romer와의 사이에 Katherine, Paul, Matthew의 세 자녀를 두고 있다.

5th Edition

Romer의

거시경제학

David Romer 저

김상봉 역

ADVANCED

MACROECONOMICS

Mc Graw Hill

MEDIA JIPHIL (주)지필미디어

McGraw Hill

Advanced Macroeconomics, 5th Edition

1 2 3 4 5 6 7 8 9 10 JP 20 22

Original: Advanced Macroeconomics, 5th Edition © 2019
By David Romer
ISBN 978-1-260-18521-8

This authorized Korean translation edition is published by Jiphil Media in arrangement with McGraw-Hill Education Korea, Ltd. This edition is authorized for sale in the Republic of Korea

This book is exclusively distributed by Jiphil Media.

When ordering this title, please use ISBN 979-11-86674-93-2

Printed in Korea

Romer의 거시경제학

저 자 David Romer
역 자 김상봉
발 행 처 (주)지필미디어
주 소 경기도 파주시 문발로 115 세종벤처타운 404호(구, 문발동 535-7 / 우편번호 10881)
전 화 (031)957-4504
팩 스 (031)957-4503
이 메 일 book@jiphil.co.kr
홈페이지 jiphil.co.kr
발 행 인 김성남

발 행 일 2022년 2월 28일 초판 1쇄
등록번호 제312-1997-000043호 (1997년 07월 16일)
ISBN 979-11-86674-93-2 93320
가 격 37,000원

제5판의 서문

이 책의 제5판을 준비하는 목적은 무엇보다도 거시경제학에 관한 책의 내용이 최신 상태를 유지하고자 하는 것이다. 새로운 사건과 연구가 기존 견해에 대한 의심과 새로운 아이디어, 모형 및 검증의 출현으로 이어짐에 따라 이 분야는 지속적으로 진화하고 있다. 이 책의 초판이 1996년에 출판되었을 때, 금융위기와 명목이자율의 제로 하한은 거시경제학에서 단지 사소한 부분으로 보여졌다. 통화정책에 대한 작업의 주요 초점은 안정화 정책에서의 역할에 거의 관심을 두지 않고 평균인플레이션에 미치는 영향이었다. 현재의 정법 새 케인즈학파 모형(the canonical new Keynesian model)의 세 방정식 가각은 최근에 개발되었으며 아직 통합되지 못했다. 그리고 국가 간 소득격차에서 제도의 역할에 대한 실질적인 실증연구는 거의 없었다. 거시경제학의 모든 것들이 극적으로 변화해 왔다.

이 분야의 급속한 발전의 결과 중 하나는 이 책의 각 판은 이전 판과 매우 다르다는 것이다. 이 시점에서 이 책은 초판과 약간만 유사하다. 이 판에 있는 대부분의 자료는 초판에 전혀 없었거나 상당히 수정되었다. 실제로 이 판에 인용된 논문의 상당 부분은 초판이 출판될 당시에 작성되지 않았다. 초판 이후의 변경된 사항 중 많은 부분이 이번 판의 새로운 내용이다. 가장 중요한 것은 금융시장과 금융위기에 관한 새로운 제10장이 추가되었다. 2008년에 시작된 금융 및 거시경제위기는 거시경제에서 금융시장의 중요성을 보여주었다. 새 장은 왈라스적 경제에서 금융시장의 역할을 다룬다. 여기에서 비대칭적 정보 및 금융가속에서의 투자, 자산가격의 과잉변동성의 가능성, 뱅크런의 고전적인 Diamond Dybvig모형, 그리고 전염과 금융위기의 거시경제학 다룬다. 거시경제학에서 실증적 연구의 보다 중심적인 역할을 유지하면서 이 장의 세 절은 전적으로 실증적 응용에 전념한다.

이 책의 나머지 부분에서도 상당한 변화가 있다. 가장 큰 변화 중 하나는 지난 10년 동안 거시경제 발전에 1차적으로 중요했던 제로 하한에 대한 부분을 제12장의 새로운 절에 추가하였다. 완충재고(buffer-stock) 저축에 대한 제8장의 새로운 절은 동태적 계획법(dynamic programming)과 수치적 방법론(numerical methods)을 도입하는 새로운 수단을 제공한다. 제7장의 사전적 정책방향 제시 수수께끼(forward guidance puzzle)에 대한 새로운 절은 정법 새 케인즈학파 모형(the canonical new Keynesian model)의 한계의 일부를 완전히 보여준다. 또한 제8장의 소비에 관한 실증적 연구는 많은 부분을 점검하였고 불필요하거나 오래된 자료를 잘라냈으며 설명을 보다 개선하기 위해 전체를 수정하였다. 그리고 각 장 끝의 연습문제에 계속하여 많은 관심을 기울였다. 이러한 문제는 독자의 자료에 대한 이해를 강화하고 핵심자료의 확장을 간결하게 소개하며 독자가 중요한 기술을 개발하도록 도전하는데 매우 중요하다. 새로운 문제 중에서 가장 좋아하는 문제는 1.10, 2.13, 8.16, 8.17, 9.4, 10.10이다.

추가 참조 및 일반 정보는 책의 웹사이트(www.mhhe.com/romer5e)를 참조하라. 또한 웹사이트에서 비밀번호로 보호되는 강사 판으로 해답매뉴얼을 볼 수 있다. 설명서의 인쇄 버전은 요청 시에만 제공된다. 관심이 있는 경우 McGraw-Hill Education 담당자에게 문의하라.

이 책은 많은 사람들이 여러 가지로 협력하여 준 결과로 출간된 것이다. 이 책은 나의 프린스턴, MIT, 스탠포드, 그리고 캘리포니아 대학교 버클리 캠퍼스에서의 강의로부터 나온 것이다. 이들 강의에서 만난 많은 학생들의 피드백, 인내, 그리고 격려에 대해 감사드리고 싶다.

Laurence Ball, A. Andrew John, N. Gregory Mankiw, 그리고 Christina Romer, 이 네 동료는 이 책의 거의 모든 면에 대하여 상세하고 사려 깊은 건설적인 논평을 제공하였다. 이들 각자가 이 책을 현저히 개선시켜 주었다. 그들의 노력에 대하여 깊이 감사드린다. 또한 나는 이판의 새로운 자료에 대한 매우 귀중한 지침과 피드백을 제공한 Laurence Ball과 Kinda Hachem에게 감사드린다.

이 책의 일부 또는 전체에 대하여 귀중한 논평과 조언을 해 준 다른 많은 사람들을 언급하지 않을 수 없다. James Butkiewicz, Robert Chirinko, Matthew Cushing, Charles Engel, Mark Gertler, Robert Gordon, Mary Gregory, Tahereh Alavi Hojjat, A. Stephen Holland, Hiroo Iwanari, Frederick Joutz, Jinill Kim, Pok-sang Lam, Gregory Linden, Maurice Obtsfeld, Jeffrey Parker, Stephen Perez, Kerk Phillips, Carlos Ramirez, Robert Rasche, Joseph Santos, Peter Skott, Peter Temin, Henry Thompson, Patrick Toche, Matias Vernengo, and Steven Yamarik에게 감사드린다. 또한 구체적인 오타, 불일치 및 모호성을 지적하기 위해 글을 쓴 많은 독자들에게도 감사드린다. Jeffrey Rohaly는 이 책에 관한 탁월한 해답매뉴얼을 작성하였다. Benjamin Scuderi는 도표와 그림을 업데이트하였고 새로운 자료에 대한 귀중한 도움과 피드백을 제공하였으며 교정을 도와주었다. 마지막으로 McGraw-Hill사의 편집진과 제작진은 원고를 최종재로 만드는 일을 탁월하게 수행하였다. 모든 사람들의 협력에 감사드린다.

차례

차례

Chapter 08 소비

Chapter 09 투자

차례

차례

Chapter 01

솔로우 성장모형

1.1 경제성장에 관한 몇 가지 기본적 사실

지난 몇 세기동안 여러 선진국들의 생활수준은 우리의 선조들이 거의 상상할 수 없는 수준에 도달하였다. 절대적으로 비교하기는 무리지만 이용 가능하고 신뢰할 만한 통계자료에 따르면 미국과 서유럽국가의 경우 오늘날 평균 실질소득은 1세기 전보다 약 5~20배, 2세기 전보다는 15~100배가량 늘어났다.[1]

그러나 세계의 경제성장은 일정하게 진행되어 오지 않았다. 구체적으로 성장은 현대 역사의 대부분에 걸쳐 가속되어 왔다. 선진국의 평균성장률은 19세기에 비해 20세기에 더욱 높았으며 18세기보다 19세기에 더 높았다. 게다가 산업혁명 직전에는 평균소득이 가장 부유한 국가의 경우에도 생존수준을 크게 벗어나지 못했다. 이는 산업혁명 이전의 천년 동안은 평균성장률이 대단히 낮게 지속되어 왔음을 의미한다.

최근 수십년동안, 이러한 일반적인 증가하는 성장패턴과 괴리되어 왔다. 미국을 포함한 주요 선진국에서 1970년대 초부터 1990년 중반까지 1인당 생산의 연평균 성장률은 그보다 앞선

1 세계의 많은 지역의 평균실질소득 추정치는 Maddison Project(Bold and van Zanden, 2014)에서 이용가능하다. 장기성장의 범위에 대한 불확실성의 대부분은 명목소득의 움직임이 아니라 명목소득을 실질소득의 추정값으로 전환하는 데 필요한 가격지수의 행태와 연관된다. 재화의 질적 변화 및 새로운 상품의 도입을 반영하여 조정하는 것은 개념적으로나 실제적으로 어려우며 전통적인 물가지수의 경우에는 이들 요인에 의해 비롯하는 조정이 잘 이루어지지 않는다. 전통적인 물가지수에 내재하는 편의와 이와 관련된 이슈에 관한 논의는 Nordhous(1997)와 Boskin, Dulberger, Gordon, Griliches and Jorgenson(1998)를 참조하라.

시기에 비해 약 1%포인트 낮은 수준이었다. 그 이후의 통계자료에 의하면 적어도 미국의 경우에는 생산성증가율이 다시 상승하고 있는 것으로 나타난다. 이러한 성장세의 반등이 얼마나 오래 지속되고 얼마나 폭넓게 이루어질지는 불분명하다.

세계의 각 지역은 생활수준면에서 커다란 격차를 보이고 있다. 미국, 독일, 일본 등 선진국의 평균 실질소득은 방글라데시나 케냐의 실질소득에 비해 15배로 나타나고 있다.[2] 세계경제가 성장하는 것처럼 국가별 소득 격차도 결코 불변적이지 않다. 개별국가의 성장은 흔히 세계경제의 평균 성장과 상당한 차이를 나타내고 있다. 즉, 국가의 상대소득은 때때로 커다란 변화를 보이고 있다.

상대소득의 큰 변화를 보여주는 가장 극명한 예로서 **성장의 기적**(*growth miracle*)과 **성장의 파국**(*growth disaster*)을 들 수 있다. 성장의 기적은 한 나라의 성장이 상당기간에 걸쳐 세계성장의 평균을 크게 상회한 결과 그 나라의 소득수준이 세계 소득분포에서 상위그룹으로 빠르게 이동하는 경우를 말한다. 이런 성장의 기적을 두드러지게 이룩한 국가의 예로서 제2차 세계대전 종전 후부터 1990년 경까지의 일본과 1960년대부터 성장이 시작된 동아시아의 신흥공업국(NICs) 즉, 한국, 대만, 싱가포르 및 홍콩 등을 들 수 있으며 1980년대 시작된 중국을 들 수 있다. 예를 들어 신흥공업국의 평균소득은 1960년 이래 연 5% 이상 증가해 온 결과, 이들 국가의 평균소득은 미국의 평균소득 대비 3배 이상 확대되었다.

성장의 파국은 한 나라의 성장이 상당기간에 걸쳐 세계 평균을 크게 밑도는 경우를 말한다. 성장의 파국의 예로서 상이한 두 가지 경우를 든다면 남미의 아르헨티나와 사하라사막 이남의 아프리카에 위치하는 다수의 국가들을 들 수 있다. 1900년에 아르헨티나의 평균소득은 당시 세계를 선도하는 국가들에 약간 못 미치는 수준이었으며 주요 선진국으로 곧 편입될 것으로 기대되었다. 그러나 20세기에 들어선 이후 대부분의 기간 동안 아르헨티나의 경제는 매우 부진한 성장을 보였으며, 그 결과 현재 세계 소득분포에서 중위그룹에 가까운 소득수준을 보이고 있다. 니제르, 기니, 중앙아프리카공화국과 같은 사하라 이남의 아프리카 국가들은 그들의 역사를 통틀어 지극히 가난하였으며 평균소득의 지속적인 성장을 이루지 못하였다. 그 결과 세계의 평균소득이 지속적으로 증가해온 것과 달리 이들 국가의 평균소득은 생존수준에 가깝게 머물러 있다.

다른 국가들은 보다 복잡한 성장 패턴을 나타내고 있다. 코트디부아르는 1970년대에 걸쳐 아프리카의 성장모형 가운데 매우 모범적인 사례로 거론되곤 했다. 1960~1978년까지 1인당 실질소득은 연평균 3.6% 증가하였다. 그러나 그 이후 평균소득은 전혀 증가하지 않았으며 지금은 1960년대 미국의 평균소득보다 낮다. 또 다른 예로 멕시코는 1950~1970년대에는 매우 높은 성장세를 지속하였으나 1980년대 대부분 기간 동안 마이너스 성장을 기록하였다. 이후에는

2 횡적 국가 간 실질소득의 비교는 결코 간단하지는 않지만 장기간에 걸치는 비교보다 훨씬 더 용이하다. 실질소득에 관한 횡적 국가 간 데이터의 기본적인 출전은 Penn World Tables이다. 데이터의 보고서 및 최근 수치는 www.rug.nl/ggdc/productivity/pwt에서 이용할 수 있다.

1990년대 중반 잠시 급격한 중단이 발생한 것을 제외하면 그 이후 안정적인 성장을 나타내었다.

개별국가 간 소득격차는 현대의 전(全)기간에 걸쳐 평균적으로 확대되어왔다. 산업혁명이 시작되는 시점에 가장 부유한 국가들의 평균소득이 생존수준을 크게 벗어나지 못했다는 사실은 그 당시 세계 각 지역에 걸친 평균소득의 전체적인 분산성이 오늘날 보다 훨씬 작았음을 의미한다(Pritchett, 1997). 그러나 지난 수십 년 기간 동안 이러한 지역 간의 격차가 지속적으로 확대되거나 또는 축소되거나 하는 경향이 두드러지게 존재하지는 않았다.

장기간에 걸쳐 국가 간 생활수준의 커다란 차이가 경제 구성원의 후생수준에 영향을 미치는 의미는 대단히 크다. 영양상태, 문맹률, 유아사망률, 평균수명 등 직접적인 후생지표에 나타나는 국가 간 커다란 격차는 실질소득수준의 국가 간 격차와 관련되어 있다. 또한 거시경제학이 전통적으로 분석의 대상으로 삼아온 단기경제순환이 국민후생에 미치는 효과에 비해, 장기적이고 지속적인 경제성장이 국민후생에 미치는 영향이 훨씬 압도적이다. 예를 들어 미국의 경우 평균적 경기후퇴는 1인당 실질소득이 통상적인 경로로부터 기껏해야 몇 % 낮아지는 것에 불과하다. 한편 생산성 향상의 둔화는 미국의 1인당 실질소득을 이러한 둔화가 없는 경우에 비해 약 35% 정도 하락시키는 결과를 가져온다. 더욱 놀라운 예를 들어보자. 만일 케냐의 1인당 실질소득이 1960~2014년 동안 평균 연간 1%로 증가한다면, 케냐국민들의 실질소득이 현재 미국과 같은 수준에 도달하는 데는 400년 이상의 기간이 소요될 것으로 추산된다. 그러나 만일 3% 성장을 실현시킬 수 있다면 그 과정은 100년 정도 걸릴 것이다. 더욱이 신흥공업국의 경우와 같이 5%대의 성장을 실현할 수 있다면 필요한 기간은 60년으로 단축될 수 있을 것이다. Lucas(1988)의 말을 빌리자면 "일단 경제성장에 대해 생각하기 시작하면 다른 것들을 생각하기가 어렵다."는 것이다.

그래서 이 책의 첫 네 장은 경제성장에 관한 논의에 할애되고 있으며 몇 가지 경제성장 모형을 다룰 것이다. 이들 성장 모형이 제시하는 메커니즘에 대하여 상세히 소개하겠지만 우리들의 최종적인 목적은 이 모형들이 경험적인 세계의 경제성장과 소득수준의 국가 간 격차에 대하여 어떠한 함의를 제공하는가를 배우는 것이다. 경제성장에 관한 연구의 궁극적인 목적은 세계 전체의 성장을 촉진시킬 수 있는가와 후진국의 생활수준을 상승시켜 선진국들의 생활수준에 도달하도록 할 수 있는가를 파악하는 데 있다.

이 장은 경제학자들이 이러한 문제들을 연구하는 데 있어 전통적으로 이용해 온 솔로우 성장모형에 초점을 맞춘다.[3] 솔로우모형은 거의 모든 성장에 관한 분석의 출발점이 되고 있다. 솔로우모형과 본질적으로 다른 모형도 흔히 솔로우모형과의 비교를 통해 해당 모형을 가장 잘 이해할 수 있다. 이러한 의미에서 솔로우모형의 이해는 성장이론들의 이해를 위해 필수불가결이다.

솔로우모형의 중요한 결론은 물적 자본스톡의 축적만으로 장기에 걸친 1인당 생산의 큰 성장이나 지역 간에 존재하는 1인당 생산의 커다란 격차를 설명할 수 없다는 것이다. 가령 자본

3 솔로우모형(때로는 솔로우-스완 모형이라고도 알려져 있다)은 Robert Solow(Solow, 1956)과 T.W. Swan(Swan, 1956)에 의해 개발되었다.

축적이 생산량에 영향을 미치는 메커니즘을 자본이 생산에 직접 공헌한다는 전통적인 경로에 한정하여 생각해 보도록 하자.(이하에서 자본은 자본의 한계생산물만큼 대가를 받는다고 가정한다) 이 때 솔로우모형에 기초하는 한, 현재 우리들이 규명하고자 하는 실질소득의 격차를 자본투입량의 차이로만 설명하기에는 지나치게 크다는 문제에 직면한다. 솔로우모형은 실질소득의 격차를 초래하는 다른 잠재적 요인들을 외생변수로 취급하여 모형 내에서 설명하지 않거나 (예를 들어, 기술진보) 혹은 존재하지 않는 것(예를 들어, 자본에 의해 파생되는 양(陽)의 외부성)으로 취급한다. 따라서 성장이론의 핵심적인 질문에 답하기 위해서는 솔로우모형의 한계를 극복해야한다.

이를 위해서 제2장부터 제4장까지 솔로우모형을 확장하고 수정한다. 제2장에서는 저축과 투자의 결정요인을 조사한다. 솔로우모형에는 최적화 과정이 없다. 이 모형은 저축률을 단순히 외생적으로 일정하게 주어져 있다고 가정한다. 제2장에서는 저축을 내생화하고 저축률이 잠재적으로 시간에 따라 변하기도 하는 두가지 모형을 소개한다. 첫 번째 모형은 저축과 소비가 무한기간 존재하는 일정한 수의 가계에 의해 결정된다고 상정한다. 두 번째 모형은 일정기간 동안만 존재하는 중복세대의 가계가 저축과 소비를 결정한다.

저축률이 일정하다는 솔로우모형의 가정을 완화함으로써 우리는 세 가지 이점을 얻을 수 있다. 첫째, 이는 성장이론을 학습하는 데 가장 중요한 것인데, 성장이론의 핵심적인 의문에 대한 솔로우모형의 해답이 '고정된 저축률'이라는 가정에 의존하지 않는다는 것을 보여준다는 점이다. 둘째, 이러한 가정 완화로 인하여 후생에 관한 문제를 다룰 수 있다. 단순히 거시경제변수 간의 관계를 직접적으로 설정한 모형의 경우, 해당 모형의 결과가 다른 모형의 결과보다 바람직한 것인가 혹은 그렇지 않은가에 대하여 판단을 내리는 방법이 없다. 모형 가운데 개인이 도입되지 않으면 서로 다른 결과들이 사람들의 후생을 개선시키는 것인지 혹은 악화시키는 것인지를 판단할 수 없다. 무한기간모형과 중복세대모형은 각각 개인의 최적화 행위로부터 도출되기 때문에 이를 이용하여 후생문제를 논의할 수 있다. 셋째, 무한기간모형과 중복세대모형은 경제성장 외에도 경제학의 여러 가지 문제들을 연구하는 데 유용하다. 이러한 점에서 이들 모형은 대단히 가치있는 분석 도구임에 틀림없다.

제3장과 제4장의 내용은 한층 본질적인 의미에서 솔로우모형으로부터 벗어난다. 제3장에서 소개하는 모형은 경제성장론의 중심과제에 관하여 솔로우모형과는 다른 결론에 도달한다는 점에서 제2장의 모형과는 본질적으로 다르다. 제3장의 첫 부분에서는 솔로우모형에서 기술진보를 외생적인 것으로 취급한 것과 달리 기술진보를 내생화하고 있다. 즉, 기술진보를 새로운 기술의 창출을 위해 자원을 배분한 결과로서 상정한다. 우리는 그러한 **내생적인 기술진보**가 경제성장에 무엇을 시사하는지, 그리고 혁신적인 행위에 대한 자원배분의 결정요인이 무엇인지를 살펴보고자 한다.

동 분석의 주된 결론은 내생적인 기술진보가 세계경제 성장에 중심적인 역할을 수행하는 것이 거의 확실하지만 국가 간 소득격차와는 거의 관계가 없다는 것이다. 따라서 제4장에서는 구체적으로 이러한 차이에 초점을 맞춘다. 우리는 이들 격차를 이해하는 데는 두 가지 새로운 요인들을 고려할 필요가 있음을 알게 된다. 첫째는 물적 자본은 말할 것 없고 인적 자본의 차이를 고려한다는 것이고, 둘째는 기술격차에서 비롯되지 않는 생산성 차이를 고려한다는 것이다.

이 장은 이러한 요소들이 국가간 평균소득의 엄청난 격차와 이들 요소 부존량의 국가간 차이의 원천을 이해하는 데 어떠한 도움을 주는지를 살펴본다. 이하에서는 솔로우모형을 살펴보기로 하자.

1.2 여러 가정들

■ 투입과 생산

솔로우모형은 생산(Y), 자본(K), 노동(L) 및 "지식" 혹은 "노동효율성"(A)의 네 가지 변수에 초점을 맞춘다. 임의의 시점에서 경제는 특정량의 자본과 노동, 지식을 보유하고 있으며 이들이 결합되어 생산이 이루어진다. 생산함수는 다음의 형태로 주어진다(t는 시점을 나타낸다).

$$Y(t) = F(K(t), A(t)L(t)) \tag{1.1}$$

위의 생산함수는 다음 두 가지 특징을 갖는다. 첫째, 시간은 생산요소에 해당되는 K, L, A을 통해서만 생산에 영향을 주고 생산함수에 직접 영향을 미치지 않는다. 따라서 생산량은 생산을 위해 투입되는 요소의 양이 변하는 경우에만 시간에 따라 변하게 된다. 특히 일정량의 자본과 노동으로부터 얻어지는 생산량은 지식의 양이 증가하는 경우에만 (기술진보에 의하여) 증가할 수 있다.

둘째, A, L은 $A \times L$의 형태로 생산함수에 포함된다. AL은 **유효노동**(*effective labor*)으로 지칭되며 이러한 형태로 나타나는 기술진보를 **노동증가형**(혹은 **해로드 중립적**, *Harrod-neutral*)[4]이라고 부른다. 모형의 다른 가정들과 함께 A를 이와 같은 방식으로 설정함으로써 자본-생산비율($\equiv K/Y$)이 궁극적으로 일정한 값으로 수렴해 가는 결과를 얻는다. 실제로 자본-생산비율은 장기에 걸쳐 명확한 상승이나 하강 추세를 나타내지 않는다. 더욱이 자본-생산비율이 궁극적으로 상수로 수렴하는 모형을 구축함으로써 분석을 훨씬 간단하게 할 수 있다. 이 같은 맥락에서 A와 L의 곱셈 형태를 생산함수에 도입하는 방식은 대단히 편리한 가정이라 하겠다.

---

4 시간이 경과하면서 식 (1.1)처럼 노동생산성이 증가하는 형태로 기술진보가 발현되는 경우를 노동증가형 혹은 해로드 중립적이라고 하며 노동증가형 기술진보에서만 정상상태와 균형성장경로가 존재한다. 한편 자본의 생산성이 증가하는 형태인 경우, 즉 **자본증가형** $F(AK, L)$을 솔로우 중립적(Solow-neutral)기술진보라 하고, 노동생산성과 자본생산성이 공평하게 증가하는 경우 $AF(K, L)$를 **힉스 중립적**(Hicks-neutral)기술진보라고 한다.

솔로우모형의 핵심적인 가정은 생산함수의 여러 가지 특성과 생산에 투입되는 세 가지 생산요소 (자본, 노동, 지식)의 시간적인 추이에 관련된 것들이다. 다음으로 이들 각각에 대하여 논의한다.

■ 생산함수에 관련된 여러 가정들

생산함수에 관한 솔로우모형의 가장 중요한 가정은 두 가지 독립변수(자본과 유효노동)에 대하여 규모에 대한 보수가 불변이라는 것이다. 즉, 자본과 유효노동을 두 배 늘리면(예를 들어 A를 일정하게 유지한 채 K와 L을 두배로 하면), 생산량도 두 배가 된다는 것이다. 보다 일반적으로, 두 독립변수를 임의의 양(+)의 정수 c로 곱하면 생산량도 동일한 배수만큼 변한다.

$$F(cK, cAL) = cF(K, AL) \quad \text{모든} \quad c \geq 0 \tag{1.2}$$

규모에 대한 보수(수확)불변의 가정은 다음의 두 가지 독자적인 가정들을 결합시킨 결과라고 이해할 수 있다. 첫째 가정은 특화에 따른 이익(효율화)이 존재하지 않을 정도로 그 국가의 경제규모가 대단히 크다는 것이다. 소규모 경제의 경우, 자본과 노동의 양을 배로 늘리면 생산이 두 배 이상으로 증가한다는 소위 특화에 따른 이득이 존재할 가능성이 크다. 그러나 솔로우모형은 경제 규모가 충분히 크다고 가정함으로써 자본과 노동이 두 배로 늘어나더라도 새로운 투입은 기존 투입과 완전히 동일한 방식으로 생산에 사용되기 때문에 생산도 정확히 두 배로 늘어날 것이라고 생각하는 것이다.

두 번째 가정은 자본, 노동 그리고 지식 이외의 투입은 상대적으로 중요하지 않다는 것이다. 특히 솔로우모형은 토지나 그 외의 천연자원을 무시하고 있다. 만일 천연자원이 중요하다면 자본과 노동의 투입을 두 배로 늘린다 하더라도(천연자원의 투입은 일정수준에 머무르기 때문에) 생산량은 두 배 이하의 수준으로 증가할 것이다. 그러나 현실의 문제로서 1.8절에서 보는 바와 같이, 천연자원의 이용가능성이 경제성장의 중요한 제약요인으로 작용하는 것 같지는 않다. 따라서 자본과 노동의 투입요소에 한정하여 보수불변을 가정하는 것은 그다지 무리한 가정은 아니다.

보수불변의 가정에 의해 우리는 생산함수를 다음과 같이 **집약형**(*intensive form*)으로 다룰 수 있다. 식 (1.2)에서 $c = 1/AL$로 설정하면 다음과 같은 식을 얻게 된다.

$$F\left(\frac{K}{AL}, 1\right) = \frac{1}{AL}F(K, AL) \tag{1.3}$$

여기서 K/AL은 유효노동 1 단위당 자본 혹은 유효노동 1 단위당 자본이며 $F(K, AL)/AL = Y/AL$은 유효노동 1 단위당 생산이다. 만일 $k = K/AL$, $y = Y/AL$, $f(k) = F(k, 1)$으로 정의하면 (1.3)은 다음과 같이 변형된다.

$$y = f(k) \tag{1.4}$$

즉, 유효노동 1단위당 생산은 유효노동 1단위당 자본의 함수로서 표현할 수 있다.

이들 새로운 변수 k와 y는 그 자체가 관심의 대상은 아니다. 오히려 우리가 관심을 갖는 변수들을 이해하기 위한 도구에 불과하다. 앞으로 밝혀지겠지만 모형을 분석하는 가장 쉬운 방법은 생산함수의 두 생산요소인 K와 AL의 행태를 직접 고려하기 보다는 k의 행태에 초점을 맞추는 것이다. 예를 들어 노동자 1인당 생산 Y/L의 행태를 다룰 때 $A(Y/AL)$ 또는 $AF(k)$로 바꾸어 쓰고 A와 k의 행태를 다루는 것이다.

식 (1.4)의 의미를 직관적으로 이해하기 위해, 이 경제를 AL개(유효노동단위 총수)의 작은 경제로 분할한다고 상정해 보자. 이들 각각의 소경제는 1단위의 유효노동과 K/AL 단위의 자본을 보유하고 있다. 생산함수는 보수불변이기 때문에 각각의 소경제는 분할되기 전의 경제 전체가 생산하는 양의 $1/AL$ 만큼만 생산할 것이다. 즉, 유효노동 1단위당 생산은 유효노동 1단위당 자본량만으로 결정되기 때문에 경제전체의 규모와는 무관하다. 식 (1.4)는 바로 이러한 관계를 수학적으로 표현한 것에 지나지 않는다.

집약형 생산함수 $f(k)$는 $f(0) = 0$, $f'(k) > 0$ 및 $f''(k) < 0$의 조건을 충족시킨다고 가정하자.[5] $F(K, AL) = AL \cdot f(K/AL)$이므로 $f'(k)$가 자본의 한계생산물과 일치하는 것은 다음과 같이 쉽게 입증할 수 있다. 자본의 한계생산물은 $\partial F(K, AL)/\partial K = ALf'(K/AL)(1/AL) = f'(K/AL) = f'(k)$이다. 따라서 $f(\cdot)$에 관한 위의 조건들은 자본의 한계생산물은 양(+)이지만 자본(유효노동 1단위당)이 증가함에 따라 체감한다는 것을 의미한다. 이에 더하여 $f(\cdot)$는 **이나다 조건**(*Inada condition* ; Inada, 1964) $\lim_{k \to 0} f'(k) = \infty$ 및 $\lim_{k \to \infty} f'(k) = 0$을 만족하는 것으로 가정한다.

이나다 조건(이 조건은 모형의 중요한 결과를 도출하는 데 필요한 조건보다도 강한 가정이다.)은 자본스톡이 충분히 작아지면 자본의 한계생산물이 매우 커지는 반면, 자본스톡이 대단히 커지면 자본의 한계생산물이 매우 작아진다는 것을 의미한다. 이들 조건은 경제의 성장경로가 발산(diverge)하지 않도록 보장하는 역할을 한다. 그림 1.1은 $f'(k) > 0$, $f''(k) < 0$ 그리고 이나다 조건을 충족하는 생산함수의 한 예를 보여주고 있다. 보다 구체적인 생산함수의 한 예로서 다음과 같은 콥-더글라스 생산함수가 있다.

$$F(K, AL) = K^{\alpha}(AL)^{1-\alpha}, \quad 0 < \alpha < 1 \tag{1.5}$$

콥-더글라스 함수는 분석이 용이하고 현실의 생산함수에 대하여 좋은 1차 근사가 된다고 여겨지고 있어 매우 유용하다.

콥-더글라스 생산함수가 보수불변의 가정을 충족시킨다는 것은 쉽게 확인된다. 식 (1.5)의 양변에 c를 곱하면 다음의 식을 얻는다.

5 $f'(\cdot)$은 $f(\cdot)$ 의 1차 미분을, $f''(\cdot)$은 2차 미분을 나타낸다.

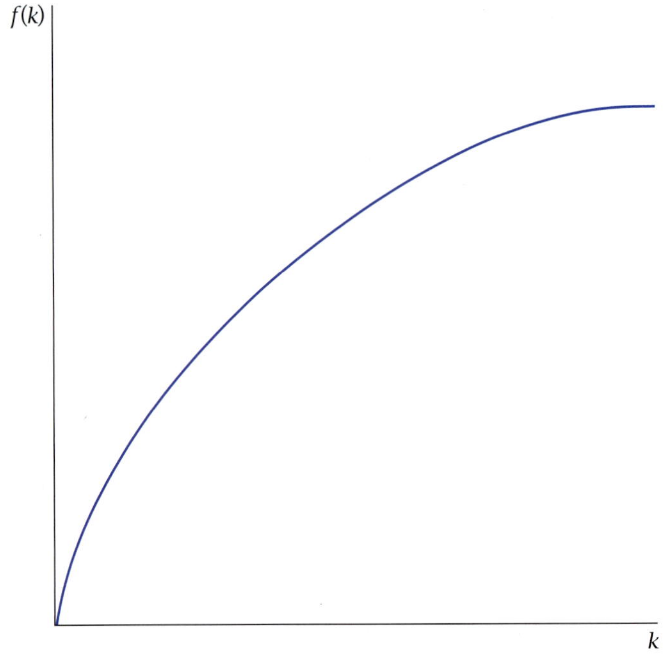

그림 1.1 생산함수의 한 예

$$
\begin{aligned}
F(cK, cAL) &= (cK)^{\alpha}(cAL)^{1-\alpha} \\
&= c^{\alpha}c^{1-\alpha}K^{\alpha}(AL)^{1-\alpha} \\
&= cF(K, AL)
\end{aligned} \tag{1.6}
$$

생산함수의 집약형을 도출하기 위해 양변을 AL로 나누면 다음의 식을 얻는다.

$$
\begin{aligned}
f(k) &\equiv F\left(\frac{K}{AL}, 1\right) \\
&= \left(\frac{K}{AL}\right)^{\alpha} \\
&= k^{\alpha}
\end{aligned} \tag{1.7}
$$

식 (1.7)을 k로 미분하면 $f'(k) = \alpha k^{\alpha-1}$을 얻을 수 있다. 이렇게 도출된 한계생산물은 양(+)의 값을 갖고 k가 0으로 접근함에 따라 무한대가 되며 반대로 k가 무한대로 커지면 0으로 접근해 감을 확인할 수 있다. 또한 $f''(k) = -\alpha(1-\alpha)k^{\alpha-2}$가 음(−)의 값을 갖기 때문에 한계생산물은 체감함을 알 수 있다.[6]

6 콥-더글라스 생산함수에서는 노동증가형 기술과 자본증가형 기술, 그리고 힉스 중립적 기술 모두 본질적으로 차이가 없다.(각주 4 참조) 예를 들어 식 (1.5)를 힉스 중립적인 기술진보의 함수로 표현하기 위해서는 $\widetilde{A} = A^{1-\alpha}$로 하여 $Y = \widetilde{A}(K^{\alpha}L^{1-\alpha})$로 쓰면 된다.

시간에 따른 생산요소의 변화

솔로우모형의 나머지 가정은 노동, 지식 및 자본 등의 스톡이 시간이 흐름에 따라 어떻게 변하는가에 관한 것이다. 모형은 연속 시간형으로 표현된다. 즉, 모형의 여러 변수는 모든 시점에서 정의되고 있다.[7]

자본, 노동 및 지식의 초기 부존량(賦存量)은 주어져 있다. 이 중 노동과 지식은 다음과 같이 일정한 비율로 증가한다고 가정한다.

$$\dot{L}(t) = nL(t) \tag{1.8}$$

$$\dot{A}(t) = gA(t) \tag{1.9}$$

위 식에서 n과 g는 외생적으로 주어진 모수이며 변수 위의 점 •(dot, "닷"으로 읽는다.)는 시간 미분을 나타낸다.(즉 $\dot{X}(t)$는 $dX(t)/dt$의 약술된 표현이다).

변수의 **성장률**이란 변화의 비율을 말한다. 즉, X**의 성장률**은 $d\dot{X}(t)/dX(t)$을 의미한다. 그러므로 식 (1.8)과 (1.9)는 노동과 지식의 성장률이 각각 일정하며 n 및 g와 같다는 것을 시사한다.

성장률 개념의 핵심은 한 변수의 성장률이 그 변수의 자연로그의 시간 미분과 동일하다는 점이다. 즉, $\dot{X}(t)/dX(t)$은 $d\ln X(t)/dt$와 같다. 이를 확인하기 위해 $\ln X$는 X의 함수이며 X는 t의 함수인 점에 유의하라. 연쇄법칙(chain rule)을 이용하면 다음의 식을 얻을 수 있다.

$$\begin{aligned}\frac{d\ln X(t)}{dt} &= \frac{d\ln X(t)}{dX(t)}\frac{dX(t)}{dt}\\ &= \frac{1}{X(t)}\dot{X}(t)\end{aligned} \tag{1.10}$$

임의의 변수의 성장률이 그 변수의 자연로그의 변화율과 동일하다는 결과를 식 (1.8)과 (1.9)에 적용하면, L과 A의 자연로그의 변화율은 각각 상수 n 및 g와 같다. 따라서 다음 식들을 얻을 수 있다.

$$\ln L(t) = [\ln L(0)] + nt \tag{1.11}$$

$$\ln A(t) = [\ln A(0)] + gt \tag{1.12}$$

여기서 $L(0)$와 $A(0)$는 시점 0에서 각 변수의 값이다. 이들 식의 양변을 지수화하면 다음이 성립한다.

$$L(t) = L(0)e^{nt} \tag{1.13}$$

$$A(t) = A(0)e^{gt} \tag{1.14}$$

---

7 다른 모형으로 변수가 일정 시점에서만 정의되는 이산형이 있다($t = 0, 1, 2, \cdots$). 연속형과 이산형은 편리함으로 선택된다. 예를 들어, 솔로우모형은 연속형처럼 이산형에서도 본질적으로 같은 결과를 가져오지만, 연속형이 보다 분석하기 쉽다.

따라서 우리의 가정에 따르면 L과 A은 지수적으로 증가하는 것을 의미한다.[8]

생산은 소비와 투자로 나누어진다. C가 소비를 나타낸다고 하면 $Y(t)-C(t)$는 투자가 된다. 한 단위 생산물을 투자로 할당함으로써 한 단위의 새로운 자본이 생성된다. 이에 더하여 이미 존재하는 자본은 일정한 비율 δ로 소모된다고 가정한다. 따라서 다음의 식이 성립한다.

$$\dot{K}(t)=[Y(t)-C(t)]-\delta K(t) \tag{1.15}$$

n, g, δ 각각에 대하여 특별한 제약을 설정하지는 않지만 이들의 합은 양(+)의 값을 갖는 것으로 상정한다($n+g+\delta>0$).

지금까지 소비와 투자 사이의 생산 할당이 어떻게 결정되는 지에 대한 부분을 제외하고 설명하였다. 여기까지 모형은 제2장 파트 A의 Ramsey–Cass–Koopmans 모형과 동일하다. 또한 이산형이 아닌 연속형으로 설정되는 사소한 차이를 제외하면 제2장 파트 B의 Diamond의 중복세대모형과 동일하다. 따라서 세 모형 간의 실질적인 차이는 생산이 소비와 투자 사이에 어떻게 나누어지는 지에 대한 가정들과 관련된다. Ramsey–Cass–Koopmans과 Diamond에서는 완전경쟁시장에서 최적화하는 경제주체의 상호작용에서 내생적으로 발생한다. 반대로 솔로우모형에서는 할당은 주어진 것으로 본다. 특히, 투자에 사용되는 생산의 비율은 외생적이고 일정하다. 따라서 비율은 다음과 같이 나타낼 수 있다.

$$\dot{K}(t)=sY(t)-\delta K(t), \qquad 0<s\leq 1 \tag{1.16}$$

이 책에서 다루는 수많은 모형 가운데 솔로우모형이 처음 등장하는 모형이므로 여기서 모형 설정 방식에 관해 일반적인 논평을 할 필요가 있다. 솔로우모형은 여러 가지 면에서 대단히 단순화된 가정들을 채택하고 있다. 몇 가지 구체적인 예를 들어보면 경제에는 하나의 재화만이 있고, 정부가 존재하지 않으며, 고용의 변화는 무시되고, 생산은 단지 세 가지 투입요소로 구성되는 생산함수에 의해 이루어진다. 더욱이 저축률, 자본소모율, 인구증가율, 기술진보율 등은 모두 상수로서 취급되고 있다. 이와 같은 모형의 특성(가정)들을 하나씩 열거하는 것이 모형의 결점처럼 느껴지는 것도 무리가 아니다. 모형은 현실 세계가 지니는 명료한 특성 가운데 많은 부분을 간과하고 있으며 이들 가운데 몇몇은 성장을 설명하는 데에 매우 중요하다. 그러나 모형을 세우는 목적이 현실세계를 완벽하게 설명하는 데에만 있는 것은 아니다. 우리는 이미 현실 세계 그 자체라는 모형을 보유하고 있기 때문이다. 다만 완벽하게 현실적인 모형은 너무나 복잡하여 도저히 이해할 수 없다는 문제점이 있다. 따라서 우리가 설명하는 모형의 목적은 현실 세계가 나타내는 것 가운데 어떤 특정한 측면에 대하여 통찰력을 얻는 데 있다. 만일 현실을 단순화한 가정이 「**모형이 답해야 할 문제**」에 대하여 잘못된 답을 준다면 현실성의 결여가 결점이 될 수 있을 것이다(심지어 이 경우에도 모형의 단순화는 이상적인 상황에서 얻어진 결론을 명확하게 보여줌으로써 비교를 위해 유익하다). 그러나 단순화 가정이 모형이 답해야

8 성장률의 기본적인 성질을 보다 더 살펴보려면 문제 1.1과 문제 1.2를 참조하라.

할 문제에 대하여 오류가 없는 답을 제공한다면, 현실성이 결여된다는 점이 오히려 모형의 장점이 된다. 현실 세계에 대한 모형의 단순화가 관심 대상의 효과를 더욱 분명하게 부각시킴으로써 문제의 본질을 더욱 이해하기 쉽게 해주기 때문이다.

1.3 모형의 동학

이 절에서는 이제까지 묘사한 경제의 동학을 검토하고자 한다. 세 가지 생산요소 가운데 두 가지 즉, 노동과 지식의 변동은 외생적으로 주어진다. 따라서 경제의 동학적 특성을 파악하기 위해서는 제3의 투입요소인 자본의 행태를 분석해야 한다.

■ k(유효노동 1단위당 자본스톡)의 동학

경제는 시간이 경과하면서 성장하기 때문에 조정되지 않은 자본스톡 K를 살펴보기 보다는 유효노동 1단위당 자본스톡 k에 주목하는 것이 분석에 용이하다. $k=K/AL$이므로 미분의 연쇄법칙을 이용하면 다음의 관계를 도출할 수 있다.

$$\begin{aligned}\dot{k}(t) &= \frac{\dot{K}(t)}{A(t)L(t)} - \frac{K(t)}{[A(t)L(t)]^2}[A(t)\dot{L}(t)+L(t)\dot{A}(t)] \\ &= \frac{\dot{K}(t)}{A(t)L(t)} - \frac{K(t)}{A(t)L(t)}\frac{\dot{L}(t)}{L(t)} - \frac{K(t)}{A(t)L(t)}\frac{\dot{A}(t)}{A(t)}\end{aligned} \tag{1.17}$$

K/AL은 단순히 k이다. 식 (1.8) 및 (1.9)에 의해 $\dot{L}/L$와 $\dot{A}/A$는 각각 n, g가 된다. $\dot{K}$는 식 (1.15)로 주어져 있다. 이들을 식 (1.16)에 대입하면 다음의 식을 얻는다.

$$\begin{aligned}\dot{k}(t) &= \frac{sY(t)-\delta K(t)}{A(t)L(t)} - k(t)n - k(t)g \\ &= s\frac{Y(t)}{A(t)L(t)} - \delta k(t) - nk(t) - gk(t)\end{aligned} \tag{1.18}$$

마지막으로, K/AL는 $f(k)$로 주어지므로 다음의 관계식이 도출된다.

$$\dot{k}(t) = sf(k(t)) - (n+g+\delta)k(t) \tag{1.19}$$

식 (1.19)는 솔로우모형의 핵심적인 방정식이다. 이 식은 유효노동 1단위당 자본스톡의 시간에 따른 변화가 유효노동 1단위당 실제투자과 분기투자의 차이라는 것을 보여준다. 첫째항 즉, $sf(k(t))$는 유효노동 1단위당 실제투자(=저축)이다. $f(k(t))$는 유효노동 1단위당 생산이며 이것의 s만큼이 투자된다. 둘째항, 즉 $(n+g+\delta)k(t)$은 **분기투자**(分岐投資, *break-even investment*)로서 k의 현행수준을 유지하는 데 최소한으로 필요한 투자이다. k의 수준이 낮아지지 않도록 하기 위하여 어느 정도의 투자가 필요한데 그 이유로는 두 가지가 있다. 첫째, 기존의 투자가 소모되고 있으므로 (식 1.19)의 δk부분) 자본스톡의 감소를 멈추게 하기 위해서는 소모분 만큼을 보충해 주는 투자가 있어야 한다. 둘째, 유효노동의 총량이 증가하고 있는 상황에서 단순히 자본스톡의 총량(K)를 일정하게 유지하는 것만으로는 유효노동 1단위당 자본스톡(k)을 유지할 수 없다. 그 대신 유효노동이 $(n+g)$만큼 증가하고 있기 때문에 k의 수준을 일정하게 유지하기 위해서는 자본스톡의 양도 $(n+g)$만큼 증가해야 한다.[9] 식 (1.19)의 $(n+g)k(t)$ 항이 이 부분에 해당한다.

만일 유효노동 1단위당 실제투자가 k를 일정하게 유지하도록 하는 수준 즉, 분기투자 수준을 초과하는 경우 k는 상승하게 된다. 역으로 만일 실제투자가 분기투자를 하회하면 k는 하락한다. 양자가 동일하다면 k는 일정수준에서 머무를 것이다.

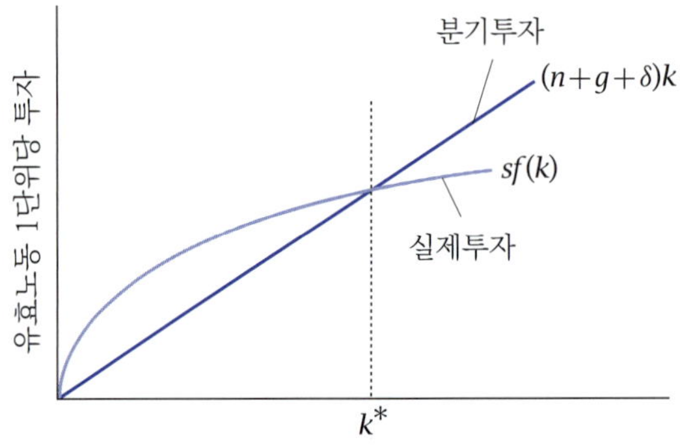

그림 1.2 실제투자와 분기투자

그림 1.2는 식 (1.19)의 두 항을 각각 k의 함수로서 그린 것이다. 분기투자 $(n+g+\delta)k$는 k에 비례하는 직선이다. 한편 실제투자 $sf(k)$는 유효노동 1단위당 생산에 일정한 상수를 곱한 형태이다.

$f(0)=0$이기 때문에 실제투자와 분기투자는 원점($k=0$)에서 상호 교차한다. 이나다 조건에 의해 $k=0$에서 $f'(k)$가 충분히 크기 때문에 이 근방에서 곡선 $sf(k)$는 직선 $(n+g+\delta)k$보다도 가파른 모습을 보인다. 따라서 k의 값이 작은 곳에서는 실제투자는 분기투자보다 큰 값을 갖는다. 한편 마찬가지로 이나다 조건에 의해 k가 충분히 커지게 되면 $f'(k)$은 0에 점근적으로 가까워지게 되므로 k의 값이 커지면서 어떤 일정한 수준을 초과하게 되면 실제투자를 나타내는 곡선의 기울기는 분기투자 직선의 기울기보다 작아지게 된다. $sf(k)$ 곡선의 기울기가 $(n+g+\delta)k$ 직선의 기울기보다 작아지면 두 개의 선은 결국 교차하게 된다. 끝으로 $f''(k)<0$의 조건이 성립하므로 두 개의 선은 $k>0$의 범위에서 단지 한번만 교차한다. 이하에서는 실제투자와 분기투자가 동일한 k의 수준을 k^*로 표기하기로 한다.

9 유효노동 AL의 증가율이 $n+g$와 같다는 것은 두 변수의 곱의 증가율이 두 변수의 증가율의 합과 같다는 사실의 예가 된다(문제 1.1 참조).

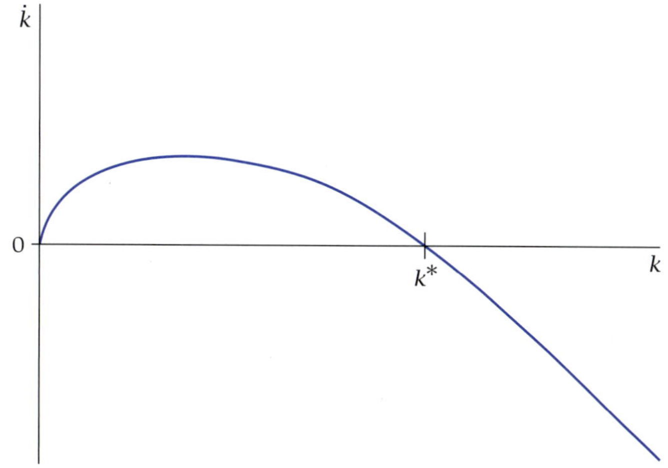

그림 1.3 솔로우모형에서 k의 위상도

그림 1.3은 이상의 관계를 $\dot{k}$를 k의 함수로서 표현한 **위상도**(*phase diagram*)이다. 만일 초기시점에서 k가 k^*보다 작은 수준에서는 실제투자가 분기투자를 상회하여 $\dot{k} > 0$이다. 즉, k는 상승한다. 역으로 k가 k^*보다 큰 수준에서는 $\dot{k} < 0$여서 k는 감소한다. 끝으로 k가 k^*와 동일한 수준에서는 $\dot{k} = 0$여서 k가 불변이다. 따라서 k가 어디에서 출발하더라도 궁극적으로 k^*로 수렴해 간다.[10]

■ 균형성장경로(均衡成長經路)

k가 k^*로 수렴하여 k와 k^*가 일치할 때 모형의 여러 변수가 어떠한 행태를 보이는가를 살펴볼 필요가 있다. 모형의 가정에 의해 노동과 지식은 각각 n과 g의 비율로 증가한다. 자본스톡 K는 ALk이다. k가 k^*의 수준에서 일정하기 때문에 K는 $n + g$의 비율로 증가한다.(즉, $\dot{k}/k = n + g$). 자본과 유효노동이 함께 $n + g$의 비율로 증가하기 때문에 규모에 대한 보수불변이라는 생산함수의 가정으로 인해 생산량 Y도 같은 비율로 성장한다. 마지막으로 노동자 1인당 자본스톡(K/L)과 노동자 1인당 생산(Y/L)은 g의 비율로 증가한다.

따라서 솔로우모형에서는 변수의 초기값에 관계없이 모형 내 변수들은 **균형성장경로**(*balanced growth path*) – 모형의 각 변수가 일정한 비율로 성장하는 상황 – 를 따른다. 균형성장경로 상에서 노동자 1인당 생산의 증가율은 오로지 기술진보율에 의해서만 결정된다.[11]

10 만일 k가 초기시점에서 그 값이 0이라면 k는 0에 머무른다. 이하에서는 $k = 0$인 경우는 배제하고 논의를 전개한다.

11 과거 1세기 이상의 기간 동안 미국과 주요 선진국들의 경험을 돌이켜 보면 솔로우모형의 균형성장경로에 의해 대체로 잘 설명되는 것으로 나타난다. 노동, 자본, 및 생산량의 증가율이 각각 대체로 일정하였다. 또한 생산량과 자본스톡의 성장률은 대체로 동일하며(따라서 자본생산비율은 대체로 일정하다) 이것은 노동의 증가율보다 크다(따라서 노동자 1인당 생산 및 1인당 자본은 증가한다). 이러한 사실들은 이들 국가들의 경제를 균형성장경로 상에 있는 솔로우모형 경제로 상정하는 것이 합리적이라는 주장의 증거로 흔히 사용되었다. 그러나 Jones(2002)에 의해 이들 경제에서 균형성장경로상의 총소득수준을 결정하는 주 요인들은 실제로는 일정한 것과는 거리가 멀며 따라서 이들 경제와 솔로우모형의 균형성장경로의 유사성은 잘못 이해한 데서 비롯한 것으로 밝혀졌다. 이 주제에 대해서는 3.3절에서 논의할 것이다.

1.4 저축률 변화의 효과

솔로우모형에서의 정책에 가장 큰 영향을 미치는 모수(파라미터)는 저축률 s이다. 소비재와 투자재에 대한 정부지출의 배분, 세입원으로서의 조세수입과 국채발행(차입)의 구분, 저축과 투자에 대한 세제상의 규정 등 어느 것이라도 생산량 가운데 투자(=저축)에 배분되는 비율 s에 영향을 줄 것이다. 따라서 저축률 s의 변화가 가져오는 영향을 살펴볼 필요가 있다.

구체적으로, 균형성장경로를 따르는 솔로우모형을 고려하되 저축률 s가 항구적으로 상승하는 경우를 상정하기로 한다. 이러한 분석을 통해 저축의 역할과 관련하여 솔로우모형이 어떠한 함의를 가지는가를 밝히고 경제가 균형성장경로 상에 위치하지 않을 때의 모형이 갖는 속성을 파악할 수 있다.

■ 생산량에 대한 영향

저축률 s가 상승하면 실제투자를 나타내는 곡선은 상향 이동하며, k^* 역시 상승한다(그림 1.4 참조). 그러나 k는 새로운 k^*의 수준으로 즉시 이동하지는 않는다. 초기에 k는 k^*의 종전 수준(변화전의 수준)에 있다. 이 수준에서 이제 실제투자는 분기투자보다 크다(k를 일정하게 유지하는 데 필요한 수준 이상으로 자원이 투자에 투입된다.) 따라서 $\dot{k}$가 양수이고 k는 증가하기 시작한다. 이러한 증가는 k가 새로운 k^*에 도달할 때까지 계속되며 새로운 k^*에 도달하는 시점에서 k의 움직임은 멈춘다.

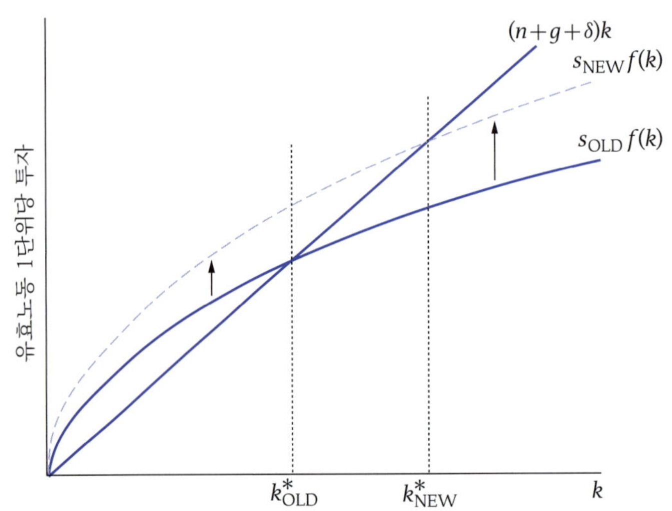

그림 1.4 저축률의 상승이 투자에 미치는 영향

이상의 결과는 그림 1.5의 처음 3개의 그래프에 요약되어 있다. t_0는 저축률의 증가 시간을 나타낸다. 가정에 의해 저축률 s는 t_0 시점에서 점프하여 이후 새로운 수준에서 계속 머무른다. s의 점프로 실제투자가 분기투자를 상회하기 때문에 $\dot{k}$는 0에서 양(+)의 값으로 증가한다. k는 예전 수준의 k^*로부터 새로운 수준의 k^*로 서서히 상승하며 이에 따라 $\dot{k}$는 서서히 0으로 되돌아간다.[12]

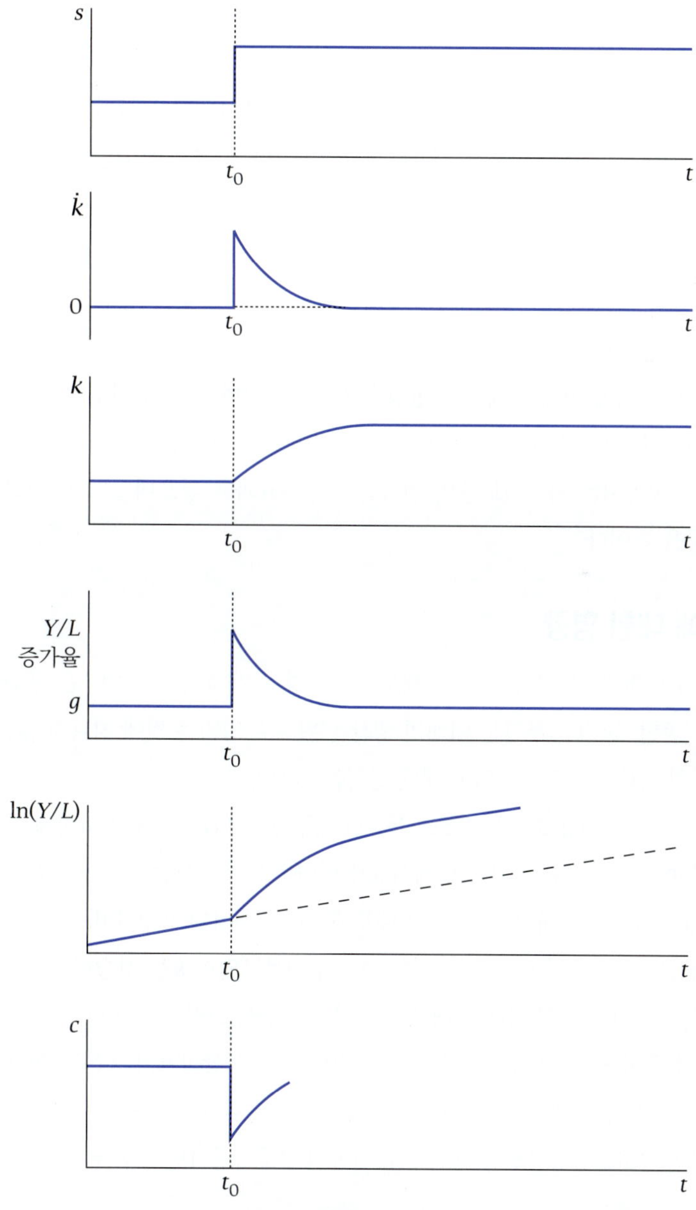

그림 1.5 저축률 상승의 효과

12 저축률이 충분히 크게 증가하면 $\dot{k}$는 0으로 감소해가기 전에 t_0이후 당분간 상승한다.

독자들이 특히 관심을 갖고 있을 모형의 내생변수 가운데 하나로서, 노동자 1인당 생산 Y/L의 행태를 살펴보기로 하자. Y/L은 $Af(k)$와 같다. k가 상수에 머무른다면 Y/L는 A의 증가율인 g의 비율로 증가한다. k가 증가하고 있는 상황에서 Y/L는 A의 상승 뿐 아니라, k의 상승에 의해서도 증가하기 때문에 그 증가율은 g를 상회한다. 그러나 k가 일단 새로운 균형인 k^*에 이르러 안정되면 다시 Y/L은 오직 A의 증가율에만 의존한다. 따라서 Y/L의 증가율은 g로 회귀한다. 따라서 저축률의 **항구적 상승**은 노동자 1인당 생산의 성장률을 **일시적**으로 높인다. k는 한동안 상승하지만 결국은 추가적으로 늘어난 저축이 더 높은 수준의 k를 유지하는 수준까지만 상승한다.

그림 1.5의 네 번째 및 다섯 번째 그래프는 노동자 1인당 생산이 저축률의 상승에 어떻게 반응하는지를 보여준다. 노동자 1인당 생산의 **증가율**은 초기에 g인데 t_0시점에서 상승하며 그 후에 점차 최초수준 g로 회귀해 간다. 따라서 노동자 1인당 생산은 처음에는 종전의 균형성장경로를 상회하여 증가하며 이후 점차 균형성장경로와 평행한 경로로 수렴하여 간다.[13]

요약하면, 저축률의 변화는 **수준효과**(*level effect* : 수준을 항구적으로 변화시키는 효과)를 낳지만 **성장효과**(*growth effect* : 성장률을 항구적으로 변화시키는 효과)를 낳지는 않는다. 즉, 저축률의 변화에 의해 경제의 균형성장경로가 변하며 t_0시점 전후로 노동자 1인당 생산의 수준은 변한다. 그러나 균형성장경로 상에서 1인당 생산의 증가율 자체에는 영향을 주지 못한다. 솔로우모형에서는 기술진보율의 변화만이 성장효과를 낳으며 그 외의 모든 변화는 수준효과만을 낳을 뿐이다.

■ 소비에 대한 영향

솔로우모형에 가계부문을 도입해보자. 이 경우 가계 후생(厚生)은 생산수준보다는 소비수준에 의존할 것이다. 투자는 미래의 생산을 위해 투입되는 것에 지나지 않는다. 따라서 우리는 생산량의 행태보다도 소비의 행태에 관심을 갖게 된다.

유효노동 1단위당 소비는 유효노동 1단위당 생산 $f(k)$ 중에서 소비에 투입된 비율 $(1-s)$을 $f(k)$에 곱한 것이다. 시점 t_0에서 s가 비연속적으로 상승하는 한편 k는 비연속적으로 상승하지 않고 초기수준에 머물러 있기 때문에 유효노동 1단위당 소비는 처음에 비연속적으로 감소한다. 그 후 s가 변화한 후의 높은 수준에 머무르면서 k는 상승하기 때문에 소비는 점점 증가한다. 그림 1.5의 맨 아래 그래프는 이러한 상황을 묘사한 것이다.

소비수준이 최종적으로 s가 상승하기 전의 수준을 상회할지 혹은 하회할지는 명확하게 드러나지 않는다. 균형성장경로상에서의 유효노동 1단위당 소비를 c^*라고 하자. c^*는 균형성장경로상의 유효노동 1단위당 생산 $f(k^*)$에서 유효노동 1단위당 투자 $sf(k^*)$를 뺀 부분이다.

13 변수의 성장률이 그 변수에 로그를 취하여 시간에 관해 미분한 것과 같기 때문에, 로그의 그래프는 흔히 수준의 그래프보다 해석하기가 훨씬 쉽다. 예를 들어, 한 변수의 성장률이 일정하다면, 그 변수의 로그를 그래프로 그리면 시간의 함수로서 직선이 된다. 그러한 이유로, 그림 1.5에서 노동자 1인당 생산을 로그로 나타낸 것이다.

균형성장경로상에서 실제투자는 분기투자수준 $(n+g+\delta)k^*$와 같으므로 c^*는 다음과 같이 주어진다.

$$c^* = f(k^*) - (n+g+\delta)k^* \tag{1.20}$$

k^*의 값은 s와 모형의 기타 파라미터 n, g 및 δ에 의해 결정된다. 이를 함수의 형태로 표현하면 $k^* = (s, n, g, \delta)$가 되므로 식 (1.20)을 저축률로 미분하면 다음의 식을 얻을 수 있다.

$$\frac{\partial c^*}{\partial s} = [f'(k^*(s,n,g,\delta)) - (n+g+\delta)]\frac{\partial k^*(s,n,g,\delta)}{\partial s} \tag{1.21}$$

우리는 이미 k^*가 s의 증가함수라는 사실을 알고 있으므로 $\partial k^*/\partial s > 0$이다. 따라서 s의 증가에 의해 소비가 장기적으로 증가할지 혹은 감소할지의 여부는 자본의 한계생산물 $f'(k^*)$가 $n+g+\delta$보다 큰지 여부에 달려 있다. 직관적으로 k가 상승할 때 상승한 k 수준을 그대로 유지하기 위해서는 유효노동 1단위당 투자를 $(n+g+\delta) \times$ (k의 증가분)만큼 늘리지 않으면 안된다. 만일 $f'(k^*)$가 $n+g+\delta$보다 작다면 자본투입 증가에 의한 생산 증가는 새로이 높아진 자본스톡수준(유효노동 1단위당)을 유지하기에 충분치 않은 상황이 된다. 따라서 이 경우에 높아진 자본수준을 유지하기 위해서는 소비수준을 낮춰야 한다. 반면에 $f'(k^*)$가 $n+g+\delta$보다 크다면 생산은 새로운 k^*의 수준에서 k를 유지하는 데 필요한 투자 이상으로 증가하기 때문에 소비수준을 높일 수 있다.

그림 1.6에서 보는 바와 같이 $f'(k^*)$가 $n+g+\delta$보다 클 수도 작을 수도 있다. 그림에서는 $(n+g+\delta)k$와 $sf(k)$뿐만 아니라 $f(k)$도 그려져 있다. 균형성장경로 상에서 소비는 생산에서 분기투자를 뺀 것과 같기 때문에(식 1.20 참조) $f(k)$와 $(n+g+\delta)k$의 거리로 나타난다. 그림은 s의 세 가지 다른 값들 (따라서 k^*의 세 가지 다른 값들)에 대해 c^*의 결정요인들을 보여준다. 맨 위쪽의 그래프는 $f'(k^*)$가 $n+g+\delta$보다 작기 때문에 저축률이 상승하면 경제가 궁극적으로 새로운 균형성장경로에 도달하더라도 소비수준은 하락한다. 가운데 그래프는 s가 낮고 k^*가 낮으며 $f'(k^*)$가 $n+g+\delta$보다 크다. 따라서 s의 증가는 장기적으로 소비를 증가시킨다.

마지막으로, 가장 아래 그래프에서는 $f'(k^*)$가 $n+g+\delta$와 정확히 같아 $f(k)$와 $(n+g+\delta)k$가 $k=k^*$에서 평행을 이루고 있다. 이 경우 s가 한계적으로 변화하더라도 소비수준은 장기적으로 변하지 않으며 따라서 소비는 균형성장경로 상에서 가능한 최고수준이 된다. 이와 같이 k^*가 가장 높은 수준의 소비를 실현시키는 수준일 때 그 자본스톡을 **황금률**(黃金律) 수준이라고 한다. 제2장에서는 이 황금률 자본스톡에 대하여 더 자세히 논의 한다. 예를 들어 황금률 자본스톡의 실현이 실제로 바람직한가, 저축을 내생화한 분권화된 경제에서 황금률 자본스톡으로 수렴하는 상황이 존재할 수 있는가 등의 문제를 다룬다. 물론 저축률이 외생변수인 솔로우모형에서는 균형성장경로 상의 자본스톡이 황금률의 수준에 있을 것이라고 기대할 하등의 이유가 없다. 이는 균형성장경로 상의 자본스톡이 황금률 수준외의 다른 어떤 가능한 값을 가지리라고 기대할 이유가 없는 것과 마찬가지다.

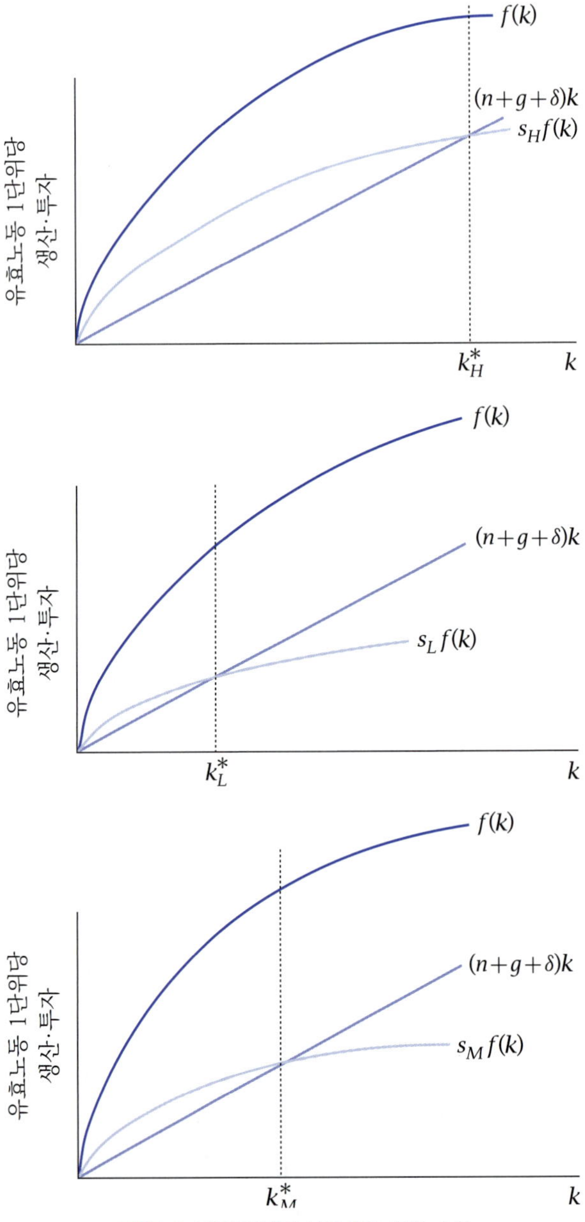

그림 1.6 균형성장경로 상의 생산, 투자, 소비

1.5 양적인 시사점들

우리는 흔히 모형의 질적인 특성뿐만 아니라 양적인 예측에도 관심을 갖는다. 예를 들어 저축률의 온건한 상승이 경제성장에 미치는 영향이 수세기 후에까지 크게 지속된다면 영향이 일시적인 것은 별 관심을 끌지 못할 것이다.

이 장에서 다루는 솔로우모형을 포함한 대부분의 모형에서 엄밀한 수량적인 결과를 이끌어 내기 위해서는 함수형태와 모수의 값들을 구체적으로 설정할 필요가 있다. 때로는 모형을 수치 계산을 통해 분석할 필요도 있다. 그러나 많은 경우에 모형을 그렇게까지 특정화하지 않고 장기균형 주변에서의 근사(近似)를 검토하는 것만으로도 많은 정보를 얻을 수 있다. 우리는 이하에서 이러한 접근방법을 채택할 것이다.

■ 생산량에 대한 장기적인 효과

저축률의 증가가 장기적으로 생산량에 미치는 영향은 다음의 식으로 주어진다.

$$\frac{\partial y^*}{\partial s} = f'(k^*)\,\frac{\partial k^*(s,n,g,\delta)}{\partial s} \tag{1.22}$$

여기서 $y^* = (k^*)$는 균형성장경로 상에서 유효노동 1단위당 생산을 나타낸다. 따라서 $\partial k^*/\partial s$를 구하기 위해서는 $\partial k^*/\partial s$을 파악할 필요가 있다. 이를 위해서는 k^*가 $\dot{k} = 0$라는 조건을 만족시키는 k의 값이라는 것을 유념해야 한다. 따라서 k^*는 다음을 충족한다.

$$sf(k^*(s,n,g,\delta)) = (n+g+\delta)k^*(s,n,g,\delta) \tag{1.23}$$

식 (1.23)은 모든 s(그리고 n, g, δ)의 값에 대하여 성립하기 때문에 양변을 각각 s로 미분한 값들은 서로 같다.[14]

$$sf'(k^*)\,\frac{\partial k^*}{\partial s} + f(k^*) = (n+g+\delta)\,\frac{\partial k^*}{\partial s} \tag{1.24}$$

위 식에서 $k^*(\cdot)$의 설명변수에 대해서는 단순화를 위해 표기를 생략하고 있다. 또한, 이 식은 다음과 같이 정리될 수 있다.[15]

---

14 여기서는 음함수의 미분을 이용한다. 식 (1.23)는 k^*를 s, n, g 및 δ의 명시적인 함수로 표시하지 않고 있지만 k^*가 이들 변수에 어떻게 의존하는가를 보여준다. 따라서 우리는 식을 s로 미분하여 $\partial k^*/\partial s$에 대하여 풀어낼 수 있다.

15 앞의 절에서 살펴본 바와 같이 s가 증가하면 k^*는 상승한다. 식 (1.25)에 있어서도 마찬가지의 관계가 성립하는 것을 확인하는 데에는 $n+g+\delta$가 분기투자선의 기울기이며 $sf'(k^*)$은 실제 투자곡선의 k^*에서의 기울기라는 사실에 유의하면 충분하다. k^*에서는 분기투자선의 기울기가 투자곡선의 기울기를 상회하고 있기(그림 1.2 참조) 때문에 식 (1.25)의 분모가 양의 값을 가지며 따라서 $\partial k^*/\partial s > 0$이 성립한다.

$$\frac{\partial k^*}{\partial s} = \frac{f(k^*)}{(n+g+\delta) - sf'(k^*)} \tag{1.25}$$

식 (1.25)를 식 (1.22)에 대입하면 다음의 식을 얻는다.

$$\frac{\partial y^*}{\partial s} = \frac{f'(k^*)f(k^*)}{(n+g+\delta) - sf'(k^*)} \tag{1.26}$$

위 식을 보다 쉽게 해석하기 위하여 두 가지 표현을 바꾸기로 한다. 먼저 양변에 s/y^*을 곱하여 식을 탄력성의 형태로 전환한다. 다음으로 $sf(k^*) = (n+g+\delta)k^*$를 이용하여 s를 식의 우변에서 소거한다.

$$\begin{aligned} \frac{s}{y^*}\frac{\partial y^*}{\partial s} &= \frac{s}{f(k^*)}\frac{f'(k^*)f(k^*)}{(n+g+\delta) - sf'(k^*)} \\ &= \frac{(n+g+\delta)k^*f'(k^*)}{f(k^*)[(n+g+\delta) - (n+g+\delta)k^*f'(k^*)/f(k^*)]} \\ &= \frac{k^*f'(k^*)/f(k^*)}{1-[k^*f'(k^*)/f(k^*)]} \end{aligned} \tag{1.27}$$

$k^*f'(k^*)/f(k^*)$는 $k = k^*$에서 생산의 자본탄력도를 나타낸다. 이 탄력도를 $\alpha_k(k^*)$으로 표기하면 위의 식은 다음과 같이 간결하게 표현된다.

$$\frac{s}{y^*}\frac{\partial y^*}{\partial s} = \frac{\alpha_K(k^*)}{1-\alpha_K(k^*)} \tag{1.28}$$

시장이 경쟁적이며 외부효과가 존재하지 않는다면 자본은 자신의 한계생산물과 동일한 보수를 받는다. 생산은 $ALf(k)$이고 k는 K/AL이기 때문에 자본의 한계생산물 $\partial Y/\partial K$는 $ALf'(k)[1/AL]$ 또는 단지 $f'(k)$이다. 따라서 만일 자본이 한계생산물만을 보수로서 취득한다면 유효노동 1단위당 자본이 균형성장경로 상에서 얻을 수 있는 보수의 총량은 $k^*f'(k^*)$이다. 균형성장경로 상에서 자본에 분배되는 총소득의 비율 즉 자본소득분배율은 $k^*f'(k^*)/f(k^*) = \alpha_k(k^*)$이다.

대부분의 국가에서 자본의 소득분배율은 1/3 정도이다. 이 값을 생산의 자본탄력도 $\alpha_k(k^*)$의 추정값으로 상정하면 식 (1.27)로부터 저축률에 대한 생산량의 장기탄력도는 약 1/2이 된다. 이 경우 저축률의 10% 상승(예를 들어 저축률이 총생산의 20%에서 22%로 상승한 경우)은 노동자 1인당 생산량을 정상경로로부터 장기적으로 5% 정도 끌어올리게 될 것이다. 만일 저축률이 극적으로 50% 상승하였다 하더라도 y^*의 증가율은 장기적으로 약 22%만큼 증가하는 데 그칠 것이다. 따라서 저축률에 상당히 큰 변화가 발생하였더라도 균형성장경로 상의 생산량에 대한 영향은 저축률 변화를 크게 밑도는 온건한 수준에 그친다.

$\alpha_k(k^*)$의 값이 작을 때는 생산량에 대한 저축의 영향이 작다. 이렇게 결론을 내릴 수 있는

것은 다음 두 가지의 직관적인 해석이 가능하기 때문이다. 첫째, $\alpha_k(k^*)$의 크기가 작다는 것은 실제투자곡선 $sf(k)$가 상당히 급격하게 굽어진다는 것을 의미한다. 이 경우 투자곡선을 상방으로 이동시키더라도 이 곡선과 분기투자를 나타내는 직선과의 교차점은 그다지 크게 이동하지 않기 때문에 자본스톡 자체는 별로 증가하지 않는다. 둘째, $\alpha_k(k^*)$가 작다는 것은 대체로 자본스톡이 생산량에 주는 영향이 작아서 k^*가 변화하더라도 y^*에는 작은 영향만 미칠 뿐이라는 것을 의미한다.

수렴 속도

실제로 어떤 변화(예를 들어 저축률의 외생적 변화)가 최종적 (장기적)으로 경제에 어떠한 영향을 미치는가라는 점뿐만 아니라 그 영향이 어느 정도의 빠르기로 실현되는가라는 점도 우리의 관심대상이다. 장기균형 주변에서의 근사(近似)가 이러한 문제를 취급하는 데 이용될 수 있다.

분석을 간단히 하기 위해 여기서는 y가 아닌 k의 움직임에 초점을 맞추도록 한다. 따라서 k가 얼마나 빨리 k^*로 수렴해 가는가를 밝히도록 한다. 우리는 $\dot{k}$가 k에 의해서 결정된다는 것을 알고 있다. 모형의 핵심적인 방정식은 $\dot{k} = sf(k) - (n + g + \delta)k$이다(식 1.19 참조). 따라서 이하에서는 $\dot{k} = \dot{k}(k)$로 쓰기로 한다. k가 k^*와 같으면 $\dot{k}$는 0이다. 따라서 $k = k^*$의 근방에서 $\dot{k}(k)$에 대하여 선형근사 테일러 급수의 1차식 전개를 취하면 다음이 성립한다.

$$\dot{k} \simeq \left[\left. \frac{\partial \dot{k}(k)}{\partial k} \right|_{k=k^*} \right] (k - k^*) \tag{1.29}$$

즉, $\dot{k}$는 근사적으로 $\dot{k}$를 k에 대하여 미분하여 $k = k^*$에서 평가한 값에 k와 k^*사이의 거리를 곱한 것과 같다.

$-\partial \dot{k}(k)/\partial k|_{k=k^*}$ 를 λ로 정의하면 식 (1.29)는 다음과 같이 바꾸어 쓸 수 있다.

$$\dot{k}(t) \simeq -\lambda[k(t) - k^*] \tag{1.30}$$

식 (1.19)과 그림 1.3에서 k가 k^*를 약간 하회할 때 $\dot{k}$는 양(+)이고 k가 k^*를 약간 상회할 때 $\dot{k}$는 음(−)이다. 따라서 $\partial \dot{k}(k)/\partial k|_{k=k}$는 음(−)이고 λ는 양(+)이다.

방정식 (1.30)는 균형성장경로의 근방에서 k가 k^*로 수렴해 가는 속도가 k^*로부터 k까지의 거리에 대략적으로 비례함을 의미한다. 즉 $k(t) - k^*$의 증가율은 대략적으로 상수이며 $-\lambda$이다. 이는 다음의 관계식이 성립한다는 것을 의미한다.

$$k(t) \simeq k^* + e^{-\lambda t}[k(0) - k^*] \tag{1.31}$$

다만 $k(0)$는 유효노동 1단위당 자본의 초기값을 나타낸다. 식 (1.31)은 단지 수렴체계가 안정적이라는 조건(즉 k가 k^*로 수렴해 간다)과 $\dot{k}$의 방정식을 $k = k^*$의 부근에서 선형화한 것으로부터 도출된다는 점에 유의해야 한다.

이제 남은 일은 λ를 찾아내는 작업이다. 이 시점에서 모형의 특성이 분석에 도입되어야 한다. $\dot{k}$에 관한 식 (1.19)를 k에 대하여 미분하고 그것을 $k = k^*$에서 평가하면 다음의 식을 얻게 된다.

$$
\begin{aligned}
\lambda \equiv -\left.\frac{\partial \dot{k}(k)}{\partial k}\right|_{k=k^*} &= -[sf'(k^*) - (n+g+\delta)] \\
&= (n+g+\delta) - sf'(k^*) \\
&= (n+g+\delta) - \frac{(n+g+\delta)k^* f'(k^*)}{f(k^*)} \\
&= [1 - \alpha_K(k^*)](n+g+\delta)
\end{aligned}
\tag{1.32}
$$

위 식의 전개 중 세 번째 식을 도출함에 있어서, s를 소거하기 위해 관계식 $sf(k^*) = (n+g+\delta)k^*$을 다시 이용하였다. 마지막 관계식의 도출은 앞서 소개한 α_K의 정의를 이용하였다. 그러므로 k가 균형성장경로 상의 값으로 수렴해 가는 속도 혹은 비율은 $[1-\alpha_k(k^*)](n+g+\delta)$과 같다. 이에 더하여 k가 k^*로 수렴해 가는 속도와 동일한 비율로 y가 y^*로 수렴해 간다는 사실을 보일 수 있다. 즉, y의 경로는 $y(t) - y^* \simeq e^{-\lambda t}[y(0) - y^*]$이다.[16]

식 (1.32)를 이용하면 현실경제가 어느 정도의 속도로 균형성장경로로 수렴하는가를 수치계산을 통해 확인할 수 있다. $n+g+\delta$의 전형적인 값은 연율 6%정도이다. (예를 들어 인구증가율이 1~2%, 노동생산성 상승률이 1~2%, 자본소모율이 3~4% 정도인 현실적 상황 하에서 $n+g+\delta$는 6% 전후에 이른다.) 만일 자본소득분배율이 1/3이라면 $(1-\alpha_k)(n+g+\delta)$는 대체로 4%에 달한다. 따라서 k와 y는 각각의 장기균형값 k^* 및 y^*까지 남아있는 거리의 4%만큼만 매년 조정되어 가는 것으로 나타난다. 그 속도로 균형성장경로의 장기균형값에 접근할 때 장기균형값까지 남은 거리의 절반을 가는 데에 약 17년이 걸린다.[17]

따라서 위의 수치 예에서는 저축률이 10% 상승하면 1년 후의 생산수준은 종전 경로에 비해 $0.04 \times 5\% = 0.2\%$만큼 높아지며 17년 후에는 $0.5 \times 5\% = 2.5\%$, 이후 점근적으로 5%까지 상승해 간다. 따라서 이 모형에서 저축률의 현저한 변화가 생산량에 미치는 총체적인 영향

---

16 문제 1.13을 참조하라.

17 어떤 변수(여기서는 $y - y^*$)가 일정한 비율로 감소하는 경우, 그 변수의 거리가 반감하는 데에 필요한 시간은 근사로서 70년을 주어진 감소율로 나누어 구한다(마찬가지로 일정한 비율로 증가하고 있는 경우 값이 두 배가 되는데 필요한 시간도 70년 ÷ 증가율로 구한다). 본문의 수치 예에서 균형값까지 거리의 반감기는 70년/(4%) = 17.5에 의해 약 17년 정도가 된다. 더욱 엄밀하게 정의하면 반감기 t^*는 $e^{-\lambda t^*} = 0.5$ (λ는 감소율)의 해이다. 식의 양변에 자연로그를 취하여 t^*를 구하면 $t^* = -\ln(0.5)/\lambda \simeq 0.69/\lambda$가 된다.

은 온건할 뿐만 아니라 그 효과도 결코 급격하게 나타나지는 않는다.[18]

1.6 솔로우모형과 성장이론의 중심과제

솔로우모형은 노동자 1인당 생산(시간의 흐름으로 보나 세계의 지역적 구분으로 보나)의 다양성이 발견되는 원천으로서 자본–노동비율(K/L)의 차이와 노동효율(A)의 차이라는 두 가지 가능성을 확인하고 있다. 그러나 이제까지 노동효율의 상승만이 노동자 1인당 생산을 항구적으로 증가시킬 수 있다는 것과 또한 상식적인 설정 하에서 노동자 1인당 자본스톡의 변화가 노동자 1인당 생산에 미치는 영향이 그다지 크지 않다는 것을 보았다. 그렇다면 이 모형을 통해 노동효율의 차이가 시간 및 공간의 축에 따라 나타나는 커다란 빈부 격차를 설명할 수 있는 유일한 변수라는 주장이 자연스럽게 도출된다. 구체적으로 만일 시장에서 자본에 귀속되는 대가를 자본의 생산에 대한 공헌도를 대략적으로 나타내는 지표로 간주할 수 있다면 물적 자본스톡의 축적에서 나타나는 차이로는 세계경제의 성장이나 국가 사이에 발견되는 소득격차의 대부분을 설명하는 것은 사실상 불가능할 것이다. 이것이 솔로우모형의 주된 결론이다.

자본축적의 차이로는 국가 간 소득의 커다란 격차를 설명할 수 없다는 솔로우모형의 시사점을 파악하는 방법으로는 직접적인 것과 간접적인 것의 두 가지가 있다. 직접적인 접근방법은 노동자 1인당 자본에서 요구되는 차이를 고려하는 것이다. 우리가 두 경제 사이에서 발견되는 노동자 1인당 생산의 차이를 노동자 1인당 자본의 차이로 설명하려 한다고 가정하자. 만일 두 경제 간에 노동자 1인당 생산이 X배수만큼 차이가 있다면 노동자 1인당 생산에 대하여 취한 자연로그의 차이는 $\ln X$이다. 노동자 1인당 자본에 대한 생산의 탄력도(생산의 자본탄력도)는 α_K이기 때문에 노동자 1인당 자본의 자연로그 값들 간에는 $(\ln X)/\alpha_K$의 차이가 존재해야 한다. 즉 노동자 1인당 자본은 $e^{(\ln X)/\alpha_K}$ 또는 X^{1/α_K} 배만큼 차이가 있게 된다.

현재 주요 선진국의 노동자 1인당 생산량은 100년 전에 비해 10배 이상 확대되었으며 오늘날 개도국에 비해 10배 이상 크다. 따라서 우리는 X의 값을 10 부근으로 설정해야 한다. 이는 노동자 1인당 자본량이 $10^{1/\alpha_K}$배 만큼의 차이가 나야한다는 것을 뜻한다. 그러면 $\alpha_K = 1/3$에 대하여 요구되는 격차는 1,000배에 이른다. 심지어 자본소득의 몫이 1/2(이것은 자본소득에 관한 자료로부터 추정되는 값보다 상당히 크다.)이라고 하더라도 그 차이는 100배가 필요하다.

18 이상에서 도출된 수렴속도에 대한 결과는 균형성장경로의 근방에서 테일러급수 전개의 근사에 기초한 것이다. 따라서 이상의 결론은 엄밀하게는 균형성장경로의 임의로 작은 부근에서만 적용할 수 있는 것이다. 외생변수의 유한한 변화가 초래하는 영향의 분석에 테일러전개에 의한 근사가 얼마나 유효한지는 단언할 수 없다. 그러나 통상적인 생산함수를 사용하고 (본문중의 분석이 그러한 것처럼) 파라미터 값의 온건한 변화를 상정하는 솔로우모형의 경우에 테일러전개에 의한 근사는 일반적으로 상당히 신뢰할 수 있는 것으로 평가된다.

자본스톡의 차이가 그 정도로 크다는 증거는 어떤 자료로부터도 얻을 수 없다. 자본-생산비율은 시간이 흐름에 따라 대체로 일정한 값을 유지한다. 따라서 선진공업국의 경우 노동자 1인당 자본스톡은 대체로 100년 전에 비해 100배나 1,000배가 아닌 10배 증가한 것으로 나타난다. 마찬가지로 자본-생산비율은 국가 간에 어느 정도 차이는 있지만 두드러지게 큰 차이를 나타내지는 않는다. 예를 들어 선진국들의 자본-생산비율은 후진국에 비해 고작 2~3배 정도 큰 것으로 나타난다. 따라서 선진국의 노동자 1인당 자본스톡도 후진국과 비교해 약 20~30배 큰 것에 불과하다. 요컨대 노동자 1인당 자본스톡의 실제 차이는 우리들의 관심대상인 노동자 1인당 생산의 격차를 설명하는 데 필요한 자본스톡의 격차에 비하여 훨씬 작은 수준에 그친다.

모형이 노동자 1인당 자본의 차이에 기초하여 국가간 노동자 1인당 생산의 커다란 격차를 설명할 수 없다는 것을 아는 간접적인 방법은 자본량에 요구되는 엄청난 격차를 충족시키기 위해서는 자본수익률도 엄청난 격차가 존재해야 한다는 것이다(Lucas, 1990). 만일 시장이 경쟁적이라면 자본의 수익률은 자본의 한계생산물 $f'(k)$로부터 자본소모율 δ을 뺀 것과 일치한다. 생산함수가 콥-더글러스형이라 하자.(식 1.7을 참조) 그러면 집약형으로 변형하여 $f(k) = k^{\alpha}$로 쓸 수 있다. 이러한 생산함수 하에서 생산의 자본탄력도는 α이다. 따라서 자본의 한계생산물은 다음과 같다.

$$
\begin{aligned}
f'(k) &= \alpha k^{\alpha-1} \\
&= \alpha y^{(\alpha-1)/\alpha}
\end{aligned}
\tag{1.33}
$$

식 (1.33)에 의하면 자본의 한계생산물의 생산탄력도는 $-(1-\alpha)/\alpha$이다. $\alpha = 1/3$이면 노동자 1인당 자본의 격차에 의해 발생하는 노동자 1인당 생산의 차이가 10배에 달한다면 자본의 한계생산물간에는 100배의 차이가 존재해야 한다는 것을 의미한다. 그런데 자본의 수익률은 $f'(k) - \delta$이기 때문에 수익률의 차이는 한층 커지게 된다.

그러나 자본의 수익률에 그같이 큰 격차가 존재한다는 증거는 어디에서도 찾아 볼 수 없다. 예컨대 금융자산에 대한 수익률을 직접 측정한 결과에 기초해 살펴보면 수익률은 시간이나 장소를 불문하고 단지 온건한 정도의 편차만을 찾아 볼 수 있다. 더욱 명확하게는 자본의 소유자가 어느 나라에 투자 할 것인지를 검토함으로써 각 국간에 나타나는 자본수익률의 차이를 포착할 수 있다. 만일 빈곤한 국가의 수익률이 부유한 국가에 비하여 10배 혹은 100배 정도 높은 수준이라면 투자가에게는 후진국에 투자할 경제적 유인이 충분하다. 만일 수익률의 격차가 그 정도로 크다면 자본시장의 불완전성이나 정부의 조세정책 혹은 재산몰수의 우려 등이 존재한다 하더라도 선진국으로부터 후진국으로 거대한 자본이동이 발생할 것이다. 그러나 현실에서

이 같은 대규모 자본이동은 없다.[19]

따라서 적어도 생산에 대한 자본의 기여가 자본의 사적 수익에 반영되어 있는 한, 현실에서 관찰되고 있는 1인당 생산의 막대한 격차를 노동자 1인당 물적 자본의 차이에 의해서만 설명하는 것은 현실적으로 불가능하다.

솔로우모형에서 노동자 1인당 생산의 차이에 대한 잠재적인 원천이 될 수 있는 것 가운데 하나가 노동효율(생산성)이다. 생활수준의 격차를 노동효율로 설명하기 위하여 자본이나 수익률에 커다란 격차가 존재해야 한다는 조건이 필요한 것은 아니다. 예를 들어 균형성장경로 상에서 자본은 생산량과 같은 속도로 성장하고 있으며 자본의 한계생산물 $f'(k)$은 일정한 값에 머무르고 있다.

그러나 솔로우모형은 노동 효율성을 대단히 불완전하게 다루고 있다. 먼저 노동효율의 상승률을 외생변수로 취급하고 있다는 점을 들 수 있다. 즉, 솔로우모형 자체에서 성장의 가장 중요한 원동력으로 규정하고 있는 변수의 움직임을 단순히 주어진 것으로 가정하고 있는 것이다. 성장을 단순히 가정함으로써 성장을 모형화한 데 불과하다고 하더라도 과언이 아닐 것이다.

아울러 보다 근본적인 문제로서 모형은 "노동 효율성"이라는 것이 대체 무엇인지를 명백하게 밝히고 있지 않다. 지금까지 살펴본 노동효율성은 노동과 자본 이외에 생산에 영향을 미치는 모든 요소를 한 데 모아놓은 잡동사니 상자이다. 따라서 각국간 소득의 차이는 유효노동의 차이에 기인한다고 말하는 것은 각국간 소득의 차이가 노동자 1인당 자본의 차이에 기인하지 않는다고 말하는 것과 같다. 분석을 위해서 먼저 노동 효율성이 무엇을 의미하는지를 명확히 한 후, 그것이 어떠한 요인에 의해서 변화하는지를 규명해야 할 것이다. 한 가지 가능성은 노동효율을 추상적인 지식과 대응시키는 것이다. 그러한 경우 세계적인 경제성장 현상을 이해하기 위해서는 시간의 경과에 따른 지식스톡의 결정요인을 분석하는 것이 필요하다. 실질소득에 관한 국가 간 차이를 이해하기 위해서는 왜 선진국 기업들이 후진국에 소재하는 기업들보다 더욱 많은 지식스톡을 이용할 수 있는지, 또한 왜 더욱 우수한 지식이 가난한 국가들에 급속히 파급되지 않는지에 대해서 설명해야 한다.

노동 효율성 A는 이 밖에도 여러 가지로 해석될 수 있다. 예를 들어 교육과 노동의 숙련도, 재산권의 강도, 사회하부구조(infrastructure)의 질, 기업가정신이나 노동에 대한 문화적 태도 등이 이에 해당된다. 또한 A는 이들 여러가지 요인의 결합을 반영할 수도 있다. A가 무엇인지에 대한 개념을 규정한다 하더라도 그것이 어떻게 생산에 영향을 주는가, 그것이 시간의 흐름에 따라 어떻게 변하는가, 또한 무엇 때문에 세계 각지에서 격차가 발생하는가 등과 같은 의문점을 다시 규명해야 한다.

---

19 콥-더그라스형 함수에 비하여 k가 증가할 때 자본의 한계생산물의 감소가 완만하게 나타나는 생산함수를 고려함으로써 이상의 결론을 회피할 수 있다. 그러나 이러한 접근방법은 별도의 두 가지 큰 문제에 봉착한다. 첫째, 이런 접근방법은 자본의 한계생산물이 부유한 국가나 가난한 국가 간에 비슷하다는 것을 시사 하기 때문에 부유한 국가에서 자본소득분배율이 훨씬 높다는 것을 제시할 필요가 있다. 둘째, 마찬가지의 논리에 의해 실질임금도 선진국이 약간만 높다는 결론에 도달한다. 이것들은 우리들이 현실에서 관찰하는 사실과 뚜렷하게 위배되는 것으로 보인다.

분석을 진행해 나갈 또 다른 방향은 소득 격차를 설명하는 데 있어 자본의 역할이 솔로우모형에서 평가하는 것 이상으로 중요하게 작용할 가능성을 검토하는 것이다. 만일 자본이 단순한 물적 자본 이상의 의미를 갖거나 물적 자본이 양(+)의 외부성(外部性)을 갖는다면, 물적 자본의 사적 수익은 생산에 대한 자본의 기여도를 나타내는 적절한 지표가 되지 못할 것이다. 이러한 경우 우리들이 이제까지 해 온 계산은 잘못된 것일지도 모르며 자본스톡의 차이가 소득격차의 주 요인이 된다는 견해가 다시 대두될 가능성이 있다.

성장이론의 근본적인 의문에 답하고자 하는 이러한 논점들에 관해 이 책의 제3장과 제4장에서 중심주제로 다룬다.

1.7 실증적 응용

■ 성장회계

많은 경우에 경제성장을 직접적으로 결정하는 원인들에 대하여 관심을 갖게 된다. 즉, 우리는 일정 기간동안에 다양한 생산요소가 성장에 얼마나 기여하고 또 그 외의 요소들이 성장에 얼마나 기여하였는가를 파악하고자 한다. Abramovitz(1956)와 Solow(1957)에 의하여 처음으로 제시된 **성장회계**(*growth accounting*)는 이러한 문제를 다루는 방법을 제공한다.

성장회계 기법을 어떻게 적용하는지를 살펴보기 위해 다시 생산함수 $Y(t) = F(K(t), A(t)L(t))$를 고려해보자. 이 함수를 시간에 대하여 미분하면 다음과 같은 식을 얻는다.

$$\dot{Y}(t) = \frac{\partial Y(t)}{\partial K(t)}\dot{K}(t) + \frac{\partial Y(t)}{\partial L(t)}\dot{L}(t) + \frac{\partial Y(t)}{\partial A(t)}\dot{A}(t) \tag{1.34}$$

여기서 $\partial Y/\partial L$과 $\partial Y/\partial A$는 각각 $[\partial Y/\partial AL]A$, $[\partial Y/\partial AL]L$을 표현한 것이다. 양변을 $Y(t)$로 나누고 우변을 정리하여 다시 쓰면 다음을 얻는다.

$$\begin{aligned}\frac{\dot{Y}(t)}{Y(t)} &= \frac{K(t)}{Y(t)}\frac{\partial Y(t)}{\partial K(t)}\frac{\dot{K}(t)}{K(t)} + \frac{L(t)}{Y(t)}\frac{\partial Y(t)}{\partial L(t)}\frac{\dot{L}(t)}{L(t)} + \frac{A(t)}{Y(t)}\frac{\partial Y(t)}{\partial A(t)}\frac{\dot{A}(t)}{A(t)} \\ &\equiv \alpha_K(t)\frac{\dot{K}(t)}{K(t)} + \alpha_L(t)\frac{\dot{L}(t)}{L(t)} + R(t)\end{aligned} \tag{1.35}$$

여기서 $\alpha_K(t)$는 t시점에서 생산의 자본탄력도, $\alpha_L(t)$는 노동탄력도, $R(t) \equiv [A(t)/Y(t)][\partial Y(t)/\partial A(t)][\dot{A}(t)/A(t)]$를 나타낸다. 양변에서 $\dot{L}(t)/L(t)$을 빼고 $\alpha_K(t) + \alpha_L(t) = 1$의 관계를 이용하면(이 장의 문제 1.9를 참조하라.) 노동자 1인당 생산증가율은 다음의 형태로 표현된다.

$$\frac{\dot{Y}(t)}{Y(t)} - \frac{\dot{L}(t)}{L(t)} = \alpha_K(t)\left[\frac{\dot{K}(t)}{K(t)} - \frac{\dot{L}(t)}{L(t)}\right] + R(t) \tag{1.36}$$

Y, K 및 L의 성장률은 쉽게 측정될 수 있다. 또한 여러 가정에서 나타난 바와 같이 자본이 그 한계생산물에 해당하는 수익만큼을 배분 받는다면 α_K는 자본소득분배율에 관한 자료를 이용하여 측정할 수 있다. 그러면 $R(t)$는 식 (1.36)의 나머지로서 추정할 수 있다. 따라서 식 (1.36)을 이용함으로써 1인당 생산증가율은 노동자 1인당 자본증가율과 그 이외의 항(이하에서는 **솔로우 잔차**(*Solow residuals*)라고 부르기로 한다.)의 두 가지 요인으로 분해할 수 있다. 솔로우 잔차는 흔히 성장에 대한 기술진보의 기여를 나타내는 지표로 해석되고 있다. 그러나 솔로우 잔차는 도출 과정에서 나타나는 바와 같이 사적 수익을 통하여 평가된 성장에 대한 자본 축적의 기여분을 제외한 모든 성장의 원천이 뒤섞여 있다고 할 수 있다.

기본적인 틀은 여러 가지 방법으로 확장될 수 있다. 그 가운데 다양한 유형의 자본과 노동을 고려하고 요소의 질적인 변화를 조정하는 것이 가장 흔히 시도되는 확장의 예이다. 그러나 더욱 복잡한 조정도 가능하다. 예를 들어 불완전경쟁의 증거가 있다면 소득분배율 자료를 조정함으로써 보다 정도(精度) 높은 투입요소별 생산탄력도를 추정할 수 있다.

성장회계는 단지 성장의 직접적인 결정요인을 규명하는 데 그치고 있다. 이는 생산요소의 축적, 생산요소의 질적 개선 등이 성장에 얼마나 기여하는지에 관한 답을 제공하는 데 그칠 뿐 이들 결정요인의 변화를 초래하는 원인이 무엇인지에 관한 보다 핵심적인 질문에는 답할 수 없다. 솔로우모형의 균형성장경로 상에 있는 경제에 성장회계를 적용하면 어떤 일이 일어나는지를 관찰한다면 성장회계에 의해서는 성장의 원동력이 무엇인지 발견할 수 없음을 알게 된다. 균형성장경로 상에서 1인당 소득의 성장은 전적으로 기술진보 A의 성장에서 비롯하는 것을 우리는 이미 알고 있다. 그러나 문제 1.15에서 묻는 바와 같이 성장회계는 성장이 $[1 - \alpha(k^*)]$의 비율만큼은 솔로우 잔차에, 그리고 $\alpha(k^*)$ 비율만큼은 자본축적에 기인한다는 점을 보여주고 있다.

비록 성장회계가 단지 성장의 직접적인 결정요인에 대한 증거를 제공하지만 성장회계는 여러 가지 주제에 효과적으로 적용되어 왔다. 예를 들어 동아시아의 신흥공업국들이 이룩한 기적적인 성장에 관한 최근 학계의 논쟁 과정에서 성장회계는 중요한 역할을 담당하였다(Young, 1995, 1998; Hsieh, 2002; Fernald and Neiman, 2011). 비록 완전히 문제들이 해결되지 않았지만, 이들 국가들의 높은 성장률은 다른 요인들에서 비롯된 것이 아니라 투자 증진과 노동참가율 상승, 교육을 통한 노동의 질적 개선에 주로 기인한 것이라고 주장하는 증거가 된다. 이러한 결과는 성장의 근접한 결정요인에만 관련된다고 해도 잠재적으로 중요한 의미를 가진다. 이는 신흥공업국(NICs)의 성공을 되풀이하고자 하는 국가들이 주어진 생산요소를 통해 보다 많은 생산을 얻어낼 수 있는 방법을 모색하는 어려운 과제에 도전할 필요가 없으며 다만 물적, 인적 자본축적과 자원의 이용도를 제고하는 데 노력하는 것으로도 충분하다는 것을 의미한다. 이 견해에 따르면 시장, 무역과 규제 등 신흥공업국이 취한 여러 가지 정책들은 오직 생산요소 축적과 생산과정에서의 이 용도를 높이는 데 영향을 미치는 경로를 통해 성장에 기여했고 평가할 수 있다.

또한 성장회계는 미국이나 다른 주요 선진국에서 최근 및 생산성 증가의 전망 행태를 연구하는 데 널리 이용되었다. 하나의 주된 연구로 1990년대 중반에 미국에서 높은 생산성 증가에 있어 컴퓨터와 다른 형태의 정보기술의 역할을 살펴보아야 한다(예를 들어, Oliner, Sichel, and Stiroh, 2007, and Byrne, Oliner, sand Sichel, 2013). Byrne, Fernald, and Reinsdorf(2016)의 연구는 직관적으로 매력적인 아이디어를 다루기 위해 매우 핵심적인 데이터 분석과 성장회계를 사용하여, 많은 현대 산업의 생산이 전통적인 산업의 생산보다 덜 가시적이기 때문에 최근 생산성 증가가 매우 낮다는 것을 보였다. 그러나 Byrne, Fernald, and Reinsdorf는 측정오류가 있지만 이전보다 최근 몇 년 간에 생산성이 더 크다는 증거가 없다는 것을 결정적으로 보여주었다. Gordon(예를 들어, Gordon, 2014)은 선진국의 미래 생산성 전망이 어둡다는 사례의 중심 기둥으로 성장회계를 이용하였다.

그러나 아마도 거시경제 질문에 빛을 비추기 위해 성장회계 형태의 기법으로 최근에 가장 많이 사용되는 것은 미시경제 자료를 적용하는 것이다. 예를 들어, Hsieh and Klenow(2009)는 기업 수준의 데이터와 성장회계 기법을 적용하여, 중국과 인도의 낮은 전체 생산성을 대한 기업에 대한 투입을 잘못 할당한 것의 중요성을 연구하였다. Hsieh and Klenow는 제조 공장의 노동과 자본의 한계생산물 가치의 분산을 추정하였다. 만약에 투입이 보다 효율적으로 배분되었다면 전체 생산성이 얼마나 올라갈 것인지를 추정하기 위해 모형기반과 성장회계 기반을 결합하였다. 그들은 제대로 작동하는 경제에서 마찰이 있고 한계생산은 확실히 부정확하기 때문에, 추정된 한계생산물의 완전한 균등화가 현실적이지 않다고 인식하였다. 따라서 그들은 중국이나 인도에서의 한계생산물의 추정된 분산을 미국 수준으로 감소시켜 재분배의 효과를 고려하였다. 그들은 부국과 빈국의 전체 차이의 일부이지만 여전히 유효하게 약 50% 정도 중국과 인도의 제조업의 전체 생산성을 향상시키는 재분배를 발견하였다.

■ 수렴

성장에 관한 실증분석에서 가장 주목을 받는 명제는 빈국(貧國)이 부국(富國)보다 빠른 속도로 성장하는 경향이 있는지의 문제일 것이다. 경제성장에 이러한 수렴현상을 기대할만한 이유로서 적어도 다음의 세 가지 이유를 들 수 있다. 첫째, 솔로우모형은 각국이 그 나라의 균형성장경로로 수렴한다고 예측한다. 따라서 국가들 간의 1인당 생산량의 격차가 균형성장경로로부터 떨어져 있는 상대적 위치에 기초하기 때문이라면 빈국은 점차 부국으로 접근하여 갈 것이라고 기대할 수 있다. 둘째, 솔로우모형에서는 노동자 1인당 자본이 많은 국가일수록 자본의 수익률은 낮다. 따라서 부국에서 빈국으로 자본이 유입될 유인이 존재한다. 이 유인도 각국 경제의 수렴을 촉진시키는 원인이 될 것이다. 셋째, 지식의 파급에 시간이 소요된다는 것을 전제한다면 소득격차는 후진국들이 선진국에서 이용되고 있는 최상의 기술을 아직 도입하지 못한 데서 비롯한다 할 수 있다. 이러한 격차는 빈국이 최상의 기술에 접근함으로써 줄어드는 경향을 보일 것이다.

Baumol(1986)은 16개 선진국 자료를 이용하여 1870~1979년에 걸친 기간 동안 수렴이 발생하였는지 여부에 대한 검증을 시도하였다. Baumol은 기간 중 1인당 소득의 증가를 상수항과 초기소득수준에 대하여 회귀분석하였다. 즉 다음과 같은 식을 추정하였다.

$$\ln\left[\left(\frac{Y}{N}\right)_{i,1979}\right] - \ln\left[\left(\frac{Y}{N}\right)_{i,1870}\right] = a + b\ln\left[\left(\frac{Y}{N}\right)_{i,1870}\right] + \varepsilon_i \tag{1.37}$$

여기서 $\ln[(Y/N)]$는 1인당 소득의 로그값, ε는 오차항, 그리고 하첨자 i는 국가를 나타낸다.[20] 만일 각국의 성장에 있어 수렴현상이 나타난다면 계수 b는 당연히 음(−)의 값을 나타낼 것이고, 초기에 고소득국은 낮은 성장을 보일 것이다. 만일 b가 정확히 −1이라면 이것은 완전한 수렴을 의미한다. 초기의 고소득은 (평균적으로) 1대 1로 그 후의 저성장으로 이어진다. 이 경우 1979년의 1인당 생산량은 1870년의 1인당 생산량과는 아무런 상관관계도 갖지 않는 것 (즉 무상관)으로 나타난다. 반면에 b가 정확히 0이라면 성장은 초기의 소득과 어떠한 관계도 갖지 않으므로 수렴현상은 존재하지 않는다고 풀이할 수 있다.

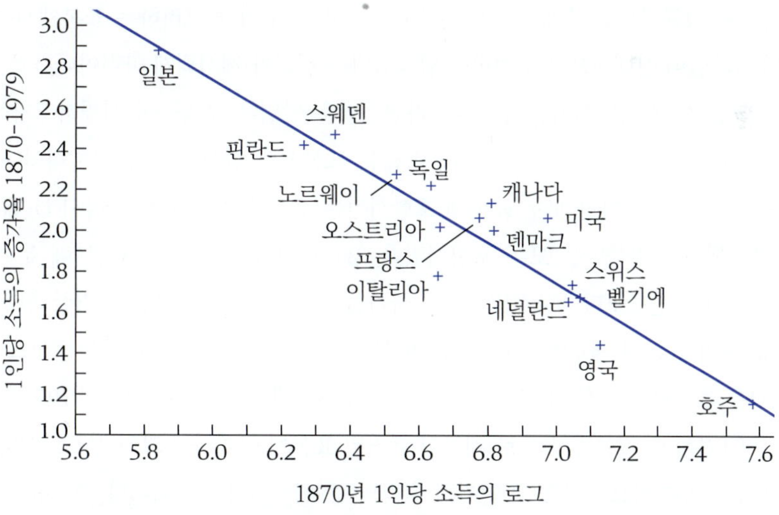

그림 1.7 Baumol의 표본에서 초기소득수준과 그 후의 성장(De long, 1988)

실제의 추정결과는 다음과 같다.

20 Baumol은 1인당 소득보다는 노동자 1인당 소득을 고려하였다. 이런 선택은 결과에 거의 영향을 주지 못한다.

$$\ln\left[\left(\frac{Y}{N}\right)_{i,1979}\right]-\ln\left[\left(\frac{Y}{N}\right)_{i,1870}\right]=8.457-\underset{(0.094)}{0.995}\ \ln\left[\left(\frac{Y}{N}\right)_{i,1870}\right], \tag{1.38}$$

$$R^2 = 0.87, \quad \text{s.e.e.} = 0.15$$

여기서 괄호 내의 숫자 0.094는 추정계수의 표준오차를 나타낸다. 그림 1.7은 회귀추정에 사용된 자료의 산포도이다.

위의 분석결과에 따르면 거의 완전한 수렴현상이 존재한다. b의 추정값은 거의 −1에 가까울 뿐 아니라 통계적 유의수준도 상당히 높다. 표준오차의 2배까지의 신뢰구간은 [0.81, 1.18]이다. 표본자료에서 현재의 1인당 소득은 100년 전 1인당 소득과 전혀 관계가 없는 것으로 나타난다.

그러나 DeLong(1988)은 Baumol의 발견이 거의 가성적인 것에 지나지 않는다고 반박하였다. Baumol의 분석에는 두 가지 문제가 있다. 첫째는 **표본선택**(*sample selection*)의 문제이다. 장기간에 걸친 역사적 자료는 일반적으로 현재로부터 거슬러 올라가 추정되기 때문에 장기에 걸친 자료를 보유하고 있는 국가들은 대부분 현재 산업화가 가장 잘 진행되어 있는 나라들이다. 따라서 100년 전에 부유하지 않았던 국가가 표본에 포함되는 경우는 이 국가가 지난 100년간 고성장을 달성하였다는 것을 스스로 입증하고 있다고 볼 수 있다. 이에 비해 100년 전부터 부유했던 나라들은 일반적으로 지난 100년간 표본에 포함되었을 가능성이 높다. 때문에 수렴현상이 평균적으로 존재하지 않는다고 하더라도 우리가 고려하는 표본에서는 과거에 빈곤했던 국가들이 상대적으로 고성장을 달성했다는 결과가 제시되게 마련이다.

이와 같은 왜곡을 제거할 수 있는 자연스러운 방법은 우리들이 설명하고자하는 변수, 즉, 1870~1979년까지의 성장에 기초하지 않은 표본선택 방식을 이용하는 것이다. 자료상의 제약으로 전 세계 국가를 모두 표본에 포함시키는 것은 불가능하다. 따라서 DeLong은 1870년에 부유했던 국가들만을 모두 포함시켰다. Baumol의 표본 중, 1870년에 두 번째로 가난했던 국가인 핀란드보다 부유했던 모든 국가들을 포함하는 것이다. 이러한 선택 방식을 통해 Baumol의 표본에 새로이 7개국(아르헨티나, 칠레, 동독, 아일랜드, 뉴질랜드, 포르트갈, 스페인)을 추가하는 대신 한 국가(일본)를 제외하여 새로운 표본을 구성하였다.[21]

그림 1.8은 이 같은 방식으로 왜곡이 제거된 표본에 근거하여 그린 산포도이다. 이처럼 표본을 새롭게 추가함으로써 당초 얻어진 수렴의 증거는 현저히 약화된다. 이 자료를 바탕으로 하여 회귀한 결과, b의 추정치는 −0.566(표준오차는 0.144)로 나타났다. 이는 표본 선택에 따른 왜곡을 통제하고 나면 Baumol이 발견한 수렴현상의 약 1/2이 사라짐을 의미한다.

---

21 1870년 시점에서는 세계의 대부분의 국가가 일본보다 부유하였기 때문에 일본보다 부유한 국가였던 국가의 범위로 표본을 구성하는 것은 가능하지 않다. 이에 더하여 추계기간 중 국경이 일정하기 않았었다는 사실에 주의가 필요하다. DeLong의 분석은 1979년의 국경선에 기초하고 있으며 1870년의 소득을 추정함에 있어서 1979년의 국경에 대응하는 지리적 영역에 대하여 1870년의 평균소득을 추계하고 있다.

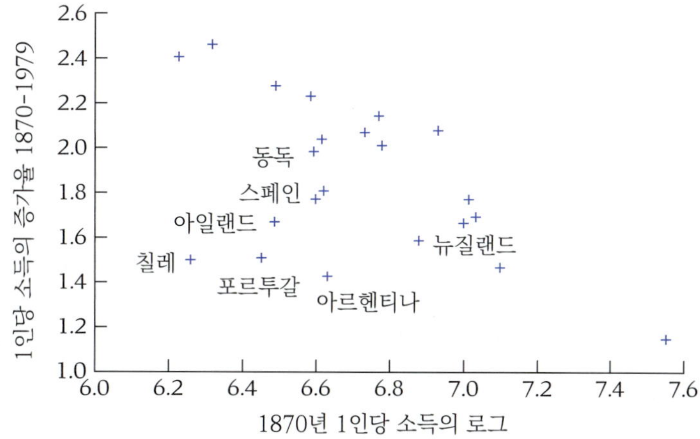

그림 1.8 확장된 표본에서 초기소득수준과 이후의 성장(De Long, 1988)

DeLong이 지적한 두 번째 문제점은 **측정오차**(*measurement error*)이다. 1870년의 1인당 실질소득의 추정값이 정확하지 않은 것이다. 측정오차도 수렴에 대한 편의(bias)를 낳는다. 만일 1870년의 소득이 과대 추정된 것이라면 1870~1979년에 걸친 성장은 과소 추정될 것이다. 거꾸로, 1870년 소득이 과소 추정된 경우 기간 중 성장은 과대 추정된다. 따라서 실제의 성장과 실제의 초기 소득수준 간에 아무런 관계가 없다 하더라도 초기에 측정된 소득이 높은 국가일수록 측정된 성장률은 과소 추정되는 경향을 갖게 된다.

DeLong은 이러한 문제를 고려하여 다음의 회귀모형을 고안하였다.

$$\ln\left[\left(\frac{Y}{N}\right)_{i,1979}\right] - \ln\left[\left(\frac{Y}{N}\right)_{i,1870}\right]^* = a + b\ln\left[\left(\frac{Y}{N}\right)_{i,1870}\right]^* + \varepsilon_i \tag{1.39}$$

$$\ln\left[\left(\frac{Y}{N}\right)_{i,1870}\right] = \ln\left[\left(\frac{Y}{N}\right)_{i,1870}\right]^* + u_i \tag{1.40}$$

여기서 $\ln[(Y/N)_{i,1870}]^*$ 은 1870년 1인당 소득의 로그값의 참값이며 $\ln[(Y/N)_{i,1870}]$은 이에 대한 측정치이다. e와 u는 서로 아무런 상관관계도 갖지 않으며 $\ln[(Y/N)_{i,1870}]^*$ 와도 상관관계가 없는 것으로 상정한다.

유감스럽게도 $\ln[(Y/N)_{i,1870}]$ 및 $\ln[(Y/N)_{i,1979}]$만의 자료를 이용하여 위의 모형을 추정하는 것은 불가능하다. 문제는 자료에 대하여 동일한 예측을 낳는 서로 다른 가설들이 있다는 것이다. 예를 들어 측정된 성장이 측정된 초기소득과 음(−)의 상관관계를 가지는 결과를 얻었다고 가정하자. 이 결과는 측정된 오차가 중요하지 않고 참된 수렴이 일어나는 경우를 가리킬 수도 있고, 측정된 오차가 중요하고 참된 수렴은 일어나지 않는 경우를 가리킬 수도 있다. 이 두 가지 중 어느 경우인지 알 수 없다. 즉, 기술적으로 모형이 **식별되지 않는다.**

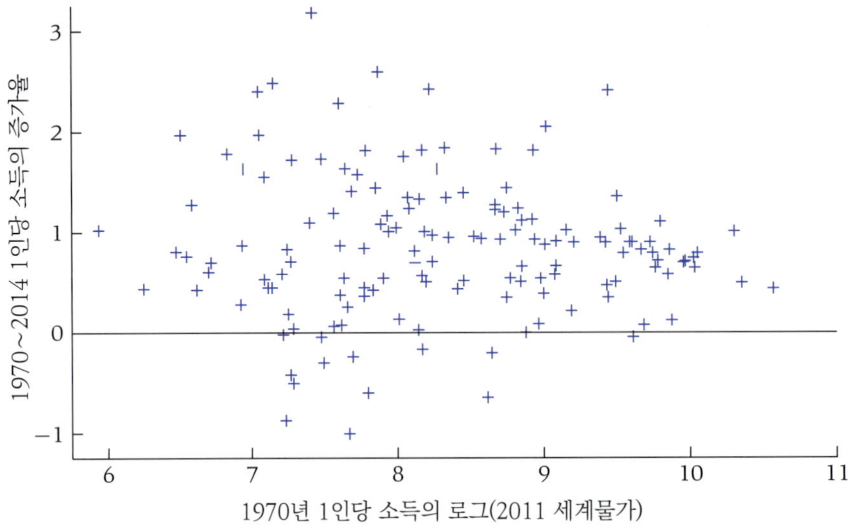

그림 1.9 대규모 표본에서 초기 소득과 이후의 성장

그러나 DeLong는 1870년의 데이터가 얼마나 좋은가에 대하여 적어도 대략적인 생각이 있었고, 따라서 측정오차의 표준편차에 대하여 상식적인 값을 상정할 수 있다고 주장한다. 예를 들어 $\sigma_u = 0.01$은 초기소득을 1% 이내 오차에서 측정할 수 있다고 상정하는 것인데 이는 능력 이상이라는 점에서 그럴듯하지 않다. 반대로 $\sigma_u = 0.50$은 평균적으로 50%의 오차를 상정하는 것인데 이것 역시 부당하게 크다. DeLong은 σ_u의 값을 고정한다면 나머지 모수들을 모두 측정할 수 있다는 것을 보였다.

그러나 그다지 크지 않은 측정오차라고 해도 결과에 중대한 영향을 미치는 것으로 나타난다. 예를 들어 편의가 없는 표본의 경우 b의 추정치는 $\sigma_u \simeq 0.15$일 때 0(수렴의 경향이 없다), $\sigma_u \simeq 0.20$일 때 1(엄청난 발산의 경향이 있다.)이 된다. 따라서 현실적으로 그럴듯하다고 생각되는 정도의 측정오차도 Baumol이 얻은 수렴현상을 지지하는 나머지 측정값의 대부분 혹은 모두를 사라지게 만든다.

수렴의 유무에 대하여는 서로 다른 국가들과 표본기간에 기초한 표본을 이용하여 조사하는 것도 가능하다. 그림 1.9는 1970~2014년 기간 중 중동의 주요 원유 산출국을 제외한 전세계를 대상으로, 그림 1.7 및 1.8과 같은 **수렴산포도**(*convergence scatterplot*)를 그린 것이다. 그림에 나타난 바와 같이 수렴의 증거는 나타나지 않는다. 이러한 수렴의 문제에 대하여 3.12절에서 한 차례 더 다룬다.

1.8 환경과 경제성장

솔로우모형에서는 자연자원, 환경오염 그리고 기타 환경적인 고려사항들은 누락되어 있다. 그러나 적어도 Malthus(1798)가 제기한 고전적인 주장 이래로 많은 사람들은 이러한 이슈들이 장기적인 경제성장에 결정적인 요인이라고 믿게 되었다. 예를 들어 원유나 여타 자연자원의 부존량(賦存量)은 고정되어 있다. 이는 생산을 영구히 증대하고자 하는 어떤 시도도 궁극적으로 이들 자원을 고갈시켜 결국은 실패하게 될 것임을 의미한다. 이와 유사하게 고정된 토지의 공급이 우리들의 생산능력을 제한하게 될 지도 모른다. 그리고 영구히 증가하는 생산은 환경오염의 총량을 영구히 누적시킴으로써 성장을 정체시킬지 모른다.

이 절에서는 환경적인 제약이 장기 성장에 어떠한 영향을 미치는가에 대한 문제를 다룬다. 이 문제를 논의하는 데 있어, 토지와 자연자원 등과 같이 재산권 개념이 잘 정립되어 있는 환경 요소들과 공기와 물 등과 같이 그렇지 않은 요소들을 구별하는 것이 중요하다.

환경재에 대한 재산권의 존재는 두 가지 측면에서 중요한 함의를 갖는다. 첫째, 시장은 환경재가 어떻게 사용되어야 하는지에 관한 유용한 신호를 제공한다. 예를 들어, 원유공급의 한계가 향후 우리의 생산능력에 중요한 제약으로 작용할 것이라는 매우 신뢰성 있는 증거를 갖고 있다고 가정하자. 이것은 미래에 원유가 높은 가격에 팔린다는 것을 의미한다. 하지만 이는 다시 원유 보유자들이 오늘에도 원유를 싼 값으로 팔려고 하지 않을 것이라는 것을 뜻한다. 따라서 원유는 현재의 시점에서도 높은 가격에 거래될 것이며 이에 따라 현재의 사용자들도 절약하고자 하는 유인을 갖게 된다. 요컨대 고정된 원유 부존량이 미래의 우리 생산능력을 저해할 수 있다는 사실이 정부의 개입을 정당화하는 근거가 되지는 못한다. 그런 불행한 상황은 시장을 통해 해결되어야 한다.

환경재에 대한 재산권의 존재가 지니는 두 번째 시사점은 환경재가 생산과정에서 얼마나 중요한가를 평가하기 위한 증거로서 그 가격을 이용할 수 있다는 것이다. 예를 들어, 원유가 미래 생산을 제약하는 중요한 요인이 될 것이라는 사실이 원유의 현재가격을 높은 수준으로 밀어올리기 때문에, 경제학자들은 현재 활용가능한 최선의 증거가 되는 현재의 원유가격을 사용하여 원유의 중요성을 어떻게 판단하는 가를 유추할 수 있다. 경제학자들이 활용가능한 최선의 증거를 독자적으로 평가할 필요가 없다.

반면 환경재에 대한 재산권이 없는 경우는 환경재의 사용이 외부효과를 낳는다. 예를 들어 기업들은 자신들이 피해를 주는 사람들에게 보상하지 않으면서 환경을 오염시킬 수 있다. 따라서 이런 경우에는 정부가 시장에 개입하게 될 필요가 훨씬 강해진다. 그리고 재화의 중요성에 대한 증거를 손쉽게 제공해 줄 시장가격 자체가 존재하지 않는다. 따라서 환경관련 이슈에 흥미가 있는 경제학자들은 이러한 증거를 그들 스스로 평가해야 한다.

이하에서는 시장에서 거래되는 환경재를 먼저 고려하기로 한다. 먼저 단순한 기본모형을 분석하고 다음으로 중요하고 복잡한 요소들을 추가한 모형을 분석한다. 그런 다음 제대로 작동하는 시장이 존재하지 않는 환경재로 관심을 돌려보기로 한다.

■ 자연과 토지 : 기본모형

우리는 솔로우모형을 확장하여 자연자원과 토지를 분석한다. 분석을 편리하게 하기 위하여 콥-더글러스 생산함수를 상정한다. 따라서 앞에서의 생산함수 식 (1.1)은 다음과 같이 쓸 수 있다.

$$Y(t) = K(t)^{\alpha} R(t)^{\beta} T(t)^{\gamma} [A(t)L(t)]^{1-\alpha-\beta-\gamma},$$
$$\alpha > 0, \quad \beta > 0, \quad \gamma > 0, \quad \alpha + \beta + \gamma < 1 \qquad (1.41)$$

여기서 R은 생산에 사용되는 자원을, T는 생산에 투입되는 토지의 양을 각각 나타낸다.

자본, 자연노동, 유효노동의 동학은 앞서 논의한 바 있는 솔로우모형과 같다. $\dot{K}(t) = sY(t) - \delta K(t)$, $\dot{L}(t) = nL(t)$ 그리고 $\dot{A}(t) = gA(t)$. 새로이 도입되는 가정은 자원과 토지에 관한 것이다. 지구상의 토지 규모는 고정되어 있기 때문에 장기적으로 생산에 투입되는 토지의 양은 늘어날 수 없다. 따라서 우리는 다음과 같이 가정한다.

$$\dot{T}(t) = 0 \qquad (1.42)$$

마찬가지로 자원의 부존양은 고정되어 있고 이를 생산에 이용한다는 것은 가용자원이 궁극적으로 감소하게 됨을 의미한다. 따라서 역사적으로는 자원 이용이 증가해 왔지만, 다음과 같이 자원증가율이 음이라고 가정한다.

$$\dot{R}(t) = -bR(t), \qquad b > 0 \qquad (1.43)$$

생산함수에 자원과 토지가 생산요소로 포함된다는 것은 $k = K/AL$은 더 이상 특정 값으로 수렴하지 않는다는 것을 의미한다. 결과적으로 $k = K/AL$에 초점을 맞추는 종전의 분석방법은 이러한 경제의 움직임을 분석하는 데 사용할 수 없게 된다. 이러한 상황 속에서 유용한 방법은 균형성장경로(均衡成長經路)가 존재할 수 있는가와, 존재한다면 그 경로 상에서 각 변수의 성장률은 얼마일까를 묻는 것이다.

가정에 의해 A, L, R, T는 각각 일정한 비율로 증가한다. 따라서 균형성장경로 상에서 요구되는 것은 K와 Y의 증가율이 일정해야 한다는 것이다. 자본의 운동방정식 $\dot{K}(t) = sY(t) - \delta k(t)$에 의하면 K의 성장률은 다음과 같다.

$$\frac{\dot{K}(t)}{K(t)} = s\frac{Y(t)}{K(t)} - \delta \qquad (1.44)$$

따라서 K의 성장률이 일정하게 되려면 Y/K가 상수이어야 한다. 이는 다시 K, Y의 증가율이 같아야 한다는 것을 의미한다.

우리는 생산함수 (1.41)을 이용하여 언제 이와 같은 조건이 충족되는가를 찾아낼 수 있다. 식 (1.41)의 양변에 로그를 취하면 다음의 식을 얻을 수 있다.

$$\begin{aligned}\ln Y(t) &= \alpha \ln K(t) + \beta \ln R(t) + \gamma \ln T(t) \\ &\quad + (1-\alpha-\beta-\gamma)[\ln A(t) + \ln L(t)]\end{aligned} \tag{1.45}$$

이제 양변을 시간에 대하여 미분할 수 있다. 변수의 로그에 대한 시간미분은 해당 변수의 성장률과 동일하다는 사실을 이용하면 다음의 식을 얻게 된다.

$$g_Y(t) = \alpha g_K(t) + \beta g_R(t) + \gamma g_T(t) + (1-\alpha-\beta-\gamma)[g_A(t) + g_L(t)] \tag{1.46}$$

여기서 g_X는 X의 성장률을 나타낸다. R, T, A 및 L의 성장률은 각각 $-b$, 0, g 그리고 n이다. 따라서 식 (1.46)은 다음식으로 단순화 된다.

$$g_Y(t) = \alpha g_K(t) - \beta b + (1-\alpha-\beta-\gamma)(n+g) \tag{1.47}$$

이제 우리는 위에서 발견한 것, 즉 만일 경제가 균형성장경로에 있다면 g_Y와 g_K가 같아야 한다는 점을 이용할 수 있다. $g_Y = g_K$의 조건을 식 (1.47)에 부과하여 g_Y에 대하여 풀면 다음의 식을 얻을 수 있다.

$$g_Y^{bgp} = \frac{(1-\alpha-\beta-\gamma)(n+g) - \beta b}{1-\alpha} \tag{1.48}$$

여기서 g_Y^{bgp}은 균형성장경로 상에서 Y의 성장률을 나타낸다. 본 분석은 이제 마지막 단계를 남겨 놓고 있다. 아직 우리는 경제가 이러한 균형성장경로로 실제로 수렴해 가는지 여부에 대해서는 설명하지 않았다. 식 (1.47)로부터 만일 g_K가 자신의 균형성장경로의 값을 초과하면 g_Y도 자신의 균형성장경로의 값을 초과할 것이지만 g_Y의 초과하는 정도는 g_K보다 적다는 것을 알 수 있다. 그러므로 만일 g_K가 자신의 균형성장경로의 값을 초과하면 Y/K는 감소한다. 방정식 (1.44)는 우리에게 g_K는 $sY/K - \delta$와 같다는 것을 보여준다. 따라서 만일 Y/K가 감소하면 g_K도 감소한다. 즉 g_K가 자신의 균형성장경로의 값을 초과한다면 g_K는 감소한다. 이와 마찬가지로 만일 g_K가 자신의 균형성장경로의 값을 하회할 때는 g_K는 증가할 것이다. 그러므로 g_K는 시간이 흐름에 따라 자신의 균형성장경로 상의 값으로 수렴하며 경제 전체도 균형성장 경로로 수렴해 간다.[22]

식 (1.48)은 균형성장경로에서의 노동자 1인당 생산의 증가율은 다음과 같다는 것을 시사한다.

---

22 이 분석은, 한가지의 미묘한 점을 간과하고 있다. 만일 $(1-\alpha-\beta-\gamma)(g+n) + (1-\alpha)\delta - \beta b$가 음(−)의 값을 갖는다면 Y/K가 음(−)의 값을 가지는 경우에 한하여 $g_K = g_K^{bgp}$의 조건이 성립한다. 그리고 Y/K가 0이거나 음(−)이라면, g_Y가 g_K보다 적을 때, Y/K가 하락한다고 하는 주장은 성립하지 않는다. 그 결과, $(1-\alpha-\beta-\gamma)(g+n) + (1-\alpha)\delta - \beta b$가 음(−)이라면, 경제가 본문에 기술되어 있는 균형성장경로로 수렴하지 않고 단지 $Y/K = 0$와 $g_K = -\delta$의 조건이 성립하는 상황으로 수렴한다. 그러나 파라미터들이 임의의 합리적인 값을 갖는 경우 $(1-\alpha-\beta-\gamma)(g+n) + (1-\alpha)\delta - \beta b$는 양(+)의 값을 갖는다. 그러므로 이러한 복잡한 문제는 중요하지 않다.

$$
\begin{aligned}
g_{Y/L}^{bgp} &= g_Y^{bgp} - g_L^{bgp} \\
&= \frac{(1-\alpha-\beta-\gamma)(n+g)-\beta b}{1-\alpha} - n \\
&= \frac{(1-\alpha-\beta-\gamma)g - \beta b - (\beta+\gamma)n}{1-\alpha}
\end{aligned}
\tag{1.49}
$$

식 (1.49)는 균형성장경로에서 노동자 1인당 소득증가율 $g_{Y/L}^{bgp}$은 양(+)과 음(−)의 값 모두를 가질 수 있다. 즉, 자원과 토지의 제약으로 인하여 노동자 1인당 생산이 결국 하락할 수도 있으나 이는 필연적인 것은 아니다. 노동자 1인당 자원 및 토지의 수량이 감소하는 것은 성장을 끌어내리는 요인으로 작용할 것이다. 그러나 기술진보는 성장의 원동력이다. 만일 기술진보에 힘입은 성장 동력이 자원과 토지로 인한 성장장애(成長障碍)를 압도한다면 노동자 1인당 생산의 증가는 지속 가능할 것이다. 이러한 현상이야말로 지난 수세기 동안에 일어난 현실과 정확히 일치한다.

■ 계산 예

최근 역사를 살펴보면 기술진보에 따른 이익이 제한된 자원과 토지의 제약에서 비롯되는 불이익을 압도하였다. 그러나 이것이 곧 자원과 토지의 제약에서 비롯되는 불이익이 얼마나 큰지를 우리에게 말해 주는 것은 아니다. 예를 들어 단순히 기술진보의 속도가 온건히 둔화될 때 노동자 1인당 소득의 성장률을 음(−)의 값으로 바꿀 만큼 불이익의 규모가 클지도 모른다.

자원과 토지의 제약은 노동자 1인당 자원 및 토지의 사용량을 각각 하락시켜 성장률을 감소시킨다. 그러므로 Nordhaus(1992)가 관찰한 바와 같이 이러한 제약이 얼마나 성장을 둔화시키는가를 측정하기 위하여 만일 노동자 1인당 자원 및 토지의 사용량이 일정하다면 과연 얼마만큼 성장률이 상승할 수 있을까를 물어 볼 필요가 있다. 보다 구체적으로 $\dot{T}(t)=0$와 $\dot{R}(t)=-bR(t)$의 가정 대신에 $\dot{T}(t)=nT(t)$와 $\dot{R}(t)=nR(t)$의 가정으로 바꾸는 것 외에는 이제까지 다루어 온 것과 동일한 경제를 상정하자. 이 가상 경제에서는 자원 및 토지에 제약이 존재하지 않는다. 즉, 자원과 토지는 인구의 증가함에 따라 같은 비율로 증가한다. 식 (1.49)를 도출하기 위해 사용한 분석을 이용하면 이 경제의 균형성장경로 상에서 노동자 1인당 생산의 증가율은 다음과 같다.[23]

$$
\tilde{g}_{Y/L}^{bgp} = \frac{1}{1-\alpha}(1-\alpha-\beta-\gamma)g \tag{1.50}
$$

자원과 토지의 제약에서 비롯되는 "성장장애"(growth drag)는 가상경제 하에서의 성장률과 자원 및 토지가 제한되는 경우의 성장률간의 격차이다.

23 문제 1.17를 참조하라.

$$\begin{aligned}\text{Drag} &\equiv \tilde{g}_{Y/L}^{bgp} - g_{Y/L}^{bgp} \\ &= \frac{(1-\alpha-\beta-\gamma)g - [(1-\alpha-\beta-\gamma)g - \beta b - (\beta+\gamma)n]}{1-\alpha} \\ &= \frac{\beta b + (\beta+\gamma)n}{1-\alpha}\end{aligned} \tag{1.51}$$

따라서 성장장애는 자원소득분배율(β), 토지소득분배율(γ), 자원사용의 감소율(b), 인구증가율(n) 및 자본소득분배율(α)의 증가함수이다.

이 성장장애의 크기를 수량화할 수 있다. 자원과 토지가 시장에서 거래되기 때문에 이들 소득자료를 이용하여 생산에서 이들의 중요도, 즉 β와 γ를 추정할 수 있다. Nordhaus(1992)가 기술한 바와 같이 소득 자료는 $\beta + \gamma$의 값이 약 0.2라고 시사하고 있다. Nordhaus는 성장장애를 추정하기 위해 여기서 제시된 모형보다 다소 복잡하게 변형된 모형을 사용하였다. 그의 점 추정값은 0.0024의 성장장애, 즉 매년 대략 0.25% 포인트에 달한다. 그는 단지 성장장애의 1/4만이 토지의 공급제약에 기인한다는 사실을 발견하였다. 나머지 대부분은 에너지자원의 제약에서였다.

그러므로 이들 증거는 환경조건의 제약으로 인한 성장둔화가 사소한 것은 아니지만 그다지 심대한 영향을 미치는 것도 아니라는 것을 시사하고 있다. 이에 더하여 노동자 1인당 소득의 성장률이 매년 1/4% 포인트 보다는 훨씬 크기 때문에 이러한 증거에 따르면 노동자 1인당 소득이 하락하기 위해서는 자원 및 토지 제약의 규모가 대단히 커야 함을 보여준다.

■ 복잡한 문제

토지의 총량은 고정되어 있으며 자원의 사용도 결국은 감소하게 될 것이다. 따라서 과거 수세기동안 기술진보가 자원 및 토지의 제약을 앞질러 갈 수 있었지만, 궁극적으로 이들의 제약이 우리의 생산능력에 대한 구속력 있는 제약이 될 수 있을법 하다.

이러한 제약이 솔로우 모형에서 발생하지 않는 것은 생산함수가 콥–더글러스형(Cobb–Douglas Production Function)이기 때문이다. 콥–더글러스 생산함수에서는 A의 주어진 % 변화는 A가 R과 T에 비해 얼마나 큰지에 관계없이 항상 생산이 동일한 % 변화만큼 생산된다. 결과적으로 기술진보가 항상 R/L 및 T/L의 감소를 상쇄시킬 수 있는 것이다.

그러나 이는 생산함수의 일반적인 특성은 아니다. 콥–더글러스함수는 투입요소 간의 대체탄력성이 항상 1로 일정하다. 만일 대체탄력성이 1보다 작다면 점차 희소해지는 투입요소에 귀속되는 소득의 몫이 시간이 경과함에 따라 체증하게 된다. 직관적으로 생산함수가 레온티에프 함수(Leontief function)에 더 가까워질수록 희소해지는 생산요소는 그 중요성이 더욱 증대하게 된다. 반대로 만일 대체탄력성이 1보다 크다면 희소해지는 생산요소에 지급되는 소득의 몫은 점차 감소한다. 생산함수가 선형에 가까울수록 부존량이 많은 생산요소들이 이익을 얻는다는 점을 직관적으로 알 수 있을 것이다.

앞서 분석에 비추어 볼 때 이 논의가 의미하는 것은 만일 우리가 콥-더글러스 함수 이외의 생산함수를 고려한다면 성장장애의 식 (1.51)에 표현된 분배율들이 더 이상 상수가 아니고 생산요소 투입비율의 함수가 될 것이라는 점이다. 그리고 만일 대체탄력성이 1보다 작다면 자원과 토지에 돌아가는 소득의 몫은 시간이 경과할수록 체증하며 이에 따라 성장장애 역시 증가하게 될 것이다. 실제로 이 경우 가장 서서히 증가하는 투입요소 – 자원 – 에 돌아가는 소득의 몫은 1에 근접해 갈 것이다. 따라서 성장장애는 $b+n$의 값으로 접근해 갈 것이다. 즉, 노동자 1인당 소득은 노동자 1인당 자원 사용량의 감소율과 같은 $b+n$의 비율로 점근적(漸近的)으로 감소할 것이다. 이 경우 자원공급의 유한성이 장기적으로 지속적인 소득 감소로 이어진다는 종말론적 경제관을 지지하게 된다.

그러나 실제로 생산함수가 콥-더글러스 형태가 아닐 수 있다는 점을 인식한다고 해서 자원 및 토지의 제약이 얼마나 중요한지를 나타내는 추정이 올라가는 것이 아니라 오히려 내려간다. 그 이유는 토지 및 자원에 귀속되는 소득의 분배율이 증가하기보다 오히려 감소하고 있기 때문이다. 토지소득분배율은 토지의 실질임대료에 토지 총생산 비율을 곱한 것으로 표현할 수 있다. 그런데 토지의 실질임대료는 추세적인 움직임을 보이지 않는 반면에 토지/GDP비율은 지속적으로 감소해왔다. 그 결과, 토지소득분배율도 감소해 왔다. 이와 유사하게 실질자원가격이 완만한 감소세를 보여 왔으며 자원사용의 총생산에 대한 비율 또한 감소해왔다. 따라서 자원소득분배율도 감소해왔다. 그리고 자원 소득분배율과 토지소득 분배율이 하락 한다는 것은 성장장애가 감소한다는 것을 의미한다.

토지와 자원이 상대적으로 희소해지고 있음에도 불구하고 토지와 자원의 소득분배율이 하락해 왔다는 사실은 토지 및 자원과 다른 요소들 간의 대체탄력도가 1보다 크다는 것을 의미한다. 얼핏 보기에 이는 놀라운 현상처럼 보인다. 만일 우리가 협의로 정의된 재화 – 예를 들어 서적들 – 를 고려한다면 투입요소들 간에 대체 가능성이 특별히 크게 느껴지지 않는다. 그러나 만일 사람들이 평가하는 것이 특정 재화가 아니라 그들 재화가 제공하는 최종 서비스 – 예를 들어, 정보저장 – 라고 한다면 대체 가능성이 큰 경우를 흔히 찾아볼 수 있다고 생각하는 것이 그럴듯하게 느껴질 것이다. 정보는 책을 통해 저장될 수 있을 뿐 아니라 구전의 전통, 석판, 마이크로필름, 비디오테이프 그리고 디스크에 의해서도 저장될 수 있다. 이들 다양한 저장수단은 자본, 자원, 토지 그리고 노동이 대단히 다른 비율로 사용된다. 그 결과 경제는 토지와 자원을 덜 집약적으로 사용하는 정보저장수단으로 옮겨감으로써 자원과 토지의 점차 증가하는 희소성에 대처할 수 있다.

■ 환경오염

노동자 1인당 자원 및 토지의 사용량이 줄어드는 것만이 환경문제가 경제성장을 제약하는 유일한 경로는 아니다. 생산은 공해를 유발한다. 이러한 환경오염은 적절히 측정되는 생산수준을 낮춘다. 즉, 만일 실질생산에 관한 통계가 모든 생산물을 그들이 효용에 미치는 영향을 반영한 가격으로 평가한다면 환경오염은 음(−)의 가격으로 계산되어야 할 것이다. 이에 더하여 공해는 전통적으로 측정된 생산물을 줄인다고 말해도 좋을 정도까지 발생할 수 있다. 예를 들어 지구온난화는 바다수면과 기후의 패턴에 대한 충격을 통해 생산수준을 줄일 수 있다.

경제이론에 따르면 우리들은 결코 공해에 대하여 대담한 태도를 견지할 어떠한 이유도 없다. 오염을 발생시키는 사람들은 그들 자신이 유발한 공해의 비용을 부담하지 않기 때문에 규제되지 않은 시장에서는 과도한 공해를 배출하게 된다. 비슷한 논리로 시장 내에 아무런 규제가 존재하지 않는 경우에는 환경오염에서 비롯되는 엄청난 재앙을 막을 수 있는 어떠한 장치도 존재하지 않게 된다. 가령, 전례 없는 급격한 기후변화를 초래하는 환경오염에 특정한 수준의 한계값이 존재한다고 가정하자. 이러한 상황에서 공해의 효과는 외부성이 있기 때문에, 공해가 한계값에 이르지 않도록 예방할 시장 메카니즘이 없다. 심지어 전문가들이 재앙이 임박한 것으로 믿고 있다고 경고해 줄 만한 무공해 환경의 시장가격조차 존재하지 않는다.

개념적으로 공해문제를 취급하는 바람직한 정책은 비교적 간단하다. 먼저 음(−)의 외부성에 대한 화폐가치를 정확히 추정한 후, 해당 액수만큼 공해발생에 대하여 세금을 부과한다. 이를 통해 사적비용과 사회적 비용이 같아지고 이에 따라 경제주체들은 사회적으로 최적수준의 공해를 선택하게 될 것이다.[24]

비록 최적 공해 정책에 대해 기술(記述)하는 것이 어렵지 않다 하더라도 공해가 야기하는 문제들이 얼마나 심대한 것인지를 파악하는 것은 여전히 유용하다. 경제성장을 이해한다는 측면에서 만일 공해에 대한 적절한 대처수단들이 마련되지 않을 경우, 환경오염이 얼마나 우리의 성장을 저해할지 알아야 할 것이다. 정책적인 관점에서 공해세가 어느 정도로 책정되어야 적정한지도 파악해야 한다. 또한, 공해세가 정치적으로 불가능하면 다른 규제방식을 대안으로 채택할 때 따르는 이득이 이에 수반되는 비용을 충분히 능가하는지의 여부도 알아야 한다. 끝으로 다른 사람들의 후생을 걱정하는 경제주체들이 환경오염을 유발하는 자신들의 활동을 억제하기 위해서 얼마나 많은 노력을 하게 될 지에 대해서도 알아야 한다.

안내지침으로 이용할 수 있는 시장가격이 존재하지 않기 때문에 공해에 관심이 있는 경제학자들은 먼저 과학적인 증거를 살펴보아야 한다. 예를 들어 지구온난화의 경우 합리적인 점추정 결과에 따르면 온난화 방지를 위한 주요 조치들이 취해지지 않을 경우 기후에 다양한 영향을 미치는 가운데 다음 1세기 기간 동안 평균온도가 섭씨 3도 상승할 것이다(Nordhaus, 2013). 지구온난화가 후생에 미치는 영향을 여러 가지 경로들을 고려하여 분석한 다음 Nordhaus는 2100년 현재 전체적인 후생효과는 불과 GDP의 2~3% 감소와 같은 소폭의 음(−)의 값으로 보는 것이 타당하다고 결론을 내렸다. 이러한 결과는 연평균 성장률이 단지 약 0.03% 포인트 낮아지는 것에 해당된다. 당연히 Nordhaus는 지구온난화와의 전쟁을 위해 급

24 대안적으로 우리는 사회적으로 최적인 오염의 수준을 찾아 낼 수 있으며 오염의 수준을 허락하는 거래 허가증의 양을 경매에 붙일 수 있다. Weitzman(1974)은 가격을 통제할 것인가 수량을 통제할 것인가의 선택에 대하여 고전적인 분석을 제공한다.

진적인 조치들, 즉 1990년대 이산화탄소의 방출을 절반보다 적도록 감소시킴으로써 온난화를 보다 큰 폭으로 완화하고자 하는 정책들은 아무런 대책을 세우지 않는 것보다 오히려 훨씬 큰 해악을 낳을 수 있다는 것을 발견하였다. 비슷한 접근으로, 탄소의 사회적 비용(기후에 영향을 미치는 탄소의 음의 외부효과를 해결하는 적절한 피구세의 크기)의 주된 추정치들은 보통 수준으로 나타난다. Greenstone, Kopits, and Wolverton(2013)과 Nordhaus(2014)는 1톤당 약 20달러로 추정하였다. 이러한 세금의 규모를 설명하는 방법은 휘발유 1갤런에 0.2달러가 추가된다는 것이다.

물론, 과학적 증거를 해석하고 후생효과를 추정하려는 시도는 목표와 멀다. 기후변화의 비용에 대한 강력한 견해와 이를 설명하는 방법의 가치에 대해 두 가지 고려사항이 있다. 첫째 꼬리 위험이다. 즉, 결과가 점추정치보다 훨씬 나쁠 것이라는 확률은 작다. Nordhaus(2013)은 불확실성을 설명하려고 시도하였고 결론을 바꿀 수 없다고 결론을 내렸다. 결과가 점추정치보다 훨씬 나쁠 수도 있지만 좋을 수도 있다는 것이 하나의 이유였다. Greenstone, Kopits, and Wolverton(2013)은 추정된 사회적 탄소비용을 2배로 하는 대체 가정이 있다는 것을 발견했지만 기본모형과 질적으로 다른 추정치의 경우를 만들기 어려웠다. 반대로 Weitzman(2009)는 꼬리위험은 기후변화의 해석을 본질적으로 변화시키며 훨씬 극적인 정책 변화를 지원한다고 주장한다.

두번째 문제는 적절한 할인율이다. 작은 할인율의 변화조차도 미래로 확장하는데 이득에 대한 오늘날의 비용을 포함하는 정책 분석에 큰 효과를 가지게 된다. 기후 변화의 해석에서 일반적으로 50~100년을 넘은 시계에서 충분히 작은 할인율은 결론에 큰 변화를 가지고 올 수 있다. 기후변화를 완화하는 행동의 비용과 이득을 할인하는 방법의 질문에 대한 좋은 출발은 Nordhaus(2007)과 Stern(2008)의 논쟁에 있다.

환경 문제를 심각하게 연구해 온 대부분의 경제학자들 그리고 심지어는 환경문제에 대하여 처음에 우호적이었던 경제학자들조차 환경문제가 성장에 미치는 영향이 기껏해 야 온건한 수준에 불과하다는 결론에 도달했다는 사실은 변하지 않는다.[25]

기후변화는 환경오염의 유일한 유형이 아니라는 것이 중요하다. Nordhaus(1992)는 다른 형태의 공해에 수반되는 후생비용이 지구온난화의 경우보다 크지만 여전히 제한적이라는 결론을 내리고 있다. 그의 추정에 의하면 연평균 성장률을 약 0.04% 포인트 낮추는 데 불과하다.

25 이것은 환경요인이 장기적인 성장에 항상 중요하지 않다는 것을 의미하지는 않는다. Brander and Taylor(1998)는 이스터 섬이 400년경에 정착이 이루어진 이후 1700년대에 유럽인이 도착하기 까지의 기간에 맬서스주의자에 의해 묘사된 타입의 환경재앙을 겪었다는 것을 강력하게 제기하고 있다. 그리고 그들은 다른 원시 사회도 그러한 재앙으로 고통을 겪었을지 모른다고 주장한다.

1.1 **성장률의 기본적인 성질** 어떤 변수의 성장률은 그 변수의 로그를 시간에 대하여 미분한 것과 동일하다는 사실을 이용하여 다음을 보여라.

(*a*) 두 변수의 곱의 성장률은 각 변수의 성장률의 합과 같다. 즉 $Z(t) = X(t)Y(t)$이면 $\dot{Z}(t)/Z(t) = [\dot{X}(t)/X(t)] + [\dot{Y}(t)/Y(t)]$이다.

(*b*) 두 변수의 비율은 각 변수의 성장률의 차와 같다. 즉 $Z(t) = X(t)/Y(t)$이면 $\dot{Z}(t)/Z(t) = [\dot{X}(t)/X(t)] - [\dot{Y}(t)/Y(t)]$이다.

(*c*) $Z(t) = \alpha X(t)^{\alpha}$이면 $\dot{Z}(t)/Z(t) = \alpha\dot{X}(t)/X(t)$이다.

1.2 어떤 변수 X의 성장률이 0기에서 t_1까지는 일정한 값 $a > 0$이며 t_1에 0으로 하락한다. 이후 t_1기에서 t_2기까지 점차 0에서 a로 상승한다. t_2기 이후부터는 일정한 상수 a와 같아진다고 하자.

(*a*) X의 성장률을 시간의 함수로 그래프를 그려라.

(*b*) $\ln X$를 시간의 함수로 그래프를 그려라.

1.3 우리가 분석에서 이용한 솔로우모형의 기본 그림에서 게시된 분기투자와 실제투자가 다음에 기술한 각 상황의 전개로 인해 영향을 받는다고 한다면 어떻게 영향을 받는지를 기술하라.

(*a*) 감각상각률이 하락한다.

(*b*) 기술진보율이 상승한다.

(*c*) 생산함수는 콥-더글라스형 $f(k) = k^{\alpha}$이며 자본소득분배율 α가 상승한다.

(*d*) 노동자들이 보다 많이 노력을 하기 때문에 유효노동 1단위당 자본이 일정함에도 불구하고 유효노동 1단위당 생산이 종전보다 늘어난다.

1.4 인구증가율은 0이고 기술진보가 있는 경제를 상정하자. 균형성장경로상에 위치하고 있는 이 경제에 노동자의 수가 1회적으로 증가한다고 하자.

(*a*) 증가하는 시점에서 유효노동 1단위당 생산이 증가하는가 하락하는가 또는 동일한 수준인가? 그 이유는?

(*b*) 새로운 노동자가 출현하였을 때 유효노동 1단위당 생산에 최초의 변화가(만일 있었다면) 생긴 이후 유효노동 1단위당 생산에 추가적인 변화가 발생하는가? 만일 발생한다면 그것은 증가하는가 아니면 하락하는가? 그 이유는?

(*c*) 일단 경제가 균형성장경로에 다시 도달하면 유효노동 1단위당 수준은 새로운 노동자가

출현하기 전에 비하여 높은 수준인가, 낮은 수준인가 또는 동일한 수준인가? 그 이유는?

1.5 **콥-더글라스형 생산함수를 가정하자.**

(a) 모형의 모수(파라미터) s, n, δ, g 및 α의 함수로 k^*, y^*와 c^*를 표현하라.

(b) 황금률수준의 k를 구하라.

(c) 황금률수준의 자본스톡을 달성하는 데에 필요한 저축률을 구하라.

1.6 솔로우모형에 기초한 균형성장경로 상에 있는 경제를 상정하자. 논의를 단순화하기 위해 기술진보가 없는 것으로 가정한다. 이제 인구증가율이 감소한다고 하자.

(a) 균형성장경로 상에 있는 노동자 1인당 자본, 노동자 1인당 생산 및 노동자 1인당 소비량은 어떻게 되나? 새로운 균형성장경로로 이행함에 따라 이들 변수는 어떠한 경로를 따라 진행하는가? 간단한 그림으로 보여라.

(b) (1인당 생산이 아닌) 총생산은 인구증가율의 감소에 의해 어떤 영향을 받는가?

1.7 균형성장경로 상에서의 유효노동 1단위당 생산 y^*의 인구증가율 n에 대한 탄력성을 계산하라. 만일 $\alpha_K(k^*) = 1/3$, $g = 2\%$, $\delta = 3\%$라면 인구증가율이 2%에서 1%로 감소하는 경우에 y^*는 얼마나 상승하는가?

1.8 미국의 투자율(투자/총생산)이 0.15에서 0.18로 영구히 상승한다고 하자. 소득의 자본분배율은 1/3이라고 가정한다.

(a) 투자의 확대가 없었던 경우에 비해 총생산은 궁극적으로 얼마나 증가하는가?

(b) 투자의 확대가 없었던 경우에 비해 소비는 최종적으로 얼마나 증가하는가?

(c) 투자확대가 소비에 미치는 즉각적인 영향은 무엇인가? 투자의 확대가 없었던 경우의 수준으로 소비가 회복하기까지에는 얼마의 시간이 필요한가?

1.9 **솔로우모형에서의 요소소득** 노동과 자본이 각각의 한계생산물에 상응하게 보수를 받는다고 가정하자. w는 $\partial F(K, AL)/\partial L$을, r은 $[\partial F(K, AL)/\partial K] - \delta$를 나타낸다.

(a) 노동의 한계생산물 w가 $A[f(k) - kf'(k)]$임을 보여라.

(b) 규모에 대한 보수 불변의 경우, 생산요소에 지급되는 총액은 순생산과 동일하다. 즉 규모에 대한 보수불변의 조건 아래서 $wL + rK = F(K, AL) - \delta K$가 성립하는 것을 보여라.

(*c*) 자본소득분배율과 노동소득분배율이 대체로 일정한 것처럼 자본수익률 r은 대체로 일정하다. 솔로우모형에 기초한 경제는 균형성장경로 상에서 이러한 특성을 나타내고 있는가? 균형성장경로에서의 r과 w의 증가율을 구하라.

(*d*) 경제가 k^*보다 낮은 수준의 k에서 시작한다고 가정하자. k가 k^*에 근접함에 따라 w는 균형성장경로에서의 성장률보다 빠르게 성장하는가? 느리게 성장을 하는가? 혹은 동일한 성장률로 성장하는가? r은 어떤가?

1.10 Thomas Piketty의 최근 연구를 논의하는 일부 아이디어를 검증하기 위해 솔로우 형태의 모형을 이용하자(Piketty, 2014; Piketty and Zucman, 2014; Rognlie, 2015 참고). 이전 문제와 같이 한계생산물에 상응하는 보수를 받고, 모든 노동 소득은 소비되고 모든 다른 소득은 저축되는 것을 제외하고 솔로우 모형을 생각하자. 따라서 $C(t) = L(t)[\partial Y(t)/\partial L(t)]$.

(*a*) 생산함수의 성질과 L과 A에 대한 가정들로, K의 증가율이 $n+g$보다 큰 경우, 즉 k가 증가하는 경우에만 K/Y, 자본–생산비율이 증가하는 것을 보여라.

(*b*) $t=0$에서의 $\partial Y/\partial K$이 $n+g+\delta$보다 크다는 초기 조건을 가정하자. 시간의 흐름에 따른 자본–생산비율의 움직임에 대해 기술하라. 예를 들어, 경계가 없이 증가 또는 감소하는가? 점진적으로 어떤 상수값의 위나 아래에서 접근하는가? 다른 것은 어떤가? 그리고 이유를 설명하라.

(*c*) Piketty의 연구에서 인기 있는 요약은 다음과 같다. 경제성장률을 초과하는 자본수익 때문에 자본–생산은 경계가 없이 증가한다. (*b*)의 가정으로, 경제성장률을 초과하는 자본소득이 있는 상황에서 이 경제가 시작한다. 만약 (*b*)에서 K/Y가 경계가 없이 증가한다면, 이러한 비경계 증가의 추진력으로 인해 자본수익율이 경제성장률을 초과하는지에 대해 직관적으로 설명하라. 반대로 만약 (*b*)에서 K/Y가 경계가 없이 증가하지 않는다면 경제성장률을 초과하는 자본수익률이 경계가 없이 증가하는 K/Y를 일으킨다는 설명에 대해 무엇이 잘못되었는 지에 대해 직관적으로 설명하라.

(*d*) $F(\bullet)$이 콥–더글라스 생산함수이고 초기 상황은 (*b*)과 같다고 하자. 순생산(즉, $Y(t)-\delta K(t)$)에서 순자본소득 (즉, $K(t)[\partial Y(t)/\partial K(t)-\delta]$)의 비율의 시간흐름에 따른 움직임에 대해 기술하라. 이유를 설명하라. 이 경우, 경제성장률을 보다 과도한 자본수익률이 시간의 흐름에 따라 자본의 비율이 증가하는가?

1.11 1.10을 생각하자. 자본 K의 한계 증가가 있다고 가정하자.

(*a*) 자본 K의 한계 증가는 순생산에서 순자본소득의 몫에 영향이 없는 지, 증가시키는 지, 감

연습문제

소시키는 지에 대해 K/Y, δ, 자본의 한계생산물 F_K, 총생산함수 $F(\cdot)$에서 자본과 유효노동 사이의 대체탄력성을 이용하여 도출하라.

(*b*) 자본−생산비율이 3, $\delta = 3\%$라고 하고, 자본에 대한 수익률이 $(F_K - \delta) = 5\%$라고 하자. K가 증가할 때, 순생산에서 순자본소득의 비율이 증가하기 위하여 총생산함수에서 대체탄력성은 얼마나 커야 하는가?

1.12 1.10과 같은 상황이라고 하자. 한계생산물에 상응하는 보수를 받고, 모든 노동소득은 소비되고 모든 다른 소득은 저축되는 것을 제외하고 솔로우모형의 가정과 같다고 하자. 경제는 균형성장경로로 수렴하고 k의 균형성장경로가 k의 황금률과 같음을 보여라. 직관적으로 어떠한가?

1.13 y가 균형성장경로의 근방에서 얼마나 빠르게 y^*로 수렴하는지를 파악하기 위하여 식 (1.29) ~ (1.32)에서 이루어진 과정과 유사한 단계를 밟도록 한다. (**힌트** : $y = f(k)$이므로 $y = g(y)$로 쓸 수 있다. 다만 여기서 $g(\cdot) = f^{-1}(\cdot)$이다)

1.14 **체화된 기술진보. (Solow, 1960; Sato, 1966을 참조)** 기술진보에 관련하여 t라고 하는 시점에 제작된 자본재의 생산성은 그 시점의 기술수준에 의존하며 그 이후의 기술진보에는 영향을 받지 않는다고 하는 견해가 있다. 이 사고법은 체화된 기술진보(embodied technological progress, 기술진보는 새로운 자본에 체화 되지 않으면 생산의 향상에 도움이 되지 않는다)라고 한다. 이 문제는 체화된 기술진보가 초래하는 영향에 대하여 생각해 보기로 한다.

(*a*) 준비단계로서 솔로우모형의 기본형을 수정하여 기술진보를 노동증가형인 것이 아니라 자본증가형인 것으로 상정한다. 균형성장경로가 존재하기 위해서 콥−더글라스형의 생산함수 $Y(t) = [A(t)K(t)]^{\alpha}L(t)^{1-\alpha}$를 가정하며 A는 일정한 비율 μ로 성장한다고 상정한다. ($\dot{A}(t) = \mu A(t)$)

이 경제가 균형성장경로로 수렴하는 것을 보여라. 또한 균형성장경로에서 Y와 K의 성장률을 구하라. (**힌트** : 먼저 $Y/(A^{\phi}L)$를 $K/(A^{\phi}L)$의 함수로 표현할 수 있는 것을 보이고 (단, $\phi = \alpha/(1-\alpha)$) 그 다음 $K/(A^{\phi}L)$의 동학적 움직임을 분석하라).

(*b*) 이제 체화된 기술진보를 상정한다. 여기서 「효율자본스톡」을 $J(t)$로 정의하며 생산함수를 $Y(t) = [J(t)]^{\alpha}L(t)^{1-\alpha}$로 고쳐 표현한다. $J(t)$의 동학은 $\dot{J}(t) = sA(t)Y(t) - \delta[J(t)]$로 주어진다. 여기서 $A(t)$의 항이 출현하는 것은 시점 t에 투자의 생산성이

그 시점에서의 기술수준에 의존하기 때문이다.

이 경제가 균형성장경로로 수렴하는 것을 보여라. 균형성장경로에서 Y와 J의 성장률을 구하라. (힌트 : $\bar{J}(t) = J(t)/A(t)$로 정의하고 (a)와 같은 방법으로 계산한다. 이 때 $K/(A^{\phi}L)$가 아니라 $\bar{J}/(A^{\phi}L)$에 주목하게 되는 점에 유의하라.)

(c) 균형성장경로에서 s에 관한 생산량의 탄력성은 얼마나 되나?

(d) 균형성장경로의 근방에서 이 경제가 균형성장경로로 수렴하는 속도를 계산하라.

(e) 위 (c), (d)의 결과를 본문 중의 솔로우모형의 기본형으로부터 도출되는 결론과 비교하라.

1.15 솔로우모형에 기초하는 경제가 균형성장경로에 있다고 하자. 여기서 이 경제에 이 장 7절에 서술한 성장회계 기법을 적용한다고 하자.

(a) 노동자 1인당 생산의 성장 가운데 노동자 1인당 자본의 증가에 기인한 부분은 얼마나 되는가? 그리고 기술진보에 의한 부분은 얼마나 되는가?

(b) 솔로우모형에 의하면 균형성장경로 상에서의 노동자 1인당 생산의 성장률은 기술진보율에만 의존한다는 것을 시사하고 있는데 이것은 (a)의 결론과는 모순되지 않는가? 설명하라.

1.16 (a) 측정오차를 고려한 수렴모형식 (1.39), (1.40)에서 b의 참 값이 -1이라고 가정하자. $\ln(Y/N)_{1979} - \ln(Y/N)_{1870}$을 종속변수로 하고 상수항과 $\ln(Y/N)_{1870}$를 독립변수로 하여 회귀분석을 한 경우, b의 추정값은 편의 추정량인가? 설명하라.

(b) 1979년의 1인당 소득에 측정오차가 존재하지만 1870년의 1인당 소득에는 측정오차가 없다고 하자. $\ln(Y/N)_{1979} - \ln(Y/N)_{1870}$을 종속변수로 하고 상수항과 $\ln(Y/N)_{1870}$를 독립변수로 하여 회귀를 한 경우, b의 추정값은 편의 추정량인가? 설명하라.

1.17 식 (1.50)을 도출하라. (힌트 : 식 (1.47)과 (1.48)의 도출과정과 유사한 단계를 따른다.)

Chapter 02

무한기간모형과 중복세대모형

이 장에서는 솔로우모형과 유사하지만 거시경제변수의 동학이 미시경제수준에서의 의사결정에 의해 정해지는 두 모형을 다룬다. 두 모형은 노동과 지식(기술)의 증가율을 주어진 것으로 취급한다는 점에서 솔로우모형과 같다. 그러나 자본스톡의 진화를 경쟁시장에서 최적화 행동을 취하는 가계와 기업의 상호작용을 통하여 도출하고 있다. 그 결과 저축률은 더 이상 외생변수가 아니며 상수일 필요도 없다.

첫 번째 모형은 개념적으로는 가장 간단하다. 경쟁기업은 자본을 임차하고 노동자를 고용하여 생산하며 생산물을 판매한다. 한편 무한기간 존속하는 일정 수의 가계는 노동을 공급하고 자본을 보유하며 생산물을 소비하고 저축한다. Ramsey(1928), Cass(1965), Koopmans(1965) 등에 의해 개발된 이 모형은 시장의 불완전성과 가계의 이질성, 세대 간의 연관 등으로부터 발생하는 모든 문제를 배제하고 있다. 따라서 이 모형은 자연스럽게 다른 훨씬 복잡한 분석을 하기 위한 시발점(始發點)이 된다.

두 번째 모형은 Diamond(1965)에 의해 개발된 중복세대모형 혹은 중첩세대모형(overlapping generations model)이다. Diamond모형과 Ramsey-Cass-Koopmans 모형 간에 존재하는 본질적인 차이는 Diamond모형에서는 새로운 가계가 경제에 계속 진입한다는 것을 가정하고 있다는 점이다. 이하에서 우리는 이 사소해 보이는 차이가 중요한 결과를 도출한다는 점을 알게 될 것이다.

Part

A Ramsey–Cass–Koopmans 모형

2.1 모형의 가정들

■ 기술

모형의 기술적인 면은 솔로우 모형과 같다. 생산함수는 $Y = F(K, AL)$이고 $F(\bullet)$은 이전과 같은 가정을 만족한다. K, A, L의 초기값은 주어졌으며 0보다 크며, A는 g의 비율로, L은 n의 비율로 증가한다. 자본축적은 생산에 의해 결정되며, 소비는 솔로우 모형과 같으며, 순전히 편의상 감가상각은 없다고 가정한다. 따라서 제1장의 식 (1.15)는 다음과 같다.

$$\dot{K}(t) = Y(t) - \zeta(t) \tag{2.1}$$

여기서 ζ는 총소비를 나타내기 위해 사용한다. C는 1인당 소비이며 분석에서 중요한 역할을 하며 c는 유효노동 1단위당 소비를 나타낸다. 모형의 기술적인 면의 최종 가정은 K는 음(−)일 수 없다. 자본의 음(−)의 축적은 가능하지 않다. 솔로우모형에서 $K(0) > 0$이고 $s > 0$이라는 가정으로 이러한 가능성은 배제되었고 이러한 것을 방지하기 위한 추가적인 가정은 필요없다.

■ 기업

경제에는 동일한 기업들이 다수 존재한다고 상정한다. 각 기업은 제1장에서 논한 바와 같은 가정을 충족하는 생산함수 $Y = F(K, AL)$에 의해 생산을 수행한다. 기업은 경쟁적인 요소시장으로부터 노동자를 고용하고 자본을 임차하는 한편 경쟁적인 생산물시장에서 그 생산물을 판매한다. 기업은 A를 자유롭게 이용할 수 있다. 즉, 기업은 A를 이용하기 위해 지불이 필요없다. 기업은 이윤을 극대화한다. 기업은 가계에 의해 소유되기 때문에 기업에 발생한 모든 이윤은 가계에 배당된다.

일반적인 생산함수, 규모에 대한 수익불변, 일반적인 요소가격의 가정으로 인해, 노동 L과 자본 K를 이용하는 수 많은 기업들의 총생산은 1개의 기업과 같아진다. 따라서 총생산 $Y(t)$는 $F(K(t), A(t)L(t))$와 같다. 이점을 증명하기 위해 문제 2.1을 참고하라.

■ 가계

가계의 경우에도 동일한 가계들이 다수 존재한다고 상정한다. 각 가계의 가구원 수는 n의 비율로 증가한다. 가계의 각 구성원은 각 시점에서 1단위의 노동을 공급한다. 또 한 가계는 그가 보유한 자본의 전부를 기업에 임대하여 준다. 각 가계는 초기시점에 $K(0)/H$의 자본을 보유하고 있다. $K(0)$는 이 경제의 초기자본량, H는 가계의 수이다. 논의를 단순화하기 위해 이 장에서는 자본의 소모가 발생하지 않는다고 가정한다. 가계는 전 생애에 걸쳐 얻어지는 효용을 극대화하며 각 시점에서 얻은 소득(이것은 가계가 공급하는 노동과 자본의 보수와 기업으로부터 배당받는 기업이윤으로 구성된다)을 소비와 저축에 배분한다.

가계의 효용함수는 다음의 형태를 취한다.

$$U = \int_{t=0}^{\infty} e^{-\rho t} u(C(t)) \frac{L(t)}{H} dt \tag{2.2}$$

$C(t)$는 t시점에서 가계의 각 구성원의 소비이다. $u(\bullet)$는 주어진 시점에서 각 구성원의 효용수준을 나타내는 **순간효용함수** 또는 **시점효용함수**(*instantaneous utility function*)이다. $L(t)$는 경제전체의 총인구이며 $L(t)/H$는 가구 당 구성원 수가 된다. 따라서 $u(C(t))L(t)/H$는 시점 t에서 한 가계의 총순간효용이 된다. 끝으로 ρ는 (주관적) 할인율을 나타낸다. ρ가 크면 클수록 가계는 미래소비를 현재소비에 비해 중시하지 않게 된다.[1]

순간효용함수는 다음의 형태를 취하는 것으로 가정한다.

$$u(C(t)) = \frac{C(t)^{1-\theta}}{1-\theta}, \quad \theta > 0, \quad \rho - n - (1-\theta)g > 0 \tag{2.3}$$

이것은 **상대적 위험회피도가 일정한**(*constant relative risk aversion : CRRA*) **효용함수**라고 부르고 있다. 그렇게 부르는 것은 이 효용함수는 상대적 위험회피계수($-Cu''(C)/u'(C)$로 정의된다)가 θ로서 일정하며 따라서 소비수준 C와는 독립적이기 때문이다. 경제가 균형성장경로로 수렴하기 위해 이런 함수형태가 필요하다.

이 모형에는 불확실성이 존재하지 않기 때문에 가계의 위험(risk)에 대한 태도가 직접적으로 중요한 의미를 갖지는 않는다. 그러나 θ는 소비의 기간간 대체에 관한 가계의 의도를 결정한다. θ의 값이 작아지면 소비의 증대에 수반하는 한계효용의 감소가 완만해져 가계는 소비수준의 시간적인 변동을 마다하지 않게 된다. 예를 들어 만일 θ가 0에 가까워지면 효용은 C에 관하여 거의 선형이 되기 때문에 가계는 저축수익률과 할인율 간에 얼마 안 되는 차이를 이용하기 위해 소비의 커다란 변동을 받아들이게 된다. 구체적으로 임의의 두 시점 간 소비의 대체

---

1 효용함수는 $U = \int_0^{\infty} e^{-\rho' t} u(C(t)) dt$ 의 형태로 쓸 수도 있다. (단, $\rho' \equiv \rho - n$). $L(t) = L(0)e^{nt}$ 이라는 사실을 고려하면 이 식은 (2.2)를 $L(0)/H$로 나눈 것에 불과하며 따라서 경제주체의 행태에 대한 시사점이 같다.

탄력성은 $1/\theta$임을 보일 수 있다.[2]

이 순간효용함수에 관하여 세 가지 추가적인 특징을 언급할 필요가 있다. 첫째, $C^{1-\theta}$는 $\theta < 1$일 때는 C의 증가함수이지만 만일 $\theta > 1$일 때는 감소함수가 된다. 여기서 $C^{1-\theta}$을 $1-\theta$로 나누어 주면 소비의 한계효용은 θ의 값에 관계없이 양(+)의 값을 갖게 된다. 둘째, $\theta \to 1$이라는 특수한 경우에는 순간효용함수는 $\ln C$로 단순화 된다. 이것은 흔히 여러 가지로 검토할 가치가 있는 유용한 경우이다[3]. 셋째, $\rho - n(1-\theta)g > 0$의 가정이 생애효용을 발산하지 않도록 만든다. 만일 조건이 충족되지 않으면 가계는 무한의 생애효용수준을 달성할 수 있게 되어 가계의 극대화문제는 적절히 정의할 수 있는 해를 갖지 못하게 된다.[4]

2.2 가계와 기업의 행동

■ 기업

기업의 행태는 비교적 간단하다. 각 시점에서 기업은 노동과 자본의 스톡을 사용하며 그들의 한계생산물만큼 보수를 지불하는 한편 생산활동의 결과인 생산물을 시장에 판매한다. 규모에 대한 보수불변의 생산함수와 완전경쟁을 가정하므로 기업의 이윤은 0이다.

제1장에서 제시된 바와 같이 자본의 한계생산물 $\partial F(K, AL)/\partial K$는 $f(\bullet)$를 원래의 생산함수의 집약형이라고 할 때 $f'(k)$로 표기할 수 있다. 시장이 경쟁적이기 때문에 자본은 그 한계생산물만큼의 소득을 얻는다. 이에 더하여 자본소모가 없다고 가정하였으므로 자본의 실질수익률은 매 시점당 자본소득과 일치한다. 따라서 시점 t에서 실질이자율은 다음과 같다.

$$r(t) = f'(k(t)) \tag{2.4}$$

노동의 한계생산물은 $\partial F(K, AL)/\partial L$이며 $A \cdot \partial F(K, AL)/\partial AL$과 같다. 생산함수의 집약형인 $f(\bullet)$을 이용하면 $\partial F(K, AL)/\partial L = A[f(k) - kf'(k)]$로 표기할 수 있다[5]. 따라서 t 시점에서 실질임금은 다음과 같다.

---

2 문제 2.2를 참조하라.

3 이것을 확인하는 데에는 효용함수에서 $1/(1-\theta)$를 빼주면 충분하다. 이것은 효용을 상수분만큼 변화시키는 것에 불과하므로 소비자 행동에는 영향을 미치지 않는다. 다음으로 $\theta = 1$의 경우는 L' Hôpital's Law를 사용하여 극한을 취하면 결과는 $u = -\ln C$가 된다.

4 기술은 솔로우모형에서 모두 같기 때문에 생애의 효용함수가 발산하지 않는 조건은 $\rho - n - (1-\theta)g > 0$으로 직관적으로 알 수 있는데, 1인당 소비가 성장률 g로 증가하면 이 경제는 균형성장경로에 도달하게 된다. 식 (2.2)와 (2.3)은 이러한 경우를 나타내고 있으며, $e^{-\rho t}$는 ρ의 비율로 감소하고, $L(t)$는 n의 비율로 증가하며, $u(C)$는 $(1-\theta)g$로 증가하고 있다. 따라서 이러한 경로에서 (2.2)의 성장률은 $-\rho + n + (1-\theta)g$가 된다. 적분가능하도록 함수는 잘 정의되었고, 이러한 성장률은 음(−)이여야 한다. Phelps(1966a)는 가계가 무한대의 효용을 달성할 수 있는 경우에 성장모형을 어떻게 분석할 수 있는지에 대해 논하고 있다.

5 문제 1.9를 참조하라.

$$W(t) = A(t)[f(k(t)) - k(t)f'(k(t))] \tag{2.5}$$

따라서 유효노동 1 단위당 실질임금은 다음과 같다.

$$w(t) = f(k(t)) - k(t)f'(k(t)) \tag{2.6}$$

■ 가계의 예산제약식

대표적인 가계는 시장에서 결정되는 r과 w의 경로 $\{r(t), w(t)\}_{t=0}^{\infty}$를 주어진 것으로 받아들인다. 가계의 예산제약은 생애소비흐름의 현재가치가 초기시점에서의 자산과 생애 노동소득흐름의 현재가치의 합보다 클 수 없다는 것이다. 예산제약식을 엄밀한 형태로 표현하려면 r이 시간이 경과함에 따라 변할 수 있음을 감안해야 한다. 이를 위하여 먼저 $R(t) = \int_{\tau=0}^{t} r(\tau)\, d\tau$와 같이 정의하기로 한다. 시점 0에서 재화 1단위의 투자는 시점 t에 $e^{R(t)}$ 단위만큼의 생산물로 이어진다. 바꾸어 말하면 시점 0의 생산물로 평가한 시점 t에서의 1단위 생산의 가치는 $e^{-R(t)}$이다. 하나의 예로서 만일 r이 특정 수준 $\bar{r}$로 일정하다고 가정하면 $R(t)$는 $\bar{r} \cdot t$가 되며 t시점의 생산물 1단위의 (0시점에서 평가한) 현재가치는 $e^{-\bar{r} \cdot t}$가 된다. 보다 일반적으로 $e^{R(t)}$는 기간 $[0, t]$에서 연속하는 복리의 효과를 나타낸다.

각 가계에는 $L(t)/H$의 구성원이 있으므로 t시점에 한 가계의 노동소득은 $A(t)w(t)L(t)/H$이고 그 소비지출은 $C(t)L(t)/H$이다. 따라서 가계의 예산제약식은 다음과 같이 고쳐 쓸 수 있다.

$$\int_{t=0}^{\infty} e^{-R(t)} C(t) \frac{L(t)}{H}\, dt \leq \frac{K(0)}{H} + \int_{t=0}^{\infty} e^{-R(t)}\, w(t) \frac{L(t)}{H}\, dt \tag{2.7}$$

일반적으로 이러한 표현의 적분을 구하는 작업은 쉽지 않다. 그러나 다행스럽게도 위 예산제약식을 가계의 자본보유행태(식 2.9 참조)에서 취하는 극한값으로 나타낼 수 있다. 식 (2.6)의 적분을 계산하는 것이 불가능하더라도 시간이 무한대로 흐를 때 경제의 행태를 기술하는 작업은 흔히 가능하다. 어떻게 가능한지 알아보기 위해 다음의 식처럼 먼저 식 (2.7)의 모든 항을 식의 우측으로 이동시킨 다음 두 적분을 합쳐서 정리한다.

$$\frac{K(0)}{H} + \int_{t=0}^{\infty} e^{-R(t)}[w(t) - C(t)] \frac{L(t)}{H}\, dt \geq 0 \tag{2.8}$$

우리는 $t = 0$에서 $t = \infty$까지의 적분을 극한으로 표현할 수 있다. 그러므로 (2.8)은 다음의 식과 같다.

$$\lim_{s \to \infty} \left[\frac{K(0)}{H} + \int_{t=0}^{s} e^{-R(t)}[w(t) - C(t)] \frac{L(t)}{H}\, dt \right] \geq 0 \tag{2.9}$$

시점 s에서 가계의 자본보유량은 다음의 식으로 표현되는 것에 유의하라.

$$\frac{K(s)}{H} = e^{R(s)}\frac{K(0)}{H} + \int_{t=0}^{s} e^{R(s)-R(t)}[w(t) - C(t)]\frac{L(t)}{H}\,dt \tag{2.10}$$

식 (2.10)를 이해하기 위해 먼저 $e^{R(s)}K(0)/H$는 s시점의 가계자산 가운데 초기시점에서의 가계자산 기여분임을 상기하라. t시점에서 가계의 저축(이것은 음(−)의 저축일 수도 있다.)은 $[w(t) - c(t)]L(t)/H$이다. 또한 $e^{R(s)-R(t)}$는 저축의 가치가 시점 t에서 시점 s로 시간이 경과함에 따라 얼마나 변화하는지를 나타내고 있다.

식 (2.10)의 오른쪽 항은 식 (2.9)의 대괄호내 표현에 $e^{R(s)}$를 곱한 것이다. 따라서 예산제약식은 간단히 다음의 식과 같이 쓸 수 있다.

$$\lim_{s\to\infty} e^{-R(s)}\frac{K(s)}{H} \geq 0 \tag{2.11}$$

이렇게 바꾸어 쓰면 예산제약식은 가계 보유자산의 현재가치가 극한에서는 음(−)의 값을 갖지 않는다는 비음제약(nonnegativity)을 충족한다는 것을 알 수 있다.

식 (2.11)은 **비폰지게임 조건**(*non-Ponzi-game condition*)으로 알려져 있다. 폰지 게임은 채권을 발행하고 그 상환을 영원히 미룰 수 있는 체계이다. 즉, 발행자는 채권의 상환일이 도래하면 새로운 채권을 발행하여 기존 부채의 상환자금을 언제든지 마련할 수 있다는 것이다. 이러한 체계는 채무자가 자신의 생애소득흐름의 현재가치보다 높은 수준의 생애소비흐름의 현재가치를 향유할 수 있는 경우에 성립한다(극한에서 양(+)의 부채 혹은 음(−)의 자산을 허용한다). 식 (2.7) 또는 (2.11)의 예산제약식을 부여함으로써 우리는 이러한 체계를 배제한다.[6]

가계의 극대화문제

대표적 가계가 풀어야 할 문제는 예산제약 하에서 생애효용을 극대화하는 것이다. 솔로우모형과 마찬가지로 유효노동의 양으로 표준화한 변수들을 이용하면 이러한 문제를 보다 쉽게 풀어낼 수 있다. 이를 위해서는 목적함수와 예산제약식 모두를 유효노동 1단위당 소비와 노동소득으로 표현할 필요가 있다.

먼저 목적함수부터 시작하기로 한다. 유효노동 1단위당 소비를 $c(t)$로 정의한다. 그러므로 근로자 1인당 소비 $C(t)$는 $A(t)c(t)$와 동일하다. 가계의 순간효용함수 식 (2.3)은 다음과 같다.

---

6 이 분석은 난해한 문제를 감추고 있다. 우리는 가계가 비폰지게임의 조건을 만족해야 한다는 것을 입증하기보다는 가정하였다. 모형에는 유한수의 가계가 존재하므로 폰지게임이 가능하지 않다고 하는 가정은 올바르다. 임의의 가계가 폰지게임을 하려면 적어도 다른 하나의 가계가 그 생 애소비의 현재가치가 생애자산의 현재가치보다 엄격하게 적어야 한다. 소비의 한계효용이 항상 양의 값을 가지므로 어느 가계도 이를 받아들이려고 하지 않을 것이다. 그러나 이 장의 파트 B에서 다루고 있는 중복세대모형과 같이 무한히 많은 가계를 상정하는 모형에서는 어떤 상황 하에서 폰지게임이 가능하다. 우리는 이 문제에 대해 13.1절에서 다시 논의한다.

$$
\begin{aligned}
\frac{C(t)^{1-\theta}}{1-\theta} &= \frac{[A(t)c(t)]^{1-\theta}}{1-\theta} \\
&= \frac{[A(0)e^{gt}]^{1-\theta}c(t)^{1-\theta}}{1-\theta} \\
&= A(0)^{1-\theta}e^{(1-\theta)gt}\frac{c(t)^{1-\theta}}{1-\theta}
\end{aligned} \tag{2.12}
$$

식 (2.12)과 $L(t) = L(0)e^{nt}$를 가계의 목적함수에 대입하면 식 (2.2)과 (2.3)은 다음의 식으로 바뀐다.

$$
\begin{aligned}
U &= \int_{t=0}^{\infty} e^{-\rho t}\frac{C(t)^{1-\theta}}{1-\theta}\frac{L(t)}{H}dt \\
&= \int_{t=0}^{\infty} e^{-\rho t}\left[A(0)^{1-\theta}e^{(1-\theta)gt}\frac{c(t)^{1-\theta}}{1-\theta}\right]\frac{L(0)e^{nt}}{H}dt \\
&= A(0)^{1-\theta}\frac{L(0)}{H}\int_{t=0}^{\infty} e^{-\rho t}e^{(1-\theta)gt}e^{nt}\frac{c(t)^{1-\theta}}{1-\theta}dt \\
&\equiv B\int_{t=0}^{\infty} e^{-\beta t}\frac{c(t)^{1-\theta}}{1-\theta}dt
\end{aligned} \tag{2.13}
$$

단, $B \equiv A(0)^{1-\theta}L(0)/H$이고 $\beta \equiv \rho - n - (1-\theta)g$이다. 식 (2.3)으로부터 β는 양(+)의 값을 갖는 것으로 가정한다.

이제 예산제약식 (2.6)을 보자. 시점 t에서 가계의 총소비는 $C(t)L(t)/H$이며 이것은 유효노동 1단위당 소비 $c(t)$에 가계 내 유효노동 총량 $A(t)L(t)/H$을 곱한 것과 동일하다. 마찬가지로 시점 t에서 총노동소득은 유효노동 1단위당 노동소득 $w(t)$에 가계 내 유효노동총량 $A(t)L(t)/H$을 곱한 것과 동일하다. 그리고 초기시점에서의 자본보유량은 시점 0에서의 유효노동 1 단위당 자본량 $k(0)$에 $A(0)L(0)/H$을 곱한 것이다. 이들을 이용하면 식 (2.7)을 다음의 식으로 바꾸어 쓸 수 있다.

$$
\int_{t=0}^{\infty} e^{-R(t)}c(t)\frac{A(t)L(t)}{H}dt \le k(0)\frac{A(0)L(0)}{H} + \int_{t=0}^{\infty} e^{-R(t)}w(t)\frac{A(t)L(t)}{H}dt \tag{2.14}
$$

$A(t)L(t)$는 $A(0)L(0)e^{(n+g)t}$와 동일하므로 이를 식 (2.14)에 대입하고 양변을 $A(0)L(0)/H$로 나누어 주면 다음의 식을 얻는다.

$$
\int_{t=0}^{\infty} e^{-R(t)}c(t)e^{(n+g)t}dt \le k(0) + \int_{t=0}^{\infty} e^{-R(t)}w(t)e^{(n+g)t}dt \tag{2.15}
$$

끝으로 $K(s)$는 $k(s)e^{(n+g)s}$와 비례하므로 우리는 예산제약식 (2.10)의 비폰지게임 조건을 다음과 같이 표현을 바꾸어 쓸 수 있다.

$$\lim_{s\to\infty} e^{-R(s)}e^{(n+g)s}k(s) \geq 0 \tag{2.16}$$

■ 가계의 행동

가계가 풀어내야 할 문제는 예산제약식 (2.15) 하에서 생애효용 (2.13)을 극대화하는 c(t)의 경로를 선택하는 일이다. 이것은 (통상의 최적화 문제처럼 유한개의 변수 선택에 그치지 않고) 매 순간 최적의 c를 선택하는 문제이지만, 일반적인 극대화문제를 푸는 방식을 그대로 적용할 수 있다. 소비의 한계효용은 항상 양(+)의 값을 갖기 때문에 가계의 예산제약은 등식의 형태로 표현해도 무방하다. 따라서 목적함수 (2.13)과 예산제약식 (2.15)에 의하여 라그랑지 함수는 다음과 같이 표현될 수 있다.

$$\begin{aligned}\mathcal{L} = B\int_{t=0}^{\infty} e^{-\beta t}\frac{c(t)^{1-\theta}}{1-\theta}dt \\ + \lambda\left[k(0) + \int_{t=0}^{\infty} e^{-R(t)}e^{(n+g)t}w(t)\,dt - \int_{t=0}^{\infty} e^{-R(t)}e^{(n+g)t}c(t)\,dt\right]\end{aligned} \tag{2.17}$$

가계는 매 순간 c (즉 무한히 많은 수의 $c(t)$)를 선택한다. 각 $c(t)$에 대하여 1계 조건(first order condition ; FOC)은 다음과 같다[7].

$$Be^{-\beta t}c(t)^{-\theta} = \lambda e^{-R(t)}e^{(n+g)t} \tag{2.18}$$

가계의 최적화 행동은 식 (2.18)과 예산제약식 (2.15)에 의하여 특징지어진다.

식 (2.18)이 소비행위에 대해 어떠한 함의를 갖는지를 살펴보기 위하여 먼저 양변에 로그를 취해 본다.

$$\begin{aligned}\ln B - \beta t - \theta\,\ln c(t) &= \ln\lambda - R(t) + (n+g)t \\ &= \ln\lambda - \int_{\tau=0}^{t} r(\tau)d\tau + (n+g)t\end{aligned} \tag{2.19}$$

위 식의 둘째 줄은 $R(t)$의 정의 $\int_{\tau=0}^{T} r(\tau)\,d\tau$를 이용하였다. 식 (2.18)의 양변은 모든 t에 대하여 같기 때문에 양변을 t로 미분한 후에도 같아야 한다. 식의 양변에 미분을 취하면 다음 식

7 이 계산은 엄밀성이 결여되어 있다. 문제는 식 (2.18)의 항들이 식 (2.17)의 dt와 같은 크기라는 것이다. 즉, 그것들은 라그랑지 함수에 무한소의 공헌을 할 뿐이다. 이 문제에 관해서는 간단히 dt를「상쇄하여 제거하는」방법 ((2.18)에서는 실제로 그렇게 하였다) 이외에도 엄밀한 다루는 방법이 여러 가지 있다. 예를 들어 가계가 $\{[0, \Delta t), [\Delta t, 2\Delta t), [2\Delta t, 3\Delta t), \cdots\}$으로 정의되는 유한의 기간에 걸쳐 소비의 선택 (각 기간 내에서의 소비는 똑같다고 가정한다)을 하는 것으로 정식화하고 Δt가 0으로 무한히 근접한다고 생각하면 식 (2.18)을 유도할 수 있다. 방법을 한 가지 더 들어보면 **변분법**(*calculus variations*)을 활용하는 것이다(2.4절의 주13을 참조). 그러나 이 특정한 적용에서는 변분법의 접근방법이 우리가 여기서 사용한 접근방법으로 단순화 된다. 즉, 여기에서는 변분법이 식 (2.18)의 dt를 소거시키는데 공식적으로 타당성을 제공해 줄 뿐이다.

을 얻는다.

$$-\beta - \theta\left(\frac{\dot{c}(t)}{c(t)}\right) = -r(t) + (n + g) \tag{2.20}$$

여기서는 로그를 취한 변수를 시간에 대하여 미분하면 그 값이 성장률과 같다는 사실을 다시 한 번 더 이용하였다. 식 (2.19)을 $\dot{c}(t)/c(t)$에 대하여 풀면 다음을 얻는다.

$$\begin{aligned}\frac{\dot{c}(t)}{c(t)} &= \frac{r(t) - n - g\beta}{\theta} \\ &= \frac{r(t) - \rho - \theta g}{\theta}\end{aligned} \tag{2.21}$$

여기서 두 번째 식은 정의식 $\beta = \rho - n - (1-\theta)g$을 이용하였다.

식 (2.21)을 해석하기 위해 $C(t)$ (즉 유효노동 1단위당이 아닌 노동자 1인당의 소비)가 $C(t)A(t)$와 동일하므로 C의 성장률은 다음과 같이 주어진다.

$$\begin{aligned}\frac{\dot{C}(t)}{C(t)} &= \frac{\dot{A}(t)}{A(t)} + \frac{\dot{c}(t)}{c(t)} \\ &= g + \frac{r(t) - \rho - \theta g}{\theta} \\ &= \frac{r(t) - \rho}{\theta}\end{aligned} \tag{2.22}$$

여기서 둘째 줄의 식은 식 (2.21)을 이용하였다. 이 조건은 노동자 1인당 소비가 실질수익률이 가계의 미래소비에 대한 할인율보다 클 때 증가하며, 작을 때에는 감소한다는 것을 보여 준다. θ가 작을수록 즉 소비가 변할 때 한계효용의 변화가 작을수록 실질이자율과 할인율의 차이에 반응하는 소비의 변화는 더 커진다.

식 (2.21)은 극대화 문제의 **오일러 방정식**(*Euler equation*)이라고 부른다. 오일러 방정식은 연속된 두 기간간에 가계의 소비행위를 고려하면 보다 직관적으로 도출할 수 있다.[8] 구체적으로 가계가 시점 t에서 c를 지극히 미세한 양(Δc, 엄밀하게는 무한소 양)만큼 줄이고 추가적 저축을 지극히 짧은 기간(Δt, 엄밀하게는 무한소기 간)동안만 투자한 후, $t + \Delta t$의 시점에 해당 투자로부터의 수익을 소비한다고 가정하자. 아울러 이 가계는 t 및 $t + \Delta t$의 시점을 제외한 다른 모든 시점에서는 소비와 자본보유를 바꾸지 않았다고 가정한다. 만일 가계가 극대화를 추구한다면 이러한 소비경로의 변경으로 인하여 발생하는 생애효용수준에 대한 한계적 효과는 0이 되어야 한다. 식 (2.13)로부터 $c(t)$의 한계효용은 $Be^{-\beta t}c(t)^{-\theta}$이다. 따라서 위에 말한 변화로 시점 t에서의 효용은 $Be^{-\beta t}c(t)^{-\theta}\Delta c$만큼 낮아질 것이다. 한편 순간수익률이 $r(t)$

8 오일러 식에 대한 직관적 통찰은 연속시간의 경우보다 이산시간의 경우에 훨씬 더 이해하기 쉽다(2.9절 참조).

이기 때문에 $t+\Delta t$ 시점에 이르러 c는 $e^{[r(t)-n-g]\Delta t}\Delta c$ 만큼 증가한다. 또한 c는 $\dot{c}(t)/c(t)$의 비율로 증가하고 있기 때문에 $c(t+\Delta t)$를 $c(t)e^{[\dot{c}(t)/c(t)]\Delta t}$로 쓸 수 있다. 따라서 $c(t+\Delta t)$의 한계효용은 $Be^{-\beta(t+\Delta t)}c(t+\Delta t)^{-\theta} = Be^{-\beta(t+\Delta t)}[c(t)e^{(\dot{c}(t)/c(t))\Delta t}]^{-\theta}$이다. 그러므로 소비경로가 가계의 효용극대화를 실현하고 있다면 이는

$$Be^{-\beta t}c(t)^{-\theta}\Delta c = Be^{-\beta(t+\Delta t)}[c(t)e^{[\dot{c}(t)/c(t)]\Delta t}]^{-\theta}e^{[r(t)-n-g]\Delta t}\Delta c \tag{2.23}$$

를 충족해야 할 것이다. 양변을 $Be^{-\beta t}c(t)^{-\theta}\Delta c$로 나누고 로그를 취하면 그 결과는 다음 식으로 나타난다.

$$-\beta\Delta t - \theta\left(\frac{\dot{c}(t)}{c(t)}\right)\Delta t + [r(t)-n-g]\Delta t = 0 \tag{2.24}$$

끝으로 각항을 Δt로 나누어 주고 정리하면 (2.21)의 오일러 식을 얻을 수 있다.

직관적으로 말하면 오일러식은 $c(0)$가 주어진 상황에서 c가 어떻게 변해야 하는지를 나타내고 있다. 만일 c가 (2.21)에 따라 변하지 않는다면 가계는 소비경로를 재조정함으로써 그의 생애지출의 현재가치를 변화시키지 않은 채 생애효용수준을 높일 수 있게 된다. $c(0)$의 수준은 생애 소비흐름의 현재가치가 초기시점에서의 보유자산과 미래소득흐름의 현재가치의 합이 같다는 제약에 의해 결정된다. 만일 $c(0)$가 지나치게 낮으면 (2.21)을 충족하는 소비지출로는 생애자산을 완전히 소비할 수 없으므로 더욱 높은 수준의 소비경로가 가능해진다. 역으로 $c(0)$가 지나치게 높으면 생애자산 이상을 소비하게 되는데 이러한 경로는 실현가능하지 않다.[9]

2.3 경제의 동학

본 모형으로 경제의 변화를 기술하는 가장 편리한 방법은 유효노동(혹은 효율노동) 1단위당 변수인 c와 k의 움직임을 살펴보는 것이다.

■ c의 동학

모든 가계가 동일하다고 가정하기 때문에 식 (2.21)은 단일 가계의 c를 나타내는 데 그치지 않고 전체 경제의 c의 움직임을 묘사하고 있다. $r(t) = f'(k(t))$을 이용하면 식 (2.21)은 다음과 같이 변형될 수 있다.

9 수식으로 표현하면 식 (2.20)은 $c(t) = c(0)e^{[R(t)-(\rho+\theta g)t]/\theta}$을 의미하며 이는 다시 다음과 같이 고쳐 쓸 수 있다. $e^{-R(t)}e^{(n+g)t}c(t) = c(0)e^{[(1-\theta)R(t)+(\theta n-\rho)t]/\theta}$. 그러므로 예산제약식 (2.14)의 우변과 $c(0)\int_{t=0}^{\infty}e^{[(1-\theta)R(t)+(\theta n-\rho)t]/\theta}$이 같아야만 한다는 사실에 의해 $c(0)$는 결정된다.

$$\frac{\dot{c}(t)}{c(t)} = \frac{f'(k(t)) - \rho - \theta g}{\theta} \tag{2.25}$$

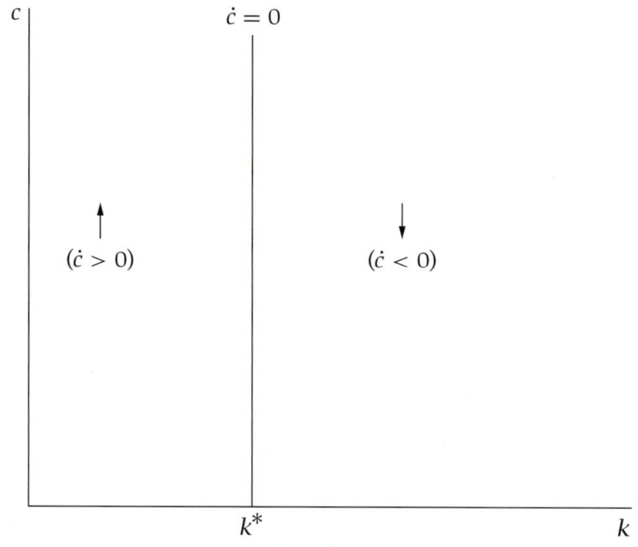

그림 2.1 c의 동학

$f'(k(t))$가 $\rho + \theta g$와 같을 때 $\dot{c}$는 0이 된다. 이때의 k 수준을 k^*라고 정의한다. k가 k^*를 초과하는 경우 $f'(k(t))$는 $\rho + \theta g$를 하회하기 때문에 $\dot{c}$는 음(−)의 값을 갖게 된다. 역으로 k가 k^*를 하회하는 경우 $\dot{c}$는 양(+)의 값을 갖는다.

이상을 정리한 것이 그림 2.1이다. 화살표는 c가 움직이는 방향을 나타낸다. 즉 $k < k^*$이 성립하는 영역에서 c는 증가하는 반면, $k > k^*$인 경우 c는 감소한다. $k = k^*$를 만족하는 선상에 위치하는 $\dot{c} = 0$ 선은 k가 k^*의 값을 가질 때 c는 일정한 값을 유지하면서 변동하지 않는다는 것을 의미한다.[10]

■ k의 동학

감가상각은 없다고 단순히 가정하면, 기술은 솔로우모형과 같기 때문에 자본스톡의 동학은 $\dot{K}(t) = Y(t) - C(t)L(t)$로 주어진다. 이는 식 (2.1)인데, 소비가 1인당 소비와 노동자 수를 곱한 것과 같다. 솔로우모형 (1.19)에서 자본 k의 행태방정식을 도출하는 것과 유사하게 도출하면 다음을 얻는다.

$$\dot{k}(t) = f(k(t)) - c(t) - (n + g)k(t) \tag{2.26}$$

10 식 (2.25)는 c가 0일 때에도 $\dot{c}$가 0임을 의미한다. 즉 평축을 따라 $\dot{c}$이 0이 된다. 그러나 균형상태에서 c는 결코 0이 될 수 없다. 따라서 $c = 0$은 모형의 분석에 적절하지 않다.

(1.19)와 유사하게, 이 식에서 $\dot{k}$은 유효노동 1단위당 실제투자 $f(k) - c$와 유효노동 1단위당 분기투자 $(n+g)k$의 차이와 같다.

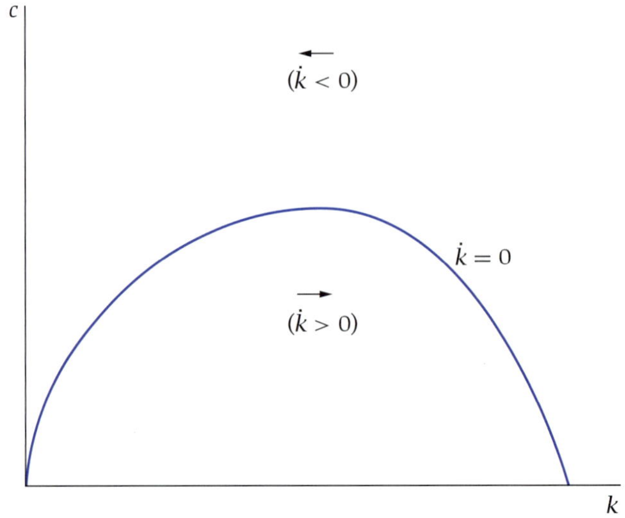

그림 2.2 k의 동학

k가 주어졌을 때 $\dot{k} = 0$가 성립하는 c의 수준은 $f(k(t)) - (n+g)k(t)$로 주어진다. 제1장의 그림 1.6을 기준으로 하면 소비가 실제생산과 분기투자의 차에 일치하는 경우 $\dot{k}$는 0이 된다. 이와 같은 c의 값은 $f'(k) = (n+g)$가 실현되는 k 수준(즉 k의 황금률수준)을 기점으로 k에 대한 증가함수에서 감소함수로 변화한다. c가 $\dot{k} = 0$인 소비수준을 초과하는 경우 k는 감소한다. c가 $\dot{k} = 0$인 소비수준을 밑도는 경우에 k는 증가한다. k가 충분히 큰 값을 가지면 분기투자만으로도 총생산을 상회하게 되며 이 때 $\dot{k}$는 모든 양(+)의 c에 대하여 음(−)의 값을 갖는다. 이상의 관계를 표현한 것이 그림 2.2이다. 화살표는 k가 움직이는 방향을 보여주고 있다.

■ 위상도(phase diagram)

그림 2.3은 그림 2.1과 2.2를 결합한 것이다. 이곳의 화살표는 c와 k 쌍방이 움직이는 방향을 나타내고 있다. 예를 들어 $\dot{c} = 0$선의 왼쪽과 $\dot{k} = 0$선의 위쪽에 해당되는 영역에서는 $\dot{c}$는 양(+)의 값을, $\dot{k}$는 음(−)의 값을 각각 갖는다. 따라서 c는 증가, k는 감소하며 화살표는 좌상향하는 것으로 나타난다. 그림에서 다른 영역의 화살표가 나타내는 방향도 마찬가지로 생각할 수 있다. $\dot{c} = 0$선이나 $\dot{k} = 0$선의 선상에서는 c 또는 k 가운데 하나가 일방적으로 변한다. 예를 들어 $\dot{k} = 0$선의 위쪽 영역에서 $\dot{c} = 0$선상에 위치하면 c는 일정하지만 k가 감소하기 때문에 화살표는 정확히 좌측을 가리킨다. 끝으로 $\dot{c}$와 $\dot{k}$ 모두 0이 되는 점 E에서는 c와 k에 어

떠한 움직임도 일어나지 않는다.[11]

그림 2.3에서는 $\dot{k}$ (즉 $\dot{c}=0$을 의미하는 k수준)가 황금률 수준의 k (즉 $\dot{k}=0$ 선의 정점과 관련된 k의 수준)보다 작은 것으로 나타나 있다. 실제로 그러한지 확인하기 위하여 $\dot{k}$가 $f'(k^*)=\rho+\theta g$로, 황금률 수준의 k는 $f'(k^*_{GR})=n+g$로 각각 정의됨을 상기하자. $f''(k)$는 음의 값을 갖기 때문에 k^*가 k_{GR}보다 작다는 $\rho+\theta g$것은 $\rho+\theta g$가 $n+g$보다 크다는 것을 의미한다. 양자의 부등호관계는 부등식 $\rho-n-(1-\theta)g(\equiv\beta)>0$을 의미하는데 이 식은 생애효용이 발산하지 않도록 하기 위하여 이미 가정한 조건(식 2.2를 참조)이다. 따라서 $\dot{k}$는 반드시 $\dot{k}=0$ 곡선의 정점(peak)의 왼쪽에 위치한다.

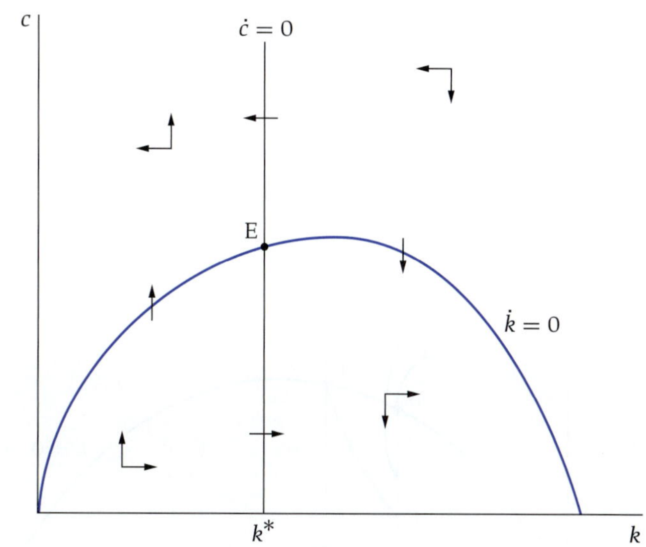

그림 2.3 c와 k의 동학

■ c의 초기 값

그림 2.3은 c와 k의 초기 값이 주어졌을 때 가계의 시점 간 최적화조건(식 2.25)과 k의 변화를 생산 및 소비와 관련지어 주는 방정식 (2.26)이 동시에 충족되도록 하기 위하여 c와 k가 시간이 흐름에 따라 어떻게 진화되어야 하는지를 보여 준다. 그런데 자본스톡의 성격상 k의 초기값은 주어지겠지만 c의 경우 그 초기값을 결정해야 할 필요가 있다.

그림 2.4는 이러한 문제를 다루기 위한 위상도이다. 보다 구체적으로 $k(0)$는 k^*보다 작은

---

11 $\dot{c}$이 평축에 따라 0이라고 한 각주 10을 기억하라. c와 k가 일정한 값으로 머무는 점은 그 밖에도 두 가지가 더 있다. 첫 번째의 점은 원점이다. 만일 경제가 초기상태에서 자본도 소비도 0이라면 경제는 그곳으로부터 움직이지 않는다. 두 번째의 점은 $\dot{k}=0$곡선이 그림의 횡축을 가로지르는 점이다. 그곳에서는 모든 생산량이 k를 일정한 수준으로 유지하기 위해 사용된 결과, $c=0$, $f(k)=(n+g)k$가 된다. 0으로부터 임의의 양의 값으로 소비량이 변화하는 것은 다른 시점 간 최적화 조건 (2.25)를 침해하는 것이 된다. 그러므로 만일 경제가 이 점에 위치하게 된다면 식 (2.25)와 (2.26)를 충족시켜야 할 필요가 있기 때문에 경제는 그곳에 머무른다. 그러나 곧 알 수 있게 되듯이 경제가 이런 점에 결코 있을 수 없다.

값을 갖는 것으로 상정한다. 그림은 c의 초기 값을 여러 가지로 상정하고 c와 k의 궤적을 나타내고 있다. 만일 $c(0)$가 점 A처럼 $\dot{k}=0$곡선보다 위쪽에 위치한다면 $\dot{c}$는 양(+)의 값을 갖는 반면 $\dot{k}$는 음(−)의 값을 갖는다. 따라서 경제는 그림의 왼쪽위의 방향으로 계속 이동할 것이다. 만일 $c(0)$가 $\dot{k}$가 최초에 0인 지점(점 E)에 위치한다면 경제는 $(k,\ c)$공간에서 정확히 위쪽을 향해 움직여 가며 $\dot{c}$는 양(+)의 값을, $\dot{k}$는 음(−)의 값을 나타낼 것이다. 그 결과 경제는 왼쪽위의 방향으로 진행해 갈 것이다. 만일 경제가 $\dot{k}=0$곡선보다 약간 아래서부터 출발한다면 (예를 들어 점 C), $\dot{k}$가 처음에는 양(+)의 값이지만 작은 값을 취하며(왜냐하면 $\dot{k}$는 c의 연속함수이기 때문에) $\dot{c}$는 이때까지와 마찬가지로 양(+)의 값을 갖는다. 따라서 이 경우 경제는 약간 오른쪽 방향을 취하면서 위쪽으로 움직이기 시작하겠지만 $\dot{k}=0$곡선을 넘어서면 $\dot{k}$는 음(−)의 값을 갖게 되어 경제는 또다시 c 상승, k 하락이라는 경로를 따르게 된다.

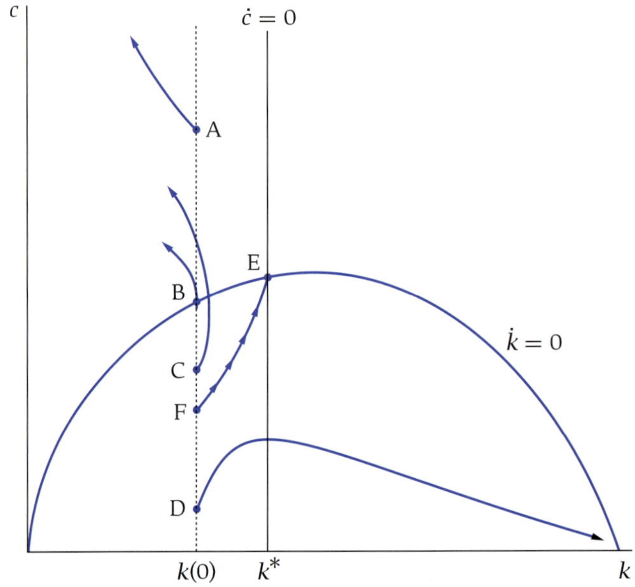

그림 2.4 c의 여러 가지 초기 값에 따른 c와 k의 움직임

점 D는 초기의 소비수준이 매우 낮은 경우이다. 이 때 $\dot{c}$와 $\dot{k}$는 함께 처음에는 양(+)의 값을 나타낸다. 식 (2.25)에 의해 $\dot{c}$는 c에 비례하므로 c가 낮은 수준인 경우에는 $\dot{c}$도 낮게 된다. 그러면 c는 낮은 수준에 머무르기 때문에 경제는 $\dot{c}=0$선을 가로지르게 된다. 이 점을 초과하면 $\dot{c}$는 음(−)의 값을 갖게 되며 $\dot{k}$는 계속 양(+)의 값을 유지하므로 경제는 오른쪽 아래의 방향으로 움직여 나가게 된다.

$\dot{c}$와 $\dot{k}$는 c와 k의 연속함수이다. 따라서 점 C와 점 D 사이에는 반드시 그곳으로부터 출발하게 되면 그 c의 초기수준에서 경제가 안정적인 점 E로 수렴해 가는 임계점(그림의 점 P)이 존재한다. 바로 이 임계점보다 높은 소비수준에서 출발하면 $\dot{c}=0$선으로 향해 가지만 그 선에

도착하기 전에 $\dot{k}=0$선을 넘어서게 되어 경제는 영원히 소비가 증대하면서 자본은 감소하는 경로를 가게 된다. 역으로 소비수준이 임계수준보다 낮은 경우 경제는 처음에는 $\dot{c}=0$에 도달하게 되지만 $\dot{k}=0$선을 하회함에 따라 점차 소비가 줄어들고 자본은 늘어나는 경로로 진행해 간다. 그러나 소비가 정확히 임계수준과 같다면 경제는 c와 k가 모두 일정한 수준에 머무는 점으로 수렴해 간다.

이상에서 제시한 바와 같이 여러 가지 궤적은 모두 식 (2.25)와 (2.26)을 만족시키고 있다. 그러나 우리는 가계가 예산제약식을 만족시켜야 한다는 요건과 경제에서 음(−)의 자본스톡은 존재할 수 없다는 요건을 부가하지 않았다. 이들 조건에 의해 많은 가능성들 가운데 어떠한 궤적이 실제 경제의 움직임을 묘사할 수 있는지가 결정된다.

만일 경제가 점 F보다 위에서부터 출발하면 c는 높은 수준으로 상승한다. 그 결과 k의 행태방정식 (2.26)에 따르면 k는 궁극적으로 0에 이르게 된다. 식 (2.25)와 (2.26)를 계속 충족하기 위하여 c는 계속 상승해야 하며 k는 음(−)의 값을 갖게 된다. 그러나 이러한 상황은 발생할 수 없다. k가 0인 경우는 생산도 0이 되기 때문에 c도 0이 된다. 이는 가계가 기간간 최적화조건 (2.25)를 충족시키지 못함을 의미한다. 그러므로 우리들은 이러한 경로를 배제할 수 있다.

점 F보다 아래에서 출발하는 경로를 배제하기 위해서는 예산제약을 자본보유행태에 관한 극한값으로 바꾸어 쓴 (2.16) $\lim_{s\to\infty} e^{-R(t)}e^{(n+g)s}k(s) \geq 0$을 사용한다. 만일 경제가 점 D와 같은 위치에서 출발한다면 k는 결국 황금률 수준의 자본스톡을 상회하게 된다. 그 후에는 실질이자율 $f'(k)$가 $n+g$를 하회하므로, $e^{-R(s)}e^{(n+g)s}$는 계속 상승하게 된다. k도 상승하고 있으므로 $e^{-R(s)}e^{(n+g)s}k(s)$은 발산한다. 따라서 $\lim_{s\to\infty} e^{-R(s)}e^{(n+g)s}k(s)$는 무한대의 값을 갖는다. 우리는 식 (2.16)을 도출하는 과정에서 이것이 가계의 생애소득의 현재가치가 생애소비의 현재가치를 무한히 상회하게 된다는 주장과 같은 의미라는 것을 알고 있다. 따라서 각 가계는 매 시점에 소비수준을 늘릴 수 있으며 이에 따라 더 높은 효용수준을 실현할 수 있다. 즉, 가계는 자신의 효용을 극대화하지 않고 있다. 따라서 이와 같은 경로를 균형이라고 할 수 없다.

마지막으로 만일 경제가 점 F에서부터 출발한다면 k는 k^*에 수렴하고 r은 $f'(k^*)=\rho+\theta g$로 수렴한다. 따라서 $e^{-R(s)}e^{(n+g)s}$는 궁극적으로 감소한다. 그 감소율은 $\rho-n-(1-\theta)g\equiv\beta>0$이다. 그리고 $\lim_{s\to\infty} e^{-R(s)}e^{(n+g)s}k(s)$는 0이 된다. 따라서 이 점 P에서부터 출발하는 경로는 유일하게 실현가능한 경로이다.

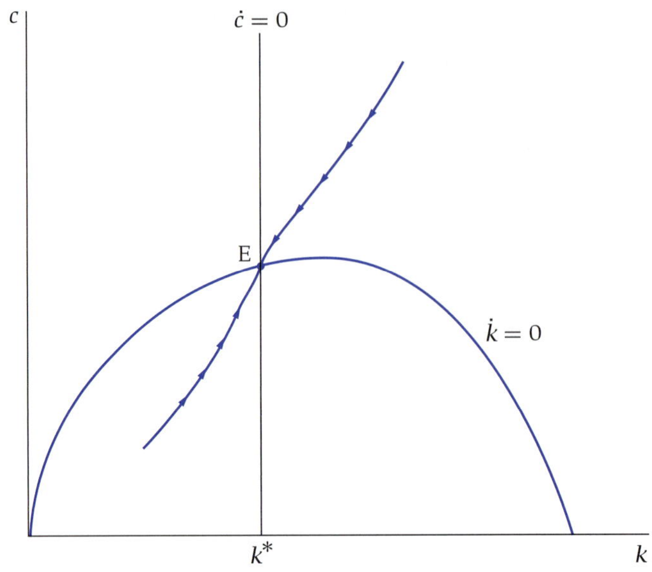

그림 2.5 안장경로

■ 안장경로

이제까지 모두 k의 단일 초기값을 전제로 논의해 왔지만 이러한 사고의 틀은 일반적 성격을 지닌다. 임의의 초기수준 k에 대하 가계의 기간간 최적화, 자본스톡의 동학, 가계의 예산제약식, 그리고 k가 음(−)의 값을 갖지 않는다는 네 가지 조건과 잘 부합되는 c의 초기값은 유일하게 존재한다. 이처럼 c의 초기값을 k의 함수로 결정해 주는 방정식을 **안장경로**(*Saddle Path*)라고 부른다. 안장경로가 그림 2.5에 나와 있다. 임의의 초기값 k에 대하여 c의 초기값은 안장경로 상의 값이어야 한다. 그러면 경제는 안장경로를 따라서 균형점 E를 향해 이동해 간다.

2.4 후생

이상의 결과를 정리하다 보면 이 경제의 균형이 과연 바람직한 것인지에 관한 의문에 직면하게 된다. 이 질문에 대한 답은 의외로 간단하다. 미시경제학에서 배운 후생경제학의 **제1정리**(*first welfare theorem*)에 의하면 만일 시장이 경쟁시장이고 완전하며 외부성도 없다면(이에 더하여 경제주체의 수가 유한하다면) 분권적 의사결정에 기초한 균형은 파레토최적(Pareto efficient, 즉 어느 누군가의 후생을 저하시키지 않고는 다른 사람들의 후생을 개선시킬 수 없는 상황)이다. 이 모형은 후생경제학의 제1정리의 조건을 충족하고 있기 때문에 균형은 파레토최적이다. 그리고 모든 가계는 동일한 선호체계를 갖고(그렇다고 가정하고) 있기 때문에 분권적(탈중앙화된) 균형은 똑같이 모든 가계를 취급하는 자원배분 중에서 실현가능한 최고의 효용수준을 낳는다.

이를 보다 명확히 이해하기 위해서는 매 기간 생산을 소비와 투자로 분할하는 데 임의의 지시를 내릴 수 있는 사회계획자가 존재하며 그 사회계획자는 대표적 가계의 생애 효용을 극대화한다고 상정하는 것으로 충분하다. 앞서 문제에서 가계는 w나 r을 주어진 것으로 받아들이고 있는 데 반하여 사회계획자은 그것들이 k의 경로에 의하여 결정되고 k의 경로는 다시 식 (2.26)에 의해 결정된다는 것을 고려하고 있다. 이것만 제외하면 사회계획자의 문제는 개별가계의 효용극대화 문제와 똑같다.

식 (2.21) 또는 (2.25)의 도출에 이용한 바 있는 연속하는 두 기간간 소비에 관한 직관 적인 논의는 사회계획자에 대해서도 동일하게 적용될 수 있다. 시점 t에서 c를 Δc만큼 줄이고 이를 투자에 투입하면 사회계획자는 $t+\Delta t$시점에서 소비를 $e^{f'(k(t))\Delta t}e^{-(n+g)\Delta t}\Delta c$ 만큼 늘릴 수 있다.[12] 따라서 사회계획자가 선택한 경로에 따르는 $c(t)$도 식 (2.25)를 충족해야 한다. 또한 k의 진화를 표현하는 식 (2.26)은 선호가 아닌 기술을 반영하고 있기 때문에 사회계획자도 이에 따르지 않을 수 없다. 마지막으로 가계의 극대화 문제와 마찬가지로 자본스톡이 음(−)이 되는 경로는 불가능하기 때문에 배제한다. 또한, 소비가 0에 근접해가는 경로 역시 가계의 효용극대화를 충족시키지 못한다는 점에서 최적화 경로에서 배제된다.

요약하면 사회계획자 문제의 해인 경우에도 c의 초기값은 안장경로 상에서 주어지며 그러면 c와 k 역시 안장경로를 따라 움직인다. 즉, 경쟁균형은 대표적인 가계의 후생을 극대화한다.[13]

2.5 균형성장경로

■ 균형성장경로의 특성

일단 그림 2.4의 점 E에 수렴한 후 경제의 움직임은 균형성장경로 상에 위치하는 솔로우모형의 경제와 동일하다. 유효노동 1단위 당 자본과 생산, 소비는 각각 일정한 수준에 머무른다. y와 c가 일정하기 때문에 저축률 $(y-c)/y$도 일정한 값이다. 총자본스톡, 총생산 및 총

12 t로부터 $t+\Delta t$까지의 미소한 기간에 발생하는 이런 변경에 의해 r과 w가 영향을 받는다는 점에 유의하라. r은 $f''(k)$에 k의 변화분을 곱한 것만큼 감소하며, w는 $-f''(k)k$에 k의 변화분을 곱한 것만큼 상승한다. 그러나 이들 변화가 유효노동 1단위당의 총소득 $(w+rk)$에 미치는 영향은 0이다$(\Delta w+k\Delta r=0)$. 즉 자본은 그의 한계생산물분만큼의 보수를 얻기 때문에 노동과 이전부터 존재하였던 자본(신규투자를 포함하지 않는다)에 대한 총분배액은 이전의 생산수준(유효노동 1단위당)과 똑같다. 이것은 **금전적 외부성**(*pecuniary externalities*, 즉 가격을 통하여 작동하는 외부성)이 경쟁 하에 전체적으로 균형을 이룬다고 하는 일반적인 결과의 구체적인 一例이다.

13 사회계획자의 문제를 엄밀하게 풀어내는 데는 변분법을 이용할 필요가 있다. 문제의 엄밀한 기술과 문제의 해에 대하여는 Blanchard and Fisher(1989, pp.38-43)을 참조하라. 변분법의 입문으로는 본서 9.2절, Barro and Sala-i-Martin(2003, 부록 A.3), Obstfeld(1992), Acemogu(2009, 제7장)를 참조하라.

소비는 $n+g$의 비율로 증가한다. 또한 노동자 1인당 자본, 노동자 1인당 생산 및 노동자 1인당 소비는 g의 비율로 증가한다.

따라서 경제성장의 원동력에 관한 솔로우모형의 핵심적인 시사점은 저축률이 일정하다는 가정에 더 이상 의존하지 않는다는 것을 알 수 있다. 저축률이 내생적인 경우라 하더라도 노동효율의 성장만이 1인당 생산의 지속적인 성장을 가능케 하는 원천이라는 결론에는 변함이 없다. 그리고 생산함수는 솔로우모형의 그것과 동일하므로 제1장의 계산을 반복함으로써 노동자 1인당 생산의 큰 격차가 1인당 자본의 격차에 의하여 발생할 수 있는 경우는, 오직 1인당 자본의 격차와 자본수익률의 차이가 뚜렷하게 큰 경우에만 한정된다는 것을 보일 수 있다.

■ 균형성장 경로와 황금률 수준의 자본

솔로우모형과 Ramsey–Cass–Koopmans모형의 균형성장경로 간의 유일한 차이점은 Ramsey–Cass–Koopmans모형의 경우 황금률 수준을 상회하는 자본스톡을 가져오는 균형성장경로는 불가능하다는 것이다. 솔로우모형에서 (외생적으로 주어지는) 저축률이 충분히 높은 수준인 경우 경제가 도달하는 균형성장경로에는 모든 시점에서 그보다 더 높은 소비수준을 누릴 수 있는 대체경로가 존재한다. 이와는 대조적으로 Ramsey–Cass–Koopmans모형에서는 생애효용이 생애소비에 의존하는 가계의 행태로부터 저축이 결정되고 외부성이 존재하지도 않는다. 따라서 모든 시점에서 균형경로보다 높은 수준의 소비가 가능한 다른 경로가 있다면 균형경로라고 할 수 없다. 만일 경제가 그 와 같은 경로 상에 위치한다면 가계는 저축을 줄임으로써 그러한 소비증대를 통한 효용 증대의 기회를 이용할 것이기 때문이다.

이를 위상도를 통해 살펴보자. 그림 2.5를 다시 보자. 만일 초기의 자본스톡이 황금률 수준을 상회한다면 (즉 $k(0)$가 $\dot{k}=0$ 곡선의 정점에 해당하는 k의 수준을 초과한 상태라면) 초기의 소비는 k를 일정수준으로 유지하는 데 필요한 수준을 상회한다. 따라서 $\dot{k}$는 음(−)의 값을 갖고 k는 점차 황금률 수준보다 낮은 k^*로 접근해 간다.

마지막으로 k^*가 황금률 수준의 자본스톡보다 작다는 것은 경제가 지속가능한 최대 수준의 c를 창출하는 균형성장경로로 수렴하지 않을 것임을 시사한다. 이러한 결론을 직관적으로 가장 명료하게 이해하기 위해서는 g가 0으로서 1인당 소비나 1인당 생산에 장기적 성장이 없는 경우를 고려하면 충분하다. $g=0$이면 k^*는 $f'(k^*)=\rho$로 (식 2.25를 참조), k_{GR}은 $f'(k_{GR})=n$으로 각각 정의되며 또한 가정 $\rho-n-(1-\theta)g=\beta>0$는 $\rho>n$으로 단순화 된다. k^*가 k_{GR}보다 작기 때문에 $k=k^*$를 기점으로 저축이 증가하면 노동자 1인당 소비는 결국 초기수준을 상회하는 데까지 상승하며 그와 같은 새로운 수준에 머무를 것이다(1.4절 참조). 그러나 가계는 미래소비보다 현재소비에 더 높은 가치를 두기(미래소비를 할인하기) 때문에 미래의 항구적인 소비증가로부터 얻는 편익에는 상한이 존재한다. 어떤 시점에서—구체적으로는 k가 k^*를 초과할 때—일시적인 소비 희생과 항구적인 소비 증가의 상충관계가 생애효용을 높이기보다 오히려 줄이는 바람직하지 못한 상황으로 변하고 만다. 따라서 k는 황금률 수준보다 낮은 수준의 값으로 수렴한다. 결국 k^*가 경제가 수렴하는 k의 최적수준이기 때문에 이를 **수정 황금률**(*modified golden-rule*) 자본스톡이라고 부른다.

2.6 할인율 하락의 효과

균형성장경로 상에 있는 Ramsey–Cass–Koopmans 경제에서 할인율 ρ가 낮아지는 상황을 상정하여 보자. ρ는 가계의 현재소비와 미래소비 간의 선호를 결정하는 모수이기 때문에 이러한 변화는 솔로우모형에서의 저축률 상승과 매우 유사하다.

미래를 내다보는 가계에 의하여 생산이 소비와 투자로 나누어지기 때문에 어떤 변화를 고려할 때는 그것이 예상된 것인지의 여부를 명확히 해야 한다. 만일 이미 예상된 변화라면 가계는 그러한 변화가 발생하기 전에 자신들의 행태를 조정할 수 있었을 것이다. 그러므로 여기서는 예상치 못한 변화라는 단순한 경우에 초점을 맞추기로 한다. 즉 가계는 할인율이 변하지 않을 것이며 경제가 균형성장경로에 있을 것이라는 신념을 가지고 효용극대화를 추구한다. 그러나 어느 시점에서 가계는 자신들의 선호체계가 갑자기 변하였음을 발견하게 된다. 이제 가계는 종전보다 낮은 비율로 미래효용을 할인한다.[14]

질적 효과

k의 움직임은 선호가 아닌 기술(技術)에 의해 결정되기 때문에 ρ는 $\dot{c}$의 방정식에는 등장하지만 $\dot{k}$의 방정식에는 나타나지 않는다. 따라서 $\dot{c}=0$선만이 할인율 하락의 영향을 받는다. 식 (2.25)를 상기하라. $\dot{c}=0$인 k의 값은 $f'(k^*)=\rho+\theta g$로 정의된다. $f''(\cdot)$이 음이기 때문에 이는 ρ가 하락할 때 k^*값이 커지는 것을 뜻한다. 따라서 $\dot{c}=0$선은 오른쪽으로 이동한다. 그림 2.6은 이를 묘사하고 있다.

ρ가 변하는 시점에 k의 값 – 유효노동 1단위당 자본스톡 – 은 경제의 역사에 의해 결정된다. 따라서 k가 비연속적으로 변화하는 것은 불가능하다. 특히 변화 시점에 k는 기존 균형성장경로 k^*의 위치에 그대로 머물러 있게 된다. 이와 대조적으로 가계가 소비하는 비율인 가계소비 c는 변화가 발생한 시점부터 비연속적으로 변동할 수 있다.

경제 동학에 관한 이제까지 분석을 바탕으로 무슨 일이 일어날지는 분명하다. 변화의 시점에 경제가 새로운 안장경로 상(그림 2.6 점A)에 위치하기 위하여 c가 즉각적으로 감소한다[15].

---

14 예상된 변화를 어떻게 분석하는가의 예로서는 2.7절과 문제 2.11 및 2.12를 참조하라.

15 우리가 여기서 논하는 변화는 예상치 못하였던 것을 전제로 하고 있다. 따라서 c가 비연속적으로 변한다고 이야기하더라도 가계가 최적화를 게을리하지는 않는다. 가계의 원래 행동은 최초의 예상(예상 중에는 ρ가 변화하지 않을 것이라는 것이 포함되어 있다) 하에서 최적이다. 그래서 ρ가 낮아졌다는 새로운 정보 하에서 c가 즉시 낮아진다는 것도 최적이다.

그후 c와 k는 점차 새로운 균형성장경로 상의 값으로 상승해간다. 새로운 균형성장경로 상의 점에서 c, k는 모두 원래의 균형성장경로 상의 점보다 높은 수준을 보인다.

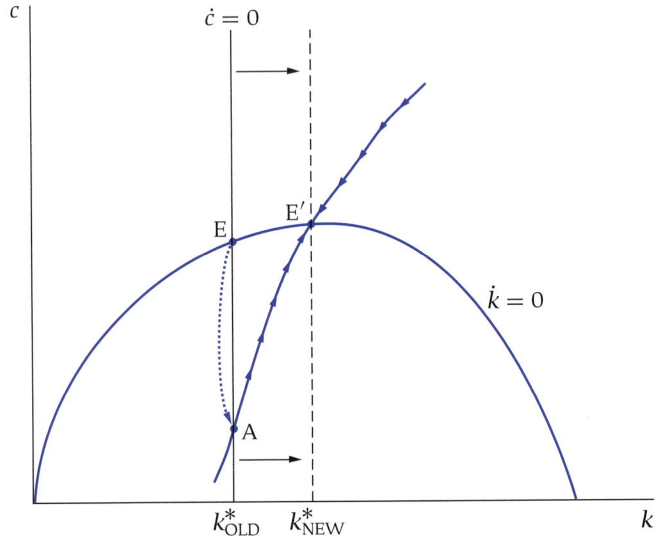

그림 2.6 할인율의 하락 효과

따라서 할인율의 하락이 가져오는 효과는 솔로우모형에서 자본스톡이 황금률 수준보다도 낮은 경우에 저축률이 상승하는 경우와 비슷하다. 어느 경우에도 k는 점차 보다 높은 수준으로 상승해 가며 c는 처음에는 감소한 후 상승세로 전환하면서 초기수준보다 높은 수준까지 상승한다. 따라서 솔로우모형에서 저축률이 항구적으로 상승한 경우와 마찬가지로 할인율의 항구적 하락은 노동자 1인당 자본과 노동자 1인당 생산의 증가율을 일시적으로 상승시킨다. 이들 두 가지 실험에서 유일한 차이점은 ρ가 감소하는 경우 생산량 가운데 저축으로 투입되는 비율이 조정과정에서 일반적으로 일정하지 않다는 것이다.

■ 조정속도와 안장경로의 기울기

식 (2.25)와 (2.26)는 각각 $\dot{c}(t)$와 $\dot{k}(t)$를 $k(t)$와 $c(t)$의 함수로 표현하고 있다. 이들 식을 경제의 동학과 관련하여 양적인 시사점을 분석하기 위하여는 비선형의 식들을 균형성장경로 근방에서의 선형근사식으로 치환하여 보면 좋다. 따라서 우리는 식 (2.25)와 (2.26)에 대하여 $k = k^*$, $c = c^*$의 근방에서 1계 테일러 근사를 취하는 것으로부터 시작한다. 이에 의해 얻는 두 식은 다음과 같다.

$$\dot{c} \simeq \frac{\partial \dot{c}}{\partial k}[k - k^*] + \frac{\partial \dot{c}}{\partial c}[c - c^*] \tag{2.27}$$

$$\dot{k} \simeq \frac{\partial \dot{k}}{\partial k}[k - k^*] + \frac{\partial \dot{k}}{\partial c}[c - c^*] \tag{2.28}$$

여기서 $\partial \dot{c}/\partial k$, $\partial \dot{c}/\partial c$, $\partial \dot{k}/\partial k$ 및 $\partial \dot{k}/\partial c$는 모두 $k = k^*$, $c = c^*$에서 평가한 값이다. 우리는 이들 식 (2.27)과 (2.28)을 엄밀한 식으로 보고 그 결과로서 발생하는 체계의 동학을 분석하기로 한다.[16]

여기서 분석의 편의를 위하여 $\tilde{c} = c - c^*$, $\tilde{k} = k - k^*$로 정의한다. c^*와 k^*는 모두 상수이기 때문에 $\dot{\tilde{c}}$는 $\dot{c}$와 동일하며 $\dot{\tilde{k}}$는 $\dot{k}$와 동일하다. 따라서 식 (2.27)와 (2.28)는 다음과 같이 고쳐 쓸 수 있다.

$$\dot{\tilde{c}} \simeq \frac{\partial \dot{c}}{\partial k}\tilde{k} + \frac{\partial \dot{c}}{\partial c}\tilde{c} \tag{2.29}$$

$$\dot{\tilde{k}} \simeq \frac{\partial \dot{k}}{\partial k}\tilde{k} + \frac{\partial \dot{k}}{\partial c}\tilde{c} \tag{2.30}$$

(미분에 대하여는 앞서와 마찬가지로 모두 $k = k^*$, $c = c^*$에서 평가한 값이다). 식 (2.25) $\dot{c} = [f'(k) - \rho - \theta g]\,c/\theta$을 상기할 필요가 있다. 식 (2.29)의 계수를 계산하기 위해 식 (2.25)를 이용하여 편미분을 도출하고 이들을 $k = k^*$, $c = c^*$에서 평가하면 다음의 식을 얻는다.

$$\dot{\tilde{c}} \simeq \frac{f''(k^*)c^*}{\theta}\tilde{k} \tag{2.31}$$

마찬가지로 식 (2.26) $\dot{k} = f(k) - c - (n+g)k$을 상기하라. 식 (2.23)의 계수를 계산하기 위하여 식 (2.26)을 이용해 편미분을 도출하고 이들을 $k = k^*$, $c = c^*$에서 평가하면 다음의 식을 얻는다.

$$\begin{aligned} \dot{\tilde{k}} &\simeq [f'(k^*) - (n+g)]\tilde{k} - \tilde{c} \\ &= [(\rho + \theta g) - (n+g)]\tilde{k} - \tilde{c} \\ &= \beta\tilde{k} - \tilde{c} \end{aligned} \tag{2.32}$$

여기서 두 번째 줄은 식 (2.25)로부터 $f'(k^*) = \rho + \theta g$라는 관계식을, 세 번째 줄은 β의 정의가 $\rho - n - (1-\theta)g$인 것을 각각 이용하였다. 식 (2.31)의 양변을 $\tilde{c}$로 나누고 (2.32)에 대하여는 양변을 $\tilde{k}$로 나누면 $\tilde{c}$ 및 $\tilde{k}$의 각각에 대한 성장률의 식을 얻을 수 있다.

$$\frac{\dot{\tilde{c}}}{\tilde{c}} \simeq \frac{f''(k^*)c^*}{\theta}\frac{\tilde{k}}{\tilde{c}} \tag{2.33}$$

16 식 (2.27)~(2.28)과 같은 미분방정식체계의 분석에 관하여 보다 자세한 논의는 Simon and Blume(1994, 제25장)을 참조하라.

$$\frac{\dot{\tilde{k}}}{\tilde{k}} \simeq \beta - \frac{\tilde{c}}{\tilde{k}} \tag{2.34}$$

식 (2.33)과 (2.34)은 $\tilde{c}$와 $\tilde{k}$의 성장률이 단지 $\tilde{c}$와 $\tilde{k}$의 비율에만 의존하고 있음을 시사한다. 이런 상황에서 $\tilde{c}$와 $\tilde{k}$가 같은 비율로 감소(즉 $\dot{\tilde{c}}/\tilde{c} = \dot{\tilde{k}}/\tilde{k}$가 성립)할 때 어떤 일이 일어나는지를 생각해 보도록 하자. 이 때 $\tilde{c}$에 대한 $\tilde{k}$의 비율은 변하지 않기 때문에 이들의 성장률 또한 변하지 않으며 일정한 값을 갖는다. 이는 만일 $c - c^*$와 $k - k^*$가 당초에 같은 속도로 감소한다면 이들 모두 계속 원래의 속도로 감소할 것이라는 것을 뜻한다. 이를 그림으로 표현해 보면 경제는 $c - c^*$와 $k - k^*$가 같은 속도로 감소하는 점에서부터 출발하여 직선을 따라 균형점 (k^*, c^*)로 운행한다. 이때 점 (k^*, c^*)로부터의 거리는 일정한 속도로 줄어든다.

이하에서는 $\dot{\tilde{c}}/\tilde{c}$을 μ로 표기한다. 그러면 식 (2.33)은 다음과 같이 고쳐쓸 수 있다.

$$\frac{\tilde{c}}{\tilde{k}} = \frac{f''(k^*)c^*}{\theta}\frac{1}{\mu} \tag{2.35}$$

식 (2.33)에 의하면 $\dot{\tilde{k}}/k$와 $\dot{\tilde{c}}/\tilde{c}$가 동일하다는 조건은 다음과 같다.

$$\mu = \beta - \frac{f''(k^*)c^*}{\theta}\frac{1}{\mu} \tag{2.36}$$

따라서 다음으로 쓸 수 있다.

$$\mu^2 - \beta\mu + \frac{f''(k^*)c^*}{\theta} = 0 \tag{2.37}$$

이것은 μ의 2차 방정식이며 해는 다음과 같다.

$$\mu = \frac{\beta \pm [\beta^2 - 4f''(k^*)c^*/\theta]^{1/2}}{2} \tag{2.38}$$

해인 두 개의 μ의 값을 μ_1, μ_2로 표기한다.

μ의 값이 양(+)의 값이면 $\tilde{c}$와 $\tilde{k}$의 값이 증가한다. 따라서 경제는 직선을 따라 (k^*, c^*)으로 수렴하는 대신에 반대로 (k^*, c^*)로부터 멀어지게 된다. 그러므로 만일 경제가 (k^*, c^*)으로 수렴한다면 μ는 음(−)이어야 한다. 식 (2.38)을 살펴보면 $\mu_i(i = 1, 2)$ 가운데 하나인 $\{\beta - [\beta^2 - 4f''(k^*)c^*/\theta]^{1/2}\}/2$만이 음(−)의 값을 갖는다는 것을 알 수 있다. 여기서는 μ_1을 이러한 조건을 충족시키는 μ의 값으로 생각한다. $\mu = \mu_1$이라는 조건 하에서 식 (2.35)는 $\tilde{c}$와 $\tilde{k}$ (즉 $c(t) - c^*$와 $k(t) - k^*$)가 동일한 속도 μ_1으로 감소하기 위해서는 $\tilde{c}$와 $\tilde{k}$의 값이 어떠한 관계를 가져야 하는지를 보여준다.

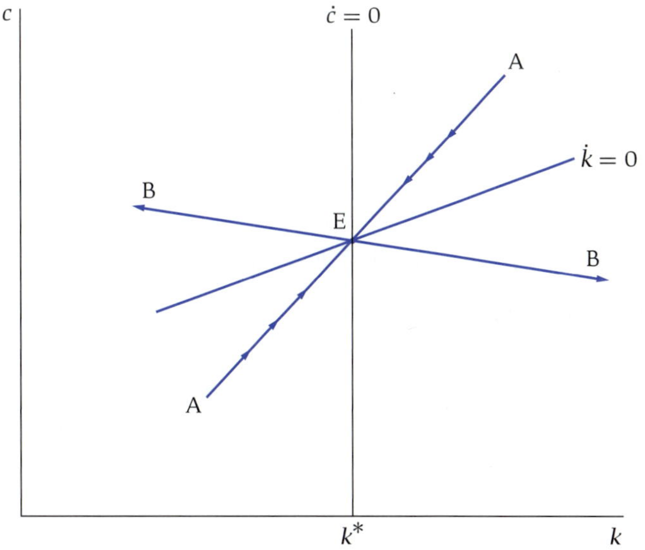

그림 2.7 선형화된 위상도

그림 2.7은 경제가 순조롭게 균형점 (k^*, c^*)로 수렴해 가는 경로를 보여주고 있다. 그 경로는 AA로 표시된 직선이다. 이 직선이 선형화된 체계의 안장경로이다. 그림에는 경제가 (k^*, c^*)로부터 일직선으로 멀어지는 직선도 그려져 있는데 BB로 표시된 직선이다. 만일 1인당 소비와 1인당 자본스톡의 초기값들 $c(0)$와 $k(0)$가 이 BB선상에 위치한다면 식 (2.33)과 (2.34)은 $\tilde{c}$와 $\tilde{k}$의 값이 μ_2의 속도로 계속 확대되는 것을 시사한다.[17] $f''(\cdot)$가 음(−)의 값을 갖기 때문에 식 (2.35)는 $\tilde{c}$와 $\tilde{k}$가 μ와는 반대 부호를 갖는다는 것을 시사한다. 따라서 안장경로 AA는 양(+)의 기울기를 가지며 BB선은 음(−)의 기울기를 가진다.

이처럼 $\dot{c}$나 $\dot{k}$의 방정식을 선형화함으로써 우리는 모형의 모수들에 의해 경제의 동학적 특성을 설명할 수 있다. 0시점에 $c(0)$는 $c^* + [f''(k^*)c^*/(\theta\mu_1)](k-k^*)$와 반드시 같아야 한다. 그 후 c와 k는 그 균형성장경로의 값들로 μ_1의 비율로 수렴해 간다. 즉, $k(t) = k^* + e^{\mu_1 t}[k(0) - k^*]$이고 $c(t) = c^* + e^{\mu_1 t}[c(0) - c^*]$와 같다.

■ 조정속도

식 (2.38)이 균형성장경로로의 수렴속도에 관하여 어떠한 함의를 주는지를 이해하기 위하여 평소와 같이 콥−더글러스 생산함수 $f(k) = k^\alpha$를 사용하여 고찰해 보기로 한다. 이때 $f''(k^*) = \alpha(\alpha-1)k^{*\alpha-2}$이다. 성장경로 상에서 소비는 총생산에서 분기투자를 뺀 것과 같기 때문에 유효노동 1단위당 소비 c^*는 $k^{*\alpha} - (n+g)k^*$이다. 따라서 이 경우의 μ_1은

17 물론 (k, c)의 초기치가 BB선 상에 위치한다고 하는 것은 불가능하다. 2.3절에서 살펴본 바와 같이 만일 이 선상에 위치한다면 k는 궁극적으로 음의 값이 되든지 혹은 가계가 무한대의 자산을 축적하든지 둘 중에 어느 하나가 일어날 것이기 때문이다.

다음과 같이 표현될 수 있다.

$$\mu_1 = \frac{1}{2}\left(\beta - \left\{\beta^2 - \left(\frac{4}{\theta}\right)\alpha(\alpha-1)k^{*\alpha-2}[k^{*\alpha} - (n+g)k^*]\right\}^{1/2}\right) \tag{2.39}$$

균형성장경로에서는 $f'(k)$가 $\rho + \theta g$와 동일하다(식 (2.25)참조). 콥-더글러스 생산함수의 경우, $\alpha k^{*\alpha-1} = \rho + \theta g$ 또는 $k^* = [(\rho+\theta g)/\alpha]^{1/(\alpha-1)}$이다. 이를 식 (2.39)에 대입하여 정리하면 다음의 식을 얻을 수 있다.

$$\mu_1 = \frac{1}{2}\left(\beta - \left\{\beta^2 + \frac{4}{\theta}\,\frac{1-\alpha}{\alpha}(\rho+\theta g)[\rho+\theta g - \alpha(n+g)]\right\}^{1/2}\right) \tag{2.40}$$

식 (2.40)은 조정속도를 모형의 기본적인 모수들로 표현한 것이다.

수렴속도의 크기에 대한 대략적인 감각을 지니기 위하여 $\alpha = 1/3$, $n = 2\%$, $\rho = 4\%$, $g = 1\%$ 그리고 $\theta = 1$인 경우를 고려하기로 한다. 이렇게 모수의 값들을 상정할 때 균형성장경로 상에서 실질이자율은 5%이며 저축률은 20%라는 것을 보일 수 있다. 그리고 β는 $\rho - n - (1-\theta)g$로 정의되므로 β는 2%이다. 따라서 식 (2.39) 혹은 (2.40)로부터 $\mu_1 \simeq -5.4\%$가 도출된다. 따라서 이 경우는 조정속도가 상당히 빠르다. 이와 비교를 위해 α, n, g 등 모수에 대해 동일한 값을 가정하여 솔로우모형(다만 여기 논의와 마찬가지로 자본소모는 존재하지 않는 것으로 상정한다)의 조정속도를 계산해 보면 조정속도는 연 2%가 된다(식 1.32 참조). 이상의 예에서 조정속도간의 상당한 차이가 발생하는 원인은 여기서 다룬 모형의 경우, k가 k^*보다도 작은 경우 저축률이 s^*보다 높은 반면 k가 k^*보다 큰 경우는 저축률이 s^*보다 낮기 때문이다. 반면에 솔로우모형에서는 s는 가정에 의하여 상수로 고정된다.

2.7 정부지출의 효과

이제까지 우리는 정부를 모형에 포함하지 않았다. 그러나 현대경제에서는 자원을 투자와 민간소비에만 사용하는 것이 아니라 공공의 목적을 위해서도 이용하고 있다. 예를 들어 미국 총생산의 약 20%는 정부에 의해 구매 및 지출되고 있다. 다른 많은 국가들의 경우 이 수치는 현저하게 더 높다. 따라서 정부부문을 포함시킴으로써 모형을 확장하는 것은 매우 자연스러운 일이다.

■ 정부부문의 도입

정부는 매기 유효노동 1단위당 $G(t)$의 비율로 생산물을 구입한다고 상정한다. 정부지출은 민간소비에서 얻는 효용에 영향을 미치지 않는다고 가정한다. 정부가 효용에 어떠한 영향도 미치지 못하는 활동에 재화를 사용하거나 또는 총효용이 민간소비에 의한 효용과 정부가 공급하는 재화에 의한 효용의 합으로 구성되는 경우에 한하여 이러한 가정이 성립될 수 있다. 마찬가지로 정부지출은 미래의 생산에도 영향을 주지 않는 것으로 가정한다. 즉 이들은 공공투자라기보다는 공공소비에 지출되는 것이다. 정부지출에 필요한 재원은 매기 유효노동 1단위당 $G(t)$의 정액세(lump-sum taxes)로 조달된다고 가정한다. 따라서 재정수지는 항상 균형을 이룬다. 재정적자에 관해서는 제13장에서 다룰 때까지 논의를 미루기로 한다. 그러나 후에 알겠지만 이 모형에서 정부가 조세를 부과하거나 채권을 발행(재정적자)하는 등 어떠한 수단을 선택하여 자금조달을 하든지 관계없이 주요 변수에는 영향을 미치지 못한다. 그러므로 정부지출이 당기의 조세로 보전된다는 가정은 논의를 단순화하는 역할만 담당할 뿐이다.

이들 가정 하에서 투자는 생산으로부터 민간소비와 정부지출의 합계를 뺀 것과 같다. 따라서 k의 움직임을 나타내는 식 (2.26)은 다음과 같이 바뀐다.

$$\dot{k}(t) = f(k(t)) - c(t) - G(t) - (n+g)k(t) \tag{2.41}$$

$G(t)$의 값이 크면 $\dot{k}=0$곡선은 하방으로 이동한다. 즉, 정부가 구입하는 재화가 많을수록 k가 일정하기 위해서는 민간이 구입할 수 있는 재화의 양은 그 만큼 줄어들어야 한다.

정의에 의해 가계의 선호(식 2.2~2.3 또는 2.13)는 변함이 없다. 식 (2.21) 또는 (2.25)로 표현되는 오일러 방정식은 가계의 생애 예산제약식에 의존하지 않은 채 가계의 선호로부터 도출된 것이기 때문에 이전과 마찬가지로 성립한다. 그러나 정부지출을 보전하기 위한 조세의 존재가 가계의 예산제약식에 영향을 미친다. 구체적으로 식 (2.15)는 다음으로 변환된다.

$$\int_{t=0}^{\infty} e^{-R(t)}c(t)e^{(n+g)t}\,dt \le k(0) + \int_{t=0}^{\infty} e^{-R(t)}[w(t) - G(t)]e^{(n+g)t}\,dt \tag{2.42}$$

이전에 제시한 바와 같은 추론에 따르면 종전과 마찬가지로 이 식으로부터 k의 행태와 관련하여 그 극한값을 도출할 수 있다(식 2.16 참조).

■ 정부지출의 항구적 변화와 일시적 변화의 효과

이 모형이 의미하는 바를 이해하기 위하여 다음의 경제를 고려한다. 즉, $G(t)$가 일정 수준 G_L로 균형성장경로 상에 위치하고 있었는데 $G(t)$가 예기치 못하게 항구적으로 G_H로 증가하였다고 가정하자. 식 (2.41)으로부터 $\dot{k}=0$곡선은 G의 증가분만큼 아래쪽으로 이동한다. 재정지출은 오일러 방정식에는 영향을 주지 않기 때문에 $\dot{c}=0$선은 그대로 변함이 없다. 이상의 관계는 그림 2.8에 묘사되어 있다.[18]

18 우리는 $c=0$일 때 $\dot{k}$가 음의 값을 가질 만큼 G_H가 크지는 않다고 가정한다. 즉 $\dot{c}=0$선이 $\dot{k}=0$곡선과의 교차는 c의 양의 수준에서 일어난다고 가정하는 것이다. 만일 그것이 성립하지 않으면 정부의 정책은 실행이 불가능하게 된다. 비록 c가 항상 0이라고 해도 $\dot{k}$가 음의 값을 가지며 결국 유효노동 1단위당 생산은 G_H보다 적어진다.

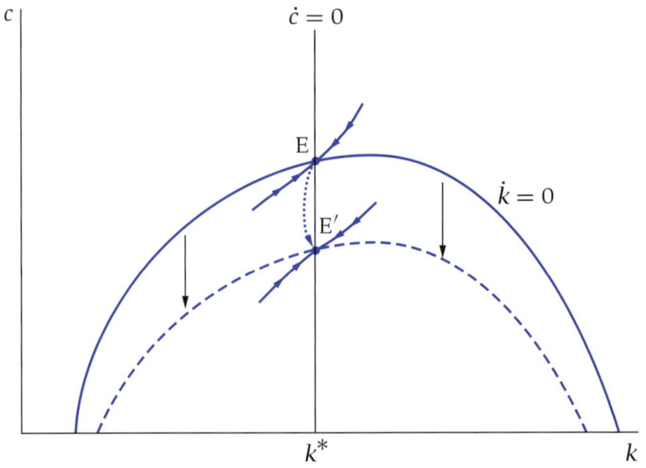

그림 2.8 영구적인 정부지출 변화의 영향

우리는 이러한 변화에 대하여 경제가 새로운 안장경로에 도달할 수 있도록 c가 즉각적으로 조정되어야 함을 알고 있다. 그렇지 않으면 이전과 마찬가지로 어느 시점에 자본이 음이 되거나 혹은 가계가 무한대의 자산을 축적한다. 이 경우에 조정은 매우 간단한 형태로 이루어진다. 즉 c는 정확히 G의 증가분만큼 감소하며 경제는 즉시 새로운 균형성장경로 상으로 이동한다. 직관적으로 말하면 정부지출과 조세의 항구적 증가는 가계의 생애자산을 감소시킨다. 그리고 정부지출과 조세수입의 증가가 모두 항구적이기 때문에 가계로서는 자기 소비의 시간패턴을 조정하여 효용을 늘릴 여지가 없다. 따라서 소비의 즉각적인 감소분의 크기는 정부지출의 증가분과 동일하며 자본스톡과 실질이자율은 영향을 받지 않는다.

소비행태에 대한 모형설정에서 보다 전통적인 접근방식에 따르면 소비는 단지 당기의 가처분소득에 의존하며 그 크기는 가처분소득보다 작다고 가정한다. 예를 들어 솔로우모형에서 소비는 단지 당기 소득의 $1-s$ 부분이라고 상정한다. 이러한 접근방법으로 인하여 소비는 정부지출의 증가분보다 작게 줄어든다. 그 결과 정부지출의 증가는 투자를 구축(crowding out)하며 따라서 자본스톡이 감소하고 실질이자율은 오르기 시작한다. 이 장의 분석에 따르면 솔로우모형의 결과는 가계들이 기계적인 조정방식을 따른다는 가정에 결정적으로 의존한다. 기간간 최적화로는 정부지출의 항구적 증가가 구축효과를 낳지 않는다.

예상치 못했던 G의 증가가 일시적일 것으로 기대되는 경우에는 논의가 더 복잡해진다. 논의를 간단히 하기 위해, G의 증가가 종료되는 시점을 확실하게 안다고 가정하자. 이 경우는 c가 G의 증가분 $G_H - G_L$만큼 즉시 감소하지는 않는다. 이것은 c가 G의 증가분만큼 감소하는 경우 정부지출이 원래 수준 G_L로 되돌아가는 시점에서 소비가 비연속적으로 증가하고 그 결과 한계효용도 비연속적으로 감소한다는 것을 생각하면 이해할 수 있다. G의 G_L로의 복귀는 이미 예상할 수 있으므로 한계효용의 비연속적인 감소도 예상할 수 있다. 그러나 한계효용의 비연속적인 감소는 가계의 입장에서 결코 최적일 수 없다.

정부지출이 증가한 기간 동안에 $\dot{k}$는 $G = G_H$로 자본축적식 (2.41)에 의해 결정되며 G가 G_L로 복귀한 후에는 $G = G_L$로 식 (2.41)에 의해 통제된다. 한편 c의 동학은 일관되게 오일러 방정식 (2.25)에 의하여 결정되기 때문에 c는 G가 G_L로 복귀된 시점에서 비연속적으로 변화할 수 없다. 이러한 사실은 G가 증가하는 시점에 어떠한 현상이 일어나는지를 결정한다. 즉 c는 $G = G_H$일 때 식 (2.40)과 (2.24)에 의해 결정되는 동학에 의하여, 이동하지만, G가 원래의 수준 G_L로 회복되는 시점에서 경제가 과저의 안장경로로 되돌아 갈 수 있는 점까지 그 이동폭은 제한된다. 그 후에는 경제가 기존의 안장경로를 따라 옛 균형성장경로를 향하여 나간다.[19]

이상은 그림 2.9에 묘사되어 있다. 그림 (a)는 G의 변화가 비교적 장기간 계속되는 경우를 보여주고 있다. 이 경우 c는 ΔG의 대부분만큼 감소한다. 그러나 G가 G_L에 복귀하는 때가 가까워짐에 따라 가계는 G의 감소를 예상하고 소비를 증가시키고 자본보유를 줄여나간다.

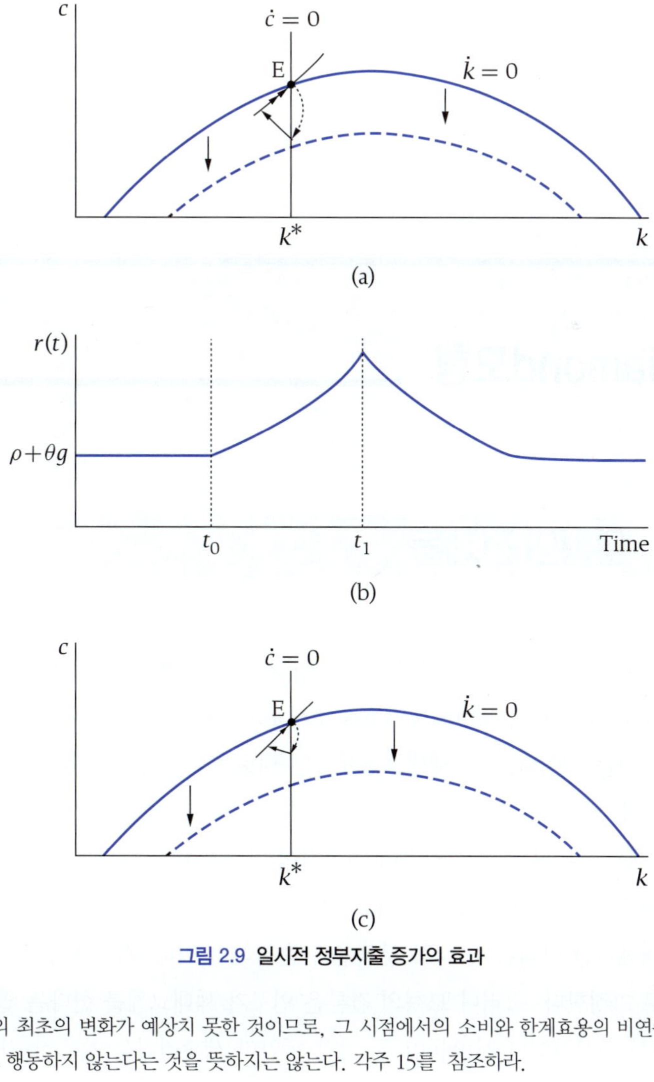

그림 2.9 일시적 정부지출 증가의 효과

19 종전의 예와 같이 G의 최초의 변화가 예상치 못한 것이므로, 그 시점에서의 소비와 한계효용의 비연속적으로 변한다고 해서 가계가 최적으로 행동하지 않는다는 것을 뜻하지는 않는다. 각주 15를 참조하라.

$r = f'(k)$이기 때문에 r의 움직임을 k의 움직임으로부터 유추할 수 있다. 정부지출이 큰 기간 동안에는 r이 점차 상승하며 이후에는 완만하게 원래 수준으로 되돌아간다. 이것을 묘사한 것이 (b)이다. t_0는 G가 증가하는 시점을, t_1은 G가 이전의 수준으로 되돌아가는 시점을 나낸다.

마지막으로 그림 (c)는 G가 일시적으로 증가하는 경우이다. 이 경우 가계들은 소비를 별로 줄이지 않고 그 대신 조세가 일시적으로 높아지는 것을 자기들 저축으로 납부한다. 정부지출이 높아지는 것은 단지 일시적일 뿐이므로 자본스톡이나 실질이자율에 미치는 영향도 작다.

경제주체가 미래지향적인 기대를 가지고 있다고 가정하면, 소비가 단순히 당기의 가처분소득에 의하여 결정된다고 가정하는 낡은 접근방식으로는 얻을 수 없는 통찰력을 얻게 됨을 다시 한 번 유의하라. 그런 접근방식에서 정부지출의 변화가 이루어진 기간은 중요하지 않다. 그러나 가계가 미래를 고려하지 않거나 정부지출과 과세(課稅)의 미래경로에 대해 어떤 가중치도 두지 않는다는 생각은 받아들이기 어렵다.

Part B Diamond모형

2.8 모형의 전제들

이제 Diamond의 중복세대모형(overlapping generations model; OG모형)을 다루기로 한다. Diamond모형과 Ramsey−Cass−Koopmans모형의 기본적인 차이점은 인구의 세대교체가 있다는 점이다. 중복세대모형에서는 새로운 사람들이 계속 출생하고 늙은 사람들은 계속 죽는다.

세대교체를 고려하는 경우 시간이 연속적이 아니라 이산적이라고 가정하는 것이 보다 용이하다. 모형의 변수는 $t \geq 0$인 임의의 모든 실수에 대하여 정의되지 않고 $t = 0, 1, 2, \cdots$의 정수에 대해서만 정의된다. 더욱 분석을 단순화하기 위해, 각 개인은 두 기간 동안만 생존하는 것으로 가정한다. 그러나 모형의 결론은 인구가 세대교체를 한다는 일반적인 가정에 의존할 뿐 이산적 시간이나 사람들이 두 기간 동안만 생존한다는 특수한 가정에 좌우되는 것은

아니다.[20]

t기에 L_t의 개인들이 태어난다. 전과 마찬가지로, 인구는 일정한 비율 n으로 증가한다. 즉 $L_t = (1+n)L_{t-1}$이다. 각 개인은 두 기간 동안 생존하기 때문에 t기에는 일생의 전반기를 보내는 L_t와 후반기를 사는 $L_{t-1} = L_t/(1+n)$이 공존하고 있다. 각 개인은 청년기(인생의 제1기)에 한 단위의 노동을 공급하고 그 결과 받은 노동소득을 1기의 소비와 저축으로 분할한다. 노년기(인생의 제2기)에 개인은 1기의 저축과 저축에서 생긴 이자를 모두 소비한다.

$C_{1,t}$와 $C_{2,t}$가 각각 L기에 청년과 노인의 소비를 나타낸다고 하자. 그러면 t기에 출생한 개인의 효용(U_t로 쓰기로 한다.)은 $C_{1,t}$와 $C_{2,t+1}$에 의존한다. 다시 상대적 위험회피도가 일정한 효용함수를 가정한다.

$$U_t = \frac{C_{1,t}^{1-\theta}}{1-\theta} + \frac{1}{1+\rho}\frac{C_{2,t+1}^{1-\theta}}{1-\theta}, \quad \theta > 0, \quad \rho > -1 \tag{2.43}$$

이전처럼 균형성장을 위해서는 이와 같은 함수형(函數型)이 필요하다. 개인의 수명이 유한하므로 이제는 생애효용이 발산되지 않도록 $\rho > n + (1-\theta)g$라고 가정할 필요는 없다. 만일 $\rho > 0$이라면 개인은 2기의 소비보다 1기의 소비를 중시하고 $\rho < 0$이면 그 역이 성립한다. $\rho > -1$이라는 가정에 의하여 2기의 소비에 양(+)의 가중치가 부여된다.

생산은 이제까지와 동일한 가정에 의해 묘사된다. 수많은 기업이 존재하며 각 기업은 생산함수 $Y_t = F(K_t, A_tL_t)$에 의하여 생산활동을 수행한다. $F(\cdot)$는 규모에 대한 보수불변이고 이나다 조건(Inada condition)을 충족하며, A는 외생적으로 주어지는 g의 비율로 상승한다. 따라서 $A_t = (1+g)A_{t-1}$이다. 시장은 모두 경쟁시장이다. 따라서 노동과 자본은 각각 그 한계생산물만큼을 보수로 얻으며 기업의 이윤은 0이 된다. 이 장의 전반부와 같이 자본소모는 없는 것으로 가정한다. 실질이자율과 유효노동 1단위의 임금은 전처럼 각각 $r_t = f'(k_t)$와 $w_t = f(k_t) - k_tf'(k_t)$으로 주어진다. 끝으로 초기자본스톡 K_0가 모든 노년세대(인생의 제2기를 살아가는 사람들)에 의해 균등하게 보유되고 있는 것으로 가정한다.

이렇게 하여 0기에 노년세대에 의해 보유되고 있는 자본과 청년세대가 공급하는 노동이 결합하여 제품을 생산한다. 자본과 노동은 각각 생산에 기여한 한계생산물만큼을 보수로 지급받는다. 노년세대는 자기의 자본소득과 보유한 자산을 모두 소비하고 사망하여 모형에서 사라진다. 청년세대는 자신의 노동소득, w_tA_t를 소비와 저축으로 분할한 후, 자신의 저축을 다음 기로 이월한다. 따라서 $t+1$기의 자본스톡, K_{t+1}은 t기의 청년세대 수, L_t에 이들 개인의 저축,

20 문제 2.15는 이산시간형 솔로우모형의 문제이다. Blanchard(1985)는 명시적으로 분석할 수 있는 연속시간형 중복세대 모형을 개발하고 있다. 그의 모형이 무한기간 기본모형으로부터 어느 정도나 일탈하고 있는가는 모수의 연속성에 의존한다. Weil(1989a)은 Blanchard의 모형을 변형하여 경제에 마지막으로 새로운 가계가 진입하여 오지만 기존의 가계는 존속하여 나가는 모형을 검토하였다. 그는 새로운 가계의 출현만으로도 Diamond 및 Blanchard의 모형이 얻은 주요한 결론의 대부분을 이끌어낼 수 있음을 보였다. 마지막으로 Auerbach and Kotlikoff(1987)는 시뮬레이션 분석을 사용하여 훨씬 더 현실적인 중복세대모형을 다루었다.

$w_tA_t - C_{1,t}$를 곱한 것과 같다. 이 자본이 다음 청년세대가 공급하는 노동과 결합되며 이러한 과정은 계속 반복된다.

$$K_{t+1} = (w_t A_t - C_{1,t})L_t \tag{2.44}$$

2.9 가계의 행동

t기에 태어난 개인이 제2기인 $t+1$기에 할 수 있는 소비는 다음과 같이 주어진다.

$$C_{2,t+1} = (1 + r_{t+1})(w_t A_t - C_{1,t}) \tag{2.45}$$

이 식의 양변을 $1 + r_{t+1}$로 나누고 $C_{1,t}$를 좌변으로 옮기면 개인의 예산제약식이 도출된다.

$$C_{1,t} + \frac{1}{1 + r_{t+1}} C_{2,t+1} = A_t w_t \tag{2.46}$$

이 조건은 생애소비의 현재가치가 초기자산(여기서는 0)과 생애노동소득의 현재가치(여기서는 $A_t w_t$)의 합과 같다는 것을 보여준다.

개인은 식 (2.43)으로 주어지는 효용을 (2.46)의 예산제약 하에 극대화한다. 우리는 극대화 문제를 풀어내는 두 가지 방법을 살펴본다. 첫째 방법은 식 (2.23), (2.24)에서 Ramsey 모형에 대한 오일러 방정식을 직관적으로 도출한 것과 같은 과정을 따르는 것이다. Diamond 모형은 이산시간형으로 설정되어 있기 때문에 오일러 방정식을 직관적으로 도출하는 작업은 Ramsey모형의 경우보다 훨씬 쉽다. 구체적으로 한 개인이 $C_{1,t}$를 ΔC(공식적으로는 무한소)만큼 줄이고 추가적인 저축과 자본소득을 이용하여 $C_{2,t+1}$의 소비를 $(1 + r_{t+1})\Delta C$만큼 늘린다고 상정해 보자. 이러한 소비의 변화는 개인의 생애소비흐름의 현재가치에 아무런 영향도 주지 못한다. 그러므로 개인이 최적화를 하고 있다면 이러한 변화에 따른 효용의 비용과 편익이 같아져야 한다. 만일 비용이 편익보다 작다면 개인은 이러한 변화를 통해 생애효용을 증가시킬 수 있다. 반면에 비용이 편익보다 크다면 개인은 이런 변화의 역을 통해 생애효용을 증가시킬 수 있다.

$C_{1,t}$과 $C_{2,t+1}$이 생애효용에 대해 한계적으로 기여하는 정도는 각각의 한계효용 $C_{1,t}^{-\theta}$ 및 $[1/(1+\rho)]C_{2,t+1}^{-\theta}$이다. 따라서 ΔC를 0으로 접근시키면 이 변화의 효용비용은 $C_{1,t}^{-\theta}\Delta C$로 접근하며 효용편익은 $[1/(1+\rho)]C_{2,t+1}^{-\theta}(1 + r_{t+1})\Delta C$로 접근한다. 앞서 서술한 바와 같이 개인들이 최적화를 하고 있다면 이들은 같다. 따라서 최적화로 인하여 다음의 식이 성립해야 한다.

$$C_{1,t}^{-\theta}\Delta C = \frac{1}{1+\rho}C_{2,t+1}^{-\theta}(1+r_{t+1})\Delta C \tag{2.47}$$

ΔC를 소거하고 양변에 $C_{2,t+1}^{\theta}$을 곱하면 다음의 식을 얻는다.

$$\frac{C_{2,t+1}^{\theta}}{C_{1,t}^{\theta}} = \frac{1+r_{t+1}}{1+\rho} \tag{2.48}$$

또는

$$\frac{C_{2,t+1}}{C_{1,t}} = \left(\frac{1+r_{t+1}}{1+\rho}\right)^{1/\theta} \tag{2.49}$$

이 조건과 예산제약식이 개인의 행태를 나타낸다.

식 (2.49)의 표현은 Ramsey모형의 식 (2.22)과 비슷하다. 시간의 흐름에 따라 개인의 소비경로가 증가하는가 감소하는가는 실질이자율이 시간할인율보다 큰가 작은가에 달려있다. 즉, 실질이자율이 시간할인율보다 크면 개인의 소비는 시간이 흐름에 따라 증가하고 실질이자율이 시간할인율보다 작으면 소비는 감소한다. θ는 다시 개인의 소비가 r과 ρ의 차이에 얼마나 많이 반응하는지를 결정해 준다.

개인의 극대화문제를 푸는 두 번째 방법은 라그랑지 함수를 설정하는 것이다.

$$\mathcal{L} = \frac{C_{1,t}^{1-\theta}}{1-\theta} + \frac{1}{1+\rho}\frac{C_{2,t+1}^{1-\theta}}{1-\theta} + \lambda\left[A_t w_t - \left(C_{1,t} + \frac{1}{1+r_{t+1}}C_{2,t+1}\right)\right] \tag{2.50}$$

$C_{1,t}$과 $C_{2,t+1}$에 대한 1계 조건은 다음의 두 식으로 나타난다.

$$C_{1,t}^{-\theta} = \lambda \tag{2.51}$$

$$\frac{1}{1+\rho}C_{2,t+1}^{-\theta} = \frac{1}{1+r_{t+1}}\lambda \tag{2.52}$$

식 (2.50)을 (2.51) 에 대입하면 다음 식을 얻는다.

$$\frac{1}{1+\rho}C_{2,t+1}^{-\theta} = \frac{1}{1+r_{t+1}}C_{1,t}^{-\theta} \tag{2.53}$$

이 식을 다시 정리하면 식 (2.49)를 얻을 수 있다. 이전과 같이 이 조건과 예산제약식이 개인의 효용극대화 행태를 특징짓는다.

오일러 방정식과 예산제약식을 이용하여 $C_{1,t}$를 노동소득과 실질이자율의 함수로 나타낼 수 있다. 보다 구체적으로 식 (2.49)의 양변에 $C_{1,t}$를 곱한 후, 이를 예산제약식에 대입하면 다음과 같다.

$$C_{1,t}+\frac{(1+r_{t+1})^{(1-\theta)/\theta}}{(1+\rho)^{1/\theta}}=A_t w_t \tag{2.54}$$

이것은 다음과 같이 변형할 수 있다.

$$C_{1,t}=\frac{(1+\rho)^{1/\theta}}{(1+\rho)^{1/\theta}+(1+r_{t+1})^{(1-\theta)/\theta}}A_t w_t \tag{2.55}$$

식 (2.55)에 의해 1기의 소득 가운데 소비에 지출되는 비율은 이자율에 의해 결정됨을 알 수 있다. 이제 저축에 투입되는 소득의 비율, 즉 저축률을 $s(r)$로 표기하기로 한다. 식 (2.55)에 기초하여 생각해 보면 다음과 같다.

$$s(r_{t+1})=\frac{(1+r_{t+1})^{(1-\theta)/\theta}}{(1+\rho)^{1/\theta}+(1+r_{t+1})^{(1-\theta)/\theta}} \tag{2.56}$$

이것을 이용하면 식 (2.55)를 다음과 같이 간략하게 표현할 수 있다.

$$C_{1,t}=[1-s(r_{t+1})]A_t w_t \tag{2.57}$$

식 (2.55)는 청년세대의 저축률이 r의 증가함수일 필요충분조건은 $(1+r)^{(1-\theta)/\theta}$가 r의 증가함수라는 것을 시사한다. $(1+r)^{(1-\theta)/\theta}$의 r에 대한 미분은 $[(1-\theta)/\theta](1+r)^{(1-2\theta)/\theta}$이다. 따라서 s는 θ가 1보다 작으면 r의 증가함수이고 θ가 1보다 크면 r의 감소함수이다. 직관적으로 r이 상승하는 경우, 소득효과와 대체효과가 생긴다. 두 기간 사이에 이루어지는 소비의 교환조건이 2기 소비에 더 유리하면 저축이 증가하는 경향이 생긴다(대체효과). 반면에 동일한 액수를 저축하더라도 2기에 이전보다 더욱 높은 수준의 소비가 가능해진다는 사실은 저축을 감소시키는 경향이 있다(소득효과). 만일 개인이 수익률 차이의 유인을 이용하기 위하여 두 기간간의 소비를 대체하려는 욕구가 매우 크다면(즉, θ가 작으면) 대체효과가 압도한다. 거꾸로 개인이 두 기간에 걸쳐 비슷한 수준의 소비를 유지하고자 하는 선호가 강하다면(θ가 크다면) 소득효과가 압도한다. 그리고 $\theta=1$ (로그효용함수)인 특수한 경우에는 두 효과가 서로 상쇄되어 청년세대의 개인저축률이 r의 영향을 받지 않는다.

2.10 경제의 동학

■ k의 운동방정식

무한기간모형과 마찬가지로 우리들은 개인의 행동을 집계함으로써 경제의 동태적 움직임을 묘사할 수 있다. 앞서 설명한 바와 같이 $t+1$기의 자본스톡은 t기의 청년세대에 의한 저축량과 일치한다. 따라서 다음의 식이 성립한다.

$$K_{t+1} = s(r_{t+1})A_t w_t L_t \tag{2.58}$$

t기의 저축은 그 기의 노동소득과 저축의 주체가 다음 기에 기대하는 자본수익률에 의해 결정되기 때문에 $t+1$기 자본스톡의 식에 표현된 w는 t기의 것이며 r은 $t+1$기의 것이다.

식 (2.57)의 양변을 $A_{t+1}L_{t+1}$로 나누면 유효노동단위의 자본 $K_{t+1}/(A_{t+1}L_{t+1})$의 식이 얻어진다.

$$k_{t+1} = \frac{1}{(1+n)(1+g)} s(r_{t+1})w_t \tag{2.59}$$

여기에 r_{t+1}과 w_t의 식을 대입하면 다음의 결과를 얻는다.

$$k_{t+1} = \frac{1}{(1+n)(1+g)} s(f'(k_{t+1}))[f(k_t) - k_t f'(k_t)] \tag{2.60}$$

■ k의 진화

식 (2.60)는 음함수의 형태로서 k_{t+1}을 k_t의 함수로 정의하고 있다(k_{t+1}가 양변에 나타나고 있으므로 음함수에 지나지 않는다). 따라서 이 식은 초기값이 주어지면 k가 시간이 흐름에 따라 어떻게 진화하는지를 결정한다. 식 (2.60)를 충족하면서 $k_{t+1} = k_t$가 성립하는 k_t의 값이 k의 균형성장경로 상의 값이다. k가 일단 균형에 도달하게 되면 그곳에서 더 이상 움직이지 않게 된다. 따라서 우리는 그러한 단일(또는 복수)의 균형값이 존재할 것인가 혹은 균형값 이외의 점에서부터 출발할 때 k가 균형값으로 수렴할 것인가에 관심을 갖게 된다.

이러한 의문에 답하기 위해서는 k_{t+1}이 k_t에 관하여 어떠한 함수인지를 파악할 필요가 있다. 유감스럽게도 일반적인 경우에 이 점에 관하여 우리가 알고 있는 정보는 별로 없다. 따라서 이하에서는 대수효용함수와 콥-더글러스 생산함수의 단순한 경우를 먼저 검토해 보기로 한다. 이러한 가정 하에 식 (2.60)은 매우 단순한 형태가 된다. 그 후에 이들 가정을 완화할 때 어떠한 변화가 발생하는지 간략하게 논의한다.

■ 로그효용함수와 콥-더글러스 생산함수

θ가 1인 경우, 노동소득 가운데 저축에 투입되는 비율은 $1/(2+\rho)$이다 (식 2.56 참조). 또한 생산이 콥-더글러스 함수에 의해 이루어지는 경우, $f(k_t)$는 k_t^α이며 w_t는 $(1-\alpha)k_t^\alpha$가 된다. 따라서 식 (2.60)는 다음과 같이 변형된다.

$$k_{t+1} = \frac{1}{(1+n)(1+g)} \frac{1}{2+\rho}(1-\alpha)k_t^\alpha \tag{2.61}$$

그림 2.10은 k_{t+1}을 k_t의 함수로 그린 것이다. k_{t+1}의 함수를 표시한 곡선이 45°선과 교차하는 점이 $k_{t+1} = k_t$가 성립하는 점이다. $k_{t+1} = k_t$가 성립하는 점 가운데 특별한 경우로 $k_t = 0$가 있다. k_t가 매우 작은 양(+)의 값을 가질 때 k_{t+1} 곡선은 k_t를 상회하고 나중에 k_{t+1} 곡선이 45°선과 교차하며 그 후부터는 계속 k_t를 하회한다. 따라서 $k = 0$인 경우를 제외하면 균형수준 k는 오직 하나만 존재한다. 이하에서는 이를 k^*로 표기하기로 한다.

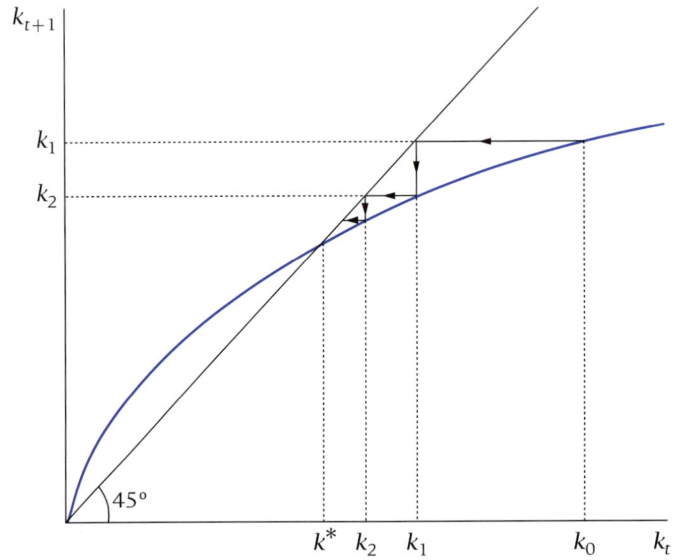

그림 2.10 k**의 동학**

k^*는 $k = 0$인 점을 제외한 어떠한 점에서 출발하더라도 k^*로 수렴한다는 의미에서 전역적으로(globally) 안정적이다. 예를 들어 k의 초기값 k_0가 k^*보다 큰 경우를 보자. k_t가 k^*를 상회하는 경우 k_{t+1} 곡선은 k_t보다 작기 때문에 k_1은 k_0보다 작아진다. 계속하여 k_0가 k^*보다 크며 k_{t+1}은 k_t의 증가함수이기 때문에 k_1이 k^*보다 크다. 따라서 k_1은 k^*와 k_0의 사이에 위치하게 되어 k는 k^*를 향하여 가까이 접근한다. 이러한 과정이 반복되어 k는 순조롭게 k^*로 수렴해 간다. k_0가 k^*보다 작은 경우에도 이와 동일한 분석을 할 수 있다.

이러한 동학은 그림 2.11의 화살표로 잘 표시되어 있다. k_1은 k_0가 주어진 상황에서 k_{t+1} 함수의 높이에 해당되며 이것은 종축으로 나타난다. k_2를 나타내기 위하여 우리는 먼저 횡축에서 k_1의 위치를 확정할 필요가 있다. 이를 위해 k_{t+1} 함수 상의 점에서부터 수평으로 45°선까지 이동한다. 이 횡축 상의 k_1 점에 대응하는 k_{t+1} 함수의 높이가 k_2가 되며 이와 같은 작업을 반복한다.

일단 균형성장경로로 수렴한 후 경제가 갖는 특성은, 저축률이 일정하고 노동자 1인당 생산량은 g의 비율로 성장하며 자본–생산비율이 일정하다는 등 균형성장경로 상에 위치하는 솔로우모형이나 Ramsey–Cass–Koopmans 모형의 경제가 갖는 특성과 같다.

이 경제가 충격에 대하여 어떠한 반응을 보이는지 살펴보기 위하여 우리가 자주 다룬 바와 같이 경제가 처음에는 균형성장경로 상에 있다가 할인율 ρ가 하락하는 경우를 살펴보자. 할인율의 하락은 청년세대에게 그의 노동소득 가운데 보다 많은 부분을 저축하게 만든다. 따라서 k_{t+1} 함수는 상방으로 이동한다. 그림 2.11는 이러한 모습을 묘사하고 있다. k_{t+1} 함수의 상방 이동은 균형성장경로 상의 k의 값 즉 k^*를 증가시킨다. 그림이 보여주는 것과 같이 k는 종전의 k^*로부터 새로운 k^*로 단조증가(單調增加)해 간다.

따라서 우리가 다루고 있는 Diamond 모형에서 할인율의 하락효과는 Ramsey-Cass-Koopmans모형에서 할인율의 하락효과나 솔로우모형에서의 저축률의 상승효과와 비슷하다. 할인율의 하락에 의해 노동자 1인당 생산과 1인당 자본의 경로가 항구적으로 상방 이동하지만 이러한 과정에서 이 변수들의 증가율이 일시적으로 상승할 뿐이다.

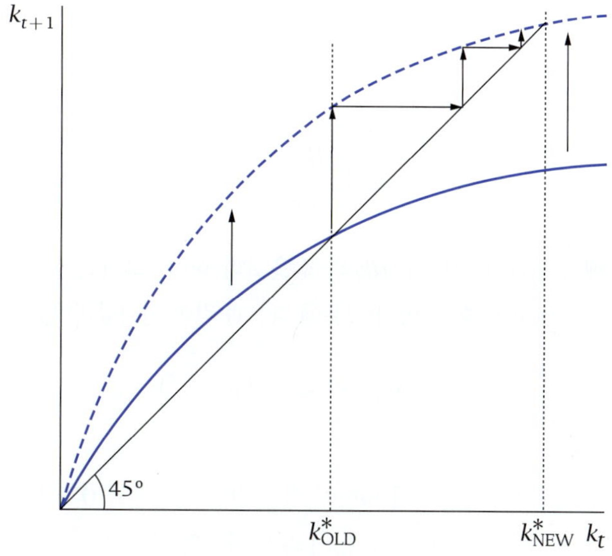

그림 2.11 할인율 하락의 효과

■ 수렴속도

우리는 다시 모형의 질적 시사점 뿐만 아니라 수량적 시사점에도 관심을 가질 수 있다. 우리가 지금 다루고 있는 특수한 경우에서는 균형성장경로 상의 k와 y의 값을 구할 수 있다. 식 (2.61)은 k_{t+1}을 k_t의 함수로 제시하고 있다. 이들 두 변수가 동일하면 경제는 균형성장경로 상에 위치한다. 즉 k^*는 다음과 같이 정의된다.

$$k^* = \frac{1}{(1+n)(1+g)}\frac{1}{2+\rho}(1-\alpha)k^{*\alpha} \tag{2.62}$$

이 수식을 k^*에 대하여 풀면 다음의 식을 얻을 수 있다.

$$k^* = \left[\frac{1-\alpha}{(1+n)(1+g)(2+\rho)}\right]^{1/(1-\alpha)} \tag{2.63}$$

y가 k^α 이므로 다음의 식이 성립한다.

$$y^* = \left[\frac{1-\alpha}{(1+n)(1+g)(2+\rho)}\right]^{\alpha/(1-\alpha)} \tag{2.64}$$

이러한 식은 모형의 모수 값들이 균형성장경로 상의 유효노동 1단위 당 생산에 어떠한 영향을 미치는지를 보여준다. 필요하다면 각 모수에 대한 수치를 선택하여 여러 가지 전개과정의 장기 효과에 관한 양적인 예측을 할 수 있다.[21]

우리는 또한 경제가 얼마나 신속하게 균형성장경로로 수렴해 가는지를 파악할 수 있다. 이를 공식적으로 분석하기 위해 다시 동학방정식을 k^*의 근방에서 선형화한다. 즉, k의 운동방정식 (2.61)을 $k = k^*$를 중심으로 한 1차 근사식으로 대체한다. 우리는 k_t가 k^*일 경우, k_{t+1}도 k^*인 것을 알고 있다. 따라서 다음의 식이 유도된다.

$$k_{t+1} \simeq k^* + \left(\left.\frac{dk_{t+1}}{dk_t}\right|_{k_t = k^*}\right)(k_t - k^*) \tag{2.65}$$

$k_t = k^*$에서 평가한 dk_{t+1}/dk_t의 값을 λ라 하자. 그러면 식 (2.65)를 $k_{t+1} - k^* \simeq \lambda(k_t - k^*)$로 바꾸어 쓸 수 있기 때문에 다음과 같이 변형할 수 있다.

$$k_t - k^* \simeq \lambda^t(k_0 - k^*) \tag{2.66}$$

여기서 k_0는 k의 초기값이다.

균형성장경로로의 수렴은 λ에 의하여 결정된다. 만일 λ가 0과 1 사이의 값을 갖는다면 이 시스템은 고르게 수렴한다. 만일 λ가 -1과 0 사이의 값을 갖는다면 이 시스템은 진폭이 축소되면서 k^*로 수렴한다. 이 때 k는 k^*보다 큰 값과 작은 값을 번갈아 가지면서 매기마다 k^*를 향해 수렴해 간다. 만일 λ가 1보다 크다면 해당 체계는 발산한다. 마지막으로 λ가 -1보다 작으면 k가 k^*보다 큰 값과 작은 값을 번갈아 가지면서 체계가 발산한다.

식 (2.61), $k_{t+1} = (1-\alpha)k_t^\alpha/[(1+n)(1+g)(2+\rho)]$으로 돌아가 λ의 값을 구해보자. 따라서

21 모수의 값을 선택함에 있어서 개인이 단지 2기간 동안만을 산다고 가정하고 있음을 기억하는 것이 중요하다. 그러므로 예를 들어 n은 연율의 인구증가율이 아니라 생애기간의 반에 해당하는 기간에 걸쳐서 이루어지는 인구증가율로 생각해야 한다.

$$\lambda \equiv \left.\frac{dk_{t+1}}{dk_t}\right|_{k_t = k^*} = \alpha \frac{1-\alpha}{(1+n)(1+g)(2+\rho)} k^{*\alpha-1}$$

$$= \alpha \frac{1-\alpha}{(1+n)(1+g)(2+\rho)} \left[\frac{1-\alpha}{(1+n)(1+g)(2+\rho)}\right]^{(\alpha-1)/(1-\alpha)} \tag{2.67}$$

$$= \alpha$$

여기서 둘째 줄은 식 (2.63)를 이용하여 k^*에 대입하여 얻었다. 즉 λ는 단순히 α로서 자본소득분배율이다.

α는 0과 1 사이의 값을 가지므로 위 분석에 따르면 k는 k^*로 고르게 수렴해 간다. 예를 들어 α가 1/3이라면 k는 각기마다 당기의 k에서 k^*까지 거리의 2/3씩 접근해 간다.[22]

Diamond모형의 수렴속도는 솔로우모형과 다르다. (이산시간형 솔로우모형은 문제 2.15 참조). 그 이유는 청년세대의 저축이 소득의 대비 일정 몫이고 소득은 총소득의 일정 몫이지만 노년세대의 음(−)의 저축은 총소득의 일정 몫이 아니기 때문이다. 총생산 대비 노년세대의 음의 저축은 $K_t/F(K_t, A_tL_t)$ 또는 $k_t/f(k_t)$과 같다. 자본에 수확체감의 법칙이 작용하기 때문에 이 비율은 k의 증가함수이다. 이 항이 저축에 음의 부호를 달고 들어가기 때문에 총생산에 대한 비율로 본 총저축은 k의 감소함수가 된다. 따라서 총저축률은 $k < k^*$인 경우 균형성장경로 상에 위치할 때보다 커지며 역으로 $k > k^*$일 때는 상대적으로 작아진다. 그 결과 수렴속도는 솔로우 모형의 수렴속도에 비하여 훨씬 빠르다.

■ 일반적인 경우

이제 로그효용함수와 콥-더글러스 생산함수의 가정을 완화해 보자. 그러면 모형의 단순성에도 불구하고 경제는 매우 다양하게 변화할 수 있다. 여기서는 포괄적인 분석을 시도하기보다는 단지 몇 가지 흥미로운 경우들을 논의한다.

여러 가지 가능성을 직관적으로 이해하기 위해서는 식 (2.59)로 주어지는 운동방정식을 다음과 같이 변형하는 것이 유용하다.

$$k_{t+1} = \frac{1}{(1+n)(1+g)} s(f'(k_{t+1})) \frac{f(k_t) - k_t f'(k_t)}{f(k_t)} f(k_t) \tag{2.68}$$

식 (2.68)은 $t+1$기에서 유효노동 1단위의 자본을 네 가지 항의 곱으로 표현하고 있다. 각항을 오른쪽에서 왼쪽으로 순서대로 살펴보면 먼저 t기의 유효노동 1단위당 생산, 생산 중에서 노동의 대가로 지불되는 부분의 비율, 저축에 투입된 노동소득의 비율, 그리고 끝으로 t기 유효노동의 $t+1$기 유효노동에 대한 비율을 나타낸다.

그림 2.12은 다루기 쉬운 그림 2.10의 경우를 제외하고 k_{t+1}과 k_t 간에 존재할 수 있는 몇

22 그러나 여기서의 각 기는 인간의 생애의 반에 해당한다는 점에 유의해야 한다.

가지 관계를 나타내고 있다. 그림 (a)는 여러 개의 k^*가 존재하는 경우이다. 이 경우 k_1^*과 k_3^*는 안정적인 점이다. 즉, 만일 k가 이런 점들로부터 다소 떨어진 위치에서 출발하면 각각 해당 점의 수준으로 수렴해 간다. k_2^*는 ($k_0 = 0$의 경우도 마찬가지인데) 불안정한 점이다. 만일 k가 k_2^*보다 약간 작은 값에서 출발하면 k는 k_1^*로 수렴한다. 만일 k가 k_2^*보다 약간 큰 값에서 출발한다면 k는 k_3^*로 수렴한다.

k^*가 여러 개 존재할 가능성을 이해하기 위해서는 먼저 높은 수준의 k에서는 자본 1단위당 생산이 줄어들기(자본의 한계생산물이 체감한다) 때문에 k^*가 두 개 존재하는 경우 청년세대의 저축률은 높은 수준의 k^*에서 더 높아져야 한다는 점에 주목할 필요가 있다. 생산 중에서 노동에 귀속되는 비율(노동소득비중)과 노동소득 대비 저축 비율이 일정하면 청년세대의 저축률은 일정하므로 여러 개의 k^*가 존재할 수 없다. 이것이 콥–더글러스 생산함수와 로그효용함수의 예에서 나타나는 결과이다. 그러나 만일 더 높은 수준의 k에서 더 높은 노동소득분배율이 실현된다거나 (이것은 $f(\cdot)$가 콥–더글러스 함수보다 기울기가 급격한 곡선을 갖는 경우에 발생한다) 수익률이 낮을 때에 노동자가 더 높은 저축률을 가지거나 (이는 $\theta > 1$일 때 발생한다) 또는 두 가지 경우가 함께 나타날 때 저축이 기존 자본스톡과 정확히 같은 양을 낳는 k의 수준이 두 개 이상 존재할 수 있다.

그림 (b)는 k_{t+1}이 항상 k_t보다 작기 때문에 k가 초기값에 관계없이 0으로 수렴하는 경우를 보여준다. 이러한 경우가 발생하기에 필요한 조건은 k가 0에 근접함에 따라 노동소득분배율이나 저축에 투입되는 노동소득의 비율(또는 두 경우 모두)이 0으로 근접해 가는 것이다.

그림 (c)는 k가 낮은 수준의 초기값으로부터 출발하면 0에 수렴하지만 어느 정도 큰 초기값으로부터 출발하면 양(+)의 수준에 수렴하는 경우를 보여 준다. 구체적으로 만일 $k_0 < k_1^*$이면 k는 0으로 접근해 가지만 $k_0 > k_1^*$이면 k는 k_2^*로 수렴해 간다.

끝으로 그림 (d)는 k_{t+1}이 k_t에 의해 유일하게 결정되지 않는 경우를 보여 준다. k_t가 k_a와 k_b의 사이에 위치하는 경우, k_{t+1}으로 가능한 값은 3개가 존재한다. 이는 저축이 이자율의 감소함수인 경우에 발생할 수 있다. 저축이 r의 감소함수일 때 개인이 높은 수준의 k_{t+1}, 따라서 낮은 수준의 r을 기대하면 저축은 높아진다. 역으로 낮은 수준의 k_{t+1}를 기대하면 저축은 낮아진다. 만일 저축이 r에 대하여 그리고 r이 k에 대하여 각각 충분히 민감하게 반응한다면 주어진 k_t에 상응하는 k_{t+1}의 값이 두 개 이상 존재할 수 있다. 이 경우 식 (2.60) 또는 (2.68)은 초기값이 주어졌더라도 k의 시간적 추이가 완전하게 결정되지 않는다는 의미에서 경제는 부정(不定)의 상태가 된다. 이는 외생적인 교란이 없다고 하더라도 **자기실현적 예언**(*self-fulfilling prophecies*)이나 **태양흑점**(*sunspots*)이 경제의 행태에 영향을 미쳐 경제가 변동할 가능성이 있음을 시사한다. 여기에 엄밀하게 무엇을 가정하느냐에 따라 여러 가지 형태의 동학이 가능하다.[23]

23 이와 관련한 주제는 6.8절에서 좀 더 논의한다.

따라서 무한기간 생존하는 가계보다 중첩세대를 가정함으로써 우리는 지속적인 성장이 불가능할 수 있다거나 초기조건에 좌우될 수 있다는 것 등과 같은 경제의 동학에 잠재적으로 중요한 시사점들을 발견할 수 있다.

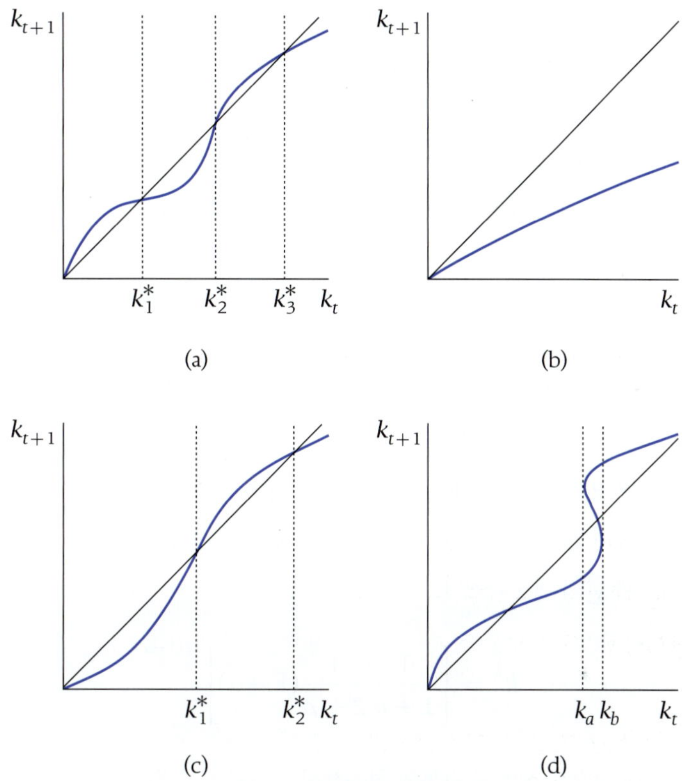

그림 2.12 k_t와 k_{t+1}간의 관계에 대한 여러 가지 가능성

동시에 본 모형이 성장에 관한 기본적인 문제들을 설명하는 데 있어 솔로우모형이나 Ramsey–Cass–Koopmans모형보다 우수하다고 볼 수는 없다. 이나다 조건(Inada Condition)으로 인하여 k_t가 충분히 큰 경우에는 k_{t+1}가 k_t보다 작아야 한다. 구체적으로 청년세대의 저축이 경제의 총생산을 초과할 수는 없기 때문에 k_{t+1}은 $f(k_t)/[(1+n)(1+g)]$보다 클 수 없다. 또한 자본의 한계생산물은 k가 커짐에 따라 0으로 접근해 가기 때문에 k_{t+1}은 궁극적으로 k_t보다 작아야 한다. k_{t+1}이 궁극적으로 k_t보다 작다는 것은 k가 무한히 성장할 수는 없다는 것을 의미한다. 따라서 다시 한 번 노동자 1인당 생산의 장기적인 성장을 가능케 하는 유일한 잠재적 원천은 노동효율의 성장이라는 결론에 도달하게 된다. 복수(複數)의 k^*가 존재할 가능성이 있기 때문에 다른 모든 조건이 동일한 경제들이 오직 초기조건의 차이에 의하여 서로 다른 성장경로로 수렴해 갈 수 있다는 것을 이 모형은 시사한다. 그러나 이에 기초하여 노동자 1인당 산출의 커다란 격차를 설명하기 위해서는 솔로우모형이나 Ramsey모형에서와 마찬가지로 노동자 1인당 자본이나 수익률에서 커다란 격차가 존재한다고 가정하는 것이 불가피하다.

2.11 동태적 비효율성의 가능성

Diamond모형과 Ramsey–Cass–Koopmans모형의 균형성장경로 간의 한 가지 주요한 차이는 후생과 관련되어 있다. 우리는 이미 Ramsey–Cass–Koopmans모형의 균형이 대표적 가계의 후생을 극대화하는 것을 확인하였다. Diamond모형에서는 서로 다른 기에 출생한 사람들의 효용수준이 서로 다르기 때문에 사회적 후생 수준을 어떠한 방식으로 평가하는 것이 적절한지 확실치 않다. 만일 후생을 서로 다른 세대의 효용을 가중평균(加重平均)하여 규정한면 각 세대에 부여하는 가중치가 자의적일 수밖에 없으므로 분권적 균형이 후생을 극대화한다고 기대할 수 없다.

효율성을 판단하는 최소한의 기준은 균형이 파레토최적이라는 것이다. Diamond모형의 균형은 심지어 이러한 기준조차 충족시키지 못하는 것으로 나타난다. 특히 Diamond모형의 균형성장경로에서 자본스톡이 황금률 수준을 초과할 수 있으며, 이러한 경우 소비수준을 항구적으로 끌어올리는 것이 가능하다.

이 가능성을 가능한 한 쉽게 보기 위하여 효용함수가 로그함수이고 생산함수가 콥–더글러스 생산함수이며 g는 0이라고 가정하자. $g=0$이면 식 (2.63)에 의한 균형성장경로 상에서 k 값은 다음과 같이 단순화된다.

$$k^* = \left[\frac{1}{1+n}\frac{1}{2+\rho}(1-\alpha)\right]^{1/(1-\alpha)} \tag{2.69}$$

따라서 균형성장경로 상에서 자본의 한계생산물 $\alpha k^{*\alpha-1}$은 다음과 같다.

$$f'(k^*) = \frac{\alpha}{1-\alpha}(1+n)(2+\rho) \tag{2.70}$$

황금률 수준의 자본스톡은 $f'(k_{GR}) = n$으로 정의된다. 이 때 $f'(k^*)$는 $f'(k_{GR})$보다 크거나 작을 수 있다. 특히 α가 충분히 작은 경우 $f'(k^*)$는 $f'(k_{GR})$보다 작아서 균형성장경로 상의 자본스톡은 황금률 수준을 상회하게 된다.

k^*가 k_{GR}을 상회하는 것이 왜 비효율적인지를 이해하기 위하여 균형성장경로 상에서 $k^* > k_{GR}$의 상태인 Diamond모형의 경제에 사회계획자를 도입하는 상황을 가정해 보자. 만일 사회계획자가 k를 바꿀 어떠한 일도 하지 않는다면 노동자 1인당 소비는 생산 $f(k^*)$에서 k를 k^*의 수준에 유지시키는 데 필요한 신규투자분 nk^*을 뺀 것과 같다. 그림 2.13에서 X로 표시된 것이 바로 이것이다. 이렇게 하는 대신 임의의 t_0기에 사회계획자가 더 많은 자원을 소비에 투입하여 평소보다 작은 저축을 한 결과, 차기의 자본스톡이 k_{GR}이 되고 이후 k는 그 수준을 계속 유지한다고 상정해 보자. 이 계획 하에서 t_0기에 노동자 1인당 소비할 수 있는 자원

은 $f(k^*) + (k^* - k_{GR}) - nk_{GR}$ 이다. 그 후 각기에 소비 가능한 노동자 1인당 생산은 $f(k_{GR}) - nk_{GR}$ 이 된다. k_{GR} 은 $f(k) - nk$ 를 극대화하는 수준이기 때문에 $f(k_{GR}) - nk_{GR}$ 는 $f(k^*) - nk^*$ 를 상회한다. 더욱이 $k^* > k_{GR}$가 성립하기 때문에 $f(k^*) + (k^* - k_{GR}) - nk_{GR}$ 는 $f(k_{GR}) - nk_{GR}$ 보다 더욱 크다. 이러한 계획 하에 노동자 1인당 총소비의 경로는 그림 2.14에서 ⊙로 표현된다. 그림에서 알 수 있는 바와 같이 이 계획은 k를 k^*에 머무르게 하는 정책에 비해 모든 기에서 소비가능자원을 증대시킨다. 따라서 사회계획자는 이렇게 증가된 소비가능자원을 청년세대와 노년세대에 배분해 줌으로써 모든 세대의 후생을 개선시킬 수 있다.

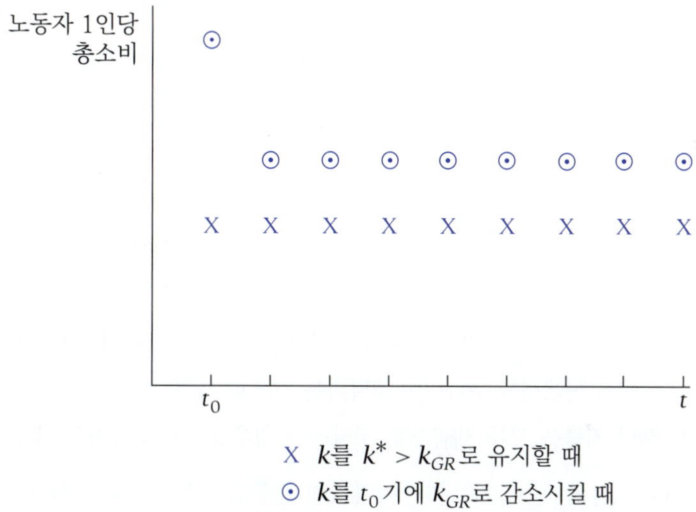

그림 2.13 k를 황금률 수준으로 낮출 때 노동자 1인당 소비의 경로에 대한 영향

따라서 Diamond모형의 균형은 파레토 효율적이 아닐 수 있다. 이는 수수께끼처럼 보일 수 있다. 시장은 경쟁적이고 외부성도 존재하지 않는 상황에서 어떻게 균형이 파레토 최적이라는 일반적인 결론이 성립하지 않을 수 있을까? 이는 표준적인 결과에서는 완전경쟁시장이라는 것과 외부성이 존재하지 않는다는 것 외에도 경제주체의 수가 유한하다고 가정하고 있기 때문이다. 보다 구체적으로 Diamond모형에서 비효율성이 발생할 수 있는 것은 세대의 무한성으로 인하여 사회계획자가 시장에서는 불가능한 소비 수준을 노년세대에게 제공할 수 있기 때문이다. 시장경제 하의 개인들이 노년기에도 소비하기를 원한다면 그들의 유일한 선택은 자본의 수익률이 아무리 낮더라도 자본을 보유하는 것이다. 그러나 사회계획자의 경우 노년기의 소비를 자본스톡과 그로부터의 수익에 국한시킬 필요는 없다. 사회계획자는 소비 가능한 자원을 청년세대와 노년세대 간에 임의로 배분할 수 있다. 예를 들어 사회계획자는 각각의 젊은이로부터 한 단위의 노동소득을 거두어 노인들에게 이전할 수 있다. 노인 한 사람당 $(1+n)$인의 젊은이가 존재하기 때문에 이러한 소득이전에 의해 노인 1인당 $(1+n)$단위의 소비가 증가한

다. 사회계획자는 다음 기의 젊은이들에게도 이와 같은 이전을 실행케 하고 매기에 이런 과정을 영원히 반복함으로써 어떠한 세대도 후생이 나빠지지 않게 만들 수 있다. 만일 자본의 한계생산물이 n보다 작다면, 즉 자본스톡이 황금률 수준을 상회한다면 이와 같이 청년세대와 노년세대 사이의 자원 이전이 저축보다 효율적이다. 따라서 사회계획자는 이를 활용하여 경쟁균형하의 배분을 개선할 수 있다.

이러한 종류의 비효율성은 비효율성의 전통적인 원천과는 다르며 이것이 경제의 기간간 구조로부터 발생한다는 점에 비추어 동태적 비효율성(dynamic inefficiency)[24]이라고 알려져 있다.

2.12 Diamond 모형과 정부

무한기간모형의 경우와 마찬가지로 Diamond모형에 지출이나 과세활동을 수행하는 정부를 도입한다면 어떤 일이 일어날까에 관한 의문이 자연스럽게 제기될 수 있다. 단순화를 위하여 로그효용함수와 콥-더글러스 생산함수에 초점을 맞추어 분석한다.

G_t를 t기에 유효노동 1단위당 정부의 소비지출이라고 정의하자. 여기서도 이 소비지출의 재원은 청년세대에 정액세를 부과하여 조달하는 것으로 가정한다.

정부가 해당 지출을 모두 세금으로 조달하는 경우 t기에 노동자의 세후소득은 $(1-\alpha)k_t^\alpha$가 아닌 $(1-\alpha)k_t^\alpha - G_t$가 된다. 이때 k의 운동법칙을 나타내는 식 (2.61)은 다음과 같이 변환된다.

$$k_{t+1} = \frac{1}{(1+n)(1+g)}\frac{1}{2+\rho}[(1-\alpha)k_t^\alpha - G_t] \tag{2.71}$$

따라서 k_t가 주어진 상황에서 G_t가 커지면 k_{t+1}은 낮아진다.

정부지출의 효과를 살펴보기 위해 경제가 일정한 G로 균형성장경로에 있었는데 G가 항구적으로 증가한다고 상정해 보자. 식 (2.71)로부터 이것은 k_{t+1}함수를 아래쪽으로 이동시킨다. 이는 그림 2.14에 나타나 있다. k_{t+1}함수의 하방 이동으로 인하여 k^*의 수준이 낮아진다. 무한수명모형의 경우와는 대조적으로 정부지출의 확대는 자본스톡을 감소시키고 실질이자율을 상승시킨다. 직관적으로 말하면 각 개인은 두 기간 동안 생존하기 때문에 사람들이 1기의 소비를 줄이지만 그 감소분은 G의 증가분보다는 작다. 그러나 세금은 일생의 1기에만 부과되기 때문에 이는 바로 저축의 감소를 의미한다. 다른 분석에서와 같이 경제는 처음의 균형성장경로로부터 새로운 균형성장경로로 순조롭게 이동해 간다.

---

24 문제 2.20에서는 동태적 비효율성의 원천에 대해 보다 깊게 조사하고 있다.

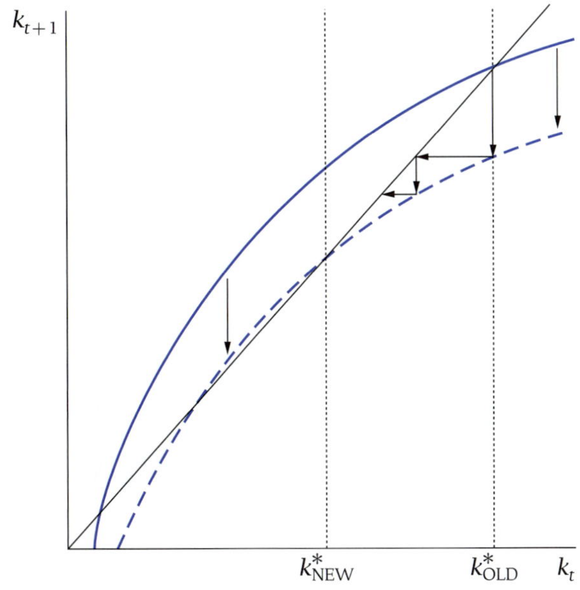

그림 2.14 **항구적인 정부지출 증가의 효과**

두 번째 예로서, 다시 한 번 균형성장경로에 있는 경제에서 정부지출이 일시적으로 G_L에서 G_H로 증가한 경우를 살펴보자. k의 동학은 정부지출이 상승한 기간은 $G_t = G_H$로 설정된 식 (2.71)으로 묘사되며 그 전과 후의 기간에서는 $G_t = G_L$로 설정된 식 (2.71)에 의해 묘사된다. 즉, 개인들이 정부지출이 G_L로 되돌아갈 것을 안다고 하더라도 이 안다는 사실 자체는 정부지출이 높은 기간 중 경제의 행태에 아무런 영향을 미치지 못한다. 청년세대의 저축 – 따라서 다음 기의 자본스톡 – 은 청년세대의 세후노동소득에 의해 결정되며 세후 노동소득은 당기의 자본스톡과 당기의 정부지출에 의해 결정된다. 따라서 정부지출이 높은 기간에 k는 서서히 낮아지며 r은 점차 상승한다. 일단 G가 G_L로 복귀하면 k는 서서히 원래의 수준으로 상승한다.[25]

25 G의 미래 값이 당기의 경제 행태에 영향을 미치지 않는다고 하는 결과는 로그효용함수의 가정에 의존하는 것은 아니다. 로그효용함수의 가정을 하지 않아도 당기 청년세대의 저축은 과세 후 노동소득은 물론 수익률에도 의존한다. 그러나 수익률은 다음 기의 자본–노동비율에 의해 결정되며 다음 기의 자본–노동비율은 다음 기의 정부지출에 의해 영향을 받지 않는다.

연습문제

2.1 규모에 대항 보수불변의 생산함수 $Y = F(K, AL)$ (집약형을 이용하면 $Y = ALf(k)$)을 갖는 N개의 기업이 존재하며, $f'(\cdot) > 0$, $f''(\cdot) < 0$이라고 하자. 또한 모든 기업들이 임금 wA로 노동자를 고용하고 비용 r로 자본을 임차하며 A의 값은 모든 기업에 동일하다고 하자.

(a) Y의 단위를 최소의 비용으로 생산하고자 하는 기업의 문제를 생각해 보자. 비용을 극소화하는 수준의 k는 유일하게 결정되고 Y의 값에는 의존하지 않으며 따라서 모든 기업들이 동일한 값의 k를 선택한다는 것을 보여라.

(b) 비용극소화를 도모하는 기업 N개의 총생산량은 기업 N개가 이용하는 노동과 자본의 모두를 단일 기업이 사용하여 동일한 생산함수에 의해 생산하는 경우의 총생산량과 같은 것을 보여라.

2.2 **상대적위험기피도가 일정한 효용함수와 대체탄력성** 2기간만 생존하며, 식 (2.43)의 효용함수를 보유하는 개인에 대하여 생각해 보자. P_1과 P_2를 각기간의 소비재 가격, W를 개인의 생애소득이라 하자. 따라서 예산제약은 $P_1C_1 + P_2C_2 = W$가 된다.

(a) P_1, P_2 및 W가 주어진 상황에서 효용을 극대화하는 경우, 개인들이 선택하는 C_1과 C_2의 값을 구하여라.

(b) $-[(P_1/P_2)/(C_1/C_2)]/[\partial(C_1/C_2)/\partial(P_1/P_2)]$ 또는 $-\partial\, ln(C_1/C_2)/\partial\, ln(P_1/P_2)$으로 정의되는 2기간 소비 사이의 대체탄력성을 보자. 효용함수가 식 (2.43)인 경우 C_1과 C_2의 대체탄력성은 $1/\theta$가 되는 것을 보여라.

2.3 (a) 미래의 어떤 시점 t_0에 정부가 가계가 보유하는 부의 반을 그 종류를 불문하고 몰수할 것이라는 사실이 미리 알려진다고 하자. 소비는 t_0에서 비연속적으로 변화하는가? 만일 그렇다면 그 이유는?(그리고 t_0 직전의 소비와 그 직후의 소비를 연결시키는 조건은 무엇인가?) 만일 그렇지 않다면 그 이유는?

(b) 시점 t_0에서 정부가 각각의 가계로부터 당시의 평균적인 가계가 보유한 부의 반에 해당하는 부를 몰수할 것이라는 사실이 미리 알려진다고 하자. 소비는 시점 t_0에서 비연속적으로 변화하는가? 만일 그렇다면 그 이유는?(그리고 t_0 직전의 소비와 그 직후의 소비를 연결시키는 조건은 무엇인가?) 만일 그렇지 않다면 그 이유는?

2.4 식 (2.2)에서 시점효용함수가 $\ln C$이라고 가정하자. 식 (2.7)의 제약 하에서 식 (2.2)을 극대화하는 가계에 대하여 생각하여 보자. 각 시점에서의 C를 초기시점의 재산과 노동소득의 현재가치의 합, $r(t)$의 경로 및 효용함수의 모수의 함수로 표현하라.

2.5 가계가 식 (2.2) 및 식 (2.3)의 효용함수를 가진다고 하자. 실질이자율은 일정하다. 가계의 초기시점의 재산과 생애노동소득의 현재가치의 합 (식 2.7)의 우변 항들의 합)을 W라고 정의하자. 효용을 극대화하는 C의 성장경로를 r, w 및 효용함수의 모수로 표현하라.

2.6 **성장, 저축과** $r-g$. Piketty(2014)는 경제성장률의 하락은 이자율과 성장률 사이의 차이의 증가를 만들어 내는 것 같다고 주장하였다. 이러한 문제는 Ramsey–Cass–Koopmans에서 이슈를 묻는 것과 같다. 특히, 균형성장경로에 있는 Ramsey–Cass–Koopmans 경제를 고려하고 g의 값이 항구적으로 하락하였다고 가정하자.

(*a*) 이러한 것은 $\dot{k}=0$곡선에 어떻게 영향을 미치는가?

(*b*) 이러한 것은 $\dot{c}=0$곡선에 어떻게 영향을 미치는가?

(*c*) 변화 시점에 c가 증가 또는 감소하거나 또는 일정하게 유지되는 지에 대해 설명하라.

(*d*) 변화 시점에 $r-g$가 증가 또는 감소하거나 또는 일정하게 유지되는 지에 대해 설명하라.

(*e*) 장기적으로 $r-g$가 증가 또는 감소하거나 또는 일정하게 유지되는 지에 대해 설명하라.

(*f*) g의 한계 변화가 균형성장경로에 저축된 생산의 일부에 미치는 영향을 표현하라. 양수인가? 음수인가?

(*g*) 생산함수가 콥–더글러스이고, $f(k)=k^{\alpha}$일 때, 문제 (*f*)를 ρ, n, g, θ, α로 표현하라. (**힌트** : $f'(k^*)=\rho+\theta g$를 이용하라.)

2.7 그림 2.5의 $\dot{c}=0$곡선과 $\dot{k}=0$곡선이 다음 각각의 변화에 의해 어떠한 영향을 받을 것인가를 설명하라. 또한 이들의 변화가 균형성장경로의 c와 k의 값에 어떠한 영향을 줄 것인가에 관해서도 설명하라.

(*a*) θ가 상승하는 경우

(*b*) 생산함수가 아래쪽으로 이동하는 경우

(*c*) 본문에서는 0라고 가정하고 있는 감가상각률이 양의 값으로 변한 경우

2.8 감가상각률이 양인 경우에 식 (2.40)에 대응하는 식을 구하라.

2.9 **Ramsey모형의 닫힌 형태의 해** (Smith(2006)을 따른다) 콥–더글러스 생산함수 $y(t)=k(t)^{\alpha}$를 가지는 Ramsey모형을 고려하고, 상대적 위험회피계수(θ)와 자본소득분배율(α)가 같다고 하자.

연습문제

(*a*) 균형성장경로 (k^*)에서 k는 무엇인가?

(*b*) 균형성장경로 (k^*)에서 c는 무엇인가?

(*c*) $z(t)$, $k(t)/y(t)$는 자본–생산 비율이고 $x(t)$, $c(t)/y(t)$는 소비–자본비율이다. $\dot{z}(t)$, $\dot{x}(t)/x(t)$를 z, x와 모형의 모수로 표현하라.

(*d*) x가 안장경로를 따라 일정하다고 잠정적으로 추측하자. 이러한 추측에서

(*i*) 초기값 $z(0)$가 주어졌을 때 z의 경로를 찾아라.

(*ii*) 초기값 $k(0)$가 주어졌을 때 y의 경로를 찾아라. 균형성장경로로 수렴하는 속도 $d\ln[y(t)-y^*]/dt$는 경제가 안장경로를 따라 움직이는 것처럼 일정한가?

(*e*) 추측되는 해에서 c와 k의 운동방정식은 식 (2.25)와 식 (2.26)을 만족시키는가?

2.10 Ramsey–Cass–Koopmans모형과 자본과세 균형성장경로 상에 위치하는 Ramsey–Cass–Koopmans모형의 경제에 대하여 생각해 보자. 어떤 시점(시점 0이라고 부른다)에 있어서 정부가 정책을 전환하여, 자본소득에 일정률 τ로 과세한다고 가정하자. 따라서 가계가 직면하는 실질이자율은 $r(t)=(1-\tau)f'(k)$가 된다. 정부는 이 세금으로 얻어지는 수입을 정액배분(lump–sum transfer)에 의해 균등하게 가계로 환원한다고 하자. 끝으로 이러한 세제변경은 예상되지 않았었다고 가정하자.

(*a*) 이 과세는 $\dot{c}=0$ 곡선과 $\dot{k}=0$곡선에 각각 어떠한 영향을 주는가?

(*b*) 이 경제는 세제 변경에 대하여 시점 0에서 어떠한 변화를 나타내는가? 시점 0 이후에는 어떻게 변화하는가?

(*c*) 새로운 균형성장경로 상의 c와 k는 이전의 균형성장경로 상의 값들과 비교하여 어떠한 변화를 보이는가?

(*d*) (이 질문은 Barro, Mankiw, and Sala-i-Martin (1995)에 기초하고 있다)
이러한 경제가 다수 존재한다고 가정하자. 각국에 있어서 노동자의 선호는 동일하지만 투자소득에 대한 세율은 다르다고 한다. 또한 각국은 모두 균형성장경로에 위치한다고 가정한다.

(*i*) 균형성장경로 상에서 저축률 $(y^*-c^*)/y^*$는 τ의 감소함수임을 보여라.

(*ii*) τ가 낮고 k^*가 높고 저축수준도 높은 나라들의 국민은 저축수준이 낮은 나라에 투자할 유인을 갖는가? 갖지 않는가? 이유를 설명하라.

(*e*) (*c*)의 답으로부터 투자에 보조금을 지급하며(즉 $\tau < 0$으로 만들고), 이 보조금의 재원을 정액세에 의해 조달하는 정책은 후생을 증가시킨다고 말할 수 있는가? 이유를 설명하라.

(*f*) 정부가 과세에 의한 세수를 국민에게 환원하지 않고 재화와 서비스의 구입에 이용한 경우 (*a*)와 (*b*)의 답은 어떻게 변하는가?(혹은 변하지 않는가?)

2.11 위상도에 의한 예상된 정책변경의 영향 분석 문제 2.10에서 살펴본 정책과 관련하여 정부가 시점 0에서 세제를 발표하고 그것과 동시에 실시하는 것이 아니라 시점 에서 「금후 시점 t_1에 투자소득에 대하여 세율 τ로 과세를 개시한다.」고 발표하는 것으로 가정하자.

(*a*) 시점 t_1 이후의 c와 k의 변화를 나타내는 위상도를 그려라.

(*b*) c는 시점 t_1에서 비연속적으로 변화할 수 있는가? 이유를 설명하라.

(*c*) 시점 t_1 이전의 c와 k의 변화를 보여주는 위상도를 그려라.

(*d*) (*a*), (*b*), (*c*)의 해답으로부터 판단하면 c는 시점 0에서 어떠한 변화를 필요로 하는가?

(*e*) 이상의 결과를 요약하여 c와 k의 경로를 시간의 함수로서 그려라.

2.12 위상도에 의한 일시적 정책변경(예상치 못한 것/예상된 것)의 영향의 분석 문제 2.11을 변형시킨 다음의 2가지 경우에 관하여 분석하라.

(*a*) 정부가 시점 0에서 「시점 0으로부터 시점 t_1의 사이에 세율 τ로 투자소득에 과세를 실시한다. 시점 t_1 이후에는 과세하지 않는다.」고 발표한다.

(*b*) 시점 0에 「시점 t_1으로부터 시점 t_2의 사이에 세율 로 투자소득에 과세를 실시한다. 시점 t_1 이전 및 시점 t_2 이후에는 과세하지 않는다.」고 발표한다.

2.13 Ramsey-Cass-Koopmans모형에서 흥미로운 상황

(*a*) 시간 0에서 k가 황금률 수준에 있는 Ramsey–Cass–Koopmans모형을 생각하자. 즉, $k(0) = k^{GR}$에 있다. c와 k의 경로를 그려라.

(*b*) (*a*)와 같은 상황을 고려하지만, 정부지출을 가지는 모형을 생각하자. G는 일정하여 $\overline{G}$와 같다. 중요한 점은 $\overline{G}$는 $f(k^{GR}) - (n+g)k^{GR}$보다 작고 $f(k^*) - (n+g)k^*$보다 크다. 여기서 G가 일정하고 0이라면 k^*는 k가 경제가 균형성장경로에 있는 값이다. c와 k의 경로를 그려라.

연습문제

2.14 로그용함수와 콥–더글러스 생산함수로 구성되는 Diamond모형을 보자. 다음 각각의 변화는 k_t의 함수인 k_{t+1}에 어떠한 영향을 주는가?

(*a*) n의 상승

(*b*) 생산함수가 아래쪽으로 이동(즉 $f(k) = Bk^{\alpha}$의 형태를 취하는 경우에 B가 하락하는 경우)

(*c*) α의 상승

2.15 **이산시간형 솔로우모형** 생산함수를 $Y_t = F(K_t, A_tL_t)$ ($F(\cdot)$는 규모에 대한 수익불변)이라고 가정하며 생산함수의 집약형은 이나다 조건을 만족한다고 하자. 또한 $A_{t+1} = (1+g)A_t$, $L_{t+1} = (1+n)L_t$, $K_{t+1} = K_t + sY_t - \delta K_t$라고 가정하자.

(*a*) k_{t+1}을 k_t의 함수로서 표현하라.

(*b*) (*a*)를 그림으로 묘사하라. 이 경제에는 균형성장경로가 존재하는가? 당초 k_t가 균형성장경로 상의 값과 다를 경우, 경제는 균형성장경로로 수렴하는가?

(*c*) 균형성장경로 상의 유효노동 1단위당 소비를 균형성장경로 상에서의 k의 함수로 표현하라. k가 균형성장경로 상의 유효노동 1단위당 소비를 극대화하는 값을 취하는 경우에 자본의 한계생산물 $f'(k)$를 구하라.

(*d*) 이하에서는 콥–더글러스 형 생산함수를 가정하자.

(*i*) k_{t+1}을 k_t의 함수로서 표현하라.

(*ii*) 균형성장경로 상의 k의 값을 구하라.

(*iii*) 본문 중의 식 (2.65)~(2.67)에 대응하여 (*i*)에서 구한 식을 $k_t = k^*$의 근방에서 1차함수로 근사하고 k가 k^*로 수렴하는 속도를 구하라.

2.16 **Diamond모형에서 감가상각과 솔로우모형의 미시경제학적 기초** Diamond모형에서 자본이 일정률 δ로 감모한다고 가정한다. 즉 $r_t = f'(k_t) - \delta$이다.

(*a*) 이런 모형의 변경에 의해 k_{t+1}을 k_t의 함수로 표현하고 있는 본문 중의 식 (2.60)에도 변화가 생기는가? 생긴다면 어떠한 변화인가?

(*b*) 대수효용함수, 콥–더글러스 생산함수 및 $\delta = 1$인 특별한 경우에 k_{t+1}을 k_t의 함수로 표현하라. 그 결과를 문제 2.15의 (*a*)로 살펴 본 이산시간적 솔로우모형에서의 같은 모양의 식($\delta = 1$의 경우)와 비교하라.

2.17 Diamond모형과 사회보장 Diamond경제에서, g가 0이고 콥-더글러스 생산함수와 대수효용함수인 경우를 보자.

(*a*) **완전부과형 사회보장(pay-as-you-go social security)** 정부가 청년세대의 각 사람에게 T만큼씩을 과세하여, 그 세수를 그대로 노년세대의 급부금에 충당한다고 하자. 따라서 노년세대의 사람들은 각각 $(1+n)T$를 받는다.

(*i*) 이러한 모형의 변경에 의해 k_{t+1}을 k_t의 함수로 표현하고 있는 식 (2.61)은 어떠한 영향을 받는가? (또는 받지 않는가?)

(*ii*) 균형성장경로 상의 k의 값은 어떻게 되는가?

(*iii*) 당초 경제가 동학적으로 효율적인 균형성장경로 상에 있다고 상정하면 T를 약간 증가시킨 경우 현재세대와 미래세대의 후생에 어떠한 영향이 있을 것인가? 당초 경제가 동태적으로 비효율적인 균형성장경로에 있다고 하면 어떻게 될까?

(*b*) **완전적립형 사회보장(fully funded social security)** 정부가 청년세대의 각 사람에게 T만큼씩을 과세하여, 그 세수를 자본의 구입에 사용한다고 하자. 따라서 시점 t에서 출생한 개인은 노년세대의 일원이 되었을 때 $(1+r_{t+1})T$를 받는다.

(*i*) 이러한 모형의 변경에 의해 k_{t+1}을 k_t의 함수로 표현하고 있는 식 (2.61)은 어떤 영향을 받는가? (또는 받지 않는가?)

(*ii*) 균형성장경로 상의 k의 값은 어떤 영향을 받는가?

2.18 기본적 중복세대모형 (본 문제는 Samuelson(1958)과 Allias(1947)에 따른다) Diamond모형과 마찬가지로 2기간 생존하는 사람이 시점 t에 L_t가 출생한다고 하자. $L_t = (1+n)L_{t-1}$이다. 논의를 간단하기 위해 효용함수는 로그형이고 할인율은 0이다. 즉 $U_t = \ln(C_{1t}) + \ln(C_{2t})$이다.

생산측면은 Diamond모형보다 단순하다. 시간 t에 출생한 사람은 모두 재화를 A단위씩 가지고 있다(이 경제에는 재화가 1 종류 밖에 없다). 이 재화는 소비를 하든지 비축을 하든지 모두가 다 가능하다. 이 재화를 비축한 경우, 차기에 $x\,(>0)$단위의 재화를 새로이 생산한다.[26]

더욱이 최초의 기 (0기)에는 그 기에 출생하여 A단위의 재화를 부여 받은 N_0 명의 청년세대

26 이런 설정은 Diamond모형에서 $g=0$, $F(K_t, AL_t) = AL_t + xK_t$, $\delta = 1$로 설정한 경우와 동일하다는 점에 유의하라. 이 생산함수에서는 각 개인이 청년기에 노동을 1단위 공급하기 때문에 시점 t에 출생한 사람은 단위의 재화를 취득하게 된다. 또한 저축에 투입된 각 단위는 2기째의 소비분으로서 x단위의 재화를 생산한다.($(1+r = \partial F(K,AL)/\partial K - \delta = 1 + x - 1 = x$)

연습문제

가 존재함과 아울러 0기의 동안에만 살아가는 $[1/(1+n)]\ N_0$ 명의 사람이 존재한다고 가정한다. 이 노년세대의 사람들은 재화를 Z단위 갖고 있으며 그들의 효용은 단순히 최초 기의 소비량 C_{20}과 같다고 하자.

(a) 이 경제의 분권적 균형을 서술하라(**힌트** : 중복세대의 구조 하에서 어느 세대의 구성원이 타 세대의 구성원과 재화를 거래하는 일이 발생할 것인가를 점검한다).

(b) 각 개인이 갖고 있는 재화 가운데 저축에 투입된 분 f_t가 항상 일정하게 되는 경우를 생각해 보자. 이 경우 1인당 총소비(여기서의 총소비는 청년세대 전체의 소비와 노년세대 전체의 소비의 합으로 정의한다)를 f의 함수로 표현하라. $x<1+n$의 경우에 1인당 소비를 극대화하는 $f(0\leq f<1)$의 값을 구하라. 분권적 균형은 이 경우 파레토 효율적이라고 할 수 있는가? 만일 그렇지 않다고 하면 사회계획자은 어떻게 하면 경제후생을 끌어올릴 수 있을까?

2.19 Samuelson형 중복세대모형에 있어서 정상상태의 화폐균형 (이 질문도 Samuelson, (1958)에 의함)

문제 2.18의 설정에서 $x<1+n$을 가정한다. 0기에 노년세대의 각 사람은 재화를 Z단위 가지고 있는 외에 각각 M단위 저축가능하고 분할가능한「화폐」라고 부르는 것도 가지고 있다고 하자. 화폐 그 자체는 효용을 낳지 못한다.

(a) t기에 출생한 사람을 고려하자. 화폐단위로 나타낸 재화의 가격은 t기에 P_t이고 $t+1$기에 P_{t+1}라 하자. 따라서 노년세대는 원래 가지고 있는 재화를 팔아서 화폐 P_t단위로 바꾸며 이 화폐를 이용하여 차기에 차세대에 부여되는 재화 P_t/P_{t+1} 단위를 구입할 수가 있다. 개인의 행태를 P_t/P_{t+1}의 함수로 표현하라.

(b) 全기간($t\geq 0$)에서 $P_{t+1}=P_t/\ (1+n)$이고 비축이 존재하지 않는 균형이 존재하는 ≥ 것을 보여라. 따라서「화폐」의 존재에 의해 경제가 저축의 황금률수준에 도달가능하게 되는 것을 보여라.

(c) 全기간에 $P_{t+1}=P_t/x$가 성립하는 균형도 존재하는 것을 보여라.

(d) 끝으로 全기간에 $P_t=\infty$인(즉, 화폐의 가치가 없는) 경우도 한 균형이라고 생각되는 이유를 서술하라. 다음의 문제 2.20의 (b)처럼 이 경제가 어느 시점에서 종료되는 경우에는 $P_t=\infty$인 균형이 유일한 균형이 되는 것을 설명하라(**힌트** : 최후의 기로부터 1기씩 거슬러 올라가면서 생각하라).

2.20 동태적 비효율성의 원천 Diamond모형과 Samuelson모형은 교과서의 모형과는 두 가지 점에서 다르다. 한가지는 두 모형의 시장은 완비되어 있지 않다는 점이다. 각 개인은 출생하지 않은 사람들과 거래가 불가능하기 때문에 몇 가지의 생각할 수 있는 거래가 배제된다. 다른 하나는 시간이 무한히 계속되기 때문에 경제주체의 수도 무한하다. 본 질문에서는 이들 두 가지 가운데 어느 쪽이 동태적 비효율성을 발생할 수 있는 원천이 되는가에 대하여 검토한다. 논의를 간단히 하기 위해 Samuelson형 중복세대모형에 대하여 고찰하며(앞서의 두 문제들을 참조하라) 여기서도 대수효용함수와 할인율 0을 가정한다. 더욱 간단케 하기 위해 $n=0$과 $0<x<1$도 가정한다.

(*a*) **불완전한 시장** 불완전한 시장의 전제를 포기하고 모든 경제주체가 시간이 시작되기 전에 경쟁적 시장에서 거래가 가능하다고 하자. 즉 왈라스적 경매인이 각 시점에서의 재화의 가격 Q_0, Q_1, Q_2, …를 발표한다. 각 개인은 이 주어진 가격으로, 그리고 초기의 賦存량과 비축의 능력이 부여된 상황에서 팔고 사는 거래의 행위를 할 수 있다. 따라서 시점 t에 출생한 개인의 예산제약은 $Q_tC_{1t}+Q_{t+1}C_{2t+1}=Q_t(A-S_t)+Q_{t+1}S_t$가 된다. 여기서 S_t는 그 개인의 저장량이고 $0\leq S_t\leq A$를 충족해야 한다.

(*i*) 경매인이 모든 $t>0$에 대하여 $Q_{t+1}=Q_t/x$이라고 하는 가격을 발표하였다고 하자. 이 경우, 각 개인은 얼마만큼 저축하는가에 대하여 무차별해지는 것, 각 시점에 시장이 청산(수급이 일치)될 수 있는 일련의 비축량이 존재한다는 것, 그리하여 이 균형은 문제 2.18의 (*a*)에서 살펴본 균형과 동일하다는 것을 보여라.

(*ii*) 경매인이 어느 시점에서 $Q_{t+1}=Q_t/x$을 충족치 못하는 가격체계를 발표하였다고 가정하자. 이 때 $Q_{t+1}=Q_t/x$을 충족하지 못하는 가격이 되는 최초의 시점에서 그 재화의 시장은 청산되지 못하며 따라서 이와 같은 가격체계는 균형이 되지 못하는 것을 보여라.

(*b*) **무한기간** 경제가 어느 시점 T에서 끝난다고 가정하자. 즉, T기에 출생한 개인들은 1기간 만 생존한다(따라서 C_{1T}의 최대화를 실행한다)고 가정하며 더욱이 그 후 새로운 개인은 출생하지 않는다고 가정하자. 이 경우 분권적 균형은 파레토 효율적임을 보여라.

(*c*) 위 해답들로부터 추론할 때, 시장의 불완전성과 무한기간 가운데 어느 것이 동태적 비효율성의 원천이 되고 있는가를 이야기할 수 있는가?

2.21 Samuelson 형 중복세대모형에서의 발산적 경로 (Black(1974), Brock(1975), Calvo (1978a)을 참조하라)

문제 2.18의 설정을 보자. x가 0이라고 가정하자. 또한 효용함수는 로그함수가 아니라 상대

연습문제

적 위험기피도가 일정한 함수 즉, $\theta < 1$이라고 가정한다. 마지막으로 논의를 간단케 하기 위해 $n = 0$도 가정한다.

(*a*) t기에 출생한 개인의 행동을 P_t / P_{t+1}의 함수로 표현하라. 이 개인이 팔아서 화폐로 교환하는 초기 부존량은 P_t / P_{t+1}의 증가함수이며 P_t / P_{t+1}가 0에 근접하여 감에 따라 화폐로 교환하는 초기 부존량도 0으로 근접하여 가는 것을 보여라.

(*b*) $P_0 / P_1 < 1$이라고 하자. 0기에 출생한 개인은 1기에 출생한 개인으로부터 얼마만큼의 재화를 구입하려고 하는가? 1기에 출생한 개인이 그 양을 공급하고 싶다고 생각할 수 있는 P_1 / P_2는 어떠한 값이어야 하는가?

(*c*) 이러한 사고법을 반복하여 앞으로 적용하여 가면 P_t / P_{t+1}은 시간이 흐름에 따라 어떠한 변화를 하여 가는가? 그 가격변화는 이 경제의 균형경로가 되는가?

(*d*) $P_0 / P_1 > 1$의 경우 균형경로가 존재할 수 있는가?

Chapter 03

내생적 성장

이제까지 살펴본 모형들은 경제성장에 관한 핵심적인 질문에 대해 만족할 만한 해답을 제공해 주지 못한다. 이들 모형의 주된 결론은 바람직한 것이 아니었다. 즉 만일 자본소득이 자본이 생산에 기여한 정도를 반영하며 총소득에 대한 자본의 몫이 그리 크지 않다면 자본축적으로는 장기에 걸친 경제성장이나 국가 간의 소득격차를 설명할 수 없게 된다. 또한 모형에서 자본스톡 이외의 소득 결정요인은 불가사의한 변수 즉, "노동효율성", (A)뿐이다. A의 의미가 구체적이고 명확하게 정의되어 있지 않은 데다 그 행태도 외생적으로 주어져 있다.

따라서 이 장에서는 성장이론의 근본적 문제를 한층 심도 있게 연구하기로 한다. 제1장과 제2장의 모형과 가장 일치하는 성장의 관점은 노동의 효율성이 지식이나 기술을 나타낸다는 것이다. 기술진보는 주어진 자본과 노동의 양으로 오늘날 생산량이 1~2세기 전에 생산량보다 더 많을 수 있다는 원인이라는 것은 확실히 그럴 듯 하다. 따라서 이 장에서 지식의 축적과정에 초점을 둔다. 연구자에 따라서는 여기서 앞으로 고려하게 될 모형들이 솔로우모형 및 제2장에서 다룬 모형들을 보다 정치화(精緻化)한 것으로 판단할 수 있다. 이들 모형은 자본축적과 생산과정에서 자본의 역할을 앞서 다룬 모형들과 유사한 방법으로 다루고 있다. 그러나 이전 모형들과는 달리 노동효율성을 명시적 지식으로 정의하고 시간의 흐름에 따른 지식 진화의 결정요인을 엄밀하게 모형화하고 있다.

3.1절에서 3절까지 지식축적과 다른 활동들 사이에 경제의 생산결정 요인의 배분이 외생적 모형을 분석한다. 즉, 솔로우모형에서 저축을 취급하는 것과 유사하다. 우리는 투입요소에 지식을 더해 어떻게 생산과 결합되는 지에 대해 다양한 가정들 하에서 장기 성장의 결정요인과

경제의 동학을 살펴본다. 3.4절에서 무엇이 지식생산에 대한 자원배분을 결정하는 지에 대하여 다른 관점에서 논의한다. 3.5절에서 P. Romer(1990)의 내생적 기술변화의 고전적 모형이며, 성장이 외생적인 모형에서 배분의 특정 모형을 고려한다. 3.6절과 7절에서 실증적인 것을 다룬다. 6절에서 내생적 성장의 다양한 모형이 예측을 크게 다르게 하는 중요한 차원에 대한 부분을 살펴본다. 7절에서 인류 역사의 웅장한 역사를 모형에 적용한다.

3.8절은 성장이론의 중심 질문에 대해 학습한 부분에 대해 질문하며 결론을 맺는다. 결론들이 혼재되어 있다는 것을 보게 될 것이다. 지식축적이 전 세계 경제성장을 그럴 듯하게 설명하는데 중요한 역할을 담당하지만 국가 간의 소득격차를 설명하지 못한다. 따라서 제4장에서 특히 이러한 차이에 초점을 맞춘다.

3.1 분석 틀과 가정

■ 개관

지식축적을 모형화하기 위해 새로운 아이디어가 개발되는 별도의 분야를 도입할 필요가 있다. 전통적인 생산이 이루어지는 분야와 새로운 **연구개발**(*research and development*; *R&D*) 분야에 자원이 어떻게 배분되는 지와 R&D로 투입이 어떻게 새로운 아이디어를 만들어 지를 모형화할 필요가 있다.

이하에서 제시되는 공식적인 모형화 작업에서 우리는 신기술의 생산에 대해 지극히 기계적인 견해를 채택할 것이다. 보다 구체적으로 전통적인 형태의 생산함수를 사용하여 자본과 노동, 기술의 결합을 통해서만 기술진보가 확정적인 방법으로 이루어질 수 있다고 가정한다. 물론 이것이 기술진보에 대한 완전한 묘사라고 할 수는 없다. 그러나 다른 조건이 일정할 때 R&D에 보다 많은 자원을 투입할수록 더욱 많은 발견과 발명이 가능해진다는 가정은 현실적이라 할 수 있다. 신기술의 생산함수는 이러한 가정을 반영하고 있는 것이다. 우리의 관심은 주로 장기에 걸쳐 이루어지는 성장에 있으므로 기술진보의 불규칙성(randomness)을 모형 내에 추가하더라도 그리 의미 있는 결론을 추가하기는 어려울 것이다. 이에 더하여 만일 R&D의 성공여부에 영향을 미치는 다른 결정요인의 변화가 모형의 결과에 어떠한 변화를 초래하는지를 분석하고자 한다면 지식생산함수에 이동(shift) 모수를 도입하여 해당 모수의 변화의 효과를 분석하면 충분하다. 다만 이러한 모형은 연구활동의 성패에 영향을 미치는 다른 요인들이 무엇인지에 대해는 쓸모있는 직관을 제공하지 못한다는 한계를 갖는다.

이하에서는 두 가지 측면에서 모형을 획기적으로 단순화한다. 첫째로 R&D와 재화의 생산함수가 일반화된 콥-더글러스 함수(generalized Cobb-Douglas function)라고 가정한다. 즉 두 부문의 생산함수가 생산요소들의 멱함수이지만 멱수의 합을 1로 제한하지는 않는다. 둘째로 솔로우모형의 기초를 이어받아 저축률, R&D부문에서 사용되는 노동인구와 자본스톡의 비중이 외생적으로 일정하게 주어져 있다고 가정한다. 이들 가정이 모형의 주요 시사점을 변경시키지는 않는다.

■ 모형의 구체적 내용

여기서 다루는 모형은 Romer(1990), Grossman and Helpman(1991a), Aghion and Howitt(1992)등에 의해 개발된 연구개발과 성장에 관한 모형을 단순화한 것이다.[1] 모형은 이제까지 살펴본 여타 모형과 마찬가지로 노동(L)과 자본(K), 기술(A), 생산량(Y)의 4개 변수로 구성된다. 모형은 연속 시간형으로 전개된다. 경제는 재화를 생산하는 재화생산부문과 지식스톡을 증가시키는 R&D부문의 2부문으로 구성된다. 전체 노동력 가운데 a_L의 비율이 R&D 부문에서 이용되며 $1-a_L$의 비율이 재화생산 부문에 고용된다. 마찬가지로 자본스톡 중 a_K의 비율이 R&D 부문에, $1-a_K$의 비율이 재화생산 부문에 각각 이용된다. 한 곳에서 이용되는 아이디어나 지식이 다른 곳에서도 동일하게 이용될 수 있기 때문에 두 부분 모두가 총지식(總知識)스톡 A를 활용한다.

이상에서 살펴 본 바에 따르면 t시점에서 생산물의 양은 다음과 같다.

$$Y(t) = [(1-a_K)K(t)]^{\alpha}[A(t)(1-a_L)L(t)]^{1-\alpha}, \qquad 0 \le \alpha < 1 \tag{3.1}$$

$1-a_K$항과 $1-a_L$항의 존재와 콥-더글러스 함수라는 제약을 제외하면 이 생산함수는 앞서 살펴 본 모형들의 생산함수와 같다. 식 (3.1)은 자본과 노동에 관하여 보수불변의 함수라는 점에 주목하기 바란다. 즉 기술이 주어져 있다면 자본과 노동의 투입을 배로 늘릴 때 생산량도 2배로 늘어난다.

새로운 지식의 생산은 연구에 사용되는 자본과 노동, 그리고 기술수준에 의존한다. 일반화된 콥-더글러스 생산함수라는 가정하에 이 관계는 다음의 식으로 표현된다.

$$\dot{A}(t) = B[a_K K(t)]^{\beta}[a_L L(t)]^{\gamma} A(t)^{\theta}, \qquad B > 0, \qquad \beta \ge 0, \qquad \gamma \ge 0 \tag{3.2}$$

여기서 B는 이동모수(shift parameter)를 나타낸다.

지식에 관한 생산함수에 대해 자본과 노동의 투입에 대해 규모에 대한 보수불변의 가정을 하지 않는다는 점에 주의하기 바란다. 적어도 규모에 대한 보수불변이 있다는 전형적인 논거는 복제를 상정한다. 즉, 요소 투입이 2배로 늘어나면 새로 투입되는 생산요소들이 이미 투입된 요소들과 똑같은 생산 공정을 반복함으로써 생산량을 2배로 늘릴 수가 있는 것이다. 그러나 R&D 생산의 경우 기존에 투입된 것들을 그대로 복제하는 데 그친다면 같은 내용의 발견을 반복하는 데 불과하므로 $\dot{A}$에는 아무런 변화도 없다. 따라서 R&D부문에서는 보수감소가 발생할 수 있다. 한편 연구자들 간의 상호 의사소통이나 교류, 매몰비용에 해당하는 개업비용 등이

1 Uzawa(1965), Shell(1966), Phelps(1966b)도 참조하라.

R&D에 매우 중요하기 때문에 자본과 노동의 투입을 2배로 늘리면 생산량이 2배 이상으로 늘어날 가능성도 배제할 수 없다. 따라서 보수증가의 가능성도 열어 둘 필요가 있다.

모수 θ는 지식스톡의 부존량이 R&D의 성공에 얼마만큼의 영향을 미치는지를 나타낸다. 이 영향은 양방향 어느 쪽으로도 작용할 수 있다. 한편으로는 과거의 발견이 새로운 아이디어와 도구를 제공하여 미래의 발견을 보다 용이하게 할 수 있다. 이 경우에 θ는 양(+)의 값을 갖는다. 다른 한편으로 가장 손쉬운 발견이 가장 먼저 이루어질 수 있기 때문에 지식스톡이 커질수록 새로운 발견이 더 어려워진다. 이 경우에 θ는 음(−)의 값을 갖는다. 이들 서로 상반되는 효과로 인하여 식 (3.2)의 θ값에 아무 제약도 부과하지 않는다.

솔로우모형에서와 마찬가지로 저축률은 외생적으로 일정하게 주어진다. 나아가 논의의 단순화를 위하여 감가상각은 0으로 상정하자. 따라서 다음과 같다.

$$\dot{K}(t) = sY(t), \qquad 0 < s < 1 \tag{3.3}$$

마지막으로 인구증가율은 예전처럼 식 (3.4)와 같이 외생적으로 주어진다.

$$\dot{L}(t) = nL(t), \qquad n \geq 0 \tag{3.4}$$

이것으로 모형의 묘사가 끝난다.[2]

이 모형에는 행태가 내생적으로 결정되는 두 저량변수(貯量變數), K와 A가 있기 때문에 솔로우모형보다 한층 더 분석이 복잡해진다. 따라서 α와 β의 값을 0으로 설정함으로써 자본이 없는 모형부터 우선 살펴보기로 한다. 이처럼 자본이 없는 모형을 분석함으로써 모형이 갖고 있는 주된 함의들을 대부분 규명해낼 수 있다. 그 후에 보다 일반적인 경우에 대해 논의하기로 한다.

3.2 자본이 없는 모형

■ 지식축적의 동학

모형에 자본이 없는 경우 재화생산함수 (3.1)은 다음과 같이 바뀐다.

$$Y(t) = A(t)(1 - a_L)L(t) \tag{3.5}$$

마찬가지로 지식생산함수 (3.3)은 다음과 같다.

---

2 이 모형은 콥-더글러스 생산함수를 가지는 솔로우모형을 특수한 경우로 포함한다. 즉 β, γ, a_k 및 a_L을 모두 0으로 하고 $\theta = 1$로 설정하면 $\dot{A} = BA$가 된다. (이것은 A가 일정한 비율로 증가한다는 것을 의미한다) 그 이외의 모형 내의 식은 솔로우모형의 대응하는 식으로 단순화할 수 있다.

$$\dot{A}(t) = B[a_L L(t)]^{\gamma} A(t)^{\theta} \tag{3.6}$$

인구증가는 이전과 마찬가지로 식 (3.4)를 따른다.

식 (3.5)는 노동자 1인당 생산이 A에 비례적이라는 것을 의미하기 때문에 노동자 1인당 생산의 증가율은 A의 증가율과 같다. 그러므로 식 (3.6)에 의해 주어지는 A의 동학에 초점을 맞추기로 한다. A의 성장률을 g_A로 정의하면 식 (3.6)을 다음과 같이 변형시킬 수 있다.

$$\begin{aligned} g_A(t) &\equiv \frac{\dot{A}(t)}{A(t)} \\ &= Ba_L^{\gamma} L(t)^{\gamma} A(t)^{\theta-1} \end{aligned} \tag{3.7}$$

식 (3.7)의 양변에 로그를 취하고 시간에 대해 미분하면 g_A의 성장률(즉 A의 증가율의 증가율)에 관한 식이 다음과 같이 도출된다.

$$\frac{\dot{g}_A(t)}{g_A(t)} = \gamma n + (\theta - 1)g_A(t) \tag{3.8}$$

양변에 $g_A(t)$를 곱하면 다음의 식을 얻는다.

$$\dot{g}_A(t) = \gamma n g_A(t) + (\theta - 1)[g_A(t)]^2 \tag{3.9}$$

L과 A의 초기값과 모형의 모수값들이 주어지면 식 (3.7)에 의해 g_A의 초기값이 결정된다. 이후 g_A의 움직임은 식 (3.9)에 의해 결정된다.

A의 증가율이 어떤 형태를 보이는가(그리고 이에 따라 노동자 1인당 생산의 행태가 어떤 특성을 보이는가)를 더 잘 묘사하기 위해서는 $\theta < 1$, $\theta > 1$ 및 $\theta = 1$의 세 가지 경우를 구별할 필요가 있다. 이하에서는 이들 경우를 차례로 살펴보도록 하자.

■ 경우 1: $\theta < 1$인 경우

그림 3.1은 θ가 1보다 작은 경우 g_A의 위상도를 보여주고 있다. 즉 $\dot{g}_A$를 g_A의 함수로 나타내고 있다. 지식생산함수 식 (3.6)에서 g_A는 항상 양(+)이라는 것을 시사하기 때문에 이 그림에서는 g_A의 양(+)의 값만을 나타내고 있다. 그림에 나타난 바와 같이, 식 (3.9)는 θ가 1보다 작은 경우에 g_A가 작은 양수값들을 가지면 $\dot{g}_A$는 양(+)이고 g_A가 큰 양수값들을 가지면 $\dot{g}_A$가 음(−)이라는 점을 시사하고 있다. 우리는 $\dot{g}_A$가 0이 되는 g_A의 유일한 양(+)의 값을 g_A^*로 정의한다. 그러면 식 (3.9)에 의해 g_A^*는 $\gamma n + (\theta - 1)g_A^* = 0$으로 정의된다. 이를 풀면 다음과 같은 해가 얻어진다.

$$g_A^* = \frac{\gamma}{1-\theta} n \tag{3.10}$$

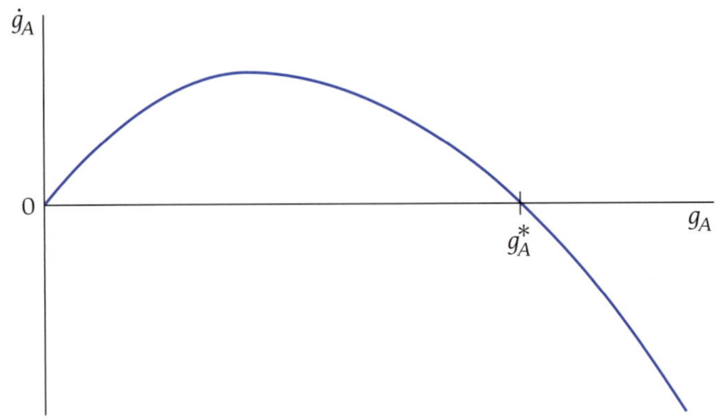

그림 3.1 지식증가율의 동학($\theta < 1$의 경우)

이 분석은 경제의 초기조건에 관계없이 g_A가 g_A^*에 수렴한다는 것을 시사한다. 예를 들어 모수의 값들과 L과 A의 초기값이 $g(0) < g_A^*$을 충족하는 경우, $\dot{g}_A$는 양의 값(+)을 취하므로 g_A는 상승한다. 이러한 상승세는 g_A^*에 도달할 때까지 계속된다. 이와 유사하게 $g(0) > g_A^*$이면 g_A는 g_A^*에 도달할 때까지 계속 하락한다. 일단 g_A가 g_A^*에 도달하게 되면 A와 Y/L은 함께 일정한 비율 g_A^*로 꾸준히 성장한다. 따라서 경제는 균형성장경로 상에 있게 된다.

이 모형은 **내생적 성장모형**(*endogenous growth model*)을 보여주는 첫 예이다. 이 모형에서는 솔로우모형이나 Ramsey모형, Diamond모형 등의 경우와는 대조적으로 노동자 1인당 생산의 장기 성장률이 외생적인 기술진보율에 의해 결정되는 것이 아니라 모형 안에서 결정된다.

모형에 따르면 노동자 1인당 생산의 장기 성장률은 g_A^*이며 이는 인구증가율 n의 증가함수이다. 실제로 이 모형에서는 양의 인구증가율이 노동자 1인당 생산의 지속적인 증가를 위한 필요조건이다. 이는 노동자 1인당 생산의 성장률이 평균적으로 높은 나라가 높은 인구증가율을 나타내는 나라들이 아니라는 점을 고려할 때 납득하기 어렵다. 모형의 다른 경우를 고려한 후에 이러한 이슈로 돌아오도록 하자.

식 (3.10)은 또한 인구증가율이 장기적인 성장에 영향을 주는 데 비하여 R&D에 종사하는 노동력의 비율은 영향을 주지 못한다는 것을 보여주고 있다. 이것 역시 다소 의외로 받아들여질 수 있다. 왜냐하면 내생적으로 결정되는 기술진보가 성장의 원동력이라면 기술진보에 투입되는 자원의 비율을 늘림으로써 장기적인 성장을 촉진시킬 수 있다고 기대하는 것은 아주 당연하기 때문이다. 그렇지 않은 이유를 보기 위해, A가 g_A^*의 비율로 증가하는 상황에서 a_L이 항구적으로 증가한다고 하자. 이러한 변화는 그림 3.2에서 분석된다. g_A^*에 대한 식 (3.9)에 a_L은 들어있지 않다. $\dot{g}_A(t) = \gamma n g_A(t) + (\theta - 1)[g_A(t)]^2$이다. 따라서 a_L의 증가는 g_A의 함수인 $\dot{g}_A(t)$로 나타나는 곡선에 영향을 미치지 않는다. 그러나 a_L은 g_A의 함수인 식 (3.7)에 들어가 있다. $g_A(t) = Ba_L^{\gamma}L(t)^{\gamma}A(t)^{\theta-1}$이다. 따라서 a_L의 증가는 즉각 g_A의 증가를 가져오지만 g_A의 함수인 $\dot{g}_A$에는 변화가 없다. 이러한 점은 그림 3.2에서 점선으로 나타나 있다.

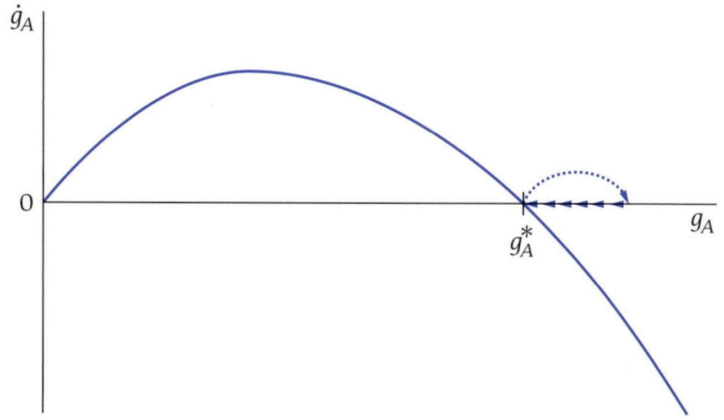

그림 3.2 $\theta<1$일 때 A의 경로에서 a_L의 증가의 효과

위상도에 나타난 바와 같이, 지식증가율의 증가는 지속되지 못한다. g_A가 g_A^*보다 클 때 $\dot{g}_A$는 음(−)이다. 따라서 g_A는 점진적으로 g_A^*로 돌아가고 거기에 남게 된다. 이는 그림에서 실선화살표로 나타난다. 직관적으로, θ가 1보다 작다는 것은 새로운 지식을 생산하는데 추가적인 지식의 공헌도는 제한적이기 때문에 이러한 지식증가율의 상승은 지속될 수 없다.

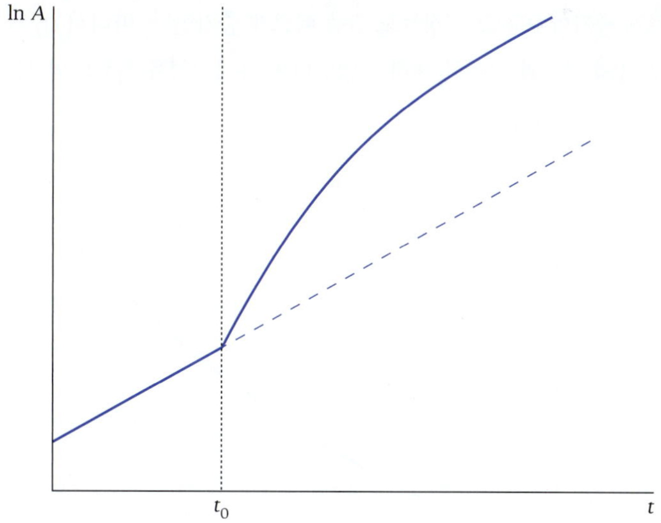

그림 3.3 $\theta<1$일 때 A의 경로에서 a_L의 증가의 충격

이러한 점은 솔로우모형에서 저축률의 상승이 생산경로에 미치는 영향의 경우와 마찬가지로 a_L의 증가는 일단 g_A를 상승시키지만 이후 점차 원래의 수준으로 돌아간다. 따라서 A의 경로에서 수준효과(level effect)는 있지만 성장효과(growth effect)는 가지고 있지 않다. 이러

한 것은 그림 3.3에 요약되어 있다.[3]

■ 경우 2: $\theta > 1$인 경우

우리가 다룰 두 번째 경우는 θ가 1보다 큰 경우이다. 이 경우는 새로운 지식의 생산이 기존 지식스톡에 비례하는 수준 이상으로 증가하는 경우에 해당된다. 식 (3.9)는 $\dot{g}_A = \gamma n g_A + (\theta - 1) g_A^2$ 임을 기억하자. 이 식에 의하면 θ가 1보다 클 경우에는 $\dot{g}_A$는 모든 g_A의 값에 대해 양(+)의 값을 갖는다. 또한 $\dot{g}_A$는 g_A의 증가함수이다(왜냐하면 g_A는 양(+)의 값을 가져야 하기 때문이다). 그림 3.4가 이러한 경우의 위상도이다.

이 경우에 장기 성장에 관한 시사점은 첫 번째 경우와는 아주 다르다. 위상도가 보여주는 바와 같이, 이 경우의 경제는 균형성장경로로 수렴하지 않고 영구적인 가속성장을 지속한다. 직관적으로 말하면, 이 경우에는 새로운 지식의 생산과 관련하여 지식의 유용성이 매우 높기 때문에 지식수준의 한계적 증가는 훨씬 많은 새로운 지식의 창조로 이어져 지식의 성장률은 둔화되지 않고 오히려 더욱 상승하는 결과를 낳는다. 따라서 일단 지식의 축적이 시작되면 – 이 모형에 의하면 지식축적은 필연적으로 시작된다 – 경제는 영원히 가속하는 성장경로에 진입하게 된다.

이 경우에 전체 노동력에서 차지하는 R&D인력 비율의 상승은 성장경로에 극적인 영향을 미친다. 식 (3.7)에 의해 a_L의 증가는 즉각적으로 g_A를 상승시킨다는 점은 종전과 마찬가지다. 그러나 이번에는 $\dot{g}_A$가 g_A의 증가함수이기 때문에 $\dot{g}_A$도 마찬가지로 상승한다. 그리고 g_A가 훨씬 빠르게 증가할수록 그 성장률도 한층 빠르게 증가한다. 따라서 a_L의 상승은 그 결과 변화된 새로운 A의 경로와 그러한 변화가 없었다면 유지되었을 경로와의 사이에 존재하는 격차를 항구적으로 확대시킨다.

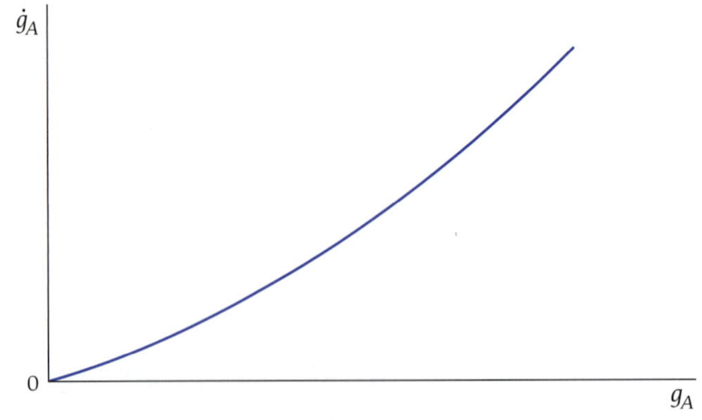

그림 3.4 $\theta > 1$일 때 지식증가율의 동학

3 a_L의 변화가 어떻게 생산의 경로에 영향을 주는가에 관한 분석은 문제 3.1을 참조하라.

■ 경우 3: $\theta = 1$인 경우

θ가 정확히 1인 경우 지식스톡이 새로운 지식을 정확히 기존 지식스톡만큼 생산하기 때문에 새로운 지식은 기존의 지식스톡에 비례적으로 생산된다. 이 경우는 식 (3.7)과 (3.9)가 다음과 같이 단순화된다.

$$g_A(t) = Ba_L^{\gamma} L(t)^{\gamma} \tag{3.11}$$

$$\dot{g}_A(t) = \gamma n g_A(t) \tag{3.12}$$

만일 인구성장이 양(+)이라면 g_A는 시간이 흐름에 따라 증가한다. 이 경우 모형의 동학은 $\theta > 1$인 경우와 비슷하다[4]. 만일 인구증가가 0이라면 (또는 γ가 0이라면) 초기조건에 관계없이 g_A는 일정한 값을 갖는다. 따라서 균형성장경로로 향하는 조정이 없다. 어느 곳으로부터 출발하더라도 경제는 바로 그 자리에서 균형성장을 보인다. 이 경우 식 (3.5)와 식 (3.11)이 나타내는 바와 같이 지식, 생산량 및 노동자 1인당 생산의 성장률은 어느 것이나 $Ba_L^{\gamma} L^{\gamma}$과 같게 된다. 따라서 이 경우에 a_L이 경제의 장기 성장률에 영향을 미친다.

이 경제에서 생산되는 재화는 소비 이외에는 쓸모가 없으므로 모두 소비된다고 생각하는 것이 자연스러울 것이다. 그러면 $1 - a_L$은 당기에 소비되는 재화의 생산에 투입되는 사회자원의 비율이며 a_L은 미래의 산출물 생산에 유익한 재화(즉 지식)의 생산에 투입되는 비율이다. 따라서 a_L은 이 경제에서 저축률의 지표라고 이해할 수 있다.

이렇게 해석한다면 $\theta = 1$인 경우가 저축률이 장기 성장에 영향을 미치는 모형의 간단한 예임을 알 수 있다. 이러한 형태를 취하는 모형은 **선형성장모형**(*linear growth model*)으로 알려져 있다. 또한 3.4절에서 그 이유가 명백하게 밝혀지게 되는 바와 같이 이들 모형은 **$Y = AK$모형**으로도 알려져 있다. 선형성장모형은 그 단순성으로 인하여 내생적 성장에 관한 연구에서 많은 주목을 받아 왔다.

■ 생산된 요소와 관련된 규모에 대한 보수의 중요성

이상 세 가지 경우에 있어서 서로 다른 시사점들이 도출되는 것은 θ가 1보다 큰지 작은지, 혹은 정확히 같은지가 각각 **생산된 요소**(*produced factors*)의 규모에 대한 보수 감소, 증가 혹은 불변을 결정하기 때문이다. 노동력의 증가는 외생적으로 주어지며 자본은 도외시하였다. 따라서 지식이 유일한 생산된 요소이다. 재화생산에 지식에 대해 규모에 대한 보수 불변이 작

---

4 $\theta > 1$인 경우와 $\theta = 1$ 및 $n > 0$인 경우, 모형은 경제의 성장률이 단지 높아지는 데에 그치지 않고 유한의 시간동안에 생산이 무한대에 도달할 만큼 대단히 가속적이라는 것도 시사한다. 예로서 $\theta > 1$이고 $n = 0$인 경우를 고려한다. 이때 $c_1 = 1/[(\theta - 1)Ba_L^{\gamma} L^{\gamma}]^{(\theta-1)}$으로 c_1을, $A(0)$가 A의 초기값과 일치되도록 c_2를 선택하면 $A(t) = c_1/(c_2 - t)^{1/(\theta-1)}$가 식 (3.6)을 만족시킨다는 것을 확인할 수 있다. 따라서 A는 시점 c_2에 폭발적으로 증가한다. 생산이 유한 시간에 무한대에 이를 수가 없기 때문에, 이것은 모형이 어떤 시점에 작동하지 않게 된다는 것을 시사한다. 그러나 이것은 모형이 적절한 범위에서 현실에 대한 좋은 묘사가 되지 못한다는 것을 의미하는 것은 아니다. 실제로 3.7절은 이것과 유사한 모형이 수천년의 역사 데이터를 잘 설명하는 근사한 증거를 제시한다.

용한다. 따라서 이 경제에서 전체적으로 규모에 대한 보수가 체증, 체감하는지 혹은 불변인지는 전적으로 지식 생산에서 지식의 규모에 대한 보수를 나타내는 θ에 좌우된다.

왜 생산된 요소에 관한 규모에 대한 보수가 경제성장경로에 중요한 영향을 미치는지를 이해하기 위해서 먼저 균형성장경로 상의 어느 곳에 위치하는 경제를 상정하고 여기서 A가 외생적으로 1% 증가한다고 가정하자. θ가 정확하게 1이면 $\dot{A}$도 1% 상승한다. 지식이 새로운 지식의 생산에 기여하여 A의 증가가 자기지속적일 정도로만 생산적이다. 따라서 A의 증가가 A의 증가율에는 영향을 미치지 않는다. 만일 θ가 1보다 큰 경우에는 θ의 1% 증가가 $\dot{A}$를 1% 이상 상승시킨다. 따라서 이 경우 θ의 증가는 θ의 증가율을 상승시킨다. 끝으로 θ가 1보다 작은 경우에는 θ가 1% 증가하면 $\dot{A}$는 1% 이하의 상승에 그치므로 지식의 성장률은 둔화된다.

■ 인구증가의 중요성

$\theta < 1$인 경우를 생각해 보자. 이 모형에서 양(+)의 인구 증가는 장기 1인당 소득의 필수적이고 경제의 장기 성장은 인구증가에 따라 증가한다. 다른 경우에도 비슷한 함의를 가진다. $\theta = 1$이고 $n = 0$일 때, 장기 성장은 인구 수준(level)의 증가함수이다. 또한, $\theta > 1$(또는 $\theta = 1$과 $n > 0$)일 때, 인구증가의 증가는 다른 경우보다 1인당 소득을 그만큼 항구적으로 크게 된다.

이러한 결과를 이해하기 위해, 지식축적에 대한 식 (3.7)을 생각하자. $g_A(t) = Ba_L^{\gamma} L(t)^{\gamma} A(t)^{\theta-1}$이다. 발견을 할 사람들이 많을수록 많은 발견이 이루어진다는 것은 자연스럽다. 또한, 발견이 많아질수록 지식축적은 빨라지고, 다른 것이 같다면 1인당 생산은 빠르게 증가한다. $\theta = 1$이고 $n = 0$일 때 이러한 효과는 특별한 방식으로 작동한다. 장기 성장은 인구 수준에 따라 증가한다. θ가 1보다 클 때, 효과는 보다 크게 나타나는데 인구증가율의 수준의 증가에 따라 성장에 항구적인 증가를 가져온다. θ가 1보다 작을 때, 생산된 요소에 대한 규모에 대한 보수 감소가 있기 때문에 의미는 달라진다. 이러한 경우에 비록 지식이 새로운 지식을 만들어 내는데 도움이 되더라도, 새로운 지식의 생성은 기존의 스톡에 비해 비례적으로 덜 증가한다. 따라서 지식생산을 증가하도록 만드는 기여가 없다면 성장은 점진적으로 작아진다. 사람들이 지식생산에 기여하기 때문에 인구증가는 새로운 것을 만들어낸다. 양(+)의 인구증가는 장기 성장에 필요하게 되고 장기 성장률은 인구증가율에 따라 증가한다.

이번 장이 끝날 때까지 이러한 모형의 자연스러운 해석으로 A는 세상 어느 곳에서나 사용되는 지식을 나타낸다. 이러한 해석으로 인해, 이 모형에서 많은 인구를 가지는 국가나 보다 높은 인구증가율을 가지는 국가가 보다 높은 성장을 가진다는 의미는 아니다. 높은 세계 인구증가는 세계 소득 증가를 높이게 된다. 사람들은 지식을 생산하기 위해 필수적인 투입을 하게 되기 때문에 모형에서 빠져 있는 자원 제약이 중요해지는 지점까지도, 높은 인구증가율은 세계 지식의 증가에 기여하게 된다.

3.3 일반적인 경우

이하에서는 모형 내에 다시 자본을 도입하고 그것이 이제까지의 분석결과와 어떠한 차이를 가져오는지를 검토해 보기로 한다. 따라서 모형은 이제 식 (3.4)~(3.6)이 아닌 식 (3.1)~(3.4)에 의해 묘사된다.

■ 지식과 자본의 동학

전술(前述)한 바와 같이 모형 내에 자본을 포함시키는 경우 모형에는 두 개의 내생적인 저량변수(貯量變數), A와 K가 존재하게 된다. 단순화된 모형을 분석한 것과 같게 A와 K의 성장률의 동학에 초점을 맞춘다. 재화생산함수 (3.1)을 자본축적식 (3.3)에 대입하면 다음의 식을 얻을 수 있다

$$\dot{K}(t) = s(1 - a_K)^{\alpha}(1 - a_L)^{1-\alpha} K(t)^{\alpha} A(t)^{1-\alpha} L(t)^{1-\alpha} \tag{3.13}$$

여기서 $K(t)$로 양변을 나눈 다음 $c_K = s(1-a_K)^{\alpha}(1-a_L)^{1-\alpha}$로 정의하면 다음과 같다.

$$\begin{aligned} g_K(t) &\equiv \frac{\dot{K}(t)}{K(t)} \\ &= c_K \left[\frac{A(t)L(t)}{K(t)}\right]^{1-\alpha} \end{aligned} \tag{3.14}$$

양변에 로그를 취하고 시간에 대해 미분을 하면 다음의 식을 얻는다.

$$\frac{\dot{g}_K(t)}{g_K(t)} = (1-\alpha)[g_A(t) + n - g_K(t)] \tag{3.15}$$

식 (3.13)에 의해 g_K는 항상 양(+)의 값을 갖는다. 따라서 g_K는 $g_A + n - g_K$가 양(+)일 때 증가하고 $g_A + n - g_K$가 음(−)일 때 감소하며 $g_A + n - g_K$가 0일 때는 일정한 값을 갖는다. 이와 같은 정보는 그림 3.5에 요약되어 있다. (g_A, g_K) 평면에서 g_K가 일정한 값을 유지하는 점의 궤적은 절편 n, 기울기 1의 직선이다. 이 직선보다 위에서는 g_K가 감소하고 반대로 직선 아래에서는 증가한다.

마찬가지로, 식 (3.2), $\dot{A} = B(a_K K)^{\beta}(a_L L)^{\gamma} A^{\theta}$의 양변을 A로 나누면 A의 성장률에 관한 식이 얻어진다.

$$g_A(t) = c_A K(t)^{\beta} L(t)^{\gamma} A(t)^{\theta - 1} \tag{3.16}$$

여기서 $c_A \equiv Ba_K^{\beta} a_L^{\gamma}$이다. K^{β}항이 존재한다는 사실을 제외하면 단순모형의 식 (3.7)과 기본적으로 동일하다. 양변에 로그를 취하고 시간에 대해 미분하면 다음의 식을 얻게 된다.

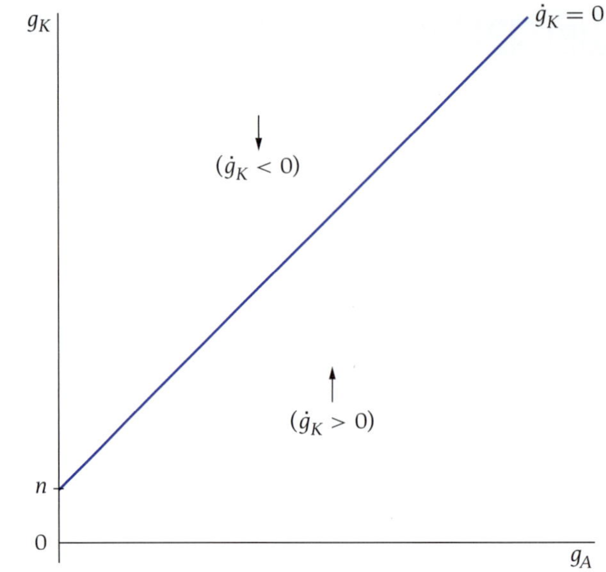

그림 3.5 일반화된 모형에서의 자본증가율의 동학

$$\frac{\dot{g}_A(t)}{g_A(t)} = \beta g_K(t) + \gamma n + (\theta - 1)g_A(t) \tag{3.17}$$

따라서 g_A는 $\beta g_K + \gamma n + (\theta - 1)g_A$가 양(+)일 경우에는 상승하고 음(−)일 경우에는 하락하며 0이면 일정한 값을 갖는다. 이것을 그림으로 표현한 것이 그림 3.6이다. g_A가 일정한 상수가 되는 점의 집합은 절편 $-\gamma n/\beta$, 기울기 $(1-\theta)/\beta$(그림에서는 $\theta < 1$의 경우를 도시하였기 때문에 양(+)의 기울기를 갖는다.)의 직선이 된다.[5] 이 직선보다 위쪽에서 g_A는 증가하고 아래에서는 감소한다.

재화생산함수 (3.1)에서는 두 가지 생산된 요소, 즉 자본과 지식에 관하여 규모에 대한 보수불변이 성립하고 있다. 따라서 이들 생산된 요소와 관련하여 실제로 보수증가, 보수감소, 보수불변 가운데 어느 것이 발생할 것인가는 지식생산함수 (3.2)가 지니고 있는 규모에 대한 보수의 성격에 의해 결정된다. 이 식이 보여주는 바와 같이, 지식생산에서 K와 A의 규모에 대한 보수의 차수는 $\beta + \theta$이다. 즉 K와 A가 함께 X배로 늘거나 줄게 되면 $\dot{A}$는 $X^{\beta+\theta}$배 만큼 늘거나 줄게 된다. 따라서 경제의 생산과 관련한 행태를 결정하는 중요한 단서는 이제 θ와 1의 크기를 비교하는 것이 아니라 $\beta + \theta$와 1의 크기를 비교하는 것이다. 우리는 여기서 $\beta + \theta < 1$과 $n = 0$일 때 $\beta + \theta = 1$의 경우에 국한하여 살펴보기로 한다. 나머지 경우($\beta + \theta > 1$과 $n > 0$일 때 $\beta + \theta = 1$인 경우)는 자본이 없는 단순한 모형에서 $\theta > 1$인 경우와 비슷한 시사점을 가진다. 이는 문제 3.6에서 다룬다.

5 그림은 $\theta < 1$인 경우를 나타내기 때문에 기울기는 양(+)으로 나타나 있다.

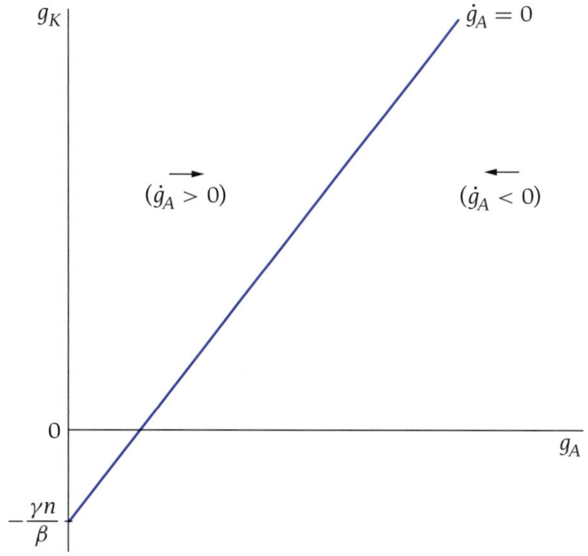

그림 3.6 일반화된 모형에서의 지식증가율의 동학

■ 경우 1: $\beta + \theta < 1$

$\beta + \theta$가 1보다 작으면 $(1-\theta)/\beta$는 1보다 크다. 따라서 이 경우 $\dot{g}_A = 0$선의 기울기는 $\dot{g}_K = 0$ 선의 기울기보다 가파르게 된다. 이 경우를 제시한 것이 그림 3.7이다. g_K와 g_A의 초기값은 모형의 모수와 A, K 및 L의 초기값에 의해 결정된다. 이들의 이후 동학은 그 그림에 제시된 바와 같다.

그림은 g_K와 g_A의 초기값과 관계없이 점 E로 수렴하는 것을 보여준다. 이 점 E에서 $\dot{g}_K$와 $\dot{g}_A$는 각각 0이 된다. 따라서 점 E에서의 g_K와 g_A의 값을 각각 g_K^*와 g_A^*라고 표시한다면 이들은 다음의 두 가지 조건을 만족시키지 않으면 안 된다.

$$g_A^* + n - g_K^* = 0 \tag{3.18}$$

$$\beta g_K^* + \gamma n + (\theta - 1)g_A^* = 0 \tag{3.19}$$

식 (3.18)을 $g_K^* = g_A^* + n$으로 바꾸고 이를 (3.19)에 대입하여 정리하면 다음과 같다.

$$\beta g_A^* + (\beta + \gamma)n + (\theta - 1)g_A^* = 0 \tag{3.20}$$

이에 의해 다음과 같다.

$$g_A^* = \frac{\beta + \gamma}{1 - (\theta + \beta)} n \tag{3.21}$$

위의 식 (3.18)로부터 g_K^*는 단순히 $g_A^* + n$이다. 그러면 식 (3.1)로부터 A가 g_A^*, K가

g_K^* 의 비율로 성장하는 경우 생산량은 g_K^* 로 성장하는 것을 알 수 있다. 따라서 노동자 1인당 생산은 g_A^* 의 속도로 성장한다.

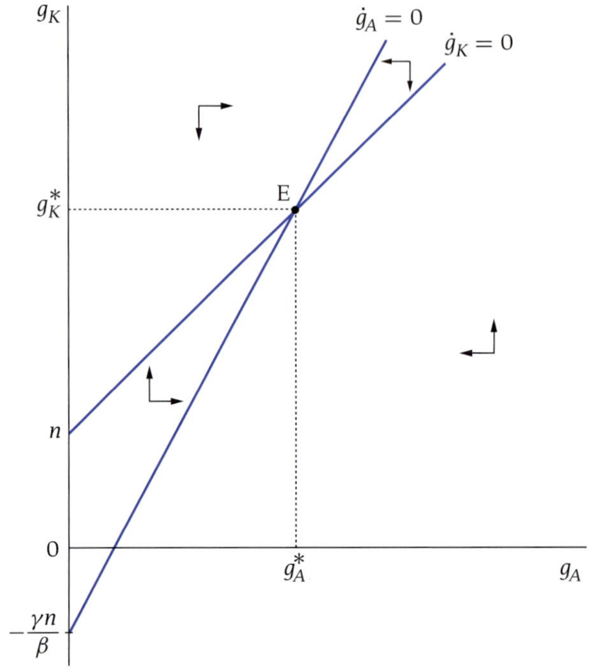

그림 3.7 $\beta + \theta < 1$**일 때 자본과 지식의 증가율 동학**

이 경우는 자본이 없는 모형의 $\theta < 1$인 경우와 유사하다. 즉, 앞서 모형의 $\theta < 1$인 경우와 마찬가지로 장기적인 경제성장률은 내생적으로 결정되며 인구증가율의 증가함수로서 인구증가가 없는 경우에는 0이 된다. R&D에 종사하는 노동력과 자본스톡의 비율 a_L과 a_K 그리고 저축률 s는 장기 성장에는 영향을 주지 못한다. 이들 모수가 장기 성장에 영향을 주지 못하는 이유는 자본이 없는 단순화된 모형의 경우 a_L이 장기성장에 영향을 주지 못했던 이유와 기본적으로 같다.[6]

이러한 모형과 같고 $\theta < 1$인 경우에 자본이 없는 모형과 같은 경우는 반내생적 성장모형(semi-endogenous growth model)이라고 부른다. 한편 장기 성장은 모형에서 내생적으로 일어난다. 한편 장기 성장은 인구증가와 지식생산함수의 모수에 의존하고 모형의 다른 모수에 의해 영향을 받지 않는다. 따라서 이름이 나타내는 것처럼, 성장은 다소 내생적으로 보이는 것이다.

6 이 모형에서 저축률 변화가 가져오는 효과에 관한 한층 더 상세한 분석은 문제 3.4를 참조하라.

■ 경우 2: $\beta + \theta = 1$이고 $n = 0$

우리는 $\dot{g}_K = 0$일 때의 궤적은 $g_K = g_A + n$의 식으로 주어지며 $\dot{g}_A = 0$일 때의 궤적은 $g_K = -(\gamma n/\beta) + [(1-\theta)/\beta]g_A$로 주어짐을 알고 있다. 만일 $\beta + \theta$가 1이고 n이 0이면 이 두 가지의 표현은 $g_A = g_K$로 단순화된다. 즉 두 궤적이 서로 겹쳐진다. 이는 그림 3.8에서 제시된 바와 같이 45° 선으로 주어진다.

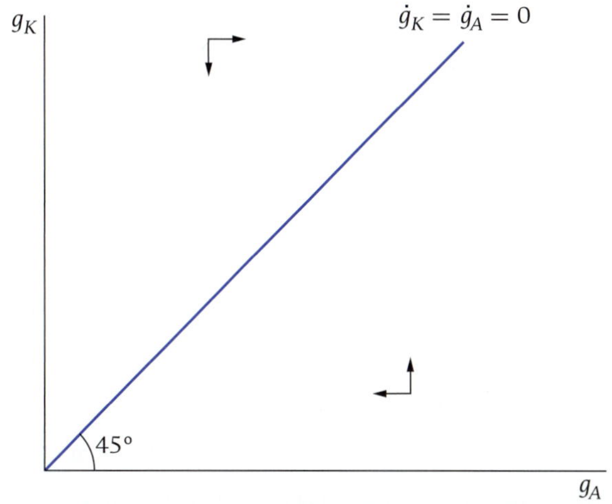

그림 3.8 $\beta + \theta = 1$ **및** $n = 0$**일 때 자본증가율과 지식증가율의 동학**

그림에 묘사된 것처럼 경제가 어떤 점에서 출발하든지간에 g_A와 g_K의 동학은 45°선으로 인도한다. 일단 45°선에 이르면 g_A와 g_K는 상수가 되며 경제는 균형성장 경로 상에 위치하게 된다. 자본이 없는 모형에서 $\theta = 1$ 및 $n = 0$인 경우와 마찬가지로 경제가 어떠한 균형성장경로로 수렴할 것인가는 위상도만으로는 분명하게 드러나지 않는다. 그러나 이 경제에는 일련의 모수값에 대해 균형성장경로가 유일하게 존재하며 그 경로 상에서 경제성장률은 여러 모수들에 관한 복잡한 함수가 된다는 것을 보일 수 있다. 저축률의 상승과 인구증가는 장기 성장률을 상승시킨다. 이는 자본이 존재하지 않는 경우에 a_L과 L의 증가가 장기성장을 높이는 것과 기본적으로 직관적 이유가 같다. 그리고 a_K와 a_L의 변화는 재화의 생산(따라서 투자)과 R&D 사이에 자원배분의 변동을 초래하기 때문에 a_K와 a_L의 변화가 장기 성장에 미치는 효과는 확실하지 않다. 유감스럽게도 장기 성장률의 수학적 도출은 매우 복잡할 뿐 아니라 특별한 통찰을 주지도 않는다[7]. 장기 성장은 광범위한 모수에 의존하기 때문에 이전의 $\theta \geq 1$과 이번의 $\beta + \theta > 1$ 또는 $n > 0$과 같은 모형은 완전 내생적 모형(fully endogenous growth model)으로 알려져 있다.

7 문제 3.5를 참조하라.

3.4 지식의 성질과 R&D에 대한 자원배분의 결정요인

■ 개관

이제까지의 논의는 저축률 s와 R&D부문에 대한 자원의 투입비율, a_K와 a_L을 주어진 것으로 취급하여 왔다. 제2장의 모형은 (제8장의 모형과 함께) s의 내생화(內生化)에 필요한 요소를 명백하게 밝히고 있다. 따라서 이제 남겨진 의문은 a_K와 a_L이 무엇에 의해 결정되는가이다. 이 절에서는 이 문제를 집중적으로 논의한다.

지금까지 우리는 R&D부문에 의해 창출되는 변수 A를 단순히 지식으로 규정해 왔다. 그러나 지식은 수없이 다양한 형태를 취하고 있다. 지식은 극히 추상적인 것부터 매우 실용적인 것에 이르기까지 다양한 형태로 존재한다고 보는 것이 유용하다. 한 극단에는 피타고라스의 정리나 병원균이론, 양자역학이론 등과 같이 광범위하게 응용될 수 있는 기초과학 지식이 있다. 다른 극단에는 추운 아침에 특정 제초기를 어떻게 작동시키는지와 같은 특정 재화에 대한 지식이 있다. 이들 두 가지 유형 간에는 트랜지스터의 고안이나 전축의 발명으로부터 즉석음식점(fast-food restaurant)의 주방설계를 개선하거나 보다 맛있는 청량음료의 제조법을 개발하는 데 이르기까지 다양한 유형의 아이디어가 광범위하게 존재할 수 있다.

다양한 유형의 이러한 지식들은 경제성장에 중요한 역할을 하고 있다. 예컨대 기초과학의 진보나 광범한 재화에 대한 유용한 응용기술의 발명, 신제품의 발명, 또는 발명 후 제품의 디자인이나 이용에 관한 개선과 같은 것들이 모두 100년 전 상태에서 멈추어 버렸다고 상상해 보자. 이러한 변화들이 성장에 미친 효과는 각각 상이할 뿐 아니라 효과가 각자 서로 다른 시차(lag)로 일어났을 것이다. 하지만 이 변화들이 모두 성장을 현재보다 현저하게 낮추었을 것이다.

이들 여러 가지 상이한 종류의 지식에 대해 그 축적의 결정요인이 모두 동일할 것이라고 생각할 이유는 없다. 예를 들어 기초수학 발전의 근저에서 작용하는 힘은 즉석식품 음식점 디자인 개선의 배후에서 작동하는 힘과는 다를 것이다. 따라서 지식의 확대에 관하여 통일된 이론이 존재할 것이라고 기대할 이유가 없다. 오히려 지식축적을 결정하는 다양한 요인이 있을 것으로 기대해야 한다.

동시에 모든 유형의 지식은 **비경합적**(*non-rival*)이라는 한 가지 본질적 특징을 공유하고 있다. 즉, 지식이 피타고라스의 정리든지 청량음료의 제조법이든지 간에 그것을 누구나 어떠한 곳에서 이용하더라도 타인의 사용을 전혀 방해하지 않는다. 이와 대조적으로, 사적 경제재는 **경합적**(競合的)이다. 예를 들어 어느 개인이 어떤 의복을 몸에 걸치면 타인은 그것을 동시에 자신의 몸에 걸칠 수가 없다.

이러한 지식에 관한 본질적 특성으로부터 우리는 경쟁시장의 힘이 지식의 생산과 배분을 완전히 결정할 수는 없다는 것을 알 수 있다. 일단 지식이 발견되면 그 지식을 새로 별도의 이용자로 하여금 활용하게 하는 한계비용은 0이다. 따라서 경쟁시장에서 지식의 임대가격은 0이

되고 만다. 하지만 사적으로 경제이익을 추구하려는 욕망은 지식 창조의 동기가 될 수 없게 된다. 이러한 경우, 지식이 그 한계비용 이상의 가격으로 판매되든지 혹은 지식 발전이 시장의 힘에 의해 동기부여가 될 수 없든지 둘 중 어느 하나만이 성립할 수 있다. 따라서 지식개발의 원동력을 이해하기 위해서는 경쟁적 모형으로부터 벗어날 필요가 있다.

모든 지식은 비경합적이지만 두 번째 차원인 지식 이용의 **배제가능성**(*excludability*)에 대해서는 다양할 수 있다. 어떤 재화가 다른 사람에 의해 사용되는 것을 방지할 수 있을 때 그 재화는 배제가능성이 있다고 말한다. 따라서 통상의 사적 재화는 배제가능성이 있다. 예를 들어 의복의 소유자는 타인에 의해 그 의복이 착용되는 것을 방지할 수 있다.

지식의 경우 배제가능성은 그 지식 자체의 성질과 재산권을 지배하는 경제 제도에 달려 있다. 예를 들어 특허법은 발명자에 대해 그 의장이나 발견에 관한 권리를 부여하고 있다. 특허법이 완화된다면 발명가의 발견을 다른 사람들이 이용하는 것을 배제하는 힘도 약해질 것이다. 다른 예로서 저작권법에서는 우수한 장절(章節)을 디자인하여 교과서를 만든 저자가 그 장절의 디자인을 다른 저자들이 답습하는 것을 막을 수 없다. 따라서 우수한 장절 디자인의 경우 배제가능성은 제한적이다(그러나 저작권법은 다른 저자가 그 교과서 전체를 복제하는 것을 금하기 때문에 그 개선된 장절 디자인을 채용하는 데에는 얼마간의 노력이 요구된다. 그 결과 어느 정도의 배제가능성은 존재하며 보다 우수한 장절의 디자인으로부터 수익을 얻을 수 있는 가능성도 남아있다). 그러나 유사한 장절 디자인의 채용에 관하여 보다 강한 권리를 저자에게 부여하도록 법률을 개정하는 것도 가능하다.

어떤 경우에는 배제가능성이 지식의 특성에 의존하고 법체계와는 그다지 관련이 없는 경우도 존재한다. 코카콜라의 제조법은 대단히 복잡하여 저작권이나 특허에 의해 보호 받지 않더라도 비밀이 보장된다. 반면에 TV 프로그램을 비디오에 녹화하는 기술은 매우 간단하므로 그러한 녹화 화면을 개인적으로 사용하는 것이 합법적이라는 법정의 판결이 있기 이전에도 녹화기술을 개발한 회사는 시청자들이 프로그램(그리고 프로그램이 포함하는 「지식」)을 녹화하는 것을 막을 수 없었다.

배제가능성의 정도는 지식의 개발과 배분이 완전경쟁으로부터 얼마나 괴리되는가에 크게 영향을 미칠 수 있다. 만일 어떤 지식이 그 사용의 배제가 완전히 불가능한 것이라면 그 지식의 개발에 의해 사적 수익을 얻는 것은 기대할 수 없을 것이다. 따라서 그러한 분야의 R&D는 어딘가 시장의 밖에서 이루어질 필요가 있다. 그러나 만일 지식이 배제가능한 것이라면 새로운 지식을 창출한 사람은 양(+)의 가격으로 그 사용권을 팔 수 있게 되어 R&D에 투입한 노력에 대해 양(+)의 수익을 얻을 수 있다.

지금부터는 이제까지 살펴본 광범위한 고찰을 바탕으로 지식의 발전에 대한 자원배분을 결정하는 주요 요인 가운데 몇몇에 관하여 논의를 하도록 한다. 이 가운데서도 특히 주목받는 요인으로 기초과학연구의 지원, R&D와 혁신(革新)의 사적 유인, 재능이 풍부한 개인의 대안적인 기회 및 경험을 통한 학습(learning-by-doing)의 네 가지가 있다.

■ 기초과학연구의 지원

기초과학 지식은 전통적으로 비교적 자유롭게 이용됐다. 중세의 수도원이나 현대의 대학 등과 같은 기관에서 이루어지는 연구 성과들도 마찬가지이다. 따라서 이러한 종류의 연구는 시장에서의 사적 이익을 얻을 욕구에 의해 동기가 부여되는 것이 아니다. 오히려 그것들은 정부, 자선단체, 부유한 개인 등에 의해 지원된 것이며 그 지원과 명성에 대한 욕구, 그리고 지식에 대한 사랑에 의하여 동기가 부여되어 있는 개인에 의해 수행되어 왔다.

이러한 종류의 지식에 관한 경제학적 사고체계는 비교적 단순하다. 지식은 0의 비용, 즉 무료로 제공될 뿐 아니라 생산에 매우 유용하기 때문에 양(+)의 외부성이 존재한다. 따라서 이런 지식의 생산에는 보조금을 제공해야 한다.[8] 예를 들어 지식축적에 관한 이러한 견해를 토대로 한 성장모형에 램지(Ramsey)모형의 무한수명을 누리는 가계를 부가하여 생각하면 최적 연구보조금 수준을 계산할 수 있다. Phelps(1966), Nordhaus(1967), Shell(1966, 1967) 등은 이러한 분석의 예이다.

■ R&D와 혁신의 사적 유인

전혀 새로운 제품의 개발에서부터 기존 재화의 소폭 개선에 이르기까지 많은 혁신은 외부로부터 지원을 받은 것이 아니라 거의 완전히 사적 수익에 대한 욕구에 의해 동기가 부여되고 있다. 이러한 사적인 R&D활동과 그것들이 경제성장에 주는 영향에 관해서는 근래 많은 연구가 수행되어 왔다. Romer(1990), Grossman and Helpman(1991), Aghion and Howitt(1992) 등이 그 주요한 예이다.

이미 논한 바와 같이 R&D가 경제적 유인에 기초하여 수행되는 경우, R&D에 의해 창출되는 지식에는 적어도 얼마간의 배제가능성이 반드시 있어야 한다. 따라서 새로운 아이디어의 개발자는 어느 정도 시장지배력을 보유한다. 전형적인 모형에서는 개발자가 아이디어의 사용에 대해 독점적인 지배권을 가지며 최종재의 생산자에게 아이디어의 사용을 허용할 수 있는 권리를 보유하는 것으로 설정한다. 혁신적 아이디어를 고안한 사람(이하 혁신자 innovator 라 함)이 그 아이디어의 사용에 대해 대가를 지불하도록 요구할 수 있을 때, 그 대가는 해당 아이디어가 생산과정에서 얼마나 유용한지, 혹은 다른 사람들이 수익을 제고할 목적으로 해당 아이디어를 배우는 데 자원을 투입할 의사가 있는지 등에 의해 결정된다. 한편 R&D에 투입되는 생산요소의 양은 R&D부문에서의 사적 요소보수와 최종재 생산에서의 요소보수가 같아지도록 하는 요소 이동의 결과로서 결정되도록 모형을 설정한다.

이들 모형에서 제시되는 경제는 완전경쟁이 아니기 때문에 그 균형은 일반적으로 최적이 아니다. 특히 분권적 균형에서는 R&D와 통상의 재화 생산과의 사이에 비효율적인 자원배분이 발생할 수 있다. R&D활동에 의한 외부성(外部性)으로 **소비자잉여 효과, 비즈니스 탈취**

8 이러한 점은 지식의 관점에 대한 학계의 호의가 담겨 있다.

(*Business-Stealing*)효과 및 R&D효과의 세 가지가 알려져 있다.

소비자잉여 효과는 혁신자가 완전한 가격차별을 할 수 없기 때문에 혁신자로부터 아이디어의 사용에 관하여 허가를 얻은 개인이나 기업이 얼마간의 잉여를 누린다는 것이다. 따라서 이것은 R&D에 의한 양(+)의 외부성이다.

비즈니스 탈취 효과란 우수한 기술이 도입되면 기존 기술은 매력을 상실하게 되며 이로 인해 기존 기술의 소유자들이 손해를 입는 것을 말한다. 이러한 외부성은 음(−)의 값을 갖는다.[9]

마지막으로 R&D효과에서는 혁신자가 일반적으로 자신이 창조한 지식을 토대로 다른 연구자들이 새로운 지식을 생산하려는 것까지 통제하지는 않는다고 전제한다. 앞 절의 모형의 관점에서, 혁신자는 식 (3.1)에서 나타나는 바와 같이 그가 창조한 지식이 재화를 생산하는 데 기여하는 만큼의 수익을 얻을 수는 있으나 새로운 지식을 생산하는 데 따르는 수익까지 얻을 수는 없다고 가정한다. 따라서 R&D활동에 종사하는 다른 사람들에 대해 양(+)의 외부효과를 일으킨다.

이들 세 가지의 외부성의 순효과(純效果)는 분명하지 않다. 비즈니스 탈취 외부성이 소비자잉여 외부성과 R&D 외부성의 합보다 큰 경우를 상정할 수도 있다. 이 경우 다른 혁신자가 얻고 있는 이익을 빼앗기 위하여 R&D 부문에 과도하게 자원을 투입하려는 경제적 유인이 발생한다. 그 결과 경제의 균형성장률이 비효율적으로 높을 수 있다(Aghion and Howitt, 1992). 그러나 정상적인 상황 하에서 R&D에 의한 총체적인 외부성은 양(+)의 값을 갖는다고 인식된다. 이 경우 균형에서의 R&D는 비효율적으로 낮은 수준이 되기 때문에 R&D에 대해 보조금을 지급함으로써 사회 후생을 높일 수 있을 것이다.

이 밖에도 몇 가지 외부성을 고려할 수 있다. 예를 들어 혁신자가 재화를 생산하는 부문에서도 자신의 아이디어의 사용을 완전하게 통제할 수 없다면(즉 배제가능성이 부분적으로만 가능하다면) 이것은 R&D에 대한 사적수익이 사회적 편익을 하회하는 또 하나의 이유가 될 것이다. 다른 한편으로 새로운 고안을 최초로 창출한 개인에게 그 발명의 독점적 권리가 부여되기 때문에 어떤 종류의 R&D활동에 대한 과도한 유인이 발생할 가능성을 배제할 수 없다. 예를 들어 어떤 발명자가 다른 경쟁자보다도 앞서 발명을 마무리 짓도록 유도하기 위해 부여되는 발명활동에 대한 사적 수익이 그 사회적 편익을 상회할 수 있는 것이다.

3.5절에서 혁신으로부터 사적 수익으로 R&D가 동기화되는 특이한 모형을 살펴볼 것이다. 이러한 점은 몇 가지 목적을 가지고 있다. 첫째, 아마 가장 중요한 것으로 이러한 형태의 모형의 내부적인 작동을 보여주고 모형들을 구성하고 분석하는데 사용되는 몇 가지 방법을 제공할 것이다. 둘째, R&D와 다른 활동 사이에 경제의 자원배분에 영향을 주는 여러 가지 요인이 어

9 소비자잉여 효과와 비즈니스 탈취 효과는 모두 금전적 외부성이며 그것들은 시장외보다 시장을 통하여 작용한다. 2.4절에서 논한 것처럼 그와 같은 외부성이 경쟁시장에 비효율성을 가져오 지는 않는다. 예를 들어 어떤 개인의 인삼선호는 인삼의 가격을 상승시킴으로써 타인의 인삼구매를 저해하지만 인삼생산자에게는 이익을 안겨 준다. 경쟁시장의 경우 이러한 손해와 편익은 균형을 이루며 따라서 경쟁균형은 파레토 효율적이다. 그러나 완전경쟁으로부터 벗어날 경우 금전적 외부성은 비효율을 초래할 수 있다.

떻게 영향을 주는 지에 대해 알 수 있다. 셋째, 균형 R&D와 최적 R&D가 특별한 상황에서 어떻게 다른 지를 보여준다.

■ 재능을 지닌 개인들의 대안적인 취업기회

Baumol(1990)과 Murphy, Shleifer and Vishny(1991)는 커다란 기술혁신이나 지식의 진보는 흔히 재능이 뛰어난 개인들의 활동에 의한 것이라고 관찰한다. 그들은 또한 그같이 탁월한 능력을 가진 사람들은 단순히 혁신을 추구한다든지 재화를 생산하는 것 이외에도 여러 가지 선택기회를 갖게 된다는 점을 관찰한다. 이러한 관찰로부터 우수한 재능을 가진 개인의 활동에 영향을 주는 경제적 유인이나 사회적 요인이 지식의 축적에 매우 중요하게 작용할 수 있음을 알 수 있다.

Baumol은 이 문제에 대해 역사적인 접근을 시도하였다. 그는 여러 사회나 시대에 군사적 정복, 정치적/종교적 리더십, 과세, 범죄활동, 철학적 사색, 금융거래, 법률제도의 조작 등이 사회에서 가장 재능 있는 구성원들에 의해 이루어졌다고 주장한다. 그는 또한 그러한 활동이 낳는 사회적 편익이 0에 가깝거나 심지어 음(−)의 값을 갖는다고 주장한다. 즉, 그의 주장에 따르면 이러한 활동들은 흔히 **지대추구 행위**(*rent-seeking activities*)−사회 내에서 새로운 부(富)를 창출하는 것이 아니라 기존의 부를 빼앗아 오는 것−에 불과하다. 끝으로 그는 사회가 가장 유능한 구성원들의 능력을 어느 방향으로 이끌 것인지가 그 사회가 장기에 걸쳐 번영할 것인지 여부에 매우 강한 영향을 미친다고 주장한다.

Murphy, Shleifer and Vishny는 재능이 풍부한 개인이 사회적인 관점에서 생산적인 활동에 종사할 것인지 여부를 결정하는 데에 영향을 미칠 수 있는 요인들에 관하여 일반적인 논의를 제시한다. 이들은 특히 세 가지 요인을 강조하고 있다. 첫 번째는 관련된 시장의 규모이다. 풍부한 재능을 가진 개인은 수익을 얻을 수 있는 시장이 클수록 그러한 활동에 참여할 유인이 더 확대된다. 예를 들어 운송비용이 낮고 교역장벽이 존재하지 않는 상황에서 기업가정신(entrepreneurship)이 촉진된다. 소유권의 정의가 모호하여 많은 부분의 경제적 부(富)가 쉽게 전용될 수 있는 상황에서는 지대추구행위가 촉진된다. 두 번째 요인은 보수감소의 정도이다. 기업가가 보유한 시간에 의해 규모가 제약되는 활동(예를 들어 외과수술)에 따른 수익은 오직 시장 규모에 의해서만 제약되는 활동(예를 들어 발명)과 비교해 동일한 수준의 잠재적 수익을 거두기는 어려울 것이다. 따라서 자본시장의 원활한 기능에 의해 기업의 급속한 확대가 가능하게 된다면 지대추구보다도 기업가정신이 촉진되기 쉬울 것이다. 세 번째 요인은 자신의 활동으로부터의 수익을 유지할 수 있는지의 여부이다. 즉, 명확한 소유권은 기업가정신의 발현(發顯)을 조장하는 한편 (정부나 종교 등에 의하여) 지대를 추구하는 행위가 법적으로 허용되는 경우 사회적으로 비생산적인 활동이 촉진되기 쉽다.

경험을 통한 학습

지식의 축적을 결정하는 네 번째 요인은 이제까지 논의한 세 가지 요인과는 성질이 다소 다르다. 제품을 생산하는 과정에서 사람들이 필연적으로 제조 공정을 개선하는 방식에 관하여 생각하게 된다는 것이 이번 논의의 중심이 되는 아이디어라고 할 수 있다. Arrow(1962)는 그 증거로서 신형비행기의 설계가 도입된 후 항공기의 프레임을 1 단위 제조하는 데 필요한 시간이 이미 만들어진 해당 모형의 항공기 대수의 세 제곱근에 반비례(反比例)한다는 경험적 사실을 인용하였다. 이와 같이 생산성의 향상은 생산과정에서 명백한 혁신이 없더라도 일어나고 있다. 따라서 지식의 축적 가운데 일부는 의도된 노력의 결과로서 창출되는 것이 아니라 통상적인 경제활동 과정에서 부수적으로 얻어진다고 할 수 있다. 이러한 종류의 지식축적은 **경험을 통한 학습**(*learning-by-doing*)으로 알려져 있다.

경험을 통한 학습이 기술진보의 원천인 경우 지식축적의 속도는 경제의 자원 중에서 R&D 활동에 투입되는 자원의 비율에 의존하지 않고 얼마만큼의 새로운 지식이 통상적인 경제활동에 의해 창출되는지에 의존하게 된다. 따라서 경험을 통한 학습을 분석하기 위해서는 모형을 다소 수정할 필요가 있다. 여기서는 모든 투입이 재화를 생산하는 데 제공된다고 가정한다. 따라서 다음과 같은 생산함수를 설정할 수 있다.

$$Y(t) = K(t)^{\alpha}[A(t)L(t)]^{1-\alpha} \tag{3.22}$$

경험을 통한 학습의 가장 간단한 경우는 학습이 새로운 자본을 생산하는 과정에서 부수적으로 이루어지는 경우이다. 따라서 지식의 증가가 자본축적의 함수이기 때문에 지식스톡은 자본스톡의 함수로 정식화된다. 따라서 내생적으로 결정되는 스톡변수는 한 가지로 줄어든다.[10] 이전과 마찬가지로 여기서도 지수함수를 이용하여 다음과 같이 설정한다.

$$A(t) = BK(t)^{\phi}, \qquad B > 0, \qquad \phi > 0 \tag{3.23}$$

이 경제의 특징은 식 (3.22)~(3.23)과 자본과 노동의 축적을 나타내는 식 (3.3)~(3.4)에 의해 묘사된다.

경제의 속성을 분석하기 위하여 먼저 (3.23)을 (3.22)에 대입하면 다음의 식을 얻을 수 있다.

$$Y(t) = K(t)^{\alpha}B^{1-\alpha}K(t)^{\phi(1-\alpha)}L(t)^{1-\alpha} \tag{3.24}$$

$\dot{K}(t) = sY(t)$이기 때문에 K의 동학은 다음의 식으로 주어진다.

$$\dot{K}(t) = sB^{1-\alpha}K(t)^{\alpha}K(t)^{\phi(1-\alpha)}L(t)^{1-\alpha} \tag{3.25}$$

식 (3.6) $\dot{A}(t) = B[a_L L(t)]^{\gamma}A(t)^{\theta}$은 3.2절에서 살펴 본 바 있는 자본이 없는 지식축적의 모형에서 A의 동학을 나타낸다. 경험을 통한 학습모형의 식 (3.25)를 이 식 (3.6)과 비교

10 지식축적이 자본축적이 아니라 재화생산의 뜻하지 않은 결과(side effect)로서 생성되는 경우는 문제 3.7을 참조하라.

하여 보면 두 모형의 구조가 유사함을 알 수 있다. 이 장 2절의 모형에서는 생산된 생산요소가 오직 지식 한 가지였으며, 이절의 모형에서도 생산된 생산요소는 자본 한 가지이다. 식 (3.6)과 (3.25)에서 제시된 바와 같이, 두 모형의 동학적 특성은 본질적으로 동일하다. 따라서 이 모형의 분석에는 이전 모형의 분석결과를 적용할 수 있다. 이전 분석에서는 경제의 동학과 관련하여 핵심이 되는 결정요인은 θ와 1의 대소(大小) 관계였다. 이로부터 이 모형에서는 $\alpha+\phi(1-\alpha)$와 1의 대소 관계(이것은 ϕ와 1의 대소 관계와 상응한다.)가 비슷한 역할을 담당할 것으로 유추할 수 있다.

ϕ가 1보다 작으면 경제의 장기적 성장률은 인구증가율 n의 함수가 된다. 만일 ϕ가 1보다 크면 성장은 폭발적(explosive)이 된다. ϕ가 정확히 1이 되고 n이 양(+)의 값을 갖는 경우 폭발적인 성장이 이루어지며, $n=0$일 때는 일정한 수준의 성장이 지속될 것이다. 여기서 특히 주목할 점은 $\phi=1$로서 $n=0$인 경우이다. 이 경우 생산함수 (3.24)는 다음과 같이 고쳐 쓸 수 있다.

$$Y(t)=bK(t), \qquad b\equiv B^{1-\alpha}L^{1-\alpha} \tag{3.26}$$

따라서 자본축적은 다음의 식으로 주어진다.

$$\dot{K}(t)=sbK(t) \tag{3.27}$$

우리가 이미 검토한 유사한 경우와 마찬가지로, 이 경제의 성장경로는 비교적 간단하다. 식 (3.27)로부터 K는 일정한 비율 sb의 속도로 성장함을 알 수 있다. 그리고 총생산은 K에 비례하기 때문에 그 성장도 동일한 비율로 나타난다. 그리하여 우리는 장기적인 경제성장이 저축률에 의존하여 내생적으로 결정되는 하나의 모형을 얻었다. 또한, b가 측정하기 쉬운 자본-생산비율의 역이므로 모형으로 성장에 저축률의 영향의 크기(size)에 대해 예측할 수 있는데, 이는 3.6절의 이슈가 될 것이다.

이 모형에서 자본의 기여가 전통적인 기여보다 크기 때문에 저축률은 장기 성장에 영향을 미친다. 즉, 자본의 증가는 생산의 증가에 직접적으로 기여할(식 3.24의 K^{α} 항) 뿐 아니라 새로운 아이디어의 개발에 기여함으로써 다른 모든 자본의 생산성을 높이는(식 3.24의 $K^{\phi(1-\alpha)}$ 항) 간접적인 경로를 통해서도 생산을 늘리기 때문이다. 이들 모형의 생산함수에서는 식 (3.26)에서 이용한 b 대신에 자주 A를 이용하기 때문에 이들 모형을 흔히 $Y=AK_r$ 모형이라고 부른다.[11]

---

11 신성장이론의 단서가 된 P. Romer(1986)의 모형은 $\phi=1$과 $n=0$인 경험을 통한 학습과 밀접하게 관련되어 있다. 두 가지 차이가 있다. 첫째, 여기에서 물적자본이 수행하는 역할을 Romer모형에서는 지식이 수행하고 있다. Romer모형에서 사적으로 관리되는 지식은 어느 특정기업의 생산에 직접 기여함과 아울러 전(全)기업의 생산에 공헌하는 전체 지식의 양을 늘린다. 둘째, 지식축적은 포기된 생산을 통하는 것이 아니라 별도의 생산함수를 통하여 일어난다. 재화생산은 지식에 관하여 규모의 경제를 보이며, 지식축적은 (점근적으로) 규모에 대한 보수불변으로 취급되고 있다. 그 결과 경제는 일정한 성장률로 수렴하여 간다.

3.5 Romer모형

■ 개관

이 절에서 R&D에 대한 자원 배분이 미시경제적학 기반에서 구축되는 특정 모형을 고려한다. 내생적 기술변화의 P. Romer(1990) 모형이다. 이 모형에서 R&D는 이윤을 극대화하는 경제주체에 의해 수행된다. 그러한 R&D는 성장을 촉진하고, 이는 다시 R&D에 자원을 투입하는 유인에 영향을 미친다.

이전 절에서 알 수 있듯이, 시장에서 지식이 차지하는 수익에 의해 지식이 창출되는 곳의 모든 모형은 완전경쟁에서 이탈해야 한다. 만일 지식이 한계비용으로 판매된다면 지식창조자는 음(−)의 이윤을 얻는다. Romer는 지식이 별개의 아이디어로 구성되어 있고 다른 아이디어를 체화하는 생산에 대한 투입들이 불완전한 대체재라고 가정하여 이러한 이슈를 다룬다. 그는 또한 아이디어 개발자가 아이디어 사용에 대한 독점권을 가지고 있다고 가정한다. 이러한 가정은 개발자가 자신의 아이디어를 사용하기 위해 한계비용보다 높은 가격을 청구할 수 있음을 시사한다. 이러한 결과의 이윤은 R&D에 대한 동기를 제공한다.

불완전한 대체가능성과 독점력에 대한 가정은 모형을 더욱 복잡하게 한다. 가능한 간단하게 하기 위해, 우리가 고려할 Romer 모형의 변형은 전체 움직임이 3.2절에서 $\theta = 1$과 $n = 0$인 특수한 경우의 모형과 유사하도록 구성된다. 이러한 모형을 구성하는 이유가 특히 현실적인 경우라는 증거는 아니다. 오히려, 분석을 극적으로 단순화하는 것이다. 이러한 모형의 유형이 **전이 동학**(*transition dynamics*)을 나타내지 않는다. 충격에 반응하여, 경제는 즉시 새로운 균형성장경로로 점프한다. 이러한 특징은 다양한 변화가 경제에 미치는 영향을 정확하게 특성화하고 R&D에 대한 자원의 균형과 최적배분을 명시적으로 계산하기 더 쉽게 한다.

모형에 이러한 총계 속성을 부여하려면 두 가지 유형의 단순화가 필요하다. 첫 번째는 이전 모형에서 $\theta = 1$과 $n = 0$의 가정과 유사한 함수 형태와 모수값에 대한 가정이다. 다른 하나는 모든 유형의 물적 및 인적 자본을 제거하는 것이다. 자본을 포함하는 Romer 모형에서는 일반적으로 아이디어 스톡에 대한 자본의 장기 균형 비율이 존재한다. 실제 비율을 장기 균형 비율과 다르게 만드는 모든 교란은 전이 동학을 시작하게 한다.

■ Ethier 생산함수와 지식창조에 대한 보수

모형을 나타내는 첫째 단계는 지식창조자가 어떻게 시장지배력을 가지는 지에 대해 설명하는 것이다. 따라서 지식의 수준(level)은 주어져 있고 다른 아이디어들을 체화하는 투입들이 최종 생산을 생산하는데 어떻게 결합되는 지를 살펴보자.

생산을 위해 무한히 많은 잠재적으로 특화된 투입들이 존재한다. 구체적으로 각 투입을 화학적 화합물로 생각하고 각 아이디어를 특정 화합물에 대한 공식으로 생각할 수 있다. 보다 많은 아이디어가 이용될수록, 주어진 투입량으로부터 생산은 보다 많아진다. 예를 들어, 투입이 초기에 하나의 화합물로 생산된다고 하면, 같은 양의 두 번째 화합물을 더하는 것은 첫 번째 화합물의 양의 두 배보다 더 많이 생산하게 된다. 따라서 새로운 아이디어의 이익이 있다.

특히 0부터 $A(A>0)$까지 확대되는 것이 가능한 일련의 아이디어들이 있다고 가정하자. 이 때, A는 시간의 함수가 될 것이다. 그러나 여기서 우리는 일정한 시점에서 경제를 바라보기 때문에 시간 인자를 제거하는 것이 간단하다. 아이디어가 이용가능할 때 아이디어를 체화하는 생산에 투입은 노동을 1:1 투입으로 변환한 기술을 사용하여 생산할 수 있다. 따라서 $L(i)$는 투입 i를 생산하는데 기여하는 노동의 양과 최종재 생산으로 가는 투입 i의 양을 동시에 나타낸다. 아직 발견되지 않은 아이디어(즉, $i>A$)에 대해 아이디어를 체화하는 투입은 더 이상 비용이 없이 생산할 수 있다.

투입이 최종생산을 어떻게 결합하는 지에 대한 특정한 가정과 Ethier(1982)가 제안한 생산함수를 사용하자.

$$Y = \left[\int_{i=0}^{A} L(i)^{\phi} di\right]^{1/\phi}, \quad 0 < \phi < 1 \tag{3.28}$$

이러한 함수의 의미를 알기 위해, L_Y가 투입을 생산하는 전체 노동자의 수를 나타내고 각각 가능한 투입을 생산하는 수는 같다고 가정하자. 따라서 모든 i에 대해 $L(i) = L_Y/A$이므로 다음과 같다.

$$\begin{aligned} Y &= \left[A\left(\frac{L_Y}{A}\right)^{\phi}\right]^{1/\phi} \\ &= A^{(1-\phi)/\phi} L_Y \end{aligned} \tag{3.29}$$

이 식은 두 가지 중요한 시사점을 가진다. 첫째, L_Y에 대한 보수불변이 있다. 지식스톡을 일정하게 하고 투입을 두 배로 하면 생산도 두 배가 된다. 둘째, 생산은 A에 따라 증가한다. 투입의 총량을 일정하게 하고 지식스톡을 높이면 생산도 높아진다. 이는 새로운 아이디어의 가치를 창조한 것이다.

생산함수에 대해 보다 많은 함의를 찾기 위해, 시장 구조에 대한 모형의 가정을 도입한다. 독점자는 주어진 아이디어 사용에 대한 배타적 권리를 가지고 있다. 독점자를 아이디어에 대한 특허 소유로 생각하자. 즉, 가격차별과 다른 복잡한 계약은 배제된다. 투입의 가격은 주어진 완전경쟁기업에 의해 생산된다. 경쟁은 이러한 기업들이 한계비용으로 생산품을 팔게 한다. 이러한 기업들이 0의 이윤을 얻는 것을 추후에 간단하게 살펴본다.

대표적 생산자의 비용최소화 문제를 생각해 보자. $p(i)$는 아이디어 i를 체화하는 투입 1단위에 대한 아이디어 i에 특허권을 가지는 소유자가 부과하는 가격을 나타낸다. 최소비용으로 1단위 생산이라는 문제에 대한 라그랑지 함수는 다음과 같다.

$$\mathcal{L} = \int_{i=0}^{A} p(i)L(i)di - \lambda\left\{\left[\int_{i=0}^{A} L(i)^{\phi}di\right]^{1/\phi} - 1\right\} \tag{3.30}$$

기업의 선택변수는 0부터 A까지 i의 모든 값에 대한 $L(i)$이다. 개별 $L(i)$에 대한 1계 조건은 다음과 같다.

$$p(i) = \lambda L(i)^{\phi-1} \tag{3.31}$$

여기서 $\int_{i=0}^{A} L(i)^{\phi}di$는 1이어야만 하는 사실을 이용하였다.[12]

식 (3.31)은 $L(i)^{\phi-1} = p(i)/\lambda$가 되고 다음과 같다.

$$\begin{aligned} L(i) &= \left[\frac{p(i)}{\lambda}\right]^{\frac{1}{\phi-1}} \\ &= \left[\frac{\lambda}{p(i)}\right]^{\frac{1}{1-\phi}} \end{aligned} \tag{3.32}$$

식 (3.32)는 아이디어에 대한 특허소유자는 아이디어를 체화하는 투입에 대한 우하향하는 기울기를 가지는 수요곡선을 가진다. $L(i)$는 $p(i)$의 매끄러운 감소함수이다. ϕ가 1에 가까워지면 투입량의 증가에 따른 투입의 한계생산은 보다 천천히 감소한다. 결과적으로 투입들은 대체재에 가까워지므로 각 투입의 수요탄력성은 커지게 된다.

최종생산을 생산하는 기업은 각 투입에 대해 보수불변이고 생산함수는 보수불변이기 때문에 한계비용은 평균비용과 같아진다. 결과적으로 이러한 기업은 0 이윤을 얻게 된다[13].

■ 모형의 나머지 부분

이제 모형의 나머지를 다루기 위해 네 가지 가정을 포함한다. 첫째는 경제 총계와 관련있다. 인구는 고정되었고 $\overline{L} > 0$과 같다. 노동자들은 중간 투입을 생산하거나 R&D를 생산하는데 고용될 수 있다. $L_A(t)$가 시점 t에서 R&D에 종사하는 노동자의 수를 나타내면 t에서 노동시장의 균형은 다음이 필요하다.

$$L_A(t) + L_Y(t) = \overline{L} \tag{3.33}$$

여기서 이전처럼 $L_Y(t) = \int_{i=0}^{A(t)} L(i,t)di$는 투입들을 생산하는 전체 노동자의 수이다. 시간

---

12 식 (3.31)의 항들은 라그랑지 함수에서 di계이기 때문에, 2.2절의 연속 시간에서 가계최적화의 분석처럼 이 단계는 약간 비공식적이다. 투입들의 숫자가 유한하다고 가정하면 $Y = \left[\sum_{i=1}^{N}\left(\frac{A}{N}\right)\left(\frac{NL_i}{A}\right)^{\phi}\right]^{1/\phi}$ 이고 투입들의 수를 무한으로 근사하면 같은 결과를 만들어 낸다. 이러한 근사는 가계 최적화를 분석하는 제2장 각주 7의 접근과 유사하다.

13 λ에 대해 풀기 위해 $\left[\int_{i=0}^{A} L(i)^{\phi}di\right]^{1/\phi} = 1$의 조건을 사용할 수 있고, $L(i)$의 비용최소화 수준과 한계비용 수준에 대해 풀어라. 그러나 이러한 단계들은 다음 단계가 필요하지 않다.

의 흐름에 따른 경제의 진화를 고려하기 때문에 시간 변수를 명시적으로 만들었다는 것을 유의하라.

새로운 아이디어에 대한 생산함수는 R&D에 고용된 노동자 수의 선형이고 현존하는 지식스톡에 비려한다.

$$\dot{A}(t) = BL_A(t)A(t), \qquad B > 0 \tag{3.34}$$

마지막으로 A의 초기값 $A(0)$는 양(+)이다.

선형성장모형의 총계 동학을 모형에 표현하기 위해 이러한 가정들을 도입하였다. 식 (3.34)와 인구 증가가 없다는 가정으로, R&D에 종사하는 인구비율이 일정하면 지식스톡은 일정률로 증가하고 이러한 증가는 R&D에 종사하는 인구비율의 증가함수가 된다.

두 번째 가정들은 가계 행위의 미시경제학과 관련되어 있다. 개인들은 무한생애를 가지고, 2.1절과 같이 전통적인 함수를 극대화한다. 개인의 할인율은 ρ이고 편의상 순간효용함수는 로그라고 하자.[14]

$$U = \int_{t=0}^{\infty} e^{-\rho t} \ln C(t) dt, \qquad \rho > 0 \tag{3.35}$$

여기서 $C(t)$는 시점 t에서 가계의 소비를 나타낸다.

Ramsey–Cass–Koopmans모형처럼, 생애소비의 현재가치는 초기자산과 생애노동소득의 현재가치의 합을 초과할 수 없는 예산제약이 있다. 만일 개인들이 같은 초기자산을 가지고 있고 이자율이 일정하다면(균형에서 증명되겠지만), 이러한 제약은 다음과 같다.

$$\int_{t=0}^{\infty} e^{-rt} C(t) dt \leq X(0) + \int_{t=0}^{\infty} e^{-rt} w(t) dt \tag{3.36}$$

여기서 r은 이자율이고, $X(0)$는 개인당 초기자산, $w(t)$는 t에서 임금이다. 개인은 이러한 모든 것은 주어진 것으로 받아들인다.

세 번째 가정들은 R&D의 미시경제학과 관련있다. 아이디어 창조에 무료로 입장할 수 있다. 누구나 $w(t)$에서 노동 $1/[BA(t)]$단위를 고용할 수 있고 식 (3.34)처럼 새로운 아이디어를 생산할 수 있다. 비록 A의 증가가 R&D의 생산성을 증가시킨다고 하더라도 R&D 기업은 과거 아이디어의 개발에게 보상할 필요가 없다. 따라서 3.4절에 논의한 것처럼 이 모형은 R&D 외부성을 가정한다.

아이디어 창조자는 생산물 생산에 대응되는 투입을 생산하는데 아이디어를 사용할 수 있는 항구적인 특권을 부여받는다(그러나 R&D에서는 아니다). 특허보유자는 생산을 위한 아이디어를 체화할 투입을 얼마나 많이 할 지 결정하고 매 시점에서 투입에 부과할 가격을 선택한다. 이러한 결정에서 특허보유자는 임금, 투입에 부과되는 가격, 상품 생산에 사용되는 노동의 총

14 상대적 위험회피계수가 일정한 효용을 가정하면 비슷한 결론에 이르게 된다. 문제 3.8을 참고하라.

량 L_Y은 주어진 것으로 받아들인다.[15]

R&D의 무료 입장 조건은 아이디어를 체화하는 투입을 판매하여 얻는 이윤의 현재가치가 아이디어를 창조하는 비용의 현재가치와 같아야 하는 것을 필요로 한다. 아이디어 i가 시점 t에서 창조되었다고 하고 $\pi(i, \tau)$는 시점 τ에서 창조가 얻는 이윤이라고 하자. 따라서 조건은 다음과 같다.

$$\int_{\tau=t}^{\infty} e^{-r(\tau-t)}\pi(i,\tau)d\tau = \frac{w(t)}{BA(t)} \tag{3.37}$$

모형의 최종 가정은 일반균형과 관련있다. 첫째, 노동시장이 경쟁적이라는 가정은 R&D에 지급되는 임금과 모든 투입 생산자들에게 지급되는 임금은 동일하다는 의미가 된다. 둘째, 경제의 유일한 자산은 특허이다. 따라서 초기 자산은 발명되어 온 아이디어로부터 나오는 미래 이윤의 현재가치이다. 최종적으로 생산물의 유일한 사용은 소비에 국한된다. 모든 개인이 같기 때문에 모든 개인은 같은 소비경로를 선택한다. 따라서 시점 t에서 재화시장 균형은 다음이 요구된다.

$$C(t)\bar{L} = Y(t) \tag{3.38}$$

■ 모형의 해

총계 수준에서 경제가 선형성장모형과 유사하다는 사실은 균형에서 R&D와 중간 투입 생산 사이의 노동 배분이 시간에 따라 변하지 않을 것이라는 것을 의미한다. 따라서 균형을 찾는 일반적인 접근법을 취하기 보다 L_A와 L_Y가 일정한 곳에서 균형을 찾을 것이다. 특히, 아이디어 창조로 인한 이윤의 현재가치와 아이디어 창조 비용 모두에 대해 의미하는 바를 찾을 수 있는 점까지 주어진(그리고 일정한) L_A의 값의 함의를 알아볼 것이다. 이러한 두 값들이 같아야만 한다는 조건은 L_A의 균형값을 정하게 될 것이다. 이러한 균형값은 시간에 따라 일정하다는 것을 증명할 것이다.

물론, 이러한 접근법은 L_A가 시간의 흐름에 따라 변하는 균형이 있다는 가능성을 배제하지 않을 것이다. 그러나 그러한 균형이 없는 것으로 나타나기 때문에 우리가 찾은 균형은 모형에서 유일하게 된다. 그러나 수식으로 증명하지는 않으려고 한다.

모형을 푸는 첫째 단계는 한 시점에서 투입에 부과하는 가격을 선택하는 특허보유자를 고려하는 것이다. 미시경제학에서 독점자 이윤극대화의 전형적인 결과는 $\eta/(\eta-1)$과 한계생산

15 특허보유자는 L_Y가 주어진 것보다 최종재의 생산자에 의해 부과된 가격을 받아들이는 것이 자연스러운 가정이다. 그러나 이러한 접근법은 균형이 존재하지 않는다. 최종재 생산자가 부과한 가격이 한계비용과 같은 상황을 고려해보자. 만약 특허보유자가 다른 투입과 최종 생산물의 가격을 변화시키지 않고 무한히 가격을 인하하면 상품 생산자의 한계비용이 가격보다 작아지기 때문에 투입수요는 무한해 진다. 특허보유자는 이러한 문제를 피하기 위해 L_Y를 주어진 것으로 가정한다.

의 곱이다. 여기서 η는 수요탄력성이다. 우리의 경우에 수요탄력성이 일정하고 $1/(1-\phi)$인 최종재 생산자에 의해 비용극소화하는 식 (3.32)를 알고 있다. 투입 1단위는 1단위 노동으로부터 생산되기 때문에 시점 t에서 투입을 공급하는 한계비용은 $w(t)$이다. 따라서 각 독점자는 $[1/(1-\phi)]/\{[1/(1-\phi)]-1\}$곱하기 $w(t)$, 또는 $w(t)/\phi$를 부과한다.[16]

각 독점자가 부과하는 가격을 아는 것은 일정 시점에 독점자의 이윤을 결정할 수 있도록 한다. 모든 투입들의 가격이 같기 때문에 시점 t에서 사용된 각 투입의 양도 같다. L_A가 일정하다는 가정과 $L_A(t)+L_Y(t)=\overline{L}$인 필요조건에 의해 이러한 양은 $(\overline{L}-L_A)/A(t)$가 된다. 따라서 각 특허보유자의 이윤은 다음과 같다.

$$\begin{aligned}\pi(t) &= \frac{\overline{L}-L_A}{A(t)}\left[\frac{w(t)}{\phi}-w(t)\right] \\ &= \frac{1-\phi}{\phi}\frac{\overline{L}-L_A}{A(t)}w(t)\end{aligned} \tag{3.39}$$

발명과 혁신으로 나오는 인센티브로부터 나오는 이윤의 현재가치를 결정하기 위해 경제의 성장률과 이자율을 결정할 필요가 있다. 지식창조에 대한 식 (3.34) $\dot{A}(t)=BL_A(t)A(t)$에서 만약 L_A가 일정하다면 $\dot{A}(t)/A(t)$는 BL_A이 된다. 모든 투입 공급자는 일정 시점에서 같은 가격을 부과기 때문에 모든 가능한 투입들은 같은 양에서 사용된다. 식 (3.29)는 이러한 경우인 $Y(t)=A(t)^{[(1-\phi)/\phi]}$를 말하고 있다. $L_Y(t)$가 일정하기 때문에 Y의 성장률은 $(1-\phi)/\phi$ 곱하기 A의 증가율 $[(1-\phi)/\phi]BL_A$이다.

소비와 임금은 생산처럼 같은 비율로 증가한다. 소비의 경우 모든 생산은 소비되기 때문에 우리는 이러한 것을 안다. 임금의 경우 이러한 것을 아는 하나의 방법은 일정한 보수와 경쟁 때문에 최종재 생산자들의 모든 수입은 중간재 공급자들에게 지급되는 것에 유의하면 된다. 그들의 이윤은 일정하기 때문에 노동자들에 지급되는 것은 수입의 일정 비율이 된다. 중간 투입을 생산하는 많은 노동자들의 수가 일정하기 때문에 임금증가율은 생산증가율과 같다.

소비증가율을 알고 있기 때문에 실질이자율을 찾는 것은 명확하다. 2.2절에서 상대적 위험회피효용이 일정한 $\dot{C}(t)/C(t)=[r(t)-\rho]/\theta$를 가지는 가계의 소비증가율을 기억하자. 여기서 θ는 상대적 위험회피계수이다. 로그효용으로 θ는 1이다. 따라서 균형은 다음이 요구된다.

16 식 (3.30)~(3.32)의 분석은 주어진 생산물을 생산하는데 조건부 투입 수요탄력성을 보여주었는데, 여기서 이러한 잠재적인 복잡한 점은 무시한다. 따라서 생산된 생산물의 양의 변화를 통한 가능한 효과들을 고려할 필요가 있다. 그러나 각 투입은 전체 비용의 무한소의 비율을 설명하기 때문에 주어진 L_Y로부터 생산되는 전체 양에 1단위 투입의 가격 변화의 효과는 무시된다. 따라서 $p(i)$의 변화가 생산을 변화시킬 수 있다는 가능성을 허용하는 것은 각 독점자가 직면하는 수요의 탄력성을 변화시키지 못한다.

$$r(t) = \rho + \frac{\dot{C}(t)}{C(t)} \\ = \rho + \frac{1-\phi}{\phi} BL_A \tag{3.40}$$

따라서 L_A가 일정하다면 이미 가정한 바대로 실질이자율이 일정하다.

식 (3.39)에서 t에서 이윤은 $[(1-\phi)/\phi][(\bar{L}-L_A)w(t)/A(t)]$이다. 이러한 이윤은 w의 증가율 $[(1-\phi)/\phi]BL_A$ 빼기 A의 증가율 BL_A의 증가율로 증가한다. 이러한 값들은 r, $\rho + [(1-\phi)/\phi]BL_A$의 비율로 할인된다. 따라서 시간 t에서 새로운 아이디어의 발견으로부터 얻는 이윤의 현재가치는 다음과 같다

$$R(t) = \frac{\frac{1-\phi}{\phi}\frac{\bar{L}-L_A}{A(t)}w(t)}{\rho + BL_A} \\ = \frac{1-\phi}{\phi}\frac{\bar{L}-L_A}{\rho+BL_A}\frac{w(t)}{A(t)} \tag{3.41}$$

이제 L_A의 균형값을 찾아야 한다. 만약 R&D의 양이 양(+)이라면 발명으로부터 나오는 이윤의 현재가치는 발명의 비용과 같아야 한다. 노동자는 시간당 $BA(t)$의 아이디어를 생산할 수 있기 때문에 발명의 비용은 $w(t)/BA(t)$이다. 따라서 균형조건은 다음과 같다.

$$\frac{1-\phi}{\phi}\frac{\bar{L}-L_A}{\rho+BL_A}\frac{w(t)}{A(t)} = \frac{w(t)}{BA(t)} \tag{3.42}$$

이를 L_A에 대해 풀면 다음과 같다.

$$L_A = (1-\phi)\bar{L} - \frac{\phi\rho}{B} \tag{3.43}$$

그러나 R&D의 양은 양(+)일 필요가 없다. 특히, 식 (3.43)에서 $L_A < 0$이라면 $L_A = 0$으로 시작하는 첫 번째 발명으로부터의 할인된 이윤은 비용보다 작다. 결과적으로 R&D는 0이다. 따라서 식 (3.43)을 다음과 같이 수정할 필요가 있다.

$$L_A = \max\left\{(1-\phi)\bar{L} - \frac{\phi\rho}{B}, 0\right\} \tag{3.44}$$

마지막으로, 생산의 성장률은 $[(1-\phi)/\phi]BL_A$이므로 다음과 같다.

$$\frac{\dot{Y}(t)}{Y(t)} = \max\left\{\frac{(1-\phi)^2}{\phi}B\bar{L} - (1-\phi)\rho, 0\right\} \tag{3.45}$$

지금까지 미시경제 환경에 기반하여 장기 성장이 어떻게 결정되는 지를 설명하였다. 또한, 식 (3.40)의 우변의 항에 시간에 따라 변하는 변수가 없기 때문에 L_A의 균형값은 일정하다.[17]

■ 시사점

이 모형은 여러 가지 내용을 가지는 두 가지 큰 함의를 가진다. 첫째는 장기 성장의 요인과 관련된다. 4개의 모수는 경제성장률에 영향을 미친다.[18] 첫째, 개인들이 인내심이 적을 때(즉, ρ가 클 때) 노동자들은 R&D에 참여하지 않으므로(식 3.44), 성장은 작아진다(식 3.45). R&D는 투자의 형태이므로, 이는 합리적이다.

둘째, 투입들(ϕ)사이에 대체가능성의 증가는 성장을 감소시킨다. 여기에는 두 가지 이유가 있다. 먼저, 적은 노동자들이 R&D에 종사한다(식 3.44). 또한, 비록 주어진 R&D의 양이 같은 A의 증가율로 해석된다고 해도(식 3.34), A의 주어진 증가율은 보다 느린 생산 증가로 해석된다(식 3.29). 이러한 것은 직관적이다. 다른 아이디어를 체화하는 투입들이 보다 대체될 때, 특허보유자의 시장지배력은 작아지고 개별 추가 아이디어는 생산에 덜 기여하게 된다. 두 효과 모두 R&D가 덜 매력적으로 만든다.

셋째, R&D 분야(B)에서 생산성 증가는 성장을 증가시킨다. 여기에 또 두 가지 효과가 작용한다. 첫째는 B의 증가는 R&D에 종사하는 주어진 노동자의 수의 증가를 크게 한다. 다른 것은 R&D의 생산성 증가는 그 분야로 보다 많은 노동자를 끌어들인다.

결과적으로 인구($\bar{L}$)의 크기의 증가는 장기 성장을 높인다. B의 증가 효과와 유사하게 두 가지 효과가 있다. 성장은 R&D에 종사하는 주어진 노동자의 비율을 증가시키고 R&D에 종사하는 노동자의 비율을 증가시킨다. 두 번째 효과는 지식의 비경합성의 결과이다. 경제 규모의 증가는 발명가가 도달할 수 있는 시장을 확장시키므로 R&D에 대한 보수를 증가시킨다.

모든 4개의 모수들은 R&D에 종사하는 노동자의 비율을 최소한 부분적으로 변화시켜 성장에 영향을 미친다. 이러한 영향은 3.1절에서 3절의 단순한 R&D와 성장률모형에서 존재하지 않았고 노동자의 배분은 주어진 것으로 보았다. 따라서 Romer 모형은 장기 성장을 결정하는 다양한 요인을 식별하였다.

모형의 큰 두 번째 함의는 균형과 최적성장 사이의 차이와 관련있다. 경제가 완전히 경쟁적이지 않기 때문에 분권화된(탈중앙화된) 균형이 사회적으로 최적이 될 것을 기대할 이유가 없다. 균형 분석과 평행선 상에서, 대표적 개인에 대한 가장 높은 수준의 생애효용을 만들어 내

17 개인들이 예산제약을 만족하는 것을 증명하기 위해 2.2절에서 t가 무한대로 접근함에 따라 생애예산제약은 자산의 움직임으로 표현될 수 있다. 이자율이 일정할 때 이러한 형태의 예산제약은 $\lim_{t\to\infty} e^{-rt}[X(t)/\bar{L}] \geq 0$로 단순해진다. t에서 경제의 자산인 $X(t)$는 이미 발명된 아이디어로부터의 미래 이윤의 현재가치이며 경제의 성장률로 증가하고 있다. 식 (3.40)에서 이자율은 경제성장률을 초과한다. 따라서 $\lim_{t\to\infty} e^{-rt}[X(t)/\bar{L}] = 0$이고 개인들은 동등하게 예산제약을 만족하고 있다.

18 이후의 논의는 A가 양(+)인 범위에 모수들이 있다고 가정한다.

는 L_A의 일정한 수준을 찾아보자.[19]

모든 생산이 소비되기 때문에, 대표적 개인의 소비는 $1/\bar{L}$ 곱하기 생산이다. 따라서 생산에 대한 식 (3.29)에서 0기의 대표적 개인의 소비는 다음과 같다.

$$C(0) = \frac{(\bar{L} - L_A)A(0)^{(1-\phi)/\phi}}{\bar{L}} \tag{3.46}$$

생산과 소비는 $[(1-\phi)/\phi]BL_A$ 비율로 증가한다. 따라서 대표적 개인의 생애 효용은 다음과 같다.

$$U = \int_{t=0}^{\infty} e^{-\rho t} \ln\left[\frac{\bar{L} - L_A}{\bar{L}} A(0)^{(1-\phi)/\phi} e^{[(1-\phi)/\phi]BL_A t}\right] dt \tag{3.47}$$

이러한 적분의 해는 다음과 같다.[20]

$$U = \frac{1}{\rho}\left(\ln\frac{\bar{L} - L_A}{\bar{L}} + \frac{1-\phi}{\phi}\ln A(0) + \frac{1-\phi}{\phi}\frac{BL_A}{\rho}\right) \tag{3.48}$$

L_A에 대해 극대화하면, L_A의 사회적 최적 수준은 다음과 같다.[21]

$$L_A^{OPT} = \max\left\{\bar{L} - \frac{\phi}{1-\phi}\frac{\rho}{B}, 0\right\} \tag{3.49}$$

L_A의 균형 수준에 대한 식 (3.44)와 비교하면 두 식 사이의 단순한 관계는 다음과 같다.

$$L_A^{EQ} = (1-\phi)L_A^{OPT} \tag{3.50}$$

여기서 L_A^{EQ}는 L_A의 균형 수준이다.

이 모형은 3.4절에 서술한 세 가지 외부성을 모두 가지고 있다. 소비자잉여 효과(또는, 이 경우에 상품-생산자-잉여 효과)가 있다. 특허보유자는 자신의 아이디어를 체화하는 1단위 투입 당 고정된 가격을 부과하기 때문에 최종 생산물을 생산하는 기업은 중간재 투입을 구매하여 잉여를 얻는다. 비즈니스 탈취 또는 비즈니스 창조 효과가 있을 수 있다. 식 (3.39)에서 각 중간재 공급자의 이윤은 $w(t)/A(t)$에 비례한다. $w(t)$는 $Y(t)$에 비례하고 $A(t)^{(1-\phi)\phi}$에 비례한다. 따라서 이윤은 $A(t)^{(1-2\phi)/\phi}$에 비례한다. 만약 $\phi > 1/2$이면 현존하는 특허보유자의 이윤은 A의 증가만큼 감소한다. 그러나 만약 $\phi < 1/2$이면 증가한다. 최종적으로 R&D 효과가 있다. A의 증가는 R&D 분야를 보다 생산적으로 만들지만 혁신가들은 이러한 이익을

19 사회계획자는 사실 L_A가 일정하도록 선택하려고 할 것이기 때문에 L_A가 일정한 경로에 제약하는 것은 제약식이 걸리지 못한다는 것을 보일 수 있다.

20 문제 3.10을 참고하라.

21 다시, 문제 3.10을 참고하라.

위해 현존하는 특허보유자에게 보상할 필요가 없다.

세 가지 외부성에도 불구하고 R&D 균형과 노동자들의 최적 배분 사이의 관계는 단순한 형태를 취한다. R&D에 종사하는 노동자의 균형 수는 항상 최적 수보다 적다(만약 둘 다 0의 모서리 해를 가지지 않는다면). 따라서 성장은 항상 비효율적으로 낮다. 더군다나 균형과 최적 수의 비례적 차이나 균형과 최적 성장 사이의 차이도 하나의 모수에 의존한다. 다른 아이디어를 체화하는 투입들 사이의 차이의 정도가 작을수록(즉, ϕ가 클수록), 차이는 커지게 된다.

■ 확장

Romer의 모형은 생산적인 것으로 증명되었다. 결과적으로 수 많은 확장, 변경, 대안들이 존재한다. 여기서 가장 중요한 세 가지를 논의한다. Romer의 모형과 지금까지 다룬 모형의 중요한 차이점으로, Romer의 모형은 물적 자본을 포함한다. 그의 모형에서 아이디어는 중간 투입보다 특화된 자본재에서 체화된다. 자본재는 최종생산물을 생산하기 위해 노동과 같이 사용된다.

물적 자본을 도입하는 것은 모형의 주요한 의미를 변화시키지 않는다. 이전에 서술한 바와 같이, 다른 상태 변수를 도입하여 분석을 상당히 복잡하게 한다. 그러나 소비와 투자 사이에 생산 배분에 영향을 미치는 정책을 검증할 수 있다. 물적 자본은 R&D에 투입이 아닌 Romer의 모형에서 물적 자본 투자를 증가시키는 정책은 수준효과만 가지고 있고 성장효과는 없다. 자본이 아이디어로 생산함수에 들어오는 변경에서 그러한 정책들은 일반적으로 성장효과를 가져온다.

둘째, 반복해서 강조한 대로 단순함을 이유로 여기서 고려한 모형의 형태의 거시경제학은 선형성장모형에 해당한다. 다음 절에서 선형성장모형과 완전히 내생적 성장을 가지는 모형의 예측력에 중요한 증거를 만나게 될 것이다. 따라서 Jones(1995a)는 아이디어에 대한 생산함수에서 A의 지수가 1보다 작은 경우로 Romer의 모형을 확장하였다. 이것은 전이 동학(transition dynamcs)를 만들었고 분석을 복잡하게 하였다. 보다 중요한 것으로, 이것은 장기 성장의 결정요인에 대한 모형의 의미를 변화시켰다. Jones의 모형의 거시경제학은 반내생적(semi-endogenous) 성장모형의 거시경제학에 대응된다. 결과적으로 장기 성장은 인구증가율에만 의존한다. R&D와 상품 생산 사이의 투입의 배분에 영향을 미치는 힘, 투자와 소비 사이에 생산 배분에 영향을 미치는 힘은 수준효과에만 의존한다.[22]

셋째, Romer의 모형에서 기술진보는 생산에 투입되는 수의 확장의 형태를 취한다. 대안은 기존의 투입의 개선 형태를 취하는 것이다. 이러한 것은 Grossman and Helpman(1991)과 Aghion and Howitt(1992)의 "질-사다리" 모형으로 연결된다. 이 모형들에서 고정된 수의 투입이 있고 혁신은 투입의 이산적 개선의 형태를 가진다. 특허보유자가 부과하는 가격은 주어진 투입에 대해 하향하는 기울기의 수요에 의해 제한받을 뿐 아니라 노인으로 전환하는 생

22 이 절의 모형인 반내생적 모형의 균형성장경로에 대해 문제 3.11을 참고하라.

산-생산자의 가능성, 특허보유자의 투입의 낮은 질에 의해 제한받게 된다.

질-사다리 모형은 장기 성장과 소득 수준과 관련된 확장된 다양한 다른 답을 만들어 내지 못한다. 그러나 혁신에 대한 유인의 부가적인 미시경제학적 결정요인을 식별하기 때문에, 장기 경제 결과에 영향을 미치는 다른 요인들을 보여준다.

3.6 실증적 응용 : 내생적 성장 모형의 시계열 검증

새로운 성장 이론을 연구하는 주된 동기는 장기 성장의 변동을 이해하려는 바램이다. 결과적으로 이 영역의 초기 연구는 완전 내생적 성장모형에 초점을 둔다. 즉, 생산요소에 대한 보수불변이나 증가이고, 저축률의 변화와 R&D에 대해 기여하는 자원은 항구적으로 성장을 변화시킨다. Jones(1995b)는 이러한 모형들에 중요한 문제를 제기했다. 모형이 예측한 방식으로 모형에 의해 식별되는 요소들로 성장은 바뀌는가?

■ 성장률은 안정적인가?

Jones는 성장의 변화에 대해 완전히 내생적 성장모형의 예측을 검증하는 두 가지 접근법을 고려했다. 첫째로, 모형의 모수의 변화가 항구적으로 성장에 영향을 미치는 것에 대해 모형이 예측하는 관측치로 시작한다. 예를 들어, 3.3절의 $\beta+\theta=1$과 $n=0$인 모형에서 s, a_L, 그리고 a_K를 변화는 장기 경제성장률을 변화시킨다. 따라서 1인당 소득의 실제 성장률은 **안정적이거나 불안정적**이다. 대략 말하면, 만약 어떤 변수의 분포가 시간에 따라 일정하면 그 변수는 안정적이다. 단순한 예를 들기 위해, 다음의 과정을 따르는 어떤 변수를 생각하자.

$$X_t=\alpha+\rho X_{t-1}+\varepsilon_t \tag{3.51}$$

여기서 ε은 **백색잡음**(*white-noise*) 교란항이다. 즉, 같은 분포를 가지는 일련의 독립적인 평균 0의 충격이다. 만약 $|\rho|<1$이면 X는 안정적이다. 충격의 효과는 점진적으로 사라지고 X_t의 평균은 모든 t에 대해 $\alpha/(1-\rho)$이다. 만약 $|\rho|>1$이면 X는 불안정적이다. 충격의 효과는 시간에 따라 증가하고 X_t 전체의 분포는 다른 t에 대해 다르다.

Jones는 완전히 내생적인 모형에서 장기 성장은 쉽게 변하기 때문에 성장률이 불안정적이라고 예측한다고 주장했다. 따라서 그는 몇 개의 안정성과 불안정성 검증을 고려하였다. 단순한 것은 1인당 소득의 증가율을 상수와 추세에 대해 회귀하는 것이다.

$$g_t=a+bt+e_t \tag{3.52}$$

그리고 $b=0$이라는 귀무가설을 검증한다. 두 번째 방법은 **확장된** Dickey-Filler

(*Augmented Dickey–Filler*) 검정이다. 다음의 회귀 형태를 고려하자.

$$\Delta g_t = \mu + \rho g_{t-1} + \alpha_1 \Delta g_{t-1} + \alpha_2 \Delta g_{t-2} + \cdots + \alpha_n \Delta g_{t-n} + \varepsilon_t \tag{3.53}$$

만약 성장이 일정 수준에서 멀리 밀려났을 때 그 수준으로 돌아오는 수준이 있다면 ρ는 음(−)이다. 만약 그렇지 않다면 ρ는 0이다.[23]

불행히도, 비록 안정성 대 불안정성의 문제를 살펴보려고 하는 것이 직관적으로 흥미롭게 보여도 사실 내생적 성장모형을 검증하는 적절한 방법이 아니다. 두 가지 어려움이 있는데, 둘 다 안정성과 불안정성이 무한 기간에 데이터의 성격과 관련이 있다는 사실이다. 첫째, 유한한 양의 데이터는 시계열이 무한 기간에서 어떻게 움직이는 지에 대해 어떠한 설명도 하지 못한다. 예를 들어, 어떤 표본의 지속적인 성장의 변화를 보려고 한다고 하자. 비록 이러한 점은 성장의 항구적인 변화가 존재하는 것과 일치하지만, 이것은 동일하게 성장이 매우 천천히 어떤 값으로 회귀한다는 관점과 일치한다. 대안적으로 성장이 어떤 표본에 비해 어떤 값으로 빠르게 되돌아간다고 가정하자. 이러한 것은 안정성과 완전히 일치하고, 성장의 변화의 일부분이 항구적이거나 폭발적이라는 견해와 일치한다.

둘째, 시계열의 안정성 또는 불안정성에 의존하는 실질적인 경제적 질문을 생각하기 어렵다. 성장 이론의 경우에 비록 내생적 성장모형은 세상을 서술하지 못한다고 하더라도 성장은 불안정적일 수 있다. 예를 들어, 올바른 모형은 반내생적 성장모형일 수 있고 n은 불안정할 수 있다. 마찬가지로 비록 완전 내생적 성장모형이 옳다고 하더라도 성장은 안정적일 수 있다. 이러한 경우에 필요한 것은 장기 성장을 결정하는 모수들이 안정적이어야 한다. 어떤 시계열의 움직임이 매우 오래 지속되거나, 문자 그대로 항구적인 지에 대한 여부는 어떤 중요한 질문이 아니다.

Jones의 검정 결과는 실질적인 질문을 설명하기 위하여 안정성 대 불안정성 검정을 행하는 위험을 보여준다. Jones는 1880–1987년 동안 미국의 1인당 소득에 대해 검증했다. 그의 통계적 결과는 성장이 안정적이라는 확실한 증거를 보여주는 것처럼 보인다. 확장된 Dickey–Fuller 검증은 압도적으로 $\rho = 0$이라는 귀무가설을 기각하였고 안정성을 나타내는 것처럼 보인다. 그리고 식 (3.52)에서 b에 대한 t통계량은 단지 0.1이며, 성장에 추세가 없다는 가설에 반하는 증거가 없다는 것을 제시하고 있다.

그러나 Jones가 지적한 대로, 결과들은 실제로 경제적으로 성장에 중요한 변화가 있었는지에 대해 본질적으로 정보를 제공하지 못한다. 식 (3.52)에서 b에 대한 2표준편차 신뢰구간은 (−0.026, 0.028)이다. 신뢰 범위 내에 있는 0.02라는 값은 연간 성장이 10년 간 0.2퍼센트 포인트 만큼 증가한다는 의미가 되므로, 평균 성장은 Jones의 표본의 초기보다 끝에서 2퍼센트 포인트보다 더 높다는 것이다. 즉, 결과는 성장에 추세가 없다는 귀무가설을 기각하지만,

23 시차 Δg_t항은 이러한 검정을 "확장된(Augmented)" Dickey–Fuller 검정이라고 한다. 단순한 Dickey–Fuller 검정은 $g_t = \mu + \rho g_{t-1} + \varepsilon_t$이다.

성장에 커다란 추세를 기각하지 못한다. 직관적으로 통계적 결과는 성장이 안정적인 지 또는 불안정적인 것에 대한 것이 아니다. 전술한 대로 불가능하고 흥미롭지도 않다. 오히려 현존할지도 모르는 장기 지속적 움직임에 비해 큰 성장의 일시적인 움직임이 있다고 알려주고 있다. 그러나 이러한 장기 지속적 움직임은 경제적으로 중요한 지에 대해 알려주고 있지 않다.

이러한 논의는 보다 광범위한 의미를 보여준다. **항상 t-통계량이 아닌 신뢰구간, 경제적 해석에 초점을 두라는 것**이다. 본질적으로, 데이터와 얼마나 일치하는 지를 측정하는 t-통계량은 데이터가 특정 값과 얼마나 일치하는 지를 측정한다. 즉, 0이다. 그러나 데이터가 다른, 아마도 매우 다른 계수의 값들과 얼마나 일치하는 지에 대해 아무 것도 알려주지 않는다. 데이터가 정량적으로 중요한 계수의 값과 크게 일치하지 않을 수도 있거나, Jones의 식 (3.52)의 추정과 같이 정량적으로 중요한 값들과 0의 값들과 일치할 수 있기 때문에 t-통계량은 매우 작다. 후자의 경우, 회귀의 올바른 해석에서 데이터는 관심변수와 종속변수 사이에 관계가 거의 없음을 제시하는 것이 아니라 데이터가 정보가 없다는 것이다. 마찬가지로, 큰 t-통계량은 데이터가 관계가 없다는 가설에 반하는 증거를 제공한다는 것만 알려주지만, 관계가 경제적으로 크거나 작은 지에 대해 알려주지 않는다. t-통계량이 크거나 작은 경우, 신뢰구간의 상한과 하한을 살펴보고 이 값들이 관계의 크기에 대해 의미하는 바를 생각하면 이러한 문제를 피할 수 있다.[24]

■ 장기 성장에서 변화의 크기와 상관관계

Jones의 두 번째 접근은 내생적 성장 모형으로 식별되는 성장의 요인들과 실제 성장률 사이에 관계를 검증하는 것이다. 그는 3.4절에서 다룬 $\phi = 1$인 경험을 통한 학습을 고려하였다. 이 모형은 다음과 같은 관계를 가지고 있음을 상기하자(식 3.26 참고).

$$\frac{Y(t)}{L(t)} = b\,\frac{K(t)}{L(t)} \tag{3.54}$$

1인당 소득의 성장률은 다음과 같다.

$$g_{Y/L}(t) = g_K(t) - g_L(t) \tag{3.55}$$

여기서 $g_x(t)$는 x의 증가율을 나타낸다. g_K는 다음과 같이 주어진다.

$$\frac{\dot{K}(t)}{K(t)} = \frac{sY(t)}{K(t)} - \delta \tag{3.56}$$

여기서 s는 투자된 생산의 비율이고 δ는 감가상각률이다.

Jones는 Y/K, δ, 그리고 g_L을 관측했고 모두 상당히 안정적이며 투자율은 추세적으로 상

24 여기서 우리의 초점은 t-통계량과 신뢰구간의 해석이기 때문에 우리가 흥미를 가지는 모수의 불편 추정치를 가지고 있다고 가정한다. 물론 이러한 가정의 많은 상황에서 보증되지 않는다. 이러한 것은 4.4절에서 다룬다.

승하였다. 따라서 모형은 성장에서 추세적으로 우상향하는 것을 예측했다. 보다 중요하게, 추세의 **크기**에 대해 예측했다. Jones는 대부분의 산업 국가의 Y/K는 0.4이고 GDP 대비 투자 비율은 10년간 약 1%씩 증가해 왔다고 보고하고 있다. 따라서 10년간 약 0.4% 성장의 증가를 예측했다. 이러한 숫자는 미국의 추정 성장 추세에서 크게 벗어난다. Jones는 다른 주요 국가에도 비슷한 결과를 보고하였다.

Jones는 이후 R&D를 강조하는 내생적 성장모형으로 다루었다. 가장 간단한 모형은 3.2절에서 다룬 $\gamma = 1$ (R&D에 종사하는 노동자의 수에 대한 보수가 일정)이고 $\theta = 1$ (새로운 지식의 생산은 지식스톡에 비례)이다. 이 경우, 1인당 소득 증가는 R&D에 종사하는 노동자의 수에 비례한다. 모형의 합리적 변형은 완전 내생적 성장을 의미하는 한, 유사한 함의를 가진다.

전후 기간에 R&D와 실제 R&D 지출에 종사한 과학자와 엔지니어의 수는 대략 5배 증가하였다. 따라서 완전 내생적 성장의 R&D 모형은 대략 1인당 소득 증가율의 5배를 예측한다. 이러한 예측은 데이터에 의해 완전히 모순된다.

결과적으로, Jones는 완전 내생적 성장모형이 성장의 잠재 결정요인으로 그럴듯하게 식별하는 다른 변수들도 강력한 상승 추세를 가지고 있음을 관측했다. 예를 들어, 인적자본 축적에 공헌하는 자원, 고학력 근로자 수, 국가 간 상호 작용 범위, 세계 인구 등이 있다. 그러나 앞에서와 같이, 현실적으로 성장이 크게 증가하지 않는다.

따라서 Jones의 두 번째 접근도 명확한 결과를 보여준다. 완전 내생적 성장모형은 성장이 급격하게 증가할 것을 예측한다. 그러나 데이터는 지난 세기 동안 성장에 전혀 추세가 없고 모형으로 예측된 크기의 추세와 전체적으로 일치하지 않는다.

■ 논의

Jones의 결과의 가장 간단한 해석과 그가 제안한 것으로는 생산된 요소에 대한 보수감소가 있다는 것이다. 즉, Jones의 결과는 완전 내생적 성장 모형보다 반내생적 성장 모형을 지지한다.

그러나 일부 이후 연구들은 또 다른 가능성을 제시하고 하고 있다. 이러한 연구들은 생산된 요소에 대한 보수불변이나 증가를 가정하지만 경제의 전반적 확장이 빠른 성장을 이끌지 못한다는 채널을 추가한다. 특히, 성장을 결정하는 분야별 R&D 활동의 양을 가정하고 경제와 증가하는 분야의 수를 가정한다. 결과적으로 인구가 증가한다는 사실에도 불구하고 성장은 안정적이다. 그러나 생산된 요소의 보수 때문에 R&D에 공헌하는 자원의 비율의 증가는 성장을 항구적으로 증가시킨다. 따라서 모형은 장기 성장의 변동을 잠재적으로 설명하는 초기 새로운 성장모형의 능력을 유지하지만, 세계 인구가 지속적으로 증가하는 성장을 이끌어낸다는 것을 의미하지 않는다(예를 들어, Peretto, 1998; Dinopoulos and Thopson, 1998; Howitt, 1999 참조).

이러한 주장에는 세 가지의 어려운 점이 존재한다. 첫째, 상승추세를 나타내는 것은 비단 인구만이 아니다. Jones는 R&D의 비중과 물적 자본 및 인적 자본에 대한 투자율 역시 상승하고 있다는 기본적인 사실을 강조하였다. 따라서 성장률이 상승하지 않는 것은 이들 2세대 신성장 모형의 경우에도 수수께끼이다. 둘째, Jones(1999)와 Li(2000)가 보이는 것처럼 이들 모형에서 성장에 대한 규모의 경제 효과를 제거하기 위해 필요한 모수에 대한 제약조건이 지나치게 강하고 자의적이다. 마지막으로 Bloom, Jones, Van Reenen, and Webb(2017)은 부문별 수준에서 R&D와 기술진보에 대한 데이터는 대안 모형에 크게 모순되고 Jones의 결과에 보다 단순한 해석을 뒷받침한다.

보수감소가 있다면, 성장추세의 부족은 이해할 수 없지 않다. 이러한 경우 저축률이나 R&D 비율의 증가는 성장을 웃도는 일시적 기간을 만들어 낸다. 결과적으로 이러한 변수들의 반복되는 증가는 성장의 증가를 이끌어 내지 못하지만 성장을 웃도는 어떤 기간을 만들어 낸다. 이러한 것은 상대적으로 안정적인 성장에도 불구하고 미국과 다른 주요 경제가 전통적인 균형성장경로에 있다고 생각해서는 안된다는 것을 시사한다(Jones, 2002).

저축률과 R&D비율은 무한히 증가할 수 없다(R&D 비율의 경우 현재 비율이 충분히 작아 상당히 기간 동안 빠른 속도로 계속 상승할 수 있다). 따라서 이러한 분석의 한 가지 추론은 상쇄력이 없으면 성장은 어떤 시점에 느려져야 한다. 또한, Jones(2002)의 계산에 따르면 둔화가 상당할 것임을 시사한다.

3.7 실증적 응용 : 기원전 100만년 이래의 인구증가와 기술변화

내생적 지식축적의 모형을 개발하는 목적은 현대의 경제성장과 오늘날 국가 간 소득의 다양한 차이의 원천에 대한 것이다. 그러나 Kremer(1993)는 다양한 다른 환경에서 모형을 적용하였다. 그는 인류 역사의 광범위한 전체에 걸쳐 인구, 기술 및 소득의 동학에 대한 통찰력을 제공한다고 주장한다.

Kremer는 먼저 거의 모든 내생적 지식성장모형이 기술진보가 인구규모의 증가함수라고 예측하는 점에 착안하였다. 논거는 단순하다. 즉, 인구가 많으면 발명이나 발견을 하는 사람 역시 많을 것이기 때문에 지식은 더욱 빠른 속도로 축적될 것이다.

다음으로 Kremer는 인류 역사 전반에 걸쳐 기술진보는 주로 인구증가로 이어졌으며 1인당 생산의 증가를 가져오지는 못했다고 주장한다. 인구는 선사시대부터 산업혁명 사이에 수배 늘어나는 데 그쳤다. 그러나 산업혁명 초기의 소득은 생존이 가능한 수준보다 크게 높지 않았으므로 1인당 생산이 인구증가와 비슷한 속도로 상승하였을 가능성은 희박하다 하겠다. Kremer는 기술진보의 영향이 1인당 생산에 상당한 영향을 미치게 된 것은 최근 2~3세기에 불과하다고 주장한다. 이러한 관찰들을 종합하여 내생적 기술진보모형들의 예측은 대부분의 인류사(人類史) 동안 인구증가율이 상승해 왔다는 것이라고 Kremer는 추론하였다.

■ 단순모형

Kremer의 공식적인 모형은 우리가 검토하여 온 모형들을 간단히 변형한 것이다. 가장 간단한 모형은 다음 세 가지 식으로 구성된다. 첫 번째로 생산은 기술 A와 노동 L, 토지 T에 의해 결정된다.

$$Y(t) = T^{\alpha}[A(t)L(t)]^{1-\alpha} \tag{3.57}$$

여기서 T는 고정된 토지스톡을 나타낸다(단순화를 위하여 자본은 무시하고 토지는 인구를 유한한 수로 제한하기 위하여 포함하였다). 두 번째로 지식의 생산은 인구에 비례하고 지식스톡에 의존한다.

$$\dot{A}(t) = BL(t)A(t)^{\theta} \tag{3.58}$$

세 번째로 인구는 1인당 생산이 $\bar{y}$로 표기되는 생존가능 수준에 일치하도록 조정한다.

$$\frac{Y(t)}{L(t)} = \bar{y} \tag{3.59}$$

이 맬서스적 인구결정의 가정을 제외하면 이 모형은 이 장 2절의 모형에서 $\gamma = \theta = 1$로 설정한 것과 유사하다.

우리는 두 단계로 모형의 해를 구한다. 첫째 단계는 주어진 시점에서 일정한 토지스톡으로 부양이 가능한 인구수를 찾아내는 것이다. 식 (3.57)의 생산량을 맬서스적 인구결정 조건 식 (3.39)에 대입하면 다음의 식을 얻는다.

$$\frac{T^{\alpha}[A(t)L(t)]^{1-\alpha}}{L(t)} = \bar{y} \tag{3.60}$$

$L(t)$에 대해 식을 풀면 다음을 얻는다.

$$L(t) = \left(\frac{1}{\bar{y}}\right)^{1/\alpha} A(t)^{(1-\alpha)/\alpha} T \tag{3.61}$$

이 식은 부양 가능한 인구수가 생존가능 1인당 생산의 감소함수이며 기술의 증가함수이고 토지량에 비례함을 시사하고 있다.

두 번째 단계는 기술진보와 인구의 동학을 발견하는 것이다. $\bar{y}$와 T가 일정하므로 식 (3.61)로부터 L의 성장률은 (A의 성장률)$\times(1-\alpha)/\alpha$가 된다.

$$\frac{\dot{L}(t)}{L(t)} = \frac{1-\alpha}{\alpha}\frac{\dot{A}(t)}{A(t)} \tag{3.62}$$

$\theta = 1$인 특수한 경우에 지식축적의 식 (3.58) $\dot{A}(t)/A(t)$은 단순히 $BL(t)$이다. 따라서 이 경우 식 (3.62)의 인구증가율은 시간이 경과하면서 상승하기만 하는 것이 아니라 인구 수준에 비례한다는 것을 시사한다. 일반적인 경우에 모형에서 인구증가율이 $L(t)^{\psi}$에 비례한다는 것을 보일 수 있다. 단, $\psi = 1 - [(1-\theta)\alpha]/(1-\alpha)]$이다.[25] 따라서 인구성장률은 α가 크지 않거나 θ가 1보다 큰 폭으로 작지 않는 한 인구 규모에 비례한다. 직관적으로 Kremer 모형은 노동이 이제 생산된 요소이기 때문에 심지어 새로운 지식의 생산에서 보수감소가 적용된다 하더라도(즉 $\theta < 1$이 성립하더라도) 성장률은 상승함을 보여준다. 기술진보는 보다 높은 인구성장을 초래하고 이는 다시 기술진보를 촉진한다. 더구나 이러한 효과는 상당한 크기에 이른다. 예를 들어 α가 1/3이며 θ는 1이 아닌 1/2이라고 상정하더라도 $1 - [(1-\theta)\alpha/(1-\alpha)]$은 0.75이다.

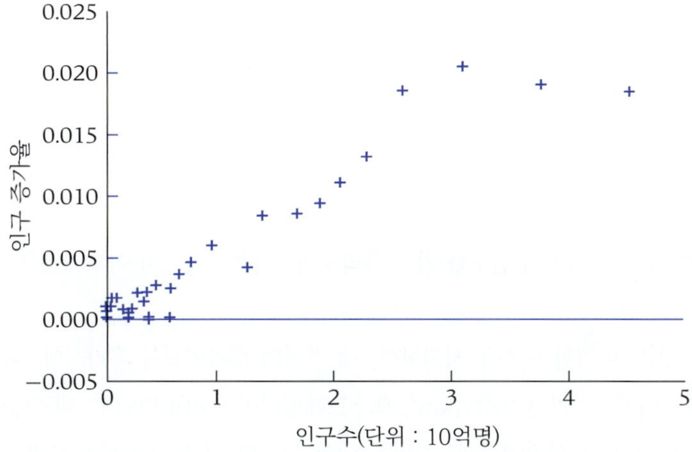

그림 3.9 기원전 100만년부터 1990년까지의 인구수와 인구 증가율(Kerner, 1993)

■ 추정결과

Kremer는 고고학자와 인류학자들이 기원전 100만년전까지 소급하여 작성한 인구추계를 이용하여 위 모형의 예측을 검증하였다. 그림 3.9는 인구증가율을 인구에 대해 나타낸 산포도이다. 각 관측점은 어떤 기간의 초에 측정한 인구수준(人口水準)과 당해기간의 연평균 인구증가율을 나타내고 있다. 표본자료의 시계열의 기간은 초기의 수천년간 부터 최후의 10년에 이르기까지 점진적으로 단축되고 있다. 표본이 시작되는 부분에서는 각 기간이 매우 장기이기 때문에 초기의 인구추계에 상당한 오차가 있다고 하더라도 증가율의 추정에는 영향이 거의 없다.

이 그림은 인구성장률과 인구 수준 간에 강한 양(+)의 관계가 있고 대체로 선형의 관계가 존재함을 나타내고 있다. 성장을 상수항과 인구(10억 단위)에 대해 회귀분석하면 다음의 식

25 이를 확인하기 위하여 먼저 식 (3.58)의 양 변을 A로 나누어 $\dot{A}/A$의 식을 얻는다. 다음으로 식 (3.60)에서 A를 L로 표시하고 $\dot{A}/A$에 대한 표현으로 결과를 대입한다. 그러면 식 (3.62)에 의해 $\dot{L}/L$은 상수 곱하기 $L(t)^{\psi}$과 같다.

을 얻을 수 있다.

$$n_t = \underset{(0.0355)}{-0.0023} + \underset{(0.026)}{0.524}\, L_t, \qquad R^2 = 0.92, \qquad D.W. = 1.10 \tag{3.63}$$

여기서 n은 인구증가, L은 인구수준이며 괄호 안의 숫자는 표준오차이다. 따라서 인구의 수준과 인구증가율 간에는 의심의 여지없이 통계적으로 유의한 관계가 존재함을 알 수 있다.

기술진보가 전 세계적으로 공통된 현상이라는 주장은 완전히 격리된 지역이 존재하는 경우에는 성립하지 않게 된다. Kremer는 이러한 사실을 이용하여 내생적 지식축적이론에 대해 두 번째 검증방법을 제안하였다. 최후의 빙하기가 종료되면서 대륙(大陸)간 육로가 소멸된 때부터 유럽의 탐험가들에 의해 항해의 시대가 열릴 때까지 유라시아–아프리카, 남북아메리카, 오스트레일리아, 그리고 태즈메니아는 거의 완전하게 서로 격리상태에 있었다. 모형에 의하면 분리된 시점에 각 지역의 주민은 동일한 기술수준을 보유하고 있었기 때문에 그 시점의 인구는 각 지역의 토지면적에 비례하였을 것이다(식 3.61을 참조). 더욱이 모형은 각 지역이 분리된 기간에는 인구가 많은 지역에서 기술진보가 빨랐을 것이라고 예측한다. 따라서 각 지역 간의 접촉이 재개된 1500년 전후의 시점에는 가장 넓은 지역에서 인구밀도도 가장 높았을 것이라고 모형은 예측한다. 직관적으로 말하면 특정 지역에서 훨씬 많은 인구를 유지할 수 있도록 하는 발명(예를 들어 동물의 가축화나 농업의 발전과 같은 발명)은 인구 수천에 불과한 태즈메이니아 보다 수백만의 인구를 가진 유라시아–아프리카에서 이루어졌을 가능성이 높다는 것이다.

통계자료는 이러한 예측을 지지한다. 네 지역의 토지면적은 유라시아–아프리카가 8400만 km^2, 남북아메리카가 3800만km^2, 오스트레일리아가 800만km^2, 태즈메니아가 10만km^2로 나타난다. 1500년 시점에서 네 지역을 대상으로 한 인구 추계에 따르면 유라시아–아프리카의 인구밀도는 1km^2 당 약 4.9인, 아메리카는 0.4인, 오스트레일리아와 태즈메니아는 공히 0.03인으로 조사되었다.[26]

■ 논의

모형의 예측과 부합하는 시계열 및 횡단면 분석의 결과가 우리에게 무엇을 시사하고 있는지 알아보도록 하자. Kremer의 예측은 지식스톡의 증가율이 인구와 양(+)의 상관관계를 갖고 있다는 사고에 토대를 두고 있다. 기술혁신은 외생적으로 도래하지 않으며 인간에 의해 창조되는 것이다. 비록 이러한 아이디어가 솔로우와 Ramsey, Diamond 모형의 가정에서는 제외

26 Kremer는 오스트레일리아에 대해 지역의 태반이 사막이기 때문에 이 수치는 오스트레일리아의 실효인구밀도를 과소 추정한 것이라고 주장하고 있다. 그는 또한 직접적인 증거에 의하면 오스트레일리아는 태즈메니아보다 기술적으로 진보되어 있었다고도 논한다. 마지막으로, 그는 실제로는 태즈메니아와 오스트레일리아의 사이에는 프린더스 섬(Flinders Island)이라는 680km^2의 섬이 제5의 격리된 영역으로서 존재하고 있다는 점도 언급하고 있다. 프린더스 섬의 주민은 약 기원전 3000년에 모두 죽어 역사에서 사라졌다.

되었지만 논쟁의 여지가 없는 것이다. 그러므로 Kremer의 주된 정성적(定性的) 발견은 대부분 전혀 놀라운 내용이라고 볼 수 없는 예측을 확인한 것에 불과하다.

수백만년에 걸쳐 이루어지는 기술진보와 인구성장을 설명하는 모형은 극단적으로 단순화될 수밖에 없기 때문에 이러한 모형이 통계자료의 수량적 특성과 잘 부합한다는 것은 단지 행운에 불과하다고 할 수 있다. 예를 들어 인구성장이 $L^{0.75}$나 $L^{0.9}$ 보다 인구 수준(L)에 대략 비례한다는 것을 통계적으로 발견했다고 해서 이에 대단한 중요성을 부여한다면 어리석은 일일 것이다. 그러므로 Kremer의 논거는 식 (3.58)의 θ가 정확히 얼마의 값을 갖느냐는 데 관해서는 거의 어떠한 단서도 제공해주지 않는다.

그렇다면 Kremer 증거의 가치는 서로 대안적인 관계에 놓여 있는 성장이론들을 차별화하는 데 있는 것이 아니라 인간 역사의 주된 특징을 이해함에 있어서 성장론이 도움을 주었다는 데 있다. 매우 긴 장기에 걸쳐 이루어지는 인구의 동학과 1500년 이전 시대에 일어난 지역별 기술진보의 상대적 성과는 중요한 이슈이다. Kremer의 증거는 신성장이론의 기본사고가 이러한 주제에 대해 중요한 정보를 제공하였다는 것을 보여준다.

■ 초장기에 걸친 인구성장 대 1인당 소득의 성장

앞서 기술한 바와 같이 거의 모든 인류사에 걸쳐서 기술진보는 대부분의 경우 보다 높은 평균소득보다는 인구증가의 확대로 이어졌다. 그러나 과거 수세기 동안에는 이 명제가 참이 아닌 것으로 드러났다. 근대의 엄청난 기술진보는 인구의 엄청난 증가 뿐 아니라 평균소득의 획기적인 상승을 가져왔다.

이러한 변화는 피임기술이 비약적으로 발전했다거나 기술진보가 빠르게 진행될 때 소수의 자녀를 갖는 것을 선호한다는 등의 인구구성의 변화를 통해 설명하려고 시도하는 것이 바람직할 수도 있다. 그러나 실제로 Kremer는 이에 대해 훨씬 간단한 설명이 가능함을 보여주었다. 맬서스 인구론의 인구동학은 즉각 진행되는 것이 아니다. 낮은 소득수준에서 인구성장은 오히려 소득의 증가함수이다. 즉 Kremer는 Y/L가 항상 $\overline{y}$ (식 3.59)와 동일하다고 가정하는 대신 $n=n(y)$의 함수로서 $n(\overline{y})=0$와 $\overline{y}$의 근방에서 $n'(\cdot)>0$이 성립한다고 가정하는 것이 보다 현실적이라고 주장한다.

이러한 설정은 소득이 늘어나면 인구성장이 증가하여 소득을 다시 과거의 낮은 수준으로 되돌리는 경향이 존재한다는 것을 의미한다. 기술진보가 완만할 때 조정이 즉각적이지 않다는 사실은 별로 중요하지 않다. 기술진보가 완만할 때 인구가 충분히 빠르게 조정되면 1인당 소득은 $\overline{y}$에 아주 근접한 수준을 유지한다. 소득과 인구가 함께 매우 완만하게 상승하지만 거의 대부분의 기술진보가 더 높은 평균소득보다는 더 많은 인구로 이어진다. 그러나 인구규모가 충분히 커서 기술진보가 상대적으로 빠르게 진행될 때는 이러한 현상이 더 이상 일어나지 않는다. 그 대신 기술진보의 효과 가운데 큰 몫이 인구성장보다는 평균소득의 증가로 나타난다. 그러므로 Kremer의 기본모형을 다소 자연스럽게 변환시키면 인류사의 또 다른 중요한 특징을 설명할 수 있다.

인구구성에 관한 가정을 확장하면 흥미로운 시사점을 추가로 얻을 수 있다. 현실증거에 의하면 평균소득이 충분히 커지면 인구성장이 소득에 대해 감소하는 방향으로 인간의 선호체계가 변화된다. 즉, y가 어떤 수준의 y^*를 초과하면 $n(y)$는 y에 대해 감소함수로 나타난다. 이러한 수정으로 모형은 인구성장이 어떤 수준에서 정점에 도달하고 그 후 감소한다고 예측한다.[27] 이것이 일정 수준의 소득수준을 넘어서면 기술진보의 효과 중 인구보다는 평균소득으로 나타나는 몫이 늘어나는 경향을 강화시킨다. 그리고 만일 $n(y)$가 충분히 큰 y에 대해 음(−)의 값을 갖게 되면 인구수준 자체가 어떤 점에서 정점에 도달한다. 이 경우 θ가 1보다 작거나 같다고 가정하면 경제는 기술진보율과 인구수준이 함께 0인 점으로 접근하는 경로로 수렴해 간다.

3.8 지식축적모형과 성장이론의 중심과제

경제성장에 관한 분석은 시간에 따른 생활수준의 향상과 세계적인 소득격차라는 두 가지의 문제를 해결하려는 노력에서 비롯되었다. 따라서 R&D나 지식축적에 관한 모형이 이러한 문제에 관하여 어떠한 답을 제시하는지 묻는 것은 지극히 당연하다고 하겠다.

연구자의 원천적 바램은 지식축적모형이 세계 전체의 성장에 공통적인 설명과 국가 간 소득격차를 설명하는 것이다. 결국 우리가 이해하려고 하는 성장률과 소득 수준의 결정요인에 대한 후보 이론을 제공하는 것이다.

그러나 지식축적의 차이에 근거해 국가 간 소득의 격차를 설명하는 것은 근본적인 문제에 부딪힌다. 지식의 비경합성이다. 3.4절에서 강조한 대로, 지식을 사용하는 생산자는 다른 사람의 사용을 막지 못한다. 따라서 빈국에서 생산자는 부유한 국가의 생산자와 같은 지식을 사용할 수 없는 내재적 문제가 없다. 만일 관련된 지식이 공개적으로 입수가 가능한 것이라면 빈국(貧國)은 노동자나 경영자로 하여금 적절한 문헌을 읽도록 함으로써 부유한 경제로 성장할 수 있을 것이다. 만일 관련 지식이 사적 R&D에 의해 창출된 것으로서 소유권을 수반하는 지식이라면 외국기업의 소유권을 존중하는 확실한 프로그램을 구축함으로써 부국이 될 수 있다. 그러한 프로그램의 설정으로 소유권을 수반하는 지식을 보유하게 된 선진국 기업은 후진국에 공장을 짓고 값싼 노동력과 그 소유권을 수반하는 기술을 사용하여 생산을 수행할 것이다. 그 결과 후진국에서 노동의 한계생산물과 임금은 선진국 수준으로 급속히 상승할 것이다.

27 인구가 즉시 조정되지 않으며 어떤 점을 지나면 소득에 대해 인구증가율이 감소함수가 된다는 사실은 그림 3.9에서 1970년 이후의 기간에 해당하는 최근의 관측값들이 종전의 인구수와 인구증가율의 관계와 완전히 다른 모습을 보이는 것을 설명할 수 있다.

외국기업의 입장에서 그들이 보유한 소유권이 제대로 보전될 수 있을 지의 확신이 없다는 점이 적지 않은 후진국들에게 중대한 문제점으로 작용하고 있다. 그러나 단순히 이것만이 이들 국가가 빈곤한 원인이라고 단정할 수는 없을 것이다. 과거 수 세기에 걸쳐 유럽의 식민지로부터 오늘날의 많은 국가에 이르기까지 빈곤한 지역이나 국가들 가운데 외국 투자가들이 공장을 설치하고, 자신이 가진 기술을 마음껏 활용하며, 정치적 환경이 비교적 안정되고, 공장의 국유화나 이윤에 대한 지나친 고율의 과세를 염려하지 않아도 좋을 사례는 흔히 볼 수 있다. 그러나 그러한 지역에서 소득이 선진 산업국의 수준까지 상승하지는 못하였다.

실제로 지식의 흐름은 즉각적이지 않다는 기반으로 이러한 논쟁에 반대할 지도 모른다. 그러나 이것은 국가 간 소득격차를 지식의 소득 차이에 귀속시키는 난제를 해결하지 못한다. 문제 3.14와 같이, 만일 각국의 경제가 솔로우모형에 의해 묘사될 수 있지만 모든 국가가 동일한 기술에 접근할 수는 없는 상황이라면 현실에서 관찰되 는 소득격차를 설명하는 데 필요한 요건은 부유한 국가로부터 가난한 국가로 지식이 파급 되는 데 100년이나 그 이상의 기간이 소요되어야 한다는 것이다. 그렇지만 최빈국들이 그렇게 가난한 이유가 그들 국가가 과거 1세기에 걸쳐 개선된 기술에 접근하지 못했기 때문이라는 것은 믿기 어렵다.

이상의 논의에 대한 지극히 당연한 반론으로서 후진국이 직면하는 문제들은 주로 선진기술을 입수하는 데 따른 어려움이 아니라 그 기술을 이용할 수 있는 능력이 부족한 데 기인한다는 견해가 있다. 그러나 이러한 반론에 따르면 생활수준 격차의 주된 이유가 지식이나 기술수준의 차이 때문이 아니라, 부유한 국가에서 선진기술을 더욱 효과적으로 활용할 수 있도록 하는 특별한 요인이 존재하기 때문이라는 것이다. 따라서 소득의 격차를 이해하기 위해서는 국가 간에 그러한 특별한 요인의 차이가 발생하는 이유를 이해 해야만 할 것이다. 이 과제는 다음 장에서 취급하고자 한다.

세계 전체의 성장(worldwide growth)이라는 점에서 지식축적모형의 적절성은 보다 강해지고 있다. 개략적으로 말하면 현재의 생산이나 생활수준이 전 세기보다 훨씬 높아진 주된 요인은 비약적인 지식축적이라고 생각된다. 또한 성장회계를 통해 계측하였던 여러 연구에서는 장기에 걸친 노동자 1인당 생산의 증가분 가운데 많은 부분이 설명되지 않고 잔차 요인으로 귀결되는데 그러한 잔차(殘差) 성분은 기술진보를 반영한 것으로 판단된다.[28] 내생적 성장에 대한 연구는 지식축적의 많은 결정요인을 식별하고, 관련된 외부성을 연구하기 위한 도구와 통찰을 제공하였으며, 지식축적이 소득 수준과 성장에 영향을 미치는 방식을 분석하였다.

물론 어떤 유형의 지식이 성장에 가장 중요한가와 얼마나 중요한가, 그리고 지식을 어떤 방식으로 축적할까를 결정하는 힘은 무엇인가 등에 관한 우리의 이해를 높임으로써 이제까지 검토해 온 의견들의 정도(精度)를 높이는 것이 바람직할 것이다. 예를 들어, 기본과학 연구에 정부지원을 두 배로 늘리거나 R&D 세금공제를 하는 것과 같은 구체적인 정책개입을 설명하려고

28 게다가 1.7절과 문제 1.15에서 살펴본 바와 같이, 성장의 결정요인에 대해 그 대용변수만을 고려하게 되면 성장회계는 잔차의 근본적인 중요성을 실제보다 낮게 평가한다.

한다고 하자. 내생적 지식축적모형은 그러한 개입이 성장경로에 어떠한 영향을 미칠지에 대해 신뢰할 수 있는 정량적 예측을 제공할 수 있는 점과 거리가 멀다. 그러나 많은 고려사항들과 채널을 식별한다. 따라서 비록 분석이 우리가 원하는 만큼 멀지 않지만, 올바른 방향으로 가는 것처럼 보인다.

연습문제

3.1 이 장 2절의 모형에 대해 $\theta < 1$의 경우를 고려해 보자.

(a) 균형성장경로 상에서는 $\dot{A} = g_A^* A(t)$ (g_A^*는 g_A의 균형성장경로 상에서의 값)이 유지되고 있다. 이 사실과 식 (3.6)을 함께 고려하여 균형성장경로 상의 $A(t)$를 B, a_L, γ, θ 및 $L(t)$를 이용하여 표현하라.

(b) (a)의 답과 생산함수 (3.5)로부터 균형성장경로에 있어서의 $Y(t)$를 도출하라. 균형성장경로 상에서의 생산을 최대화하는 a_L의 값을 구하라.

3.2 $Y_i(t) = K_i(t)^\theta$, $\dot{K}_i(t) = s_i Y_i(t)$ $(\theta > 1)$로 묘사되는 경제가 두 개가 존재한다$(i = 1, 2)$. 이들 경제의 K의 초기치는 동일하지만 $s_1 > s_2$가 성립한다고 하자. 이 때 Y_1/Y_2는 시간의 경과와 함께 상승하여 가는 것을 보여라.

3.3 본문 3.3절에서 분석한 경제에 대해 생각하여 보자. $\beta + \theta < 1$, $n > 0$의 조건이 성립하며 이 경제가 균형성장경로 상에 있다고 가정한다. 다음에 열거하는 변화가 $\dot{g}_A = 0$, $\dot{g}_K = 0$를 나타내는 직선에 각각 어떠한 영향을 미치는가와 또한 이들 변화의 순간에 (g_A, g_K) 평면에서 경제의 위치에 어떠한 영향을 주는가를 서술하라.

(a) n이 증가

(b) a_K의 증가

(c) θ의 증가

3.4 3.3절에서 분석한 경제를 보자. $\beta + \theta < 1$, $n > 0$의 조건이 성립하며 이 경제가 균형성장경로 상에 있다고 가정한다. 여기서 s가 (일시적이 아니라) 항구적으로 증가하였다고 하자.

(a) $\dot{g}_A = 0$, $\dot{g}_K = 0$를 나타내는 직선은 어떠한 변화를 보이는가? (또는 변화하지 않는가?). 그로 인해 (g_A, g_K) 평면 상 경제의 위치가 s의 증가시점에서 어떠한 영향을 받는가? (또는 영향을 받지 않는가?)

(b) s가 증가한 후 g_A와 g_K는 어떻게 변화하는가? 노동자 1인당 생산(로그형)은 어떠한 변화를 보이는지를 나타내라.

(c) s 증가의 영향은 솔로우 모형의 경우와 비교할 때 어떻게 다른가? 직관적으로 이해하기 쉽게 보여라.

연습문제

3.5 계속하여 3.3절에서 분석한 경제에 대해 고찰하되 여기서는 $\beta+\theta=1$, $n=0$가 성립하는 것으로 상정한다.

(*a*) 식 (3.14), (3.16)을 이용하여 g_A와 g_K가 동일한 경우에 A/K가 취하지 않으면 안 될 값을 구하라.

(*b*) (*a*)의 답으로부터 $g_A=g_K$가 성립하고 있는 경우의 A와 K의 성장률을 구하라.

(*c*) s가 증가한 경우, 이 경제의 장기적 성장률은 어떠한 영향을 받는가?

(*d*) 이 경제의 장기적 성장률을 최대화하는 a_K의 값을 구하라. β(R&D부분에 있어서 자본의 중요도)가 상승하더라도 이 값이 증가하지 않는 것은 무슨 이유인가? 직관적으로 알기 쉽게 설명하라.

3.6 3.3절에서 분석한 경제로서 $\beta+\theta>1$, $n>0$의 경우를 보자.

(*a*) 이 경우 위상도를 그려라.

(*b*) 경제의 초기조건에도 불구하고 A와 K의 성장률(그리고 따라서 Y의 성장률)은 궁극적으로 계속 상승한다는 것을 보여라.

(*c*) $\beta+\theta=1$, $n>0$의 케이스에 대해 (*a*)와 (*b*)를 구하라.

3.7 **경험을 통한 학습** 생산이 식 $Y(t)=K(t)^{\alpha}[A(t)(1-a_L)L(t)]^{1-\alpha}$에 의해 이루어지며 L은 일정하여 1과 같다. $\dot{K}(t)=sY(t)$이고 지식축적은 재화생산의 부산물로 생성된다고 하자. 따라서 $\dot{A}(t)=BY(t)$이다.

(*a*) $g_A(t)$와 $g_K(t)$를 $A(t)$, $K(t)$ 및 모형의 모수를 이용하여 식으로 표현하라.

(*b*) (g_A, g_K) 평면 상 $\dot{g}_A=0$곡선과 $\dot{g}_K=0$곡선을 묘사하라.

(*c*) 이 경제는 균형성장경로에 수렴하는가? 수렴하는 경우 균형성장경로 상에서의 K, A, Y의 성장률을 구하라.

(*d*) s가 상승하는 경우 장기적 성장에 어떻게 영향을 미치는가?

3.8 3.5절의 모형을 생각하자. 만약 θ의 상대적 위험회피계수를 가지는 가계가 상대적 위험회피가 일정한 효용을 가진다고 하자. R&D 부문에서 노동의 균형수준인 L_Y를 찾아라.

3.9 독점력이 왜곡을 만든다는 것을 인식하는 정책입안자가 Romer모형에서 특허보유자가 그들의 아이디어를 체화하는 투입에 대해 부과할 수 있는 가격을 통제한다고 하자. 구체적으로,

특허보유자들이 $\delta w(t)/\phi$를 부과할 필요가 있다고 가정하자. 여기서 δ는 $\phi \leq \delta \leq 1$을 만족한다.

(*a*) δ의 함수와 모형의 다른 모수에 따른 경제의 균형성장률은 무엇인가? δ의 감소는 균형성장률을 증가, 감소, 또는 아무런 영향이 없는가 또는 설명하기 어려운가?

(*b*) 직관적으로 왜 $\delta = \phi$로 놓기 때문에 특허보유자가 한계비용을 부과하도록 요구하여 독점의 왜곡을 제거하는 것이 사회후생을 극대화하지 못하는 것에 대해 설명하라.

3.10 (*a*) 식 (3.48)이 식 (3.47)에서 도출되는 것을 보여라.

(*b*) 식 (3.49)를 도출하라.

3.11 Romer 모형의 반내생적 버전의 균형성장경로.(Jones, 1995a) 3.5절에서 두 가지 변화가 있는 모형을 생각하자. 첫째, 3.2절의 경우 1과 같이, 현존하는 지식은 새로운 지식의 생산에 비례적으로 덜 기여한다. $\dot{A}(t) = BL_A(t)A(t)^\theta$, $\theta < 1$. 둘째, 인구는 일정한 것이 아니라 n의 비율로 증가한다. $L(t) = L(0)e^{-nt}$, $n > 0$. (이와 일관되도록 효용 $u(\bullet)$는 로그함수로 식 2.2로 주어져 있다.) 3.2절의 분석은 이러한 모형이 항상 균형성장경로에 있는 것이 아니라 전이 동학을 나타낼 것이다. 따라서 이 문제는 모형의 전체 동학을 분석하는 것이 아니라 균형성장경로에 있을 때 그 속성에 초점을 둔다. 특히, R&D에 종사하는 노동력의 비율 a_L이 일정하고 모형의 모든 변수가 일정한 비율로 증가하는 상황을 살펴보자.(참고: 균형성장경로, 임금, 1인당 소비는 Y/L의 동일한 비율로 증가하는 것이 아니라고 가정하라)

(*a*) A의 증가율과 모형의 모수들의 균형성장경로 값의 함수로 나타낸 Y, Y/L, r의 성장률에 대한 균형성장경로 값은 무엇인가?

(*b*) 균형성장경로에서 $L(t)$, $A(t)$, $w(t)$ 및 외생적인 모수의 함수로 시점 t에서 새로운 아이디어를 발견하여 얻는 이윤의 현재가치는 얼마인가?

(*c*) 균형성장경로에서 a_L은 무엇인가?

(*d*) ρ, B, ϕ, n, θ의 변화는 a_L의 균형성장경로값에 어떻게 영향을 미치는가? ρ, B, ϕ의 경우에 3.5절의 모형에서 L_A의 효과처럼 같은 방향으로 효과가 있는가?

3.12 미시경제학 기반의 경험에 의한 학습. 식 (3.22)~(3.25)의 모형의 변경을 고려하자. 기업 i의 생산은 $Y_i(t) = K_i(t)^\alpha [A(t)L_i(t)]^{1-\alpha}$이고 $A(t) = BK(t)$이다. 여기서 K_i와 L_i는 기업 i가 사용한 자본과 노동의 양이고 K는 총자본스톡이다. 자본과 노동은 사적 한계생산물을 얻

는다. 3.5절의 모형처럼 경제는 초기 자본스톡을 소유한 무한생애 가계로 이루어져 있다. 대표적 가계의 효용은 식 (2.2) ~ (2.3)에서 상대적 위험회피가 일정한 형태를 취한다. 인구증가는 0이다.

(*a*) (*i*) $K_i(t)$, $L_i(t)$, $K(t)$와 모형의 다른 모수들로의 함수로 나타낸 기업 i의 사적 자본과 노동의 한계생산물은 무엇인가?

(*ii*) 왜 자본-노동비율은 모든 기업에 같아야 하고 모든 i에 대해 $K_i(t)/L_i(t) = K/L$임을 설명하라.

(*iii*) $K(t)$, L, 그리고 다른 모형의 모수의 함수로 나타낸 $w(t)$와 $r(t)$는 무엇인가?

(*b*) 소비의 성장률은 균형에서 무엇이어야만 하는가?(**힌트** : 식 2.22를 생각하라.) 단순화를 위해 모수값은 성장률이 양(+)이고 이자율보다 낮다고 가정하자. 생산의 균형성장률이 소비의 균형성장률과 같은 이유에 대한 설명을 그려라.

(*c*) 다음 변화에 의해 장기 성장이 어떻게 영향받는가?

(*i*) B의 증가

(*ii*) ρ의 증가

(*iii*) L의 증가

3.13 **(Robelo, 1991을 따름)** 자본과 토지라고 하는 두 생산요소가 존재한다고 가정한다. 자본은 자본재와 소비재 어느 것을 생산하는데도 사용되나 토지는 소비재의 생산에만 사용된다고 하자. 구체적으로는 각 부문의 생산함수는 각각 $C(t) = K_C(t)^{\alpha} T^{1-\alpha}$, $\dot{K}(t) = BK_K(t)$ (K_C, K_K는 각각의 생산부문에서 사용되는 자본의 양 $K_C(t) + K_K(t) = K(t)$)이며 여기서 T는 토지의 양이다. 또한 $0 < \alpha < 1$, $B > 0$이며 각 생산요소는 각각의 한계생산물에 상응하게 지급받는다. 자본은 두 생산부문 간을 자유로이 오갈 수 있다. 논의를 간단히 하기 위해 T를 표준화하여 1로 설정한다.

(*a*) t시점에 소비재에 대한 자본재의 상대가격을 $P_K(t)$라 한다. 2개의 생산부문 간에서 소비재단위의 자본수익이 같아질 필요가 있다는 사실로부터 $P_K(t)$, $K_C(t)$, 및 파라미터 α와 B간의 관계식을 도출하라. K_C가 일정률 $g_K(t)$로 증가하는 경우 P_K는 어떤 비율로 증가(또는 감소)하여 가는가? 이하에서는 이 증가(감소)율을 $g_P(t)$라 한다.

(*b*) 소비재를 기준으로 한 실질이자율은 $B+g_P(t)$이다.[29] 따라서 각 가계가 표준적인 효용함수 (2.22) ~ (2.23)을 보유한다고 가정한다면 소비는 $(B+g_P(t)-\rho)/\sigma$의 비율로 증가한다.(이 율을 g_C라 한다). 여기서는 $\rho < B$를 상정한다.

(*i*) (*a*)의 답과 함께 $g_C(t)$를 $g_P(t)$가 아니라 $g_K(t)$를 사용하여 표현하라.

(*ii*) 소비재에 대하여 본 질문의 생산함수 하에서 C가 $g_C(t)$의 비율로 증가하기 위해서 K_C는 어떠한 비율로 증가하지 않으면 안 되는가?

(*iii*) (*i*) 및 (*ii*)의 해답과 함께 $g_K(t)$ 및 $g_C(t)$를 본 질문에 있어서의 파라미터를 이용하여 표현하라.

(*c*) 투자소득에 대하여 일정률 τ의 과세가 이루어지며 가계의 실질이자율은 $(1-\tau)(B+g_P)$가 된다고 가정하자. 균형상태에서 소비의 성장률은 τ에 의해 어떻게 영향을 받을까?(또는 받지 않을까?)

3.14 발전도상국으로의 지식전파 지연.

(*a*) 다시 한 번 더 세계가 북과 남의 두 개 지역으로 구성되어 있다고 가정한다. 북의 경제는 $Y_N(t)=A_N(t)(1-a_L)L_N$, $\dot{A}_N(t)=a_L L_N A_N(t)$로 묘사된다. 남은 R&D 활동을 하지 않으며 단순히 북에서 개발된 기술을 이용한다. 그러나 남이 북의 기술을 이용하는 데에는 τ년의 기간이 소요된다고 가정한다. 즉 $Y_S(t)=A_S(t)L_S$ 및 $A_S(t)=A_N(t-\tau)$이 성립한다. 북의 노동자 1인당 생산의 성장률은 년 3%이다. aL이 0에 근접한 값을 갖는 경우 북의 노동자 1인당 생산이 남의 노동자 1인당 생산의 10배 이상이 되기 위해서는 τ의 값은 얼마가 되어야 하는가?

(*b*) 다음으로 남북이 함께 솔로우모형에 기초한 경제로 규정되고 있다고 가정한다. 즉 $y_i(t)=f(k_i(t))$, $(y_i(t)\equiv Y_i(t)/[A_i(t)L_i(t)]$, $k_i(t)\equiv K_i(t)/[A_i(t)L_i(t)]$ $(i=N, S)$이다. 또한 솔로우모형과 마찬가지로 $\dot{K}_i(t)=sY_i(t)-\delta K_i(t)$, $\dot{L}_i(t)=nL_i(t)$가 성립한다고 가정한다. 즉 양 지역에서 저축률과 인구증가율이 같다고 가정한다. 끝으로 $\dot{A}_N(t)=gA_N(t)$, $A_S(t)=A_N(t-\tau)$를 가정한다.

(*i*) k^*(균형성장경로에서 k의 값)가 남북에서 동일해짐을 보여라.

(*ii*) 자본을 도입하는 경우 (*a*)의 해답은 변하는가? 설명하라(계속해서 $g=3\%$를 가정

29 자본재부문에서는 새로운 자본이 B로 생산되며 소비재를 기준으로 하여 계측한 자본의 한계가치는 g_P의 비율로 변화하는 것에 유의하라. 두 생산부문간에서 자본의 수익이 동일하기 때문에 소비재부문의 자본이라 해도 같은 이야기를 할 수 있다.

한다).

(*ii*) 자본을 도입하는 경우 (*a*)의 해답은 변하는가? 설명하라(계속해서 $g = 3\%$를 가정 한다).

3.15 저축률에 의한 장기 생산의 탄력성과 관련된 다음의 가능한 회귀결과 중, 저축률의 차이가 국가 간 소득격차에 중요하지 않다는 가장 좋은 증거는 무엇인가? (1) 표준오차가 2인 점추정치 5; (2) 표준오차가 0.01인 점추정치 0.1; (3) 표준오차가 5인 점추정치 0.001; (4) 표준오차가 5인 점추정치 −2. 이유를 설명하라. (**힌트** : 3.6절에서 신뢰구간 대 t−통계량의 논의를 살펴보라.)

Chapter 04

국가 간 소득격차

이제까지 다룬 세 장의 주된 목표 가운데 하나는 세계를 통틀어 1인당 평균소득의 엄청난 격차를 이해하는 것이다. 그러나 이제까지 이러한 격차에 대한 우리의 주된 결론은 대체로 부정적이었다. 솔로우모형의 근본적인 결론은 만일 자본소득분배율이 생산과정에서 자본의 중요성을 평가하는 합리적인 척도라면 자본의 차이로는 국가 간의 엄청난 소득격차를 설명할 수 없다는 것이다. Ramsey–Cass–Koopman모형과 Diamond모형도 이와 동일한 시사점을 제시하고 있다. 그리고 내생적 성장모형에서 기본적인 결론은 기술은 비경합적이기 때문에 기술의 격차가 국가 간 소득격차에 중요한 원인이 될 수는 없다는 것이다.

이 장은 이러한 부정적인 결론을 극복하고자 하는 시도들을 다루기로 한다. 국가 간 소득격차에 대한 연구는 매우 활발하며 이전 장에서 논의한 연구보다 훨씬 많은 실증적인 결과가 있다. 두 가지 큰 가지가 있다. 첫째는 소득의 결정요인에 대해 초첨을 둔다. 즉, 물적 자본과 인적 자본의 양과 같이 소득에 미치는 영향이 명확하고 직접적인 요인인 것을 고려한다. 일반적으로 1.7절에서 다룬 성장회계와 같은 방법을 이용한다. 요인의 한계생산물은 시장에서 명령하는 가격을 이용하여 측정된다. 이러한 한계생산물의 추정치는 소득격차에 대한 요인들의 기여를 추정하기 위해 요인들의 양의 차이의 추정치와 결합된다.

이러한 연구는 결론에 대해 상당한 확신을 가질 수 있다는 장점이 있으나, 소득의 즉각적 결정요인만을 고려한다는 단점이 있다. 따라서 국가 간 소득격차에 대한 두 번째 분야는 보다 깊이 들어간다. 연구자들이 고려해 온 잠재적으로 근본적인 소득 결정요인 중에 정치 제도, 지리 및 종교가 있다. 불행하게도, 회계형태의 접근방식은 소득에 대한 요인의 효과를 측정하는데 거의 사용되지 못한다. 대신 연구자들은 다양한 통계기법을 시용하여 효과를 추정한다.

물적 자본 이외에 국가 소득에 대해 확실한 결정요인은 인적 자본이다. 따라서 4.1절에서 인적 자본을 포함하는 성장모형을 확장하여 회계 접근 방법의 단계를 설정한다. 4.2절은 회계 접근방법을 발전시킨다. 주요 초점은 소득격차를 주어진 자본양에 대한 물적 자본, 인적 자본과 생산의 기여로 분해하는 것이다. 물적 자본의 변동이 소득격차에 상대적으로 거의 기여하지 못한다는 것을 보게 될 것이다. 인적 자본의 변동이 다소 기여하게 된다. 그리고 주어진 자본스톡에 대한 생산의 변동은 대부분의 국가 간 소득격차를 설명하는 것으로 보인다.

4.3절부터 5절까지 평균소득의 국가 간 격차를 초래하는 소득결정요인들에 대해 보다 심도있는 조사를 수행한다. 4.3절은 **사회하부구조**(*social infrastructure*)를 도입한다. 전체 생산을 높이는 활동과 이를 재분배하는 활동 사이에 자원 배분을 결정하는 제도 및 정책이다. 4.4절에서 사회하부구조의 중요성에 대한 증거를 살펴본다. 최근 연구를 다루는 4.5절은 사회하부구조의 분석을 세 가지 방향으로 확장한다. 첫째, 사회하부구조 내의 어떤 특정 요소가 특히 중요한가? 둘째, 더 나아가 사회하부구조의 결정요인에 대해 말할 수 있을까? 셋째, 국가 간 소득격차에 중요한 사회하부구조의 일부가 아닌 요인들이 있는가?

마지막으로 4.6절은 소득수준보다 소득증가의 국가 간 격차에 대해 살펴본다.

4.1 인적 자본을 포함하는 확장된 솔로우모형

이 절에서는 물적 자본 뿐만 아니라 인적 자본을 포함하는 모형을 제시한다.[1] 이 모형의 설정이 전세계 소득의 성장을 설명하려는 의도에서 비롯된 것이 아니기 때문에 솔로우, Ramsey 및 Diamond모형의 경우와 마찬가지로 세계적인 기술진보를 외생적으로 취급한다. 더 나아가 우리는 국가 간 소득격차에 관하여 수량적인 주장을 명확히 하는 것을 최종적인 목표로 한다. 그러므로 모형은 콥-더글러스 생산함수를 상정한다. 이로써 모형이 더욱 다루기 쉬워지며, 수량적인 분석까지 가능해진다. 또한 수량적인 분석을 원하는 우리의 의도는 솔로우모형에서와 마찬가지로 저축률과 인적 자본 축적에 대한 자원투입이 외생적으로 주어진다고 상정하는 모형을 고려함으로써 손쉽게 충족될 수 있다. 이렇게 외생화함으로써 해당 모형을 관측되지 않는 효용 대신에 관측이 가능한 자본 축적의 측정값과 연관시킬 수 있게 해준다.

■ 가정들

모형은 연속형 시간으로 설정한다. 시점 t에서 생산(생산량)은 다음의 식으로 주어진다.

$$Y(t) = K(t)^{\alpha}[A(t)H(t)]^{1-\alpha} \tag{4.1}$$

1 Jones and Vollrath(2013, 제3장)는 이와 유사한 모형을 제시하고 있다.

Y, K 및 A는 솔로우모형에서 정의한 바와 같다. 즉 Y는 총생산, K는 자본스톡, 그리고 A는 유효노동을 나타낸다. H는 노동자에 의해 공급된 생산적인 서비스의 총량이다. 즉 서로 다른 기술수준을 지닌 노동자들에 의해 공급된 서비스로서 생산에 기여한 서비스의 총량이다. 그러므로 여기에는(선천적으로 부여된 기술인) 기초노동과(후천적으로 얻어진 기술인) 인적 자본의 기여분이 포함된다.

K와 A의 동학은 솔로우모형의 경우와 동일하다. 총생산에서 외생적으로 주어진 비율 s만큼 저축되며 자본스톡은 외생적인 비율 δ로 감소한다. 따라서 다음의 식이 성립한다.

$$\dot{K}(t) = sY(t) - \delta K(t) \tag{4.2}$$

노동효율성은 외생적으로 주어진 g의 속도로 증가한다.

$$\dot{A}(t) = gA(t) \tag{4.3}$$

이 모형은 인적 자본 H의 수량이 결정되는 바를 어떻게 가정하는가에 달려 있다. 모형에서는 물적 자본의 취급과 마찬가지로 인적 자본의 축적에 투입되는 자원의 비율이 외생적으로 주어지는 것으로 취급한다. 그럼에도 불구하고 일정량의 자원을 인적 자본 축적에 투입할 때 인적 자본의 양이 얼마나 창출되는가, 즉 인적 자본의 생산함수에 관하여 그 입장을 명확히 해야 한다. 이 모형에서는 개별 노동자의 인적 자본이 오직 노동자 자신의 수학연수(修學年數)에 의해서만 좌우된다고 가정한다. 이는 인적 자본의 생산함수에 투입되는 요소는 오직 수학연수뿐이라고 가정하는 것과 같은 맥락이다. 다음 절에서는 물적 자본과 노동자의 기존 인적 자본이 함께 인적 자본 생산함수의 투입요소인 경우에 어떠한 현상이 발생할 것인지에 관하여 간략하게 논의한다.

모형은 또한 명시적인 분석을 위해 개별 노동자가 각각 동일한 양 E만큼의 교육을 받는다고 가정한다. 우리는 대상기간 중 E가 일정한 경우에 초점을 맞추기로 한다. 따라서 우리의 가정은 다음과 같은 수식으로 표현할 수 있다.

$$H(t) = L(t)G(E) \tag{4.4}$$

여기서 L은 노동자의 수이며 $G(\bullet)$는 노동자 1인당 인적 자본의 함수로서 노동자 1인당 교육연수에 의하여 그 인적 자본량이 결정된다.[2] 통상 노동자의 수는 외생적으로 주어지는 n의 비율로 증가한다.

$$\dot{L}(t) = nL(t) \tag{4.5}$$

노동자가 교육을 더 많이 받을수록 더욱 많은 인적 자본을 보유한다고 가정하는 것이 합리적일 것이다. 즉 $G'(\bullet) > 0$이 성립한다고 상정한다. 그러나 $G''(\bullet) < 0$의 조건을 부과 할

2 식 (4.4)의 표현은 노동서비스의 총량 가운데, $LG(0)$는 기초노동이며 $L[G(E) - G(0)]$는 인적 자본이라는 것을 의미한다. 만일 $G(0)$가 $G(\mathrm{E})$보다 매우 작다면 노동서비스의 거의 모두가 인적 자본이 된다.

이유는 없다. 개인은 인적 자본을 축적해 감에 따라 점차 이를 추가적으로 획득할 수 있는 능력이 개선될 것이다. 바꾸어 말하면 교육을 시작한 처음 몇 년 동안 개인은 읽기, 계산하기, 그리고 지시 따르기 등과 같은 주로 기본적인 수단에 해당하는 능력을 익히게 된다. 이러한 인적 자본 자체가 생산 과정에서 각 개인의 공헌을 많이 높이지는 못하지만 추가적인 인적 자본의 획득에 반드시 필요한 것이다.

미시적 실증분석 결과에 따르면 교육연수가 매년 추가적으로 늘어날 때마다 개인의 임금은 대체로 동일한 %만큼 늘어난다. 따라서 만일 임금이 개인이 공급하는 노동 서비스를 반영한다면 이는 $G'(\cdot)$이 실제로 증가한다는 것을 의미한다. 구체적으로 이는 $G(\cdot)$가 다음과 같은 형태를 취하는 함수라는 것을 시사하고 있다.

$$G(E) = e^{\phi E}, \quad \phi > 0 \tag{4.6}$$

여기서 $G(0)$은 1이 되도록 표준화한다. 그러나 우리 분석에서는 함수를 이러한 형태로만 제한하지는 않을 것이다.

■ 모형 분석

이 모형의 경제에서 나타나는 동학적 특성들은 솔로우모형의 특성들과 정확히 일치한다. 이를 가장 쉽게 이해하기 위하여 k를 유효노동 서비스 1단위당 물적 자본으로 정의하도록 한다. 즉 $k = K/[AG(E)L]$이다. 1.3절과 동일한 분석방식을 적용하면 k의 동학은 솔로우모형과 일치함을 알 수 있다. 즉 다음의 식을 얻을 수 있다.

$$\begin{aligned} \dot{k}(t) &= sf(k(t)) - (n+g+\delta)k(t) \\ &= sk(t)^{\alpha} - (n+g+\delta)k(t) \end{aligned} \tag{4.7}$$

첫 번째 줄에서 $f(\cdot)$은 집약형(intensive form) 생산함수이며(1.2절 참조) 둘째 줄은 콥-더글러스 생산함수를 이용한 것이다.

솔로우모형과 같이 k는 $\dot{k} = 0$의 조건이 충족되는 점으로 수렴해 간다. 식 (4.7)으로부터 이때의 k 값은 $k = [s/(n+g+d)]^{1/(1-a)}$이며 k^*로 표기한다. 일단 k가 k^*에 이르면 경제는 균형성장경로 상에 위치하게 되며 노동자 1인당 소득은 g의 속도로 증가함을 알 수 있다.

이 분석의 결과는 저축률의 변화로 발생하는 질적 및 양적 효과가 솔로우모형의 경우와 일치한다는 것을 시사하고 있다. 이를 살펴보기 위하여, 먼저 k의 행태방정식이 솔로우모형의 경우와 같으므로 s의 변동이 k의 경로에 미치는 영향도 솔로우모형의 경우와 동일하다는 점에 유의하라. 그리고 유효노동 서비스 1단위당 생산 y가 k에 의하여 결정되기 때문에 y의 경로에 대한 영향 역시 동일하다는 것을 유추할 수 있다.

마지막으로 노동자 1인당 생산은 유효노동 서비스 1단위당 생산 y에 노동자 1인당 유효노동 서비스, $AG(E)$를 곱한 것과 같다. 즉 $Y/L = AG(E)y$이다. $AG(E)$의 경로는 저축률의 변화에 영향 받지 않는다. A는 외생적으로 주어지는 비율 g로 증가하며 $G(E)$는 상수이다. 따라서 저축률 변화로 인한 충격이 노동자 1인당 생산에 미치는 영향은 전적으로 y의 경로에 미치는 영향에 의하여 결정된다.

또한 우리는 노동자 1인당 교육연수 E의 증가가 미치는 장기적 효과도 보일 수 있다. E가 $\dot{K}$의 방정식에 포함되지 않기 때문에 균형성장경로 상의 k값은 변하지 않는다. 따라서 균형성장경로 상의 y 값도 변하지 않는다. 그리고 Y/L은 $AG(E)y$와 같으므로 E의 상승은 균형성장경로 상의 노동자 1인당 생산을 $G(E)$의 증가속도와 같은 비율만큼 증대시킨다.

이 모형은 국가 간 소득격차에 관하여 두 가지 시사점을 제시한다. 첫째, 소득격차를 발생시키는 잠재적인 원인을 추가적으로 확인한다. 즉 이러한 격차는 물적 자본뿐만 아니라 인적 자본의 차이로부터 비롯할 수 있다. 둘째, 인적 자본을 모형에 추가하더라도 물적 자본의 축적이 경제에 미치는 영향에 관한 솔로우모형의 시사점은 그대로 유지된다는 점이다. 이는 이 모형에서 도출되는 저축률 변화에 따른 경제적 효과가 솔로우모형에서와 아무런 차이가 없음을 의미한다.

■ 학생과 노동자

이제까지 우리의 분석은 노동자 1인당 생산에 초점을 맞추어 왔다. 저축률이 변하는 경우 인구 1인당 생산은 노동자 1인당 생산과 유사한 반응을 나타낸다. 그러나 노동자가 학습에 투입한 시간이 변하면 경제활동에 참가하는 인구 비율도 변한다. 따라서 이 경우 인구 1인당 생산과 노동자 1인당 생산은 서로 다른 움직임을 나타낸다.

이 점에 관한 논의를 보다 구체적으로 하기 위하여, 인구구성에 관한 가정을 추가할 필요가 있다. 각 개인에게 특정한 생애기간 T가 주어지며 이 생애기간의 첫 E년을 교육과정의 이수에 보낸 후 나머지 $T-E$년 동안은 생산활동에 종사한다고 하자. 이는 현실에 잘 부합하는 가정이라 하겠다. 나아가 전체 인구가 매년 n의 비율로 증가하고 연령별 인구는 표준적으로 잘 분포되어 있기 때문에 매기당 출생하는 사람의 수도 n의 비율로 증가한다고 하자.

이러한 가정하에서 t시점의 총인구는 $t-T$시점으로부터 t시점까지 출생한 사람의 수와 같다. 따라서 만일 $N(t)$가 t시점의 총인구를, $B(t)$는 t시점에서 출생한 사람의 수를 각각 나타낸다면 다음과 같은 식을 얻을 수 있다.

$$\begin{aligned} N(t) &= \int_{\tau=0}^{T} B(t-\tau)d\tau \\ &= \int_{\tau=0}^{T} B(t)e^{-n\tau}d\tau \\ &= \frac{1-e^{-nT}}{n}B(t) \end{aligned} \tag{4.8}$$

여기서 둘째 줄은 매기당 출생하는 사람의 수가 n의 비율로 증가한다는 가정을 이용하여 도출하였다.

이와 유사하게 t시점의 노동자 수는 생존해 있는 사람으로서 학교를 더 이상 다니지 않는 사람들의 수와 같다. 따라서 이는 $t-T$로부터 $t-E$까지 출생한 사람의 수와 같다.

$$\begin{aligned} L(t) &= \int_{\tau=E}^{T} B(t-\tau)\,d\tau \\ &= \int_{\tau=E}^{T} B(t)e^{-n\tau}\,d\tau \\ &= \frac{e^{-nE}-e^{-nT}}{n}B(t) \end{aligned} \tag{4.9}$$

식 (4.8)과 (4.9)를 결합하여 보면 총인구에 대한 노동자 수의 비율을 다음과 같이 얻을 수 있다.

$$\frac{L(t)}{N(t)} = \frac{e^{-nE}-e^{-nT}}{1-e^{-nT}} \tag{4.10}$$

이제 우리는 균형성장경로 상의 1인당 생산(노동자 1인당 생산과 대립되는 1인당 생산)을 찾아낼 수 있다. 1인당 생산은 유효노동 서비스 1단위당 생산 y에 평균적인 사람에 의해 공급되는 유효노동 서비스의 양을 곱한 것과 같다. 그리고 평균적인 사람에 의해 공급되는 유효노동 서비스의 양은 평균적인 노동자가 공급하는 양 $A(t)G(E)$에 총인구 중 노동자의 비율인 $(e^{-nE}-e^{-nT})/(1-e^{-nT})$을 곱한 것과 같다. 따라서 다음의 식을 얻는다.

$$\left(\frac{Y}{N}\right)^{*} = y^{*}A(t)G(E)\frac{e^{-nE}-e^{-nT}}{1-e^{-nT}} \tag{4.11}$$

단, y^*는 $f(k^*)$와 동일하며 균형성장경로 상의 유효노동 서비스 1단위당 생산이다.

앞에서 우리는 E의 변화가 y^*에 아무런 영향을 미치지 못한다는 것을 보았다. 이에 더하여 A의 경로는 외생적으로 주어진다. 따라서 우리의 분석결과는 각 개인의 교육이수 기간 E가 변하면 $G(E)[(e^{-nE}-e^{-nT})/(1-e^{-nT})]$의 변동과 같은 비율로 균형성장경로 상의 1인당 생산이 변하게 된다는 것을 시사한다. 그러므로 교육이수기간이 늘어나는 것은 1인당 생산에 긍정적 효과와 부정적 효과를 동시에 갖는다. 각 노동자가 보다 많은 인적 자본을 보유하게 되면 $G(E)$항은 상승하는 반면 총인구 중 노동자 비율이 낮아진다. 즉 $(e^{-nE}-e^{-nT})/(1-e^{-nT})$의 값은 하락한다. 그러므로 E의 상승이 1인당 생산에 미치는 장기적 영향의 방향은 불분명하다.[3]

구체적으로 경제가 E의 상승에 반응하여 어떻게 새로운 균형성장경로로 수렴해 가는 지는

3 이 모형에서 E의 "황금률" 수준을 분석한 문제 4.1을 참고하라.

다소 복잡하다. 교육기간의 연장은 단기에는 연장 이전에 비하여 생산을 감소시킨다. 아울러 새로운 균형성장경로로의 조정은 매우 점진적으로 이루어진다. 이러한 점을 살펴보기 위하여 경제가 균형성장경로 상에 위치하며 교육기간은 $E = E_0$라고 상정한다. 그리고 임의의 시점 t_0이후에 출생한 사람은 누구나 $E_1 > E_0$의 연장된 기간 동안 교육을 받는다고 가정하자. 이러한 변화는 시점 $t_0 + E_0$에 처음으로 경제에 영향을 미치기 시작한다. 이 시점부터 $t_0 + E_1$시점까지 노동자들은 모두 아직까지 E_0의 교육기간을 이수한 사람들이며 교육기간이 늘어나지 않았으면 이미 교육과정을 수료하고 노동시장에 진입하였을 사람들이 여전히 교육을 받고 있을 것이다. 보다 많은 교육을 받은 노동자는 $t_0 + E_1$시점부터 노동시장에 진입하기 시작한다. 여하튼 경제활동인구의 평균교육수준은 $t_0 + T$시점이 도래할 때까지는 새로운 균형성장경로 상의 교육수준에 이르지 못한다. 그리고 그렇다 하더라도 물적 자본스톡은 여전히 유효노동서비스의 변경된 경로에 상응하게 조정 되기 때문에 새로운 균형성장경로로의 조정과정은 끝나지 않고 계속 이어진다.

교육기간의 증가가 1인당 생산에 미치는 영향이 가져온 결과는 솔로우모형에서 저축률 상승이 1인당 소비 경로에 미치는 영향과 유사하다. 이들 두 가지 경우에서 자원의 이동에 의하여 관심대상 변수들(이 모형에서는 1인당 생산, 솔로우모형에서는 1인당 소비)은 모두 단기적으로는 감소하는 반면 장기적으로는 확실치 않은 것으로 나타난다.

4.2 실증적 응용 : 국가 간 소득격차에 대한 성장회계

국가 간 소득격차를 이해하는 데 가장 중요한 단계는 물적 자본 축적의 차이와 인적 자본 축적의 차이, 기타 요인들이 국가 간 소득격차 확대에 기여하는 비중이 각각 어느 정도인지를 파악하는 일이다. 이러한 분해는 국가 간 소득격차에 대한 중요한 시사점을 제공할 가능성이 있다. 예를 들어, 만약 인적 자본 축적의 차이가 대부분의 소득격차를 설명한다면 소득격차를 이해하기 위하여 인적 자본 축적에 미치는 요인에 초점을 두어야 한다.

이러한 주제는 Hall and Jones(1999)와 Klenow and Rodríuez-Clare(1997)에 의해 다루어졌다. 개략적으로 말해, 그들은 성장회계를 작성하는 데 있어 기간별로가 아니라 국가별(어느 시점의 횡단면 국가별 자료)로 작성하였다. 이들은 물적 자본 및 인적 자본의 축적 차이를 측정하고 앞 절에서 제시한 바와 같은 방식을 이용하여 이러한 차이가 소득격차에 얼마나 큰 기여를 했는지를 계량적으로 추정하였다. 이어서 기타 요인들의 역할을 그 잔차로서 측정하였다.

■ 추정절차

Hall and Jones와 Klenow and Rodríguez-Clare는 우리가 앞 절에서 다룬 바와 같이 주어진 국가의 생산이 물적 자본과 유효노동 서비스의 콥-더글러스형 결합에 의하여 이루어진다고 가정한다.

$$Y_i = K_i^{\alpha}(A_i H_i)^{1-\alpha} \tag{4.12}$$

여기서 i는 국가를 나타내는 지수이다. A의 기여도는 잔차로 측정한다. 따라서 이는 단순히 기술진보나 지식에 국한된 것이 아니라 물적 자본과 노동서비스가 주어져 있을 때 생산량에 영향을 미치는 다른 모든 요인들을 반영한다.

식 (4.12)의 양변을 노동자 수 L_i로 나누고 양변에 로그를 취하면 다음의 식을 얻는다.

$$\ln\frac{Y_i}{L_i} = \alpha\ln\frac{K_i}{L_i} + (1-\alpha)\ln\frac{H_i}{L_i} + (1-\alpha)\ln A_i \tag{4.13}$$

이들 연구는 시간에 대한 성장회계의 경우와 같이, 이 식에서 A_i를 제외한 모든 구성요소를 직접 측정한 다음 그 잔차항으로서 A_i를 계산한다는 아이디어에 기반을 두고 있다. 그러므로 식 (4.13)은 1인당 생산격차를 노동자 1인당 물적 자본, 노동자 1인당 유효노동 서비스 및 잔차항 등 각각의 기여도로 분해하는 데 이용할 수 있다.

그러나 Klenow and Rodríguez-Clare와 Hall and Jones는 이러한 분해가 단순히 성장의 직접적인 결정요인만을 고려한 것에 불과하다는 점에서 그리 흥미로운 것이 되지 못한다는 사실을 발견하였다. 예를 들어 A의 수준이 저축률이나 노동자 1인당 교육연한의 변화없이 상승하였다고 가정하자. 그로 인해 얻어지는 생산증가는 우리가 저축률에 아무런 변화가 없다고 가정하였기 때문에 물적 자본을 증가시키게 될 것이다. 경제가 새로운 균형성장경로에 도달할 때 물적 자본과 생산은 A가 증가한 비율만큼 함께 높아진다. 그러므로 식 (4.13)에 의한 분해는 A의 증가에 상응하여 노동자 1인당 생산이 증가하지만 이의 장기적 증가분 가운데 α비율은 노동자 1인당 물적 자본에 기인한 것으로 나타날 것이다. 그렇지만 노동자 1인당 생산의 증가를 초래한 근본적인 원인이 A의 증가이기 때문에 생산의 증가분 전체를 잔차에 의한 것으로 분해해 낼 수 있다면 보다 유용한 분석이 될 것이다.

이러한 문제를 해결하기 위하여 Klenow and Rodríguez-Clare와 Hall and Jones는 David(1977)을 따라 식 (4.13)의 양변에서 $\alpha\ln(Y_i/L_i)$를 차감하였다. 이에 의해 다음의 식이 도출된다.

$$\begin{aligned}(1-\alpha)\ln\frac{Y_i}{L_i} &= \left(\alpha\ln\frac{K_i}{L_i} - \alpha\ln\frac{Y_i}{L_i}\right) + (1-\alpha)\ln\frac{H_i}{L_i} + (1-\alpha)\ln A_i \\ &= \alpha\ln\frac{K_i}{Y_i} + (1-\alpha)\ln\frac{H_i}{L_i} + (1-\alpha)\ln A_i\end{aligned} \tag{4.14}$$

양변을 $(1-\alpha)$로 나누어주면 다음의 식을 얻는다.

$$\ln\frac{Y_i}{L_i}=\frac{\alpha}{1-\alpha}\ln\frac{K_i}{Y_i}+\ln\frac{H_i}{L_i}+\ln A_i \tag{4.15}$$

식 (4.15)는 노동자 1인당 생산을 물적 자본의 집약도(즉 물적 자본–생산비율, 물적 자본계수, K/Y)와 노동자 1인당 노동서비스, 잔차항으로 표현하고 있다. 이 식은 식 (4.13)과 전혀 다르지 않다. 두 식은 (4.12)의 생산함수를 변형함으로써 얻어졌다. 그러나 우리의 목적에 비추어 볼 때 식 (4.15)가 보다 중요한 통찰력을 제공한다. 이는 식 (4.15)가 노동자 1인당 노동서비스와 잔차의 변화가 1인당 생산에 미치는 장기적 영향을 전적으로 이들 변수에 할당하기 때문이다.

■ 통계자료와 분석의 기본적인 결과

생산과 노동자 수에 관한 자료는 Penn–World Tables로부터 이용할 수 있다. Hall and Jones와 Klenow and Rodríguez–Clare는 Penn–World Tables로부터 얻은 투자에 관한 자료와 초기스톡, 그리고 감각상각률에 관한 합리적인 가정을 이용하여 물적 자본스톡을 추정하였다. 소득분배율에 관한 자료는 물적 자본의 소득분배율 α값이 거의 모든 국가의 경우 약 1/3이라는 것을 보여주고 있다(Gollin, 2002).

이러한 분석에서 가장 어려운 부분은 노동서비스의 스톡, H를 추정하는 작업이다. Hall and Jones는 가장 쉬운 접근방법을 채용한다. 그들은 단지 교육연수만을 고려한다. 구체적으로 이들은 H_i가 $e^{\phi(E_i)}L_i$의 형태를 취한다고 가정하였다. 여기서 E_i는 i국 노동자들의 평균교육연수이며 $\phi(\cdot)$는 교육연수에 대해 증가함수로 상정한다. 앞 절에서 $\phi(E)=\phi E$를 통해 $\phi(\cdot)$ 함수의 선형가능성을 고려한 바 있다. 그렇지만 Hall and Jones는 미시적 증거에 따르면 교육연수가 증가함에 따라 소득증가율은 감소한다고 주장한다. 이러한 증거를 바탕으로 그들은 $\phi(E)$가 몇 개의 구분되는 선형함수, 즉 조각별 선형함수(piecewise linear function)로 구성된다고 가정한다. 다시 말해, E가 각각 4년 이하, 4~8년, 8년 이상인 경우 $\phi(E)$의 기울기는 각각 0.134, 0.101, 0.068로 나타나는 선형함수이다.

이들 자료와 가정을 토대로 하여 Hall and Jones는 식 (4.15)를 이용하여 국가별 노동자 1인당 생산에 대한 기여도를 물적 자본의 집약도, 교육연수 및 잔차의 해당분 각각에 대해 추정하였다. 이들은 표본에 포함된 5개의 최부국(最富國)과 5개의 최빈국(最貧國)의 결과를 비교하면서 분석내용을 요약하였다. 노동자 1인당 생산의 평균값은 최부국 그룹의 경우 최빈국의 그룹에 비하여 무려 31.7배나 높은 것으로 나타났다. 자연 로그 단위로 환원하면 그 차이는 3.5와 같다. 이러한 차이를 나누어 보면 다음과 같다. 두 그룹간 $[\alpha/1-\alpha]\ln(K/Y)$과 $\ln(H/L)$, $\ln A$의 평균값 차이는 각각 0.6, 0.8, 2.1로 나타난다. 이는 곧 최부국과 최빈국간 격차의 1/6만이 물적 자본의 집약도 차이에서 비롯되었으며, 1/4에 다소 미치지 못하는 부분이 교육연수의 차이에서 비롯되었음을 시사한다. Klenow and Rodríguez-Clare는 다소 상이한 가정을 이용하여 유사한 결론을 도출하였다.

Hall and Jones와 Klenow and Rodríguez-Clare는 이상의 분해방식에 의하여 물적 자본, 교육, 잔차의 생산에 대한 기여도가 상호 독립적이 아니라는 점을 규명하였다. 예를 들어 Hall and Jones는 $\ln(H_i/L_i)$와 $\ln A_i$의 추정값들 사이에 상당한 상관관계($\rho = 0.52$)가 존재하는 한편, $[\alpha/(1-\alpha)] \ln(K_i/Y_i)$와 $\ln A_i$의 추정값들 간에는 약한 수준의 상관관계($\rho = 0.25$)가 존재한다는 사실을 발견하였다. 또한 그들은 물적 자본과 인적 자본 항들 간에는 상당한 상관관계($\rho = 0.60$)가 존재한다는 것도 밝혀냈다.

■ 몇 가지 확장

Hall and Jones와 Klenow and Rodríguez-Clare의 성장회계는 다양한 방면으로 확장될 수 있다. 확장 결과 가운데 대부분은 잔차의 역할이 더욱 확대되는 것으로 나타난다. 대부분의 확장 연구는 잔차의 중요성에 대해 명확한 변화없이 인적 자본의 변동에 더 큰 역할과 물적 자본에 더 작은 역할을 제시한다.[4]

많은 확장은 인적 자본과 관련되어 있다. Hall and Jones의 계산은 인적 자본의 차이 가운데 교육연수를 제외한 모든 요인을 무시하고 있다. 그러나 인적 자본의 변화를 초래하는 요인은 교육의 질, 현장연수(on-the-job training), 비공식적인 인적 자본의 획득, 어린이 양육부터 심지어 태교(胎教)에 이르기까지 수없이 많다. 그리고 이러한 요인들이 국가 간에 현격한 차이가 있기 때문에 그로 인해 인적 자본도 국가 간에 큰 차이를 보일 수 있다.

인적 자본의 질적 차이를 분석에 도입하는 방법의 하나로, 인적 자본에 관해 보다 종합적인 측정값을 구하고 분해방정식 (4.15)를 적용하여 분석하는 것을 고려할 수 있다. 각 국가 간 노동자의 인적 자본을 총체적으로 비교하기 위해서는 노동자들이 해당 노동시장에서 지급받는 임금을 비교해야 한다. 노동자 임금의 국가 간 비교는 미국 내에 다양한 국가로부터 이주한 이민자들이 존재한다는 점을 고려하여 이들의 임금을 상호 비교함으로써 가능할 것이다. 물론 여기에도 기술적인 문제는 존재한다. 예를 들어 표본의 이민자들은 그들 모국의 모집단으로부터 무작위(無作爲)로 선정된 것이 아니라는 점과 이들이 모국에서는 그들의 임금에 영향을 미치지 못하나 미국에서의 임금에는 영향을 미치는 특성들을 보유할 수 있다는 점 등의 문제가 존재한다. 그럼에도 불구하고 이민자들의 임금에 대한 면밀한 조사는 인적 자본의 질적 차이가 존재하는지에 대하여 중요한 정보를 제공할 것이다.

이러한 착안은 Klenow and Rodríguez-Clare가 간략히 실험되었으며, Hendricks(2002),

---

4 회계 접근방식은 물적 자본, 인적 자본 및 잔차의 기여로 분해하는 것 외에 국가 간 소득격차의 다양한 측면에서도 적용된다. 예를 들어, 1.7절에 논의한 대로, 국가 간 생산성 차이에서 투입의 잘못된 배분 역할을 추정하는데 사용되었다. 따라서 Hall and Jones와 Klenow and Rodríguez-Clare의 3원 분해에서 잔차항의 변동의 원천을 측정하는데 사용된다. 회계 접근방식에 대한 보다 많은 논의는 Caselli(2005) and Hsieh and Klenow(2010)를 참조하라.

Schoellman(2012), and Hendricks and Schoellman(2017)에 의해 실험되었다. 그들은 이민자들의 경우 교육수준이 동일하더라도 해당 모국의 소득수준이 낮을수록 미국에서 받는 임금의 수준이 낮다는 사실을 발견하였다. 이러한 사실은 국가 간 인적 자본의 차이가 단지 교육연수의 차이에 의하여 나타나는 것보다 훨씬 크다는 것을 함의한다. 이는 잔차의 역할이 실제보다 축소된다는 것을 시사한다. 그러나 이상의 논의와 관련된 효과의 크기는 실제로 그다지 크지 않다. 그러나 위에서 언급한 복잡한 것을 다루는 것은 결과를 정량적으로 해석하는데 매우 중요하다. 특히 이민자의 작위적 선택의 크기가 정량적으로 크지 않기 때문에 인적 자본의 질의 차이를 도입하는 것이 인적 자본 축적과 잔차 사이의 상대적 역할에 큰 영향을 미치지 않는다는 결론을 내렸다. 그러나 최근 연구는 빈국에서 온 이민자들이 강한 양(+)의 선택이 있다고 결론내린다. 즉 빈국에서 온 이민자들은 이주하지 않은 노동자들보다 상당히 높은 소득을 가지고 있는 것으로 보인다. 빈국에서 온 이민자의 인적 자본을 살펴보면, 해당 국가에서 노동자의 평균 인적 자본을 과대평가 하기 때문에 인적 자본에 더 큰 역할을 의미하고 국가 간 소득격차의 잔차에 대해 더 작은 역할을 의미하게 된다.

인적 자본의 분석은 여러 방향으로 확장된다. 예를 들어, Hendricks(2002)는 Hall and Jones가 가정한 조각별 선형함수를 도입하는 것보다 다른 교육 양에 대한 보수를 추정하였다. 그의 결과는 국가 간 인적 자본의 차이가 보다 작다는 것을 시사하므로 잔차의 차이가 보다 크다. 또 다른 예로, Lagakos, Moll, Porzio, Qian, and Schoellman(2016)은 교육에 대한 보수가 아니라 경험에 의한 보수를 고려하여 빈국에서 체계적으로 더 낮다는 것을 발견하였다. 이러한 발견은 국가 간 격차가 더 커지므로, 잔차의 역할이 더 작은 방향을 나타낸다.

마지막 예로, 여러 연구는 저급기술 노동자와 고숙련 노동자가 생산에서 완벽한 대체자라는 Hall and Jones와 Klenow and Rodríguez-Clare의 가정을 완화하려고 시도하였다. 만약 보완자라면, 저소득국가의 전형적인 노동자(저급기술을 보유한다)가 낮은 임금을 받는 것은 주어진 생산요소의 조합에 의하여 생산되는 생산량이 작기 때문이 아니라 함께 일할 고급기술의 노동자가 없다는 데 일부 기인한다. 그리고 실제로 고급기술을 보유하는데 따르는 초과이윤이 가난한 국가일수록 더욱 큰 것으로 나타났다. Hendricks(2002)는 이와 같은 기술프리미엄의 국가 간 유형에 상응하도록 저급기술 노동자와 고급기술 노동자 간의 대체탄력성의 값을 적절하게 설정하면 국가 간 소득격차 가운데 상당한 부분을 추가적으로 설명할 수 있는 것을 보였다.

마지막으로, 식(4.15)에 따라 보다 광범위한 인적 자본의 측정을 사용하는 분해의 이슈는 이전의 분해인 식 (4.13)과 같은 단점이 있다. 주어진 양의 인적 자본과 물적 자본에 대한 물적 자본과 산출은 주어진 교육기간동안 인적 자본 축적에 영향을 미칠 가능성이 있다. 예를 들어, 학교에서 물적 자본양의 차이는 학교의 질의 차이를 이끌어 낸다. 만약 그렇다면, 저축률이나 잔차의 증가는 주어진 교육기간동안 인적 자본 축적을 증가시켜 부분적으로 노동자 1인당 소득을 증가시킨다. 인적 자본의 포괄적 측정을 통해 식 (4.15)의 분해는 소득 증가의 비율을 인적 자본에 할당한다. 그러나 식 (4.15)의 분해는 식 (4.13)에 비해 저축률 또는 잔차의 기본적인 변화에 인적 자본의 많은 변화를 할당하는 분해가 인적 자본에만 할당하는 것보다 많은 정보를 줄 수 있다.

불행히도, 연구자들은 이러한 이슈를 만족스럽게 설명할 방법을 찾지 못했다. 예를 들어, Klenow and Rodriguez–Clare는 인적 자본에 대해 생산함수를 설정하면 대체 분해를 만들어 사용하였다. 그러나 결과는 인적 자본에 대한 생산함수가 어떻게 설정되는 지에 대한 세부 사항에 매우 민감한 것으로 증명되었다.

인적 자본과 관련된 이러한 다양한 문제가 Hall and Jones와 Klenow and Rodriguez–Clare의 원래 분석의 결론을 어떻게 바꾸는 지에 대한 일반적인 합의는 없다. 인적 자본은 저자들이 찾은 것보다 국가 간 소득격차에 보다 더 중요할 수 있으나 그 차이가 크거나 작다는 문제는 해결되지 못했다.

■ 물적 자본에 대한 보다 자세한 검증

Hall and Jones와 Klenow and Rodríguez–Clare의 분해도 물적 자본 측면에서 확장되었다. Hsieh and Klenow(2007)는 이를 확장하였다. Hsieh and Klenow는 낮은 자본–생산비율이 아마도 더 낮은 평균 투자–생산비율을 반영한다는 사실을 관측하면서 시작하였다. 이후, 회계 문제로 투자–생산비율이 낮은 세 가지 가능한 원인이 있다는 것을 지적하였다. 첫째, 가장 분명한 것은 투자에 사용되는 명목소득의 비율이 더 작기 때문에 발생할 수 있다. 둘째, 투자재는 보다 비싸기 때문에(예를 들어, 왜곡된 정책이나 운송비용 때문에) 주어진 투자지출의 양은 보다 작은 투자 양을 만들어 낸다(Jones, 1994). 셋째, 비투자재는 가격이 보다 낮기 때문에 발생할 수 있으며, 이는 다시 명목소득의 주어진 부분을 투자하면 더 적은 양의 투자재 양을 만들어내는 효과가 있다.

소비재 가운데 이발이나 택시탑승과 같은 비교역재의 가격은 일반적으로 저소득국가의 경우 상대적으로 저렴하다. 이것은 **발라사–새뮤얼슨 효과**(*Balassa–Samuelson effect*)라고 부른다. 이 효과가 발생하는 이유는 아직까지 확실히 밝혀져 있지 않다. 이러한 효과가 발생하는 하나의 가능성으로 이들 비교역소비재가 저급기술의 노동력을 보다 집중적으로 사용하며 이들 노동력의 임금이 저소득국가의 경우 상대적으로 저렴하기 때문이라는 점을 들 수 있다. 다른 이유로는 저소득국가의 경우 이들 재화의 품질이 상대적으로 낮기 때문이라는 점을 들 수 있다.

만약 저소득이 비교역소비재의 가격을 낮춘다면, 고정된 저축률과 투자재의 가격으로 H 또는 A가 하락하면 자본–생산비율이 낮아지게 된다. 따라서 식 (4.15)의 분해(식 4.13의 분해와 같은)가 부정확하지 않을지라도, 비교역재 가격에 대한 소득의 영향으로부터 1인당 소득의 차이를 할당하는 것이 보다 설득력이 있다. 따라서 주어진 저축률에 대한 투자에 있어 물적 자본보다 H 또는 A의 기본적인 차이에 따라 달라진다.

Hsieh and Klenow가 어떻게 투자–생산비율의 차이를 그들이 식별한 세 가지 결정 요인의 기여로 분해하는 지를 확인하기 위해, 단순화를 위해 비교역소비재와 교역소비재를 생산하고 모든 투자재를 해외에서 구매하는 국가를 생각하자. Q_N과 Q_T는 이 국가에서 생산되는 두 가지 형태의 소비재의 양을 나타내고 I는 해외에서 구매하는 투자재의 양을 나타내며, P_N, P_T와 P_I는 세 가지 형태의 재화에 대한 국내 가격을 나타내며, P_N^*, P_T^*와 P_I^*는 세상의 전형적인 국가에서 가격을 나타낸다. 마지막으로 P_T와 P_T^*는 같다고 하자.[5]

이러한 가정으로, 세계 가격의 국가 생산의 가치는 $P_N^* Q_N + P_N^* Q_T$이고 세계 가격의 투자 가치는 $P_I^* I$이다. 따라서 투자–생산비율은 $P_I^* I/(P_N^* Q_N + P_T^* Q_T)$이다. 이러한 비율은 세 개의 항의 곱으로 표현할 수 있다.

$$\frac{P_I^* I}{P_N^* Q_N + P_T^* Q_T} = \frac{P_I I}{P_N Q_N + P_T Q_T} \frac{P_I^*}{P_I} \frac{\frac{P_N}{P_T} Q_N + Q_T}{\frac{P_N^*}{P_T^*} Q_N + Q_T} \tag{4.16}$$

세 개의 항은 전술한 투자–산출 비율의 세 가지 결정요인이다. 첫째 항은 명목소득 중에 투자에 투입되는 몫이다. 즉, 이 경제의 저축률과 유사하다. 둘째 항은 투자재의 국내 가격 대비 세계 가격이다. 셋째 항은 비교역재의 국내 가격과 세계 가격 사이의 차이를 나타낸다($P_T = P_T^*$ 가정).

Hsieh and Klenow는 부국에서 빈국으로 이동할 때 투자–생산비율 감소의 약 1/4만이 저축률 하락에서 비롯된 것임을 알게 되었다. 투자재의 가격의 증가에서 오는 것은 거의 없다(예를 들어, 만일 빈국이 투자재 구매에 관세나 다른 장벽을 부과하면 발생할 수 있다). 그리고 3/4은 비교역소비재의 낮은 가격에서 비롯된다. 국가 간 소득격차의 극히 일부만 자본–소득비율의 변동으로 인한 것이므로, 매우 작은 부분만이 저축률의 변동으로 인한 것이다.

앞에서 논의한 대로, 빈국에서 비교역소비재가 더 싼 이유는 완전히 이해되지 못했다. 그러나 만일 어떤 원인으로부터의 낮은 소득이 비교역재의 가격을 낮추려고 한다면, 이는 인적 자본 축적의 감소 또는 작아진 잔차 값은 주어진 저축률에 대한 투자–생산비율을 감소시켜 자본–생산비율을 감소시킨다. 국가 간 소득격차에 대해 인적 자본과 잔차에 할당한 분해는 인적 자본과 잔차의 차이가 보다 큰 역할을 할 것이고, 물적 자본 대비 생산비율의 나머지 변동은 작아서 물적 자본은 거의 역할을 하지 못한다.

5 $P_T \neq P_T^*$ 인 경우로 확장하는 것이 가능하고, 일부 투자재는 국내에서 생산되는 것으로 확장할 수 있다.

4.3 사회하부구조

앞 절의 분석은 국가 간 소득격차의 설명에서 물적 자본의 축적, 인적 자본의 축적 그리고 자본스톡이 일정할 때의 생산 등이 담당하는 역할에 대하여 유용한 정보를 제공한다. 그러나 우리는 더 나아가 소득격차의 원인을 결정하는 요인들에 관하여 보다 심도있는 분석을 하고자 한다.

가장 유력한 가설로는 각국의 소득을 결정하는 이들 요인의 차이는 대부분 Hall and Jones가 **사회하부구조**(*social infrastructure*)라고 부르는 것으로부터 비롯한다는 주장이다. Hall and Jones는 경제활동에 대해 사적 수익과 사회적 수익이 일치하도록 하는 제도와 정책들을 전체적으로 사회하부구조라고 지칭하였다.[6]

사적 수익과 사회적 수익이 서로 다를 수 있는 경제활동의 범위는 대단히 광범위하다. 이들은 크게 두 가지의 주된 범주로 구분될 수 있다. 첫 번째는 다양한 형태의 투자활동으로 구성된다. 만일 개인이 교육을 받거나 R&D에 자원을 투입하는 등 전통적인 의미의 투자활동을 결심하였다면 개인의 사적 수익은 세금, 징발, 범죄, 외부효과 등의 존재로 인하여 사회적 수익에 미치지 못할 수 있다.

두 번째 범주는 현재 이익을 추구하는 개인의 경제활동으로 구성된다. 개인은 생산(production)이나 전환(轉換, diversion)을 통하여 현재소득을 늘리려는 노력을 할 수 있다. 생산이란 특정 시점에서 경제의 생산을 총량적으로 증대시키는 활동을 의미한다. 전환이란 3.4절에서 지대추구(rent-seeking)란 이름으로 다룬 바 있는데 이는 단순히 생산량의 변화 없이 이를 재분배하는 활동, 즉 지대추구활동을 말한다. 지대추구활동의 사회적 수익은 정의에 의해 0이다. 생산적 활동의 사회적 수익은 이들 활동이 생산에 기여하는 양이다. 투자의 경우와 마찬가지로 지대추구활동과 생산적 활동의 사적 수익은 다양한 이유로 인하여 각각의 사회적 수익과 일치하지 않을 수 있다.

전환 또는 지대추구에 대한 논의는 흔히 범죄, 조세감면을 위한 로비활동, 경미한 소송 등과 같은 활동에 초점이 맞추어진다. 선진국의 경우 이러한 활동에는 매우 낮은 비율의 자원만이 투입되고 있기 때문에 이들 국가에서는 당연히 지대추구활동을 중요한 것으로 취급하지 않는다. 그러나 지대추구에는 이러한 순수한 형태보다 훨씬 다양한 활동이 포함되어 있다. 기업의 가격차별, 실적평가를 위한 노동자의 서류작성과 소비자의 쿠폰 오려내기 등과 같은 상식적인 활동에는 지대추구의 주된 요소가 포함되어 있다. 실제로 날마다 차문을 잠그거나 티켓을 구입하기 위해 연주회가 시작되기 훨씬 전부터 연주 회장에 도착하는 활동 등도 일종의 지대추구 행위로 볼 수 있다. 따라서 선진국의 경우에 도 자원의 상당한 부분이 지대추구와 관련된 활동에 투입되고 있는 셈이다. 후진국의 경우 이러한 비율이 훨씬 높을 것이라고 기대되는

6 사회하부구조에 대한 이 정의는 Jones를 따른 것이다.

것은 당연하다 하겠다. 만일 이러한 주장 이 옳다면 지대추구의 차이는 국가 간 소득격차의 중요한 원인이 될 수도 있다. 마찬가지로 3.4절에서 기술한 바와 같이 세계적으로 이루어지는 지대추구의 총 수준이 세계적인 경제성장을 결정짓는 중요한 원인 가운데 하나가 될 수 있을 것이다.[7]

사회하부구조는 다양한 측면에서 서로 다른 활동들을 포함하고 있다. 이들을 세 그룹으로 나누어 고려해 보는 것이 유용할 것이다. 첫 번째 그룹은 정부 재정정책의 기능들로 구성된다. 예를 들어 투자에 대한 조세특례규정과 근로소득에 대한 한계세율은 사적 수익과 사회적 수익에 직접적으로 영향을 미친다. 규모는 미미하지만 높은 세율은 더욱 교묘한 방식으로 조세를 회피하기 위하여 자원을 투입하는 등의 지대추구를 유도함은 물론 지하경제의 상대적 비효율성에도 불구하고 이러한 활동을 조장한다.

사회하부구조를 구성하는 두 번째 그룹에 속하는 제도와 정책은 사적 의사결정이 이루어지는 환경을 결정하는 요인들로 구성된다. 만일 범죄가 제어되지 않거나 시민전쟁 혹은 외부침입이 발생한다면, 투자에 대한 사적 수익은 물론 생산을 증대시키는 활동에 대한 사적 보상은 낮을 것이다. 보다 일반적으로, 만일 계약이 이행되지 않거나 이에 대한 법원의 결정이 예측할 수 없다면 장기 투자계획은 더 이상 매력적인 것이 되지 못한다. 이와 같은 맥락에서 경쟁은 총생산을 증대시키는 활동에 대한 보상과 함께 정부가 시장에서 독점을 제한하고 자유거래를 허용할 때 더욱 활력을 띄게 될 것이다.

사회하부구조를 구성하는 마지막 그룹에 속하는 제도와 정책은 정부 자체의 지대 추구활동이다. Hall and Jones가 강조한 바와 같이 비록 정교하게 계획된 정부정책이 유익한 사회하부구조의 중요한 원천이 될 수 있다 할지라도 정부가 지대추구의 주된 당사자가 될 수 있다. 정부의 재산몰수와 뇌물수수관행, 로비 또는 정책당국자의 이익에 부응한 특혜부여(예를 들어 정경유착 등) 등은 지대추구행위의 핵심적인 형태가 될 수 있다.

사회하부구조에는 다양한 특성이 존재하기 때문에 빈약한 사회하부구조는 여러 가지 형태를 취한다. 재산권과 경제적 유인이 최소한인 스탈린주의자의 중앙집권적 계획경제가 존재할 수 있다. 권력자가 막대한 부를 축적하는 "도둑정치"(kleptocracy) – 재산 몰수와 부정부패에 의하여 자신들의 주된 관심사인 부(富)를 축적하고 권력을 유지하는 데만 연연하는 절대 독재자에 의해 운영되는 경제 – 가 존재할 수 있다. 무정부상태에 가까운 경우도 존재하는데 여기서는 사유재산과 생명이 지극히 불안해진다.

7 지대추구에 관한 기념비적인 논문은 Tullock(1967)이다. 지대추구행위는 국가 간 소득격차 이외에도 많은 현상에서 중요하다. 예를 들어 Krueger(1974)는 관세와 다른 정부개입의 영향을 이해하는 것이 중요하다는 것을 보여주었으며 Posner(1975)는 지대추구행위가 독점의 후생효과를 이해하는 데 필수불가결하다고 주장한다.

4.4 실증적 응용 : 사회하부구조와 국가 간 소득격차

사적 수익과 사회적 수익 간의 관계에 영향을 끼치는 제도와 정책이 경제성과에 결정적인 영향을 미칠 수 있다는 생각은 적어도 애덤 스미스(Adam Smith)까지 거슬러 올라간다. 그러나 이러한 생각이 최근에 새롭게 주목을 받고 있다. 이와 관련한 최근의 연구는 사회하부구조의 중요성을 입증하기 위하여 실증적 증거를 제공한다는 점에서 다른 연구와 구별되는 독특한 특징을 지니고 있다. 하나의 접근방법은 사회하부구조와 경제성과 간의 관계를 통계적으로 추정하는 작업을 시도하는 것이다.

■ 회귀모형틀

사회하부구조의 중요성을 분석하기 위해, 단순회귀모형을 생각하자. 국가 i의 소득은 사회하부구조와 다른 요인에 의해 결정된다고 하자. 이를 다음과 같이 쓸 수 있다.

$$\ln\left(\frac{Y_i}{L_i}\right) = a + bSI_i + e_i \tag{4.17}$$

여기서 Y/L은 1인당 생산이고, SI는 사회하부구조이며, e는 소득에 영향을 미치는 다른 것을 반영한다. 사회하부구조의 측정치를 발견하려고 한 연구들은 식 (4.17)에 기반한다. Sachs and Warner(1995), Knack and Keefer(1995), Mauro(1995), Acemoglu, Johnson and Robinson(2001), Hall and Jones 등 많은 연구자들에 의해 시도되었다. 이러한 연구들은 소득에 대한 사회하부구조의 크기와 사회하부구조의 변동에 따른 국가 간 소득 변동비율을 살펴본다. 사회하부구조가 소득격차에 중요하다는 가설은 이러한 큰 비율의 차이가 원인이라고 예상한다.

식 (4.17)과 같은 관계를 추정하는 것은 두 가지 큰 문제에 부딪힌다. 첫째로 어떻게 사회하부구조를 측정할 것인 지에 대한 것이다. 둘째로 측정된 값으로 주어진 사회하부구조가 포함된 식 (4.17)에서 모수들을 어떻게 정확하게 추정하는 지에 대한 것이다.

현재로서는 사회하부구조에 대한 완벽한 측정치를 가지고 있다고 가정하고 두 번째 문제에 초점을 두자. 식 (4.17)은 회귀모형처럼 보인다. 따라서 최소자승법(OLS)으로 추정한다. 그리고 사실 사회하부구조의 효과를 측정하는 많은 연구들이 OLS를 사용한다.

OLS로 불편추정치를 구하기 위해, 우변의 변수(여기서 사회하부구조)는 잔차(여기서 1인당 소득에 대한 다른 영향)와 상관되지 않아야 한다. 따라서 OLS가 소득에 대한 사회하부구조의 영향을 나타내는 믿을만한 추정치를 만들어 내는 지에 대한 설명을 위해 사회하부구조가 소득에 다른 영향을 나타내는 것들과 상관되어 있는 지에 대해 생각해야 한다. 불행히도 이 질문에 대한 답은 맞는 것처럼 보인다. 예를 들어 종교와 같은 문화적 요인이 사회하부구조 이외의 채널을 통해 소득에 중요한 영향을 미친다고 가정하자. 일부 종교는 절약과 교육을 장려하고 지대추구를 억제하는 가치를 심어줄 지도 모른다. 그러한 종교가 광범위하게 퍼진 국가들은 사적 수익과 사회적 수익을 조정하는데 있어 상대적으로 좋은 역할을 하는 제도와 정책을 채택하는 경향이 있는 것 같다. 따라서 사회하부구조와 잔차 사이에 양(+)의 상관관계가 있을 것이다.

또 다른 예를 들어 보자. 지리가 소득에 중요한 영향을 미친다고 하자. 예를 들어, 어떤 기후는 농업에 불리하고 질병에 유리할 수 있다. 기후가 더 나쁜 국가가 더 가난하다는 사실은 좋은 사회하부구조를 만들 자원이 거의 없다는 것을 의미한다. 따라서 사회하부구조와 잔차 사이에 양(+)의 상관관계가 있을 것이다.[8]

요약하면 (4.17)의 OLS 추정치는 **누락변수편의**(*omitted-variable bias*) 문제가 있다. 누락변수편의는 경제학에서 실증분석을 하는 경우 만연한 문제이다.

누락변수편의에 대한 답은 OLS보다 **도구변수**(*Instrument variables*, IV)를 사용하는 것이다. IV 추정은 도구변수의 2단계 최소자승법을 통해 쉽게 알 수 있다. 필요한 것은 우변 변수와 상관관계가 있지만 체계적으로 잔차와 상관되지 않는 변수이다. 일단 그러한 도구(instrument)를 가지면 1단계 회귀는 우변 변수인 SI를 도구에 회귀한다. 2단계 회귀는 좌변 변수인 $\ln(Y/L)$을 1단계 회귀에서 구한 SI의 적합치 $\widehat{SI}$ 에 회귀한다. 즉, (4.17)을 다시 쓰면 다음과 같다.

$$\begin{aligned} \ln\frac{Y_i}{L_i} &= a + b\widehat{SI}_l + b(SI_i - \widehat{SI}_l) + e_i \\ &\equiv a + b\widehat{SI}_l + u_i \end{aligned} \tag{4.18}$$

이후 OLS로 식을 추정한다. u는 두 개의 항으로 구성되는 데, e와 $b(SI - \widehat{SI})$이다. 가정의 의해 $\widehat{SI}$ 를 구성하는데 사용되는 도구들은 e와 체계적으로 상관되어 있지 않다. 그리고 $\widehat{SI}$ 가 회귀에서 나온 적합치이기 때문에 회귀로부터 나온 $SI_i - \widehat{SI}_l$의 잔차와 상관되어 있지 않다. 따라서 $\ln(Y/L)$를 $\widehat{SI}$ 에 회귀하는 것은 유효한 b를 만들어 낸다.[9]

따라서 (4.17)을 어떻게 추정할 것인 지에 대한 두 번째 질문을 설명하는데 중요한 것은 유효한 도구를 찾는 것이다. 이 문제를 논의하기 전에 첫 번째 문제인 어떻게 사회하부구조를 측정할 지로 돌아가보자. 사회하부구조를 측정하는 것은 불가능하다. SI^*를 "참" 사회하부구조

---

8 4.5절에서 지리와 국가 간 소득격차의 주제를 살펴볼 것이다.

9 $\widehat{SI}$ 가 추정된 계수에 기반한다는 사실은 두 가지 문제가 있다. 첫째, 추정된 계수에 대한 불확실성이 b의 추정치의 표준오차를 찾는데 설명되어야 한다. 이는 도구변수 추정의 표준오차에 대한 일반적인 공식으로 해결된다. 둘째, 1단계 계수가 추정되었다는 사실은 SI와 e 사이에 상관관계처럼 같은 방향으로 $\widehat{SI}$ 와 e 사이에 어떤 상관관계를 도입하는 것이다. 표본의 크기가 커지면서 이러한 상관관계는 사라진다. 따라서 IV는 일치성이 있지만 불편성은 없다. 그러나 만일 도구가 우변의 변수와 약간만 상관되어 있다면 무한표본에서 편의는 클 수 있다. 예를 들어 Stock and Yogo(2005)를 참조하라.

라고 하고 $\widehat{SI}$ 을 측정된 사회하부구조라고 하자. 중요한 것은 참 사회하부구조와 소득 사이의 관계이다.

$$\ln\left(\frac{Y_i}{L_i}\right) = a + bSI_i^* + e_i \tag{4.19}$$

참 사회하부구조는 측정된 사회하부구조와 참 사회하부구조와 측정된 사회하부구조의 차이의 합과 같다. $SI_i^* = \widetilde{SI}_i + (SI_i^* - \widetilde{SI}_i)$. 이로부터 (4.19)를 관측치와 다른 요소로 다시 쓰자.

$$\begin{aligned}\ln\left(\frac{Y_i}{L_i}\right) &= a + b\widetilde{SI}_i + b(SI_i^* - \widehat{SI}_i) + e_i \\ &\equiv a + b\widetilde{SI}_i + v_i\end{aligned} \tag{4.20}$$

만약 (4.20)을 OLS로 추정하면 어떻게 될까? 고전적 측정오차(classical measurement error)를 생각하자. $\widetilde{SI}_i = SI_i^* + \omega_i$이고 여기서 ω는 SI^*와 상관관계가 없다. 이 경우, 회귀의 우변 변수는 $SI^* + \omega$이고 종합 잔차 v의 하나의 구성요소는 $-b\omega$이다. 따라서 만일 b가 양(+)이면 측정오차는 우변 변수와 상관관계 사이에 음(−)의 상관관계를 가져온다. 따라서 다시 누락변수편의가 있지만 b의 추정치를 위가 아닌 아래로 편의시킨다.

측정오차는 누락변수편의를 일으키고 해결책은 다시 도구변수이다. 즉, 사회하부구조의 소득에 대한 충격의 유효한 추정치를 얻기 위해 사회하부구조의 측정오차(식 4.20에서 종합 잔차 v 의 구성요소인 $b(SI^* - \widetilde{SI})$)와 소득에 영향을 미치는 사회하부구조 이외의 요인(e 요소)과 체계적으로 상관되지 않은 변수를 찾아야 한다.

■ 실행과 결과

소득에 대한 사회하부구조의 효과를 검증하기 위해 회귀접근을 사용한 연구 중 하나는 Hall and Jones이다. 사회하부구조의 측정치 $\widetilde{SI}$ 로써 Hall and Jones는 두 개의 변수에 기반한 지수를 사용하였다. 첫째, 외국에서 사업을 하려는 기업은 그 국가의 제도의 질을 알기를 원한다. 결과적으로 객관적인 자료와 주관적인 평가를 혼합한 제도적 질을 구성하는 컨설팅 기업이 있다. Knack and Keefer(1995) and Mauro(1995), Hall and Jones는 그러한 측정치를 사용하는데, 기업 Political Risk Services의 평가에 기반해 "정부의 반전환 정책" 지수를 사용한다. Hall and Jones의 측정에 들어오는 두 번째 변수는 Sachs and Warner(1995)가 구성한 개방도 또는 시장지향지수이다.

도구를 선택할 때, 세계의 나머지의 소득에 영향을 주는 서유럽, 특히 영국을 통한 주된 채널은 사회하부구조였다고 Hall and Jones는 주장하였다. 따라서 그들은 네 개의 도구들을 제안하였다. 영어를 모국어로 하는 국가의 인구비율, 유럽 언어(영어, 프랑스어, 독일어, 포르투

갈어, 스페인어)를 모국어로 하는 국가의 인구비율, 적도에서 국가의 거리, Frankel and D. Romer(1999)에 의해 구성된 교역개방도에 대한 지리적 영향의 측정이다.

불행히도 Hall and Jones가 인식했듯이 이러한 도구의 유효성에 대한 사례는 설득력이 없다. 예를 들어, 적도로부터의 거리는 소득에 직접적인 여향을 미칠 수 있는 기후와 상관되어 있다. 다른 국가와의 지리적 근접성은 사회하부구조 이외의 채널을 통해 소득에 영향을 미칠 수 있다. 그리고 서유럽의 영향은 문화와 같은 사회하부구조 이외의 채널을 통해 작동할 수 있다.

그럼에도 불구하고 Hall and Jones의 결과를 살펴보는 것은 흥미로운데 이는 국가 간 소득격차에 있어 사회하부구조의 역할을 추정하는 회귀기반의 노력으로 발견된 대표적인 결과이기 때문이다. 첫째, 소득에 대한 사회하부구조의 추정된 충격은 정량적으로 크고 통계적으로 매우 유의하다. 둘째, 사회하부구조의 변동은 국가 간 소득격차의 많은 부분을 설명하는 것처럼 보인다.[10] 셋째, IV 추정치는 OLS 추정치보다 실제적으로 크다. 이는 사회하부구조의 측정오차가 성장에 누락된 영향과 참 사회하부구조 사이에 상관관계보다 OLS 회귀에서 보다 큰 문제이기 때문에 발생할 수 있다. 또는 더 문제가 되는 것은 도구가 성장에 대한 누락된 영향과 양(+)으로 상관되어 IV 추정치가 상방으로 편의되어 있기 때문에 발생할 수 있다.

■ 자연 실험

회귀기반의 검정의 한계 측면에서 Olson(1996)은 다른 접근방식을 주장하였다.[11] 특히 그는 분단국가의 경험은 사회하부구조의 중요성에 대한 강력한 증거를 제공한다고 주장하였다. 제2차 세계대전 이후 최근까지 대부분의 기간 동안 독일과 한국은 분단 상황을 지속해 왔다. 이와 유사하게 홍콩과 대만은 중국과 분단되었다. 소득에 영향을 미칠 수 있는 수 많은 변수들, 즉 기후와 자연자원, 물적 및 인적 자본의 초기 수준, 근로에 대한 문화적 태도, 검약 생활, 기업가정신 등이 분단국가 상호 간에는 매우 유사했던 것으로 나타난다. 그러나 이들의 사회하부구조는 매우 달랐다. 동독과 북한, (수 십년 동안) 중국은 계획경제체제를 채택한 반면 서독, 남한, 홍콩 그리고 대만은 상대적으로 자유시장경제체제를 운영하였다.

이들 경우는 사실상 사회하부구조의 효과를 검증하는 일종의 **자연 실험**(*natural experiment*)의 기회를 제공한다고 볼 수 있다. 만일 경제가 실험실이라면 경제학자는 상대적으로 동질적인 국가들을 선택한 후, 이 국가들을 절반으로 나눌 것이다. 그런 다음 무작위(無作爲)로 사회하부구조 가운데 한 가지 유형을 한 쪽 절반에 배정하고 나머지 절반에 다른 유형을 배정한 후 이들 경제가 달성하는 경제성과를 조사한다. 사회하부구조가 무작위로 배정되었기 때문에 사회하부구조의 차이와 경제성과의 차이를 동시에 발생시키는 다른 요인이 존재할 가능성이 사전적으로 배제될 수 있다(즉 표본추출에 따르는 오차를 최소화할 수 있다). 그리고 국가들이

10 우변 변수에 중요한 측정오차가 있는 경우, 계수 추정의 크기를 해석하고 우변 변수의 변동으로 인한 좌변 변수의 비율의 변동을 추정하는 것은 직관적이지 못하다. Hall and Jones는 이러한 문제에 대해 신중하게 논의한다.

11 Baumol(1990), North(1981)와 DeLong and Shleifer(1993)에 의해 제시된 역사적 증거도 참고하라.

배정 이전에 상당히 동질적이기 때문에 한쪽 절반이 우연히 나머지 절반과 사회하부구조 이외의 측면에서 커다란 차이를 나타낼 가능성이 최소화될 수 있는 것이다.

불행히도(비록 다른 이유에서는 다행이지만) 사회과학 연구라는 입장에서 볼 때 경제는 자연과학의 실험실과는 다르다. 가능한 한 가장 자연과학의 실험에 가까운 경우는 역사적 전개과정이 우연히 자연과학의 실험실과 비슷한 상황을 선택하는 것이다. 분단 지역의 경우 이러한 조건에 거의 완벽하게 부합한다. 분단지역(특히 독일과 한국의 경우)은 초기에 상당히 동질적이었으며 분단지역 쌍방 사이에서 볼 수 있었던 사회하부구조의 차이는 단지 지리적인 여건이라는 사소한 차이에서 비롯한 결과이다.

이러한 자연 실험의 결과는 명백하다. 사회하부구조는 중요하다. 모든 경우에 시장 지향적인 체제는 경제적인 측면에서 계획경제체제보다 극적으로 훨씬 성공적이었다. 중국이 1980년대 사회주의에서 탈피할 때 홍콩은 중국의 1인당 소득 수준은 15~20배 높았고 대만은 5~10배나 높았다. 독일이 재통일된 1990년의 노동자 1인당 소득은 서독의 경우 동독의 약 $2\frac{1}{2}$배에 달하는 것으로 나타났다. 북한의 경우 신뢰할 만한 통계를 확보할 수는 없으나, 남한과 북한의 소득격차는 다른 나라의 경우보다 큰 것으로 제시된다. 따라서 이러한 사례에서 국가 간 막대한 소득격차는 사회하부구조의 차이에 의해 상당 부분 설명될 수 있는 것으로 판단된다. 보다 중요한 점은 이러한 역사적 사실에 의하여 제공된 증거는 사회하부구조가 소득에 중대한 영향을 미친다는 사실을 강하게 제시하고 있다는 것이다.

비록 자연 실험이나 회귀접근이 매우 다른 것처럼 보이지만, 자연 실험 접근은 사실 도구변수 추정의 한 형태로 생각될 수 있다. 분단 국가의 자본주의 반쪽에 +1, 공산주의 반쪽에 −1, 다른 모든 국가에 0인 도구를 생각하자.[12] 이러한 도구를 사용하여 소득을 사회하부구조에 IV 회귀하는 것은 분단국가의 사회하부구조와 소득의 차이에서 정보만을 사용하는 것이므로 자연 실험에 초점을 두는 것과 동일하다. 따라서 자연 실험을 우변 변수 변동에서 매우 작지만 신중하게 선택한 일부를 잡아내는 도구변수 접근법으로 생각할 수 있다. 적어도 이러한 경우에 이 접근법은 우변 변수에 훨씬 많은 양의 변동을 사용하려는 접근법보다 더 강력을 증거를 제공하는 것으로 보인다.

4.5 사회하부구조를 넘어서

사회하부구조는 자본주의와 공산주의 사이의 선택에서 세법의 세부사항에 이르기까지 경제의 측면을 포함하는 매우 광범위한 개념이다. 이러한 광범위한 범위는 과학적으로나 규범적으

12 단순화를 위해, Olson의 자연 실험에서 중국이 홍콩과 대만 모두와 짝을 이루는 사실을 무시한다.

로나 만족스럽지 못하다. 과학적으로, 사회하부구조는 국가 간 소득격차에 중요하다는 가설을 검증하기 어렵다. 예를 들어, 사회하부구조의 특정 구성요소 중 하나가 소득에 영향을 미치지 않는다는 설득력있는 증거는 중요할 수 있는 많은 다른 구성요소를 남길 것이다. 규범적으로, 사회하부구조가 소득에 결정적이라는 가설은 특정 제도나 정책입안자들이 빈국에서 소득을 높이기 위해 어떤 노력을 해야 하는지에 대한 명확한 시사점을 가지지 못한다.

사회하부구조의 내부

사회하부구조가 중요하다는 견해를 뛰어 넘는 한 가지 방법은 어떤 형태가 중요한지 더 구체적으로 밝히는 것이다. 이상적으로, 국가 간 소득격차에 중요한 제도 및 정책의 특정 하위 집합을 식별하거나 각각에 가중치를 부여하여 사회하부구조의 여러 요소들의 목록을 제공할 수 있다.

현재의 우리 지식은 이러한 이상에 근접하지 못한다. 오히려 연구자들은 사회하부구조의 광범위한 특징을 활발하게 고려하고 있다. 예를 들어, Glaeser, La Porta, Lopez-de-Silanes, and Shleifer(2004), 특히 Jones and Olken(2005)는 "정책"이 중요한 지에 대해 질문한다. 여기서 지도자를 선택하는 방법이나 자신들의 권력을 행사하는 방법을 결정하는 제도의 변화 없이 한 국가의 지도자들에 의해 변화될 수 있는 사회하부구조 특징으로써의 정책은 성장에 중요하다. 또 다른 연구들은 집행 권한에 대한 제도적 제약이 경제성과에 중요한 지의 여부를 연구한다. North (1981)는 그것들이 중요하다고 주장하는 반면 Glaeser, La Porta, Lopez-de-Silanes, Shleifer는 거의 중요하지 않다고 주장한다.

많은 다른 연구들(그리고 많은 비공식적 주장들)은 사회하부구조의 특정 형태를 선별하고 그것들이 매우 중요하다고 주장한다. 예로써 재산권 보호, 정치적 안전성, 시장 지향, 거의 없는 부패 등이 있다. 불행히도 사회하부구조의 특정 측면의 효과에 대한 설득력있는 증거를 얻는 것은 매우 어렵다. 한 가지 사회하부구조에서 좋은 성과를 내는 국가는 다른 측면에서 좋은 성과를 내는 경향이 있다. 따라서 사회하부구조의 특정 형태에 대한 국가 간 소득 회귀는 잠재적으로 심각한 누락변수편에 빠질 수 있다. 우변 변수는 사회하부구조와 다른 소득의 결정요인과 상관되어 있을 뿐 아니라 사회하부구조의 다른 요소와도 상관되어 있을 것 같다. 사회하부구조가 다각적이고 측정하기 어렵기 때문에 다른 요소들에 대해 단순히 통제할 수 없다.

사회하부구조의 각 구성 요소의 효과를 포괄적으로 분석할 방법이 없는 경우 연구자들은 특정 구성요소의 역할에 대한 통찰력을 제공하는 틀을 찾게 된다. Jones and Olken의 연구는 이러한 접근법의 매우 좋은 예이다. 그들의 전략은 본질적으로 무작위로 사고 또는 질병으로 지도자가 사망한 후 성장에 어떤 일이 일어나는지 살펴 보는 것이다. 그러한 사망으로 인해 정책이 변경될 것으로 예상되지만 일반적으로 제도에서 그렇지 않다. 따라서 성장률이 어느 방향으로든 비정상적으로 변하는 지의 여부를 묻는 것은 정책이 중요한 지 여부에 대한 검정하는 것이다. Jones and Olken은 이러한 변화에 대한 강력한 증거를 발견하였다. 따라서 그들의 전략은 사회하부구조의 하위집합이 중요한 지의 여부에 대해 학습하는 것이다. 그러나 정책의 상대적 중요성과 소득격차에 대한 심층적인 제도나 어떤 특정한 정책이 중요한 지와 같은 정확한 질문에 대해 설명하지 못한다.

■ 사회하부구조의 결정요인

두 번째 방법은 사회하부구조를 결정하는 요인들이 무엇인지를 보다 더 심도있게 조사하는 것이다. 불행히도 이러한 이슈에 관한 연구 결과는 아직까지 찾아보기 어려운 실정이다. 우리가 가진 지식은 추론에 지나지 않거나 단편적인 증거들에 불과하다.

한 가지 유형의 추론은 경제적 유인, 그 중에서도 특히 현재 경제체제하에서 권력을 지닌 개인들의 유인에 초점을 맞춘다. 사회하부구조와 관련하여 경제적 유인이 중요하게 작용한다는 가장 명백한 사례로는 절대권력자(絕對權力者)를 들 수 있다. 절대권력자는 개인들이 축적한 부(富)를 어느 것이나 몰수할 수 있다. 그러나 독재자가 이러한 일을 할 수 있다는 사실을 알게 되는 순간, 부를 축적하려는 개인의 노력은 심각하게 저하된다. 따라서 저축과 기업활동을 독려하는 독재자는 자신이 가진 권력의 일부를 스스로 포기할 필요가 있다. 그렇게 함으로써 독재자를 포함한 모든 경제주체들이 훨씬 부유하게 될 수 있다. 그러나 실제로는 이해하기 어려운 이유로 인해 어떤 독재자도 권력의 일부(그리고 아마도 더욱 많은 부분)를 상실할 위험이 전혀 없음에도 불구하고 이와 같은 조치를 선뜻 실행에 옮기기는 결코 쉽지 않다. 독재자는 심지어 가난한 국가의 경우에서도 막대한 부를 모으는데 별 어려움이 없다. 그러므로 독재자는 엄청난 부(富)의 확대가 기대된다는 사실을 대가로 매우 낮은 확률이라도 권력을 잃어버릴 위험을 감수하지는 않을 것이다. 따라서 절대권력자는 낮은 평균소득을 가져오는 사회하부구조를 선호한다는 결론에 이르게 된다(DeLong and Shleifer, 1993; North, 1981; Jones and Vollrath, 2013 제7장).

이와 같은 논리는 공무원의 뇌물수수는 물론 노동집약적인 생산구조하에서 비효율적인 기술을 채택하고 있는 산업의 노동자들이 시장균형 수준보다 높은 임금을 받는 사례와 같이 기존체제로부터 이익을 누리고 있는 기득권 세력에게도 비슷하게 적용될 수 있다. 만일 현재의 체제가 매우 비효율적이라면 보다 효율적인 체제로 옮겨가는데 동의하는 대가로 이들에게 적절한 보상을 제공하는 것도 가능하다. 그러나 실제로 우리는 이러한 보상을 받아들인 사례를 찾아보기 어려울 뿐 아니라 결과적으로 이들은 기존 체제가 지속되는 데 상당한 이해관계를 갖게 된다.[13]

두 번째 유형의 추론은 문화라는 범주에 포함되는 요인들에 초점을 맞춘다. 사회의 특성은

---

13 Shleifer and Vishny(1993)와 Parente and Prescott(1999)을 참조하라. Acemoglu and Robinson(2000, 2006)은 보다 효율적인 시스템으로의 이동을 막는 그룹에는 현재의 시스템 하에서 경제적으로 이익을 얻고 있을 뿐만 아니라, 개혁이 이루어지면 정치적으로 실권하고 따라서 그들이 개혁을 받아들이기 위해 건네받은 어떠한 보상도 사후적으로 보호받을 수 없는 개인들이 포함된다고 주장한다.

쉽게 변하지 않고 지속적인 성격을 갖는 종교, 가족구조 및 기타 요인들에 의해 형성되기 때문에 이들은 사회하부구조에 중요한 영향을 미치게 된다. 예를 들어 여러 종교들은 전통과 권위, 개인적인 자발성에 대해 서로 다른 입장을 보이게 마련이다. 이러한 요인들에 대하여 지배적인 종교가 묵시적 또는 명시적으로 제시하는 메시지는 사회 구성원들의 사고방식에 영향을 미치며, 이는 다시 사회하부구조의 선택에도 영향을 미치게 될 것 이다. 또 다른 예로서 사회적 규범과 구성원 간의 상호 신뢰가 국가 간에 상당한 차이를 보 이고 있다는 점(Knack and Keeper, 1997; La Porta, Lopez-de-Silance, Shleifer, and Vishny, 1997)을 들 수 있다. 이러한 차이는 사회하부구조에 영향을 끼칠 것이다. 마지막 예로써 국가들은 윤리적 측면에서 크게 다르며 구성원들의 윤리관이 다양한 국가일수록 바람직한 사회하부구조를 보유하기가 어려운 경향이 있다(Easterly and Levine, 1997; Alesina, Devleeschauwer, Easterly, Kurlat, and Wacziarg, 2003).

마지막 유형의 추론은 경제발전에 어떠한 유형의 제도와 정책이 가장 바람직한가에 대한 개인들의 신념에 초점을 맞춘다. 예를 들어 Sachs and Warner(1995)의 연구에 의하면 제2차 세계대전 직후에는 계획경제와 시장경제의 상대적인 장단점이 전혀 명확하게 드러나지 않았다. 주요 시장경제는 대공황을 막 통과한 반면 소련은 겨우 수십 년 만에 저개발국가에서 주요 선진공업국의 하나로 발돋움하였다. 합리적인 사람들은 다른 형태의 사회하부구조가 더욱 월등하다는 데 결코 동의하지 않는다. 결과적으로 사회하부구조의 차이는 사회하부구조의 유형 자체가 아니라 각국 지도자들의 판단의 차이에서 비롯하는 것이다.

사회하부구조를 결정함에 있어서 신념과 경제적 유인의 조합은 사회하부구조 안에서 "악순환"을 창출할 가능성이 있다. 어떤 국민경제가 최초에는 상대적으로 중앙집권적 간섭주의 체제를 채택할 수 있다. 왜냐하면 그 지도자들이 진정으로 이러한 국가체제가 국민들 대다수에게 가장 바람직하다고 믿기 때문이다. 그러나 이러한 체제를 채택하는 순간 현상유지를 원하는 기득권 세력이 발생하기 시작한다. 따라서 다른 유형의 사회하부구조가 더욱 바람직하다는 증거가 누적되더라도 체제 자체가 변하기는 대단히 어렵게 된다. 이 점은 독립 이후 사하라 사막 이남 국가들의 사회하부구조를 결정한 핵심적 요인들을 잘 포착하는 것으로 보인다(Krueger, 1993).

■ 국가 간 소득격차의 또 다른 원인

현재 연구가 사회하부구조가 소득격차에 중요하다는 일반적인 가설을 넘어서려는 세 번째 방법은 다른 잠재적 원인을 조사하는 것이다. 추가적인 결정요인을 찾아내려는 이러한 작업은 사회하부구조의 관점을 보완한다. 그러나 다른 결정요인도 중요하다고 주장하면서 기존의 사회하부구조의 관점에 도전하고 있다.

사회하부구조의 결정요인과 같이, 소득격차의 다른 원인을 연구하는 것은 초기단계이다. 두 연구 사이에 또 다른 중요한 유사점이 있다. 그들은 여러 가지 같은 가능성을 강조한다. 특히,

문화와 지리는 사회하부구조를 통할 뿐 아니라 직접적으로 소득에 영향을 미치는 잠재성을 가지고 있다.

문화의 경우, 검약, 교육, 물질적 성공의 장점과 같은 문제에 대한 관점과 규범이 직접적으로 경제성과에 영향을 미칠 수 있다는 것은 명확해 보인다. Clark(1987)과 Landers(1998)은 이러한 직접적 영향은 중요하지만 이러한 이슈에 대한 증거는 매우 제한적이라고 주장하였다.

지리의 경우, 일련의 연구들은 열대 국가들의 저소득은 대부분 지리적인 직접적 결과라고 주장한다. 아래에서 이를 살펴볼 것이다. 또 다른 일련의 연구들은 경제 상호작용의 지리적 결정요인에 초점을 둔다. 지리적인 장벽은 유익한 제도와 정책에 대한 도출을 감소시킬 뿐 아니라 무역과 특화를 감소시키고 새로운 아이디어에 대한 노출을 감소시켜 소득을 감소시킬 수 있다(예를 들어 Nunn and Puga, 2002).

사회하부구조에 대한 매우 다른 대안은 자본에 대한 외부성을 강조하는 것이다. 이 견해에 따르면 자본은 자신의 한계생산물에 미치지 못하는 보수를 지급받는다. 고급 기술을 보유한 노동자는 혁신적인 창조활동을 수행하는데 이로 인해 다른 노동자들은 모두 이익을 향유할 뿐 아니라 그들의 인적 자본도 이에 수반하여 더욱 향상되지만, 일반적으로 고급기술을 보유한 노동자에게 이에 대한 보상은 이루어지지 않는다. 한편, 물적 자본의 축적은 노동자들이 인적 자본을 제고하는 데 도움을 줄 뿐 아니라 생산과정에서 새로운 기술의 발전을 촉진한다. 그러나 자본의 소유자 역시 이러한 공헌에 대해 충분한 보상을 받지 못한다. 우리는 이러한 상황이 가능함을 3.4절에서 다룬 경험을 통한 학습모형에서 이미 살펴본 바 있다. 그러한 외부성이 중요하다면 – 그리고 국지화된 중요한 범위라면 외부성은 국가 간 소득격차에 잠재적인 기여를 하고 있다 – Klenow and Rodríguez-Clare와 Hall and Jones가 작성한 성장회계의 결과는 어떠한 정보도 제공하지 못한다. 자본이 양(+)의 외부효과를 갖는 경우 사적 수익으로서 한계생산물을 측정하는 방식은 경제성장에 대한 자본의 기여도를 과소평가하기 때문이다.

이러한 견해는 일반적으로 사회하부구조에 초점을 둔 것은 잘못이고, 국가 간 소득격차의 핵심적인 결정요인이 자본축적의 차이를 발생시키는 원인이라는 것을 의미한다. 이는 다시 사회하부구조 가운데 일부만이 중요하며 사회하부구조 이외의 원인으로서 자본축적에 영향을 미치는 검약과 교육에 대한 문화적 태도 등도 중요하다는 것을 뜻한다.

비록 자본에서 온 외부성이 새로운 성장이론의 초기연구에 상당한 관심을 끌었다고 하더라도 일부 증거 형태는 국가 간 소득격차에 중요하지 않다고 제시한다. 첫째, 물적 자본에서 온 큰 양(+)의 외부성 가설은 저축률의 증가가 전통적인 성장회계 계산보다 매우 크게 소득을 증가시킨다고 예측한다는 것을 함의한다. 따라서 저축률과 소득 사이에 눈에 보일만한 상관이 없다는 것은 저축률과 상관된 소득에 음(–)의 영향이 있을 때만 이러한 관점과 일치한다.

둘째, 현재 관찰되고 있는 엄청난 소득격차를 설명할 정도로 자본의 국지적 외부성이 존재한다는 확실한 미시적 근거가 아직까지 발견되지 못했다. 셋째, 고도의 통계주의 경제는 종종 물적 자본과 인적 자본의 축적에 매우 성공적이었으며 시장 지향적 경제보다 높은 자본–생산

비율을 달성했다. 그러나 이들 국가의 경제성과는 결국 매우 실망스러운 것으로 밝혀졌다

마지막으로, Bils and Klenow(2000)는 우리가 인적 자본의 외부성에 대해 상한을 설정하게 하는 어떠한 기술퇴보도 존재하지 않는다는 단순한 사실을 이용하였다. 미국 및 다른 선진 공업국에서 경제활동인구의 평균 교육수준은 매년 0.1년씩 증가해 왔다. 교육연수의 추가적인 증가는 통상적으로 개인의 임금을 약 10% 증가시킨다. 만일 교육에 대한 사회적 보상이 교육수준의 증가를 배가시킨다면 이러한 교육의 증가는 노동자 1인당 생산을 매년 약 2% 증대시킬 것이다(식 4.15 참조). 그러나 이는 본질적으로 노동자 1인당 생산의 전반적인 증가를 설명하는 것이다. 기술은 결코 퇴보하지 않기 때문에 우리는 교육에 대한 사회적 보수가 이보다 더욱 클 수는 없다고 결론내릴 수 있다. 그리고 만일 기술이 계속 진보한다는 것을 확신하다면 교육에 대한 사회적 보수는 이보다 작다는 결론에 도달하게 된다.

이러한 이유로 대부분의 국가 간 소득격차에 대한 최근 연구는 자본의 외부성을 강조하지 않는다.

■ 실증적 응용 : 지리, 식민주의와 경제발전

국가 간 소득격차에 관한 사실 가운데 이목을 끄는 것은 적도 부근에 가까이 위치하는 국가일수록 그 평균소득이 크게 낮아지는 경향이 있다는 점이다. Bloom and Sachs(1998)에 의해 작성된 그림 4.1에 이 점이 잘 묘사되고 있다. 예를 들어 적도로부터 위도 20도 이내 지역에 위치하는 국가들의 평균소득은 40도 이상에 위치한 국가들에 비해 1/6에도 미치지 못하고 있다.

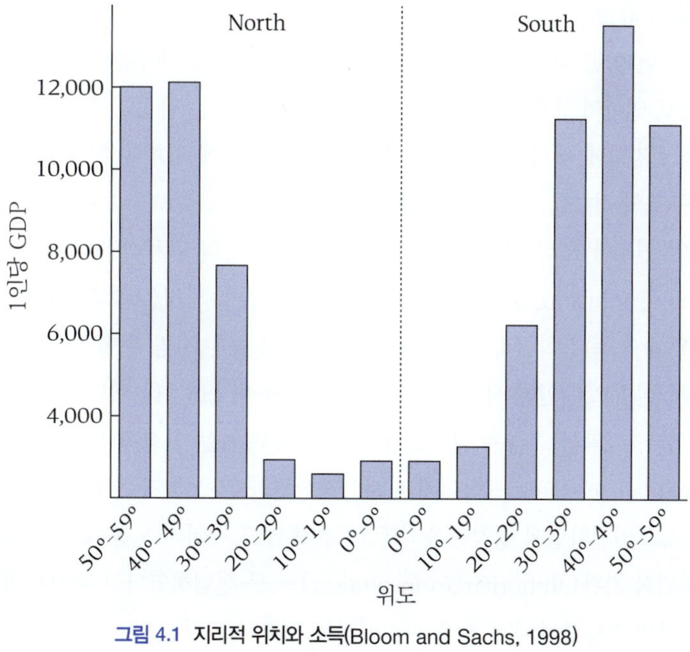

그림 4.1 지리적 위치와 소득(Bloom and Sachs, 1998)

이러한 특성에 대한 이유로서 확실한 것은 열대지방은 직접적으로 소득을 낮추는 특성을 갖는다는 주장이다. 이와 같은 주장은 오랜 역사를 가지고 있으며 최근 들어 Diamond(1997), Bloom and Sachs(1998)를 비롯한 다수의 연구자들에 의해 다시 지지를 받고 있다. 이들은 열대지방이 지리적으로 불리한 점들을 제시하고 있다. 이 가운데 일부는 풍토병이 발생하기 쉽다거나 농업에 불리한 환경 등과 같이 열대라는 기후 조건과 직접 관련된 것들이다. 이와는 달리 전세계 경작지 가운데 상대적으로 작은 부분이 열대지방에 존재한다는 사실(이는 무역의 기회와 아울러 열대지방에 유리한 혁신의 인센티브를 저하시킨다)은 열대지방과 태생적으로 결부된 것은 아니지만 그럼에도 불구하고 지리적으로 불리한 점들이다.

그러나 열대지방의 빈곤이 지리적 위치에 의하여 직접 초래된 것으로 보는 가설은 심각한 문제를 내포하고 있다. 왜냐하면 열대지역에서는 사회하부구조가 대단히 열악하기 때문이다. Sachs and Wanrer(1995)와 Mauro(1995), Knack and Keefer(1995)에 의해 사용된 사회하부구조에 대한 측정법에 의하면 열대지방에서 사회하부구조의 수준은 매우 낮은 것으로 나타난다. 이들 국가의 빈약한 사회하부구조가 그들의 빈곤에서 비롯된 것이 아니라는 것은 거의 확실하다. 예를 들어 1세기 전 유럽 대부분 국가의 사회 하부구조는 오늘날 대부분의 아프리카 국가들의 경우보다 훨씬 열악하였다.

따라서 이 절에서 열대 국가가 가난한 이유를 살펴보는 것은 세 가지 문제 중 두 가지에 대해 밝힐 수 있다. 첫째는 사회하부구조의 결정요인이다. 열대 국가의 무엇이 열악한 사회하부구조를 가져왔을까? 둘째는 사회하부구조 이외의 소득 결정요인이다. 지리적 위치가 소득에 직접적인 영향을 미치는 지 또는 그 영향이 주로 사회하부구조에 작동하는가?

이러한 질문과 관련하여 Acemoglu, Johnson and Robinson(2001, 2002)과 Engerman and Sokoloff(2002)는 식민지배가 잃어버린 고리(missing link)라고 주장하였다. 이들의 견해에 따르면 식민지 시대에 열대와 온대의 지역 간 차이(대부분이 지리적 위치로부터 비롯한 것이다)로 인하여 유럽인들은 이들 지역을 식민지화하는 과정에서 서로 다른 접근방식을 취하였다. 식민지화에 채택된 차별화 전략은 제도의 발전에 영향을 미쳤으며 이야말로 현재의 사회하부구조의 격차를 초래한 주된 원천이다.

이들의 연구가 초점을 맞추고 있는 식민지화 전략의 구체적인 결정요인들은 서로 다르다. Acemoglu, Johnson, and Robinson(2001)은 질병 환경을 강조하였다. 이들은 유럽인들이 열대지역에서 특히 학질과 황열병에 의해 지극히 높은 사망 위험에 직면하였던 데 반해 온대지역에서 질병으로 인한 사망률은 유럽의 경우와 비슷하거나 어떤 경우에는 오히려 낮았다고 주장하였다. 따라서 그들은 질병발생 확률이 매우 높은 환경에 유럽의 식민주의자들은 “수탈정부”(extractive state) – 식민지의 사유재산권과 그곳에 거주하는 인구를 위한 투자 유인을 최소한으로 억제하면서 정착촌을 별로 세우지 않고 지역의 노동력과 자원을 징발하기 위하여 세운 권위적 기관(authoritarian institution) – 를 설립하였다고 주장하였다. 한편, 유럽인들은 질병발생 가능성이 매우 낮은 환경에서는 “정착식민지”(settler colonies)를 건설하고 유럽과 비슷한 각종 기관을 설립하고 운영하였다.

2002년 연구에서 Acemoglu, Johnson, and Robinson은 식민지화된 지역이 경제발전단계에서 현재 어느 수준에 이르고 있는지에 초점을 맞추었다. 상대적으로 인구밀도가 높고 더욱 발달된 기관을 보유한 지역의 경우 수탈정부를 설립하는 것이 보다 매력적(왜냐하면 수탈의 대상이 되는 인구규모가 크고 이러한 작업에 이용할 수 있는 제도적 체제가 구비되어 있기 때문이다)이며 이주식민지를 건설하는 것은 더욱 어려웠다. 결과적으로 Acemoglu, Johnson, and Robinson은 "대반전"을 주장한다. 즉 식민지화된 지역들 가운데 식민지화되기 직전에 가장 발달한 지역들은 오늘날 가장 덜 발달한 지역으로 남아 있다는 것이다.

Engerman and Sokoloff(2002)는 이와 다른 지리적 특성, 즉 노예제도가 식민지화 전략에 중대한 영향을 미쳤다고 주장하였다. 1500~1800년 중에 미주대륙으로 도래한 사람들 대부분은 노예였으나 노예제도의 운영은 지역에 따라 상당한 차이를 보였다. Engerman and Sokoloff는 지리적 위치가 열쇠라고 주장한다. 모든 식민지정부가 노예제도를 받아들였지만, 노예제도는 막대한 노동력을 투입하여 대규모 농장에서 작물을 효율적으로 경작하기 알맞은 지역에서 주로 번성하였다. Engerman and Sokoloff의 주장에 따르면 식민지화 전략의 측면에서 초기의 이러한 차이는 이들 지역의 정치적, 제도적 발전에 장기에 걸쳐 지속적인 영향을 미쳤다는 것이다.

Acemoglu, Johnson, and Robinson과 Engerman and Sokoloff는 식민지화 전략에 커다란 차이가 존재했다는 것과 관련하여 설득력 있는 증거를 제시하였다. 그리고 이러한 차이는 오늘날 사회하부구조의 차이를 초래한 중요한 요인이라는 것이 거의 확실하다. 그러나 식민지화 전략의 차이의 원인과 다른 전략을 통한 채널이 제도에 차이를 가지고 왔는지에 대해 분명하지 않다.

식민지화 전략의 차이의 원인과 관련하여 연구자들은 세 연구의 차이점 외에 다른 이유를 제시하지 못하였다. Acemoglu, Johnson, and Robinson(2001)의 증거는 상당한 논란거리가 되고 있다. Albouy(2012)는 이민사망률에 관한 데이터를 재검사하고, 많은 경우에 가장 이용가능한 데이터에 의해 작성한 사망의 통계자료가 Acemoglu, Johnson, and Robinson이 그림표 작성에 이용한 통계자료와 비교할 때 열대 지방에서 낮고 온대 지방에서 더 높은 것을 시사하고 있음을 발견하였다. 그는 결과적으로 현대의 사회하부구조와 이민사망률과의 사이에 존재하는 통계적 관계가 Acemoglu, Johnson, and Robinson에 의해서 찾아냈던 것보다 매우 약하다는 것을 알아냈다.[14]

식민지화 전략의 차이가 제도발전에 영향을 미치는 경로와 관련하여, Acemoglu, Johnson, and Robinson은 수탈정부와 이주식민지를 구분하고 이들이 사유재산권의 강약에 미친 영향을 강조하였다. 이와는 대조적으로 Engerman and Sokoloff는 식민지화 전략이 정치적, 경제

14 Albouy의 분석에 대한 대응은 Acemoglu, Johnson, and Robinson(2012)을 참조하라.

적 불평등에 미친 충격과 그 결과 민주주의의 발전과 공교육을 비롯한 기타 제도에 미친 영향을 강조하였다. 다른 가능성으로 이들 지역에 유럽식 사고 체계와 제도의 도입이 늘어날수록 더욱 많은 유럽인들이 이주하여 정착했다는 점을 지적할 수 있다.

이제 열대 국가의 빈곤은 지리적 위치가 소득에 중요한 직접적 영향을 미치는 지의 여부를 밝히는 두 번째 이슈로 넘어가자. 여기서 Acemoglu, Johnson, and Robinson는 강한 관점을 가지고 있다(특히 2001년 논문에서 그렇다). 그들은 지리적 요인들이 오늘날 소득에 중요한 영향을 미치는 것은 제도발전에 대한 과거의 영향을 통해서만 있다고 주장한다. 예를 들어 식민지화 전략과 이후의 제도발전에 중요한 효과를 가졌던 황열병은 전세계적으로 거의 근절되었다. 따라서 오늘날 소득격차의 직접적인 원인이 될 수 없다.

그러나 불행히도 이러한 이슈에 대한 증거는 결정적이지 않다. 1~2세기 전의 황열병의 창궐과 오늘날의 소득과 음(−)의 상관관계를 고려하자. 확실히 현재 황열병 위험은 어디에서나 거의 없기 때문에 현재의 황열병 위험은 어떤 효과도 반영할 수 없다. 그러나 과거 황열병의 위험에 대한 장기적인 영향(제도 또는 기타 채널을 통해)을 반영하지 않는다. 과거 황열병의 위험과 상관되고 다른 열대 질병의 위험, 농업에 적합하지 않은 기후 등과 같이 오늘날의 소득에 직접적인 영향을 미치는 다른 변수의 영향과 똑같이 반영할 수 있다. 따라서 지리의 직접적인 효과가 중요하다는 이슈는 해결되지 않았다.[15]

■ 결론 : 15분 내 5개의 논문들

세계 생활수준의 엄청난 격차에 대한 우리의 이해 상태는 혼재되어 있다. 한편으로, 우리는 이러한 차이의 궁극적인 결정요인에 대한 명확한 정량적 이해와는 거리가 멀다. 그리고 다른 정책이 빈국의 소득을 만들어 내는 기여를 정량적으로 평가할 수 있는 것과는 더 거리가 멀다. 한편, 우리의 지식은 빠른 속도로 발전하고 있다. 소득의 결정요인에 대한 우리의 이해는 지난 20년 동안 혁신적이며 계속해서 인상적으로 발전하고 있다. 그리고 더 깊은 결정요인에 대한 연구는 새로운 아이디어와 새로운 증거의 큰 밑받침이 된다.

이 자료를 학생들에게 가르칠 때 현재 연구의 흥미를 불러오기 위해 "15분 안에 5개의 논문"이라고 부르는 짧은 절으로 결론을 내린다. 현재 많이 연구되는 아이디어는 질이 높고 잠재적으로 중요하지만 흥미를 주는 것 이상이지 못하다. 어떤 논문은 회계기반이고, 어떤 논문은 통계적이고 어떤 논문은 거의 측정이며 어떤 논문은 방대한 양의 이론이다. 이들을 통합하는 것은 국가 간 소득격차와 빈국의 저소득에 대한 중요한 통찰을 제공하는 것이다. 현재 이러한 연구는 Schmitz(2005); Hsieh and Klenow(2009); Putterman and Weil(2010); Henderson, Storeygard, and Weil(2010); Albouy(2012); Lagakos(2016);

15 지정학적 문제인가 아니면 사회하부구조의 문제인가를 이슈로 다룬 최근의 논문을 열거하면 다음과 같다. Acemoglu, Johnson, and Robinson(2001, 2002), Easterly and Levine(2003), Sachs(2003), Rodrik, Subramanian, and Trebbi(2004), and Glaeser, La Porta, Lopez-de-Silanes and Shleifer(2004) 등

Schoellman(2016); and Hendricks and Schoellman(2017) 등이다.[16]

4.6 성장률의 격차

이제까지의 논의는 국가 간 1인당 평균소득의 격차에 초점을 맞추어 왔다. 그러나 1.1절에서 논의한 바와 같이 상대소득은 고정되어 있지 않다는 점을 상기할 필요가 있다. 상대소득은 때때로 큰 규모로 변동하며 가끔 단지 수천 년 내에 발생하기도 한다. 그러므로 소득수준의 격차에 관한 논의가 소득증가율에 어떠한 시사점을 제공하는지에 대한 의문을 갖는 것은 당연하다 하겠다.

균형성장경로로의 수렴

국가 간 1인당 장기상대소득의 근본적인 결정요인이 분석대상기간 중 일정한 경우부터 시작한다. 이는 상대적인 저축률과 교육연수, 주어진 일련의 생산요소에 의한 생산의 장기결정요인 등이 변동하더라도 무시한다는 것을 의미한다.

개별국가의 소득이 해당 장기성장경로로 즉각적으로 도약하지는 못한다. 예를 들어 만일 전쟁으로 일국(一國)의 자본스톡 가운데 일부가 파괴되었다고 하더라도 자본스톡은 오직 점진적으로 원래의 장기경로로 되돌아간다. 회복기간 중 노동자 1인당 자본은 정상적인 경우보다 빠르게 증가하기 때문에 노동자 1인당 생산 역시 정상적인 상황에 비해 빠르게 증가한다. 보다 일반적으로 국가 간 성장률의 차이의 원인은 국가 간 장기 균형성장경로 대비 초기 위치의 차이라고 볼 수 있다. 장기경로보다 아래에서 시작한 국가가 장기경로 윗쪽에서 시작한 국가에 비해 상대적으로 더 빠른 속도로 성장할 것이다. 이를 보다 공식적으로 살펴보기 위해 국가 간 노동자 1인당 생산의 격차는 단순히 노동자 1인당 물적 자본의 차이에 의해서만 설명될 수 있다고 가정하기로 한다. 이는 노동자 1인당 인적 자본과 주어진 생산요소에 의한 생산은 모든 국가에서 동일하다고 가정하는 것과 일맥상통한다. 아울러, 생산은 규모에 대한 보수불변을 상정한 전통적 생산함수 $Y_i(t) = F(K_i(t), A(t)L_i(t))$에 의해 결정된다고 가정한다. 보수불변의 가정으로 인해 국가 i의 노동자 1인당 생산은 다음과 같이 쓸 수 있다.

$$\frac{Y_i(t)}{L_i(t)} = A(t)f(k_i(t)) \tag{4.21}$$

16 독자들은 5개보다 더 많은 논문이 있다는 것에 주의해야 한다. 목록을 5개로 제한하기 어려울 정도로 중요한 많은 논문이 있다는 것을 나타낸다. 훨씬 더 주의하여 보면, 논문들 중 하나는 미국과 캐나다의 특정 산업에서의 생산성 변화에 대한 것이다. 이는 여러 방식으로 저소득의 원인에 대한 통찰을 얻을 수 있다.

(초기의 모형과 마찬가지로 $k \equiv K/AL$과 $f(k) \equiv F(k,1)$이 성립한다.) 가정에 의해 A의 경로는 모든 국가에서 동일하다. 따라서 식 (4.21)은 성장의 차이가 단지 k의 행태 차이에서 비롯한다는 것을 보여 준다.

솔로우모형과 Ramsey모형에서는 각 국민경제가 균형성장경로 상의 k을 갖고 있으며 k의 변화율은 개략적으로 균형성장경로로부터 벗어난 거리에 비례한다(1.5절 및 2.6절 참조). 이러한 특성이 이 모형에서도 성립한다고 가정하면 다음과 같이 표현될 수 있다.

$$\dot{k}_i(t) = \lambda[k_i^* - k_i(t)] \tag{4.22}$$

여기서 k_i^*는 균형성장경로 상에서 i국의 k값이며 λ는 수렴속도로서 0보다 크다. 식 (4.22)는 균형성장경로로부터 멀리 떨어진 국가일수록 유효노동 1단위당 자본스톡은 더욱 빠른 속도로 늘어나기 때문에 노동자 1인당 소득증가율 역시 더욱 높다는 것을 보 여주고 있다.

k_i^*의 값들에 관해서는 두 가지 가능성이 존재한다. 첫째는 모든 국가에서 동일한 경우이다. 이 경우 균형성장경로 상에서 노동자 1인당 소득은 모든 국가에서 동일하게 나타난다. 평균소득의 격차는 단지 공통의 균형성장경로로부터 각국이 머물러 있는 위치까지를 기준으로 하여 측정한 상대적 위치의 차이에 의해 발생한다. 따라서 이와 같은 경우에 모형은 국가의 1인당 평균소득이 낮을수록 소득증가율은 더욱 높게 나타난다. 이와 같은 현상은 **무조건부수렴**(*unconditional convergence*)으로 알려져 있다.

세계대전 후의 기간 동안 선진국들이 경험한 성장률 차이에 관하여 무조건부 수렴을 적용하여 분석하면 보다 합리적인 설명을 도출해 낼 수 있다. 저축률, 교육수준, 생산에 대한 경제적 유인 등과 같은 장기적인 기초경제여건들은 이들 국가 간에 대체로 비슷하다. 그럼에도 불구하고 제2차 세계대전은 이들 국가에 대해 서로 다른 영향을 주었기 때문에 전쟁 직후 시점에 이들 국가는 매우 다른 평균소득을 갖게 되었다. 예를 들어 일본과 독일의 평균소득은 미국과 캐나다의 수준을 크게 하회하였다. 따라서 초기소득의 국가 간 격차는 균형성장경로 간의 차이에서 비롯되었다기보다는 장기 균형성장경로로부터의 상대적 위치의 국가 간 차이로부터 초래되었다고 보는 것이 타당할 것이다. 결과적으로 종전 직후 시점에 가장 빈곤했던 공업국들은 가장 급속하게 성장 하였다(Dowrick and Nguyen, 1989; Mankiw, D. Romer and Weil, 1992).

다른 가능성은 k_i^*가 국가 간에 서로 다르다는 것이다. 이 경우 국가 간 소득격차에는 해소되기 어려운 요소가 내재한다. 예를 들어 저축률이 낮기 때문에 가난한 국가는 다른 국가들에 비해 더욱 빠른 속도로 성장하리라는 보장이 없다. 그러나 균형성장경로에 대한 상대적 위치의 차이에 의해 유발되는 소득격차는 각국이 균형성장경로로 수렴해 감에 따라 점진적으로 사라진다. 즉 이 모형은 **조건부 수렴**(*conditional convergence*)을 예측한다. 다시 말해, 가난한 국가는 균형성장경로 상의 소득을 결정하는 요인을 통제하면 가장 빠르게 성장한다는 것이다(Barro and Sala-i-Martin, 1991, 1992; Mankiw, D. Romer and Weil, 1992).

이러한 사고는 초기소득의 격차가 단지 물적 자본의 차이에서 비롯된 것이 아닌 상황으로 확장된다. 물적 자본과 마찬가지로 인적 자본의 경우도 노동자 1인당 자본이 즉각적으로 장기균형수준으로 회귀하지 않는다. 예를 들어 젊은 세대가 앞선 세대들에 비하여 교육에 더 많은 기간을 할애(割愛)한다면 노동자 1인당 인적 자본은 새로운 노동자들이 노동력(즉 경제활동인구)으로 편입되는 한편 늙은 노동자들이 노동시장에서 이탈해 가면서 점진적으로 증가한다. 마찬가지로 노동자와 자본이 생산활동과 지대추구활동 간에 즉각적이고 아무런 비용없이 이전되기는 어렵다. 따라서 이러한 활동 간의 자원배분 역시 각각의 장기균형수준으로 즉시 도약하지 못한다. 또 다시 장기 균형성장경로의 소득을 하회하는 수준에서 출발한 국가들은 각 국민경제가 해당 장기경로로 이동해 감에 따라 일시적으로 높은 성장을 시현하는 기간을 경험한다.

기초경제여건의 변동

지금까지 노동자 1인당 소득의 상대적 장기수준을 결정하는 근본적인 결정요인들은 고정적이라고 가정해 왔다. 이들 근본적 요인이 변동할 수 있다는 사실은 국가들 간 성장의 차이를 창출하는 다른 원천이다.

이를 살펴보기 위해 노동자 1인당 소득격차가 노동자 1인당 자본 차이로 인하여 발생하는 경우를 다시 살펴보기로 한다. 이전과 같이 경제에 어떠한 충격도 없는 경우 수렴하는 균형성장경로를 갖고 있다고 가정한다. 먼저 식 (4.22) $\dot{k}_i(t) = \lambda[k_i^* - k_i(t)]$를 상기하도록 하자. 여기에서 우리는 k_i^* 의 수준이 고정적일 필요가 없는 어떤 기간의 성장을 고려하고자 한다. 관련된 주제를 이해하기 위해 시간은 이산형으로 가정하고 이웃하는 두 기간만을 고려하는 것이 가장 손쉽다. t기로부터 $t+1$기까지 k_i가 변동한 몫을 Δk_{it+1}로 정의하고 이것이 k_i^*와 k_i의 t기 값에 의존한다고 가정한다. 그러므로 식 (4.22)와 유사한 방정식은 다음과 같다.

$$\Delta k_{it+1} = \lambda(k_{it}^* - k_{it}) \tag{4.23}$$

단, λ의 값은 0과 1의 사이의 값으로 가정한다. t기로부터 $t+2$기까지의 k_i변동은 다음과 같다.

$$\Delta k_{it+1} + \Delta k_{it+2} = \lambda(k_{it}^* - k_{it}) + \lambda(k_{it+1}^* - k_{it+1}) \tag{4.24}$$

이 식을 해석하기 위해 k_{it+1}^*을 $k_{it}^* + k_{it+1}^*$으로 k_{it+1}을 $k_{it} + \Delta k_{it+1}$로 각각 바꾸어 쓴다. 따라서 식 (4.24)는 다음과 같이 쓸 수 있다.

$$\begin{aligned}\Delta k_{it+1} + \Delta k_{it+2} &= \lambda(k_{it}^* - k_{it}) + \lambda(k_{it}^* + \Delta k_{it+1}^* - k_{it} - \Delta k_{it+1}) \\ &= \lambda(k_{it}^* - k_{it}) + \lambda[k_{it}^* + \Delta k_{it+1}^* - k_{it} - \lambda(k_{it}^* - k_{it})] \\ &= [\lambda + \lambda(1-\lambda)](k_{it}^* - k_{it}) + \lambda\Delta k_{it+1}^*\end{aligned} \tag{4.25}$$

여기서 두 번째의 줄은 식 (4.25)를 이용하여 Δk_{it+1}을 대체하였다.

시간에 대해 연속형인 경우를 고려하는 것도 도움이 된다. 만일 k_i^*가 이산적으로 변동하지 않는다면 k가 0시점부터 T시점까지의 기간에 변동한다는 조건하에서 식 (4.22)는 다음의 식을 의미한다는 것을 쉽게 보일 수 있다.

$$k_i(T) - k_i(0) = (1 - e^{-\lambda T})[k_i^*(0) - k_i(0)] + \int_{\tau=0}^{T} (1 - e^{-\lambda(T-\tau)})\dot{k}_i^*(\tau)\, d\tau \tag{4.26}$$

식 (4.25)와 (4.26)의 표현은 임의의 기간 중 k의 변화는 두 개의 항으로 분해될 수 있음을 보여 준다. 첫째 항은 각국의 균형성장경로에 대비해 초기에 어떠한 위치에 있는 가에 의존한다. 이것은 바로 앞서 거론한 바 있는 조건부 수렴의 효과이다. 둘째 항은 기간 중 균형성장경로의 변화에 의존한다. 예를 들어 균형성장경로 상의 k의 값이 상승하면 성장은 증가한다. 더 나아가 연속형인 경우의 표현에서 볼 수 있는 것(그리고 기대되는 것)처럼 k_i^* 상승의 발생시기가 초기일수록 더욱 큰 효과를 나타낸다.

분석의 단순화를 위해 물적 자본에 초점을 맞추기로 한다. 그러나 비슷한 결과가 인적 자본과 효율성에 적용될 수 있다. 즉, 성장은 균형성장경로에 대한 상대적 위치로 본 각국의 출발점과 해당 균형성장경로의 변화에 의존한다.

이러한 분석은 수렴 문제가 최초 논의에서 제시된 것보다 훨씬 복잡한 문제라는 것을 보여준다. 총체적인 수렴 문제는 각국의 장기경로 대비 상대적 위치의 초기분포와 장기경로의 분산뿐만 아니라 각국의 장기경로를 결정하는 근본적 요인들의 변동에 대한 분포에 의존한다. 예를 들어 기초경제여건들이 수렴하는 경우 총체적인 수렴이 이루어 질 수 있다.

이로부터 수렴을 촉진하는 강력한 힘이 존재한다는 추론이 가능하다. 한 국가의 평균소득이 세계 평균을 크게 하회하는 것은 현재 위치가 자국의 장기경로에 큰 폭으로 미치지 못하거나 해당 장기경로가 비정상적으로 낮은 소득수준을 보이고 있기 때문이다. 첫 번째 경우에는 국민경제가 장기경로로 수렴해 감에 따라 경제성장이 빠르게 이루어 질 것이다. 두 번째 경우에는 해당 경제의 기초여건을 개선시킴으로써 성장을 촉진시킬 수 있다. 예를 들어 이러한 국가는 선진국에서 성공적이라고 평가받는 정책과 제도를 선택하여 도입할 수 있다.

불행히도 이러한 결론을 뒷받침할 만한 증거는 발견되지 못하고 있다. 전후 기간에 걸쳐 빈국들이 부국에 비하여 상대적으로 빠른 성장세를 시현하지 못하였다. 이러한 사실은 두 가지 요인을 반영한다. 첫째, 빈국과 부국 간의 최초 시점에서의 격차는 빈국들이 이들 장기경로를 하회한 반면 부국들은 해당 장기경로를 상회하고 있는 데 기인한 것이 아니라는 점이다. 실제로 장기경로를 크게 밑돌기 시작하는 것은 부국들이라는 것을 지지하는 증거가 일부 제시되고 있다(Cho and Graham, 1996). 이것은 제2차 세계대전이 이들 국가에 대해 불균형적으로 영향을 미쳤다는 사실을 반영한다. 둘째, 비록 빈국의 기초경제여건이 개선된 경우가 종종 발견되지만 이들 국가그룹의 기초여건이 오히려 악화된 경우도 흔히 찾아 볼 수 있다.

더 나아가 1.1절을 돌이켜 보면 과거 수세기에 걸쳐 총체적으로 관찰되는 성장 패턴은 국가 간 소득격차 내지 성장률 차이가 두드러지게 발산하는 모습을 보이고 있다는 점이다. 1800년에 서유럽의 국가들, 미국과 캐나다 등 다소의 공업화가 이루어진 국가들은 현재 후진국에 비해 훨씬 부유한 지역으로 성장하였다. 또한 그동안 이러한 국가들의 기초경제여건이 극적으로 개선된 데 비해 가난한 국가들의 경우 대부분 이러한 개선이 거의 이루어지지 않았다.

■ 성장의 기적과 성장의 파국

이 분석은 국가별 상대소득의 변화 가운데 가장 극단적인 두 가지 사례, 즉 성장의 기적과 성장의 파국을 이해할 수 있도록 하는 분석의 틀을 우리에게 제공해 준다. 다른 국가들에 비하여 지나치게 빠르거나 느린 성장은 충격으로 인해 경제가 장기 균형성장경로로부터 멀리 이탈하거나 기초경제여건이 큰 폭으로 변동하는 경우 발생할 수 있다. 그러나 경제를 해당 장기 경로로부터 멀리 벗어나도록 할 만큼 충분히 큰 규모의 충격은 그리 흔하지 않다. 제2차 세계대전이 서독에 미친 영향이 가장 대표적인 사례라 할 것이다. 전쟁 직전 서독지역의 1인당 평균소득은 미국의 1인당 평균소득의 약 3/4에 해당하는 수준이었으나 전쟁이 종료된 직후인 1946년에는 미국의 1인당 평균소득의 약 1/4 수준까지 하락하였다. 서독의 소득수준은 이후 수십 년간 원래의 장기균형성장경로를 회복해 가면서 급속한 성장을 지속하였다. 1946년 이후 20년 동안 서독의 1인당 소득은 연평균 7% 이상의 증가율을 기록하였다. 그 결과 1966년에 이르러 서독의 평균소득은 다시 미국의 약 3/4에 달하는 수준까지 상승하였다.[17]

그러나 이와 같은 대규모 충격은 결코 흔히 발생하지 않는다. 결과적으로 성장의 기적과 성장의 파국은 일반적으로 기초경제여건이 크게 변동하면서 발생하게 된다. 더 나아가 사회하부구조가 기초경제여건에 핵심적이므로 성장의 기적과 성장의 파국의 대부분은 사회하부구조가 대규모로 그리고 급격하게 변동한 결과이다.

성장의 기적과 성장의 파국은 강력한 독재 통치하에서 보다 흔하게 발생한다는 사실은 그리 놀라운 것이 되지 못한다. 민주주의하의 각종 제도들은 대규모로 급격하게 변동하기가 쉽지 않다. 그러나 더욱 놀랍게도 독재자의 동기와 사회하부구조의 변화 간에는 본질적으로 명확한 상관관계가 발견되지 않는다. 폭압적인 독재 통치하에서 큰 폭의 바람직한 사회하부구조의 변화가 일어날 수 있는 반면 자국 시민의 후생복리 증진을 주된 목표로 하는 독재자가 통치하는 가운데서도 대규모의 바람직하지 않은 사회하부구조의 변화가 일어날 수 있다. 우호적이며 중대한 사회하부구조의 변화로 인하여 성장의 기적이 지속된 사례로는 1960년대의 싱가포르와 한국, 1970년 초의 칠레와 1990년의 중국 등을 들 수 있다. 이와 정반대 유형의 사례로는 제2차 세계대전 후의 아르헨티나, 1960년대 초 대다수의 아프리카 신생독립국, 1960년대 중반 문화혁명기의 중국과 1970년대 초 우간다 등을 들 수 있다.

---

17 이와 달리 동독은 강압적인 공산주의 체제가 도입되어 경제의 기초여건에 바람직하지 않은 변화를 경험하였다. 따라서 동독의 회복세는 훨씬 약했다.

어떤 유형의 사회하부구조가 높은 수준의 평균소득을 달성하는 데 가장 도움이 되는 가에 관한 증거들이 점차 분명해지고 있다. 그 결과, 현재 빈곤에 시달리는 국가들 가운데 적지 않은 국가들이 성장의 기적을 시작하고 있거나 성장을 준비하고 있다. 불행하게도 지금은 이러한 낙관적인 견해가 옳고 그른지를 판단하기에는 아직 이르다 하겠다.

4.1 **교육의 황금률수준** $G(E)$가 $G(E) = e^{\phi E}$ 의 형태를 취한다는 가정하에 4.1절의 모형을 보자.

(*a*) 균형성장경로 상에서 1인당 생산을 극대화하는 E의 값을 구하라. 이 값이 0인 경우가 존재하는가? 또한 이 값이 T인 경우도 존재하는가?

(*b*) 내부해가 존재한다고 가정하자. E의 값으로 교육의 황금률수준(즉 (*a*)의 해답으로 규정된 E의 수준)이 존재하는 경우 이하의 각각의 변화에 의해 어떠한 영향을 받는지 서술하라.

(*i*) T의 증가.

(*ii*) n의 하락.

4.2 **E 선택의 내생화** (Bils and Klenow, 2000) 시점 t에서 교육연한이 E인 노동자의 임금은 $be^{gt}e^{\phi E}$ 이라고 가정한다. 시점 0에서 태어난 노동자는 그의 생애기간 중 처음 E년 동안을 학교에서 수학하며, 나머지 $T - E$년을 일한다고 상정한다. 이자율은 일정하며 $\bar{r}$ 와 같다고 가정한다.

(*a*) 노동자의 생애소득이 현재할인가치로 얼마가 되는지 E, T, b, $\bar{r}$, ϕ 및 g의 함수로 표현하라.

(*b*) (*a*)에서 구한 표현을 극대화하는 E의 1계조건을 구하라. 이때 내부해가 존재하는 것으로 가정하고 E의 값을 E^*로 정의한다.

(*c*) 다음에 열거하는 변화가 E^*에 대해 미치는 영향을 서술하라.

(*i*) T의 증가.

(*ii*) $\bar{r}$ 의 상승.

(*ii*) g의 상승.

4.3 국가 i의 생산이 $Y_i = A_i Q_i e^{\phi E_i} L_i$로 주어져 있다. 여기서 E_i는 각 노동자의 교육연수이고, Q_i는 교육의 질이며 나머지 표기는 본문과 같다. 1인당 높은 생산은 교육의 질을 끌어 올린다. 특히, Q_i가 $B_i(Y_i/L_i)^{\gamma}$, $0 < \gamma < 1$, $B_i > 0$이다.

우리의 목표는 두 국가 1, 2 사이의 1인당 로그생산의 차이를 교육과 다른 요인의 기여로 분해하는 것이다. 두 국가의 Y, L, 그리고 E에 대한 데이터를 가지고 있고 모수 ϕ와 γ 값도 알고 있다.

(*a*) $\ln(Y_2/L_2) - \ln(Y_1/L_1)$에 $\phi(E_2 - E_1)$이 기여하고 다른 힘이 나머지를 기여하는 것

으로 인해 교육이 두 국가 사이의 1인당 로그생산의 차이에 대해 교육의 기여를 얼마나 과소평가하는 지를 설명하라.

(*b*) 노동자 1인당 로그생산격차에 교육의 기여를 측정하는 더 좋은 방법은 무엇인가?

4.4 생산함수는 $Y = K^{\alpha}(e^{\phi E}L)^{1-\alpha}$, $0 < \alpha < 1$이다. E는 노동자들이 받은 교육의 양이다. 나머지 표기는 본문과 같다. 완전 자본이동이 존재한다고 가정하자. 특히, K는 항상 조정하여 자본의 한계생산물은 세계 수익률 r^*와 같다.

(*a*) 자본의 한계생산물을 K, E, L, 그리고 생산함수의 모수의 함수로 표시하라.

(*b*) (*a*)에서 유도한 방식을 사용하여 K를 r^*, E, L, 그리고 생산함수의 모수의 함수로 표시하라.

(*c*) (*b*)의 답을 사용하여 K를 통한 Y에 대한 E의 효과를 포함한 $d(\ln Y)/dE$를 표시하라.

(*d*) 자본 이동이 생산에 있어 E의 변화의 충격에 어떻게 영향을 주는 지에 대해 직관적으로 설명하라.

4.5 (Mankiw, D. Romer, and Weil, 1992) 생산은 $Y(t) = K(t)^{\alpha}H(t)^{\beta}[A(t)L(t)]^{1-\alpha-\beta}$, $\alpha > 0$, $\beta > 0$, $\alpha + \beta < 1$이다. 여기서 L은 노동자의 수이고 H는 전체 기술의 양이다. 나머지 표기는 본문과 같다. 생산의 동학은 $\dot{L}(t) = nL(t)$, $\dot{A}(t) = gA(t)$, $\dot{K}(t) = s_k Y(t) - \delta K(t)$, $\dot{H}(t) = s_h Y(t) - \delta H(t)$이다. 여기서 $0 < s_k < 1$, $0 < s_h < 1$이고 $n + g + \delta > 0$이다. $L(0)$, $A(0)$, $K(0)$와 $H(0)$는 주어져 있으며 모두 0보다 크다. 마지막으로 $y(t) \equiv Y(t)/[A(t)L(t)]$, $k(t) \equiv K(t)/[A(t)L(t)]$이고 $h(t) \equiv$이다.

(*a*) $y(t)$를 $k(t)$와 $h(t)$와 모형의 모수로 표현으로 도출하라.

(*b*) $\dot{k}(t)$를 $k(t)$와 $h(t)$와 모형의 모수로 표현으로 도출하라. (k,h) 평면에서 $\dot{k}(t) = 0$일 때 점들의집합을 그려라.

(*c*) $\dot{h}(t)$를 $k(t)$와 $h(t)$와 모형의 모수로 표현으로 도출하라. (k,h) 평면에서 $\dot{h} = 0$일 때 점들의집합을 그려라.

(*d*) 이 경제는 균형성장경로로 수렴하는가? 왜 그런가? 만약 그렇다면 균형성장경로에서 노동자 1인당 생산의 증가율은 무엇인가? 만약 그렇지 않다면 일반적으로 시간의 흐름에 따른 노동자 1인당 생산은 어떻게 움직이는가?

4.6 문제 4.5를 생각하자.

(*a*) s_k, s_h, 그리고 모형의 다른 모수로 표시된 k와 h의 균형성장경로값은 얼마인가?

(*b*) $\alpha = 1/3$, $\beta = 1/2$이라고 하자. 두 국가 A와 B를 고려하고 s_k와 s_h는 A국가가 B국가보다 2배이고 나머지는 두 국가 모두 동일하다. 모형이 함의하는 A국가의 노동자 1인당 소득의 균형성장경로 값과 B국가 값의 비율은 얼마인가?

(*c*) (*b*)와 같은 가정을 하자. 모형이 함의하는 A국가의 노동자 1인당 기술의 균형성장경로 값과 B국가 값의 비율은 얼마인가?

4.7 (Jones, 2002) $G = e^{\phi E}$를 가정하는 4.1절의 모형을 생각하자. 그러나 E가 일정하지 않고 꾸준히 증가한다고 하자. $\dot{E}(t) = m$, 여기서 $m > 0$. 사람들이 받는 교육의 양이 꾸준히 증가함에도 불구하고, 기본모형처럼 노동자 수의 증가율은 n과 같다.

(*a*) 이러한 모형의 변형으로, 노동자 1인당 생산의 장기 성장률은 얼마인가?

(*b*) 과거 몇 세기 미국의 경우, 만약 교육연수인 E를 측정한다면 $\phi \simeq 0.1$이고 $m \simeq 0.15$이다. 전체 노동자 1인당 생산의 증가율은 약 연간 2%이다. (*a*)의 답에 비추어, 근사적으로 이러한 전체 성장 중에 얼마의 비율이 증가하는 교육때문인가?

(*c*) 영원히 $\dot{E}(t)$는 $m > 0$과 같을 수 있는가? 설명하라.

4.8 물적 자본 및 인적 자본에 관하여 다음과 같이 규정한 모형을 고려해 보자.

$$Y(t) = [(1 - a_K)K(t)]^{\alpha}[(1 - a_H)H(t)]^{1-\alpha},\ 0 < \alpha < 1,\ 0 < a_K < 1,\ 0 < a_H < 1,$$

$$\dot{K}(t) = sY(t) - \delta_K K(t),$$

$$\dot{H}(t) = B[a_K K(t)]^{\gamma}[a_H H(t)]^{\phi}[A(t)L(t)]^{1-\gamma-\phi} - \delta_H H(t), \gamma > 0, \phi > 0, \gamma + \phi < 1,$$

$$\dot{L}(t) = nL(t),$$

$$\dot{A}(t) = gA(t),$$

단, a_K와 a_H는 각각 교육부문에 투입되는 물적 자본스톡과 인적 자본스톡의 비율이다. 이 모형에서 인적 자본은 인적 자본 생산함수에 의해 인적 자본 생산부문에서 생산된다고 가정한다. 인간(L)은 교육을 받아 처음으로 재화의 생산에 유용해진다고 간주하며 재화의 생산함수에는 직접적으로 투입되지 않는다. 마찬가지로 지식(A)도 교육에 의해 각 사람에게 전달되어 처음으로 재화의 생산에 유용해지며 재화의 생산함수에는 직접적으로 투입되지 않는다.

(*a*) $k = K/(AL)$, $h = H/(AL)$로 각각 정의한다. K 및 h을 표현하는 식을 구하라.

(*b*) $K=0$가 성립되는 k와 h의 조합을 표현하는 식을 구하라. 또한 이 관계를 (h, k) 평면에 그려보라. $h=0$가 성립하는 k와 h의 조합에 대해서도 동일한 작업을 해 보라.

(*c*) 이 경제에는 균형성장경로가 존재하는가? 존재하는 경우 그것은 유일한가? 그것은 안정적인가? 균형성장경로에서 1인당 생산, 물적 자본, 인적 자본 각각의 증가율은 얼마인가?

(*d*) 이 경제가 최초 균형성장경로에 위치하고 있으며 그곳에서 s가 (일시적이 아니라) 영구적으로 상승하였다고 하자. 이 변화에 의해 1인당 생산이 시간의 흐름에 따라 취하는 경로는 어떻게 변화하는가?

4.9 **인적 자본을 포함한 모형에서 규모의 경제.** (Lucas, 1988) $Y(t)=K(t)^{\alpha}[(1-a_H)H(t)]^{\beta}$, $\dot{H}(t)=Ba_H H(t)$, $\dot{K}(t)=sY(t)$이 성립한다고 가정하자. 단, $0<\alpha<1$, $0<\beta<1$, $\alpha+\beta>1$이라고 상정한다.[18]

(*a*) H의 성장률을 구하라.

(*b*) 이 경제는 균형성장경로에 수렴하는가? 수렴한다면 그 균형성장경로에서의 K와 Y의 성장률을 구하라.

4.10 (다른 종류의 측정오류) 1인당 로그소득(y)과 사회하부구조(SI) 사이에 참 관계는 $y_i=a+bSI_i+e_i$이라고 하자. 사회하부구조에는 두 개의 구성요소 SI^A와 SI^B($SI_i=SI_i^A+SI_i^B$)가 있고 e과 상관되어 있지 않다. y를 상수와 SI^A에 OLS 회귀한다고 하자.

(*a*) $y_i=a+SI_i^A+$다른항의 형태로 도출하라.

(*b*) y를 상수와 SI^A에 OLS 회귀한다고 하는 것을 결정하려고 (*a*)를 사용할 때, 다음 중 어느 경우에 소득에 사회하부구조 효과의 불편추정치를 만들어 내는가?

(*i*) SI^A와 SI^B가 상관되어 있지 않다.

(*ii*) SI^A와 SI^B가 양(+)으로 상관되어 있다.

4.11 1인당 소득을 사회하부구조의 측정에 대해 국가 간 회귀하는 것에 대한 다음 진술 중에 참 또는 거짓인 지에 대해 간단히 설명하라.

(*a*) "만일 회귀가 최소자승법으로 추정된다면 1인당 생산에 대한 사회하부구조의 효과를 보

18 Lucas모형과 여기서 정식화한 모형과의 차이는 Lucas는 a_H와 s를 내생적인 변수로 시간과 함께 변화할 수 있다는 것을 고려한 점과 인적 자본에 대해 사회적 편익과 사적 수익을 구별하고 있다는 점이다.

여줄 것이다."

(b) "도구로 사회하부구조에 영향을 받지 않는 변수들을 사용한 도구변수로 회귀가 추정된다면 1인당 생산에 대한 사회하부구조의 효과를 보여줄 것이다."

(c) "만일 회귀가 최소자승법으로 추정되고 높은 R^2를 가진다면, 회귀에서 누락된 1인당 생산에 대해 중요한 영향이 없다는 것을 의미한다. 따라서 이 경우, 회귀로 추정된 계수추정치는 1인당 생산에 대한 사회하부구조의 참 효과에 근접하는 것으로 보인다."

4.12 수렴의 회귀방정식

(a) **수렴.** y_i는 국가 i의 노동자 1인당 생산의 로그값을 표현하는 것으로 정의한다. 모든 나라의 로그를 취한 노동자 1인당 생산의 균형성장경로 수준 y^*가 동일하다고 가정한다. 또한 y_i가 $dy_i(t)/dt = -\lambda[y_i(t) - y^*]$에 의해 진화한다고 상정한다.

(i) $y_i(t)$를 $y_i(0)$, y^*, λ 및 t의 함수로 표현하라.

(ii) $y_i(t)$가 실은 (i)에서 구한 표현에 $y_i(0)$과 상관이 없는 평균 0의 무작위성 오차를 더한 것과 동일하다고 가정하자. 국가 간 성장을 횡단면 분석하는 데에 적용하는 회귀방정식의 형태를 $y_i(t) - y_i(0) = \alpha + \beta y_i(0) + \varepsilon_i$로 고려한다. $y_i(0)$의 계수인 β와 수렴의 속도를 나타내는 λ와의 관계는 무엇인가? (**힌트** : 단일 변량 OLS의 경우 우변의 변수의 계수는 좌변의 변수와 우변의 변수의 공분산을 우변의 분산으로 나눈 것과 같다.) 이렇게 β의 추정값이 주어졌다면 이로부터 β를 어떻게 추정할 수 있는가?

(iii) (ii)의 β가 음(−)의 값을 갖는다면(즉 부유한 국가가 평균적으로 가난한 국가보다 덜 성장한다면) 국가 간 소득의 분산이 하락하기 위해서 $\text{Var}(y_i(t))$이 $\text{Var}(y_i(0))$보다 적어야 할 필요가 있는가? 설명하라. 만일 β가 양의 값을 갖는다면 $\text{Var}(y_i(0))$이 $\text{Var}(y_i(t))$보다 적어야 할 필요가 있는가? 설명하라.

(b) **조건부 수렴.** $y_i^* = a + bX_i$ 와 $dy_i(t)/dt = -\lambda[y_i(t) - y_i^*]$를 가정한다.

(i) $y_i(t)$를 $y_i(0)$, X_i, λ 및 t의 함수로 표현하라.

(ii) $y_i(0) = y_i^* + u_i$와 $y_i(t)$가 (i)에서 구한 표현에 평균 0인 무작위성 오차 e_i의 합과 동일하며 여기서 X_i, u_i 및 e_i가 서로 상관되지 않는 것으로 가정한다. 국가 간 성장을 횡단면 분석하는데 적용하는 회귀방정식 $y_i(t) - y_i(0) = \alpha + \beta y_i(0) + \varepsilon_i$를 고려한다. ($a$) ($ii$)의 공식을 이용하여 β의 추정값으로부터 λ를 추정하려 한다고 하자. 이러한 추정방법으로 구한 λ의 추정값은 참의 추정값, 과다추정값 또는 과

연습문제

소추정값 가운데 어느 것이 되는가?

(*iii*) $y_i(t) - y_i(0) = \alpha + \beta y_i(0) + \gamma X_i + \varepsilon_i$ 형태의 국가 간 성장률 회귀방정식을 보자. (*ii*)와 동일한 가정하에서 β와 λ의 추정값으로부터 균형성장경로에서의 y의 값에대한 X의 영향을 계측하는 b의 추정값을 어떻게 추정할 수 있는가?

Chapter 05

실물경기변동이론

5.1 서론 : 경기변동 개관

현대 경제의 생산량이나 고용량에는 단기적으로 상당한 정도의 변동이 존재한다. 경우에 따라서 생산량이나 고용량이 감소하여 실업이 증가하기도 하며 또한 생산량과 고용량이 급속히 증대하여 실업이 감소하기도 한다. 예를 들어 미국은 2007~2009년 심한 수축기를 겪었는데, 이는 대침체(Great Recession)로 알려져 있다. 2007년의 제4분기부터 2009년의 제2분기 사이에 실질 GDP는 4.2% 하락하여 성인인구에서 차지하는 고용자의 비율은 3.2% 포인트 하락한 반면 실업률은 4.8%에서 9.3%로 상승하였다. 대조적으로, 과거 5년(즉, 2002년 제4분기부터 2007년 제4분기)동안 실질 GDP는 연간 2.9% 증가하였고, 성인인구에서 차지하는 고용자의 비율은 0.3% 상승하였고, 실업률은 5.8%에서 4.8%로 하락하였다.

이처럼 거시경제변수의 총량 변동을 이해하는 것은 거시경제학의 중심과제 가운데 하나이다. 본장과 후속 2개의 장에서는 거시경제 변동의 원인과 본질에 관한 여러 가지 이론들 중 대표적인 것을 소개한다. 이러한 이론을 전개하기 앞서 이 절에서는 거시적 경기변동의 원인과 본질에 관한 몇 가지 주장에 관하여 간략히 살펴본다. 구체적인 논의를 위하여 미국경제에 초점을 맞추기로 한다. 이는 거시경제에 관한 사고의 형성에 미국의 경험이 결정적인 기여를 하였기 때문이다.

표 5.1 2차 세계대전 이후 미국의 경기후퇴

실질GDP의 정점이 나타난 년도와 분기	실질GDP의 저점에 도달하는데 소요된 분기의 수	경기정점에서 경기저점까지의 실질GDP 변동률
1948:4	2	−1.7%
1953:2	3	−2.5
1957:3	2	−3.6
1960:1	3	−1.3
1970:3	1	−1.0
1973:4	5	−3.1
1980:1	2	−2.2
1981:3	2	−2.8
1990:3	2	−1.3
2000:4	1	−0.3
2007:4	6	−4.2

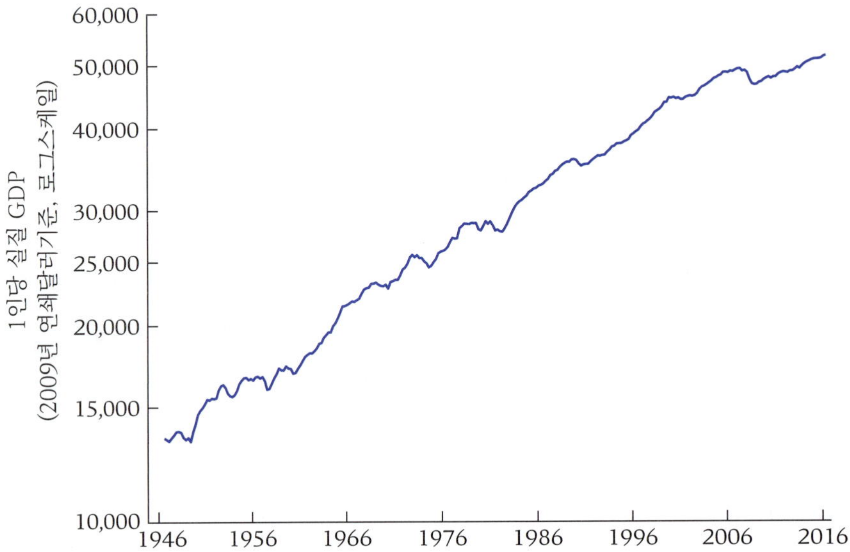

그림 5.1 미국의 1인당 실질GDP, 1947:4–2016:4

■ 경기변동에 관한 몇 가지 사실

경기변동에 관한 가장 중요한 사실은 변동이 단순히 규칙적이거나 주기적인 형태를 보이지 않는다는 점이다. 그림 5.1은 1947년 이후의 분기별 실질GDP의 계절조정자료를 그래프로 그린 것이며 표 5.1은 전후 11차례의 경기침체기 동안 실질GDP의 변동을 정리한 것이다.[1] 두

1 미국의 경우 경기후퇴기가 시작되는 공식적인 날자 즉 정점은 실질 GDP의 움직임만을 바탕으로 하여 설정되지 않는다. 실제로 NBER(National Bureau of Economic Research)이 많은 지표를 기초로 하여 경기의 정점을 재량적으로 결정하고 있다. 그렇기 때문에 NBER에 의해 형식적으로 결정된 거시경제활동의 정점과 저점(경기의 전환점)의 날자들은 표 5.1의 그것과 약간 차이를 나타내고 있다.

자료는 모두 생산량 감소의 규모나 간격이 매우 다양하다는 것을 보여주고 있다. 2000~2001년의 실질 GDP는 0.3%에서 대침체에 4.2%로 감소하였다. 하나의 경기침체가 종료되고 다음의 경기침체가 시작될 때까지의 간격은 1980년~1981년의 경우의 네 개의 분기로부터 1960~1970년과 1991~2000년의 10년간에 이르기까지 다양하게 나타난다. 또한 생산량의 감소의 유형도 대단히 다른 모습으로 나타나고 있다. 1980년의 침체기에는 총감소폭 2.2%의 90%가 한 분기 내에 발생하였다. 1960년의 침체기에는 생산량이 1분기 동안 감소하였다가 소폭 상승한 이후 다시 하락하였다. 그리고 1957년~58년과 1981년~82년의 경기침체기에는 생산량이 두 분기 연속 급격히 감소하였다.

생산량의 변동은 매우 불규칙하기 때문에 경제가 서로 다른 크기를 가지고 불규칙적으로 발생하는 다양한 교란요인들에 의하여 영향을 받으며 이러한 교란요인들의 영향이 경제의 각 부문으로 전파되어 간다고 보는 견해가 지배적이다. 이제 거시경제학에서 주요 학파들 간의 견해차는 이러한 충격들과 충격의 파급경로에 관한 가설에 있다.

표 5.2 경기후퇴기에 생산구성항목의 행태

GDP의 구성항목	GDP의 평균비중	정상성장 대비 경기후퇴기에 GDP의 평균비중 하락
소 비		
내구재	8.5%	15.0%
비내구재	19.5	9.5
서비스	35.3	11.1
투 자		
주택건설	4.7	11.0
비주택고정투자	12.0	22.0
재고투자	0.5	45.7
순 수 출	20.7	−0.8
정 부 지 출	−1.2	−13.5

다음으로 중요한 사실은 경기변동이 생산의 각 구성항목에 매우 불균등하게 분포된다는 점이다. 표 5.2는 총생산에서 차지하는 各구성항목의 평균비중과 경기침체기에 생산량의 감소(정상적인 성장의 경우와 대비한 감소분)에서 차지하는 각 항목의 평균 감소비율을 제시하고 있다. 표에 제시된 바처럼 재고투자는 평균적으로 GDP에서 차지하는 비율은 미미한 수준에 불과하지만 경기침체기에는 재고투자의 변동분이 성장의 정상상태로부터의 부족분 가운데 약 50%에 가까이 나타난다. 재고투자는 경기의 정점에서 통상 큰 폭의 양(+)의 값을 보이는 반면 경기저점에서는 커다란 음(−)의 값을 갖는다. 내구재 소비지출을 비롯하여 주택투자, 非주택고정투자(즉 재고 이외의 기업투자)도 생산변동분 중 불비례적으로 큰 비중을 나타낸다. 끝으로 비내

구재와 서비스 소비지출, 정부지출, 純수출의 변동은 상대적으로 안정적이다.[2] 경기침체기마다 다소 차이는 있으나 표 5.2로 제시된 유형은 거의 모든 경기침체기에 대체로 성립한다. 그러므로 생산량이 감소하는 시기에 비례적인 수준 이상으로 감소하는 구성항목은 생산량이 정상증가율(above-normal rate) 이상으로 성장하는 호경기에 비례적인 수준 이상으로 증가한다.

세 번째의 사실은 생산변동의 비대칭성에 관한 것이다. 생산량의 증가와 감소 사이에는 주목할 만한 비대칭성이 존재하지 않는다. 즉 생산증가는 평균을 중심으로 그 주변에 거의 대칭적으로 분포하고 있다. 그러나 제2종의 비대칭성이라고도 부를 수 있는 특징이 있다. 즉 생산량의 움직임이 통상적인 경로보다도 윗쪽에 있을 때 비교적 장기간에 걸쳐 지속되는데 반해 그보다 아래쪽에 있을 때는 상대적으로 단기간 동안 지속되는 것처럼 보인다.[3]

마지막으로 표 5.3은 경기침체기의 주요 거시변수들의 움직임을 정리한 것이다. 침체기 동안에는 고용이 감소하고 실업은 늘어나는 것이 자연스럽다. 표는 이에 더하여 주당 평균노동시간이 줄어드는 것을 보여주고 있다. 고용과 노동시간의 감소는 생산량 감소와 비교할 때 일반적으로 소폭에 그친다. 따라서 침체기에는 일반적으로 생산성–단위노동시간당 생산–이 하락한다. 생산성 하락과 노동시간 축소가 동시에 발생하는 것은 실업률의 변동이 생산량에 비하여 일반적으로 작다는 것을 의미한다. 생산량과 실업률 변동 간에 나타나는 관계는 ***Okun*의 법칙**으로 알려져 있다. Okun(1962)이 최초에 추정한 바에 따르면 GDP성장률이 정상적인 경로와 비교하여 3% 낮아지면 실업률이 1% 포인트 상승하게 된다. 최근 들어 발표된 좀 더 정확한 추정 결과를 보면 이 비율은 2:1로 나타나고 있다.

표 5.3 경기후퇴기 몇 가지 중요한 거시경제변수들의 동향

주 요 경 제 변 수	경기후퇴기의 평균변동률	경기후퇴기 중 해당변수가 하락한 회수
실질 GDP *	−4.2%	11/11
고용 *	−2.5%	11/11
실업률(% 포인트 기준)	+1.9	0/11
주당 평균노동시간(제조업)	−2.8%	11/11
시간당 생산(비농업) *	−1.6%	10/11
인플레이션(GDP 디플레이터; % 포인트)	−0.2	4/11
시간당 실질보수(비농업) *	−0.4%	7/11
명목이자율(3개월 재무성증권; % 포인트)	−1.8	10/11
사후 실질 이자율(3개월 재무성증권; % 포인트)	−1.5	10/11
실질화폐잔고(M2/GDP 디플레이터) *†	−0.1%	3/8

주 1) * 표시의 각 변수의 평균 변동률은 1947:1−2016:4 기간 중 평균성장률을 기준으로 계산함.
2) † 표시의 경우 1959년 초부터 이용이 가능한 데이터임.

2 純수출 항의 수치는 전후에 그 값이 평균적으로 음이었다는 것과 순수출과 정부지출은 경기침체기에서도 통상 확대되었다.

3 보다 정확하게 말한다면 이례적으로 낮은 성장이 나타난 직후에는 매우 높은 성장이 뒤따르는 경우의 수가 그 반대의 경우에 해당하는 유형과 비교할 때 상당히 많다. 예를 들어 Sichel(1993)을 참조하라.

표 5.3의 나머지 항목은 몇 가지 가격과 금융변수의 움직임을 요약하고 있다. 인플레이션은 명확한 패턴을 보이지 않고 있다. 실질임금(적어도 집계데이터로 계측한 것)은 경기침체기에 약간 낮아지는 경향이 있다. 명목이자율과 실질이자율은 일반적으로 하락하는 반면에 실질화폐잔고는 분명한 패턴을 보이지 않는다.

■ 미국 경기변동 역사 개관

경기변동 패턴과 사실의 다양함의 의미를 이해하기 위해 지난 19세 후반부터 오늘까지 미국의 경기변동의 역사를 짧게 살펴보자. 여기서 이 역사를 5개의 광범위한 기간으로 나눌 수 있다. 대공황 이전의 시대, 제2차 세계 대전과 대공황, 초기 전후 기간, **대안정기**(*Great Moderation*), 대침체와 그 이후이다.

첫 번째 기간인 대공황 이전의 시대에는 자료가 매우 부정확해서 이해하기 어렵다. 그러나 남북전쟁 끝부터 대공황 직전까지 가장 쓸만한 증거들을 보면, 전체 경제활동의 경기변동은 매우 컸지만, 생산량에 큰 감소는 없었다. 이 시기에는 전후 시대 첫 10년보다 생산량 변동은 약간 커졌고 지속성은 약간 덜 한 것으로 보이지만, 두 기간 사이에 경기변동의 큰 차이는 없어 보인다. 이들 두 기간 동안에는 생산량의 부문별구성이나 정부의 역할, 통화체제와 같은 경제 특성이 커다란 변화를 겪었음에도 불구하고 경기변동 양상에는 두드러진 변화가 없었던 것은 경기변동이 두 기간에 걸쳐 변화가 매우 작았던 여러 요인들에 의해 결정되었거나 일련의 변화들이 서로 상쇄반응을 일으켜 전체적으로는 경기변동에 별다른 변화가 없었기 때문임을 시사한다.[4]

다음 기간은 미국의 거시경제 변동에서 극단적인 모습을 보여준다. 대공황기의 경제 붕괴와 1930년대의 회복, 2차 대전 등의 경험으로 인해 그 이전이나 이후의 경기변동을 사소하게 보이게 한다. 1929년부터 1933년 사이에 미국의 실질 GDP는 26% 감소하였으며 1933년의 실업률은 25%에 달하였다고 추정된다. 이후 11년에 걸쳐 실질 GDP는 연평균 10% 증가한 결과, 1944년 실업률은 1.2%에 불과하였다. 이어서 1944~47년 중에는 실질 GDP가 13% 감소하였으며 실업률은 3.9%까지 상승하였다.

제2차 세계대전 말부터 1980년대 초기까지 안정적인 변동성으로 복귀하였다. 이 시대는 자연스럽게 두 하위 기간으로 나누어 지는데, 실질 생산량의 움직임(근본적으로 변하지 않는)이 아니라 인플레이션의 움직임(실제로 변한)으로 정의된다. 세계 제2차대전 말부터 1960년대 중반까지 인플레이션은 매우 낮고 안정적이었다. 그러나 1981~82년 침체와 이후 회복(**볼커 디스인플레이션**)의 첫 몇 년 동안 가파르게 하락하기 전에, 1960년대의 처음 절반은 2%보다 낮았던 것부터 1980년대 시작(**대인플레이션**으로 알려짐)에 10% 가까이 불규칙하게 상승하였다. 12.9절에서 대인플레이션의 원인의 이론에 대해 다루기로 한다.

---

4 대공황 이전의 경기변동에 대한 것은 C. Romer(1986, 1989, 1999)와 Davis(2004)를 참조하라.

볼커의 디스인플레이션의 마지막부터 대침체의 시작 기간까지는 전례없는 경제적 안정기이다(McConnell and Perez-Quiros, 2000). 1982년부터 2007년까지 미국은 가벼운 침체를 두 차례 겪었고, 기록상 가장 긴 확장국면이었고, 인플레이션은 전반적으로 낮았다.

이러한 안정된 기간은 2008년에 극적으로 끝났다. 실질 GDP는 1957~58년 이후 2분기 최대 감소를 겪었다. 2008년 9월부터 2009년 5월까지 고용은 3.9%로 감소하였고 실업률은 3.3% 포인트 증가하였다. 대부분 척도에서 제2차 세계대전 이후 대침체는 가장 컸다.[5]

대침체가 끝난 후, 몇 년을 어떻게 보는 지는 성장률이나 수준에 달려있다. 성장률의 측면에서 거시경제는 즉시 안정적으로 돌아왔다. 2009년의 침체가 끝난 이후에 GDP 성장과 고용증가율은 대안정기보다 훨씬 안정적이었고, 인플레이션은 일관적으로 낮고 거의 변화가 없이 이어졌다. 그러나 경제가 거의 정상적인 성장으로 즉각 회복되었다는 사실의 결과는 – 이전의 큰 침체가 있었던 후의 패턴과 다르게 – 대침체에서 반등하지 않았다는 것이다. 그림 5.1에서 실질 GDP는 하락했다가 다시 거의 침체 이전 성장률로 성장하였다. 따라서 성장률 수준에서 경제는 정상적으로 빨리 회복하지 못했다. 예를 들어 대공황 이후로 어느 때와 다르게 장기간의 높은 실업을 겪었다. 대침체 이후의 시간을 해석하기 어려운 또 다른 문제는 단순하게도 여전히 그 기간이 상대적으로 새롭다는 것이다. 이 시기를 어떻게 바라보는 지(사실, 대침체 자체를 보는 방법)는 대침체가 일회성 사건인지 아니면 높은 거시경제 변동성으로의 복귀를 시작하는 행위로 판명되는 지에 따라 크게 영향을 받게 된다. 몇 년 동안의 안정성만으로는 어느 것이 옳다고 판명될 지에 대한 질문을 해결하기에 충분하지 않다.

5.2 경기변동 연구 개관

외부경제, 정보의 비대칭성, 시장의 부재(missing markets) 및 기타 불완전성 등이 배제된 완전경쟁모형, 즉『왈라스젼』모형에 의하여 과연 거시경제의 변동을 이해할 수 있을까를 물음으로써 논의를 시작하는 것이 자연스러울 것이다. 만일 그것이 가능하다면 경기변동을 분석함에 있어서 전통적인 미시경제 분석방식으로부터 본질적으로 벗어날 필요가 없게 된다.

제2장에서 강조한 바와 같이 Ramsey모형은 시장의 불완전성뿐만 아니라 가계들 간의 이질성에 의해 야기되는 모든 문제들을 배제하고 있다는 점에서 거시경제에 관한 매우 자연스러운 왈라스적 기본모형이 된다. 따라서 본 장에서는 거시변동을 종합적으로 분석할 수 있도록 변형된 Ramsey모형을 더욱 확장하기로 한다. 이를 위하여 모형을 두 가지 측면에서 수정할 필요가 있다. 첫째, 모형에 교란을 창출하는 원천이 필요하다. 외생적 충격이 존재하지 않는 경

5 거시경제학들이 “대(great)”를 무분별하게 사용하는 것은 아마도 주제의 커다란 중요성이나 자체중요성에 큰 감정을 반영하는 것이다. 이러한 해석이 옳은 지를 결정하는 것은 독자들에게 남겨둔다.

우 Ramsey모형은 균형성장경로로 수렴한 이후 순조롭게 성장해 나갈 것이기 때문이다. 모형 내에서 거시변동을 유발하기 위한 Ramsey모형의 초기 확장에서는 기술에 가해지는 충격 – 즉, 시간에 따라 변하는 생산함수 – 이 강조되었다(Kydland and Prescott, 1982; Long and Plossor, 1983; Prescott, 1986). 이 분야의 후속 연구에서는 다양한 충격을 고려하였다. 가장 눈에 띄는 충격 중 하나는 정부지출의 변동이다(Aiyagari, Christiano, and Eichenbaum, 1992; Baxter and King, 1993; Christiano, and Eichenbaum, 1992). 경제의 기술의 미래 변화에 대한 뉴스(Beaudry and Portier, 2004, 2006; Jaimovich and Rebelo, 2009; Alexopoulos, 2011). 투자재 생산에 대한 기술적 충격이 있다(Greenwood, Hercowitz, and Huffman, 1988; Hornstein and Krusell, 1996).[6] 이러한 충격 모두 명목적인 혹은 통화적인 요인과 대조적인 의미에서 실물적 교란요인으로 볼 수 있다. 즉, 기술적 충격은 주어진 양의 투입으로 생산할 수 있는 양을 변화시키며 정부지출의 충격은 주어진 생산수준 하에서 민간경제가 이용할 수 있는 재화의 양을 변화시킨다. 이로 인하여 이러한 모형을 **실물경기변동**(*real business cycle* : *RBC*)모형이라고 부르고 있다.

두 번째로 고용 변화를 고려하도록 Ramsey모형에 수정을 가할 필요가 있다. 이제까지 살펴본 모형들은 모두 노동공급이 외생적으로 주어지거나 일정하거나 또는 점진적으로 증가한다고 상정하였다. 실물경기변동은 왈라스적 모형이 과연 경기변동에서 관찰되는 주요한 특징들을 잘 묘사할 수 있는지의 여부에 초점을 맞추고 있다. 따라서 이와 맥을 같이 하는 모형에서는 가계의 효용이 그들의 소비량뿐만 아니라 노동량(즉 여가)에 의해 결정된다고 상정함으로써 고용 변화를 모형에 포함시킨다. 따라서 고용은 가계에 의해 결정되는 노동공급과 기업의 노동수요 사이의 상호작용에 의해 결정된다.

비록 순수한 왈라스적 모형이 경기변동을 설명하는 시작점이라고 할 지라도, 이 장의 실물경기변동이론모형은 실제 경기변동을 잘 설명하지 못한다. 따라서 이러한 것들을 넘어서야 할 필요가 있다. 그러나 동시에 이러한 모형들이 달성하려고 하는 것은 경기변동 연구의 최종적인 목표로 남게 된다. 즉, 미시경제 기반의 일반균형모형을 만들고, 정량적 또는 정성적으로 거시경제 변동의 주요한 특징을 설명하는 기본적인 충격들을 식별하는 것이다. 따라서 이 장에서는 순수한 왈라스적 모형으로 기본적인 경기변동을 이해할 필요가 있다. 또한 이러한 모형은 경기변동 연구 목표를 분석하는 형태를 보여준다. 경기변동의 완전 식별된 일반균형모형은 **동태확률일반균형**(*dynamic stochastic general–equilibrium*, DSGE) 모형으로 알려져 있다. 여기에 충격의 특성과 모수값을 선택하는 추가적인 증거를 이용하면 캘리브레이션된 **동태확률일반균형**(*calibrated* DSGE) 모형이 된다.

5.9절에서 논의하는 것처럼, 이 장의 RBC모형이 실패하는 가장 중요한 요인은 통화적 교란의 효과를 포함하는 것이다. 그러한 교란항이 중요한 실질효과를 가지기 때문에 모형의 예측

6 투자재 생산에 대한 기술적 충격은 체화된 기술진보의 아이디어와 상당히 밀접하며, 제1장 연습문제 1.14의 주제이다.

과 반대로 나오는 강한 증거들이 있다. 결과적으로 명목적인 불완정성과 경직성은 거시경제 변동에 중요하다는 것은 보편적인 합의이다. 따라서 제6장과 제7장에서 명목적인 경직성을 경기변동모형으로 도입하여 이 장의 분석을 구축한다.

제6장은 이 장의 모형에서 거의 모든 복잡한 부분들을 빼고, 명목적인 경직성에만 초점을 둔다. 여기서는 명목적인 경직성이 외생적으로 식별되고 단순한 정태적모형에서 명목적인 경직성의 미시경제학 토대를 고려한다. 제6장은 경기변동 연구에 중요한 특징을 나타낸다. 비록 최종 목표는 캘리브레이션된 DSGE모형으로 경기변동의 특징을 맞추는 것이지만, 모든 경기변동 연구가 그러한 모형을 사용하지는 않는다. 만일 우리의 목표가 경기변동과 관련된 특별한 이슈를 이해하는 것이라면 훨씬 단순한 모형의 연구를 통해 배울 필요가 있다.

제7장은 명목적인 경직성을 경기변동 DSGE모형에 도입하기 시작한다. 그러나 경기변동 연구는 여전히 최종 목표에 도달하지 못한다는 것을 보게 될 것이다. 따라서 이 장의 많은 부분은 가격 조정의 동태적 모형을 분석하면서 "동태" 부분과 "동태확률일반균형"에 초점을 둔다. 이 장의 결론 부분은 주요 모형의 일부 요소와 해결과제에 대해 논의한다.

5.3 실물경기변동의 기본모형(기본 RBC모형)

이제 특정 형태의 실물경기변동모형을 다루기로 한다. 가정들과 함수 형태는 이런 종류의 모형에서 채용하고 있는 것들과 비슷하다. 모형은 제2장의 Ramsey모형의 離散時間(discrete-time variation) 판을 상정한다. 경제의 행태를 정량적으로 표현하기 위하여 생산함수와 효용함수에 대하여 특정 함수형태를 전제로 한다.

모형의 경제는 다수의 동질적인 가격수용자(price-taker)인 기업과 다수의 동질적인 가격수용자인 가계로 구성되어 있다고 상정한다. Ramsey모형에서와 마찬가지로 가계는 무한기간 동안 존속한다고 상정한다. 생산을 위한 생산요소는 여기서도 자본(K), 노동(L) 및 기술(A)로 구성되어 있다. 생산함수는 콥-더글러스 꼴이며 t기의 생산량은 다음과 같이 결정된다.

$$Y_t = K_t^{\alpha}(A_t L_t)^{1-\alpha}, \quad 0 < \alpha < 1 \tag{5.1}$$

생산은 소비(C), 투자(I) 및 정부지출(G)로 나누어진다. 자본은 매기마다 δ의 비율만큼 소모된다. 따라서 $t+1$기의 자본스톡은 다음과 같다.

$$\begin{aligned} K_{t+1} &= K_t + I_t - \delta K_t \\ &= K_t + Y_t - C_t - G_t - \delta K_t \end{aligned} \tag{5.2}$$

정부지출은 정액세에 의해 조달되며 정부지출과 정액세는 매기마다 일치하는 균형예산을 가

정한다.[7]

노동과 자본은 각각 해당 한계생산물을 보수로서 지급받는다. 따라서 t기의 실질임금과 실질이자율은 다음과 같다.

$$\begin{aligned} w_t &= (1-\alpha)K_t^{\alpha}(A_tL_t)^{-\alpha}A_t \\ &= (1-\alpha)\left(\frac{K_t}{A_tL_t}\right)^{\alpha}A_t \end{aligned} \tag{5.3}$$

$$r_t = \alpha\left(\frac{A_tL_t}{K_t}\right)^{1-\alpha} - \delta \tag{5.4}$$

대표적 가계는 다음의 식으로 정의된 기대효용을 극대화한다.

$$U = \sum_{t=0}^{\infty} e^{-\rho t}u(c_t, 1-\ell_t)\frac{N_t}{H} \tag{5.5}$$

$u(\bullet)$는 가계의 대표적 구성원의 순간효용함수이며 ρ는 할인율[8]이다. N_t는 인구 수, H는 가계의 수이다. 따라서 N_t/H는 가계의 구성원 수를 의미한다. 인구는 외생적인 비율로 증가한다.

$$\ln N_t = \overline{N} + nt, \quad n < \rho \tag{5.6}$$

이로 인해 N_t의 수준은 $N_t = e^{\overline{N}+nt}$로 주어진다.

순간효용함수 $u(\bullet)$에는 2개의 설명변수가 포함된다. 그 하나는 가계의 구성원 1인당 소비 c이며 다른 하나인 $1-\ell_t$는 1인당의 부존시간(단순화를 위해 1로 표준화함)과 노동시간(ℓ)의 차이인 구성원 당 여가시간을 의미한다. 모든 가계는 균일하기 때문에 소비와 노동량은 각각 $c = C/N$ 및 $\ell = L/N$이다. 단순화를 위해 $u(\bullet)$는 2개의 설명변수에 대하여 로그선형이라고 상정한다.

$$u_t = \ln c_t + b\ln(1-\ell_t), \quad b > 0 \tag{5.7}$$

모형의 마지막 가정은 모형 내에서 경기변동의 원동력으로 작용할 두 가지 변수, 즉 기술과 정부지출에 관한 것이다. 먼저 기술을 고려한다. 성장의 추세를 포착하기 위해 모형은 어떠한 외생적 충격(shock)도 존재하지 않는 경우의 $\ln A_t$가 $\overline{A} + gt$와 같다고 가정한다. 여기서 g

7 Ramsey모형의 경우와 같이, 정부채무발행과 조세징수 간의 선택은 이 모형의 결과에 영향을 실제로 미치지 않는다. 따라서 조세에 의해 자금조달을 한다는 가정은 단지 논의의 편의를 위해 택한 것이다. 13.2절에서는 자금조달의 형태가 이 모형과 왜 무관한지에 대하여 설명한다.

8 이산시간 모형에서 할인율을 나타내는 통상의 표현은 $1/(1+\rho)^t$이며 $e^{-\rho t}$가 아니다. 이 모형은 대수선형의 구조이기 때문에 이곳에서는 지수에 의한 정식화가 보다 자연스럽다. 그렇지만 이들 두 가지의 방법에는 중대한 차이가 발생하지는 않는다. 즉 만일 $\rho' = e^{\rho} - 1$을 정의하면 $e^{-\rho t} = 1/(1+\rho')^t$이 성립한다. 모형의 대수선형의 구조는 또한 인구증가, 기술진보 및 정부지출에 대한 지수방정식을 채택한 배경을 이루고 있다(식 5.6, 5.8 및 5.10을 참조하라).

는 기술진보율이다. 그러나 기술은 확률적인 교란에 의해서도 영향을 받는다. 따라서 다음과 같다.

$$\ln A_t = \overline{A} + gt + \tilde{A}_t \tag{5.8}$$

$\tilde{A}$는 충격의 효과를 반영한 것이다. $\tilde{A}$는 **1차 자기회귀과정**(*first-order autoregessive process*)을 따르는 것으로 가정한다.

$$\tilde{A}_t = \rho_A \tilde{A}_{t-1} + \varepsilon_{A,t}, \qquad -1 < \rho_A < 1 \tag{5.9}$$

여기서 $\varepsilon_{A,t}$는 상호간에 아무런 상관관계도 갖고 있지 않을 뿐만 아니라 평균이 0인 충격을 의미하는 **백색잡음**(*white noise*)을 나타낸다. 식 (5.9)에 의하면 $\ln A_t$의 무작위적인 성분인 $\tilde{A}_t$는 그 직전 시기의 값에 ρ_A를 곱한 것에 교란항을 더한 것과 같다. 만일 ρ_A가 양(+)의 값을 갖는다면 기술충격 효과는 시간의 흐름과 함께 점차 소멸해 갈 것이다.

정부지출에 대하여서도 마찬가지로 가정한다. 1인당 정부지출의 성장추세가 기술의 성장추세와 같다고 가정한다. 만일 그렇지 않다면 시간이 경과함에 따라 정부지출은 경제규모와 비교하여 무한히 커지거나 또는 작아지게 될 것이다. 따라서

$$\ln G_t = \overline{G} + (n+g)t + \tilde{G}_t \tag{5.10}$$

$$\tilde{G}_t = \rho_G \tilde{G}_{t-1} + \varepsilon_{G,t}, \qquad -1 < \rho_G < 1 \tag{5.11}$$

이며 $\varepsilon_{G,t}$는 $\varepsilon_{A,t}$와 $\varepsilon_{G,s}$과 상관되지 않은 백색잡음을 나타낸다. 이상으로 모형에 관한 설명은 마무리 된다.

5.4 가계의 행태

본 모형과 Ramsey모형의 가장 중요한 두 가지 차이점은 효용함수에 여가를 포함하고 기술 및 정부지출에 확률적인 요소를 도입한다는 것이다. 본 절에서는 모형의 일반적인 특성을 분석하기 앞서 모형의 특징으로 언급한 차이점이 가계의 행태에 대하여 시사하는 점들을 논의하기로 한다.

■ 노동공급에서 기간 간 대체

효용함수가 노동공급에 시사하는 바를 살펴보기 위하여 먼저 가계가 1기간 동안 존재하며 초기자산이 없는 경우를 고려해 보자. 나아가 단순화를 위해 가계의 구성원은 오직 한 사람이라고 가정하자. 이 경우 가계의 목적함수는 $\ln c + b\ln(1-l)$이며 예산제약은 $c = wl$로 단

순화된다.

가계의 최대화문제와 관련한 라그랑지 함수는 다음과 같다.

$$\mathcal{L} = \ln c + b\ln(1-\ell) + \lambda(w\ell - c) \tag{5.12}$$

c와 ℓ에 관한 1계조건은 각각 다음과 같다.

$$\frac{1}{c} - \lambda = 0 \tag{5.13}$$

$$-\frac{b}{1-\ell} + \lambda w = 0 \tag{5.14}$$

예산제약에 의해 $c = w\ell$이 성립해야 하기 때문에 식 (5.13)에 의해 $\lambda = 1/w\ell$이 된다. 이를 식 (5.14)에 대입하면 다음의 식을 얻을 수 있다.

$$-\frac{b}{1-\ell} + \frac{1}{\ell} = 0 \tag{5.15}$$

임금은 식 (5.15)에 포함되어 있지 않다. 따라서 노동공급량(식 5.15를 만족하는 ℓ의 값)은 임금으로부터 독립적이다. 이는 직관적으로 말하면 효용이 소비에 관하여 대수형이며 가계가 초기자산을 보유하고 있지 않기 때문에 임금의 변화에 의한 소득효과와 대체효과가 상쇄되어 0이 되는 데에 기인한다.

정태적 경우에 임금수준이 노동공급에 영향을 주지 않는다고 해서 가계의 존속기간이 2기 이상인 경우에도 임금변동이 노동공급에 영향을 주지 않는다는 것은 아니다. 이것은 가계가 두 기간에 걸쳐서 존속하는 경우에 가장 쉽게 확인할 수 있다. 초기자산이 없으며 가계가 1인으로 구성되어 있다는 전제조건은 그대로 유지하기로 한다. 이에 더하여 제2기의 임금과 이자율에 대하여 불확실성이 존재하지 않는다고 가정한다.

이때 가계의 생애에 이르는 예산제약은 다음과 같다.

$$c_1 + \frac{1}{1+r}c_2 = w_1\ell_1 + \frac{1}{1+r}w_2\ell_2 \tag{5.16}$$

여기서 r은 실질이자율이다. 이와 관련한 라그랑지 함수는 다음과 같다.

$$\begin{aligned}\mathcal{L} &= \ln c_1 + b\ln(1-\ell_1) + e^{-\rho}[\ln c_2 + b\ln(1-\ell_2)] \\ &\quad + \lambda\left[w_1\ell_1 + \frac{1}{1+r}w_2\ell_2 - c_1 - \frac{1}{1+r}c_2\right]\end{aligned} \tag{5.17}$$

가계의 선택변수는 c_1, c_2, ℓ_1, 및 ℓ_2이다. 그러나 두 기간의 상대임금이 상대노동공급에 미치는 효과를 살펴보기 위해서는 ℓ_1과 ℓ_2에 관한 1계 조건으로 충분하다. 이들 1계 조건은 다음의 두 가지 식이다.

$$\frac{b}{1-\ell_1} = \lambda w_1 \tag{5.18}$$

$$\frac{e^{-\rho} b}{1-\ell_2} = \frac{1}{1+r}\lambda w_2 \tag{5.19}$$

식 (5.18)과 (5.19)의 의미를 고찰하기 위해 식 (5.18)의 양변을 w_1으로, 식 (5.19)의 양변을 $w_2/(1+r)$로 각각 나누어 주고 그 결과로 얻어지는 λ에 관한 두 개의 식을 등호로 연결한다.

$$\frac{e^{-\rho} b}{1-\ell_2}\frac{1+r}{w_2} = \frac{b}{1-\ell_1}\frac{1}{w_1} \tag{5.20}$$

또는

$$\frac{1-\ell_1}{1-\ell_2} = \frac{1}{e^{-\rho}(1+r)}\frac{w_2}{w_1} \tag{5.21}$$

식 (5.21)로부터는 두 기간의 상대노동공급은 상대임금에 반응한다는 것을 알 수 있다. 예를 들어 w_1이 w_2에 비해 상승하면 가계는 2기의 여가에 비해 1기의 여가를 줄인다. 바꾸어 말하면 가계는 2기의 노동공급에 비해 1기의 노동공급을 늘린다. 효용함수가 로그함수인 관계로 여가의 기간 간 대체탄력성은 1이다.

식 (5.21)로부터 이자율이 상승하는 경우 2기의 노동공급과 비교해 1기의 노동공급이 늘어나는 것을 알 수 있다. 직관적으로 말해 실질이자율이 상승할 때 오늘 일하고 벌어들인 소득을 저축하는 것이 내일 일하는 것보다 더 매력적인 것이 된다. 후에 보다 상세히 논의하겠지만 노동공급에 대한 이자율의 효과 는 실물경기변동이론의 고용변동에서 결정적인 시사점를 내포하고 있다. 상대임금과 실질이자율의 변동에 따른 노동공급의 반응은 노동공급의 **기간 간 대체**(*intertemporal substitution*)로 알려져 있다(Lucas and Rapping, 1969).

■ 불확실성하에서 가계의 최적화문제

가계의 최적화문제가 Ramsey모형의 문제와 두 번째로 다른 점은 가계가 수익률과 장래의 임금에 불확실성이 존재하는 상황에 직면한다는 점이다. 이러한 불확실성은 가계로 하여금 소비와 노동공급의 경로를 종전처럼 확정적인 것으로 선택할 수 없도록 한다. 대신에 소비 c와 여가 l의 선택은 항상 선택의 시점까지 발생한 기술진보 및 정부지출의 모든 충격에 잠재적으로 영향을 받는다. 이로 인하여 가계의 최적화 행태를 묘사하는 것이 아주 복잡해진다. 그러나 다행히 최적화문제를 모두 풀어내지 않고서도 가계 행위의 주된 특징을 묘사할 수 있다. Ramsey모형의 경우 예산제약식을 부과하여 최적 소비수준을 결정하기에 앞서 현재 소비를 다음 기의 소비와 이자율의 함수(오일러 방정식)으로 표현할 수 있었던 것을 기억할 필요가 있다. 불확실성 하에서도 이와 유사하게 금기의 소비를 다음 기의 이자율과 소비에 대한 **기대**

치의 함수로 나타낼 수 있다. 이 식은 우리가 식 (2.23)~(2.24)을 도출하는 과정에서 오일러 방정식을 유도하기 위해 이용한 것과 같은 간단한 방식을 활용하여 도출할 수 있다.[9]

t기의 가계를 보자. 가계가 t기에 구성원 1인당 소비를 소량, Δc만큼 줄이고 그로 인해 늘어난 자산을 $t+1$기에 구성원 1인당 소비를 늘리는데(이런 행동의 변경을 하지 않았을 때와 비교하여) 사용한다고 가정하자. 만일 가계가 최적으로 행동한다면 이런 한계적 조정이 기대효용에 어떠한 변화도 일으키지 않을 것이 분명하다.

식 (5.5)와 (5.7)에 의해 t기의 구성원 1인당 소비의 한계효용은 $e^{-\rho t}(N_t/H)(1/c_t)$이라는 것을 알 수 있다. 따라서 이러한 조정에 따른 효용의 감소분, 즉 비용은 $e^{-\rho t}(N_t/H)(\Delta c/c_t)$와 같다. 가계의 구성원 수는 $t+1$기에 t기의 e^n배가 되기 때문에 $t+1$기의 가계 구성원 1인당 소비증가는 $e^{-n}(1+r_{t+1})\Delta c$이다. 그런데 $t+1$기의 구성원 1인당 소비의 한계효용은 $e^{-\rho(t+1)}(N_{t+1}/H)(1/c_{t+1})$이다. 따라서 t기에서 기대되는 $t+1$기의 효용증가분은 $E_t[e^{-\rho(t+1)}(N_{t+1}/H)e^{-n}(1/c_{t+1})(1+r_{t+1})]\Delta c$에 달할 것이다. 다만 여기서 E_t는 t기에 가계가 파악할 수 있는 모든 정보를 토대로 산출한 값(즉 t기까지의 경제의 움직임을 주어진 것으로 한 것), 이른바 조건부 기대치를 의미한다. t기의 효용감소분과 $t+1$기의 기대효용증가분을 같게 하면 다음의 식이 얻어진다.

$$e^{-\rho t}\frac{N_t}{H}\left(\frac{\Delta c}{c_t}\right)=E_t\left[e^{-\rho(t+1)}\frac{N_{t+1}}{H}e^{-n}\frac{1}{c_{t+1}}(1+r_{t+1})\right]\Delta c \tag{5.22}$$

$e^{-\rho(t+1)}(N_{t+1}/H)e^{-n}$에는 불확실성이 없으며 $N_{t+1}=N_te^n$이기 때문에 식은 다음과 같이 간단하게 정리된다.

$$\frac{1}{c_t}=e^{-\rho}E_t\left[\left(\frac{1}{c_{t+1}}\right)(1+r_{t+1})\right] \tag{5.23}$$

이 결과는 Ramsey모형에서의 식 (2.22)에 대응한다.

식 (5.23)의 우변은 $e^{-\rho}E_t[1/c_{t+1}]E_t[1+r_{t+1}]$와 같은 것이 아니라는 점에 주의하여야 한다. 즉 현재소비와 미래소비 간의 상충관계(trade off)는 미래의 한계효용 및 수익률 각각의 기대에 의존할 뿐만 아니라 그들의 상호작용에도 의존한다. 구체적으로 두 변수의 곱에 대한 기대치는 각각의 기대치를 곱한 것에 그들의 공분산을 더한 것과 같다. 따라서 식 (5.23)은 다음과 같다.

$$\frac{1}{c_t}=e^{-\rho}\left\{E_t\left[\frac{1}{c_{t+1}}\right]E_t[1+r_{t+1}]+\text{Cov}\left(\frac{1}{c_{t+1}},1+r_{t+1}\right)\right\} \tag{5.24}$$

9 가계의 문제는 **동태적 계획법**(*dynamic programming*)을 이용하여 보다 엄밀하게 분석할 수 있다(본서의 8.7절 또는 Ljungquvist and Sargent, 2004를 참조하라). 동태적 계획법에 의해서도 이하의 식 (5.23)이 얻어진다.

여기서 $Cov(1/c_{t+1}, 1+r_{t+1})$은 $1/c_{t+1}$과 $1+r_{t+1}$의 공분산이다. 예를 들어r_{t+1}이 높은 수준일 때 c_{t+1}도 높은 수준을 갖는다고 상정해 보자. 이런 때는 $Cov(1/c_{t+1}, 1+r_{t+1})$가 음(−)의 값을 갖는다. 즉 저축수익률은 소비의 한계효용이 낮을 때 높다. 이러한 경우는 $1/c_{t+1}$과 $1+r_{t+1}$가 아무런 상관관계를 갖고 있지 않는 경우에 비하여 저축의 유인이 작기 때문에 금기의 소비증가로 이어진다.

제8장에서는 소비의 한계효용과 자산수익률 사이의 불확실성과 공분산이 소비 행태에 어떻게 영향을 미치는 지에 대해 보다 깊이 논의한다.

■ 소비와 노동공급의 상충관계(trade-off)

가계는 매일 자신의 효용을 극대화하는 소비수준을 선택할 뿐만 아니라 최적 노동공급도 선택한다. 따라서 가계의 최적화문제에서 두 번째 1계 조건은 금기의 소비와 노동공급을 관련시키는 문제가 될 것이다. 보다 구체적으로 가계가 t기에 구성원 1인당 노동공급을 소량(Δl만큼) 늘린 결과 얻은 소득을 해당 기의 소비를 늘리는데 사용한다고 가정하자. 이런 경우에도 만일 가계가 최적으로 행동하고 있다면 이런 종류의 한계적인 조정이 기대효용을 변화시키지 못한다.

식 (5.5)와 (5.7)에 의하면 $e^{-\rho t}(N_t/H)[1/(1-\ell_t)]$은 t기 노동의 한계비효용이다. 따라서 이러한 조정에는 $e^{-\rho t}(N_t/H)[1/(1-\ell_t)]\Delta\ell$ 만큼의 효용감소가 발생한다. 동시에 t기의 소비를 $w_t\Delta\ell$만큼 증가시키기 때문에 $e^{-\rho t}(N_t/H)(1/c_t)w_t\Delta\ell$만큼 효용이 증가한다. 효용의 감소분과 증가분을 같게 하자.

$$e^{-\rho t}\frac{N_t}{H}\frac{b}{1-\ell_t}\Delta\ell = e^{-\rho t}\frac{N_t}{H}\frac{1}{c_t}w_t\Delta\ell \tag{5.25}$$

이며 이에 의해 다음과 같다.

$$\frac{c_t}{1-\ell_t} = \frac{w_t}{b} \tag{5.26}$$

식 (5.26)은 임금이 주어졌을 때 당기의 여가와 소비를 관련시키고 있다. 이 식에는 이미 알려진 당기의 변수만 나타나 있기 때문에 불확실성이 개입할 여지가 없다. 식 (5.23)과 (5.26)은 가계의 행동을 묘사하는 핵심적인 기본식이다.

5.5 모형의 특수한 경우

■ 간략화를 위한 여러 가지의 전제

5.3절의 모형을 해석적으로 풀어내는 작업은 불가능하다. 기본적인 문제는 모형이 선형의 성분 – 감가상각과 생산의 소비, 투자, 정부지출로의 분할 등 – 과 대수선형의 성분 – 생산함수와 선호 등 – 의 혼합물로 이루어졌다는 점에서 비롯한다. 이에 본 절에서는 단순화한 모형을 검토해 보기로 한다.

구체적으로 모형에 두 가지 사항을 변경하기로 한다. 즉 정부를 모형으로부터 제외하고 아울러 매기에 100%의 감가상각이 발생하는 것으로 가정한다.[10] 이 가정들에 의해 식 (5.10)과 (5.11)은 모형으로부터 제외되며 식 (5.2)와 (5.4)는 다음과 같이 변화된다.

$$K_{t+1} = Y_t - C_t \tag{5.27}$$

$$1 + r_t = \alpha \left(\frac{A_t L_t}{K_t} \right)^{1-\alpha} \tag{5.28}$$

정부부문을 모형에서 제외하는 것은 경기변동의 원인으로서 기술충격의 효과만을 단독으로 분석할 수 있게 된다는 점에서 정당화될 수 있다. 한편 완전한 감가상각을 가정함으로써 우리는 모형의 해를 해석적으로 도출할 수 있게 될 것이다.

■ 모형의 해

완전경쟁시장과 무한기간 생존하는 개인을 상정하고 외부성은 존재하지 않는다고 가정하기 때문에 모형의 균형은 파레토 최적이 된다. 따라서 이러한 균형 하에서는 시장을 무시하고 사회적 最適점을 직접 찾아낼 수도 있고 경쟁시장 하에서 균형을 도출할 수도 있다. 본 절에서는 경쟁시장 균형이 파레토 최적조건이 충족되지 못하는 경우에도 쉽게 응용할 수 있다는 점에 비추어 두 번째 모형을 선택하기로 한다. 그러나 사회적 최적점을 직접 구하는 것이 쉬운 경우도 있으므로 사회계획자를 상정하는 첫 번째 방식으로 실물경기변동모형의 해를 도출하는 경우도 적지 않다.[11]

이 모형에는 두 가지 상태변수가 있다. 이전 기간에서 이전된 자본스톡과 기술의 당기가치이다. 즉, 주어진 기간의 경제상황은 이 두 가지 변수로 설명된다. 두 가지 내생변수는 소비와 고용이다.

---

10 이러한 변경에 의해 모형은 Long and Plosser(1983)의 RBC모형을 1부문모형으로 전환한 것에 대응된다. McCallum(1989)이 이러한 모형을 검토하고 있다. 또한 $\delta = 1$이라고 하는 가정을 제외하면 Prescott(1986)에 의해 검토된 기본모형과 대응한다. 정부를 완전히 모형에서 제외하는 대신에 생산의 일정비율을 정부가 구입한다고 가정하는 것도 어려운 일이 아니다.

11 사회최적 접근방법(social-optimum approach)을 이용한 예로서 문제 5.11을 참조하라.

내생변수들은 시간에 따라 증가하기 때문에, 생산량에서 저축되는 비율 s와 1인당 노동공급 ℓ에 초점을 두는 것이 보다 쉽다. 먼저 모든 C를 $(1-s)Y$로 대체한 후 모형의 방정식을 대수선형 형태로 전환하여 정리한다. 그 다음으로 균형조건을 충족하기 위하여 이번 기의 기술과 전기로부터 이전된 자본스톡이 ℓ과 s에 어떠한 영향을 미치는지를 결정한다. 우리는 가계의 최적화에 관한 두 가지 조건식 (5.23)과 (5.26)에 주목하기로 한다. 나머지의 식들은 정의식과 경쟁조건으로부터 기계적으로 도출된다.

후에 밝혀지는 바와 같이 s는 생산기술 및 자본스톡과 무관하게 결정된다. 이는 직관적으로는 로그효용함수와 콥-더글러스 생산함수, 100% 감가상각의 가정을 결합함으로써 생산기술과 자본의 변동이 저축에 상반되는 방향의 대체효과와 소득효과를 통해 상쇄되기 때문이다. 모형을 해석적으로 푸는 작업이 가능한 것은 s가 일정한 상수라는 사실에 의한다.

먼저 식 (5.23) 즉 $1/c_t = e^{-\rho}E_t[(1/c_{t+1})(1+r_{t+1})]$에 관하여 고찰하기로 하자. $c_t = (1-s_t)Y_t/N_t$이므로 식 (5.23)을 앞서 제시한 방식에 따라 정리하면 다음과 같은 식을 얻을 수 있다.

$$-\ln\left[(1-s_t)\frac{Y_t}{N_t}\right] = -\rho + \ln E_t\left[\frac{1+r_{t+1}}{(1-s_{t+1})Y_{t+1}/N_{t+1}}\right] \tag{5.29}$$

생산함수는 콥-더글러스 형이며 100% 감가상각을 상정하고 있기 때문에 $1+r_{t+1} = \alpha Y_{t+1}/K_{t+1}$과 같다. 더욱이 100% 감가상각의 가정에 의해 $K_{t+1} = Y_t - C_t = s_t Y_t$이 성립한다. 이를 식 (5.29)에 대입하면 다음의 식이 도출된다.

$$\begin{aligned}
&-\ln(1-s_t) - \ln Y_t + \ln N_t \\
&= -\rho + \ln E_t\left[\frac{\alpha Y_{t+1}}{K_{t+1}(1-s_{t+1})Y_{t+1}/N_{t+1}}\right] \\
&= -\rho + \ln E_t\left[\frac{\alpha N_{t+1}}{s_t(1-s_{t+1})Y_t}\right] \\
&= -\rho + \ln\alpha + \ln N_t + n - \ln s_t - \ln Y_t + \ln E_t\left[\frac{1}{1-s_{t+1}}\right]
\end{aligned} \tag{5.30}$$

여기서 위식의 마지막 행은 α, N_{t+1}, s_t 및 Y_t가 t시점에 이미 알려져 있으며 N은 n의 비율로 증가한다는 점을 이용하였다. 식 (5.30)은 다음과 같이 정리할 수 있다.

$$\ln s_t - \ln(1-s_t) = -\rho + n + \ln\alpha + \ln E_t\left[\frac{1}{1-s_{t+1}}\right] \tag{5.31}$$

중요하게도 두 개의 상태변수인 기술 A와 자본 K는 식 (5.31)에는 포함되지 않는다. 따라서 이 조건을 충족시키는 일정한 값 s가 존재한다. 이를 확인하기 위하여 만일 s가 특정한 값

$\hat{s}$로 나타나는 상수라면 s_{t+1}의 불확실성은 제거되기 때문에 $E_t[1/(1-s_{t+1})]$은 단순히 $1/(1-\hat{s})$과 같다는 사실에 주목할 필요가 있다. 따라서 식 (5.31)은 다음과 같다.

$$\ln \hat{s} = \ln \alpha + n - \rho \tag{5.32}$$

즉

$$\hat{s} = \alpha e^{n-\rho} \tag{5.33}$$

따라서 저축률은 일정하게 된다.

이번에는 식 (5.26) 즉 $c_t/(1-\ell_t) = w_t/b$에 대하여 살펴보기로 하자. 1인당 소비는 $c_t = C_t/N_t = (1-\hat{s})Y_t/N_t$이므로 식 (5.26)은 다음과 같이 고쳐 쓸 수 있다.

$$\ln\left[(1-\hat{s})\frac{Y_t}{N_t}\right] - \ln(1-\ell_t) = \ln w_t - \ln b \tag{5.34}$$

생산함수가 콥–더글러스 형이므로 $w_t = (1-\alpha)Y_t/(\ell_t N_t)$과 같다. 이를 식 (5.34)에 대입하면 다음과 같다.

$$\begin{aligned} &\ln(1-\hat{s}) + \ln Y_t - \ln N_t - \ln(1-\ell_t) \\ &\qquad = \ln(1-\alpha) + \ln Y_t - \ln \ell_t - \ln N_t - \ln b \end{aligned} \tag{5.35}$$

소거와 이항을 통해 식을 정리하면 다음과 같다.

$$\ln \ell_t - \ln(1-\ell_t) = \ln(1-\alpha) - \ln(1-\hat{s}) - \ln b \tag{5.36}$$

마지막으로 간단한 대수문제를 풀면 다음과 같다.

$$\begin{aligned} \ell_t &= \frac{1-\alpha}{(1-\alpha)+b(1-\hat{s})} \\ &\equiv \hat{\ell} \end{aligned} \tag{5.37}$$

따라서 노동공급도 마찬가지로 일정하게 된다. 가계가 노동공급을 기간 간 대체할 용의가 있음에도 불구하고 이러한 결론이 얻어지는 것은 기술이나 자본의 변동이 노동공급에 대한 상대임금이나 이자율의 효과에 정확히 상반되는 영향을 미침으로 인하여 서로 상쇄되기 때문이다. 예를 들어 기술의 향상은 기대되는 미래 임금에 비해 현재임금을 상승시킴으로써 현재의 노동공급을 증가시키는 효과를 갖는다. 그러나 이는 저축의 증가로 이어져 기대이자율을 낮춤으로써 노동공급을 감소시키는 결과를 낳는다. 우리가 검토하는 특수한 경우에는 이 두 가지 효과가 정확하게 상쇄된다.

모형의 나머지 식들은 최적화와는 무관한 기술(technology), 정의식 및 경쟁(competition)으로부터 도출된다. 따라서 우리는 s와 ℓ을 상수로 하는 모형의 해를 도출하였다.

앞서 설명한 바와 같이 본 모형의 어떠한 경쟁균형도 대표적 가계의 기대효용을 극대화하는 문제에 대한 해와 같다. 최적화에 관한 표준적 결론에 의하면 이러한 문제는 유일한 해를 갖는다.(예를 들어 Stocky, Lucas and Prescott, 1989를 참조). 따라서 우리가 발견한 균형은 유일한 균형일 수 밖에 없다.

■ 논의

본 모형은 실물 충격이 생산의 변동을 일으키는 경제의 한 가지 예를 제시한다. 경제가 왈라스 균형의 경제이기 때문에 변동은 충격에 대한 최적의 반응이다. 따라서 거시 경기변동에 관한 기존 사고틀과는 달리 여기서의 변동은 어떠한 시장실패를 반영하지도 않으며 생산변동을 완화하려는 정부의 어떠한 개입도 후생의 저하만을 초래할 뿐이다. 요컨대 (가장 강력한 형태의) 실물경기변동모형이 시사하는 점은 관찰되는 총생산량의 변동은 단순히 시간이 흐름에 따라 변해 가는 파레토 최적점을 나타낸다는 것이다.

모형으로부터 얻어지는 구체적인 생산량의 변동은 기술과 자본스톡의 움직임에 의해 결정된다.[12] 구체적으로 살펴보면 생산함수, $Y_t = K_t^{\alpha}(A_tL_t)^{1-\alpha}$ 는 다음과 같이 변형할 수 있다.

$$\ln Y_t = \alpha \ln K_t + (1-\alpha)(\ln A_t + \ln L_t) \tag{5.38}$$

$K_t = \hat{s}Y_{t-1}$ 이고 $L_t = \hat{\ell}N_t$ 이므로 대입하여 다음의 식을 얻는다.

$$\begin{aligned}\ln Y_t &= \alpha \ln \hat{s} + \alpha \ln Y_{t-1} + (1-\alpha)(\ln A_t + \ln \hat{\ell} + \ln N_t) \\ &= \alpha \ln \hat{s} + \alpha \ln Y_{t-1} + (1-\alpha)(\overline{A} + gt) \\ &\quad + (1-\alpha)\tilde{A}_t + (1-\alpha)(\ln \hat{\ell} + \overline{N} + nt)\end{aligned} \tag{5.39}$$

마지막 행은 $\ln A_t = \overline{A} + gt + \tilde{A}_t$ 및 $\ln N_t = \overline{N} + nt$ 의 관계식을 이용하였다(식 5.6, 식 5.8을 참조하라).

식 (5.39)의 우변항들 가운데 확정적인 경로를 따르지 않는 두 개의 항은 $\alpha \ln Y_{t-1}$ 과 $(1-\alpha)\tilde{A}_t$ 이다. 따라서 식 (5.39)는 다음의 형태로 바꾸어 쓸 수 있어야 한다.

$$\tilde{Y}_t = \alpha \tilde{Y}_{t-1} + (1-\alpha)\tilde{A}_t \tag{5.40}$$

여기서 $\tilde{Y}_t$ 는 $\ln Y_t$ 의 값과 $\ln A_t$ 가 매기에 $\overline{A} + gt$ 의 값을 가질 경우에 얻어지는 $\ln Y_t$ 의 값과의 차이를 표현한 것이다(상세한 것은 문제 5.14를 참조하라).

생산의 동태적 행태에 관하여 식 (5.40)이 시사하는 바를 살펴보자. 이 식은 매기에 성립하기 때문에 이를 $\tilde{Y}_{t-1} = \alpha\tilde{Y}_{t-2} + (1-\alpha)\tilde{A}_{t-1}$ 으로 나타낼 수 있음을 주목할 필요가 있다. 이는 다음의 식과 같이 정리된다.

12 이하의 논의는 McCallum(1989)에 기초한 것이다.

$$\tilde{A}_{t-1} = \frac{1}{1-\alpha}(\tilde{Y}_{t-1} - \alpha\tilde{Y}_{t-2}) \tag{5.41}$$

식 (5.9)에 의하면 $\tilde{A}_t = \rho_A\tilde{A}_{t-1} + \varepsilon_{A,t}$가 성립한다는 점을 이용하여 해당 식과 식 (5.41)을 식 (5.40)에 대입하면 다음을 얻는다.

$$\begin{aligned}\tilde{Y}_t &= \alpha\tilde{Y}_{t-1} + (1-\alpha)(\rho_A\tilde{A}_{t-1} + \varepsilon_{A,t}) \\ &= \alpha\tilde{Y}_{t-1} + \rho_A(\tilde{Y}_{t-1} - \alpha\tilde{Y}_{t-2}) + (1-\alpha)\varepsilon_{A,t} \\ &= (\alpha+\rho_A)\tilde{Y}_{t-1} - \alpha\rho_A\tilde{Y}_{t-2} + (1-\alpha)\varepsilon_{A,t}\end{aligned} \tag{5.42}$$

따라서 대수화한 생산량이 정상경로로부터 이탈한 값은 2차 자기회귀과정(second-order autoregressive process)을 따른다. 다시 말해 $\tilde{Y}$는 자기 자신의 과거 두 기간 값의 선형결합에 백색잡음의 교란항을 더한 형태로 표현할 수 있다.[13]

$\tilde{Y}_t$의 1기 시차변수의 계수가 양(+)의 값을 취하며 2기 시차변수의 계수가 음(−)의 값을 갖는 경우 생산량은 교란요인에 대하여 쌍봉낙타의 혹 모양과 유사한 반응을 나타낼 수 있다. 예를 들어 $\alpha=1/3$, $\rho_A=0.9$인 경우를 보자. $\varepsilon_A = 1/(1-\alpha)$라고 하는 일시적 충격이 발생했다고 하자. 식 (5.42)를 반복적으로 이용하면 대수화한 생산은 충격이 없는 경우에 비해 충격이 발생한 시점에 1(= (1 − α)×충격)만큼, 다음 기에는 1.23(= $(\alpha+\rho_A)\times 1$)만큼, 그 다음 기에는 1.22(= $(\alpha+\rho_A)\times 1.23 - \alpha\rho_A\times 1$)만큼 그리고 이들에 이어지는 기에는 1.14, 1.03, 0.94, 0.84, 0.76, 0.68, ⋯ 만큼 각각 증가함을 알 수 있다.

α가 크지 않기 때문에 생산량의 동학은 대체로 기술충격의 지속성, ρ_A에 의해 규정된다. 예를 들어 $\rho_A=0$이면 식 (5.42)는 $\tilde{Y}_t = \alpha\tilde{Y}_{t-1} + (1-\alpha)\varepsilon_{A,t}$로 축약된다. 여기서 $\alpha=1/3$인 경우, 불과 2기 후에는 충격 초기에 비해 그 효과가 9/10까지 소멸되는 것으로 나타나고 있다. $\rho_A=1/2$인 경우, 충격이 발생한 3기 후에는 초기효과의 2/3가 사라져 버린다. 따라서 해당 모형에는 일시적인 기술교란이 장기에 걸쳐서 상당한 규모의 생산량 변동을 일으킬 수 있는 파급경로가 존재하지 않는다. 우리는 후에 이런 주장이 더욱 일반화된 모형에서도 성립하는 것을 확인할 수 있다. 그럼에도 불구하고 이러한 결과들은 본 모형이 생산량에 관하여 매우 흥미로운 동학을 창출한다는 것을 보여주고 있다.

생산량 동학에도 불구하고 이러한 특수한 경우의 모형이 다른 측면에서는 경기변동의 주요

---

13 **시차연산자**(*lag operators*)의 사용에 익숙한 독자는 그것을 이용함으로써 식 (5.42)를 도출할 수 있다. 시차연산자의 표기법을 이용한다면 $\tilde{Y}_{t-1}$는 $L\tilde{Y}_t$이다(이곳에서의 L은 변수를 자기의 1기전 값으로 변환하는 사상(mapping)이다). 따라서 (5.40)은 $\tilde{Y}_t = \alpha L\tilde{Y}_t + (1-\alpha)\tilde{A}_t$, 즉 $(1-\alpha L)\tilde{Y}_t = (1-\alpha)\tilde{A}_t$로 고쳐 쓸 수 있다. 마찬가지로 (5.9)는 $(1-\rho_A L)\tilde{A}_t = \varepsilon_{At}$, 즉 $\tilde{A}_t = (1-\rho_A L)^{-1}\varepsilon_{At}$로 쓸 수 있다. 따라서 $(1-\alpha L)\tilde{Y}_t = (1-\alpha)(1-\rho_A L)^{-1}\varepsilon_{At}$가 된다. 양변에 $(1-\rho_A L)$를 곱하여 주면 $(1-\alpha L)(1-\rho_A L)\tilde{Y}_t = (1-\alpha)\varepsilon_{At}$이 되고 이를 정리하면 $[1-(\alpha+\rho)L+\alpha\rho L^2]\tilde{Y}_t = (1-\alpha)\varepsilon_{At}$ 및 $\tilde{Y}_t = (\alpha+\rho)\tilde{Y}_{t-1} - \alpha\rho\tilde{Y}_{t-2} + (1-\alpha)\varepsilon_{At}$을 얻을 수 있다. 마지막의 방정식이야말로 식 (5.42)에 상응하는 것이다(시차연산자에 관한 논의 및 그것을 이와 같은 형태로 연산하는 것의 정당성에 대하여는 7.3절을 참조하라).

한 특징들과 그다지 잘 부합하지 못한다. 가장 분명한 것은 이 사례에서는 저축률 s가 일정하여 소비와 투자의 변동성이 동일할 뿐만 아니라 노동투입도 변하지 않는다는 점이다. 실제로는 5.1절에서 살펴본 바와 같이 투자는 소비에 비해 훨씬 큰 폭으로 변동하며 고용은 경기순응적으로 움직인다. 다시 말해, 이러한 변수들은 총생산과 같은 방향으로 변동한다. 더욱이 해당 모형에 따르면 실질임금의 움직임은 고도로 경기순응적이어야 한다. 본 모형에서 콥-더글러스 생산함수를 상정하고 있기 때문에 실질임금은 $(1-\alpha)Y/L$와 같다. L은 기술충격에는 반응하지 않기 때문에 실질임금은 생산량 Y와 같은 비율만큼 상승한다. 5.1절에서 살펴보고, 6.3절에서 보다 자세히 살펴보겠지만, 실제 경기변동에서는 실질임금의 경기순응성은 오직 경미한 정도에 그치고 있다.

따라서 본 모형이 실제 경기변동에서 관찰되는 주된 특징들을 포착하기 위해서는 모형에 대한 수정이 요구된다. 다음 절에서는 100% 이하의 감각상각과 정부지출에 대한 충격을 도입하는 경우 고용이나 저축, 및 실질임금의 움직임에 관한 모형의 예측력이 개선됨을 보여 준다.

훨씬 낮은 감가상각을 가정하는 경우, 모형의 적합도가 얼마나 개선되는지를 직관적으로 이해하기 위해 감가상각과 성장이 없는 극단적인 경우(여기서 충격이 존재하지 않는 상황 하에서는 투자가 0이 된다)를 고찰해 보기로 한다. 이러한 상황에서 정의 기술충격이 발생하면 다음 기에 자본의 한계생산물이 늘어나기 때문에 가계로서는 일정 수준의 투자를 실행하는 것이 최적의 선택이다. 따라서 저축률이 상승한다. 저축이 일시적으로 높아진다는 것은 기대 소비 증가율이 저축률이 일정한 경우에 비해 더욱 높아진다는 것을 의미한다. 이를 위해서는 소비자의 기간 간 최적화조건인 식 (5.23)으로부터 기대이자율이 높아질 필요가 있다. 그리고 이미 살펴본 바와 같이 더욱 높은 이자율은 당기의 노동공급을 증가시킨다. 따라서 불완전한 감가상각을 도입함으로써 투자와 고용은 충격에 대하여 더욱 민감하게 반응하게 된다.

정부지출 충격을 도입함으로써 모형의 적합도가 높아지는 이유는 간단하다. 정부지출 충격의 도입으로 인하여 생산과 실질임금 간의 강한 상관관계가 단절될 수 있기 때문이다. 정부지출 증가가 가계의 생애에 걸쳐서 부과되는 조세부담을 증가시키기 때문에 가계의 생애 부를 감소시킨다. 이로 인해 가계가 여가 대신에 일을 선택함으로써 가계의 여가 소비는 감소하게 된다. 기술변화가 없는 상황에서 노동공급이 증가하면 실질임금은 하락한다. 즉, 생산량과 실질임금은 반대방향으로 움직인다. 정부지출과 기술 모두에 충격이 발생하는 경우에 해당 모형은 실질임금이 전반적으로 강한 경기순응성을 나타내지 않는 양상을 생성해 낼 수 있다.

5.6 일반적인 경우에 모형의 해

■ 균형성장경로 근방에서의 모형의 대수선형화

앞서 논의한 바와 같이 5.3절의 모형 전체를 해석적으로 풀어내는 일은 불가능하다. 이런 사실은 거의 모든 실물경기변동모형이나 다른 현대 거시경제모형에 해당된다. 이러한 문제를 다루는 일반적인 방법은 모형의 **로그(대수)선형화**(*log–linearizaion*)이다. 즉, 경제주체의 결정 규칙과 상태변수의 운동방정식은 충격이 없는 경우의 경제의 경로 주위에서 적절한 변수에 대해 로그(대수)를 취하고 1차 테일러 근사를 취하게 된다. 여기서는 이러한 접근방식을 이용한다.[14]

로그선형의 근사를 취함으로써 모형을 해석적으로 풀어내는 것이 가능해졌음에도 불구하고 유감스럽게도 이러한 작업도 상당히 번잡한 계산과정이 요구된다. 그러므로 여기서는 이와 관련한 작업을 가급적 상세히 다루는 대신 도출과정과 결과의 주요한 특징을 서술하는 데 그치기로 한다.

경제에는 세 가지 상태변수(전기로부터 이어받은 자본스톡, 당기의 기술수준 및 정부지출의 현재값)과 두 가지 내생변수(소비와 투자)가 있음을 상기하자. 만일 모형을 비확률적인 균형성장경로의 근방에서 로그선형화한다면 소비와 고용을 표현하는 식은 다음과 같은 형태가 될 것이다.

$$\tilde{C}_t \simeq a_{\mathrm{CK}}\tilde{K}_t + a_{\mathrm{CA}}\tilde{A}_t + a_{\mathrm{CG}}\tilde{G}_t \tag{5.43}$$

$$\tilde{L}_t \simeq a_{\mathrm{LK}}\tilde{K}_t + a_{\mathrm{LA}}\tilde{A}_t + a_{\mathrm{LG}}\tilde{G}_t \tag{5.44}$$

여기서 계수가 되는 a는 각각 모형의 기초 모수들의 함수이다. 이전과 마찬가지로 변수 상단의 물결표(또는 波形기호 ~)는 해당 변수의 대수치와 균형성장경로 상의 값과의 차를 나타낸다.[15] 즉, 예를 들면 $\tilde{A}_t$는 $\ln A_t - (\overline{A} + gt)$를 나타낸다. 식 (5.43)과 (5.44)로부터 알 수 있는 바와 같이, 소비와 고용의 대수치는 K, A 및 G의 대수치의 선형함수이며 또한 K, A 및 G가 균형성장경로 상의 값과 일치할 때 소비와 고용도 균형성장경로의 값과 같게 된다. 우리는 균형성장경로 근방에서 대수선형의 형태의 모형을 만들고자 하기 때문에 이들 조건이 성립해야 한다는 것은 명백하다. 그리하여 모형을 풀어내기 위해서는 각 a의 값을 결정할 필요가 있다.

단순화된 형태의 모형과 마찬가지로 가계의 최적화에 관한 두 가지의 조건 (5.23)과 (5.26)에 초점을 맞추기로 한다. a 값들이 모형의 해가 되기 위해서는 이들 a 값들이 가계가 이 두 조건을 충족시킨다는 것을 함축하고 있어야 한다. 실은 이러한 요건은 a의 값들에 부과하는 제약조건에 의해 모든 a가 결정되며 이로써 모형의 해가 주어지는 것으로 구체화된다.

14 분석의 세부사항은 Campbell(1994)을 따른다.

15 충격이 존재하지 않는 경우에 모형의 균형성장경로에 관하여는 문제 5.10을 참조하라.

이러한 해법은 **미정계수법**(*method of undetermined coefficients*)이라고 한다. 이러한 사고법은 이론(경우에 따라서는 경험에 의한 추론)을 사용하여 해의 일반적인 함수형태를 결정한 다음, 모형의 조건식을 만족하도록 그 함수형태에 나타나는 계수의 값을 결정하는 것이다. 이와 같은 방법은 많은 상황에서 유용한 것으로 판명되고 있다.

■ 동일기간 내의 1계 조건

여기서 미정계수법이 어떻게 작동하는가를 보기 위해 먼저 금기의 소비와 노동공급 간의 상충관계에 관한 가계의 1계 조건식 (5.26) $c_t/(1-\ell_t)=w_t/b$에 대하여 검토하기로 한다. 식 (5.3) $w_t=(1-\alpha)(K_t/A_tL_t)^{\alpha}A_t$을 사용하여 w_t를 소거하여 대수를 취하면 해당 조건식은 다음과 같이 쓸 수 있다.

$$\ln c_t-\ln(1-\ell_t)=\ln\left(\frac{1-\alpha}{b}\right)+(1-\alpha)\ln A_t+\alpha\ln K_t-\alpha\ln L_t \tag{5.45}$$

우리는 충격이 전혀 없는 경우의 균형성장경로 주변에서 모형의 로그선형변수들의 1차 테일러 근사 값을 구하고자 한다. 우변의 근사는 비교적 간단하다. 즉, 우변의 실제치와 균형성장경로 상의 값과의 차는 $(1-\alpha)\tilde{A}_t+\alpha\tilde{K}_t-\alpha\tilde{L}_t$이다. 좌변의 근사를 고려함에 있어서 인구증가는 충격과는 무관하기 때문에 $\tilde{C}_t=\tilde{c}_t$임에 유의하기 바란다. 즉, 총소비의 대수치와 균형성장경로 상의 값과의 차이는 정확히 노동자 1인당 소비의 대수치와 균형성장경로 상의 값과의 차이만큼만 발생한다. 마찬가지로 $\tilde{\ell}_t=\tilde{L}_t$도 성립한다. 식 (5.45)의 좌변의 $\ln c_t$에 관한 미분은 정확히 1이다. ℓ^*를 균형성장경로 상의 ℓ의 값이라고 하면 $\ell_t=\ell^*$의 점에서 $\ln \ell_t$에 관한 미분은 $\ell^*/(1-\ell^*)$이다. 따라서 균형성장경로 근방에서 식 (5.45)의 대수선형근사는 다음과 같다.

$$\tilde{C}_t+\frac{\ell^*}{1-\ell^*}\tilde{L}_t=(1-\alpha)\tilde{A}_t+\alpha\tilde{K}_t-\alpha\tilde{L}_t \tag{5.46}$$

여기서 우리는 $\tilde{C}_t$나 $\tilde{L}_t$가 $\tilde{K}_t$, $\tilde{A}_t$ 및 $\tilde{G}_t$의 선형대수라는 사실을 활용할 수 있다. 식 (5.43)과 (5.44)를 (5.46)에 대입하면 다음과 같다.

$$\begin{aligned}&a_{\mathrm{CK}}\tilde{K}_t+a_{\mathrm{CA}}\tilde{A}_t+a_{\mathrm{CG}}\tilde{G}_t+\left(\frac{\ell^*}{1-\ell^*}+\alpha\right)(a_{\mathrm{LK}}\tilde{K}_t+a_{\mathrm{LA}}\tilde{A}_t+a_{\mathrm{LG}}\tilde{G}_t)\\&=\alpha\tilde{K}_t+(1-\alpha)\tilde{A}_t\end{aligned} \tag{5.47}$$

식 (5.47)은 $\tilde{K}$, $\tilde{A}$ 및 $\tilde{G}$의 모든 값에 대하여 성립해야 한다. 그것이 충족되지 않으면 $\tilde{K}$, $\tilde{A}$ 및 $\tilde{G}$의 어떠한 조합에 대해서 가계는 소비 및 노동공급을 현행수준으로부터 변화시킴으로써 그 효용수준을 제고시킬 수 있다. 따라서 식 (5.47)의 양변의 $\tilde{K}$에 관계되는 계수는 동일하여야 한다. $\tilde{A}$ 및 $\tilde{G}$의 계수에 대하여서도 마찬가지이다. 즉, 여러 가지의 계수는 다음과 같은 관계를 만족시켜야 할 것이다.

$$a_{\mathrm{CK}} + \left(\frac{\ell^*}{1-\ell^*} + \alpha\right) a_{\mathrm{LK}} = \alpha \tag{5.48}$$

$$a_{\mathrm{CA}} + \left(\frac{\ell^*}{1-\ell^*} + \alpha\right) a_{\mathrm{LA}} = 1 - \alpha \tag{5.49}$$

$$a_{\mathrm{CG}} + \left(\frac{\ell^*}{1-\ell^*} + \alpha\right) a_{\mathrm{LG}} = 0 \tag{5.50}$$

이들 조건을 이해하기 위해 먼저 정부지출의 변동을 소비와 고용의 반응과 연관시키는 식 (5.50)에 대하여 검토해 보기로 하자. 정부지출은 방정식 (5.45)에 명시적으로 나타나지는 않는다. 즉, 정부지출은 노동공급 수준이 주어졌을 때는 임금에 영향을 미치지 못한다. 만일 가계가 정부지출의 증가에 대응하여 노동공급을 늘린다면 임금이 하락하고 노동의 한계비효용은 상승한다. 따라서 가계가 이와 같은 행동을 선택하는 것은 소비의 한계효용이 더 높아지는 경우(즉 소비가 낮은 수준에 머무르는 경우)에 국한된다. 따라서 만일 노동공급과 소비가 정부지출의 변화에 반응한다면 그것들은 반대방향으로 움직일 것이다. 식 (5.50)은 이러한 정성적 결과 뿐 아니라 노동공급과 소비의 움직임이 어떻게 연관되는지까지 보여주고 있다.

이번에는 A의 상승을 고려하여 보자(식 5.49). 기술의 향상은 주어진 노동공급수준에서 임금의 상승을 낳는다. 따라서 만일 노동공급이나 소비가 기술향상에 반응하지 않는다면 가계는 더욱 많은 일을 하거나 현재 소비수준을 높일 수 있는 기회를 사용하지 않는 결과가 초래된다. 따라서 가계는 노동공급이나 소비, 혹은 두 가지 모두를 늘려야만 한다. 이 관계를 나타내는 것이 식 (5.49)이다.

끝으로 식 (5.45)가 자본의 변동에 대한 노동공급과 소비의 반응에 관하여 부과하는 제약은 기술 변화에 대한 해당 변수들의 반응에 관한 제약과 상당히 흡사하다. 유일한 차이는 주어진 L의 수준에서 임금의 자본탄력성이 $1-\alpha$가 아니라 α라는 점이다. 식 (5.48)은 이를 보여주고 있다.

■ 기간 간 1계 조건

이번 기와 다음 기의 소비를 관련짓는 1계 조건을 나타내는 식 (5.23), $1/c_t = e^{-\rho}E_t[(1+r_{t+1})/c_{t+1}]$을 분석하는 것은 더욱 복잡하지만 이에 대한 기본적인 개념은 다음과 같다. 먼저 $(1+r_{t+1})/c_{t+1}$의 대수치와 그의 균형성장경로 상의 값(대수치)의 차를 $\tilde{Z}_{t+1}$ $(\equiv \ln[(1+r_{t+1})/c_{t+1}] - \ln[(1+r^*)/c^*])$로 정의한다. 식 (5.43)과 (5.44)는 매기에 충족되기 때문에 다음과 같은 식이 성립한다.

$$\tilde{C}_{t+1} \simeq a_{\mathrm{CK}}\tilde{K}_{t+1} + a_{\mathrm{CA}}\tilde{A}_{t+1} + a_{\mathrm{CG}}\tilde{G}_{t+1} \tag{5.51}$$

$$\tilde{L}_{t+1} \simeq a_{\text{LK}}\tilde{K}_{t+1} + a_{\text{LA}}\tilde{A}_{t+1} + a_{\text{LG}}\tilde{G}_{t+1} \tag{5.52}$$

이러한 방정식으로 $\tilde{Z}_{t+1}$은 $\tilde{K}_{t+1}$, $\tilde{A}_{t+1}$ 및 $\tilde{G}_{t+1}$로 표현될 수 있다.

$\tilde{K}_{t+1}$은 내생변수이므로 이를 소거해야 한다. 구체적으로는 자본의 움직임을 표현하는 식 (5.2) $K_{t+1} = K_t + (Y_t - C_t - G_t) - \delta K_t$를 로그(대수)선형화하고 $\tilde{K}_{t+1}$를 $\tilde{K}_t$, $\tilde{A}_t$, $\tilde{G}_t$, $\tilde{L}_t$, $\tilde{C}_t$로 표현한다. 다음으로 식 (5.43)과 (5.44)를 $\tilde{L}_t$, $\tilde{C}_t$에 각각 대입한다. 이로써 다음 형태의 식이 얻어진다.

$$\tilde{K}_{t+1} \simeq b_{\text{KK}}\tilde{K}_t + b_{\text{KA}}\tilde{A}_t + b_{\text{KG}}\tilde{G}_t \tag{5.53}$$

여기서 일련의 계수 b는 모형의 모수와 일련의 a의 계수로 복잡하게 구성된 함수이다.[16]

$\tilde{K}_{t+1}$, $\tilde{A}_{t+1}$ 및 $\tilde{G}_{t+1}$로 표시한 $\tilde{Z}_{t+1}$의 식에 식 (5.53)을 대입하면 $\tilde{A}_{t+1}$, $\tilde{G}_{t+1}$, $\tilde{K}_t$, $\tilde{A}_t$, $\tilde{G}_t$에 의한 $\tilde{Z}_{t+1}$의 식을 구할 수 있다. 끝으로 이를 이용하여 $\tilde{K}_t$, $\tilde{A}_t$ 및 $\tilde{G}_t$로 표시한 $E_t[\tilde{Z}_{t+1}]$의 식을 구할 수 있는데, 여기서 $E_t[\tilde{A}_{t+1}] = \rho_A\tilde{A}_t$와 $E_t[\tilde{G}_{t+1}] = \rho_G\tilde{G}_t$를 사용하였다(식 5.9와 5.11).[17] 이 식을 식 (5.23)에 대입함으로써 일련의 a에 대한 세 가지 추가적인 제약을 얻게 되며 이들에 의해 일련의 a를 모형의 기초 모수값의 함수로 나타낼 수 있게 된다.

유감스럽게도 모형은 대단히 복잡하게 뒤얽혀 있어 각 a에 대하여 해를 구하는 일은 매우 지루한 작업이 요구될 뿐 아니라 그 결과 얻어지는 a도 모형의 모수값에 대하여 복잡한 형태의 식으로 표현된다. 설사 이러한 식들을 여기에 기술한다 하더라도 모형의 모수값들이 각 a에 미치는 영향이나 충격에 대한 경제의 반응이 명확하게 드러나지 않는다.

따라서 모형의 구조가 비교적 단순할 뿐 아니라 근사방식을 이용하고 있음에도 불구하고 모형의 특성을 묘사하는 데 있어 수치해석적 방법(numerical methods)에 의존하지 않을 수 없다. 우리가 수행하고자 하는 바는 기본이 되는 한 가지 조합의 모수를 선정하고 이들이 식 (5.43)~(5.44)의 a나 식 (5.53)의 b에 제공하는 시사점(implications)을 검토하는 것이다. 일단 a나 b의 값이 결정되면 식 (5.43), (5.44) 및 (5.53)에 의하여 기술이나 정부지출 충격이 소비, 고용 및 자본에 어떠한 영향을 미치는지(근사적이기는 하지만)가 결정된다. 그런 다음에 모형의 나머지 식들에 의하여 생산량과 투자, 임금, 이자율과 같은 여타변수들의 반응이 묘사될 수 있다. 예를 들어 $\tilde{L}$에 관한 식 (5.44)를 로그선형화된 생산함수에 대입하면 생

16 문제 5.15를 참조하라.

17 여기에 한 가지의 복잡한 문제점이 있다. 5.4절에서 강조한 바와 같이 식 (5.23)은 차기의 기대치뿐만 아니라 그의 분포의 전체 모습과 관계가 있다. 따라서 식 (5.23)의 대수선형판에서 필요한 것은 $E_t[\tilde{Z}_{t+1}]$가 아니라 $\ln E_t[e^{\tilde{Z}_{t+1}}]$이다. Campbell(1994)는 $\tilde{Z}$가 분산이 일정한 정규분포를 따르며 $e^{\tilde{Z}}$는 대수정규분포를 따른다고 가정함으로써 이 문제를 해결하였다. 이 분포 하에서는 $\ln E_t[e^{\tilde{Z}_{t+1}}]$가 $E_t[\tilde{Z}_{t+1}]$에 정수를 부가한 것과 동일하게 되는 것을 이해할 수 있다. 따라서 식 (5.23)의 우변에 대수는 $E_t[\tilde{Z}_{t+1}]$와 정수로 표현할 수 있다. 더욱이 Campbell은 모형의 대수선형성 하에서 발생하는 충격 – 식 (5.9)와 (5.11)의 ε_A 및 ε_G – 분산이 일정한 정규분포를 하고 있다면 그가 상정한 $\tilde{Z}_{t+1}$의 분포에 관한 가정이 맞다는 것을 지적하고 있다.

산량에 관한 모형의 시사점으로서 다음의 식이 도출된다.

$$\begin{aligned}\tilde{Y}_t &= \alpha\tilde{K}_t + (1-\alpha)(\tilde{L}_t + \tilde{A}_t) \\ &= \alpha\tilde{K}_t + (1-\alpha)(a_{\mathrm{LK}}\tilde{K}_t + a_{\mathrm{LA}}\tilde{A}_t + a_{\mathrm{LG}}\tilde{G}_t + \tilde{A}_t) \\ &= [\alpha + (1-\alpha)a_{\mathrm{LK}}]\tilde{K}_t + (1-\alpha)(1+a_{\mathrm{LA}})\tilde{A}_t + (1-\alpha)a_{\mathrm{LG}}\tilde{G}_t\end{aligned} \tag{5.54}$$

5.7 시사점

Campbell(1994)을 따라 각 기간은 每 分期에 대응하며 기본이 되는 모수값을 $\alpha=1/3$, $g=0.5\%$, $n=0.25\%$, $\delta=2.5\%$, $\rho_A=0.95$, $\rho_G=0.95$로 가정해 보자. 또한 $\overline{G}$, ρ 및 b는 $(G/Y)^* = 0.2$, $r^* = 1.5\%$, $\ell^* = 1/3$이 성립될 수 있도록 그 값들을 설정한다.[18]

■ 기술충격의 영향

이러한 모수값으로부터 $a_{LA} \simeq 0.35$, $a_{LK} \simeq -0.31$, $a_{CA} \simeq 0.38$, $a_{CK} \simeq 0.59$, $b_{KA} \simeq 0.08$ 및 $b_{KK} \simeq 0.95$가 도출된다. 이 수치들을 이용하면 기술의 변화가 가져오는 효과의 양상을 묘사할 수 있다. 예를 들어 1%의 양(+)의 기술충격이 발생하였다고 가정하자. 충격이 발생한 해당 기에는 전기로부터 이어온 자본에는 아무런 변화가 없으나 노동공급이 0.35% 증가하고 소비도 0.38% 증가한다. 생산함수는 $K^{1/3}(AL)^{2/3}$이기 때문에 생산량은 0.90%증가한다. 2기에는 기술이 정상수준에 비하여 0.95%($\rho_A=0.95$)상승하는 한편, 자본과 노동공급, 소비가 각각 0.08%($b_{KA} \simeq 0.08$), 0.315%($0.35\times0.95-0.31\times0.08$), 소비는 0.41%($0.38\times0.95+0.59\times0.08$) 증가한다. 또한 A, K 및 L에 대한 효과로부터 생산량은 정상수준에 비하여 0.86% 상승함을 알 수 있다.

그림 5.2와 그림 5.3은 기술충격이 모형의 주요한 양적 변수들에 미치는 영향을 묘사한 것이다. 가정에 의하면 기술수준에 미치는 영향은 서서히 감소해 간다. 자본은 처음에는 서서히 증가한 이후 정상수준으로 되돌아간다. 자본은 충격이 발생한 20분기 후에 가장 정점인 0.60% 증가에 도달하는 것으로 나타나고 있다. 노동공급은 충격이 발생한 기에는 0.35%만큼 급등한 이후 비교적 빠르게 감소하여 15분기 이후에는 정상수준을 밑돌게 된다. 그 이후 33분기에 −0.09%의 저점에 도달한 후 서서히 정상수준을 회복해 간다. A, K 및 L의 움직임을 합하여 구한 순효과로서 생산은 충격이 발생한 시점에 증가한 이후 점차 정상수준으로 되돌아간다. 소비는 생산보다 소폭으로 서서히 반응한다. 따라서 투자는 소비보다 큰 폭으로 변동할 것이 분명하다.

18 이 모수의 값들이 균형성장경로에 초래하는 시사점에 관하여는 문제 5.10을 참조하라.

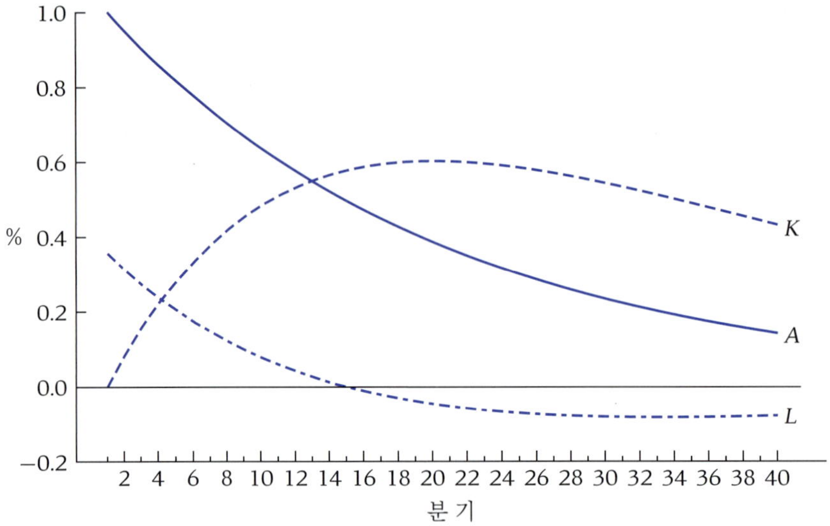

그림 5.2 1% 기술충격이 기술, 자본 및 노동의 경로에 미치는 효과

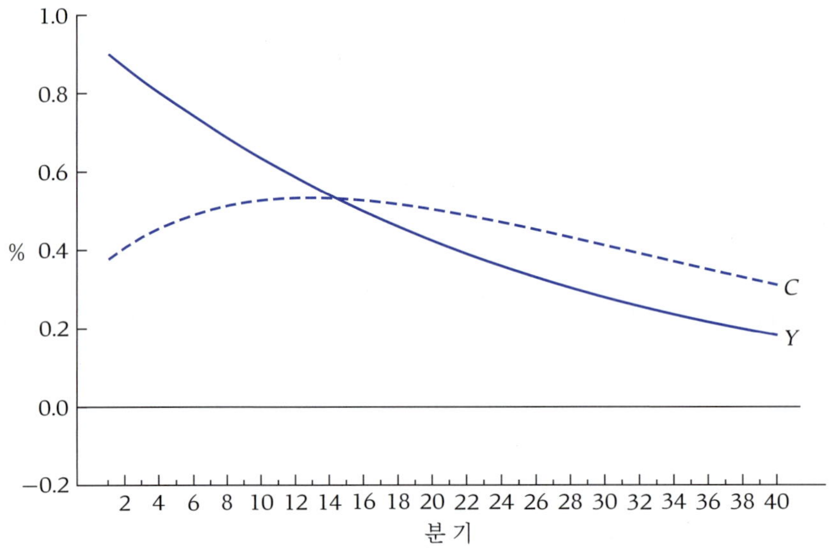

그림 5.3 1%의 기술충격이 생산량 및 소비의 경로에 미치는 효과

그림 5.4는 임금의 움직임(퍼센트 표시)과 年 이자율의 퍼센트 포인트의 변화를 표시한 것이다. 임금은 상승한 후 매우 서서히 정상수준으로 회귀한다. (충격이 발생한 시점에 미처 예기하지 못한 급변동이 있은 후) 임금의 변화가 작기 때문에 임금이 노동공급의 변화에 기여한 몫은 별로 없게 된다. 年率 이자율은 충격발생기에 약 1/7%포인트 정도 상승하며 그 후에는 급속히 정상수준으로 되돌아간다. 자본스톡의 변동 양상은 노동공급에 비해 지연되기 때문에 이자율은 14분기 이후부터는 정상수준을 밑돈다. 이자율의 이러한 변화 자체가 노동공급의 변동을 야기하는 주된 요인이 된다.

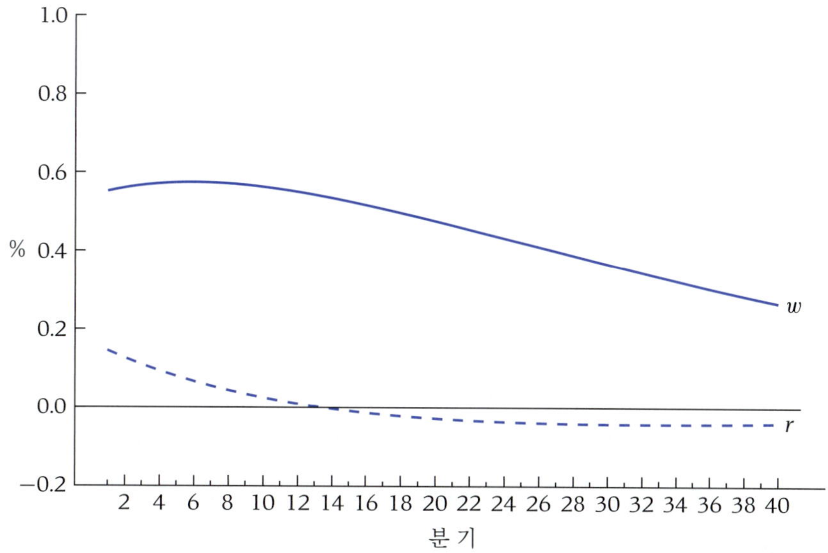

그림 5.4 1%의 기술충격이 임금 및 이자율의 경로에 미치는 효과

이자율과 소비의 변동을 이해하기 위하여 먼저 노동공급이 비탄력적인 단순한 경우를 상정해 보자. 특히 실질이자율이 $r = \alpha(AL/K)^{1-\alpha} - \delta$라는 것을 기억할 필요가 있다. A의 상승의 직접적인 효과는 r을 즉각적으로 상승시키는 것이다. A의 상승, 즉 ΔA의 효과는 대단히 서서히 사라지므로 K가 빠르게 늘어나지 않는 한 r은 높은 수준에 머물게 될 것이다. 그런데 감가상각률이 낮기 때문에 K를 빠르게 증가시키기 위해서는 투자에 투입되는 생산량의 비율을 큰 폭으로 증대시킬 필요가 있다. 그러나 만일 저축률이 r을 단숨에 일상의 수준으로 낮추면서 되돌아갈 수 있을 만큼 충분히 큰 폭으로 상승한다면 이는 r이 정상 수준에 머물면서 소비가 빠르게 증가할 것으로 예상하는 것과 같다. 그렇지만 이것은 가계의 기간 간 최적화의 1계 조건 (5.23) $1/c_t = e^{-\rho}E_t[(1/c_{t+1})(1+r_{t+1})]$과 모순된다. 그러므로 가계는 소득 가운데 저축에 투입하는 비율을 높임에도 불구하고 r을 즉각적으로 종전의 정상수준까지 되돌아가게 할 만큼 충분히 높이지는 못할 것이다. 그리고 A의 증가는 지속성을 지니고 있기 때문에 저축률의 상승도 지속성을 갖는다. 자본스톡의 조정은 서서히 이루어지므로 기술수준이 정상수준을 회복되는 과정에서 결국 A/K의 수준은 당초수준을 하회하게 되며 이로 인해 r도 당초수준을 밑돌게 된다. 이러한 상황에 이르게 되면 저축률은 균형성장경로의 수준보다 낮아질 것이다.

만일 노동공급의 변동을 허용하는 경우 자본스톡 조정의 일부는 저축률의 조정보다는 노동공급의 변동을 통해 이루어지게 된다. 즉 가계는 초기단계에 노동공급을 증대시킴으로써 자본스톡을 축적해 가다가 그 후에는 노동공급을 감소함으로써 자본스톡을 정상 수준으로 되돌아가도록 촉진시킨다.

일반적으로 충격의 효과를 자산(wealth)의 효과와 **기간 간 대체효과**(*intertemporal-*

substitution effect)를 통해 작동하는 것으로 생각해 볼 수 있다. 양(+)의 기술충격으로 인해, 경제는 잠시동안 보다 생산적이게 될 것이다. 이러한 생산성의 증가는 가계의 생애자산이 더 커졌다는 것을 의미하고 소비를 증가시키고 노동공급을 감소시키는 것으로 움직인다. 그러나 사람들이 노동공급을 미래에서 현재로 이동시키고 더 많이 저축하는 것에는 두 가지 이유가 있다. 첫째, 생산성 증가는 시간이 흐름에 따라 사라지게 될 것이므로 생산하기에 특히 매력적인 시기이다. 둘째, 자본스톡은 기술수준에 비해 낮으므로 자본의 한계생산물은 특히 커진다.

5.5절에서 완전한 감가상각, 자산과 기간 간 대체효과 균형을 보았으며, 기술충격은 노동공급과 저축률에 영향을 미치지 않았다. 완전한 감가상각보다 작다면, 기간 간 대체효과는 보다 중요해지게 되므로 노동공급과 저축률은 단기에 상승한다.

이러한 결과에 가장 커다란 영향을 주는 모수는 ρ_A이다. 기술충격의 지속성이 약한 경우에는 (충격이 빠르게 소멸되기 때문에) 충격의 資産效果는 작아지는 반면에 그의 기간 간 代替效果는 커지게 된다. 결과적으로 a_{CA}는 ρ_A의 증가함수, a_{LA}와 b_{KA}는 ρ_A의 감소함수가 되는 한편 a_{CK}, a_{LK} 및 b_{KK}는 영향을 받지 않는다. 하나의 예로서 만일 ρ_A가 기본모형의 0.95에서 0.5로 낮아진다면 a_{LA}는 0.35에서 0.66으로, b_{KA}는 0.08에서 0.12로 각각 상승한다. 그 결과 생산은 더욱 급격하게 변동할 뿐 아니라 변동에 소요되는 시간도 비교적 단기에 그치게 된다. 이 경우 1%의 기술충격은 당해에 생산량을 1.11% 증대시키지만 2기에 이르러서는 0.30% 밖에 증가하지 않는다. 만일 $\rho_A=1$이면 a_{CA}는 0.63으로 상승하며 a_{LA}는 0.05로, b_{KA}는 0.04로 각각 낮아진다. 이때 고용변동은 작아지며 생산량의 변동은 한층 완만해진다. 예를 들어 1%의 충격에 의해 생산량은 즉각적으로 0.70%(직접적인 효과로는 0.67%를 약간 상회하는 정도) 증가하며 그 후에는 초기수준보다 1% 높은 수준까지 매우 완만하게 상승해 간다.[19]

끝으로 순간효용함수(instantaneous utility function) (5.7)에 여가를 포함시키되 노동공급의 기간 간 대체탄력성이 1 이외의 값을 가지도록 일반화시킨 경우를 보자.[20] 이러한 변경에 의해 탄력성의 값이 경제에 커다란 영향을 준다는 것을 알 수 있다. 즉, 노동공급의 기간 간 대체탄력성이 높아지면 노동공급은 기술이나 자본에 대하여 한층 민감하게 반응하게 될 것이다. 예를 들어 만일 탄력성이 1에서 2로 증가한다면 a_{LA}는 0.35에서 0.48로 증가하며 a_{LK}는 −0.31에서 −0.41로 절대값이 증가한다(a_{CA}, a_{CK}, b_{KA} 및 b_{KK}는 각각 소폭 변화한다). 그 결과, 기간 간 대체탄력성이 높아지면 변동은 더욱 확대된다.[21]

19 항구적인 충격이 있으면 기간 간 대체효과는 없게 될 것이고 노동공급은 증가하지 않을 것이라고 생각할 수 있다. 그러나 자본스톡은 또한 기간 간 대체효과를 일으킨다는 것을 기억하라. 기술이 진보할 때 투자를 증가시키기 위한 노동공급을 증가시킬 유인을 만들어 내면서 자본의 한계생산물은 상승한다. 동일한게 실질이자율은 노동공급이 증가하면서 일시적으로 증가한다.

20 Campbell(1994)과 문제 5.4를 참조하라.

21 Kimball(1991)은 콥-더글러스 형 생산함수의 가정을 완화하면 자본과 노동 간의 대체탄력성이 경제의 충격에 대한 반응에 중요한 영향을 준다는 점을 제시하고 있다.

■ 정부지출 변화의 효과

기본 모수값에 의하면 $a_{CG} \simeq -0.13$, $a_{LG} \simeq 0.15$, $b_{KG} \simeq -0.004$이며 a_{CK}, a_{LK} 및 b_{KK}는 종전에 제시한 바와 같다. 직관적으로 말한다면 정부지출의 증가는 부(負)의 자산효과(negative wealth effects)를 갖기 때문에 소비의 감소와 노동공급의 증가로 이어질 뿐 아니라 정부지출 상승의 효과가 항구적이지 않기 때문에 각 경제주체는 이에 대하여 자산보유를 줄임으로써 대처한다고 볼 수 있다.

L에 관한 생산량의 탄력성은 2/3이기 때문에 a_{LG}가 0.15이라면 정부지출 1% 증가에 대해 생산량은 약 0.1% 증가한다. 균형성장경로 상의 생산량은 정부지출의 5배이기 때문에 Y는 G의 절반 정도 상승하게 될 것이다. 마찬가지로 소비는 균형성장경로 상에서 G의 약 2.5배이므로 a_{CG}가 −0.13이라면 소비는 정부지출 증가의 1/3 정도 감소하며 나머지 1/6은 투자의 감소를 통해 나타난다.

그림 5.5~5.7은 정부지출에 1% 증가하는 경우를 묘사한 것이다. 이러한 충격이 자본스톡에 미치는 영향은 미미할 뿐 아니라 영향이 최대가 되는 20분기 이후에도 0.03% 하락에 그친다. 고용은 최초에 증가한 이후 점차 원래 수준으로 되돌아간다. 기술충격의 경우와는 달리 과잉반응(overshooting)은 발생하지 않는다. 기술은 불변이며 자본스톡의 변화도 미미하기 때문에 생산량의 움직임은 작으며 고용의 변화도 매우 유사한 움직임을 나타낸다. 소비는 충격이 발생한 시점에 감소한 후 서서히 정상 수준으로 회복해 간다. 또한 고용의 증가와 자본스톡의 감소에 의해 임금하락과 이자율 상승이 발생한다. 충격이 발생한 시점 이후에 예상되는 임금변동은 작은 데다 양(+)의 방향이기 때문에 노동공급의 증가는 이자율 증가에 의한 기간 간 대체효과와 정부지출에 의한 부의 효과 때문에 발생한다.

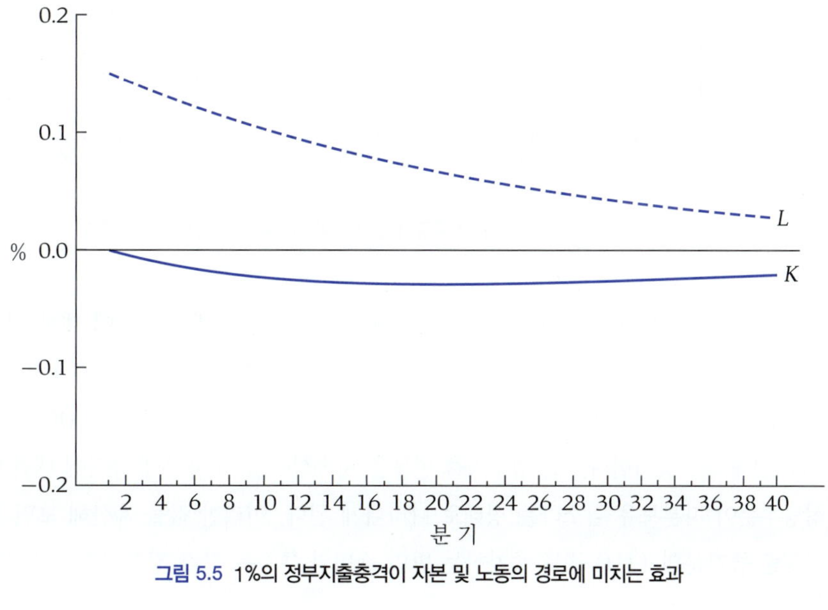

그림 5.5 1%의 정부지출충격이 자본 및 노동의 경로에 미치는 효과

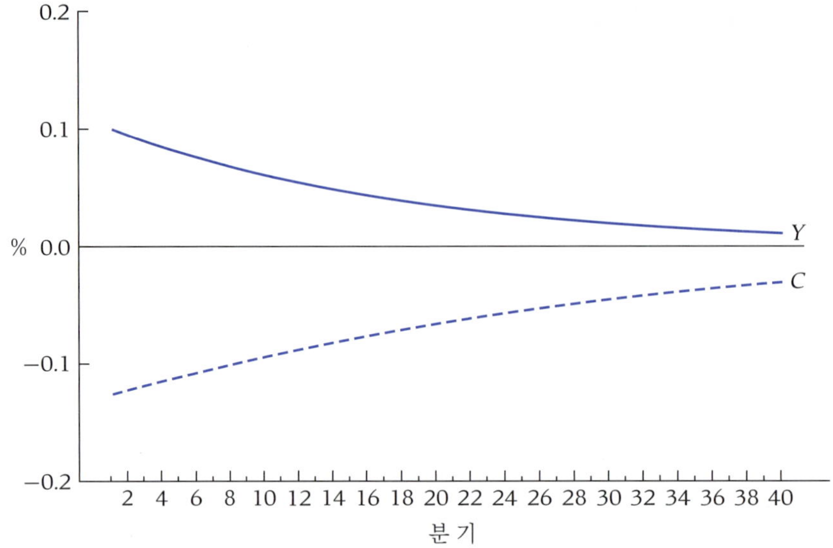

그림 5.6 1%의 정부지출충격이 산출량 및 소비의 경로에 미치는 효과

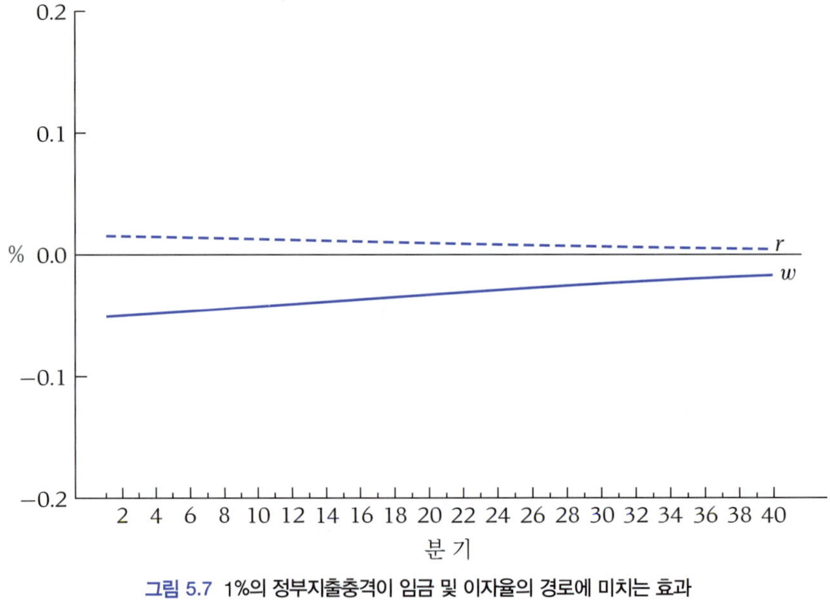

그림 5.7 1%의 정부지출충격이 임금 및 이자율의 경로에 미치는 효과

기술충격의 경우와 마찬가지로 정부지출변동의 지속성은 해당 충격에 대한 경제의 반응에 중대한 영향을 미친다. 예를 들어 만일 ρ_G가 0.5로 낮아진다면 a_{CG}는 −0.13에서 −0.03으로, a_{LG}는 0.15에서 0.03으로 각각 (절대치로) 낮아지며, b_{KG}는 −0.004에서 −0.020으로 절대치로 증가한다. 즉, 정부지출 변동은 지속성이 낮기 때문에 충격에 대한 반응 가운데 상당부분이 자본보유 감소라는 형태로 나타나게 된다. 이러한 값을 계산해 보면 생산량은 정부지출 증가분의 1/10 정도 증가하는 반면 소비와 투자는 각각 정부지출 증가분의 약 1/10

및 약 4/5만큼 감소한다. 예를 들어 1% 규모의 충격에 대하여 생산량은 충격이 발생한 시점에 정확히 0.02% 증가한 이후 감소하여 정상 수준을 밑도는 수준까지 하락하여 7분기 이후는 −0.004%에 이르게 된다.

5.8 실증면에서의 응용 : 실물경기변동모형의 캘리브레이션

우리는 과연 실물경기변동모형이 실제 자료를 얼마나 잘 설명하는지를 어떻게 판단할 수 있을까? 이에 대한 표준적인 접근방식이 **캘리브레이션**(*Calibration*; Kydland & Prescott (1982))이다. 캘리브레이션의 기본적인 아이디어는 미시경제학적 증거에 기초하여 모수의 값을 선택한 후, 다양한 시계열의 분산과 공분산에 관한 모형의 예측치를 실제 통계치와 비교하는 것이다.

캘리브레이션은 모형을 계량경제학적으로 추정하는 것에 비교하여 두 가지 장점을 갖고 있다. 첫째 모수값의 선택이 미시경제학적 근거에 입각하기 때문에 일반적인 추정에 이용되는 정보의 양을 크게 초과하는 많은 정보를 활용할 수 있으며 따라서 모형의 정도가 한층 제고될 수 있다. 둘째는 모형을 통계적으로 기각하거나 혹은 기각하지 못한다는 것이 경제학적으로 어떤 의미를 갖는지 흔히 해석하기 어렵다는 것이다. 그다지 중요하지 않은 일면을 제외한 모든 면에서 현실자료를 잘 설명하는 모형이 별로 중요하지 않은 그 한 가지의 면에서 설명력이 없다는 것으로 인하여 통계적으로 완전히 기각되는 경우도 있다. 또한 자료가 단순히 광범위한 가능성과 잘 부합하기 때문에 모형이 기각되지 않을 수도 있다.

캘리브레이션이 실제로 어떻게 이루어지는지를 알아보기 위하여 Prescott(1986)이나 Hansen(1985)의 기본적인 실물경기변동모형(baseline RBC model)을 고려해 보기로 한다. 이 기본모형은 우리가 이제까지 다루어 온 모형과 두 가지 점에서 차이가 있다. 첫째, 정부가 존재하지 않는다. 둘째, 기술의 추세성분은 단순한 선형경로를 가정하지 않는다. 그 대신 부드럽지만 비선형인 추세경로를 가정하여 이 추세경로를 자료에서 제거한 다음 모형의 예측과 현실의 변동을 비교분석한다.[22]

여기서는 Hansen and Wright(1992)의 전례에 따라 다음의 모수값을 고려하기로 한다. 요소소득분배율, 자본–생산비율, 투자–생산비율의 시계열을 바탕으로 Hansen and Wright는 $\alpha=0.36$, $\delta=2.5\%$(분기별), 및 $\rho=1\%$(분기별)로 각각 설정하였다. 또한 그들은 노동 및 비노동 활동시간의 평균적 안배에 기초하여 $b=2$로 설정하였다. 더욱이 $\ln R_t \equiv \Delta \ln Y_t - [\alpha \ln K_t + (1-\alpha)\Delta \ln L_t]$에 의해 측정되는 솔로우 잔차의 실증적인 움직임에

22 여기서 이용한 추세의 제거 방법은 *Hodrick–Prescott* **필터**(filter)(Hodrick–Prescott, 1997)라고 부른다.

기초하여 기술 확률과정의 모수를 선택하였다. 제1장에서 논의한 바와 같이 솔로우 잔차는 생산 증가분에서 사적 한계생산물을 통하여 자본과 노동이 기여한 부분을 제외한 나머지 모든 요인들이 생산에 미친 영향의 척도이다. 실물경기변동이론의 전제에서는 기술만이 그러한 요인을 충족하기 때문에 솔로우 잔차는 기술변화의 지표로 보고 있다. 솔로우 잔차의 움직임에 기초하여 Hansen and Wright는 $\rho_A = 0.95$로 설정하고 분기 기준 ε_A의 표준편차를 1.1%로 설정하였다.[23]

표 5.4는 변동과 관련하여 몇 가지 중요한 특성들에 대한 모형의 시사점을 정리한 것이다. 첫 째 열의 수치는 미국의 실제 자료로부터 계산한 것이며 두 번째 열의 수치는 모형으로부터 계산된 것이다. 모든 수치는 여러 가지 변수들의 추세로부터의 이탈치를 토대로 한 것이며 추세는 Prescott과 Hansen이 이용한 비선형의 방식을 이용하여 계산하였다.

표 5.4 캘리브레이션에 의한 RBC모형 추정결과와 실제 데이터 비교

	미국 데이터	베이스라인 RBC모형
σ_Y	1.92	1.30
σ_C/σ_Y	0.45	0.31
σ_I/σ_Y	2.78	3.15
σ_L/σ_Y	0.96	0.49
$Corr(L, Y/L)$	−0.14	0.93

자료 : Hansen and Wright(1992)

표의 첫 행은 생산량의 표준편차를 나타내고 있다. 모형이 만들어내는 생산변동은 현실에서 관찰된 변동보다 다소 작을 뿐 그다지 큰 차이를 나타내지 않는다. 이러한 발견은 거시적 경기변동이 경쟁시장을 상정한 신고전파적 모형과 부합할 뿐 아니라 그런 모형에 의해 대체로 정확한 예측이 가능하다고 하는 Prescott의 유명한 결론(Prescott, 1986)의 근거가 된다. 표의 둘째 행과 셋째 행은 미국의 실제 자료와 모형 모두 소비가 생산보다도 훨씬 안정적인데 반해 투자는 훨씬 불안정함을 보여주고 있다.

표의 마지막 두 행으로부터 알 수 있듯이 노동투입이나 노동투입단위 당 생산량의 변동이 경기변동과 어떠한 관계가 있는지를 평가함에 있어서 기본모형이 그다지 성공적이지 않은 것으로 나타난다. 미국 경제에서 노동투입은 생산량과 비슷한 수준의 변동폭을 보이고 있지만 모형에서는 훨씬 작은 변동폭을 나타내고 있다. 아울러 미국에서는 노동투입과 생산성은 거의 무관하지만 모형에서는 양자가 밀접하게 상관관계를 갖는 것으로 나타나고 있다.

23 Prescott는 생산함수에 기술과 $F(K, L)$이 곱하기의 형태로 표현될 수 있다는 전제 아래서 자본분배율에 강한 추세가 존재하지 않는다는 것은 $F(\cdot)$가 근사적으로 콥–더글러스 형이 된다는 것을 시사한다고 주장한다. 마찬가지로 근로자 1인당 여가시간에 추세가 없다는 것과 기간 간 대체에 관한 연구결과에 기초하여 식 (5.7)은 현시효용함수의 좋은 근사가 된다고 주장하였다. 따라서 함수형의 선택이 자의적인 것이 아니다.

따라서 매우 간단한 캘리브레이션을 통하여 우리는 모형의 성공 여부를 쉽게 확인할 수 있다. 아울러 이러한 가운데 모형의 적합도를 개선하기 위한 수정방향도 제시되어 있다. 예를 들어 다른 충격요인을 추가할수록 생산량의 변동은 확대될 것이며 노동투입 변동과 생산성 변동 간의 상관관계는 보다 약화될 것이다. 실제로 Hansen and Wright는 본장의 모형에 정부지출 충격을 추가한 결과, 그들이 제안한 모수값에 대해 L과 Y/L의 상관은 0.93에서 0.49로 하락하였으나 생산량 변동의 크기는 거의 영향을 받지 않는 것으로 나타났다.

물론 캘리브레이션은 단점도 가지고 있다. 다음 두 개의 장에서 보겠지만, 경기변동모형은 이번 장의 단순하고 고도화된 모형에서 벗어나게 된다. 결과적으로, 실물경기변동분석은 미시적 근거를 사용함으로써 모든 모수들과 함수형태를 면밀히 연결시키려는 당초 의도에서 상당 부분 벗어나 있는 상황이다. 이것은 모형에 광범위하고 다양한 특성을 허용할 경우 모형들이 실제 통계에 들어맞는 데 다소 신축성을 가질 수 있기 때문이다. 그 결과, 모형이 실제 통계의 중요한 적률과 상대적으로 잘 들어맞는 경우 모형이 얼마나 설명력이 있는 것인지 알 수 없게 되었다. 또한 모형이 일반적으로 대립가설과 비교하여 검정되는 것이 아니기 때문에 이들 적률을 다른 방식으로 설명할 수 있는 완전히 상이한 모형이 존재할 수 있는지도 우리로서는 알 수 없는 것이다.

더 나아가 경제학 지식이 제한된 상황에서 모형이 실제 통계의 주요 적률과 잘 부합한다는 점이 모형의 바람직한 속성으로 볼 수 있을 것인지도 확실치 않다.[24] 경기순환을 분석하는 모형들 가운데 가장 복잡한 것도 현실을 엄청나게 단순화하여 기술하고 있다. 이러한 단순화 작업들이 모형의 시사점에 정량적으로 중요한 영향을 전혀 미치지 않는다면 놀라운 일이 될 것이다. 중요한 영향을 미친다면 실물경기변동모형이 거시자료와 부합하고 부합하지 않는다는 것이 모형의 유용성에 얼마나 유용한 정보를 제공하는 것인지 알 수 없다.

캘리브레이션의 유일한 대안이 완전 식별된 모형의 공식 추정으로 생각하는 것은 실수가 될 것이다. 때로는 대안으로 보다 협소하게 초점을 두는 것이다. 연구자들은 모형의 중심 구성요소의 합리성에 대한 미시경제적 증거를 고려하거나 연구자들이 중요하다고 생각하는 소수의 "정형화된 사실들"과 모형의 일관성을 조사하여 모형을 평가하는 경우가 많다.

불행히도 거시경제학 모형들을 평가하는 다른 접근방법의 상대적인 장점에 관한 증거는 거의 없다. 연구자들은 다양한 혼합과 캘리브레이션 실증 형태, 공식 추정, 요소의 타당성 검토와 특정 사실과의 일관성 고려 등을 사용한다. 이러한 연구자들의 접근방법의 선택은 접근방법들 사이에 강점과 약점에 대한 지식에 기반하기 보다 "성향"에 더 많이 기반하는 것으로 보인다. 다양한 접근방법의 장점에 대한 증거를 개발하여 이러한 상황을 넘어서려고 하는 것은 중요하지만 아직 미지의 연구영역이다.

24 여기서의 논의는 Mattew and Shapiro를 따랐다.

5.9 실증적 응용 : 화폐와 총생산

거시경제학적 경기변동의 실물경기변동의 관점은 가장 기본적으로 화폐교란의 효과에 대한 전통적인 견해에서 시작되었다. 화폐공급 변화와 같은 화폐적 충격은 경제의 기술, 경제주체의 선호, 정부의 재화와 서비스에 대한 지출 등을 변화시키지 않는다. 뿐만 아니라, 이러한 것들에 대한 어떠한 뉴스도 제공하지 못한다. 결과적으로 이 장의 RBC모형을 포함하는 완전 신축적 가격모형에서 화폐적 충격은 단지 명목가격만 변화시킨다. 즉, 모든 실물 양과 상대가격은 영향을 받지 않는다. 반대로 경기변동의 전통적인 견해를 보면, 화폐의 변화는 실제적으로 실물효과를 가지고 오고, 때로는 생산량의 움직임에 중요한 원인으로 보여 진다. 여기에다 다음 두 개의 장에서 보겠지만, 유의미한 실물효과를 가지는 화폐교란을 일으킬 수 있는 동일한 요인들이 다른 교란들의 영향에도 중요한 효과를 가지고 온다.

순수 실물경기변동모형에 대한 중요한 검정으로, 화폐적 교란이 실질적인 실물효과가 있는지에 대해 토의한다. 부분적으로 이러한 이유로, 화폐변화에 대한 효과를 결정하는 것에 대해 많은 연구들이 수행되었다.

■ 세인트 루이스 식(St. Louis Equation)

여기서의 목적은 화폐적 변화가 실물효과가 있는 지를 검정하는 것이기 때문에 출발점은 생산량을 화폐에 대해 회귀하는 것이다. 그러한 회귀분석은 오래전부터 시도되어 왔다. 이에 관한 가장 오래되고 단순한 형태의 회귀분석은 세인트 루이스 연방은행의 Anderson and Jordan(1968)에 의해 수행되었다. 이 때문에 생산량을 화폐에 대하여 회귀분석하는 것을 **세인트루이스 방정식**(*St. Louis equation*)이라고 부르고 있다.

여기서는 세인트루이스 방정식의 한 예를 살펴보기로 하자. 좌변의 변수는 실질 GDP의 로그차분이다. 우변의 주요 변수는 화폐잔고의 로그차분이며 화폐는 M_2로 계측한다. 생산량에 대한 화폐의 영향은 시차를 두고 나타나기 때문에 당기부터 4 분기 전까지의 자료를 포함하였다. 그 외의 우변의 변수로는 상수항, 추세항(생산과 화폐의 성장추세를 설명하는 항), 계절더미 (이들 변수의 규칙적인 계절변동을 제거하는 항)가 있다. 데이터는 1960년 2/4분기~2007년 4/4분기의 기간에 걸친 분기별 자료를 이용하였다(시작 시기는 데이터를 이용할 수 있는 시점에서 결정되었다. 마지막 시기는 대침체와 미연방준비제도가 대응으로 취한 비전통적인 정책 행동과 연관된 큰 금융과 화폐적 변화 시기를 빼고 선택되었다).

이 회귀방정식의 추정결과는 다음과 같다.

$$\Delta \ln Y_t = \underset{(0.0028)}{0.0044} - \underset{(0.10)}{0.05}\,\Delta \ln m_t + \underset{(0.12)}{0.17}\Delta \ln m_{t-1} + \underset{(0.12)}{0.16}\,\Delta \ln m_{t-2}$$

$$+ \underset{(0.12)}{0.01}\,\Delta \ln m_{t-3} - \underset{(0.10)}{0.02}\,\Delta \ln m_{t-4} - \underset{(0.000012)}{0.000004}\,t, \qquad (5.55)$$

$$\bar{R}^2 = 0.048, \quad \text{D.W.} = 1.49, \quad \text{s.e.e.} = 0.008$$

괄호 안의 숫자는 표준오차이다. 당기부터 과거 4분기에 걸친 화폐증가율 변수의 계수 값을 합산하면 0.26이며 그 표준오차는 0.10으로 추정되었다. 따라서 이들 추정치에 의하면 통화공급이 1%포인트 증가하면 생산은 향후 1년간 1/4%포인트가 증가함을 시사한다. 두 변수 간에 관련이 없다고 하는 귀무가설은 통계적으로 높은 유의수준에서 기각되었다.

그렇다면 이러한 회귀분석의 결과가 경기변동에 관한 실물경기변동이론보다 화폐적인 측면을 뒷받침하는 강력한 증거가 될 수 있는지가 관건이다. 그 답은「그렇지 않다」이다. 이와 같은 형태의 회귀분석에는 몇 가지 근본적인 문제를 내포하고 있다. 첫째, 인과관계가 화폐에서 생산으로의 방향이 아니라 생산에서 화폐로의 방향으로 작동할 가능성을 사전적으로 배제할 수 없다는 점이다. King and Plosser(1984)에 의해 정형화된 간단한 추론에 의하면 기업이 생산을 늘리려 할 때 더 많은 중간재와 부품을 구입해야 하기 때문에「화폐의 보유」를 확대할 것이다. 또한 가계 역시 지출을 늘리고자 하는 경우 화폐보유를 늘릴 것이다. M_2와 같은 화폐잔고의 거시지표는 미연방준비제도(聯邦準備制度, Federal Reserve, 이하에서는 "연준")에 의해 직접 결정되지 않고 본원통화의 공급과 은행 및 민간부문의 상호작용에 의하여 그 구체적인 크기가 결정된다. 따라서 화폐잔고는 기업과 가계의 생산계획의 조정을 반영한 화폐수요의 변화에 의해 변동한다. 그 결과 통화량의 변화가 생산의 변동을 일으키지 않았음에도 불구하고 생산량이 변하기 전에 화폐잔고의 변화가 관측되는 현상이 나타날 수 있다.

세인트루이스 방정식의 지니는 두 번째의 중요한 문제점은 금융정책의 결정요인과 관련된다. 미국의 연준(聯準)이 총생산에 영향을 주는 다른 요인들을 상쇄하기 위해 화폐잔고를 조절한다고 가정하자. 이 경우 통화량 변동은 실물부문에 영향을 미치며 연준의 경제안정화 노력이 성공적인 결과를 낳는다면 생산량의 변동 없이 통화량의 변동만이 관찰될 것이다. (Kareken and Solow, 1963). 따라서 화폐와 생산 간에 정(正)의 상관관계에서 화폐가 생산에 영향을 준다는 결론을 도출할 수 없는 것처럼 그러한 상관관계를 확인하는 데 실패했다고 해서 화폐가 생산에 영향을 미치지 못한다고 단정할 수 없다.

세인트루이스 방정식의 보다 큰 문제로 이 기간 동안 수차례에 걸쳐 화폐수요의 중대한 구조적 변화가 발생했다는 점을 들 수 있다. 이러한 구조변화 가운데 일부는 금융혁신과 규제완화에 기인한 것이긴 하지만 아직까지 이러한 변화 요인들에 대해 완벽한 분석이 이루어지지는 못하고 있는 실정이다. 가격경직성을 가지는 모형은 연준이 이들 교란요인에 대응하여 통화공급을 완벽하게 조절하지 못하는 경우, 화폐와 생산량 간에 음(−)의 상관관계가 발생하게 된다고 예측한다. 예를 들어, 화폐수요에 양(+)의 충격이 발생할 때 화폐잔고가 충분히 증대되지 못하면 이자율이 상승함으로써 생산량은 감소하게 된다. 비록 연준이 이러한 구조변화에 적절히 대응할지라도 그러한 구조변화의 파장이 대단히 크다는 점에 비추어 볼 때 추계결과를 왜곡시킬 수 있는 관측치가 얼마간 생성되게 마련이다.

화폐수요에 구조적 변화가 발생하는 경우, 통화량과 생산량 간의 상관관계에 대한 추정치가 분석대상기간이나 통화지표의 취급방식에 의해 영향 받기 쉽다. 예를 들어, 식 (5.55)에서 M_2를 M_1으로 대체하여 추계하거나 표본기간을 조금씩 달리 하거나 하는 데 따라 추정결과는 크게 변할 수 있다.

이와 같은 기술적 어려움으로 인하여, 식 (5.55)과 같은 회귀방정식을 이용하여 생산량의 변하에 대한 화폐적 변화의 효과를 결정하는 것은 쉽지 않다.

■ 그 밖의 증거

화폐적 충격이 실물부문에 영향을 미치는가 여부를 검정하는 데에 전혀 다른 접근방법이 Friedman and Schwartz(1963)에 의해 제시되었다. Friedman and Schwartz는 남북전쟁 이후 1960년까지 화폐잔고의 변동요인에 관해 역사적 관점에서 주도면밀하게 분석하였다. 그들은 분석결과를 토대로 가장 대규모의 변동을 포함한 통화량변동의 많은 경우는 실물변동에 대한 화폐잔고의 반응이라기보다는 경제 내 금융부문의 변화에서 비롯된 것이라고 결론을 내렸다. Friedman and Schwartz는 그러한 통화량변동이 생산량의 변동을 같은 방향으로 일으켰다는 사실을 증명했다. 따라서 그들은 통화량과 산출량 간의 이와 같은 상관성이 이례적인 사례가 아닌 이상, 생산 → 통화량으로가 아니라 통화량 → 생산으로의 인과관계를 반영하는 것이라고 주장하였다.[25]

Romer and Romer(1989)는 그들과 동일한 맥락에서 추가적인 근거들을 제시하고 있다. 이들은 전후(戰後) 최근까지의 기간을 대상으로 연준(聯準)의 기록을 조사하여 정책기조가 전환된 사례들 가운데 실물부문에서 비롯되지 않은 경우로 인플레이션 억제를 목적으로 정책기조가 전환된 사례들을 발굴해 내었다. 그 결과, 그러한 사례가 6건 발견되었으며 각 사례의 해당기간 이후에는 예외 없이 불황이 발생한 것으로 확인되었다. 예를 들어, Paul Volker가 연준 이사회 의장으로 선임된 직후인 1979년 10월, 연준은 통화정책을 대폭적인 긴축기조로 전환하였다. 이러한 급격한 변경은 인플레이션을 억제하고자 하는 욕구에서 비롯되었으며 생산의 감소를 낳는 여타 요인들의 영향에 의한 것이 아니었다. 그럼에도 불구하고 이러한 긴축

25 모든 거시경제학자들이 참고할 만한 중요한 내용을 담고 있다는 점에서 Friedman-Schwartz의 저서 제13장을 참조하라.

정책 이후, 미국 경제는 전후 기간 중 가장 큰 규모의 침체기로 들어섰다.[26]

Friedman and Schwartz나 Romer and Romer가 수행한 연구는 통화충격의 효과를 확인할 수 있는 자연실험(natural experiments)을 탐색하여 분석하는 일이다. 여기서 자연 실험이라 함은 4.4절에서 설명한 바 있는 사회하부구조의 효과를 분석하기 위한 자연 실험과 유사한 것이다. 예를 들어, Friedman and Schwartz는 1928년 뉴욕 연방준비은행의 Benjamin Strong 총재의 서거야말로 그러한 독립적인 화폐적 교란요인 – 생산량 변동에서 기인하지 않는 통화량 변동을 유발하는 충격 – 이라고 주장하였다. 그들은 총재의 서거가 낳은 연준 내의 권력 공백이 이후 수년간에 걸쳐 만일 그가 사망하지 않았을 경우와는 크게 다른 통화정책을 수행하게 하였다고 주장하였다.[27]

Strong 총재의 사망과 같은 자연 실험은 통화량 변동의 영향을 분석하는 데 있어 완전 무작위 추출의 표본만큼 이상적이라고 할 수 없다. 특정 기간이 화폐적 교란요인에 의해서 영향을 받았다고 볼 수 있을까와 설사 그렇다 하더라도 어떠한 사례를 검토해야 하는지에 대해 의견이 일치하기가 쉽지 않다. 그러나 무작위 추출에 의한 실험이 현실적으로 불가능한 이상 자연 실험에 의해 얻어지는 증거들이야말로 우리가 입수할 수 있는 것 중 최상(最上)의 것이 된다.

이와 관련된 접근법으로는 통화량 변동이 상대가격에 미치는 영향을 분석할 목적으로 구체적인 화폐시장 개입의 사례로부터 얻어지는 근거들을 이용하는 방법이 있다. 예를 들어, 12.2절에서 설명하는 바와 같이 Cook and Hahn(1989)은 연준(聯準)의 공개시장조작(公開市場操作)이 명목이자율의 변화와 관계가 있다는 일반적인 관찰 결과를 보다 정교하게 확인하였다(또한, Kuttner, 2001을 참조하라). 공개시장조작이 이산적으로 수행된다는 점과 조작이 이루어지는 시점을 결정하는 구체적 사례들에 비추어 볼 때, 공개시장조작은 이자율이 변동한 시점에서 내생적으로 이루어졌다고 보기가 어렵다. 또한 이 문제가 정교하게 형식적으로 검증되지는 않았으나 통화공급의 확대가 명목이자율의 하락을 가져온다고 하는 사실은 명목이자율의 변화가 동시에 실질이자율의 변화를 유발할 수 있음을 강하게 시사한다. 예를 들어, 통화공급의 확대로 하루 동안의 단기물에 이르기까지 명목이자율들이 하락한다. 그런데 통화공급의 증대가 이처럼 대단히 짧은 기간의 기대인플레이션율까지 하락하게 만든다고 보기는 어렵

---

26 개방경제를 대상으로 한 비슷한 연구에서도 통화충격이 경기변동에 중대한 영향을 준다고 하는 주장을 지지하는 보다 강한 증거가 발견되었다. 예를 들어 소규모 개방경제에서 높은 인플레이션을 억제하기 위해 통화정책을 긴축기조로 전환하면 실질환율, 실질이자율 및 실질생산량에 커다란 변동이 뒤따를 것으로 보인다. 그러나 실제로는 반인플레이션의 통화정책은 일관되게 소득의 위축을 수반하지 않을 수도 있다는 것이 관측되었다. 특히, 환율을 목표변수로 하여 인플레이션을 통제하려는 경우에는 전형적으로 단기간에 걸쳐 호경기가 발생하였다. 그러나 이러한 현상이 발생하는 원인에 관해서는 아직 밝혀지지 않고 있다. 아울러, 소규모 개방경제의 인플레이션 안정화정책에 관한 실증분석 결과에 따르면, 통화가 장기적으로 중립적인지 그렇지 않은지에 대한 의문은 여전히 미해결로 남아있다. 정책기조 전환이 흔히 재정개혁과 큰 폭의 불확실성을 수반하기 때문에 경제안정화정책을 분석하는 작업은 결코 쉽지 않다. 예를 들어, Sargent(1982), Rebelo and Vegh(1995)와 Calvo and Vegh(1999)를 참조하라.

27 Velde(2009)는 18세기 프랑스에서 자연화폐 실험을 식별하고 분석하였다. 이러한 결과는 불완전환 가격 조정과 통화량 변동의 실물효과에 대한 강력한 증거가 된다.

다. 실질이자율의 변화는 왈라스적 모형에서조차 실질 움직임에 영향을 주기 때문에, 이러한 증거는 통화량 변동은 실물효과가 있다고 하는 것을 강력하게 지지한다.

마찬가지로 환율제도도 실질환율에 영향을 미칠 수 있다고 생각된다. 고정환율제도 하에서 중앙은행은 명목환율이 일정하게 유지되도록 통화공급을 조절한다. 변동환율제도 하에서 중앙은행은 외환시장에 이런 종류의 개입을 하지 않는다. 고정환율제의 경우 변동환율제에 비하여 명목환율 뿐 아니라 실질환율도 매우 안정적이라는 것이 실증적으로 확인되고 있다. 더욱이 중앙은행이 한 통화에서 다른 통화로 명목환율의 연동대상을 변경하는 경우 관련된 이들 두 가지의 실질환율의 변동성도 큰 폭으로 변화하는 것으로 보인다(Genberg, 1978; Stockman, 1983). 환율제도의 변경은 통상 불연속적으로 이루어지기 때문에 화폐적 충격이 실물에 영향을 미친다는 사실을 인정하지 않은 채 실질환율의 변동을 설명하기 위해서는 경제에 급격한 변화를 초래하는 실물적 충격이 돌연 발생한 것으로 가정할 수 밖에 없게 된다. 여기서도 실물적 이론과 케인즈학파이론은 모두 실질환율의 변동이 실물부문에 영향을 가져온다고 인정하고 있다.

이제까지 소개한 실험연구의 가장 커다란 한계는 실질이자율과 실질환율에 대한 통화량 변동의 영향이 정량적으로 어느 정도 중요한지를 파악하기 어렵다는 점이다. 예를 들어, Baxter and Stockman(1989)은 변동환율제와 고정환율제 하에서 거시경제변수의 행태에 뚜렷한 차이가 있다는 것을 발견하지 못하였다. 그러나 실물경기변동이론에서는 상당히 커다란 수량변동이 비교적 완만한 상대가격의 변동으로부터 비롯될 수 있다고 보기 때문에 가격 변동이 그리 중요하지 않다고 하는 발견은 화폐적 변동에 대한 실물효과를 예측하는 것뿐만 아니라 많은 이론의 관점에서도 풀리지 않는 난제(難題)이다.

■ 보다 정교한 통계적 증거

몇 가지 자연 실험의 결과와 통화정책이 상대가격에 미치는 효과에 관한 증거에 힘입어 화폐적 교란요인이 실물효과를 갖는다는 주장이 경제학자들 사이에서 상당한 지지를 받게 되었다. 그러나 이러한 종류의 근거들은 세부적인 정책 효과를 결정하는 데에는 거의 도움이 되지 못한다. 예를 들어, Friedman and Schwartz와 Romer and Romer가 불과 몇 가지의 사례를 대상으로 정책효과의 식별을 시도하였기 때문에 이들 근거는 총생산에 미치는 정책효과에 대해 정도(精度) 높은 추정치를 구하거나 통화량 변동에 대한 서로 다른 변수들의 반응과 관련하여 정확한 시차를 규명하거나 하는 데에 이용될 수 없다.

통화정책의 효과에 관하여 보다 상세한 정보를 얻고자 하는 욕구는 통화정책과 경제변수들 간의 통계적 관계를 재검증하려는 다양한 시도를 촉발하였다. 대부분의 연구는 **벡터자기회귀모형**(*vector autoregressions* 혹은 VARs)을 토대로 수행되었다. 가장 단순한 형태의 벡터자기회귀모형은 분석대상 변수의 수만큼의 방정식으로 구성되는 연립방정식 체계인데 각 방정식은 하나의 변수를 해당변수와 여타 변수의 시차변수, 상수에 대하여 회귀시킨 회귀방정식 체계이다(예를 들어 Sims, 1980; Hamilton, 1994 제11장). 초기의 벡터자기회귀모형에서는 방정식 체계에 구조적 특성이 거의 부가되지 않았다. 결과적으로 이들 분석으로부터 통화정책의 효과를 추론하고자 하는 시도는 변수의 누락과 역의 인과관계, 통화수요의 변화 등 세인트루이스 방정식에서 발생하였던 것과 동일한 문제에 직면하게 된다(Cooley and LeRoy, 1985).

최근 들어 벡터자기회귀모형은 초기 모형에 비하여 두 가지 측면에서 개선되었다. 첫째, 연준이 통화수요의 변화에 대응하여 통화량을 조절하는 것이 일반적이기 때문에 최근 벡터자기회귀모형에서는 통화량을 대신하여 다른 통화정책 수단을 변수로 채택하고 있다. 가장 보편적으로 선택되는 변수로는 연방기금금리(Federal funds rate)이다(Bernanke and Blinder, 1992). 둘째, 보다 중요한 것으로서 자료로부터 경제에 관한 추론을 도출해 내기 위해 "모형"이 필수적이라는 인식이 형성되었다. 그러므로 그들은 정책의 운용과 효과에 대하여 일련의 가정을 설정하고 부가함으로써 벡터자기회귀모형 모수들의 추정치가 정책의 거시경제효과의 추정치로 전환될 수 있게 하였다. 이러한 **구조벡터자기회귀모형**(*structural VARs*)은 통화정책이라는 주제와 관련하여 중요한 기여하게 되는데 이와 관련된 연구로는 Sims(1992), Gali(1992), Christiano, Eichenbaum and Evans(1996), Bernanke and Mihov(1998), Cochrane(1998), Barth and Ramsey(2001), Hanson(2004), Baumeister and Hamilton (2015) 등이 있다. 이들 연구의 결과는 대체로 앞서 논의한 증거와 일치한다. 보다 중요한 점은 이러한 연구결과들이 정책효과의 시차, 금융시장에 미치는 영향을 비롯한 여러 가지 주제들에 관하여 다양한 실증적 근거를 제공해 주고 있다는 사실이다.

불행하게도 이러한 벡터자기회귀모형 분석이 단순한 통화–생산 회귀식이 직면하는 난제(難題)들을 모두 해결했다고 보기는 어렵다(Rudebusch, 1998). 특히 이들 연구는 연준이 벡터자기회귀모형에는 포함될 수 없는 미래 경제상황에 관한 정보를 얻었을 때 이를 반영하여 통화정책을 조정할 수 있다는 문제에 관련하여 주목할 만한 해결책을 아직까지 발견하지 못하고 있다. 2007년 연준에 의해 이루어진 연방기금금리의 인하 사례를 들어 보자. 총생산은 수년간 빠르게 증가하고 있었고 실업은 예외적으로 낮은 수준에 머물러 있었기 때문에(이러한 상황에서 연준은 정책금리를 인하하지 않는 것이 일반적이다) 전형적인 벡터자기회귀모형에서는 이와 같은 이자율 인하 조치를 확장적인 화폐적 충격으로 인식하기 때문에 정책효과를 분석하기 위한 정보로서 활용하게 된다. 그러나 사실 연준의 이자율 인하는 주택가격이 급락하고 금융시장의 혼란에 따라 총수요의 증가가 크게 둔화할 것을 우려한 데서 취해진 조치였다. 즉, 연방은행은 단지 수축적인 충격을 중화시키기 위하여 이자율을 인하한 것이다. 그러므로 이자율이 하락한 후 거시경제의 동향을 살펴보는 것으로는 통화정책의 효과를 파악하는 좋은 방법이 되지 못한다. 이상의 사례가 보여주는 바와 같이 통화정책의 입안은 매우 복잡해서 정책에 미치는 일련의 요인을 모두 통제하는 것은 지극히 어려운 작업이다.

통화량변동의 효과의 크기와 타이밍에 대한 믿을만한 추정치를 얻는 것은 매우 어렵다. 통화정책의 변동의 원인이나 자연 실험 연구를 특정짓는 다른 화폐적 교란에 주의를 기울여야 하고, VAR 연구를 특정짓는 추정치와 통계적 문제들에 주의를 기울여야 한다. Romer and Romer(2004)는 이러한 방향으로 연구를 시도하였다. 그들은 전통적 VAR보다 보다 크고 빠른 생산량과 가격에 대한 통화정책의 효과를 발견하였고, 위에서 논의한 VAR의 편의와 일치하였다. 이러한 맥락에서 다른 연구는 Coinbion(2012)인데, Romer and Romer의 화폐적 충격효과의 추정치와 구조적 VAR의 결과와 실질적인 차이를 조정하였고, Cloyne and Hürtgen(2016)은 Romer and Romer의 접근방식을 영국에 적용하고 상당히 유사한 결과를 발견하였다. 그러나 자연 실험과 VAR 접근방식을 결합하는 것은 여전히 초기 단계에 있다.[28]

이들은 연준이 회귀방정식에 포함되는 것 보다 훨씬 많은 변수들을 토대로 통화정책의 의사결정을 내린다는 점을 설명하기 위해 연준이 보유한 정보에 대한 통제변수(control variable)로 연준이 비공개적으로 사용하는 내부의 전망치를 이용하였다. 특히 그들은 연준이 내부 전망치에 책정되는 수준과는 다르게 연방기금금리의 조정을 결정하였던 경우 총생산과 인플레이션이 어떠한 행태를 보이는가를 분석하였다. 이 경우의 이자율 변동은 통계적으로 유의한 수준에서 총생산과 물가의 변동을 큰 폭으로 유발하는 한편 생산량 변동이 물가 변동을 선행한다는 사실을 발견하였다. 아울러 그들은 전망치를 통제변수로 포함하지 않는 경우 정책효과의 추정치가 과소평가되는 결과를 낳는다는 점을 지적하였다. 이는 향후 경제상황에 관한 정보에 대하여 연준이 어떠한 반응을 보일 것인가가 연준의 정책운용에 매우 중대하다는 견해와 부합되는 결과라고 이해할 수 있다.

5.10 기본적인(Baseline) 실물경기변동모형의 평가

■ 문제점

5.2절에서 서술한 바와 같이, 우리가 분석하였던 것과 같은 모형들은 단순하고 경기변동을 포함하는 Ramsey모형으로 확장하는 것이 가장 자연스럽다. 경기변동의 자연스러운 기본적인

28 또 다른 접근방식은 통화정책 결정의 시간을 짧은 간격(30분 정도)에 초점을 둔다. 그러한 간격에서 이자율과 다른 변수의 변화가 통화정책에 대한 뉴스를 거의 반영하는 사건연구(event-study) 방법이다. 그러나 이러한 아이디어를 도입하려는 시도는 두 가지 큰 문제에 직면하게 된다. 첫째, 기대하지 않은 이자율 변동을 계산하는데 필요한 정보는 1989년 이후에만 존재하고, 그 기간 동안의 통화정책 서프라이즈는 일반적으로 작았다. 결과적으로, 서프라이즈 이후에 거시경제 변수의 움직임을 직접적으로 추정하는 것은 매우 부정확한 추정치를 만들어 낸다. 충분히 유용할 정도로 정확한 추정치를 얻기 위해서는 부가적인 가정이 필요하다. 둘째, 12.2절에서 살펴보겠지만, 연준은 사적 주체가 가지고 있지 않은 경제에 대한 정보를 가지고 있다. 결과적으로 통화정책의 서프라이즈 변동은 순수한 통화정책 충격이 아니라, 정책 충격과 경제 상황에 대한 새로운 정보 공개의 조합이다. 이러한 복잡함에도 불구하고, 이러한 접근방법을 이용한 연구들은 통화정책은 실물효과를 가진다는 다른 접근방법에 대한 증거를 제시한다. 이러한 중요한 연구에는 Kuttner(2001); Cochrane and Piazzesi(2002); Rigobon and Sack(2004); Gertler and Karadi(2015); and Nakamura and Steinsson(2017)등이 있다.

모형이다. 따라서 만일 이러한 모형들이 관측된 경기변동의 주요 특징을 잡아낸다면 이는 만족스러울 것이고 거시경제학을 대단히 단순화할 것이다. 그러나 불행하게도 그렇지 않다는 증거가 압도적이다.

이전 절에서 하나의 주요한 문제에 부딪쳤다. 화폐적 충격이 중요한 실물효과를 갖는다는 강력한 증거들이 제시되고 있다. 이러한 발견은 단순히 실물경기변동의 기본모형이 총생산 변동의 한 요인을 생략하고 있다는 문제 이상의 의미를 내포하고 있다. 앞으로 두 개의 장에서 계속 논의하는 바와 같이 화폐적 변화가 실물효과를 갖는다는 가설은 명목가격이나 임금이 불완전하게 조정된다는 가설에 기반을 두고 있다. 그러나 거기서 알게 되는 바와 같이 명목조정이 불완전하다는 것은 여타의 교란요인(예를 들어 정부지출의 변경)이 실물효과를 갖는 새로운 경로가 된다는 것이다. 또한 명목조정의 불완전성은 노동, 신용, 재화 등의 시장이 실물경기변동이론의 전제인 경쟁시장으로부터 크게 벗어나 있는 경우에 발생하기가 용이하다는 것도 알게 될 것이다. 따라서 만일 화폐가 상당한 정도로 비중립적이라면 실물경기변동이론의 핵심적 논의 가운데 많은 부분이 포기 또는 대폭 수정되어야 할 것이다.

두 번째 문제는 기술충격에 관한 것이다. 실물경기변동모형에서는 각 분기마다 약 1%의 표준편차를 가진 기술충격이 발생한다고 가정하고 있다. 그 정도로 커다란 기술혁신이라면 대부분의 경우 그 정체가 무엇인지에 관하여 간단히 파악할 수 있을 것이다. 그러나 솔로우 잔차에서 분기마다 발생하는 커다란 변동폭과 관련하여 구체적인 기술혁신을 식별하고 특징짓는 일은 결코 쉽지 않다.

보다 중요한 것은 솔로우 잔차의 단기변동이 기술혁신 속도의 변화 이외의 요인들을 반영하고 있다는 주장을 지지하는 유력한 증거가 존재한다는 점이다. 예를 들어 Bernanke and Parkinson(1991)은 비록 대공황이 기술 퇴보로 발생하였다고 생각하기가 어렵지만 솔로우 잔차가 大恐慌기에도 2차대전 후기와 같은 정도로 생산량과 함께 변동하였다는 사실을 발견하였다. 이러한 현상은 보다 일반적으로 표현할 수 있다. Mankiw(1989)는 필시 기술충격에서 비롯된 것이 아닌 제2차대전의 호황기에도 솔로우 잔차가 다른 시기와 비슷한 움직임을 보였다는 것을 보였다. Hall(1988a)은 솔로우 잔차의 변동이 대통령이 소속된 정당, 군비지출의 변화, 석유가격 변동과 높은 상관성을 나타내고 있음을 보였다. 그러나 이러한 변수들이 단기에 기술에 심대한 영향을 미쳤다고 보기는 어려울 것이다.[29]

이러한 발견들은 솔로우 잔차의 변동이 기술충격을 측정하는 데 취약한 척도일 수도 있음을 시사한다. 양(+)의 기술충격 이외의 다른 요인으로 인한 생산 증가가 솔로우 잔차의 측정치를 더욱 크게 만들 수 있는 이유를 발견하는 것은 그리 어렵지 않다. 가장 타당성 있는 것으로는 규모의 경제, 자본 및 노동의 이용 강도(가동율) 상승, 생산성 높은 기업으로의 자원 재배분 등이다. 실증분석에 따르면 가동률의 변동이 중요하게 작용하는 반면 규모의 경제에 따른

29 Hall이 지적한 바와 같이 생산에서 석유의 역할이 감안되고 나면 석유가격의 변동은 생산성에는 영향을 주지 않는 것이 분명하다.

효과는 뚜렷하지 않은 것으로 나타나고 있다. 자원의 재배분에 관한 연구는 아직 충분히 이루어지지 않고 있다.[30]

실물경기변동의 기본 모형에서 기술충격은 가장 핵심적인 것이다. 따라서 만일 추정된 솔로우 잔차의 변동이 실제 기술충격을 과대추정하고 있다면 실물경기변동 모형이 경기변동을 설명하는 능력도 5.8절에서 소개한 캘리브레이션 결과보다 훨씬 저하될 것이다.

세 번째 문제는 적절하게 식별된 기술충격의 효과와 관련된다. 예를 들어, 최근 여러 연구들은 변수 활용과 같은 요인 때문에 복잡한 영향의 단순한 솔로우 잔차를 제거하여 참 기술교란의 시계열을 추정하려고 한다. 이러한 연구들은 교란항들의 거시경제 효과를 추정하게 된다. 양(+)의 기술충격에 따라 노동투입은 증가하지 않고 감소한다(Shea, 1998; Gali and Rabanal, 2004; Francis and Ramey, 2005; Basu, Fernald, and Kimball, 2006; and Fernald, 2007를 참조하라). 따라서 실제로 기본적인 경기변동모형에서의 경기변동의 주요 원인은 노동과 생산을 반대 방향으로 움직이도록 하게 하는 것으로 보인다. 더군다나 생산량이 단기에 수요에 의해 결정되는 가격경직성 모형에서 기대하는 것과 같다.

네 번째 문제는 모형의 미시경제학적 기반과 관계된다. 위에 언급한 바와 같이, 화폐적 교란의 효과에 관한 증거는 중요한 경제의 비왈라스적 균형의 특징을 제시한다. 보다 중요한 점으로, 잠재적으로 거시 경기변동에 적절한 방식으로 이번 장의 모형의 토대가 되는 가정에서 벗어나는 재화, 노동, 신용시장에서 강력한 직접적인 증거가 있다. 확실한 예로, 금융위기와 대침체 동안의 발전은 신용시장이 비왈라스적이라는 압도적인 증거를 제공하는 것으로 보이며 이는 거시경제학에서 중요한 결과를 가질 수 있다. 보다 평범한 예로, 7.6절에서 재화의 가격은 완전히 신축적이지 않지만 확장된 기간 동안 때때로 고정된 것으로 유지된다. 세 번째 예는 노동공급의 미시경제학적인 연구로 제공된다. 이러한 연구들은 기간 간 대체탄력성이 작다는 것을 발견했는데, 실물경기변동모형에서 고용의 변화 이면에 있는 중요한 메커니즘에 의문을 제기한다. 또한, 이러한 연구들에 따르면 노동수요의 변화가 임금의 변동을 통해서만 노동공급량에 영향을 미친다는 모형의 주장은 종종 실증적으로 기각되고 있으며 이는 모형에서 고려되는 요인 외에도 고용변동을 초래하는 다른 요인들이 존재한다는 사실을 의미한다(MaCurdy, 1981; Altonji, 1986; Ham and Reilly, 2002 참조). 비록 완전히 현실적으로 성공적인 거시경제학 모형의 미시경제학을 기대하지 않을 것이라고 하더라도, 그러한 구조적으로 벗어나는 실물경기변동모형에 대해 우려스럽다.

끝으로 Cogley and Nason(1995b)과 Rotemberg and Woodford(1996)는 실물경기변동의 기본모형(baseline model)에 의한 동학이 경기변동으로 간주할 수 있는 것과는 전혀 다른 것임을 보여준다. Cogley and Nason은 5.5절에서 수치적으로 풀었던 단순한 경우와 비

30 이 분야에의 중요한 논문들 가운데 일부를 열거하면 Basu(1995, 1996), Burnside, Eichenbaum, and Robelo(1995), Caballero and Lyons(1992), Basu and Fernald(1995), Basu and Fernald(1997) 및 Bils and Klenow(1998) 등이다.

슷하게 모형에 뚜렷한 파급경로가 존재하지 않음을 보여준다. 총생산의 동학은 아주 밀접하게 충격의 동학을 따르는 것으로 나타난다. 즉, 그들의 모형은 단지 동학을 일으키는 충격이 현실적인 정도에 따라 총생산의 동학이 현실성 있게 나타났다. 이와는 달리 Rotemberg and Woodford는 총생산과 총소비, 총노동시간의 변동에 중요한 예측 성분이 실제 경제에 있지만 실물경기변동의 기본모형에는 없음을 보였다. 예를 들어 통계자료에서 총노동시간이 유례없이 낮거나 혹은 소득 대비 소비의 비율이 높을 때에는 흔히 평균수준을 상회하는 생산 증가율이 뒤따르는 것이 전형적인 현상이다. Rotemberg and Woodford는 실물경기변동의 기본모형에 나타나는 생산량의 움직임 가운데 예측가능한 부분은 통계자료에서 관찰되는 것보다 훨씬 작을 뿐 아니라 매우 이질적인 특성을 지니고 있음을 보였다.

■ "실물" 확장

이러한 문제들 때문에 이번 장은 아주 약간 경기변동에 정확한 설명을 제공하지 못하는 것에 광범위한 합의가 있다. 더군다나 논의했던 것처럼, 어떠한 형태의 명목경직성이나 불완전성을 포함하지 못하면 이해하기 어려워 보이는 경기변동의 중요한 특징들이 있다. 그럼에도 불구하고, 경기변동에 대한 많은 연구는 순수하게 실물모형으로만 이루어진다. 명목경직성을 경기변동의 동태적 모형으로 도입하는 것은 어렵다. 결과적으로, 새로운 특징을 고려하면서 명목경직성이 부족한 모형으로 시작하는 것이 더 쉽다. 또 다른 이유로 명목경직성에 의존하지 않으면서 경기변동의 특징을 이해할 수 있을 지도 모른다. 따라서 비록 완전한 모형은 아마도 명목경직성을 도입할지라도, 명목경직성 없이도 모형을 이해할 수 있어야 한다. 여기에서 경기변동 연구의 실물측면에서의 중요한 확장을 짧게 다룬다.

먼저 확장모형 가운데 **노동불가분**(*indivisible labor*) 모형에 주목할 필요가 있다. 노동투입의 변화는 연속된 노동시간의 변화 뿐 아니라 노동시장으로의 참가 및 퇴장에 의해서도 발생할 수 있다. 이러한 현상이 제시하는 시사점을 고려하기 위하여 Rogerson(1988)과 Hansen(1985)은 각 개인의 l이 0(고용되어 있지 않은 것에 대응)이거나 아니면 어떤 양(+)의 값 l_0(고용되어 있는 것에 대응) 가운데 한 가지 만을 취할 수 있는 극단적인 경우를 검토하였다. Rogerson과 Hansen은 노동에는 고정비가 수반된다고 점을 근거로 이러한 가정을 정당화하고 있다.

기본 모형의 이와 같은 변경은 모형으로 하여금 실물충격에 대한 노동투입의 민감도를 대폭 제고시킴으로써 생산 변동의 폭은 물론 생산 변동에서 차지하는 노동투입 변동의 비율도 증가시키는 효과를 발생한다. 5.8절에서 논의한 캘리브레이션의 결과에 따르면 이러한 변화는 모형의 적합도를 높이는 것으로 나타난다.

이와 같이 실업 혹은 고용의 양자택일(all−or−nothing)을 가정하는 것이 왜 노동투입 변동을 확대시키는지를 이해하기 위하여 일단 고용될 노동자 수가 확정된 후 각 개인은 고용자와 실업자로 무작위로 나누어진다고 가정해 보자. t시점에서 고용된 노동자의 수 E_t는 $E_t \ell_0 = L_t$의 관계식이 성립한다. 따라서 어떤 개인이 t기에 고용될 확률은 $(L_t/\ell_0)/N_t$가

된다. 그러므로 t기에 각 개인이 여가의 소비로 얻을 수 있는 기대효용은 다음과 같다.

$$\frac{L_t/\ell_0}{N_t} b \ln(1-\ell_0) + \frac{N_t - (L_t/\ell_0)}{N_t} b \ln 1 \tag{5.56}$$

이 식은 노동투입량 L_t에 관하여 선형함수이다. 즉, 개인은 고용변동에 대하여 위험회피적이지 않다. 대조적으로 모든 개인이 같은 양의 일을 하는 경우 t기에서 여가로부터 얻는 효용은 $b\ln[1-(L_t/N_t)]$이다. L_t에 관하여 이 식을 2계 미분하면 음(−)의 값을 갖기 때문에 노동으로 인한 한계비용은 체증하게 된다. 이로 인하여 일반적인 모형의 경우, 같은 크기의 임금변동에 대한 L_t의 반응이 노동불가분 모형에 비하여 더욱 작게 나타난다. Hansen and Wright (1992)에 의하면 앞 절의 Prescott모형에 노동의 불가분성을 도입하는 경우 생산량의 표준편차는 1.30%로부터 1.73%(실제 데이터에 의하면 1.92%)까지 증가하며 총노동시간의 표준편차의 생산량의 표준편차에 대한 비율은 0.49에서 0.76(실제 데이터는 0.96)로 확대된다.[31]

다(多)부문과 부문별 충격을 도입하는 것도 실물경기변동모형의 중요한 확장 가운데 한 가지라고 할 수 있다. Long and Plosser(1983)는 5.5절의 모형과 유사한 다부문 모형을 구축하고 이를 통하여 충격의 부문 간 파급에 관하여 무엇을 어떻게 말할 수 있는가를 검토하였다. Lilien(1982)은 Lucas and Prescott(1974)의 이론적 업적에 입각하여 부문마다 기술이나 상대적 수요충격이 고용변동을 야기하는 독특한 메커니즘을 제시하였다. 그녀의 연구는 부문 간 재배치에 시간이 소요된다고 상정하면 음(−)의 충격이 발생한 부문에서의 고용감소가 양(+)의 충격이 발생한 부문에서 나타나는 고용확대에 비하여 더욱 빠르게 이루어진다는 착안에서 출발하고 있다. 결과적으로 부문에 고유한 충격은 실업을 일시적으로 늘리는 효과를 갖는다. Lilien은 특정부문에 고유한 교란의 크기를 나타내는 단순한 지표가 총고용 변동의 상당한 부분을 설명한다는 사실을 발견하였다. 그러나 이후 연구에서 Lilien지표의 결함이 밝혀지면서 그녀의 결론이 지나치게 강하게 주장되었으며 나아가 잘못되었음이 밝혀지게 되었다. 그러므로 이러한 연구는 부문충격이 거시경제변동이나 실업에 미치는 영향에 관하여 어떤 확고한 결론을 제공하였다고 평가하기에는 아직 미흡하다.[32]

지금까지 논의한 모든 실물경기변동모형은 왈라스적이다. 외부효과, 완전경쟁에서의 이탈 또는 정보비대칭의 원인이 없다. 결과는 파레토 효율적이다. 사실 왈라스 모형이 거시경제적 경기변동의 중요한 특징을 설명할 수 있는 지에 대한 질문은 1세대 RBC 모형의 주요한 동기였다. 그러나 또한 완전히 왈라스적이지 않은 경제의 순수 실질 경기변동모형을 고려하는 것도 가능하다.

---

31 순간효용함수 (5.7)은 소비와 여가에 대하여 분할가능하기 때문에 기대효용은 고용노동자와 실업노동자의 소비수준이 동일할 때 최대가 된다. 따라서 노동불가분성의 모형에서는 실업자가 고용되어 있는 개인보다 효용이 높아진다. 문제 11.6과 Rogerson and Wright(1988)을 참조하라.

32 Abraham and Katz(1986), Mutphy and Topel(1987a), Davis and Haltiwanger(1999), Phelan and Trejos (2000), Garin, Pries, and Sims(2017)을 참조하라.

다음으로 주목할 만한 모형의 확장은 왜곡적 조세(distortionary taxes)의 도입을 들 수 있다(Greenwood and Huffman, 1991; Baxter and King, 1993; Campbell, 1994; Braun, 1994; McGrattan, 1994를 참조하라). 특히 흥미로운 사례는 생산량에 대한 비례 과세($T_t=\tau_t Y_t$, τ_t는 t기의 세율)이다. 생산량에 대한 과세는 자본과 노동에 같은 세율을 부과하는 것과 상응하는 것으로서 많은 국가에의 세제를 일차적으로 그럴듯하게 설명하고 있다. 생산량에 대한 과세의 경우, $1-\tau$의 변화는 각 개별 주체의 입장에서는 주어진 자본과 노동을 통해 얻어지는 생산량이 변화한다는 측면에서 기술수준 $A^{1-\alpha}$이 변화한 것과 같은 효과를 갖는다. 따라서 $1-\tau$가 주어진 경우 세후 생산량은 $A^{1-\alpha}$가 세금과 동일한 과정을 따르고 세금은 없는 모형에서 총생산이 변동하는 것과 같은 움직임을 나타낼 것이다. 이러한 점에 착안하여 계산하면 왜곡적인 과세의 분석은 간단하게 해결할 수 있다(Campbell, 1994).

조세수입은 정부지출을 조달하기 위해 사용되기 때문에 왜곡적 조세의 효과는 정부지출과 함께 분석하는 것이 자연스러운 일이다. 이러한 분석은 우리가 종전에 정부지출의 효과에 관하여 수행한 분석의 결과에 커다란 변화를 가져온다. 가장 중요한 점으로, 예상가능한 한계세율의 변화는 정량적으로 중요할 수 있는 부가적인 기간 간 대체효과를 만들어 낸다. 예를 들어 일시적인 정부지출 확대를 조달할 목적으로 왜곡적 조세가 부과되는 경우, 과세에 따른 기간 간 대체의 유인이 일반적으로 이자율의 효과를 압도하기 때문에 총생산은 증가하지 않고 오히려 감소한다는 것을 입증하였다(Baxter and King, 1993).

이러한 것은 실물경기변동모형의 많은 확장 중의 일부에 불과하다. 주택 생산(Benhabib, Rogerson, and Wright, 1991; Greenwood and Hercowitz, 1991)에서 보험에 들지 않은 특이한 소득위험(Krusell and Smith, 1998)부터 왈라적 및 비왈라스적과 같은 수많은 특징들은 RBC 모형에 되입되었고, 그러한 면에서 분석되었다.

경기변동모형에 명목경직성의 도입

강조한 것처럼, 명목경직성이 실물효과를 나타내는 경로를 발견하는 것은 경기변동의 중요한 특징을 이해하는 데 본질적으로 보인다. 따라서 다음 두 개 장의 주요 초점은 명목경직성을 경기변동모형에 도입하는 것이다. 제6장은 이번 장의 복잡함에서 한 걸음 물러나 명목경직성을 별도로 고려한다. 제7장은 명목경직성을 가지는 경기변동에 대해 증가하는 다양한 동태적 모형들을 고려하여 모든 것을 뒤로 놓는 과정을 시작한다.

이러한 것의 단점은 경기변동에 대한 연구에 대해 잘못된 의미의 불일치를 나타낼 지도 모른다. 거시경제학을 이번 장의 모형의 실물확장과 같은 풍부한 왈라스적 모형과 다음 두 개의 장의 많은 모형과 같은 명목경직성을 가지는 상대적으로 단순한 모형 두 종류로만 나누는 것으로 생각하는 것은 옳지 못하다. 일반적으로 이상적인 모형은 미시경제학적 기반에 완전히 설정된 정량적 모형이고 그러한 모형은 상대적으로 복잡하고 명목경직성에 중요한 역할을 포함할 필요가 있다는 것에 대한 일반적인 합의가 있다.

그러한 목적을 향해 진행하는 방법에 대해 보면, 또 다시 상충되는 견해가 명확하게 구분되는 경우는 없다. 대신에 연구자들은 넓은 범위의 접근방법을 추구한다. 연구 전략에 상당한 이질성이 있는, 적어도 두 가지 차원이 있다. 첫째는 "기본" 모형 선택은 왈라스적이라는 정도이다. 예를 들어, 누가 효율임금의 경기변동 시사점에 흥미가 있다고 하자(11장에서 다룰 것이다). 만일 누가 그러한 이슈를 분석하는 소비 결정을 모형화하는 것이 필요하다면, 제약에 직면하지 않는 무한생애가계를 가정해야 하거나 소비는 현재소득과 같다는 것을 의미하는 지름길(정태적 모형이나 자본이 없는 모형)을 선택할 수도 있다.

어떤 접근방법이 보다 효과적일 지에 대한 명확한 "정답"은 없다. 왈라스적 기본모형을 사용하는 것이 기본이다. 모형설계자는 자신이 바라는 결과를 만들어 내는 많은 내용의 비왈라스적인 가정을 만들는 것에 자유롭지 못하다. 비왈라스적 특징은 결과에 본질적이라는 것도 명확하다. 그러나 모형을 보다 복잡하게 만들고, 결과의 원인을 구분하는데 보다 어렵게 만든다. 그리고 모형설계자들에게 직접 질문을 분석하는데 좋은 근사치가 아닌 가정들을 선택하게 할지도 모른다.

다양하게 접근하는 두 번째 주요 차원은 부분균형과 일반균형이다. 예를 들어, 제6장 파트 B에서 저비용의 가격조정은 명목경직성을 일으킬 수 있다는 이슈를 다루게 될 것이다. 한 번의 화폐적 교란에 한 기업의 대응에 초점을 둘 수도 있다. 한편 화폐공급은 확률과정을 따르고 결과적인 일반균형을 검증하는 동태적 모형을 만들 수도 있다.

다시, 두 접근방법의 강점과 약점이 있다. 일반균형에 대한 초점은 고려되고 있는 효과가 모형설계자가 달리 고려하지 않을 일부 차원에 대해 타당하지 않은 의미를 가질 가능성을 방지한다. 그러나 이는 분석을 보다 복잡하게 만드는 비용을 지불해야 한다. 결과적으로, 분석은 흥미로운 중요한 이슈를 모형화하는 단순한 접근방법을 취해야 하고, 보다 복잡한 것은 결과를 직관적으로 보는 것을 보다 어렵게 한다. 이러한 모든 접근방식은 가치가 있으며 거시경제학자들은 이 두 접근방법을 모두 계속 추구해 나가야 한다고 주장할 수 있다. 이러한 주장은 명백하게 바람직한 것이다. 예를 들어 부분균형모형과 일반균형모형이 다 같이 가치가 있다는 주장은 부인할 수 없다. 그러나 여기에는 상충관계가 존재한다. 일반균형분석과 부분균형분석, 캘리브레이션과 다른 모형평가 수단, 그리고 매우 상세히 서술된 동태적 모형과 단순 정태적 모형 등을 동시에 추구한다는 것은 이러한 수단들 가운데 어느 하나에 주의를 게을리 할 수 있다는 것을 의미한다. 그러므로 두 가지의 접근방법이 장점을 갖는다는 주장은 어느 한 가지 접근방법이 더욱 가치 있을 때가 언제이며 특정 이슈를 분석하는데 적절하다고 판단되는 양자의 배합은 무엇인가 등과 같은 보다 난해한 질문을 회피하는 것과 같다. 유감스럽게도 이러한 의문에 대한 체계적인 해답을 거의 갖고 있지 않다. 결과적으로 거시경제학자들에게 허용된 선택은 어떤 형태의 연구가 가장 장래성이 있는지에 관하여 현재 이용가능한 모형들과 확보된 증거들을 토대로 잠정적인 결론을 내릴 수밖에 없다는 것이다. 그리고 이러한 결론들은 향후 언제든지 수정을 필요로 한다.

연습문제

5.1 표 5.1, 5.2, 5.3의 계산결과를 미국 이외의 어떤 나라를 선정하여 다시 해보라.

5.2 표 5.3의 계산결과를 이하에서 명시한 바대로 해보라.

(*a*) 국민소득에서 점하는 피용자소득비율

(*b*) 노동력 참가율

(*c*) 연방정부예산적자의 대GDP 비율

(*d*) Standard and Poors사 500 종합주가지수

(*e*) Moody's 사에 의한 Baa급 사채와 Aaa급 사채의 수익률 격차

(*f*) 미국 재무성증권 장기채(10년물)와 단기증권(3개월물)의 수익률 격차

(*g*) G-10국의 통화가중평균 베이스에 의한 美달러의 환률

5.3 A_0를 0기의 A값이라고 하자. 또한 $\ln A$의 형태는 식 (5.8) 및 (5.9)에 의해 주어지는 것으로 상정한다.

(*a*) $\ln A_1$, $\ln A_2$ 및 $\ln A_3$을 $\ln A_0$, ε_{A1}, ε_{A2}, ε_{A3}, $\overline{A}$, g을 이용하여 표현하라.

(*b*) ε_{A1}, ε_{A2}, ε_{A3}의 기대치가 0인 것을 이용하여 $\ln A_0$, $\overline{A}$ 및 g를 주어져 있을 때 $\ln A_1$, $\ln A_2$ 및 $\ln A_3$의 기대치를 구하라.

5.4 t기 효용함수 u_t가 식 (5.7)이 아니라 $u_t = \ln c_t + b(1-\ell_t)^{1-\gamma}/(1-\gamma)$, $b>0$, $\gamma>0$이라고 상정하자.

(*a*) 본문 중의 (5.12)~(5.15)로 살펴본 것처럼 1기에 한정하여 경제의 문제를 고려한다. 노동공급은 임금과 어떠한 관련을 맺고 있는가?

(*b*) 본문에서 식 (5.16)~(5.21)로 살펴본 것처럼 2기로 구성되는 경제의 문제를 고려해 보자. 두 기간의 여가에 대한 상대수요는 상대임금에 어떻게 의존하고 있는가? 이자율에는 어떻게 의존하고 있는가? 왜 γ는 임금과 이자율에 대한 노동수요의 感應度에 영향을 주는 것인가? 직관적으로 이해하기 쉽게 설명하라.

5.5 본문 중 식 (5.16)~(5.21)으로 살펴본 문제에 대하여 생각해 보기로 하자.

(*a*) w_1, w_2가 함께 증가하더라도 w_1/w_2의 비율이 변하지 않는다면 ℓ_1 및 ℓ_2의 값은 변하지 않는다는 것을 보여라.

(b) 이제 가계는 초기에 $Z>0$의 재산을 소유하고 있다고 하자.

(i) 이 경우에도 (5.23)은 성립하는가? 이유를 서술하라.

(ii) 이 경우에도 (a)에서 살펴 본 관계는 변하지 않는가? 이유를 서술하라.

5.6 어떤 개인은 2기를 살며, 효용함수는 $\ln C_1 + \ln C_2$ 이라고 가정하자.

(a) 이 개인이 제1기에는 Y_1의 노동수입이 있으나 제2기에는 노동수입이 없다고 가정하자. 따라서 제2기의 소비량은 $(1+r)(Y_1-C_1)$이다. 여기서 r(수익률)의 값에 대하여는 불확실성이 발생하는 경우도 있다고 상정하자.

(i) 이 개인이 선택하여야 할 C_1에 대해 1계 조건을 구하라.

(ii) r(수익률)이 확정치가 아니라 확률변수가 되는 경우를 가정하자. 다만 $E[r]$은 변하지 않는 것으로 상정한다. 이런 변화에 의해 C_1은 어떠한 영향을 받는가?

(b) 다음으로 제1기에는 노동수입이 없으나 제2기에는 Y_2의 노동수입을 얻는다고 가정하자. 그렇다면 제2기의 소비량은 $Y_2-(1+r)C_1$이 된다. 이 Y_2에는 불확실성이 없으나 r에 대하여는 불확실성이 발생할 가능성이 있는 것으로 상정한다.

(i) 이 개인이 선택하여야 할 C_1에 대해 1계조건을 구하라.

(ii) r(수익률)이 확정치가 아니라 확률변수인 경우를 가정하라. 다만 $E[r]$은 변하지 않는 것으로 상정한다. 이런 변화에 의해 C_1은 어떠한 영향을 받는가?

5.7 (a) 식 (5.23)을 도출하는 데 이용한 논의에 버금가게 가계가 소비를 최적화하는 데에는 $b/(1-\ell_t) = e^{-\rho}E_t[w_t(1+r_{t+1})b/\{w_{t+1}(1-\ell_{t+1})\}]$가 성립할 필요가 있다는 것을 보여라.

(b) 이 조건은 식 (5.23) 및 (5.26)으로부터 도출할 수 있다는 것을 보여라((5.26)은 각기마다 성립할 필요가 있다는 점에 유의하라).

5.8 **가법적 기술충격을 동반하는 단순화된 실물경기변동모형**(본 질문은 Blanchard and Fisher (1989)의 329~331페이지의 내용을 따른 것이다.) 영원히 살아가는 일정한 인구의 사람들로 구성되는 경제를 상정한다. 대표적 개인은 $\sum_{t=0}^{\infty} u(C_t)/(1-\rho)^t$, $(\rho>0)$의 기대치를 최대화한다. 순간효용함수 $u(C_t)$는 $u(C_t) = C_t - \theta C_t^2$, $(\theta>0)$이다. C는 항상 $u'(C)$이 양의 값을 갖는 범위에 있어서 정의된다고 가정한다. 생산량은 자본량의 1차함수인 동시에 교란항이 가법적으로 부가된다고 한다. 즉 $Y_t = AK_t + e_t$이다. 자본의 감모는 없는 것으로 한다. 따라

서 $K_{t+1}=K_t+Y_t-C_t$이다. 또한 이자율을 A로 정의하며 $A=\rho$를 가정한다. 더욱이 교란항은 1계 자귀회귀과정을 따른다고 한다. 즉 $e_t = \phi e_{t-1} + \varepsilon_t$이다. 다만 $|\phi|<1$이며 ε_t은 평균이 0로서 $i.i.d.$(각각 독립적이고 동일한 분포를 따름)의 충격이라고 상정한다.

(a) C_t과 C_{t+1}의 기대치를 관련시키는 1계 조건(오일러 방정식)을 구하라.

(b) 소비가 $C_t = \alpha + \beta K_t + \gamma e_t$의 형태를 취한다고 잠정적으로 추측해 보자. 이러한 추측 아래서 K_{t+1}을 K_t 및 e_t의 함수로서 표현한다면 어떻게 되는가?

(c) (a)에서 살펴본 1계 조건(오일러 방정식)이 모든 K_t와 e_t에 대하여 성립하기 위해서는 파라미터 α, β, γ는 어떠한 값일 필요가 있는가?

(d) e에 대한 일시적인 충격이 Y, K, C의 경로에 미치는 영향은 어떠한 것인가?

5.9 **기호에 대한 충격을 동반하는 단순화된 실물경기변동모형**(본 질문은 Blanchard and Fisher (1989)의 361페이지의 내용을 따른 것이다.) 문제 4.8에서 고려한 모형의 설정을 바탕으로 한다. 다만 여기서는 충격 e는 존재하지 않으며 순간효용함수는 $u(C_t) = C_t - \theta(C_t + v_t)^2$이라고 상정한다. v는 평균이 0인 $i.i.d.$충격이다.

(a) C_t와 C_{t+1}의 기대치를 관련시키는 1계 조건(오일러 방정식)을 구하라.

(b) 소비가 $C_t = \alpha + \beta K_t + \gamma e_t$의 형태를 취한다고 잠정적으로 추측해 보자. 이러한 추측 아래서 K_{t+1}을 K_t 및 e_t의 함수로서 표현한다면 어떻게 되는가?

(c) (a)에서 살펴본 1계 조건(오일러 방정식)이 모든 K_t와 v_t에 대하여 성립하기 위해서는 파라미터 α, β, γ는 어떠한 값일 필요가 있는가?

(d) v에 대한 일시적인 충격이 Y, K, C의 경로에 미치는 영향은 무엇인가?

5.10 **5.3절의 모형의 균형성장경로** 5.3절에서 살펴본 모형에 대하여 충격이 존재하지 않는 경우를 고려해 보자. y^*, k^*, c^*, G^*를 각각 Y/AL, K/AL, C/AL, G/AL의 균형성장경로 상에서의 값이라고 하자. 마찬가지로 w^*를 w/A의, ℓ^*를 L/A의, r^*를 r의 균형성장경로 상에서의 값이라고 하자.

(a) 식 (5.1)~(5.4), (5.23), (5.26) 및 균형성장경로 상에서 y^*, k^*, c^*, w^*, ℓ^*, r^*가 일정한 값을 갖는다고 하는 사실로부터 이들 6변수에 관한 6개의 방정식을 도출하라(**힌트**: 식 (5.23) 중의 c는 1인당 소비 C/L이며 c^*는 효율노동 1단위당 소비 C/AL의 균형성장경로 상에서의 값이기 때문에 균형성장경로 상에서는 $c=c^*\ell^*A$가 성립하고 있다).

연습문제

(b) 5.7절에서 가정한 파라미터의 수치예에 따라서 생각해 보자. 균형성장경로 상에서의 소비 및 투자의 생산량에 대한 비율은 얼마가 되는가? 균형성장경로 상에서 매년의 생산량에 대한 자본의 비율은 얼마나 되나?

5.11 사회적 최적치의 발견을 통한 실물경기변동모형의 해[33] 5.5절의 모형을 고려해 보자. 논의를 간단히 하기 위해 $n = g = \overline{A} = \overline{N} = 0$으로 상정한다. $V(K_t, A_t)$(가치함수, value function)는 대표적 개인이 금기 이후에 얻는 생애효용의 현재가치의 기대치가 되며 자본스톡과 기술수준의 함수가 된다고 한다.

(a) $V(\cdot)$가 다음의 식을 충족할 필요가 있는 것은 무슨 이유인가? 직관적으로 알기 쉽게 설명하라.

$$V(k_t, A_t) = \underset{C_t, l_t}{Max}\{[\ln C_t + b\ln(1-l_t)] + e^{-\rho}E_t[V_{t+1}(k_{t+1}, A_{t+1})]\}$$

이 조건을 **벨만 방정식**(*Bellman equation*)이라고 부르고 있다.

이처럼 모형이 대수선형구조로 주어져 있는 상황에서 $V(\cdot)$가 $V(K_t, A_t) = \beta_0 + \beta_K \ln K_t + \beta_A \ln A_t$라는 형태를 취하는 것으로 추측하자. 단, 각 β의 값을 후에 결정해 주어야 한다. 이 추측된 형식, 그것에 $K_{t+1} = Y_t - C_t$, $E_t[\ln A_{t+1}] = \rho_A \ln A_t$이라고 하는 2개의 식을 벨만방정식에 대입하면 다음의 식이 얻어진다.

$$V(k_t, A_t) = \underset{C_t, \ell_t}{Max}\{[\ln C_t + b\ln(1-\ell_t)] + e^{-\rho}E_t[\beta_0 + \beta_K(Y_t - C_t) + \beta_A\rho_A \ln A_t]\}$$

(b) C_t에 대하여 1계조건을 구하라. 이 조건으로부터 K_t와 A_t가 변화하더라도 C_t/Y_t는 그것들의 영향을 받지 않는다는 것을 보여라.

(c) ℓ_t에 대하여 1계조건을 구하시오. 이 조건과 (b)의 결론으로부터 K_t와 A_t가 변화하더라도 ℓ_t는 그것들의 영향을 받지 않는다는 것을 보여라.

(d) 생산함수 및 (b), (c)에서 C_t와 ℓ_t에 대하여 1계조건을 상기 $V(\cdot)$의 함수에 대입하여 $V(K_t, A_t) = \beta'_0 + \beta'_K \ln K_t + \beta'_A \ln A_t$이라고 하는 형태의 식이 얻어진다는 것을 보여라.

(e) $\beta_K = \beta'_K, \beta_A = \beta'_A$이 성립하기 위해서는 β_K와 β_A는 어떠한 값을 취할 필요가 있는가?[34]

---

33 이 문제는 동태계획법 및 미정계수법을 이용한다. 이러한 수법에 대하여는 각각 8.7절과 5.6절에서 설명하고 있다.

34 β_0값의 계산은 대단히 번잡하기 때문에 여기서는 생략한다.

(*f*) 이상의 논의로부터 도출되는 C/Y와 ℓ의 값을 구하라. 이것들의 값은 4.5절에서 구한 바 있는 $n=g=0$인 경우의 값과 일치하는가?

5.12 기술진보가 식 (5.8)과 (5.9)의 과정이 아닌 다른 과정을 따른다고 가정한다. 5.5절의 모형에서는 모든 t에 대하여 $s_t = \hat{s}$, $\ell_t = \hat{\ell}$이 해가 되었는데 이 경우에도 여전히 해가 되는가? 이유를 서술하라.

5.13 계속해서 5.5절의 모형에 대하여 고려한다. 그러나 여기서의 순간효용함수 u_t는 식 (5.7)이 아니라 $u_t = \ln c_t + b(1-\ell_t)^{1-\gamma}/(1-\gamma)$, $(b>0,\ \gamma>0)$이라고 가정한다(문제 5.4를 참조하라).

(*a*) 임금이 주어져 있을 때 현재의 여가와 소비를 관련시키는 식 (5.26)과 유사한 1계 조건을 도출하라.

(*b*) 모형의 변경에 의하여 저축률 s는 변화하는가?

(*c*) 1인당 여가 $(1-l)$는 여전히 일정한가?

5.14 (*a*) 만일 $\tilde{A}_t$가 균등하게 0이며 $\ln Y_t$가 식 (5.39)를 따라 변화하여 간다면 $\ln Y_t$는 어떠한 경로에 안정적으로 자리를 잡겠는가? (**힌트**: 식 (5.39)의 양변에 $(n+g)t$를 빼주고 우변에 $\alpha(n+g)$를 빼주고 더해 주면 $\ln Y_t - (n+g)t = Q + \alpha[\ln Y_{t-1} - (n+g)(t-1)] + (1-\alpha)\tilde{A}_t$를 얻을 수 있다는데 유의하라. 다만 Q는 $Q = \alpha \ln \hat{s} + (1-\alpha)[\overline{A} + \ln \hat{\ell} + \overline{N}] + \alpha(n+g)$이다.)

(*b*) $\hat{Y}_t$를 $\ln Y_t$와 (*a*)에서 찾아낸 경로와의 차이로 정의하여 식 (5.40)을 도출하시오.

5.15 **자본의 변화를 나타내는 로그(대수)선형화의 도출** 자본의 변화를 나타내는 식 $K_{t+1} = K_t + K_t^{\alpha}(A_tL_t)^{1-\alpha} - C_t - G_t - \delta K_t$에 대하여 고려한다.

(*a*) (*i*) A_t, L_t, C_t, G_t가 고정된 경우 $\partial \ln K_{t+1}/\partial \ln K_t$가 $(1+r_{t+1})K_t/K_{t+1}$과 동일하다는 것을 보여라.

(*ii*) 균형성장경로에서 평가되는 $\partial \ln K_{t+1}/\partial \ln K_t$가 $(1+r^*)/e^{n+g}$를 것을 보여라.[35]

35 r^*에 대하여는 할인율 ρ의 식으로 표현할 수 있다. 그러나 Campbell (1994)은 모형의 배후를 형성하는 사정을 논할 때에는 ρ가 아닌 r^*에 기초하는 편이 용이하게 이루어질 수 있다고 주장한다.

연습문제

(*b*) $\tilde{K}_{t+1} \simeq \lambda_1 \tilde{K}_{t+1} + \lambda_2(\tilde{A}_t + \tilde{L}_t) + \lambda_3 \tilde{G}_t + (1-\lambda_1-\lambda_2-\lambda_3)\tilde{C}_t$ 임을 보여라.

여기서 $\lambda_1 \equiv (1+r^*)/e^{n+g}$, $\lambda_2 \equiv (1-\alpha)(r^*+\delta)/(\alpha e^{1+g})$, $\lambda_3 \equiv (r^*+\delta)(G/Y)^*/(\alpha e^{n+g})$라 하고 $(G/Y)^*$를 충격이 존재하지 않는 경우에 균형성장경로 상의 (G/Y)의 값이라고 한다면 $\tilde{K}_{t+1} \simeq \lambda_1 \tilde{K}_t + \lambda_2(\tilde{A}_t + \tilde{L}_t) + \lambda_3 \tilde{G}_t - (1-\lambda_1-\lambda_2-\lambda_3)\tilde{C}_t$ 가 되는 것을 보여라(**힌트** : 생산함수는 콥-더글러스 형이기 때문에 $Y^* = (r^*+\delta)K^*/\alpha$ 이며 균형성장경로 상에서는 $K_{t+1} = e^{n+g}K_t$ 이고 따라서 $C^* = Y^* - G^* - \delta K^* - (e^{n+g}-1)K^*$ 이다).

(*c*) (*b*)의 결과와 식 (5.43)~(5.44)을 이용하여 식 (5.53)을 도출하라. 여기서 $b_{KK} = \lambda_1 + \lambda_2 a_{LK} + (1-\lambda_1-\lambda_2-\lambda_3)a_{CK}$, $b_{KA} = \lambda_2(1+a_{LA}) + (1-\lambda_1-\lambda_2-\lambda_3)a_{CA}$, $b_{KG} = \lambda_2 a_{LG} + \lambda_3 + (1-\lambda_1-\lambda_2-\lambda_3)a_{CG}$ 이다.

5.16 식 (5.55)에 보고된 회귀를 다시 해보라.

(*a*) 보다 최근의 데이터를 포함하라.

(*b*) 보다 최근의 데이터를 포함하고, $M2$보다 $M1$을 사용하라.

(*c*) 로그(대수) 통화의 변화에 4개의 시차(lag)가 아닌 8개의 시차를 포함하라.

Chapter 06

명목경직성

이전 장 끝에서 논의한 바와 같이, 실물경기변동모형의 가장 큰 제약은 거시경제의 경기변동을 만들어 내는데 통화량변동의 역할을 누락시킨 것이다. 따라서 경기변동 분석에 그러한 변동의 역할을 포함하는 것으로 확장하는 것은 중요하다.

화폐적 교란이 실물효과를 가지기 위해서는 어떤 형태의 가격경직성이나 불완전성이 있어야만 한다. 만일 그렇지 않으면 매우 비왈라스적인 모형에서 조차도 통화량변동은 실질가격이나 양에 어떠한 영향도 없이 모든 가격만 비례적으로 변동시킬 뿐이다. 지금까지 현대 경기변동모형에서 일반적인 명목불완전성은 명목가격이나 임금조정에 대해 장벽이나 제약의 형태이다. 따라서 이번 장에서는 그러한 장벽에 초점을 둔다.

불완전한 명목가격조정을 도입하는 것은 단순히 화폐적 교란이 실물효과를 가지는 채널을 추가하는 것 이상의 의미를 가진다. 앞으로 살펴보겠지만, 현실적인 경우에 왈라스적 모형에 그럴듯한 장벽을 추가하는 것만으로는 정량적으로 중요한 통화량변동 효과를 만들어 내기에 충분하지 못하다. 따라서 일반적으로 통화교란의 중요한 역할을 도입하는 것은 모형의 미시경제학에 중요한 변화를 수반하게 된다. 게다가 명목경직성은 화폐적 충격 외의 교란들이 경제에 어떻게 영향을 미치는 지에 대해 변화시킨다. 따라서 비화폐적 변동 효과에 대해서도 알 수 있다. 명목경직성은 그러한 강한 효과를 가지고 있기 때문에 경기변동의 중요한 특성을 이해하는데 매우 중요하며, 거의 모든 현대 경기순환모형은 어떠한 형태로든 가격경직성을 포함한다.

이 장은 정태적 모형이나 단 한 번의 충격만을 가지는 상대적으로 단순한 모형에 명목경직성

효과를 고려하면서 경기변동에 명목경직성을 추가하는 과정으로 시작한다. 파트 A에서 명목경직성은 주어진 것으로 한다. 목표는 명목경직성을 이해하고 가격경직성이나 임금경직성 그리고 인플레이션 동학의 본질과 같은 특정한 경직성에 대한 다양한 가정들의 효과를 분석하는 것이다. 파트 B에서는 명목경직성의 미시경제학 기반으로 돌아온다. 우리가 생각해야 하는 중요한 질문은 명목조정 – 살펴보겠지만, 거의 확실히 작은 – 에 장벽이 어떻게 실질적으로 전체 명목경직성을 이끌어 낼 수 있는가에 대한 것이다.

Part A 외생적 명목경직성

6.1 기본적인 경우(Baseline Case) : 고정가격

이 장에서 명목변수의 경직성은 주어진 것으로 가정하고 효과를 살펴본다. 명목가격이 완전히 신축적일 뿐 아니라 완전히 고정되어 있는 극단적인 경우부터 시작한다. 이렇게 외생적으로 가격경직성에 부과된 가정과 별도로, 모형은 미시경제학을 기반으로 만들어진다. 그러나 명목경직성 효과에 초점을 두기 위해, 모형은 매우 기본적인 것만 남겨둔다. 예를 들어, 제5장에서 초점을 두었던 불확실성, 기술충격이나 정부지출충격은 없다.

■ 가정

시간은 이산적이다. 기업은 유일한 투입으로 노동을 사용하여 생산량을 산출한다. 따라서 총생산은 다음과 같다.

$$Y = F(L), \quad F'(\bullet) > 0, F''(\bullet) \leq 0 \tag{6.1}$$

정부와 국제무역은 모형에 없다. 자본이 없다는 가정을 도입하면 총소비와 총생산은 같다는 것을 의미한다.

소비, 실질화폐잔고, 노동 비효용으로 효용을 얻는 고정된 수의 무한생애가계가 있다. 단순화를 위해, 인구증가율은 무시하고 가계의 수를 1로 정규화한다. 대표적 가계의 목적함수는 다음과 같다.

$$\mathcal{U} = \sum_{t=0}^{\infty} \beta^t \left[U(C_t) + \Gamma\left(\frac{M_t}{P_t}\right) - V(L_t) \right], \quad 0 < \beta < 1 \tag{6.2}$$

소비와 화폐보유의 한계효용체감이 있고, 노동의 한계비효용 체증이 있다. $U'(\cdot) > 0$, $U''(\cdot) < 0$, $\Gamma'(\cdot) > 0$, $\Gamma''(\cdot) < 0$, $V'(\cdot) > 0$, $V''(\cdot) > 0$. $U(\cdot)$와 $V(\cdot)$는 통상적인 상대적위험회피가 일정한 경우를 따른다.

$$U(C_t) = \frac{C_t^{1-\theta}}{1-\theta}, \quad \theta > 0 \tag{6.3}$$

$$\Gamma\left(\frac{M_t}{P_t}\right) = \frac{(M_t/P_t)^{1-\chi}}{1-\chi}, \quad \chi > 0 \tag{6.4}$$

화폐는 효용의 직접적인 원천이라는 가정은 이해하기 쉽다. 사실 개인은 화폐가 직접적으로 효용을 주기 때문에 현금을 보유하는 것이 아니라 재화를 구입할 수 있기 때문에 효용을 주는 것이다. M_t/P_t가 목적함수에 있는 것은 직접적 효용보다 편의를 증가시키기 때문이라고 생각할 수 있다.[1]

두 개의 자산이 존재한다. 0의 명목이자율을 지급하는 화폐와 이자율 i_t를 지급하는 채권이다. A_t는 t기의 시작에서 가계의 자산을 나타낸다. 노동소득은 W_tL_t(여기서 W는 명목임금)이고 소비지출은 P_tC_t이다. 따라서 t기부터 $t+1$기까지 보유하는 채권의 양은 $A_t + W_tL_t - P_tC_t - M_t$이다. 따라서 자산은 다음과 같이 진화한다.

$$A_{t+1} = M_t + (A_t + W_tL_t - P_tC_t - M_t)(1 + i_t) \tag{6.5}$$

가계는 P, W, 그리고 i의 경로는 주어진 것으로 받아들인다. 가계는 예약제약과 비폰지조건(2.2절 참고) 하에 생애에 걸친 효용을 극대화하기 위해 C와 M의 경로를 결정한다. 여기서 명목임금경직성과 명확하지 않는 노동시장을 도입할 가능성이 있기 때문에, 지금까지 가계의 노동공급 L은 가계에 외생적 또는 선택변수인 지의 여부에 관심을 두지 않는다. 또한, 기업이 어떻게 L을 선택하는 지에 대한 가정도 하지 않는다.

M의 경로는 중앙은행이 결정한다. 따라서 가계는 i의 경로를 주어진 것으로 보고, 가계는 M의 경로를 선택한다고 하더라도, 일반균형에서 M의 경로는 외생적이고 i의 경로는 내생적으로 결정된다.

■ 가계의 행동

기간 t에서, 가계의 선택변수는 C_t와 M_t이다. C_t와 C_{t+1}을 연관시키는 오일러 방정식을

1 Feenstra(1986)은 이러한 효용함수 내 화폐(money-in-the-utility-function) 형태와 화폐보유의 거래이익은 관측적으로 동일하다는 것을 공식적으로 증명하였다. 화폐의 거래적 수요에 관한 고전적 모형은 Baumol-Tobin 모형(Baumol, 1952; Tobin, 1956)이다. 문제 6.2를 참조하라.

찾기 위해 사용했던 2.2절과 5.4절을 생각하자. 가계는 C_t를 dC만큼 감소시켜 채권보유를 $P_t dC$만큼 증가시킨다. 그 다음 이 채권과 C_{t+1}을 $(1+i_t)P_t dC/P_{t+1}$ 만큼 증가시킨 이자를 사용한다. 마찬가지로 C_{t+1}를 $(1+r_t)dC$ 만큼 증가시킨다. 여기서 r_t는 실질이자율이고 $1+r_t = (1+i_t)P_t/P_{t+1}$로 정의된다.[2] 이전 장에서 얻은 유사한 분석은 다음과 같다.

$$C_t^{-\theta} = (1+r_t)\beta C_{t+1}^{-\theta} \tag{6.6}$$

양변에 로그를 취하고 C_t에 대해 풀면 다음과 같다.

$$\ln C_t = \ln C_{t+1} - \frac{1}{\theta}\ln[(1+r_t)\beta] \tag{6.7}$$

보다 유용한 형태로 만들기 위해 두 가지를 변화시킨다. 첫째, 생산의 유일한 용도는 소비이고 가계의 수는 1로 정규화하였다. 따라서 균형에서 총생산 Y와 가계의 소비 C는 같아야 한다. 따라서 Y를 C로 대체한다. 둘째, 작은 r의 값에 대해 $\ln(r+1) \simeq r$이다. 단순화를 위해 이러한 관계를 같은 것으로 간주한다. 따라서 다음이 성립한다.

$$\ln Y_t = a + \ln Y_{t+1} - \frac{1}{\theta}r_t \tag{6.8}$$

여기서 $a \equiv \left(\frac{1}{\theta}\right)\ln\beta$이다. 식 (6.8)은 새 케인즈학파의 IS(*new Keynesian IS*)곡선으로 알려져 있다.[3]

새 케인즈학파의 IS의 가장 중요한 특징은 r_t와 Y_t는 역의 관계에 있다는 것이다. 재화에 대한 보다 정교한 분석도 같은 의미를 가진다. 예를 들어, 제9장에서 실질이자율의 증가는 기업이 수행하려고 하는 투자의 양을 감소시킬 것이다. 따라서 모형에 자본을 추가하면 우하향하는 기울기의 관계를 가지는 또 다른 이유가 생길 것이다. 마찬가지로, 국제무역을 도입한다고 하자. 어떤 국가의 이자율이 상승하면 일반적으로 그 국가 자산의 수요를 증가시키기 때문에 환율을 절상(appreciation)하게 한다. 다음으로 수출을 줄이고 수입을 증가시킬 것이다.

새 케인즈학파의 IS 곡선과 전통적인 IS 곡선의 중요한 차이는 새 케인즈학파 IS 곡선의 우변에 Y_{t+1}의 존재이다. 전통적인 IS 곡선의 단순한 모형은 다음과 같다.

$$\ln Y_t = a - \frac{1}{\theta}r_t \tag{6.9}$$

식 (6.8)과 식 (6.9)가 비슷해 보이지만 이 두 식의 기본 아이디어는 상당히 다르다. (6.9)와 같은 식은 실질이자율의 증가는 투자를 감소시킨다는 아이디어에 기반하고 소비는 실질이

2 만일 π_t를 $1+\pi_t = P_{t+1}/P_t$로 정의하면 $1+r_t = (1+i_t)/(1+\pi_t)$이다. i_t와 π_t의 작은 값에 대해 $r_t \simeq i_t - \pi_t$이다.

3 새 케인즈학파의 IS 곡선은 Kerr and King(1996)과 McCaullum and Nelson(1999)에 의해 도출된다. 불확실성 하에서 적절한 가정으로, $\ln Y_{t+1}$는 $E_t[\ln Y_{t+1}]$과 상수의 합으로 나타낼 수 있다.

자율에 완전히 반응하지 않는 모형에서 도출된다. 반대로 식 (6.8)은 투자가 없고 실질이자율에 대한 소비의 대응이 식이 중심인 모형에서 도출된다. 따라서 새 케인즈학파의 IS에 대해 생각하기 위해 전통적인 IS곡선에 사용되는 직관을 사용할 때 주의해야 한다.[4]

식 (6.8)의 중요한 특징은 생산과 실질이자율 사이에 음(−)의 관계가 있다면 두 가지 IS곡선을 구분하는 것은 중요하지 않다. 그러나 다른 맥락에서, 식 (6.8)의 우변에 미래 생산의 존재는 매우 중요하다. 이러한 이슈는 6.4절과 7.8절에서 다루게 될 것이다.

가계의 화폐보유에 대한 1계 조건을 찾기 위해, M_t/P_t와 C_t의 균형예산 변화를 고려하자. 구체적으로, 가계는 M_t/P_t를 dm만큼 증가시키고 C_t를 $[i_t/(1+i_t)]dm$만큼 낮춘다고 하자. 따라서 가계의 실질채권보유는 $\{1-[i_t/(1+i_t)]\}dm$ 또는 $[1/(1+i_t)]dm$만큼 떨어진다. 이러한 변화는 $t+1$기의 시작에 가계의 자산에 아무런 효과도 없다. 따라서 만일 가계가 최적화하고 있다면 이러한 변화는 효용에 영향을 미치지 않는다.

이러한 변화의 효용이익은 $\Gamma'(M_t/P_t)dm$이고 효용비용은 $U'(C_t)[i_t/(1+i_t)]dm$이다. 따라서 최적 화폐보유에 대한 1계 조건은 다음과 같다.

$$\Gamma'\left(\frac{M_t}{P_t}\right) = \frac{i_t}{1+i_t}U'(C_t) \tag{6.10}$$

$U(\cdot)$와 $\Gamma(\cdot)$는 (6.3)과 (6.4)로 주어졌고 $C_t = Y_t$이므로, 다음이 성립한다.

$$\frac{M_t}{P_t} = Y_t^{\theta/\chi}\left(\frac{1+i_t}{i_t}\right)^{1/\chi} \tag{6.11}$$

따라서 화폐수요는 생산의 증가함수이고 명목이자율에 감소함수이다.

■ 고정가격 충격의 효과

이제 통화공급변동의 효과와 다른 교란들의 효과를 서술하려고 한다. 가격경직성이 경제의 움직임을 어떻게 바꾸는 지에 대해 살펴보기 위해, 가격이 현재와 미래에 완전히 고정된 경우로 시작한다. 따라서 모든 t에 대해 다음을 가정한다.

$$P_t = \bar{P} \tag{6.12}$$

이러한 가정으로 식 (6.8)과 (6.11)의 가계의 최적화에 대한 두 가지 조건에 대한 해를 그림으로 나타낼 수 있다. 완전한 경직된 가격에서 명목이자율과 실질이자율은 같다. 새 케인즈학파의 IS 곡선인 식 (6.8)에서 이자율과 생산(다음 기의 생산의 기대치가 주어진 값에 대해)은 역의 관계를 가지고 있다. 최적 화폐보유(주어진 화폐공급 수준에 대해)에 대한 식 (6.11)

4 IS 곡선의 두 가지 형태 사이에 본질적인 차이를 기억하는 편한 방법은 "IS"를 전통적인 IS(사실 "IS"라는 명칭의 기원이다)의 경우에 "투자와 저축"으로 생각하고, 새 케인즈학파 IS 곡선의 경우 "기간 간 대체"라고 생각하면 된다. 이러한 해석은 John Cochrane에게서 나왔다.

을 만족하는 이자율과 생산의 조합은 우상향하는 기울기를 가진다. 두 가지 곡선은 그림 6.1에 나타나 있다. 이들은 *IS* 곡선과 *LM* 곡선으로 알려져 있다.

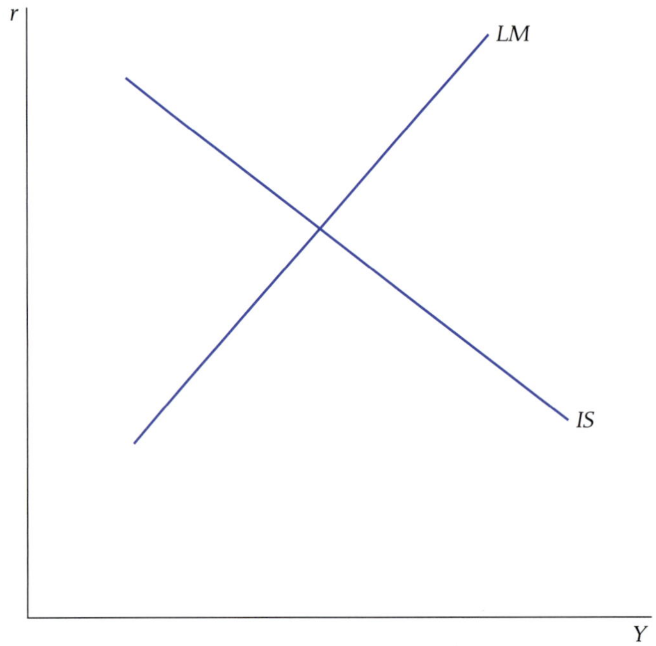

그림 6.1 *IS-LM* **그림**

명목경직성이나 불완전성의 형태가 없는 경우 통화공급의 변동은 실질적인 양에 영향이 없이 모든 가격과 임금에 비례적인 변동을 불러온다. 따라서 명목경직성의 효과를 분석하는데 고려해야 하는 가장 중요한 것은 통화공급의 변동이다.

구체적으로 다음 기에 완전히 역전될 t기에 통화공급의 증가를 고려하면 미래 생산은 영향을 받지 않는다. 통화공급의 증가는 *LM*곡선을 아래로 이동시키고 *IS*곡선에는 영향을 미치지 않는다. 결과적으로, 이자율은 떨어지고 생산은 증가한다. 이러한 것은 그림 6.2에 나타나 있다. 따라서 명목경직성이 있다면 화폐적 교란은 실물효과를 가진다.

명목경직성은 다른 교란 효과에 대해 시사점을 가진다. 예를 들어, 모형에 정부지출을 도입했다고 하자. 가계의 기간 간 최적화 문제에 대한 오일러 방정식은 이전과 같다. 따라서 식 (6.7)은 소비를 계속하여 나타낸다. 그러나 이제 재화에 대한 소비가 가계와 정부로부터 발생한다. 일시적인(그래서 미래 생산은 영향을 받지 않는다) 정부지출의 증가는 *IS* 곡선을 오른쪽으로 이동시키고 생산과 실질이자율을 증가시킨다. 명목경직성 때문에 제5장의 실물경기변동모형에서 정부지출의 변동의 효과에 중심이 되는 기간 간 대체와 자산의 효과는 관련이 없다. 따라서 전이 메커니즘은 완전히 다르다. 가격이 고정되어 있기 때문에 정부는 보다 많은 재화를 수요하고 기업은 고정된 가격으로 공급한다.

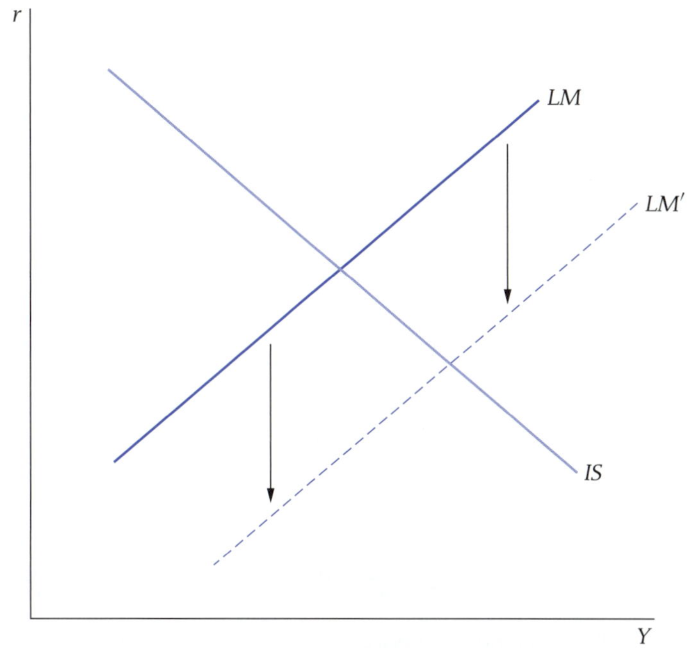

그림 6.2 완전한 고정가격에서 화폐공급 증가의 일시적인 효과

6.2 가격경직성, 임금경직성, 그리고 재화시장과 노동시장에서 완전경쟁의 이탈

경직된 가격의 수요의 증가효과를 다룬 이전 절의 논의는 중요한 질문을 무시하고 있다. 왜 기업은 부가적인 생산을 공급하는가? 비록 가정에 의해 기업들은 가격을 올릴 선택권을 가지고 있지 않다고 하더라도 기업은 생산을 변화하지 않도록 내버려 둘 수 있고 부가적인 수요를 충족하도록 선택하지 않을 수 있다.

재화시장과 노동시장이 완전히 경쟁적이고 초기에 균형에 있다고 하자. 따라서 노동자의 임금은 노동공급의 한계비효용과 같고 기업의 가격은 한계비용과 같다. 따라서 노동자는 임금이 오르지 않으면 노동을 더 공급하지 않으려고 한다. 그러나 노동의 한계생산이 노동투입 증가에 따라 감소하여 한계비용은 증가한다. 따라서 기업은 임금이 떨어지지 않으면 더 많은 고용을 하지 않으려고 한다. 따라서 통화공급이 증가할 때 고용과 노동은 변화하지 않는 것이다. 수요의 증가는 생산의 증가를 이끌어 내지 못하지만 재화시장의 할당(rationing)을 이끌어 낸다.

통화팽창은 실물효과를 만들어 내고 명목경직성은 충분하지 않다는 것을 알 수 있다. 또한 생산물시장이나 노동시장에서 완전경쟁으로부터의 어떤 이탈이 있어야만 한다. 따라서 이번 절은 명목교란이 실물효과를 일으킬 수 있는 재화시장과 노동시장에서의 명목가격과 임금경직성, 그리고 불완전성의 다양한 조합을 살펴보아야 한다.

우리가 고려하는 모든 경우에 있어서 불완전 명목조정은 도출되기보다 가정된다. 따라서 이번 절의 목적은 명목경직성의 가능한 미시경제학적 기반을 논의하는 것이 아니다. 이는 파트 B에서 다룬다. 대신에 명목임금과 명목경직성에 대한 다른 가정들과 노동시장과 재화시장의 특성이 실업, 기업의 가격설정 움직임, 수요변동에 대응하는 실질임금의 움직임과 마크업을 설명하는 시사점을 살펴보는 것이 목표이다.

여기서는 가정들의 조합 가운데 네 가지 가정을 다룬다. 먼저 논의하는 두 가지는 기본모형으로서 그 가치를 인정할 수 있으나 현실 경제를 묘사하는 차원에서는 그다지 성공적이지 못하다. 나머지 두 가지 가정은 보다 복잡하지만 잠재적으로 현실 경제를 더욱 정확하게 재현하는 데 유용한 모형으로 평가된다. 이들 네 가지 가정은 현실의 경제에서 발생할 수 있는 다양한 사례들을 포괄적으로 제시하고 있다.

■ 모형 1 : 케인즈 모형(경직적 명목임금, 신축적 가격, 경쟁적 재화시장)

케인즈의 일반이론(General Theory, 1936)에서 모형의 공급 측면은 두 가지 중요한 특징을 가지고 있다. 첫째, 명목임금 W가 (적어도 일정한 기간에 걸쳐) 고정적이라는 가정에서 출발한다.

$$W = \overline{W} \tag{6.13}$$

(이 절 전체에서, 경제는 1기의 경제에 초점을 둔다. 따라서 편의상 시간 첨자를 누락시킨다) 둘째, 케인즈는 명시적으로 특정하지 않았는데 명목경직성이 없는 시중 임금은 공급과 수요가 일치하는 수준보다 높다. 따라서 암묵적으로 노동시장은 균형실질임금이 시장청산수준보다 높게 만드는 비왈라스적 특징을 가지고 있다.

반대로 재화시장과 관련된 과정은 전통적인 방법을 이용한다. 6.1절에서처럼 생산은 $Y = F(L)$, $F'(\cdot) > 0$, $F''(\cdot) \leq 0$으로 주어진다(식 6.1을 참조하라). 기업들은 경쟁적이므로 노동의 한계생산물이 실질임금과 같아지는 점까지 노동을 고용한다.

$$F'(L) = \frac{W}{P} \tag{6.14}$$

이러한 가정들로, 수요 증가는 실질임금의 영향을 통해 생산을 증가시킨다. 통화공급이나 다른 수요측 요인이 증가하면 재화가격이 상승하므로 실질임금은 하락하고 고용은 증가한다. 실질임금은 초기에 시장청산 수준보다 높았으므로 노동자는 추가적인 노동을 공급하려고 한다.

그림 6.3은 노동시장의 상황을 나타내고 있다. 초기 고용수준은 노동수요와 시중실질임금(prevailing real wage)에 의해 결정된다(E점을 참조). 이 때 일부 노동자들은 현 임금 수준에서 일하기를 희망함에도 불구하고 일자리를 구할 수 없어 실직상태에 있는 비자발적 실업이

발생한다. 비자발적 실업의 규모는 시중실질임금 수준에서 노동공급과 노동수요와의 차이로 나타난다(E점과 A점 간 거리).

재화수요의 변동은 우하향하는 노동수요곡선을 따라 고용과 실질임금의 변동을 초래한다. 예를 들어 수요의 감소는 인플레이션율의 하락을 초래하며 이는 물가수준이 낮아진 것을 뜻한다. 물가가 하락하면 그림 6.3의 점 E'과 같이 실질임금이 상승하면서 고용은 감소한다. 그러므로 총공급에 대한 이러한 견해는 수요를 결정하는 외생적 요인의 변동에 의해 일어나는 총수요충격에 대한 실질임금의 반응행태는 경기순환변동에 역행하는 모습 – 총수요가 총공급을 상회할 때 실질임금이 하락하고 그 역일 때 실질임금이 상승하는 현상 – 을 보인다는 것을 의미한다. 이러한 예측에 대하여『일반이론』의 출간 직후부터 여러 가지로 검증이 시도되어 왔으나 아직까지 이를 지지할 만한 실증분석 결과는 찾아보기가 힘들다. 다음 장에서 다시 논의하겠지만 이제까지 관찰된 바에 따르면 실질임금은 경기변동에 대하여 약하게 순응적인 것으로 보인다.[5]

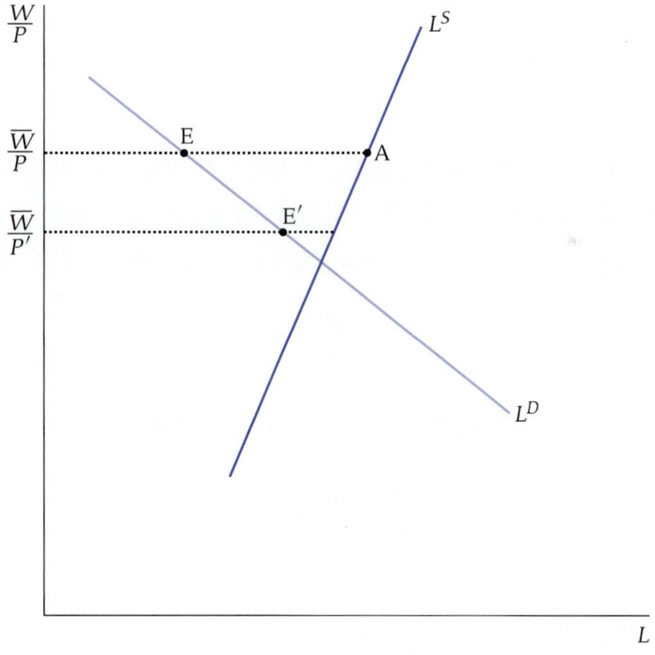

그림 6.3 경직적 임금, 신축적 가격, 완전경쟁 상품시장 하의 노동시장

5 임금의 순환변동에 관한 초기연구에 대해 Keynes(1939)는 그의 저서 **"일반이론"**에서 가급적 고전학파의 전통을 따르면서 표현의 간소화를 위해 이 모형을 선택한 것이라고 언급하면서 공급 측면의 구체적 공식화를 부인하였다. 공급에 대한 그의 1939년 견해는 네 번째 모형의 경우에 보다 가깝다.

■ 모형 2 : 가격경직성, 신축적인 임금 및 경쟁적인 노동시장

『일반이론』에서 공급의 관점은 재화시장이 경쟁적이고 재화가격이 완전 신축적이기 때문에 명목가치가 경직적인 것은 전적으로 노동시장에서 비롯한다고 가정하고 있다. 여기서 만일 노동시장이 경쟁적이어서 시장수급에 따라 임금이 신축적으로 변동하는 반면 명목가치의 불완전한 조정이 전적으로 재화시장에서 비롯하는 것으로 가정하는 반대의 경우에는 무슨 현상이 일어날 것인가에 대한 질문을 제기하는 것은 자연스럽다.

이전 모형의 경우, 명목경직성이 없는 경우에 임금은 시장청산수준보다 높다. 이러한 가정은 수요가 증가하면 높은 고용을 만들어 낼 필요가 있다. 마찬가지로, 명목경직성이 재화시장에 있을 때 신축적인 균형가격은 한계비용보다 커야 한다. 이러한 가정없이, 만일 재화의 수요가 증가하면 기업은 고정된 가격으로 추가적인 수요를 맞추려고 하지 않고, 더 이상 공급하지 않는다.

재화시장에서 명목경직성모형은 일반적으로 가격이 항상 한계비용을 초과하는 이유로, 기업이 시장지배력을 가지고 있기 때문이고, 이때 이윤극대화 가격은 한계비용보다 높다. 이러한 가정 하에서 신축적인 균형에서 만일 기업들이 시중가격에서 보다 많이 판매하면, 기업은 보다 수익이 늘어가게 된다. 따라서 가격경직성이 있는 경우에 수요증가는 생산증가로 연결된다.

이와 같은 관점에서 임금보다는 가격이 경직적이라고 가정한다. 6.1절의 가정인 $P = \overline{P}$ (식 6.12)인데, 모형 1에서 빠져있었지만 여기서 다시 적용한다. 임금은 신축적이고 노동시장은 경쟁적이다. 따라서 노동자는 주어진 실질임금을 가지고 효용을 극대화 하는 노동공급을 선택한다. 효용함수 (6.2)~(6.4)로부터, 최적노동공급에 대한 1계 조건은 다음과 같다.

$$C^{-\theta}\frac{W}{P} = V'(L) \tag{6.15}$$

균형에서 $C = Y = F(L)$이므로 (6.15)는 다음과 같다.

$$\frac{W}{P} = [F(L)]^{\theta} V'(L) \tag{6.16}$$

식 (6.16)의 우변은 L의 증가함수이다. 따라서 식 (6.16)은 암묵적으로 L을 실질임금의 증가함수로 정의한다.

$$L = L^{s}\left(\frac{W}{P}\right), \quad L^{s'}(\bullet) > 0 \tag{6.17}$$

마지막으로 기업은 한계비용이 가격과 같은 수준을 초과하지 않는 한 시중가격에서 수요를 충족시킨다.

이러한 가정으로 수요의 변동은 고정된 가격수준에서 기업이 고용과 생산을 바꾸게 한다. 그림 6.4는 본 모형의 노동시장에서 어떠한 현상이 발생하는지를 보여주고 있다. 기업의 노동수요는 자사 제품에 대한 수요를 충족시키고자 하는 욕구에 의해 결정된다. 따라서 모든 수요를 충족시키면 손실을 입을 정도로 실질임금이 높지 않는 한 노동수요곡선은 고용–임금공간에서 수직선이 된다. **유효노동수요**(*effective labor demand*)라는 용어는 이러한 상황을 표현하는 데 사용되며 이런 노동수요는 기업이 판매할 수 있는 재화의 양에 의존한다.[6] 실질임금은 유효노동수요곡선과 노동공급곡선이 교차하는 점 E에서 결정된다. 그 결과 고용은 노동공급선상에 존재하며 따라서 비자발적인 실업은 존재하지 않는다.

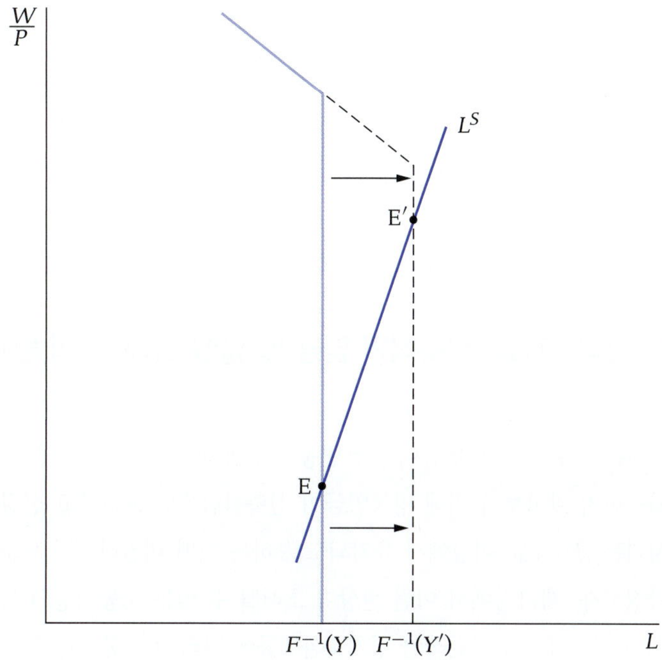

그림 6.4 가격이 경직적이며 임금은 신축적인 완전경쟁적인 노동시장

이 모형에서 실질임금은 수요 변동에 대하여 경기순행적인 모습을 보인다. 예를 들어 수요의 증가는 유효노동수요를 늘이고 노동자는 노동공급곡선을 따라 더욱 아래쪽으로 이동하므로 실질임금이 상승한다(그림 상의 E' 점). 노동공급이 실질임금에 대하여 민감하게 반응하지 않는 경우 – 노동공급곡선의 기울기가 가파른 경우 – 실질임금은 수요의 변동에 대하여 큰 폭으로 변동한다.

마지막으로 이 모형에서는 마크업율(markup rate; 한계비용 대비 가격의 비율)이 수요 변동에 대하여 경기역행적으로 변동한다. 예를 들어 수요가 늘어나면 임금이 상승하는 데다 생산 증가에 수반하여 노동의 한계생산물이 감소하기 때문에 비용은 상승하게 된다. 그러나 가격이 고정되어 있으므로 한계비용에 대한 가격의 비율 즉 마크업율은 하락하게 된다.

6 실질임금이 충분히 높아서 기업이 재화의 수요를 충족시킬 때 이익을 얻을 수 없는 경우에 기업의 노동수요량은 한계생산물이 실질임금과 같아지는 조건에 의해 결정된다. 따라서 노동수요곡선 가운데 이러한 부분은 우하향하는 기울기를 갖는다.

마크업율은 실질임금에 비하여 측정하기 어렵기 때문에 이에 대한 주기적 변동 양상을 파악하기가 쉽지 않다. 그럼에도 불구하고 이와 관련한 연구결과에 따르면 마크업이 강한 경기역행성을 갖는다는 데 대체적인 합의가 이루어지고 있다.[7] 예를 들어, Bils(1987), Warner and Barsky(1995), Chevalier and Scharfstein(1996), Chevalier, Kashyap and Rossi(2003), Gali, Gertler, and Lopez-Salido(2007)를 참고하라.

명목가치의 조정이 불완전한 경우, 수요 변동이 생산에 영향을 미치게 되는 이유는 이전의 가정과는 크게 다르다. 예를 들어 수요가 감소하면 기업들의 매출량이 감소하면서 재고가 늘어나며 이에 따라 기업들은 생산량을 축소하게 된다. 이에 반해, 이전 모형에서는 수요의 감소가 실질임금을 상승시킴으로써 기업들의 희망 판매량이 감축되기 때문이라고 설명하였다.

공급 측면의 모형은 다음의 세 가지 이유에서 중요하다. 첫째, 명목가치의 경직성이 임금보다는 가격으로부터 발생하는 것이 모형을 구축하는 출발점으로서 자연스럽다. 둘째, 명목가치의 경직성과 실업 사이에는 필연적인 관계가 존재하지 않는다는 것을 보여준다. 셋째, 이용 상편의로 인하여 이와 같은 모형들이 이론 연구에서 자주 이용되고 있다.

모형 3 : 가격경직성, 신축적인 임금 및 실질노동시장의 불완전성

총생산의 변동이 고용변동과 연관된 것으로 보이는 상황에서 명목가격의 조정이 점진적으로 이루어지는 경우 수요의 변동이 고용변동을 유발할 수 있는가의 의문을 갖게 된다. 이것이 어떻게 가능한지 알아보기 위해 명목임금이 신축적임에도 불구하고 실질임금이 수요와 공급을 일치시키는 균형수준 이상에서 유지되도록 하는 어떤 비왈라스적 요소가 노동시장에 존재한다고 가정하자. 제11장에서 이런 현상이 초래될 수 있는 노동시장의 특성을 조사하고 그런 상황 하에서 실질임금이 전반적인 경기순환변동에 따라 어떠한 변동을 보이는지 검토하기로 한다. 기업들은 특정의「실질임금함수」(real-wage function)를 갖고 있다고 가정하고 다음과 같이 정식화한다.

$$\frac{W}{P} = w(L), \quad w'(\bullet) \geq 0 \tag{6.18}$$

구체적으로, **효율임금**(*efficiency wage*)의 관점에서 시장에서 기업은 수요 및 공급의 균형을 달성시키는 수준 이상으로 임금을 지급한다고 (11.1절~11.2절을 참조) 상정한다. 종전처럼 인플레이션은 $\bar{\pi}$의 수준에서 고정되어 있으며 생산량과 고용은 생산함수 $Y = F(L)$에 의하여 상호 관련을 갖는다.

이들 가정 하에서는 앞서 설명한 경우와 마찬가지로 한계비용과 외생적으로 주어진 물가수준 $\bar{P}$가 같아질 때까지 공급곡선은 수평이 된다. 따라서 수요의 변화는 실질적인 효과를 갖는다. 그러나 이런 가정은 그림 6.5에 제시된 바와 같이 노동시장에 대하여 종전과는 다른 시사

7 그러나 Nekarda and Ramsey(2013)는 경기순행적 마크업을 지지하는 근거를 제시한다.

점을 제공한다. 이 모형에서는 고용과 실질임금이 유효노동수요곡선과 실질임금함수의 교차점에서 결정된다. 아울러 이 모형은 이전과는 달리 그림 상에서 $\overline{EA}$ 로 나타나는 비자발적 실업이 존재한다. 노동수요량은 노동공급곡선이 아닌 실질임금함수를 따라 변동한다. 따라서 실질임금이 수요 변동에 얼마나 민감하게 반응할 것인지는 노동공급의 탄력성과는 무관하게 된다. 그래서 실질임금함수의 기울기가 노동공급곡선에 비하여 완만한 경우 수요가 감소하면 실질임금이 보다 소폭 하락하기 때문에 실업은 크게 증가한다.

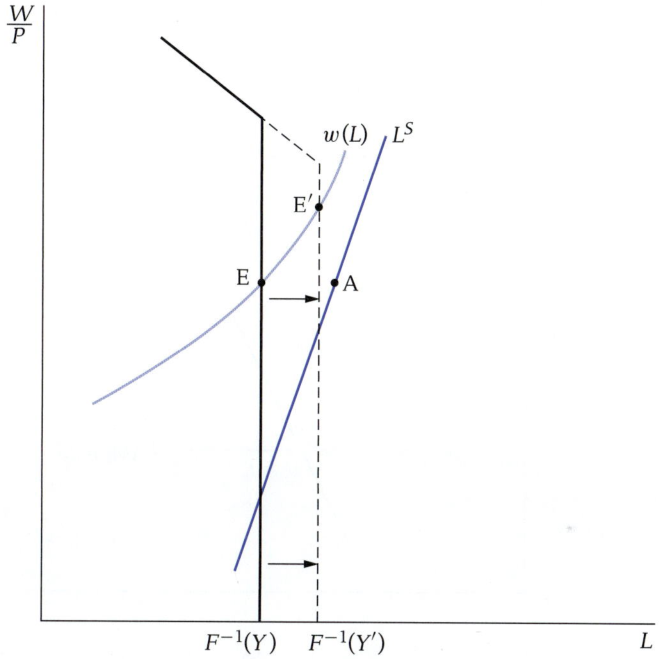

그림 6.5 경직적인 가격과 신축적인 명목임금인 경우의 비왈라스적 노동시장

■ 모형 4 : 임금경직성, 신축적인 가격 그리고 불완전경쟁

모형 3이 노동시장에 실질적인 불완전성을 도입함으로써 모형 2를 확장한 것처럼 이번에는 재화시장에 실질적인 불완전성을 도입하여 모형 1을 확장한다. 구체적으로 모형 1과 마찬가지로 명목임금은 $\overline{W}$ 로 고정되어 있는 한편 명목가격은 신축적(모형 1과 동일하게)이며 고용과 생산은 생산함수에 의해 연관되어 있는 것으로 가정한다. 이 모형에서는 종전과는 달리 재화시장이 불완전경쟁적이라고 가정한다. 불완전경쟁 하에서 가격은 한계비용에 마크업을 추가하여 설정되는 것으로 상정한다. 모형 3에서 실질임금에 대한 가정과 마찬가지로 마크업의 결정요인을 모형화하는 대신 "마크업 함수"(markup function)가 존재한다고 가정한다. 이상의 가정 하에서 가격은 다음의 식으로 주어진다.

$$P = \mu(L)\frac{W}{F'(L)} \quad (6.19)$$

여기서 $W/F'(L)$는 한계비용이며 μ는 마크업율이다.

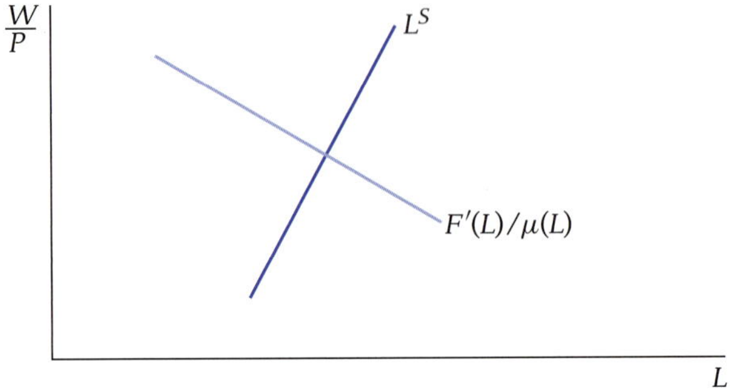

(a)

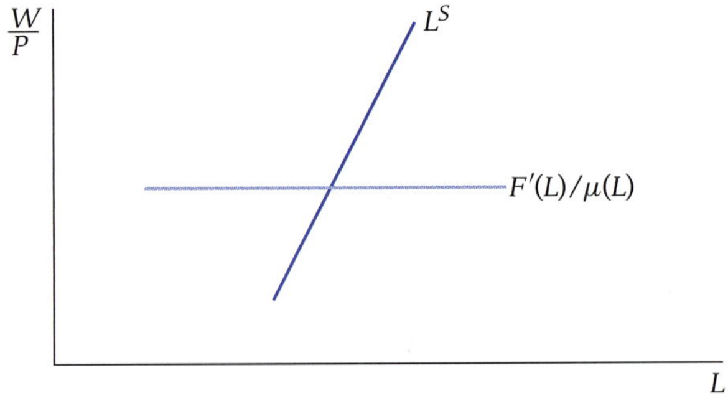

(b)

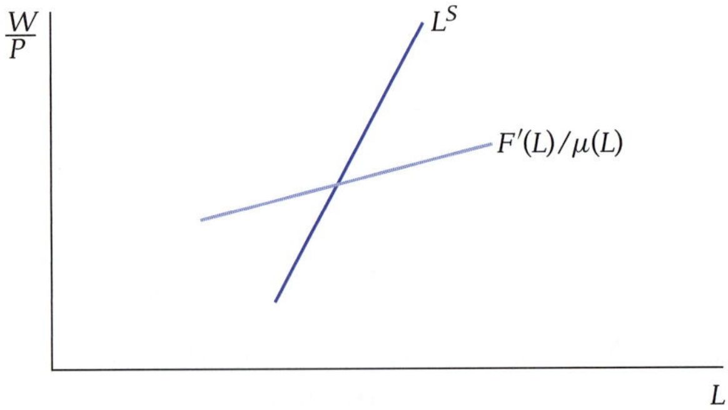

(c)

그림 6.6 임금경직적인 노동시장, 신축적 가격 및 불완전경쟁적인 상품시장

식 (6.19)로부터 실질임금 W/P가 $F'(L)/\mu(L)$과 같다. 마크업율 $\mu(L)$에 대해 어떠한 제한도 부과하지 않는다면 W/P가 L의 크기에 따라 어떠한 모습으로 변동하는지 알 수 없다. 만일 μ가 상수라면 모형 1의 경우와 같이 노동의 한계생산이 체감하기 때문에 실질임금은 경기역행적인 행태를 보일 것이다. 명목임금은 고정되어 있으므로 총생산이 증가하면 물가수준이 상승하여야 한다. 또한, 모형 1의 경우와 마찬가지로 실업은 발생한다.

만일 $\mu(L)$이 충분히 경기역행적이라면 – 즉, 마크업이 회복기(回復期)에 비해 호황기(好況期)에 충분히 낮아진다면 – 명목가치의 경직성이 단지 노동시장에 존재한다고 해도 실질임금은 경기에 대하여 무상관이거나 순응적일 수 있다. 가장 단순한 경우는 $\mu(L)$이 $F'(L)$과 같은 정도로 경기역행적인 경우에 발생한다. 이 경우, 실질임금이 일정하게 되며 L과 독립적이 된다. 명목임금은 가정에 의해 L의 영향을 받지 않기 때문에 물가수준(따라서 인플레이션율)도 영향을 받지 않는다. 따라서 AS 곡선은 수평선이 된다. 만일 $\mu(L)$이 $F'(L)$에 비해 상대적으로 더 경기역행적일 때는 L이 충분히 높은 수준일 경우 P는 하락해야 한다. 여기서 검토한 모든 경우도 고용은 유효노동수요에 의해 결정된다.

그림 6.6은 이상의 모형에서 노동시장이 어떻게 반응하는지를 보여주고 있다. 실질임금은 $F'(L)/\mu(L)$와 같지만 그것은 L에 대하여 감소하거나(그림의 (a)), 불변하거나(그림의 (b)), 혹은 증가하는 것(그림의 (c)) 가운데 한 가지의 모습을 보인다. $F'(L)/\mu(L)$의 궤적 중에 어느 곳에 경제가 있는 곳에 재화수요 수준이 결정된다. 여기서도 실업은 해당 시점의 실질임금에서 결정되는 노동공급과 고용수준의 차이로 측정된다.

요컨대 명목가치의 불완전한 조정의 원인과 노동 및 재화 시장의 특성에 관한 다양한 견해들은 실업과 실질임금, 마크업에 관하여 서로 다른 이야기를 제공한다. 결과적으로 케인즈이론에서는 이들 변수들의 행태에 대해 설득력 있는 설명이나 예상을 제시하지 못하고 있다. 예를 들어 실질임금이 경기역행성을 보이지 않는다는 사실은 명목교란들이 경기변동의 주요 원인이라는 견해와 일관된다. 그러나 이러한 변수의 움직임은 특정 케인즈모형을 검정하기 위해 사용될 수도 있다. 예를 들어 경기역행적인 실질임금이 없다는 것은 경기변동이 재화수요 변동에 의해 만들어진다는 견해에 반대되는 강력한 증거로 보이며, 케인즈의 원래 모형은 경제의 공급 측면을 잘 설명하는 것으로 보인다.

6.3 실증적 응용 : 실질임금의 순환변동

케인즈의 일반이론이 소개된 이래, 경제학자들은 실질임금의 순환행태에 관하여 지속적인 관심을 보여 왔다. 이러한 주제에 대한 초기연구는 대체로 총량자료에 의존하였다. 이들 문헌의 일반적인 결론은 미국을 비롯한 여타 선진국에서 실질임금은 대체로 경기변동과 무관하거나 약한 경기순행성을 나타내고 있다는 것이다.(예를 들어 Geary and Kennan, 1982를 참조하라).

그러나 총량을 구성하고 있는 노동자들의 집합은 경기변동 과정에서 그 구성이 일정하게 유지되지 않는다. 다시 말해, 낮은 기술을 보유한 저임금 노동자에 대한 고용은 보다 경기순행적일 것이므로 호경기에는 침체기에 비하여 이러한 노동자들의 고용비중이 더 높아진다. 총량자료를 이용하면 결과적으로 표준화된 개인들의 실질임금이 나타내는 경기순행성의 정도를 과소평가하는 경향이 나타난다. 이를 바꾸어 말하면 기술을 고려한 총실질임금은 기술을 고려하지 않은 총실질임금에 비하여 더욱 경기순행적일 수 있다는 것이다.

이러한 가능성으로 인해 많은 연구자들은 패널자료를 이용하여 실질임금의 행태를 분석하였다. 이 주제를 가장 완벽하고 면밀하게 분석한 연구 가운데 대표적인 것으로 Solon, Barsky, and Parker(1994)를 들 수 있다. 이들은 1967~87년의 기간을 대상으로 미국의 PSID(Panel Study of Income Dynamics) 자료를 이용하여 실증분석을 하였다. Solon, Barsky, and Parker가 기술한 바와 같이 해당 기간 중에 총실질임금은 유례없이 경기순행적인 것으로 나타나고 있다. 구체적으로, 그들은 같은 기간 중 실업률이 1%포인트 상승하면 총실질임금은 0.6%포인트(표준오차는 0.17%임) 하락하는 것으로 보고하였다.

Solon, Barsky, and Parker는 구성의 편의(composition bias)가 존재하는지 여부를 살펴보기 위해 두 가지의 접근방식을 채용하였다. 첫째, 분석대상기간 전체에 걸쳐 고용상태를 유지해 온 근로자들만을 대상으로 표본을 구성하고 이 총실질임금이 경기순환에 대하여 어떠한 행태를 보이는지를 분석한다. 둘째, 보다 풍부한 관측치를 표본에 포함시켜 이를 대상으로 분석한다. 이와 같은 접근법을 채용하면서 Solon, Barsky, and Parker는 실제로 다음과 같은 회귀식을 설정하여 추정하였다.

$$\Delta \ln w_{it} = a'X_{it} + b\Delta u_t + e_{it} \tag{6.20}$$

여기서 i는 개인, t는 연도, w는 실질임금, u는 실업률, X는 통제변수로 구성된 벡터를 각각 나타낸다. 그들은 개인 i가 $t-1$년과 t년의 두 해에 걸쳐 계속 취업하고 있는 경우에만 관측치 (it)를 표본에 포함하는 방식으로 이용가능한 관측치를 모두 활용하였다. 개인이 두 해에 걸쳐 모두 고용되어야 표본에 포함하는 방식은 구성의 편의 문제를 해결하기 위한 것이다.[8]

두 가지 접근방식의 추정결과는 상당히 비슷하게 나타났다. 그런데 개인수준의 실질임금이 총실질임금보다 약 2배나 경기순행적인 것으로 나타났다. 즉, 실업률이 1% 포인트 하락하면 전형적인 근로자의 실질임금은 약 1.2% 포인트 상승하는 것으로 추정되었다. 한편, 두 가지

8 구성의 편의를 피할 필요 때문에 Solon, Barsky, and Parker는 실증분석을 수행함에 있어서 PSID 노동자를 전혀 이용하지 않았다. 그러므로 그들의 절차는 다른 형태의 구성 편의로 어려움에 처할 수도 있다. 예를 들어, 산발적으로 일을 하는 노동자들은 취업시 받는 임금이 경기변동에 대해 대단히 역행적이라고 상정하여 보자. 그러면 이러한 노동자를 제외하게 되면 Solon, Barsky, and Parker는 전형적 개인의 임금이 나타내는 경기변동의 순행성을 과다하게 추정하는 결과를 얻게 된다. 그러나 이러한 가능성을 주장하는 것은 마치 억지로 이유를 들이대는 견강부회(牽强附會)와 같다.

추정결과는 모두 통계적으로 매우 높은 유의성을 갖는 것으로 분석되었다.

한 가지 우려되는 점은 위의 추정결과가 구성의 편의를 반영하는 것이 아니라 PSID에 포함된 근로자와 전체 근로자 간의 차이를 반영하는 것일 수도 있다는 점이다. 이러한 우려를 해소하기 위하여 Solon, Barsky, and Parker는 PSID를 이용한 총실질임금의 시계열을 전통적인 방식에 근거하여 작성하였다. 즉, 특정연도의 실질임금을 그 해에 고용된 PSID내 근로자에게 지급된 평균 실질임금으로 계산하였다. 이러한 임금을 계산하는 데 사용되는 근로자 표본이 매년 달라지기 때문에 이들 추정치는 구성의 편의에 노출된다. 따라서 이와 같은 방식으로 측정된 임금의 경기순환성에 대한 추정치를 기존의 총실질임금의 경기순환성의 추정치와 비교하면 PSID 표본이 매우 중요하다는 점을 인식할 수 있다. 그리고 또한 이렇게 측정된 임금의 경기순환성에 대한 추정치를 패널자료의 추정치와 비교해 보면 구성의 편의가 중요하다는 사실을 깨닫게 된다.

이러한 작업을 수행한 결과, Solon, Barsky, and Parker는 총 PSID 실질임금의 경기순행성이 기존의 총실질임금의 경기순응도와 사실상 같은 것이라는 사실을 발견하였다. 그러므로 패널자료와 총량 자료 추정치 간의 차이가 구성의 편의를 반영하고 있는 것으로 분석된다.

Solon, Barsky, and Parker가 패널자료를 이용하여 실질임금의 경기순행성을 분석한 최초의 연구자들은 아니었다. 그럼에도 불구하고 앞선 연구자들에 비하여 훨씬 큰 구성의 편의를 보고하였다. 만일 이들의 결과를 높게 평가하고자 한다면 그 이유에 대해서도 파악할 필요가 있을 것이다.

Solon, Barsky, and Parker는 Blank(1990), Coleman(1984), Bils(1985) 등 앞선 세 연구자들이 수행한 연구와 비슷한 맥락에서 같은 주제를 검토하였다. Blank는 실제로 상당한 수준의 구성의 편의를 지적하였다. 그러나 그녀는 다른 주제에 관심을 가졌기 때문에 이러한 발견에 대하여는 별다른 주의를 기울이지 않았다. Coleman은 총실질임금의 변동과 구성 편의가 제거된 시계열의 변동이 본질적으로 실업률의 움직임과 동일한 **상관관계**를 보인다는 점에 초점을 맞추어 분석하였다. 그는 수정된 시계열 변동의 **규모**가 훨씬 크다는 점을 인식하지 못하였다. 이는 실증분석을 수행함에 있어서 상관관계, t-통계량과 같은 통계 기준 못지않게 추정치의 경제적 크기를 고려하는 것 역시 중요하다는 일반적인 원리를 보여주는 좋은 사례에 해당된다. 마지막으로 Bils는 개인적 수준에서 실질임금이 상당히 경기순행적이라는 사실을 발견하였다. 그러나 그는 자신의 표본에 포함된 총실질임금의 시계열이 거의 비슷한 정도로 경기순행적이라는 사실을 발견함으로써 구성의 편의가 그다지 크지 않다는 결론을 도출하였다. 그러나 그의 표본은 오직 젊은이들로만 구성되어 있었다. 그러므로 상당히 균등화된 그룹 내에서 단지 적은 정도의 구성의 편의가 존재한다는 발견은 인구 전체를 대상으로 할 경우 상당한 편의가 존재할 가능성을 배제할 수 없다.

Solon, Barsky, and Parker의 발견을 토대로 고용의 단기변동은 우상향하는 단기 노동공급곡선 상에서의 고용변동(along the curve)으로 설명할 수 있다고 결론 내릴 수 있을 것인가?

Solon, Barsky, and Parker는 다음 두 가지 이유로 인하여 긍정적인 답변을 할 수 없다고 주장하였다. 먼저 그들은 자신들의 연구결과를 이와 같은 식으로 해석하기 위해서는 임금의 순환변동에 대한 노동공급의 탄력성이 1.0~1.4에 이르러야 한다는 사실을 발견하였다. 그들은 미시경제학의 연구결과에 따르면 이러한 탄력성 값이 순수하게 일시적인 변화에 대한 반응이라고 할지라도 비현실적으로 높다고 주장하였다. 더욱 중요하게, 그들은 단기적인 임금의 움직임은 결코 일시적이지 않기 때문에 고용변동이 노동공급곡선을 따라 움직인다는 설명이 더욱 설득력을 얻기 어렵다고 지적하였다. 둘째, 위에서 설명한 바와 같이 총실질임금은 Solon, Barsky, and Parker의 표본기간 동안 현저하게 경기순행적이었다. 만일 개인 수준의 임금도 그만큼 경기순행적이라면 여타 기간에서 나타나는 고용변동을 노동공급함수 상의 이동을 바탕으로 하여 설명하기가 더욱 어려워진다.

그러므로 Solon, Barsky, and Parker의 증거는 노동시장의 비경쟁적 특성(또는 아마도 노동공급의 변화)이 고용과 실질임금의 공행(共行)에 중요하게 작용할 수 있다는 가능성을 배제하지 못한다. 그럼에도 불구하고 이러한 분석결과는 단기 경기순환과 관련한 기본적 사실의 이해를 현저하게 변화시켰다. 또한 그 결과, 거시경기변동모형을 구축함에 있어서 기본적으로 요구되는 사항에 관한 이해의 폭을 넓혀 주었다.

6.4 외생적 명목경직성이 있는 유용한 모형

6.1절과 6.2절의 모형들은 극단적으로 정형화되었다. 이들 모형은 모두 명목임금이나 물가가 단기적으로 완전히 고정되어 확실히 정확하지 못하고, 중앙은행은 통화공급을 고정하였다고 가정한다. 이러한 가정이 완전한 명목경직성 가정처럼 확실히 경기역행적이지는 않지만, 어떻게 중앙은행이 행동하는 지에 대한 설명이 거의 없다.

6.1절과 6.2절에서 목표는 화폐적 교란이 실물효과를 가지는 지와 경기역행적인 실질임금인 지와 같은 명목경직성에 대한 정량적인 질문에 답하는 것이었다. 그러나 이 두 절에서 모형들은 실증적인 질문에 답하는데 유용하지 못하다. 따라서 이번 절에서 모형들을 수정하여 실제 이슈에 대해 생각하는 데 도움이 되는 틀을 어떻게 만드는 지에 대해 설명한다. 공급 측면에서 시작하고 총수요 측면으로 돌아온다.

■ 항구적인 총생산-인플레이션 상충관계?

실제로 사용하는 모형을 만들기 위해 명목가격이나 명목임금이 변하지 않는다는 가정을 완화할 필요가 있다. 자연스러운 방법은 당기 가격 또는 당기 임금이 고정된 수준이 전기에 일어났던 것에 의해 결정된다고 가정하는 것이다. 이를 검증하기 위해 고정적 임금, 신축적 가격,

경쟁적 재화시장을 상정한 공급모형 1의 사례를 살펴본다.[9] $\overline{W}$가 전기의 물가수준에 비례한다고 가정한다. 이는 다시 말해 임금이 전기의 인플레이션을 보상하도록 조정된다는 것과 같은 이야기이다. 즉, 임금이 이전 기의 인플레이션을 보상한다고 가정하면 다음과 같다.

$$W_t = AP_{t-1}, \quad A > 0 \tag{6.21}$$

공급모형 1에서 고용은 $F'(L_t) = W_t/P_t$ (식 6.14)로 결정된다는 것을 기억하자. W_t에 대한 식 (6.21)은 다음과 같다.

$$\begin{aligned} F'(L_t) &= \frac{AP_{t-1}}{P_t} \\ &= \frac{A}{1+\pi_t} \end{aligned} \tag{6.22}$$

여기서 π_t는 인플레이션율이다. 식 (6.22)는 고용(따라서 총생산)과 인플레이션 간에 안정적인 우상향의 관계, 즉 항구적인 상충관계가 존재함을 시사하고 있다. 바꾸어 말하면 정책당국이 더 높은 인플레이션을 감수함으로써 총생산을 항구적으로 늘릴 수 있으며, 또한 높은 수준의 총생산은 보다 낮은 수준의 실업과 결부되므로 이는 곧 실업–인플레이션 간의 항구적인 상충관계를 의미한다.

Phillips(1958)는 그의 저명한 연구를 통하여 과거 1세기 동안 영국경제의 임금상승률과 실업률 간에 비교적 안정적이고 강력한 음(−)의 상관관계가 존재하고 있는 것을 밝혀냈다. 이후 연구자들은 물가상승률과 실업률 간에 유사한 관계를 발견하였으며 이런 관계는 **필립스곡선**(*Phillips curve*)이라고 부르기에 이르렀다. 이에 따라 실업–물가 간에 안정적인 상충관계가 존재한다는 사실이 이론적 및 실증적인 측면에서 지지를 받는 것으로 널리 인식되었다.

■ 자연율(The natural rate)

이러한 상충관계의 안정성은 1960년대 후반부터 1970년대 초에 걸친 기간에 완전히 와해되었다. 이론적인 측면에서는 Friedman(1968)과 Phelps(1968)의 **자연률 가설**(*natural–rate hypothesis*)에 의하여 강력한 반론에 직면하였다. 이들은 통화스톡이나 인플레이션과 같은 명목변수가 총생산이나 실업률과 같은 실물변수에 항구적인 영향을 미치는 것은 비합리적이라고 비판하면서 실물변수의 행태는 장기적으로 실물적인 요인들에 의해서만 결정된다고 주장하였다.

총생산 – 인플레이션율 또는 실업률 – 인플레이션율 간의 상충관계에 대한 구체적인 사례를 들면서 밝혀낸 Friedman과 Phelps의 주장은 정책당국이 항구적으로 확장적인 정책으로 전환하면 경제주체들이 물가나 임금을 설정하는 방식도 조만간 변화한다는 것이다. 식

9 6.2절의 다른 모형들도 비슷한 방법으로 수정될 수 있고 비슷한 시사점을 가질 것이다.

(6.21)~(6.22)로 구성되는 모형의 사례를 다시 검토해 보기로 하자. 정책입안자가 항구적으로 확장적인 정책을 채택하는 경우 총생산과 고용은 항구적으로 증가하며 동시에 (이러한 공급모형 형태에서)실질임금은 항구적으로 하락한다. 그러나 노동자나 기업들은 경제적 의사결정을 내리는 데 있어 실질가치를 바탕으로 하기 때문에 단지 인플레이션이 더 높다는 이유로 고용과 실질임금의 수준을 다르게 조정할 이유는 전혀 없다. 만일 인플레이션이 존재하지 않은 경우에 고용과 실질임금이 균형을 유지하도록 하는 어떠한 힘이 존재한다면 인플레이션이 존재하는 경우에도 이러한 힘은 같은 정도로 작용하는 것이 마땅할 것이다. 그러므로 임금이 항상 전기의 인플레이션에 대하여 기계적으로 조정되지는 않을 것이다. 조만간 노동자와 기업들이 향후 실시될 것으로 예상하는 확장적인 정책을 감안하여 임금을 결정하게 될 것이다. 일단 이러한 조정이 이루어지면 고용과 총생산, 실질임금은 당초 인플레이션이 존재할 때의 수준으로 되돌아 갈 것이다.

요컨대, 자연율가정에 의하면 실업률에는 정상적인(normal) 혹은 자연스러운(natural) 수준이 존재하는데 통화정책으로는 실업률을 이러한 수준 이하로 영구히 낮추는 것은 불가능하다는 것이다. 자연률을 결정하는 요인이 정확히 무엇인지는 그다지 중요하지 않다. Friedman과 Phelps는 이것은 단지 명목적인 요인보다는 실물 요인에 의해 결정된다고 주장하였다. Friedman의 유명한 정의(1968, p.8)를 인용한다.

"자연실업률이란 시장의 불완전성, 수요 및 공급의 확률적 변동, 구인과 구직에 관한 정보수집 비용, 이직 비용 등 노동시장과 재화시장의 실제 구조적 특성을 포괄한 왈라스의 일반균형식 체계에 의하여 도출될 수 있다."

실업과 인플레이션 간의 안정적인 상충관계가 실증적으로 붕괴되었다는 점이 1961~94년 중 미국의 실업과 인플레이션의 조합을 도해한 그림 6.7에서 극명하게 드러나고 있다. 1960년대의 점들은 우하향하는 상당히 안정적인 상충관계를 보이고 있는 반면, 이후 25년간의 점들은 그런 모습을 발견하기가 어렵다.

필립스곡선이 실증적으로 성립하지 않는 요인 가운데 하나는 지극히 기본적인 데 있다. 수요가 아닌 공급에 교란요인이 발생하는 경우 앞서 논의한 모형에서도 高인플레이션과 高실업이 동시에 발생할 수 있다. 그리고 1970년대에는 상당한 규모의 공급충격으로 간주할 수 있는 경우가 몇 차례 발생하였다. 예를 들어, 1973~74년과 1978~79년 두 차례에 걸쳐서 발생한 국제유가의 급등이 그것이다. 이들 유가급등기에는 임금수준이 일정하다고 하더라도 기업은 생산물에 대해 보다 높은 가격을 설정한다. 또 다른 예로는, 이 시기에 수많은 노동자가 노동시장에 신규로 진입하여 경제활동참가율이 높아짐에 따라 주어진 임금수준에서 실업률이 상승하였을 가능성도 배제할 수 없다.

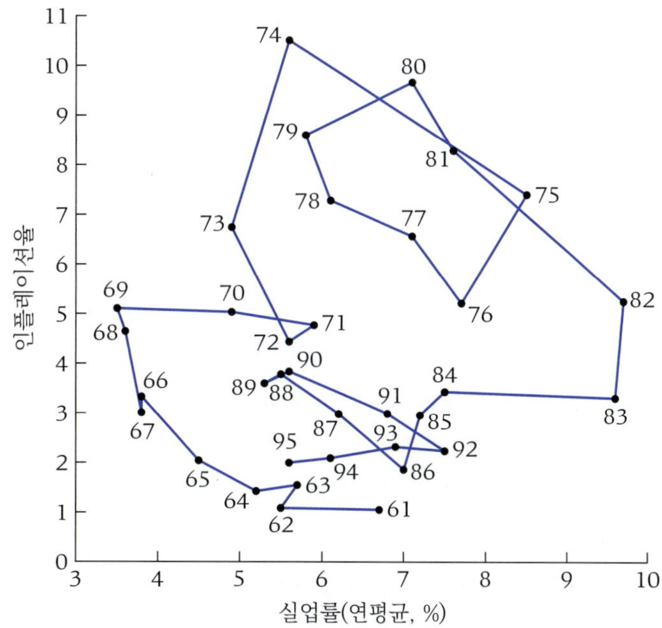

그림 6.7 미국의 실업과 인플레이션; 1961~95

그럼에도 불구하고 1970년대와 1980년대에 필립스곡선이 더 이상 성립하지 않게 된 이유를 이러한 공급충격들만으로 완벽하게 설명할 수 없다. 예를 들어, 1981년과 1982년 중에는 뚜렷한 공급충격이 발생하지 않았음에도 불구하고 1960년대의 어느 해보다도 높은 물가상승률과 실업률을 기록하였다. Friedman과 Phelps가 옳다면 이는 1970년대의 높은 인플레이션으로 인하여 경제주체들이 자신들의 가격 및 임금 설정방식을 변경시켰기 때문이라고 볼 수 있다.

따라서, 실업률-인플레이션율 간의 안정적 상충관계를 가정하는 가격 및 임금 모형들은 인플레이션 동학이나 정책당국이 직면하는 선택의 문제에 관해 조금이라도 정확한 실마리를 제공할 수 없게 되었다. 그러므로 이러한 주제를 다루는 데 사용하기 위해서 이들 모형을 대폭 수정하는 작업이 불가피하다.

■ 기대부가 필립스곡선(The expectations-augmented Phillips curve)

현재 우리의 목적은 미시경제학 기반을 통해 가격설정 모형을 만드는 것이 아니다. 오히려 우리의 목적은 실증적으로 사용하기에 충분할 정도로 현실적인 가격설정모형을 직접적으로 만드는 것이다. 항구적 실업-인플레이션 상충을 보이는 식 (6.21)~(6.22)의 모형은 이러한 기본적인 대부분 목적들을 충족시키지 못한다.

현대의 비미시경제학 기반의 가격설정 움직임의 공식들은 일반적으로 6.2절의 식 (6.21)~(6.22)의 단순한 모형과 세 가지 면에서 다르다. 첫째, 임금이나 가격이 현재의 경제상황에 대하여 전혀 반응하지 않는다는 가정을 받아들이지 않는다. 그 대신, 생산 확대가 임금이나 가격

상승을 수반하는 것으로 상정한다. 둘째, 공급충격의 가능성을 인정한다. 셋째, 가장 중요한 점으로서, 과거 및 미래의 기대 인플레이션에 대한 조정이 식 (6.21)의 단순한 정식화에 비하여 한층 정교해졌다는 점이다.

전형적인 현대의 비미시경제학 기반의 공급함수는 다음과 같다.

$$\pi_t = \pi_t^* + \lambda(\ln Y_t - \ln \overline{Y}_t) + \varepsilon_t^S, \quad \lambda > 0 \tag{6.23}$$

여기서 $\overline{Y}$는 가격들이 완전히 신축적인 경우에 현재 총생산 수준이다. **총생산의 자연실업률**(*natural rate of output*) 또는 **잠재적**(*potential*) 또는 **완전고용**(*full-employment*) **총생산**, 또는 **신축가격**(*flexible-price*) **총생산**으로 알려져 있다. $\lambda(\ln Y_t - \ln \overline{Y}_t)$의 항은 인플레이션과 생산량 사이에 항상 우상향의 관계가 존재한다는 것을 나타낸다. 단순화를 위해 로그선형화하였다. 식 (6.23)은 π가 불완전 조정의 원천이 명목가격인지 명목임금인지, 혹은 둘의 결합인지에 대해 명확하게 그 개념을 정의하지 않고 있다.[10] 여기서 ε^S는 공급충격을 말한다.

식 (6.23)과 전술한 공급모형들 간의 중요한 차이점은 π^*라는 항이다. 거듭되는 이야기이지만 π^*는 생산량이 자연생산율의 수준과 같고 공급충격이 없는 경우 실현되는 물가상승률을 의미한다. π^*는 **근원인플레이션**(*core inflation*) 혹은 **기조적 인플레이션**(*underlying inflation*)으로 알려져 있다. 또한 식 (6.23)의 필립스곡선은 **기대부가 필립스곡선**(*the expectations augmented Phillips curve*)이라고 부른다. 잠시 후에 기술하는 바와 같이 현대의 케인즈학파이론에서는 π^*를 반드시 기대인플레이션으로 해석하지는 않고 있다.

개념의 구체화에 편의를 도모하기 위해 π^*가 전기의 실제 인플레이션과 같다고 상정한다.

$$\pi_t^* = \pi_{t-1} \tag{6.24}$$

이 식에 의하면 생산량과 인플레이션의 "변화" 간에는 상충관계가 존재하지만 생산량과 인플레이션율 간에는 항구적 상충관계가 존재하지 않는다. 어떠한 수준에서도 인플레이션이 안정적이기 위해서는 생산량이 자연산출률과 일치해야 하기 때문이다. 따라서 어떠한 수준의 인플레이션율도 지속가능하나 인플레이션율을 낮추기 위해서는 생산량이 자연산출률을 하회하는 기간이 반드시 선행해야 한다. 식 (6.23)~(6.24)의 정식화에 의한 모형은 **가속화 필립스곡선**(*the accelerationist Phillips curve*)으로 알려져 있다.[11]

과거 4반세기의 미국 거시경제사에 비추어 볼 때 이 모형은 총생산과 인플레이션율 간의 항

---

10 식 (6.23)은 명목임금이 완전신축적이라는 가정과 더불어 π가 $\overline{\pi}$와 같다는 가정 대신 식 (6.23)의 가정을 이용함으로써 6.2절의 모형 2 혹은 모형 3과 결합될 수 있다. 이와 마찬가지로, 임금이 모형 1 혹은 모형 4에서 금기의 외부충격에 아무런 반응을 나타내지 않는다는 가정 대신 임금상승률이 식 (6.23)과 유사한 표현으로 주어진다는 가정을 이용할 수 있다. 그러나 이는 물가상승률이 임금상승률에 비하여 약간 더 복잡한 움직임을 나타낸다는 것을 시사한다.

11 표준적인 경험법칙에 따르면 실업률이 자연율을 1%포인트 초과할 때마다 인플레이션은 매년 1/2%포인트 하락한다. 그리고 5.1절에서 살펴 본 바와 같이, u가 $\overline{u}$를 1%포인트 상회할 때마다 Y는 $\overline{Y}$를 약 2%포인트 정도 하회한다. 따라서 매 기간이 일년에 해당된다면 식 (6.23)의 λ는 대략 1/4이 된다.

구적인 상충관계를 상정한 모형보다 현실을 설명하는 데 더 성공적인 것으로 평가된다. 예를 들어, 1980~95년 기간의 총생산 및 인플레이션율의 동향을 살펴보자. 이 모형은 1980년대 초의 고실업-고인플레이션의 조합을 높은 수준에서 출발한 인플레이션과 아울러 총수요의 위축에 기인한 것으로 설명하고 있다. 모형이 예측한 바와 같이 높은 실업률은 인플레이션의 하락과 연결되어 왔다(그리고 실업률이 더욱 높을수록 인플레이션은 큰 폭으로 하락하였다). 1980년대 중반에 일단 실업률이 6~7%의 수준을 하회하되 인플레이션은 상승하기 시작하였다. 1980년대 말에 실업률이 다시 이러한 수준으로 되돌아오면서 인플레이션은 안정되었다. 그러나 1992년 들어 실업률이 7%를 상회하자 인플레이션이 하락하였으며 1993년과 1994년에 실업률이 또 다시 7% 수준을 하회하면서 인플레이션은 다시 안정되었다. 실업률과 인플레이션의 이와 같은 움직임은 모두 모형과 부합한다.

식 (6.24)에 의해 매우 유용하게 이용되고 있음에도 불구하고 근원 인플레이션 모형은 중대한 한계를 갖고 있다. 예를 들어, 한 기간을 분기처럼 상당히 단기로 해석하면 근원 인플레이션이 실제 인플레이션 변화에 완전히 반응하는 데는 한 기간 이상이 소요될 것이다. 이러한 경우 식 (6.24)의 우변을 과거 여러 기간의 인플레이션의 가중평균으로 변환하는 것이 바람직하다.

식 (6.23)과 (6.24)로 구성되는 공급모형의 가장 큰 결점은 근원인플레이션이 경제의 환경과는 무관하게 결정된다고 가정하는 점이다. 예를 들어 식 (6.24)가 항상 성립한다면, 생산량과 인플레이션 변화 간에는 항구적인 상충관계가 존재한다. 다시 말해 식 (6.23)과 (6.24)는 정책당국이 지속적으로 증가하는 인플레이션을 받아들일 용의가 있을 때에는 생산량을 항구적으로 자연생산율을 상회하는 수준으로 정착시킬 수 있음을 시사하고 있다. 그러나 여기서도 생산량과 인플레이션 간에 항구적인 상충관계가 존재한다는 주장에 대한 Friedman and Phelps의 반론이 분명히 성립할 것이므로 정책당국이 이와 같은 전략을 취한다면 노동자들과 기업들은 결국 식 (6.23)과 (6.24)를 더 이상 따르지 않고 향후 예상되는 인플레이션 상승을 감안하여 자신들의 최적 행동을 조정할 것이다. 그 결과 생산량은 자연생산율 수준으로 되돌아 갈 것이다.

자연율가설을 최초로 발표할 당시에 Friedman은 근원인플레이션이 경제 환경에 의하여 영향 받을 수 있는 상황에 대하여 현실적인 예를 제시하였다. 즉, 근원인플레이션이 인플레이션의 변화에 어느 정도 신속하게 반응하는지는 실제인플레이션이 통상 어느 정도 오랜 기간 동안 지속되는가에 의해 결정된다는 것이다. 만일 이러한 주장이 옳다면 Philips가 연구하였던 것과 유사한 인플레이션의 일시적 변동이 빈번하게 발생하는 상황에서 근원 인플레이션은 그다지 크게 변화하지 않는다. 따라서 그러한 기간을 대상으로 한 자료에서는 생산량과 인플레이션 간의 안정적인 관계가 존재하게 된다. 그러나 1970년대와 1980년대 미국과 같은 상황에서는 높은 인플레이션이나 낮은 인플레이션의 시기가 일정 기간 계속되는 것이 일반적이기 때문에 근원인플레이션의 변동도 커지게 되며 따라서 생산량과 인플레이션 수준 간에 일관된 상관성이 존재하기가 어렵다.

식 (6.23)과 (6.24)에 대한 비판을 논리적으로 엄격하게 적용하면 식 (6.24)의 근원인플레이션은 기대인플레이션으로 대체되어야 한다.

$$\pi_t = \pi_t^e + \lambda(\ln Y_t - \ln \overline{Y}_t) + \varepsilon_t^S \tag{6.25}$$

여기서 π_t^e는 기대인플레이션율이다. 이런 공식화는 앞서 제시한 사례를 감안한 것이다. 예를 들어 식 (6.25)에서는 기대형성이 비합리적으로 이루어지지 않는 한 정책을 통해서 생산량을 영구적으로 자연생산율 이상으로 끌어 올리는 것은 애초부터 불가능하다. 왜냐하면 그렇게 되기 위해서는 노동자와 기업의 인플레이션에 대한 기대가 항상 실현되는 값보다 낮아야만 하기 때문이다. 마찬가지로 인플레이션 변동이 단기적인 경향을 나타내는 경우 현재 인플레이션에 대한 미래의 기대인플레이션의 민감도는 더욱 저하되기 때문에 식 (6.25)는 생산량과 인플레이션의 관계가 실제인플레이션의 움직임에 따라 변할 수 있다는 Friedman의 사례와도 부합한다고 할 수 있다.

그럼에도 불구하고 현대 가격설정의 실증적 공식화는 일반적으로 식 (6.25)의 공급모형을 사용하지 않는다. 그 주된 이유를 6.9절에서 살펴보겠지만, 가격설정자와 임금설정자의 기대형성이 합리적이라고 가정하면 식 (6.25)로부터 도출되는 시사점이 지나치게 강해 실증적인 뒷받침을 얻기가 어렵기 때문이다. 그 대신 근로자와 기업이 합리적인 기대형성을 하지 못한다고 가정할 경우에는 비합리성에 기초하여 이론을 전개하는 것이 되고 만다.

식 (6.24)와 (6.25)로 나타나는 두 개의 근원인플레이션모형을 자연스럽게 결합하는 작업은 근원인플레이션을 과거인플레이션과 기대인플레이션의 가중평균으로 가정하면 가능해진다. 이러한 가정 하에서 **혼합**(*hybrid*) 필립스곡선을 도출할 수 있다.

$$\pi_t = \phi\pi_t^e + (1-\phi)\pi_{t-1} + \lambda(\ln Y_t - \ln \overline{Y}_t) + \varepsilon_t^S, \quad 0 \le \phi \le 1 \tag{6.26}$$

ϕ의 값이 일반적으로 1보다 작다면, 임금 및 가격의 인플레이션에 어떤 **관성**(*inertia*)이 존재한다. 기대를 통한 효과 이외에 과거와 미래의 인플레이션 간에 어떠한 연결고리가 존재한다고 추론하는 것이다. 이러한 이슈를 다음 장에서 다룰 것이다. 순수한 미래지향적인 – 새 케인즈학파 필립스곡선 – 을 포함하여 확고하게 미시경제학 가정들에 기반을 둔 인플레이션 움직임에 대한 것을 접하게 될 것이다.

■ 총수요, 총공급, 그리고 AS-AD 그림

6.1절에서 경제의 수요측면의 단순한 공식은 두 가지 요소를 가지고 있다. 새 케인즈학파 *IS* 곡선은 $\ln Y_t = a + E[\ln Y_{t+1}] - (r_t/\theta)$ (식 6.8), *LM* 곡선 $M_t/P_t = Y_t^{\theta/\chi}[(1+i_t)/i_t]^{1/\chi}$ (식 6.11)이다. M_t는 중앙은행에 의해 외생적으로 결정되는 가정하면 이러한 식들은 (Y, r) 공간에 *IS*–*LM* 그림을 만들어 낸다(그림 6.1).

그러나 불행하게도 두 곡선은 실제 적용에 문제가 있다. 먼저 *LM* 곡선을 생각해 보자. 두 가지 큰 문제가 있다. 하나는 가격이 항구적으로 고정되어 있다는 6.1절의 가정을 완화하면 모형은 훨씬 더 복잡해진다. P_t나 π_t^e의 변화는 (Y, r) 공간에서 LM 곡선을 이동시킨다. 다른 것은 현대의 중앙은행은 정책을 결정할 때 통화공급을 대부분 무시한다.

이러한 문제를 피하는 접근방법은 중앙은행이 이자율에 대해 준칙에 따라 정책을 펼친다는 것이다(Taylor, 1993; Bryant, Hooper, and Mann, 1993). 이러한 **이자율 준칙**(*interest-rate rules*)은 제12장에서 통화정책을 살펴볼 때 많은 논의를 할 것이다. 그러나 지금은 실질이자율은 실제생산량과 잠재생산량과의 차이와 인플레이션의 증가함수로 만들기 위해 중앙은행이 정책을 펼친다고 단순히 가정한다.

$$r_t = r(\ln Y_t - \ln \overline{Y}_t, \pi_t), \quad r_1(\bullet) > 0, r_2(\bullet) > 0 \tag{6.27}$$

중앙은행이 이러한 정책을 수행하는 방법은 식 (6.27)이 성립하도록 통화공급을 조정하는 것이다. 즉, 중앙은행은 식 (6.27)을 만족하는 r_t를 구하는 화폐시장 균형 조건인 $M_t/P_t = Y_t^{\theta/\chi}[(1+i_t)/i_t]^{1/\chi}$인 통화공급을 t기에 설정한다.

중앙은행의 이자율 준칙인 식 (6.27)은 (주어진 π_t 값에서) Y_t와 r_t 사이에 우상향하는 관계를 직접적으로 나타낸다. 이러한 관계는 MP 곡선으로 알려져 있다. 중앙은행이 이자율 준칙을 따른다는 가정은 LM 곡선을 대신하게 된다.

이제 새 케인즈학파의 IS 곡선인 식 (6.8)을 고려하자. 이자율 상승은 당기 재화수요를 감소시키고 기대 미래소득의 증가는 당기 수요를 증가시킨다. 제8장에서 보겠지만, 증거에 따르면 가계가 주어진 생애예산제약 조건만 따라 생애주기에 걸쳐 완전히 최적화하는 곡선의 바탕이 되는 가정을 지지하지 않는다. 또한, 7.8절에서 보겠지만, 식 (6.8)은 매우 비현실적인 예측을 만들어 낸다.

따라서 새 케인즈학파의 IS 곡선은 일반적인 벤치마크로 남아 있지만 다른 대안들을 고려해야 할 이유가 있다. 한 가지 가능성은 기대 미래 항을 빼고 전통적인 IS 곡선인 식 (6.9)로 대체하는 것이다. 그러나 당기 수요가 기대 미래소득에 완전히 대응하지 않는 가정은 이러한 기대에 1:1로 움직이는 가정처럼 문제가 있다. 확실한 방법은 양(+)이지만 1보다 작은 미래소득의 계수를 가정하는 것이다.

$$\ln Y_t = \alpha + \phi E[\ln Y_{t+1}] - \frac{1}{\theta} r_t, \;\; 0 < \phi < 1 \tag{6.28}$$

식 (6.28)은 식 (6.26)인 혼합 필립스곡선과 유사하다. 따라서 이 모형은 혼합형 또는 할인된 IS 곡선으로 알려져 있다(McKay, Nakamura, and Steinsson, 2016; Gabaix, 2017).

그러나 불행히도 혼합 IS 곡선도 문제가 있다. 미시경제학적 가정이 인위적이고 미래 n기의 소득에 대한 뉴스에 대한 당기 소득의 대응은 n의 지수적으로 감소하는 강한 가정이 있다. 새 케인즈학파와 전통적인 IS 곡선 사이의 다른 타협점으로 가계의 일부가 완전히 기간 간 최적화하지만 아마도 유동성제약이나 경험법칙에 따라 나머지는 단순히 당기 소득으로 소비한다고 가정하는 것이다(예를 들어, Campbell and Mankiw, 1989; Gali, Lopez-Salido, and Valles, 2007). 이러한 가정은 *IS* 관계에 대해 닫힌 형태의 식을 만들어 내지 못한다. 그러나 단순하고 흥미로운 이야기에 기반하고 있기 때문에 미시경제학적 기반 거시경제모형에 사용되고는 한다.

경제의 수요측면이 *MP* 곡선과 다양한 *IS* 곡선 중 하나로 설명될 때 두 곡선은 주어진 인플레이션 값에 대한 생산과 실질이자율을 결정한다. 이는 그림 6.8에 나타나 있다. 생산과 인플레이션은 생산-인플레이션 공간에서의 두 곡선, 즉 우상향의 총공급곡선(*AS*)과 우하향의 총수요곡선(*AD*)에 의하여 결정된다. *AS* 곡선은 식 (6.23) $\pi_t = \pi_t^* + \lambda(\ln Y_t - \ln \overline{Y}_t) + \varepsilon_t^s$에서 직접적으로 구해진다. *AD* 곡선은 *IS* 곡선과 *MP* 곡선으로부터 도출된다. 이를 확인하기 위해 인플레이션이 상승하는 것을 생각하자. π는 *IS* 식의 여러 형태의 어디에도 들어가 있지 않기 때문에 그림 6.8의 *IS* 곡선은 영향을 받지 않는다. 그러나 통화정책 규칙 $r = r(\ln Y - \ln \overline{Y}, \pi)$은 π의 증가에 따라 증가하므로, 인플레이션이 증가하면 중앙은행이 주어진 생산수준에서 설정한 실질이자율은 증가한다. 즉, *MP* 곡선 위로 이동한다. 결과적으로 r은 증가하고 Y는 하락한다. 따라서 *IS* 곡선과 *MP* 곡선의 교차점에서 생산의 수준은 인플레이션의 감소함수이다. *AS* 곡선과 *AD* 곡선은 그림 6.9에 나타나 있다.

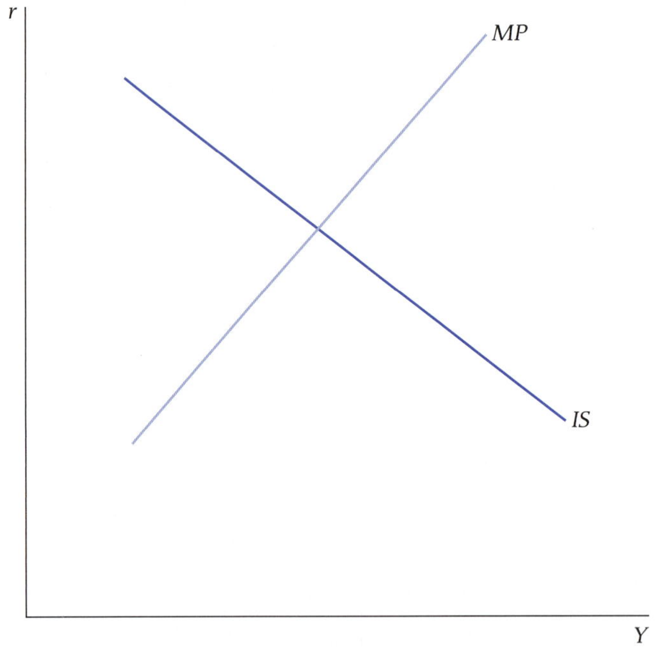

그림 6.8 *IS*-*MP* 곡선

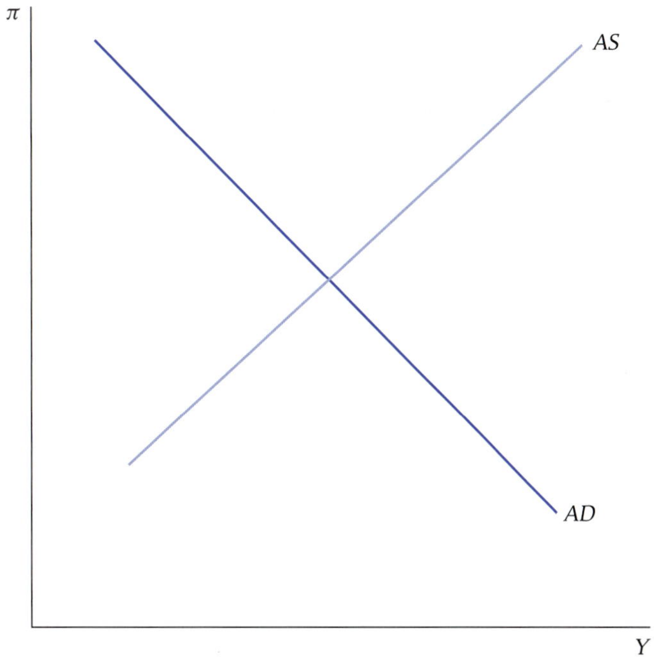

그림 6.9 *AS*–*AD* 곡선

■ 유용한 경우

지금까지 논의한 대로, 다양한 형태의 모형을 고려하였다. 여러 형태의 *IS* 곡선이 있고 근원인플레이션을 모형화하는 많은 방법들이 있다. 다른 형태의 모형은 다른 방식으로 분석되어야 한다. 여기서 두 가지 구체적인 모형을 살펴본다.

매우 다루기 쉽게 하는 형태로, 근원인플레이션 π_t^* 이 식 (6.24)와 같이 시차 인플레이션 π_{t-1} 로 주어져 있다고 가정하고 *IS* 곡선은 기대 미래생산이 들어가 있지 않는 식 (6.9)와 같다고 하자. 이러한 경우, 관계에 대한 함수 형태를 가정할 필요가 없다. 어떤 방정식에 대한 충격은 충격에 따르는 과정에 대한 가정을 하지 않고 고려할 수도 있다. 그리고 분석은 그림으로 할 수 있다. 이러한 이유로 이러한 접근은 때때로 유용하고 학부 교육에 기본적인 접근 방식이다.

그러나 위에 언급한대로, 전통적인 *IS* 곡선에서 기대 미래소득이 완전히 없다는 것은 극단적인 가정이다. 만일 가계가 기간 간 최적화를 한다면 미래소득의 기대치는 현재 수요에 영향을 미친다. 그러나 만일 *IS* 곡선이 미래지향적 요소와 결합하고 *AS* 곡선이 과거지향적 요소와 결합한다면 모형의 분석은 훨씬 복잡해진다. 따라서 *IS* 곡선에 미래지향적 요소를 포함하는 것의 의미를 주기 위해 여기서는 하나의 구체적이고 단순화된 모형을 고려한다.[12] 첫째, *IS* 곡선은 새 케인즈학파 형태를 따른다고 가정하면 기대 미래소득의 계수는 1이다. 둘째, 통화정

12 7.8절은 *IS* 관계, *AS* 관계를 가지는 미시경제학 기반 모형을 발전시키고 이자율 준칙은 순전히 미래지향적이다.

책 준칙은 생산에만 의존하고 인플레이션에 의존하지 않는다. 셋째, 유일한 충격은 IS 곡선에 있고 충격은 1차 자기회귀과정을 따른다고 가정한다. 마지막으로 단순화를 위해 몇 가지 작은 가정을 한다. $\ln \overline{Y}_t$는 모든 t에 대해 0이고, MP 식은 선형이며 MP 곡선과 IS 곡선의 상수항은 0이며, y_t는 $\ln Y_t$로 나타내자.

이러한 가정 하에 다음과 같은 체계를 가진다.

$$\pi_t = \pi_{t-1} + \lambda y_t, \quad \lambda > 0 \tag{6.29}$$

$$r_t = b y_t, \quad b > 0 \tag{6.30}$$

$$y_t = E_t[y_{t+1}] - \frac{1}{\theta} r_t + u_t^{IS}, \quad \theta > 0 \tag{6.31}$$

$$u_t^{IS} = \rho_{IS} u_{t-1}^{IS} + e_t^{IS}, \quad -1 < \rho_{IS} < 1 \tag{6.32}$$

여기서 e^{IS}는 백색잡음이다. 식 (6.29)는 AS 곡선이고, 식 (6.30)은 MP 곡선이며, 식 (6.31)은 IS 곡선이고, 식 (6.32)는 IS 곡선의 움직임을 나타낸다.

식 (6.30)과 식 (6.31)을 통합하고 간단한 계산을 거치면 y_t를 u_t^{IS}와 $E_t[y_{t+1}]$으로 나타낼 수 있다.

$$\begin{aligned} y_t &= \frac{\theta}{\theta + b} E_t[y_{t+1}] + \frac{\theta}{\theta + b} u_t^{IS} \\ &\equiv \phi E_t[y_{t+1}] + \phi u_t^{IS} \end{aligned} \tag{6.33}$$

여기서 $\phi \equiv \theta/(\theta + b)$이므로 $0 < \phi < 1$이다.

식 (6.33)은 한 가지 문제에 놓인다. y는 교란항 u_t^{IS} 뿐만 아니라 내생변수의 미래값의 기대치 $E_t[y_{t+1}]$로 나타난다. 따라서 충격효과를 추적하는 방법이 명확하지 않다. 이러한 문제를 설명하기 위해 미래 기간에 식 (6.33)이 성립한다는 것을 생각하자.

$$y_{t+j} = \phi E_{t+j}[y_{t+j+1}] + \phi u_{t+j}^{IS} \quad \text{for } j = 1, 2, 3, \ldots \tag{6.34}$$

식 (6.34)의 양변에 시간 t로 기대를 취하면 다음과 같다.

$$E_t[y_{t+j}] = \phi E_t[y_{t+j+1}] + \phi \rho_{IS}^j u_t^{IS} \tag{6.35}$$

식 (6.35)에서 $E_t[E_{t+j}E[y_{t+j+1}]]$는 $E_t[y_{t+j+1}]$이라는 사실을 이용하였다. 만일 경제주체가 y_{t+j+1}의 기대치를 위나 아래로 조정하는 것을 기대하지 않는다면 원래 추정은 합리적이지 않다는 것을 의미한다. 어떤 변수의 미래 기대의 현재 기대는 그 변수의 현재 기대와 같아야 한다는 것은 **반복투영의 법칙**(*the law of iterated projections*)으로 알려져 있다.

식 (6.33)을 앞으로 반복할 수 있다. 즉, $E_t[y_{t+1}]$을 $E_t[y_{t+2}]$와 $E_t[u_{t+1}^{IS}]$로 나타낼 수 있다. $E_t[y_{t+2}]$는 $E_t[y_{t+3}]$와 $E_t[u_{t+2}^{IS}]$로 나타낼 수 있고, 반복할 수 있다. 따라서 다음을 얻는다.

$$
\begin{aligned}
y_t &= \phi u_t^{IS} + \phi(\phi E_t[y_{t+2}] + \phi\rho_{IS} u_t^{IS}) \\
&= \phi u_t^{IS} + \phi^2 \rho_{IS} u_t^{IS} + \phi^2(\phi E_t[y_{t+3}] + \phi\rho_{IS}^2 u_t^{IS}) \\
&= \cdots \\
&= (\phi + \phi^2\rho_{IS} + \phi^3\rho_{IS}^2 + \cdots)u_t^{IS} + \lim_{n\to\infty} \phi^n E_t[y_{t+n}] \\
&= \frac{\phi}{1-\phi\rho_{IS}} u_t^{IS} + \lim_{n\to\infty} \phi^n E_t[y_{t+n}]
\end{aligned} \tag{6.36}
$$

만일 $\lim_{n\to\infty} \phi^n E_t[y_{t+n}]$이 0으로 수렴(잠시 후 보게 될 이슈)하고 ϕ를 다시 대체하면 다음을 얻는다.

$$
y_t = \frac{\theta}{\theta + b - \theta\rho_{IS}} u_t^{IS} \tag{6.37}
$$

수요충격에 영향을 미치는 다양한 힘들이 생산에 어떻게 영향을 미치는 지에 대해 나타낸다. 예를 들어, 생산변동(즉, 큰 b 값)에 대응하여 보다 공격적인 통화정책은 IS곡선에 대한 충격효과를 약화시킨다.

IS 곡선의 미래지향적 측면이 없다면(즉, 만일 IS 식이 $y_t = -(1/\theta)r_t + u_t^{IS}$), 생산은 $[\theta/(\theta+b)]u_t^{IS}$이다. 식 (6.37)은 미래지향적 변동은 $\rho_{IS} > 0$인 한, u_t^{IS}의 계수를 크게 한다. 즉, 미래지향적 소비변동은 소비에 대한 항구적 충격효과를 크게 한다.

생산에 대한 식 (6.27)과 AS 방정식 (6.29)는 인플레이션이 다음과 같음을 시사한다.

$$
\pi_t = \pi_{t-1} + \frac{\theta\lambda}{\theta + b - \theta\rho_{IS}} u_t^{IS} \tag{6.38}
$$

인플레이션부터 실질이자율까지 어떠한 피드백도 없기 때문에 인플레이션을 안정화시키기 위해 작용하는 힘이 없다. 사실, 만일 IS 곡선에 대한 충격이 양(+)으로 시계열 상관되어 있다면 인플레이션의 변화는 양(+)으로 시계열 상관되어 있다.

식 (6.36)에서 y_t의 해가 $\lim_{n\to\infty} \phi^n E_t[y_{t+n}]$ 항을 포함하고 있고, 지금까지 0으로 수렴한다고 가정해 왔다. ϕ는 1보다 작으므로 이 항은 $E_t[y_{t+n}]$이 발산할 때만 수렴하지 못한다. 즉, 경제주체는 y가 발산할 것을 기대해야만 하는데, 그러한 일은 일어나지 않을 수 있다. 따라서 $\lim_{n\to\infty} \phi^n E_t[y_{t+n}] = 0$을 가정하는 것은 적절하다.

이 예의 다른 측면을 주목할 필요가 있다. $\phi > 1$이지만 $\phi\rho_{IS} < 1$이라고 가정하자. $\phi > 1$은 중앙은행이 생산증가(그래서 b는 음수였다)에 대응해 실질이자율을 낮추는 왜곡된 정책을 따를 때만 일어날 수 있다. $\phi\rho_{IS} < 1$으로, 식 (6.36)에서의 합이 여전히 수렴하기 때문에 이 식은 여전히 성립한다. 그리고 만일 식 (6.37)이 성립한다면 $\lim_{n\to\infty} \phi^n E_t[y_{t+n}]$은 $\lim_{n\to\infty} \phi^n \rho_{IS}^n[\theta/(\theta+b-\theta\rho_{IS})]u_t^{IS}$와 같으며 0이다. 즉, 비록 $\phi > 1$가 불안정성을 만들어

낼 수 있다고 기대한다고 하더라도 모형의 전통적인 해는 $\phi\rho_{IS} < 1$ 한 여전히 이 경우에 적용된다.

그러나 흥미롭게도 이제 이것은 더 이상 유일한 해가 아니다. 만일 ϕ가 1보다 크고 $E_t[y_{t+n}]$가 발산하지 않으면 $\lim_{n \to \infty} \phi^n E_t[y_{t+n}]$는 0과 다를 수 있다. 결과적으로 생산경로에 자발적이고 자기실현적인 변동이 있을 수 있다. 이를 알아보기 위해 모든 t에 대해 $u_t^{IS} = 0$이고 초기에 모든 t에 대해 $y_t = 0$이라고 하자. 이제 0기라고 부를 수 있는 어떤 기간에 y가 어떤 양 X 만큼 증가한다고 하자 – 선호, 정부지출 또는 어떤 다른 외부적 효과의 변동 때문이 아니라(즉, u_0^{IS}의 0이 아닌 실현때문이 아니라), 단순히 경제주체의 경제의 균형경로에 대한 믿음의 변동 때문이다. 만일 경제주체의 y_t의 기대가 $t \geq 0$에 대해 X/ϕ^t라면, 경제주체는 그들의 기대가 맞는 방식으로 행동할 것이다. 즉, 이러한 변화는 자기실현적일 수 있다.

경제가 이러한 방식으로 다중균형을 가질 때 자발적이고 자기실현적 생산변동이 없는 해는 **기본해**(*fundamental solution*)로 알려져 있다. 자기실현적 변동을 가지는 해는 **태양흑점해**(*sunspot solution*)로 알려져 있다. 여기서 비록 태양 흑점해의 가능성으로 이어지는 가정이 고안되었다고 하더라도 이러한 가능성이 일어나는 많은 모형들이 있다. 따라서 6.8절에서 자기실현적 균형의 일반적인 이슈를 다룰 것이고 12.5절에서 이러한 것과 비슷한 모형에서 태양흑점해를 다룰 것이다.[13]

Part B 불완전한 명목조정의 미시경제학적 기반

불완전한 명목조정의 어떤 형태는 왜 통화량변동이 실물효과를 가지는 지를 이해하는 것은 매우 중요해 보인다. 따라서 여기서는 무엇이 불완전한 명목조정을 일으키는 지에 대한 것을 살펴본다.

여기서 필요한 것이 명목불완전성이라는 사실은 중요한 의미를 가진다. 개인들은 실질가격과 양에 대해 주로 신경 쓴다. 실질임금, 노동시간, 실질소비수준 등과 같은 것이다. 명목적인 크기는 사소하고 쉽게 생각할 수 있다. 가격과 임금은 명목적인 의미로 표시되지만 그것들을

13 이 절과 관련된 모형은 문제 6.8~6.9를 참고하라. 미래변수의 기대치를 가지는 선형모형의 해에 관해서는 Blanchard and Kahn(1980)을 참고하라.

변경(또는 연동화)시키는데 거의 비용이 들지 않는다. 개인들은 총체적 물가수준에 대해 완전한 정보를 가지고 있지 않지만 작은 비용으로 정확한 정보를 얻을 수 있다. 부채계약은 일반적으로 명목적인 의미로 구체화되지만 약간의 어려움을 겪으면 연동될 수 있다. 그리고 개인들은 약간의 화폐를 가지고 있는데 명목적인 의미로 표시되지만 쉽게 화폐보유를 변화시킬 수 있다.

이러한 논의는 미시경제학 수준에서 작은 명목적 마찰이 다소 거시경제에 큰 영향을 가지고 있다는 것을 시사한다. 명목경직성에 대한 미시경제학적 기반에 대한 많은 연구들은 이러한 것이 그럴 듯하고 어떤 조건이 이러한 것에 사실인 것에 필요한 지에 대한 질문에 답한다.[14]

이 장의 이 부분의 많은 것은 명목불완전성에 대한 구체적인 견해에 대한 질문에 대해 설명한다. 특히, 기업이 조정가격의 **메뉴비용**(*menu cost*)에 직면하는 정태적 모형에 초점을 둔다(기본적인 예는 식당에서 새로운 메뉴를 인쇄하는데 드는 비용이다 – 이름그대로이다). 목적은 메뉴 비용이 1회성 통화충격에 대응하여 상당한 명목경직성을 일으키는 미시경제학적 조건을 특정 짓는다. 6.9절은 명목적인 불완전성이 일반물가수준에 대한 완전정보가 부족한 경우를 고려하고 불완전 명목경직성의 다른 가능한 원인을 논의한다. 메뉴비용에서 발생하는 동일한 근본적인 문제가 다른 명목불완전성에서도 발생한다는 것을 알게 될 것이다.

이 장의 목적은 조금이라도 현실적인 거시경제학적 모형을 만들려고 하는 것이 아니다. 이러한 이유로 모형은 매우 단순한 것을 고려할 것이다. 다음 장은 보다 현실적이고 실증적 응용에 유용한 모형을 만들 것이다.

6.5 불완전경쟁과 가격설정자 모형

메뉴비용과 화폐적 충격의 효과로 가기 전에 먼저 완전 가격신축성이 있는 불완전한 경쟁의 가격설정자 경제를 살펴보자. 이러한 모형을 분석하는 데에 두 가지 이유가 있다. 첫째, 불완전경쟁은 흥미로운 거시경제학적 결과를 가져온다. 둘째, 이 장의 나머지에서의 모형은 가격조정에 대한 장벽의 원인과 결과와 관련된 것이다. 이러한 이슈를 설명하기 위해, 기업이 조정장벽이 없는 경우에 어떤 가격을 선택할 지와 그러한 수준을 벗어날 때 어떠한 일이 일어나는 지를 보여주는 모형이 필요하다.

■ 가정

$i \in [0,1]$로 지수화된 차별화 재화의 연속체가 존재한다. 각 재화는 재화 생산에 독점권을

14 생산적인 논문은 Mankiw(1985) and Akerlof and Yellen(1985)이다. 또한 Rotemberg(1982)를 참고하라.

가지는 하나의 기업에 의해 생산된다. 기업 i의 생산함수는 다음과 같다.

$$Y_i = L_i \tag{6.39}$$

여기서 L_i는 기업이 고용한 노동량이고 Y_i는 생산량이다. 기업은 완전경쟁 노동시장에서 노동을 고용하고 불완전경쟁 재화시장에서 생산량을 판매한다. 이 절에서 기업은 자유롭게 가격을 설정할 수 있다. 기업은 가계에 의해 소유되므로 기업이 얻는 이윤은 가계에 축적된다. 6.1절의 모형처럼, 가계의 수는 1로 정규화한다.

대표적 가계의 효용은 소비에 양(+), 가계가 공급하는 노동량에 음(−)의 관계가 있다. 따라서 다음과 같은 함수 형태를 가진다.

$$U = C - \frac{1}{\gamma}L^{\gamma}, \quad \gamma > 1 \tag{6.40}$$

중요한 점으로 C는 모든 재화의 가계 총소비가 아니다. 만일 그렇다면 재화는 서로 완전대체재일 것이고 기업은 시장지배력을 가지지 못할 것이다. 대신에 개별 재화의 가계 소비에 대한 지수가 된다. 이제 대체탄력성이 일정한 형태를 취한다.

$$C = \left[\int_{i=0}^{1} C_i^{(\eta-1)/\eta} di\right]^{\eta/(\eta-1)}, \quad \eta > 1 \tag{6.41}$$

이 식은 3.5절에서 Romer의 내생적 기술변화 모형의 생산함수와 유사한데 Dixit and Stiglitz(1977)에 기인한다. 만일 모든 C_i가 같다면 C는 C_i의 일반 수준과 같은 편리한 형태를 가지고 있다. $\eta > 1$의 가정은 각 재화의 수요탄력성이 1보다 크고, 이윤극대화 가격은 무한대가 아니다.

6.1절의 모형과 같이 투자, 정부지출, 그리고 국제무역은 이 모형에 없다. 따라서 C를 이 경제의 생산의 측정치로 사용할 수 있다.

$$Y \equiv C \tag{6.42}$$

가계는 주어진 임금, 재화가격, 기업에서 받은 이윤으로, 효용을 극대화하기 위해 노동과 소비재에 대한 지출을 결정한다. 기업은 임금과 재화에 대한 수요곡선은 주어진 것으로 받아들이고 이윤을 극대화하기 위해 가격과 고용할 노동량을 결정한다.

마지막으로 통화량변동과 총수요의 다른 이동의 효과를 분석할 수 있도록 총수요 측면을 모형에 부가해야 한다. 가장 단순한 방법은 다음을 가정하는 것이다.

$$Y = \frac{M}{P} \tag{6.43}$$

식 (6.43)에 대하여는 여러 가지의 해석이 가능하다. 가장 간단하면서도 우리의 목적에 가장 알맞은 해석은 총수요의 모형화에 가장 빠른 지름길이 바로 이것이라는 점이다. 식 (6.43)

은 가격과 생산량 사이에 역의 관계를 의미하는데 이는 총수요함수의 기본적인 특징이다. 우리의 관심은 공급 측면에 집중되어 있으므로 총수요를 보다 완벽하게 모형화하는 작업은 별 의미가 없다. 이런 해석 하에서는 M을 통화라기보다는 총수요에 영향을 주는 포괄적인 변수(generic variable)로 간주하는 것이 타당하다.

또한 보다 완벽한 총수요의 모형으로부터 식 (6.43)을 유도할 수 있다. 6.1절의 모형을 따라 효용함수에 실질화폐잔고를 도입할 수 있다. 이러한 설정으로 식 (6.43)을 만들어 낸다. Rotemberg(1987)는 **先현금제약식**(*cash–in–advance constraints*)으로 식 (6.43)을 도출하였다. Woodford(2003)는 만일 중앙은행이 명목GDP의 목표수준을 설정하고 이의 달성을 위해 통화정책을 수행할 때 식 (6.43)이 도출된다는 것을 보여주고 있다.

식 (6.43)의 효용 내 화폐함수와 선현금제약식 해석 하에서, m은 문자 그대로 통화스톡으로 간주하는 것이 자연스럽다. 그러면 우변은 MV/P으로 수정되어야 하며 이 때 V는 통화공급(money supply)곡선의 이동을 나타내기보다는 총수요 교란을 포착하는 변수가 된다. Woodford의 해석 하에서는 반대로 M은 중앙은행의 명목 GDP의 목표 수준이 된다.

가계의 행동

가계의 행동을 분석할 때, 어떻게 소비지출을 다른 재화 사이에 배분하는 지를 고려하는 것으로 출발하면 쉬워진다. S를 지출하는 가계를 생각하자. 효용극대화 문제를 위한 라그랑지 함수는 다음과 같다.

$$\mathcal{L} = \left[\int_{i=0}^{1} C_i^{(\eta-1)/\eta} di\right]^{\eta/(\eta-1)} + \lambda\left[S - \int_{i=0}^{1} P_i C_i di\right] \tag{6.44}$$

C_i에 대한 1계 조건은 다음과 같다.

$$\frac{\eta}{\eta-1}\left[\int_{j=0}^{1} C_j^{(\eta-1)/\eta} dj\right]^{1/(\eta-1)} \frac{\eta-1}{\eta} C_i^{-1/\eta} = \lambda P_i \tag{6.45}$$

i에 의존하는 식 (6.45)의 유일한 항은 $C_i^{-1/\eta}$와 P_i이다. 따라서 C_i는 다음과 같은 형태를 취한다.

$$C_i = AP_i^{-\eta} \tag{6.46}$$

가계가 주어진 것으로 하는 변수로 나타내는 A를 찾기 위하여, 식 (6.46)을 예산제약 $\int_{i=0}^{1} P_i C_i di = S$에 대입하고 A에 대해 풀면 다음과 같다.

$$A = \frac{S}{\int_{j=0}^{1} P_j^{1-\eta} dj} \tag{6.47}$$

이 결과를 C_i에 대한 식 (6.46)에 대입하고 식 (6.41)에서 C의 정의에 대입하면 다음과 같다.

$$\begin{aligned} C &= \left[\int_{i=0}^{1}\left(\frac{S}{\int_{j=0}^{1} P_j^{1-\eta} dj} P_i^{-\eta}\right)^{(\eta-1)/\eta} di\right]^{\eta/(\eta-1)} \\ &= \frac{S}{\int_{j=0}^{1} P_j^{1-\eta} dj}\left(\int_{i=0}^{1} P_i^{1-\eta} di\right)^{\eta/(\eta-1)} \\ &= \frac{S}{\left(\int_{i=0}^{1} P_i^{1-\eta} di\right)^{1/(1-\eta)}} \end{aligned} \tag{6.48}$$

식 (6.48)은 가계가 재화를 최적으로 배분할 때 1단위 C를 얻는데 대한 비용은 $\left(\int_{i=0}^{1} P_i^{1-\eta} di\right)^{1/(1-\eta)}$라는 것을 알려주고 있다. 즉, 효용함수 식 (6.41)에 대응하는 물가지수는 다음과 같다.

$$P = \left(\int_{i=0}^{1} P_i^{1-\eta} di\right)^{1/(1-\eta)} \tag{6.49}$$

만일 모든 P_i가 같다면 지수는 P_i의 일반적인 수준과 같다는 흥미로운 특징을 가지고 있다. 마지막으로 식 (6.46), 식 (6.47)과 식 (6.49)에 의해 다음과 같다.

$$\begin{aligned} C_i &= \left(\frac{P_i}{P}\right)^{-\eta} \frac{S}{P} \\ &= \left(\frac{P_i}{P}\right)^{-\eta} C \end{aligned} \tag{6.50}$$

따라서 각 개인의 재화에 대한 소비탄력성은 η이다.

가계의 유일한 다른 선택변수는 노동공급이다. 가계의 지출은 $WL+R$과 같은데, 여기서 W는 임금이고 R은 이윤소득이므로 소비는 $(WL+R)/R$이다. 따라서 L을 선택하는 문제는 다음과 같다.

$$\max_L \frac{WL+R}{P} - \frac{1}{\gamma}L^{\gamma} \tag{6.51}$$

L에 대한 1계 조건은 다음과 같다.

$$\frac{W}{P} - L^{\gamma-1} = 0 \tag{6.52}$$

따라서 다음이 성립한다.

$$L = \left(\frac{W}{P}\right)^{1/(\gamma-1)} \tag{6.53}$$

따라서 노동공급은 탄력성 $1/(\gamma-1)$을 가지는 실질임금의 증가함수이다.

모든 가계는 동일하고 가계의 수를 1로 정규화했기 때문에 식 (6.53)은 대표적 가계의 L을 나타낼 뿐만 아니라 L의 총가치도 나타낸다.

■ 기업의 행동

재화 i의 독점적 생산자의 실질이윤은 실질수입에서 실질비용을 차감한다.

$$\frac{R_i}{P} = \frac{P_i}{P}Y_i - \frac{W}{P}L_i \tag{6.54}$$

생산함수 식 (6.39)는 $L_i = Y_i$를 의미하고 수요함수 식 (6.50)은 $Y_i = (P_i/P)^{-\eta}Y$를 의미한다($Y = C$와 생산된 재화 i의 양은 소비되는 양과 같아야 한다). 이 식을 식 (6.54)에 대입하면 다음과 같다.

$$\frac{R_i}{P} = \left(\frac{P_i}{P}\right)^{1-\eta}Y - \frac{W}{P}\left(\frac{P_i}{P}\right)^{-\eta}Y \tag{6.55}$$

P_i/P에 대한 1계 조건은 다음과 같다.

$$(1-\eta)\left(\frac{P_i}{P}\right)^{-\eta}Y + \eta\frac{W}{P}\left(\frac{P_i}{P}\right)^{-\eta-1}Y = 0 \tag{6.56}$$

P_i/P에 대해 풀기 위해 양변을 Y와 $(P_i/P)^{-\eta}$로 나눈다. P_i/P에 대해 풀면 다음과 같다.

$$\frac{P_i}{P} = \frac{\eta}{\eta-1}\frac{W}{P} \tag{6.57}$$

즉, 시장지배력을 가진 생산자는 한계비용에 마크업(markup)을 적용하여 가격을 설정하며 이때 마크업의 크기는 수요의 가격탄력성에 의해 결정되는 전형적인 결과를 얻는다.

■ 균형

모형이 대칭적이기 때문에 균형도 대칭적이다. 전술한 바와 같이 모든 가계는 같은 양의 노동을 공급하고 같은 수요곡선을 가진다. 마찬가지로 모든 기업은 같은 수요곡선과 같은 실질임금에 직면한다는 사실은 그들 모두 같은 양을 책정하고 같은 양을 생산한다는 의미가 된다. 각 재화의 생산함수는 같기 때문에 총수요 Y의 측정은 생산의 일반수준과 같다. 마지막으로 생산함수는 1:1이기 때문에 노동공급의 일반수준과 같다. 즉, 균형에서 $Y = C = L$이다.

실질임금을 생산의 함수로 표현하기 위해 식 (6.52) 또는 식 (6.53)을 사용할 수 있다.

$$\frac{W}{P} = Y^{\gamma-1} \tag{6.58}$$

이 식을 가격방정식 (6.57)에 대입하면 생산자가 받기를 바라는 상대가격, 즉 희망 상대가격을 총생산의 함수로 만들 수 있다.

$$\frac{P_i^*}{P} = \frac{\eta}{\eta - 1} Y^{\gamma-1} \tag{6.59}$$

앞으로 참고하기 위해 이 표현을 로그로 고쳐 쓰는 것이 유용하다.

$$\begin{aligned} p_i^* - p &= \ln \frac{\eta}{\eta - 1} + (\gamma - 1)y \\ &\equiv c + \phi y \end{aligned} \tag{6.60}$$

여기서 소문자는 대문자 변수에 대응한 로그를 나타낸다.

각 생산자는 같은 가격을 책정하고 물가지수 P는 일반가격과 같다. 따라서 균형에서는 각 생산자는 P가 주어진 것으로 받아들이고 이와 동일하게 자신의 제품가격 P_i를 책정한다. 즉 각 생산자의 희망 상대가격 P_i^*/P는 1이 된다. 식 (6.59)로부터 이 조건은 $1 = [\eta/(\eta-1)]\,Y^{\gamma-1}$ 또는 다음의 식이 성립한다.

$$Y = \left(\frac{\eta - 1}{\eta}\right)^{1/(\gamma-1)} \tag{6.61}$$

이는 균형생산량의 수준이다.

끝으로 균형가격 수준은 총수요함수 $Y = M/P$을 이용하여 다음과 같이 구한다.

$$\begin{aligned} P &= \frac{M}{Y} \\ &= \frac{M}{\left(\frac{\eta - 1}{\eta}\right)^{1/(\gamma-1)}} \end{aligned} \tag{6.62}$$

■ 시사점

생산자가 시장지배력을 갖고 있을 때 균형생산량은 일반적으로 사회적으로 최적의 수준에 미달한다. 이 점을 확인하기 위해 먼저 자원의 대칭적 배분구조 하에서 각 개인은 $\bar{L}$의 노동량을 공급하고 재화의 생산과 소비도 각각 $\bar{L}$라는 점에 유의하자. 따라서 최적의 대칭적 배분을 찾아낸다는 것은 $\bar{L} - (1/\gamma)\bar{L}^{\gamma}$를 극대화하는 $\bar{L}$의 선택문제로 귀착된다. 이에 대한 해는 단순히 $\bar{L} = 1$이다. 식 (6.61)의 균형생산량은 최적생산량보다 작다. 직관적으로 독점적 생산자가 우하향하는 수요곡선에 직면한다는 것은 노동의 한계수입생산물이 노동의 한계생산물보다 작다는 것을 의미한다. 결과적으로 실질임금은 노동의 한계생산물보다 작다. 구체적으로 식 (6.57)로부터 (그리고 균형에서 각 P_i는 P와 동일하다는 사실로부터) 실질임금은 $(\eta-1)/\eta$인 반면, (생산량이 노동량에 비례하므로) 노동의 한계생산물은 이와 대조적으로 1이다. 이로 인해 노동의 공급량이 감소하며 균형생산량은 최적수준보다 낮아진다. 식 (6.61)로부터 균형생산량은 $[(\eta-1)/\eta]^{1/(\gamma-1)}$이다. 따라서 균형생산량과 최적생산량의 격차는 수요의 가격탄력성 η가 작을수록(시장지배력이 클수록), 그리고 노동공급이 실질임금에 보다 더 크게 반응할수록(실질임금의 노동공급탄력성, $1/(\gamma-1)$이 클수록 (즉 γ가 낮을수록)) 커진다.

불완전경쟁 하에서 균형생산량이 비효율적으로 낮은 수준이라는 사실은 경기변동에 중요한 시사점을 갖는다. 결론적으로 말하면 경기변동과정에서 나타나는 호황과 침체 또는 불황은 후생(welfare)적인 측면에서 비대칭적 효과를 미친다는 것이다(Mankiw, 1985). 실제로 생산활동이 정상보다도 높은 수준의 기간을 좋은 시절 – 호황 – 이라 하며 생산활동이 비정상적으로 낮은 수준인 기간을 나쁜 시절 – 불황 – 이라 하고 있다. 이제 통화충격에 대해 명목가치 조정이 충분하지 않기 때문에 경기변동이 야기된 경우를 고려한다. 충격이 발생하기 전의 균형이 최적이었다고 한다면 높은 생산 활동의 시절이나 낮은 생산 활동의 시절이나 모두 이 최적수준에서 벗어난 것이며 따라서 두 경우는 바람직한 것이 아니다. 그러나 충격 전의 균형이 최적수준보다 낮은 경우일 때는 호황기에는 생산이 사회적으로 최적생산의 수준에 근접해 가는 데 비해 불황기에는 생산이 최적생산수준에서 더 벗어나 그 괴리의 크기가 확대된다는 것을 의미한다.

또한 균형생산량과 최적생산량과의 격차가 존재한다는 것은 가격결정에 외부성(externalities)이 작동한다는 것을 의미한다. 이를 구체적으로 살펴보기 위해 경제가 당초에는 균형을 이루고 있었다고 가정하고 모든 물가가 한계적으로 약간 하락한 경우를 고려해 보자. 이 때 실질화폐잔고 M/P가 증가함에 따라 총생산이 증가할 것이다. 이런 상황 하에서 대표적인 개인들은 두 채널을 통해 영향을 받는다. 첫째, 시중의 실질임금이 상승한다(식 6.58 참조). 그러나 처음에는 각 개인이 공급하는 노동량은 자신이 구입하는 양과 같으므로 개인들 각자는 순계 기준으로 노동의 공급자도 구입자도 아니다. 따라서 이런 실질임금의 상승은 그 개인의 후생에 한계적으로 영향을 미치지 못한다. 둘째, 총생산이 증가하여 자기제품에 대한 수요가 증가함에 따라 수요함수 $Y(P_i/P)^{-\eta}$가 바깥쪽으로 이동한다. 개인들은 한계비용보다 높은 가격으로 제품을 판매하기 때문에 이런 변화는 이들 각자의 후생을 증가시킨다. 따라서 불완전경쟁 하에서는 가격에 관한 의사결정은 외부성을 낳으며 이런 외부성은 재화에 대한 전체로서의 수요를 통하여 작동하게 된다. 이러한 외부성을 **총수요 외부성**(*aggregate demand externality*)이라고 부른다(Blanchard and Kiyotaki, 1987).

이 분석에 의한 또 한 가지 시사점은 불완전경쟁 하에서도 화폐의 중립성이 성립한다는 것을 알 수 있다. 식 (6.61) 및 식 (6.62)에 의하면 통화스톡의 변동이 명목임금 및 모든 명목가격들을 비례적으로 변동시키고 있다. 그러나 생산량과 실질임금은 변하지 않는다.

끝으로 식 (6.60)의 가격방정식은 후반 절에서 중요할 뿐만 아니라 이 식의 배경을 이루고 있는 아이디어는 우리가 이 절에서 고려하고 있는 가격설정자의 희망가격 모형보다는 훨씬 더 일반적이라는 점에서 주의를 기울여 살펴볼 가치가 있다. 식 (6.60)은 $p_i^* - p$가 $c + \phi y$의 형태를 갖는다는 것을 보여주고 있는데 이는 가격설정자의 최적상대가격은 총생산에 대하여 증가함수라는 것을 의미한다. 우리가 다룬 특정한 모형에서 이런 현상이 발생하는 것은 생산이 증가할 때 시중의 실질임금이 상승하기 때문이다. 그러나 보다 일반적인 틀에서는 여타 생산요소의 비용증대, 수확체감, 또는 생산량 조정에 수반하는 비용의 존재 등에 의해 이러한 관계가 발생한다고 생각된다.

가격설정자의 희망 실질가격이 총생산의 증가함수라는 사실은 신축적 가격의 균형이 안정적이기 위해 필요하다. 이를 살펴보기 위해 $y = m - p$를 이용하여 식 (6.60)을 다시 쓰면 다음의 식을 얻는다.

$$p_i^* = c + (1 - \phi)p + \phi m \tag{6.63}$$

만일 ϕ가 음(−)의 값을 가지면 가격수준 p의 증가는 가격설정자(price−setter)의 희망 실질가격을 1:1 이상으로 올리는 것을 시사한다. 이것은 만일 p가 개인들로 하여금 상대가격 1을 책정하도록 하는 수준보다 더 높다면 개인들은 시중의 물가수준보다 더 높게 가격을 설정하기를 원한다는 것을 의미한다. 그리고 만일 p가 균형물가수준보다 낮다면 각 개인은 시중의 물가수준보다 더 낮게 가격을 책정하기를 원한다는 것을 뜻한다. 따라서 ϕ가 음(−)의 값을 가지면 신축적 가격균형이 불안정해진다. 이 주제에 대하여는 6.8절에 다시 다루기로 한다.

6.6 작은 마찰로 충분한가?

■ 일반적 고찰

앞 절과 마찬가지로 가격을 설정하는 다수의 기업으로 구성되는 경제에 대하여 생각해 보자. 경제는 당초에 신축적 가격 하에서 실현되는 균형 상태를 유지하고 있다고 하자. 즉 만일 총수요가 예상수준과 동일할 때 기업은 한계수입이 한계비용과 같아지는 수준에서 균형가격을 설정한다. 그리고 가격이 결정된 후 총수요가 결정된다. 이러한 점에서 각 기업은 메뉴비용을 치루고 자기의 가격을 변경시킬 수 있다. 논의의 단순화를 위해 가격은 매기 초에 새롭게 매겨진다고 가정한다. 이는 하나의 단위기간을 별도로 구분하여 고찰할 수 있으며 또한 기업이 메뉴비용을 지급한다면 새로운 이윤극대화의 가격수준으로 가격을 설정한다는 것을 의미한다.

우리는 총수요의 실제수준이 기대수준을 벗어난 경우에 대응하여 기업이 가격을 조정할 때가 언제인지를 알기 원한다. 구체적으로 총수요가 예상했던 것보다 적다고 상정한다. 경제의 총규모가 상대적으로 크기 때문에 개별 기업은 다른 기업들의 행동이 주어진 것으로 받아들이고 최적화를 도모한다. 그러므로 만일 모든 여타 기업이 자신의 가격을 고정적으로 유지할 때 임의의 대표기업이 가격조정으로 얻을 수 있는 최대 이득이 가격변동의 메뉴비용보다 작다면 종전의 명목가격이 그대로 균형가격이 된다.[15]

그림 6.10의 한계수입-한계비용 그림을 이용하여 위 문제를 분석할 수 있다. 경제는 균형으로부터 시작한다. 그러므로 대표기업은 한계비용이 한계수입과 같은 점에서 생산을 한다(그림에서 A점). 여타 기업의 가격이 불변인 상황 속에서 총수요가 감소하면 기업이 직면하는 수요곡선은 안쪽으로 이동하며 총생산은 감소한다. 즉 주어진 가격에서 기업의 생산품에 대한 수요가 위축된다. 따라서 한계수입곡선 역시 같은 방향으로 이동한다. 기업이 자기 가격을 조정하지 않는다면 생산량은 이동된 수요곡선 상에서 종전가격과 조합을 이루는 수요량으로 결정된다(점 B). 이런 총생산 수준에서 한계수입은 한계비용을 초과하며 따라서 기업은 가격을 인하하고 생산량을 늘리고자 하는 유인이 존재하게 된다.[16]

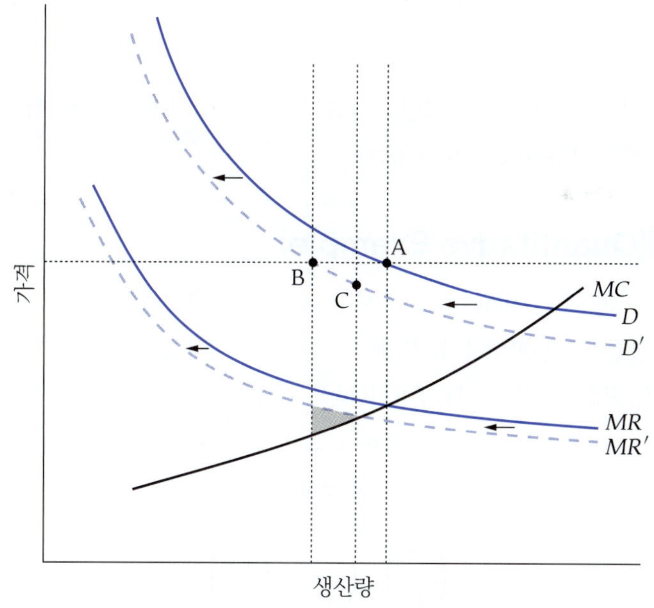

그림 6.10 대표적 기업이 총수요 감소에 대응하여 가격조정을 도모할 유인(D. Romer, 1993)

15 전체 기업이 가격을 조정하는 것이 하나의 균형일 조건은 단지 이 조건의 단순한 역이 되는 것은 아니다. 결과로서 가격조정과 가격고정이 함께 균형일 경우가 있을 수 있다. 문제 6.11을 참조하라.

16 총생산의 감소는 평균 시중일반임금(prevailing wage)을 하락시켜 한계비용곡선을 안쪽으로 이동하게 한다. 단순화를 위해 그림에서는 이러한 영향을 무시하고 있다.

이때 기업이 가격을 조정하게 되면 한계비용과 한계수입이 같아지는 점에서 생산할 것이다(점 C). 그림에서 볼 수 있는 검게 칠한 삼각형의 면적은 가격을 낮추고 생산량을 증대시킴으로서 얻어지는 추가이윤을 보여주고 있다. 따라서 가격을 종전과 같이 고정하고자 하는 기업은 이 삼각형의 면적이 작은 경우일 것이다.

이 그림은 중요한 점을 밝혀주고 있다. 즉 기업이 수요가 줄어들어 커다란 손해를 보는 경우에도 기업이 자기 재화의 가격을 하향조정하려는 유인은 작을 수 있다는 점이다. 기업은 당초의 고수준 수요함수에 머무르기를 원할지라도 선택할 수 있는 것은 새로운(저수준의) 수요함수 상의 점에 한정된다. 이것이 바로 앞에서 논의한 바 있는 총수요 외부성의 한 예이다. 즉 대표적 기업은 통화공급 감소에도 불구하고 다른 기업이 가격을 인하조정하지 않기 때문에 손해를 입게 되며. 이것은 이전 절에서 전체 기업이 가격을 인상조정한다고 하는 의사결정을 함으로써 개별기업이 손해를 입게 되는 것과 같은 현상이다. 결과적으로 수요함수의 이동이 큰 폭으로 이루어질 때에도 기업이 가격을 인하하여 얻을 수 있는 이득이 작은 경우가 발생할 수 있다. 따라서 경기후퇴는 커다란 비용을 초래한다는 견해와 이런 후퇴가 총수요 감소와 가격조정에 수반하는 사소한 장애에 의해 발생한다는 가설과는 모순이 되지 않는다.

그러나 이처럼 그림을 이용하는 단순한 분석으로는 더 이상 논의를 진전시킬 수가 없다. 현실 상황 하에서 기업이 가격을 조정하고자 하는 유인이 메뉴 비용보다도 큰지 작은지에 대한 의문에 답하기 위해서는 구체적인 모형을 설정하고 현실적인 파라미터 값을 전제로 가격조정 유인의 크기를 구하여 볼 필요가 있다.

■ 양적 예(Quantitative Example)

모형은 기본형(baseline case)으로서 6.5절의 불완전경쟁 모형을 이용한다. 이 모형에서 i기업의 실질이윤은 판매량 $Y(P_i/P)^{-\eta}$에 실질가격과 실질비용의 차이 $(P_i/P)-(W/P)$을 곱한 $Y(P_i/P)^{\eta}[(P_i/P)-(W/P)]$이다(식 6.54 참조). 또한 노동시장 균형에 따르면 실질임금은 $Y^{1/\nu}$과 동일하여야 하며 이때 $\nu \equiv 1/(\gamma-1)$로서 실질임금의 노동공급탄력성(식 6.58 참조)이다. 그러므로 다음의 식이 성립한다.

$$\begin{aligned} \pi_i &= Y\left(\frac{P_i}{P}\right)^{-\eta}\left(\frac{P_i}{P}-Y^{1/\nu}\right) \\ &= \frac{M}{P}\left(\frac{P_i}{P}\right)^{1-\eta}-\left(\frac{M}{P}\right)^{(1+\nu)/\nu}\left(\frac{P_i}{P}\right)^{-\eta} \end{aligned} \tag{6.64}$$

위 식의 두 번째 줄은 $Y=M/P$의 관계식을 이용하였다. 메뉴 비용이 없을 때 이윤극대화의 실질가격은 $\eta/(\eta-1)$에 한계비용을 곱한 $[\eta/(\eta-1)](M/P)^{1/\nu}$이다(식 6.59 참조). 따라서 가격이 신축적일 때의 균형가격은 $[\eta/(\eta-1)](M/P)^{1/\nu}=1$이며 따라서 $M/P=[(\eta-1)/\eta]^{\nu}$이 성립한다(식 6.61 참조).

우리는 M이 예상했던 값에서 벗어났더라도 조정되지 않는 명목가격이 내쉬균형이 될 조건을 구하고자 한다. 즉 다른 기업 모두가 가격을 조정하지 않고 그대로 둘 경우 대표적 기업도 메뉴비용을 치루면서 자기 가격을 조정하는 것을 원하지 않다는 조건이다. 이 조건은 $\pi_{ADJ} - \pi_{FIXED} < Z$ 으로 정의된다. 여기서 π_{ADJ} 는 여타의 기업이 가격을 고정시킬 때 대표적 기업이 새로운 이윤극대화가격으로 조정하였을 경우에 얻을 수 있는 이윤을, π_{FIXED} 은 가격변경을 일체 하지 않을 경우의 이윤을, 그리고 Z는 메뉴비용을 각각 나타낸다. 그러므로 우리는 이 두 가지 이윤의 수준을 파악할 필요가 있다 .

초기에 모든 기업이 동일한 가격을 책정하고 있으며 대표적 기업을 제외한 여타의 기업들은 가격을 그대로 유지하는 것으로 가정한다. 그러므로 기업 i가 가격을 조정하지 않으면 그 기업의 가격은 시장가격과 동일하게 되어 $P_i = P$가 성립한다. 이 조건을 식 (6.64)에 대입하면 다음의 식을 얻는다.

$$\pi_{FIXED} = \frac{M}{P} - \left(\frac{M}{P}\right)^{(1+\nu)/\nu} \tag{6.65}$$

만일 기업이 가격을 조정하는 경우의 상대가격은 최대이윤을 실현하는 값인 $[\eta/(\eta-1)](M/P)^{1/\nu}$ 으로 조정된다. 이를 식 (6.64)에 대입하면 다음 식이 얻어진다.

$$\begin{aligned}\pi_{ADJ} &= \frac{M}{P}\left(\frac{\eta}{\eta-1}\right)^{1-\eta}\left(\frac{M}{P}\right)^{(1-\eta)/\nu} - \left(\frac{M}{P}\right)^{(1+\nu)/\nu}\left(\frac{\eta}{\eta-1}\right)^{-\eta}\left(\frac{M}{P}\right)^{-\eta/\nu} \\ &= \frac{1}{\eta-1}\left(\frac{\eta}{\eta-1}\right)^{-\eta}\left(\frac{M}{P}\right)^{(1+\nu-\eta)/\nu}\end{aligned} \tag{6.66}$$

M/P가 신축가격 하에서의 균형 값 $M/P = [(\eta-1)/\eta]^\nu$ 와 같을 때는 π_{ADJ} 와 π_{FIXED} 은 함께 $\frac{1}{\eta}\left(\frac{\eta-1}{\eta}\right)^\nu$ 으로 동일해진다는 것과 그 외의 경우는 π_{ADJ} 가 π_{FIXED} 보다 크다는 것을 쉽게 확인할 수 있다.

기업이 자기가격을 조정하는 유인을 구하는 데에는 수 ν와 η의 값을 결정할 필요가 있다. 노동공급은 비교적 비탄력적이라고 생각되기 때문에, $\nu = 0.1$이라고 상정한다. 또한 $\eta = 5$로 가정하면, 이때 가격이 한계비용의 1.25배가 된다. 이들 모수의 값을 바탕으로 계산하여 보면 신축적 가격 하에서의 생산량 수준은 $Y^{EQ} = [(\eta-1)/\eta]^\nu \simeq 0.978$이 된다. 이제 통화량 M이 예상치도 않게 3% 감소하였을 때 다른 기업 모두가 가격을 조정하지 않을 경우 대표적 기업의 가격조정유인의 크기를 계산하도록 한다. 즉 $\nu = 0.1$, $\eta = 5$ 및 $Y = 0.97Y^{EQ}$를 식 (6.65) 및 식 (6.66)에 대입하면 $\pi_{ADJ} \simeq 0.640$, $\pi_{FIXED} \simeq 0.388$ 및 $\pi_{ADJ} - \pi_{FIXED} \simeq 0.253$을 각각 얻는다.

Y^{EQ}는 대략 1이 되기 때문에 이 계산에 의하면 생산량이 3% 감소할 때 대표기업이 메뉴비

용을 지불하는 유인의 크기가 생산량의 거의 1/4에 달하는 것을 나타난다. 이런 정도로 유인의 크기가 크다면 가격조정에 부수하는 비용이 현실적인 범위에서 어떠한 수준이 될지라도 대표적 기업의 가격조정을 막을 수는 없다. 그러므로 화폐가 실질적으로 중립적이며 충격의 규모가 사소한 것이라고 해도 이러한 분석의 틀에서는 기업이 가격을 조정할 것이다.[17]

문제의 근원은 노동시장에서 찾을 수 있다. 여기서는 노동시장이 청산된다고(균형을 이룬다고) 가정하며 이에 더하여 노동공급은 비교적 탄력성이 작은 것으로 고려하고 있다. 따라서 6.2절의 모형 2처럼 총생산이 위축될 때 실질임금이 대폭 하락한다. 따라서 생산비용이 상당히 낮아지게 되면서 기업에게는 가격을 낮추고 생산을 확대하고자 하는 강한 유인이 발생하게 된다. 그렇다고 하는 것은 가격을 조정하지 않고 그대로 두는 것은 균형이 될 수 없게 된다는 것이다.[18]

6.7 실질경직성(Real Rigidity)

■ 일반적 고찰

여기서 다시 한 번 총수요 감소에 직면하여 다른 기업은 가격을 고정시키고 있는 상황 속에서 자기의 가격을 조정할 것인가 그대로 유지할 것인가의 의사결정을 하려고 하는 기업을 고려해 보자. 그림 6.11은 그 기업의 이윤을 자기가 설정하는 가격의 함수로 묘사한 것이다. 총생산의 하락은 이 이윤함수에 두 가지의 측면에서 영향을 미친다. 첫째는 그 기업이 생산하는 재화에 대한 수요가 감소함에 따라 이윤함수가 아래로 이동한다. 한편 수요 감소에 수반하여 실질임금이 감소하면 이윤함수는 위로 수직이동을 한다. 그림에 나타난 바와 같이 이들 양자의 純효과는 이윤함수의 하방 수직이동이다. 앞서 설명한 바와 같이 기업은 이런 변화를 원상태로 되돌릴 수 없다. 두 번째는 기업의 이윤극대화를 실현하는 가격이 이전보다 낮아진다.[19] 이에 대하여는 기업에게도 할 수 있는 것이 있다. 메뉴비용을 지불하지 않는 경우 기업은 가격

17 비록 $\pi_{ADJ} - \pi_{FIXED}$의 크기가 ν와 η의 값에 민감하지만 이에 대하여 현실적인 값을 상정한다고 하더라도 가격조정 유인의 크기가 작아지는 것은 아니다. 예를 들어 $\eta = 3$ (50% 마크업을 의미함)으로 $\nu = 1/3$인 경우를 고려한다. 이러한 정도로 극단의 경우에도 메뉴비용을 지불하려는 유인은 생산량 3% 감소할 때 신축적 가격 하에서의 수입의 0.8%, 생산량 5% 감소할 때 수입의 2.4%로 각각 나타난다. 유인에 관한 이런 계산결과는 본문 중의 기본모형에 비해 훨씬 작은 것이긴 하지만 그렇다고 해도 가격변경에 부수하는 메뉴비용의 현실적인 값보다도 훨씬 크다.

18 조정비용이 가격변경에 부수하는 것이 아니라 임금변경에 부수한다고 가정하더라도 이러한 문제를 회피할 수는 없다. 이 경우 가격조정의 유인은 실제로 작아지게 될 것이다. 그러나 임금을 인하조정하려는 유인은 커지게 된다. 즉 (임금인하 조정으로 노동비용을 대폭 삭감할 수 있는) 기업과 (임금인하 조정으로 노동시간을 대폭 증가시킬 수 있는) 노동자는 임금을 경쟁적으로 낮추게 될 것이다.

19 이것은 이윤을 최대화하는 상대가격이 總생산량의 증가함수라는 가정에 대응한다. 즉 이것은 가격설정에 대한 식 (6.60)에서 $\phi > 0$이라고 하는 가정에 대응하고 있다. 6.5절에서 설명하고 있는 것처럼 이는 신축적 가격 하에서의 균형이 안정적으로 되기 위해 필요한 조건이다.

을 변경할 수 없으므로 이윤극대화를 실현하는 새로운 가격이 실현되지 않는다. 그러나 만일 메뉴비용을 지불하면 기업은 새로운 이윤함수의 정점에 도달할 수 있게 된다.

따라서 가격을 조정하고자 하는 기업의 유인은 그림에서 거리 AB로 주어진다. 이 크기는 두 가지의 요소에 의존한다. 옛 이윤극대화 가격과 새 이윤극대화 가격과의 차 그리고 이윤함수의 곡률(곡선의 휘어진 상태)이며 이것을 차례로 검토하고자 한다.

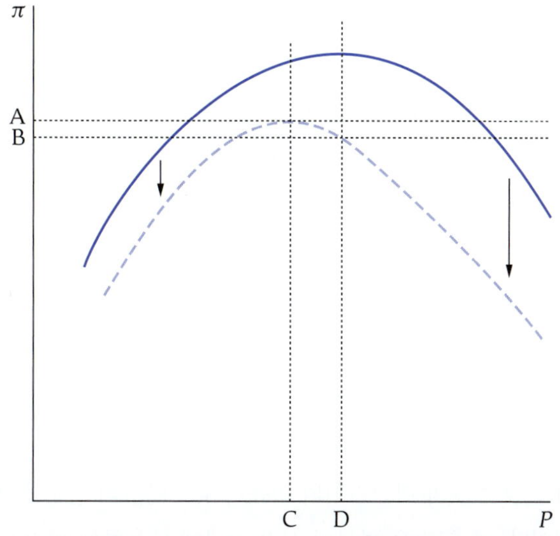

그림 6.11 대표적 기업의 이윤(가격의 함수)에 대한 총생산 하락의 영향

다른 기업의 가격이 변동하지 않기 때문에 어떤 기업의 명목가격이 변동한다는 것은 그 기업의 실질가격이 변동하는 것이 된다. 또한 다른 기업의 가격이 변동하지 않았다고 하는 상황 속에서 총수요의 이동은 곧 총생산을 변동시킨다. 그러므로 기업으로서 新舊 이윤극대화 가격의 차이(그림에서 CD)는 이윤을 극대화하는 실질가격이 총생산으로부터 어떻게 영향을 받는가에 의존한다. 즉, 이윤함수의 곡률이 일정하다는 조건 하에서 기업의 이윤극대화가격이 총생산에 덜 민감하게 반응할 때 가격을 조정하고자 하는 유인은 더 작아진다.

총생산에 대하여 이윤극대화를 실현하는 실질가격이 반응하는 정도가 약할수록 **실질경직성**(*real rigidity*)이 더 크다고 이야기한다(Ball and D. Romer, 1990). 식 (6.60), $p_i^* - p = c + \phi y_t$의 기준으로 보면 실질경직성이 크다는 것은 작은 값의 ϕ에 해당된다. 그런데 실질경직성 자체만으로는 통화교란요인이 실물효과를 일으킬 수 없다. 만일 가격이 신축적으로 조정된다면 실질경직성의 강약에 불구하고 화폐의 중립성이 성립하기 때문이다. 그러나 실질경직성은 명목치의 경직성을 심화시킨다. 즉 실질경직성이 클수록 균형가격의 범위가 보다 확대되기 때문에 가격을 조정하지 않고 그대로 두는 경향이 강해진다.

이윤함수의 곡률은 임의의 가격이 이윤극대화 가격수준으로부터 벗어난 괴리가 일정하다는 전제 하에서 그 괴리로 인한 비용의 크기(AB의 거리로 측정)를 결정한다. 이윤함수가 최고점으로부터의 괴리에 대하여 덜 민감할수록 (동일한 정도의 실질경직성에서) 가격을 조정할 유인은 작아지며 한층 광범위한 충격에 대하여 가격을 조정하지 않는 것이 균형이 된다. 그러므로 일반적으로 말하자면 가격조정에 수반되는 얼마 안 되는 비용이 현저한 명목경직성을 유발할 수 있으려면 실질경직성과 이윤함수의 非민감성이 어떤 형태로든지 함께 결합하여 나타나야 할 것이다.

실질경직성과 이윤함수 非민감성이라는 관점에서 보면 앞서 살펴본 기본모형의 계산에서 왜 가격조정 유인이 그렇게 큰 값을 갖는지를 쉽게 이해할 수 있다. 거기에서는 실질경직성이 아닌 「실질신축성(real flexibility)」이 엄청나게 크다. 이윤극대화의 실질가격은 $[\eta/(\eta-1)]Y^{1/\nu}$이기 때문에 실질가격의 생산탄력성은 $1/\nu$가 된다. 따라서 만일 노동공급의 탄력성 ν가 작다면 $(P_i/P)^*$ 의 Y에 관한 실질가격탄력성은 큰 값을 갖게 된다. 예를 들어 ν의 값이 0.1이면 $(P_i/P)^*$ 의 Y에 관한 탄력성이 10이다.

메뉴비용과 실질경직성, 메뉴비용과 이윤함수의 非민감성 혹은 메뉴비용과 이들 양자와의 조합이 어떻게 명목경직성을 무시할 수 없을 정도로 유발시킬 수 있는가를 이해하는 데에는 다음과 같은 유명한 유추법이 도움을 줄 수 있다. 화폐적 충격이 실물효과를 가질 수 있다는 이유는 여름 철 긴 낮 시간을 유효하게 쓰기 위하여 서머타임 제도를 채택하여 실시하는 조치가 실물효과를 갖는 것과 마찬가지의 이유이다.[20] 時計의 설정을 변경하는 것 자체는 확실히 명목적인 변경이다. 즉 그것은 하루의 시간 각각에 대응하는 명칭을 변경하는 것에 불과하다. 그러나 이 변경은 실질스케줄(즉 태양과 대비해 본 여러 가지 활동의 시간)의 변경을 가져온다. 그리하여 화폐적 교란의 경우와는 대조적으로 이 경우 서머타임 제도로의 이행 자체가 실질스케줄 변경의 원인이 된다는 것에는 의심할 여지가 없다.

만일 명목스케줄의 변경과 그 정보를 다른 사람에게 전달하는 것이 문자 그대로 비용을 들이지 않고 실행가능하다면 서머타임 제도는 간단히 누구나 이 시계의 설정을 자연스럽게 받아들여 실행할 것이므로 이로 인해 실질스케줄은 어떠한 영향도 받지 않을 것이다. 그러므로 서머타임 제도로 인해 실질스케줄에도 변경이 발생한다고 인정하려면 명목스케줄을 변경함에 따라 어떤 형태로든지 비용이 발생해야만 한다. 이러한 비용은 가격변경의 메뉴비용과 유사하다. 그리고 메뉴비용처럼 이러한 비용이 거액에 달할 것이라고 생각되지 않는다. 그런데 이렇게 사소한 비용이 실질효과를 지니는 스케줄의 변경을 가져오는 이유는 일반적으로 개인이나 기업은 태양의 움직임과의 관계 속에서 본 자신들의 스케줄보다는 다른 사람들과의 관계 속에서 본 자신들의 스케줄에 훨씬 더 많은 관심을 두기 때문인 것으로 보인다. 그러므로 임의의 경제주체가 여타 경제주체들이 그들의 계획된 (명목의) 시간들을 변경하지 않는다는 것을 알고 있다면 각 개인도 자신의 시간만을 변경하여 비용을 부담하게 되는 것을 원하지 않을 것이

20 이 추론은 Friedman(1953, p.173)이 환율에 관한 논의 중에 최초로 이용하였다.

다. 이는 가격설정의 경우에 실질경직성이 유발하는 효과와 아주 유사한 현상이다. 끝으로 개인들이 자신의 스케줄이 정확하게 어떻게 되어 있는지에 대하여 관심이 적을수록 스케줄의 변경에 수반하는 비용을 치르는데 보다 더 소극적이 될 것이다. 이는 가격설정의 경우 이윤함수의 비민감성과 유사하다.

■ 실질경직성의 구체적인 원인

거시경제학적 변동에 관한 많은 연구는 실질경직성 또는 이윤함수 非민감성을 유발하는 요인과 관련되어 있다. 이들 연구는 여러 가지 방향으로 이루어져 왔다. 예를 들면 부분균형분석을 이용하여 총생산의 변동이 발생할 때 금융시장, 생산물시장, 또는 노동시장의 어떤 특징이 실질가격조정 유인에 영향을 미치는가에 초점을 맞추어 분석하거나 또는 이윤극대화가격수준으로부터의 괴리에 대한 이윤함수의 민감성에 초점을 맞추어 분석할 수 있다. 아니면 명목가치 조정의 장애를 고려한 동태확률일반균형모형(calibrated dynamic stochastic general equilibrium model)을 이용하여 분석하되 연구대상의 특징들을 추가하고 이런 추가로 인해 총생산의 분산, 통화스톡 증가와 총생산 증가 간의 공분산 그리고 화폐적 교란요인의 실물효과 등에 어떠한 영향이 미치는지를 검토할 수 있다. 혹은 화폐적 충격과 명목가치 조정의 불완전성에 초점을 맞출 필요성이 전혀 없을 수 있다. 다음 절에서 알게 되겠지만 명목적인 마찰이 존재할 때 실물경제가 화폐적 충격에 보다 더 민감하도록 만드는 요인들의 대부분은 다른 충격의 경우에도 실물경제의 민감성을 더 높여 준다. 결과적으로 실질경직성과 이윤함수의 비민감성에 대한 특수한 원천을 다루고 있는 많은 분석은 충격의 영향에 대한 일반적 시사점에 초점을 맞추거나 화폐적 충격 이외의 충격에 대한 시사점에 초점을 맞춘다.

여기서는 총수요가 변동하는 상황 하에서 다른 기업은 가격을 변경하지 않고 현 수준을 그대로 유지하고 있지만 총수요 변동에 대응한 가격조정 유인을 개별 기업의 차원에서 분석하는 접근법을 취한다. 이를 위해 그림 6.10의 한계수입과 한계비용의 분석틀을 한 번 더 보자. 총생산 하락의 결과로서 나타난 한계비용 저하가 작으면 작을수록 가격을 낮추어 생산을 늘리고자 하는 유인이 약화되기 때문에 명목경직성이 균형이 될 가능성은 높아진다. 이러한 결과는 다음 두 가지 형태로 발생한다. 첫째, 총생산 하락으로 인한 이윤함수의 하방이동이 소폭에 그치게 됨에 따라 기업의 이윤을 최대로 만드는 가격수준의 하락폭도 작아지는 경우이다. 이것은 실질경직성이 한층 커진다는 것을 의미한다.[21] 둘째, 한계비용곡선이 보다 평평하다는 것이 이윤함수의 비민감성과 실질경직성을 함께 의미하는 경우이다.

수입측면에서는 총생산이 감소한 경우에 한계수입의 하락폭이 클수록 초기가격 수준에서 (가격을 변경하지 않고 그대로 둔 경우) 대표적 기업의 한계수입과 한계비용의 갭이 적어지기

21 그림 6.10에서는 논의를 단순하게 하기 위해 한계비용곡선이 단지 아래쪽으로 이동하는 것을 보이지 않았다는 점을 상기하라(각주 16 참조). 일반적으로 한계비용곡선이 이동하지 않고 고정되어 있다고 기대할 이유는 없다.

때문에 가격조정의 유인도 적어진다. 구체적으로 한계수입곡선이 왼쪽으로 이동하는 정도가 크면 클수록 실질경직성이 강해지며 가격조정 유인이 낮아진다. 또한 한계수입곡선의 기울기가 가파를수록 실질가치 경직성의 정도가 높아지며 이 경우에도 가격조정의 유인은 역시 낮아진다.

한계비용과 한계수입의 순환적인 움직임을 결정하는 요인으로 많은 후보를 고려할 수 있기 때문에 가격조정에 관련된 작은 마찰이 커다란 명목경직성을 유발한다고 하는 가설은 경제구조와 관련하여 어떤 특정한 견해와 결부되어 있지는 않다. 한편 연구자들은 기본모형보다도 비용의 경기순응성을 약화시키는 요인으로 비용의 측면에서 다음과 같은 요인들을 제시하고 있다. 최근 많은 연구의 주제로서 자본시장의 불완전성이며 이는 경기후퇴기에 자본조달비용을 상승시키는 것으로 평가되고 있다. 이런 현상은 현금흐름의 저하로 발생할 수 있으며(Bernake and Gertler, 1989) 또는 자산가치의 감소(또는 신용평가의 저하)를 통해서도 발생할 수 있다(Kiyotaki and Moore, 1997). 수량적으로 중요한 요인의 하나는 기업 간 투입산출연관이며 비신축적인 가격 하에서 기업의 투입비용을 고정화한다(Basu, 1995). 경제활동이 활발할 때 생산요소의 구입과 최종생산물의 판매가 용이하게 하여 두터운 시장 외부성(thick-market externality)은 비용의 경기순행성을 약화시킬 지도 모른다.

수입의 측면에서 보면 기업의 희망 마크업(desired markup)을 경기역행적으로 만드는 요인들은 어느 것이나 실질경직성을 증대시킨다. 전형적인 예로 희망 마크업이 보다 더 경기역행적일 때는 한계수입곡선이 경기후퇴기에 훨씬 더 아래쪽으로 이동하는 현상을 들 수 있다. 이런 장기적 관계로 인해 가격인하를 통해 한계수입을 증가시키고 또 이의 일부를 이용하여 새로운 고객을 유치하는 것은 먼 장래에나 가능해질 수 있는 일이다. 그리고 자본시장의 불완전성으로 기업들은 경기후퇴기에 단기적인 외부자금 조달에 어려움을 겪게 된다. 경제활동이 부진한 시기에는 이러한 미래수입을 기대하는 기업들의 경우 자산의 현재가치가 낮게 평가되기 때문이다(예를 들어 Greenwald, Stiglitze, and Weiss, 1984; Chvalier and Sarfstein, 1996 참조). 이러한 이동을 발생시키는 특정한 요인은 거래규모 확대로 시장의 두터운 시장 외부성 효과(thick-market effects)이다. 왜냐하면 총생산이 높아지는 시기에 기업의 정보유포와 소비자 측의 정보수집이 모두 용이하게 되어 결국 시장수요의 탄력성을 높아지게 하기 때문이다(Warner and Barsky, 1995). 이와 다른 요인으로는 고객과 기업 간의 장기적 관계와 자본시장의 불완전성이 함께 조합되는 경우이다. 한편 이외에도 총생산의 수준이 높을 때 기업의 희망 마크업을 낮추는 경향이 있는 요인 세 가지를 들면, 보다 수요 탄력적인 상품으로의 수요구성 변동, 신규진입의 증가로 인한 경쟁 증가, 묵시적인 가격담합에서 벗어나게 하려는 유인을 커지게 하는 가격인하를 통한 판매증가 등이다(Rotemberg and Woodford, 1999, 4.2절). 끝으로 수입의 측면에서 한계수입곡선의 기울기를 가파르게 (총생산의 움직임에 대해 보다 민감하게 수요곡선을 이동시키기 보다는) 만들어 실질가치의 경직성에 영향을 주는 요인으로서 불완전정보를 들 수 있다. 왜냐하면 불완전정보는 잠재적인 새로운 고객이 가격하락에 반응하는 정도 이상으로 기존의 고객이 가격상승에 대해 한층 민감하게 반응하도록 만들기 때문이다(예를 들어, Kimball, 1995).[22]

비록 경제활동의 변동에 대한 새 케인즈학파의 견해가 실질경직성과 이윤함수의 비민감성과 관련하여 그 어떤 특정 원천에 의존하여 논리를 전개하지 않고 있지만 노동시장이 결정적인 역할을 감당하고 있는 것은 거의 분명하다. 앞 절에서의 예로 살펴본 바와 같이 상대적으로 비탄력적인 노동공급과 노동시장의 청산이 함께 결합하면 총생산이 하락할 때 실질임금이 급격히 하락한다. 결과적으로 가격을 대폭 인하하고자 하는 기업의 유인은 매우 커지며 또한 가격인하에 수반하는 수요량의 증대를 충족시키기 위해 낮아진 실질임금으로 노동량을 대폭 고용하려 할 것이다. 이 가격조정 유인은 재화시장과 신용시장에서 발생하는 어떠한 복잡한 문제의 영향도 압도하리라는 것은 거의 확실하다.

실질경직성을 가늠하는데 중요한 영향을 미치는 노동시장 특성의 하나는 노동이동성의 정도이다. 제11장에서 보겠지만, 노동자와 직업의 커다란 이질성은 기업이 원하는 만큼 고용할 수 있는 단순한 시중임금이 존재하지 않는다는 의미가 된다. 대신에 단기 노동이동성에 중요한 장벽이 되는 중요한 **탐색과 매칭 마찰**(*search and matching friction*)이 존재한다.

감소된 노동이동성은 기업의 한계비용곡선의 기울기와 어떻게 곡선이 총생산 변동에 대응하여 이동하는 지에 영향을 준다. 이는 한계비용곡선을 보다 가파르게 만들고(불완전 이동성은 더 많은 노동을 고용해야 하는 것처럼 기업이 직면한 실질임금을 올려야 하기 때문이다), 총생산에 덜 반응하도록 한다(전체적으로 개별 기업에 대해 노동의 이동성에 더 작은 효과가 있기 때문이다). 전체적인 효과는 실질경직성의 정도를 증가시킨다. 모든 기업의 생산이 같이 떨어질 때 노동이동성은 한계비용 수준에 중요하지 않다. 그러나 더 낮은 이동으로 인해 한계비용의 가파른 정도는 개별 기업이 가격을 인하하려는 금액을 감소시키고 다른 기업에 비해 상대적으로 생산을 증가시킨다.

여하튼 노동이동에 상대적으로 높은 장애가 존재한다고 하더라고 실질경직성을 보장하기에는 충분치 못한 것으로 보인다. 따라서 노동공급이 상대적으로 비탄력적이며 노동자가 그의 노동공급곡선 상에 위치하는 경우에 일어나는 것만큼이나 극적으로 노동비용이 저하되지 않는다는 조건을 거의 확실하게 필요로 한다.

일반적으로 실질임금의 움직임이 경기순응적이기는 하지만 그 정도가 강하지 못한 이유는 다음의 두 가지 원인에서 찾을 수 있다. 첫째, 단기의 총노동공급은 예를 들어 기간 간 대체효과 등에 의해 상대적으로 탄력적이다(예를 들어, 기간 간 대체의 결과로서). 그러나 5.10절과 6.3절에 설명한 바와 같이, 노동시장에 대한 이런 견해는 부분적으로만 실증적 뒷받침을 받는

22 6.2절에서 기술된 바와 같이 마크업은 적어도 온건하게 경기역행적인 것처럼 보인다. 만일 그렇다면 기업이 희망하는 마크업이 경기역행적이기 때문에 수입측면에서 실질경직성이 유발한다. 그러나 이것은 Sbordone(2002)이 주장한 것처럼 마크업의 움직임이 단지 정상적인 가격조정의 장애로 인해 경기역행적이라고 한다면 기업이 한계비용의 경기순행적 움직임에 직면해서도 자기의 가격을 조정하지 않는 경우에 해당되지는 않는다.

데 그치고 있다.

둘째, 노동시장의 불완전성 즉, 제11장의 주제가 되고 있는 주제들은 근로자들로 하여금 적어도 경기순환과정에서 일시적으로 노동공급곡선에서 이탈하도록 만들 수 있다. 여기의 모형들(탐색과 매칭 마찰의 보다 복잡한 모형을 포함하여)은 노동공급의 탄력성과 수요 교란에 대한 노동비용의 반응 간의 연결고리를 단절시키고 있다. 실제로 제11장에서는 노동공급이 비탄력적임에도 불구하고 상대적으로 경기순응적인 실질임금(또는 상대적으로 경기순응적인 기업의 노동비용)을 제시하는 여러 가지 모형을 제시하고 있다. 이러한 불완전성으로 실질임금이 총수요충격에 거의 반응하지 않는다면 이들 수요의 이동에 반응하여 가격을 조정하고자 하는 기업의 유인이 크게 줄어들 것이다.[23]

■ 두 번째 양적 예

노동시장의 불완전성이 지니고 있을지도 모르는 잠재적인 중요성을 확인하기 위해 기업이 화폐적 충격에 대응하여 가격을 변경하고자 하는 유인을 고려한 앞의 예를 Ball and Romer(Ball and Romer, 1990)를 따라 다음과 같이 변형한다. 먼저 어떤 이유에서인지 기업이 시장청산수준의 임금보다 더 높은 임금을 지불한다고 가정한다. 또한 실질임금의 총생산에 대한 탄력성을 β라 하자.

$$\frac{W}{P} = AY^{\beta} \tag{6.67}$$

따라서 6.2절의 모형 3과 마찬가지로 실질임금의 순환변동은 노동공급의 탄력성에 의하지 않고 "실질임금함수(real-wage function)"에 의해 결정된다.

모형의 나머지는 종전과 유사하며 기업 i의 이윤은 식 (6.55)로 주어지는데 이 때 실질임금은 $Y^{1/\nu}$이 아니라 AY^{β}로 주어진다. 따라서 구체적으로 다음 식과 같아진다(식 6.64와 비교해 보라).

$$\pi_i = \frac{M}{P}\left(\frac{P_i}{P}\right)^{1-\eta} - A\left(\frac{M}{P}\right)^{1+\beta}\left(\frac{P_i}{P}\right)^{-\eta} \tag{6.68}$$

이윤극대화를 실현하는 실질가격은 이 경우에도 실질임금의 $\eta/(\eta-1)$배, 즉 $[\eta/(\eta-1)]AY^{\beta}$이다. 따라서 신축적인 가격 하에서의 균형생산량은 $[(\eta-1)/(\eta A)]^{1/\beta}$이 된다. 여기서 A와 β는 신축적인 가격균형 하에서의 노동공급이 기업의 고용량을 초과하도록

23 더욱이 노동시장의 실질경직성이 존재할 가능성을 고려하면 명목가치의 조정에 작용하는 다소의 장애에 의해 명목적인 교란이 명목가격의 경직성이 아니라 명목임금의 경직성을 통해 커다란 실물효과를 유발하게 되는 것을 생각할 수 있다. 만일 실질임금에 강한 경직성이 있다면 수요증대에 의한 경기확장이 가져오는 최적실질임금 상승은 소폭에 그칠 것이다. 결과로서 명목가격 조정에 따르는 약간의 마찰이 명목가격에 커다란 경직성을 가져오는 것과 만찬가지로 명목임금 조정에 부수하는 약간의 마찰에 의해 명목임금에 강한 경직성을 초래한다고 생각할 수 있다.

하는 값을 각각 갖는다고 가정한다.[24]

이제 총수요 하락에 직면한 대표적 기업이 가격조정을 실행하는 유인에 대하여 고찰한다. 여기서도 다시 한 번 해당기업 이외의 기업들은 가격조정을 하지 않는다고 가정한다. 만일 대표적 기업이 가격을 변경시키지 않는다면 $P_i/P=1$이 성립하기 때문에 식 (6.68)으로부터 다음 식을 얻는다.

$$\pi_{FIXED}=\frac{M}{P}-A\left(\frac{M}{P}\right)^{1+\beta} \tag{6.69}$$

만일 대표적 기업이 가격을 조정한다면 이 기업은 실질가격을 $[\eta/(\eta-1)]AY^{\beta}$로 설정하게 된다. 이 식을 (6.68)에 대입하면 다음의 식을 얻는다.

$$\begin{aligned}\pi_{ADJ}&=\frac{M}{P}\left(\frac{\eta}{\eta-1}\right)^{1-\eta}A^{1-\eta}\left(\frac{M}{P}\right)^{\beta(1-\eta)}\\&\quad-A\left(\frac{M}{P}\right)^{1+\beta}\left(\frac{\eta}{\eta-1}\right)^{-\eta}A^{-\eta}\left(\frac{M}{P}\right)^{-\beta\eta}\\&=A^{1-\eta}\frac{1}{\eta-1}\left(\frac{\eta}{\eta-1}\right)^{-\eta}\left(\frac{M}{P}\right)^{1+\beta-\beta\eta}\end{aligned} \tag{6.70}$$

실질임금의 순환변동을 규정하는 모수 β값이 작은 경우 이와 같이 변경된 모형에 의해 구한 가격조정 유인은 대단히 크게 된다. 예를 들어 종전처럼 $\beta=0.1$ 및 $\eta=5$로 상정하며 또한 $A=0.806$이라고 가정하자(Y의 신축적 가격수준은 0.908 또는 $\nu=0.1$과 노동시장 청산의 수준 약 95%). 이들 모수 값을 식 (6.69)와 식 (6.70)에 대입하여 보면 화폐잔고가 3% 감소한 가운데 여타의 기업이 가격조정을 실행하지 않는 경우에 대표적 기업이 가격조정을 통해 얻을 수 있는 수익은 약 0.0000168로서 신축적 가격 하에서 얻을 수 있는 수입의 약 0.0018%에 지나지 않음을 알 수 있다. $\beta=0.25$(그리고 신축적 가격 하에서의 Y의 수준이 0.928로 계속 유지되도록 A를 0.815로 증가)로 상정하고 통화량이 5% 감소된 경우에도 가격조정 유인은 신축적 가격 하에서의 기업이 얻을 수 있는 수입에 대하여 0.03% 정도에 지나지 않는다.

앞에서 든 예는 실질경직성과 명목가격 조정에 대한 사소한 장애가 어떻게 높은 정도의 명목경직성을 낳는가를 보여주고 있다. 그러나 이 예는 노동시장에 존재하는 실질경직성을 비현실적으로 크게 상정하고 있는 것이 분명하다. 6.3절에서 논의한 증거에 따르면 총생산에 대한 실질임금 탄력성의 참 값이 상당히 큰 것으로 나타났음에도 불구하고 이 예에서는 총생산에 대

24 가격이 신축적인 경우 개별 기업은 상대가격을 $[\eta/(\eta-1)](W/P)$와 같아지도록 설정한다. 따라서 신축적 가격 하에서 상대가격이 1이 되기 때문에 실질임금의 균형수준은 $(\eta-1)/\eta$가 되며, 노동공급은 $[(\eta-1)/\eta]^{\nu}$가 된다. 따라서 신축적 가격균형 하에서 노동공급이 노동수요를 초과한다는 조건은 다음의 식이 성립한다는 것을 의미한다.
$[(\eta-1)/\eta]^{\nu}>[(\eta-1)/(\eta A)]^{1/\beta}$

한 실질임금의 탄력성을 단지 0.1로 낮게 가정한다. 보다 현실적인 설명은 노동시장에서 보다 덜 실질경직성인 경우를 포함해야 하지만 비용의 경기변동을 약화시키고 희망 마크업을 경기 역행적으로 만드는 다른 힘의 존재를 포함할 것이다.

6.8 조정실패모형과 실물적 비왈라스 이론

조정실패모형(Coordination-Failure Models)

우리의 분석은 경기변동에서 실질경직성은 중요한 역할을 제시하고 있다. 희망 실질가격은 총공급에 덜 반응적으로 됨에 따라(즉, ϕ가 감소한다), 명목마찰이 명목교란을 유도하여 실질효과를 가지는 정도가 증가한다. 그러나 우리는 지금까지 희망 실질가격은 총생산의 증가함수로 가정했다(즉, $\phi > 0$). 만일 실질경직성이 너무 강하여 희망 실질가격이 생산에 감소하고 있다면($\phi < 0$) 어떠한 일이 일어나는 지에 대한 질문을 할 수 있다.

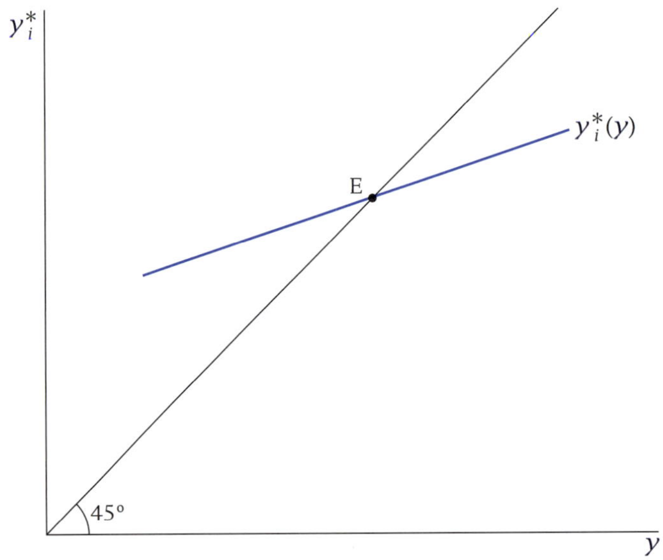

그림 6.12 유일한 균형을 낳는 반응함수

생산자들이 상대가격을 낮출 때 그들의 상대적인 생산은 증가한다. 따라서 만일 총생산이 증가할 때 생산자들이 상대가격을 낮춘다면 그들의 희망 생산은 총생산과 1:1 보다 더 많이 증가한다. 이러한 것은 가격이 신축적일 때 하나의 균형 생산수준보다 더 많을 수 있을 가능성을 높인다.

Cooper and John(1988)은 거시경제 활동과 관련하여 복수균형을 분석하는 간단한 틀을 제시하고 있다. 다수의 동질적인 경제주체로 구성되어 있는 경제를 가정한다. 각 경제주체는 다른 주체의 선택을 주어진 것으로 하고 어떤 변수, 예를 들어 구체적으로 논의하기 위해 생산량의 값을 선택한다고 상정한다. 다른 경제주체가 각각 생산량 y를 선택하고 있을 때 경제주체 i가 생산량 y_i를 선택하는 경우에 경제주체 i가 얻는 이득을 $U_i = V(y_i, y)$라 하자. (이하에서는 대칭적인 균형만을 검토한다. 따라서 다른 주체들의 선택이 다양한 경우에 어떤 일이 일어나는가를 고려할 필요가 없다) y가 주어졌을 때 대표적 경제주체가 취하는 최적의 선택치 y_i^*를 $y_i^*(y)$로 표현하기로 한다. $V(\cdot)$의 함수는 임의의 y의 값에 대하여 $y_i^*(y)$가 유일하게 정의될 수 있고 연속함수이며 이 함수의 값은 0과 어떤 상한 값 $\overline{y}$의 사이에 존재하는 것으로 가정한다. 이 때 $y_i^*(y)$를 **반응함수**(*reaction function*)라 한다.

균형은 $y_i^*(y) = y$이 되는 점에서 성립한다. 그곳에서는 만일 각 경제주체가 다른 경제주체의 생산량이 y라고 믿고 있다면, 각 주체가 선택한 결과에 의해 실제로 생산량 y가 실현된다.

그림 6.12는 복수균형이 아닌 단일균형인 경우의 경제를 나타내고 있다. 여기에 반응함수 $y_i^*(y)$가 그려져 있다. 균형은 이 반응함수가 45° 선과 교차하는 점에서 성립한다. 여기서는 두 직선이 한번만 교차하기 때문에 이 균형점은 유일하다.

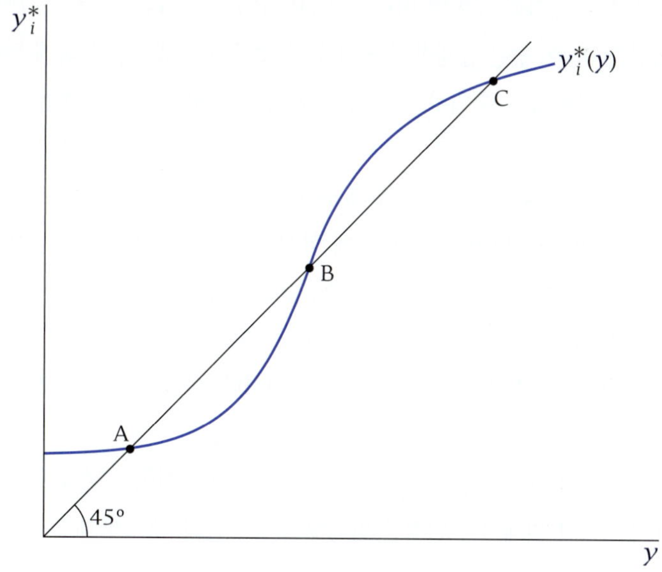

그림 6.13 복수의 균형을 낳는 반응함수

그림 6.13은 복수균형의 경우를 제시하고 있다. $y_i^*(y)$는 0와 $\overline{y}$ 사이의 값을 갖기 때문에 45°선 위쪽에서 시작하여 45°선 아래쪽에서 끝나게 된다. 또한 이 함수는 연속이므로 45°선과

(접하는 경우를 무시한다면) 홀수의 회수만큼 교차하게 된다. 이 그림은 3회 교차하는 경우로서 생산량의 균형수준이 3개 존재한다. 현실적인 가정 하에서는 균형점 B는 불안정한 균형이다. 예를 들어 만일 각 경제주체가 생산량 수준이 B점을 다소 상회할 것으로 기대하는 경우 각 주체는 자기의 생산량을 다른 주체가 생산한다고 생각하는 양보다 약간 더 많이 생산하고자 한다. 동태분석에 관한 통상의 가정에 따르면 이로 인해 경제는 B로부터 점점 더 멀리 벗어난다. 이와 대조적으로 점 A 및 C는 안정적인 균형점들이다.

복수균형이 존재하는 경우 경제의 기초적 조건(fundamentals)만으로 어떤 결과가 실현되는가를 확정할 수는 없다. 만일 경제주체들이 점 A로 갈 것이라고 기대한다면 경제는 실제로 그곳으로 이동하여 간다. 또한 점 C로 간다고 기대한다면 경제는 A 대신에 C로 귀착한다. 그러므로 **야성적 충동**(*animal spirits*), **자기실현적 예언**(*self-fulfilling prophecies*) 그리고 **태양흑점**(*sunspots*) 등이 거시경제의 상태 및 균형에 영향을 미칠 수 있다.[25]

$V(y_i, y)$는 y의 증가함수라고 가정하는 것이 현실적이다. 즉 통상 총생산의 수준이 높을수록 대표적 경제주체의 후생도 개선된다. 예를 들어 6.5절의 모형에서는 총생산의 수준이 높아지면 대표적 기업이 직면하는 총수요곡선이 바깥쪽으로 이동하며 일정수준의 생산량 하에서 기업이 얻을 수 있는 실질가격은 상승한다. 이 조건을 이해하기 위해 생산량에 관한 2개의 균형수준 y_1과 y_2(단 $y_2 > y_1$)를 고려한다. $V(y_i, y)$는 y에 대하여 증가함수이므로 $V(y_1, y_2)$는 $V(y_1, y_1)$보다도 크다. 여기서 y_2가 균형수준이므로 $y = y_2$로 주어진다면 $y_i = y_2$에 의해 $V(y_i, y)$가 극대화될 것이며 따라서 $V(y_2, y_2)$는 $V(y_1, y_2)$을 초과한다. 즉 대표적 경제주체는 생산량수준이 높은 균형에서 보다 높은 수준의 후생을 향유하게 된다.

파레토의 의미로서의 순위부여가 가능한 복수의 균형을 보유하는 모형은 **조정실패모형**(*coordination-failure models*)으로 알려져 있다. 조정의 실패가 발생할 가능성은 경제가 실업을 수반하는 균형에 빠지고 마는 경우가 있다는 것을 시사한다. 즉 모두가 생산량이 낮은 수준으로 하락할 것이라고 믿어버리기 때문에 실제로 비효율적인 낮은 수준에 정착되고 마는 것이다. 그러한 상황에 처하게 된다는 것은 생산량을 정상수준으로 회복시키는 힘이 작동하지 않는다는 것을 의미한다. 결과적으로 경제주체의 기대가 높은 생산량의 균형을 지향하게 하도록 하는 정부정책이 기능을 발휘할 여지가 있을 것이다. 예를 들어 일시적인 경기자극에 의해 경제는 영구적으로 더 바람직한 균형으로 옮겨 갈 수 있다.

복수균형과 앞서 기술한 실질경직성에 관한 논의의 사이에는 중요한 연관성이 존재한다. 복수균형이 존재하기 위해서는 일정한 범위에서 총생산의 감소가 대표적 기업의 가격인상을 촉

25 태양흑점균형(sunspot equilibrium)은 경제에 본질적으로 어떤 영향을 미치지 못하는 변수가 사람들이 그것의 영향을 믿음으로 인해 중요해지는 경우에 발생한다. 복수균형을 보유하는 모형의 경우 어느 것이나 태양흑점균형이 발생할 가능성이 있다. 즉 경제주체들이 본질적으로 무관한 변수가 큰 값을 취하는 경우에는 경제가 어떤 균형을 향해 움직여나가고 그것이 작은 값을 취하는 경우에는 별도의 균형을 향해 간다고 믿는다면 실제로 그러한 신념이 정당화되는 결과가 이루어진다는 것이다. 이러한 문제를 보다 상세하게 파악하려면 Woodford(1990)와 Benhabib and Farmer(1999)를 참조하라.

구하며 그 기업의 매출은 다른 기업과 비교하여 보다 더 감소되어야 할 필요가 발생한다. 즉 조정의 실패가 존재하기 위해서는 어떤 범위 내에서 실질경직성이 대단히 클 것이 요구된다. 이상의 고찰로부터 우리가 알 수 있는 것은 실질경직성이 유발되는 잠재적인 요인들이 많이 존재하는 이상, 조정실패를 생성하는 요인도 다수 존재할 수 있다. 따라서 Cooper and John의 일반적인 분석틀에 적합한 많은 모형들이 있을 수 있다.

■ 실증적 응용 : 조정실패의 게임에 관한 실험적 증거

조정실패의 모형에서는 둘 이상의 내쉬 균형(Nash equilibrium)이 존재한다. 전통적인 게임이론에 따르면 경제가 그러한 복수의 균형 중 어느 하나로 귀착한다고 하는 추측은 할 수 있지만 그 중에서 어떤 것에 정착하는가에 대하여는 예측하지 않고 있다. 최근 균형의 개념을 한층 세련되게 정의한 보다 발전된 이론에 의해 어떤 균형이 실현될 것인가에 대하여 추론이 이루어지고 있다. 이러한 예로 일반적 견해의 하나로 간주되는 것은 파레토 우위의 갖는 균형은 「초점(focal)」이며 이 점에서 경제는 실현 가능한 최적균형에 도달한다고 하는 것이다. 물론 그렇지 않을 가능성도 생각할 수 있다. 예를 들어 복수의 가능성 하에서 각 주체는 자신 이외의 주체들이 어떠한 준칙(rule)에 기초하여 선택을 실행하고 있는가에 대하여 짐작할 수 없는 경우가 있으며 그 결과 경제는 복수균형의 어느 것에도 도달하지 않을 가능성이 있다.

최근에 게임이론의 분야에서 활발한 연구가 진행되고 있는 이론의 검증방법으로서 실험실 실험이 있다. 실험에서는 연구자가 경제의 환경을 완전히 제어할 수 있는 이점이 있다. 그러나 실험은 실제로는 여러 차례 반복하여 실행하는 것이 불가능하기도 하고 실험실에서의 행태가 실제 유사상황 하에서의 행태와 다를 가능성이 있다는 등 문제점도 있다.

Bryant(1983)에 의해 제안된 조정실패의 게임을 제안하였다. Van Huyck, Battalio, and Beil(1990)은 조정실패이론을 실험적으로 검증한 예이다. Van Huyck, Battalio, and Beil(1990)은 Bryant의 게임에서 총 N인의 경제주체 각각은 $[0,\bar{e}]$의 범위에서 자기의 노력수준을 선택한다. 경제주체 i의 보수는 다음의 식으로 주어진다.

$$U_i = \alpha \min[e_1, e_2, \ldots, e_N] - \beta e_i, \quad \alpha > \beta > 0 \tag{6.71}$$

최선의 균형은 모든 경제주체가 최대한의 노력수준 $\bar{e}$를 선택하는 것이다. 이 조건 아래서 각 경제주체가 얻는 이익은 $(\alpha-\beta)\bar{e}$이다. 그러나 모든 경제주체가 동일한 노력을 선택한다면 $[0,\bar{e}]$에 속하는 임의의 수준은 모두 내쉬 균형이 된다. 즉 만일 경제주체 i 이외의 모든 주체가 그들의 노력수준을 어떤 점 $\hat{e}$로 설정한 경우 i도 또한 $\hat{e}$를 선택하고자 한다. 각 경제주체의 보수는 그 공동의 노력수준에 대해 증가함수이기 때문에 Bryant 게임은 연속적으로 무한의 균형점을 보유하는 조정실패모형이다.

Van Huyck, Battalio, and Beil은 Bryant형의 게임을 변형하여 노력수준을 1에서 7까지의 정수로 한정하고 $\alpha = \$0.20$, $\beta = \$0.10$, 그리고 경제주체 수 N은 14이상 16 이하의

수로 한정하는 게임을 고려하였다.[26] 이들이 보고한 중요한 결과는 다음과 같다. 첫째, 게임의 참가자가 보여준 첫 회의 행동에 관한 것이다. Bryant모형은 반복하는 게임을 상정하지 않고 있기 때문에 이 상황 자체는 Bryant모형에 가장 긴밀하게 대응하고 있는 것으로 생각된다. Van Huyck, Battalio, and Beil은 그 첫 회의 시행에서 게임 참가자가 어떠한 균형에도 도달하지 못하는 것을 발견하였다. 가장 일반적으로 선택되는 노력수준은 5와 7이지만 그 분포는 매우 넓게 산포하는 모습을 갖는다. 따라서 균형선택에 관한 결정론적 이론으로는 이런 행태가 성공적으로 설명되지 않는다.

둘째, 게임의 시행을 반복하면 노력수준은 감소 방향으로 급속히 변화하여 간다. 실험대상인 7개 그룹 가운데 5개의 그룹의 경우 제1회에 최저의 노력수준은 1을 상회한다. 그러나 제4회 째 시행까지는 7개 그룹 모두가 최저의 노력수준이 1에 도달하며 이후에는 계속 1의 수준에 머무르는 결과를 보이고 있다. 따라서 명백한 조정실패가 일어나고 있다.

셋째, 게임에서는 어떤 균형으로 수렴하는 현상이 나타나지 않았다. 각 그룹은 10회씩 총 70회 게임의 실험을 실행하였다. 총 70회 실험 시행의 어느 경우에도 그룹 참가자 전원이 공동의 노력수준을 선택하는 경우는 발생하지 않았다. 모든 그룹에서 최소노력수준이 1인 상태가 계속 발생한 후 끝 무렵에 시행된 몇 회의 실험시행에서조차 1/4 이상의 그룹이 1을 초과하는 노력수준을 선택하였다.

마지막으로, 보수함수를 「협조의 성공」이 유도되도록 수정한 경우에도 비효율적인 상태로 회귀하는 경향을 멈추게 할 수 없었다. 먼저 실험시행을 10회 한 후 식 (6.71)의 모수 β값을 0으로 책정한 후 각 그룹 당 5회 시행을 실행하여 보았다. β를 0으로 설정하는 경우는 노력해도 비용이 발생하지 않는다는 것을 의미한다. 그 결과(비록 전부는 아니지만) 거의 모든 그룹이 파레토 효율적인 상태 즉 모든 참가자가 $e_i = 7$이라는 최적상태로 수렴하였다. 그러나 β의 값이 종전의 수준인 0.10으로 되돌리면 대부분의 참가자는 최저의 노력수준을 선택하는 비효율적인 상태로 빠르게 복귀하였다.

Van Huyck, Battalio, and Beil의 결과로부터 말할 수 있는 것은 연역적인 행동이론에 기초한 예측은 주의하여 취급하여야 한다는 것이다. 즉, Bryant 게임은 지극히 단순하지만 그 경우조차도 현실의 행동은 표준적 이론으로부터 예측되는 내용과 부합하지 않고 있다. 더욱이 이 결과는 조정실패모형이 복잡한 행동과 동학을 파생시킬 수 있다는 것을 시사하고 있다.

■ 실물적 비왈라스 이론(Real Non-Walrasian Theories)

실질경직성이 강한 경우, 그 강도가 복수균형을 출현시킬 정도는 아니라고 하더라도, 균형은 교란요인에 대하여 대단히 민감하게 반응하게 된다. 반응함수가 우상향하며 기울기가 1보다 다소 적은 경우를 고려해 보자. 그림 6.14에서 묘사된 것처럼 이런 설정은 유일한 균형을 형성

26 이들은 게임 참가자가 손실을 입는 일이 발생하지 않도록 보수함수에 $0.60을 더하고 있다.

한다. 여기서 반응함수를 이동시키는 어떤 변수 x가 존재한다고 생각한다. 따라서 반응함수는 $y_i = y_i^*(y, x)$로 쓸 수 있다. x가 주어진 경우 y의 균형수준 $\hat{y}(x)$은 $y_i^*(\hat{y}(x), x) = \hat{y}(x)$의 조건에 의해 정의된다. 이 조건을 x에 대하여 미분하면 다음의 관계가 도출된다.

$$\frac{\partial y_i^*}{\partial y}\hat{y}'(x) + \frac{\partial y_i^*}{\partial x} = \hat{y}'(x) \tag{6.72}$$

또는

$$\hat{y}'(x) = \frac{1}{1 - (\partial y_i^*/\partial y)}\frac{\partial y_i^*}{\partial x} \tag{6.73}$$

식 (6.73)은 반응함수의 기울기가 우상향인 경우 일정한 y 수준 하에서 반응함수의 이동의 영향($\partial y_i^* / \partial x$)을 증가시키는 '승수'가 존재한다는 것을 의미한다. 그림에 기초하여 말하면 균형수준의 y에 끼치는 영향의 크기는 반응함수 자체의 상방 이동보다도 훨씬 크다. 기울기가 1에 가까울수록 승수는 더욱 커진다.

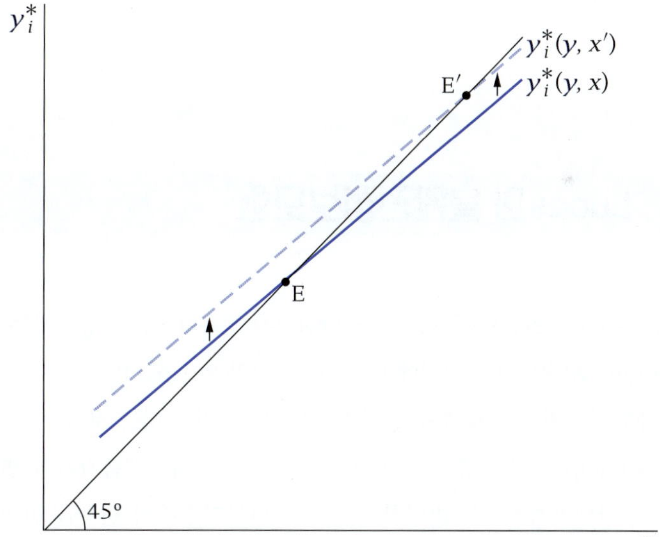

그림 6.14 단일균형이지만 지극히 불안정한 균형을 초래하는 반응함수

이런 상황 하에서는 반응함수에 영향을 주는 요인은 무엇이든지 경제 전체의 활동에 커다란 영향을 미치게 된다. Summers(1988)의 말을 빌리면 균형이 **깨지기 쉬운**(*fragile*) 상태의 경제라는 것이다. 현저한 실질경직성이 존재하는 경우라 해도 경제의 변동이 명목적인 충격이 아닌 실물적인 충격에 의해 발생하는 것이 가능하다. 즉 실질가격에 상당한 정도의 경직성이 존재하는 경우 기술의 충격, 신용시장의 혼란, 정부지출이나 세율의 변화, 장래의 정책에 대한

불확실성의 변화 등의 실질적인 교란은 모두 생산량을 변동시키는 중요한 요인이 될 수 있다. 이미 살펴본 바와 같이 왈라스형의 모형에서는 강한 실질경직성이 존재한다고는 생각하기 어렵기 때문에 실질경직성과 실물적인 교란에 기초한 경기변동이론은 **실물적 비왈라스이론**(*real non-Walrasian theories*)이라고 부르고 있다. 실질경직성에 대하여 여러 가지 설명이 가능한 것과 마찬가지로 이런 타입의 이론에 대하여서도 많은 가능성이 고려될 수 있다.

이상의 논의로부터 복수의 신축가격균형이 존재하는가 혹은 단순히 깨지기 쉬운 유일한 균형이 존재하는가 하는 것은 경제변동으로서 본질적 문제가 아니라는 것을 알 수 있다. 먼저(이 절을 통하여 이것을 전제로 하여 온 바대로) 명목변수의 조정에는 어떤 장애도 존재하지 않는다고 생각하여 본다. 만일 균형이 복수라면 외적인 교란이 일체 없더라도 경제가 복수의 균형 사이를 이동하는 것에 의해 경제변동이 발생한다. 다른 한편으로는 균형이 단지 1개뿐이지만 바뀌기 쉬운 성질의 것인 경우에는 균형이 충격으로부터 커다란 영향을 받기 때문에 작은 교란에 반응하여 경제변동이 발생한다.

가격조정에 작은 장애가 존재하는 경우에도 상황은 마찬가지이다. 강한 실질경직성(과 이윤함수의 적당한 비민감성)에 의해 기업이 명목가치의 교란에 반응하여 가격을 변경하고자 하는 유인은 작아진다. 가격이 신축적일 때는 복수균형을 생성시킬 수 있는 정도로 실질경직성이 강력한지 그렇지 않은지는 중요한 문제가 아니다.

6.9 Lucas의 불완전정보모형

지금까지 우리가 초점을 둔 명목적 불완전성은 명목가격을 변동시키는 비용이다. 그러나 메뉴비용에 대한 현대의 연구 이전에 Lucas(1972)와 Phelps(1970)는 다른 불완전성을 제시하였다. 아마도 생산자는 가격 수준을 완벽하게 관측하지 못하는 것이다.

Lucas와 Phelps모형의 중심 아이디어는 생산자가 자사제품가격의 변동을 관측하였을 때 자사제품의 상대가격변동을 반영한 것인지 일반물가수준의 변동을 반영한 것인지를 정확하게 알지 못한다는 것이다. 상대가격의 변화는 최적생산량을 변동시키는데 비해 일반물가수준의 변화는 상대가격을 종전수준으로 유지시키므로 최적생산량은 종전 수준에서 그대로 유지된다.

생산자 제품의 가격이 오를 때 이는 일반물가의 상승을 반영한 결과일 수도 있고 또한 상대가격의 상승을 반영하여 그 오름세가 나타날 수도 있다. 생산자가 보일 합리적인 반응은 가능성의 일부는 일반물가수준의 상승에 나머지 가능성은 상대가격의 상승에 기인한 것으로 간주하고 그 결과에 상응하게 생산량을 얼마간 늘리는 것이다. 이는 곧 총공급곡선이 우상향함을 시사하고 있다. 일반물가가 오르면 모든 생산자는 자기 제품의 가격이 오르는 것으로 관측하고 (자기제품의 가격상승이 일반물가의 상승을 반영한 것임을 알지 못하고) 생산량을 증대한다는 것이다.

이 절은 6.5절의 모형을 변화시켜 이러한 아이디어를 발전시킨다. 일반물가수준에서 관측되지 않는 변동의 가능성을 허용하기 위해, 통화공급(또는 다른 총수요 변수)과 개별 재화에 대한 수요는 생산자에 의해 관측되지 않는 무작위 충격에 영향을 받는다. 또한, 이전 모형에 두 가지 작은 변화를 줄 것이다. 첫째, 생산자들은 불완전한 경쟁적이라기 보다 경쟁적으로 행동한다. 즉, 그들은 자사 생산선택이 자사제품의 가격에 미치는 영향을 무시한다. 이러한 가정으로, Lucas의 원래 모형에 가까워지게 되며, 생산자는 수요곡선의 위치가 아닌 자사제품의 가격으로 추론하는 것이 더 쉽다. 둘째, 경제 전반에 걸친 노동시장은 없다. 각 기업은 자신의 노동을 사용하여 기업이 생산하는 특정한 가계에 의해 소유된다. 만일 기업들이 경쟁적인 노동시장에서 노동을 고용하려한다면 시중임금에 대한 기업의 관측은 일반물가수준을 감소시키게 될 것이다. 경제 전반의 노동시장을 없앴다고 가정하면 이러한 가능성은 사라진다.

■ 모형

6.5절의 모형처럼 각 가계는 $C-(1/\gamma)L^{\gamma}$를 극대화한다. 여기서 C는 소비이고 L은 노동공급이다. 각 재화는 자신의 노동만을 사용하는 하나의 가계에 의해서 생산된다. 단순화를 위해 가계 i는 상품 i를 생산한다고 하자. 따라서 가계 i의 목적함수는 다음과 같다.

$$\begin{aligned} U_i &= C_i - \frac{1}{\gamma}L_i^{\gamma} \\ &= \frac{P_i}{P}Y_i - \frac{1}{\gamma}Y_i^{\gamma} \end{aligned} \tag{6.74}$$

여기서 C_i는 소비지수이다. 식 (6.74)의 두 번째 행은 생산함수 $Y_i = L_i$를 사용하였고, C_i는 재화를 판매한 가계의 수입 P_iY_i를 물가지수 P로 나눈 것과 같다는 사실을 사용하였다.

생산자는 가격을 주어진 것으로 한다. 따라서 만일 생산자 i가 P_i와 P를 알았다면 효용을 극대화하는 Y_i의 선택에 대한 1계 조건은 다음과 같다.

$$\frac{P_i}{P} - Y_i^{\gamma-1} = 0 \tag{6.75}$$

또는

$$Y_i = \left(\frac{P_i}{P}\right)^{1/(\gamma-1)} \tag{6.76}$$

소문자를 해당 대문자의 변수에 로그를 취한 것으로 설정하면 상기 조건은 다음과 같이 바꾸어 쓸 수 있다. 즉 여기서 $y_i = \log Y_i$, $p_i - p = \log(P_i/P)$.

$$y_i = \frac{1}{\gamma - 1}(p_i - p) \tag{6.77}$$

이 모형에는 통화공급(또는 총수요)과 개별 재화에 대한 수요의 변동이 가능하다. 구체적으로 재화 i에 대한 수요는 다음과 같이 주어진다.

$$y_i = y + z_i - \eta(p_i - p), \quad \eta > 0 \tag{6.78}$$

여기서 z_i는 특정 재화 i에 대한 수요충격이고, 총수요 방정식 (6.43) $y = m - p$는 이전처럼 성립한다. 따라서 식 (6.78)은 다음과 같다.

$$y_i = (m - p) + z_i - \eta(p_i - p) \tag{6.79}$$

z_i가 있다는 것만 제외하고 6.5절의 식 (6.50)의 수요곡선과 같다.

선호충격에서 발생하는 이질적 수요로, 개인의 효용함수에 대응되는 물가지수는 이전 물가지수 방정식 (6.49)보다 다소 복잡하다. 단순화를 위해 로그물가지수 p를 평균로그물가라고 정의하자.

$$p \equiv \bar{p}_i \tag{6.80}$$

마찬가지로 다음과 같이 정의하자.

$$y \equiv \bar{y}_i \tag{6.81}$$

생산자들은 z_i와 m을 관측할 수 없다. 대신에 자신의 제품가격 p_i를 관측할 수 있다. p_i를 다음과 같이 쓸 수 있다.

$$\begin{aligned} p_i &= p + (p_i - p) \\ &\equiv p + r_i \end{aligned} \tag{6.82}$$

여기서 $r_i \equiv p_i - p$는 재화 i의 상대가격이다. 따라서 로그를 취한 변수로서 개별 생산자가 관측할 수 있는 자기 제품가격은 관측되지 않는 일반물가수준과 상대가격의 합과 같다.

생산자는 단지 상대가격 r_i에 기초하여 생산에 관한 의사결정을 할 것이다(식 6.77 참고). 생산자는 자신의 상대가격 r_i을 알지 못하므로 주어진 관측치 p_i를 토대로 상대가격을 추정한다.[27] 이 때 Lucas는 단순화를 위해 두 가지의 가정을 추가한다. 첫째, 개별 생산자는 주어진 p_i를 기초로 하여 r_i의 기대값을 구할 수 있으며 만일 이 기대값이 불확실성이 없는 추정치라면 개별 생산자가 원하는 만큼 생산할 수 있다고 가정한다. 그러므로 식 (6.77)은 다음과 같이

27 기업은 하나의 가계의 의해 소유된다는 것을 기억하라. 만일 개별 생산자가 구매활동의 결과 다른 생산자의 제품가격도 알고 있다면 그 개별 생산자는 p 그리고 r_i를 논리적으로 연역할 수가 있으나 그 가능성은 몇 가지 방법으로 배제할 수 있다. 예를 들어 가계가 2인의 개인, 즉 「생산자」와 「구매자」로 구성되어 있으며 양자 사이에 의사소통에 한계가 있다고 전제하는 경우이다. Lucas의 原논문의 모형에서 세대중복적인 구조를 상정하며 개인은 생애의 제1기에 생산자로서 생산하고 제2기에 구입하여 소비하는 소비자로 전환된다고 가정함으로써 이 문제를 회피하고 있다.

바꾸어진다.

$$y_i = \frac{1}{\gamma - 1} E[r_i \mid p_i] \tag{6.83}$$

문제 6.15에서 보는 바와 같이 이러한 **확실성등가**(*certainty-equivalence*)의 행태는 기대효용 극대화의 결과와 같지 않다. 일반적으로 효용극대화에 의해 선택되는 y_i의 크기는 r_i에 대한 개별 생산자의 추정치 뿐 아니라 r_i에 관해 개별 생산자가 지니는 불확실성에도 의존한다. 그러나 $p = \bar{p}$와 같이, 개별 생산자가 확실성등가의 행태를 취한다고 하는 가정은 여하튼 분석을 단순하게 만들지만 모형이 제시하는 핵심적 시사점에는 아무런 영향을 주지 않는다.

둘째, Lucas는 화폐적 충격(m)과 개별 재화(z_i)에 대한 수요충격은 정규분포한다는 가정을 한다. m은 평균 $E[m]$과 분산 V_m을 가진다. z_i는 평균 0과 분산 V_z을 가지며 m과는 독립적이다. 이후에 p와 r_i는 정규분포를 따르고 독립적이는 것을 의미한다는 가정이라는 것을 보게 될 것이다.

마지막으로 모형에 대한 한 가지 가정은 너무 일반적이어서 논의없이 지나왔다. 개별 생산자들은 주어진 r_i에 대한 수학적 기대치 $E[r_i \mid p_i]$에 기반하여 얼마나 많이 생산할 지를 결정한다고 가정하는데, 이는 생산자가 합리적으로 기대치를 발견한다는 것을 암묵적으로 가정하는 것이다. 즉 $E[r_i \mid p_i]$는 p_i가 주어지고 또한 이들 두 변수의 결합확률분포가 주어졌을 때 r_i의 참 기대치가 된다는 것을 의미한다. 이러한 **합리적 기대**(*rational expectation*)가설은 개인들이 효용을 극대화한다는 가정에 비해 색다른 것이라고 이제는 더 이상 생각되지 않는다. Lucas는 합리적 기대가설을 거시경제학에 소개할 때에 이는 매우 논쟁적이었다. 앞으로 밝혀지게 되겠지만 이러한 점도 Lucas모형이 제공하는 강력한 시사점의 원천 가운데 하나가 된다.

■ 루카스 공급곡선

p와 r_i가 정규적으로 독립적이라고 가정하여 모형을 풀고, 균형은 이러한 성질을 가지고 있다는 것을 증명하며 모형을 푼다.

p_i는 $p + r_i$와 같기 때문에 p와 r_i가 정규적으로 독립이라는 것은 p_i도 정규적이라는 것을 의미한다. p_i의 평균은 p와 r_i의 평균의 합이고, p_i의 분산은 p와 r_i의 분산의 합이다. 통계학의 중요한 결과 중 하나는 두 확률변수(여기서 p_i와 r_i)가 결합정규분포를 갖는 경우, 한 변수의 기대값은 다른 변수의 관측치의 선형함수로 표현된다는 것이다. p_i는 r_i와 독립변수의 합과 같은 이러한 특수한 경우에서 기대값은 특수한 형태를 취한다.

$$\begin{aligned} E[r_i \mid p_i] &= E[r_i] + \frac{V_r}{V_r + V_p}(p_i - E[p_i]) \\ &= \frac{V_r}{V_r + V_p}(p_i - E[p_i]) \end{aligned} \tag{6.84}$$

여기서 V_r과 V_p는 p와 r_i의 분산이고 두 번째 행은 모형의 대칭성은 개별 상대가격의 평균이 0이라는 것을 의미한다는 사실을 사용하였다.

식 (6.84)는 직관적이다. 첫째 만일 p_i가 자기의 평균과 같으면 r_i의 기대값은 자신의 평균인 0과 같아진다. 둘째 만일 p_i가 자기의 평균을 초과하면 r_i의 기대값은 자신의 평균을 초과하고 자기의 평균을 하회하면 r_i의 기대값은 자신의 평균을 하회한다. 셋째 r_i의 기대값이 평균으로부터 이탈하기 때문에 p_i가 추정되는 평균으로부터 이탈하는 비율은 $V_r/(V_r+V_p)$이다. 만일 예를 들어 $V_p=0$이면 p_i의 변동 모두가 r_i로부터 비롯하기 때문에 $E[r_i|p_i]$는 $p_i-E[p]$와 같아진다. 만일 V_r와 V_p가 동일하면 p_i의 변동 중 절반이 r_i로부터 발생하며 $E[r_i|p_i]=(p_i-E[p])/2$가 성립한다.

이러한 조건부 기대치의 문제는 **신호추출**(*signal extraction*)이라고 부른다. 개인이 관측하는 변수 p_i는 신호(signal) r_i와 잡음(noise) p의 합과 같다. 식 (6.84)는 개인이 어떻게 하면 p_i의 관측치로부터 가장 좋은 신호의 기대치를 추출할 수 있는가를 제시하고 있다. V_r과 V_p의 비율은 **신호잡음비율**(*signal-to-noise ratio*)이라고 한다.

생산자의 생산은 $y_i=[1/(\gamma-1)]E[r_i|p_i]$로 주어져 있다는 것을 상기하자(식 6.83). 식 (6.84)에 대입하면 다음과 같다.

$$\begin{aligned} y_i &= \frac{1}{\gamma-1}\frac{V_r}{V_r+V_p}(p_i-E[p]) \\ &\equiv b(p_i-E[p]) \end{aligned} \tag{6.85}$$

식 (6.85)를 (y와 p의 정의를 이용하여) 모든 생산자에 대하여 평균하면 총생산에 대한 다음의 식을 얻는다.

$$y=b(p-E[p]) \tag{6.86}$$

식 (6.86)은 **Lucas공급곡선**(*Lucas supply curve*)이라 한다. 생산이 정상수준(이 모형에서 0이다)에서 이탈한 정도는 물가수준의 충격의 증가함수라는 것이다.

Lucas공급곡선은 본질적으로 제5장에서 소개한 기대부가필립스곡선과 동일한데 이는 근원인플레이션을 기대인플레이션으로 대체하면 같아지기 때문이다(식 6.25 참조). 두 곡선이 공급 교란이 없을 때는 인플레이션(따라서 물가수준)이 기대값보다 높을 때에만 생산은 정상수준을 초과한다는 것을 의미한다. 따라서 Lucas모형은 이런 견해의 총공급곡선에 대해 미시적 근거를 제공하고 있다.

■ 균형

Lucas공급함수인 식 (6.86) $y=b[p-E(p)]$와 총수요함수 $y=m-p$를 연립하여 풀어 p와 y의 해를 다음과 같이 구할 수 있다.

$$p = \frac{1}{1+b}m + \frac{b}{1+b}E[p] \tag{6.87}$$

$$y = \frac{b}{1+b}m - \frac{b}{1+b}E[p] \tag{6.88}$$

식 (6.87)을 이용하여 $E[p]$를 구하도록 한다. 그런데 $p = \frac{1}{1+b}m + \frac{b}{1+b}E[p]$는 m이 결정된 후에 사후적으로 양변이 동일하다. 따라서 m이 결정되기 전 즉 사전적으로 양변의 기대값도 같아야 한다. 식 (6.87) 양변에 기대값을 취하면 다음을 얻는다.

$$E[p] = \frac{1}{1+b}E[m] + \frac{b}{1+b}E[p] \tag{6.89}$$

$E[p]$에 관해 풀면 다음과 같다.

$$E[p] = E[m] \tag{6.90}$$

식 (6.90)과 $m = E[m] + (m - E[m])$을 이용하여 식 (6.87)과 (6.88)을 다음과 같이 고쳐 쓸 수 있다.

$$p = E[m] + \frac{1}{1+b}(m - E[m]) \tag{6.91}$$

$$y = \frac{b}{1+b}(m - E[m]) \tag{6.92}$$

식 (6.91)과 (6.92)는 모형의 핵심적인 시사점을 제공하고 있다. 총수요를 구성하는 요소 중 관측되는 성분인 $E[m]$은 단지 p에만 영향을 미치나 관측되지 않는 $m - E[m]$은 실물효과를 낳는다는 것이다. 관측되지 않는 통화의 충격으로서 m의 증가 즉 확률분포가 일정한 조건 하에서 보다 높은 수준의 통화가 실현되었다고 상정한다. 이러한 통화증가는 총수요를 증대시키며 각 재화에 대한 수요곡선을 오른편으로 이동시킨다. 이런 수요증가는 관측되지 않았던 것이므로 각 생산자가 할 수 있는 최선의 추측은 자신의 제품에 대한 수요증대의 일부는 상대가격의 상승이라고 생각하는 것이다. 따라서 개별 생산자는 생산을 증가시킨다.

관측된 통화증가의 효과는 매우 다르다. 구체적으로 $m - E[m]$의 실현이 주어져 있다는 조건하에서 m의 분포 전체가 상방으로 이동한 경우의 효과를 살펴보자. 이 경우 개별 생산자는 자신의 제품에 대한 수요증가가 m의 증가에서 비롯한 것으로 인식하고 종전의 수준으로부터 자신의 생산량을 변동시키지 않는다. 물론 소비자 선호의 변화라는 충격은 (관측될 수 없는 충격처럼) 제품 간에 상대가격과 생산량의 변동을 초래하지만 그러나 평균적으로 볼 때 실물생산은 증가하지 않는다. 따라서 관측된 총수요의 변화는 단지 물가에만 영향을 미친다.

모형을 완성시키려면 b를 p와 r_i의 분산으로 표시하기보다는 모형 내의 모수로 표현해야 한다. 식 (6.85)에 의해 $b = [1/(\gamma - 1)][V_r/(V_r + V_p)]$이다. 식 (6.91)에 의하면 p의 분산은

$V_p = V_m/(1+b)^2$ 이다. 수요함수식 (6.78)과 공급함수식 (6.86)을 이용하면 $p_i - p$의 분산 V_r을 구할 수 있다. 구체적으로 식 (6.78)에 $y = b(p - E[p])$를 대입하면 $y_i = b(p - E[p]) + z_i - \eta(p_i - p)$를 얻을 수 있고 식 (6.85)를 $y_i = b(p_i - p) + b(p - E[p])$로 고쳐 쓸 수 있다. 이 두 식을 $p_i - p$에 대하여 풀면 $p_i - p = z_i/(\eta + b)$를 구하고 따라서 $V_r = V_z/(\eta + b)^2$를 얻는다.

식 (6.85)의 b에 대한 표현 중 V_p와 V_r의 식을 대입하면 다음의 식을 얻는다.

$$b = \frac{1}{\gamma - 1}\left[\frac{V_z}{V_z + \frac{(\eta + b)^2}{(1+b)^2}V_m}\right] \tag{6.93}$$

식 (6.93)에서 b는 V_z, V_m 및 γ의 음함수로 정의되어 있으며 이로써 모형이 완성된다. b가 V_z에 증가($\partial b/\partial V_z > 0$)하며 V_m에 감소($\partial b/\partial V_m < 0$)한다는 것에 대한 증명은 기계적이다. $\eta = 1$의 특수한 경우 b에 대하여 다음과 같이 닫힌 형식(closed form)의 표현을 얻을 수 있다.

$$b = \frac{1}{\gamma - 1}\frac{V_z}{V_z + V_m} \tag{6.94}$$

마지막으로 $p = E[m] + [1/(1+b)](m - E[m])$과 $r_i = z_i/(\eta + b)$의 두 식에 의하면 p와 z_i는 m과 z_i의 선형함수라는 것을 시사하고 있다. m과 z_i는 상호독립적인 확률변수이므로 p와 r_i도 상호독립적인 확률변수이다. 정규분포의 확률변수의 선형함수 역시 정규분포를 하는 확률변수이므로 p와 r_i도 정규분포의 확률변수이다. 이 결과는 앞서 이들 변수에 대한 가정을 확인해주는 것이다.

■ 필립스곡선과 루카스 비판

Lucas모형은 총수요가 기대 이상으로 증대되었을 때 높은 생산량의 수준과 기대수준을 상회하는 인플레이션을 만든다는 것을 시사하고 있다. 따라서 총수요의 행태를 합리적으로 설정하면 모형은 총생산과 인플레이션 사이에 양(+)의 관계를 의미한다. 예를 들어 m이 다음의 식과 같이 표류항(drift) c를 지니면서 임의보행(random walk)하는 과정으로 가정하자.

$$m_t = m_{t-1} + c + u_t \tag{6.95}$$

단 여기서 u는 백색잡음이다. 이 설정에 따르면 m_t의 기대값은 $m_{t-1} + c$이며 m_t의 관측되지 않는 요소는 u_t이다. 따라서 식 (6.91)과 식 (6.92)는 다음과 같이 바꾸어 쓸 수 있다.

$$p_t = m_{t-1} + c + \frac{1}{1+b}u_t \tag{6.96}$$

$$y_t = \frac{b}{1+b}u_t \tag{6.97}$$

식 (6.96)은 $p_{t-1} = m_{t-2} + c + [1/(1+b)]u_{t-1}$를 시사한다. 인플레이션율(로그가 격수준의 변화로 측정)은 다음과 같이 설정할 수 있다.

$$\begin{aligned}\pi_t &= (m_{t-1} - m_{t-2}) + \frac{1}{1+b}u_t - \frac{1}{1+b}u_{t-1} \\ &= c + \frac{b}{1+b}u_{t-1} + \frac{1}{1+b}u_t\end{aligned} \tag{6.98}$$

식 (6.97) 및 식 (6.98)에서 u_t가 양(+)의 계수를 가지는 것으로 보이며, u_t와 u_{t-1}은 상관되어 있지 않다는 것에 주목하자. 이는 생산이 인플레이션과 양(+)의 상관되어 있음을 의미한다. 즉 높은 수준의 예상하지 못한 통화증가는 Lucas 공급곡선을 따라 물가와 생산 모두가 증가하는 상황으로 이어진다. 이 모형은 생산과 인플레이션율 사이에 양(+)의 관계－즉 필립스곡선을 시사하고 있다.

그러나 모형에서 통계적인 생산－인플레이션관계가 있다고 하더라도, 생산과 인플레이션 사이에 이용할 수 있는 상충관계는 아니다. 예를 들어, 정책당국자가 평균통화증가율을 상승시키기로 하였다고 가정하자(예를 들어 식 6.95에서 c를 증가시킨다). 만일 이런 변화가 공개적으로 알려지지 않았다면 관측되지 못한 통화증가는 통상적으로 양(+)으로 나타나는 기간이 있으며, 총생산량은 일반적인 정상수준보다 높아진다. 일단 개인들이 이러한 변화를 파악하게 되었다면 관측되지 못한 통화증가율은 다시 평균적으로 0이 되며 따라서 실질총생산은 정상수준으로 되돌아가 평균적으로 보면 변화하지 않는다. 만일 통화의 평균증가율이 알려지면 통화증가의 기대치가 즉시 점프하여 높은 수준의 생산을 나타내는 짧은 기간도 존재하지 않는다. 만일 정책당국자가 총생산과 인플레이션율 간의 통계적 관계를 이용하려고 시도한다면 그 관계가 바뀐다고 하는 아이디어는 이론적인 호기심의 대상에 그치지 않는다. 6.4절에서 살펴본 것처럼 1960년대 후반기부터 1970년대 초반에 걸쳐서 평균 인플레이션이 상승하였을 때 전통적인 총생산량－인플레이션의 관계는 붕괴되었다.

이 분석의 중심 아이디어는 보다 넓은 범주의 관계식에도 적용된다. 기대치는 총계변수들 사이에 존재하는 많은 관계식에 포함되는 중요한 구성요소이며 정책의 전환은 이들 변수의 기대치에 영향을 미칠 것이다. 결과적으로 정책전환은 거시경제변수들 사이의 관계를 변화시킨다고 할 수 있다. 요컨대 만일 정책당국자가 앞서 살펴 본 통계적 관계를 이용하고자 한다면 변수의 기대치를 통해 미치는 영향으로 이러한 관계가 붕괴된다는 것이다. 이것이 유명한 **루카스 비판**(*Lucas*, 1976)이다.

안정화정책 : 예측된 통화정책과 예측되지 못한 통화정책

관측되지 않은 총수요충격만이 실물효과를 가진다는 것은 강한 시사점을 제공한다. 통화정책은 정책당국자가 민간 경제주체가 파악하지 못하고 있는 정보를 갖고 있을 경우에 생산의 변동을 안정화시킬 수 있다. 그러나 통화정책의 조치 중 이자율, 실업률 및 선행지표 등과 같이 대중에게 잘 알려진 주요지표에 근거한 부분은 실물경제에 영향을 미치지 못한다(Sargent and Wallace, 1975; Barro, 1976).

이를 좀 더 구체적으로 살펴보기로 하자. 예를 들어 총수요 m이 $m^* + v$와 동일한 것으로 가정하며 이 중 m^*는 정책변수, v는 정부통제 밖의 교란으로 가정한다. 정부가 적극적인 정책이 아니라 일정한 m^*를 일정하게(또는 안정적인 비율로 증가) 유지하는 경우, 민간 경제주체의 이용가능한 정보 하에서 어떤 기간 중에 총수요에 대한 관측되지 않은 충격은 v의 기대치보다 실제치가 작아진다. 만일 m^*가 주요지표처럼 공식적인 정보의 함수로 나타난다면 경제주체들은 이를 추론해 낼 것이며 그 결과 상황은 변하지 않을 것이다. 그러므로 체계적인 안정화정책은 총생산의 변동을 안정화시킬 수 없다.

만일 정부가 민간에게 알려지지 않은 변수로서 v와 상관관계가 큰 변수를 관측할 수 있다면 정부는 이 정보를 이용하여 총생산의 변동을 안정화시킬 수 있다. 즉 정책당국자는 사적 정보변수를 바탕으로 하여 v의 움직임을 예측하고 이에 상응하게 m^*를 변동시켜 v의 움직임을 중화시킬 수 있는 것이다. 그러나 이러한 주장은 두 가지 점에서 안정화정책의 유용성을 옹호한다고 볼 수 없다. 첫째, 경제가 침체 또는 불황이나 호황에 있을 때 민간 경제주체에게 알려진 공적 정보에 대한 반응을 안정화정책의 핵심적인 요소로 취급하고 있다는 점이다. 둘째, 정부가 안정화를 실현할 수 있는 우월한 정보(superior information)를 가지고 있다면 안정화정책의 목적을 달성하는데 훨씬 더 쉬운 방법, 즉 정부가 보유한 우월한 정보를 민간 경제주체에게 단순히 공표하는 것이 존재한다는 점이다.

논의

Lucas모형은 총수요 변동의 영향에 대해 완벽한 설명을 제공하지 못한다. 예를 들어 5.9절에서 기술한 바와 같이, 모형의 예측과는 대조적으로 통화정책의 변경이 공개적으로 공표되면 실질이자율과 실질환율이 영향을 받는다는 사실을 지지하는 강력한 증거가 있다. 그러나 보다 더 중요한 문제는 Lucas모형이 총수요의 영향과 관련하여 중요한 요소들을 설명할 수 있는가 하는 문제이다. 이런 측면에서 무시하기가 어려운 두 가지 반론이 제기되고 있다.

첫 번째 문제는 Lucas모형이 실물경기변동모형의 경우와 마찬가지로 고용변동의 현상을 만족스럽게 설명하지 못하고 있다. 이 모형에 의하면 근로의 편익이 개별 노동자의 인식과정을 거친 후에 변동하며 이러한 변동에 상응하여 노동공급의 변동이 발생한다. 그러므로 현저한 고용 변동이 발생하기 위해서는 노동공급의 탄력성이 단기에서도 상당히 커야만 한다. 그러나

5.10절에서 기술한 바와 같이 그렇게 까지 높은 노동공급 탄력도가 존재한다는 증거는 아직 발견되지 않고 있다.

두 번째 문제는 불완전정보(imperfect information)라는 가정이 과연 옳은가 하는 것이다. 현대 경제에서 물가변동에 관한 양질의 정보는 단지 짧은 기간의 시차를 두고 제공되고 있다. 그러므로 경제주체들은 초인플레이션 기간을 제외하고는 거의 비용을 들이지 않고 일반물가 움직임을 상당히 정확하게 추정할 수 있다. 이런 점에 비추어볼 때 어떻게 개인들이 상대가격과 일반물가의 수준 간에 혼동을 경기변동이 발생할 만큼 충분히 일으킬 것인가는 이해하기가 어렵다.

그러나 사실 명확하게 비판적인 가정들은 – 높은 단기 노동공급의 탄력성과 물가수준에 대한 적시의 정보를 발견하는 어려움 – Lucas의 주요 결정에 본질이 아니다. 가격설정자들은 물가수준에 대한 현재 정보를 획득하지 않도록 선택하고, 따라서 Lucas모형에 의해 경제의 움직임이 설명된다고 가정하자. 그러한 상황에서 물가수준에 대한 정보를 획득하기 위한 유인과 이에 다른 가격 및 생산 결정을 조정하는 것은 메뉴비용모형에서 명목가격을 조정하는 유인을 결정하는 것과 같은 방법으로 결정된다. 이미 살펴본 바와 같이, 이러한 유인이 작도록 유도할 수 있는 매우 탄력적인 노동공급 외에 여러 가능한 메커니즘이 존재한다. 따라서 가격수준에 대한 정보 이용불가능성이나 탄력적인 노동공급은 Lucas에 의해 식별되는 메커니즘에 중요하지 않다. 따라서 명목조정에 있어 한 가지 중요한 마찰은 물가수준에 대해 정보를 획득하는 작은 불편함이나 비용일 지도 모른다(또는 그러한 정보의 관점에서 가격설정을 조정하는 불편함이나 비용). 이러한 점은 7.7절에서 다루게 될 것이다.

또 다른 후보 명목 불완전성: 부채계약의 명목 마찰

모든 가능한 명목마찰은 메뉴비용모형과 Lucas모형처럼 명목가격과 명목임금의 불완전한 조정을 포함하지 않는다. 최근 연구의 한 줄기는 부채계약이 물가와는 연동되지 않은 결과로 보고 있다. 즉 차입계약이나 채권의 발행에서는 차입자가 대부자에게 부담하는 지불의무가 명목가치의 흐름으로 명시되는 것이 일반적이다. 그러므로 명목적인 교란은 필연적으로 소득의 재분배로 이어진다. 예를 들어 음(–)의 명목충격이 발생하면 실질기준으로 차입자의 부채부담이 늘어난다. 만일 자본시장이 완전하다면 이러한 재분배가 초래하는 실질적 효과는 그다지 중요하지 않을 것이다. 즉 프로젝트를 위한 자금을 기업가 자신이 마련하든지 또는 자본시장을 통해 조달하든지에 관계없이 위험조정후의 기대수익이 비용을 초과하는 경우 그 프로젝트에 대한 투자는 계속 진행되기 때문이다.

그러나 실제의 자본시장은 완전하지 못할 가능성이 농후하다. 10.2절에서 살펴보겠지만, 차입자와 대부자의 사이에 존재하는 비대칭적 정보의 문제가 위험회피 또는 유한책임과 함께 어우러져 나타나게 되면 최선의 결과(first-best outcome)의 달성은 일반적으로 불가능하다. 위험회피나 유한책임이 존재하는 경우에는 통상 투자사업이 대단히 바람직하지 않은 결과로 끝났을 때의 비용을 차입자가 완전히 부담하지 않게 된다. 그러나 만일 이처럼 바람직하지 않은 결과에 대하여 차입자가 부분적으로 보험을 들게 되면 차입자에게는 그들 자신과 대부자들 간에 존재하는 정보의 비대칭성을 이용하여 프로젝트가 위험이 수반된다는 것을 파악했을 경우에만 차입을 일으킨다든지(逆선택) 또는 프로젝트의 실행과정에서 무리하게 위험을 무릅쓴다든지(도덕적 해이) 하는 유인이 발생한다. 이러한 문제로 인해 자금을 빌려주는 자는 자금 공급과 관련하여 프리미엄을 요구하게 된다. 이 결과 프로젝트의 자금이 외부로부터 조달되는 경우에는 기업의 내부자금으로 꾸려 나갈 때에 비해 투자가 감소하는 것은 일반적인 현상이며 또한 효율적인 투자도 줄어들게 마련이다.

이러한 설정 하에서는 재분배가 중요한 의미를 가진다. 만일 기업가로부터 자금을 빌려준 자 즉, 대부자에게로 자산(wealth)이 이전된다면 기업가가 외부자금에 의존하는 정도가 높아지며 그 결과 투자는 감소한다. 그러므로 채무계약이 물가연동형이 아닌 경우에는 명목적 교란에 의해 실질적인 영향이 발생한다고 생각된다. 실제로 가격이나 임금의 신축성은 명목 충격의 재분배효과를 확대시킬 수 있으므로 잠재적으로 실질적인 면에서의 영향을 확대시킬 가능성도 있다. 명목충격이 실질적인 효과를 초래하는 이러한 채널을 **채무디플레이션**(*debt deflation*)이라고 부른다.[28]

명목가치의 불완전성에 대한 이와 같은 견해의 경우도 명목가격 조정의 마찰을 바탕으로 한 이론들이 직면하는 것과 같은 문제를 해결할 필요가 있다. 예를 들어 채무계약에 물가연동이 설정되어 있지 않기 때문에 실질화폐잔고의 감소가 기업으로부터 대부자들에게 자산 재분배를 초래한다면 기업의 한계비용곡선은 상방으로 이동한다. 그러나 현실적으로 이러한 상방 이동은 그다지 크지는 않을 것이다. 만일 총생산량의 하락에 수반하여(예를 들어 실질임금의 급격한 하락에 의해) 한계비용이 큰 폭으로 하락한 반면에 한계수입은 별 변동이 없다면 실질화폐잔고의 감소에 의해 다소 비용이 상승하더라도 총생산 감소는 소폭에 그칠 것이다. 역으로 만일 한계비용은 그다지 변동하지 않으나 한계수입은 총생산량에 대하여 대단히 민감하게 반응할 때는 비용의 사소한 변동은 생산량의 커다란 변화로 이어진다. 즉 채무계약을 물가에 연동하도록 작성하게 만드는데 소요되는 적은 비용이 큰 폭의 실질적인 효과를 낳기 위해서는 가격조정에 관한 작은 장애가 총생산량의 커다란 변동을 유발하는 데에 필요하다고 생각되는 요인과 같은 것이 필요한 것이다.

금융시장이 중심인 곳의 최근 금융위기나 경제위기는 부채계약의 명목불완전성의 강한 증거를 제공하는 것처럼 보인다. 그러나 이러한 추론은 잘못되었다. 최근 사건들을 보면 부채와 금융시장은 실질경제에 영향을 미치는 강한 증거를 제시한다. 부도, 위험 스프레드의 증가, 신용흐름의 고갈, 다른 신용시장의 붕괴는 생산과 고용에 큰 효과를 가지고 있는 것처럼 보인다. 인플레이션은 위기가 진행되는 동안에 급격하게 변하지 않았다. 따라서 금융계약이 명목조건

28 이 용어는 Irving Fisher (1933)에 의해 유래되었다.

이 아니라 실질조건으로 쓰여져 왔다면 결과는 거의 달라지지 않았을 것으로 보인다.

따라서 위기의 원인과 금융시장 붕괴가 실물경제에 매우 큰 영향의 이유를 다른 곳에서 찾아야 한다. 이는 제10장의 이슈로 다루게 될 것이다.[29]

29 명목불완전성에 대한 다른 일련의 연구들은 어느 시간에나 모든 경제주체가 고성능화폐의 보유를 조정하지 않는다는 사실의 결과를 살펴본다. 따라서 통화당국이 고성능화폐의 양을 변동시킬 때 모든 사람의 비례적인 보유의 변동을 달성할 수 없다. 결과적으로, 비록 모든 가격과 임금이 완전히 신축적이라도 화폐적 충격의 변환은 실질화폐잔고에 영향을 미친다. 적절한 조건(실질잔고의 소비에 대한 영향 등) 하에서, 이러한 실질잔고의 변동은 실질이자율을 변동시킨다. 그리고 만일 실질이자율이 총공급에 영향을 미친다면 결과적으로 총공급도 변한다. 예를 들어, Christiano, Eichenbaum, and Evans(1997)와 Williamson(2008)을 참고하라.

연습문제

6.1 다음의 각 경우에 그림 6.1의 곡선들에 어떻게 영향을 미치는 지에 대해 설명하라.

(a) 상대적위험회피계수 θ의 증가

(b) $\Gamma(\cdot)$, χ의 곡률 감소

(c) 효용함수 식 (6.2)를 $\sum_t \beta^t[U(C_t)+B\Gamma(M_t/P_t)-V(L_t)]$, $B>0$으로 수정하고 B의 감소

6.2 **Baumol–Tobin 모형**(Baumol, 1952; Tobin, 1956) 화폐로 표시된 실질지출의 양 αY, $0<\alpha\leq 1$의 안정적 흐름을 가지는 소비자를 생각하자. 소비자는 채권으로 얼마나 자주 전환하는 지를 선택하는데 일정한 이자율 i를 화폐로 지급하고, 이자는 지불하지 않는다. 만일 소비자가 τ의 기간을 선택한다면 그 소비자의 화폐보유는 각 전환 후에 $\alpha YP\tau$부터 다음 전환의 순간의 0까지 선형으로 감소한다(여기서 P는 물가수준이고 일정하다고 가정한다). 각 전환에는 C의 고정된 실질비용이 발생한다. 소비자의 문제는 전환의 단위 시간당 평균비용과 포기한 이자를 최소화하기 위해 τ를 선택하는 것이다.

(a) τ의 최적값을 찾아라.

(b) 소비자의 실질화폐보유는 얼마인가? 그들은 i에 감소하고 Y에 증가하는가? i와 Y에 대한 평균화폐보유의 탄력성은 각각 얼마인가?

6.3 **가속도승수**(Samuelson, 1939) 소득수준의 결정에 관한 다음의 모형에 대하여 생각해 보자. (1) 소비는 직전기의 소득에 의해 결정된다, 즉 $C_t=a+bY_{t-1}$. (2) 희망하는 자본스톡(또는 재고스톡)은 직전기의 산출에 비례한다. 즉 $K_t^*=cY_{t-1}$. (3) 투자는 희망하는 자본스톡과 전기로부터 이어오는 스톡과의 차이와 동일하다. 즉 $I_t=K_t^*-K_{t-1}=K_t^*-cY_{t-2}$. (4) 정부지출은 일정하다. $G_t=\overline{G}$. (5) $Y_t=C_t+I_t+G_t$.

(a) Y_t를 Y_{t-1}, Y_{t-2}와 모형의 모수로 표현하라.

(b) $b=0.9$, $c=0.5$라고 가정하자. 여기서 정부지출에 일시적인 교란이 발생하였다고 하자. 구체적으로는 G가 t기에 $\overline{G}+1$와 동일하며 그 이외의 기에서는 $\overline{G}$와 같다고 하자. 이러한 충격은 시간의 흐름에 따라 생산에 어떠한 영향을 미치는가?

6.4 6.2절 가운데 모형 1의 분석은 고용이 노동수요에 의해 결정된다고 가정하고 있다. 그러나 완전경쟁 하에 주어진 실질임금의 수준에서 고용은 수요 및 공급 가운데 최저와 일치하게 된다. 이것을 **숏 사이드 룰**(*short–side rule*)이라 부르고 있다. 고용은 숏 사이드 룰에 의해 결정

될 때 노동시장에서의 상황을 보여주는 그림을 다음 조건 하에서 그려라.

(*a*) P가 가능한 최대 가능한 생산을 만드는 수준

(*b*) P가 가능한 최대 가능한 생산을 만드는 수준보다 높은 경우

6.5 **생산성 성장, 필립스곡선 그리고 자연율.** (Braun, 1984; Ball and Moffitt, 2001) g_t를 t기의 노동자 1인당 생산의 증가율, π_t를 t기의 가격 인플레이션, π_t^W를 t기의 임금 인플레이션으로 각각 정의한다. 우선 최초에는 g가 일정하여 g^L과 동일하고 고용의 수준은 인플레이션을 일정하게 하도록 하는 수준에 있다고 가정한다. 그런데 g가 영구히 $g^H > g^L$까지 상승하였다고 하자. 이 때 가격 및 임금의 인플레이션의 행태에 대한 다음과 같은 가정들이 적용될 때 그 각각에 대하여 가격 인플레이션을 일정하게 하도록 하는 u_t의 경로를 기술하라. 모든 경우에 있어서 $\phi > 0$가 성립하는 것으로 가정한다.

(*a*) 가격–가격 필립스곡선(The price–price Phillips curve)

$\pi_t = \pi_{t-1} - \phi(u_t - \bar{u}),\ \pi_t^w = \pi_t + g_t$

(*b*) 임금–임금 필립스곡선(The wage–wage Phillips curve)

$\pi_t^w = \pi_{t-1}^w - \phi(u_t - \bar{u}),\ \pi_t = \pi_t^w - g_t$

(*c*) 순수 임금–가격 필립스곡선(The pure wage–price Phillips curve)

$\pi_t^w = \pi_{t-1} - \phi(u_t - \bar{u}),\ \pi_t = \pi_t^w - g_t$

(*d*) 생산성의 정상적인 성장을 감안한 임금–가격 필립스곡선(The wage–price Phillips curve with an adjustment for normal productivity growth)

$\pi_t^w = \pi_{t-1} + \hat{g}_t - \phi(u_t - \bar{u}),\ \hat{g}_t = \rho\hat{g}_{t-1} + (1-\rho)g_t,\ \pi_t = \pi_t^w - g_t$이고 $0 < \rho < 1$이며 초기에 $\hat{g} = g^L$을 가정하라.

6.6 **실질이자율에 대한 중앙은행의 통제능력** 경제가 2개의 식으로 묘사된다고 상정한다. 첫 번째는 IS 식인데 단순화를 위해 전통적인 형태인 $Y_t = -r_t/\theta$을 취한다고 하자. 두 번째는 화폐시장 균형조건으로, $m - p = L(r + \pi^e, Y)$, $L_{r+\pi^e} < 0$, $L_Y > 0$이다. 여기서 m과 p는 각각 $\ln M$과 $\ln P$를 표시한다.

(*a*) $P = \overline{P}$와 $\pi^e = 0$라고 가정한다. dr/dm의 표현을 구하라. 통화공급의 증가가 실질이자율을 낮출 수 있는가?

(*b*) 물가는 통화공급의 증가에 부분적으로 반응한다고 상정한다. 구체적으로 dp/dm은 외생적으로 주어졌으며 $0 < dp/dm < 1$이 성립한다고 가정한다. 계속 $\pi^e = 0$을 상정한

연습문제

다. dr/dm의 표현을 구하라. 통화공급의 증가가 실질이자율을 낮출 수 있는가? Δr의 주어진 양을 달성하는데 요구되는 Δm의 크기가 (a)의 해와 비교할 때 적은가, 큰가 아니면 동일한가?

(c) 통화공급의 증가가 기대인플레이션에도 영향을 준다고 가정한다. 구체적으로 $d\pi^e/dm$은 외생적으로 주어졌으며 $d\pi^e/dm > 0$이 성립한다고 가정한다. 계속하여 $0 < dp/dm < 1$이 성립한다고 가정한다. dr/dm의 표현을 구하라. 통화공급의 증가가 실질이자율을 낮출 수 있는가? Δr의 주어진 양을 달성하는데 요구되는 Δm의 크기가 (b)의 해와 비교할 때 적은가, 큰가 아니면 동일한가?

(d) 완전하고 즉각적인 가격조정이 이루어진다고 가정한다. 즉 $dp/dm = 1$, $d\pi^e/dm = 0$이다. dr/dm의 표현을 구하라. 통화공급의 증가가 실질이자율을 낮출 수 있는가?

6.7 **유동성 함정** 다음의 모형을 고려한다. 인플레이션의 동태적 움직임은 식 (6.23)~(6.24)의 연속시간형으로 주어진다고 가정한다. 즉 $\dot{\pi} = \lambda[y(t) - \overline{y}(t)]$, $\lambda > 0$. IS 곡선은 $y(t) = -[i(t) - \phi(t)]/\theta$, $\theta > 0$이다. 미연방준비은행은 이자율을 식 (6.27)에 의해 설정한다. 그러나 이자율의 설정은 명목이자율이 음의 값을 가질 수 없다는 제약조건 하에서 이루어진다. 즉 $i(t) = \max[0, \pi(t) + r(y(t) - \overline{y}(t), \pi(t))]$. 단순화를 위해 모든 t에 대해 $\overline{y}(t) = 0$이다.

(a) 이 모형이 제시하는 AD곡선를 그려라. 즉 (y, π)의 공간에서 IS 식과 이자율 준칙의 식을 만족시키는 일련의 점들로 구성되는 곡선을 묘사하라.

(b) $(\tilde{y}, \tilde{\pi})$는 AD곡선 상에서 $\pi + r(y, \pi) = 0$를 만족시키는 점으로 정의한다. 만일 다음과 같은 조건이 주어진 경우 시간의 경과에 따른 y와 π의 경로를 그려라.

(i) $\tilde{y} > 0$, $\pi(0) > \tilde{\pi}$ 그리고 $y(0) < 0$.

(ii) $\tilde{y} < 0$, $\pi(0) > \tilde{\pi}$

(iii) $\tilde{y} > 0$, $\pi(0) < \tilde{\pi}$ 그리고 $y(0) < 0$.[30]

6.8 식 (6.29)~(6.32)의 모형을 생각하자. MP 방정식에 충격이 있지만 IS 방정식에는 충격이 없다고 가정하자. 따라서 $r_t = by_t + u_t^{MP}$, $u_t^{MP} = \rho_{MP}u_{t-1}^{MP} + e_t^{MP}$ (여기서 $-1 < \rho_{MP} < 1$이고 e^{MP}는 백색잡음), 그리고 $y_t = E_t y_{t+1} - (r_t/\theta)$이다. 식 (6.37)과 유사한 식을 찾아라.

30 명목이자율의 제로하한에 대하여 보다 많은 검토는 12.7절을 참조하라.

6.9 (*a*) 식 (6.29) ~ (6.32)의 모형을 생각하자. 미정계수법(method of undetermined coefficients)을 사용하여 모형을 풀어라. 즉 해는 $y_t = Au_t^{IS}$의 형태를 취한다고 추측하고, 모형의 방정식들이 성립해야만 하는 A의 값을 찾아라. (**힌트** : 모든 t에 대해 $y_t = Au_t^{IS}$는 $E_t y_{t+1} = AE_t u_{t+1}^{IS}$ 임을 시사한다.)

(*b*) 이제 MP 방정식을 $r_t = by_t + c\pi_t$로 수정한다. 해는 $y_t = Au_t^{IS} + b\pi_{t-1}$, $\pi_t = Cu_t^{IS} + D\pi_{t-1}$의 형태를 취한다고 추측하라. 모형의 방정식들이 성립해야만 하는 A, B, C, D 네 개의 식을 찾아라(모형을 풀 필요는 없다).

6.10 식 (6.29)~(6.32)의 모형을 생각하자. 그러나 식 (6.31)의 $E_y[y_{t+1}]$항은 혼합 IS 곡선 식 (6.28)처럼 계수 ω, $0 < \omega < 1$만큼 곱해진다. 식 (6.37)과 식 (6.38)과 유사한 표현으로 결과를 표시하라.

6.11 **메뉴비용에 의한 복수균형**(Ball and R. Romer, 1991) 많은 불완전경쟁 기업들로 구성된 경제를 생각하자. 기업이 $p_i = p^*$로 설정하는 경우에 비해 상실하는 이윤은 $K(p_i - p^*)^2$, $K > 0$으로 표현된다고 하자. 지금까지와 마찬가지로 $p^* = p + \phi y$, $y = m - p$라고 상정한다. 각 기업은 명목가격을 변경하는데 고정비용 Z가 소요된다고 한다. 초기에 m은 0이고, 경제는 신축적 가격설정 하에서 결과하는 균형상태에 있는 것으로 한다. 따라서 $y = 0$ 및 $p = m = 0$이 성립하고 있다. 여기서 m이 m'으로 변하였다고 가정한다.

(*a*) 전체 가운데 비율 f의 기업이 가격을 변경한다고 가정한다. 가격을 변경하는 기업은 가격을 p^*로 설정하며 변경하지 않는 기업은 0인 채 있기 때문에 $p = fp^*$가 성립한다. 이로부터 p, y 및 p^*를 m' 및 f의 함수로 표현하라.

(*b*) 기업이 가격조정을 실행하는 유인 $K(0 - p^*)^2 = Kp^{*2}$을 f의 함수로서 그림으로 그려라. $\phi > 1$과 $\phi < 1$의 경우로 나누어 답을 구하라.

(*c*) 기업은 가격조정에 의한 이익이 Z를 초과한다면 가격을 조정하고 Z보다 적다면 가격을 조정하지 않는다. 그리고 Z와 동일하면 어느 쪽이든 무차별하다. 이 경우 모든 기업이 가격조정을 실행하는 것과 어느 기업도 가격조정을 하지 않는 양쪽의 균형이 될 수 있는가? 이들의 어느 것도 균형이 아닌 상황이 존재할 수 있는가?

6.12 경제를 구성하고 있는 많은 기업들이 불완전경쟁 하에서 가격을 설정한다고 하자. 대표적 기업의 이윤은 기업 i인 경우 총생산 y와 기업제품의 실질가격 r_i에 의존한다. 따라서 기업 i의 이윤함수는 $\pi_i = \pi(y, r_i)$, $\pi_{22} < 0$이다. $r^*(y)$를 이윤극대화를 도모하는 가격으로 정의

연습문제

하며 이는 y의 함수라 하자. 이러한 $r^*(y)$는 $\pi_2(y, r^*(y)) = 0$에 의해 그 특성이 규정된다. (여기서 첨자는 편도함수를 나타낸다).

총생산이 y_0의 수준일 때 기업 i의 실질가격이 $r^*(y_0)$라고 가정한다. 이제 통화공급에 변화가 있었다고 가정하고 i 이외의 기업은 그들의 가격을 변경하지 않으며 따라서 총생산은 새로운 수준 y_1으로 바뀌었다고 가정한다.

(a) 기업 i의 가격조정유인이 $G = \pi(y_1, r^*(y_1)) - \pi(y_1, r^*(y_0))$으로 주어지는 이유를 설명하라.

(b) $G \simeq -\pi_{22}(y_0, r^*(y_0))[r^{*\prime}(y_0)]^2(y_1 - y_0)^2/2$가 $y_1 = y_0$에서의 2계 테일러 근사가 됨을 보여라.

(c) 이 표현의 구성요소 가운데 무엇이 실질경직성의 정도를 나타내는 것으로 볼 수 있는가? 또한 무엇이 이윤함수의 비감응성의 정도를 나타내는가?

6.13 물가연동제. 이 질문은 Ball(1988)을 따른다. 기업 i에 의한 생산이 $Y_i = SL_i^\alpha$에 의해 이루어진다고 하자. S는 공급충격이고 $0 < \alpha \leq 1$이 성립한다. 그러므로 로그를 취한 경우 $y_i = s + \alpha l_i$가 된다. 가격은 신축적이다. 따라서 (논의를 단순하게 하기 위해 상수항을 0으로 하면) $p_i = w_i + (1-\alpha)l_i - s$가 된다. 생산량과 가격에 대한 식을 각각 전체기업에 대하여 집계하면 $y = s + \alpha l$ 및 $p = w + (1-\alpha)l - s$과 같이 표현된다. 임금은 가격수준에 부분적으로 연동시키는 것으로 상정한다. 즉, $w = \theta p$이다($0 \leq \theta < 1$). 더욱이 총수요는 $y = m - p$에 의하는 것으로 한다. s와 m은 상호 독립적이며 각각 V_s, V_m의 분산을 보유하는 평균 0의 확률변수라고 한다.

(a) p, y, l 및 w를 m, s 및 모수 α, θ의 식으로 표현하라. 물가연동제는 화폐적 충격에 대한 고용의 반응에 어떤 영향을 주는가? 공급충격에 대한 반응에는 어떤 영향을 주는가?

(b) 고용의 변동(분산) 을 최소화하는 θ의 값을 구하라.

(c) 하나의 기업이 생산하는 재화에 대한 수요는 $y_i = y - \eta(p_i - p)$로 상정한다. 기업 i 이외의 모든 기업은 전과 마찬가지로 $w = \theta p$의 형태로 가격수준에 연동하여 임금을 결정하는 데 비해 기업 i만은 $w_i = \theta_i p$에 의해 가격수준과 연동시키는 것으로 한다. 기업 i는 계속 $p_i = w_i + (1-\alpha)l_i - s$에 의거하여 가격을 설정한다. 이 때 생산함수와 가격에 관한 식으로부터 $y_i = y - \phi(w_i - w)$ ($\phi \equiv \alpha\eta/[\alpha + (1-\alpha)\eta]$)가 성립한다.

(i) 기업 i의 고용수준 l_i를 m, s, α, η, θ 및 θ_i의 함수로 표현하라.

(ii) l_i의 분산을 최소화하는 θ_i의 값을 구하라.

(iii) θ의 내쉬균형 값을 구하라. 즉 경제전체의 물가연동 비율이 θ인 경우에는 대표적 기업도 l_i의 분산을 최소화하기 위해 확실히 $\theta_i = \theta$를 선택하는 θ의 값을 구하라. 이 값을 (b)에서 구한 θ의 값과 비교하라.

6.14 두터운 시장 효과와 조정실패(이 질문은 Diamond, 1982를 따름)[31] N인의 사람들과 많은 야자수로 구성된 작은 섬을 상정하자. 각 사람은 야자의 열매를 보유하지 못하고 야자나무를 탐색하고 있는 상태 (상태 P)와, 야자열매를 보유하고 여타의 야자열매를 보유하고 있는 사람을 탐색하고 있는 상태(상태 C) 중 어느 하나의 상태에 있다고 하자. 야자열매를 보유하고 있지 않는 사람은 야자수를 발견할 경우, 그 사람이 나무에 올라가 야자열매 1개를 얻을 수 있으나 이때 (효용의 단위로) c만큼의 비용이 소요된다. 야자열매를 보유하고 있는 사람은 여타의 야자열매를 보유하고 있는 사람을 발견할 경우 서로 야자열매를 교환하여 다른 사람의 야자를 먹는다. 이것에 의해 각각은 $\bar{u}$ 단위의 효용을 얻는다고 한다. (자신이 채취한 야자의 열매를 먹을 수 없다고 상정한다.)

야자수를 탐색하고 있는 사람은 단위시간당 b 그루의 율로 야자수를 발견하며 야자열매를 보유하고 있는 사람은 당위시간당 aL인의 율로 교환상대를 발견한다고 상정한다(L은 야자의 열매를 보유하고 있는 사람의 총수). a와 b는 외생적으로 주어진다고 가정한다.

각 개인의 할인율은 r이다. 본 질문에서는 L이 일정한 값을 갖는 정상상태에 대하여 고찰한다.

(a) 상태 P의 사람이 모두 야자수를 발견할 때마다 항상 그 나무에 오른다고 하면 $rV_P = b(V_C - V_P - c)$가 성립한다. (V_P, V_C는 각각의 상태에 있는 것의 가치이다) 그 이유를 설명하라.

(b) V_C에 대하여 (a)와 같은 식을 도출하라.

(c) $V_C - V_P$, V_C 및 V_P를 r, b, c, $\bar{u}$, a 및 L의 식으로 표현하라.

(d) L의 값을 구하라. 이곳에서도 상태 P의 사람은 모두 야자수를 발견하면 언제라도 그 나무에 오른다고 한다. 또한 논의를 단순화하기 위해 $aN = 2b$라고 가정한다.

(e) 상태 P의 사람은 야자수를 발견하면 반드시 나무에 오른다고 하는 것이 정상상태의 균형이 되는 c의 값을 구하라. (여기서도 $aN = 2b$라고 계속 가정한다.)

(f) 나무를 발견했더라도 오르지 않는 것이 정상상태의 균형이 되는 c의 값을 구하라. 균형이 두 가지 이상 존재하도록 하는 c의 값이 존재하는가? 균형이 복수로 존재한다면 그것들 간에 경제적 후생에 차이가 있는가? 직관적으로 알기 쉽게 설명하라.

---

31 이 질문을 풀어내는 데에는 동태적 계획법(dynamic programming)이 필요하다. 11.4절을 참조하라.

연습문제

6.15 P_i/P의 값이 알려지지 않은 경우의 Lucas모형에서 개인이 직면하는 문제를 고려해 보자. 개인은 U_i의 기대치를 극대로 하는 L_i를 선택한다. U_i는 계속 식 (6.74)에 의해 주어진다.

(*a*) Y_i에 대한 1계 조건을 구하라. 또한 그 식을 변형하여 Y_i를 $E[P_i/P]$의 식으로 표현하라. 더욱이 대수를 취하여 y_i의 식을 구하라.

(*b*) 개인이 식 (6.83)으로 제시된 확실성 등가에 따라서 공급하는 노동량은 (*a*)에서 구한 최적노동량과 비교하여 어느 쪽이 많은가? (**힌트**: $E[\ln P_i/P]$와 $\ln E([P_i/P])$를 비교하라.)

(*c*) Lucas모형처럼 $\ln(P_i/P) = \ln E[(P_i/P)|P_i] + u_i$라고 가정한다. u_i는 평균 0, P_i와는 독립적인 분산을 보유하는 정규분포를 따른다고 하자. 이 경우 $\ln\{E[(P_i/P)|P_i]\} = E[\ln(P_i/P)|P_i] + C$ (C는 P_i와는 독립적인 상수)가 성립함을 보이라.

(**힌트**: $P_i/P = \exp\{E[\ln(P_i/P)|P_i]\}\exp(u_i)$인 점에 유의하며 이에 의해 기대효용을 극대로 l_i는 (6.17)의 확실성 등가의 정리와 상수 만큼만 차이가 있다는 것을 보인다.)

6.16 **관측적 상등성**(observational equivalence)(Sargent, 1976) 통화공급이 $m_t = c'z_{t-1} + e_t$ (c와 z는 벡터이며 e_t는 z_{t-1}와 상관되지 않은 $i.i.d.$인 교란항)으로 주어지는 것으로 한다. e_t는 예측불가능하며 또한 관측불가능하다. 따라서 m_t의 예측가능한 성분은 $c'z_{t-1}$이며 예측할 수 없는 부분은 e_t이다. 통화공급량을 결정하는 동안 미연준은 실물면의 경제활동에 영향을 주는 변수에 한정하여 반응하는 것으로 한다. 즉 z에 포함된 변수는 y에 직접 영향을 준다. 여기서 다음의 두 가지 모형에 대하여 생각하여 본다. (*i*) 예상되지 못한 통화공급만이 생산량에 영향을 준다. 즉 $y_t = \alpha'z_{t-1} + be_t + v_t$, (*ii*) 통화공급 전체가 영향을 준다. 즉 $y_t = \alpha'z_{t-1} + \beta m_t + v_t$. 어느 쪽의 정식화에 있어서도 교란항은 $i.i.d.$이며 z_{t-1}과 e_t는 상관되어 있지 않다고 가정한다.

(*a*) 이들 두 가지의 이론을 식별하는 일이 가능한가? 즉 예를 들어 모형 (*i*) 하에서 파리미터의 값이 주어진 경우 모형 (*ii*)에 관하여 그것과 동일한 예측을 가져오는 파라미터의 값이 존재하는가? 이유를 설명하라.

(*b*) 미연준이 생산에 직접 영향을 주지 않는 변수에도 반응한다고 가정한다. 즉 $m_t = c'z_{t-1} + \gamma'w_{t-1} + e_t$로 하며 모형 (*i*)과 (*ii*)는 이전과 같다고 하자. (다만 여기서는 교란항이 z_{t-1}과 e_t뿐만 아니라 w_{t-1}과도 상관되어 있지 않다.) 이 경우 두 모형을 식별하는 것이 가능한가? 설명하라.

6.17 기업 가운데 일부는 신축적으로, 여타는 경직적으로 자기 제품의 가격을 설정하고 있는 경제를 고려한다. p^f는 신축적으로 가격을 설정하는 대표적 기업에 의해 책정된 가격을, p^r는 경직적으로 가격을 설정하는 대표적 기업이 책정한 가격을 각각 의미한다. 신축적 가격설정 기업은 m이 알려진 후에 자기 제품의 가격을 설정하는 반면에 경직적 가격설정기업은 m이 알려지기 전에 자기 제품의 가격을 합리적 기대를 통해 설정한다고 가정한다. 그러므로 전자는 $p^f = p_i^* = (1-\phi) + \phi m$으로, 후자는 $p^r = Ep_i^* = (1-\phi)Ep + \phi Em$으로 각각 자기 가격을 설정한다. 여기서 E는 경직적 가격설정기업의 가격을 설정할 때의 변수의 기대치이다.

경직적으로 가격을 설정하는 기업의 비율이 q라고 상정하면 제품의 평균가격은 $p = qp^r + (1-q)p^f$로 산정된다.

(*a*) p^f를 p^r, m 그리고 모형의 모수 ϕ 및 q로 표현하라.

(*b*) p^r를 Em과 모형의 모수로 표현하라.

(*c*) (*i*) 예상된 m의 변동(즉 경직적 가격설정기업이 자사제품의 가격을 책정한 당시에 예상되었던 변화)이 y에 영향을 주는가? 영향의 여부에 대하여 대답하고 그 이유를 설명하라.

(*ii*) 예상치 못한 m의 변동이 y에 영향을 미치는가? 영향의 여부에 대하여 대답하고 그 이유를 설명하라.

Chapter 07

동태확률일반균형

이전 두 개의 장에서 거시경제학적 경기변동에 대한 우리의 분석은 매우 불완전한 두 부분을 발전시켰다. 제5장에서 근본적인 충격의 움직임에 대한 명시적 가정을 가지는 미시경제학적 토대로부터 완전한 기간 간 거시경제 모형을 고려한다. 모형은 경기변동에 대한 수량적인 예측을 만드는데 이를 정량적인 **동태확률일반균형**(*dynamic stochastic general–equilibrium*, *DSGE*) 모형이라고 한다. 5.1절에서 본 바와 같이 모형이 실증적인 좋지 않은 결과를 보이는 문제가 있다. 예를 들어 이 모형은 거의 일어나지 않은 대규모 총기술충격에 의존한다. 기술충격의 효과와 경기변동 동학에 대한 증거는 우리가 관측한 것과 매우 거리가 있어 보이며, 이는 화폐적 교란이 실물효과를 가지지 못하는 것을 의미한다.

화폐적 충격의 실물효과를 설명하기 위해 제6장은 명목경직성을 도입하였다. 가격조정과 다른 명목마찰에 대한 장벽은 통화량변동이 실물효과를 가질 수 있도록 유도하도록 설계했으며, 이러한 효과의 크기의 결정요인을 분석하였으며, 명목경직성이 다른 교란의 영향에 대해 얼마나 중요한 의미를 가지는 지에 대해 보였다. 그러나 제5장의 모형의 많은 부분을 포기하게 되었다. 그러한 모형은 대부분 1회 충격인 정태적 분석이었다. 그리고 초점이 정량적 예측에 집중되는 한, 가격조정의 그럴듯한 작은 장벽은 화폐적 교란의 큰 효과를 만들어낼 수 있는 지의 여부와 같은 단지 넓은 질문을 설명할 뿐이다.

연구자들의 최종 목표는 이전 두 개의 장의 모형의 강점을 통합하는 경기변동모형을 만드는 것이다. 이번 장은 그러한 경로로 시작한다. 그러나 그러한 목표에 도달하지 못할 것이다. 근본적인 문제는 그러한 모형이 어떻게 보여야 하는 지에 합의가 없다는 것이다. 이 장의 끝에서 보겠지만, 명목경직성이 있는 미시 기반의 DSGE 모형에 대한 합의의 출발점에 가장 가까운 것은 반대되는 것으로 보이는 시사점을 가지고 있다. 이러한 문제를 설명하는 것에 두 가지 방법이 있다. 하나는 기본모형(baseline)을 수정하는 것이다. 그러나 광범위한 수정과 확장이 제안되었지만, 확장 모형은 때때로 매우 복잡하며, 수정이 거시경제학 경기변동을 이해하는데 가장 유용한 것에 대한 광범위한 관점이 있다. 다른 가능성은 다른 기본모형을 발견하는 것이다. 그러나 그것은 연구 아이디어일 뿐이지 모형의 구체적 제안들이 아니다.

이러한 문제들 때문에 이 장은 경기변동의 현실적 DSGE 모형을 구성하는 방향으로만 어느 정도 진행한다. 이 장의 대부분은 불완전한 명목신축성의 미시적 분석을 동태적 설정으로 확장한다. 이러한 것은 현실적인 경기변동의 동태적 모형을 구축하는 방법에 대한 합의가 부족하다는 것을 보여 준다. 넓게 보면 7개의 고유한 동태적 가격조정 모형을 생각하게 될 것이다. 모형들은 때때로 가격조정에서 미시경제학적 마찰의 거시경제학적 결과가 매우 다른 시사점을 가지고 있다는 것을 보게 될 것이다. 이러한 분석은 가격설정자의 동태적 모형으로 변동하는 것에 대한 주요 이슈임을 나타내고 선택해야 하는 구성요소를 보여주지만, 특정 "모범 사례" 모형을 보여주지는 않는다.

제6장에서 고려한 주요 명목마찰은 변동하는 가격의 고정비용이거나 메뉴비용이었다. 가격조정의 동태적 모형을 생각할 때, 기업들이 자신의 가격을 변동시키는 매시간에 고정된 비용을 지불해야만 하는 유일한 명목불완전성을 가정하려고 한다. 그러나 이것을 우리가 고려하는 유일한 경우가 아닌 두 가지 이유가 있다. 첫째, 복잡하다. 고정 조정비용이 있는 동태적 최적화 모형을 분석하는 것은 기술적으로 어렵고 거의 닫힌 형태의 해를 이끌어 내지 못한다. 둘째, 가격설정자는 가격을 지속적으로 모니터링하고 변동하지 않는 고정비용만 따라 어느 때라도 가격을 변경할 준비가 되어 있는 경우에 중요한 것을 놓치고 있을 지도 모른다. 많은 가격들은 사전에 결정된 일정에 따라 검토되며, 다른 시간에는 거의 변경되지 않는다. 예를 들어, 많은 임금은 매해 검토된다. 어떤 노조 계약은 3년 주기로 임금을 설정한다. 그리고 많은 기업은 6개월 또는 1년 동안 유효한 가격으로 카탈로그를 발행한다. 따라서 가격변동은 순수하게 **상태의존적**(*state dependent*)(즉, 발전이 일어난 시간에 관계없이, 경제 내의 발전에 의해 촉발되는)이지 않다. 가격변동은 부분적으로 **시간의존적**(*time dependent*)(즉, 시간의 흐름에 의해 촉발되는)이다.

시간의존적 모형이 훨씬 더 쉽기 때문에 이것으로 시작할 것이다. 7.1절은 이 장의 모든 모형에 공통적인 틀을 제시한다. 7.2절부터 7.4절까지 세 가지 시간의존적 가격조정의 기본모형을 고려한다. Fischer 또는 Fischer–Phelps–Taylor모형(Fischer, 1977; Phelps and Taylor, 1977), Taylor모형(Taylor, 1979), Calvo모형(Calvo, 1983)이다. 세 모형 모두 가격(또는 임금)은 다기간 계약이나 약속으로 설정된다. 매기에 임금 혹은 가격의 일부분을 규정하고 있는 계약이 만료되어 새로이 계약이 갱신된다. 만료는 경제발전이 아니라, 시간의 흐름에 따라 결정된다. 이 모형들의 중심적인 결과는 다기간에 걸치는 계약이 존재하기 때문에 명목적 교란에 대해 가격수준의 조정이 점진적으로 이루어진다는 점이다. 그 결과 총수요충격은 지속적인 실물효과를 갖게 된다.

그런데 Taylor모형과 Calvo모형은 한 가지 중요한 점에서 Fischer모형과 차이가 있다. Fischer모형은 가격(또는 임금)이 **사전에 결정**(*predetermined*)된다고 가정하고 있는 것이지, **고정**(*fixed*)되어 있다고 가정하는 것은 아니다. 즉 다기간의 계약에 의해 여러 기간에 걸쳐 가격이 결정되며 매기마다 다른 가격이 설정될 가능성을 배제하지 않고 있다. 반대로 Taylor와 Calvo모형은 가격(또는 임금)이 계약기간 중에 고정되어 있는 것으로 가정한다. 즉 계약이 유효한 기간 중에 계약 상의 가격은 일정하게 고정되어 있는 것이다.

Taylor모형과 Calvo모형 사이의 차이는 더 작다. Taylor모형에서 가격을 변경할 기회는 결정적으로 도달하고 각 가격은 같은 수의 기간 동안 유효하다. Calvo모형에서는 가격을 변경할 기회는 무작위적으로 도달하고 가격이 유효한 기간의 수는 확률적이다. 상태의존적보다 시간의존적 가정을 유지할 때, 가격변동을 규정하는 확률과정은 경제에 영향을 미치는 다른 요인과 독립적으로 작동한다. Calvo모형의 정량적인 시사점은 Taylor모형의 시사점과 같다. Calvo모형은 Taylor모형보다 단순한 인플레이션 동학을 만들어 내고, 보다 큰 모형에 적용하기 쉽다.

7.5절은 두 가지 상태의존적 가격조정 기본모형으로 돌아온다. Caplin and Spulber모형과 Danziger, Golosov, and Lucas모형이다(Caplin and Spulber, 1987; Danziger, 1999; Golosov and Lucas, 2007). 두 모형 다 가격조정의 유일한 장벽은 일정한 고정비용이다. 두 모형 사이에 두 가지 차이가 있다. 첫째, 통화증가는 Caplin and Spulber모형에서 항상 양(+)이지만 Danziger, Golosov, and Lucas모형은 통화증가의 추세가 없다고 가정한다. 둘째, Caplin-Spulber는 기업고유 충격이 없다고 가정하지만 Danziger, Golosov, and Lucas모형은 기업고유 충격을 포함한다. 두 모형 다 화폐적 교란의 효과에 대해 강한 결과를 나타내지만 매우 다른 이유를 가지고 있다.

7.6절은 실증적 증거를 살펴본다. 7.7절은 두 가지 동태적 가격조정 모형을 더 살펴본다. 연동이 있는 Calvo모형과 Mankiw and Reis모형(Mankiw and Reis, 2002; Christiano, Eichenbaum, and Evans, 2005)이다. 두 모형 다 이전 절의 모형보다 훨씬 더 복잡하지만 인플레이션 동학에 대한 적합한 주요 사실을 맞추는데 보다 적합하다.

마지막 절은 가격조정의 동태적 모형이 어떻게 경기변동모형에 도입될 수 있는 지에 대해 고려한다. 7.8절은 Clarida, Gali, and Gertler(2000)의 새 케인즈학파 모형의 세 개의 표준방정식에 명목경직성이 있는 완전한 DSGE모형을 제시한다.

불행하게도 모형은 우리의 최종 목표보다 기본 경기변동모형에 훨씬 더 가까워졌다. 기본 RBC모형처럼 우아하고 다루기 쉽다. 그러나 기본 RBC모형처럼 구성요소에 대한 증거는 약하고 매우 부정확하게 보이는 거시경제에 대해 예측하는 구성요소들을 7.9절에서 보게 될 것이다. 따라서 7.10절은 화폐 비중립성을 가지는 다른 DSGE모형의 요소들을 논의한다. 그러나 모형의 복잡함과 주요 구성요소에 대한 합의가 부족하기 때문에 완전히 구체화된 모형을 분석하기에 부족하다.

7.1 동태적 새 케인즈학파 모형의 기본 구성요소(building block)

■ 개관

이 장에서는 불완전경쟁의 정태적 모형을 동태적인 분석 틀로 확장하는 작업을 논의의 출발점으로 한다. 틀은 6.1절의 외생적 명목경직성과 6.5절의 불완전경쟁에 주로 의존한다.

시간은 이산형이다. 매기 불완전경쟁의 기업들은 노동을 유일한 생산요소로 하여 재화를 생산한다. 6.5절처럼 생산함수는 노동과 생산이 1:1로 대응하는 관계이다. 그러므로 총생산과 총노동투입은 서로 같아지게 된다. 이 모형은 정부와 국제무역을 포함하지 않으며 이러한 가정으로 인해 제6장의 모형처럼 총소비는 총생산과 같게 된다.

가계는 실질임금과 실질이자율의 시간 상 경로가 주어진 것으로 간주하고 효용을 극대화한다. 가계가 소유한 기업들은 자기 가격의 설정(모형에 따라 차이가 있다)에 대한 제약조건 하에 이윤의 할인된 현재가치를 극대화한다. 끝으로 중앙은행은 통화정책을 통하여 실질이자율의 경로를 결정한다.

■ 가계

가계의 생애기간은 무한이지만 수는 고정되어 있다. 그리고 소비로부터 효용을 얻으며 노동으로부터 비효용(disutility)이 발생한다. 대표적 가계의 목적함수는 다음과 같다.

$$\sum_{t=0}^{\infty} \beta^t [U(C_t) - V(L_t)], \qquad 0 < \beta < 1 \tag{7.1}$$

6.5절처럼 C는 대체탄력성 $\eta > 1$인 개별 재화에 대한 가계소비의 대체탄력성이 일정한 소비지수(consumption index)이다. 함수 형태 $U(\cdot)$와 $V(\cdot)$에 대해 통상적인 가정을 한다.[1]

$$U(C_t) = \frac{C_t^{1-\theta}}{1-\theta}, \qquad \theta > 0 \tag{7.2}$$

$$V(L_t) = \frac{B}{\gamma} L_t^{\gamma}, \quad B > 0, \quad \gamma > 1 \tag{7.3}$$

W는 명목임금이고 P는 물가수준이다. 형식적으로 P는 6.5절에서와 같이 소비지수에 대응

1 식 (7.3)에서 B를 도입하는 이유는 뒤에서 살펴본다.

되는 물가지수이다. 그러나 이 장에서 물가지수의 로그(p)는 단순한 기업의 로그가격의 평균인 6.9절의 Lucas모형에서 사용된 근사치를 사용한다.

t기에 노동공급이 dL만큼 증가하면 가계의 실질소득은 $(W_t/P_t)dL$만큼 늘어난다. 그러므로 t기의 노동공급에 대한 1계 조건은 다음과 같다.

$$V'(L_t) = U'(C_t)\frac{W_t}{P_t} \tag{7.4}$$

생산함수는 1:1이고 생산이 유일하게 사용되는 곳은 소비이므로, 균형에서는 C_t와 L_t는 모두 Y_t와 동일하게 된다. 식 (7.4)를 이 관계와 결합하면 생산수준이 주어지면 실질임금이 얼마인 지에 대해 알 수 있다.

$$\frac{W_t}{P_t} = \frac{V'(Y_t)}{U'(Y_t)} \tag{7.5}$$

식 (7.2)~(7.3)의 함수 형태를 식 (7.5)에 대입하고 실질임금에 대해 풀면 다음과 같다.

$$\frac{W_t}{P_t} = BY_t^{\theta+\gamma-1} \tag{7.6}$$

이전과 같이 소비에 대한 가정은 같기 때문에, 새 케인즈학파 IS 곡선은 이 모형에서도 성립한다(식 6.8 참조).

$$\ln Y_t = a + \ln Y_{t+1} - \frac{1}{\theta}r_t \tag{7.7}$$

■ 기업

기업 i는 생산함수 $Y_{it} = L_{it}$에 따라 t기에 생산을 하며 6.5절처럼 그가 직면하는 수요함수는 $Y_{it} = Y_t(P_{it}/P_t)^{-\eta}$이다. t기의 실질기업이윤 R_t는 수입에서 비용을 뺀 것이다.

$$\begin{aligned} R_t &= \left(\frac{P_{it}}{P_t}\right)Y_{it} - \left(\frac{W_t}{P_t}\right)Y_{it} \\ &= Y_t\left[\left(\frac{P_{it}}{P_t}\right)^{1-\eta} - \left(\frac{W_t}{P_t}\right)\left(\frac{P_{it}}{P_t}\right)^{-\eta}\right] \end{aligned} \tag{7.8}$$

어떤 기(期)에 기업이 생산물의 가격을 설정하는 문제를 보자. 여기서 그 기를 0기로 표준화(normalization)한다. 후에 주어진 가격이 유효한 시기의 길이가 무작위적인 경우를 포함하는 등 가격설정에 관하여 여러 가지 가정을 추가로 고려할 것이다. 따라서 0기에 기업이 설정한 가격이 t기에도 유효한 확률을 q_t로 나타내자. 기업의 이윤은 모두 가계로 귀속된다고 가정하므로 기업이 가계에 제공하는 효용을 기준으로 기업의 이윤을 평가할 수 있다. 대표적 가계의 0기에 대비한 t기의 한계효용은 $\beta^t U'(C_t)/U'(C_0)$이며 그 양을 λ_t로 나타내자.

따라서 기업은 $\sum_{t=0}^{\infty} q_t \lambda_t R_t \equiv A$를 극대화하기 위하여 0기의 가격 P_i를 선택한다. 여기서 R_t는 P_i가 t기에도 유효한 기업이윤을 나타낸다. R_t에 관한 식 (7.8)을 이용하여 A를 다음과 같이 고쳐 쓸 수 있다.

$$\begin{aligned} A &= E\left[\sum_{t=0}^{\infty} q_t \lambda_t Y_t \left\{\left(\frac{P_i}{P_t}\right)^{1-\eta} - \left(\frac{W_t}{P_t}\right)\left(\frac{P_i}{P_t}\right)^{-\eta}\right\}\right] \\ &= E\left[\sum_{t=0}^{\infty} q_t \lambda_t Y_t P_t^{\eta-1}\left(P_i^{1-\eta} - W_t P_i^{-\eta}\right)\right] \end{aligned} \tag{7.9}$$

생산함수는 한계비용이 일정하고 W_t와 같고, 기업의 재화에 대한 수요탄력성이 일정하다는 것을 의미한다. 따라서 t기에 이윤을 극대화하는 가격 P_t^*는 상수와 W_t의 곱이다(식 6.57 참조). 마찬가지로 W_t는 상수와 P_t^*의 곱이다. 따라서 우리는 식 (7.9)의 괄호 내의 표현을 단지 P_i와 P_t^*의 함수로 고쳐 쓸 수 있다. 변수를 종전처럼 수준보다는 로그를 취한 값으로 표현한다. 따라서 식 (7.9)는 다음과 같이 표현된다.

$$A = E\left[\sum_{t=0}^{\infty} q_t \lambda_t Y_t P_t^{\eta-1} F(p_i, p_t^*)\right] \tag{7.10}$$

여기서 P_i와 p_t^*는 각각 P_i 및 P_t^*에 대하여 로그를 취한 값이다.

일반적인 경우 A를 극대화하는 P_i에 대해 상대적으로 거의 이야기 하지 않는다. 그러나 두 가지 가정으로 논의를 진행한다. 첫째는 인플레이션은 낮고, 경제가 항상 신축적 가격 균형에 가깝다. 다른 것은 가계의 할인인자 β가 1에 가깝다. 이러한 가정은 식 (7.10)에 대해 중요한 시사점 두 가지를 가지고 있다. 첫째는 $\lambda_t Y_t P_t^{n-1}$의 변동은 q_t와 p_t^*의 변동과 비교할 때 무시할 수 있을 정도로 미미하다. 둘째, $F(\cdot)$는 $p_i = p_t^*$의 주변에서 2차 근사로 근사치를 얻을 수 있다.[2] t기 이윤은 $p_i = p_t^*$에서 극대화된다. 그러면 이 조건에 따라 $p_i = p_t^*$에서 $\partial F(p_i, p_t^*)/\partial p_i$는 0이며 $\partial^2 F(p_i, p_t^*)/\partial p_i^2$은 음(−)이다. 이로부터 다음의 관계가 도출된다.

$$F(p_i, p_t^*) \simeq F(p_t^*, p_t^*) - K(p_i - p_t^*)^2, \qquad K > 0 \tag{7.11}$$

이 분석에 따르면 A를 극대화하는 p_i를 선택하는 문제는 다음처럼 단순화된다.

---

2 이러한 주장은 인플레이션이 낮고 경제는 신축적 가격균형에 매우 가깝게 있으며 β값이 1에 근사하다고 하는 명제들을 적절하게 정식화함으로써 엄밀하게 보일 수 있다.

$$\min_{p_i} \sum_{t=0}^{\infty} q_t E[(p_i - p_t^*)^2]$$
$$= \sum_{t=0}^{\infty} q_t \{(p_i - E[p_t^*])^2 + \mathrm{Var}(p_t^*)\} \tag{7.12}$$

여기서 q_t와 p_t는 불확실하다는 사실과 어떤 변수의 제곱의 기대치는 그것의 기대치의 제곱과 분산의 합과 같다는 사실을 이용하였다.

p_i에 대해 1계 조건을 구하여 정리하면 다음의 식을 얻는다.

$$p_i = \sum_{t=0}^{\infty} w_t E[p_t^*] \tag{7.13}$$

여기서 $w_t \equiv q_t / \sum_{\tau=0}^{\infty} q_\tau$ 이다. w_t는 기업이 0기에 설정한 가격이 t기에도 유효할 것이라는 확률을 그 가격이 유효하리라는 기대되는 기간 수의 기대값으로 나누었다. 그러므로 w_t는 p_i의 선택에 있어서 t기의 중요도를 나타내는 측정치이다. 식 (7.13)에서 기업 i가 설정하는 가격은 그 가격이 유효한 기간 동안에 이윤극대화하는 가격들의 가중평균이라는 것을 보여준다.

이 장에서 살펴볼 두 개의 모형(7.4절의 Calvo모형과 7.7절의 Christiano-Eichenbaum-Evans모형)에서 가격은 잠재적으로 여러 기간에 유효하다. 이러한 경우에 기업이 모든 기간에 동일하게 이윤을 평가하는 가격은 문제가 있고, 할인인자가 1로 가까워진다는 가정을 완화하는 것은 자연스럽다. 일반적인 할인인자에 대한 식 (7.12)의 확장은 다음과 같다.

$$\min_{p_i} \sum_{t=0}^{\infty} q_t \beta^t \{(p_i - E[p_t^*])^2 + \mathrm{Var}(p_t^*)\} \tag{7.14}$$

식 (7.13)과 유사한 최적 p_i에 대한 결과는 다음과 같다.

$$p_i = \sum_{t=0}^{\infty} \tilde{w}_t E[p_t^*], \quad \tilde{w}_t \equiv \frac{\beta^t q_t}{\sum_{\tau=0}^{\infty} \beta^\tau q_\tau} \tag{7.15}$$

마지막으로 식 (7.13)(또는 7.15)의 p_i^*를 대체하는 것이 유용하다. 기업의 이윤극대화 실질가격 P^*/P는 $\eta/(\eta-1)$과 실질임금 W/P의 곱과 같다. 그리고 식 (7.6)으로부터 w_t는 $p_t + \ln B + (\theta+\gamma-1)y_t$와 같다(여기서 $w_t \equiv \ln W_t$이고 $y_t \equiv \ln Y_t$). 따라서 이윤극대화 가격은 다음과 같다.

$$p^* = p + \ln[\eta/(\eta-1)] + \ln B + (\theta+\gamma-1)y \tag{7.16}$$

식 (7.16)은 6.5절(식 6.60)의 정태적 모형인 $p^* = p + c + \phi y$, $\phi > 0$의 형태이다. 단순화를 위해 m은 로그명목 GDP $p+y$를 나타내고 $\phi \equiv \theta+\gamma-1$로 정의하며

$\ln[\eta/(\eta-1)] + \ln B = 0$으로 가정하자.[3] 따라서 다음을 얻는다.

$$p_t^* = \phi m_t + (1-\phi)p_t \tag{7.17}$$

(7.13)에 이 식을 대입하면 다음과 같다.

$$p_i = \sum_{t=0}^{\infty} w_t E_0[\phi m_t + (1-\phi)p_t] \tag{7.18}$$

일반적인 할인인자의 경우에 w는 $\tilde{w}$로 대체된다(식 7.15).

중앙은행

식 (7.18)은 모형의 총공급 측면에서 핵심이 되는 식이며 식 (7.7)은 주어진 실질이자율 수준에서 총수요를 나타낸다. 따라서 실질이자율의 결정이 아직도 미결로 남아 있다. 이를 위해 통화정책을 모형에 도입할 필요가 있다.

한 가지 접근방법은 6.4절처럼 중앙은행은 이자율을 거시경제 조건의 함수로 어떻게 설정할지에 대한 어떤 준칙을 따른다고 가정하자. 이러한 접근방법은 7.8절과 제12장에서 많이 사용한다. 그러나 여기서 우리가 관심이 있는 것은 경제의 총수요 측면이다. 따라서 제6장의 파트 B에서 논의한 바와 같이, 명목 GDP(즉 m_t)의 경로를 주어진 것으로 취급함으로써 보다 단순한 접근방법을 따를 수 있다. 그런 다음, 명목 GDP의 1회 증가, 수준의 항구적 증가 또는 성장률의 항구적 증가와 같은 명목 GDP의 여러 가지 경로에 반응하여 경제의 움직임을 검토할 것이다. 6.5절에서 기술한 바와 같이, 명목 GDP의 경로가 주어졌다는 가정에 대한 설명으로 보다 더 간단한 것은 중앙은행이 명목 GDP의 목표 경로를 설정하고, 이를 달성하기 위해 통화정책을 수행한다고 하는 것이다. 이러한 접근방법은 우리로 하여금 화폐시장뿐만 아니라 식 (7.7)의 *IS* 식도 무시할 수 있게 한다.

7.2 사전에 결정된 가격(Predetermined Prices): Fischer 모형

이제 동태적 가격조정의 구체적인 모형으로 돌아오자. 우리가 관심있는 이슈는 **명목**(*nominal*)가격과 임금이다. 불확실성, 정보와 협상비용, 유인 등 가격과 임금이 자유롭게 공급과 수요를 같게 하지 못하도록 조정할 지도 모르거나 기업이 충격에 반응하여 완전하거나 즉각적으로 가격과 임금을 변경하지 못하는 여러 가지 이유가 있다. 그러나 완전한 시장으로부터 어떤 이탈을 도입하는 것은 명목교란이 중요한 것을 의미하기에 충분하지 않다. 예를 들어

3 식 (7.3)에서 B를 도입하는 것은 이러한 이유 때문이다.

제11장의 모든 고용모형은 실질모형이다. 만일 이러한 모형에 화폐부문을 추가한다면 고전적 이분성은 성립한다. 통화교란은 실질균형(비왈라스 특성이 포함된)이 변화하지 않도록 두면서 모든 명목가격과 임금의 변경을 초래한다. 고전적 이분성이 성립하지 않는 미시경제학 기반은 어느 정도의 명목불완전성이 요구된다.

■ 틀과 가정

이제 Fischer의 非동시적 가격조정(staggered price adjustment)모형을 논의하기로 한다.[4] 여기서 취급하는 모형은 앞 절의 분석 틀을 따른다. 그러나 가격설정은 특수한 형태를 취하는 것으로 가정한다. 각 가격설정자는 2기마다 다른 가격을 설정할 수 있다. 즉 기업은 0기에 1기에 대한 가격을 설정하고, 2기의 가격을 달리 설정할 수 있다는 것을 의미한다. 각 가격은 단지 한 기에서만 유효하기 때문에 식 (7.13)은 각 가격(로그로 표시된 가격)이 0기의 시점에서 그 해당기의 이윤극대화를 실현하는 가격에 대한 기대치와 동일하다는 것을 시사하고 있다. 그리고 임의의 기에서 보면 가격설정자의 2분의 1은 항상 다음 2개 기의 가격을 설정한다. 따라서 어떤 시점을 기준으로 볼 때 가격의 반은 전기에 설정되었으며 나머지 반은 2기전에 설정된 것이다.

총수요가 생성되는 과정에 대하여는 별도의 가정을 설정하지 않는다. 예를 들어 m_t에 관한 정보는 t기의 처음부터 종료시점까지 점진적으로 밝혀질 것이다. 그러므로 $t-1$기에서의 m_t에 대한 기대치 $E_{t-1}m_t$는 그 전기에서의 m_t에 관한 기대치 $E_{t-2}m_t$와는 차이가 있을 수 있다.

■ 모형의 해

임의의 기에 가격들 가운데 반은 전기에 설정된 것이며 나머지 반은 2기 전에 설정된 것이다. 그러므로 t기의 평균가격은 다음과 같다.

$$p_t = \tfrac{1}{2}(p_t^1 + p_t^2) \qquad (7.19)$$

단, 여기서 p_t^1 는 $t-1$기에 가격을 설정한 기업의 t기 가격이며 p_t^2는 $t-2$기에 가격을 설정한 기업의 t기 가격이다. 앞 절에서 확실성 등가의 가격설정을 전제로 하고 있기 때문에 p_t^1는 $t-1$기의 p_t^* 에 대한 기대치와 같고, p_t^2은 $t-2$기의 p_t^* 에 대한 기대치와 같다. 그러므로 식 (7.17)은 다음 관계식을 시사한다.

4 原논문의 Fischer and Taylor 모형은 임금의 비동시적조정에 초점을 맞추었다. 또한 가격은 원칙적으로 신축적이며 다만 임금에 마크업율을 곱하는 형태로 설정하는 것으로 상정한다. 하지만 여기서는 논의의 단순화를 위해 비동시적 조정이 직접 가격에 적용되는 것으로 가정한다. 비동시적 임금 조정에 주목하더라도 본질적으로 같은 결론이 도출된다. 가장 핵심적인 차이는 희망가격의 식 (7.17)의 모수 ϕ를 결정하는 미시경제적 요소가 비동시적 임금조정의 경우와 다르다는 점이다(Huang and Liu, 2002).

$$p_t^1 = E_{t-1}[\phi m_t + (1-\phi)p_t] \\ = \phi E_{t-1}m_t + (1-\phi)\tfrac{1}{2}(p_t^1 + p_t^2) \tag{7.20}$$

$$p_t^2 = E_{t-2}[\phi m_t + (1-\phi)p_t] \\ = \phi E_{t-2}m_t + (1-\phi)\tfrac{1}{2}(E_{t-2}p_t^1 + p_t^2) \tag{7.21}$$

여기서 $E_{t-\tau}$는 $t-\tau$기까지 알려진 정보를 바탕으로 한 조건부 기대치를 나타낸다. 식 (7.20)에서는 p_t^1가 설정된 시점에서 p_t^2는 이미 밝혀져 있어서 불확실성이 없다는 사실을 이용하고 있다.

우리의 목표는 m의 움직임이 주어졌을 때 물가수준과 생산량이 어떠한 움직임을 보이는가를 밝히는데 있다. 이를 위해 먼저 식 (7.20)을 p_t^1에 대해 풀면 다음과 같다.

$$p_t^1 = \frac{2\phi}{1+\phi}E_{t-1}m_t + \frac{1-\phi}{1+\phi}p_t^2 \tag{7.22}$$

식 (7.22)의 좌변과 우변이 같고 양변의 $t-2$기의 기대치는 동일하여야 한다. 즉 다음의 식이 성립한다.

$$E_{t-2}p_t^1 = \frac{2\phi}{1+\phi}E_{t-2}m_t + \frac{1-\phi}{1+\phi}p_t^2 \tag{7.23}$$

여기서 반복투영의 법칙(law of iterated projection)으로 $E_{t-2}E_{t-1}m_t$는 $E_{t-2}m_t$로 대체할 수 있다.

식 (7.23)을 식 (7.22)에 대입하면 다음과 같다.

$$p_t^2 = \phi E_{t-2}m_t + (1-\phi)\frac{1}{2}\left(\frac{2\phi}{1+\phi}E_{t-2}\,m_t + \frac{1-\phi}{1+\phi}p_t^2 + p_t^2\right) \tag{7.24}$$

이 식을 p_t^2에 대하여 풀면 다음의 식을 얻게 된다.

$$p_t^2 = E_{t-2}m_t \tag{7.25}$$

이제 얻은 결과들을 결합하여 균형을 살펴보자. 식 (7.25)를 식 (7.22)에 대입하여 정리하면 다음과 같이 간결한 식이 도출된다.

$$p_t^1 = E_{t-2}m_t + \frac{2\phi}{1+\phi}(E_{t-1}m_t - E_{t-2}m_t) \tag{7.26}$$

마지막으로, 식 (7.25)와 (7.26)을 물가수준의 식 $p_t = (p_t^1 + p_t^2)/2$와 생산의 식 $y_t = m_t - p_t$에 대입하면 다음의 결과가 얻어진다.

$$p_t = E_{t-2}m_t + \frac{\phi}{1+\phi}(E_{t-1}m_t - E_{t-2}m_t) \tag{7.27}$$

$$y_t = \frac{1}{1+\phi}(E_{t-1}m_t - E_{t-2}m_t) + (m_t - E_{t-1}m_t) \tag{7.28}$$

■ 시사점

식 (7.28)은 이 모형의 중요한 시사점을 보여준다. 첫째, 예상치 못한 총수요의 전환은 실물효과를 초래한다. 이것을 나타내고 있는 것이 $m_t - E_{t-1}m_t$의 항이다. 가격설정자는 가격의 설정시점에 있어서 m_t를 알지 못한다고 가정하기 때문에 이들 충격은 1:1의 형태로 생산으로 파급된다.

둘째, 첫 번째 가격설정을 마친 후에 예상된 총수요의 변화는 생산에 영향을 미친다. $t-2$기와 $t-1$기 사이에 이용할 수 있는 t기의 총수요에 관한 정보를 고려하여 보자. 현실적으로 이것은 장래의 경제활동에 관한 경제조사의 결과나 그 외에 미래경제 활동의 지표 또는 통화정책에 변화에 반응한다. 식(7.27)과 (7.28)에서 나타난 바와 같이 $t-2$기로부터 $t-1$기 사이에 도착한 m_t에 대한 정보 $1/(1+\phi)$의 비율은 생산에 전가되며 나머지 부분은 가격에 반영된다. 이러한 변화가 중립적이지 않은 이유는 분명하다. 단기에 모든 가격은 완전히 신축적(flexible)이지 못하기 때문이다.

이상의 결과가 제시하는 중요한 시사점은 미시경제적인 가격경직성의 효과가 가격설정자사이의 상호관계에 의해 증가할 수도 있고 감소할 수도 있다. 가격 가운데 반은 이미 설정되어 있고, 나머지 반은 자유롭게 조정이 가능하기 때문에 $t-2$기와 $t-1$기 사이에 도착한 m_t에 대한 정보 중 절반은 가격으로 파급되고 나머지는 생산으로 파급될 것이라고 기대할 수 있을지도 모른다. 그러나 일반적으로 이는 옳지 못하다. 여기서 핵심적인 것은 모수 ϕ이다. 생산에 전달되는 수요변동의 비율은 $\frac{1}{2}$이 아니라, $1/(1+\phi)$이다(식 7.28 참조).

ϕ는 실질경직성의 정도를 측정한다는 사실을 기억하자. ϕ는 총실질생산량에 대하여 가격설정자가 희망 실질가격의 반응도이며 ϕ가 작을수록 실질경직성이 커진다. 그리고 실질경직성이 커질수록(ϕ의 값이 작을수록) 가격설정자는 자기의 상대가격을 변화의 허용을 꺼린다. 결과적으로 가격을 자유롭게 조정할 수 있는 입장에 있는 가격설정자가 자기 가격이 이미 설정되어 있는 다른 기업 제품의 가격과 크게 다르게 설정하게 되는 것을 꺼리게 되므로 화폐적 충격의 실물효과는 커지게 된다. 반대로, 만일 $\phi > 1$이면 후에 가격을 결정하는 가격설정자는 가격을 큰 폭으로 변동시킬 것이며 m의 변동에 따른 총실질효과는 작아질 것이다.

마지막으로 모형에서 생산은($E_{t-1}m_t - E_{t-2}m_t$와 $m_t - E_{t-1}m_t$이 주어진 상황 하에서는) $E_{t-2}m_t$에 의존하지 않는다는 중대한 사실을 시사한다. 이는 곧 모든 가격설정자가 반응할 기회를 가졌던 총수요에 관한 어떠한 정보도 생산에 영향을 미치지 못한다는 것을 말한다. 그러므로 모형은 총수요의 변동에 따른 지속적 효과를 설명하지 못한다. 이 문제에 대하여 7.7절에서 다시 검토하기로 한다.

7.3 고정가격: Taylor 모형

■ 모형

앞 절의 모형을 변경하여 기업이 2기의 가격을 설정할 때 매기마다의 가격을 달리 매기는 대신에 동일한 가격을 책정한다고 가정한다. 앞 절에서 소개한 용어를 이용하여 말한다면 가격들은 그 값이 단지 「사전에 결정된 것(predetermined)」일 뿐만 아니라 「고정되어 있다(fixed)는 것」이다.

중요도는 덜 하지만 이외에 두 가지의 변경을 추가한다. 첫째, t기에 가격을 설정하는 기업은 종전과는 달리 $t+1$기와 $t+2$기의 가격을 설정하는 것이 아니라, t기와 $t+1$기의 가격을 설정한다. 이 변경은 분석의 중요한 결론에는 영향을 주지 않으면서 모형을 단순화하게 만든다. 둘째, m에 관한 구체적인 과정을 설정하면, 해가 훨씬 구하기 쉽다. m의 공급과정이 임의보행(random walk)이라고 단순히 가정한다.

$$m_t = m_{t-1} + u_t \tag{7.29}$$

여기서 u_t는 백색잡음(white noise)이다. 이 임의보행 가정의 중요한 특성은 m에 발생한 충격(u의 항)이 m의 수준에 장기지속적인 영향을 초래한다는 점이다.

t기에 가격을 설정하는 기업에 의해 선택된 가격을 x_t로 표현하자. 여기서 가격설정에 대한 식 (7.18)은 다음의 식을 의미한다.

$$\begin{aligned} x_t &= \tfrac{1}{2}(p_t^* + E_t p_{t+1}^*) \\ &= \tfrac{1}{2}\{[\phi m_t + (1-\phi)p_t] + [\phi E_t m_{t+1} + (1-\phi)E_t p_{t+1}]\} \end{aligned} \tag{7.30}$$

위 식에서 두 번째의 등식은 통상적인 확실성 등가의 가정, 즉 가격설정자는 가능한 최적가격에 가깝도록 가격을 설정한다는 가정과 $p^* = (1-\phi)p + \phi m$을 이용한 결과이다.

가격 가운데 반은 매기에 설정되기 때문에 p_t는 x_t와 x_{t-1}의 평균이 된다. 더욱이 m_t는 임의보행의 과정을 따라 변화하므로 $E_t m_{t+1}$는 m_t가 된다. 이들 관계를 식 (7.30)에 대입하여 다음의 식을 구한다.

$$x_t = \phi m_t + \tfrac{1}{4}(1-\phi)(x_{t-1} + 2x_t + E_t x_{t+1}) \tag{7.31}$$

x_t에 대하여 풀면 다음과 같다.

$$x_t = A(x_{t-1} + E_t x_{t+1}) + (1-2A)m_t, \quad \text{단 } A \equiv \frac{1}{2}\frac{1-\phi}{1+\phi} \tag{7.32}$$

식 (7.32)는 모형의 중요한 식이다.

식 (7.32)는 x_t를 m_t, x_{t-1} 및 x_{t+1}의 기대치의 함수로 표현하고 있다. 이 모형의 해를

구하기 위해서는 이 식에서 x_{t+1}의 기대치를 소거하여야 한다. 이의 해법으로 두 가지 방법을 사용할 수 있다. 미정계수법(the method of undetermined coefficients)과 **시차연산자**(*lag operator*)에 의한 방법이다. 이 가운데 미정계수법이 보다 단순하지만 경우에 따라서는 도출과정이 복잡하거나 처리하기 어려울 수가 있다. 이런 경우에 시차연산자를 이용하면 종종 그 해를 쉽게 구할 수 있다.

■ 미정계수법

5.6절에서 소개한 바와 같이 미정계수법의 아이디어는 해의 일반적인 함수형을 추측한 다음, 모형을 이용하여 개별의 계수를 결정해 나가는 것이다. 우리가 검토하고 있는 모형에서는 t기에 두 가지 변수는 주어져 있다. 통화스톡 m_t와 전기에 설정된 가격 x_{t-1}은 알려져 있다. 또한 모형은 선형함수이다. 그러므로 x_t를 다음과 같이 x_{t-1}과 m_t의 선형함수로 추측하는 것이 타당할 것이다.

$$x_t = \mu + \lambda x_{t-1} + \nu m_t \tag{7.33}$$

우리의 목표는 이런 모형의 해가 될 수 있는 μ, λ 및 ν의 값이 존재 여부를 확인하는 것이다.

비록 지금 당장 μ, λ 및 ν의 값을 구하는 것도 불가능하지는 않지만, 먼저 모형에 관한 지식을 이용하여 식 (7.33)에 제약을 부과하면 대수문제는 간단하게 된다. 각 기업의 희망가격이 0이 되도록 상수를 정규화하면 $p_t^* - p_t = \phi y_t$가 된다. 그 결과 신축적 가격 하의 균형에서는 y가 0이고 개별가격이 m이다. 이러한 관점으로부터 x_{t-1}과 m_t가 같아지는 상황을 생각하자. 만일 t기의 가격설정자들도 가격을 m_t와 같아지도록 책정하였다면 경제는 신축적 가격 균형에 있게 된다. 이에 더하여 m은 임의보행(random walk)과정을 따르므로 t기의 가격설정자들이 m_{t+1}이 m_t보다 평균적으로 상회하리라고 생각할 이유도, 하회하리라고 생각할 이유도 없으며 이것은 x_{t+1}이 평균적으로 m_t로부터 이탈하리라고 기대할 이유가 없다는 것을 의미한다. 그러므로 이러한 상황에서는 p_t^*와 $E_t p_{t+1}^*$ 모두가 m_t와 같아지며 가격설정자는 $x_t = m_t$를 선택할 것이다. 요컨대 만일 $x_{t-1} = m_t$이면 $x_t = m_t$가 성립한다고 추측하는 것이 타당하다. 식 (7.33)에 의해, 이러한 조건 모든 m_t에 대해 다음이 성립한다.

$$\mu + \lambda m_t + \nu m_t = m_t \tag{7.34}$$

식 (7.34)가 성립하기 위해서는 두 가지 조건이 필요하다. 첫째 $\lambda + \nu = 1$이다. 이것이 충족되지 않으면 식 (7.34)는 모든 m_t값에 대하여 성립할 수 없다. 둘째, $\lambda + \nu = 1$을 부과하면 식 (7.34)는 $\mu = 0$을 시사한다. 이들 조건을 식 (7.33)에 대입하면 다음의 식을 얻는다.

$$x_t = \lambda x_{t-1} + (1 - \lambda) m_t \tag{7.35}$$

결국 우리 목표는 모형의 해가 되는 λ의 값을 구하는 것으로 되었다.

식 (7.35)가 매기에 성립하기 때문에 $x_{t+1} = \lambda x_t + (1 - \lambda) m_{t+1}$이 성립한다. 따라서

t시점에 x_{t+1}에 대한 기대치는 $\lambda x_t + (1-\lambda)E_t m_{t+1}$이며 이는 $\lambda x_t + (1-\lambda)m_t$와 동일하다. x_t를 식 (7.35)를 대입하면 다음의 식을 얻는다.

$$\begin{aligned} E_t x_{t+1} &= \lambda[\lambda x_{t-1} + (1-\lambda)m_t] + (1-\lambda)m_t \\ &= \lambda^2 x_{t-1} + (1-\lambda^2)m_t \end{aligned} \tag{7.36}$$

이 식을 식 (7.32)에 대입하면 다음을 얻는다.

$$\begin{aligned} x_t &= A[x_{t-1} + \lambda^2 x_{t-1} + (1-\lambda^2)m_t] + (1-2A)m_t \\ &= (A + A\lambda^2)x_{t-1} + [A(1-\lambda^2) + (1-2A)]m_t \end{aligned} \tag{7.37}$$

따라서 가격설정자가 x_t를 식 (7.35)에 의해 가정된 x_{t-1} 및 m_t에 관한 선형함수라고 믿고 이윤극대화 행동을 추구한다면 이들은 실제로 이들 변수의 선형함수로 가격을 설정한다. 모형의 해를 구하게 될 수 있다면 이러한 두 가지 선형함수는 동치가 되어야만 할 것이다. 그러므로 식 (7.35)와 식 (7.37)을 비교하면 다음의 두 식이 도출된다.

$$A + A\lambda^2 = \lambda \tag{7.38}$$

$$A(1-\lambda^2) + (1-2A) = 1-\lambda \tag{7.39}$$

식 (7.39)가 식 (7.38)로 단순화된다는 것은 보이기 쉽다. 따라서 식 (7.38)만을 고려하면 된다. 이 식은 λ에 대하여 2차 함수이므로 그 해는 다음과 같다.

$$\lambda = \frac{1 \pm \sqrt{1-4A^2}}{2A} \tag{7.40}$$

식 (7.32)에 있는 A의 정의를 이용하면 λ 값은 다음과 같다.

$$\lambda_1 = \frac{1-\sqrt{\phi}}{1+\sqrt{\phi}} \tag{7.41}$$

$$\lambda_2 = \frac{1+\sqrt{\phi}}{1-\sqrt{\phi}} \tag{7.42}$$

두 개의 λ값 가운데 $\lambda = \lambda_1$의 경우만이 타당한 결과를 제공한다. 즉 $\lambda = \lambda_1$일 때 $|\lambda| < 1$이 성립하기 때문에 경제는 안정적이다. 반면에 $\lambda = \lambda_2$일 때 $|\lambda| > 1$이 성립하므로 경제는 불안정적이다. 즉 $|\lambda_2| > 1$일 때는 약간의 교란이 있어도 생산량은 양(+) 또는 음(−)의 무한대로 발산한다. 그렇게 되면 결과적으로 이런 모형의 바탕을 이루고 있는 가정들, 예를 들면 판매자는 구매자에 대하여 자기의 상품을 할당하지 않는다는 것이 붕괴된다. 따라서 이하에서는 $\lambda = \lambda_1$의 경우로 초점을 맞춘다.

이제 $\lambda = \lambda_1$으로 식 (7.35)가 모형의 해가 된다. 즉 만일 (일부의) 가격설정자가 다른 사람들도 가격설정에 이 방식을 이용하고 있다고 믿는다면 그들도 동일한 방식을 이용하여 자신의 이익을 도모한다.

이상의 논의를 바탕으로 하여 생산의 움직임을 표현하는 것도 가능하다. y_t는 $m_t - p_t$와 같고 이는 다시 $m_t - (x_{t-1} + x_t)/2$와 동일하다. x의 행태가 식 (7.35)로 주어지면 y_t는 다음 식과 같다.

$$\begin{aligned} y_t &= m_t - \tfrac{1}{2}\{[\lambda x_{t-2} + (1-\lambda)m_{t-1}] + [\lambda x_{t-1} + (1-\lambda)m_t]\} \\ &= m_t - \left[\lambda \tfrac{1}{2}(x_{t-2} + x_{t-1}) + (1-\lambda)\tfrac{1}{2}(m_{t-1} + m_t)\right] \end{aligned} \tag{7.43}$$

$m_t = m_{t-1} + u_t$ 및 $p_{t-1} = (x_{t-1} + x_{t-2})/2$의 관계식을 이용하여 생산량 y_t에 대한 표현을 다음과 같이 단순화할 수 있다.

$$\begin{aligned} y_t &= m_{t-1} + u_t - \left[\lambda p_{t-1} + (1-\lambda)m_{t-1} + (1-\lambda)\frac{1}{2}u_t\right] \\ &= \lambda(m_{t-1} - p_{t-1}) + \frac{1+\lambda}{2}u_t \\ &= \lambda y_{t-1} + \frac{1+\lambda}{2}u_t \end{aligned} \tag{7.44}$$

■ 시사점

식 (7.44)는 이 모형의 핵심 결론을 제시하고 있다. 식은 λ_1이 양의 값을 갖는 한 총수요의 충격이 생산에 장기지속적 영향을 미치는 것, 즉 모든 가격설정자가 가격을 변화시킨 후에도 효과가 지속된다는 것을 시사한다. 경제가 당초 가격이 완전히 신축적인 상황 아래서 생성된 균형(따라서 y는 0으로서 안정적인 상태)에 있었다고 가정하자. 여기서 어떤 기에 생성된 크기가 u^0인 양(+)의 충격의 영향을 살펴보자. 충격이 발생한 기에 가격설정자 모두가 가격을 조정하는 것이 아니므로 y가 증가하는 것은 놀라운 일이 아니다. 식 (7.44)에 의하면 y는 $y = [(1+\lambda)/2]u^0$만큼 분명히 증가한다. 이후에 이어지는 기에는 나머지 가격설정자도 가격을 조정할 수 있게 되겠지만 그 후 추가적인 충격이 발생하지 않는다고 해도 y는 원래의 정상수준으로 복귀하지 않는다. 구체적으로는 식 (7.44)에 의해 y는 $\lambda[(1+\lambda)/2]u^0$이기 때문이다. 이후부터는 총생산은 매기 $y_t = \lambda y_{t-1}$의 과정을 따라 점진적으로 정상수준에 복귀할 것이다.

충격에 대한 물가수준의 반응은 생산의 반응과 반대의 모습을 보인다. 물가수준은 먼저 최초의 기에 $[1-(1+\lambda)/2]u^0$만큼 상승하며 이후 매기 u_0로부터 잔존하는 거리의 $(1-\lambda)$만큼씩 상승하여 간다. 따라서 이 경제에서는 물가수준에 관하여 관성(price-level inertia)이 작용하고 있다.

화폐적 충격이 장기지속적인 실물효과를 초래하는 요인은 이 경우에도 가격설정자가 상대가격 변동을 받아들이려고 하지 않는 태도에서 비롯한다. 여기서는 무엇보다도 $p_t^* = (1-\phi)p_t$

$+\phi m_t$가 성립하며 또한 $\phi < 1$일 때에 한하여 $\lambda_1 > 0$이 성립한다는 것을 상기하자. 따라서 조정이 점진적으로 이루어지는 것은 각 재화의 희망가격이 일반물가수준의 증가함수인 경우에 한정된다. 가격설정자 각자가 충격에 대하여 가격변경이 가능한 최초의 기회에 완전한 조정을 실행하였다고 가정하자. 이 경우 충격이 발생한 기에 가격을 조정하는 가격설정자는 충격의 100%를 가격조정에 반영할 것이다. 또한 다음 기에는 나머지의 가격설정자가 같은 모습으로 조정을 실행한다. 따라서 y는 최초의 기에 $u_0/2$만큼 증가하고 다음 기에는 정상으로 복귀하게 될 것이다.

ϕ가 1보다 작은 경우에 왜 이와 같은 급격한 가격의 조정이 균형이 될 수 없는가를 이해하는 데에는 충격이 발생한 기에 즉각적으로 가격을 조정하는 기업을 고려하면 된다. 가정에 의하면 2기까지 모든 가격이 조정되어야 하기 때문에 이러한 상황에서는 모든 가격설정자는 각자가 자기의 입장에 볼 때 최고의 가격을 책정하고 있게 된다. 그러나 $\phi < 1$이기 때문에 일반물가수준이 낮은 경우에는 이윤을 극대화시키는 최적가격도 낮은 수준으로 책정된다. 따라서 충격이 발생한 기에 최적가격은 모든 가격이 조정되기 이전이기 때문에 차기에 있어서의 최적가격보다도 낮은 수준이 된다. 이로 인해 충격이 발생한 기에 가격조정을 실행하는 주체가 완전한 조정(즉 화폐의 변동분 모두에 어울리는 가격조정)을 하지는 않는다. 이것이 파급되어 다음 기에 가격조정을 수행하는 나머지의 기업들도 가격을 완전히 조정하는 것이 최적이 되지 못한다. 이것이 차기의 가격변경도 완전조정에는 이르지 못할 것이라는 예상을 낳게 함으로써 충격이 발생한 기에 조정을 실행하고자 하는 기업들의 반응은 더 억제된다. 이와 같이 미래와 과거를 넘나들면서 이루어지는 예상의 상호작용에 의해 식 (7.35)처럼 점진적인 조정이 발생하는 것이다.

따라서 가격이 사전에 결정되어 있지만 고정되어 있지 않은 모형의 경우와 마찬가지로 거시적으로 가격조정의 범위는 모든 가격이 매기에 조정되지는 않는다는 지식으로부터 단순히 예상할 수 있는 것보다 훨씬 클 수 있다. 실제로 모든 가격이 변경된 후에도 효과가 지속되기 때문에 거시경제적 가격조정의 완만성은 이 경우보다도 훨씬 클 것이다. 그리고 이 경우에서도 ϕ의 작은 값 즉, 실질경직성이 크다는 것이 이런 결과에 대하여 중요한 의미를 가진다. 만일 ϕ가 1이면 λ는 0이 되며 따라서 가격설정자 각자는 m의 변화에 대하여 가격변경이 가능한 최초의 기회에 자기의 재화의 가격을 완전히 조정한다. 만일 ϕ가 1을 초과하면 λ는 음(−)의 값을 갖게 되기 때문에 충격이 발생한 이후의 기에 p가 m 보다 더 변동하며 이후 장기균형을 향한 조정은 진동을 수반하는 모습을 보이게 된다.

■ 시차연산자를 이용한 방법

미정계수법과는 다르지만 시차연산자의 활용으로 모형의 해를 구하는 방법은 한층 일반적인 방법이다. 시차연산자는 L로 표기하며 변수의 시기를 과거로 거슬러 가게 만드는 함수이다. 즉 어떤 변수에 시차연산자를 부여하면 그 변수의 이전 기의 값을 갖게 된다. 예를 들어

$Lz_t = z_{t-1}$이다.

시차연산자의 유용성을 살펴보기 위해 m이 임의보행과정을 따른다는 제약없이, 우리의 모형을 고찰한다. 식 (7.30)이 성립하는 것은 이전과 다름이 없다. $E_t m_{t+1} = m_t$의 제약을 없애고 식 (7.32)를 도출한 과정을 유사하게 진행하면 단순 계산으로 다음의 식이 도출된다.

$$x_t = A(x_{t-1} + E_t x_{t+1}) + \frac{1-2A}{2} m_t + \frac{1-2A}{2} E_t m_{t+1} \tag{7.45}$$

여기서 A는 이전과 동일하며 $E_t m_{t+1} = m_t$일 때 식 (7.45)는 식 (7.32)로 단순해진다.

첫 번째의 단계는 시차연산자를 이용하여 이 표현을 다시 쓰는 것이다. x_{t-1}은 x_t의 1기 전 시차이기 때문에 $x_{t-1} = Lx_t$가 된다. 또한, 시차연산자 L은 기대변수의 시점을 1기 늦추지만 기대치의 시점에는 영향을 주지 않는다는 규칙을 적용하면 x_t는 $E_t x_{t+1}$의 전시차($LE_t x_{t+1}$)가 된다. 즉 $LE_t x_{t+1} = E_t x_t = x_t$가 성립한다.[5] 이와 마찬가지로 L^{-1}이 역시차함수라고 하면 $E_t x_{t+1} = L^{-1} x_t$로 쓸 수 있다. 마찬가지로 $E_t m_{t+1} = L^{-1} m_t$이다. 따라서 식 (7.45)는 다음과 같이 쓸 수 있다.

$$x_t = A(Lx_t + L^{-1}x_t) + \frac{1-2A}{2} m_t + \frac{1-2A}{2} L^{-1} m_t \tag{7.46}$$

또는

$$(I - AL - AL^{-1})x_t = \frac{1-2A}{2}(I + L^{-1})m_t \tag{7.47}$$

여기서 I는 항등연산자(즉 임의의 z에 대하여 $Iz_t = z_t$)이다. 따라서 $(1+L^{-1})m_t$는 $m_t + L^{-1}m_t$를 간결하게 표현한 것이며 마찬가지로 $(I-AL-AL^{-1})x_t$는 $x_t - Ax_{t-1} - Ax_{t+1}$를 간결하게 표현한 것이다.

이제 $I-AL-AL^{-1}$를 $(1-\lambda L^{-1})(1-\lambda L)(A/\lambda)$의 형태로 「인수분해」를 할 수 있는 점에 주목한다(물론 여기서도 λ는 식 (7.40)으로 정의된다). 따라서 다음의 식을 얻는다.

$$(I - \lambda L^{-1})(I - \lambda L)x_t = \frac{\lambda}{A}\frac{1-2A}{2}(I + L^{-1})m_t \tag{7.48}$$

시차연산자를 포함한 "곱셈" 식은 자연스러운 방식으로 해석하면 충분하다. $(I-\lambda L^{-1})(I-\lambda L)x_t$는 $(I-\lambda L)x_t$에서 그 자체에 시차연산자의 역함수를 적용하여 λ배한 것을 뺀 결과는 $(x_t - \lambda Lx_t) - (\lambda L^{-1}x_t - \lambda^2 x_t)$이다. 간단한 계산과 λ의 정의를 이용하면 식 (7.48)

5 $E_t x_{t-1} = x_{t-1}$와 $E_t m_t = m_t$이므로, 우리는 식 (7.45)에 포함되어 있는 모든 변수를 t시점에서의 기대치로 바꾸어 생각할 수 있다. 따라서 이하의 분석에서는 기대연산이 항상 전체변수를 시점에서의 기대치로 계속 유지하고 있는 것으로 해석할 수 있다. **역변환연산자**(*backshift operator*) B는 변수의 시점과 기대형성의 시점을 모두 지체시키는 함수이다. 따라서 예를 들어 $BE_t x_{t+1} = E_{t-1} x_t$가 된다. 시차연산자과 역변환연산자 중 어느 것이 더 유용한 지는 적용하는 대상에 의존한다. 여기의 사례는 시차연산자를 이용하는 경우가 보다 유용하다.

과 식 (7.47)이 같다는 것을 확인할 수 있다.

이전처럼 모형의 해를 구하기 위해 내생변수의 미래 값의 기대가 포함된 항을 소거할 필요가 있다. 식 (7.48)에서 $E_t x_{t+1}$ 항이 $(I-\lambda L^{-1})$으로 인해 (숨겨진 형태로) 좌변에 나타나고 있다. 따라서 양변을 $(I-\lambda L^{-1})$으로 나누어 주는 것을 생각해 본다. 식 (7.48)의 양변에 시차연산자 $I+\lambda L^{-1}+\lambda^2 L^{-2}+\lambda^3 L^{-3}+\cdots$의 곱하기를 생각해 볼 수 있다. $I+\lambda L^{-1}+\lambda^2 L^{-2}+\lambda^3 L^{-3}+\cdots$과 $(I-\lambda L^{-1})$을 곱하면 I가 되므로 좌변은 $(I-\lambda L)x_t$ 이다. 그리고 $I+\lambda L^{-1}+\lambda^2 L^{-2}+\lambda^3 L^{-3}+\cdots$과 $(I-L^{-1})$을 곱하면 $I+(I+\lambda)L^{-1}+(I+\lambda)\lambda L^{-2}+(I+\lambda)\lambda^2 L^{-3}+\cdots$이 된다.[6] 따라서 식 (7.48)은 다음과 같게 된다.

$$
\begin{aligned}
&(I-\lambda L)x_t \\
&\quad = \frac{\lambda}{A}\frac{1-2A}{2}[I+(1+\lambda)L^{-1}+(1+\lambda)\lambda L^{-2}+(1+\lambda)\lambda^2 L^{-3}+\cdots]m_t
\end{aligned}
\tag{7.49}
$$

시차연산자를 소거하고 다시 쓰면 이하의 식을 얻는다.

$$
\begin{aligned}
x_t &= \lambda x_{t-1} \\
&\quad +\frac{\lambda}{A}\frac{1-2A}{2}[m_t+(1+\lambda)(E_t m_{t+1}+\lambda E_t m_{t+2}+\lambda^2 E_t m_{t+3}+\cdots)]
\end{aligned}
\tag{7.50}
$$

식 (7.50)은 새롭게 설정된 가격의 움직임을 외생적인 통화공급의 과정으로 표시하였다. 일반물가수준과 생산의 움직임은 이 식을 p의 식 $p_t=(x_t+x_{t-1})/2$과 y의 식 $y_t=m_t-p_t$에 각각 대입하면 얻을 수 있다.

m이 임의보행을 하는 특별한 경우에 모든 $E_t m_{t+1}$는 m_t와 같아지며 이 경우 식 (7.50)은 다음과 같이 간단한 식으로 바뀐다.

$$
x_t=\lambda x_{t-1}+\frac{\lambda}{A}\frac{1-2A}{2}\left(1+\frac{1+\lambda}{1-\lambda}\right)m_t \tag{7.51}
$$

식 (7.38)인 $A+A\lambda^2=\lambda$을 이용하면 식 (7.51)이 식 (7.35)인 $x_t=\lambda x_{t-1}+(1-\lambda)m_t$으로 된다. 따라서 m이 임의보행의 과정을 따른다면 미정계수법과 같은 결과를 얻는다. 그러나 여기서는 m이 보다 일반적인 과정을 보이는 경우의 모형에 대해서도 해를 구할 수 있다.

비록 이러한 시차연산자의 사용은 불가사의한 것처럼 보이지만, 사실 완전하게 표준적인 연산조작의 실행에서 이용되고 있는 간결한 방법들이다. 먼저 식 (7.45)(시차연산자를 사용하지 않은 표현)은 간단한 계산으로도 도출이 가능하다. 그리고 식 (7.45)는 각 시점에서 성립

6 연산자 $1+\lambda L^{-1}+\lambda^2 L^{-2}+\lambda^3 L^{-3}+\cdots$는 무한급수의 합이기 때문에 $\lim_{n\to\infty}(I+\lambda L^{-1}+\cdots+\lambda^n L^{-n})(1+L^{-1})m_t$의 값이 존재할 필요가 있다. 이러한 점은 $\lambda^n L^{-(n+1)}m_t$ (이것은 $\lambda^n E_t m_{t+n+1}$과 같다)이 0으로 수렴해야 할 필요가 있다. $\lambda=\lambda_1$ (즉 $|\lambda|<1$)로서 m이 임의보행을 하는 경우에 이 조건은 충족된다.

하고 있다는 점에 유의한다면 모든 $k \geq 0$에 대하여 다음의 관계식이 성립해야만 한다.[7]

$$E_t x_{t+k} - AE_t x_{t+k-1} - AE_t x_{t+k+1} = \frac{1-2A}{2}(E_t m_{t+k} + E_t m_{t+k+1}) \tag{7.52}$$

식 (7.52)의 좌변과 우변은 동일하기 때문에 이 식의 좌변이 $k=0$인 경우에 좌변이 $k=1$인 경우에 λ를 곱하여 더하고 다시 좌변이 $k=2$인 경우에 λ^2 을 곱하여 더하는 등 동일한 작업을 계속 반복한 것과 우변이 $k=0$인 경우에다 우변이 $k=1$인 경우에 λ를 곱하여 더하고 다시 우변이 $k=2$인 경우에 λ^2 을 곱하여 더하는 등 동일한 작업을 계속 반복한 것과는 서로 같아야만 한다. 이들 2개의 식을 계산하여 정리하면 식 (7.50)을 얻을 수 있다. 그러므로 시차연산자는 논의의 본질이 아니다. 그것은 단지 표기를 간결화하고, 그렇지 않으면 놓칠 수 있는 과정의 방법을 제시하는 역할을 한다.

7.4 Calvo모형과 새 케인즈학파 필립스곡선

■ 개관

Taylor모형에서 각 가격은 같은 기간의 수에 대해서 유효하다. 2기의 경우를 넘어서는 경우의 결과는 다루기 어려워진다. Calvo모형(Calvo, 1983)은 이러한 문제를 피하도록 모형에 변형을 주었다. Calvo는 가격변동이 결정적으로 전달되는 것보다 가격변동은 확률적으로 전달한다고 가정한다. 구체적으로 가격을 변경하는 기회는 **포아송 과정**(*Poisson process*)을 따른다고 가정한다. 기업이 언제 자신의 가격을 마지막으로 변경할 수 있었는 지와 관계없이 기업이 자신의 가격을 변경할 수 있는 확률은 매기 같다. Taylor모형처럼 가격은 결정적인 것이 아니라 가격들이 조정되는 시간들 사이에 고정되어 있다.

모형의 정량적인 시사점은 Tayor모형과 비슷하다. 예를 들어, 경제가 모든 가격이 화폐적 충격 m에 같도록 출발하고, 1기에 1회, 영구적인 m의 변화가 있다고 가정하자. 자신의 가격을 조정할 수 있는 기업은 m의 증가에 따라 가격을 인상하려고 할 것이다. 그러나 만일 이윤극대화 가격에 대한 식($p_t^* = \phi m_t + (1-\phi)p_t$)에서 ϕ가 1보다 작으면, 일반물가수준에 어떤 가중치를 둔다. 그리고 ϕ가 작아질수록, 이러한 효과는 커진다. 따라서 Taylor모형처럼 명목경직성(모든 가격이 매기 조정하지 않는 사실)은 물가수준의 점진적인 조정을 유도하고, 실질경직성(작은 ϕ 값)은 명목경직성의 효과를 크게 한다.[8]

---

7 식 (7.52)가 $k<0$에 대하여 성립하지 않는다고 생각하는 것은 기대치연산 반복의 법칙이 후방으로는 성립하지 않기 때문이다. 즉 과거의 어떤 시점에서 구한 변수의 기대치에 대하여 금일에 다시 구한 기대치는 그 변수의 금일 시점에서 구한 기대치와 일치할 필요는 없다.

8 문제 7.6을 참조하라.

Calvo모형에서 중요한 점은 정량적인 예측이 아니라는 것이다. 오히려 이것은 두 가지 측면에서 의미가 있다. 첫째, 모형은 어느 정도의 가격경직성을 쉽게 수용할 수 있다. 기업이 매기에 가격을 변경할 수 있는 확률을 결정하는 모수를 변화시키기만 하면 된다. 둘째, 인플레이션의 동학에 대한 표현을 단순하게 만든다. 이러한 것은 **새 케인즈학파 필립스곡선**(*new Keynesian Phillips curve*)으로 알려져 있다.

■ 새 케인즈학파 필립스곡선의 도출

매기에 기업들은 $\alpha(0 < \alpha \leq 1)$ 비율로 무작위로 선택되어 새로운 가격을 설정한다. 따라서 t기의 평균가격은 α 곱하기 t기에 새로운 가격을 설정한 기업에 의해 설정된 가격 x_t에, $1-\alpha$ 곱하기 자신의 가격을 변경하지 않은 기업에 의해 t기에 부과된 평균가격과 같다. 자신의 가격을 변경한 기업은 무작위로 선택되기 때문에 (그리고 기업의 수는 많다), 자신의 가격을 변경하지 않은 기업에 의해 부과되는 평균가격은 이전 기에 모든 기업에 의해 부과된 평균가격과 같다.

$$p_t = \alpha x_t + (1-\alpha)p_{t-1} \tag{7.53}$$

여기서 p는 평균가격이고, x는 자신의 가격을 변경할 수 있는 기업에 의해 설정된 가격이다. 양변에서 p_{t-1}을 빼면 인플레이션에 대한 표현으로 나타난다.

$$\pi_t = \alpha(x_t - p_{t-1}) \tag{7.54}$$

즉, 인플레이션은 자신의 가격을 변경한 기업의 비율과 그들이 설정한 상대가격으로 결정된다.

가격을 변경할 기회가 포아송 분포를 따른다는 가정은 어떤 기업이 가격을 설정할 때, 미래를 무한정으로 바라볼 필요가 있다는 것이다. 7.1절에서 논의한 대로 그러한 상황에서 할인을 도입하는 것이 자연스럽다. 따라서 기업이 기회가 있을 때 자신의 가격을 설정하는 방법에 대한 적절한 표현은 할인이 없는 식 (7.13)보다 식 (7.15)이 일반적이다. t기에 자신의 가격 x_t를 설정하는 기업의 문제에 대한 표현을 적용하면 다음을 얻는다.

$$x_t = \sum_{j=0}^{\infty} \tilde{\omega}_j E\left[p^*_{t+j}\right], \qquad \tilde{\omega}_j = \frac{\beta^j q_j}{\sum_{k=0}^{\infty} \beta^k q_k} \tag{7.55}$$

여기서 이전처럼 β는 할인인자이고 q_j는 가격이 $t+j$기에 여전히 유효할 확률이다. Calvo의 포아송 가정은 q_j는 $(1-\alpha)^j$이라는 것을 의미한다. 따라서 식 (7.55)는 다음과 같다.

$$x_t = [1-\beta(1-\alpha)] \sum_{j=0}^{\infty} \beta^j (1-\alpha)^j E_t p^*_{t+j} \tag{7.56}$$

여기서 $\sum_{k=0}^{\infty} \beta^k (1-\alpha)^k = 1/[1-\beta(1-\alpha)]$라는 사실을 이용하였다.

$t+1$기에 자신의 가격을 설정할 수 있는 기업은 비슷한 문제에 직면하게 된다. t기는 더 이상 적절하지 않고, 다른 모든 기간들은 비례적으로 높은 가중치를 얻는다. 따라서 x_t를 p_t^*와 $E_t x_{t+1}$로 표현할 수 있다. 식 (7.56)은 다음과 같이 쓸 수 있다.

$$x_t = [1-\beta(1-\alpha)]E_t p_t^* + \beta(1-\alpha)[1-\beta(1-\alpha)]\left[\sum_{j=0}^{\infty}\beta^j(1-\alpha)^j E_t p_{t+1+j}^*\right] \qquad (7.57)$$

$$= [1-\beta(1-\alpha)]p_t^* + \beta(1-\alpha)E_t x_{t+1}$$

여기서 두 번째 행은 식 (7.56)을 1기 앞으로 이동시켰다(그리고 p_t^*는 시간 t에 알려져 있는 사실). 식 (7.57)을 식 (7.54)와 연결하기 위하여, 식 (7.57)의 양변에 p_t를 뺀다. 그리고 좌변에 $x_t - p_t$를 $(x_t - p_{t-1}) - (p_t - p_{t-1})$로 대체하면 다음을 얻는다.

$$(x_t - p_{t-1}) - (p_t - p_{t-1}) = [1-\beta(1-\alpha)](p_t^* - p_t) + \beta(1-\alpha)(E_t x_{t+1} - p_t) \qquad (7.58)$$

이제 식 (7.54)를 이용할 수 있다. $x_t - p_{t-1}$은 π_t/α이고 $E_t x_{t+1} - p_t$은 $E_t x_{t+1}/\alpha$이다. 또한, $p_t - p_{t-1}$은 π_t이고 $p_t^* - p_t$는 ϕy_t이다. 따라서 식 (7.58)은 다음과 같다.

$$(\pi_t/\alpha) - \pi_t = [1-\beta(1-\alpha)]\phi y_t + \beta(1-\alpha)(E_t \pi_{t+1}/\alpha) \qquad (7.59)$$

또는

$$\pi_t = \frac{\alpha}{1-\alpha}[1-\beta(1-\alpha)]\phi y_t + \beta E_t \pi_{t+1}$$
$$= \kappa y_t + \beta E_t \pi_{t+1}, \qquad \kappa \equiv \frac{\alpha[1-(1-\alpha)\beta]\phi}{1-\alpha} \qquad (7.60)$$

■ 논의

식 (7.60)은 새 케인즈학파의 필립스곡선이다.[9] 6.4절의 가속화 필립스곡선과 6.9절의 Lucas 공급곡선처럼 인플레이션은 근원 또는 기대인플레이션 항과 생산에 의존한다고 말한다. 높은 근원 또는 기대인플레이션과 같이, 높은 생산은 인플레이션을 상승시킨다.

이러한 필립스곡선을 새롭게 만드는 두 가지 특징이 있다. 첫째, 가격설정자가 가격조정 장벽에 직면하는 움직임을 합하여 도출된다. 둘째, 우변의 인플레이션 항은 이전 필립스곡선과 다르다. 가속화 필립스곡선에서는 지난 기간의 인플레이션이다. Lucas 공급곡선에서는 당기 인플레이션의 기대치이며, 다음기 인플레이션의 당기 기대치이다. 이러한 차이는 중요하다. 우리는 7.6절에서 이 지점으로 돌아올 것이다.

비록 Calvo모형이 인플레이션에 대해 멋진 표현을 만들어 낸다고 해도, 그것의 광범위한

9 새 케인즈학파 필립스곡선은 원래 Roberts(1995)에 의해 도출되었다.

시사점들은 구체적인 포아송 가정이 아니라 시차가격조정의 일반적인 가정에서 시작된다. 예를 들어, Taylor모형에서 가격설정자의 기본식 $x_t = (p_t^* + E_t p_{t+1}^*)/2$ (식 7.30)은 다음을 의미한다.

$$\pi_t^x = E_t \pi_{t+1}^x + 2\phi(y_t + E_t y_{t+1}) \tag{7.61}$$

여기서 π^* 는 새롭게 설정한 가격의 성장률이다. 비록 식 (7.61)이 식 (7.60)처럼 단순하지 않지만, 기본 메시지는 같다. 인플레이션의 측정은 기대 미래 인플레이션과 생산의 기대의 측정에 의존한다.

7.5 상태의존형 가격설정

Fischer모형, Taylor모형, Calvo모형은 가격변동의 타이밍이 단지 시간의 경과에 의해서만 완전히 결정된다고 가정한다. 다른 극단은 순수한 상태의존형인 경우이다. 예를 들어 많은 소매점은 경제 상태에 맞추어서 대단히 유연하게 가격변동 타이밍을 조정할 수 있다. 따라서 이번 절은 상태의존형 가격설정을 고려한다.

상태의존형 가격설정 분석의 기본 메시지는 그러한 가격설정이 주어진 가격변동의 평균 빈도 하에 거시경제 교란에 대한 일반물가수준의 보다 급격한 조정을 초래한다. 이러한 결론에 두 가지 독특한 이유들이 있다. 첫째는 **빈도효과**(*frequency effect*)이다. 상태의존형 가격설정 하에서, 더 큰 통화충격이 있을 때 기업 자신들의 가격을 변경하는 기업의 수는 더 많아진다. 다른 것은 **선별효과**(*selection effect*)이다. 자신들의 가격을 조정하는 기업의 구성은 충격에 반응하여 변경한다. 이번 절에서 각각의 효과를 나타내는 모형을 고려한다.

■ 빈도효과: Caplin-Spulber모형

우리의 첫째 모형은 Caplin-Spulber모형이다. 이 모형은 연속시간형으로 정의된다. 명목 GDP는 항상 증가하고 있다. 기업고유의 충격은 없다는 가정과 함께, 이러한 명목 GDP의 증가는 이윤극대화 가격을 항상 증가하도록 유도한다. 가격설정자들이 따르는 가정인 구체적인 상태의존형 가격설정은 Ss **정책**(Ss *policy*)이다. 기업이 자기의 가격을 조정하는 경우 그 가격을 그 시점에서의 실제가격과 최적가격과의 차이 $(p_i - p_i^*)$가 어떤 목표수준 S와 동일하게 되도록 설정한다. 조정 이후 기업은 통화량 증가로 인해 p_i^* 가 충분히 상승하여 가격차 $(p_i - p_i^*)$가 어떤 가격조정의 발동기준(trigger level)이 되는 수준인 s로 하락할 때까지 명목가격을 그대로 유지한다. $(p_i - p_i^*)$가 s에 달하는 시점에서 그 가격설정자는 $(p_i - p_i^*)$를 다시 S로 바꾸어 설정하고 새로운 가격조정 과정이 시작된다.

인플레이션이 안정적이고 총생산 수준이 일정하며, 각 명목가격의 변경에 고정비용이 소요되는 경우에 이와 같은 Ss 정책은 최적이 된다(Barro, 1972; Sheshinski and Weiss, 1997). 또한 Caplin–Spulber가 제시한 바와 같이, 인플레이션이나 생산이 일정하지 않은 경우에도 Ss정책이 최적이 되는 경우가 있다. 그리고 더욱이 그것이 완전하게는 최적이 아닌 경우일 때에도 Ss정책은 상태의존형 가격설정 모형으로서 단순하면서도 다루기 쉬운 예가 된다.

모형을 완성시키는 데에 두 가지 기술적인 전제가 필요하다. 첫째 가격이 s의 수준을 초과하는(오버슈팅) 경우가 존재하지 않을 뿐 아니라, 가격설정 기업들 간의 가격분포가 새알처럼 밀집되는 모양을 막기 위해 m은 연속적으로 변화한다고 가정한다. 둘째 가격설정 기업들 간 $(p_i - p_i^*)$의 분포는 당초 s와 S의 사이에서 균일분포를 따르는 것으로 가정한다. 여기서도 우리는 7.1절의 가정들 즉, 개별기업 수준에서의 t기 최적가격은 $p_i^* = \phi m + (1-\phi)p$이고, p는 p_i들의 평균이며 그리고 $y = m - p$이라는 것 등을 계속 사용하기로 한다.

이러한 가정 하에서, 개별 가격설정자 수준에서 가격경직성이 존재함에도 불구하고 총수요의 이동은 전체적으로 완전중립적이다. 이것을 이해하기 위해, 먼저 통화량 m이 임의의 기간 중 $\Delta m (< S - s)$ 만큼 증가한 경우를 고려해 보자. 우리가 알고 싶은 것은 이때 물가수준과 생산량이 나타내는 변동 즉, Δp와 Δy이다. $p_i^* = \phi m + (1-\phi)p$이기 때문에 각 기업이 이윤을 극대화하는 가격의 증가는 $\phi \Delta m + (1-\phi)\Delta p$이다. 기업은 실제가격과 최적가격의 차이가 s이하로 축소되는 경우 즉, $p_i - p_i^* \leq s$일 때 가격을 조정한다. 따라서 $s + [(1-\phi)\Delta p + \phi \Delta m]$보다 작은 $p_i - p_i^*$의 초기값을 가지는 기업은 가격을 변경한다. $p_i - p_i^*$의 초기값은 s와 S의 사이에서 균일하게 분포하므로, 자신의 가격을 변경하는 기업의 비율은 $[(1-\phi)\Delta p + \phi \Delta m]/(S - s)$이 된다. 자기의 가격을 변경하는 기업은 자기의 $p_i - p_i^*$ 값이 s에 이르게 되는 순간에 자기 가격을 변경한다. 따라서 각 가격상승분은 $S - s$가 된다. 이들 내용을 모두 종합하여 생각하면 다음 식을 얻는다.

$$\begin{aligned} \Delta p &= \frac{(1-\phi)\Delta p + \phi \Delta m}{S - s}(S - s) \\ &= (1-\phi)\Delta p + \phi \Delta m \end{aligned} \tag{7.62}$$

식 (7.62)로부터 $\Delta p = \Delta m$이며 따라서 $\Delta y = 0$이다. 따라서 화폐적 변동은 총생산에 아무런 영향을 주지 못한다.[10]

이 모형의 결과와 시간의존형 조정 모형의 결과 사이에 차이가 극명하게 나타나는 차이의 이유는 어떤 시점에 자신의 가격을 바꾸려는 기업의 수가 내생적이라는 것이다. Caplin–

10 이 결과는 $p_i - p_i^*$의 초기 분포가 s와 S의 사이에서 균일하게 분포한다고 하는 전제를 정당화하는 것이라고 말할 수 있다. 각 기업의 $p_i - p_i^*$는 어떤 두 가격변경 사이의 기간 동안에 s와 S의 사이의 각각의 값과 한 번만 같아진다. 따라서 그 구간 (s로부터 S) 내의 특정 장소에 집중된다고 생각할 이유는 없다. 실제 Caplin–Spulber는 간단한 가정 하에서 주어진 기업의 $p_i - p_i^*$는 s와 S 사이의 값 중 임의의 값으로 나타나게 될 가능성이 같다는 것을 제시하고 있다.

Spulber 모형에서 어떤 시점에서 자신의 가격을 변경하는 기업의 수는 총수요가 급격이 증가할 때 더 커진다. Caplin-Spulber가 가정한 특정한 가정들을 주어진 것으로 받아들이면, 이는 m의 변화에 일반물가수준이 완전히 대응하게 되는 효과가 있다는 것을 의미한다. 대조적으로 Fischer모형, Taylor모형, Calvo모형 경우에, 임의의 시점에 가격을 변경하는 기업의 수는 고정되어 있다. 결과적으로 물가수준은 m의 변화에 완전히 반응하지 못한다. 따라서 이러한 모형은 빈도효과를 나타낸다.

■ 선별효과: Danziger-Golosov-Lucas모형

다음 절에서 살펴보겠지만, 가격조정에 대한 중요한 사실은 기업들과 상품에 따라 매우 다르다. 예를 들어, 안정적으로 높은 인플레이션 환경에서 조차 가격변경의 상당한 비율은 가격인하이다.

이러한 이질성은 상태의존형 가격설정이 명목교란 효과를 약화시키는 두 번째 채널을 도입한다. 상태의존형 가격설정으로 자신의 가격을 조정하는 기업의 구성은 충격에 반응한다. 예를 들어 양(+)의 화폐적 충격이 있을 때, 가격을 조정하는 기업은 불비례적으로 가격을 인상하는 기업이다. 결과적으로 충격에 반응하여 자신의 가격을 변경하는 기업의 수만이 아니다. 또한 조정을 하는 기업의 평균변화가 반응한다.

여기서 Danziger(1999)에 기반하여 간단한 예를 사용하여 이러한 아이디어를 살펴보자. 이러한 모형은 Golosov and Lucas(2007)과 유사하다.

t기에 각 기업의 이윤극대화 가격은 총수요 m_t와 고유(idiosyncratic) 변수 w_{it}에 의존한다. w는 기업에 따라 독립적이다. 단순화를 위해 가격설정에서 ϕ는 1로 설정된다. 따라서 $p_{it}^* = m_t + w_{it}$이다. 여기서 p_{it}^*는 시간 t에서 기업 i의 가격극대화 가격이다.

가능한 뚜렷하게 선별효과를 보이기 위하여 m과 w의 행태에 강한 가정을 한다. 시간은 이산적이다. 초기에 m은 일정하고 충격에 종속되지 않는다. 각 기업의 w는 임의보행을 따른다. w의 혁신인 ε은 양(+)이거나 음(−)으로 받아들이며 균일분포이다.

여기의 경우와 같이 이윤극대화 가격은 상승하거나 하락할 수 있는데, Ss 정책과 유사한 것으로 양면 Ss **정책**(*two-sided Ss policy*)이라고 한다. 만일 어떤 충격이 기업의 실제가격과 이윤극대화 가격의 차이 $p_i - p_i^*$를 발생시켜 어떠한 상한경계 S보다 높거나 어떤 하한경계 s보다 낮게 되면 기업은 $p_i - p_i^*$를 어떤 목표 K로 재설정한다. Caplin-Spulber모형의 단면 Ss 정책처럼 가격조정의 고정비용이 존재할 때 양면정책은 최적이다. 기업은 그러한 정책을 따른다고 가정하자.

ε의 분포가 광범위하다는 의미는 기업의 초기가격과 관계없이 기업이 자신의 가격을 인상할 기회가 있고, 기업이 가격을 인하할 기회도 있다. 구체적으로 A와 B는 ε 분포의 상한경계와 하한경계라고 하자. 다음 가정은 $S-B<s$와 $s-A>S$ 또는 동일하게 $B>S-s$와 $A-(S-s)$이다. 이러한 가정의 시사점을 보기 위해 상한경계 S에 있는 기업을 생각하고, 가

격을 인하할 직전에 있는 것처럼 보인다고 하자. 가정 $B > S-s$는 만일 기업이 ε의 실현을 가능한 크게 하려고 하면 기업의 $p-p^*$는 하한경계 s 아래로 밀어내고, 기업은 자신의 가격을 인상한다. 따라서 모든 기업은 매기 자신의 가격을 올릴 기회가 있다. 마찬가지로 $A < -(S-s)$는 모든 기업이 자신의 가격을 인하할 기회가 있다는 것을 의미한다.

모형의 정상상태는 상대적으로 간단하다. 초기에 모든 $p-p^*$는 s와 S 사이에 있어야만 한다. 이러한 구간 내에 모든 $p-p^*$에 대해 s와 S 사이에 $p-p^*$로 두는 폭 $S-s$의 ε값의 범위가 있다. 따라서 기업이 자신의 가격을 조정하지 않을 확률은 $(S-s)/(B-A)$이다. 조정하지 않는 조건으로 $p_i - p_i^*$는 $[s\ S]$ 사이에 균일하게 분포되어 있다. 그리고 기업은 확률 $1-[(s-s)/(B-A)]$로 조정하고, 이러한 경우에 기업의 $p_i - p_i^*$는 재설정 수준 K와 같아진다.

$p_i - p_i^*$의 분포는 밀도 $1/(B-A)$와 K에서 $1-[(S-s)/(B-A)]$의 질량의 스파이크로 $[s\ S]$에 균일분포로 구성된다. 이러한 것은 그림 7.1에 나타나 있다. 편의상 $K=(S+s)/2$로 가정하며 재설정은 s와 S 사이의 중간에 있다.

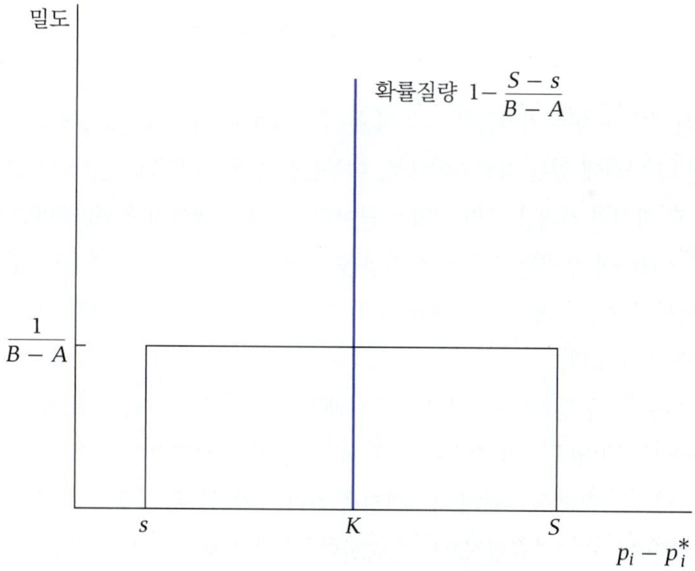

그림 7.1 Danziger 모형의 정상상태

이제 1회 통화충격을 생각하자. 구체적으로 어떤 기의 끝에서 기업들이 가격조정 결정 후에 $\Delta m < K-s$만큼 m이 기대치 못한 증가가 있다고 가정하자.[11] 이러한 것은 모든 p_i^*를 Δm만큼 상승시킨다. 즉 그림 7.1의 분포는 Δm만큼 왼쪽으로 이동된다. 가격설정은 상태의 존형이므로 기업은 어떤 때라도 자신의 가격을 변경시킬 수 있다. 따라서 $p_i - p_i^*$가 s 아래

11 $S-K$보다 작은 기대치 못한 감소는 비슷한 시사점을 가지고 있다.

로 밀린 기업은 K로 $p_i - p_i^*$를 상승시킨다. 결과의 분포는 그림 7.2에 나타나 있다.

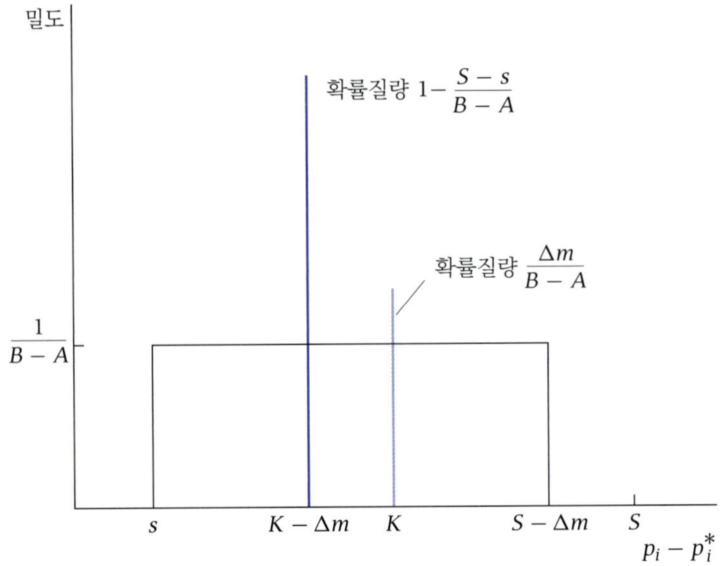

그림 7.2 Danziger 모형에서 통화교란의 초기 효과

중요하게도 조정한 기업들은 기업의 무작위 표본이 아니다. 대신에 실제가격이 최적가격보다 훨씬 더 아래에 있는 기업들이므로, 대부분은 높은 가격으로 증가시키려고 한다. 작은 Δm의 값으로 자신의 가격을 올린 기업은 근사적으로 $K-s$까지 올린다. 만일 대신에 시간의존형 모형의 입각하여 우리는 무작위로 기업을 선택하고 자신의 가격을 변경할 수 있도록 허락하면, 기업들의 평균가격 증가는 Δm이 될 것이다.[12] 따라서 초기가격 반응을 급격히 증가시키는 선별효과가 있다.

이제 다음 기를 생각하자. 부가적인 화폐적 충격은 없고 기업고유 충격은 통상적인 방향으로 움직인다. 그러나 초기 화폐적 교란 때문에, 이제 상대적으로 적은 기업들만 S 근처에 있다. 따라서 고유충격으로 인해 가격변경을 하려는 기업들은 불균형적으로 $[s\ S]$ 구간의 바닥을 향하고, 가격변경은 불균형적으로 상승한다. 주어진 모형의 강한 가정으로 $p_i - p_i^*$의 분포는 1기 후에 정상상태로 돌아온다. 그리고 변동하지 않은 $p_i - p_i^*$의 분포는 p_i^*의 분포와 1:1로 움직이는 p_i의 분포와 동일하다. 즉 평균적으로 실제가격은 완전히 m의 증가에 따라 조정된다. 비록 이번 기에 자신의 가격을 변경하지 않은 기업의 비율이 정확히 정규적(일반적으로 모든 기업은 자신의 가격을 확률 $1-[(S-s)/(B-A)]$로 변경한다)이라고 하고, 이번 기의 모든 가격변화가 기업고유충격의 결과라고 하더라도 이러한 일은 발생한다.

12 만일 조정하는 기업이 무작위로 선택된다면 평균증가가 Δm이 될 것이라는 결과는 $K=(S+s)/2$라는 가정일 때만 정확히 성립한다. 만일 이러한 조건이 성립하지 않는다면, 무작위 선택 하에서 조정하는 기업의 평균증가는 Δm(인 $K-S<\Delta m<K-s$한)의 크기에 부호에 의존하지 않는 상수항이 된다.

■ 논의

Danziger–Golosov–Lucas모형은 상태의존형 가격설정이 화폐적 충격의 실물효과를 약화시키는 완전히 다른 채널을 보여준다. Caplin–Spulber모형에서 약화는 빈도효과를 통해 일어난다. 자신의 가격을 조정하는 기업의 **비율**은 m의 움직임에 반응한다. 반대로 Danziger–Golosov–Lucas모형에서 선별효과를 통해 일어난다. 자신의 가격을 변경하는 기업의 **구성**이 m의 움직임에 반응한다. 우리가 고려하고 있는 특정한 모형에서 두 번의 선별효과를 보았다. 첫째로 선별효과는 화폐적 충격의 즉각적 생산효과를 약화시키고, 충격이 1기 후에 완전히 중립적으로 만든다.

이러한 두 예제의 가정은 뚜렷하게 빈도효과와 선별효과를 보여준다. Danziger–Golosov–Lucas모형에서 균일하게 분포된 기업고유의 충격인 폭의 가정은 화폐적 충격이 단지 1기 후에 중립적이라는 강한 결과를 보여주는데 필요하다. 마찬가지로 충격의 비균일분포는 기업의 가격의 비균일분포를 이끌어 내므로 빈도효과를 약화시킨다. 게다가 실질경직성(즉, 기업의 희망가격이 1보다 작은 ϕ를 허락하면)은 미조정자의 행동이 자신의 가격을 변경하지 않는 기업에 영향을 주도록 하므로 화폐적 충격의 효과가 더 크고 장기지속으로 만든다.

마찬가지로 만일 Caplin–Spulber모형에 양(+)일 뿐만 아니라 음(−)인 화폐적 충격을 도입하면, 결과는 양면 Ss 준칙으로 바뀌므로 화폐적 충격은 일반적으로 실질효과를 가진다(예를 들어, Caplin and Leahy, 1991; 문제 7.7을 참고하라). 더욱이 S 및 s의 값은 총수요의 변동에 반응하여 고정되지 않고 변동할 수 있다. 예를 들어, 오늘의 높은 통화증가율이 내일의 높은 통화증가율을 예고하는 것이라면 기업들은 양(+)의 화폐적 충격이 있을 때 Ss의 밴드를 확장한다. 그 결과 어떤 기업도 단기적인 가격조정을 하지 않는다(왜냐하면 그 시점에서 저점에 새롭게 설정된 경계점 s에 어떤 기업도 도달하지 못하기 때문이다). 따라서 양(+)의 충격 예를 들어 확대통화정책은 생산을 증대시킨다(Tsiddon, 1991).

요컨대 이번 절에서 고려된 간단한 모형의 강한 결과는 강건하지 않다. 강건하다는 것은 상태의존형 가격설정이 자연스럽게 빈도효과와 선별효과를 일으키고 그러한 효과는 정량적으로 중요하다는 것이다. 예를 들어 Golosov and Lucas는 화폐적 충격의 효과가 시간의존형 가격설정을 하는 비교가능한 경제보다 상태의존형 가격설정에 훨씬 더 작을 수 있다는 것을 캘리브레이션모형으로 보였다.

7.6 실증적 응용

■ 가격조정에 대한 미시경제학적 증거

우리가 분석하고 있는 모형의 중심 가정은 개별 기업 수준에서 가격조정을 완료하는데 어느 정도의 장벽이 있다는 것이다. 따라서 미시경제적 기반에서 가격설정 정책을 알아보는 것이 자연스럽다. 그렇게 함으로써 가격조정에 장벽이 있는 지에 대해 학습하고, 그렇다면 어떤 형태를 취하는 지를 학습할 수 있다.

가격조정의 미시경제학은 여러 연구자들에 의해 조사되었다. 미국에서 가격조정에 대한 가장 넓은 연구는 Blinder(1998)이 수행한 기업서베이이고, 소비자물가지수의 데이터를 기반으로 한 연구는 Klenow and Kryvtsov(2008)이며, 소비자물가지수와 생산자물가지수의 데이터를 기반으로 한 연구는 Nakamura and Steinsson(2008)이다. Blinder와 Nakamura and Steinsson의 분석은 중간재 가격변동의 평균기간은 약 1년이라고 분석하였다. 반대로 Klenow and Kryvtsov와 Nakamura and Steinsson은 최종재와 서비스에 대한 전형적인 가격변동 사이의 기간은 약 4개월이라고 분석하였다.

그러나 이러한 연구의 주요 결과는 조정의 빈도와 관련된 전체 통계치가 아니다. 오히려 가격조정은 어떠한 단순한 패턴을 따르지 않는다. Chevalier, Kashyap, and Rossi(2000)의 그림 7.3은 1989~97년까지 특정 슈퍼마켓의 Triscuit 크래커의 9.5 온스 박스의 가격을 나타낸다. 이 가격의 움직임은 단순하게 요약하기 어렵다. 많은 상품에 대한 한 가지 확실한 특징은 일시적인 "세일" 가격이 일반적이다. 즉, 가격이 이전수준보다 자주 급하게 하락하고 이후 급하게 다시 상승한다. 세일이 일반적이라는 사실을 넘어 어떤 규칙적인 패턴을 찾기 어렵다. 세일은 불규칙한 기간과 불규칙한 길이로 일어난다. 세일기간에 인하의 크기도 다양하다. "규칙적인" 가격의 조정 사이의 기간은 이질적이다. 규칙적인 가격은 때때로 상승하고 때때로 하락한다. 규칙적인 가격의 변경의 크기는 다양하다. 연구되어 온 다른 사실은 가격빈도에 있어 상품마다 커다란 이질성을 나타낸다. 꽤 규칙적인 기간에서 조정되는 가격 경향은 대부분 1년에 한 번이다. 가격하락(규칙적이고 세일가격)의 실질적인 비율의 존재는 안정적으로 높은 인플레이션의 환경에서 조차도 그렇다. 세일의 두 번째 형태로 가격인하와 뒤따르는 더 큰 가격인하로 상품이 모두 사라질 수도 있다("재고정리" 세일).

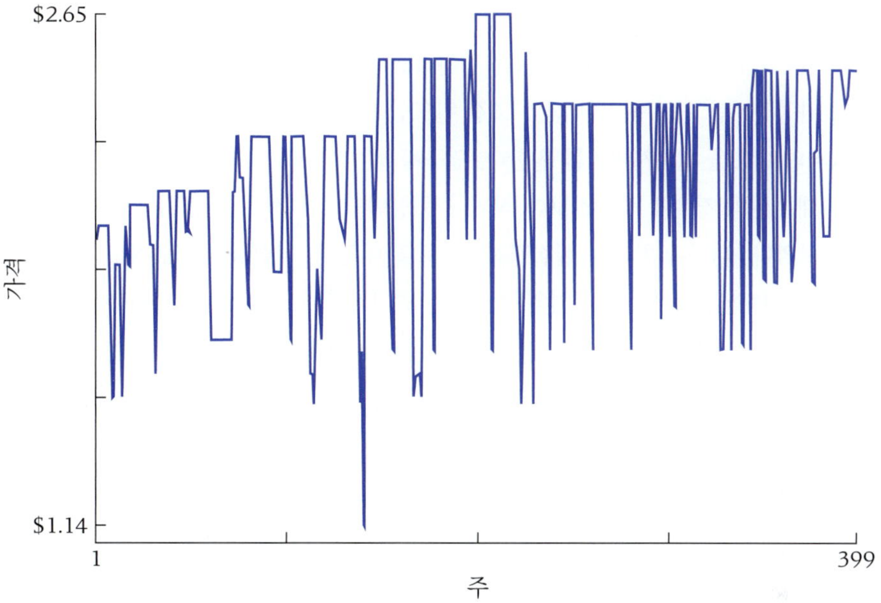

그림 7.3 Triscuits 크래커 9.5 온스 박스의 가격(Chevalier, Kashyap, and Rossi, 2000)

따라서 미시경제학적 증거는 거시경제학적 모형을 만드는데 사용되는 가격조정에 대한 어떠한 가정도 명확하다는 것을 보여주지 못한다. 시간의존형 모형은 데이터와 크게 모순되고, 순수한 상태의존형 모형이 약간 더 나은 모형이 된다. 시간의존형 모형은 조정 사이에 불규칙한 기간이 매우 많다. 순수한 상태의존형 모형은 대부분 두 가지 사실에 모순된다. 1년에 한 번 가격이 유효한 빈도 경향과 가격이 세일 후에 원래 수준으로 되돌아가려는 강한 경향이다.

가격조정에 대한 시사점에 대해 생각하면, 중요한 이슈는 세일을 처리하는 방법이다. 극단적으로 완전히 기계적일 수 있다. 예를 들어 상점 관리자가 상점 매출의 10%에 해당하는 상품을 매주 평균 20% 할인하도록 교육 받았다고 상상하자. 그러면 세일가격은 거시경제학적 조건에 반응하지 않고 거시경제학적 이슈에 대해 생각하지 말아야 한다. 만일 세일을 배제하기로 결정한다면 세일을 정의하는 방법과 없어진 관측치와 상품의 변동을 처리하는 방법이라는 어려운 이슈를 만나게 된다. 그러나 Klenow and Kryvtsov와 Nakamura and Steinsson은 재화 사이에 최종재의 규칙적 가격 변동의 중앙값 빈도는 약 6개월 한 번이라고 분석하였다. 중간재에 대해 세일은 상대적으로 중요하지 않으므로 세일을 설명하는 것은 평균 조정빈도를 추정하는데 거의 영향이 없다.

다른 가능성은 세일가격이 거시경제학 조건에 반응하는 것이다. 예를 들어 경제 상황이 좋지 않을 때 세일가격은 보다 자주 발생하고 크다. 극단적으로 가격조정의 미시경제학의 거시경제학적 시사점을 고려할 때 세일은 데이터에서 제거되지 말아야 한다.

이러한 데이터의 전체 시사점에 대한 또 다른 이슈는 이질성이다. 앞에서 사용한 일반적인 요약 통계는 재화들 사이에 조정 빈도의 중앙값이다. 그러나 중앙값은 1개월에 한 번 이상 가격이 조정되는 재화에서 1년에 한 번 미만 가격이 변경되는 상품에 이르기까지 엄청난 범위를 가린다. Carvalho(2006)는 다음을 질문하였다. 경제가 이질성을 가지는 모형으로 설명된다고 가정하지만 연구자는 한 번의 조정 빈도인 모형을 사용하여 화폐적 교란의 다양한 형태에 경제의 반응을 일치시키기를 원한다. 연구자들은 얼마의 빈도를 선택해야 하는가? Carvalho는 대부분의 경우에 중앙값보다 작거나 중앙빈도보다 작은 빈도를 선택하기를 원한다는 것을 보였다. 더구나 차이는 실질경직성으로 확대된다. 실질경직성의 정도가 높아질수록 가장 경직적인 가격을 가지는 기업의 중요도는 증가한다. Carvalho는 단일부문 모형을 사용하여 충격에 대한 경제의 반응을 가장 잘 일치시키기 위해 이질적인 기업들은 중앙값의 1/3에서 1/2의 가격조정 빈도를 사용하기를 원할 수 있음을 보였다. 따라서 이질성은 중요한 효과를 가지고 있다.

마지막으로 Levy-Bergen-Dutta-Venable(Levy, Bergen, Dutta and Venable, 1997)은 가격조정의 미시경제학을 다른 측면에서 접근하고 있다. 이들은 명목가격들보다는 이들을 변동시키는데 소요되는 비용을 평가한다. 구체적으로 이들은 슈퍼마켓을 대상으로 가격변동 과정을 각 단계별로 나누어 각 과정에서 소요되는 비용, 즉 새로운 가격표를 붙이거나 또는 선반위의 사인을 부착하는 비용, 컴퓨터 시스템에 새로운 가격들을 입력하는 데 드는 비용, 그리고 가격들에 대한 점검 및 오류수정에 소요되는 비용 등을 조사하여 데이터를 작성 및 보고한다. 이런 접근방법은 총수요 변동에 따르는 가격조정방법으로 보다 복잡하지만 더 싼 방법이 존재할지도 모른다는 가능성을 고려할 수 없다. 예를 들어 슈퍼마켓은 두드러지게 게시된 할인율을 운영할 수 있는데 이는 지급할 금액의 일정 비율을 계산대에서 차감해 주는 데 사용하는 기준이다. 따라서 이 경우 슈퍼마켓은 총수요 충격에 반응하여 선반가격을 변경시키기 보다는 이 할인율을 변경시키는 것을 택할 수 있다. 할인율 변경의 비용은 슈퍼마켓 내 각 품목에 부착된 가격표시를 바꾸는데 소요되는 비용에 비하여 극적으로 적을 것이다.

이런 한계점에도 불구하고 가격을 바꾸는데 드는 비용이 얼마나 큰가를 파악하는 일은 여전히 흥미로운 과제이다. Levy-Bergen-Dutta-Venable이 발견한 주요 내용의 하나는 놀라울 정도로 높은 비용이 소요된다는 것이다. 이들 조사대상 중 평균적인 슈퍼마켓의 경우 가격변동에 드는 지출은 수입의 0.5% 내지 1.0%에 달하고 있다. 이를 바꾸어 말하면 1991~92년 기간 중 이들 슈퍼마켓에서 가격변동의 1건당 평균비용(2017 달러 기준으로)은 거의 1달러였다. 따라서 명목가격의 변동에 드는 물적 비용은 매우 적다는 통상의 주장은 항상 옳은 것이 아닐 수 있다. Levy 등이 조사대상으로 삼은 슈퍼마켓의 경우 이들 비용은 크지는 않지만 사소한 것과는 거리가 멀기 때문이다.

요컨대 가격조정의 미시경제학과 거시경제학적 시사점의 연구는 매우 활발하다. 앞에서 다룬 연구에 최근 공헌이 있는 몇 개의 연구는 Gopinath and Rigobon(2008), Midrigan(2011), Klenow and Willis(2016)이다.

■ 인플레이션 관성

우리는 인플레이션 항과 생산 항을 포함하는 세 가지 총공급 관계를 살펴보았다. 6.4절의 가속화 필립스곡선, 6.9절의 Lucas 공급곡선, 7.4절의 새 케인즈학파 필립스곡선이었다. 비록 세 가지 관계가 비슷하게 보인다고 하더라도, 사실 매우 다른 시사점을 가지고 있다. 이를 살펴보기 위하여, 충격이 없는 경제에서 예상한 인플레이션 하락을 고려하자. 가속화 필립스곡선은 $\pi_t = \pi_{t-1} + \lambda(y_t - \overline{y}_t)$ (식 6.23~식 6.24 참고)이며, 디스인플레이션(disinflation)은 정상 생산보다 낮은 것을 요구한다. Lucas 공급곡선 $\pi_t = E_{t-1}\pi_t + \lambda(y_t - \overline{y}_t)$ (식 6.86 참고)은 디스인플레이션이 어떠한 생산 비용도 없이 달성될 수 있다. 마지막으로 새 케인즈학파 필립스곡선(식 7.60)은 다음과 같이 다시 쓸 수 있다.

$$E_t[\pi_{t+1}] - \pi_t = \left(\frac{1-\beta}{\beta}\right)\pi_t - \frac{\kappa}{\beta}(y_t - \overline{y}_t) \qquad (7.63)$$

여기서 β가 1에 가깝다면 $[(1-\beta)/\beta]\pi_t$ 항은 작다. 그리고 만일 예상한 인플레이션의 하락이 있다면 $E_t[\pi_{t+1}] - \pi_t$는 음(−)이다. 따라서 새 케인즈학파 필립스곡선은 기대디스인플레이션이 생산 **호황**(*boom*)과 연관되어 있음을 시사한다.

만일 낮은 생산 기간이 없다면 높은 인플레이션은 계속 이어진다는 견해는 **인플레이션 관성**(*Inflation inertia*)이 있다는 견해로 설명된다. 즉, "인플레이션 관성"은 시계열적으로 높게 상관된 인플레이션을 언급하는 것이 아니라, 감소하는데 비용이 많이 드는 것을 의미한다. 세 가지 필립스곡선 중에 가속화 필립스곡선만 관성을 시사한다. 새 케인즈학파 필립스곡선(다른 시차 가격결정 모형 뿐만 아니라)은 "반관성(anti−inertia) 있다는 것을 시사하는 반면, Lucas 공급곡선은 관성이 없다는 것을 시사한다(Ball, 1994a; Fuhrer and Moore, 1995).

Ball(1994b)은 인플레이션 관성에 대한 간단한 검정을 시행하였다. 1960~90년까지의 표본기간으로 선진공업국 9개국을 표본으로 각각 선정하고 이들 국가의 경험을 면밀히 조사하여 인플레이션이 뚜렷하게 하락한 에피소드 28개를 확인하였다. 그는 28개 모두 당시 관측자들이 인플레이션 하락은 통화정책에 기인한다고 주장한 것으로 보고하고 있다. 따라서 인플레이션 관성이 있다는 견해는 에피소드에서 생산이 정상보다 낮은 것을 예측하였다. Lucas 공급곡선은 시스템적으로 정상으로부터 이탈하지 말아야 한다는 것을 제시하였다. 새 케인즈학파 필립스곡선은 정상보다 높음을 시사한다. Ball은 증거가 압도적으로 인플레이션 관성을 지지하는 것을 발견하였다. 28개 중 27개의 에피소드에서 생산은 디스인플레이션의 기간 중 그가 추정한 생산의 정상수준을 하회함을 보여 주었다.

그러나 사후적 인플레이션 결과에 기반한 에피소드를 선택하는 Ball의 접근방식은 편의를 만들 수 있다. 특히 디스인플레이션은 중요한 예상치 못한 구성요소를 가지고 있다고 하자. 만일 가격이 실제로 발생한 것보다 높은 총수요의 기대에 근거하여 설정되었다면 에피소드 중 낮은 생산은 명확히 어떠한 모형들에 모순되지 않는다.

따라서 Gali and Gertler(1999)는 공식적인 계량경제학 접근방법을 취한다. 그들의 주요 관심은 가속화와 새 케인즈학파의 견해를 검증하는 것이다. 그들은 과거지향과 미래지향적 요소를 가지는 혼합 필립스곡선으로 시작하였다.

$$\pi_t = \gamma_b \pi_{t-1} + \gamma_f E_t \pi_{t+1} + \kappa(y_t - \bar{y}_t) + e_t \tag{7.64}$$

그러나 그들은 $\kappa(y_t - \bar{y}_t)$ 항이 포착하려는 것은 기업의 실질 한계비용의 움직임이라고 지적하였다. 생산이 정상보다 높을 때 한계비용은 높고 희망가격을 증가시킨다. 예를 들어 7.1절의 모형에서 생산이 증가할 때 실질임금이 증가하기 때문에 희망가격은 상승한다. 따라서 Gali and Gertler는 한계비용을 추정하기 위해 보다 직접적인 방식을 시도하였다. 실질한계비용은 노동의 한계생산으로 나누어진 실질임금과 같다. 만일 생산함수가 콥-더글라스 $Y = K^{\alpha}(AL)^{1-\alpha}$ 라면 노동의 한계생산은 $(1-\alpha)Y/L$ 이다. 따라서 실질한계비용은 $wL/[(1-\alpha)Y]$이다. 여기서 w는 실질임금이다. 즉 한계비용은 노동시장으로 가는 소득의 몫에 비례한다(Sbordone, 2002 참고). 따라서 Gali and Gertler는 다음 방정식에 초점은 둔다.

$$\pi_t = \gamma_b \pi_{t-1} + \gamma_f E_t \pi_{t+1} + \lambda S_t + e_t \tag{7.65}$$

여기서 S_t는 노동의 몫이다.[13]

Gali and Gertler는 1960~97년 동안 미국의 분기자료를 하용하여 (7.65)를 추정하였다.[14] 전형적인 추정은 다음과 같다.

$$\pi_t = \underset{(0.020)}{0.378}\ \pi_{t-1} + \underset{(0.016)}{0.591}\ E_t \pi_{t+1} + \underset{(0.004)}{0.015}\ S_t + e_t \tag{7.66}$$

여기서 괄호 안의 수는 표준오차이다. 따라서 그들의 결과는 미래지향적 기대의 중요성을 강하게 지지하는 것처럼 보인다.

그러나 일련의 연구에서 Rudd and Whelan은 데이터는 새 케인즈학파 필립스곡선에 대해 거의 증거를 제공하지 못한다고 보았다(특히, Rudd and Whelan, 2005, 2006를 참고하라). 그들은 두 가지 중요한 점들을 들었다. 첫째는 노동의 몫과 관계가 있다. 적절한 가정 하에 필립스곡선에 노동의 몫을 포함하는 Gali and Gertler의 주장은 생산이 증가할 때 기업의 한계비용의 증가를 포착한다. 그러나 Rudd and Whelan(2005)은 실제로 노동의 몫은 호황에 낮고 불황에 높다. Gali and Gertler의 틀에서 호황은 생산에 대한 경제의 신축적 가격수준이 실

13 만일 생산함수가 콥-더글라스라면 노동의 몫은 어떻게 변할까? 완전경쟁 하에서(그리고 만일 가격이 한계비용을 넘는 일정한 마크업이라면 불완전경쟁 하에서) 그럴 수 없다. 그러나 만일 가격이 완전히 신축적이 않다면 그럴 수 있다. 예를 들어 만일 고정가격을 가지는 어떤 기업이 시중가격으로 보다 많은 노동을 고용한다면 생산은 노동증가보다 덜 비례적으로 증가하므로 노동의 몫은 증가한다.

14 단순화를 위해 추정과정에 대한 논의는 생략하는데, 다른 것들 중에 $E_t \pi_{t+1}$ 에 대한 데이터가 없다는 사실을 설명해야 한다. 8.3절은 기대변수가 있을 때 추정에 대해 논의한다.

제 생산보다 훨씬 증가할 때이며 따라서 한계비용이 특별히 낮을 때의 시간을 의미한다. 그러나 훨씬 그럴 듯한 가능성은 Gali and Gertler의 경기변동에 따라 이동하는 노동의 몫으로 고려되는 것과 다른 힘이 있으므로 노동의 몫은 한계비용에 대해 좋지 않은 대리변수가 된다.

노동의 몫은 경기역행적이기 때문에 기대 미래인플레이션에 대한 큰 계수와 몫의 양(+)의 계수를 발견하는 것은 인플레이션은 불황에 미래 인플레이션을 넘어서려는 경향이 있고, 호황에 미래 인플레이션보다 작아지려고 경향이 있다는 것을 의미한다. 즉, 인플레이션은 불황에 감소하는 경향이 있고 호황에 증가하는 경향이 있는데, 이는 가속화 필립스곡선과 일치하며 새 케인즈학파 필립스곡선과 일치하지 않는다.

Rudd and Whelan의 두 번째 관심은 현재 인플레이션의 정보 내용과 관련이 있다. y_t를 포괄적인 한계비용변수 mc_t로 대체하고 새 케인즈학파 필립스곡선을 앞으로 반복하면 다음을 얻는다.

$$\begin{aligned}\pi_t &= \kappa mc_t + \beta E_t \pi_{t+1} \\ &= \kappa mc_t + \beta[\kappa E_r mc_{t+1} + \beta E_t \pi_{t+2}] \\ &= \dots \\ &= \kappa \sum_{i=0}^{\infty} \beta^i E_t mc_{t+i}\end{aligned} \tag{7.67}$$

따라서 모형은 인플레이션은 기대 미래한계비용의 함수여야 하므로 한계비용을 예측하는데 도움을 줄 수 있어야 한다. 그러나 Rudd and Whelan(2005)은 가정에 대한 증거가 거의 없다는 것을 보였다. 한계비용이 $y-\overline{y}$ 에 대한 추정치로 대리되면 인플레이션의 예측력은 작아지고 모형이 제시하는 것과 잘못된 방향으로 가는 것이다. 한계비용이 노동의 몫(Rudd and Whelan이 첫 번째 비판에서 보인 것처럼 좋지 않은 대리변수)을 사용하여 측정된다면 결과는 단지 약간 더 좋아진다. 이 경우에 한계비용에 대한 인플레이션 예측력은 강건하지 않고 Rudd and Whelan의 설정에는 완전히 없다. 그들은 새 케인즈학파 필립스곡선을 지지하는 증거가 거의 없다고 결론을 내렸다.[15]

이러한 분석의 결론은 두 가지이다. 첫째 올바른 형태의 필립스곡선을 가지고 있다는 증거가 제한적이다. Gali and Gertler와 Rudd and Whelan 사이의 논쟁이나 새 케인즈학파 필립스곡선에 대한 훨씬 깊은 계량경제학적 분석(예를 들어, King and Plosser, 2005)은 공식적인 계량경제적학적인 연구에 기반하여 명확한 결론을 이끌어 내지 못한다. Ball의 연구처럼 이러한 것은 보다 덜 공식적인 분석으로 남겨두고 있다. 둘째 비록 증거가 확실하지 않지만 인플레이션 관성의 방향을 가르키며 새 케인즈학파 필립스곡선을 지지하지 않는다.

15 이러한 논의는 왜 Gali and Gertler의 추정치가 새 케인즈학파 필립스곡선과 잘 들어맞는 지에 대한 질문에 답을 하지 못한다. Rudd and Whelan은 Gali and Gertler의 추정과정의 설정과 관련이 있다고 주장하였고 그들은 연구하지 않았다. Rudd and Whelan의 주장은 인플레이션이 시계열적으로 매우 상관되어 있기 때문에 추정과정이 유효한 것에 필요한 조건의 작은 변동이 $E_t\pi_{t+1}$ 의 계수에 실제적인 상방편의를 만들어 낼 수 있다는 것이다.

이러한 것과 다른 증거 때문에 경기변동 동학의 중요한 특징을 일치시키려고 노력하는 연구자들은 관성을 시사하는 가격설정(다음 절에 만날 연구들과 함께) 모형에 수정을 하게 된다. 그럼에도 불구하고 단순함과 우아함 때문에 새 케인즈학파 필립스곡선은 여전히 이론적 모형에 사용되고 있다. 그러한 패턴을 따라 우리는 7.8절과 제12장에서 다시 만나게 될 것이다. 그러나 7.9절에 실증적 어려움으로 돌아올 것이다.

7.7 인플레이션 관성이 있는 시차(Staggered) 가격조정 모형

이전 절의 증거는 동태적 가격조정의 미시 기반의 모형의 주요한 제약은 인플레이션 관성을 시사하지 않고 있는 것을 제시하였다. 따라서 최근의 가격조정에 대한 중점적인 관심은 인플레이션 관성을 모형으로 가져오는 것이다. 일반적인 수준에서 가장 일반적인 전략은 기업의 가격은 그들이 검토하는 시간 사이에 고정되어 있지 않지만, 어떤 방식으로 조정하는 것이다. 이러한 조정은 과거 인플레이션이나 인플레이션에 대한 과거 믿음에 어떠한 역할을 준다고 가정하는 것이다. 결과는 인플레이션 관성이다.

이러한 연구에 두 가지 주요한 연구는 Christiano, Eichenbaum, and Evans(2005)와 Mankiw and Reis(2002)이다. Christiano, Eichenbaum, and Evans은 검토 사이에 가격은 과거 인플레이션에 조정한다고 가정한다. 이것은 가격 움직임에 있어 과거 인플레이션에 대한 직접적인 역할을 만들어 낸다. 그러나 이러한 합리적으로 중요한 미시경제적 현상을 포착하는지는 명확하지 않다. Mankiw and Reis는 Fischer의 사전에 결정된 가격에 대한 가정으로 되돌아 가지만 고정된 것은 아니다. 이러한 것은 인플레이션이 가격변동에 어떠한 영향을 미칠지에 대한 과거 믿음을 유발하므로 인플레이션 관성과 유사한 움직임을 만들어 낸다. 그러나 Fischer와 반대로 가격의 검토 사이의 어떤 기간이 상당히 길다는 것을 시사하는 가정을 만들며, 이는 중요한 정량적 시사점을 가지고 있다. 그러나 그들의 핵심 가정의 현실성에 대한 미시경제학적 사례의 강도는 명확하지 않다.

■ Christiano, Eichenbaum, and Evans 모형: 연동된 새 케인즈학파 필립스곡선

Christiano, Eichenbaum, and Evans는 기업이 포아송 분포를 따라 자신의 가격을 검토하는 기회를 가진다는 Calvo의 가정으로 시작한다. 7.4절의 기본 Calvo 모형처럼 α는 주어진 기간에 자신의 가격을 검토하는 기업의 비율을 나타낸다고 하자. Christiano, Eichenbaum, and Evans모형이 Calvo모형으로 이탈하는 곳은 검토 사이에 일어나는 것에 대한 가정이다. 가격이 고정되어 있다고 가정하는 것보다 그들은 이전기의 인플레이션율에 연동되어 있다고 가정한다. 이러한 가정은 자신의 가격에 대한 본격적인 재검토가 없는 경우에도 기업은 전체 인플레이션 환경에 대해 설명할 수 있다. 연동된다는 가정은 기업이 연속적으로 정보를 얻지 못하고 모든 가능한 정보를 사용한다는 사실을 반영하는 현재 인플레이션보다 시차를 가진다는 것이다.

여기서 우리의 모형의 분석은 7.4절의 Calvo모형의 분석과 비슷하다. 주어진 기간에 자신의 가격을 검토하는 기업은 무작위로 선택되기 때문에 자신의 가격을 검토하지 않는 기업의 t기의 평균(로그)가격은 $p_{t-1}+\pi_{t-1}$이다. 따라서 t기에 평균가격은 다음과 같다.

$$p_t=(1-\alpha)(p_{t-1}+\pi_{t-1})+\alpha x_t \tag{7.68}$$

여기서 x_t는 자신의 가격을 검토하는 기업에 의해 설정된 가격이다. 식 (7.68)은 다음을 시사한다.

$$\begin{aligned}x_t-p_t&=x_t-[(1-\alpha)(p_{t-1}+\pi_{t-1})+\alpha x_t]\\&=(1-\alpha)x_t-(1-\alpha)(p_{t-1}+\pi_{t-1})\\&=(1-\alpha)(x_t-p_t)-(1-\alpha)(p_{t-1}+\pi_{t-1}-p_t)\\&=(1-\alpha)(x_t-p_t)+(1-\alpha)(\pi_t-\pi_{t-1})\end{aligned} \tag{7.69}$$

따라서 다음이 성립한다.

$$x_t-p_t=\frac{1-\alpha}{\alpha}(\pi_t-\pi_{t-1}) \tag{7.70}$$

식 (7.70)은 인플레이션 동학을 발견하기 위해 x_t-p_t를 발견할 필요가 있다는 것을 보여준다. 즉 자신의 가격을 검토하는 기업이 t기에 그들의 상대가격을 설정하는 방법을 결정할 필요가 있다. Calvo모형처럼 어떤 기업은 자신의 가격을 다음에 검토할 기간 동안 최적가격과 실제가격 사이에 기대할인된 차이의 제곱의 합을 극소화하는 자신의 가격을 설정하기를 원한다. 어떤 기업이 기간 t에 x_t의 가격을 설정한다고 하고 $t+j$기 이전에 자신의 가격을 검토할 기회가 없다고 가정하다. 시차 연동 때문에 $t+j(j\geq 1)$에 자신의 가격은 $x_t+\sum_{\tau=1}^{j-1}\pi_{t+\tau}$이다. $t+j$에 이윤극대화 가격은 $p_{t+j}+\phi y_{t+j}$이고, $p_t+\sum_{\tau=1}^{j}\pi_{t+\tau}+\phi y_{t+j}$와 같다. 따라서 $t+j$에 이윤극대화 가격과 실제가격의 차이 $e_{t,t+j}$는 다음과 같다.

$$e_{t,t+j}=(p_t-x_t)+(\pi_{t+j}-\pi_t)+\phi y_{t+j} \tag{7.71}$$

식 (7.71)은 모든 $j\geq 0$에 대해 성립한다. 할인인자 β와 매기 비조정확률은 $1-\alpha$이다. 따라서 연동이 없는 Calvo모형인 식 (7.56)과 마찬가지로 기업은 다음을 설정한다.

$$x_t-p_t=[1-\beta(1-\alpha)]\sum_{j=0}^{\infty}\beta^j(1-\alpha)^j[(E_t\pi_{t+j}-\pi_t)+\phi E_t y_{t+j}] \tag{7.72}$$

새 케인즈학파 필립스곡선 도출처럼 이러한 표현을 t기 변수와 $x_{t+1}-p_{t+1}$의 기대로 표현하여 다시 쓰자.

$$\begin{aligned} &x_{t+1}-p_{t+1} \\ &=[1-\beta(1-\alpha)]\sum_{j=0}^{\infty}\beta^{j}(1-\alpha)^{j}[(E_{t+1}\pi_{t+1+j}-\pi_{t+1})+\phi E_{t+1}y_{t+1+j}] \end{aligned} \tag{7.73}$$

π_{t+1}항을 $\pi_t+(\pi_{t+1}-\pi_t)$로 다시 쓰고, t로 기대를 취하면(그리고 반복투영의 법칙을 이용하여) 다음과 같다.

$$\begin{aligned} E_t[x_{t+1}-p_{t+1}] &= -E_t[\pi_{t+1}-\pi_t] \\ &\quad +[1-\beta(1-\alpha)]\sum_{j=0}^{\infty}\beta^{j}(1-\alpha)^{j}[(E_t\pi_{t+1+j}-\pi_t)+\phi E_t y_{t+1+j}] \end{aligned} \tag{7.74}$$

따라서 식 (7.72)는 다음과 같다.

$$x_t-p_t=[1-\beta(1-\alpha)]\phi y_t+\beta(1-\alpha)\{E_t[x_{t+1}-p_{t+1}]+E_t[\pi_{t+1}-\pi_t]\} \tag{7.75}$$

마지막 단계는 식 (7.70)을 t기와 $t+1$기에 적용한다. $x_t-p_t=[(1-\alpha)/\alpha](\pi_t-\pi_{t-1})$, $E_t[x_{t+1}-p_{t+1}]=[(1-\alpha)/\alpha](E_t[\pi_{t+1}]-\pi_t)$.

이 표현을 식 (7.75)에 대입하고 간단한 계산을 하면 다음을 얻는다.

$$\begin{aligned} \pi_t &= \frac{1}{1+\beta}\pi_{t-1}+\frac{\beta}{1+\beta}E_t\pi_{t+1}+\frac{1}{1+\beta}\frac{\alpha}{1-\alpha}[1-\beta(1-\alpha)]\phi y_t \\ &\equiv \frac{1}{1+\beta}\pi_{t-1}+\frac{\beta}{1+\beta}E_t\pi_{t+1}+\chi y_t \end{aligned} \tag{7.76}$$

식 (7.76)은 연동된 **새 케인즈학파 필립스곡선**이다. 기대 미래인플레이션에 β의 가중치 대신에 과거 인플레이션에 역할이 없는 것만 제외하면 새 케인즈학파 필립스곡선과 닮았는데 기대 미래인플레이션에 가중치 $\beta/(1+\beta)$가 있고 시차 인플레이션에 가중치 $1/(1+\beta)$이 있다. 만일 β가 1에 가까워지면 가중치는 둘 다 1/2에 가까워 진다. 식 (7.76)의 일반화는 다음과 같다.

$$\pi_t=\gamma\pi_{t-1}+(1-\gamma)E_t\pi_{t+1}+\chi y_t, \qquad 0\le\gamma\le 1 \tag{7.77}$$

식 (7.77)은 두 인플레이션 항에 대한 가중치 혼합을 사용한다.

그들은 과거 인플레이션이 현재 인플레이션에 직접적인 영향을 가지고 있음을 시사하고 따라서 인플레이션 관성이 있다고 시사하기 때문에 식 (7.76)과 식 (7.77)과 같은 표현은 명목경직성이 있는 동태확률일반균형 모형에 자주 보인다.

디스인플레이션 비용에 대한 모형의 시사점

식 (7.76)(또는 식 7.77)에서 인플레이션 관성은 모형이 디스인플레이션의 명백한 생산비용을 설명할 수 있다는 것을 의미하는 것은 아니다. 이를 알아보기 위해 $\beta = 1$인 경우를 고려하면 식 (7.76)은 $\pi_t = (\pi_{t-1}/2) + (E_t[\pi_{t+1}]/2) + \chi y_t$가 된다. 이제 완전히 예상하게 된다면 가정하면 균일비율로 일어나는 점진적인 디스인플레이션은 $\pi_t = \pi_0\,(t \le 0)$, $\pi_t = 0\,(t \ge T)$, $\pi_t = [(T-t)/T]\pi_0\,(0 < t < T)$이다. 디스인플레이션은 선형으로 진행되고 예상되기 때문에 $t = 0$과 $t = T$를 제외한 모든 기간에 π_t는 π_{t-1}과 $E_t[\pi_{t+1}]$이다. 0기에 π_0가 $(\pi_{t-1} + E_t[\pi_{t+1}])/2$를 초과하고 같은 양만큼 T기에 $(\pi_{t-1} + E_t[\pi_{t+1}])/2$보다 작다. 따라서 디스인플레이션은 시작할 때에 정상 이상의 생산과 끝날 때 정상 이하의 같은 양과 연결되어 있고 그 사이에는 정상 생산에서 이탈은 없다. 즉 모형은 예상 디스인플레이션의 체계적 생산비용은 없다는 것을 시사한다.

이러한 문제에 대한 하나의 가능한 해결책은 β가 1보다 작다는 가정을 재도입하는 것이다. 이러한 결과는 π_{t-1}에 많은 가중치를 주면 $E_t[\pi_{t+1}]$에 가중치는 작아지므로 디스인플레이션의 생산비용을 만들어 낸다. 그러나 합리적인 β값으로 인해 이러한 효과는 작다.

두 번째 잠재적인 해결책은 식 (7.77)을 일반화하고 $\gamma > (1-\gamma)$라고 가정하는 것이다. 그러나 식 (7.77)은 미시경제학적 기반에서 도출된 것이 아니기 때문에 미시경제학 움직임에서 인플레이션 동학에 대한 이해를 기반으로 하는 초기 목표를 포기해야 한다.

마지막 잠재적인 해결책으로 예상한 디스인플레이션의 체계적인 생산비용이 없는 예측은 합리적이라는 주장이다. Ball의 발견은 디스인플레이션이 일반적으로 정상이하 생산과 연결된다는 것을 기억하자. 그러나 또한 디스인플레이션은 전형적으로 완전히 예상한 것보다 작다는 사실은 실제 디스인플레이션의 생산비용이 완전히 예상한 디스인플레이션의 비용을 과장하는 경향이 있다. 편의가 충분히 크기 때문에 예상된 디스인플레이션의 평균비용이 0이 되어야 한다. 그러나 이러한 입장에 대한 긍정적인 증거가 없다면 이것은 모형을 강력하게 옹호하지 못한다.

Calvo의 가격설정에 연동을 추가하는 것은 인플레이션 관성을 도입하는 것이다. 그러나 관성이 실제 인플레이션 동학을 설명할 만큼 충분한 지는 명확하지 않다.

모형의 다른 중요한 한계는 주요 미시경제학 가정이 비현실적으로 보인다는 것이다. 우리는 시차 인플레이션으로 기계적으로 상승하는 실제가격을 관측하지 못한다. 그러나 동시에 가격설정자들은 거시경제 상황에 비추어 가격설정을 심각하게 재고하는 시간들 사이에 시차 인플레이션으로 평균가격은 상승하는 방식으로 행동할 수 있고, 이러한 평균조정으로 인해 개별 명목가격은 연속적으로 조정되지 않는다는 사실에 의해 가려진다. 그러나 다시 가격설정자들이 어떻게 행동하는 지에 대한 견해를 지지하는 미시경제학적 증거가 없다면, 이것은 이론에 대한 빈약한 근거가 된다.

■ The Mankiw-Reis 모형

Mankiw and Reis는 인플레이션 관성을 얻는 다른 접근방법을 검토하였다. Christiano, Eichenbaum, and Evans와 같이 기업이 자신의 가격설정 정책을 검토하는 시간 사이에 어떤 가격조정을 가정하였다. 그러나 그들의 가정은 매기 기업은 자신의 가격을 검토하고 다음 검토까지 가격이 따르는 **경로**(*path*)를 설정한다. 즉 가격은 사전에 결정되지만 고정되지 않은 Fischer모형의 아이디어를 재도입한다.

7.2절의 분석결과 가운데 핵심적인 사항은 사전에 결정된 가격의 조건 아래서 모든 가격설정자들이 화폐적 충격에 반응할 기회를 이용하였다면 이의 실물효과는 더 이상 발생하지 않는다는 점을 상기하자. 따라서 사전에 결정된 가격은 화폐적 충격으로 파생되는 실물효과의 지속성을 설명하지 못한다고 자주 거론된다. 그러나 실질경직성이 높을 때 자기의 가격을 변경하지 않는 기업들은 거시경제의 움직임에 불비례적(不比例的) 영향(disproportionate impact)을 미친다는 점도 상기하자. 이러한 불비례적 영향으로 자기의 가격경로를 천천히 변경하는 기업들이 작은 수에 그치더라도 사전에 결정된 가격의 경제 하에서는 화폐적 충격의 실물효과가 커질 뿐만 아니라 장기지속적일 가능성이 높아질 수 있다. 이것이 Mankiw and Reis모형의 중심 아이디어이다(Mankiw and Reis, 2002; Devereux and Yetman, 2003).

비록 Mankiw-Reis모형의 구조에는 사전에 결정된 가격이 포함되었지만 가격이 사전에 결정되는 문제는 Fischer의 경우와 다르다. Fischer는 계약기간의 매기에 대하여 다른 임금을 책정한다고 하는 고용계약으로 분석의 동기를 부여한다. 이때 가격은 임금에 마크업을 적용하여 결정된다. 그러나 이러한 계약이 거시경제 수준에서 명목경직성을 상당한 수준에 이르게 하는 현실적인 원천으로서 경제 각 부문에 충분히 도입되어 있다고 볼 수는 없다. Mankiw-Reis는 그 대신에 "정보경직성"(sticky information)라고 부르는 것에 의존한다. 이는 가격설정자가 정보를 획득하고 정리하는 데에는 비용이 소요된다는 것을 의미한다. Mankiw-Reis는 결과적으로 가격설정자는 가격을 연속적으로 갱신하기보다는 자신들이 따를 가격의 경로를 주기적으로 선택하여 따르며 이는 다음에 정보를 수집하여 가격경로를 조정할 때까지 지속된다고 주장한다.

구체적으로 Mankiw-Reis는 7.2절에서 다룬 바 있는 사전에 결정된 가격모형(선결가격모형)을 고려한다. 그러나 새로운 가격경로를 선택하는 기회는 Fischer모형의 경우처럼 확정적으로 발생하는 것이 아니라 확률적으로 발생한다. 그러나 Calvo모형이나 Christiano, Eichenbaum, and Evans모형처럼 이 확률과정은 구체적으로 포아송 과정을 따르는 것으로 가정한다. 이러한 모형의 평행선 상에서 현재의 가격경로를 얼마나 오래 유지하고 있는가와 상관없이 매기 새로운 가격경로를 채택할 수 있는 기업의 비율을 α로 가정한다($0 < \alpha \leq 1$). 그리고 다시 $y_t = m_t - p_t$이고 $p_t^* = p_t + \phi y_t$이다.

Fisher모형의 분석은 우리에게 Mankiw-Reis모형의 해가 어떠한 모습을 보일지에 대하여 강력한 시사점을 제시한다. 기업은 매기 다른 가격을 설정하기 때문에 기업의 주어진 y기에 기업이 가격을 설정하는 것은 y_t 및 p_t에 관한 정보에만 의존할 것이다. 일반물가수준 p_t(따라서 y_t)는 m_t에 관한 정보에만 의존한다. 여타 기의 m에 관한 정보는 m_t에 대한 정보를 전달하는 만큼만 y_t와 p_t에 영향을 줄 것이다. 더구나 만일 m_t의 값이 자의적으로 훨씬 앞서서 알려졌다면 모든 기업은 t기의 그들 가격을 m_t와 동일하게 설정하며 따라서 y_t는 0이 될 것이다. 따라서 y_t가 0으로부터 이탈하는 것은 일부 기업들이 t기에 자기의 가격들을 설정한 후에 밝혀진 m_t에 관한 추가적인 정보에 의해서만 야기될 것이다. 그리고 모형이 로그선형구조로 주어지면 모형 해 역시 로그선형이 될 것이다.

$t-i(i \geq 0)$기에 도착한 m_t에 관한 정보인 $E_{t-i}m_t - E_{t-(i+1)}m_t$를 생각하자. 만일 a_i는 일반물가수준으로 전달되는 $a_iE_{t-i}m_t - E_{t-(i+1)}m_t$의 비율로 정의하면 $t-i$기에 도착한 m_t에 관한 정보는 p_t와 y_t를 각각 $a_i(E_{t-i}m_t - E_{t-(i+1)}m_t)$와 $(1-a_i)(E_{t-i}m_t - E_{t-(i+1)}m_t)$만큼 증가시킬 것이다. 즉 y_t는 다음 식과 같이 표현된다.

$$y_t = \sum_{i=0}^{\infty}(1-a_i)(E_{t-i}m_t - E_{t-(i+1)}m_t) \tag{7.78}$$

이 모형을 풀기 위해 a_i들을 구할 필요가 있다. 이를 위해 먼저 $t-i$기에 도착한 m_t에 관한 정보(즉 $E_{t-i}m_t - E_{t-(i+1)}m_t$)에 반응하여 t기에 가격을 변경할 기회를 보유한 기업의 비율을 χ_i로 표기한다. 만일 기업이 $t-i$, $t-(i-1)$, ⋯, t기들 가운데 어느 기에서나 새로운 가격경로를 설정할 기회를 갖지 못한다면 기업은 이런 정보에 반응하여 t기에 가격을 변경할 기회를 갖지 못하게 된다. 이러한 일이 일어날 확률은 $(1-\alpha)^{i+1}$이다. 그러므로 χ_i는 다음과 같다.

$$\chi_i = 1-(1-\alpha)^{i+1} \tag{7.79}$$

기업은 매기에 다른 가격을 책정할 수 있기 때문에, 가격을 조정하는 기업은 새로운 정보에 대하여 자유롭게 반응할 수 있다. $p_t^* = (1-\phi)p_t + \phi m_t$가 성립하는 것과 새로운 정보에 상응하는 p_t의 변동은 $a_i(E_{t-i}m_t - E_{t-(i+1)}m_t)$가 된다는 것을 알고 있다. 따라서 반응을 할 수 있는 기업들은 t기에 자기의 가격을 $(1-\phi)a_i(E_{t-i}m_t - E_{t-(i+1)}m_t) + \phi(E_{t-i}m_t - E_{t-(i+1)}m_t)$ 또는 $[(1-\phi)a_i + \phi](E_{t-i}m_t - E_{t-(i+1)}m_t)$만큼 인상할 수 있다. 기업들 중 χ_i비율은 가격을 조정할 수 있는 반면에, 나머지 기업들은 전혀 조정이 불가능하기 때문에 일반물가수준은 $\chi_i[(1-\phi)a_i + \phi](E_{t-i}m_t - E_{t-(i+1)}m_t)$만큼 반응한다. 따라서 a_i는 다음 식을 만족하여야만 한다.

$$\chi_i[(1-\phi)a_i + \phi] = a_i \tag{7.80}$$

a_i에 대하여 풀면 다음의 해를 얻는다.

$$a_i = \frac{\phi\chi_i}{1-(1-\phi)\chi_i} = \frac{\phi[1-(1-\alpha)^{i+1}]}{1-(1-\phi)[1-(1-\alpha)^{i+1}]} \tag{7.81}$$

여기서 둘째 줄은 식 (7.79)를 이용하여 χ_i에 대입하여 구한다. a_i들의 값을 가지는 식 (7.78)은 y의 움직임을 나타낸다. 마지막으로, $p_t + y_t = m_t$ 이므로 p_t는 다음과 같이 쓸 수 있다.

$$p_t = m_t - y_t \tag{7.82}$$

■ 시사점

Mankiw-Reis모형의 시사점을 이해하기 위하여 총수요 수준의 전환효과(성장률과 반대로)를 살펴보는 것으로 시작한다.[16] 구체적으로 m이 t기에 예상치 않게 1회적으로 영구히 Δm만큼 증가하는 경우를 보자. 이러한 증가는 모든 $i \geq 0$에 대하여 $E_t m_{t+i} - E_{t-1} m_{t+i}$를 Δm만큼 증가시킨다. 따라서 p_{t+i}는 $a_i \Delta m$만큼 상승하며 y_{t+i}는 $(1-a_i)\Delta m$만큼 증가한다.

식 (7.80)은 a_i들이 i에 대하여 증가하며 점진적으로 1에 접근한다는 것을 시사하고 있다. 따라서 총수요의 영구적인 증가는 생산을 늘어나게 하지만 그 효과는 점진적으로 사라지며 물가수준은 점진적으로 상승하게 된다. 만일 실질경직성이 크다면 비록 가격조정이 빈번하게 이루어진다고 하더라도 생산에 미치는 효과는 지속적이다. Mankiw and Reis는 단위기간을 분기라고 가정하고 $\alpha = 0.25$와 $\phi = 0.1$인 경우를 생각하였다. 이들 가정에 의하면 가격조정은 평균 4분기이며 상당한 실질경직성이 존재한다는 것을 시사하고 있다. 이 경우에 $a_8 = 0.55$이다. 비록 8분기까지 기업들이 충격 이후에 평균적으로 자신들의 가격경로를 2번 조정할 수 있지만, 작은 비율인 7.5%의 기업은 전혀 자신의 가격을 조정할 수 없었던 것으로 나타났다. 실질경직성의 정도가 높기 때문에 기업의 가격수준은 장기가격수준까지 가지 못하고 그 절반을 약간 상회하는 결과를 낳았다.

흥미를 끄는 다른 시사점은 반응의 시간적 패턴에 관한 것이다. 식 (7.81)을 간단히 미분하면 $\phi < 1$일 때 $d^2 a_i / a\chi_i^2 > 0$가 성립한다. 즉 실질경직성이 존재할 때 추가적으로 가격조정을 실행하는 기업의 수가 변동하는데 따른 효과는 더 많은 다른 기업들이 가격조정을 실행할 때 더 커진다는 것을 의미한다. 따라서 i에 따라 a_i가 어떻게 변동하는가에 영향을 미치는 요인에는 경쟁적인 두 가지가 있다. $d^2 a_i / a\chi_i^2 > 0$라는 사실은 i가 증가함에 따라 a_i가 더 빠르게 증가하게 만드는 경향이 있는 반면에 더 적은 추가적인 기업이 i가 증가함에 따라 충격에 반응하여 첫 번째의 기회를 가진다는 사실은 그들에게 덜 빠르게 상승시키려고 하는 경향이

16 Christiano, Eichenbaum, and Evans모형을 고려하지 않는 이유는 그러한 전환에 관한 모형의 시사점이 복잡하기 때문이다. 문제 7.9를 참고하라.

있다. Mankiw–Reis가 고려한 모수의 값에 대하여 a_i의 상승은 처음에 증가하는 비율로 증가하고 그 다음에는 감소하는 비율로 증가한다. 가장 큰 증가 비율은 약 8분기 후에 발생한다. 즉 인플레이션에 대한 수요확장의 최대 효과는 시차를 가지고 발생한다.[17]

이제 디스인플레이션을 생각하자. 구체적으로 즉각적이고 예상치 못한 디스인플레이션의 경우로 시작한다. 특히, 0기까지 모든 기업은 m이 $m_t = gt\,(g > 0)$의 경로를 따른다고 기대하였으나 중앙은행이 0기가 시작하는 시점에서 m을 0으로 하는 안정화정책을 실시한다고 가정한다. 따라서 0기부터 모든 $t \geq 0$에 대하여 $m_t = 0$이다.

정책의 변경 때문에 모든 $t \geq 0$에 대하여 $E_0 m_t - E_{-1} m_t = -gt$가 된다. 이 표현은 항상 음(−)이다. 즉 실제의 통화공급은 시점 0 이전에 가격경로를 설정한 기업들이 기대했던 수준을 항상 하회한다. a_i는 항상 0과 1 사이의 값을 갖기 때문에 여기서 디스인플레이션은 생산을 낮춘다는 것을 시사하고 있다. 구체적으로 식 (7.78)과 (7.81)에 의하면 y의 경로가 다음과 같이 주어진다.

$$\begin{aligned} y_t &= (1 - a_t)(-gt) \\ &= -\frac{(1-\alpha)^{t+1}}{1-(1-\phi)[1-(1-\alpha)^{t+1}]}gt \quad \text{for } t \geq 0 \end{aligned} \tag{7.83}$$

$(1 - a_t)$는 시간에 따라 감소하는 반면 gt는 증가한다. 초기에 gt항의 선형증가가 압도하므로, 생산효과는 증가한다. 그러나 결국에 $(1 - a_t)$의 감소가 압도하여, 생산 효과가 감소하고, 점근적으로 0으로 수렴한다. 따라서 총수요의 더 낮게 하는 정책으로 전환하는 것은 경기저점이 시차를 가지고 도달하는 침체를 만든다. 위에 기술한 모수의 값에 의하면 경기저점은 7분기 이후에 발생한다.

정책전환이 이루어진 후에 처음 몇 기 동안에는 대부분의 기업들이 과거 자신들의 옛날 가격경로를 따른다. 더구나 조정이 가능한 기업들은 처음의 여러 기 동안에는 자기의 가격을 큰 폭으로 변경하지 않는데, m이 아직도 과거 수준을 크게 하회하지 않고 있을 뿐만 아니라 (만일 $\phi < 1$이면) 자신도 다른 기업들에 의해 매겨진 가격에서 이탈하기를 원하지 않기 때문이다. 따라서 초기에 인플레이션이 거의 낮아지지 않는다. 그러나 시간이 흐르면서 보다 큰 가격조정을 만들어 내도록 이들 힘들이 모두 작용하여, 인플레이션은 낮아진다. 장기적으로 총생산은 정상수준으로 되돌아가고 인플레이션은 총수요의 새로운 증가율인 0과 같아진다. 따라서 우리가 현실에서 관측하는 것과 부합되는데, 디스인플레이션 정책으로의 전환은 처음에 경기후퇴를 만들고 그 다음에는 인플레이션의 하락을 만든다.

완전히 예상된 디스인플레이션과 같은 극단적인 경우는 미리 자의적으로 예상되는 것이다.

---

17 이것을 연속형 시간 모형의 버전으로 보다 쉽게 살펴볼 수 있다(문제 7.11 참고). 이 경우 식 (7.81)은 $a(i) = \phi(1-e^{-\alpha i})/[1-(1-\phi)(1-e^{-\alpha i})]$로 바뀐다. $a'(i)$의 부호는 $(1-\phi)e^{-\alpha i} - \phi$에 의해 결정된다. 이들 값은 Mankiw–Reis가 설정한 모수 값에 대하여 일 때까지 양(+)의 값을 보이다가 이후 음(−)의 값으로 전환된다.

모형은 그러한 디스인플레이션이 정상주준에서 생산의 이탈과 관련이 없다는 것을 시사한다. 만일 모든 기업이 가격을 설정할 때 임의의 t기에 m_t의 값은 안다고 하면 어떤 다른 기에 m에 대해 기대한 것과 관계없이 기업들은 $p_t = m_t$로 설정하므로 $y_t = 0$이 된다.

즉각적이거나 점진적인 어떤 디스인플레이션에 대해 완전히 예상되지 않았다면 생산비용이 존재한다. 이유는 단순하다. 어떤 디스인플레이션은 이전 경로를 하회하는 총수요 감소를 포함한다. 따라서 충분히 큰 τ 값에 대해, m_t는 $E_{t-\tau}m_t$보다 작으므로 $t-\tau$기에 설정된 t기의 가격은 m_t를 상회한다. 결과적으로 가격의 평균값 p_t는 m_t를 초과하므로 $y_t(m_t - p_t$와 같은)는 음(−)이 된다. 마지막으로 a_i들은 i에 따라 증가한다는 것을 기억하자. 따라서 총수요의 변화가 미리 예상될수록 실물효과는 작아진다.

동시에, 모형에 문제가 없는 것은 아니다. Christiano, Eichenbaum, and Evans의 모형처럼 가격설정에 대한 가정은 우리가 미시경제학적 수준에서 관측한 것과 일치하지 않는다. 많은 가격과 임금은 확장된 기간 동안에 고정되어 있고 모형의 중심인 많은 가격설정자나 임금설정자들이 가격 또는 임금경로를 설정한다는 증거는 거의 없다. 그리고 총수요교란이 높은 인플레이션의 경제에서 더 작고 덜 지속적인 실물효과를 가지는 것처럼 보이는 Ball, Mankiw, and D. Romer(1988)과 Kiley(2000)의 발견처럼 어떤 현상은 고정가격없이 설명하기 어려워 보인다. 경기변동의 주요 특징들을 완전히 포착하는 것은 가능하고 우리의 미시경제학적 모형은 이번 절의 모형처럼 공식적인 검토 사이에 조정과 고정비용 둘 다를 중요한 요소로 포함시킬 필요가 있다.

모든 순수 시간의존형 모형과 같은 Christiano, Eichenbaum, and Evans모형과 Mankiw−Reis모형의 또 다른 한계는 기업의 가격설정의 변동이 외생적이고 변하지 않는다는 가정은 너무 강하다. 조정의 빈도는 확실히 계산을 최적화하는 어떤 형태의 결과이며 외생적인 모수가 아니다. 중요하게도 이러한 것은 정책변화에 반응하여 변경할 수 있고 이는 결국 정책변화의 효과를 바꿀 수 있다. 즉 성공적인 모형은 시간의존형과 상태의존형 모두를 요소로 포함할 필요가 있을 지도 모른다.

이러한 것은 우리를 만족스럽지 못한 위치에 남겨 두었다. 고정비용과 기계적 가격조정 모두의 요소 그리고 시간의존형과 상태의존형 모두의 요소를 포함하지 않는 가격 움직임의 어떤 모형은 중요한 거시경제학적 현상을 포착하지 못한다. 그러나 이러한 모든 특징들을 포함하고 여전히 다루기 쉬운 어떤 단일모형이 있다는 희망은 설득력이 없는 것처럼 보인다. 가격설정 움직임에 대한 단일 주요 모형에 대한 연구나 각 모형이 적절할 시기에 대한 이해와 함께 소수의 주요 모형에 대한 연구는 계속되고 있다.

7.8 정법 새 케인즈학파 모형

경기변동의 완전한 모형을 구축하는 다음 단계는 동태적 가격설정 모형을 경제에 보다 큰 모형으로 통합하는 것이다. 우리가 살펴본 가격설정의 움직임의 광범위한 모형이 주어져 있다면 확실한 시작점으로 하나의 접근방법을 꼽는 것은 불가능하다. 또한 미시경제학적기반에서 만들어진 인플레이션의 움직임을 포함하는 동태적 일반모형은 빠르게 복잡해지게 된다. 따라서 이번 절에서 예시적이고 상대적으로 간단한 일반균형모형만을 고려한다.

■ 가정

우리가 고려하는 구체적인 모형은 Clarida, Gali, and Gerler(2000)의 정법적인 세 개의 식으로 된 새 케인즈학파 모형이다. 가격설정 방정식은 7.4절의 새 케인즈학파 필립스곡선이다. 가격조정의 이러한 처리는 두 가지 주요 강점을 가진다. 첫째는 강한 미시경제학적 토대이다. 빈번하지 않은 명목가격 조정에 대한 가정에서 직접적으로 왔다. 다른 것은 상대적인 단순함이다. 인플레이션은 과거 인플레이션이나 보다 복잡한 동학의 역할이 없는 기대 미래인플레이션과 현재생산에만 의존한다. 모형의 총수요함수는 6.1절과 7.1절의 새 케인즈학파 *IS* 곡선이다. 마지막 식은 통화정책을 기술한다. 이번 장에서 우리의 목표는 가격조정에 대한 다양한 가정의 기본 시사점의 밝히는 것이기 때문에, 통화공급(또는 총수요)의 단순한 경로만 고려한다. 실제 거시경제학 경기변동을 분석하는데 유용한 모형을 만들기 위해 6.4절처럼 중앙은행은 이자율 준칙을 따른다고 가정하다. 특히 새 케인즈학파 필립스곡선과 새 케인즈학파 *IS* 곡선의 미래지향적 특징을 유지하기 위해 중앙은행은 미래 기대인플레이션과 생산의 변동에 반응하여 이자율을 조정하는 **미래지향적 이자율준칙**(*forward-looking interest-rate rule*)을 따른다고 가정한다.

모형의 다른 구성요소는 충격이다. 충격은 모든 세 개의 방정식에 시계열적으로 상관된 교란을 포함한다. 이를 통해 민간 총수요, 가격설정 움직임 및 통화정책에 대한 교란을 분석할 수 있다. 마지막으로 편의상 모든 식은 선형이고 0으로 설정된 상수항을 가지고 있다. 따라서 변수들은 정상상태 또는 추세값에서 이탈하는 것으로 해석해야 한다.

세 개의 식은 다음과 같다.

$$y_t = E_t[y_{t+1}] - \frac{1}{\theta}r_t + u_t^{IS}, \quad \theta > 0 \tag{7.84}$$

$$\pi_t = \beta E_t[\pi_{t+1}] + \kappa y_t + u_t^{\pi}, \quad 0 < \beta < 1, \quad \kappa > 0 \tag{7.85}$$

$$r_t = \phi_\pi E_t[\pi_{t+1}] + \phi_y E_t[y_{t+1}] + u_t^{MP}, \quad \phi_\pi > 0, \quad \phi_y \geq 0 \tag{7.86}$$

식 (7.84)는 새 케인즈학파 *IS* 곡선, 식 (7.85)는 새 케인즈학파 필립스곡선, 그리고 식

(7.86)은 미래지향적 이자율준칙이다. 충격은 독립적인 AR(1) 과정을 따른다.

$$u_t^{IS} = \rho_{IS} u_{t-1}^{IS} + e_t^{IS}, \quad -1 < \rho_{IS} < 1 \tag{7.87}$$

$$u_t^{\pi} = \rho_{\pi} u_{t-1}^{\pi} + e_t^{\pi}, \quad -1 < \rho_{\pi} < 1 \tag{7.88}$$

$$u_t^{MP} = \rho_{MP} u_{t-1}^{MP} + e_t^{MP}, \quad -1 < \rho_{MP} < 1 \tag{7.89}$$

여기서 e^{IS}, e^{π} 그리고 e^{MP}는 서로 상관되지 않은 백색잡음이다.

모형은 극단적으로 정형화되었다. 약간의 예시를 위하여 모든 움직임은 미래지향적이다. 인플레이션과 총수요의 동학은 매우 단순하다. 그리고 새 케인즈학파 필립스곡선은 좋지 않은 실증적 결과에도 불구하고 인플레이션 동학을 설명한다고 가정한다. 그럼에도 불구하고 핵심 요소가 매우 단순하고 매력적인 미시경제학적 토대를 가지고 있기 때문에 모형은 현대 경기변동모형에 중요한 기준점이 된다. 모형과 다양한 변형은 자주 사용되고 여러 가지 방식으로 수정되고 확장되고 있다.

미래지향적 요소가 있다는 것은 어떤 모수값에 대해 모형은 6.4절에서 살펴본 모형처럼 태양흑점해를 가지고 있다는 것을 시사한다. 우리는 그러한 해들에 대해 논의했었고 12.5절의 이것과 비슷한 모형에서 통화정책의 논의에서 다시 만나게 될 것이기 때문에 여기서 우리는 비태양흑점해에만 초점을 둔다.

■ 백색잡음 교란의 경우

모형을 푸는 첫 번째 단계는 생산과 인플레이션을 기대 미래가치와 교란항으로 표현하는 것이다. 식 (7.84)~(7.85)에 간단한 연산을 하면 다음과 같다.

$$y_t = -\frac{\phi_\pi}{\theta} E_t[\pi_{t+1}] + \left(1 - \frac{\phi_y}{\theta}\right) E_t[y_{t+1}] + u_t^{IS} - \frac{1}{\theta} u_t^{MP} \tag{7.90}$$

$$\pi_t = \left(\beta - \frac{\phi_\pi \kappa}{\theta}\right) E_t[\pi_{t+1}] + \left(1 - \frac{\phi_y}{\theta}\right) \kappa E_t[y_{t+1}] + \kappa u_t^{IS} + u_t^{\pi} - \frac{\kappa}{\theta} u_t^{MP} \tag{7.91}$$

모형의 특별한 경우는 교란항들 상에 시계열 상관이 없을 때(따라서 $\rho_{IS} = \rho_\pi = \rho_{MP} = 0$) 발생한다. 이러한 경우 과거지향적 요소와 교란항들의 미래값에 대한 정보가 없기 때문에 경제주체는 경제가 미래에 정상상태로부터 이탈을 유도하는 어떠한 힘도 없다고 예상한다. 즉 기본적인 해는 $E_t[y_{t+1}]$과 $E_t[\pi_{t+1}]$이 항상 0을 가진다. $E_t[y_{t+1}] = E_t[\pi_{t+1}] = 0$인 것을 생각하면 식 (7.86), (7.90), (7.91)은 다음과 같이 단순화된다.

$$y_t = u_t^{IS} - \frac{1}{\theta} u_t^{MP} \tag{7.92}$$

$$\pi_t = \kappa u_t^{IS} + u_t^{\pi} - \frac{\kappa}{\theta} u_t^{MP} \tag{7.93}$$

$$r_t = u_t^{MP} \tag{7.94}$$

만일 식 (7.92)~(7.94)가 생산, 인플레이션, 실질이자율의 움직임을 나타낸다면 u가 백색잡음인 경우를 고려하기 때문에 미래 생산과 인플레이션의 기대치는 항상 0이다. 따라서 식 (7.92)~(7.94)는 이 경우의 기본적인 해를 나타낸다.

이러한 표현은 다양한 충격의 효과를 보여준다. 수축통화정책 충격은 실질이자율을 상승시키고 생산과 인플레이션을 하락시킨다. 민간 총수요함수에 대한 양(+)의 충격은 생산과 인플레이션을 상승시키고 실질이자율에는 영향이 없다. 그리고 양(+)의 인플레이션 충격은 인플레이션을 상승시키지만 다른 효과는 없다. 이러한 결과들은 대부분 전통적이다. *IS* 곡선은 통화정책이 미래지향적이기 때문에 실질이자율에 영향을 주지 못하고, 현재생산과 인플레이션의 증가에 반응하지 못한다. 통화정책이 미래지향적이라는 사실은 또한 인플레이션 충격이 다른 변수들로 전이되지 않는 이유이다.

그러나 이러한 모형의 경우에 중요한 메시지는 제5장의 기본적인 실물경기순환모형과 같이 내부 전파 매커니즘이 없다. 생산, 인플레이션 그리고 실질이자율의 시계열 상관은 움직임에서 시계열 상관에서만 나타날 수 있다. 결과적으로 7.10절에 논의할 것과 같이 모형의 확장과 변형의 주요 목적은 1회 충격이 거시경제에서 지속적인 변화의 촉발을 유도하는 힘을 도입하는 것이다.

■ 일반적인 경우

일반적인 경우의 모형을 푸는 간단한 방법은 미정계수법을 사용하는 것이다. 모형의 선형구조와 과거지향적 움직임이 없다면 내생변수들이 교란들의 선형함수를 추측하는 것이 합리적이다. 생산과 인플레이션에 대해 다음과 같이 쓸 수 있다.

$$y_t = a_{IS}u_t^{IS} + a_\pi u_t^\pi + a_{MP}u_t^{MP} \tag{7.95}$$

$$\pi_t = b_{IS}u_t^{IS} + b_\pi u_t^\pi + b_{MP}u_t^{MP} \tag{7.96}$$

식 (7.87)~(7.89)에서 교란들의 움직임에 대한 가정과 추측은 $E_t[y_{t+1}]$과 $E_t[\pi_{t+1}]$을 결정한다. $E_t[y_{t+1}]$은 $a_{IS}\rho_{IS}u_t^{IS} + a_\pi\rho_\pi u_t^\pi + a_{MP}\rho_{MP}u_t^{MP}$와 같고, $E_t[\pi_{t+1}]$도 비슷하다. 이러한 표현과 식 (7.95) 및 식 (7.96)을 식 (7.90)과 식 (7.91)에 대입한다. 이는 다음과 같다.

$$\begin{aligned} a_{IS}u_t^{IS} + a_\pi u_t^\pi + a_{MP}u_t^{MP} &= -\frac{\phi_\pi}{\theta}\left(b_{IS}\rho_{IS}u_t^{IS} + b_\pi\rho_\pi u_t^\pi + b_{MP}\rho_{MP}u_t^{MP}\right) \\ &+ \left(1-\frac{\phi_y}{\theta}\right)\left(a_{IS}\rho_{IS}u_t^{IS} + a_\pi\rho_\pi u_t^\pi + a_{MP}\rho_{MP}u_t^{MP}\right) + u_t^{IS} - \frac{1}{\theta}u_t^{MP} \end{aligned} \tag{7.97}$$

$$\begin{aligned} b_{IS}u_t^{IS} + b_\pi u_t^\pi + b_{MP}u_t^{MP} &= \left(\beta-\frac{\phi_\pi\kappa}{\theta}\right)\left(b_{IS}\rho_{IS}u_t^{IS} + b_\pi\rho_\pi u_t^\pi + b_{MP}\rho_{MP}u_t^{MP}\right) \\ &+ \left(1-\frac{\phi_y}{\theta}\right)\kappa\left(a_{IS}\rho_{IS}u_t^{IS} + a_\pi\rho_\pi u_t^\pi + a_{MP}\rho_{MP}u_t^{MP}\right) + \kappa u_t^{IS} + u_t^\pi - \frac{\kappa}{\theta}u_t^{MP} \end{aligned} \tag{7.98}$$

식 (7.95)와 식 (7.96)으로 나타내는 생산과 인플레이션이 모형의 식을 만족되기 위하여 식 (7.97)의 양변의 모든 u_t^{IS}, u_t^{π}, u_t^{MP}의 값과 같아야만 한다. 즉 양변의 u_t^{IS}의 계수는 같아야만 하고, u_t^{π}와 u_t^{MP}의 계수도 마찬가지이다. 여기에 세 개의 식이 있다. 하나는 a_{IS}와 b_{IS}를 포함하고, 하나는 a_{π}와 b_{π}를 포함하며 하나는 a_{MP}와 b_{MP}를 포함한다. 식 (7.98)은 세 개보다 많은 식을 보여준다. 일단 a와 b를 발견하면 식 (7.95)와 식 (7.96)은 생산과 인플레이션의 움직임에 대해 알려준다. 식 (7.86)을 사용하고 실질이자율의 움직임을 발견하기 위해 $E_t[y_{t+1}]$과 $E_t[\pi_{t+1}]$에 대한 표현을 사용한다. 따라서 모형을 푸는 것이 간단한 연산의 문제가 된다.

불행히도 a와 b를 결정하는 식은 복잡하고 연산은 지루하며, a와 b에 대한 결과적인 해는 복잡하고 직관적이지 않다. 모형의 시사점을 이해하기 위해 모수에 대한 값을 가정하고 경제가 충격에 어떻게 반응하는 지에 대한 시사점을 발견할 것이다. 구체적으로 Gali(2016, 3.4.1.1절)에 따르면 기간을 분기로 해석하고 $\theta=1$, $\kappa=0.172$, $\beta=0.99$, $\phi_{\pi}=0.5$ 그리고 $\phi_y=0.125$로 가정한다. 각 교란들에 대해 시계열 상관이 없는 경우와 시계열 상관이 경제의 움직임에 어떠한 영향을 주는 지에 대해 알기 위해 시계열 상관계수를 0.5인 경우를 고려할 것이다.

처음에 통화정책 충격을 고려하자. $\rho_{MP}=0$이면 모수값과 식 (7.92)~(7.94)의 식은 $y_t=-u_t^{MP}$, $\pi_t=-0.17u_t^{MP}$, 그리고 $r_t=u_t^{MP}$임을 시사한다. $\rho_{MP}=0.5$이면 $y_t=-1.54u_t^{MP}$, $\pi_t=-0.53u_t^{MP}$, 그리고 $r_t=0.77u_t^{MP}$임을 시사한다. 직관적으로 생산과 인플레이션이 이후 기간에 정상을 하회할 것이라는 사실은 실질이자율의 상승을 억제한다. 그러나 미래 생산의 감소 때문에 현재생산의 더 큰 감소는 가계가 이자율 상승에 반응해 오일러 방정식을 만족하는데 필요하다. 그리고 생산의 더 큰 감소와 미래 이자율의 감소 둘 다 인플레이션의 반응을 강화시킨다. 경제가 정상상태로 돌아오면서 이자율은 정상을 상회하고 생산은 증가하고 있다는 것은 새 케인즈학파 *IS* 곡선과 일치한다. 그리고 인플레이션은 상승하고 있고 생산은 정상을 하회하는 것은 새 케인즈학파 필립스곡선과 일치한다.

다음으로 *IS* 충격을 고려하자. $\rho_{IS}=0$일 때 모수값은 $y_t=u_t^{IS}$, $\pi_t=0.17u_t^{IS}$, 그리고 $r_t=0$를 시사한다. $\rho_{IS}=0.5$로 상승할 때 $y_t=1.54u_t^{IS}$, $\pi_t=0.53u_t^{IS}$, 그리고 $r_t=0.23u_t^{IS}$을 얻는다. 다시 미래 생산에 대한 충격의 영향은 새 케인즈학파 *IS* 곡선을 통하여 생산 반응을 확대한다. 또한 미래 인플레이션의 증가는 새 케인즈학파 필립스곡선을 통하여 인플레이션 반응을 강화한다. 그리고 충격에 영향을 받는 미래생산과 인플레이션이 있다면 현재 실질이자율은 미래지향적 이자율준칙을 통해 반응한다.

마지막으로 인플레이션 충격을 고려하자. 위에 서술한대로 시계열 상관이 없을 때 충격은 1:1로 인플레이션에 전이되고, 생산이나 실질이자율에 어떤 영향도 없다. $\rho_{\pi}=0.5$일 때 반대로 $y_t=-0.76u_t^{\pi}$, $\pi_t=1.72u_t^{\pi}$, 그리고 $r_t=0.38u_t^{\pi}$이다. 인플레이션 충격의 지속성은 현재 인플레이션의 반응을 증가시키고(새 케인즈학파 필립스곡선의 미래지향적 항을 통해), 실질이자율을 상승시킨다(미래지향적 이자율준칙의 인플레이션 항을 통해). 이자율 증가는 IS 곡선을 통해 현재생산을 감소시킨다. 그리고 이러한 효과는 곡선이 미래지향적이라는 사실에 의해 확대된다.

7.9 사전적 정책방향 제시 수수께끼

기본적인(baseline) 새 케인즈학파 모형은 상당히 매력이 있다. 모형이 우아하고 다루기 쉬우며 미시경제학 토대로부터 만들어 졌고 명목경직성과 기간 간 최적화를 포함하며 쉽게 전통적인 케인즈의 아이디어와 연관시킬 수 있다. 그러나 이러한 특징은 실제 경제의 움직임에 유용한 지침을 제공하지 못한다. 이 모형은 충격이 지속적인 효과를 유도하는 메커니즘이 부족하고 디스인플레이션 비용에 대한 새 케인즈학파 필립스곡선은 실증적 증거와 반대에 있다는 것을 보았다. 게다가 다음 장에서 소비 움직임에 대한 증거는 새 케인즈학파 IS 곡선을 기초가 되는 완전한 기간 간 최적화의 가정을 지지하지 못하는 것을 보게 될 것이다. 보다 일반적으로 모형의 강한 미래지향적 요소와 과거지향적 요소의 완전한 부재는 충격에 대한 경제의 반응은 자주 일시적이고 강하다는 것을 시사한다.

■ 실험

모형의 한계를 보여주는 실험은 **사전적 정책방향 제시 수수께끼**(*Forward Guidance Puzzle*)이다(Carlstrom, Fuerst, and Paustian, 2015; Del Negro, Giannoni, and Patterson, 2015). 식 (7.84)~(7.86)으로 서술되는 경제를 생각하자. 여기서 단순화를 위해 충격은 없다. 따라서 y, π, r은 모든 기간에 0이다. r과 π가 0이기 때문에 명목이자율도 또한 0이다. 우리는 명목이자율 경로에 대한 **사전적 정책방향**(*forward guidance*)를 제공하는 중앙은행의 효과를 고려한다. 특히 어떤 미래 기간에 명목이자율을 -1로 설정할 것이고 모든 다른 기간에는 0으로 유지한다는 중앙은행의 발표를 고려하자. 이자율이 계획된 경로로부터 0으로 이탈할 때 기간을 정규화하고 $-T$는 발표 기간을 나타낸다. 우리는 경제가 T의 함수로, 발표에 어떻게 반응하는 지를 알기 원한다.[18]

언뜻 보면 제안된 정책이 실현가능하지 않은 것처럼 보일 수 있다. 어떤 사람은 만일 중앙은행이 0기에 경제를 부양하고 이후에 상쇄되는 변경을 하지 않는다면 더 높은 생산은 인플레이

18 우리는 단순화를 위해 모형의 식에서 상수항을 제거한 것을 기억하라. 따라서 정책은 한 기의 보통수준보다 명목이자율을 1% 포인트 하회하도록 설정하였으며 한 기에 음(−)의 명목이자율을 설정한 것이 아니라고 간주하여야 한다. 보다 일반적으로 실험은 경제가 정상상태에 있고 충격이 없다는 가정하는 것보다 명목이자율을 1% 포인트 하회하는 것으로 설정하고 다른 모든 기간의 값은 그대로 유지하는 것으로 간주할 수 있다.

션을 증가시키고 결과적인 인플레이션의 증가는 실질이자율을 낮추고 생산은 더욱 증가시키는 등으로 경제는 통제불능 상태로 소용돌이치게 될 것이라는 것을 기대할 지도 모른다. 그러나 비록 이러한 직관이 가속화 필립스곡선을 가지는 전통적인 케인즈 모형에서 옳을지 몰라도 이러한 모형에 적용되지 않는다. 강조한대로 모형은 완전히 미래지향적이다. 0기 이후에 명목이자율이 0으로 돌아가고 충격이 없을 때 경제는 모든 기간에 $y = \pi = r = 0$인 장기균형을 따른다. 따라서 우리는 단지 $-T$기부터 0기까지 경제의 움직임을 발견할 필요가 있다.

경제가 어떻게 움직이는 지를 보기 위해 0기에 시작한다. 새 케인즈학파 *IS* 곡선 식 (7.84)는 $y_0 = -r_0/\theta$로 단순화된다. 0기 이후의 인플레이션은 0이므로 $r_0 = i_0$이고 실험의 가정에 의해 $i_0 = -1$이다. 따라서 $y_0 = 1/\theta$이다. 그리고 새 케인즈학파 필립스곡선 식 (7.85)는 $\pi_0 = \kappa y_0 = \kappa/\theta$로 단순화된다.

이후 우리는 시간에 대해 후방으로 모형을 풀 수 있다. 새 케인즈학파 *IS* 곡선은 $y_{-1} = y_0 - (r_{-1}/\theta)$를 시사한다. -1기에 명목이자율이 0이므로, $r_{-1} = -\pi_0$이고 $y_{-1} = y_0 - (-\pi_0/\theta) = (1/\theta) + (\kappa/\theta^2)$이다. 새 케인즈학파 필립스곡선은 $\pi_{-1} = \beta(\kappa/\theta) + \kappa[(1/\theta) + (\kappa/\theta)^2]$를 시사하고 반복된다. 이자율 경로로부터 이탈하기 전 기간에 생산과 인플레이션 효과는 이탈 기간의 효과보다 더 크다는 것을 주의하라.

만일 0기 이전에 경제를 모형화하는 Werning(2012)에 제시된 새 케인즈학파 모형의 연속시간 형태를 사용한다면 인플레이션과 생산의 전체 경로에 대해 명시적으로 푸는 것은 훨씬 쉬워진다. 사실, Werning의 접근방식은 많은 설정에서 유용하다. 연속시간(그리고 충격이 없는)에서 새 케인즈학파 *IS* 곡선과 새 케인즈학파 필립스곡선은 다음과 같다.

$$\dot{y}(t) = \frac{1}{\theta}[i(t) - \pi(t)] \tag{7.99}$$

$$\dot{\pi}(t) = \rho\pi(t) - \kappa y(t) \tag{7.100}$$

여기서 ρ는 가계의 할인율이다. 식 (7.99)는 식 (7.84)의 연속시간형 대응 표현이다. 또한, Ramsey모형의 가계의 오일러 방정식 (2.22)와 상당히 관련되어 있다. 연속시간으로 전환하는 것에 더해 식 (7.84)의 충격 항을 빼고 명목이자율과 인플레이션 사이의 차이를 실질이자율로 대체한다. 그리고 식 (7.100)은 식 (7.85)의 연속시간형 대응 표현이다(다시 충격 항 없이). 이를 알아보기 위하여 충격항이 없는 식 (7.86)은 $\pi_{t+1} - \pi_t = [(1-\beta)/\beta]\pi_t - (\kappa/\beta)y_t$ 임을 시사한다.

■ 실질이자율에 대한 사전적 정책방향 제시

먼저 중앙은행이 통상적인 움직임에서 이탈하여 기간 0이 아닌 모든 시간에 실질이자율을 통상적인 값 0으로 설정하고 기간 0에서 -1로 설정하면 어떠한 일이 일어날지 고려하자. 연속시간형 새 케인즈학파 *IS* 곡선 식 (7.99)는 y는 $-T$시간부터 0시간까지 일정하다는 것을 시사한다. $y_0 = 1/\theta$이므로 $-T$시간부터 0시간까지 $y_t = 1/\theta$을 따른다.[19] 직관적으로 통상적인 새 케인즈학파 *IS* 곡선(단순화를 위해 백색잡음을 가진)을 고려하고 미래로 반복하면 다음과 같다.

$$\begin{aligned} y_t &= -\frac{1}{\theta}r_t + E_t[y_{t+1}] + u_t^{IS} \\ &= -\frac{1}{\theta}r_t - \frac{1}{\theta}E_t[r_{t+1}] + E_t[y_{t+2}] + u_t^{IS} \\ &= \cdots \\ &= -\frac{1}{\theta}(r_t + E_t[r_{t+1}] + \cdots + E_t[r_{t+N}]) + E_t[y_{t+N+1}] + u_t^{IS} \end{aligned} \tag{7.101}$$

식 (7.101)에서 새 케인즈학파 *IS* 곡선은 오늘 생산에 대한 미래의 실질이자율의 변동의 영향은 얼마나 먼 미래에 변동이 발생하는 지와 관계없이 같다는 것을 시사한다. 어떤 미래 기에 실질이자율의 1회 인하인 우리의 예시에서 오늘 생산의 반응은 얼마나 먼 미래에 인하가 발생하는 지와 독립적이다. 따라서 생산에 대한 **누적**(*cumulative*) 효과는 인하가 얼마나 미리 발표되었는 지에 비례한다.

이러한 결과를 직관적으로 살펴보기 위해 경제는 0기 이후에 장기균형이 될 것이라는 것을 주목하자. 다음으로 오일러 방정식에 의해 가계 최적화는 소비(따라서 생산)는 0기부터 1기까지 0기에 실질이자율로 결정된 양만큼 감소해야 한다는 것을 시사한다. 또한 오일러 방정식은 실질이자율이 발표 시점부터 이자율 인하 시점까지 0이므로 발표 후에 새로운 뉴스는 없어야 하고 소비는 발표 시점부터 0기까지 일정해야만 하는 것을 시사한다. 생산은 발표시점에 얼마나 먼 미래에 이자율 인하가 발생할지에 의존하지 않는 양만큼 점프하고 이후 이자율 인하 후까지 수준에서 머물게 된다.

$-T \leq t \leq 0$에 대해 $y_t = 1/\theta$이면 연속시간 새 케인즈학파 필립스곡선 식 (7.100)은 시간 간격 동안에 $\dot{\pi}(t) = \rho\pi(t) - (\kappa/\theta)$가 된다. 최종조건은 $\pi(0) = \kappa/\theta$이다. 이러한 미분식의 해는 다음과 같다.

$$\pi(t) = \frac{1 - e^{\rho t}}{\rho}\frac{\kappa}{\theta} + e^{\rho t}\frac{\kappa}{\theta}, \quad -T \leq t \leq 0 \tag{7.102}$$

(Simon and Blume, 1994, 제24장이나 수학 소프트웨어 프로그램 Wolfram Mathematica를 참조하라). 식 (7.102)는 발표와 감소의 이행 사이의 연기가 더 길어질 때 인플레이션에 대한 미래 이자율 인하의 발표의 영향이 더 커진다는 것을 보여준다. 누적 생산효과가 더 먼 미래의 인하가 발생할수록 더 크다는 이전 결과에서 나오고 새 케인즈학파 필립스곡선은 인플

19 시간 0 이전에 연속시간 근사치만 사용하고 있다는 것을 기억하자. 이전에 0기의 이산시간 분석을 사용하였다. 만일 연속시간을 전체에 걸쳐 사용하려고 한다면 0기에 중앙은행의 통상적인 움직임으로부터의 이탈은 무한소 길이가 될 것이므로 무한소 영향만을 가지게 될 것이다.

레이션이 신축적 가격수준에서 생산의 미래 편차의 할인된 합계의 의존한다는 것을 시사한다 (식 7.67 참고).

그림 7.4에서 점선은 $\rho = 0.01$, $\theta = 1$, $\kappa = 0.172$ (분기로 측정된)의 통상적인 모수 값으로 얼마나 미리 발표되었는 지의 함수로 인플레이션의 반응을 나타낸다. 식 (7.102)는 작은 T의 값에 대해 인플레이션에 대한 발표 효과는 근사적으로 $(1-T)\kappa/\theta$이다. 따라서 작은 T의 값에 대해 효과는 얼마나 미리 발표되었는 지에 따라 대략 선형으로 증가한다(T가 음이라는 것을 기억하라). 그리고 식 (7.102)는 T가 $-\infty$로 접근하면서 발표의 인플레이션 영향은 $\kappa/(\rho\theta)$로 접근한다. $\rho = 0.01$이면 자의적으로 먼 미래에 1회 이자율 인하가 되는 발표의 인플레이션 영향은 오늘 같은 인하의 영향보다 100배가 된다. 그리고 먼 미래에 1분기 동안 1%포인트 감소의 영향은 매우 크게 나타나는데 인플레이션은 17%포인트 만큼 상승한다.

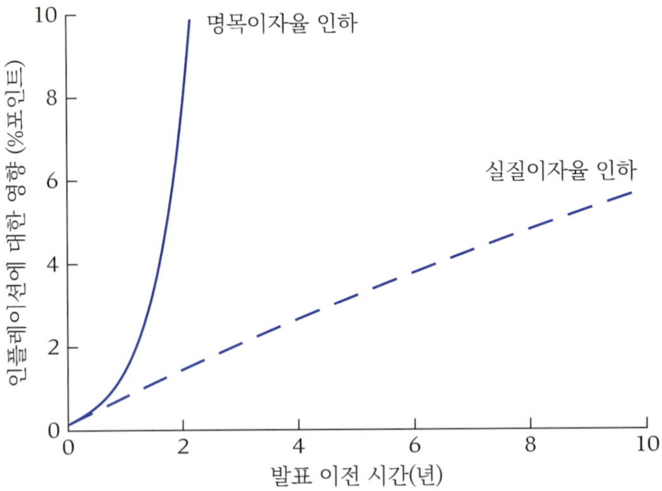

그림 7.4 1분기 1%포인트 금리인하 발표가 인플레이션에 미치는 영향

■ 명목이자율에 대해 사전적 정책방향 제시

이제 통상적인 경로로부터 명목이자율의 1회 이탈의 발표에 대한 초점 실험으로 돌아오자. 이러한 경우에 체계는 최종조건 $y_0 = 1/\theta$와 $\pi_0 = \kappa/\theta$를 가지는 식 (7.99)~(7.100)으로 나타난다. 비록 모형의 구성요소는 간단해도 체계의 해는 복잡하다.

$$\pi(t) = \frac{\kappa}{2\theta\gamma} e^{\rho t/2} \left[\left(\frac{\rho}{2} + \gamma - 1 \right) e^{\gamma t} + \left(\gamma + 1 - \frac{\rho}{2} \right) e^{-\gamma t} \right] \tag{7.103}$$

$$y(t) = \frac{-1}{2\theta\gamma} e^{\rho t/2} \left[\left(\frac{\rho}{2} + \frac{\kappa}{\theta} - \gamma \right) e^{\gamma t} - \left(\frac{\rho}{2} + \gamma + \frac{\kappa}{\theta} \right) e^{-\gamma t} \right] \tag{7.104}$$

여기서 $\gamma \equiv [(\rho^2/4) + (\kappa/\theta)]^{1/2}$ (다시 Simon and Blume, 1994, 제24~25장 또는 Wolfram Mathematica 참조). 통상적인 모수 값으로 인플레이션에 대한 시사점은 그림 7.4에 실선으로 나타나 있다. 이러한 경우에 발표의 영향은 이전의 경우보다 훨씬 더 커진다. 만일 인하가 향후 2년에 발생하면 인플레이션은 즉각적으로 7.7%포인트 증가한다. 만일 4년 연기되면 영향은 매우 크다. 인플레이션은 200%포인트보다 더 크게 점프한다. 직관적으로 발표와 이자율 인하 사이에 통상적인 수준에서 명목이자율로, 인플레이션 상승은 실질 비율로 피드백하므로 생산까지 피드백한다. 이러한 것은 인플레이션 효과를 더 크게 하고 반복된다. 우리가 고려하고 있는 모수 값에 대하여 매우 전통적이지만 이러한 피드백 효과는 매우 강력하다.

■ 논의

모든 모형이 단순화되었기 때문에 어떤 모형도 명확히 잘못된 예측을 하는 몇 가지 차원이 있다. 이러한 기본적 사실에 비추어 우리는 사전적 정책방향 제시의 효과에 대해 기본적인 새 케인즈학파 모형의 예측의 불합리성을 걱정해야 할까?

모형이 이러한 이슈에 대해 설명하지 못하는 것이 몇 가지 신뢰할 수 없는 시사점을 갖는다는 일반적인 발견보다 더 우려되는 두 가지 이유가 있다. 첫째 사전적 정책방향 제시의 효과에 대한 예측은 사소한 보조 가정에서 발생하지 않았다(예를 들어 상수항 제거나 세 개의 방정식의 충격이 상관되어 있지 않다는 가정). 오히려 핵심요소로부터 발생한다. 새 케인즈학파 *IS* 곡선과 새 케인즈학파 필립스곡선의 미래지향적 가격설정에서 기간 간 최적화이다. 둘째 예측은 모형이 이슈의 영역에 정확하게 해당되는 실험인가에 관한 것이다. 모형은 단기 거시경제학적 경기변동이 일어나는 기간에 생산과 인플레이션, 통화정책의 반응의 움직임에 대해 밝히려고 한다. 따라서 비록 경제가 통화정책에 대해 뉴스에 얼마나 반응하는 지에 대한 시사점의 영역, 예를 들어 미래의 1세기 등과 같은 것은 큰 관심이 아니라고 하더라도, 미래 몇 년의 통화정책에 대한 뉴스의 효과에 대한 영역은 큰 관심이 된다.

동시에 사전적 정책제시 방향 수수께끼는 가장 중요한 약점을 분명히 활용하는데 특히 수요의 완전한 기간 간 최적화와 수요와 가격설정의 완전한 미래지향적 특성을 모두 활용한다. 따라서 비록 사전적 정책제시 방향 실험이 중요하다고 해도 그것의 효과에 대한 의미있는 예측을 만들어 내는데 실패한 모형은 분석하는데 유용하다.[20]

20 사전적 정책방향 제시에 관한 더 많은 것은 Haberis, Harrison, and Waldron(2014); Del Negro, Giannoni, and Patterson(2015); Kiley(2016); and McKay, Nakamura, and Steinsson(2016)을 참고하라.

7.10 경기변동의 현대 새 케인즈학파 DSGE모형의 다른 요소

두 가지 주제는 이전 논의되었다. 첫째 기본적인 새 케인즈학파 모형은 많은 매력적인 특성을 가지고 있다. 그러나 둘째 우리가 사용하려고 하는 모형은 전체적으로 비현실적인 중심적인 이슈에 대해 핵심적인 시사점을 가지고 있다. 결과적으로 모형은 때때로 질문을 분석하는 합리적인 시작점이 아니다. 따라서 중요한 것은 보다 유용한 모형을 만들기 위해 모형을 확장하거나 수정하는 방법이다.

따라서 활발한 연구가 7.8절의 모형과 핵심적으로 중요한 유사성을 가지는 보다 세밀한 정량적 DSGE모형을 만들고 추정한다. 모형들은 분석적인 해결책을 주지 못한다. 그러나 학계뿐만 아니라 중앙은행, 다른 정책결정 기관에서 광범위하게 사용되고 있다. 이번 절은 기본적인 모형의 가장 중요한 수정 및 확장에 대해 짧게 논의한다. 그들 중에 많은 것들은 Christiano, Eichenbaum, and Evans (2005), Erceg, Henderson, and Levin (2000), and Smets and Wouters (2003)의 모형에서 나왔다.

■ 총공급

정법 새 케인즈학파 모형은 인플레이션의 움직임을 모형화하기 위하여 새 케인즈학파 필립스곡선을 사용한다. 보다 많은 모형은 이것을 두 가지 방식으로 확장한다. 첫째 새 케인즈학파 필립스곡선의 독특한 예측에 유리한 증거 – 특히 예상된 디스인플레이션은 생산 호황과 관련되어 있음을 시사한다 – 가 매우 약하다는 것을 기억하자. 따라서 현대 모형은 자주 인플레이션 관성을 도입한다. 다루기 쉽기 때문에 통상적인 접근방법은 연동된 새 케인즈학파 필립스곡선으로 제시된 것을 따른 관계를 받아들인다. 전형적으로 시차계수와 제약되지 않은 예상 미래 인플레이션은 식 (7.76)처럼 $1/(1+\beta)$와 $\beta/(1+\beta)$와 같지만 식 (7.77)의 보다 일반적인 설정을 따른다.

둘째 가격과 임금의 움직임을 더 잘 포착하기 위하여 모형은 자주 재화가격뿐만 아니라 임금에도 불완전한 조정을 가정한다. 가장 통상적인 접근방법은 Calvo의 임금조정을 가정하는 것이다(조정빈도는 잠재적으로 가격변동에 대한 것과 다르다). 적절한 가정 하에 결과는 임금 인플레이션에 대한 새 케인즈학파 필립스곡선이다.

$$\pi_t^w = \beta E_t[\pi_{t+1}^w] + \kappa_w y_t \tag{7.105}$$

여기서 π^w는 임금 인플레이션이다. 임금 인플레이션에 대한 식이 연동된 새 케인즈학파 필립스곡선과 유사하도록 조정 사이에 시차 임금 인플레이션에 연동을 가정하는 것이다.

총수요

새 케인즈학파 *IS* 곡선에 주요한 두 가지 한계점이 있다. 첫째 투자, 정부지출, 그리고 순수출을 제외한다. 실제적인 사용을 위해 의도된 많은 모형은 이윤극대화 기업의 결정에서 일어나는 모형화된 투자를 포함한다. 정부기출은 또한 항상 포함되는데 외생적으로 모형화된다. 그리고 많은 개방경제 확장이 있다. Obstfeld and Rogoff(2002); Corsetti and Pesenti(2005); Benigno and Benigno(2006); and Gali(2015, 제8장)가 예이다.

둘째 순수히 미래지향적이기 때문에 새 케인즈학파 *IS* 곡선은 생산의 다른 요소를 포함하기 위해 확장할 때 조차도 충격에 대해 크고 빠른 반응을 시사하려고 한다. 데이터와 더 잘 일치시키기 위해 모형들은 조정을 천천히 하게 하는 구성요소를 포함한다. 소비와 관련하여 가장 통상적인 접근방법은 **습관형성**(*habit formation*)을 가정하는 것이다. 즉 소비자의 효용은 소비 수준뿐만 아니라 소비자 또는 다른 사람의 과거 소비와 같은 어떤 기준 양에 상대적인 수준으로 가정된다. 적절한 가정 하에 충격에 대한 소비의 반응을 둔화시킨다. 투자 측면에서 반응을 둔화시키는 가장 통상적인 방법은 투자를 조정하는 비용이 있다고 직접적으로 가정하는 것이다.

제8장에서 가계의 당기소득이 소비에 중요한 효과를 가지고 있다는 것을 보게 될 것이고 제10장에서 기업의 당기 현금흐름이 투자결정에 중요하다는 것을 보게 될 것이다. 논의한대로 다양한 수정의 여부와 관계없이 새 케인즈학파 *IS* 곡선은 이러한 가능성들을 허용하지 않는다. 당기소득이 재화수요에 영향을 주도록 하기 위해 가장 통상적인 접근방법은 소비의 일부 비율이 모든 당기소득을 소비에 투입하는 유동성 제약이 있는 가계나 경험법칙 가계로 결정된다.[21] 이러한 가정은 다양한 교란에 대해 경제의 반응을 확대하고 그렇지 않으면 움직임에 영향을 미치지 않을 소득의 타이밍을 전이시키는 충격에 대한 역할을 도입할 수 있다.

신용시장 불완전성

2008~2009년의 위기는 신용시장의 비왈라스적 특징들이 중요한 거시경제학 결과를 명확하게 하였다. 신용시장의 붕괴는 경제활동에 큰 변동을 일으킬 수 있고 신용시장 불완전성은 다른 충격이 거시경제에 대해 큰 효과를 가질 수 있다. 결과적으로 새 케인즈학파 DSGE에 신용시장 불완전성을 도입하는 것은 연구의 활동적인 분야이다.

이러한 분야에 세 개의 최근 연구는 Christiano, Motto, and Rostagno(2010), Gertler and Karadi(2011), Curdia and Woodford(2015)에 의해 수행되었다. 세 모형 모두에서 저축과 투자 사이에 중간에 금융분야가 있다. Curdia and Woodford의 모형은 개념적으로 단순하다. 그들은 비싼 중개기술을 가정한다. 중개의 한계비용과 중개자의 마크업 모두가 변하기

21 모형들은 일반적으로 투자에서 당기 현금흐름에 역할을 주지 못한다. 어떤 목적으로 경험법칙 소비자의 가정은 비슷한 시사점을 가지고 있으므로 불필요하게 이러한 복잡함을 더할 필요가 없다. 추가적으로 잠시 후 논의할 것들과 같은 선상에서 신용시장 불완전성을 포함하는 모형은 투자에 대한 현금흐름의 효과를 자연스럽게 시사한다.

때문에 차입률과 대부율 사이의 스프레드는 변한다. 이러한 것으로 인한 경기변동은 한계비용을 변화시키는 중개의 양의 변화인 내생적 요소와 중개기술과 마크업 모두에 대한 충격인 외생적 요소를 가지고 있다.

Gertler and Karadi모형에서 중개부문의 크기에 대한 제약에서 스프레드는 발생한다. 중개자는 제한된 자본을 가지고 있다. 높은 레버리지는 해로운 동기를 만들어 내기 때문에 제한된 자본은 저축자로부터 자금을 끌어들이는 능력을 제약한다. 결과는 저축자에게 지급하는 것보다 많이 차입자에게 부과하여 효과적으로 자본에 대한 지대를 얻는다. 다시 스프레드는 내생적 및 외생적으로 모두로 이동한다. 다양한 형태의 충격은 중개자의 자본에 영향을 미치므로 자금을 끌어들이는 능력과 스프레드를 변화시킨다. 그리고 그들의 자본에 대한 값에 대한 충격은 자금을 끌어들이는 능력에 영향을 미치고 다시 스프레드에 영향을 미친다. 스프레드의 내생적이고 외생적인 이동 모두 경제의 나머지에게 전파된다.

Christiano, Motto, and Rostagno는 초기 연구(Christiano, Motto, and Rostagno, 2003)를 만들면서 중개자와 차입자 사이의 관계에서 마찰에 초점을 두었다. 차입자의 제한된 자본과 투자의 위험은 그들이 지불해야 하는 이자율과 차입에 대한 능력에 영향을 미친다. 결과적으로 차입률과 차입량은 다양한 형태의 교란에 대해 내생적인 반응으로 이동한다. 게다가 Christiano, Motto, and Rostagno는 대부계약이 명목항(6.9절에 논의한 것과 같은 선상으로)으로 쓰여진다고 가정하므로 가격수준에 영향을 미치는 어떤 교란은 차입자의 실질부채에 영향을 미치고 결과적으로 경제의 나머지에 영향을 미친다. 그리고 다른 모형에서 스프레드를 통제하는 요인에 대한 외생적인 교란이 있다. Christiano, Motto, and Rostagno는 차입자의 순자산에 대한 충격과 그들의 프로젝트에 대한 위험 뿐만 아니라 미래 프로젝트의 위험에 대한 뉴스의 도착도 고려하였다.

세 연구 모두 일찍 금융시장 불완전성과 더 큰 모형에서 붕괴를 도입하려고 노력하였다. 금융과 거시경제 위기는 그러한 불완전성과 붕괴가 중요하다는 것을 확실히 남겼다. 그러나 더 큰 거시경제 모형으로 이들을 가장 잘 도입할 지에 대한 질문은 여전히 남아 있다.

■ 정책

보다 세밀한 경기변동의 새 케인즈학파 DSGE모형의 정책 가정은 7.8절에서 고려한 간단한 이자율준칙에서 시작한다. 첫째 가장 간단한 것으로 다른 이자율준칙을 사용하는 것이다. 겉보기에는 무한히 다양한 이자율준칙이 고려되어 왔다. 준칙들은 점진적인 조정, 현재값의 반응 또는 기대 미래값을 대신(또는 부가)하는 변수의 과거 값, 그리고 생산과 인플레이션 외에 많은 다른 변수의 가능한 포함 등을 고려한다. 이러한 연구에서 통상적인 정책은 새로운 변수의 부가와 같은 준칙에서의 어떤 변화는 인플레이션과 생산의 변동성과 같은 거시경제 결과에 영향을 미치는 것에 대해 질문하는 것이다.

둘째 사전에 정한 정책준칙에 대한 가정을 정책입안자가 어떤 목적함수를 극대화하는 가정으로 대체하는 것이다. 목적함수는 직접적으로 설정화 될 수 있다. 예를 들어 정책입안자는 인플레이션과 생산에 대해 2차 손실함수를 가진다고 가정할 수도 있다. 대안적으로 함수는 미시경제학적 토대로 도출될 수도 있다. 가장 통상적으로 정책입안자의 목표는 모형에서 대표적 가계의 기대효용을 극대화한다고 가정하는 것이다. 이러한 접근방식으로 인플레이션이 후생에 충분히 영향을 미치는 모형을 설정할 필요가 있다. 일단 목적이 수립되면(가정이나 도출에 의해) 정책입안자의 결정은 그 함수를 극대화하는 것에서 나온다.

이자율준칙에 기반한 접근방식과 극대화에 기반한 접근방식을 혼합하는 가장 자연스러운 방법은 얼마나 다양하고 단순한 준칙이 최적정책을 근사하는 지에 대해 질문하는 것이다. 정책입안자들이 복잡한 규칙이나 특정 모형의 규칙을 따르는 것을 꺼릴 것이라는 견해가 광범위하게 퍼져 있다. 따라서 모형의 범위에서 상대적으로 잘 작동하는 단순한 규칙이 있는 지에 대해 질문하는 것이 중요하다. 단순한 이자율준칙과 최적정책의 도출에 대한 것은 통화정책을 검토하는 제12장에서 살펴볼 것이다.

최근 연구들이 정책의 분석을 확장하는 세 번째 방법은 단기 이자율보다 다른 정책도구를 고려하는 것이다. 추가적인 정책도구 집합은 재정정책과 관련되어 있는데 특히 정부지출, 이전, 다양한 세율이다. 그리고 신용시장에서 불완전성을 도입하는 모형은 이러한 시장에서 다양한 정부개입을 고려할 필요가 있다.

■ 논의

이러한 연구 프로그램의 낙관적인 관점은 모수가 구조적(정책이 변하지 않을 때 모수가 변하지 않는다는 의미로)으로 생각될 수 있는 미시경제학 가정에 충분히 잘 기반하는 거시경제학 모형을 잘 가지고 있고 정책 이행에 대한 후생기반 추천을 얻는데 사용될 수 있을 정도로 충분히 현실적이라는 것이다. 이러한 관점의 옹호자들은 모형이 미시경제학을 토대로 한다는 것을 강조한다. 많은 정책입안자들은 그들의 예측과 추천에 충분한 가중치를 모형에 둔다. 그들의 가정에 많은 미시경제학적 증거가 있다. 그리고 보다 정교해지고 있다.

그러나 불행히도 이러한 낙관적인 시각에 대해 긴장할 만한 이유가 있다. 우선 모형의 실시간 예측 성능은 암울하다(Edge and Gurkaynak, 2010). 이러한 모형의 시작점이 우아하고 미시기반의 기본적인 새 케인즈학파 모형인 것은 사실이지만 데이터의 중요한 특징과 거의 일치하는 모형은 그 시작점에서 멀리 떨어져 있다. 특히 이러한 모형은 관성을 만들어 내는 가정을 포함한다. 가격조정의 인플레이션 연동, 소비의 습관형성, 투자의 가격조정이다. 이러한 특징을 포함하는 것은 미시경제학 증거가 아니라 거시경제학 사실을 일치시키려는 바램으로 주로 동기화되었다. 예를 들어 미시경제학 수준에서 우리는 확장된 기간 동안 최근 인플레이션을 반영하는데 자주 조정하지 않는 고정된 명목가격을 보았다. 마찬가지로 제9장에서 살펴보겠지만 미시경제학 증거에 동기화된 투자의 기본모형은 투자를 조정하는 비용이 아닌, 자본스톡을 조정하는 비용을 포함한다. 이러한 특징을 도입한다는 것은 모형에 상당한 차이가 있다는 것을 제시한다.

게다가 모형의 복잡함에도 불구하고 그들은 많은 것을 빼 놓는다. 하나의 예로 위기 전에 신용시장의 불완전성에 대해 거의 다루지 않는다. 또 다른 예로 후생 분석에서 정책입안자의 목적함수에 기반하는 모형의 형태는 생산 경기변동과 인플레이션이 후생에 영향을 미치는 매우 특정한 채널에 초점을 둔다. 그러나 12.3절에 논의하겠지만 모형이 초점을 두는 다른 채널이 있다. 결론은 거시경제 경기변동에 대한 연구가 어떻게 진행되어야 하는 지에 대한 큰 그림과 관련하여 큰 불확실성이 있다. 낙관적인 관점에서 연구는 기본적으로 올바르게 진행되고 있으며 기존 모형을 확장하고 이러한 모형에 도입하여 새로운 현상을 분석하는 데 큰 가치가 있다. 비관적인 관점에서 금융과 경제위기는 거시경제를 1970년대 초와 비슷한 위치로 되돌려 놓았다. 이러한 경우에 기존의 틀이 다루기에 적합하지 않은 예상치 못한 현상이 나타났다(이전 에피소드에서 높은 실업과 높은 인플레이션의 결합, 최근의 위기). 이후 현재와 같이 한 가지 가능성은 예상치 못한 발전들이 기존 틀의 간단한 수정으로 가장 잘 설명될 수 있는 사소한 문제들만을 드러냈다는 것이다. 그러나 다른 가능성 – 사실 발생했었던 – 은 발전과정에서 근본적인 변화가 필요하다.

거의 모든 거시경제학들은 현재의 주류 모형들이 중요한 강점과 약점을 가지고 있다는 것에 동의하고 진실은 낙관적인 관점과 비관적인 관점 사이에 놓여 있다. 그럼에도 불구하고 그 범위 내에서 진실은 거시경제학자들이 그들의 연구를 어떻게 수행해야 하는 지에 대한 문제가 된다. 낙관적인 관점에 가까울수록 기존의 틀 내의 연구에 더 큰 가치를 둘 것이다. 비관적인 관점에 가까울수록 더 좁은 모형에서 새로운 이슈에 대해 연구하는 가치가 더 크고, 구성요소에 대한 이해가 지금보다 상당히 커질 때까지 통합적인 모형을 구축하는 노력이 필요하다.

연습문제

7.1 **불균형 가격설정을 가지는 Fischer모형** 매기 자신의 가격을 설정하는 기업이 절반이라는 것 대신에 f의 비율이 홀수 기에 자신의 가격을 설정하고 $1-f$의 비율이 짝수 기에 자신의 가격을 설정하는 것을 제외하고 경제가 7.2절의 모형으로 서술된다고 가정하자. 따라서 물가수준은 t가 짝수이면 $fp_t^1+(1-f)p_t^2$이고 홀수이면 $(1-f)p_t^1+fp_t^2$이다. 짝수 기와 홀수 기에 대한 p_t와 y_t에 대해 식 (7.27)과 식 (7.28)과 유사한 표현을 도출하라.

7.2 **시차 가격설정의 불안정성** 경제가 문제 7.1처럼 서술된다고 가정하고 단순화를 위해 m은 임의보행(따라서 $m_t=m_{t-1}+u_t$이고 여기서 u는 백색잡음이고 일정한 분산을 가진다)이라고 가정하자. 항상 $p_t=p_t^*$를 유지하는 것에 관련하여 기업이 두 기 동안 이윤의 손실은 $(p_{it}-p_t)^2+(p_{it+1}-p_{t+1})^2$에 비례한다고 가정하자. 만일 $f<1/2$이고 $\phi<1$이면 이러한 손실의 기대치는 홀수 기에 가격을 책정하는 기업과 짝수 기에 가격을 책정하는 기업에 대해 더 큰가? 이에 비추어 볼 때 $\phi<1$이면 시차 가격설정을 기대할 수 있는가?

7.3 **동시적(synchronized) 가격설정** Taylor모형을 가정한다. 다만 여기에서는 각 개인은 모두 1기의 간격으로 당기와 차기의 가격을 설정한다고 가정한다. 즉 t기에 있어서 각 개인은 t기와 $t+1$기의 가격을 설정하며 $t+1$기에는 가격설정을 하지 않는다. 그리하여 $t+2$기에 있어서 $t+2$기와 $t+3$기의 가격이 설정된다. (이하 마찬가지임). Taylor모형과 마찬가지로 가격은 2기 이전 결정된 수준에서 고정되며 각 개인은 식 (7.30)에 의해 가격을 설정한다고 하자. 끝으로 m은 임의보행과정을 따른다고 한다.

(a) 대표적 개인의 t기 가격 x_t와 m_t, E_tm_{t+1}, p_t 및 E_tp_{t+1}의 함수로 표현하라.

(b) 가격의 동시적 결정의 가정에 의해 p_t도 p_{t+1}도 x_t와 같아지게 되는 것을 이용하여 x_t를 m_t 및 E_tm_{t+1}의 식으로 표현하라.

(c) y_t와 y_{t+1}의 값을 구하라. 「명목적인 교란항은 모든 가격이 변경된 후에도 경제의 실물면에 영향을 지속적으로 미친다.」라고 하는 Taylor모형의 중심적인 결론은 이곳에서도 유지되는가? 직관적으로 이해하기 쉽게 설명하라.

7.4 임의보행이 아닌 백색잡음을 상정한 Taylor모형을 고려한다. 즉, $m_t=\varepsilon_t$, 다만 ε_t는 시계열적으로 상관되어 있지 않다. 미정계수법을 이용하여 모형의 해를 구하라. (**힌트** : 식 (7.33)과 유사한 식에서 $\lambda+\nu=1$의 조건을 부가하는 것이 아직 합리적인가?)

7.5 문제 7.4를 시차연산자를 이용하여 다시 풀어라.

연습문제

7.6 7.4절의 시작에 서술된 실험을 고려하자. 구체적으로 Calvo경제는 초기에 모든 가격은 m과 같고 0으로 정규화한 장기균형에 있다. 1기에 1회 영구적인 m의 증가가 m_1으로 있었다.

$t \geq 1$에 대해 물가수준의 움직임은 $p_t = (1-\lambda^t)m_1$의 형태의 표현으로 나타난다고 추측하자.

(a) 왜 이러한 추측이 합리적인 지 또는 합리적이지 못한 지에 대해 설명하라.

(b) 모형의 원시 모수(α, β, 그리고 ϕ)로 λ를 찾아라.

(c) α, β, 그리고 ϕ의 증가는 λ에 어떻게 영향을 미치는가? 직관적으로 답을 설명하라.

7.7 **양과 음의 인플레이션이 가능한 경우의 상태의존형 가격설정.**(Caplin and Leahy, 1991) Caplin-Leahy모형에서 상정한 바와 같은 경제를 고려한다. 다만 여기서 m은 상승도 하락도 할 수 있으며 따라서 기업은 상하 양방향으로 Ss가격설정을 할 수 있는 것으로 상정한다. 즉 $p_i - p_i^*(t)$가 S나 $-S$에 도달한다면 기업 i는 $p_i - p_i^*(t)$가 0이 되도록 p_i를 조정한다. Caplin-Leahy모형과 마찬가지로 m의 변화는 연속적인 것으로 상정한다.

논의를 단순화하기 위해 $p_i^*(t) = m(t)$라고 한다. 더욱이 $p_i - p_i^*(t)$는 최초의 구간의 폭이 S인 어떤 구간에서 균일하게 분포한다. 즉 $p_i - p_i^*(t)$은 구간 $[X, X+S]$(단 X는 $-S$로부터 0의 사이의 임의의 값)에서 균일하게 분포한다.

(a) 이 질문의 전제 하에서는 $p_i - p_i^*(t)$가 폭 S의 어떤 구간에서 균일분포를 계속 유지하게 되는 이유를 설명하라.

(b) m의 미소한 증가(dm)에 의한 평균가격수준의 상승이 dm보다도 소폭이 될 X의 값이 존재할 수 있는가? dm보다도 큰 폭으로 상승하는 경우는 어떤가? 그리고 dm과 정확히 동일한 폭으로 상승하는 경우는? 이상의 논의에 따르면 이 모형으로부터 화폐적 충격이 실물면에 미치는 영향에 관하여 어떠한 이야기를 할 수 있는가?

7.8 (이 질문은 Ball, 1994a에 의함) Taylor모형의 연속시간 버전을 고려한다. 여기서는 $p(t) = (1/T)\int_{\tau=0}^{T} x(t-\tau)d\tau$, 여기서 T는 각 개인의 가격변경의 시간적 간격, $x(t-\tau)$는 $t-\tau$의 시점에서 가격을 설정하는 개인에 의해 설정된 가격이 된다. $\phi = 1$을 가정하면 $p_i^*(t) = m(t)$가 된다. 따라서 $x(t) = (1/T)\int_{\tau=0}^{T} E_t m(t+\tau)d\tau$가 성립한다.

(a) 초기에 $m(t) = gt$ $(g > 0)$가 성립하며, 따라서 $E_t m(t+\tau)$는 $(t+\tau)g$와 같다고 가정한다. 이 경우에 $x(t)$, $p(t)$ 및 $y(t) = m(t) - p(t)$의 값은 각각 어떻게 되는가?

(b) 시점 0에서 T시점까지의 동안에 착실하게 통화공급량의 증가율을 0으로 감소시켜 나간다

고 정책당국이 발표한다고 하자. 따라서 $0<t<T$에 있어서는 $m(t)=t[1-(t/2T)]g$이며 $t \geq T$에 있어서는 $m(t)=gT/2$가 된다. 이러한 정책변경은 예상하지 못하였기 때문에 $t=0$ 이전에 설정된 가격은 (a)에서의 가격과 동일하다.

(i) 모든 $t>0$에 대하여 $x(t)=gT/2$라면 $p(t)=m(t)$이며, 생산량은 정책의 변경이 없는 경우와 같은 것을 보여라.

(ii) $0<t<T$에 있어서 기업이 설정한 가격은 $gT/2$보다 높은가, 낮은가, 아니면 같은가? $T \leq t \leq 2T$에 있어서는 어떠한가? 이로부터 생각하면 0기로부터 $2T$까지의 동안에 생산량은 정책변경이 없었던 경우의 생산량과 어떻게 비교할 수 있는가?

7.9 완전예견과 $\beta=1$, 일반적인 총수요 함수 $y_t=m_t-p_t$의 가정 하에서 연동된 새 케인즈학파 필립스곡선 식 (7.76)을 고려하자.

(a) p_{t+1}을 시차값과 m_t로 표현하라.

(b) 예상되고 영구적이며 1회 증가하는 m을 고려하라. $t<0$에 대해 $m_t=0$, $t \geq 0$에 대해 $m_t=1$이다. p_t의 결과적인 경로를 어떻게 발견할 것인 지에 대해 그려라.

(**힌트**: 7.3절에서 시차연산자 접근방법을 사용하라)

7.10 **부분적 연동을 가지는 새 케인즈학파 필립스곡선** 7.7절에서 연동된 새 케인즈학파 필립스곡선의 분석을 고려하라. 그러나 단지 부분적이라고 가정하자. 즉 만일 한 기업이 t기에 자신의 가격을 검토할 기회가 없다면 t에 자신의 가격은 이전 기의 가격과 $\gamma\pi_{t-1}$ $(0 \leq \gamma \leq 1)$의 합이다. π_t를 π_{t-1}, $E_t\pi_{t+1}$, y_t와 모형의 모수로 표현하라. $\gamma=0$일 때 새 케인즈학파 필립스곡선으로 단순화되는 지 확인하고 $\gamma=1$일 때 연동된 새 케인즈 필립스곡선으로 단순화되는 지 확인하라.(**힌트**: $[\alpha/(1-\alpha)](x_t-p_t)=\pi_t-\gamma\pi_{t-1}$를 보이는 것으로 시작하라.)

7.11 Mankiw−Reis 모형의 연속시간 형태를 고려하라. 가격정책을 검토하는 기회는 도달률 $\alpha>0$을 가지는 포아송 과정을 따른다. 따라서 시간 t에 설정되는 가격경로는 여전히 시간 $t+i$에 따르고 있는 확률은 $e^{-\alpha i}$이다. 모형의 다른 가정은 이전과 같다.

(a) 식 (7.81)과 유사한 표현은 $a(i)=\dfrac{\phi(1-e^{-\alpha i})}{[1-(1-\phi)(1-e^{-\alpha i})]}$라는 것을 보여라.

(b) 7.7절에서 논의된 총수요 증가율의 영구적인 하락의 실험을 고려하라. 즉 $t=0$일 때까지 모든 기업은 $m(t)=gt\,(g>0)$을 예상한다. 그 후에 그들은 $m(t)=0$을 예상한다.

(i) 식 (7.83)과 유사한 표현을 찾아라.

(ii) $t \geq 0$에 대해 인플레이션 $\dot{p}(t)$에 대한 표현을 찾아라. 새로운 정상상태로 전이되는 동안 인플레이션은 음(−)인가?

(iii) $\phi = 1$이라고 가정하자. 언제 생산이 가장 낮은 수준에 도달하는가? 언제 인플레이션이 가장 낮은 수준에 도달하는가?

7.12 7.8절의 모형을 고려하자. 그러나 통화정책은 현재 인플레이션과 생산에 반응한다고 가정하자. $r+t = \phi_\pi \pi_t + \phi_y y_t + u_t^{MP}$.

(a) 백색잡음 교란의 경우에 식 (7.92)~(7.94)와 유사한 표현을 찾아라. 이 경우에 인플레이션의 충격의 영향은 얼마인가?

(b) 미정계수법을 사용하여 이 모형을 푸는 방법을 서술하라(그러나 실제로 풀 필요는 없다).

Chapter 08

소비

이 장과 다음 장에서는 가계의 소비선택과 기업의 투자결정에 대하여 조사한다. 소비와 투자는 경제성장과 경기변동의 양측에서 중요한 의미를 갖는다. 성장과 관련해서는 사회의 한정된 자원을 이번 기의 소비와 여러 형태의 투자 즉 물적 자본, 인적 자본, 그리고 연구개발(R&D) 등에 어떻게 배분하느냐에 따라 장기적인 생활수준에 대해 결정적인 영향을 미친다. 이러한 배분은 수익률과 다른 제약 하에서 가계가 선택한 소비와 저축으로의 배분과 이자율과 여타의 제약 하에서 기업이 결정한 투자수요와의 상호작용에 의해 결정된다. 경기변동의 관점에서는 재화에 대한 수요의 대부분이 소비와 투자로 구성되어 있다. 따라서 정부지출과 기술, 통화정책 등의 여러 요인들이 어떻게 총생산에 영향을 미치는가를 이해하는 데는 먼저 소비와 투자가 어떻게 결정되는가를 이해하지 않으면 안 된다.

소비나 투자를 연구하는 데는 그 외에도 두 가지 이유가 있다. 첫째, 최근 수 십 년간 거시경제학에서 실증적인 연구의 많은 것은 소비와 투자에 관한 연구이다. 따라서 두 개의 장은 집중적으로 실증적인 부분에 초점을 두고 있다. 둘째 소비와 투자를 분석하는 것은 금융시장을 이해하는데 중요하다. 금융시장에서 저축하는 것과 대부하는 것에 대한 가계의 선택은 그들의 소비결정에 중요하고 금융시장이 생산에 가치를 어떻게 두는 지는 기업의 투자결정에 매우 중요하다. 이 장과 다음 장은 금융시장의 기능이 완전하거나 그리고 완전하지 않은 경우 모두의 소비와 투자를 검증한다. 이후 제10장은 이러한 결정이 금융시장으로 어떻게 연결되는 지에 대해 연구하고 금융시장과 거시경제의 상호작용을 포함하는 다양한 문제를 살펴본다.

8.1 확실성 하의 소비 : 항상소득가설

■ 가정

개인의 소비결정이 지닌 여러 측면을 이미 제2장의 Ramsey모형과 Diamond모형 그리고 제5장의 실물경기변동이론에서 검토한 바 있었지만 여기서는 간단한 경우로부터 출발한다. T기간 생존하며 다음 식으로 주어진 생애효용함수를 가지는 개인을 보자.

$$U = \sum_{t=1}^{T} u(C_t), \quad u'(\bullet) > 0, \quad u''(\bullet) < 0 \tag{8.1}$$

여기서 $u(\cdot)$은 순간효용함수이며 C_t는 t기의 소비이다. 개인은 초기에 A_0만큼 자산을 보유하며 인생의 T기간 동안에 $Y_1, Y_2, \cdots, Y_T$ 만큼 노동소득을 얻는 것으로 가정한다. 개인은 외생적으로 주어진 이자율 하에서 저축과 차입을 자유로이 실행하는 경제주체이다. 다만 인생의 최종기까지는 차입한 잔고를 갚는다는 제약이 부과된다. 게다가 논의를 간단하게 하기 위해 잠시 이자율은 0이라고 가정한다.[1] 이러한 조건 하에서 개인의 예산제약식은 다음과 같다.

$$\sum_{t=1}^{T} C_t \leq A_0 + \sum_{t=1}^{T} Y_t \tag{8.2}$$

■ 행동

소비의 한계효용은 항상 양(+)이기 때문에 예산제약식은 항상 등호가 성립한다. 따라서 소비자의 효용을 극대화하는 문제를 풀기 위한 라그랑지 함수는 다음과 같다.

$$\mathcal{L} = \sum_{t=1}^{T} u(C_t) + \lambda\left(A_0 + \sum_{t=1}^{T} Y_t - \sum_{t=1}^{T} C_t\right) \tag{8.3}$$

C_t에 관한 1계 조건은 다음과 같다.

$$u'(C_t) = \lambda \tag{8.4}$$

식 (8.4)는 모든 기에 대하여 성립하기 때문에 소비의 한계효용은 모든 기에 일정한 값을 갖는다. 소비수준은 한계효용을 고유하게 결정하기 때문에 이 조건은 소비가 모든 기에서 일정하게 된다는 것을 의미한다. 따라서 $C_1 = C_2 = \cdots = C_T$가 성립한다. 이 결과를 예산제약식에 대입하면 모든 t에 대해 다음이 성립한다.

1 여기서는 개인의 (시간)할인율도 0이라고 가정하고 있다(식 8.1을 참조). 이자율과 할인율이 같다는 가정 하에서 이들 모수가 0이 아니라고 하더라도 이번 절과 다음의 분석에서 그 영향은 경미하다. 그리고 같다고 할 필요가 없다는 가정은 단지 그다지 크지 않은 효과들만 있다.

$$C_t = \frac{1}{T}\left(A_0 + \sum_{\tau=1}^{T} Y_\tau\right) \qquad (8.5)$$

우변의 괄호내의 항은 이 개인의 생애총자산이다. 따라서 식 (8.5)는 개인이 자신의 생애자산을 인생의 모든 기간에 균등하게 분할하여 소비한다는 것을 의미한다.

■ 시사점

지금까지의 분석에 의하면 임의의 기에 개인의 소비는 그 기의 소득에 의해서만 결정되는 것이 아니라 그 개인의 생애에 걸쳐서 발생하는 소득 전체에 의해 결정된다는 것을 알 수 있다. Friedman(1957)의 용어로는 식 (8.5)의 우변을 **항상소득**(*permanent income*) 그리고 어떤 기의 실제소득과 항상소득과의 차를 **임시소득**(*transitory income*)이라고 부른다. 식 (8.5)는 소비는 항상소득에 의해 결정된다는 것을 시사하고 있다.

항상소득과 임시소득의 구별이 중요하다는 것을 이해하기 위해, 예를 들어 1기에 생각하지 못했던 뜻밖의 소득이 Z만큼 발생하였다고 생각해 보자. 비록 이 뜻밖의 소득에 의해 당기소득은 Z만큼 증가하지만 항상소득은 Z/T만큼만 증가한다. 따라서 만일 개인의 인생이 충분히 길다면 뜻밖의 소득이 당해기의 소비에 미치는 영향은 작아진다. 이로부터 얻을 수 있는 한 가지 시사점은 일시적인 감세가 소비에 거의 영향을 미치지 못할 수 있다는 것이다.

우리 분석의 또 다른 시사점은 소득의 시간적 패턴이 소비에는 커다란 의미를 갖지 못하지만 저축에는 매우 중요한 의미를 갖는다는 점이다. t기에 개인의 저축은 당해기의 소득과 소비의 차이로 정의된다.

$$\begin{aligned} S_t &= Y_t - C_t \\ &= \left(Y_t - \frac{1}{T}\sum_{\tau=1}^{T} Y_\tau\right) - \frac{1}{T}A_0 \end{aligned} \qquad (8.6)$$

여기서 두 번째 줄은 C_t에 식 (8.5)를 대입하여 구할 수 있다. 따라서 소득이 평균보다도 높은 기, 즉 임시소득이 높은 때에는 저축도 증가한다. 마찬가지로 당기소득이 항상소득보다 작은 기에는 저축은 음(−)의 값을 갖게 된다. 따라서 개인은 저축과 차입을 사용하여 소비경로를 평준화(smoothing)한다. 이상이 Modigliani and Brumberg(1954)와 Friedman(1957)의 항상소득가설의 기본적인 아이디어이다.

■ 저축이란 무엇인가?

보다 더 일반적인 수준에서 항상소득가설의 기본적인 아이디어는 「저축은 미래의 소비이다」라는 저축에 관한 단순한 통찰이다. 개인이 저축 그 자체를 위해 저축하지 않는 한 사람이 저축하는 것은 미래에 소비하기 위한 것이다. 저축은 인생의 후반에 통상의 소비에 충당하거나 자녀들의 소비를 위해 상속하거나 또는 사후의 기념물을 건축하는데 사용될 수 있을 것이다. 그러나 개인은 저축 그 자체에 가치를 두지 않는 한 소득의 소비와 저축 사이의 구분과 이와 관련한 의사결정은 현재의 소비에 비해 미래의 소비를 어느 정도 중시하는가와 소비의 미래 전망에 관한 정보에 의해 좌우된다.

이상의 논의로부터 저축에 관한 통설 가운데 많은 부분이 잘못되었다는 것을 알 수 있다. 예를 들어 가난한 개인들은 소득이 최저생활을 영위하는 수준을 가까스로 초과하기 때문에 부유한 개인들에 비하여 소득의 작은 비율만을 저축한다고 하는 주장이 종종 제기된다. 그러나 이 주장은 현재 낮은 생활수준을 유지하는 데에도 힘든 개인들이 미래에도 그러한 수준을 유지하는데 어려움을 겪을 것이라는 사실을 간과한 것이다. 따라서 가난한 자들의 저축은 부유한 개인들의 저축과 마찬가지로 그의 소득의 시간적 패턴에 의해 결정될 것으로 생각된다.

또 다른 예를 들면 사람은 주위의 사람에게 뒤처지지 않게 허영을 부리는 소비를 하기 때문에 다른 사람과 비교한 자기소비에 대한 관심이 소비를 끌어 올린다고 하는 통설을 생각하여 보자. 이것도 저축의 본질에 대하여 잘못 인식한 주장임에 틀림이 없다. 저축은 미래소비를 나타내는 것이므로 낮은 저축은 미래소비의 감소를 의미한다. 따라서 상대소비에 주목하여 개인이 미래에 주위사람에 뒤쳐지지 않고 따라잡기를 하고자 한다면 당기소비를 (증대하기보다는 역으로)감소시킨다고 하는 주장도 마찬가지로 가능하다.[2]

■ 실증적 응용: 소비함수 추정의 이해

전통적인 케인즈 소비함수에서는 소비가 당기가처분소득에 의해 결정된다고 가정한다. Keynes(1936)는 "총소비의 양은 주로 총소득의 양에 의존한다", 또한 이 관계는 "지극히 안정적인 함수"라고 주장한 바 있다. 게다가 그는 "소득의 절대수준이 높아지면 통상적으로 소득의 보다 많은 **비율**(*proportion*)이 저축으로 할애된다"고 주장하였다(Keynes, 1936, pp. 96–97).

케인즈의 경기변동 분석에서 소비함수의 중요성이 강조됨에 따라 많은 연구자들이 소비와 당기소득과의 관계를 추정하는 작업을 시도하였다. 그러나 케인즈의 주장과는 달리 이러한 연구로부터 일관성 있는 안정적 관계가 나타나지 않았다. 어느 시점에서 수집한 가계의 횡단면 자료에서는 케인즈가 주장하는 형태로 나타난다. 그러한 관계의 예로 그림 8.1(a)의 관계가 실제로 나타난다. 그러나 한 나라 안의 시계열에서 총소비는 본질적으로 총소득과 비례관계이다. 즉 그림 8.1(b)에서 이 와 같은 관계를 볼 수 있다. 게다가 횡단면으로 얻어진 경우의 소비함수는 표본을 구성하는 그룹마다 차이가 있다. 예를 들어 추정된 소비함수의 기울기는 백인그룹이나 흑인그룹도 동일한 값을 가지나 절편은 백인이 큰 것으로 나타난다. 이는 그림 8.1(c)와 같다.

2 저축이 미래소비를 나타내는 것을 인식한 다음 다른 사람과의 상대적인 소비에 대한 관심이 개인의 저축에 어떻게 영향을 줄 것인가에 관하여 아래 각주 16을 참고하라.

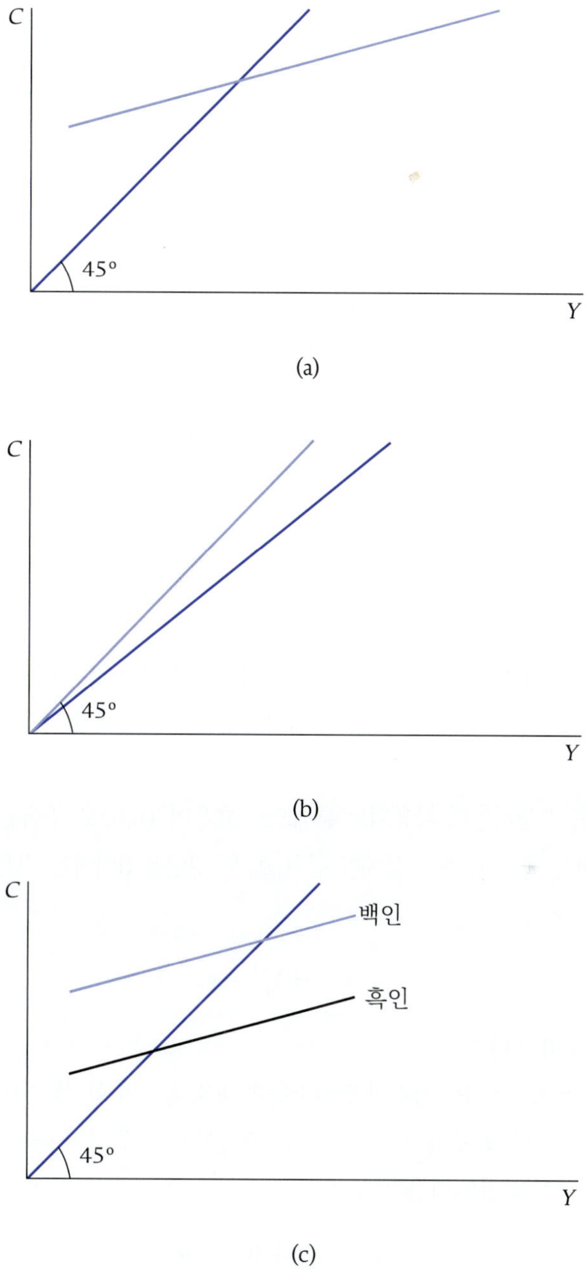

그림 8.1 당기소득과 소비 간의 다양한 형태

Friedman(1957)이 설명한대로 항상소득가설을 따르면 이들 사실의 모두를 간단하게 설명할 수 있다. 이를 살펴보기 위하여 우리가 고려하고 있는 단순한 형태로부터 모형을 두 방향으로 확장하는 것이 도움이 된다. 확실성 하에서 소비를 분석하고 있다는 사실을 유지하면서 확장하는 것은 불확실성이 없는 설정에 개인들 간의 변동과 시간의 흐름에 따른 변동을 도입하자.

첫 번째 수정은 i로 나타낸 다른 개인들을 명시적으로 도입한다. 임시소득은 당기소득과 항상소득의 차이로 정의되기 때문에 t기의 개인 i의 당기소득을 자신의 항상소득과 임시소득의 합으로 쓸 수 있다.

$$Y_{it} = Y_i^P + Y_{it}^T \tag{8.7}$$

개인의 항상소득은 자신의 생애자산이기 때문에 Y^P는 하첨자 t를 가지고 있지 않다. 특정 시점의 개인을 가정하는데 Y_{it}^T는 평균이 0이고 Y_i^P와 상관되어 있지 않다.[3]

두 번째 수정은 개인이 시간의 흐름에 따라 소비하기 원하는 양의 변동이 없다는 가정을 완화한다. 즉 순간효용함수 $u(\cdot)$는 매기 같다. Friedman에 따르면 응급의료나 자녀의 결혼과 같은 사건은 소득과 관계없는 소득의 변동을 야기시킨다. 이러한 것을 모형화하는 간단한 방법은 식 (8.1)의 효용을 변화시키는 것이다.

$$U_i = \sum_{t=1}^{T} u(C_{it} - e_{it}) \tag{8.8}$$

e_{it}는 각 개인의 생애에 걸쳐 평균 0으로 가정되고 어떤 기에 평균 0이며 Y_i^P 및 Y_{it}^T를 가지는 개인과 상관되어 있지 않다. 아직 불확실성을 고려하고 있지 않으므로 각 개인은 e가 취하는 값을 안다고 가정한다.

식 (8.5)를 도출하는데 사용되는 분석으로 효용이 (8.8)로 주어질 때 $C_{it} - e_{it}$는 시간에 걸쳐 일정하다. 게다가, 개인 생애에 걸쳐 e_{it}의 평균은 0이라는 것을 기억하라. 따라서 소비는 다음과 같다.

$$C_{it} = Y_i^P + e_{it} \tag{8.9}$$

e_{it}는 "임시소비"이다.[4]

이러한 가정들로 소비를 상수와 당기소득에 대해 횡단면 회귀를 하면 어떤 일이 발생하는 지에 대해 알 수 있다. 회귀에서 시점은 모든 관측치에 대해 같기 때문에 단순화를 위해 하첨자 t를 뺀다. 따라서 회귀는 다음과 같다.

$$C_i = a + bY_i + u_i \tag{8.10}$$

단순회귀방정식인 경우, 우변의 변수인 설명변수의 추정계수 $\hat{b}$는 설명변수의 분산에 대한 종속변수와 설명변수 간의 공분산의 비율과 같다.

---

3 이러한 가정이 성립하지 않는 상황이 있다. 예를 들어 짧은 침체는 특히 부자의 소득을 감소시키는데 Y_{it}^T는 음(−)의 평균을 가지고 있고 Y_t^P와 음(−)으로 상관되어 있는 것 같다. 그러나 대부분 개인수준에서 소득의 변동은 전체적 요인보다 고유요인을 반영하므로, 가정은 합리적이다.

4 만일 효용이 식 (8.8)이 아니라 $U_i = \sum_{t=1}^{T} u(C_{it} - e_{it}) + v_{it}$로 주어지면 행태는 변하지 않는다. 추가 의료지출이 필요한 것은 $e_{it} > 0$과 $v_{it} < 0$인 경우에 해당될 수 있다. 자녀의 결혼은 $e_{it} > 0$과 $v_{it} > 0$에 해당될 수 있다.

$$\hat{b} = \frac{\text{Cov}(Y_i, C_i)}{\text{Var}(Y_i)}$$
$$= \frac{\text{Cov}(Y_i^P + Y_i^T, Y_i^P + e_{it})}{\text{Var}(Y_i^P + Y_i^T)} \tag{8.11}$$
$$= \frac{\text{Var}(Y_i^P)}{\text{Var}(Y_i^P) + \text{Var}(Y_i^T)}$$

여기서 두 번째 줄에서는 당기소득이 항상소득과 임시소득의 합이라는 사실과 소비가 항상소득과 일치한다는 것을 이용하였다. 마지막 줄에서 특정 시점에 개인에 대해 항상소득과 임시소득이 상관되지 않고 임시소비와 임시소득은 모두 0이라는 가정을 이용하고 있다.

단순회귀분석에서 상수항의 추정치는 종속변수의 평균에서 기울기의 추정치와 설명변수 평균의 곱을 빼준 것과 동일하다. 따라서 다음 식이 성립한다.

$$\hat{a} = \overline{C} - \hat{b}\overline{Y}$$
$$= (1 - \hat{b})\overline{Y}^P \tag{8.12}$$

여기서 이 식의 두 번째 줄에서는 개인의 임시소비와 임시소득의 평균이 0이라는 가정을 이용하였다.

따라서 항상소득가설에 의하면 추정된 소비함수의 기울기 $\hat{b}$을 결정하는 주된 요인은 항상소득과 임시소득의 상대적 분산임을 예측한다. 직관적으로 다른 기보다 더 높은 당기소득을 가지는 개인은 자신의 항상소득이 더 커지는 한도내에서 더 소비를 하게 된다. 항상소득의 분산이 임시소득의 분산에 비교하여 매우 크면 임의의 기의 소득변동 가운데 거의 모두가 항상소득의 변화를 반영하는 것이 된다. 따라서 소비는 당기소득에 대하여 거의 1:1로 증가한다. 그러나 역으로 항상소득의 분산이 임시소득의 분산보다 작으면 임의의 기의 소득변동은 항상소득의 변동으로부터 초래되는 부분이 미미해지므로 소비가 당기소득에 연결되어 변동하기 어렵다.

그림 8.1에 그려진 추정소비함수는 이러한 분석으로 이해할 수 있다. 가계의 횡단면 자료의 경우 소득의 분산 중 대부분은 실업이나 여러 가계가 생애주기의 상이한 단계에 위치하는 등의 요인을 반영하는 것이다. 식 (8.11)과 식 (8.12)는 소비를 개인의 소득에 대한 회귀의 결과로서 추정된 기울기의 계수는 1보다 작으며 절편의 추정치는 양(+)의 값을 가진다는 것을 시사한다.

이번에는 흑인과 백인의 차이를 생각해 보자. 항상소득과 임시소득의 상대적 분산은 두 그룹에서 비슷하여 b의 추정치는 비슷한 값을 갖는다. 그러나 흑인의 평균소득은 백인의 소득보다 훨씬 낮다. 결과적으로 흑인의 경우 a의 추정치는 백인의 추정치보다 작다(식 8.12). 따라서 항상소득가설은 흑인과 백인의 서로 다른 소비 패턴이 두 그룹의 서로 다른 평균소득의 결과이며 선호이나 문화의 차이의 결과가 아니다.

우리는 시계열 데이터를 사용하여 총소비에 대한 총소득의 회귀로 항상소득가설의 의미를 명시적으로 설명하지 않았다. 그러나 직관적으로 상당한 시간의 길이를 가지는 표본에서 총소득의 거의 모든 변동은 장기성장을 반영한다 – 즉 경제 자원의 영구적인 증가이다. 따라서 그러한 회귀로 나온 계수의 기울기 추정치는 그림 8.1의 (b)처럼 매우 크다.[5]

8.2 불확실성하의 소비 : 임의보행가설

■ 개인의 행동

이제 우리는 불확실성을 설명할 수 있도록 분석을 확장한다. 특히 매기 개인의 노동소득(Y_t)에 대해 불확실성이 있다고 가정하자. 앞서의 경우와 같이 이자율과 할인율 모두가 0이라는 가정은 그대로 유지한다. 또한, 순간효용함수 $u(\cdot)$는 2차식이라고 가정한다. 따라서 개인은 다음을 극대화한다.

$$E[U] = E\left[\sum_{t=1}^{T}\left(C_t - \frac{a}{2}C_t^2\right)\right], \quad a > 0 \tag{8.13}$$

개인자산(individual's wealth)은 소비의 한계효용이 항상 양(+)인 범위에 있다고 가정하자. 이전처럼 개인은 그 생애의 마지막까지 미결제 부채를 모두 정산해야 한다. 따라서 예산제약은 다시 식 (8.2) $\sum_{t=1}^{T} C_t \leq A_0 + \sum_{t=1}^{T} Y_t$로 주어진다.

개인의 행동을 기술하기 위해 통상적인 오일러 방정식을 사용한다. 구체적으로 먼저 개인은 주어진 이용가능한 정보로 처음 기의 소비를 최적으로 선택하고 미래의 매기에도 주어진 이용가능한 정보로 최적으로 소비를 선택한다고 가정하자. 이제 여기서 개인이 선택한 C_1을 dC만큼 감소시키는 한편, 미래의 어떤 시점의 소비를 동일하게 증가시킨다고 생각하자. 만일 개인이 최적화를 하면 이런 종류의 한계적 변화는 기대효용에는 영향을 주지 않는다. 1기에 소비의 한계효용은 $1 - aC_1$이고 이 변경에 따른 효용의 변화는 $(1 - aC_1)dC$이다. 그리고 t기 소비의 한계효용은 $1 - aC_t$이므로 이러한 변화로 인해 $E_1[1 - aC_t]dC$만큼 기대효용이 증가한다. 여기서 $E[\cdot]$은 제1기에 이용가능한 정보에 대한 조건부 기대치를 나타낸다. 따

5 횡단면 회귀인 우리의 분석은 총계 자료의 장기 시계열처럼 항상소득의 분산이 임시소득의 분산보다 상대적으로 매우 클 때 추정된 절편은 0에 접근하는 것을 제시하는데 연구자들이 발견한 것과 일치한다. 그러나 추정된 기울기가 눈에 띄게 1보다 작은 이유는 추가적인 고려가 필요하다. 예를 들어 1보다 작은 기울기에 중요할 수도 있는 하나의 요인이 세대 간 회전과 장기성장이다. 젊은 세대는 일반적으로 저축하고 노인 세대는 저축을 인출하기 때문에 각 세대가 이전 세대보다 부유해지는 사실은 젊은 세대의 저축이 노인 세대의 저축 인출보다 크다는 것을 시사하므로 총소비는 총소득보다 작다.

라서 만일 개인이 최적화한다면 다음과 같다.

$$1 - aC_1 = E_1[1 - aC_t], \qquad t = 2, 3, \ldots, T \tag{8.14}$$

$E_1[1 - aC_t]$은 $1 - aE_1[C_t]$와 동일하므로 다음과 같다.

$$C_1 = E_1[C_t], \qquad t = 2, 3, \ldots, T \tag{8.15}$$

개인은 자신의 생애소비가 예산제약식 (8.2)를 등호로 충족시킬 필요가 있다는 것을 안다. 따라서 제약식의 양변에 대한 기대치도 같아진다.

$$\sum_{t=1}^{T} E_1[C_t] = A_0 + \sum_{t=1}^{T} E_1[Y_t] \tag{8.16}$$

식 (8.15)에 의해 식 (8.16)의 좌변은 TC_1임을 시사한다. 이것을 식 (8.16)에 대입하고 양변을 T로 나누면 다음의 식을 얻는다.

$$C_1 = \frac{1}{T}\left(A_0 + \sum_{t=1}^{T} E_1[Y_t]\right) \tag{8.17}$$

즉 개인은 생애에 기대가능한 자기 자산의 $1/T$을 소비한다.

■ 시사점

식 (8.15)는 C_1의 1기의 기대치가 C_1과 같다는 것을 시사한다. 보다 일반적으로 우리가 한 유사한 추론은 매기에 기대되는 다음 기의 소비는 그 당기소비와 동일하다는 것을 시사한다. 소비의 변화는 예측불가능하다는 것을 시사한다. 기대치의 정의로부터 다음을 쓸 수 있다.

$$C_t = E_{t-1}[C_t] + e_t \tag{8.18}$$

여기서 e_t는 $t-1$기의 기대치가 0이 되는 변수이다. 이것과 $E_{t-1}[C_t] = C_{t-1}$이므로 다음과 같다.

$$C_t = C_{t-1} + e_t \tag{8.19}$$

이 식은 항상소득가설은 Hall의 유명한 결론인 소비는 임의보행(random walk)을 따른다는 것을 시사한다(Hall, 1978)[6]. 이러한 결론에 대한 직관은 간단하다. 만일 소비의 변화가 예상된다면, 개인은 소비를 더 잘 평준화할 수 있다. 예를 들어 소비의 증가가 예상된다고 가정하자. 이것은 당기소비에 대한 한계효용이 미래의 기대한계효용보다 크다는 것을 의미하므로

6 엄밀하게 말하자면, 항상소득가설은 소비가 **마팅게일**(변하는 시계열을 예측할 수 없다)을 따르며 반드시 임의보행과정(그 변화 i.i.d인 마팅게일)을 따를 필요는 없다는 것을 시사하고 있다. 그러나 흔히 마팅게일을 임의보행과정으로 언급하고 있다.

개인은 당기소비를 증가시켜 효용수준을 개선할 수 있다. 따라서 개인은 소비가 변화하지 않을 것이라고 예상하는 시점인 당기소비를 조정한다.

게다가 이러한 분석은 소비의 변화 e를 결정하는데 사용될 수 있다. 구체적으로 1기에서 2기까지의 변화를 고려한다. 식 (8.17)을 도출하는데 이용된 논리와 마찬가지로 추론하면 C_2는 개인의 기대되는 잔여생애자원의 $1/(T-1)$이 된다.

$$\begin{aligned} C_2 &= \frac{1}{T-1}\left(A_1 + \sum_{t=2}^{T} E_2[Y_t]\right) \\ &= \frac{1}{T-1}\left(A_0 + Y_1 - C_1 + \sum_{t=2}^{T} E_2[Y_t]\right) \end{aligned} \tag{8.20}$$

여기서 두 번째 줄은 $A_1 = A_0 + Y_1 - C_1$ 라는 사실을 이용하였다. 2기에 생각되는 잔여기간의 생애소득에 대한 기대치 $\sum_{t=2}^{T} E_2[Y_t]$은 1기 시점에 있어서의 기대치 $\sum_{t=2}^{T} E_1[Y_t]$와 1기와 2기의 사이에 학습된 정보 $\sum_{t=2}^{T} E_2[Y_t] - \sum_{t=2}^{T} E_1[Y_t]$의 합으로 바꾸어 쓸 수 있다. 이에 의해 식 (8.20)을 다음과 같이 쓸 수 있다.

$$C_2 = \frac{1}{T-1}\left[A_0 + Y_1 - C_1 + \sum_{t=2}^{T} E_1[Y_t] + \left(\sum_{t=2}^{T} E_2[Y_t] - \sum_{t=2}^{T} E_1[Y_t]\right)\right] \tag{8.21}$$

식 (8.20)으로부터 $A_0 + Y_1 + \sum_{t=2}^{T} E_1[Y_t]$는 TC_1과 같다. 따라서 식 (8.21)은 다음과 같다.

$$\begin{aligned} C_2 &= \frac{1}{T-1}\left[TC_1 - C_1 + \left(\sum_{t=2}^{T} E_2[Y_t] - \sum_{t=2}^{T} E_1[Y_t]\right)\right] \\ &= C_1 + \frac{1}{T-1}\left(\sum_{t=2}^{T} E_2[Y_t] - \sum_{t=2}^{T} E_1[Y_t]\right) \end{aligned} \tag{8.22}$$

식 (8.22)는 1기와 2기 사이의 소비의 변화는 자신의 생애자원의 추정치의 변화를 인생의 잔여기간수로 나눈 것과 같다는 것을 말한다.

마지막으로 개인의 행동이 확실성등가(certainty equivalence)를 나타내는데 주목한다. 식 (8.17)처럼 개인소비는 만일 자신의 미래소득이 매기 전체의 평균과 동일해지는 것이 확실한 경우의 소비와 동일하게 된다. 즉 미래소득에 관한 불확실성은 소비에 영향을 주지 못한다.

이러한 확실성등가의 직관적으로 살펴보기 위해 1기와 2기 사이의 소비를 연결하는 오일러 방정식을 고려하자. 일반적인 순간효용함수의 경우 오일러 조건은 다음과 같다.

$$u'(C_1) = E_1[u'(C_2)] \tag{8.23}$$

효용함수가 2차식일 때 한계효용은 선형이다. 따라서 소비의 기대한계효용은 기대소비의 한계효용과 같다. 즉 $E_1[1 - aC_2] = 1 - aE_1[C_2]$이므로 2차식의 효용함수 식 (8.23)은 다음과 같다.

$$u'(C_1) = u'(E_1[C_2]) \tag{8.24}$$

이는 $C_1 = E_1[C_2]$을 시사한다.

이러한 분석은 2차식의 효용은 확실성등가의 원천인 것을 보여준다. 만일 효용함수가 2차식이 아니라면 한계효용은 선형이 아니므로 식 (8.24)는 식 (8.23)으로부터 도출이 불가능하다. 이점에 대하여는 8.6절[7]에서 다시 다루기로 한다.

8.3 실증적 응용: 임의보행과정 가설에 관한 두 가지 검정

홀의 임의보행가설 결과는 소비에 대한 기존의 견해에 반대된다.[8] 경기변동에 대한 소비의 전통적인 관점은 생산이 감소할 때 소비는 감소하지만 회복할 것으로 예상되었다. 따라서 소비의 움직임은 예상할 수 있다는 것을 시사한다. 대조적으로, 홀의 항상소득가설의 확장은 생산이 예상치 못하게 감소할 때 소비는 항상소득의 하락만큼만 감소한다. 결과적으로 소비의 회복이 예상되지 않는다.

예상에 관한 두 가지 관점의 차이 때문에 예측가능한 소득의 변화는 예측가능한 소비의 변화를 만들어 내는 지의 여부를 검정하는 작업에 많은 노력이 경주되어 왔다. 소비는 예측가능한 소득변화의 움직임에 반응한다고 하는 가설을 소비의 **과잉민감성**(*excess sensitivity*)이라고 부른다(Flavin, 1981).[9]

---

7 비록 소비의 변화는 평균 0이고 예측이 불가능하다는 특별한 결론(식 8.19)은 2차식의 효용 (그리고 할인율과 이자율이 같다)의 가정에 의존하고 있으나 평균으로부터 소비증가의 괴리가 예측이 불가능하다는 결과는 보다 일반적인 가정 하에서 도출될 수 있다. 문제 8.15를 참고하라.

8 사실 홀이 임의보행 결과를 도출하고 검정한 논문을 최초로 발표할 때 어느 유명한 거시경제학자는 그에게 당신은 마약을 복용하면서 논문을 쓴 게 틀림없다고 말했다.

9 항상소득가설은 소비가 예상치 못한 소득변화에 어떻게 반응을 하는 지에 대하여 예측한다. 예를 들어 8.2절의 모형에서 뉴스에 대한 반응은 식 (8.22)로 주어져 있다. 예상치 못한 소득변화에 대한 소비반응이 항상소득가설의 예측보다 작다고 보는 가설을 소비의 **과잉평준화**(excess smoothness)라고 부른다. 과잉민감성은 예상된 소득변화와 관련되고 과잉평준화는 예상치 못한 소득변화에 관련되어 있기 때문에 소비가 과잉민감성을 보이면서 동시에 과잉평준화하는 경우도 발생할 수 있다. 과잉평준화에 대하여 보다 더 알고 싶다면 Campell and Deaton(1989), West (1988), Flavin(1993) 및 연습문제 8.6을 참조하라.

■ 거시자료를 이용한 Campbell and Mankiw 검정

임의보행가설은 소비의 변화가 예측불가능하다는 것을 시사한다. 따라서 $t-1$기에 이용가능한 정보는 $t-1$기로부터 t기까지 소비의 변화를 예측하는 데에는 사용될 수 없다는 것을 시사한다. 임의보행가설을 검정하는 하나의 접근방법은 $t-1$기에 알려진 소비의 변화를 변수에 회귀하는 것이다. 만일 임의보행가설이 옳다면 변수의 계수는 체계적으로(systematically) 0과 다르지 않아야만 한다.

이것이 홀이 그의 원 논문에서 채택한 접근방법이다. 그는 소득이나 소비의 시차변수는 소비의 변화를 예측하지 못한다는 가설을 기각할 수 없었다. 그러나 주식가격 움직임의 시차변수는 소비의 변화에 대해 통계적으로 유의한 예측력을 가지고 있었다.

이러한 접근방법의 문제점은 그 결과를 해석하는 것이 어렵다. 예를 들어 소득의 시차변수가 소비에 대하여 강한 예측력을 보유하고 있지 않다는 홀의 결론은 예측 가능한 소득변화가 예측 가능한 소비의 변화를 만들어내지 못하기 때문인 것이 아니라 소득의 시차값은 소득의 움직임을 예상하는데 거의 유용하지 않기 때문이다. 마찬가지로 주식가격 자료를 사용하여 임의보행과정의 예측을 기각되는 것의 중요성을 평가하기 어렵다.

따라서 Campbell and Mankiw(1989)는 홀의 가설과 특정한 대립가설을 검정하는 도구변수 접근방법을 이용하였다. 그들이 고려한 특정의 대립가설은 소비자의 일부는 그들의 당기소득을 지출하고 나머지는 홀의 이론에 따라 행동한다고 고려하였다. 이 대립가설 하에서 제1그룹 소비자의 $t-1$기부터 t기 사이의 소비변화는 $t-1$기부터 t기 사이의 소득변화와 동일하며, 제2그룹 소비자의 $t-1$기에서 t기 사이의 추정된 항상소득 변화와 같다는 것을 시사한다. 따라서 만일 λ를 전체소비에서 제1그룹의 소비자에 의한 소비의 비율로 나타낸다면 총소비의 변화는 다음과 같다.

$$\begin{aligned} C_t - C_{t-1} &= \lambda(Y_t - Y_{t-1}) + (1-\lambda)e_t \\ &\equiv \lambda Z_t + v_t \end{aligned} \tag{8.25}$$

여기서 e_t는 $t-1$기부터 t기까지 항상소득의 변동에 대한 소비자의 추정치이다.

Z_t와 v_t는 거의 확실히 상관되어 있다. 소득이 크게 증가하는 시기는 통상적으로 가계가 전체생애소득에 대하여 유리한 뉴스를 받는 시기와 일치한다. 그러나 이것은 식 (8.25)의 우변의 변수가 오차항과 양(+)으로 상관되어 있다는 것을 의미한다. 따라서 식 (8.25)를 최소자승법(ordinary least squares method)으로 추정하면 λ의 추정치는 상방 편의를 가지게 된다.

4.4절에 서술한대로 우변의 변수와 오차항 간에 상관관계에 대한 해결책은 OLS 보다 도구변수(instrumental variables)를 사용하는 것이다. 도구변수(IV)을 사용하는 통상적인 어려운 점은 유효한 도구를 찾는 것이다. 잔차와 상관되지 않은 확실할 수 있는 변수를 발견하기 어렵다. 그러나 잔차가 $t-1$과 t 사이에 새로운 정보에서 나오는 경우 많은 후보 도구들이 있을 수 있다. $t-1$기에 알려진 어떠한 변수는 체계적으로 잔차와 상관되어 있지 않다.

이러한 검정을 수행하기 위해 Campbell and Mankiw는 소비를 1인당 실질 비내구재 및 서비스의 구입을 사용하고 소득으로 1인당 실질 가처분소득을 사용하였다. 데이터는 분기별 자료이며 표본기간은 1953~1986년까지이다. 이들은 여러 가지 도구변수를 검토하였다. 소득의 시차변화는 미래의 변화에 대하여 거의 예측력을 보유하고 있지 않는다는 것을 발견하였다. 이것은 소득변동의 시차변수에서 소비의 예측력을 발견할 수 없다고 하는 홀은 소비에 관한 전통적 견해를 부정한다고 해석할 수 없다. 기본적인 경우에 도구로 소비변화의 시차값들을 사용하였다. 3기의 시차를 사용할 때 λ의 추정치는 0.42, 표준오차는 0.16이며, 5기 시차변수를 사용할 때 추정치는 0.52, 표준오차는 0.13이었다. 다른 모형 설정들도 비슷한 결과를 만들어 냈다.

따라서 Campbell and Mankiw의 추정치는 정량적으로 크고 통계적으로 유의하게 임의보행모형의 예측과 괴리가 있다는 것을 제시한다. 소비는 예상되는 1달러 소득 증가에 반응하여 약 50센트 증가하는 것으로 보이며 효과가 없다고 하는 귀무가설은 강하게 기각된다. 따라서 결과는 항상소득가설이 소비의 이해에 중요하다고 할 수 있다는 것을 제시한다.[10]

Campbell and Mankiw의 분석에서 하나의 한계는 잔차의 취급과 관련된다. 식 (8.25)에서 ν_t에 영향을 미치는 하나의 요인은 항상소득에 대한 뉴스이다. 만일 그것이 유일한 요인이면 $t-1$기에 알려진 어떤 변수는 체계적으로 ν_t와 상관되지 않았다고 확신할 수 있다. 그러나 다음의 경우에는 가정할 이유가 없다. 실질이자율의 변화(다음 절에 논의할), 측정오차, 선호의 변화 등은 ν_t에 영향을 미칠 수 있다. 이러한 복잡함으로 인해 $t-1$기에 알려진 변수는 체계적으로 잔차와 상관되어 있지 않다는 것을 반드시 의미하지 않는다는 단순한 사실을 시사한다.

가계자료를 이용한 Hsieh의 검정

거시자료를 이용하여 임의보행가설을 검정하는 데에는 몇 가지 문제점이 있다. 가장 확실하게 관측치의 수가 작다. 게다가 소득의 변화에 대하여 강한 예측력이 있는 변수를 찾는 것도 어렵다. 따라서 예측가능한 소득의 변화는 예측가능한 소비의 변화와 관계가 없다고 하는 임의보행가설의 핵심적인 예측을 검정하는 것은 어렵다. 그리고 잔차가 뉴스보다 더 많은 것을

10 게다가 우변 변수보다 많은 도구가 있을 때 도구변수법은 검정할 수 있는 **과잉식별제약**(*overidentifying restrictions*)이 있다. 만일 시차의 소비변화가 유효한 도구변수라고 한다면 그것들은 ν와 상관되어 있지 않다. 일단 소득의 증가에 대한 도구에서 모든 정보를 빼 내었다면 이들은 좌변의 변수에 대하여 추가적인 예측력을 갖지 못해야 한다는 것을 시사한다. 만일 추가적인 예측력이 있다면 그것들은 ν와 상관되어 있기 때문에 유효한 도구변수가 되지 못한다. 이러한 점은 식 (8.25)의 추정된 잔차를 도구에 회귀하여 도구가 설명력을 가지고 있는지를 검정할 수 있다. 구체적으로 도구가 유효하다고 하는 귀무가설 하에서 회귀의 R^2와 관측치 수와의 곱은 점근적으로 자유도가 과잉식별제약의 수(도구의 수에서 내생변수의 수를 뺀 값)와 같은 χ^2분포이다.
Campbell and Mankiw의 경우에 TR^2 통계량은 소비변화의 3기 시차변수까지 이용될 때 χ^2_2 분포를 따르며 5기 시차변수까지가 이용되는 경우에는 χ^2_4 분포를 따른다. 이들 두 가지 경우에 검정통계량은 각각 1.83 및 2.94인 것으로 나타났다. 이것들은 각각 해당 χ^2분포의 59%와 43%이다. 따라서 도구가 유효하다는 가설을 기각할 수 없다.

반영한다면 잔차와 체계적으로 상관되지 않은 확실할 수 있는 도구를 찾기 어렵다.

마지막으로 개인의 소비와 관련된 추가적인 가정은 총계자료를 적용하여 모형을 예측하는 데 필요하다. 예를 들어 모집단에서 가계의 진입과 퇴출은 각 가구에 대해 개별적으로 성립하더라도 이론의 예측이 거시자료와 일치하지 않을 수 있다.

이러한 고려 때문에 많은 연구자는 개별가계에 관한 자료를 이용하여 소비자 행동을 검증한다. Hsieh(2003)는 흥미로운 예측가능한 소득의 변화를 살펴보았다. 그의 주된 초점은 **알래스카 영구기금**(*Alaska Permanent Fund*)이다. 알래스카 주는 원유 로열티로부터 상당한 수입을 얻는다. 매 10월에 주의 개별 거주자에게 동일한 금액을 지급하여 수입의 많은 부분을 배분한다. 지급규모는 크다. 최근에 1인당 1000달러를 넘었다. 1년의 지급규모는 합리적으로 정확하게 미리 잘 알려진다. 따라서 지급액은 상당히 예상가능한 소득의 변동을 나타낸다. 지급액이 도착한다는 것은 항상소득에 대한 정보를 제공하지 못하기 때문에 항상소득가설은 지급이 될 때 소비가 증가하는 것이 아니라는 것을 예측할 수 있다.

영구기금의 존재보다 다른 이유로 알래스카와 다른 주의 소비자행동이 다를 수 있다. 결과적으로 알래스카 거주자들의 소비가 10월과 즉각 다음 월에 다른 주의 거주자의 소비보다 빠르게 상승하는 지의 여부를 단순히 점검하는 것은 항상소득가설의 설득력있는 검정을 제공하지 못할 것이다. 따라서 Hsieh의 전략은 알래스카 내의 지급의 횡단면과 시계열 변동에 초점을 두었다. 구체적으로 그는 지급액이 소득에 비해 더 커지는 가계의 4분기에 소비가 더 많이 (% 항으로) 증가하는 지의 여부와 지급이 평균소득에 비해 더 커지는 해의 4분기에 더 많이 증가하는 지의 여부를 질문하였다.

이러한 아이디어를 검정하는 방법은 Campbell and Mankiw와 유사하다. 즉 알래스카 가계의 소비변화를 소득변화에, 영구기금에서 지급되는 $t-1$에 알려진 정보로 소득변화에 대해 도구화하면서 시계열/횡단면 회귀를 수행하는 것을 생각할 수 있다. 소득변화의 계수는 소득이 주어질 때 지출한 예상한 소득변화의 비율을 보여줄 것이다. 그러나 불행히도 Hsieh는 소득에 대한 고빈도 자료를 얻지 못하였다. 따라서 약간 다른 접근방법을 사용하였다. 그는 분기 소비자료와 연간 소득자료를 사용하였다. 기본적인 모형설정은 다음과 같다.

$$\ln\left(\frac{C_{hy}^{Q4}}{C_{hy}^{Q3}}\right) = a_0 + a_1\left(\frac{PFD_y FamilySize_{hy}}{Y_{hy}}\right) + a_2' X_{hy} + e_{hy} \tag{8.26}$$

여기서 h는 가계를 지수화, y는 연도를 지수화, Q_3와 Q_4는 1년의 3분기와 4분기를 나타내고, C는 소비, PED는 1거주자당 영구기금 지급액, $FamilySize$는 가계구성원의 수이며, Y는 소득, X는 통제변수이다. C와 Y는 월별 비율로 측정된다. 따라서 a_1은 소득에 비해 영구기금 지급액이 더 많은 가구의 3분기부터 4분기까지 소비의 성장률이 어느 정도 더 큰 지를 측정한다. 4분기 이전에 지급액의 규모가 잘 알려지므로 항상소득가설은 소비가 지급이 될 때 반응하지 말아야 하는 것을 예측한다. 즉 a_1은 0이어야만 한다. 한편 만일 소비가 당기소득에 의존한다면 a_1은 양(+)이다. 만일 C_{hy}^{Q3}과 Y_{hy}가 비슷한 크기라면 a_1은 예상되는 소비의 변화의 분기 내의 대략적인 한계소비성향이다.

OLS로 회귀를 추정하는 것에 대한 관심은 잔차와 우변 변수들 사이의 체계적인 상관의 가능성이다. 이러한 경우에 우변의 중요 변수는 연금기금이다. e에서 하나의 요인은 항상소득에 대한 새로운 정보이다. 그러나 연구기금 지급액은 C^{Q3}가 선택될 때 이미 알려져 있으므로 3분기 이후에 도착하는 영구기금에 대한 정보와 체계적으로 상관될 수 없다는 것을 이론적으로 알 수 있다. 만일 그것이 e의 유일한 것이었다면 통제변수없이 식 (8.26)에 따라 방정식을 추정할 수 있다. 그러나 Campbell and Mankiw의 검정의 맥락에서 논의했듯이 다른 요인들은 e에 영향을 미치고 그것들이 우변 변수와 상관되어 있다는 가능성을 이론 상 배제하지 못한다. 구체적인 예로, 더 큰 가족일수록 더 호화로운 명절 연휴를 보내려는 경향이 있다고 가정하자. 만일 그렇다면, 더 큰 영구기금과 관련이 없는 이유로 인해 소비가 더 크게 증가할 것이다. 결과는 a_1의 추정치에 상향으로 편의될 것이다.

Hsieh는 세 가지 방식으로 이러한 관심을 설명하였다. 첫째는 e와 PFD 사이에 큰 상관의 그럴듯한 원인으로 생각하기 어려운 것에 주목하자. 예를 들어 명절 연휴의 예는 원칙적으로 가능하지만 정량적으로 중요하지 않아 보인다. 둘째 만일 우변 변수의 하나의 변동 원인과 e 사이의 상관에 대해 우려한다면 그러한 변동은 통제할 수 있으므로 연금지급 지급액에 대한 소비의 반응을 추정하는데 사용하지 않는다. 예를 들어 가족 규모를 통해 작동하는 상관에 대한 우려는 가족 규모(또는 다양한 측정조차)를 X로 측정한 것에 포함하여 설명될 수 있다. 셋째 Hsieh는 3분기부터 4분기까지 소비증가 뿐만 아니라 4분기부터 다음 해 1분기까지 소비증가를 검정하였다. 항상소득가설은 영구기금 지급액과 상관이 없다는 것을 예측하는 반면, 소비가 당기소득에 의존하는 관점은 4분기에 더 많은 지급액을 받은 가족의 소비가 더 많이(또는 적게 증가) 감소한다는 것을 예측할 수 있다.

Hsieh의 a_1의 기본적인 추정치는 0.0002이며 표준오차는 0.0324이다. $a_1 = 0$의 귀무가설에 대한 t통계량이 0.01이다 – 따라서 그 결과는 항상소득가설이 성립한다.

그러나 3.6절에서 논의한 바와 같이 t통계량만을 보는 것은 이해하기 어렵다. 데이터가 소비와 영구기금 지급액 사이에 경제학적으로 중요한 관계를 강하게 반대되기 때문이거나 데이터는 본질적으로 정보가 없기 때문에 작은 t통계량은 증가할 수 있다. 따라서 t통계량을 보는 것은 중요하지만 신뢰구간을 보아야 한다. Hsieh의 추정의 2표준편차 신뢰구간은 (−0.064, 0.065)이다. a_1은 소득의 예측 가능한 변화에서 대략적으로 한계소비성향이라는 것을 상기하자. Hsieh의 결과는 약 0.07 이상의 a_1의 값에 대한 강한 증거이다. 요약하면 그의 결과는 소비가 영구기금 지급액으로 인한 예측 가능한 소득의 변화에 거의 반응하지 못하는 것을 제시하였으므로 항상소득가설은 소비자들이 지급액에 얼마나 잘 반응하는 지에 대한 훌륭한 근사치를 제공한다. 즉 – 3.6절에 논의한 예와 대조적으로 – 단지 t통계량을 보는 것으로 잘못된 길로 이끌지 않는다는 것이 증명되는 경우이다. 또한 Hsieh는 기본적인 결과는 다양한 변동과 추가적인 통제에 매우 강건하며 4분기부터 1분기까지의 소비성장을 보면 비슷한 결과를 제공하며 가계의 부채와 저축에 대한 이용가능한 정보가 매우 소비의 결과와 일관적이라는 것을 발견하였다.

■ 논의

Hsieh의 발견은 이러한 연구들 중 특별하다. 개인수준의 자료를 보는 많은 연구자들은 소비가 예측가능한 소득의 변화에 반응한다는 것을 발견하였다. 예로는 Shea(1995); Parker(1999); Souleles(1999); Shapiro and Slemrod(2003); Stephens and Unayama(2011); Parker, Souleles, Johnson, and McClelland(2013); and Baugh, Ben-David, and Park(2014) 등이 있다. 그리고 Campbell and Mankiw는 거시자료로 같은 결과를 얻었다.

Hsieh가 고려한 예상 가능한 소득변화는 항상소득가설을 검정하는 다른 대부분의 논문에서 고려되는 것보다 훨씬 크다. 그리고 그것들은 매해 발생하고 모든 주거주자들에 영향을 미치기 때문에 매우 현저한 것이다. 따라서 Hsieh는 이러한 연구에서 그의 결과와 대부분 연구들 결과가 다른 주요한 이유는 항상소득가설이 가계가 크고 현저한 예상가능한 소득의 변화와 적절한 정보를 얻는 비용이 낮지만 눈에 띄지 않는 작은 소득변동이 있는 곳에 좋은 설명을 제공한다는 것을 제시하였다. 이러한 해석과 일관되게 Paxson(1993)과 Browning and Collado(2001)는 항상소득가설이 노동소득의 큰 계절적 변동에 직면한 개인의 소비행동에 대해 훌륭한 설명을 제공한다는 것을 발견하였다.

Hsieh는 이전 작업에서 고려한 더 작은 유형의 예측가능한 소득 움직임 중 하나에 표본의 가계가 어떻게 반응하는지 조사하였다. 예상된 소득 – 세금 환급이다. 그는 이러한 소득변화에 대해 항상소득가설은 명확하게 기각되고 가계가 지급액을 받을 때 소비가 상당히 변하는 것을 발견하였다(비록 가계가 미리 자신의 환급 규모를 알 정도로 대체로 충분한 정보를 가지고 있다고 하더라도). **동일한 가구에 의한**(*by the same households*) 다양한 유형의 예측가능한 소득변화에 대한 다른 반응의 발견은 Hsieh의 결과에 대한 해석을 강하게 지지하는 것으로 보인다.

그러나 불행히도 이러한 발견들로부터 두 가지 이유로 결론을 도출하기 어렵다. 첫째 소득의 경기변동은 Hsieh, Paxson, and Browning and Collado에 의해 고려된 움직임보다 훨씬 작고, 훨씬 덜 확실하게 예측가능하다. 따라서 경기변동에 대한 소득의 행태는 Hsieh 등에 의해 고려한 움직임에 반응하는 행태를 닮기보다 더 작고, 더 현저한 소득 움직임, 항상소득가설이 일반적으로 성립하지 않는 것으로 밝혀진 곳에서 반응하는 행태를 닮을 것처럼 보인다. 확실히 Campbell and Mankiw의 발견은 이러한 견해와 일치한다. 따라서 비록 Hsieh의 주요 결과(영구기금 지급을 포함하여)는 항상소득가설을 지지하더라도 Hsieh가 제안한 결과 전체의 해석은 소비가 순환적인 소득 움직임에 어떻게 반응하는 지를 모형화하는 가설을 사용하지 않는 방향으로 가르키는 것으로 보인다.

둘째 Kueng(2016)의 최근 연구는 Hsieh의 분석에 새롭게 이용가능한 자료를 적용하면 Hsieh의 결과는 유지되지 못했다. Kueng은 새로운 데이터가 영구기금 지급에 대한 항상소득 가설이 성립하지 않는다는 것을 발견했다. Hsieh와 Kueng의 연구는 비록 주요 결론이 아마도 이후에 잘못된 것으로 보여지더라도 논문이 지식을 발전시킬 수 있고 신중하고 철저하며 설득력 있어 보이는 분석조차도 재검토할 가치가 있다는 중요한 점을 보여준다.

8.4 이자율과 저축

소비와 관련된 중요한 문제의 하나는 소비가 이자율에 대한 반응을 포함하는 것이다. 예를 들어, 많은 경제학자들은 이자소득에 대한 세제우대는 저축을 증가시킬 것이며, 따라서 성장을 증가시킬 것이라고 주장하였다. 그러나 만일 소비가 수익률에 대하여 상대적으로 반응하지 않는다면 그와 같은 정책은 효과가 거의 없다. 따라서 소비에 대한 수익률의 영향을 이해하는 것은 중요하다.

■ 이자율과 소비증가

8.1절에서 확실성 하의 소비분석을 확장하여 0이 아닌 이자율로 시작한다. 여기서 2.2절의 내용을 반복한다. 그러나 편의상 다시 간략하게 복습하기로 하자.

일단 이자율이 0이 아닌 이자율이 도입되면 개인의 예산제약은 생애소비의 현재가치가 초기의 자산과 생애노동소득의 현재가치의 합을 초과하지 않아야 한다. 이자율이 일정하고 생애가 T기라고 하면, 예산제약식은 다음과 같다.

$$\sum_{t=1}^{T}\frac{1}{(1+r)^t}C_t \leq A_0+\sum_{t=1}^{T}\frac{1}{(1+r)^t}Y_t \tag{8.27}$$

여기서 r은 이자율이며 모든 변수들은 0기로 할인된다.

이자율이 0이 아닌 경우를 허락하면, 0이 아닌 할인율을 인정하는 것도 유용하다. 더구나 순간효용함수는 제2장에서 사용된 상대적 위험회피가 일정한(constant relative-risk-aversion) 함수로 가정하면 분석은 단순화된다. $U(C_t)=C_t^{1-\theta}/(1-\theta)$이며 여기서 θ는 상대적 위험회피계수(다른 시점 간 소비의 대체탄력성의 역수)이다. 따라서 효용함수 식 (8.1)은 다음과 같다.

$$U = \sum_{t=1}^{T} \frac{1}{(1+\rho)^t} \frac{C_t^{1-\theta}}{1-\theta} \tag{8.28}$$

여기서 ρ는 할인율이다. 이제 임의의 어떤 기간 t기에 소비의 감소는 감소의 양에 $(1+r)$배 만큼 다음 기의 소비를 증가시킨다는 통상적인 실험을 고려하자. 최적화에는 이러한 형태의 한계적 변화는 생애효용에 효과가 없다는 것이 필요하다. t기와 $t+1$기의 소비의 한계효용은 $C_t^{-\theta}/(1+\rho)^t$와 $C_{t+1}^{-\theta}/(1+p)^{t+1}$이므로, 이러한 조건은 다음과 같다.

$$\frac{1}{(1+\rho)^t} C_t^{-\theta} = (1+r) \frac{1}{(1+\rho)^{t+1}} C_{t+1}^{-\theta} \tag{8.29}$$

이러한 조건을 다음과 같이 나타낸다.

$$\frac{C_{t+1}}{C_t} = \left(\frac{1+r}{1+\rho} \right)^{1/\theta} \tag{8.30}$$

이러한 분석은 실질이자율과 할인율이 같지 않다는 가능성을 허용하면 소비는 임의보행과 정일 필요가 없다. 만일 r이 ρ를 초과하면 소비는 시간의 흐름에 따라 증가하고 r이 ρ를 작다면 소비는 시간의 흐름에 따라 감소한다. 더구나, 실질이자율에 변동이 있다면, 소비증가의 예상 가능한 요소에 변동이 발생한다. 따라서 Hansen and Singleton(1983), Hall(1988b), Campbell and Mankiw(1989) 및 다른 학자들은 실질이자율의 변동에 소비증가가 얼마만큼 반응하는지를 검토하였다. 이들 연구의 대부분은 그 반응의 정도가 상대적으로 작다는 것을 밝혀내었다. 대부분 그들은 상대적으로 작게 반응한다는 것을 발견하였는데 기간 간 대체탄력성이 낮다는 것을 의미(즉 θ가 크다)한다.

■ 두 기간 경우의 이자율과 저축

비록 이자율의 증가는 2기 소비에 대한 1기의 소비의 비율을 감소시킨다고 해도 이자율의 증가가 1기 소비를 감소시키고 따라서 저축을 증가시킨다고 할 수 없다. 복잡한 것은 이자율의 변화는 대체효과(substitution effect)뿐만 아니라 소득효과(income effect)도 있기 때문이다. 특히 만일 개인이 순저축자라면 이자율의 증가는 이전보다 더 높은 소비경로를 달성할 수 있게 해준다.

정량적인 이슈는 개인이 2기 동안만 사는 경우에 보일 수 있다. 이러한 경우 그림 8.2에서 보이는 표준적인 무차별곡선을 사용할 수 있다. 단순화하기 위해 개인은 초기자산(initial wealth)을 보유하지 않는다고 가정하자. 따라서 (C_1, C_2) 공간에서 개인의 예산제약선은 점 (Y_1, Y_2)를 통과한다. 개인은 매기 소득을 소비하는 선택을 할 수 있다. 예산제약식의 기울기는 $-(1+r)$이다. 1기 소비 1단위를 포기하는 것은 2기 소비를 $(1+r)$만큼 증가시킬 수 있도록 한다. r이 상승할 때 예산제약은 (Y_1, Y_2)을 계속 통과해야 하지만 더 급격해진다. 따라서 (Y_1, Y_2)를 중심으로 시계방향으로 회전한다.

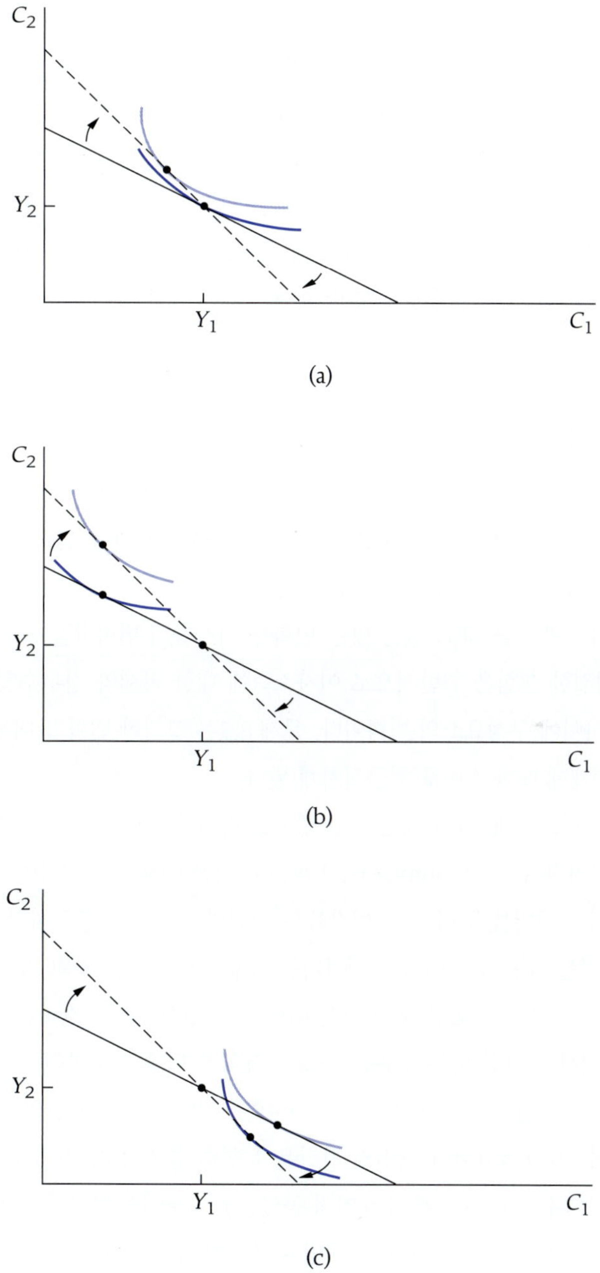

그림 8.2 두 기간 경우의 이자율과 소비의 선택

그림 (a)에서 개인은 초기에 (Y_1, Y_2)점에 있다. 즉 저축은 초기에 0이다. 이러한 경우 r의 증가는 소득효과를 가지고 있지 않다 – 즉 개인의 경우 초기의 소비 묶음은 예산제약선 상에

위치한다. 따라서 제1기의 소비는 반드시 하락하며 저축은 반드시 상승한다.

그림 (b)에서 C_1은 초기에 Y_1보다 작으므로 저축은 양(+)이다. 이러한 경우 이자율 r의 상승은 양(+)의 소득효과를 가진다 – 개인은 그 초기 소비 묶음보다 더 많이 소비할 수 있다. 소득효과는 저축을 감소시키는 작용을 하고 대체효과는 저축을 증가시키도록 작용한다. 전체적인 효과가 분명하지 않다. 그림에서 보이는 것은 저축이 변화하지 않는 경우이다.

마지막으로 그림 (c)에서 개인은 초기에 차입하고 있다. 이러한 경우 대체효과와 소득효과는 1기에 소비를 감소시키므로 저축은 반드시 증가한다.

경제의 자산스톡(the stock of wealth)은 양(+)이므로 개인은 평균적으로 차입자가 아니라 저축자이다. 따라서 이자율상승의 전체 소득효과는 양(+)이다. 따라서 이자율의 증가는 총저축에 대하여 두 가지의 상반된 영향, 대체효과를 통한 양(+)의 영향과 소득효과를 통한 음(−)의 영향을 가지고 있다.

■ 복잡한 문제

이러한 논의는 만일 다른 기간의 소비 사이에 대체탄력성이 크다면, 이자율의 증가는 상당한 저축의 증가를 가지고 오지 않을 것 같다는 것을 시사하는 것으로 보인다. 그러나 이 결론의 중요성이 제한받는 두 가지 이유가 있다.

첫째 우리가 관심을 갖고 있는 많은 변화는 이자율의 변화만을 포함하지 않는다. 조세정책에 대해, 적절한 실험은 일반적으로 이자소득에 대한 과세와 정부수입은 변하지 않도록 하는 다른 세금 사이에 구성요소의 변화이다. 문제 8.7은 그러한 변화가 대체효과만을 가지므로, 필수적으로 미래에 대한 소비로 전환시키게 된다.

둘째 보다 미묘하게, 만일 개인이 긴 생애를 가진다면 저축의 작은 변화는 시간에 따라 자산축적으로 이어질 수 있다(Summers, 1981a). 이를 이해하기 위하여 무한생애와 일정한 노동소득을 가지는 개인을 고려하자. 이자율은 개인의 할인율과 동일하다고 가정하자. 식 (8.30)으로부터, 이는 개인의 소비가 일정하다는 것을 의미한다. 그렇다면 예산제약식에서 개인은 이자소득과 노동소득의 합을 소비한다. 어떤 높은 정상수준의 소비는 예산제약 조건을 위반하는 것을 의미하고 어떤 낮은 수준은 등호로 제약을 만족하지 못하는 것을 시사한다. 즉, 개인은 초기자산 수준을 유지한다. 만일 $\rho = r$이면, 개인은 어떠한 양의 자산을 보유하려고 한다. 비슷한 분석으로 $r > \rho$이면 개인의 자산은 무한히 증가하고, 만일 $r < \rho$이면 개인의 자산은 무한히 감소한다. 따라서 자본의 장기적 공급은 $\rho = r$에서 무한탄력적이다.

Summers는 덜 극단적이지만, 길지만 유한생애의 경우에도 비슷한 결과가 성립하는 것을 보여 주었다. 예를 들어 r이 ρ보다 약간 크고, 기간 간 대체탄력성이 작고 노동소득의 대체탄력성은 일정하다고 가정하자. r이 ρ를 초과하고 대체탄력성이 작다는 사실은 소비가 개인의 생애동안 천천히 증가한다는 사실을 시사한다. 그러나 긴 생애를 가지면 소비는 초기에 비해 생애 말기에 훨씬 더 커지게 된다. 그러나 노동소득이 일정하므로 이는 개인의 생애초반에 상당한 저축을 하게 될 것이며 나머지 기간에 점진적으로 처분하여 간다는 것을 의미한다. 결과적으로 생애가 유한하지만 길 때 기간 간 대체 탄력성이 작다고 하더라도 자산보유는 장기에 이자율에 매우 민감할 수 있다.[11]

8.5 소비와 위험자산

개인은 다양한 자산에 투자할 수 있고 거의 모든 것은 불확실한 수익을 가지고 있다. 복수 자산과 위험을 설명하는 분석으로 확장하는 것은 가계의 행동과 자산시장 모두에 관해 새로운 이슈를 제기할 수 있다.

■ 개인의 최적화 조건

t기에 무한소의 양만큼 소비를 감소시키고 불확실한 수익의 흐름 D^i_{t+1}, D^i_{t+2}, $\cdots$ 을 자산 i를 구매하는 데 저축을 사용하는 개인을 고려하자. 만일 개인이 최적화한다면 t기에 감소된 소비로 포기하는 한계 효용은 자산의 수익으로 나타나는 미래소비의 할인된 한계효용의 합의 기대치와 같아야 한다. 만일 P^i_t가 자산의 가격을 나타낸다면 이러한 조건은 모든 i에 대해 다음과 같다.

$$u'(C_t)P^i_t = E_t\left[\sum_{k=1}^{\infty}\frac{1}{(1+\rho)^k}u'(C_{t+k})D^i_{t+k}\right] \tag{8.31}$$

식 (8.31)의 시사점을 보기 위하여 개인은 자산을 오직 한 기만 보유하고 자산 r_{t+1}에 대한 수익을 $r_{t+1} = (D_{t+1}/P_t) - 1$로 정의하자(여기서 자산의 수익 D^i_{t+1}는 $t+1$기의 배당뿐만 아니라 자산 매도에 대한 수익도 포함한다). 따라서 식 (8.31)은 모든 i에 대해 다음과 같다.

$$u'(C_t) = \frac{1}{1+\rho}E_t\left[(1+r^i_{t+1})u'(C_{t+1})\right] \tag{8.32}$$

두 변수의 기대치의 곱은 각각의 기대치와 공분산의 합과 같으므로 모든 i에 대해 다음과 같은 표현으로 다시 쓸 수 있다.

---

11 그러나 Carroll(1997)은 불확실성과 예비적 저축(8.6절과 8.7절에 논의되는)의 존재가 이러한 결론을 크게 약화시킬 수 있다는 것을 보인다.

$$u'(C_t) = \frac{1}{1+\rho}\{E_t[1+r^i_{t+1}]E_t[u'(C_{t+1})] + \mathrm{Cov}_t(1+r^i_{t+1}, u'(C_{t+1}))\} \tag{8.33}$$

여기서 $Cov(\cdot)$는 시간 t에 이용가능한 정보에 대한 조건부 공분산이다.

만일 효용이 2차식 $u(C) = C - aC^2/2$라고 가정하면 소비의 한계효용은 $1 - aC$이다. 이것을 식 (8.33)의 공분산 항에 대입하면 다음 식을 얻을 수 있다.

$$u'(C_t) = \frac{1}{1+\rho}\left\{E_t[1+r^i_{t+1}]E_t[u'(C_{t+1})] - a\mathrm{Cov}_t(1+r^i_{t+1}, C_{t+1})\right\} \tag{8.34}$$

식 (8.34)는 어떤 자산 i를 더 많이 보유할 것인가를 결정할 때 개인은 자산이 얼마나 위험한 지에 대해 관심을 두지 않는 것을 시사한다. 자산의 수익의 분산이 식 (8.34)에 보이지 않는다. 직관적으로, 개인이 직면한 전체 리스크와 상관되어 있지 않은 위험자산보유의 한계적 증가는 개인 소비의 분산을 증가시키지 않는다. 따라서 이와 같은 한계적 의사결정을 할 때 개인은 자산의 기대수익만을 고려한다.

보다 일반적으로, 식 (8.34)는 자산을 더 많이 보유할 것인지의 결정에 중요한 위험은 자산의 수익과 소비와의 관계에 달려 있다. 이러한 분석에서 리스크를 회피(hedging)하는 것이 최적 포트폴리오 선택에 중요하다. 미래 노동소득이 미국 철강산업에 종사하는 철강노동자는 철강산업과 양(+)으로 상관된 주식과 같은 자산매입이나 공매도를 피해야 한다.

이러한 분석의 한 가지 시사점은 개인들이 자국 내에서 운영되는 기업의 주식을 보유하는 경향을 보이지 말아야 한다. 사실 이 분석에서 개인들은 자기 소비를 변동시키는 여타 요인과 양(+)의 상관관계가 있는 수익률을 가지는 자산을 피해야 하므로 국내기업의 자산보유를 피해야 한다. 예를 들어 그럴듯한 모수(위험회피)의 값에 대해 미국의 전형적인 투자자는 미국의 주식을 매도해야 한다는 것을 예측한다(Baxter and Jermann, 1997). 그러나 사실 개인의 포트폴리는 지나칠 정도로 국내기업 위주로 치우쳐 있다(French and Poteba, 1997). 이런 패턴은 **자국편향현상**(*home bias*)으로 알려져 있다.

■ 예제: 평균-분산 목적함수를 가지는 자산보유

불확실한 자산과 복수 자산이 존재할 때 가계의 행동을 더 잘 이해하기 위해 구체적 예를 고려하자. 가계는 목적함수 $u(C_1) + \beta E[u(C_2)]$를 가지는 두 기간을 산다. $u(C)$는 C의 평균과 분산의 함수로 쓸 수 있다고 가정하자.[12] 가계는 노동소득을 가지고 있지 않다. 대신에 네 가지로 배분할 수 있는 자산 W를 부여받는다. 1기 소비와 세 가지 자산이다. 자산 0은 수익률

---

12 간단한 경우는 $u(\cdot)$가 2차식이다. 만일 $u(C) = C - \frac{1}{2}aC^2$라면 $E[u] = E[C] - \frac{1}{2}(E[C])^2 - \frac{1}{2}aVar(C)$이다. 그러나 문제 8.14와 같이 만일 $u(\cdot)$가 절대적 위험회피가 일정한 형태를 가지고 자산수익이 정규분포되면 이러한 것이 발생할 수 있다.

r_0로 완전히 안전하다. 자산 1과 2는 위험하다. r_i는 자산 i에 대한 실현 수익을 나타낸다고 하자. μ_1과 μ_2는 r_1과 r_2의 평균이다. 그리고 Σ는 두 위험자산에 대한 수익의 분산－공분산 행렬이다. 마지막으로 가계는 개별 자산의 양(+) 뿐만 아니라 음(−)의 양을 보유할 수 있다. 비록 가계가 자산을 매입할 수 있는 것처럼 쉽게 자산을 매도할 수 있다는 가정은 확실히 비현실적이라고 해도 분석을 매우 단순화시킨다.

가구의 전체 최적화 문제 중 일부만 고려하자. 구체적으로 가계의 목적함수는 2기 소비의 평균에 증가하고 분산에 감소하기 때문에 주어진 1기 소비와 2기 소비의 평균으로, 최적화를 위한 필요조건은 2기 소비의 분산이 가능한 작아야 한다. 가계의 문제를 분석하기 위해 C_2의 평균과 분산에 대한 표현을 찾을 필요가 있다. X_i는 가계의 위험자산 i의 보유를 나타낸다고 하자. 가계의 예산제약에서 안전자산 보유는 $W-(C_1+X_1+X_2)$를 의미한다. 따라서 2기 소비를 다음과 같이 쓸 수 있다.

$$\begin{aligned} C_2 &= (1+r_0)[W-(C_1+X_1+X_2)]+(1+r_1)X_1+(1+r_2)X_2 \\ &= (1+r_0)(W-C_1)+(r_1-r_0)X_1+(r_2-r_0)X_2 \end{aligned} \tag{8.35}$$

X_1과 X_2에 대한 계수는 위험자산과 무위험자산의 수익의 차이다－즉, 자산의 초과수익(excess returns)이다. 식 (8.35)는 위험자산에 투자하는 것이 가계의 소비에 어떻게 영향을 주는 지에 대해 중요한 것은 초과수익임을 보여주는데 단순화를 위해 무위험자산 r_0를 0으로 정규화한다. 따라서 위험자산의 초과수익은 단순히 r_1과 r_2이고 식 (8.35)는 다음과 같다.

$$C_2 = (W-C_1)+r_1X_1+r_2X_2 \tag{8.36}$$

따라서 C_2의 평균과 분산은 다음과 같다.

$$E[C_2] = (W-C_1)+\mu_1X_1+\mu_2X_2 \tag{8.37}$$

$$\mathrm{Var}(C_2) = \sigma_1^2X_1^2+\sigma_2^2X_2^2+2\sigma_{12}X_1X_2 \tag{8.38}$$

여기서 σ_i^2는 자산가격의 분산(즉 Σ의 대각요소)이고 σ_{12}는 공분산이다(Σ의 비대각요소이다).

주어진 평균 $\overline{C}_2$의 제약조건 하에 C_2의 분산을 극소화하는 문제에 대한 라그랑지 함수는 다음과 같다.

$$\mathcal{L} = \sigma_1^2X_1^2+\sigma_2^2X_2^2+2\sigma_{12}X_1X_2+\lambda\{\overline{C}_2-[(W-C_1)+\mu_1X_1+\mu_2X_2]\} \tag{8.39}$$

X_1과 X_2에 대한 1계 조건은 다음과 같다.

$$2\sigma_1^2X_1+2\sigma_{12}X_2-\lambda\mu_1=0 \tag{8.40}$$

$$2\sigma_2^2X_2+2\sigma_{12}X_1-\lambda\mu_2=0 \tag{8.41}$$

간단한 계산을 하면 다음을 얻는다.

$$X_1 = \frac{\sigma_2^2\mu_1 - \sigma_{12}\mu_2}{\sigma_1^2\sigma_2^2 - \sigma_{12}^2}\frac{\lambda}{2} \tag{8.42}$$

$$X_2 = \frac{\sigma_1^2\mu_2 - \sigma_{12}\mu_1}{\sigma_1^2\sigma_2^2 - \sigma_{12}^2}\frac{\lambda}{2} \tag{8.43}$$

이러한 조건들을 이해하기 위해 먼저 $\sigma_{12} = 0$이면 어떤 일이 일어나는 지 고려하자(즉 만일 두 자산에 대한 수익이 상관되지 않는다). 이러한 경우에 가계의 자산 i의 보유는 다음과 같다.

$$X_i = \frac{\mu_i\lambda}{2\sigma_i^2} \tag{8.44}$$

식 (8.44)는 자산수익이 상관되지 않을 때 위험자산의 가계보유는 기대초과수익과 비례하고 분산에 반비례한다. 게다가 분산에 비해 평균소비에 더 큰 가중치를 나타내는 λ의 높은 값은 위험자산의 가계보유를 증가시킨다.

최적자산보유의 일반적인 분석은 자산의 최적보유에 대한 가계의 오일러 방정식에 들어가는 것이 자산의 수익과 소비의 한계효용의 공분산이며 자산수익의 분산이 아니라는 것을 보여주는 것을 기억하라(식 8.33 참고). 따라서 우리의 예에서 분산이 최적자산보유에 대해 포함되는 지에 대해 의문을 품을 수 있다. 답은 소비와 자산수익의 공분산(그리고 소비의 한계효용)은 외생적이 아니라 자산보유의 함수이고 그러한 관계는 자산의 분산에 의존한다는 것이다. 이를 이해하기 위해, $\sigma_{12} = 0$인 경우를 계속하여 고려하자. $\mu_1 > 0$을 가정하고 자산 1을 얼마나 많이 매입할 지에 대한 가계의 결정을 생각하자. 만일 아무 것도 매입하지 않는다면, 자산수익은 소비와 상관되지 않는다. 자산에 대한 기대초과수익은 양(+)이므로 가계는 수익의 분산에 관계없이 어떤 자산을 매입하기를 원한다. 그러나 그러한 자산보유가 0에서 증가함에 따라 자산수익과 가계의 소비 사이의 공분산은 양(+)이 된다. 그리고 주어진 양(+)의 자산보유에서 공분산은 자산수익의 분산의 증가함수이다. 식 (8.35) $C_2 = (W - C_1) + r_1X_1 + r_2X_2$는 상관이 없는 자산수익의 경우 $Cov(C_2, r_1) = X_1\sigma_1^2$이다. 결과적으로 비록 높은 수익의 분산은 자산을 매입하는 가계의 결정 여부에 영향을 미치지 못하더라도 가계가 매입하기로 결정하는 양에 영향을 미친다.

식 (8.42)와 식 (8.43)은 또한 자산수익들 사이에 상관이 자산보유에 어떻게 영향을 미치는 지에 대해 보여준다. 예를 들어 0에서 σ_{12}의 작은 증가를 고려하자. 식 (8.42)는 다음과 같다.

$$\begin{aligned}\left.\frac{\partial X_1}{\partial \sigma_{12}}\right|_{\sigma_{12}=0} &= \frac{-\mu_2}{\sigma_1^2\sigma_2^2}\frac{\lambda}{2} \\ &= \frac{-X_2}{\sigma_1^2}\end{aligned} \tag{8.45}$$

여기서 식 (8.45)의 두 번째 줄은 식 (8.43)에서 $\sigma_{12}=0$으로 평가되었다. 즉 만일 두 자산의 수익이 양(+)으로 상관되고 가계는 자산 2를 양(+)으로 보유하면 자산 1은 덜 매력적이므로 가계는 자산 1을 덜 보유한다.

마지막으로 N개의 위험자산의 경우로 분석을 확장하다. μ는 기대초과수익 $[\mu_1,\mu_2,\cdots,\mu_N]$의 벡터로 나타내고 X는 위험자산 $[X_1,X_2,\cdots,X_N]$을 나타낸다고 하자. 이전과 같이 Σ는 위험자산에 대한 수익의 분산 – 공분산 행렬을 나타낸다. 따라서 분산 – 극소화 문제에 대한 라그랑지 함수는 다음과 같다.

$$\mathcal{L}=X'\Sigma X+\lambda\{\bar{C}_2-[(W-C_1)+\mu' X]\} \tag{8.46}$$

X_i에 대한 1계 조건의 집합은 다음과 같이 주어진다.

$$2X'\Sigma=\lambda\mu \tag{8.47}$$

이는 다음과 같다.

$$X=\frac{\lambda}{2}\Sigma^{-1}\mu \tag{8.48}$$

■ 뮤추얼펀드 분리 정리(Mutual Fund Separation Theorem)

두 개의 위험자산의 경우인 식 (8.42)~(8.43), 그리고 보다 일반적인 경우인 식 (8.48)의 흥미로운 특징은 가계가 분산에 비해 소비의 평균에 놓은 가중치의 변화의 효과를 포함한다. 만일 어떤 가계가 다른 가계보다 위험회피적으로 된다면 위험자산 보유의 구성은 보다 더 낮은 위험을 가진 자산으로 치우치게 될 것이라는 것을 생각할 수 있다. 우리의 분석은 이러한 직관이 틀렸다는 것을 보여준다. λ의 감소(즉 분산에 비해 평균에 낮은 가중치)는 모든 위험자산의 가계보유의 동일한 비례적 감소를 가져온다. 즉 더 큰 위험회피는 위험자산에 비해 안전자산 보유의 증가를 가져오지만 다른 위험자산 사이에 상대적 보유를 재분배하지 않는다(Tobin, 1958).

이러한 결과는 **뮤추얼펀드 분리 정리**(*Mutual Fund Separation Theorem*)로 알려져 있다. 정리는(선호는 평균 – 분산이고 완전한 무위험자산이 있을 때) 위험과 수익에 대한 가계의 선호와 독립적인 비율을 가지는 위험자산 보유에 대한 최적배분이 있다는 것을 말한다 – 즉 위험자산의 최적 "뮤추얼펀드"가 있다. 다른 선호는 안전자산과 뮤추얼펀드 사이에 자산의 분배의 차이만을 이끌어 낸다.

정리를 직관적으로 이해하기 위해 위험자산의 자의적인 포트폴리오를 고려하고 S는 가계의 총저축 $W-C_1$을 나타낸다고 하자. 만일 가계가 포트폴리오에서 아무 것도 매입하지 않고 안전자산인 저축만 있다면, 가계의 2기 소비의 평균 S(우리는 안전자산의 수익을 0으로 정규화하였다)와 표준편차는 0이다. 가계저축의 일부를 안전자산에서 위험자산 포트폴리오로 이동함에 따라 2기 소비의 평균과 표준편차는 포트폴리오에 투자한 양에 선형으로 변한다. 따라서 가계가 안전자산에서 포트폴리오로 전환함에 따라, 2기 소비의 평균과 표준편차는 $(0,S)$ 선(C_2의 표준편차 – C_2의 평균 공간에서)을 따라 이동한다. 이러한 분석에서 모든 가능한 포트폴리오는 가계가 표준편차 – 평균 공간에서 $(0,S)$선에 접근하게 한다. 모든 가계는 낮은 선보다 높은 선을 선호하므로 모든 가계는 높은 기울기를 가진 포트폴리오를 선택하게 된다. 구체적으로 모든 가계는 수익의 표준편차에 대한 기대초과수익의 비율이 가장 높은 포트폴리오를 선택하게 된다. 그들은 가장 높은 샤프지수(Sharpe ratio)를 가지는 포트폴리오를 선택한 것이다. 따라서 위험 대비 수익에 대한 가계의 선호는 그들이 선택한 선의 위치를 결정한다 – 즉 그들이 저축을 안전자산과 위험 포트폴리오 사이에 나누는 방법이다.

■ 소비 CAPM

지금까지 우리의 분석은 자산의 기대수익을 주어진 것으로 가정하였다. 그러나 자산에 대한 개인의 수요는 이러한 기대수익을 결정한다. 예를 들어 만일 어떤 자산의 수익이 소비와 높게 상관되어 있다면 그것의 가격은 기대수익률이 높아져 개인이 자산을 보유하려고 하는 점까지 올라가야 한다.

자산가격에 대한 이러한 관찰의 시사점을 보기 위해 모든 개인은 동일하다고 가정하고 1계 조건 식 (8.31)을 보자. 이 식을 P_t^i 대하여 풀면 다음과 같다.

$$P_t^i = E_t\left[\sum_{k=1}^{\infty}\frac{1}{(1+\rho)^k}\frac{u'(C_{t+k})}{u'(C_t)}D_{t+k}^i\right] \tag{8.49}$$

$[1/(1+\rho)^k]u'(C_{t+k})/u'(C_t)$항은 소비자가 미래수익에 가치를 매기는 방법을 보여주므로 얼마나 많은 소비자가 다양한 자산에 지불하려는 의사가 있는 금액이 된다. 이것을 **가격결정 커널**(*pricing kernel*) 또는 **확률적 할인율**(*stochastic discount factor*)라고 한다. 마찬가지로, 만일 2차식의 효용을 가정하면 식 (8.34)를 $E_t[1+r_{t+1}^i]$에 대해 풀어 기대수익에 대한 시사점을 찾을 수 있다.

$$E_t[1+r_{t+1}^i] = \frac{1}{E_t[u'(C_{t+1})]}\left[(1+\rho)u'(C_t) + a\mathrm{Cov}_t\left(1+r_{t+1}^i, C_{t+1}\right)\right] \tag{8.50}$$

식 (8.50)은 소비와 자산의 수익률의 공분산이 커질수록, 기대수익도 더 높아진다는 것을 말하고 있다.

무위험자산에 대한 수익을 고려하여 식 (8.50)을 단순화할 수 있다. 만일 어떤 자산의 수익이 확실하다면 그 수익률과 소비의 공분산은 0이 될 것이다. 따라서 무위험자산의 수익률 $\bar{r}_{t+1}$은 다음의 식을 충족한다.

$$1+\bar{r}_{t+1}=\frac{(1+\rho)u'(C_t)}{E_t[u'(C_{t+1})]} \tag{8.51}$$

식 (8.50)으로부터 식 (8.51)을 빼면 다음과 같다.

$$E_t\left[r^i_{t+1}\right]-\bar{r}_{t+1}=\frac{a\,\mathrm{Cov}_t\left(1+r^i_{t+1},C_{t+1}\right)}{E_t[u'(C_{t+1})]} \tag{8.52}$$

식 (8.52)에서 위험자산이 무위험자산과 비교하여 제공해야 하는 기대수익 프리미엄은 소비와 수익률의 공분산에 비례한다는 것을 알 수 있다.

자산의 기대수익률을 결정하는 이 모형은 **소비자산가격결정모형**(*consumption capital-asset pricing model*) 또는 간단히 **소비 CAPM**으로 알려져 있다. 한 자산의 수익률을 소비증가율로 회귀분석하여 얻은 계수를 **소비 베타**(*consumption beta*)라고 부른다. 따라서 소비 CAPM의 중요한 예측은 자산이 제공하는 프리미엄이 그들의 소비 베타에 비례하는 것이다(Breeden, 1979).[13]

마지막으로, 비록 이러한 분석이 자산가격을 내생적으로 만든다고 하더라도 여전히 수익(D^i_{t+k})의 분포와 소비에 대한 공분산이 주어진대로 취한다는 것에 유의하라. 따라서 분석은 여전히 부분균형이다. 우리는 완전히 내생화한 자산가격의 모형을 10.1절에서 볼 것이다.

■ 실증적 응용: 주식 프리미엄 수수께끼(The Equity-Premium puzzle)

자산의 기대수익률에 관한 이러한 분석에서 가장 중요한 시사점 중 하나는 위험자산이 광범위한 주식의 포트폴리오인 경우에 관한 것이다. 이러한 문제를 이해하기 위해, 오일러 방정식인 식 (8.32)으로 되돌아가서 개인은 2차식의 효용이 아니라 상대적 위험기피도가 일정한 효용을 가진다고 가정하자. 이러한 가정으로 오일러 방정식은 다음과 같다.

$$C_t^{-\theta}=\frac{1}{1+\rho}E_t\left[\left(1+r^i_{t+1}\right)C^{-\theta}_{t+1}\right] \tag{8.53}$$

여기서 θ는 상대위험기피계수이다. 양변을 $C_t^{-\theta}$로 나누고 양변에 $1+\rho$를 곱하면 다음과 같다.

$$1+\rho=E_t\left[\left(1+r^i_{t+1}\right)\frac{C^{-\theta}_{t+1}}{C_t^{-\theta}}\right] \tag{8.54}$$

마지막으로 편의상 g^c_{t+1}는 t기부터 $t+1$기까지 소비의 성장률 $(C_{t+1}/C_t)-1$을 나타

13 원래의 CAPM은 투자자가 소비의 평균과 분산보다 포트폴리오 수익의 평균과 분산에 관심을 두는 것으로 가정한다. 따라서 그러한 유형의 모형에서는 시장 베타(market betas) – 즉 자산수익률을 시장 포트폴리오 수익에 회귀한 계수 – 그리고 기대수익률 프리미엄은 시장 베타에 비례한다고 예측한다.

내고, 시간의 첨자를 생략한다. 따라서 다음을 얻는다.

$$E[(1+r^i)(1+g^c)^{-\theta}] = 1+\rho \tag{8.55}$$

식 (8.55)의 시사점을 보기 위해 $r=g=0$ 주위에서 좌변을 2차 테일러 근사를 취한다. 도함수를 계산하면 다음과 같다.

$$(1+r)(1+g)^{-\theta} \simeq 1+r-\theta g-\theta gr+\tfrac{1}{2}\theta(\theta+1)g^2 \tag{8.56}$$

따라서 식 (8.55)를 다음과 같이 다시 쓸 수 있다.

$$\begin{aligned} E[r^i]-\theta E[g^c]-\theta\{E[r^i]E[g^c]+\mathrm{Cov}(r^i,g^c)\} \\ +\tfrac{1}{2}\theta(\theta+1)\{(E[g^c])^2+\mathrm{Var}(g^c)\} \simeq \rho \end{aligned} \tag{8.57}$$

매기 단위시간이 짧아지면, $E[r^i]E[g^c]$ 항과 $(E[g^c])^2$ 항은 다른 항에 비해 상대적으로 작다.[14] 이러한 항을 생략하고 $E[r^i]$에 대하여 풀면 다음을 얻는다.

$$E[r^i] \simeq \rho+\theta E[g^c]+\theta\mathrm{Cov}(r^i,g^c)-\tfrac{1}{2}\theta(\theta+1)\mathrm{Var}(g^c) \tag{8.58}$$

식 (8.58)은 두 가지 자산 i와 j의 대한 기대수익률 차이는 다음을 만족한다는 것을 시사한다.

$$\begin{aligned} E[r^i]-E[r^j] &= \theta\mathrm{Cov}(r^i,g^c)-\theta\mathrm{Cov}(r^j,g^c) \\ &= \theta\mathrm{Cov}(r^i-r^j,g^c) \end{aligned} \tag{8.59}$$

Mehra and Prescott(1985)는 식 (8.59)로 관찰되는 자산수익률과 채권수익률을 조화시키는 것이 어렵다는 것을 밝혔다. Mankiw and Zeldes(1991)는 이 문제의 본질을 보여주는 계산결과를 보고하고 있다. 1890~1979년 기간 동안 미국(이것은 Mehra and Prescott가 고려한 표본이다)에 대해 주식시장의 평균수익률과 단기국채의 수익률 간의 차이 – **주식 프리미엄** – 는 약 6%포인트였다. 동일한 기간 동안 소비성장률의 표준편차(비내구재와 서비스의 실질구매로 측정된) 3.6%포인트이고, 시장 초과수익률의 표준편차는 16.7%포인트이다. 이들 둘의 상관관계는 0.40이다. 이러한 숫자는 소비성장률과 시장 초과수익률의 공분산은 0.40(0.036)(0.167) 또는 0.0024이다.

따라서 식 (7.40)은 주식 프리미엄을 설명하기 위해 필요한 상대적 위험회피계수는 $0.06=\theta\times0.0024$ 또는 $\theta=25$가 된다. 이것은 위험기피로서 이례적인 수준이다. 예를 들어 소비자가 50:50의 확률로 발생하는 20%의 소비감소보다 확실한 17%의 소비감소를 선택하게 된다는 것을 의미한다. Mehra and Prescott이 서술한대로 다른 분석결과를 보더라도 위험회피는 이것보다도 훨씬 작은 수준이다. 무엇보다도 소비변동에 대한 회피도가 그 정

14 사실 연속시간의 경우 식 (8.58)을 근사하지 않고도 도출할 수 있다.

도로 강하다면 무위험자산의 평균수익률이 0에 가까운데도 불구하고 소비가 시간흐름에 따라 증가한다는 것은 이해할수 없는 것이 된다.

더구나 Mehra and Prescott이 주식 – 프리미엄 수수께끼를 식별한 이후 기간에 보다 심각하게 되었다. 1979년부터 2015년까지 평균 주식 프리미엄은 8%포인트인데, Mehra and Prescott의 기간보다 다소 높다. 보다 중요하게도 소비성장은 보다 안정적이게 되었고 수익과 덜 상관되었다. 이 기간 동안 소비성장률의 표준편차는 1.3%포인트이고 초과 시장수익률의 표준편차는 16.8%포인트였으며, 둘의 상관은 0.33이었다. 이러한 숫자는 상대적 위험회피계수가 0.08/[0.33(0.013)(0.168)] 또는 약 103에 달한다.

특히 안전(무위험)자산의 낮은 수익률과 조합을 이루는 경우 큰 주식 프리미엄은 가계의 최적화와 조화시키기 어렵다. 이러한 주식 **프리미엄 수수께끼**(*equity–premium puzzle*)은 많은 양의 연구를 자극하였고, 이에 대하여 많은 설명이 제안되었다. 그러나 이 수수께끼에 대한 명확한 해결책은 아직 없다.[15]

8.6 항상소득가설을 넘어

■ 배경: 완충재고(Buffer–Stock) 저축

항상소득가설은 소비의 많은 중요한 특징들에 대하여 설득력있는 설명을 제공한다. 예를 들어 일시적인 감세가 영구적인 감세보다 훨씬 더 작은 효과를 내는 이유를 설명하고 8.1절에서 당기소득과 소비 사이의 관계의 많은 특징을 설명한다.

그러나 항상소득가설과 일치하지 않아 보이는 소비의 중요한 특징들도 존재한다. 예를 들어 8.3절에서 거시경제학적 증거와 미시경제학적 증거 모두 소비는 종종 소득의 예측가능한 변화에 반응한다는 것을 제시한다. 그리고 소비최적화의 단순한 모형들은 주식프리미엄을 설명할 수 없다.

사실, 항상소득가설은 소비 행동의 일부 중요한 특징을 설명할 수 없다. 이러한 가설의 주요 예측 중의 하나는 생애기간 동안 개인소득의 기대 증가와 개인소비의 기대 증가의 사이에 상관관계가 없어야 한다. 소비 증가는 실질이자율과 시간할인율에 의해 결정되는 것이며 소득의 시간 패턴에 의해 결정되는 것이 아니다.

15 제안된 가설은 불완전한 시장과 거래비용(Mankiw, 1986; Mankiw and Zeldes, 1991; Heaton and Lucas, 1996; Lutter, 1999; 문제 8.11); 습관형성(Constantinides, 1990; Campbell and Cochrane, 1999); 비기대효용(non-expected utility) (Weil, 1989b; Epstein and Zin, 1991; Bekaret, Hodrick and Marshall, 1997)을 포함한다. 소비에 대한 시사점 이외의 이유에 대한 주식수익에 대한 관심(Bentartzi and Thaler, 1995; Baberis, Hunag and Santos, 2001); 소비의 점진적인 조정(Gabaix and Laibson, 2001; Parker, 2001); 소비와 주식가격의 치명적인 하락의 작은 확률(Barro, 2006).

Carroll and Summers(1991)는 이러한 예측이 맞지 않다는 광범위한 증거를 제시하고 있다. 예를 들어 소득증가가 높은 나라의 사람들은 전통적으로 그 생애기간 동안에 높은 소비의 증가를 보이고 천천히 성장하는 국가의 개인은 전통적으로 그 생애기간 동안에 낮은 소비증가를 보인다. 마찬가지로, 다른 직업의 개인의 전형적인 생애기간 소비패턴은 그러한 직업들의 전형적인 생애기간 소득패턴과 일치하는 경향이 있다. 예를 들어 관리자와 전문직은 일반적으로 소득 프로파일이 중년까지 가파르게 증가하고 이후에 변동이 없다. 이들의 소비 프로파일은 비슷한 패턴을 따른다.

보다 일반적으로 대부분의 가계는 자산을 보유하지 않고 소비는 개략적으로 소득을 따라간다. 결과적으로, 8.3절에서 당기소득은 소비를 결정하는데 큰 역할을 한다. 그럼에도 불구하고 이들 가계들은 소득의 급격한 감소나 긴급 지출의 필요와 같은 사고에 사용하기 위해 적은 규모의 저축을 보유한다. Deaton(1991)의 용어로 대부분의 가계는 **완충재고**(*buffer-stock*)의 저축행태를 보인다. 결과적으로 소수의 가계가 대부분의 자산을 보유한다.

이와 같은 항상소득가설의 문제점으로 인해 많은 논문을 확장하거나 이론을 개발하는데 노력하였다. 특별한 주목을 받고 있는 세 가지 아이디어는 예비적 저축(precautionary savings), 유동성제약(liquidity constraints) 그리고 완전최적화에서의 이탈(departures from full optimization)이다. 이 절에서는 이러한 아이디어에 의해 제시된 이슈에 대해 다루고자 한다.[16]

■ 예비적 저축

7.2절에서 임의보행 결과의 도출은 효용이 2차식 형태라는 가정에 기초하였다는 점을 상기하자. 그러나 2차식의 효용은 한계효용이 어떤 유한한 소비수준에서 0에 도달하고 그 이후에는 음(−)이다. 또한 주어진 소비에 대한 분산의 효용비용은 소비수준과 독립적이다. 이것은 소비의 한계효용이 감소하고 있기 때문에 절대적 위험회피도는 증가한다. 개인들이 부유해지면서 소비수준에 대한 주어진 불확실성의 양을 피하기 위해 기꺼이 포기하는 소비의 양은 증가한다. 소비의 증가에 수반하는 한계효용의 감소는 실제로 2차식의 효용함수가 시사하는 것보다 훨씬 완만하다고 추측된다. 즉 효용함수의 3계 도함수는 거의 확실히 0이 아니라 양(+)이다.

양(+)의 3계 도함수의 효과를 보기 위해 실질이자율과 할인율은 함께 0이라고 가정하고, 연속적인 기간에 소비와 관계된 오일러 방정식 식 (8.23)을 고려하자. $u'(C_t) = E_t[u'(C_{t+1})]$이다. 8.2절에서 만일 효용이 2차식이라면 한계효용은 선형이 되므로 $E_t[u'(C_{t+1})]$은

16 이하에서 논의되지 않는 항상소득가설의 네 가지 확장은 소비재의 내구성, 습관형성, 비기대효용, 소비와 고용의 보완성이다. 내구성에 대하여는 Mankiw(1982); Caballero(1990, 1993); Eberly (1994); 그리고 문제 8.12를 참조하라. 습관형성에 대하여 Carroll, Overland, and Weil)(1997); Dynan(2000); Fuhrer(2000); 문제 8.13을 참조하라. 비기대효용(non-expected utility)에 대하여 Weil(1989b, 1990)과 Epstein and Zin(1991)을 참조하라. 보완성에 대하여 Benhabib, Rogerson, and Wright(1991), Baxter and Jermann(1999), Aguiar and Hurst(2005)를 참조하라.

$u'(E_t[C_{t+1}])$와 같다. 따라서 이러한 경우 오일러 방정식은 $C_t = E_t[C_{t+1}]$로 단순화된다. 그러나 만일 $u'''(\cdot)$이 양(+)이라면 $u'(C)$는 C에 대해 볼록함수이다. 이러한 경우 $E_t[u'(C_{t+1})]$는 $u'(E_t[C_{t+1}])$를 초과한다. 그러나 이것은 만일 C_t가 $E_t[C_{t+1}]$와 같다면 $E_t[u'(C_{t+1})]$은 $u'(C_t)$보다 크므로, C_t의 한계적 감소는 기대효용을 증가시킨다. 따라서 효용함수의 양(+)의 3계 도함수와 미래소득에 대한 불확실성의 조합은 당기소비를 감소시키므로 저축을 증가시킨다. 이러한 저축은 **예비적 저축**(*precautionary savings*)으로 알려져 있다 (Leland, 1968).

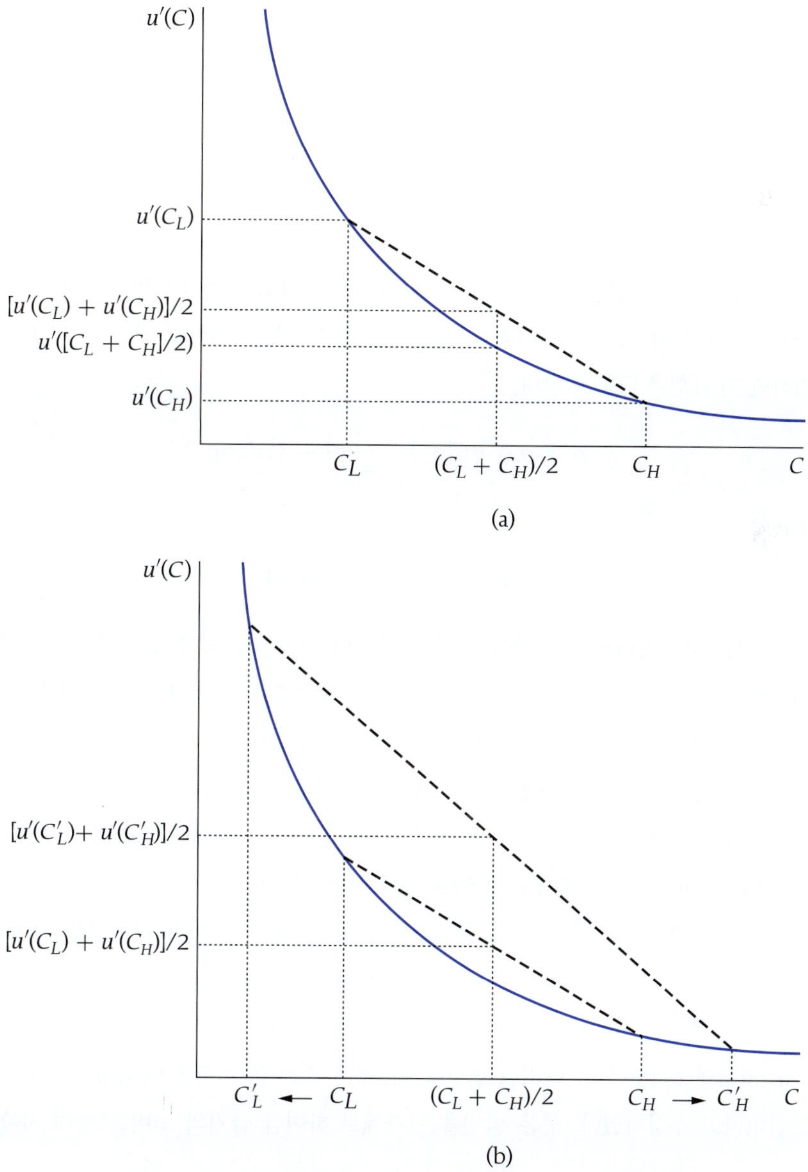

그림 8.3 소비의 기대 한계효용에 대한 효용함수의 양(+)의 3계 도함수 효과

그림 8.3 (a)는 불확실성과 효용함수의 3계 도함수가 양(+)이라는 것이 소비의 기대한계효용에 미치는 효과를 보여준다. $u''(C)$가 음(−)이므로 $u'(C)$는 C에 대하여 감소함수이다. 그리고 $u'''(C)$가 양(+)이므로 $u'(C)$는 C가 증가함에 따라 덜 급격하게 감소한다. 만일 소비가 확률 $\frac{1}{2}$로 두 개의 값 C_L 및 C_H만을 취한다면 소비의 기대한계효용은 이 두 값의 한계효용을 평균한 값이다. 그림에 의하면 이것은 $u'(C_L)$와 $u'(C_H)$를 잇는 선의 중간에 나타난다. 그림에서 나타난 바와 같이 $u'(C)$가 볼록함수라는 사실은 이러한 한계효용이 소비의 평균값 $(C_L + C_H)/2$에서의 한계효용보다 더 크다는 것을 의미한다.

그림 (b)는 불확실성 증가의 효과를 나타낸다. 특히 평균의 변화가 없으며 소비의 낮은 값 C_L이 하락하는 반면 소비의 높은 값 C_H는 상승한다. 소비의 높은 값이 상승할 때 $u'''(C)$가 양(+)이라는 사실은 한계효용이 상대적으로 덜 하락한다는 것을 의미한다. 그러나 낮은 수준의 값이 하락할 때 양(+)의 3계 도함수는 한계효용의 상승을 증폭시킨다. 결과적으로 불확실성의 증가는 주어진 기대소비수준에서 기대한계효용을 증가시킨다. 따라서 불확실성의 증가는 저축하려는 유인을 증가시킨다.

물론 중요한 질문은 예비적 저축이 정량적으로 중요한 지의 여부이다. 이 문제를 설명하기 위해 주식 프리미엄의 분석에서 식 (8.58) $E[r^i] \simeq \rho + \theta E[g^c] + \theta Cov(r^i, g^c) - \frac{1}{2}\theta(\theta+1)Var(g^c)$을 상기하자. 만일 무위험자산을 고려하고 단순화를 위해 $\bar{r} = \rho$를 고려하면 이 표현은 다음과 같다.

$$\rho \simeq \rho + \theta E[g^c] - \tfrac{1}{2}\theta(\theta + 1)\mathrm{Var}(g^c) \tag{8.60}$$

또는

$$E[g^c] \simeq \tfrac{1}{2}(\theta + 1)\mathrm{Var}(g^c) \tag{8.61}$$

따라서 기대 소비성장에 대한 예비적 저축의 영향은 소비증가의 분산과 상대적 위험기피계수에 의존한다.[17] 만일 둘 다 무시할 수 없는 수준의 크기라면 예비적 저축은 기대소비증가에 더 큰 영향을 나타낸다. 만일 상대적 위험기피계수가 4이면(현실적으로 보이는 상한에 가까운 값) 과거 1년 전 소비에 대한 가계의 불확실성의 표준편차가 0.1(이것은 Dynan, 1993과 Caroll, 1992의 증거와 일치하는)이고, 식 (8.61)은 예비적 저축이 소비증가의 기대치를 $\left(\frac{1}{2}\right)(4+1)(0.1)^2$ 만큼 또는 2.5%포인트 상승시킨다는 것을 의미한다.

이러한 분석은 예비적 저축이 소비증가의 기대치를 상승시킨다는 것을 의미한다. 즉 예비적 저축은 당기소비를 감소시키므로 저축을 증가시킨다. 그러나 우리가 이해하려고 하는 가계의 행동의 기본적인 특징 중 하나로 대부분의 가계는 거의 저축을 하지 않는다는 것이다. Carroll(1992, 1997)은 이러한 현상을 이해하는 핵심은 저축의 예비적 동기와 높은 할인율의 조합이라고 주장하였다. 높은 할인율은 가계로 하여금 금기의 소비를 늘려 저축을 줄이는 작

17 보다 일반적인 효용함수에 대해 $\theta+1$ 부분은 $-Cu'''(C)/u''(C)$으로 대체될 수 있다.

용을 하며 이는 예비적 저축의 동기에 의한 효과를 상쇄시킨다.

그러나 이러한 가설은 근사적으로 균형을 맞추는 두 가지 힘에 대한 이유를 제공하지 못하므로, 저축은 전형적으로 0으로 접근한다. 오히려 이러한 관점은 특히 인내심이 없거나 특히 기대소득의 가파른 경로를 가지거나 또는 특히 예비적 저축동기가 약하거나 한 기계는 생애초기의 소득을 훨씬 초과하는 소비를 실행한다는 것을 의미한다. 이러한 가계가 많지 않다는 사실을 설명하기 위해 더 많은 연구를 필요로 한다.[18]

■ 유동성제약(Liquidity Constraints)

항상소득가설에서 개인은 상환할 수 있는 한 저축으로 얻을 수 있는 이자율과 같은 이자율로 얼마든지 차입할 수 있다고 가정하고 있다. 그러나 가계가 신용카드의 부채나 자동차할부금융, 기타의 차입에 대해 지급해야 하는 이자율은 일반적으로 같은 가계가 저축으로부터 받는 이자율보다 훨씬 더 높다. 게다가 어떤 개인은 어떤 이자율 수준에서도 차입할 수 없는 경우도 있다.

유동성제약은 두 측면에서 저축을 증가시킨다. 첫째, 유동성제약이 구속(binding)되면 개인들은 그렇지 않은 경우보다 덜 소비하도록 만든다. 둘째, 비록 현재 유동성제약의 구속을 받지 않는다고 하더라도 미래에 구속을 받을 지도 모른다는 사실이 현재소비를 줄인다. 예를 들어 다음 기에 소득이 낮아질 가능성이 있다고 가정하자. 만일 유동성제약이 없고, 소득이 낮아진다면 개인은 소비의 급격한 감소를 피하기 위해 차입을 할 수 있다. 그러나 만일 유동성제약이 있다면 개인이 저축을 보유하고 있지 않는 경우 큰 소득감소는 큰 소비의 감소로 이어진다. 따라서 유동성제약은 미래소득의 감소 효과에 대비하는 보험으로 개인에게 저축하게 한다.

이러한 점들은 유동성제약이 있는 개인의 소비행동의 3기간 모형으로 알 수 있다. 구체적으로 제약은 개인이 전혀 차입할 수 없는 함수의 형태를 취한다고 가정하자. 그리고 예비적 저축과 유동성제약 효과를 구분하기 위해 순간효용함수는 2차식이라고 가정하자. 게다가 실질이자율과 할인율은 0이라는 가정은 계속 유지하자.

2기의 개인의 행동을 고려하는 것으로 시작하자. A_t는 t기말의 자산으로 나타내자. 개인은 3기간만을 살기 때문에 C_3는 $A_2 + Y_3$와 동일하며 결과적으로 $A_1 + Y_2 + Y_3 - C_2$와 같다. 따라서 C_2의 함수로써 지난 생애 두 기간의 개인의 기대효용은 다음과 같다.

$$\begin{aligned} U = \left(C_2 - \tfrac{1}{2}aC_2^2\right) + E_2\big[&(A_1 + Y_2 + Y_3 - C_2) \\ &- \tfrac{1}{2}a(A_1 + Y_2 + Y_3 - C_2)^2\big] \end{aligned} \tag{8.62}$$

18 Carroll은 극단적인 예비적 저축동기는 그러한 동기를 가진 가계가 많지 않다는 것을 설명한다고 지적한다. 소비가 어떤 낮은 수준 C_0에 접근함에 따라 소비의 한계효용이 무한대로 접근한다고 가정하자. 따라서 가계들은 소비가 항상 이러한 수준보다 높게 있다는 것을 알게 된다. 결과적으로 C_0의 수준에서 안정적으로 자금조달하는 수준을 약간 상회하는 소득 경로의 기회가 있다면 이들 가계는 자기 부채를 제한하는 선택을 할 것이다. 그러나 예를 들어 가정의 그럴듯한 변화(소득지원 프로그램이나 C_0에서 크지만 유한한 한계효용을 가정하는 것과 같이)로 이러한 결과는 제거된다.

이 식의 C_2에 대한 도함수는 다음과 같다.

$$\begin{aligned}\frac{\partial U}{\partial C_2} &= 1 - aC_2 - (1 - aE_2[A_1 + Y_2 + Y_3 - C_2]) \\ &= a(A_1 + Y_2 + E_2[Y_3] - 2C_2)\end{aligned} \tag{8.63}$$

이 표현은 $C_2 < (A_1 + Y_2 + E_2[Y_3])/2$인 경우 양(+)이며 그렇지 않은 경우 음(−)이다. 따라서 이전의 분석에서 알려진 바와 같이 만일 유동성제약이 구속되지 않는다면 개인은 $C_2 = (A_1 + Y_2 + E_2[Y_3])/2$를 선택한다. 그러나 만일 유동성제약이 구속된다면 개인은 실현가능한 최대수준의 소비를 설정하는데 $A_1 + Y_2$이다. 따라서 다음이 성립한다.

$$C_2 = \min\left\{\frac{A_1 + Y_2 + E_2[Y_3]}{2}, A_1 + Y_2\right\} \tag{8.64}$$

따라서 만일 제약이 구속된다면 유동성제약은 당기소비를 감소시킨다.

이제 1기를 고려하자. 만일 유동성제약이 1기에 구속하지 않는다면 개인은 한계적으로 C_1을 증가시키고 C_2를 감소시킬 수 있다. 따라서 만일 개인의 자산이 문자 그대로 0이 아니라면, 통상적인 오일러방정식이 성립한다. 우리가 만든 특정한 가정으로, C_1은 C_2의 기대치와 같다.

그러나 오일러 방정식이 성립한다는 사실은 유동성제약이 소비에 영향을 미치지 않는다는 것을 의미하지 않는다. 식 (8.64)는 만일 유동성제약이 2기에 구속될 확률이 엄밀하게 양(+)이라면 1기의 시점에 C_2에 대한 기대치는 엄밀하게 $(A_1 + Y_2 + E_2[Y_3])/2$의 기대치보다 작아질 것이다. A_1이 $A_0 + Y_1 - C_1$으로 주어지는 것에 유의하고, 반복투영의 법칙(law of iterated projections)은 $E_1[E_2[Y_3]]$는 $E_1[Y_3]$과 같다는 것을 의미한다. 따라서 다음의 식이 성립한다.

$$C_1 < \frac{A_0 + Y_1 + E_1[Y_2] + E_1[Y_3] - C_1}{2} \tag{8.65}$$

양변에 $C_1/2$을 더하고 $\frac{2}{3}$를 곱하면 다음을 얻는다.

$$C_1 < \frac{A_0 + Y_1 + E_1[Y_2] + E_1[Y_3]}{3} \tag{8.66}$$

따라서 유동성제약이 당기에 구속되지 않더라도 미래에 구속될 가능성은 소비를 감소시킨다.

마지막으로 만일 $C_1 = E_1 C_2$을 만족시키는 C_1의 값이 (C_2는 (식 8.64)에 의해 결정된다고 주어진) 1기의 자원 $A_1 + Y_1$보다 크다면 1기의 유동성제약은 구속된다. 이러한 경우 개인은 $A_0 + Y_1$를 소비한다.

따라서 유동성제약은 그 자체는 예비적 저축과 마찬가지로 저축을 증가시킨다. 그러나 가계 자산이 유동성제약을 기반으로 종종 낮은 이유를 설명하는 것은 다시 높은 수준의 할인율에 의존하게 된다. 이전처럼 높은 할인율은 가계가 높은 소비를 원하도록 만드는 경향이 있다. 그러나 유동성제약이 있다면 소비는 체계적으로 생애초기에 소득을 초과할 수 없다. 대신에 가계는 제약되므로 소비는 소득을 따르게 된다.

유동성제약과 경제주체의 조급함의 결합은 또한 가계가 전형적으로 저축을 하는 이유를 설명할 수 있다. 유동성제약이 있을 때 비록 가계의 효용이 2차식이라고 하더라도, 자산이 없는 가계는 소득의 증가와 감소로부터 비대칭적인 위험에 직면한다. 소득의 큰 하락은 그에 상응하는 소비의 하락을 초래하므로 따라서 소비의 한계효용은 크게 상승한다. 반대로 소득의 큰 상승은 가계의 저축을 유발하므로, 따라서 단지 소비의 한계효용의 완만한 감소를 나타낸다. 이것이 바로 미래의 유동성제약이 가능성으로 인해 소비를 낮추는 이유이다. 그러나 이러한 이슈에 대하여 정량적으로 조사하는 연구자들은 일반적으로 이러한 효과가 우리가 관찰하는 작은 저축조차 충분히 설명하지 못하는 것을 발견하였다. 따라서 이들은 전형적으로 예비적 저축동기를 도입하였다. 효용함수의 양(+)의 3계 도함수는 소득감소의 결과인 소비감소에 대해 대비하는 소비자의 욕구를 증가시키므로 유동성제약 또는 2차식 효용함수 가운데 어느 하나만으로 설명할 수 있는 저축량 이상으로 소비자의 저축을 증가시킨다.[19]

■ 실증적 응용: 신용제약과 차입

유동성제약이 없을 때 특정한 대부자가 대출하려는 금액의 증가는 소비에 영향을 주지 못할 것이다. 그러나 만일 구속되는 예산제약이 있다면 대출금의 증가는 가능한 차입하려는 가계의 소비를 증가시킬 것이다. 더군다나 현재 유동성제약에 직면하지 않지만 미래에 유동성제약에 직면하게 될 지도 모를 가계들은 대출금의 증대가 미래의 그런 가능성을 낮게 만들어 주기 때문에 소비를 증대시킬 것이다.

Gross and Souleles(2002)는 신용카드에 신용한도의 변동 영향으로 이러한 예측을 검정하였다. 기본 회귀식은 다음 형태를 취한다.

$$\Delta B_{it} = b_0\,\Delta L_{it} + b_1\Delta L_{i,t-1} + \cdots + b_{12}\,\Delta L_{i,t-12} + a'X_{it} + e_{it} \qquad (8.67)$$

여기서 i는 가계를 가르키고 t는 해당 월, B는 이자가 발생하는 신용카드부채, L은 신용카드의 신용한도, 그리고 X는 통제변수의 벡터를 나타낸다.

회귀방정식 (8.67)에 대한 명백한 우려는 신용카드의 발급자가 카드보유자들이 더 많이 차

19 Gourinchas and Parker(2002)는 조급함(impatience), 유동성제약, 그리고 예비적 저축의 분석을 생애주기까지 확장한다. 상당히 조급한 가계조차 은퇴기에 소비의 큰 하락을 피하기를 원한다. Gourinchas and Parker는 결과적으로 대부분의 가계는 생애초기에 주로 완충재고 저축자이지만 일단 그들이 중년에 이르게 되면 은퇴를 위해 저축을 하기 시작하는 것을 발견하였다.

입을 하려고 할 때 그 신용한도를 인상하는 경향이 있을 수 있다. 즉 차입에 대해 다른 영향을 미치는 것을 포착하는 e항과 ΔL 항들 사이에 상관이 있을 수 있다. Gross and Souleles는 이러한 문제를 다루기 위해 다양한 접근방법을 취하였다. 예를 들어 대부분 모형설정에서 카드 보유자가 자신의 차입한도를 증가시키는 요구하는 경우는 제외하였다. 그들의 가장 강력한 접근방식은 카드 발급자가 신용한도를 조정하는 방식에 대한 제도적 특징을 사용하여 e의 변동과 거의 상관이 없는 L의 변동을 산출한다. 대부분의 카드발급자는 카드의 신용한도를 이전 인상 이후 특정 개월 동안 인상하지 않으려고 하는데, 발급자마다 이러한 월수는 다르다. 따라서 Gross and Souleles는 더미변수의 집합 D^{jn}를 도입하였다. 여기서 만일 가계 i의 카드가 발급자 j로부터 오고, i의 신용한도는 t개월 이전에 n개월 증가하는 경우에만 D^{jn}_{it}은 1이 된다. 그들은 식 (8.67)을 D^{jn}를 도구변수로 추정하였다.

Gross and Souleles의 기본적인 도구변수 설정에 대해 식 (7.48)의 추정계수 b들의 합은 0.111이며 표준오차는 0.018임을 보였다. 즉 신용한도 1달러의 증가는 12개월 후에 차입금이 11센트 증가한다. 이 추정치는 추정기법, 통제변수, 그리고 표본에 대해 매우 강건하게 나타난다.[20]

이후 Gross and Souleles는 차입증가가 가능한 많이 차입하려는 가계에 국한되는 지에 대해 질문하였다. 이를 위해 그들은 $t-13$개월(식 8.67에서 ΔL항 가운데 가장 빠른 달의 직전 달)의 이용률(신용한도에 대한 신용카드 잔액의 비율)로 표본을 나누었다. 당초 이용률의 90%가 넘는 가계에 대해 b의 합이 매우 컸다. 그 추정치는 0.452, 표준오차는 0.125이었다. 그러나 낮은 이용률의 가계의 경우에 이 추정치는 확실하게 양(+)으로 나타났다. 이용률이 50%와 90% 사이일 때 0.158(표준오차는 0.060)이며 이용률이 50% 미만일 때 0.068(표준오차는 0.018)이었다. 따라서 유동성제약의 변화가 현재 제약을 받고 있는 가계에 중요하다는 이론의 예측뿐만 아니라, 현재 제약을 받지는 않지만 미래에 제약이 있을 수도 있는 가계에 중요하다는 흥미로운 예측을 할 수 있다.

그러나 Gross and Souleles는 모형과 상반되는 한 가지 중요한 패턴을 발견했다. 별도의 자료를 이용하여 가계는 이자가 발생하는 신용카드부채와 유동성자산을 모두 보유하고 있다는 것이 일반적이라는 것을 발견하였다. 예를 들어 양(+)의 이자가 발생하는 신용카드부채를 보유한 가계의 1/3은 1개월의 소득보다 더 많은 가치의 유동성자산을 가지고 있다. 카드부채와 유동성자산 사이의 이자율 차이가 큰 상황에서, 이 가계들은 위험이 없고 확실하게 돈을 절약할 수 있는 기회를 놓치고 있는 것을 의미한다. 따라서 이와 같은 행동은 유동성제약의 이론뿐만 아니라, 실제로 모든 이론에 대하여 수수께끼이다.

20 Gross and Souleles는 차입자의 다른 신용카드 부채 자료를 가지고 있었다. 그들은 신용한도의 증가에 따라 차입증가로 다른 신용카드의 부채를 낮춘다는 증거를 찾지 못하였다. 그러나 가계의 대차대조표에 관한 완전한 자료가 없었기 때문에 증가된 차입이 다른 타입의 부채를 낮추거나 자산보유의 증가와 연관될 가능성을 배제할 수 없다. 그러나 신용카드 부채에 대한 이자율이 상당히 높기 때문에 이러한 효과는 크지는 않을 것 같다고 주장한다.

완전 최적화로부터의 이탈

무비용의 최적화의 가정은 강력한 모형화 기법이고 개인들이 많은 변화에 어떻게 반응하는지에 대한 좋은 근사치를 제공한다. 동시에 사람들이 어떻게 행동하는 지에 대하여 완벽한 설명을 제공하지는 못한다. 개인들은 일관적으로 그리고 체계적으로 효용극대화의 기본모형들의 예측에서 벗어나는처럼 보이는 경우를 잘 정리한 경우들이 발표되었고 이러한 이탈은 정량적으로 중요하다(Tversky and Kahneman, 1974; Loewenstein and Thaler, 1989). 이러한 이탈은 소비와 저축 사이의 선택의 경우일 수 있다. 계산은 복잡하고 기간이 길어지고 정량화하기 어려운 큰 불확실성이 있다. 따라서 완벽하게 최적화를 시도하는 것 대신, 개인들은 소비를 선택하는데 경험법칙(rule of thumb)을 따를 수도 있다. 사실 경험법칙은 계산비용과 미래 세후소득이 어떻게 결정되는 지에 대한 근본적인 불확실성과 같은 요소에 반응하는 것이 합리적일 수 있다. 가능한 경험법칙의 예시는 일반적으로 당기소득을 지출하는 것이 합리적이고 자산은 예외적인 환경에서만 지출되어야 한다. 이런 규칙에 의존하는 것은 가계가 단기 소득변동을 평준화하기 위해 저축과 차입을 사용하도록 한다. 따라서 일반적으로 가계가 어느 정도의 저축을 보유하고, 소비는 단기기간에서는 항상소득가설의 예측을 합리적으로 잘 따를 것이다. 그러나 그러한 행동은 장기기간 동안 소비가 소득의 흐름과 흡사한 궤적을 따를 것이다. 따라서 저축은 일반적으로 작을 것이다.

완전 최적화로부터의 이탈 가운데 주목을 받아온 것은 시간의 동태적 비일관성 선호(time-inconsistent preference)이다(예를 들어 Laibson, 1997). 개인들(그리고 동물들)은 단기기간에서 조급하고, 장기기간에서 인내적이라는 많은 증거가 있다. 이러한 것은 시간의 동태적 비일관성을 초래한다. 예를 들어, 2주 간의 소비에 대한 선택들을 고려하자. 기간이 먼 미래일 때 – 예를 들어 1년 후일 때 – 개인들은 일반적으로 1년 후 둘째 주의 소비에 대한 첫째 주 소비에 선호의 차이가 거의 없다. 따라서 그들은 이러한 두 주간에 대략적으로 동일한 수준을 선호한다. 그러나 두 주가 가까워질 때 개인들은 당초 계획으로부터 이탈하고자 하며 첫째 주에 더 많이 소비를 하려는 경우가 빈번하다.

기본모형으로부터의 다른 이탈과 마찬가지로, 시간의 동태적 비일관성만으로 우리가 이해하려고 하는 소비의 수수께끼와 같은 특성을 설명할 수 없다. 시간의 동태적 비일관성 그 자체만으로 보면 소비자들로 하여금 조급하게 행동하게 한다. 매 시점마다 개인들은 미래소비에 비해 현재소비를 더 크게 가치를 매기므로 그들의 소비는 높다(Barro, 1999). 그리고 시간의 동태적 비일관성만으로는 소비가 소득을 근사적으로 따르도록 만들므로 저축은 0에 가깝게 된다는 이유를 제공하지 못한다. 다른 요인들 – 유동성제약, 비유동성자산 형태로 저축하는 능력(개인들은 매 순간에 당기소비에 강한 선호를 느끼게 하지 않도록 미래능력을 제한함), 그리고 아마도 예비적 저축동기 – 시간의 동태적 비일관성을 가지는 모형이 현실과 적합하게 보인다(Angeletos, Laibson, Ropetto, Tobacman, and Weinberg, 2001).

■ 결론

두 가지 주제는 이러한 논의로부터 나온다. 첫째, 어떤 한 가지 요인만으로는 항상소득가설로부터의 이탈현상을 설명할 수 없다. 둘째, 필연적인 광범위한 요인들에 대하여 상당한 동의가 있다. 이 요인들이란 높은 정도의 조급성(높은 할인율 또는 현재소비에 영구적으로 높은 가중치를 가지는 시간의 동태적 비일관성에 의해 발생함), 소득을 크게 앞질러 가는 소비를 막는 어떤 힘(유동성제약이나 부채를 피하는 중요성을 강조하는 경험법칙) 그리고 예비적 저축동기 등이다.

8.7 예비적 저축의 동태적 계획법 분석

이번 절은 가계가 예비적 저축동기를 가질 때 – 즉 효용의 3계 도함수가 양(+)일 때 소비행동 모형을 분석하는 동태적 계획법을 사용한다. 이러한 분석은 세 가지 목적을 제공한다. 첫째, 예비적 저축동기가 소비와 저축 행태에 어떠한 영향을 미치는 지에 대해 이전 절에서 간략히 소개한 것보다 더 깊이 있게 설명한다. 둘째, 거시경제학(뿐만 아니라 경제학의 다른 영역에도)에서 광범위하게 사용되는 강력한 기술인 동태적 계획법을 도입하기 위한 수단이다. 그리고 셋째, 모형은 분석적으로 풀 수 없기 때문에 경제학적 문제를 해결하기 위해 수치적 방법론의 사용을 처음으로 살펴볼 수 있는 수단이기도 하다. 동태적 계획법처럼, 수치적인 방법은 종종 거시경제학에서 사용된다. 그러나 수치적 방법론을 배우는 가장 좋은 방법은 실제로 사용하는 것이기 때문에 사실 이 절에서 직접적으로 다루지 않지만, 대신 이 절의 자료를 토대로 이 장의 끝에서 일련의 문제를 통해 소개한다.

■ 가정

개념적으로 모형은 간단하다. 무한생애를 가지는 가계는 생애효용의 기대가치를 극대화하는데 다음과 같이 주어진다.

$$U = \sum_{t=0}^{\infty} \beta^t u(C_t), \quad 0 < \beta < 1, \quad u'(\bullet) > 0, \quad u''(\bullet) < 0, \quad u'''(\bullet) > 0 \tag{8.68}$$

C_t는 t기의 가계의 소비이다. 항상 엄격하게 양(+)이어야 한다. t기의 가계의 노동소득을 Y_t로 나타내고 시간에 대해 독립적이고 동일한 분포(i.i.d.)이며 마찬가지로 항상 엄격하게 양(+)으로 가정된다. Y_t는 가계가 C_t를 선택하기 전에 실현된다. 가계는 일정하고 알려진 실질이자율 r로 차입하거나 대부할 수 있다. 따라서 만일 A_t가 t기 시작에 가계의 자산을 나타낸다고 하면(즉 Y_t가 실현되고 C_t가 선택되기 이전에) A_t는 다음을 따라 진화한다.

$$A_{t+1} = (A_t + Y_t - C_t)(1+r) \quad (8.69)$$

모든 저축과 차입이 고정된 실질이자율로 이루어진다는 가정에 의해 암묵적으로 주식과 같은 전통적인 위험자산 뿐만 아니라 노동소득의 낮은 실현에 대비한 어떠한 보험까지도 배제한다는 것을 주목하자. 가계 수준에서 소득의 대부분 변동은 거시경제학적 충격이라기보다 가계에 고유한 요인 때문이므로 **보험불가 고유위험**(*uninsurable idiosyncratic risk*)을 가정하고 있다.

두 가지 가정들을 도입한다. 첫째, 가계는 조급하다. 구체적으로, 다음을 가정한다.

$$(1+r)\beta < 1 \quad (8.70)$$

이러한 가정은 불확실성 하에서 가계는 시간에 따라 감소하는 소비경로를 선택할 것이라는 것을 의미한다.[21] 둘째, 가계가 폰지사기(Ponzi scheme)를 실행하는 가능성을 배제할 필요가 있다. 즉 현재가치 조건으로 결코 상환하지 않는 부채를 축적할 수 없다. 이러한 것을 달성하는 간단한 방법으로 가계는 전혀 부채를 질 수 없다고 하는 것이다.[22] 모든 t에 대해 다음과 같다.

$$C_t \leq A_t + Y_t \quad (8.71)$$

■ 벨만방정식과 모형의 해

비록 모형이 특별히 복잡하지 않더라도 어떻게 모형을 풀 것인 지에 대해 확실하지 않다. 가계는 무한생애 동안 노동소득에 대해 불확실성에 직면한다. 따라서 모든 가능한 소득경로에 대한 계획을 설명하는 것은 불가능하다.

동태적 계획법은 이와 같은 상황에서 사용될 수 있다. 기본적인 아이디어는 장기기간 문제(이러한 경우 무한생애 문제)를 당기와 "미래"인 두 기간 모형의 문제로 축약하고 미래를 **가치함수**(*value function*)을 통해 요약하는 것이다. 우리는 모형을 경험적으로 풀어내는 동태적 계획법을 통해 살펴보자. Carroll(2012)은 공식적인 방법을 제공한다.

t기의 가계를 생각하자. 가계가 C_t를 선택할 때 가계의 자원은 초기의 자산 A_t와 당기노동소득 Y_t이다. X_t는 이러한 자원을 나타낸다고 하자. $X_t \equiv A_t + Y_t$이다. 이제 가치함수 $V(X)$를 만일 가계가 주어진 기간 이후 동안의 소비를 선택할 때 자원 X를 가지고 그 기간과 모든 미래기간에 최적으로 행동하면 그러한 기간에 대해 주어진 기간 이후부터 목적함수의 기대치를 할인된 값으로 정의한다.

21 이를 이해하기 위해 확실성 하에서 t와 $t+1$에서 소비와 관련된 오일러 방정식은 $u'(C_t) = (1+r)\beta u'(C_{t+1})$이다. $(1+r)\beta < 1$이면, $u'(C_{t+1}) > u'(C_t)$이므로, $C_{t+1} < C_t$를 의미한다.

22 외생적으로 유동성제약을 부과하는 것은 단지 폰지사기를 배제하는 지름길이지만 본질적이지 않다. 음(−)의 소비는 가능하지 않기 때문에 가계가 차입할 수 있는 금액에 제한이 있고 확실히 상환해야 한다(현재가치 조건). 따라서 가계가 차입할 수 있는 금액에 대한 일부 제한은 대부자가 가계의 폰지사기를 실행하도록 내버려 두지 않기 때문에 자동으로 발생한다.

세 가지 논의가 가능하다. 첫째, 이 시점에서 가치함수를 도입하는 목적이 미스터리해 보일 수 있다. 우리는 가계의 최적행동을 발견하려고 하고 있고 우리가 한 것이라고는 가계가 최적으로 행동한다는 가정 하에서 기대생애효용을 설정하는 함수를 정의하였다. 만일 우리가 최적행동을 하는 것을 모른다면 이것이 얼마나 도움이 될 수 있을까? 합리적인 질문이다. 답은 진행되면서 명확해질 필요가 있다.

둘째, 가치함수에 유일한 인자는 당기에 가계의 자원이라는 것을 주목하고 마찬가지로 가치함수는 시간에 따라 변화하지 않는다. 이러한 것들은 모형의 가정에 따른다. 시간 t와 시간 t'에 각각 자원 X를 가지는 두 가계를 생각하자. t와 t' 그리고 가계가 당기 상황에 도달했는 지와 관계없이 당기와 미래기의 소비에 대한 선호, 미래노동소득의 분포, 그리고 이용가능한 소비에 대한 선택의 측면에서 같다. 따라서 당기 이후부터 두 가계의 목적함수의 기대치는 같아야 한다. 하나의 시사점으로 X가 모형의 유일한 상태변수라는 것이다. X는 당기 이후부터 가계의 최적화와 관련된 과거에 대한 모든 정보를 요약한다.

가치함수가 유일한 인자를 가지고, 그것이 시간불변이라는 사실은 본질적인 것이 아니다. 동태적 계획법은 또한 복수 상태변수, 유한생애, 결정적 시간불변 선호 등과 같은 문제를 분석하는데 사용된다. 당기의 시간불변, 무한생애 구조는 단지 모형을 보다 단순화한다.

셋째, 가치함수가 존재하는 것을 증명하지 않았다. 따라서 동태적 계획법 적용을 어렵게 만들 수 있는 몇 가지를 살펴보지 않았다. 그러나 Carroll은 이러한 설정에 대해 $V(\cdot)$가 존재한다는 것을 보였다.

가치함수의 유용함을 보이는 것으로 시작하기 위해 t기 소비에 대한 가계의 결정을 고려하자. t의 가계의 효용은 $u(C_t)$이다. 가치함수는 $t+1$ 이후의 기대효용이 X_{t+1}의 함수에 $t+1$기로 할인된 $V(X_{t+1})$이라는 것을 말한다. t기에 할인된 t기의 기대치는 $\beta E_t[V(X_{t+1})]$이다. 그리고 식 (8.69)는 $X_{t+1}=(X_t-C_t)(1+r)+Y_{t+1}$이다. 따라서 t기 이후의 기대효용은 $u(C_t)=\beta E_t[V(X_t-C_t)(1+r)+Y_{t+1}]$

이제 $V(X_t)$는 t기에 시작하는 기대효용의 극대화된 값으로 정의된다는 것을 상기하자. 따라서 $V(X_t)$는 당기와 $t+1$기 이후의 할인된 기대효용의 합의 값 중 가장 큰 값이다.

$$V(X_t)=\max_{0\le C_t\le X_t} u(C_t)+\beta E_t[V((X_t-C_t)(1+r)+Y_{t+1})] \tag{8.72}$$

식 (8.72)는 이 문제에 대한 벨만방정식(Bellman equation)이다. 벨만방정식은 가치함수에 대해 닫힌 형태의 표현이 아니다. 그러나 벨만방정식은 가치함수를 가치함수 그 자체와 당기효용으로 정의하게 하며 무한생애 문제에 비해 매우 단순화된다.

식 (8.72)는 가치함수가 존재한다는 것을 어떻게 설명할 수 있는지와 가치함수를 수치적으로 근사화할 수 있는지에 대한 의미를 제공한다. 가치함수는 식 (8.72)의 고정된 점(함수공간에서)이다. 즉 식 (8.72)의 우변에 하나가 입력되면 방정식이 동일한 함수를 반환하는 속성을 가지는 함수이다. 따라서 어떤 임의의 "초기" 가치함수 $V^0(\cdot)$를 선택하는 것을 생각하자 – 예를 들어 모든 X에 대해 $V^0(X) = 0$이다. 이제 $V^1(X), V^2(X), V^3(X), \cdots$를 다음 식에 의해 반복적으로 정의하자.

$$V^{n+1}(X_t) = \max_{0 \le C_t \le X_t} u(C_t) + \beta E_t[V^n((X_t - C_t)(1+r) + Y_{t+1})] \tag{8.73}$$

가치함수가 존재하는 것을 증명하는 것은 식 (8.73)으로 나타나는 가정이 고정된 함수로 수렴하는 지를 증명하는 문제이다. 그리고 가치함수를 수치적으로 근사화하는 것은 과정이 점진적으로 수렴할 때까지 반복하는 문제이다. 수치적으로 문제를 푸는 방법은 **가치함수반복**(*value–function iteration*)으로 알려져 있다.

마지막 단계는 가치함수가 가계의 결정규칙에 대하여 시사하는 것을 발견하는 것이다 – 즉 가계의 소비선택은 X의 함수이다. 가계의 소비선택에 제약들이 있기 때문에 모서리 해(corner solution)의 가능성, 특히 어떤 환경에서 가계가 이용가능한 모든 자원을 소비하려고 하는 가능성에 대해 주의해야 한다.

만일 제약들이 구속되지 않는다면 가계의 C_t 선택은 1계 조건은 다음과 같다.

$$u'(C_t) - \beta(1+r)E_t[V'((X_t - C_t)(1+r) + Y_{t+1})] = 0 \tag{8.74}$$

그러나 만일 $u'(X_t) - \beta(1+r)E_t[V'(Y_{1+1})] > 0$이면 $C_t = X_t$인 곳에서 모서리 해가 된다.[23] 이러한 두 가지 조건을 결합하면 C_t를 특정화하는 일반 조건은 다음 식을 만족하는 $[0, X_t]$의 값이다.

$$u'(C_t) = \max\{\beta(1+r)E_t[V'((X_t - C_t)(1+r) + Y_{t+1})], u'(X_t)\} \tag{8.75}$$

식 (8.72)는 암묵적으로 가치함수를 정의한다. 그리고 가치함수는 식 (8.75)에 의해 암묵적으로 가계의 결정규칙 $C(X)$를 정의한다.

■ 논의 및 시사점

가치함수와 결정규칙을 분석하는 것은 쉽지 않다. 결과적으로 통상적인 접근방법은 모수의 값, 특정한 효용함수, 그리고 노동소득에 대한 특정한 분포를 가정하고 해를 근사화하기 위한 수치적인 기법을 사용한다.

그림 8.4는 $\beta = 0.8$, $r = 0$, 상대적 위험회피계수 2를 가지는 상대적 위험회피가 일정한 효용, 그리고 Y는 $[0, 200]$에 균일하게 분포된 경우의 결정규칙 $C(X)$를 보여준다. 그림은 이러한 모형의 전형적인 몇 가지 소비 행동의 특징을 보여준다.

23 마찬가지로 만일 $u'(0) - \beta(1+r)E_t[V'(X_t(1+r) + Y_{1+1})] < 0$이면 가계가 아무 것도 소비하지 않는 모서리 해를 선택한다. $C_t = 0$이다. 그러나 만일 $u'(C)$에서 C가 0으로 접근함에 따라 무한대로 접근하면 소비가 음(–)일 수 없는 제약은 결코 구속되지 않고 가계는 $C_t = 0$을 선택하지 않는다.

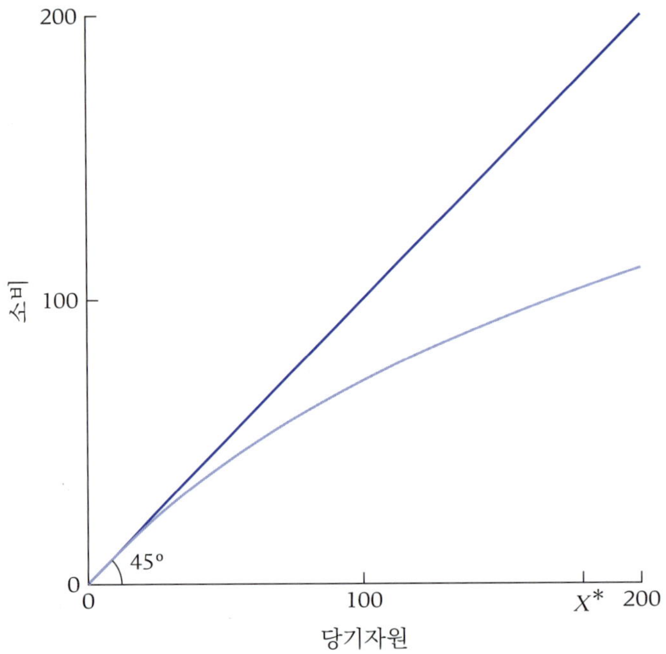

그림 8.4 예비적 저축 모형에서 당기자원의 함수로서의 소비

처음 두 특징은 소비는 당기자원에 증가함수이고 자원이 증가하면서 소비에 대한 자원 증가의 한계적인 영향은 하락한다. 세 번째 특징은 보다 흥미롭다. 낮은 수준의 당기자원에서 다음기 자원의 기대치 $[X-C(X)](1+r)+E[Y]$는 당기자원 X보다 크다. 높은 수준의 자원에서 다음기 자원의 기대치는 당기자원보다 작다. 따라서 $[X^*-C(X^*)](1+r)+E[Y]=X^*$ 인 어떤 X의 임계점 X^*가 있으므로 다음기 기대자원은 정확하게 당기자원과 같다. X^*를 가계의 자산 목표수준이라고 부르는 것이 합리적이다. 가계의 자원이 X^*보다 작다면 가계는 자원을 상승시키도록 하려는 방향으로 행동하고, 가계의 자원이 X^*보다 크다면 가계는 자원을 하락시키는 방향으로 행동한다. 모수값, 효용함수, 그리고 노동소득의 분포에 의존하여 X^*는 평균노동소득에 비해 클 수도 있고 작을 수도 있다. X^*이 작을 때 가계의 행동은 완충재고 저축으로 불리는 것과 일치한다. 즉 정상적으로 낮은 소득소득에 대비해 보험으로써 자산의 작은 완충만 유지한다. 우리의 예에서 X^*는 169이며 2년 평균소득 $E[Y]$보다 약간 작다. X^*는 당기노동소득을 포함하므로 낮은 목표자산에 잘 대응된다.

마지막 시사점은 이전과 연결된다. 가계의 당기자원이 낮을 때 가계의 소비는 이러한 자원에 거의 1:1로 움직인다. 따라서 가계의 소비행동은 근근히 먹고 사는 것에 가깝다. 직관적으로 가계가 낮은 저축과 낮은 소득인출을 가지고 있을 때 노동소득의 또 다른 낮은 인출의 위험에도 불구하고 가계의 조급함은 거의 모든 이용가능한 자원을 소비하도록 한다. 그러나 가계의 당기자원이 높을 때 가계의 소비는 이러한 자원과 함께 훨씬 덜 강하게 움직인다. 그러한 경우에 가계의 행동은 조급한 항상소득 소비자의 소비에 가깝다–즉 가계의 소비는 평균적으로 하락하지만 소득의 일시적인 변화에 강하게 반응하지 않는다.

이러한 가계 결정규칙의 정량적인 특징은 매우 강건하다. 하나의 주의할만한 예외는 낮은 X 값에 대해 가계 행동은 근근히 먹고 사는 것에 가까워질 뿐만 아니라, 완전히 근근히 먹고 사는 경우가 있다. 즉 낮은 X값에 대해 가계는 당기소득의 변화가 1:1 당기소비의 변화로 변환되는 결과를 가지는 $C = X$(따라서 $C(X)$는 낮은 X값에 45도로 대응한다)인 모서리 해를 선택한다.

마지막으로 이러한 논의는 그림 8.4에 나타난 최적 결정규칙에 대한 수치적 근사화가 어떻게 구성되었는 지에 아무 것도 언급하지 않았다. 문제 8.16은 상대적으로 간단한 접근방법을 사용하여 밀접하게 관련된 예에 대해 결정규칙을 수치적으로 근사하도록 요구하고 문제 8.17부터 8.20은 몇 가지 확장 및 변형을 살펴본다. 목표는 수치 알고리즘, 효율적으로 해를 찾는 방법, 그리고 근사오류의 분석의 핵심을 탐구하는 것이 아니라 수치분석의 몇 가지 이슈와 아이디어를 소개하고 몇 가지 기본 사항을 설명한다.

연습문제

8.1 **생애주기저축 문제**(Modlgliani and Brumberg, 1954) 0기에서 T기까지 사는 개인을 고려한다. 그의 생애효용함수는 $U = \int_{t=0}^{T} u(C(t))dt$ 이며 $u'(\cdot) > 0$ 및 $u''(\cdot) < 0$ 이다. 개인의 소득은 $0 \le t \le R$ 의 기간 중에는 $Y_0 + gt$ 이며 $R \le t \le T$ 의 기간 중에는 0이다. 여기서 은퇴 나이 R은 $0 < R < T$ 을 만족한다. 이자율은 0이고 개인은 초기에 자산을 보유하지 않으며 불확실성은 존재하지 않는다고 가정한다.

(*a*) 개인의 생애제약식은 어떻게 설정되는가?

(*b*) 개인의 생애효용을 극대화시키는 소비 $C(t)$의 경로는?

(*c*) 시간 t의 함수로서 개인자산의 경로는?

8.2 농업종사자의 평균소득은 비농업종사자의 평균소득보다 낮지만 매년 변동은 더 크다. 이러한 조건 하에서 항상소득가설을 바탕으로 하여 예측할 때 농업종사자의 소비함수는 비농업종사자의 그것과는 어떻게 다른가?

8.3 **시간평준화**(time-averaging) **문제**(Working, 1960). 실제 통계는 일정 시점의 소비가 아니라 일정 기간(예를 들면 1/4분기)의 평균소비이다. 여기서는 이러한 사실이 미치는 영향에 대하여 생각하여 보기로 한다.

소비는 임의보행과정 즉 $C_t = C_{t-1} + e_t$ (e_t는 백색잡음임)의 과정을 따르면서 변화한다고 가정한다. 그러나 자료는 2기간 간격의 평균소비량을 제공한다고 하자. 즉 우리는 $(C_t + C_{t+1})/2$, $(C_{t+2} + C_{t+3})/2$을 관찰할 수 있다.

(*a*) 어떤 2기간 간격으로부터 그 다음 2기간 간격까지 측정된 소비의 변동에 대해 e로 표현하라.

(*b*) 측정된 소비의 변화는 그 전기에 측정된 소비의 변화와 상관되지 않았는가? 이 점에 비추어 측정된 소비는 임의보행인가?

(*c*) 주어진 (*a*)의 결과로 어떤 2기간 간격으로부터 다음 2기간 간격까지 소비의 변화는 최초의 2기간 간격에 이미 알려진 모든 변수와 상관되지 않았는가? 최초의 2기간 간격 바로 앞의 2기간에 알려진 모든 변수와 상관되지 않았는가?

(*d*) 2기간 간격에 대한 측정된 소비가 당해 동안 평균이 아니라 2기간의 후반 소비라고 가정하자. 즉 C_{t+1}, C_{t+3} 등은 관측된다. 이러한 경우 측정된 소비는 임의보행인가?

8.4 8.2절의 모형에서 미래소득에 대한 불확실성은 소비에 영향을 미치지 않는다. 이는 불확실성이 기대생애효용에 영향을 주지 못한다는 것을 의미하는가?

8.5 (이 질문은 Hansen and Singleton, 1983에 따른다) 순간효용은 상대적 위험회피가 일정한 형태인 $U(C_t) = C_t^{1-\theta}/(1-\theta)(\theta > 0)$으로 가정하자. 실질이자율 r은 일정하지만 할인율 ρ와 반드시 동일하지는 않다고 가정한다.

(*a*) C_t와 C_{t+1}에 대한 기대치와 관련된 오일러 방정식을 구하라.

(*b*) 소득의 로그(대수)가 정규분포를 따르고 그 결과 C_{t+1}의 로그도 정규분포를 따른다고 하자. σ^2을 시점 t에 이용가능한 정보에 대한 조건부 분산을 나타낸다고 하자. (*a*)에서 구한 식을 $\ln C_t$, $E_t[C_{t+1}]$, σ^2, 그리고 모수 r, ρ, θ로 나타내라.(**힌트**: 만일 변수 x가 평균 μ, 분산 V를 가지는 정규분포를 따른다면 $E[e^x] = e^{\mu}e^{V/2}$이다).

(*c*) 만일 r과 σ^2가 시간에 따라 일정하다면 (*b*)의 결론은 소비의 로그(대수)는 표류항이 있는 임의보행 $\ln C_{t+1} = a + \ln C_t + u_{t+1}$ (여기서 u는 백색잡음)을 따르는 것을 보여라.

(*d*) 각 r과 σ^2의 변화가 기대소비성장($E_t[\ln C_{t+1} - \ln C_t]$)을 어떻게 변화시키는가? 8.6절의 예비적 저축의 논의의 관점에 비추어 σ^2의 기대소비성장에 대한 효과를 해석하라.

8.6 **소비의 과잉평준화를 검증하기 위한 틀** C_t는 $[r/(1+r)]\left\{A_t \sum_{s=0}^{\infty} E_t[Y_{t+s}]/(1+r)^s\right\}$이고 $A_{t+1} = (1+r)(A_t + Y_t - C_t)$라고 가정하자.

(*a*) 이러한 가정으로 $E_t[C_{t+1}] = C_t$ (따라서 소비는 임의보행을 따른다)과 $\sum_{s=0}^{\infty} E_t[C_{t+s}]/(1+r)^s = A_t + \sum_{s=0}^{\infty} E_t[Y_{t+s}]/(1+r)^s$임을 보여라.

(*b*) $\Delta Y_t = \phi \Delta Y_{t-1} + u_t$를 가정하자. 여기서 u는 백색잡음이다. Y_t가 $E_{t-1}[Y_t]$을 1단위만큼 크다(즉 $u_t = 1$로 가정)고 하자. 소비는 얼마만큼 증가하는가?

(*c*) $\phi > 0$의 경우 소득충격 u_t 또는 소비충격 $C_t - E_{t-1}[C_t]$ 중 어느 것이 더 큰 분산을 가지는가? 이 모형에서 소비자들은 저축과 차입으로 소득과 비교하여 소비의 경로를 평준화하는가? 설명하라.

8.7 8.4절에서 분석한 2기간의 설정을 생각하자. 정부는 초기에 이자소득에 대한 과세만으로 수입을 증가시킨다고 가정한다. 따라서 개인의 예산제약은 $C_1 + C_2/[1+(1-\tau)r] \leq Y_1 +$

$Y_2/[1+(1-\tau)r]$이다. 여기서 τ는 이자소득세율이다. 정부의 수입은 1기에 0이며 2기에 $\tau r(Y_1 - C_1^0)$이다. 여기서 C_1^0는 주어진 세율 하에 개인이 선택하는 C_1이다. 이제 정부가 이자소득에 대한 과세를 폐지하고 대신에 1기에 T_1, 2기에 T_2의 금액만큼 정액세를 도입한다고 가정하자. 따라서 개인의 예산제약은 $C_1 + C_2/(1+r) \leq (Y_1 + T_1) + (Y_2 - T_2)/(1+r)$이다. Y_1, Y_2, r은 외생적이라고 가정하자.

(*a*) 이러한 세제 변화가 정부수입의 현재가치에 영향을 주지 않기 위하여 새로운 세금은 어떠한 조건을 만족해야 하는가?

(*b*) 새로운 세금이 (*a*)의 조건을 만족한다면 이전 세제 하에 선택된 소비조합 (C_1^0, C_2^0)은 실현불가능한가? 정확히 달성가능한가? 더 소비할 수 있는 여력이 있을 만큼 충분히 실현가능한가?

(*c*) 새로운 세금이 (*a*)의 조건을 만족한다면 1기의 소비는 증가하는가? 감소하는가? 아니면 종전과 같은가?

8.8 t기에 배당 D_t를 지급하고 t기의 가격이 P_t인 주식을 고려하자. 소비자는 위험중립적이며, 할인율은 r이라고 가정하자. 따라서 소비자는 $E_t\left[\sum_{t=0}^{\infty} C_t/(1+r)^t\right]$을 극대화한다.

(*a*) 균형에서 $P_t = E_t[(P_{t+1} + D_{t+1})/(1+r)]$이 성립해야하는 것을 보여라(만일 이 주식이 팔리면 이러한 것은 당해기의 배당이 지급된 후에 발생한다고 가정한다).

(*b*) $\lim_{s\to\infty} E_t[P_{t+s}/(1+r)^s] = 0$을 가정하자. (이는 거품이 없는 조건이다. 다음의 문제를 참조하라.) (*a*)의 표현을 미래로 반복하여 적용함으로써 P_t를 미래배당의 기대치로 도출하라.

8.9 **거품** $\lim_{s\to\infty} E_t[P_{t+s}/(1+r)^s] = 0$의 가정이 없는 이전 문제의 설정을 고려하라.

(*a*) **확정적 거품** P_t는 문제 8.8의 (*b*)에서 도출된 식에 $(1+r)^t b$ $(b>0)$를 더한 것과 같다고 가정하자.

(*i*) 문제 8.8의 (*a*)에서 도출된 소비자의 1계 조건은 여전히 성립하는가?

(*ii*) b는 음(−)이 될 수 있는가? (**힌트** : 결코 주식을 매도하지 않는다는 전략에 대하여 생각하라.)

(*b*) **터지는 거품**(Blanchard, 1979) P_t는 문제 8.8의 (*b*)에서 도출된 식에 q_t를 더한 것과 같다고 가정하자. q_t는 확률 α로 $(1+r)q_t/\alpha$와 같고 확률 $1-\alpha$로 0이 된다.

(*i*) 문제 8.8의 (*a*)에서 도출된 소비자의 1계 조건은 여전히 성립하는가?

(ii) 시점 t에 거품이 존재(즉 $q_t > 0$)한다면 시점 $t+s$까지 거품이 터질(즉 $q_{t+s} = 0$) 확률은 얼마인가? s가 무한대로 접근할 때 이 확률의 극한치는 얼마인가?

(c) **내재적**(intrinsic) **거품**(Froot and Obstfeld, 1991) 배당이 임의보행을 따른다고 가정하자. $D_t = D_{t-1} + e_t$ 이며 e는 백색잡음이다.

(i) 거품이 존재하지 않는 경우, t기에 주식의 가격은 얼마인가?

(ii) P_t가 (i)에서 도출된 식에 b_t ($b_t = (1+r)b_{t-1} + ce_t$, $c > 0$)을 더한 것과 같다고 가정하자. 문제 8.8의 (a)에서 도출된 소비자의 1계 조건은 여전히 성립하는가? 어떤 의미에서 주식 가격은 배당의 변화에 과도하게 반응하는가?

8.10 루카스의 자산가격형성 모형(Lucas, 1978) 경제에 유일한 자산은 무한기간 생존하는 나무라고 가정하자. 이 경제의 생산은 나무의 과실이고 외생적이며 저장할 수 없다. 따라서 $C_t = Y_t$이다. 여기서 Y_t는 외생적으로 결정되는 1인당 생산이고 C_t는 1인당 소비이다. 초기에 각 소비자는 같은 나무의 수를 보유한다고 가정한다. 모든 소비자는 같다고 가정하기 때문에 즉 균형에서 나무가격의 움직임은 매기 같아야 한다는 것을 의미하므로, 대표적 소비자는 자신의 나무보유를 증가 또는 감소시키지 않으려고 한다.

P_t를 t기의 나무가격으로 나타내자(여기서 나무가 팔리면 기존의 보유자가 당기생산을 받은 후에 판다고 가정한다.) 마지막으로 대표적 소비자는 $E_t\left[\sum_{t=0}^{\infty} \ln C_t / (1+\rho)^t\right]$을 극대화한다고 가정한다.

(a) 대표적 소비자가 t기에 자신의 소비를 무한소 양만큼 줄이고 그 저축으로 나무보유를 늘리고 그 다음 기인 $t+1$기에 이러한 추가적인 보유나무를 매도한다고 가정하자. 이러한 변화가 기대효용에 영향을 주지 않도록 하기 위해서 C_t와 Y_t, P_{t+1} 및 C_{t+1}를 포함하는 기대치가 만족하여야만 할 조건을 찾아라. P_t를 Y_t와 Y_{t+1}, P_{t+1} 및 C_{t+1}을 포함하는 기대치로 나타내는 조건을 풀어라.

(b) $\lim_{s \to \infty} E_t[(P_{t+s}/Y_{t+s})/(1+r)^s] = 0$으로 가정하자. 주어진 조건 하에 P_t에 대해 풀기 위하여 (a)에 대한 답을 미래(forward)로 반복하라. (**힌트**: 모든 s에 대하여 $C_{t+s} = Y_{t+s}$를 이용하라).

(c) 미래배당의 기대치의 증가는 자산가격에 영향을 주지 못하는 지에 대해 직관적으로 설명하라.

(d) 이 모형에서는 소비가 임의보행을 따르는가?

연습문제

8.11 **주식프리미엄과 거시적 충격의 집중**(Mankiw, 1986) 두 가지 가능한 상태의 경제를 고려하고, 각 상태는 1/2의 확률로 발생한다고 하자. 좋은 상태에서 개인의 소비는 1이다. 나쁜 상태에서 인구의 λ의 비율은 $1-(\phi/\lambda)$를 소비하고 나머지는 1을 소비한다. 여기서 $0<\phi<1$, $\phi \leq \lambda \leq 1$이다. ϕ는 나쁜 상태일 때 평균소비의 감소를 측정하는 지표이고, λ는 그 감소가 얼마나 많은 사람에게 분담되는 지를 측정하는 지표이다.

두 가지의 자산을 고려하자. 하나는 좋은 상태일 때 1단위를 지급하며 다른 하나는 나쁜 상태일 때에 1단위를 지급한다. p는 나쁜 상태 자산에 대한 좋은 상태 자산의 상대가격을 나타낸다.

(a) 개인의 두 자산의 초기 보유는 0이라는 것을 고려하고 개인은 좋은 상태 자산의 보유를 한계적으로 감소시키고(즉 공매도), 그 수익으로 나쁜 상태 자산을 더 많이 매입하는 실험을 생각하자. 이러한 변화가 개인의 기대효용에 영향을 주지 않기 위한 조건을 도출하라.

(b) 두 자산의 소비는 외생적이고 개인은 사전적으로 동일하므로, p는 균형상태에서 각 개인의 자산보유량이 0이 되는 점까지 조정되어야 한다. (a)에서 도출된 조건을 사용하여 p의 균형가격을 ϕ, λ, $U'(1)$ 및 $U'(1-(\phi/\lambda))$으로 표현하라.

(c) $\partial p / \partial\lambda$를 구하라.

(d) 만일 효용함수가 2차함수의 형태라면 $\partial p / \partial\lambda = 0$를 보여라.

(e) 만일 $U'''(\cdot)$가 항상 양(+)이라면 $\partial p / \partial\lambda < 0$임을 보여라.

8.12 **내구재의 소비**(Mankiw, 1982) 8.2절과 마찬가지로 순간효용함수는 2차식이고 이자율과 할인율을 0으로 가정하자. 그러나 재화들은 내구적이라고 가정하자. 구체적으로, $C_t = (1-\delta)C_{t-1} + X_t$이고 여기서 X_t는 t기의 재화의 구입액이며 $0 \leq \delta < 1$이다.

(a) t기에 dX_t만큼 한계적으로 지출을 감소시칸다고 생각하자. X_t, X_{t+1}와 X_{t+2}의 조합된 변동은 지출의 현재가치를 변하지 않도록 하고(따라서 $dX_t + dX_{t+1} + dX_{t+2} = 0$) C_{t+2}도 변화하지 않도록 하는(따라서 $(1-\delta)^2 X_t + (1-\delta)dX_{t+1} + dX_{t+2} = 0$) dX_{t+1}과 dX_{t+2}의 값을 구하라.

(b) (a)의 변화는 C_t와 C_{t+1}의 변화에 어떠한 효과를 미치는가? 기대효용에 대해 미치는 효과는 얼마인가?

(c) (a)의 변화가 기대효용에 효과를 미치지 못하게 하는데에는 C_t와 $E_t[C_{t+1}]$이 어떠한 조건을 만족해야 하는가? 그 경우 C는 임의보행을 따르는가?

(d) X는 임의보행을 따르는가? (**힌트**: $X_t - X_{t-1}$을 $C_t - C_{t-1}$과 $C_{t-1} - C_{t-2}$의 식

으로 표현하라). 직관적으로 설명하라. 만일 $\delta = 0$이면, X의 움직임은 어떤가?

8.13 습관형성과 소비증가의 시계열 상관 대표적 소비자인 개인 i의 효용은 $\sum_{t=1}^{T}[1/(1+\rho)^t](C_{it}/Z_{it})^{1-\theta}/(1-\theta)$, $\rho > 0$, $\theta > 0$, 여기서 Z_{it}는 소비의 "준거" 수준이다. 이자율이 어떤 수준 r로 일정하고 불확실성은 없다고 가정하자.

(a) **외부적 습관** $Z_{it} = C_{t-1}^{\phi}$, $0 \leq \phi \leq 1$을 가정하자. 따라서 소비의 준거수준은 총소비에 의해 결정되며 개인 i는 주어진 것으로 한다.

(i) C_{it}를 dC만큼 감소시키고 $C_{i,t+1}$을 $(1+r)dC$ 만큼 증가시키는 실험에 대한 오일러 방정식을 구하라. $C_{i,t+1}/C_{i,t}$를 C_t/C_{t-1}과 $(1+r)/(1+\rho)$로 표현하라.

(ii) 균형에서 대표적 소비자의 소비는 총소비와 같아야만 한다. 모든 t에 대해 $C_{it} = C_t$이다. 이러한 사실을 이용하여 당기소비 증가 $\ln C_{t+1} - \ln C_t$를 시차소비 증가 $\ln C_t - \ln C_{t-1}$과 적절한 다른 것으로 표현하라. 만일 $\phi > 0$이고 $\theta = 1$이면 습관형성은 소비의 움직임에 영향을 미치는가? 만일 $\phi > 0$이고 $\theta > 1$이면 어떤가? 결과를 직관적으로 설명하라.

(b) **내부적 습관** $Z_{it} = C_{i,t-1}$을 가정하자. 따라서 소비의 준거수준은 개인 자신의 과거소비 수준에 의해 결정된다(그리고 모수 ϕ는 1로 고정되었다).

(i) (a)에서 고려한 실험에 대한 오일러 방정식을 구하라(**힌트**: C_{it}는 t와 $t+1$기의 효용에 영향을 미치고, $C_{i,t+1}$은 $t+1$과 $t+2$기의 효용에 영향을 미친다).

(ii) $g_t \equiv (C_t/C_{t-1}) - 1$은 $t-1$부터 t까지 소비증가를 나타낸다고 하자. $\rho = r = 0$를 가정하고 소비증가는 0에 가깝다는 것을 가정하자(따라서 $(C_t/C_{t-1})^{\gamma}$의 형태의 표현을 $1+\gamma g_t$으로 근사할 수 있고 교차항은 무시할 수 있다). (i)의 결과를 사용하여 $g_{t+2} - g_{t+1}$을 $g_{t+1} - g_t$과 적절한 나머지 다른 것으로 표현한 근사치를 찾아라. 결과를 직관적으로 설명하라.

8.14 절대적 위험회피가 일정한 효용과 예비적 저축 생애기간이 2기간이며 절대적 위험기피가 일정한 효용함수 $U = -e^{-\gamma C_1} - e^{-\gamma C_2}$, $\gamma > 0$를 갖는 개인을 고려한다. 이자율은 0이고 개인은 초기 자산을 보유하지 않으므로 개인의 예산제약은 $C_1 + C_2 = Y_1 + Y_2$이다. Y_1은 확실하지만 Y_2는 평균이 $\overline{Y}$, 분산이 σ^2인 정규분포를 따른다고 한다.

(a) 순간효용함수 $U(C) = -e^{-\gamma C}$, $\gamma > 0$)의 $U'''(C)$의 부호는 무엇인가?

(b) 개인의 기대생애효용을 C_1과 외생변수 Y_1, $\overline{Y}_2$, σ^2, 그리고 γ의 함수로 표현하라

(힌트 : 문제 8.5 (*b*)의 힌트를 참조하라).

(*c*) C_1을 외생변수 Y_1, $\bar{Y}_2$, σ^2, 그리고 γ의 함수로 표현하라. 불확실성이 존재하지 않는다면 C_1은 무엇인가? 불확실성의 증가는 C_1에 어떻게 영향을 미치는가?

8.15 **시간의 동태적 비일관적인 선호**(time-inconsistent preference) 생애기간이 3기간인 개인을 고려한다. 1기의 개인의 목적함수는 $\ln c_1 + \delta \ln c_2 + \delta \ln c_3$, $0 < \delta < 1$이고, 2기의 목적함수는 $\ln c_2 + \delta \ln c_3$이다(3기의 선택문제는 명백하므로 3기의 목적함수는 불필요하다). 이들 개인은 자산 W를 보유하고 있으며 실질이자율은 0이다.

(*a*) 어떻게 결정되는지에 관하여 주어지는 다음의 가정에 따라 c_1, c_2, c_3의 값을 구하라.

(*i*) 공적 약속(*commitment*): 개인은 1기에 c_1, c_2와 c_3를 선택한다.

(*ii*) 단순한 무공적 약속: 개인은 1기에 당기의 목적함수를 극대화하는 c_1을 선택하는데 개인은 이러한 목적함수를 극대화하는 c_2를 또한 선택한다고 생각한다. 그러나 사실, 개인은 2기의 목적함수를 극대화하는 c_2를 선택할 것이다.

(*iii*) 정교한 무공적 약속: 개인은 2기의 목적함수를 극대화하는 c_2를 선택한다는 것을 인식하면서, 1기에 1기의 목적함수를 극대화하는 c_1을 선택할 것이다.

(*b*) (*i*) (*a*)의 (*i*)과 (*a*)의 (*ii*)의 답을 이용하여 개인의 선호가 어떠한 의미에서 시간의 동태적 비일관적이라는 것인지를 설명하라.

(*iii*) 정교한 약속에 익숙한 개인의 선택이 단순한 약속과 동일한 결과를 낳는 이유를 직관적으로 설명하라.

8.16 그림 8.4를 만드는 동태적 계획법을 고려하자. 이 문제는 하나의 변동에 대해 수치적으로 문제를 풀라고 요구하는 것이다. 선호는 로그(대수)이므로 $u(C) - \ln C$이다. 구체적으로 식 (8.73)에 따라 가치함수를 가치함수 반복으로 근사시켜야 하는데 $V^0(X)$는 모든 X에 대해 0이다.

(*a*) 예비적으로 $V^1(X) = \ln X$인 이유를 설명하라.

(*b*) 0부터 무한대까지 모든 X에 대해 $V^n(X)$를 발견하는 것은 가능하지 않기 때문에 문제를 이산화하여 진행하자. N을 선택하고, $e \equiv 100/N$으로 정의하자. 이제 Y는 e, $3e$, $5e$, ⋯, $200 - e$의 값만 $1/N$의 확률로 취할 수 있다고 가정하자. 마찬가지로 C는 e, $3e$, $5e$, ⋯의 값만 취할 수 있다고 가정하고 선택한 상한 B까지 e, $3e$, $5e$, ⋯와 같은 X에 대해서만 $V^n(X)$를 찾아라(그리고 $V^n(X) = V^n(B)$, $X > B$를 가정하라). 마지막으

로 어떤 유한한 수의 반복을 하라(원하는 어떤 프로그램 언어나 소프트웨어를 사용하라. MATLAB도 자연스러운 후보이다). 결과적인 $V(\cdot)$을 그려라.

(*c*) 문제를 수치적으로 푸는 과정에 대해 짧게 논평하라. 예를 들어 N, B의 값을 선택한 이유와 반복한 횟수 등을 설명하라. 예상하지 못한 문제가 발생하였는가?

(*d*) 발견한 $C(\cdot)$과 그림 8.4의 결과와 비교하라. 주요한 유사점은 무엇인가? 주요한 차이점은 무엇인가?

8.17 문제 8.16의 (*b*)에 대해 다음의 작은 변화를 고려하자. N을 선택하고 $e \equiv 200/N$으로 정의하자. 이제 Y는 0, e, $2e$, $3e$, $\cdots$, 200의 값만 $1/(N+1)$의 확률로 취할 수 있다고 가정하자. 마찬가지로 C는 0, e, $2e$, $3e$, $\cdots$의 값만 취할 수 있다고 가정하고 선택한 상한 B까지 e, $3e$, $5e$, $\cdots$와 같은 X에 대해서만 $V^n(X)$를 찾아라(그리고 $V^n(X) = V^n(B)$, $X > B$를 가정하라).

(수치적이 아니라 분석적으로) 이러한 수치적인 알고리즘을 사용하여 가치함수 반복이 모든 X에 대해 $V(X) = -\infty$로 수렴하는 것을 보여라(**힌트** : 만일 풀기 어렵다면, $N=2$, $B=300$으로 시도하라.)[24]

8.18 이 문제는 일회성 소득충격이 다른 상황에서 시작되는 소비경로에 어떻게 영향을 미치는지 알아보기 위해 문제 8.16의 분석을 사용하자. 구체적으로 문제 8.16과 같이 가계의 선호와 Y의 분포에 대한 같은 가정 하에서 실현된 소득경로 $\{10, 100, 100, 100, \cdots\}$를 가지는 가계와 실현된 소득경로 $\{100, 100, 100, 100, \cdots\}$를 가지는 가계의 소비경로 C 사이의 차이를 시간에 대한 함수로 그려라.

(*a*) 두 가계 모두 초기에 $A = 10$으로 들어오는 경우(A_t는 t기 시작에 가계의 자산이라는 것을 상기하라 – 즉 Y_t가 실현되고 C_t가 선택되기 이전)

(*b*) 두 가계 모두 초기에 $A = 200$으로 들어오는 경우

(*c*) 결과를 논의하라. (*a*)와 (*b*)의 결과 사이에 주목할 만한 유사점이 있는가? 주목할만한 차이점이 있는가?

8.19 문제 8.16을 생각하자. 모형에 대해 어떠한 것을 변화시키고(후보는 효용함수, β값, r값, Y

24 여기서 의도한 메시지는 수치적 분석이 보이는 것처럼 쉽지 않다는 것이다. 문제 8.16의 (b) 부분의 접근방법과 이 문제의 접근방법 모두 한 눈에 보기에 아마도 합리적으로 보일 수 있다. 그러나 완전히 다른 답이 나온다.

의 분포) 새로운 $V(\cdot)$와 $C(\cdot)$ 함수를 찾아라. 가정의 변화가 결과에 어떻게 영향을 미치는 지에 대해 논의하고 직관적으로 설명하라.

8.20 문제 8.16은 문제를 수치적으로 해결하는 매우 원시적인 방법을 사용하였다. 어떻게 더 나아질 수 있을까?(후보는 보간법이나 외삽법을 포함하거나 동일한 간격으로 생각하는 점들을 만들지 않을 수도 있다)

Chapter 09

투자

이 장에서는 투자수요를 다룬다. 제8장의 처음에 서술한 바와 같이 투자를 연구하는 데에는 두 가지 주된 이유가 있다. 첫째, 경제의 생산물 가운데 얼마만큼이 투자에 돌려지는가는 기업의 투자수요와 가계의 저축공급이 어우러져서 결정되며, 그 결과로서 투자수요는 생활수준의 장기적 추이라는 면에서 중요한 의미를 가지게 된다. 둘째, 투자의 변동이 심하기 때문에 투자수요는 단기의 변동에도 중요한 의미를 가질 수 있다.

9.1절에서는 투자의 기본적인(baseline) 모형을 제시한다. 이 모형의 기업은 무한히 탄력적인 자본재 공급에 직면하며 자본스톡의 조정에 비용이 소요되지 않는다. 이러한 모형을 고려하는 것은 지극히 자연스러운 것이긴 하지만 이 절에서는 실제의 투자에 관한 통찰은 거의 얻을 수 없다는 것을 미리 밝혀 둔다. 예를 들어 이 모형에서는 경제의 환경이 비연속적으로(예를 들어 이자율의 변동처럼) 변화하면 무한대의 양(+)의 투자 또는 음(−)의 투자가 발생한다.

따라서 9.2절에서 9.5절까지는 투자의 q**이론**에 의한 모형을 전개하여 분석을 도모한다. 이 모형의 가장 중요한 가정은 기업의 자본스톡조정에는 비용이 수반된다는 점이다. 그 결과 생각하기 어려울 정도로 비합리적인 기본적인 모형의 시사점들을 피해갈 수 있으며 기대나 현재의 상황이 투자에 미치는 영향을 분석하는데 유용한 틀을 얻게 된다.

이 장의 마지막 두 절은 모형의 확장하는 데에 할애한다. 9.7절은 불확실성 하의 효과를 다룬다. 9.8절에서는 q이론의 완만한 조정비용보다도 훨씬 복잡한 형태를 취하는 조정비용을 고려한다.

이 장을 통해 완전하게 작동하는 금융시장 환경에서 투자의 움직임을 분석하게 될 것이다. 자금을 공급하는 주체와 투자 프로젝트를 착수하는 기업 사이에 비대칭적인 정보는 없다고 가정할 것이므로 기업은 시중이자율로 차입할 수 있다. 제10장에서 금융시장의 불완전성이 존재하는 경우 투자에 관한 많은 중요한 이슈를 살펴볼 것이다.

9.1 투자와 자본의 비용

희망자본스톡

r_K의 가격으로 자본을 임차할 수 있는 기업을 고려하자. 특정 시점에서 기업의 이윤은 $R(K, X_1, \cdots, X_n) - r_K K$로 주어진다. 여기서 K는 기업이 임차한 자본의 양이며 X는 기업에 대한 여건으로 주어진 여러 변수이다. 예를 들어 완전경쟁기업의 경우 X는 그 기업의 생산품의 가격이나 요소의 투입비용 등이다. $R(\cdot)$은 기업이 K의 선택 이외의 모든 면에서 기업이 할 수 있는 모든 최적화를 포착하는 이윤함수라고 가정한다. 예를 들어 완전경쟁기업에 대해 $R(K, X_1, \cdots, x_n) - r_K K$는 K와 X들이 주어졌을 때 이윤이 최대가 되도록 자본 이외의 요소들을 최적으로 선택한 경우에 얻어지는 기업의 이윤이다. $R_K > 0$과 $R_{KK} < 0$이 성립하는 것으로 가정한다. 여기서 하첨자는 편도함수를 나타낸다.

K를 선택하는 이윤극대화 비용에 대한 1계 조건은 다음과 같다.

$$R_K(K, X_1, \ldots, X_n) = r_K \tag{9.1}$$

즉 기업은 자본의 한계수입생산물이 자본의 임대가격과 같아지는 점까지 자본을 임차한다.

식 (9.1)에 의해 기업에게 바람직한 자본스톡인 희망자본스톡이 r_K와 X들의 음함수로 결정된다. 이 조건을 미분하여 이러한 변수 중 하나의 변화가 희망자본스톡에 미치는 영향을 발견할 수 있다. 예를 들어 자본의 임차가격 r_K가 변화하는 경우를 보자. 가정에 의해 X는 외생적이다. 따라서 r_K가 변화할 때 X는 변화하지 않는다. 그러나 K는 기업에 의해 선택된다. 따라서 자본은 식 (9.1)이 계속 성립하도록 조정된다. 식 (9.1)의 양변을 r_K로 미분하면 다음 조건식을 얻는다.

$$R_{KK}(K, X_1, \ldots, X_n) \frac{\partial K(r_K, X_1, \ldots, X_n)}{\partial r_K} = 1 \tag{9.2}$$

이 식을 $\partial K / \partial r_K$에 대해 풀면 다음의 식을 얻는다.

$$\frac{\partial K(r_K, X_1, \ldots, X_n)}{\partial r_K} = \frac{1}{R_{KK}(K, X_1, \ldots, X_n)} \tag{9.3}$$

R_{KK}는 음(−)이므로 식 (9.3)으로부터 K가 r_K의 감소함수임을 시사한다. 비슷한 분석으로 각 K에 대한 X의 변화의 효과를 발견할 수 있다.

자본의 사용자비용

대부분의 자본은 임차되는 것이 아니라 자본을 사용하는 기업에 의해 보유된다. 따라서 r_K에 대한 명확한 실증적 대응책은 존재하지 않는다. 이러한 어려움으로 인해 **자본의 사용자비용**(*user cost of capital*)에 관한 많은 문헌을 발생하였다.

한 단위 자본을 보유하고 있는 기업을 고려하자. t시점의 자본의 실질시장가격은 $p_K(t)$라고 가정하고 기업이 그 자본을 매각하는 것 또는 계속 사용하는 것 사이에서 선택하는 것을 고려하자. 자본을 보유하면 기업에 세 가지 비용이 발생한다. 첫째, 만일 기업이 자본을 매각하고 수익금을 저축하면 이자수익을 얻을 수 없다. 따라서 단위시간당 $r(t)p_K(t)$의 실질비용이 발생하는데, 여기서 $r(t)$는 실질이자율이다. 둘째, 자본은 감가상각된다. 단위시간당 $\delta p_K(t)$의 비용이 발생하는데, 여기서 δ는 감가상각률이다. 그리고 셋째, 자본가격이 변화할 수도 있는 비용이다. 만일 자본의 가격이 하락하면 자본의 사용자 비용을 증가시키고(만일 기업이 자본을 매각하려고 기다리면 기업의 수익을 덜 얻게 되므로) 가격이 상승하면 비용을 감소시킨다. 이는 단위시간당 $-\dot{p}_K(t)$의 비용을 발생시킨다. 이 세 구성요소를 합하여 자본의 실질사용자비용은 다음과 같이 정의된다.

$$\begin{aligned} r_K(t) &= r(t)p_K(t) + \delta p_K(t) - \dot{p}_K(t) \\ &= \left[r(t) + \delta - \frac{\dot{p}_K(t)}{p_K(t)}\right] p_K(t) \end{aligned} \tag{9.4}$$

이 분석에서 조세는 고려되지 않는다. 그러나 현실에서 투자와 자본소득에 관한 세제상의 취급이 자본의 사용자비용에 큰 효과를 가지고 있다. 이러한 효과를 이해하기 위해, 투자세액공제(investment tax credit)를 고려하자. 구체적으로 법인소득세의 대상이 되는 기업소득은 그 투자지출의 f 비율만큼 감소된다고 가정하자. 대칭적으로 또한 자본재 매각수입의 f 비율만큼 과세소득이 증가한다고 가정하자. 기업에 대한 자본 1단위의 실효가격은 $(1-f\tau)p_K(t)$이며 여기서 τ는 한계법인소득세율이다. 따라서 자본의 사용자비용은 다음과 같다.

$$r_K(t) = \left[r(t) + \delta - \frac{\dot{p}_K(t)}{p_K(t)}\right](1 - f\tau)p_K(t) \tag{9.5}$$

따라서 투자세액공제는 자본의 사용자비용을 감소시켜 기업의 희망자본스톡을 증가시킨다.[1] 감가상각방법, 이자과세의 취급, 그리고 다른 많은 세법상 특징이 자본의 사용자비용과

1 물론 법인소득세는 자본의 사용비용 뿐만 아니라 자본의 세후 한계생산물에도 영향을 미칠 것이다. 한계법인세율이 τ일 때 이윤극대화 기업은 자본의 사용자비용이 있는 자본의 한계생산물에 $1-\tau$ 곱한 값과 동일할 것이다.

희망자본스톡에 미치는 효과를 검토할 수 있다.

■ 기본적인(baseline) 모형의 한계

단순한 투자모형이 실제 움직임을 서술하는 데에는 적어도 두 가지의 큰 결함이 있다. 첫째는 외생변수의 변화가 영향에 관한 문제이다. 우리의 모형은 기업의 자본 수요와 관련이 있고, 기업의 희망자본스톡이 외생변수의 연속함수임을 시사한다. 결과적으로 외생변수들의 이산적인(불연속적인) 변화는 희망자본스톡을 이산적으로 변화하게 한다. 예를 들어 연방준비제도가 이자율을 이산적으로 인하한다고 가정하자. 위의 분석은 자본의 비용 r_K도 이산적으로 감소시키는 것을 보여준다. 결국 식 (9.1)을 만족시키는 자본스톡이 이산적으로 상승한다는 것을 시사한다.

이러한 시사점의 문제점은 자본스톡의 변화율 $\dot{K}(t)$가 투자에서 감가상각을 뺀 $I(t)-\delta K(t)$와 같으므로 자본스톡의 이산적인 변화는 무한한 투자를 필요로 한다. 그러나 경제 전체적으로 투자는 경제의 생산보다 클 수 없다. 따라서 총투자가 무한할 수 없다.

모형의 두 번째 문제점은 기대가 투자수요에 영향을 주는 메커니즘을 별도로 설정하지 않고 있다는 점이다. 이 모형에서 기업은 당기의 자본의 한계수입생산물과 당기의 자본의 사용자비용을 같아지도록 하고 미래의 한계수입생산물 및 사용자비용에 대하여 고려하지 않는다. 그러나 현실에서 수요와 비용에 관한 기대가 투자 결정에 중요하다. 기업은 매출액의 증가나 자본비용의 감소를 예상할 때 자본스톡을 확대하고 매출액의 감소나 자본비용의 상승을 예상할 때 자본스톡을 축소한다.

따라서 실제 투자결정에 대해 무리없이 설명하기 위해 모형을 수정해야 한다. 이러한 것에 대한 표준적인 이론은 자본스톡의 조정에 비용이 존재한다는 점을 강조한다. 이 조정비용에는 두 가지 형태가 있는데 내부적인 것과 외부적인 것이다. **내부적 조정비용**(*internal adjustment costs*)은 기업이 자본스톡을 변경할 때 부담하게 되는 직접적인 비용을 말한다(Eisner and Strotz, 1963; Lucas, 1967). 이러한 비용의 예는 새로운 자본설비를 도입하는 것과 그 새로운 기계를 작동시킬 수 있도록 근로자를 훈련시키는 것이다. 다시 한 번 이자율의 이산적인 인하를 고려하자. 만일 자본스톡의 변화율이 무한대로 접근하게 됨에 따라 조정비용도 무한대로 접근하면, 이자율 하락은 투자를 증가하게 하지만 무한대로 증가하게 하지 못한다. 결과적으로 자본스톡은 새로운 희망수준으로 점진적으로 움직인다.

외부적 조정비용(*external adjustment costs*)은 기본적인 모형에서와 같이 개별 기업이 완전탄력적인 자본재 공급에 직면할 때 자본재의 상대가격이 기업으로 하여금 무한대로 양의 투자(혹은 음의 투자)를 할 수 없도록 조정되는 경우에 발생한다(Foley and Sidrauski, 1970). 자본의 공급이 완전탄력적이 아닐 때 기업의 희망자본스톡을 증가시키는 이산적인 변화는 자본재의 가격을 끌어 올린다. 현실적인 가정들 하에서 자본재의 임대가격은 이산적으로 변동하

지 않고 단순히 조정을 시작하면서 다시 투자가 증가하지만 무한대가 되지 않는다.[2]

9.2 조정비용을 수반하는 투자 모형

이제 조정비용이 있는 투자 모형으로 돌아오자. 구체화를 위해 조정비용은 내부적이라고 가정한다. 그러나 외부적 조정비용을 수반하는 모형으로 재해석하는 것도 간단하다.[3] 모형은 투자의 q 이론모형으로 알려져 있다.

가정들

경제에 N개의 동일한 기업이 있다고 가정하자(N은 큰 것으로 가정된다). t시점에 자본의 취득과 설치에 관련된 비용을 무시하면 대표적인 기업의 실질이윤은 그 기업의 자본스톡 $k(t)$에 대하여 비례하지만 총자본스톡 $K(t)$에 대하여 감소한다. 따라서 이윤함수는 $\pi(K(t))k(t)$의 형태를 취하며 $\pi'(\cdot) < 0$이다. 생산함수가 규모에 관하여 보수불변이고 생산물시장과 자본 이외의 모든 투입요소시장이 완전경쟁적일 때 기업의 이윤이 기업의 자본에 비례한다는 전제는 타당하다. 이러한 가정 하에서 예를 들어 어떤 기업이 다른 기업의 두 배 만큼 자본을 보유한다면, 그 기업이 다른 기업의 두 배 만큼 투입요소를 사용한다. 결과적으로 수입과 비용도 다른 기업에 비해 두 배가 된다.[4] 그리고 만일 경제 전체의 자본 외 투입요소의 공급곡선이 우상향하는 기울기를 가진다면 기업의 자본단위당 이윤이 총자본스톡의 감수함수라는 가정은 적절하다. 그러한 경우에 총자본스톡의 증가가 그 투입요소의 한계생산을 증가시킬 때 투입요소의 가격은 상승한다. 따라서 주어진 자본양에서 기업의 이윤을 감소한다.

이 모형의 핵심 가정은 기업들은 자신의 자본스톡을 조정하는데 비용이 든다는 점이다. 조정비용은 기업의 자본스톡 변화율 $\dot{k}$ (양(+)일 수도 있고, 음(−) 또는 0일 수도 있다)에 대해 볼록함수(convex)이다. 구체적으로 조정비용 $C(\dot{k})$는 $C(0) = 0$, $C'(0) = 0$이고,

---

2 7.10절에 서술한대로, 일부 경기변동모형은 자본스톡을 조정하는 비용보다 투자를 조정하는 비용이 있다고 가정한다(예를 들어 Christiano, Eichenbaum, and Evans, 2005). 자본조정비용의 가정처럼 이러한 가정은 투자가 외생적인 변동의 연속함수이고 기대는 투자수요에 영향을 미칠 것이라는 것을 시사한다. 그러나 보다 간단하고 통상적인 기본모형에 기반한 일반적인 자본조정비용의 가정에 초점을 둔다. 자본스톡보다 투자조정 비용에 대한 실증적 증거는 혼재되어 있다(Groth and Khan, 2010; Eberly, Rebelo, and Vincent, 2012).

3 각주 11과 연습문제 9.9를 참조하라. 여기서 소개하는 모형은 Summers(1981b), Abel(1982), Hayashi(1982)에 의해 발전되었다.

4 이러한 가정은 9.1절의 모형에서 $R(K, X_1, \cdots, X_n)$이 $R(K, X_1, \cdots, X_n)K$의 형태를 취하므로 $R_{KK} < 0$이 된다는 가정은 성립되지 않는다는 것을 시사한다. 따라서 이러한 경우에 조정비용이 존재하지 않는다면 기업의 자본수요는 제대로 정의되지 않는다. 만일 $R(K, X_1, \cdots, X_n) > 0$이면 수요는 무한대, $R(K, X_1, \cdots, X_n) < 0$이면 수요는 0, $R(K, X_1, \cdots, X_n) = 0$이면 수요는 정의할 수 없게 된다.

$C''(\cdot) > 0$을 만족한다. 이러한 가정은 자본스톡을 증가시키거나 감소시키는데 비용이 발생하고, 한계조정비용은 조정규모에 따라 증가한다.

자본재의 구입가격은 일정하며 1로 가정한다. 따라서 내부적 조정비용만이 존재한다(기업이 자본을 매각할 수 있는 가격은 1이며 비록 기업이 자본보유를 감소시키더라도 증가시키는 것과 마찬가지로 조정비용이 포함된다). 마지막으로 단순화를 위해 감가상각률은 0으로 가정한다. $\dot{k}(t) = I(t)$이며 I는 기업의 투자이다.

이러한 가정들로 특정시점에 기업의 이윤은 $\pi(K)k - I - C(I)$가 된다. 기업은 이러한 이윤들의 현재가치를 극대화한다.

$$\Pi = \int_{t=0}^{\infty} e^{-rt}\left[\pi(K(t))\kappa(t) - I(t) - C(I(t))\right]dt \tag{9.6}$$

단순화를 위해 이자율이 일정한 것으로 가정한다. 개별기업은 총자본스톡 K의 경로를 주어진 것으로 하고, 이러한 주어진 경로에서 Π를 극대화하기 위해 투자의 시간경로를 선택한다.

기업 문제의 이산시간(Discrete-Time) 형태

이러한 기업의 이윤극대화 문제를 풀기 위해 **변분법**(*calculus of variations*)을 이용할 필요가 있다. 이 방법을 이해하기 위해 먼저 기업문제의 이산시간 형태를 고려한다.[5] 이산시간에서 기업의 목적함수는 다음과 같다.

$$\tilde{\Pi} = \sum_{t=0}^{\infty} \frac{1}{(1+r)^t}[\pi(K_t)\kappa_t - I_t - C(I_t)] \tag{9.7}$$

연속시간의 경우와 비교하기 위해 기업의 투자와 자본스톡은 모든 t에 대하여 $k_t = k_{t-1} + I_t$로 관련된다고 가정하는 것이 도움이 된다.[6] 기업은 모든 t에 제약 $k_t = k_{t-1} + I_t$ 하에 매기 투자와 자본스톡을 선택하는 것으로 생각할 수 있다. 무한히 많은 기간이 있으므로 무한히 많은 제약도 존재한다.

기업의 극대화문제에 대한 라그랑지 함수는 다음과 같다.

$$\mathcal{L} = \sum_{t=0}^{\infty} \frac{1}{(1+r)^t}[\pi(K_t)\kappa_t - I_t - C(I_t)] + \sum_{t=0}^{\infty} \lambda_t(\kappa_{t-1} + I_t - \kappa_t) \tag{9.8}$$

λ_t는 k_t와 k_{t-1}을 관련짓는 제약조건과 연관된 라그랑지 승수이다. 따라서 이 제약조건을 완화하는데 따르는 한계적 가치를 나타낸다. 바꾸어 말하면 이는 k_t의 외생적 증가가 시점

5 변분법에 대하여 보다 자세한 설명을 위해 Obstfeld(1992) Barro and Sala-i-Martin(2003, Appendix A.3), 그리고 Acemoglu(2009, 제7장)를 참조하라.

6 보다 표준적인 가정은 $k_t = k_{t-1} + I_{t-1}$이다. 그러나 이러한 설정은 투자와 자본스톡이 증가하는 데에는 1기의 시차가 있다는 것으로서 이 점에서 연속시간형의 경우와 차이가 있다.

0에서 평가한 기업이윤의 총생애가치에 미치는 한계적 효과를 나타낸다. 따라서 $q_t \equiv (1+r)^t \lambda_t$로 정의하면 q_t는 t기에 추가한 자본 1단위가 기여하는 기업가치의 증분을 t기의 달러단위로 표현한 것이 된다 이러한 정의로 라그랑지 함수는 다음과 같이 다시 쓸 수 있다.

$$\mathcal{L}' = \sum_{t=0}^{\infty} \frac{1}{(1+r)^t}[\pi(K_t)\kappa_t - I_t - C(I_t) + q_t(\kappa_{t-1} + I_t - \kappa_t)] \tag{9.9}$$

따라서 t기의 기업투자에 대한 1계 조건은 다음과 같다.

$$\frac{1}{(1+r)^t}[-1 - C'(I_t) + q_t] = 0 \tag{9.10}$$

이는 다음과 같다.

$$1 + C'(I_t) = q_t \tag{9.11}$$

이러한 조건을 해석하기 위해 1단위의 자본을 취득하는 비용은 그것의 구입가격(1로 고정된)에 한계적 조정비용을 더한 것과 같다는 것을 시사한다. 따라서 식 (9.11)은 기업이 자본의 취득비용과 자본의 가치가 같아지는 점까지 투자를 한다는 것을 의미한다.

이제 t기에 자본의 1계 조건을 고려하자. 라그랑지 함수 식 (9.9)에서 t기 항은 k_t와 k_{t-1}을 포함한다. 따라서 t기의 자본스톡 k_t는 t기의 항과 $t+1$기의 항에서 나타난다. 따라서 k_t의 1계 조건은 다음과 같다.

$$\frac{1}{(1+r)^t}[\pi(K_t) - q_t] + \frac{1}{(1+r)^{t+1}} q_{t+1} = 0 \tag{9.12}$$

이 식에 $(1+r)^{t+1}$을 곱하고 정리하면 다음과 같다.

$$(1+r)\pi(K_t) = (1+r)q_t - q_{t+1} \tag{9.13}$$

만일 $\Delta q_t = q_{t+1} - q_t$로 정의하면 식 (9.13)의 우변은 $rq_t - \Delta q_t$로 다시 쓸 수 있다. 따라서 다음을 얻는다.

$$\pi(K_t) = \frac{1}{1+r}(rq_t - \Delta q_t) \tag{9.14}$$

식 (9.14)의 좌변은 자본의 한계수입생산물이고 우변은 자본 1단위의 기회비용이다. 직관적으로 1기간 동안 1단위의 자본을 보유하면 실질이자 rq_t을 포기해야 하고 Δq_t만큼의 자본이득(capital gain)을 얻을 가능성이 발생한다(감가상각률을 0으로 가정된 식 (9.4)라고 하더라도. 게다가 연속시간의 경우 사라지는 $1/(1+r)$항이 주기로 남아있다). 기업이 최적화하는 것에 대해, 자본에 대한 수익은 기회비용과 같아야 한다. 식 (9.14)는 이를 설명하고 있다. 따라서 이러한 조건은 조정비용이 없는 모형의 경우에 자본의 한계생산물과 자본의 임대가격이 일치하는 점까지 기업이 자본을 임대한다는 조건에 상당한다.

식 (9.14)를 해석하는 두 번째 방법은 기업이 시간의 흐름에 따라 자본의 가치를 일관성 있게 평가해야 한다는 조건이라는 것이다. 이 해석을 이해하기 위해 식 (9.14)(또는 식 9.13)을 다음과 같이 재정리한다.

$$q_t = \pi(K_t) + \frac{1}{1+r}q_{t+1} \tag{9.15}$$

정의에 의해 q_t는 기업이 자본 1단위의 가치를 t기의 달러 단위로 평가한 것이므로 q_{t+1}은 기업이 $t+1$기의 자본 1단위의 가치를 $t+1$기의 달러단위로 평가한 것이다. 만일 q_t가 자본이 이번 기에 기업의 목적함수에 기여한 몫 $\pi(K_t)$과 기업이 이번 기의 달러로 평가한 다음 기의 자본의 가치인 $q_{t+1}/(1+r)$을 합한 것과 다르다면 두 기에서 기업의 가치평가가 일관되지 못한 것이다.

그러나 조건 식 (9.11)과 식 (9.15)은 기업의 이윤극대화 행동을 완전하게 특정하는데 충분하지 못하다. 문제는 비록 식 (9.15)는 q가 시간에 따라 일관적일 필요가 있지만 그렇다고 해서 추가적인 자본 1단위가 기업의 목적함수에 기여하는 총가치(또는 현재가치)와 실제로 같을 필요는 없기 때문이다. 이것을 보기 위해 기업이 영원히 보유할 자본에 추가적인 1단위를 0기의 시점에 보유하였다고 가정하자. 추가적인 1단위의 자본은 t기에 이윤을 $\pi(K_t)$만큼 증가시키기 때문에 자본이 기업의 목적함수에 기여하는 가치의 총량을 다음과 같이 쓸 수 있다.

$$MB = \lim_{T\to\infty}\left[\sum_{t=0}^{T-1}\frac{1}{(1+r)^t}\pi(K_t)\right] \tag{9.16}$$

이제 식 (9.15)에 의하면 q_0는 다음과 같이 표현될 수 있다.

$$\begin{aligned} q_0 &= \pi(K_0) + \frac{1}{1+r}q_1 \\ &= \pi(K_0) + \frac{1}{1+r}\left[\pi(K_1) + \frac{1}{1+r}q_2\right] \\ &= \ldots \\ &= \lim_{T\to\infty}\left\{\left[\sum_{t=0}^{T-1}\frac{1}{(1+r)^t}\pi(K_t)\right] + \frac{1}{(1+r)^T}q_T\right\} \end{aligned} \tag{9.17}$$

여기서 첫째 줄은 $t=0$에 대해 식 (9.15)를, 둘째 줄은 $t=1$에 대해 식 (9.15)를 사용하였다.

식 (9.16)과 식 (9.17)을 비교하면 q_0는 기업의 목적함수에 추가적인 1단위 자본이 기여한 것과 같다는 것은 다음의 필요충분조건이 성립한다.

$$\lim_{T\to\infty}\frac{1}{(1+r)^T}q_T = 0 \tag{9.18}$$

만일 식 (9.18)이 성립하지 않는다면 0기에 한계적으로 투자를 늘리고(식 9.11에 의해 이 투자의 한계비용은 q_0), 추가적인 자본을 영원히 보유할 경우(이의 한계이득이 MB) 기업의 이윤에 대하여 0이 아닌 영향을 가지게 되고, 기업이 이윤극대화를 하지 못하는 것을 의미한다. 따라서 식 (9.18)은 이윤극대화를 위한 필요조건이다. 이 조건은 **횡단면 조건**(*transversality condition*)으로 알려져 있다.

이 횡단면조건의 대안적인 형태는 다음과 같다.

$$\lim_{T\to\infty} \frac{1}{(1+r)^T} q_T \kappa_T = 0 \qquad (9.19)$$

직관적으로 이 조건은 자본스톡의 현재가치가 0에 접근하여 간다는 것을 의미한다. 만일 이 조건이 성립하지 않는다면 기업은 가치있는 자본을 영구히 보유하기 때문에 그 자본스톡을 없앰으로써 기업이윤의 현재가치를 증가시키는 일이 가능하게 된다. 이 역시 기업이 최적화를 도모하지 않는다는 것을 뜻한다. 우리가 고려하고 있는 모형에서 $\dot{k}$와 q는 식 (9.11)을 통해 연결되므로 q가 수렴하는 경우에만 k도 수렴한다. 따라서 두 조건 중 하나를 사용할 수 있다. 식 (9.18)이 성립하면 식 (9.19)도 성립한다. 따라서 (9.19)의 형태가 표준이므로 우리는 이러한 형태에 초점을 둘 것이다.[7]

연속시간의 경우

이제 시간이 연속일 때의 경우를 고려하자. 이러한 경우 기업의 극대화 행동은 이산적인 시간에 행동을 특정화하는 세 가지 조건과 세 가지 조건으로 특정화된다. 식 (9.11), 식 (9.14), 식 (9.19)이다. 사실 연속시간의 최적화 조건은 기간이 길이 Δt의 간격으로 분할되고 Δt가 0으로 접근하는 극한(limit)을 취하여 이산시간 문제를 도출할 수 있다. 그러나 여기서 이 방법을 사용하지 않는다. 대신에 최적화 조건을 찾는 방법을 단순히 기술하고 이산시간 경우와 유사한 방식으로 이들 조건이 필요한 이유에 대해 근거를 제시한다.

이제 기업의 문제는 이산시간 목적함수 식 (9.7)이 아닌 연속시간 목적함수 식 (9.6)을 극대화한다. 이 문제를 분석하는 첫 번째 단계는 **당기가치 해밀톤 함수**(*current-value Hamiltonian*)을 설정하는 것이다.

$$H(\kappa(t),I(t)) = \pi(K(t))\kappa(t) - I(t) - C(I(t)) + q(t)I(t) \qquad (9.20)$$

이러한 표현은 자본스톡의 변동에 대한 항이 빠져 있는 이산시간의 경우에 대한 라그랑지 함수의 시간 t기의 항과 유사하다(식 9.9 참조). 이러한 형태의 문제와 관련된 몇 가지 전문용어가 있다. 자유롭게 제어될 수 있는 변수 I와 같은 변수를 **통제변수**(*control variable*)라고 한다. 임의의 시점에서 값이 과거의 결정에 의해 결정되는 k와 같은 변수를 **상태변수**(*state*

7 횡단면 조건의 더 많은 다른 형태와 최적화를 위한 필요조건인 지 또는 아닌 지에 대한 조건은 Acemoglu(2009, 7.4절과 7.5절, 그리고 문제들)을 참고하라. 직관적인 횡단면 조건에 대한 단순한 경우는 문제 9.4를 참고하라.

variable)라고 한다. 그리고 상태변수의 암묵가치(shadow value)를 나타내는 q와 같은 변수를 **공상태변수**(*costate variable*)라고 한다.

최적해를 특징짓는 첫째 조건은 해밀톤 함수를 각 시점의 통제변수로 미분한 도함수를 0이 되도록 설정하는 것이다. 이 조건은 라그랑지 함수를 각 시점의 I로 미분한 도함수를 0이 되도록 설정하는 이산시간의 조건에 대응된다. 우리의 문제에 대해 이러한 조건은 다음과 같다.

$$1 + C'(I(t)) = q(t) \tag{9.21}$$

이러한 조건은 이산시간 경우의 식 (9.11)과 유사하다.

둘째 조건은 해밀톤 함수의 상태변수에 관한 도함수가 할인율과 공상태변수의 곱에서 공상태변수의 시간미분을 빼준 것과 같아진다는 것이다. 우리의 경우 조건식은 다음과 같다.

$$\pi(K(t)) = rq(t) - \dot{q}(t) \tag{9.22}$$

이러한 조건은 이산시간 경우의 식 (9.14)와 유사하다.

마지막 조건은 횡단면 조건의 연속시간 형태이다. 이 조건은 공상태변수와 상태변수의 곱을 할인한 값의 극한값은 0을 갖는다는 것이다. 우리 모형에서 이 조건은 다음과 같다.

$$\lim_{t \to \infty} e^{-rt} q(t) \kappa(t) = 0 \tag{9.23}$$

식 (9.21), 식 (9.22)와 식 (9.23)은 기업의 행동을 특정짓는다.[8]

9.3 토빈의 q

기업의 극대화 문제의 분석에서 기업의 투자결정과 관련된 미래에 대한 모든 정보에 대해 q는 충분한 정보임을 시사한다. q는 추가적인 1달러의 자본이 이윤의 현재가치에 어떠한 영향을 미치는지를 나타낸다. 따라서 기업은 q가 높으면 자본스톡의 증가시키는 것을 원하고 q가 낮으면 자본스톡을 감소시키는 것을 원한다. 기업은 이러한 투자결정을 하기 위해 q에 요약되어 있는 정보 이외에 미래의 다른 정보를 알 필요가 없다(식 9.21 참조).

이산시간의 분석으로부터 우리는 q가 자본 1단위의 미래 한계수입생산물의 할인된 현재가치와 같다는 것을 알고 있다. 따라서 연속시간에서 q를 다음과 같이 표현할 수 있다.

8 대안적인 접근방식은 **현재가치 해밀톤 함수**(*present-value Hamiltonian*) $\tilde{H}(k(t), I(t)) = e^{-rt}[\pi(K(t))k(t) - I(t) - C(I(t))] + \lambda_t I(t)$이다. 이것은 라그랑지 함수 식 (9.9)보다 식 (9.8)과 유사하다. 이러한 식으로 식 (9.22)는 $\partial H / \partial k(t) = e^{-rt}[\pi(K(t)] = -\dot{\lambda}(t)$으로 대체되고, 식 (9.23)은 $\lim_{t \to \infty} \lambda(t) k(t) = 0$으로 대체된다(혼란스럽게도, 현재가치 해밀톤 함수에 대한 일반적인 합의는 없다. 일부 저자는 $e^{-rt}[\pi(K(t))k(t) - I(t) - C(I(t) + q(t)I(t)]$로 쓴다. 이러한 정의로 식 (9.22)와 식 (9.23)은 이전과 같이 성립한다.

$$q(t)=\int_{\tau=t}^{\infty}e^{-r(\tau-t)}\pi(K(\tau))\,d\tau \tag{9.24}$$

q에 대하여 다른 해석도 있다. 기업 자본스톡의 1단위 증가는 기업이윤의 현재가치를 q만큼 증가시키므로 기업의 가치를 q만큼 증가시킨다. 따라서 q는 자본 1단위의 시장가치이다. 예를 들어 만일 주식시장이 존재하면 다른 기업보다 자본 1단위를 더 가지고 있는 기업의 가치는 다른 기업의 가치보다 q만큼 클 것이다. 그리고 우리는 자본의 구입가격이 1로 고정되어 있다고 가정해 왔기 때문에, q는 자본 1단위의 시장가치와 자본대체비용의 비율이기도 하다. 따라서 식 (9.21)은 자본의 시장가치가 취득비용을 초과하면 기업이 자본스톡을 증가시키고 시장가치가 취득비용보다 작으면 자본스톡을 감소시킨다.

자본의 시장가치와 대체비용의 비(자본의 시장가치/자본의 대체비용)를 **토빈의** q(Tobin, 1969)라고 부른다. 이 용어 때문에 이전 절에서 자본의 가치를 표시하기 위해 q를 사용하였다. 우리의 분석에서 투자에 중요한 것은 **한계** q–한계적 자본 1단위의 시장가치와 대체비용과의 비율이다. 한계 q는 **평균** q–기업의 총가치와 그 총자본의 대체비용의 비율에 비하여 측정이 어려운 것으로 보인다. 따라서 한계 q와 평균 q가 어떻게 관계되는 지를 아는 것은 중요하다.

우리의 모형에서 한계 q는 평균 q보다 더 작다는 것을 보일 수 있다. 그 이유는 조정비용이 $\dot{k}$에만 의존한다고 가정할 때 조정비용을 통해 규모에 대한 보수감소를 암묵적으로 가정하고 있기 때문이다. 예를 들어 20단위의 자본을 보유한 기업이 2단위를 추가하는 것은 10단위의 자본을 보유한 기업이 1단위를 추가하는 것보다 2배 이상으로 그 비용이 소요된다는 것을 시사한다. 이러한 보수감소의 가정 때문에 기업의 생애이윤 Π는 자본스톡에 비례하는 정도로 증가하지 못하므로 한계 q가 평균 q보다 더 작게 된다.

만일 조정비용에 보수불변이 작용하도록 모형을 수정하면 한계 q와 평균 q가 동일한 것을 보일 수 있다(Hayashi, 1982).[9] 그렇게 되는 이유는 조정비용에 규모에 대한 보수불변이 있으면 q가 기업의 자본스톡 증가율을 결정하기 때문이다. 그 결과 모든 기업은 자본스톡을 같은 비율로 확대하게 된다. 따라서 예를 들어 초기에 어떤 기업이 다른 기업보다 자본스톡을 2배 더 보유하고 있는 상황에서 두 기업이 최적화를 도모한다면 자본스톡을 많이 보유하고 있는 기업은 미래의 매기마다 작게 보유하고 있는 기업보다 2배만큼 많은 자본을 계속 보유하게 된다. 더욱이 이윤은 기업의 자본스톡과 선형의 관계에 있다. 이에 따라 기업이윤의 현재가치 즉 기업이 자기의 자본스톡 경로를 최적으로 선택한다고 하는 조건 하에 Π의 값은 그 자본스톡의 초기보유량에 비례하게 된다. 따라서 한계 q와 평균 q는 일치하게 된다.

다른 모형들에서 조정비용에서의 규모에 대한 보수 이외에 한계 q와 평균 q의 괴리를 발생

9 비용함수 $C(\cdot)$가 이전처럼 같은 특성을 가지면서 조정비용이 $C(\dot{k}/k)k$의 형태를 취하는 것으로 가정하면 보수불변 모형이 얻어진다. 이러한 가정으로 $\dot{k}$와 k를 2배로 늘리면 조정비용이 2배가 된다. 이러한 방식으로 모형을 변경하는 것은 k가 이윤에 직접적으로 영향을 미칠 뿐 아니라 주어진 투자수준에서 조정비용에 미치는 효과를 통하여서도 영향을 미친다. 결과적으로 분석을 복잡하게 한다. 그러나 기본적인 메시지는 같다. 연습문제 9.10을 참조하라.

시키는 다른 중요한 요인들이 있을 수 있다. 예를 들어 만일 기업이 자기 생산물에 대하여 우하향하는 수요곡선에 직면하면 자본스톡을 2배로 증가시키더라도 그 기업의 이윤의 현재가치는 2배보다 덜 증가할 것이다. 따라서 기업이 구식 자본스톡을 대량으로 보유한다면 한계 q는 평균 q를 초과할 수도 있다.

9.4 모형의 분석

우리는 제2장에서 Ramsey모형의 분석하기 위해 사용한 위상도를 이용하여 모형을 분석한다. 우리가 초점을 두는 두 개의 변수는 자본총량 K와 자본가치 q이다. Ramsey모형에서 k와 c처럼 이들 변수 중에 하나의 초기 값은 주어진 것으로 하지만, 나머지는 결정되어야 한다. 자본양은 경제가 과거로부터 이어받은 것이지만 그 가격은 시장에서 자유롭게 조정된다.

9.2절의 시작에서 경제 N개의 동일한 기업이 있다는 것을 기억하자. 식 (9.21)은 각 기업은 자본의 구입가격과 자본의 한계조정비용의 합계가 자본의 가치와 같아지는 점까지 투자를 한다는 것을 설명한다. $1+C'(I)=q$이다. q는 모든 기업에 대해 같기 때문에 모든 기업은 같은 I의 값을 선택한다. 따라서 총자본스톡의 변동 $\dot{K}$는 기업 수 N과 식 (9.21)을 만족하는 I의 값의 곱으로 주어진다. 즉, 다음과 같다.

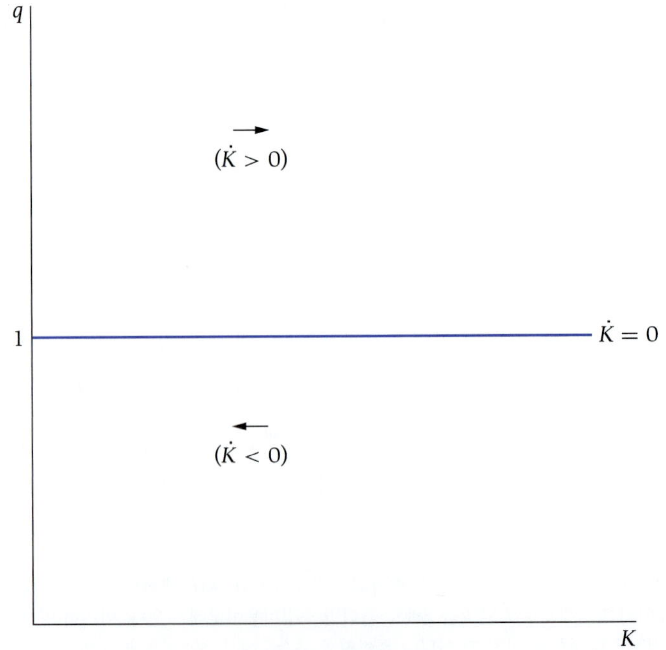

그림 9.1 자본스톡의 동학

$$\dot{K}(t) = f(q(t)), \quad f(1) = 0, \quad f'(\bullet) > 0 \tag{9.25}$$

여기서 $f(q) \equiv NC'^{-1}(q-1)$이다. $C'(I)$는 I의 증가함수이며 $f(q)$는 q의 증가함수이다. 그리고 $C'(0) = 0$이므로 $f(1) = 0$이다. 따라서 식 (9.25)는 q가 1보다 클 때 $\dot{K}$는 양(+)이고 q가 1보다 작을 때 $\dot{K}$는 음(−)이며 q가 1일 때 $\dot{K}$는 0임을 시사한다. 이러한 정보는 그림 9.1에 요약되어 있다.

식 (9.22)는 자본의 한계수입생산물이 자본의 사용자비용 $rq - \dot{q}$와 같다는 것을 말한다. 이를 $\dot{q}$에 대한 식으로 다시 쓰면 다음과 같다.

$$\dot{q}(t) = rq(t) - \pi(K(t)) \tag{9.26}$$

이러한 표현은 $rq = \pi(K)$ 즉 $q = \pi(K)/r$일 때 q가 상수라는 것을 시사한다. $\pi(K)$는 K의 감소함수이므로 이 조건을 만족하는 점의 집합은 (K, q) 공간에서 우하향하는 기울기를 나타난다. 또한 식 (9.26)에서 $\dot{q}$은 K의 증가함수이다. 따라서 $\dot{q} = 0$ 궤적의 우측에서 $\dot{q}$는 양(+)이고 좌측에서 음(−)이다. 이러한 정보는 그림 9.2에 요약되어 있다.

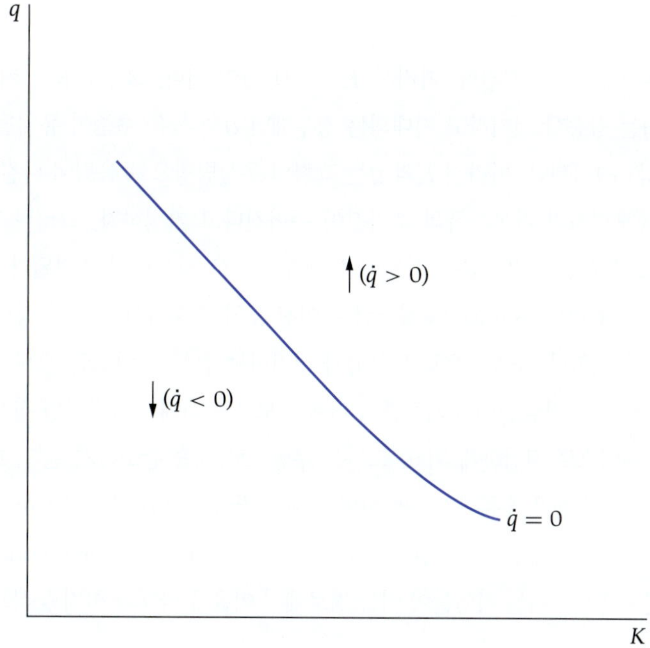

그림 9.2 q의 동학

■ 위상도

그림 9.3은 그림 9.1과 9.2의 정보를 결합한 것이다. 이 그림 중의 화살표는 초기 값이 주어진 K와 q가 식 (9.25)와 식 (9.26)을 항상 만족시키기 위해 어떻게 움직여야 하는지를 보여주고 있다. 예를 들어 K와 q가 점 A에서 출발한다고 가정하자. 따라서 q가 1보다 크므로 기

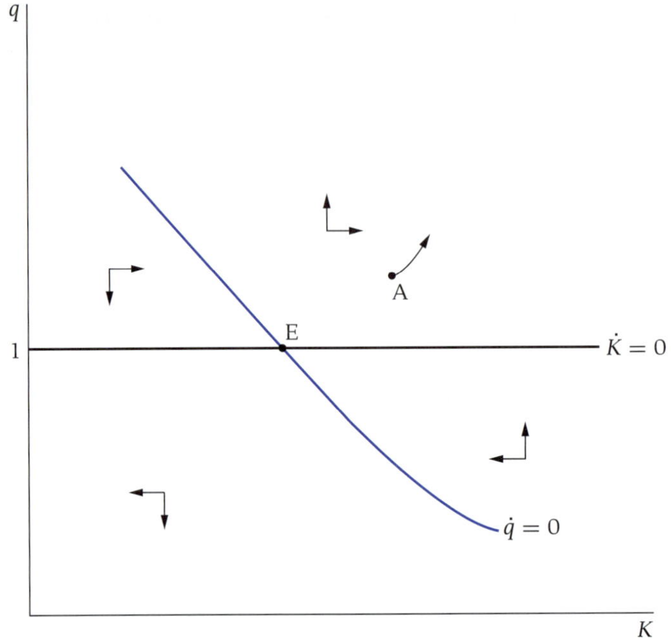

그림 9.3 위상도

업은 자본스톡을 증가시킨다. 따라서 $\dot{K}$는 양(+)이 된다. 그리고 K가 커서 이윤의 수준이 낮으므로, q는 상승할 것이라고 기대되는 경우에만 q의 높은 수준이 유지될 수 있다. 따라서 $\dot{q}$도 또한 양(+)이된다. 따라서 K와 q는 그림의 우상방향으로 움직여 나갈 것이다.

Ramsey모형처럼 자본스톡의 초기값이 주어진다고 가정하자. 그러나 다른 변수의 수준 – Ramsey모형에서 소비와 같은 자본의 시장가치 – 은 자유롭게 조정된다. 따라서 q의 초기 값은 결정되어야 한다. Ramsey모형처럼 주어진 K의 수준에서 안정적 경로를 만드는 유일한 q의 수준이 존재한다. 구체적으로 K와 q가 정지하는 점(그림의 E점)으로 수렴하는 유일한 q의 수준이 존재한다. 만일 q의 초기수준이 이 수준보다 아래에서 출발하면 경제는 결국 K와 q 모두 감소하는 지역으로 진입하게 되고, 그들은 무한으로 계속 감소하게 된다. 마찬가지로 만일 q의 초기수준이 너무 높은 수준에서 출발하면 경제는 결국 K와 q 모두 증가하는 지역으로 진입하며, 그 지역에 머물게 된다.[10] 이러한 경로는 횡단면 조건(transversality condition)을 위반한다는 것을 보일 수 있다. 이는 기업들이 이들 경로에서 이윤을 극대화 하지 못하므로 균형이 아니다.

---

10 이러한 결과의 공식적인 증명은 Abel(1982) 및 Hayashi(1982)를 참조하라. 음(−)의 자본스톡이 가능하지 않다는 근거로 K가 결국 음(−)이 되는 모든 경로를 배제할 수 있다고 생각하는 것은 자연스럽다. 그러나 모형의 가정을 검토하면 모형에 음(−)의 자본을 배제하는 것이 없음을 알 수 있다. 조정비용은 I에만 의존하기 때문에 기업이 자기의 자본스톡을 101에서 99로 감소시키는 것보다 1에서 −1로 감소시키는 것이 더 많은 비용이 들지 않는다.
K가 음(−)이 되지 않도록 모형을 수정하는 방법은 최소 두 가지가 있다. 첫째는 $\lim_{K \to 0} \pi(K) = \infty$를 가정하는 것이다. 이러한 변경은 위상도에서 기업이 수직 축을 가로지르는 모든 경로에서 횡단면 조건을 위배할 것이라는 것을 시사한다. 두 번째 접근방법은 각주9와 문제 10과 같이 조정비용의 규모에 대한 보수불변을 가정하는 것이다. 이것은 K가 0에 접근함에 따라 $\dot{K}$도 0에 접근하도록 하므로 K가 음(−)이 되지 못한다.

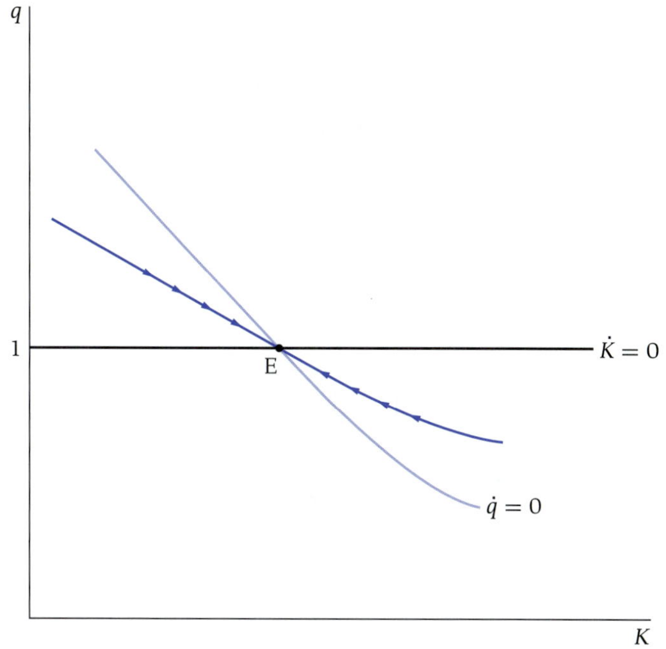

그림 9.4 안장경로

따라서 주어진 K의 초기수준에서 유일한 균형이 이루어지도록 하는 q의 수준은 안장경로(saddle path) 상에 위치하도록 하는 값과 같아야 하고 그 후 K와 q는 안장경로(saddle path)를 따라 균형점 E로 이동한다. 이러한 안장경로는 그림 9.4에 나타나 있다.

장기균형 점 E는 $q=1$(이는 $\dot{K}=0$을 시사한다)과 $\dot{q}=0$로 특정된다. q가 1이라는 사실은 자본의 시장가치와 대체비용이 같아진다는 것을 의미한다. 따라서 기업은 자본스톡을 증가시키거나 또는 감소시킬 유인이 없다. 그리고 식 (9.22)로부터 q가 1일 때 $\dot{q}$는 0과 같으므로 한계수입생산물 $\pi(K)$가 실질이자율 r과 같아져야 한다. 이는 자본 1단위 보유에 따른 한계이윤은 이에 수반하여 포기된 이자수입과 정확히 상쇄되므로 투자자들은 자본손실이나 자본이득의 전망이 없는 상태에서 자본스톡을 그대로 보유한다.[11]

9.5 시사점

앞 절에서 소개한 모형은 많은 이슈를 설명하는데 사용될 수 있다. 이 절은 생산함수의 이동효과, 이자율, 그리고 조세정책에 대한 시사점을 살펴본다.

11 모형을 내부적 조정비용 모형에서 외부적 조정비용 모형으로 쉽게 바꿀 수 있다. 핵심적인 변경은 조정비용함수를 새로운 자본재에 대한 공급함수, $\dot{K}=g(P_K)$ (단 $g'(\cdot)>0$이고 P_K는 자본의 상대가격)로 대체하는 것이다. 이렇게 바꾸면 기업의 시장가치는 기업이 보유하는 자본스톡의 대체비용과 항상 같다. 내부적 조정비용에서 q가 수행하는 역할은 자본의 상대가격이 담당한다. Foley and Sidrauski(1970)와 연습문제 9.9를 참고하라.

■ 생산량 변동의 효과

경제가 초기에 장기균형에 있고 이윤함수 $\pi(\cdot)$가 예상치 않게 영구적으로 상방이동하였다고 하자. 그러한 이동은 생산함수를 위로 이동시키는 기술진보의 결과일 수도 있거나 다른 생산요소의 공급이 외부로 이동하여 가격의 하락을 이끈 결과일 수도 있다.[12]

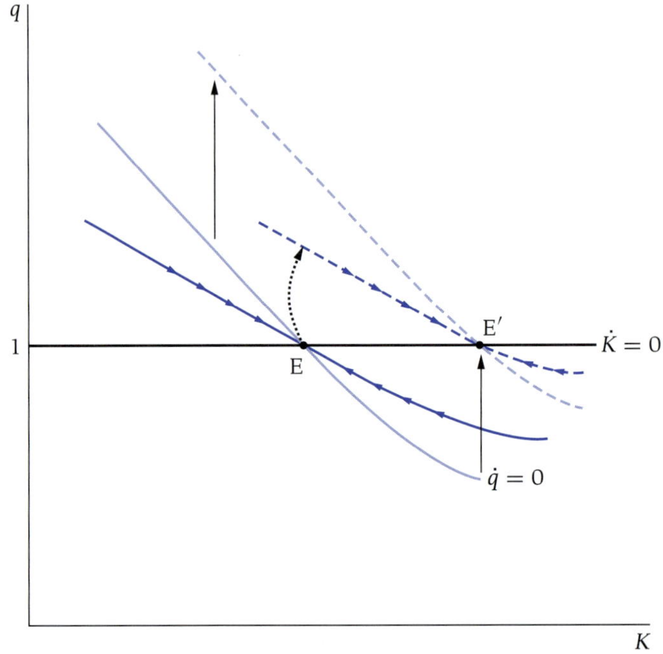

그림 9.5 생산량의 영구적 증가의 효과

변화의 효과는 그림 9.5에 나타나 있다. 이윤함수 $\pi(\cdot)$의 상방이동은 $\dot{q}=0$ 궤적을 상방으로 이동시킨다. 주어진 자본스톡에 대해 이윤이 더 높기 때문에 투자자가 기업의 주식을 기꺼이 보유하는데 필요한 자본이득은 이전보다 작아도 된다는 것을 의미한다(식 9.26 참조). 제2장의 위상도 분석에서 이 변화가 가져오는 효과가 무엇인 지에 대해 살펴보았다. q는 주어진 자본스톡에서 새로운 안장경로상의 점으로 즉각 점프한다. 이후 K와 q는 그 경로를 따라 새로운 장기균형점 E'으로 이동한다. 자본스톡의 변화율은 q의 증가함수이므로 $\dot{K}$는 변화의 시점에서 점프하며 이후 점진적으로 0으로 되돌아가는 것을 시사한다. 따라서 생산량의 영구적 증가는 투자의 일시적 증가를 이끌어 낸다.

이 반응은 직관적으로도 명료하다. 자본스톡은 이윤함수의 상방이동에 즉각적으로는 조정할 수 없으므로 기존자본은 지대(초과임대료)를 얻는다. 따라서 자본의 시장가치가 상승한다.

12 $\pi(\cdot)$의 이동이 실질이자율에 영향을 주지 못한다는 가정은 시중세계이자율로 차입하고 대부할 수 있는 소규모 개방경제를 고려하는 가정으로 정당화될 수 있다. 시장이 완전경쟁이라고 가정하기 때문에 모형은 수요곡선의 이동효과를 분석하는데 잘 맞지 않다는 것을 주의하라. 그러나 만일 모형이 불완전경쟁을 도입으로 수정된다면 경제 전체 생산량의 수요주도 증가의 효과는 $\pi(\cdot)$ 함수의 상방이동의 효과와 비슷하다.

높아진 자본의 시장가치는 투자를 끌어들이므로 투자가 촉진되어 자본스톡이 증가하기 시작한다. 결과적으로 이윤과 자본의 가치는 하락한다. 이러한 과정은 자본의 가치가 정상수준으로 되돌아올 때까지 지속되는데 정상수준에서는 더 이상 투자유인은 존재하지 않는다.

이제 일시적이라고 알려진 이윤함수의 상방이동을 살펴보자. 구체적으로 경제는 장기균형에서 시작한다. 이윤함수 $\pi(\cdot)$가 예상치 않게 상방이동하였다고 하자. 이러한 이동이 일어날 때 시점 T에 이윤함수 $\pi(\cdot)$가 원위치로 돌아갈 것이라는 것은 알려져 있다고 가정한다.

이러한 변화의 효과를 발견하는데 필요한 핵심적인 직관은 q의 점프가 사전에 예상할 수 없었다는 점이다. 예를 들어 만일 q가 하방으로 점프한다는 것이 예상되었다면 기업의 주식보유자는 그 순간에 무한대의 비율로 자본손실을 겪게 될 것이라는 것은 확실하다. 그러나 그것은 아무도 그 순간에 주식을 보유하지 않을 것이라는 것을 의미한다.

따라서 시점 T에 K와 q는 초기 장기균형으로 이끄는 안장경로(saddle path) 상에 위치하여야만 한다, 만일 그렇지 않으면 경제가 장기균형으로 돌아오기 위해 q는 점프해야만 할 것이다. 이윤함수의 상방이동 시점과 T 사이에 K와 q의 동학은 일시적으로 높아진 이윤함수에 의해 결정된다. 마지막으로 K의 초기값이 주어지지만 이윤함수의 이동이 예상치 못한 것이었으므로 q는 초기 충격의 시점에 불연속적으로 변화를 보인다.

이러한 사실들은 경제가 어떻게 반응하는지를 알 수 있다. 변화의 시점에 q는 새로운 이윤함수에 의해 결정되는 K와 q의 동학 아래서, 정확히 T시점에 원래 안장경로 상에 도달할 수 있는 점으로 점프한다. 이러한 것은 그림 9.6에 나타나 있다. q는 충격의 시점에 점 E에서

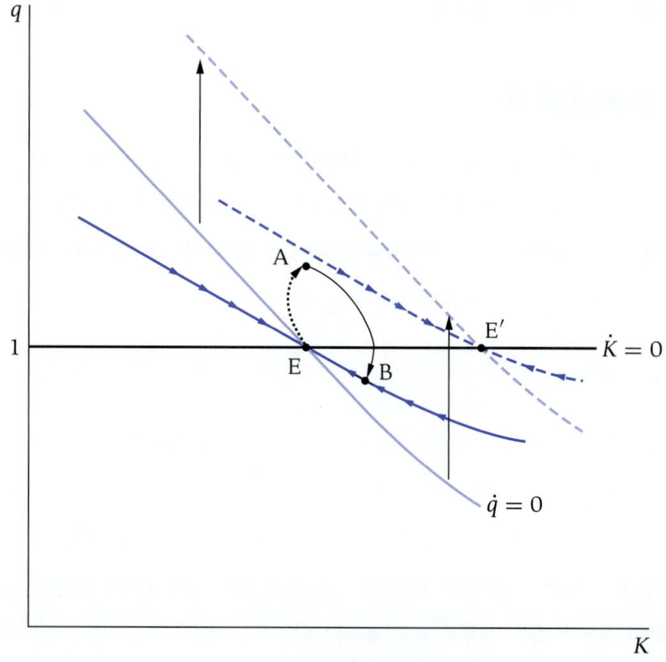

그림 9.6 생산량의 일시적 증가의 효과

A까지 점프한다. 이후 q와 K는 점진적으로 점 E로 이동하여 T시점에 도달한다. 마지막으로 옛 안장경로를 따라 E를 향해 조정되어 간다.

이 분석에서 몇 가지 시사점이 있다. 첫째, 생산량의 일시적인 상승은 투자를 증가시킨다. 수익성이 어떤 기간 동안 더 높기 때문에 기업은 이러한 기회를 이용하기 위해 자본스톡을 증가시킨다. 둘째, 그림 9.6을 그림 9.5와 비교하면 q의 상승은 생산량 증가가 영구적인 경우에 비해 그 폭이 작다. 따라서 q가 투자수준을 결정하므로 투자의 반응도 작다. 직관적으로 증가된 자본스톡을 감축하는 것은 비용이 많이 들기 때문에 기업은 원래의 수준으로 되돌릴 것이라는 것을 알고 있을 때 이윤확대의 기회에 작게 반응한다. 그리고 셋째, 그림 9.6에서 K와 q의 경로는 옛 안장경로에 도달하기 전인 T시점 이전에 $\dot{K}=0$선과 교차하는 것을 보여준다. 따라서 $\pi(\cdot)$함수가 정상수준으로 돌아오기 전에 자본스톡은 감소하기 시작한다. 이를 직관적으로 이해하기 위해 T시점 직전을 고려하자. 이윤함수는 옛 초기 수준으로 돌아가려고 한다. 따라서 더 작은 자본스톡을 보유하려고 하기 직전이다. 그리고 자본스톡의 조정에 비용이 소요되고 높은 이윤을 바라보는 짧은 기간이 있으므로 당장 자본스톡의 감축을 시작하는 데에는 편익은 있지만 비용은 거의 없다.

이러한 결과에서 투자에 영향을 미치는 것은 당기의 생산량 뿐만아니라 장기에 걸친 시간의 흐름 속에서 나타나는 생산경로 전체임을 알 수 있다. 생산의 영구적 변동과 일시적 변동의 비교로부터 생산량이 미래에 더 높아질 것으로 예상될 때가 그렇지 않을 때보다 투자가 더 높다는 것을 보여준다. 따라서 미래의 높은 수준의 생산의 예상은 당기 수요를 증가시킨다. 게다가, 생산량의 영구적인 증가의 예처럼 최근에 상승할 때에 생산성이 상당히 앞선 기간부터 높아져 있는 때보다 투자는 더 증가한다.

■ 이자율 변동의 효과

q에 대한 운동방정식이 $\dot{q}=rq-\pi(K)$ (식 9.26)이라는 것을 상기하자. 따라서 이윤함수의 이동과 마찬가지로 이자율의 변동은 $\dot{q}$에 대한 식에 미치는 효과를 통하여 투자에 영향을 미친다. 따라서 그러한 효과는 생산량 변동의 효과와 비슷하다. 예를 들어 영구적인 이자율의 하락은 $\dot{q}=0$의 궤적을 우상향으로 이동시킨다. 게다가, r은 $\dot{q}$에 대한 식에서 q와 곱해져 있으므로 이자율의 하락은 곡선의 기울기를 더욱 가파르게 만든다. 이러한 것은 그림 9.7에 나타나 있다.

이 그림은 수익성의 영구적 변동과 일시적 변동의 효과를 분석하는 경우와 마찬가지로 이자율의 변동의 효과를 분석하는데 사용될 수 있다. 예를 들어, 예상치 못한 이자율의 영구적 하락은 q를 새로운 안장경로 상의 점(그림의 점 A)까지 점프시킨다. 이후 K와 q는 새로운 장기균형(점 E')까지 이동한다. 따라서 이자율의 영구적 하락은 투자의 일시적인 증대로 이어지며 경제의 자본스톡은 영구적으로 높아진다.

수익성의 일시적인 증가의 분석과 마찬가지로 이자율의 변동이 영구적이 아니라 일시적인 하락이 있는 경우로 이러한 분석을 확대하는 것은 쉽다. 이러한 경우의 결과는 이자율 하락이 영구적일 때보다 일시적으로 예상될 때 이자율의 하락의 즉각적인 효과는 더 작다. 따라서 생산량과 마찬가지로 과거와 미래의 기대이자율은 현재투자에 영향을 미친다.

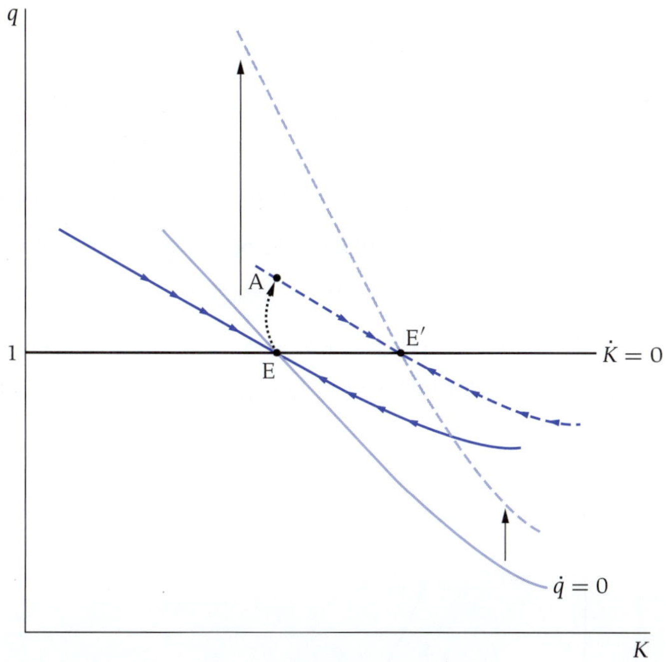

그림 9.7 이자율의 영구적인 하락 효과

우리의 모형에서 이자율 r은 순간수익률(instantaneous rate of return)이다. 따라서 단기이자율에 해당된다. 이러한 분석에서 하나의 시사점은 단기이자율은 투자에 영향을 주는 이자율에 대한 모든 정보를 반영하지 못한다는 점이다. 12.2절에서 보다 자세히 살펴보겠지만 장기이자율은 미래의 단기이자율에 대한 기대를 반영한다. 예를 들어 만일 장기이자율이 단기이자율보다 더 작다면 투자자는 단기이자율의 하락을 예상한다. 만일 그렇지 않다면 투자자는 장기채를 구입하는 것보다 단기채를 미리 구입하는 것이 유리하므로, 아무도 장기채를 보유하려고 하지 않을 것이다. 따라서 우리의 모형에서 미래의 기대되는 단기이자율의 상승하는 것은 투자를 감소시키므로 주어진 현재 단기이자율에 대해 장기이자율이 높을수록 투자는 더 감소하게 된다. 따라서 이 모형은 장기이자율이 투자에 중요하다는 전통적인 견해를 뒷받침한다.

■ 조세의 효과: 예제

경기후퇴기에 총수요를 진작시키기 위한 방법으로 일시적인 투자세액공제가 종종 제안된다. 일시적인 것으로 알려진 투자세액공제는 기업에게 세액공제가 유효한 기간 중에 투자를 하게 만드는 강력한 유인이 된다고 알려져 있다.

단순화를 위해 투자세액공제는 자본재 가격의 θ 부분을 기업에 직접 환급해주는 형태를 취하고 환급은 자본의 구입가격에 적용되지만 조정비용에 적용되지 않는다고 가정한다. 이러한 형태로 공제가 있을 때 기업은 자본의 가치와 세액공제의 합계가 자본비용을 초과하는 한 투자를 한다. 따라서 당기투자의 1계 조건 식 (9.21)은 다음과 같다.

$$q(t) + \theta(t) = 1 + C'(I(t)) \tag{9.27}$$

여기서 $\theta(t)$는 t시점의 세액공제이다. $\dot{q}$에 대한 식 (9.26)은 변하지 않는다.

식 (9.27)은 $q + \theta = 1$일 때 자본스톡이 일정하다는 것을 의미한다. 따라서 θ의 투자세액공제는 $\dot{K} = 0$ 궤적을 θ만큼 하방으로 이동시킨다. 이러한 것은 그림 9.8에 나타나 있다. 만일 공제가 영구적이라면 q는 그것이 발표된 시점에 새로운 안장경로인 아래로 점프한다. 직관적으로 투자세액공제는 투자를 증가시키므로(공제분을 제외한) 이윤은 더 낮아지는 것을 의미하므로 기존 자본의 가치는 하락한다. K와 q는 그 후 안장경로를 따라 새로운 장기 균형으로 이동하는데 이 이전보다 더 높은 K와 더 낮은 q의 조합을 향해 이동한다.

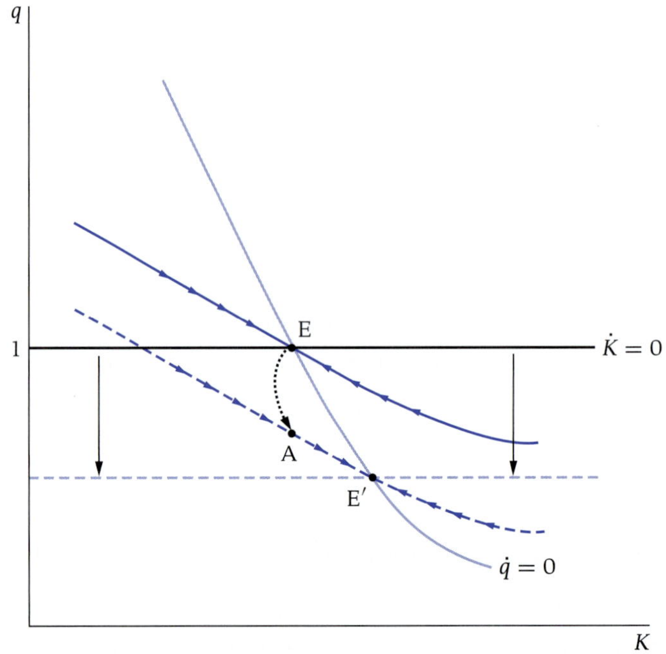

그림 9.8 영구적인 투자세액공제의 효과

이제 일시적인 투자세액공제를 고려하자. 생산량의 일시적 변화의 이전 분석으로부터 배운 추론을 적용할 수 있다.즉 만일 세액을 일시적으로 공제한다고 발표하면 q의 수준이 낮아진다. 그러나 q의 하락폭은 주어진 세액공제 수준에서 이루어지는 K와 q의 동학이 그 공제조치가 정확히 종료되는 시점에서 원래의 안장경로상에 있게 할 정도여야 한다. 이후 K와 q는 안장경로를 따라 원래의 장기균형을 향해 이동한다.

이러한 것은 그림 9.9에 나타나 있다. 그림에 보이는 것처럼 q는 새로운 안장경로의 값까지 하락하지 않는다. 따라서 일시적인 공제는 비교가능한 영구적인 공제보다 q를 덜 감소시킨다. 이유는 일시적인 공제는 자본스톡의 영구적인 증가를 이끌어내지 않으므로 기존 자본의 가치의 하락도 그만큼 더 적다. 자본스톡의 변화 $\dot{K}$는 $q+\theta$에 의존한다는 점을 상기하라(식 9.27 참조). q는 영구적인 공제보다 일시적인 공제 하에서 더 높아진다. 따라서 이러한 비공식적인 추론이 제시한 바처럼 일시적인 공제가 영구적인 공제보다 투자에 더 큰 효과를 가진다. 마지막으로 그림 9.9의 일시적인 공제 하에서 q는 공제가 실시되는 기간의 후반부에 상승한다는 것을 주목하라. 따라서 일시적인 공제에서는 기업이 공제제도의 종료 이전에 부랴부랴 투자를 실행하기 때문에 어떤 시점이후부터 확장적인 투자 붐이 발생하게 된다. 반대로 영구적인 공제 하에서 자본스톡의 변화율은 경제가 새로운 장기균형을 향해 움직이므로 꾸준히 감소한다.

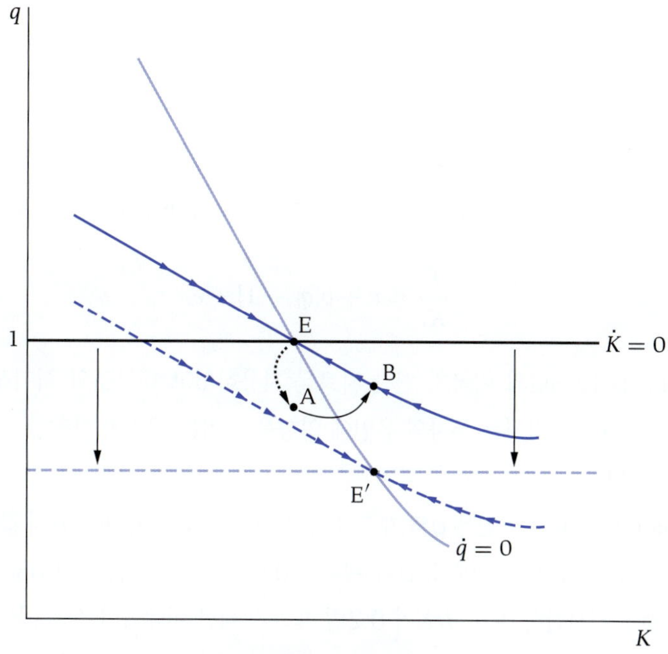

그림 9.9 일시적인 투자세액공제의 효과

9.6 실증적 응용: q와 투자

Summers 검정

우리의 투자모형이 제공하는 핵심적인 예측 가운데 하나는 투자는 q에 대하여 증가함수라는 점이다. 이러한 것은 투자와 q 사이에 관계를 실증적으로 검증할 수 있는 가능성을 제시한다. Summers(1981b)는 그러한 조사를 실시하였다. 그는 조정비용 면에서 규모에 대한 보수불변에 대한 9.3절에서 서술된 이론의 형태를 고려하였다. 그가 추정할 수 있는 방정식을 얻기 위해 조정비용은 투자의 2차식이라고 가정하였다. 이러한 가정으로 다음 식이 유도된다.

$$C(I(t),\kappa(t)) = \frac{1}{2}a\left[\frac{I(t)}{\kappa(t)}\right]^2 \kappa(t), \quad a > 0 \tag{9.28}$$

규모의 보수불변 있다는 것을 나타내기 위하여 $k(t)$의 항이 포함되었다.

투자와 q에 대한 관련된 조건은 자본취득의 비용(고정된 구입가격 1과 한계조정비용의 합)이 자본의 가치와 동일하다는 것이다. $1 + c'(I(t)) = q(t)$ (식 9.21). 식 (9.28)의 조정비용에 대한 가정을 사용하면 다음과 같다.

$$1 + a\frac{I(t)}{\kappa(t)} = q(t) \tag{9.29}$$

이 식은 다음과 같다.

$$\frac{I(t)}{\kappa(t)} = \frac{1}{a}[q(t) - 1] \tag{9.30}$$

이러한 분석을 바탕으로, Summers는 다음과 같은 다양한 회귀식을 추정하였다.

$$\frac{I_t}{K_t} = c + b[q_t - 1] + e_t \tag{9.31}$$

그는 1931–1978년의 미국의 연간 자료를 사용하였고 대부분의 회귀식을 최소자승법으로 추정하였다. q의 추정치는 투자의 유인에 영향을 미치는 세법의 다양한 특징을 설명하는 변수로 평가되었다.

Summers의 중요한 발견은 q의 계수가 매우 작다는 것이다. 이는 a의 값이 매우 크다는 것을 의미한다. 기본모형의 설정에서, q의 계수는 0.031 (표준오차는 0.005)이며 이는 a의 값이 32라는 것을 시사한다. 이는 I/K가 0.2일 때 – 높지만 이례적인 값은 아니다 – 기업의 자본스톡의 조정비용은 그 자본의 가치의 65%와 같다는 것을 의미한다(식 9.28 참조). Summers는 이 추정치를 보다 큰 모형에 삽입할 때 그는 자본스톡이 충격에 대한 반응으로 당초 정상상태의 값에서 새로운 정상상태 값까지의 반에 이르는데 10년이 걸린다는 것을 발견했다.

그러나 Summer의 회귀 결과는 납득하기 어렵다 – 결과가 그럴듯해 보이지 않기 때문이 아니다.[13] 식 (9.31)의 모형설정의 공식에서 두 가지 관련된 문제가 있다. 첫째, 잔차는 단순히

13 그럴듯하지 않은 결과를 만드는 실증적 접근방식을 신뢰하지 않아야 한다는 규칙을 사용하는 것은 이전의 것과 다른 결과를 폐기할 위험이 있으므로 실증적 연구로부터 결코 어떤 것도 배우지 못한다. 물론 접근방식을 평가하는 결과의 합리성에 불가피하게 약간의 가중치를 둘 것이다. 예를 들어 만일 Summers가 자본스톡이 매우 짧은 시간 만에 충격에 적응한다는 것을 발견했다면 그의 분석에서 무언가 잘못되었다는 것을 추측할 수 있었다(그러한 극단적인 경우에 대부분은 자료나 프그래밍 에러). 그러나 그럼에도 불구하고 이상은 이론, 논리, 보조 증거 등에서 나오는 모형설정을 도출하는 것이므로 그러한 모형설정의 결과에 기초한 세상에 대한 관점을 업데이트한다.

1이 없이 도출된 방정식에 단순히 추가된다(식 9.30). 둘째, 우변 변수의 변동에 대한 원인에 대한 분석이 없다. 우변 변수의 변동에 대한 이유나 잔차를 일으키는 요인에 대한 정보없이 우변 변수와 잔차가 상관되어 있는 지에 대해 측정할 방법이 없으므로 계수 추정치는 편의를 가질수 있다.

잔차와 q의 변동의 원인에 대해 생각하면 Summers 회귀식에서 b의 추정치의 하향편의에 대해 두 가지 가능한 이유가 있다. 측정오차(measurement error)와 동시성(simultaneity)이다. 한계 q(이론에 따르면 투자와 관련이 있는 변수)의 측정은 지극히 어렵다. 구체적으로 자본의 시장가치와 대체비용 둘 다 추정해야 할 필요가 있고 세법의 다양한 미묘한 특징을 설명해야 하며 평균 q와 한계 q를 다르게 할 수 있는 요인의 범위를 조정해야 한다. 식 (9.31)의 우변에 있는 q의 변동이 측정오차의 결과인 한, 아마도 투자변동과 상관이 없는 것으로 생각된다. 결과적으로 q에 대한 투자 반응도의 추정치를 0으로 향하는 편의를 만든다.[14]

동시성을 생각하기 위해 식 (9.31)의 오차항 e – 바람직한 투자수준에 영향을 미치는 다른 요인들을 포착하는 – 이 높은 수준을 나타낼 때 무엇이 발생하는 지를 생각하여 보자. 투자수요의 증가는 이자율을 상승시킬 것이다. 그러나 q는 자본의 미래 한계수입생산물의 할인된 현재 가치이다(식 9.24). 따라서 높은 이자율은 q를 하락시킨다. 이는 식 (9.31)에서 우변의 변수와 오차항의 사이에는 음(−)의 상관관계가 있을 가능성을 의미하므로 이 변수의 계수는 작은 값으로 편의되는 경향이 있다.

Cummins, Hassett, Hubard 검정

Summers 검정에서 편의된 추정치를 야기할 수 있는 측정오차와 동시성의 문제를 설명하는 하나의 방법은 측정된 q의 변동의 대부분이 희망투자의 변동에서 비롯된 것이 아니라 실제 q의 변동에서 초래된다는 것이다. Cummins, Hassett, and Hubard(1994)는 미국의 주요 세제개혁은 이러한 형태의 변동을 야기한다고 주장한다. 1962년, 1971년, 1982년과 1986년의 세제개혁은 투자의 형태에 따라 허용되는 세액공제에 대하여 매우 상이한 효과를 초래하였다. 산업의 자본스톡의 구성이 매우 다르기 때문에 세후자본비용에 대한 세제개혁의 효과는 산업별로 매우 달랐다. Cummins, Hassett, and Hubard는 이러한 차이의 효과가 매우 커서 측정오차는 세제개혁으로 초래된 q의 순수한 변동에 비해 작을 것 같다고 주장한다. 그들은 또한 차이의 효과는 산업별 투자수요의 차이에 대한 반응이 아니므로 동시성도 크게 우려할 상황이 아니라고 주장한다.

이러한 고려를 바탕으로, Cummins, Hassett, and Hubard는 세제개혁이 이루어진 연도들

14 1.7절은 국가 간 소득의 수렴의 조사에서 측정오차의 효과의 모형을 제시하고 있다. 만일 그 모형을 여기서 사용한다면 (참 관계는 $I_t/K_t = c + bq_t^* + e_t$이며 $\hat{q}_t = q_t^* + u_t$, 여기서 q^*는 실제의 q, $\hat{q}$는 q의 측정치, 그리고 e와 u는 평균이 0인 상호 상관되지 않은 오차항들이며 q^*와도 상관되지 않는다), I/K를 $q-1$에 회귀시켜 얻은 b의 추정치는 0을 향해 편의를 가진다는 것을 보일 수 있다.

을 대상으로 하여 횡단면 회귀식을 추정하였는데, 이때 투자율을 q대신에 세제개혁으로 발생한 q(자본의 시장가격의 세후비용에 대한 비율)변동의 각 성분에 회귀하였다. 전형적인 q의 계수추정치는 0.5로 나타났으며 상당히 정확하게 추정되었다. 따라서 a는 약 2로 추정되며 $I/K = 0.2$와 연관된 조정비용은 기업 자본스톡의 약 4%라는 것을 시사한다 – Summers에 의해 얻어진 숫자보다 훨씬 그럴듯한 숫자이다.

이러한 발견에 최소한 두 가지 제한이 있다. 첫째, 횡단면의 산업간 결과가 총투자에 이어지는지에 대한 여부가 명확하지 않다. 잠재적인 문제는 총투자수요에 영향을 미치는 요인들은 투자재의 가격에도 영향을 미칠 가능성이 높다. 대조적으로 산업별로 차별적인 세제개혁의 영향으로 자본재의 상품별 로그가격이 차별적인 변동을 나타낼 것 같지 않다. 즉 외부 조정비용은 투자의 횡단면 변동보다도 총량의 변동에 보다 더 중요할 수 있다. 그리고 사실 Goolsbee(1998)는 투자에 대한 세제 유인에 반응하여 투자재 가격의 상당한 상승의 증거를 발견하였다.

둘째, 10.3절에서 보겠지만 기업이 투자를 위해 보유하는 가용자원은 주어진 q에 대해 투자 결정에 영향을 미치는 것으로 보인다. 그러나 자본의 한계비용이 조세개혁으로 인해 가장 많이 감소한 산업은 조세개혁으로 가장 많이 조세납부액이 감면된 기업일 수 있으므로 투자를 위한 가용자금이 가장 많이 증가하는 혜택이 컸을 것이다. 따라서 Cummins, Hassett, and Hubard의 측정치와 오차항의 사이에는 양(+)의 상관이 존재하므로, 이들의 추정치에 상향편의가 존재한다.

9.7 불확실성의 효과

지금까지의 분석은 미래의 수익성, 이자율, 조세정책 등에 대하여 기업에 불확실성이 존재하지 않는다고 가정하였다. 현실에서 기업은 이들 모두에 대하여 불확실성에 직면한다. 따라서 이 절에서는 불확실성으로 인해 발생하는 몇 가지 이슈를 소개한다.

■ 미래 수익성의 불확실성

먼저 이자율의 경로에 불확실성이 없는 경우로부터 시작한다. 단순화를 위해 이자율은 일정하다고 가정한다. 따라서 불확실성은 단지 미래의 수익성에 대해서만 관련된다. 이러한 경우 자본 1단위의 가치는 다음과 같이 주어진다(식 9.24와 비교하라).

$$q(t) = \int_{\tau=t}^{\infty} e^{-r(\tau-t)} E_t[\pi(K(\tau))]\, d\tau \tag{9.32}$$

이러한 표현으로 q가 시간에 따라 어떻게 진화하는 지를 기대하는 지를 알 수 있다. 식 (9.32)가 모든 시점에서 성립하기 때문에 어떤 이후의 시점 $t+\Delta t$의 q의 값 $q(t+\Delta t)$에 대한 t시점의 기대치는 다음과 같다.

$$\begin{aligned} E_t[q(t+\Delta t)] &= E_t\left[\int_{\tau=t+\Delta t}^{\infty} e^{-r[\tau-(t+\Delta t)]} E_{t+\Delta t}[\pi(K(\tau))]\,d\tau\right] \\ &= \int_{\tau=t+\Delta t}^{\infty} e^{-r[\tau-(t+\Delta t)]} E_t[\pi(K(\tau))]\,d\tau \end{aligned} \tag{9.33}$$

여기서 두 번째 줄의 식은 반복투영법칙에 따라 $E_t[E_{t+\Delta t}[\pi(K(\tau))]]$가 $E_t[\pi(K(\tau))]$와 같다는 사실을 사용하였다. 식 (9.33)을 Δt에 대해 미분하고 $\Delta t=0$에서 평가하면 다음의 식을 얻을 수 있다.

$$E_t[\dot{q}(t)] = rq(t) - \pi(K(t)) \tag{9.34}$$

기대치의 항이 있다는 것을 제외하고 이러한 표현은 확실성의 모형에서 $\dot{q}$에 대한 식과 동일하다(식 9.26을 참조하라).

이전처럼, 각 기업은 새로운 자본의 취득비용이 자본의 시장가치와 같아지는 점까지 투자한다. 따라서 식 (9.25) $\dot{K}(t) = f(q(t))$는 여전히 성립한다.

지금까지 우리의 분석은 불확실성이 투자에 효과가 없다는 것을 의미하는 것처럼 보인다. 기업은 새로운 자본의 가치가 그 취득비용을 초과하는 한 투자하고 그 자본의 가치는 단지 투자의 기대수익에만 의존한다. 그러나 이러한 분석은 $\pi(K(t))$의 미래값에 대한 불확실성이 외생적으로 정해진다고 하는 가정하는 것은 반드시 타당하다고 할 수는 없다는 사실을 무시하고 있다. K의 경로는 모형 내에서 결정되기 때문에 외생적으로 간주할 수 있는 불확실성은 $\pi(\cdot)$ 함수의 위치에 대한 불확실성 뿐이다. 이러한 불확실성과 기업행동의 조합으로 $\pi(K)$의 가치에 대한 불확실성이 결정된다.

기본적인 모형에서 이러한 미묘함은 중요하지 않은 것으로 증명된다. 만일 $\pi(\cdot)$가 선형, $C(\cdot)$는 2차식 그리고 불확실성이 $\pi(\cdot)$의 절편과 관련되면, 불확실성은 투자에 영향을 미치지 못한다. 즉 이러한 경우에 $\pi(\cdot)$함수 절편의 미래값이 확실하게 그 기대값과 동일하다면 임의의 시점에서 투자는 이러한 값들과 같다(연습문제 9.11과 9.12를 참조하라). 그러나 만일 이러한 가정이 성립되지 않는다면 $\pi(K)$의 미래에 대한 불확실성과 $\pi(\cdot)$함수의 미래 위치 사이의 차이가 발생한다.

■ 하나의 예

기본적인 경우에서 미래 수익성에 뉴스와 미래 수익성에 대한 불확실성에 대한 해결에 관한 $\pi(\cdot)$의 절편의 평균의 기대치에 영향을 미쳐 투자에 영향을 미친다. 이를 이해하기 위해 $\pi(\cdot)$는 선형이고 $C(\cdot)$는 2차식이며 초기에 $\pi(\cdot)$함수는 일정하고 경제는 장기균형에 있

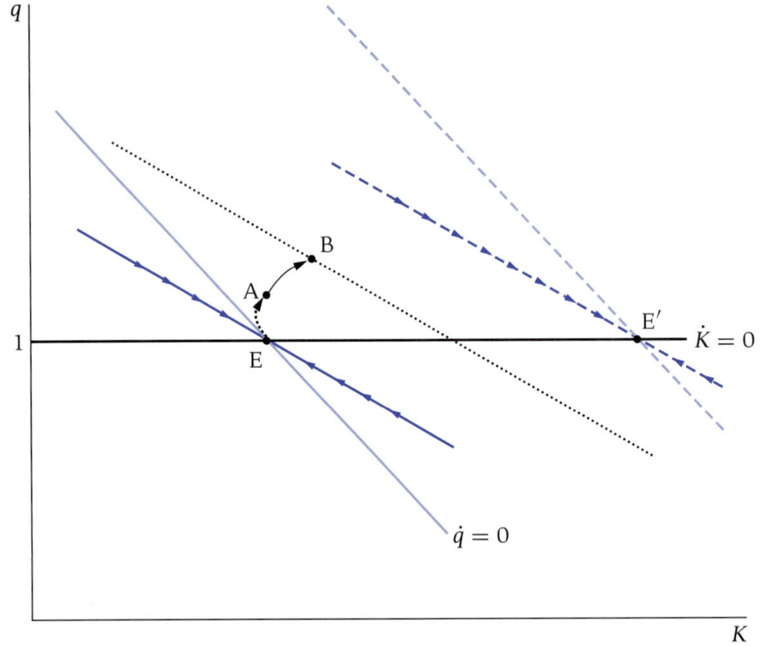

그림 9.10 조정비용이 대칭적일 때 미래 조세정책에 대한 불확실성의 효과

다고 가정하자. 시간 0으로 정규화한 어떤 날에 정부는 $\pi(\cdot)$함수의 절편을 끌어올리는 세법의 변화를 검토하는 것이 밝혀졌다고 하자. 이러한 제안은 시간 T후에 투표되고 이것이 50%의 확률로 통과된다. 이것 이외에 불확실성은 없다고 가정한다.

이러한 가정의 효과는 그림 9.10에 나타난다. 그림은 $\dot{K}(t)=0$의 궤적과 $\dot{q}(t)=0$의 궤적을 나타내고 초기의 $\pi(\cdot)$함수와 세법개정의 경우 상방으로 이동하는 함수 각각에 대응하는 안장경로를 나타낸다. 주어진 가정 하에서 이러한 모든 선은 직선이다(연습문제 9.11 참조). 초기에 K와 q는 점 E에 있다. 정부의 제안이 투표에 부쳐진 후 K와 q는 발생상황에 대응하는 장기균형(제안이 통과되면 점 E', 제안이 부결된 경우 점 E)으로 적절한 안장경로를 따라 움직일 것이다. 제안이 투표에 부쳐지는 시간에 자본이익도 자본손실도 예상될 수 없다. 따라서 제안이 통과될 가능성은 50%이므로, q는 투표시점에 두 개의 안장경로 사이에 중간쯤에 위치할 것이다. 즉 그림에서 파선(dashed line) 상에 존재한다. 마지막으로 투표 전에 K와 q의 동학은 식 (9.34)와 식 (9.25)에 의해 결정되며 식 (9.25)의 옛 이윤함수 $\pi(\cdot)$와 $\dot{q}$에 관한 불확실성은 존재하지 않는다.

따라서 정부가 세법개정의 제안을 고려하고 있다는 것이 알려지게 된 시점에서 K와 q의 동학은 T시점 후에 파선 상에 도달할 수 있는 점까지 q가 점프한다. 이후 q는 투표의 결과에 의존하여 상방 또는 하방으로 점프하고 이후 K와 q는 투표결과에 대응하는 장기균형으로 수렴한다.

■ 비가역적 투자

만일 $\pi(\cdot)$함수가 선형이 아니거나 $C(\cdot)$함수가 2차식이 아니면 $\pi(\cdot)$함수에 관한 불확실성은 $\pi(K)$의 미래값의 기대값에 영향을 미치므로 당기투자에도 영향을 미친다. 예를 들어 기업이 자본스톡을 증대하는 것보다 감소시키는데 비용이 더 든다고 가정하자. 그러면 만일 $\pi(\cdot)$가 상방으로 이동하면 경제전체의 자본스톡이 급속히 증가하므로 $\pi(K)$의 증가는 단기간의 현상에 그칠 것이다. 그러나 만일 $\pi(\cdot)$가 하방으로 이동하면 K는 단지 천천히 하락하므로 $\pi(K)$의 감소는 장기지속일 것이다. 따라서 조정비용의 비대칭성이 존재하면 이윤함수의 위치에 대한 불확실성은 미래의 수익성에 관한 기대를 감소시키므로 투자가 감소한다.

조정비용의 이러한 종류의 비대칭성은 투자가 다소 비가역적(irreversible)이라는 것을 의미한다. 자본스톡을 증가시키는 것이 감소시키는 것보다 더 쉽다. 위상도에서 비가역성은 안장경로를 곡선으로 만든다. 만일 K가 장기균형 값보다 크면 K는 단지 천천히 감소한다. 따라서 이윤은 장기간 동안 억제되고 q는 1보다 훨씬 작아진다. 만일 한편 K가 장기균형 값보다 작으면 K는 급격하게 상승하므로 q는 단지 1보다 약간 더 크다.

비가역성의 효과를 이해하기 위해 이전의 예를 고려하지만, 이제 자본스톡의 조정비용이 비대칭적이라는 가정을 추가한다. 이러한 상황은 그림 9.11에 나타나 있다. 이전과 같이 정부의 제안이 투표에 부쳐지는 시점에, q는 2개의 안장경로 사이의 중간쯤에 위치하고 있어야만 하고 투표 전에 K와 q의 동학은 식 (9.34)와 초기 $\pi(\cdot)$함수 하에서 $\dot{q}$에 불확실성이 없는 식 (9.25)로 주어져 있다.

따라서 이전과 같이 정부가 제안을 검토하고 있다는 것이 알려지는 시점에 q는 K와 q의 동

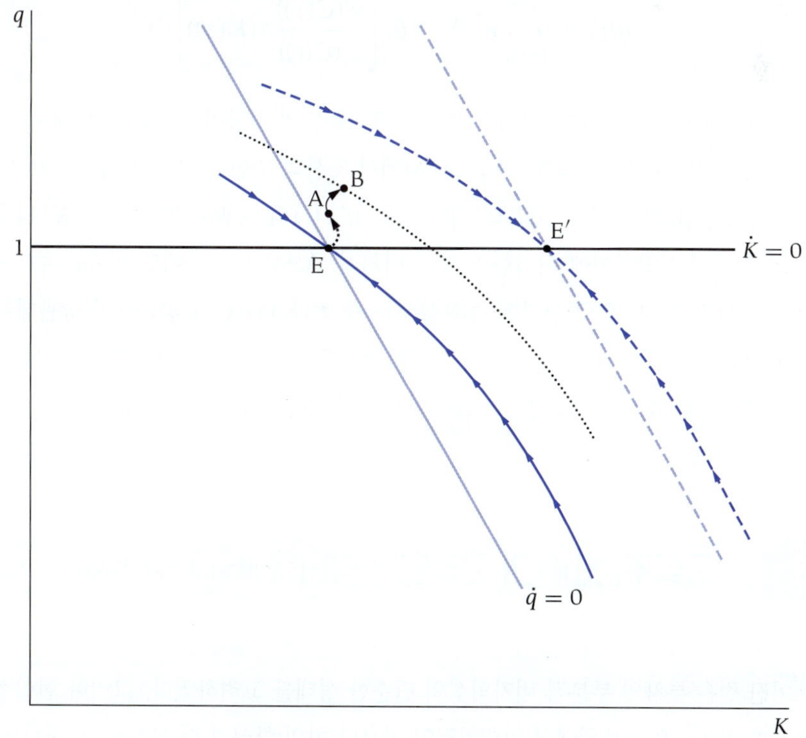

그림 9.11 조정비용이 비대칭일 때 미래 조세정책에 대한 불확실성의 효과

학에 의해 T시점 후에 파선 상에 이동할 수 있는 점까지 위로 점프한다. 그러나 그림에서 나타난 것처럼 조정비용의 비대칭성은 대칭적인 하에서보다 점프를 더 작게 만든다. 자본보유의 감축에 비용이 더 들어가는 경우에는 기업이 투표를 실시하기 전에 높은 수준의 자본스톡을 축적하고 난 다음에 정부의 제안이 부결될 때 증가된 자본의 삭감이 어렵기 때문에 q는 큰 폭으로 하락하게 된다. 이는 투표 전에 자본의 가치가 낮아지며 투자는 감소한다. 직관적으로, 투자가 비가역적일 때 투자하기보다 기다림에 그 **선택가치**(*option value*)가 있다. 만일 기업이 투자하지 않으면 기업이 자본스톡을 낮은 수준으로 유지할 가능성을 보유한다. 역으로 만일 기업이 투자를 해버리면 높은 수준의 자본스톡에 자산을 묶어 버리게 되고 말기 때문이다.

■ 할인율에 대한 불확실성

기업은 미래 이윤이 얼마일 지에 대해 불확실할 뿐 아니라, 그러한 이익들이 미래에 어떻게 평가될 지에 대해서 불확실하다. 이러한 불확실성의 효과를 보기 위해 기업은 대표적 소비자에 의해 소유된다고 가정하자. 8.5절에서 본 대로 소비자는 일정한 이자율에 따라 미래의 이익을 평가하는 것이 아니라, 소비의 한계효용에 따라 평가한다. 시점 t의 소비의 할인된 한계효용과 대비한 시점 τ의 할인된 한계효용은 $e^{-\rho(\tau-t)}u'(C(\tau))/u'(C(t))$이다. 여기서 q는 소비자의 할인율, $u(\cdot)$은 순간효용함수, 그리고 C는 소비이다. 따라서 1단위 자본의 가치를 나타내는 식 (9.32)는 다음과 같다.

$$q(t)=\int_{\tau=t}^{\infty}e^{-\rho(\tau-t)}E_t\left[\frac{u'(C(\tau))}{u'(C(t))}\pi(K(\tau))\right]d\tau \tag{9.35}$$

Craine(1989)이 강조한 것처럼 우리는 프로젝트의 위험이 그 프로젝트에 대한 투자에 미치는 영향을 식 (9.35)에 의해 소비 CAPM에서 자산의 위험이 그 자산가치에 미치는 영향과 마찬가지로 취급할 수 있다. 고유의 위험 – 즉 $u'(C)$와 상관되지 않은 $\pi(K)$의 무작위적변동 – 은 자본의 시장가치에 어떠한 영향도 미치지 못하므로 투자에도 영향을 주지 못한다. 그러나 총위험과 양(+)으로 상관된 불확실성 – 즉 $\pi(K)$와 C의 양(+)의 상관때문에 $\pi(K)$와 $u'(C)$ 사이의 음(–)의 상관 – 이 존재하면 자본의 가치가 하락하므로 투자는 감소한다. 역으로 총위험과 음(–)으로 상관된 불확실성이 존재하면 투자는 증가한다.

9.8 굴절조정비용과 고정된 조정비용(Kinked and Fixed Adjustment Costs)

이전 절은 투자의 부분적 비가역성의 단순한 형태를 고려하였다. 그러나 현실적으로 조정비용은 단지 $I=0$의 주위에서 비대칭적인 것보다 거의 확실히 더 복잡하다. 하나의 가능성은 투자 첫 단위와 음(−)의 투자 첫 단위 모두의 한계비용이 엄밀하게 양(+)인 것이다. 만일 자본의 구입과 매각과 관련된 거래비용이 존재한다면, 이러한 것은 발생할 수 있다. 이러한 경우 $C(I)$는 $I=0$에서 굴절된다. 만일 0이 아닌 투자를 실행하는데 고정비용이 있다면 부드러운 모습의 조정비용으로부터 더 큰 이탈이 발생한다. 이러한 경우 $C(I)$는 $I=0$에서 단지 굴절되는 것이 아니라 불연속적으로 보이게된다.

■ 굴절비용(Kinked Costs)

굴절조정비용 함수는 그림 9.12에 나타나 있다. 이 예에서 양(+)의 처음 1단위 투자에 대한 조정비용을 c^+ 로 나타내고 이러한 비용은 음(−)의 처음 1단위 투자 c^- 보다 작다.

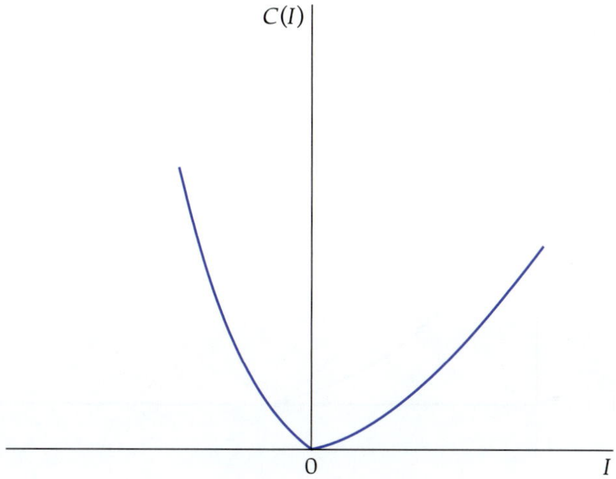

그림 9.12 굴절된 조정비용

굴절조정비용을 도입하기 위해 위상도 분석을 수행하는 것이 쉽다. 이러한 조정비용함수를 보유하는 기업은 q값이 1을 중심으로 하여 양(+)과 음(−)의 처음 1단위 투자조정비용으로 설정되는 범위 즉 $1-c^- \leq q(t) \leq 1+c^+$ 일 때 기업은 투자나 음(−)의 투자를 하지 않는다는 것에 주목하여 시작하자(Abel and Eberly, 1994). 따라서 $\dot{K}=0$에서 q의 값들로 구성되는 범위가 있다. 위상도의 부드러운 조정비용을 가지는 모형에서, $q=1$에서 $\dot{K}=0$의 궤적은 $q=1-c^-$ 부터 $q=1+c^+$ 까지의 영역으로 바뀐다는 것을 의미한다. 이러한 것은 그림 9.13에 나타나 있다.

$\dot{q}$에 대한 식 (9.26) $\dot{q}(t)=rq(t)-\pi(K(t))$은 기업이 시간에 따라 자본을 어떻게 평가하는 지에 대한 일관성을 유지해야 한다는 요건인 것을 상기하자. 따라서 보다 복잡한 형태의 조정비용을 가정하더라도 이러한 조건은 변하지 않는다. 따라서 $\dot{q}=0$의 궤적은 이전과 같다. 이러한 것은 또한 그림 9.13에 나타나 있다.

K_1은 $\dot{q}=0$의 궤적이 $\dot{K}=0$의 영역으로 진입하는 곳에서의 K의 값을 나타내고 K_2는

$\dot{q}=0$의 궤적이 $\dot{K}=0$의 영역에서 벗어날 때의 K의 값이다. 만일 초기 K값인 $K(0)$가 K_1보다 작다면 $q(0)$는 $q=1+c^+$를 상회한다. 이때 양(+)의 투자가 이루어지고 경제는 안장경로를 따라 진행하며 $K=K_1$과 $q=1+c^+$이 동시에 성립할 때 멈춘다. 이 점이 그림의 E^+이다. 비슷하게 초기 K값인 $K(0)$가 K_2를 초과하면 음(−)의 투자가 이루어지고 경제는 점 E^-로 수렴한다. 그리고 만일 $K(0)$가 K_1와 K_2의 사이에 있다면 양(+)의 투자도 음(−)의 투자도 이루어지지 않고 K는 $K(0)$에서 그대로 유지된다. 따라서 장기균형은 E^+부터 E^-까지의 $\dot{q}=0$의 궤적 상의 점들이다.

마지막으로, $K=K_1$ 또는 $K=K_2$일 때 $\dot{q}$가 0이라는 사실은 K_1과 K_2가 이윤함수로 설정되도록 가능하게 한다. $\dot{q}$에 대한 식 $\dot{q}(t)=rq(t)-\pi(K(t))$는 $\dot{q}$가 0일 때 q는 $\pi(K)/r$과 같다는 것을 의미한다. 따라서 K_1은 $\pi(K_1)=1+c^+$을 만족하고 K_2는 $\pi(K_2)=1-c^-$를 만족한다. 마찬가지로 K가 K_1과 K_2 사이에 있을 때 $\dot{q}=0$이라는 사실은 만일 $K(0)$가 이러한 범위에 있으면 q는 $\pi(K(0))$와 같다는 것을 의미한다.

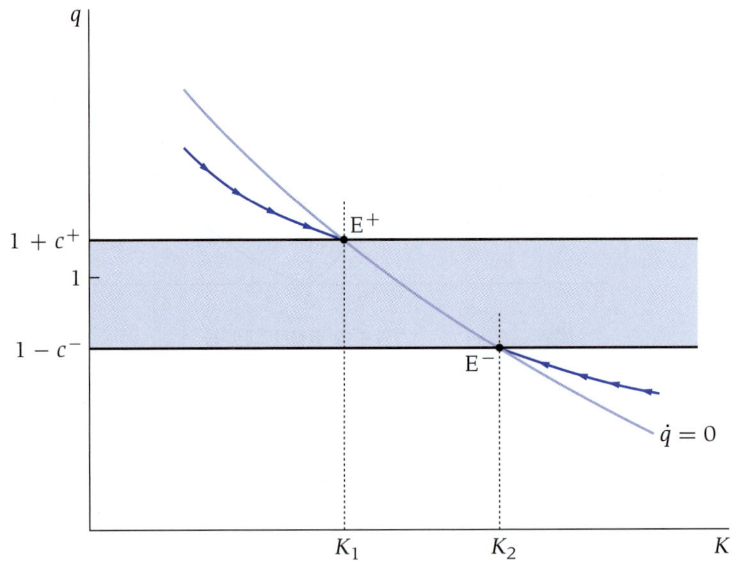

그림 9.13 굴절조정비용이 있는 위상도

■ 고정비용

만일 0보다 큰 투자가 실행될 때 고정비용이 존재한다면 조정비용 함수는 불연속적이다. 이러한 것은 모형을 분석하는데 매우 어렵게 만들 것으로 예상할 수도 있다. 왜냐하면 고정비용이 있고 기업 영업환경의 작은 변화는 기업의 행동에 불연속적인 변동을 초래할 수 있기 때문이다. 그러나 기본적인 경우에 고정비용은 총투자의 분석을 그다지 복잡하게 만들지 않는다. 구체적으로 규모에 대한 보수불변이 있는 경우에 고정비용의 효과에 대해 초점을 두자. 이러한 가정은 기업 사이에 총자본스톡을 어떻게 배분해야 하는 문제를 회피할 수 있도록 하므로,

개별기업의 자본스톡에 대하여 추적할 필요가 없다는 것을 시사한다.

고정비용이 존재할 때 투자 1단위 당 조정비용은 투자에 대해 비단조적이다. 투자 1단위 당 조정비용은 낮은 양(+)의 투자수준에서 투자의 감소함수로 나타난다. 그러나 조정비용 중 나머지 구성요소들($I>0$에 대하여 $C'(I)>0$, $I<0$에 대하여 $C'(I)<0$, 그리고 $C''(I)>0$은 계속하여 만족한다고 가정한다)로 인해 투자 1단위 당 조정비용은 결국 높은 양(+)의 투자 수준에서 투자의 증가함수로 나타난다.

예를 들어 조정비용은 고정비용과 2차식 구성요소로 구성된다고 가정하자.

$$\frac{C(I,\kappa)}{\kappa} = \begin{cases} F + \frac{1}{2}a\left(\frac{I}{\kappa}\right)^2 & I \neq 0 \text{일 때} \\ 0 & I = 0 \text{일 때} \end{cases} \tag{9.36}$$

여기서 $F>0$, $a>0$이다. 식 (9.28)처럼 k항의 존재로 규모에 대한 보수불변이 확보된다. I와 k를 두 배로 증가시키더라도 $C(I,k)/k$는 변함이 없으므로 $C(I,k)$도 두 배로 증가한다. 식 (9.36)에서 투자 1단위 당 조정비용(기업의 자본스톡에 대비하여 표현된)은 다음과 같다.

$$\frac{C(I,\kappa)/\kappa}{I/\kappa} = \frac{F}{I/\kappa} + \frac{1}{2}a\left(\frac{I}{\kappa}\right) \qquad I \neq 0 \text{일 때} \tag{9.37}$$

그림 9.14가 보여주는 것처럼 이 비율은 투자율 I/k에 대하여 처음에 감소하다가 이후 증가한다.

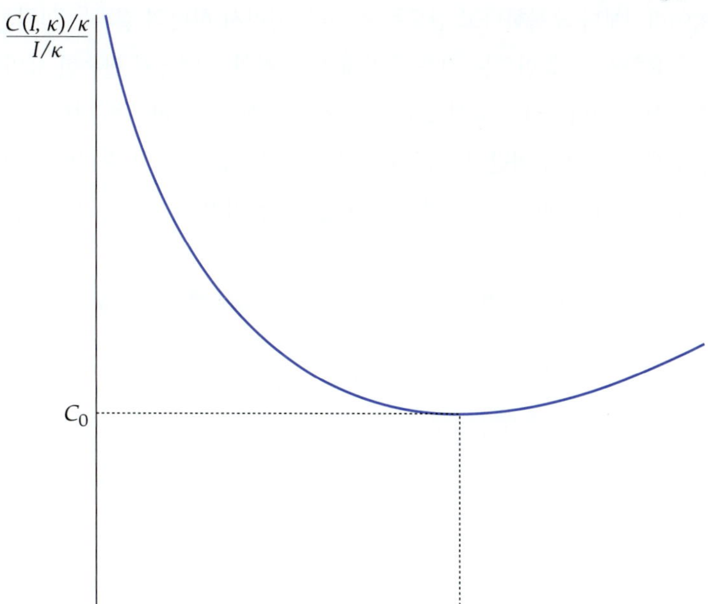

그림 9.14 고정비용이 존재할 때 투자 1단위 당 조정비용

기업의 가치는 투자에 대하여 선형이다. 기업이 시점 t에 실행하는 각 투자의 단위는 기업의 가치를 $q(t)$만큼 상승시킨다. 결과적으로 기업은 $[C(I,k)/k]/(I/k)$가 감소하는 범위에 속하는 투자수준을 선택하지는 않는다. 만일 이 범위에 속하는 투자규모가 수익성이 있다면(기업의 가치 증가 $q(t)I(t)$는 자본의 구입비용과 조정비용의 합보다 크다는 의미로) 이보다 약간 더 높은 수준의 투자는 더 높은 수익성이 보장된다. 따라서 기업이 최소의 투자율(그림에서 $(I/k)_0$ 의 수준)과 투자 1단위 당 최소비용(그림에서 C_0)을 가지는 것처럼 행동한다.

그러나 많은 기업들이 있다는 것을 상기하자. 결과적으로 경제 전체적으로 투자의 최저수준은 존재하지 않는다. 총투자는 C_0의 투자 1단위 당 비용으로 그 증가율은 $(I/k)_0$ 보다 작은 율로 실행될 수 있다. 필요한 모든 것은 단지 어떤 기업들이 $(I/k)_0$ 의 증가율로 투자하는 것이다. 따라서 전체 경제는 고정비용이 있는 것처럼 행동하지 않는다. 그 대신에 전체 경제는 첫 번째 투자 1단위가 엄밀하게 양(+)의 조정비용 가지고 투자 1단위당 조정비용이 어떤 범위에서 일정한 것처럼 행동한다. 그리고 같은 논리는 음(−)의 투자에도 적용된다. 따라서 고정비용의 전체 경제에 대한 시사점은 굴절비용의 시사점과 유사하다.

고정비용(그리고 굴절비용)은 기업들이 이질적이고 불확실성이 존재할 때 잠재적으로 더 흥미있는 시사점을 가진다. 큰 주목을 받는 이질성의 하나의 유형은 차별화된 재화의 생산이다. 그러한 불완전경쟁을 도입하는 것은 분석해 온 모형에서 두 가지 중요한 이탈을 이끌어 낸다. 첫째, 총자본스톡 뿐만 아니라 기업들 구성도 결과에 대해 중요하다. 둘째, 밀접하게 연관되어 있는데 생산품의 증가된 생산은 상대가격을 하락시키기 때문에 개별의 이윤은 자본스톡에 선형이라기보다 오목하다고 만드는 것이다. 따라서 하나의 결과는 이질성이 고정비용을 총투자에 중요하지 않게 만드는 것을 고려해 온 우리의 모형에서 단순한 요인을 제거한다. 그러한 설정에서 고정비용이 중요한 효과를 가지는 지에 대한 여부에 대한 이슈는 활발한 연구와 논쟁의 주제이다. 보다 일반적으로 현재 연구는 이질성, 복잡한 형태의 조정함수, 그리고 불확실성과 투자 행위에 대한 시사점의 다양한 상호작용의 면을 검증하고 있다.[15]

15 예를 들어, Veracierto(2002); Cooper and Haltiwanger(2006); Gourio and Kashyap(2007); Khan and Thomas(2008); Bachmann, Caballero, and Engel(2013); House(2014) 등을 참고하라.

연습문제

9.1 자본과 노동을 콥-더글라스 결합하여 생산하는 기업을 고려하자. $Y = K^{\alpha}L^{1-\alpha}(0<\alpha<1)$. 이 기업의 가격은 단기적으로는 고정되어 있다고 가정한다. 따라서 기업은 제품의 가격 P와 생산량 Y를 주어진 것으로 간주한다. 투입요소는 경쟁적이다. 따라서 기업은 임금 W와 자본의 임대가격 r_K를 주어진 것으로 간주한다.

(a) 주어진 P, Y, W와 K로 기업이 선택하는 L의 값을 구하라.

(b) 주어진 L의 선택으로 기업의 이윤을 P, Y, W와 K의 함수로 표현하라.

(c) 이윤을 극대화하는 K에 대한 1계 조건을 구하라. 2계 조건은 만족되는가?

(d) (c)의 1계 조건으로부터 K를 P, Y, W와 r_K의 식으로 표현하라. 이들 변수 각각의 변화는 K에 어떠한 영향을 미치는가(혹은 미치지 않는가)?

9.2 미국의 기업은 과세소득에서 감가상각충당금을 공제할 수 있다. 감가상각충당금은 자본의 구입금액을 바탕으로 계산된다. 시점 t에 새로운 자본을 구입한 회사는 시점 $t+s$의 과세소득에서 그 구입액 가운데 비율 $D(s)$를 공제할 수 있다. 감각상각충당금은 종종 **정액상각**(straight-line depreciation)이라는 형태를 취한다. 즉 $D(s)$는 $s \in [0, T]$에서 $1/T$이며 $s > T$일 때는 0이 된다. 여기서 T는 자본재의 세제상의 상각기간이다.

(a) 정액상각을 가정하자. 법인세의 한계세율이 τ로 일정하며 이자율도 i로 일정하다면 자본 1단위를 가격 P_K로 구입한 경우에 이 기업의 법인세부담의 현재가치는 얼마만큼 경감되는가? T, τ, i 및 P_K의 함수로 표현하라. 따라서 이 기업에게 자본재의 세후 가격은 얼마인가.

(b) $i = r + \pi$이고 π가 r의 변화없이 증가하였다고 가정하자. 이 경우 기업에게 자본재의 세후 가격에 어떻게 영향을 미치는가?

9.3 미국에서 자가(自家)의 경우 자본의 사용자비용에 관한 세법의 주요한 특징은 명목이자의 지급분이 공제의 대상이 된다는 점이다. 따라서 주택소유자의 과세 후 실질이자율은 $r - \tau i$, 여기서 r은 과세 전 실질이자율, i는 명목이자율, τ는 한계세율이다. 이러한 경우 주어진 r에 대해 인플레이션의 증가는 자본의 사용자비용과 기업의 희망자본스톡에 어떻게 영향을 미치는가?

9.4 **횡단면 조건과 관련된 직관 만들기** $\int_{t=0}^{\infty} e^{-\rho t}\left[-\frac{a}{2}G(t)^2\right]dt$, $a > 0$, $\rho > 0$을 극대화하는 G의 경로를 선택하는 개인을 생각하자. 여기서 $G(t)$는 시점 t에 개인이 만들어 낸 쓰레기의 양이다.

연습문제

단순화를 위해 G가 음(−)일 수도 있다. 개인의 쓰레기 생성은 쓰레기스톡에 영향을 미친다. 특히 쓰레기스톡 T는 $T(0) = 0$, $\dot{T} = G(t)$를 따라 진화한다.

(*a*) 가능한 적은 양의 수학을 사용하여 모든 t에 대해 효용최적화 경로는 $G(t) = 0$임을 증명하라.

(*b*) 변분법을 사용하여 이러한 문제를 분석하자. G는 통제변수, T는 상태변수, 그리고 μ는 공상태변수를 나타낸다고 하자. 당기가치 해밀톤 함수는 무엇인가?

(*c*) 횡단면 조건 이외에 최적화를 위한 조건을 찾아라. 이러한 조건을 만족하는 G의 경로를 서술하라.

(*d*) 횡단면 조건은 무엇인가? (*c*)에서 발견한 경로 중 하나를 제외한 모든 경로를 배제하고, 나머지 하나의 경로는 (*a*)에서 보인 것이 최적이라는 것을 보여라. 모든 t에 대해 $G(t) = 0$이다.

(*e*) 만일 횡단면 조건을 고려하지 않는다면 모든 t에 대해 $G(t) = 0$ 이외에 (*c*)의 해가 마치 효용극대화처럼 보이는 이유를 한 문장 또는 두 문장으로 설명하고 횡단면 조건이 해들을 배제하는 이유를 설명하라.

9.5 **Ramsey 모형에서 사회계획자의 문제를 풀기 위한 변분법 활용** 2.4절에서 분석한 바 있는 사회계획자의 문제에 대해 생각하자. 사회계획자는 $\dot{k}(t) = f(k(t)) - c(t) - (n+g)k(t)$의 제약 하에서 $\int_{t=0}^{\infty} e^{-\beta t}[c(t)^{1-\theta}/(1-\theta)]dt$를 극대화하려고 한다.

(*a*) 당기가치 해밀톤 함수는 무엇인가? 통제변수, 상태변수, 그리고 공상태변수는 무엇인가?

(*b*) 9.2절에서 식 (9.21), (9.22), (9.23)과 유사한 최적행동에 결정짓는 세 가지 조건을 찾아라.

(*c*) (*b*)의 처음 두 가지 조건과 $f'(k(t)) = r(t)$라는 사실은 오일러 방정식(식 9.20)을 시사한다는 것을 보여라.

(*d*) μ는 공상태변수를 나타낸다고 하자. $[\dot{\mu}(t)/\mu(t)] - \beta = (n+g) - r(t)$이므로, $e^{-\beta t}\mu(t)$가 $e^{-R(t)}e^{(n+g)t}$에 비례한다는 것을 보여라. (*b*)에서 횡단면 조건이 성립할 필요충분조건은 식 (2.16)이 등호를 충족시킬 때임을 보여라.

9.6 **Romer 모형에서 사회적으로 최적 배분을 발견하기 위한 변분법 사용** 3.5절의 Romer 모형을 고려하자. 단순화를 위해 L_A가 음(−)일 수 없는 제약을 무시하자. 대표적 가계의 생애효용을 극대화하기 위한 $L_A(t)$의 경로를 선택하는 문제를 설정하라. 통제변수는 무엇인가? 상태변수

는 무엇인가? 당기가치 해밀톤 함수는 무엇인가? 최적을 특정짓는 조건들을 찾아라. 이러한 조건들을 만족하는 $L_A(t)$는 일정한 곳의 배분이 존재하는가? 만일 그렇다면, L_A의 일정한 값은 얼마인가? 그렇지 않다면, 왜 그런가?

9.7 9.2~9.5절의 투자모형을 고려하자. 다음 $\dot{K}=0$와 $\dot{q}=0$의 궤적의 변화, 변화의 시점에서 K와 q, 그리고 시간에 따른 그들의 움직임의 변화의 효과에 대해 설명하라. 각 경우에 K와 q는 초기에 장기균형 값에 있었다고 가정한다.

(a) 전쟁으로 자본스톡의 반이 파괴되었다.

(b) 정부는 세율 τ로 기업을 소유하는 것에 대한 수익을 과세한다(따라서 주어진 자본스톡에 대해 1단위 자본 당 기업의 이윤은 $\pi(K(t))$이 아니라 $(1-\tau)\pi(K(t))$이다).

(c) 정부는 투자에 과세한다. 구체적으로 기업은 정부에게 기업이 취득하는 자본 1단위당 γ를 지급하고 음(−)의 투자 1단위 당 정부로부터 γ의 보조금을 지급받는다.

9.8 9.2~9.5절에서의 투자모형에 대하여 고려한다. 미래의 어떤 시점에 일회적 자본과세가 실시된다는 것이 알려져 있다고 가정하자. 구체적으로 자본보유자는 미래의 시점 T에 보유자본의 가치의 f의 비율과 같은 금액이 과세될 것이다. 경제는 초기에 장기균형에 있다고 가정하자. 이 뉴스가 발표된 시점에서 무슨 일이 발생하는가? K와 q는 이 뉴스가 보도된 시점과 과세의 시점과의 사이에서 어떠한 변화를 보이는가? 그 후에는 어떻게 변화하는가? (**힌트** : q는 과세 시점에 불연속적으로 변동할 것이라고 기대되는가?)

9.9 **주택시장의 모형**(Poterba, 1984) H를 주택스톡량, I를 투자율, p_H를 주택의 실질가격, 그리고 R을 임대료로 정의한다. I는 p_H의 증가함수라고 가정하므로 $I=I(p_H)$, $I'(\cdot)>0$이며 $\dot{H}=1-\delta H$로 가정한다. 임대료는 H의 감소함수로 가정하므로, $R=R(H)$, $R'(\cdot)<0$이다. 마지막으로 임대료에 의한 소득과 자본이득을 더한 것은 외생적으로 주어지는 요구수익률 r, $(R+\dot{p}_H)/p_H=r$과 같아야 한다고 가정한다.

(a) (H, p_H) 공간에 $\dot{H}=0$인 점들의 집합을 그려라. 마찬가지로 $\dot{p}_H=0$인 점들의 집합도 그려라.

(b) 결과적인 그림에서 각 영역에서 H와 p_H의 동학은 무엇인가? 안장경로(*saddle path*)를 그려라.

(c) 시장은 초기에 장기균형에 있다고 가정하고 r의 예상치 못한 영구적인 증가가 있다고 가정하자. 이 변화의 시점에 H와 p_H은 어떻게 변화하는가? 그 후 시간의 흐름에 따라 H,

연습문제

p_H, I 및 R은 어떠한 변화를 보이는가?

(*d*) 시장은 초기에 장기균형에 있다고 가정하고 미래의 시점 T에서 r의 영구적인 증가가 있을 것이라고 가정하자. 이 뉴스의 시점에서 H와 p_H는 어떻게 변하는가? H, p_H, I 및 R은 뉴스의 시점과 r이 증가한 시점 사이에 어떠한 변화를 보이는가? r이 상승한 시점에 이 변수들이 어떻게 변화하는가? 이후에 어떻게 되는가?

(*e*) 이 모형에서 투자의 조정비용은 내부적인가 외부적인가? 설명하라.

(*f*) 이 모형에서 $\dot{H}=0$ 궤적이 수평이 아닌 이유는 무엇인가?

9.10 투자의 조정비용이 $\dot{k}$ 및 k에 대하여 보수불변이라고 가정하자. 구체적으로 조정비용은 $C(\dot{k}/kk)$로 주어지며 $C(0)=0$, $C'(0)=0$, $C''(\cdot)>0$이다. 게다가, 자본은 δ의 비율로 감가된다고 가정한다. 따라서 $\dot{k}(t)=I(t)-\delta k(t)$이다. 대표적 기업의 극대화문제를 고려하자.

(*a*) 당기가치 해밀톤 함수는 무엇인가?

(*b*) 9.2절의 식 (9.21), (9.22), (9.23)과 유사한 최적행동을 특징짓는 세 조건식을 찾아라.

(*c*) 식 (9.21)과 유사한 조건은 각 기업의 자본스톡 증가율, 따라서 총자본스톡의 증가율은 q에 의해 결정되는 것을 보여라. (K, q) 공간에서 $\dot{K}=0$의 궤적은 무엇인가?

(*d*) (*c*)의 결과를 식 (9.22)와 유사한 조건으로 대체하여 $\dot{q}$를 K와 q의 식으로 표현하라.

(*e*) (K, q)의 공간에서 $q=1$인 점에서 $\dot{q}=0$ 궤적의 기울기는 무엇인가?

9.11 $\pi(K)=a-bK$이고 $C(I)=(1/2)\alpha I^2$이라고 가정하자.

(*a*) $\dot{q}=0$ 궤적은 무엇인가? K의 장기균형값은 무엇인가?

(*b*) 안장경로의 기울기는 무엇인가? (**힌트**: 2.6절의 접근방법을 참조하라.)

9.12 9.7절에서 일정한 이자율을 가지는 불확실성 하에서의 투자모형을 생각하자. 연습문제 9.10과 같이 $\pi(K)=a-bK$이고 $C(I)=(1/2)\alpha I^2$이라고 가정하자. 게다가 불확실한 것은 a의 미래값이라고 가정하자. 본 문제의 목적은 a의 시간경로에 관련하여 불확실성이 없다면 $q(t)$와 $K(t)$는 매시간에 가질 값이 균형이라는 것을 보여주는 데 있다. 구체적으로 $\hat{q}(t+\tau,t)$와 $\hat{K}(t+\tau,t)$는 만일 모든 $\tau\geq 0$에 대해 $a(t+\tau)$가 $E_t[a(t+\tau)]$와 확실히 동일하다면 q와 K의 각각이 시점 t 이후에 취하는 경로이다.

(*a*) 모든 $\tau\geq 0$에 대해 $E_t[q(t+\tau)]=\hat{q}(t+\tau,t)$이면 모든 $\tau\geq 0$에 대해 $E_t[K(t+\tau)]$

$= \hat{K}(t+\tau, t)$임을 보여라.

(*b*) 만일 $E_t[q(t+\tau)] = \hat{q}(t+\tau, t)$이면 $q(t) = \hat{q}(t, t)$이므로 $\dot{K}(t) = N[\hat{q}(t, t) - 1] / \alpha$, N은 기업 수를 시사한다는 것을 보이기 위해 식 (9.32)를 사용하라.

9.13 9.8절에서 다룬 굴절 조정비용 하에서의 투자모형을 고려한다. 다음에 열거하는 사건의 변화 시점과 그 이후의 시간의 흐름에 따라 미치는 움직임에 대한 $\dot{q} = 0$의 궤적, $\dot{K} = 0$의 영역, q 및 K에 대해 서술하라. 각 경우에 q와 K는 초기에 그림 9.13에서 E^+ 에 있다고 가정하라.

(*a*) $\pi(\cdot)$함수의 영구적인 상방이동이 있다.

(*b*) 이자율의 작은 영구적인 상승이 있다.

(*c*) 처음 1단위의 양(+)의 투자 c^+ 의 비용이 상승한다.

(*d*) 처음 1단위의 양(+)의 투자 c^+ 의 비용이 하락한다.

9.14 (이 문제는 Bernanke, 1983a와 Dixit and Pindyck, 1994에 따름) 어떤 기업이 I의 비용이 소요되는 투자를 고민한다고 하자. 두 기간이 존재한다. 이 투자는 1기에 π_1을, 2기에는 π_2의 수익을 줄 것이다. π_1은 확실하지만 π_2는 불확실하다. 단순화를 위해 이 기업은 기대이윤을 극대화하고 이자율은 0이다.

(*a*) 기업의 유일한 선택은 1기에 투자를 실행할 것인가 아니면 투자를 전혀 하지 않을 것인지를 가정하자. 어떤 조건 하에서 이 기업은 투자를 실행하는가?

(*b*) 기업은 또한 π_2의 값이 알려진 후 2기에 투자를 실행하는 것도 가능하다고 가정하자. 이러한 경우 투자는 2기에 단지 π_2의 수익을 창출한다. (*a*)에서 구한 조건이 만족하지만 1기에 투자하는 것보다 1기에 투자를 않는 것이 기업의 기대이윤을 더 크게 하는가?

(*c*) 투자를 유예하는 비용을 π_1, 유예에 따른 이득을 $Prob(\pi_2 < I)E[I - \pi_2 \mid \pi_2 < I]$라고 정의하자. 왜 이와 같은 정의가 투자유예의 비용과 이득이 되는지를 설명하라. 1기에 투자하지 않는 경우의 기대이윤과 투자하는 경우의 기대이윤과의 차이는 투자유예에 따른 이득과 비용의 차와 동일함을 보여라.

9.15 **모딜리아니-밀러 정리**(Modigliani and Miller, 1958) 9.7절에서 할인인자에 관한 불확실성의 효과에 대한 분석을 고려하자. 그러나 기업은 주식과 무위험채무를 조합하여 투자에 필요한 자금조달을 한다고 가정하자. 구체적으로 자본의 한계단위의 자금조달을 고려하자. 기업

연습문제

은 채권을 b만큼 발행한다. 각 모든 $\tau \geq 0$에 대하여 시점 $t+\tau$에 확실하게 1단위의 생산물을 지급한다. 주식보유자는 잔여이익에 대하여 청구할 수 있다. 따라서 주식보유자는 모든 $\tau \geq 0$에 대하여 시점 $t+\tau$에서 $\pi(K(t+\tau))-b$를 받는다.

(*a*) $P(t)$는 시점 t에서 채권 1단위의 가치를 나타내고 $V(t)$는 자본의 한계단위의 주식의 가치로 정의된다. 식 (9.35)와 유사한 $P(t)$와 $V(t)$에 대한 표현을 구하라.

(*b*) 채권과 주식으로 자금조달을 분할하는 경우, 그 분할에 의해 자본을 1단위 추가로 소유하는 것의 시장가치 $P(t)b+V(t)$는 어떠한 영향을 받는가 또는 영향을 받지 않는가? 직관적으로 설명하라.

(*c*) 보다 일반적으로 이 기업이 n종류의 금융상품을 발행해 투자자금을 조달한다고 가정하자. $d_i(t+\tau)$를 시점 $t+\tau$에 금융상품 i에 의해 얻어진 수익이라고 하자. 이러한 수익은 $d_1(t+\tau)+d_2(t+\tau)+\cdots d_n(t+\tau)=\pi(K(t+\tau))$를 만족시키지만 그 외에 제약은 없다. n종류의 자산의 총가치는 총수익이 자산들 사이에 나누어지는 방법에 어떻게 의존하는가?

(*d*) 채권과 주식에 의한 자금조달의 경우로 되돌아간다. 그러나 기업의 이윤은 θ로 과세되고 이자지급은 세금공제가 된다고 가정하자. 따라서 채권보유자에 대한 수익은 이전과 같지만 주식보유자에 대한 $t+\tau$ 시점에서의 수익은 $(1-\theta)[\pi(K(t+\tau))-b]$가 된다. (*b*)의 결론은 여기서도 여전히 성립하는가? 설명하라.

Chapter 10

금융시장과 금융위기

이전 두 개의 장은 부분균형 설정에서 가계와 기업의 행동을 연구하였다. 제8장에서 가계는 이용가능한 자산의 집합과 자산수익률의 분포를 주어진 것으로 하여 소득을 소비와 저축 사이에 나누었다. 제9장에서 기업은 미래이윤을 주어진 것으로 하여 얼마나 많이 투자를 수행할 지를 결정하였다.

금융시장은 저축과 투자결정이 만나는 곳이다. 비대칭적 정보, 외부효과, 그리고 다른 불완전성이 없다면 이러한 것들은 경제가 Arrow-Debreu 결과를 얻는데 중요한 역할을 한다. 자산가격과 상태조건부 수익에 의해 보내지는 신호는 가계와 기업이 직면하는 부분균형 문제들의 틀을 만드는 것이다. 따라서 가계는 소비와 다양한 위험자산 보유 사이에 자원을 어떻게 배분하는 지와 투자프로젝트가 수행되는 지를 결정한다. 그리고 가격을 결정하는 위험자산의 수요와 공급의 상호작용이 존재한다. 일반균형은 가계와 기업이 주어진 가격으로 최적화할 때와 가격이 자산시장의 청산이 일어나는 곳에서 발생한다. 10.1절은 저축과 투자결정 사이에 이러한 상호작용을 보여주는 일반균형에서 완전하게 작동하는 금융시장의 모형을 나타낸다.

그러나 거시경제학자들이 금융시장에 흥미를 가지는 주된 이유는 시장들이 이러한 이상적인 방향으로 작동하지 않는 것처럼 보이기 때문이다. 거시경제 하에 중요한 금융시장과 관련된 최소한 네 가지 뚜렷한 이슈가 있다.

첫째, 중요한 거시경제학적인 전파 메커니즘이 금융시장을 통해 작동하는 지의 여부이다. 완전한 금융시장이 있다면 자산가격은 수동적으로 모든 이용가능한 정보를 요약한다. 그러나 금융시장에 최선의 결과에서 벗어나는 불완전성이 있다면 이러한 왜곡은 경제발전에 따라 내생적으로 변화시킬 것이다.

10.2절과 10.3절은 이러한 아이디어를 조사한다. 10.2절은 외부투자자와 기업 사이에 비대칭적인 정보가 존재하는 투자의 미시경제학적 모형을 보이고 결과적인 왜곡의 결정요인과 효과를 검증한다. 이후 경제가 침체될 때 이러한 왜곡들이 더 커지게 만드는 여러 채널이 있다는 것을 보인다. 왜곡은 투자를 감소시키기 때문에 경제상태에 대한 내생적인 반응은 충격의 거시경제학적 효과를 확대시킨다 – 이러한 메커니즘은 **금융가속**(*financial accelerator*)으로 알려져 있다. 이후 10.3절에서 투자에 대해 중요한 금융시장 불완전성에 대한 어떤 미시경제학적 증거를 검증한다.

둘째, Arrow–Debreu의 기본적인 모형으로부터 금융시장의 이탈이 다른 교란의 효과를 확대할 뿐만 아니라, 경제충격의 독립적인 원천이 될 수 있는 지와 관련되어 있다. 특히 10.4절은 자산가격의 가능한 **과잉변동성**(*excess volatility*)의 이슈를 다룬다. 완전한 금융시장에서 자산의 가격은 경제주체의 소비의 한계효용에서 발생하는 확률적 할인인자(stochastic discount factor)를 사용하여 주어진 자산의 이용가능한 미래이익의 현재가치의 정보에 대한 합리적인 기대치이다. 자산의 가격은 수익에 대한 새로운 정보가 있거나 확률적 할인인자에 대한 정보가 있다면 변화한다. 만일 여러 요인들이 이탈한다면 자산가격이 펀더멘털을 향해 밀어붙이는 요인은 무한하지 않다는 것을 보여주고 그러한 요인을 제한하는 몇 가지 요인을 분석한다. 또한 펀더멘털에 의해 주도되지 않는 자산가격의 변동이 거시경제학적 결과에 어떻게 영향을 미칠 수 있는지에 대해 기술한다. 10.5절은 10.4절에 서술된 것이 단지 가정적인 것인 지 또는 실제로 중요한 증거가 있는 지의 여부의 이슈를 설명한다.

금융시장과 금융시장 불완전성의 가능성으로 발생할 수 있는 세 번째 거시경제학적 주제는 금융위기이다. 어떤 사람들은 수백만 명의 참여자가 있는 경제에서 대규모 금융시스템이 경제발전에 따라 자연스럽게 변화될 것이라고 기대할 지도 모른다. 그러나 사실 금융시장은 개별자산과 금융기관 수준뿐만 아니라, 금융시스템 전반에 요동의 대상이다. 한 가지 주목할 만한 대공황에 발생한 에피소드는 경기침체와 반복되는 공황의 물결로 인해 미국은행의 3분의 1이 파산하였다. 수십 년간 이러한 세계적인 금융위기는 과거의 일이라는 것이 통념이었다. 그러나 2008년 가을에 이러한 견해는 잘못된 것으로 증명되었다. 큰 투자은행인 리만브라더스는 9월에 파산을 선언하였다. 그 여파로 주가는 단 4주 만에 25% 이상 하락했다. 전통적이지만 약간 위험한 대출에 대한 이자율과 가장 안전하고 가장 유동적인 자산에 대한 이자율 간의 스프레드가 치솟았다. 많은 차입자는 어떠한 이자율로도 차입할 수 없었다. 그리고 세계경제는 심각한 불황으로 가게 되었다.

금융위기는 10.6절부터 10.8절까지의 주제이다. 이들 중 첫 번째는 전통적인 Diamond–Dybvig모형으로 지불능력이 있는 금융기관에 대한 자기실현적 뱅크런의 가능성을 제시한다. 두 번째는 금융시장의 붕괴와 실패가 금융기관 사이에 어떻게 퍼질 수 있는지에 대한 문제를 다룬다. 그리고 세 번째는 위기의 거시경제학적 효과를 조명하는 몇 가지 미시경제학적 증거에 대해 논의한다.

마지막 이슈는 금융기관의 사회적 가치에 관한 것이다. 금융시장에서의 사적 한계생산은 사회적 한계생산보다 더 크거나 작을 수 있다. 예를 들어 소액 저축자로부터 제2의 토마스 에디슨이나 스티브 잡스가 될 잠재력이 있는 가난한 기업가에게 자금을 돌리는 사람은 아마도 결과적인 발명의 사회적 가치의 아주 작은 부분만을 포착할 것이다. 반면에 가격이 몇 초 후에 오를 저평가된 자산을 구입하여 막대한 이익을 얻는 사람은 아마도 실제 투자결정에 거의 영향을 미치지 않으므로 무시할만한 사회적 생산을 가질 것이다.

비록 이러한 문제가 매력적이고 중요하지만 우리는 그것을 자세히 설명하지 않을 것이다. McKinnon(1973)과 다른 연구자들은 금융시스템이 전체 투자와 수행되는 투자프로젝트의 질에 중요한 효과를 가지므로 장기간에 걸친 경제성장에 중요한 효과를 가진다고 주장한다. 그러나 금융시스템의 발전은 성장의 원인이 아니라 부산물일 수 있다. 금융시스템의 발전을 이끄는 요인은 성장에 직접적인 영향을 미칠 수 있다. 결과적으로 이 주장은 검정하기 어렵다. 그럼에도 불구하고 금융발전이 성장에 중요하다는 최소한의 증거가 있다(예를 들어 Jayaratne and Strahan, 1996; Levine and Zervos, 1998; Rajan and Zingales, 1998; Levine, 2005). 마찬가지로 Banerjee and Newman(1993)과 Buera, Kaboski, and Shin(2011)은 금융시장의 불완전성은 인적자본과 물적자본 투자 모두에서 큰 비효율을 야기할 수 있고 이러한 잘못된 분배는 발전에 큰 영향을 가지고 있다고 주장한다. 너무 많은 자원이 선진국의 금융부문에 투입되고 있는 지에 대하여 훨씬 더 적은 증거가 있다. Budish, Cramton, and Shim(2015)은 거래 속도를 증가시키는 노력이 사회적 가치가 거의 없는 순수한 지대 추구에 가깝다는 강력한 증거를 제시하였다. 그러나 이러한 설명이 금융부문의 다른 자원이 많이 사용되는 방식과 일치하는지의 여부는 명확하지 않다. Philippon and Reshef(2012)는 최근 수십 년 동안 미국의 금융보상에 대한 보상이 수수께끼일 정도로 높다는 증거를 제시하였고, Philippon(2015)은 정보기술 및 다른 유형의 기술진보의 큰 발전이 지난 100년 동안 미국 금융부문의 효율성을 증가시킨 것으로 보이지 않는다는 것을 발견했다. 그러나 다시 이것은 너무 많은 자원이 금융부문에 투입되는지 여부에 대한 질문을 해결하지는 못한다.

10.1 완전한 금융시장 모형

이 절은 소비자 선호와 가능한 투자집합의 상호작용이 어떤 투자프로젝트를 수행하는 지와 어떻게 프로젝트 결과에 대한 청구권을 평가하는 방법을 보여주기 위해 완전하게 작동하는 금융시장의 모형을 제시한다.

■ 가정과 균형조건

경제는 두 기간 동안 지속된다. 대표적 가계는 1기에 경제의 유일한 재화의 부존 E를 가지고 있고 2기에 부존은 없다. 가계는 생애효용의 기대가치를 극대화하므로 다음과 같다.

$$V = U(C_1) + \beta U(C_2), \quad \beta > 0, \quad U'(\bullet) > 0, \quad U''(\bullet) < 0 \tag{10.1}$$

여기서 C_t는 t기 가계의 소비이다.

모든 2기 생산은 1기에 수행된 투자로부터 나온다. N개의 가능한 투자프로젝트가 있다. 각 프로젝트의 결과는 잠재적으로 불확실하다. 구체적으로 2기에 세상의 S가지 가능한 상태가 있다. 만일 1기의 K_i가 프로젝트 i에 투입되면 2기의 상태 s에 $R_{is}K_i$를 생산한다(여기서 모든 i와 s에 대해 $R_{is} \geq 0$). π_s를 상태 s가 발생할 확률로 나타내자. π_s는 $\pi_s \geq 0$와 $\sum_{s=1}^{S}\pi_s = 1$을 만족한다. K_i는 음(−)이 될 수 없다. 개별 투자는 개별 기업에 의해 수행되는 것으로 생각하면 편리하다. 마지막으로, 경제는 완전경쟁적이다. 가계와 기업은 가격수취자이기 때문이다.

이러한 경제의 균형을 특정짓는 조건은 간단하다. 완전한 시장이고 불완전성이 없기 때문에 Arrow−Debreu 재화로 균형을 나타낼 수 있다 – 즉 세상의 다양한 상태의 2기 생산에 대한 청구권이다. 구체적으로, q_s를 상태 s의 1기 생산단위로 나타낸 2기 생산의 1단위에 대한 청구권의 가격이라고 하자. 따라서 균형은 가격집합 $\{q_s\}$, 투자결정 $\{K_i\}$, 그리고 소비결정 C_1과 $\{C_2^s\}$의 세 가지로 이루어진다.

첫째, 가계는 예산제약 하에 효용을 극대화해야 한다. 예산제약은 모든 s에 대해 다음과 같다.

$$C_1 + \sum_{s=1}^{S} q_s C_2^s = E \tag{10.2}$$

효용극대화는 C_1을 작은 양만큼 감소시키고 C_2^s를 증가시키기 위해 저축을 사용하는 것은 생애효용에 영향을 미치지 않을 필요가 있다. 이러한 것으로 모든 s에 대해 오일러 방정식이 도출된다.

$$U'(C_1) = \frac{1}{q_s}\pi_s \beta U'(C_2^s) \tag{10.3}$$

이를 모든 s에 대해 다음과 같이 쓸 수 있다.

$$q_s = \pi_s \beta \frac{U'(C_2^s)}{U'(C_1)} \tag{10.4}$$

즉 균형의 상태 s에서 생산에 대한 청구권의 가격은 상태가 발생할 확률과 오늘 소비에 대한 그 상태에서 소비의 한계효용의 곱과 같다.

둘째, 이용되지 않은 이윤 기회가 없어야만 한다. 1기 소비로 나타낸 프로젝트 i에 한계적으로 더 많이 투자하는 비용은 단지 1이다. 수익은 상태조건부 생산 $\sum_{s=1}^{S} q_s R_{is}$을 판매하는 수입이다. 만일 엄밀하게 양(+)의 금액이 프로젝트에 투자된다면 한계적으로 더 많이 투자한 수익은 비용과 같다. 그리고 만일 프로젝트에 아무 것도 투자되지 않았다면 투자의 첫 단위부터의 수익은 비용보다 작거나 같아야만 한다. 따라서 다음과 같다.

$$\sum_{s=1}^{S} q_s R_{is} \begin{cases} = 1 & \text{만일 } K_i > 0 \\ \leq 1 & \text{만일 } K_i = 0 \quad \text{모든 } i \text{ 에 대해} \end{cases} \tag{10.5}$$

Arrow-Debreu 재화의 완전한 집합이 있기 때문에, 프로젝트를 수행하는데 어떤 위험도 없다는 것을 주목하자. 즉 비록 프로젝트가 생산하는 금액이 상태에 의존한다고 해도 모든 상태에서 생산에 대한 청구권은 1기에 팔린다.

마지막으로 시장은 청산된다. 1기의 시장청산 조건은 다음과 같다.

$$C_1 + \sum_{i=1}^{N} K_i = E \tag{10.6}$$

그리고 상태 s에서 2기 생산에 대한 청구권에 대한 시장청산 조건은 모든 s에 대해 다음과 같다.

$$\sum_{i=1}^{N} K_i R_{is} = C_2^s \quad \text{for all } s \tag{10.7}$$

균형조건의 수는 1(식 10.2로부터), 더하기 S(식 10.3 또는 10.4로부터), 더하기 N(식 10.5로부터), 더하기 1(식 10.6으로부터), 더하기 S(식 10.7로부터)이다. 미지수는 S의 q_s, S의 C_2, N의 K_i, 그리고 C_1이다. 방정식의 수는 왈라스 법칙 때문에 미지수의 갯수보다 1만큼 많다.

■ 논의

기업의 관점에서 이 모형은 제9장에서 우리가 공부한 부분균형 투자모형, 특히 9.7절의 불확실성 하에서의 투자모형과 거의 다르지 않다. 그리고 가계의 관점에서 모형은 8.5절의 위험자산이 있는 소비의 부분균형 모형과 유사하다. 그러나 투자와 소비 모두 현재 모형에서 내생적이기 때문에, 다른 상태에서 소비의 한계효용과 이에 따른 다른 상태에서 투자프로젝트에 대한 수익은 이제 내생적이다.

순공급이 엄밀하게 양(+)인 유일한 자산은 수행된 투자프로젝트의 생산에 대한 청구권이다. 그러나 다른 잠재적인 금융자산의 순공급은 0이라고 하더라도 여전히 일부 주체는 자산을 매도하고 다른 주체는 매입할 수 있는 시장을 생각할 수 있다. 어떤 자산(양(+)의 순공급이 없는 자산 포함)의 가격은 이 경제의 가격결정 커널에 의존하고 이는 다른 상태에서 소비의 한계효용에 의해 결정된다. 즉 x_s의 상태 s에서 수익이 있는 자산의 가격은 $\sum_{s=1}^{S} q_s x_s$이다. 두 가지 잠재적으로 흥미로운 자산은 채무와 보험이다. 무위험채무의 가격 – 즉 상태에 관계없이 1단위를 지급하는 자산 – 은 $\sum_{s=1}^{S} q_s$이다. 상태 s가 발생하는 것에 대한 보험의 가격 – 즉 상태 s에 1단위를 지급하는 자산과 그렇지 않은 경우 0인 자산 – 은 q_s이다. 물론 모든 가계가 동일하기 때문에 균형에서 우리는 이러한 자산을 매도하는 주체와 매입하는 주체를 관찰하지 않을 것이다. 그러나 선호나 소득이 이질적이라면 주체를 관찰해야 한다.

또한 금융자산의 거래는 모든 거래가 초기에 일어나는 문자 그대로의 Arrow–Debreu 재화가 없어도 경제를 왈라스 결과로 가져올 수 있다는 것에 주목하자. 주체가 동질적인 모형에서, Arrow–Debreu 배분은 기업의 생산에 대한 청구권이 거래되는 주식시장을 통해 이루어질 수 있다. 이질적 주체가 있다면 보험계약과 같은 부가적인 자산이 또한 필요할 것이다.

핵심적으로 모든 시장은 완전경쟁적이고 정보는 대칭적이며 외부효과는 없기 때문에 균형은 파레토 효율적이다. 만일 새로운 정보(예를 들어 다른 상태의 확률이나 다른 상태에서 투자프로젝트의 수익)의 도착을 허용하여 모형을 더 풍성하게 한다면 자산가격의 변화가 있더라도 효율적일 것이다. 그리고 갑작스러운 큰 가격의 변화의 유일한 이유는 갑작스러운 주요한 뉴스의 등장이다.

모형의 이러한 특징에 영향을 주지 않는 많은 확장이 존재한다. 예는 추가적 기간, 가계 간 이질성, 투자 조정비용, 그리고 생산에 대한 기타 투입요소(가장 명백한 것으로 가계에 의한 노동공급)의 역할을 포함한다. 이들 중 어느 것도 금융시장이 가계와 기업이 만나 위험을 효율적으로 공유하고 투자 수준과 구성을 결정하는 곳이라는 의미를 바꾸지 못할 것이다. 이러한 확장을 추구하기보다 이 장의 나머지 부분에서 금융시장이 더 중요한 결과를 가지는 설정을 살펴보자.

10.2 대리인 비용과 금융가속

■ 서론

제9장과 10.1절의 모형에서 모든 당사자들은 동등하게 잘 알고 있으므로 금융시장은 효율적으로 작동한다. 잠재적인 투자는 시중의 확률적 할인요인을 사용하여 상태 조건부 수익에 따라 평가된다. 결과적으로 만일 투자의 가치가 취득비용과 필요한 설치비용을 초과하면 투자는 수행된다.

그러나 현실에서 기업은 투자프로젝트에 대하여 외부의 잠재적인 투자자보다도 더 많은 정보를 보유한다. 외부로부터의 자금조달은 궁극적으로 개인에 의해 공급된다. 이러한 개인은 통상적으로 기업과 접촉도 적고 기업의 활동에 대하여 전문성도 거의 없다. 이에 더하여 일반적으로 기업과 개인과의 이해관계는 작기 때문에 그러한 정보를 얻고자 하는 유인도 작다.

이러한 문제 때문에 정보를 취득하고 정보를 전송하는데 특화된 은행, 뮤추얼펀드, 신용평가회사와 같은 금융기관은 금융시장에서 중심적인 역할을 담당하고 있다. 그러나 그러한 기관들도 자신들의 자금을 투자하는 기업이나 개인보다 훨씬 덜 정보를 가질 수 있다. 예를 들어 신용카드발급자는 신용카드보유자의 금융환경과 지출습관에 대하여 카드보유자보다 통상적으로 더 적은 정보를 보유하고 있다. 이에 더하여, 최종적인 투자자와 기업 사이에 중개기관이 존재하므로 비대칭적 정보는 이중으로 발생한다. 즉 중개기관과 기업 간에 비대칭적 정보가 존재하는 것뿐만 아니라 개인과 중개기관 사이에도 비대칭적 정보가 존재한다(Diamond, 1984).

비대칭적 정보는 투자자와 기업 사이에 **대리인 문제**(*agency problem*)를 만들어 낸다. 투자의 수익에 관한 위험의 일부는 통상적으로 기업의 것이 아니라 투자자의 부담이 된다. 예를 들어 기업이 파산할 가능성이 있는 상황에서 발생한다. 이러한 경우 기업은 우월한 정보를 이용하여 자신의 행동을 바꿀 수 있다. 예를 들어 기업이 프로젝트가 특히 위험하다는 것을 알고 있는 경우에만 차입할 수 있거나 전체 예상수익이 낮아지는 것을 알고 있다고 해도 저위험 전략보다 고위험 전략을 선택할 수 있다. 따라서 이처럼 비대칭적 정보는 투자의 선택을 왜곡시켜 가장 효율적인 프로젝트의 실현을 방해하기도 한다. 더욱이 비대칭적 정보는 투자자가 기업의 활동을 감시하는데 소요되는 자원이 증가하여 비용이 증가하며 기업을 운영하는 관리자나 기업가는 사회적으로 최적인 노력양보다 적게 기업에 헌신할 수 있다. 따라서 비대칭적 정보는 비용을 증가시킨다.

이 절은 비대칭적 정보와 결과적인 대리인 문제에 대한 단순한 모형을 제시하고 효과에 대하여 논의한다. 비대칭적 정보가 존재할 때 투자는 단순히 이자율이나 수익성보다 다른 요인들에 의해서도 영향을 받게 된다. 예를 들어 투자자가 기업을 감시하는 능력, 기업이 내부자금으로 자금을 조달하는 능력 등도 중요하다. 또한 비대칭적 정보에 의해 이자율과 수익성이 어떻게 투자에 영향을 미치는 지와 경제에 충격의 효과를 어떻게 확대하는 지에 대해 살펴본다.

■ 가정들

어떤 기업가가 1단위의 자원을 필요로 하는 프로젝트를 수행할 수 있는 기회를 가지고 있다. 이 기업가는 W 단위의 자산을 보유하는데 1보다 적다. 따라서 그 프로젝트를 수행하기 위하여 기업가는 $1-W$ 단위만큼의 외부자금을 조달할 필요가 있다. 만일 프로젝트가 수행된다면 그의 기대생산량은 γ이고 γ는 양(+)이다. γ는 기업가마다 이질적이지만, 일반적으로 관찰가능하다. 그러나 실제생산량은 기대생산량과 다를 수 있다. 구체적으로, 기대생산량 γ인 프로젝트의 실제생산은 구간 $[0, 2\gamma]$에 균일하게 분포된다고 가정한다. 기업가의 자산이 모두 프로젝트에 투자되기 때문에 외부투자자에 대한 지급은 프로젝트의 생산량을 초과할 수 없다. 기업가가 외부투자자에게 지급할 수 있는 금액에 대한 제한으로 인해 투자자는 프로젝트 위험의 일부를 부담해야만 하는 것을 의미한다.

보다 단순화하기 위해 기업가와 외부투자자는 위험중립적이고, 확실한 수익률 r을 주는 위험이나 비대칭적 정보가 없는 기술이 존재한다고 가정한다. 또한 외부투자자들은 경쟁적이라고 가정한다. 이러한 가정들은 여러 시사점을 가지고 있다. 첫째 투자는 기대수익률이 r보다 큰 때에만 사회적으로 바람직하다. 즉, 사회계획자(*social planner*)가 수행되기를 원하는 프로젝트에 대한 요구사항은 $\gamma > 1 + r$이다. 둘째, 기업가는 무위험이자율 r로 투자할 수 있기 때문에, 기업가는 γ와 외부투자자에 대한 기대지급액과의 차이가 $(1 + r)W$를 초과하면 프로젝트를 수행한다. 외부 투자자들이 기업가에게 제공하는 어떠한 형태의 자금공급에 대해서도 균형에서의 기대수익률은 r과 같아진다.

모형의 핵심적인 가정은 프로젝트의 실제생산량에 대해 기업가가 외부투자자보다 더 많은 정보를 가지고 있다는 것이다. 구체적으로, 기업가는 비용없이 자신들의 생산량을 관측할 수 있다. 그러나 외부투자자는 생산량을 관찰하기 위하여 c만큼의 비용을 지불하여야 한다. c는 양(+)으로 가정한다. 편의상 기대생산량 γ보다 작은 것으로 가정한다.

이런 유형의 정보의 비대칭성은 **비용이 소요되는 상태판별**(*costly state verification*)으로 알려져 있다(Townsend, 1979). 우리는 비대칭적 정보가 투자결과에 어떻게 영향을 미치는 지를 볼 뿐만 아니라 어떻게 금융계약을 형성되는 지에 대해서도 살펴볼 것이다. 실제로 비용이 소요되는 상태판별보다 더 중요할 수 있는 것으로 프로젝트의 위험이나 기업가의 행동의 위험에 대한 비대칭적 정보와 같이 다른 유형의 비대칭적 정보도 대체로 유사한 효과를 지닌다. 충격의 왜곡과 증폭과 관련하여 대체로 유사한 시사점을 가지므로 더 간단한 소요되는 상태판별 모형을 통해 이러한 이슈를 살펴보자.

■ 정보의 대칭성 하의 균형

프로젝트의 생산량을 관찰하는 비용이 없으면 균형은 단순하다. 기대수익이 $1 + r$을 초과하는 프로젝트를 가지는 기업가는 자금을 조달하여 그 프로젝트를 수행한다. 한편 기대수익이 $1 + r$보다 작은 프로젝트를 가지는 기업가는 프로젝트를 수행하지 않는다. 수행된 프로젝트에 대해 기업가와 외부투자자의 사이의 계약에서 투자자는 $(1 - W)(1 + r)$의 배당을 기대할 수 있다. 이것을 수행하는 데에는 많은 계약이 있다. 하나의 예는 생산량이 어떤 값으로 나타나든지 간에 비율 $(1 - W)(1 + r)/\gamma$로 투자자에게 지급한다는 계약이다. 이 경우 기대생산량이 γ이므로 투자자의 기대수익은 $(1 - W)(1 + r)$이다. 기업가의 기대수익은 $\gamma - (1 - W)(1 + r)$이 되며 이는 $W(1 + r) + \gamma - (1 + r)$과 같다. γ는 $1 + r$보다 크다는 가정에 의해 기업가의 기대소득은 $W(1 + r)$보다 크다. 따라서 기업가는 프로젝트의 수행에 의해 수익을 얻는다.

■ 정보의 비대칭성 하에서 계약의 형태

이제 외부투자자들이 프로젝트의 생산을 관찰하는 데에 비용이 소요된다는 가정을 도입한다. 또한 각 외부투자자 자산은 $1 - W$보다 크다고 가정한다. 따라서 이 모형의 균형에서 각 프로젝트는 단지 한 사람의 외부투자자만 대응하는 경우에 초점을 둘 수 있다. 이러한 것은 프로젝트의 생산을 관찰하기 원하는 1명의 외부투자자보다 많을 때 발생하는 복잡한 문제를 피할 수 있다.

외부투자자들은 위험중립적이고 경쟁적이므로 기업가가 투자자에게 지급하는 수익의 기대치는 $(1 - W)(1 + r)$에 투자자가 생산량 확인을 위해 지출하는 비용의 기대치(기대지출)을 더한 것과 같다. 한편 기업가의 기대소득은 외생적으로 주어지는 프로젝트의 기대생산량에서 투자자에 대한 기대지급을 뺀 것이다. 따라서 최적계약은 외부투자자에게 필요한 수익률을 제공하면서 투자자가 생산량을 확인하는 시간을 최소화하는 계약이다.

주어진 가정 하에서 최적 계약은 다음과 같이 단순한 형태를 취한다. 만일 프로젝트의 수익이 어떤 임계수준 D를 초과하면 기업가는 투자자에게 D를 지급하고 투자자는 생산량을 확인하지 않는다. 그러나 만일 수익이 D보다 작다면 투자자는 확인비용(verification cost)을 지급하고 모든 생산량을 차지한다. 따라서 계약은 채무계약의 형태를 가진다. 기업가는 $1 - W$를 차입하고 가능하다면 D를 갚는다고 약속한다. 만일 기업가의 생산량이 지급해야 할 금액을 초과하면 기업가는 차입금을 상환하고 수익을 확보할 수 있게 된다. 그리고 만일 기업가가 필요한 금액을 지급할 수 없다면 모든 자금은 채권자에게 인도하게 된다. 이와 같은 지급함수는 그림 10.1에 나타나 있다.

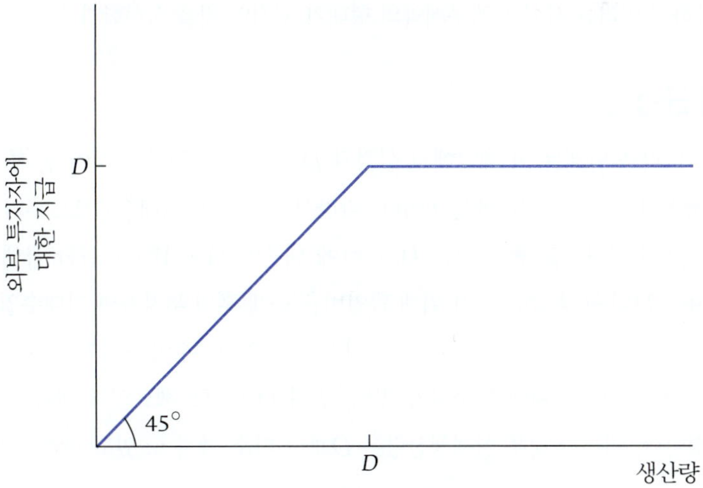

그림 10.1 최적지급함수의 형태

최적계약이 이러한 형태를 가지는 지에 대한 것을 몇 가지 단계로 살펴보자. 첫째, 투자자가 생산을 확인하지 않을 때 지급액을 실제의 생산량에 기초하여 지급할 수 없다. 이것을 확인하기 위해 생산이 Y_1일 때 지급액은 Q_1으로 가정하고 생산량이 Y_2일 때 지급액을 Q_2,

$Q_2 > Q_1$이며 어느 경우에도 투자자는 생산량을 확인하지 않는 것으로 가정한다. 투자자는 생산량을 알지 못하므로 생산량이 Y_2일 때 기업가가 Y_1이라고 위장하여 Q_1을 지급할 수도 있다. 따라서 이 계약에서는 생산량이 Y_2일 때 지급액이 Y_1일 때의 지급액보다 클 수 없다.

둘째, 확인하는 경우의 지급액은 확인하지 않는 경우의 지급액 D를 초과할 수 없다. 만일 초과하는 경우가 있다면 기업가는 실제생산량이 D보다 큰 지급액을 낳는 생산량이 아닌 것처럼 위장할 것이다. 더욱이 확인하는 경우의 지급액이 D와 동일하게 되는 것도 가능하지 않다. 동일하게 되는 경우가 존재한다면 그 경우 기업가가 D를 지급하기만 하면 확인 행위를 생략함으로써 확인의 작업에 소요되는 기대지출을 줄일 수 있기 때문입니다.

셋째, 생산량이 D를 초과할 때 지급액은 반드시 D이다. 이러한 것을 이해하기 위해 생산량이 D를 초과하더라도 지급액이 D보다 적다면 그 수준의 생산량에서 지급액을 D로 변경시켜 투자자의 기대수익을 증가시키고 기대확인비용을 감소시키는 것이 가능하다는 것에 주목하면 충분하다. 결과적으로 훨씬 효율적인 계약을 구축하는 것이 가능하다.

넷째, 생산량이 D보다 작으면 기업가는 D를 지급할 수 없다. 따라서 이러한 경우에 투자자는 생산량을 확인해야 한다.

마지막으로 생산량이 D보다 작을 때 지급액이 생산량 전체보다도 작다면 이러한 상황에서 지급액을 증가시켜 기대확인비용을 변경시키지 않고 투자자의 기대수익을 증가시키는 것이 가능하다. 그러나 이것은 D의 삭감이 가능하다는 것이므로, 확인비용의 절약도 가능한 것을 의미한다. 이로써 생산량이 D보다 적을 때 생산량 모두가 지급된다.

종합하면 이러한 사실은 채무계약의 형태가 최적인 것을 시사한다.[1]

■ D의 균형 값

분석의 다음 단계는 이 계약에서 설정된 D의 값을 결정하는 것이다. 투자자는 위험중립이고 경쟁적이며 무위험이자율은 r이다. 따라서 투자자의 기대수입으로부터 확인 작업에 소요되는 비용의 기대치를 뺀 금액은 $(1+r)$에 대출액 $(1-W)$을 곱한 금액과 같아야만 한다. 이에 따라 D의 균형 값을 찾기 위해 확인비용 공제 후의 투자자의 기대수입이 D에 따라 어떻게 반응하는지를 고려한 다음, 투자자에게 필요한 기대순수입을 가져오는 D값을 찾아야 한다.

투자자의 기대순수령액을 구하기 위해, 먼저 D는 프로젝트의 최대가능생산, 2γ보다 작다고 가정한다. 이러한 경우 실제생산량은 D보다 다소 클 수도 있고 작을 수도 있다. 만일 생산

---

1 한층 엄밀한 증명은 Townsend(1979)와 Gale and Hellwig(1985)를 참조하라. 이러한 분석은 두 가지 미묘한 점을 무시한다. 첫째, 확인은 상태의 확정적 함수라고 가정한다. 그러나 확인을 생산량에 대한 기업가의 보고의 비확정적 함수로 설정하면 그림 10.1에 나타난 계약을 보다 개선시킬 수 있다는 것을 보일 수 있다(Bernanke and Gertler, 1989). 둘째, 이러한 분석은 기업가가 생산량이 D보다 작다고 보고한다면 투자자는 확인에 비용이 소요된다고 가정한다. D보다 작은 어떤 생산량의 보고된 수준에 대해 투자자는 확인 후에 받는 것보다 확인하지 않고 지급을 받는 것이 바람직하다. 그러나 만일 투자자가 사후적으로 확인하지 않으면 기업가는 낮은 생산량을 보고할 유인이 생긴다. 따라서 이 계약은 **재교섭을 방지할 수 없다**(*not renegotiation-proof*). 논의를 단순화하기 위해 우리는 이러한 복잡한 경우를 무시하고 있다.

량이 D보다 크다면 투자자는 확인비용을 들이지 않고 D를 지급받는다. 생산량이 구간 $[0, 2\gamma]$에서 균등하게 분포되므로 이런 상황이 발생할 확률은 $(2\gamma - D)/(2\gamma)$이다. 만일 생산량이 D보다 작으면 투자자는 확인비용을 치르면서 모든 생산량을 지급받는다. 생산량은 균일분포에 따른다는 가정으로부터 이러한 상황이 발생할 확률은 $D/(2\gamma)$이며 생산량이 D보다 적다는 조건하에서 평균생산량은 $D/2$이다.

한편 만일 D가 2γ를 초과하면 생산량은 항상 D보다 작아진다. 따라서 이러한 경우 투자자는 항상 확인비용을 부담하고 모든 생산을 지급받는다. 이러한 경우의 기대지급액은 γ이다.

따라서 투자자의 기대수입에서 확인비용을 뺀 금액은 다음과 같다.

$$R(D) = \begin{cases} \dfrac{2\gamma - D}{2\gamma} D + \dfrac{D}{2\gamma}\left(\dfrac{D}{2} - c\right) & \text{if } D \leq 2\gamma \\ \gamma - c & \text{if } D > 2\gamma \end{cases} \tag{10.8}$$

식 (10.8)에서 $D \leq 2\gamma$일 때 $R'(D)$는 $[1 - (c/2\gamma)] - D/2\gamma$와 같다. 따라서 기대순수입 R은 $D = 2\gamma - c$일 때까지 증가하며 이후 감소한다. D를 $2\gamma - c$보다 높게 할 때 투자자의 기대순수입을 낮추는 이유는 투자자가 생산량을 확인할 때 받는 순수입은 항상 $2\gamma - c$보다 작기 때문이다. 따라서 $D = 2\gamma - c$로 설정하고 생산이 $2\gamma - c$를 초과할 때 확인없이 $2\gamma - c$를 받아들이는 것이 $D > 2\gamma - c$로 설정한 경우보다 투자자로서는 낫다.

식 (10.8)은 $D = 2\gamma - c$일 때 투자자의 기대순수입은 $R(2\gamma - c) = [(2\gamma - c)/(2\gamma)]^2 \gamma \equiv R^{MAX}$이다. 따라서 기대순수입의 최대치는 c가 0일 때 기대생산량과 동일하지만 c가 0보다 크면 기대생산량 γ보다 작아진다. 마지막으로 $D = 2\tau$에서 R은 $\tau - c$로 감소한다. 그 이후에 D를 높이더라도 $R(D)$에는 영향을 주지 못한다. 이와 같은 $R(D)$ 함수는 그림 10.2에 나타나 있다.

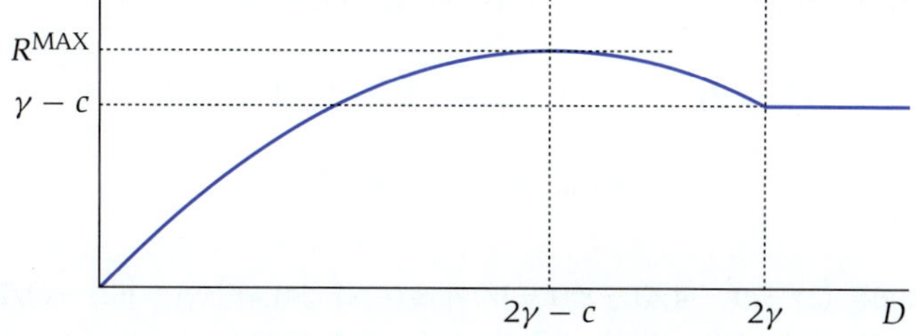

그림 10.2 투자자의 확인비용차감 후 기대수익

그림 10.3은 투자자가 요구하는 순수익 $(1-W)(1+r)$의 가능한 3가지 값을 보여준다. 만일 필요순수익이 V_1과 같다면 – 보다 일반적으로 만일 그것이 $\gamma - c$보다 작다면 – 투자자에게 그 필요순수익을 가져다주는 유일한 D의 값이 존재한다. 따라서 계약은 이러한 D의 값을 명시할 수 있다. 필요순수익이 V_1과 같을 때 D의 균형 값은 그림에서 D_1으로 주어져 있다.

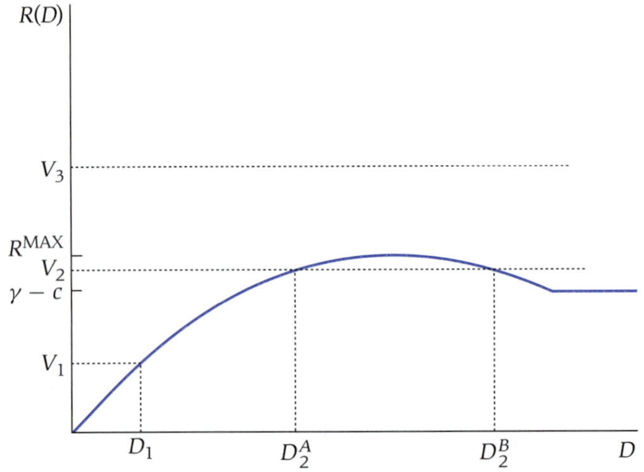

그림 10.3 투자자에 대한 기업가의 필요지급액 결정

만일 투자자가 요구하는 순수익이 R^{MAX}를 초과하면 – 예를 들어 V_3와 같다면 – 투자자에게 필요한 수익을 제공하는 D의 값은 존재하지 않는다. 따라서 이러한 상황에서 **신용할당**(*credit rationing*)이 발생한다 – 투자자는 어떤 이자율로도 기업가에게 부족자금을 빌려주는 것을 거절한다.

마지막으로 만일 요구순수익이 $\gamma - c$와 R^{MAX}의 사이에 있다면 두 가지 가능한 D의 값이 있다. 예를 들어 그림에서 D_2^A 또는 D_2^B의 D의 값은 $R(D) = V_2$의 수익을 제공한다. 그러나 이들 중 더 높은 D(그림에서 D_2^B)는 경쟁균형이 아니다. 왜냐하면 만일 어떤 투자자가 D_2^B의 지급을 요구조건으로 하여 기업가에게 대출을 하면 다른 투자자는 더 나은 조건으로 대출을 실행하면서 동일한 이윤을 얻을 수 있기 때문이다. 따라서 경쟁에 의해 D는 D_2^A까지 하락한다. 따라서 D의 균형 값은 $R(D) = (1+r)(1-W)$의 해 가운데 보다 작은 값이 균형 값이 된다. 식 (10.9)로부터 얻어지는 해[2]는 다음과 같다.

$$D^* = 2\gamma - c - \sqrt{(2\gamma - c)^2 - 4\gamma(1+r)(1-W)},$$
$$\text{단 } (1+r)(1-W) \le R^{\text{MAX}} \tag{10.9}$$

2 루트 기호 안에 있는 $(2\gamma - c)^2 - 4\gamma(1+r)(1-W)$가 음(−)의 값이 될 조건은 $[(2\gamma - c)/2\gamma]^2\gamma < (1+r)(1-W)$이다 – 즉 R^{MAX}가 필요순수익보다 작다는 것을 의미한다는 점에 유의하라. 이는 식 (10.9)가 정의되지 않는 경우로서 투자자들이 자금을 공급하고자 할 때 요구하는 D의 값이 존재하지 않는 예이다.

■ 균형 투자

분석의 마지막 단계는 기업가가 언제 프로젝트를 수행하는가를 확정하는 것이다. 이 필요조건은 기업가가 어떤 수준의 이자율로 자금조달을 할 수 있다는 것이다. 그러나 이것은 충분조건이 되지 못한다. 그 이유는 자금조달이 가능한 기업가라고 해도 무위험자산에 투자하는 것의 편익이 더 클 수도 있기 때문이다.

무위험자산에 투자하는 기업가는 $(1+r)W$를 기말에 얻을 수 있다. 만일 기업가가 대신에 프로젝트를 수행하면 기업가의 기대수입은 기대생산량 γ에서 외부투자자에 대한 기대지급분을 뺀 것이 된다. 만일 기업가가 자금조달이 가능하면 투자자에 대한 기대지급분은 투자자의 자금의 기회비용 $(1+r)(1-W)$에 투자자가 확인작업에 소요되는 기대지출을 더한 것이 될 것이다. 따라서 언제 프로젝트가 수행될 것인가를 확정하기 위해 그 기대확인비용을 구할 필요가 있다.

기대확인비용 A는 식 (10.9)에서 계산가능하다. 투자자가 확인을 하는 것은 생산량이 D^*보다 작고 이러한 상황이 일어날 확률은 $D^*/2\gamma$이다. 따라서 기대확인비용은 다음과 같이 표현된다.

$$
\begin{aligned}
A &= \frac{D^*}{2\gamma}c \\
&= \left[\frac{2\gamma - c}{2\gamma} - \sqrt{\left(\frac{2\gamma - c}{2\gamma}\right)^2 - \frac{(1+r)(1-W)}{\gamma}}\right]c
\end{aligned}
\tag{10.10}
$$

이것을 간단히 미분하면 A는 c와 r의 증가함수이고 γ와 W의 감소함수가 된다는 것을 확인할 수 있다. 따라서 다음과 같이 간결하게 표현할 수 있다.

$$
A = A(c, r, W, \gamma), \quad A_c > 0, \quad A_r > 0, \quad A_W < 0, \quad A_\gamma < 0 \tag{10.11}
$$

기업가가 예상하는 투자자에 대한 기대지급액은 $(1+r)(1-W)+A(c,r,W,\gamma)$이다. 따라서 프로젝트가 수행되는 것은 $(1+r)(1-W) \le R^{MAX}$와 동시에 다음의 식이 성립하는 경우이다.

$$
\gamma - (1+r)(1-W) - A(c, r, W, \gamma) > (1+r)W \tag{10.12}
$$

일반적으로 제약 – 기업가에게 어떤 이자율로 차입하려는 기업가의 의지 또는 만일 차입이 가능하다면 프로젝트를 수행하려는 의지 – 은 적절할 수 있다. 만일 W가 작은 경우를 가정하자. 프로젝트를 수행하는 것은 투자자가 최대로 가능한 수입을 얻을 수 있을 때 조차도 기업가에게 매력적이다. 따라서 투자가 수행되는지 여부를 결정하는 것은 투자자가 자금을 조달할 의향이 있는지 여부이다. 한편 W가 상당히 크지만 γ가 $1+r$보다 약간만 크다고 가정하자.

이러한 경우 투자들에게 필요순수익 $(1+r)(1-W)$를 주는 D의 수준이 있지만 포함되는 대리인 비용(즉 $A(c,r,W,\gamma)$)은 $\gamma-(1+r)$을 초과할 수 있다. 이러한 경우 투자가 수행되는 지의 여부는 기업가가 투자를 수행하려는 의향이 있는 지의 여부에 의해 결정된다.

■ 논의

비대칭적 정보의 특정 모형에서 이러한 결과를 도출했지만 기본 아이디어는 보편성을 가지고 있다. 예를 들어 기업가가 얼마나 많은 위험을 감수하는지에 대한 비대칭 정보가 있다고 가정하자. 이러한 상황에서, 만일 생산량이 작았던 경우의 위험을 약간이라도 투자자가 부담한다면, 기업가는 프로젝트의 기대수익을 최대화하는 수준 이상으로 자신들의 활동 위험을 증가시키고자 하는 유인이 있다. 즉 행동에 대한 비대칭적 정보는 **도덕적 해이**(*moral hazard*)를 만들어 낸다. 결과적으로 여기서도 우리가 검토하였던 비용이 소요되는 상태 판별의 모형의 경우와 마찬가지로 비대칭적 정보에 의해 기업가와 투자자 모두에게 돌아가는 기대총수익은 감소한다. 현실적인 가정 하에서 이러한 대리인 비용은 기업가가 제공할 수 있는 자금량 W와 프로젝트의 기대수익 γ의 감소함수, 주어진 자금조달 규모에서 투자자에게 지급되어야 할 이자율 r과 정보비대칭성의 크기(상태확인에 비용이 소요되는 경우는 c, 도덕적 해이가 있는 경우에는 기업의 고(高)위험행동을 취하는 능력)의 증가함수가 된다.

마찬가지로 프로젝트의 위험측면에서 기업가는 매우 이질적이고 그 위험이 공적으로 관찰될 수 없는 경우 – 따라서 **역선택**(*adverse selection*)이 발생하는 경우 – 를 고려해 보자. 이 경우에도 자금의 외부조달에는 대리인비용이 발생하며 그 비용의 크기는 우리의 모형에서 고찰한 바와 같이 동일하게 결정된다. 따라서 이 절에서 다룬 모형의 질적인 결과는 금융시장에 관한 다른 정보비대칭성에 관한 많은 모형들에게도 적용할 수 있다.

마찬가지로 우리는 잠재적인 투자 프로젝트가 있는 기업가의 맥락에서 비대칭적인 정보의 효과에 대해 논의했지만 다른 환경에서의 효과는 대체로 유사하다. 예를 들어 주택이나 자동차를 사려고 하는 불확실한 미래소득이 가지는 경우와 자본금을 늘리려고 하는 미래수익이 불확실한 기존 기업을 고려하는 경우가 해당된다.

■ 금융가속

이러한 분석의 중심적인 시사점은 금융시장의 불완전성이 경제에 미치는 충격의 효과를 확대한다는 것이다. 완전한 금융시장에서 투자가 수행되는지 여부는 확률적 할인인자를 사용하여 계산된 생산량의 기대가치에 의존한다. 투자를 수행하는 대리인이 가지고 있는 자원은 관련이 없다. 그러나 우리의 모형에서 금융시장이 불완전할 때 더 이상 사실이 아니다. 식 (10.11)은 대리인 비용이 기업가의 자산 W의 감소함수임을 보여준다. 따라서 W의 하락은 다른 변화가 없는 경우에 투자가 발생하지 않도록 할 수 있다. 넓게 보면 기업이 투자자금을 조달하는 데 사용할 수 있는 자원은 당기지출을 초과하는 당기수입에 의존하며 가계가 주택과 내구소비재를 구입하는 데 사용할 수 있는 자원은 당기소득에 의존한다. 어떤 요인이 생산량을 줄일 때 그러한 자원이 감소한다. 따라서 주어진 투자 수준과 관련된 대리인 비용은 상승한다. 결과적으로 투자는 생산량의 초기 감소를 확대하면서 감소한다. Bernanke and Gertler(1989)는 단순한 실질경기변동 모형에서 기술충격의 맥락에서 이것을 공식적으로 보여주며 그러한 논리는 일반적이다. 예를 들어 그것은 동일하게 경직적 모형의 화폐적 충격에도 적용된다.

금융시장의 불완전성은 당기자원에 대한 충격의 영향뿐만 아니라, 담보가치에 대한 영향을 통해 충격의 효과를 확대할 수 있다. 외부투자자가 채무불이행의 경우에 청구할 수 있는 담보를 포함하도록 이 절의 모형을 확장하면 담보가치가 낮을 때 대리인 비용이 더 커질 것이다. 그리고 경제 전반의 생산량이 하락할 때 자산가치가 하락하는 경향이 있는 두 가지 이유가 있다. 첫째, 가장 간단하게 생산량의 감소는 일반적으로 최소 어느 정도 지속되기 때문에 오늘의 생산량 감소는 전형적으로 미래 생산량에 대한 기대 감소와 관련이 있다. 결과적으로 자산에서 기대되는 미래한계생산물 또는 서비스 흐름이 감소하며, 그러한 오늘날 자산의 가치를 낮추는 것으로 해석된다. 둘째, 더 미묘하게 금융시장의 불완전성 자체가 생산량 감소로 인한 담보가치 하락을 증폭시키는 역할을 한다. 예를 들어, Kiyotaki and Moore(1997)는 담보로 사용될 수 있는 생산적인 자산이 두 가지 유형의 기업 – 신용제약이 있는 기업과 제약이 없는 기업 – 에 의해 보유되는 모형을 개발하였다. 경제 전반의 생산량 감소가 대리인 비용을 증가시켜 자산을 차입하거나 매입할 수 있는 제약을 받는 기업의 능력을 감소시킬 때 제약을 받지 않는 기업이 더 많은 자산을 보유해야 한다. 한계생산체감에 따라 이들 기업의 자산의 한계생산은 하락한다. 이들 기업(시중의 무위험이자율로 차입 및 대출할 수 있는)이 미래이윤을 할인하는 이자율의 변화가 없는 기본적인 경우에 자산가치는 하락한다. 그 결과 제약을 받는 기업의 자산 매입이 보다 더 감소하고 자산가치가 더 하락하는 등의 결과가 발생한다. 금융시장의 불완전성이 경제 전반의 생산량에 미치는 충격의 효과를 확대한다는 아이디어는 **금융가속**(*financial accelerator*)으로 알려져 있다.[3]

다른 시사점들

이번 절의 모형은 많은 다른 시사점을 가지고 있다. 금융가속처럼 가장 중요한 것은 특정 모형보다 일반적인 금융시장의 불완전성에서 발생한다. 여기서 우리는 네 가지를 논의한다.

첫째, 금융시장의 불완전성은 이자율 변동에서 발생하는 생산량 변동에 특히 큰 확대효과를 가진다. 예를 들어 경직적 물가가 있는 경제에서 긴축적 통화정책의 결과로 무위험이자율의 상승을 고려하자. 대리인 비용은 생산 감소뿐만 아니라 이자율이 대리인 비용에 직접 영향

3 금융가속은 증가하는 변화율과 아무 관련이 없으므로 보다 논리적인 이름은 금융증폭이 될 것이다. 그럼에도 불구하고 금융가속이라는 용어는 표준이다. Bernanke, Gertler(1989)와 Kiyotaki and Moore(1997)의 고도로 정형화된 모형보다 훨씬 더 풍부한 경기변동 모형에서 금융가속 모형에 대한 것은 Bernanke, Gertler, and Gilchrist(1999)를 참조하라.

을 미치기 때문에 증가한다. r의 상승으로 기업가가 투자자에게 지급해야 하는 총지급액이 증가한다. 이것은 투자자가 요구하는 순수익이 얻어질 확률이 낮아진다는 것을 의미하므로 대리인 비용이 더 높아지는 것을 의미한다. 이것은 투자를 줄이는 역할을 하여 이자율 상승의 생산량 효과를 더욱 확대한다.

둘째, 화폐적 교란과 다른 총수요교란의 경우 금융시장의 불완전성이 충격의 실물효과를 더 크게 만드는 또 다른 경로가 있다. 6.7절에 기술한대로 실질경직성의 정도를 증가시키기 때문이다. 가격을 변경하려는 기업의 유인은 명목충격의 실물효과의 중요한 결정요인인 것을 상기하자. 더 큰 실질경직성 – 즉 총생산의 변화에 대한 이윤극대화 실질가격의 더 작은 반응 – 은 명목충격에 반응하는 가격조정에 대한 유인을 감소시키므로, 충격의 실물효과를 증가시킨다. 자금조달을 하는 비용은 기업의 비용에서 하나의 구성요소이다. 따라서 총생산이 낮을 때 대리인 비용이 더 높다는 사실은 생산량이 낮을 때 기업의 비용 감소를 억제하므로, 이윤극대화 가격의 하락을 감소시킨다. 만일 기업이 명목가격을 조정하는 비용에 직면하면 화폐적 충격에 반응하여 가격을 더 적게(또는 전혀 조정하지 않을 것 같은) 조정하므로 총생산에 대한 충격의 효과는 더 커진다. 넷째, 자본시장이 완전할 때 투자에 영향을 미치지 않는 많은 변수들은 자본시장이 불완전할 때에 문제가 된다. 기업가의 자산은 간단한 예를 제공한다.

γ와 W는 기업가마다 이질적이라고 가정하자. 완전한 금융시장에서 프로젝트에 자금조달의 여부는 γ에만 의존한다. 따라서 수행된 프로젝트는 가장 생산적인 것으로만 구성된다. 그림 10.4의 (a)는 이것을 보여준다. 반대로 비대칭적 정보가 있으면 W가 대리인 비용에 영향을 주기 때문에 프로젝트에 자금조달의 여부는 γ와 W에 의존하게 된다. 따라서 기대수익이 낮은 프로젝트도 보유자산이 많은 기업이 그 프로젝트를 수행하면 자금이 마련될 수 있다. 이것을 제시하는 것이 그림 (b)이다.

자본시장이 불완전한 경우에만 투자에 영향을 주는 변수의 다른 두 가지 예로 평균세율과 프로젝트가 지닌 고유의 위험(idiosyncratic risk)을 들 수 있다. 만일 모형에 조세가 도입되면 (그의 한계세율이 아닌) 평균세율은 기업이 내부자금을 사용하는 능력에 대한 효과를 통해 투자에 영향을 준다. 그리고 위험은 그것이 소비와 상관이 없다고 하더라도 대리인비용에 대한 영향을 통해 투자에 영향을 미친다. 예를 들어 수익에 불확실성이 없는 경우 프로젝트의 현실화에 요구되는 외부자금조달은 그 자금변제가 불가능하게 될 가능성은 없기 때문에 대리인비용은 발생하지 않는다. 그러나 우리의 모형이 제시한 것처럼 위험이 있는 프로젝트에 대한 외부자금조달에는 대리인 비용이 발생한다.

마지막으로 이것은 가장 중요하게 될 가능성이 높지만 우리의 분석에 의하면 금융시스템 자체가 투자에 중요하다. 이 모형에 의하면 확인비용 c의 증가에 의해 투자가 감소한다. 보다 일반적으로 대리인비용이 존재하면 정보의 분석이나 차입기업의 감시(monitoring) 등과 관련하여 금융시스템의 효율성이야말로 잠재적으로 투자를 결정하는 중요한 요인이 된다는 것을 시사하고 있다.

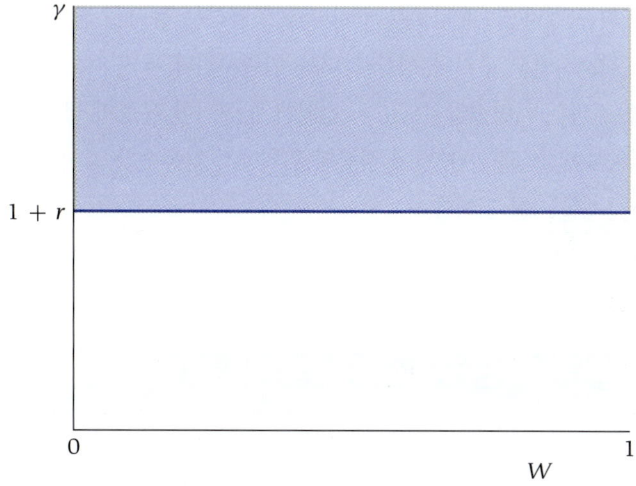

(a)

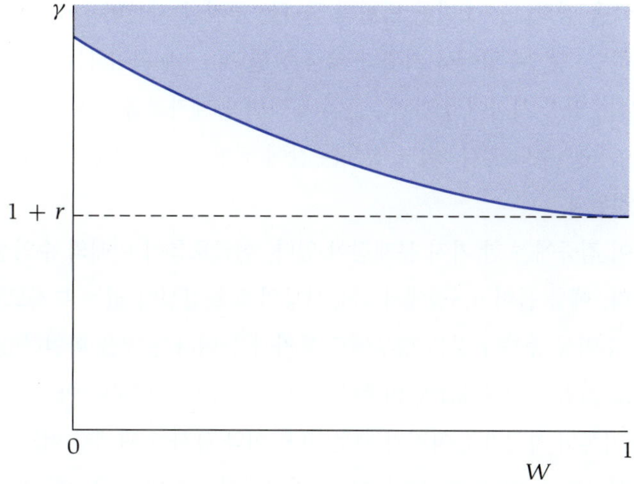

(b)

그림 10.4 프로젝트 수행의 결정 : 정보의 비대칭성이 없는 경우와 있는 경우

이런 관찰은 단기적인 경기변동과 장기적인 경제성장에 시사점을 준다. 이 장의 앞에 소개한 것처럼 장기성장에 대해 금융시스템은 전체 투자와 성장에 중요하다는 증거가 있다. 단기의 변동에서 금융시스템의 붕괴는 투자에 영향을 주고 나아가 총생산에도 영향을 줄 수 있다. 저축에서 투자로 전환하는 것은 종종 2단계 비대칭적 정보 문제를 만들며 금융중개자를 통해 이루어지므로 두 가지 수준의 비대칭 정보 문제가 발생한다. 이러한 것은 잠재적으로 큰 충격의 전파 메커니즘을 생성한다. 예를 들어 어떤 변화 – 1929년 주식시장 폭락과 1930년 경제수축 또는 2007년과 2008년의 주택가격 하락 – 은 차입자의 자산을 감소시켰다. 이러한 것은 단지 차입과 투자할 능력만 감소시킨 것이 아니다. 그것은 또한 금융중개자의 기반을 약하

게 하므로 최종적 자산보유자로부터 자금을 조달하는 능력을 감소시켰다. 이러한 것은 그들의 대출을 감소시키고 투자와 생산을 더욱 위축시킨다. 극단적으로 일부 금융중개자는 파산한다. 최종 결과는 치명적일 수 있다. 정확하게 이러한 유형의 금융 증폭 메커니즘은 대공황(Bernanke, 1983b)과 2007년에 시작된 위기에서 작동했다. 우리는 이 장의 마지막 두 절에서 이러한 문제를 다룰 것이다.

10.3 실증적 응용: 현금흐름과 투자

금융시장의 불완전성에 관한 이론은 내부금융이 외부금융보다 싸다는 것을 시사한다. 따라서 다른 모든 조건들이 같을 때 이윤이 높은 기업일수록 많은 투자를 하게 된다는 것이다.

이런 예측을 검정하는 소박한 방법의 하나는 투자를 자본비용의 측정치와 **현금흐름** – 느슨하게 정의하면, 당기수입에서 지출과 세금을 뺀 것 – 에 회귀하는 것을 생각할 수 있다. 이런 회귀식에서는 일정 시점에서 기업수준의 횡단면 통계자료를 이용할 수도 있고 거시시계열 통계자료를 이용할 수도 있다. 어느 경우든 간에 전형적으로 현금흐름과 투자의 사이에 강한 연관성이 발견된다.

그러나 이 검증에는 한 가지 문제점이 있다. 현금흐름이 미래의 수익성과 상관되어 있을 가능성이 높다. 예를 들어 9.5절에서 금융시장의 불완전성이 없는 투자모형은 즉각적으로 반전되지 않는 수익성 증가와 같은 경우에도 투자가 늘어나는 것을 확인하였다. 이것은 당기의 수익성 확대로 기업이 외부자금에 의존할 필요가 낮아졌기 때문이 아니라 미래의 수익성이 높아짐에 따라 자본의 가치가 높아지기 때문이다. 이와 유사한 관계가 어느 한 시점에서 기업들 사이에서도 성립할 수 있다. 현금흐름이 큰 기업에게는 아마도 우수한 제품이나 낮은 비용의 강점이 있어서 생산을 늘리려는 강한 유인이 있을 수 있다. 현금흐름과 당기수익성의 사이에는 이와 같은 잠재적인 상관이 존재하기 때문에 금융시장이 완전하다고 하더라도 현금흐름과 투자의 관계를 제시하고 있는 회귀식이 얻어진다고 생각된다.

Fazzari, Hubabard, and Peterson(1988) 이래 많은 연구문헌은 여러 종류의 기업이 드러내 보이는 투자행동을 비교하는 관점에서 이 문제를 검토해 왔다. Fazzari, Hubabard, and Peterson의 아이디어는 기업이 외부자금조달에 있어 높은 비용을 치른다고 생각되는 기업군과 그렇지 않은 기업군으로 분류하였다. 금융시장의 불완전성이 중요하지 않는 경우에도 이들 두 형태의 기업마다 현금흐름과 투자 사이에 관련이 있다고 생각된다. 그러나 금융시장의 불완전성이 투자에 큰 영향을 미친다고 하는 이론에 의하면 외부자금조달에 커다란 장벽을 지닌 기업군의 경우에 그런 연관성이 훨씬 강해질 것으로 예상된다. 그리고 만일 당기의 현금흐름과 미래 수익성의 연관이 금융시장의 접근이 곤란한 기업군에게 더 강해지는 현상이 나타나지 않는 한 금융시장의 불완전성은 그다지 중요하지 않다라고 하는 견해로부터 현금흐름과 투자 사이에 존재하는 연관은 이들 두 그룹별로 차이가 없다는 추론이 도출된다. 따라서 Fazzari, Hubabard, and Peterson은 2개의 그룹 간 현금흐름과 투자의 연관성에 대한 차이는 투자의 측면에서 금융시장의 불완전성이 얼마나 중요한가를 검정하는데 활용할 수 있다고 주장한다.

Fazzari, Hubabard, and Peterson가 기업을 분류한 구체적인 방법은 법인소득에서 차지하는 배당지급액의 비율을 기초로 하였다. 높은 배당을 실시하고 있는 기업은 그 배당을 줄임으로써 추가로 투자자금을 조달할 수 있다. 이와는 달리 낮은 배당을 지급하는 기업은 외부자금조달을 수행할 필요가 있다.[4]

따라서 Fazzari, Hubabard, and Peterson의 검정은 **이중차분법**(*difference in differences*)의 예이다. 이를 살펴보기 위해 현금흐름은 단지 두 가지 값으로 낮고 높은 값만 가진다고 단순화를 위해 가정하자. 첫째 회귀식은 다음과 같다.

$$I_i = a + bD_i^{\text{HighCashFlow}} + e_i \tag{10.13}$$

여기서 I_i는 기업 i에 의한 투자이고 $D_i^{HighCashFlow}$는 높은 현금흐름을 가지는 기업에 대한 더미이다. 이 회귀식에서 추정치 b는 현금흐름이 높은 기업과 낮은 기업 사이에 투자의 차이를 보여준다. 앞에서 논의한 바와 같이 더 높은 현금흐름을 가진 기업이 더 많이 투자할 수 있는 내부 및 외부자금조달의 상대적 비용을 통한 영향 이외의 다른 요인이 존재할 수 있으므로 이러한 회귀는 투자에 대한 현금흐름의 효과를 추정하는 설득력 있는 방법이 아니다. 따라서 대신에 다음을 고려하자.

$$I_i = a + b_1 D_i^{\text{HighCashFlow}} + b_2 D_i^{\text{LowDividends}} + b_3 D_i^{\text{HighCashFlow}} D_i^{\text{LowDividends}} + e_i \tag{10.14}$$

여기서 $D_i^{HighCashFlow}$는 낮은 배당지급을 하는 기업에 대한 더미이다. 이러한 설정으로 추정치 b_1은 현금흐름이 높은 기업과 낮은 기업 사이에 고배당기업 간의 투자 차이를 보여준다. 추정치 $b_1 + b_3$는 저배당기업들 사이의 유사한 차이를 나타낸다. 따라서 추정치 b_3은 이중차분을 보여준다 – 구체적으로 현금흐름이 높은 기업과 현금흐름이 낮은 기업 사이에 투자 차이에서 저배당 기업과 고배당 기업의 차이이다. Fazzari, Hubabard, and Peterson의 주장은 현금흐름과 투자 사이의 어떤 관계는 b_1으로 포착되는 인과관계가 아니므로 양(+)의 b_3 값

4 이 방법의 문제점 가운데 한 가지는 고배당의 기업이 그 배당을 낮추기 때문에 비롯하는 손실이 클지도 모른다는 데에서 찾아 볼 수 있다. 배당률의 인하는 주식시장에서 미래의 수익저하를 예시하는 징조로서 해석되며 그 결과 배당삭감이 기업의 주가를 저하시킨다고 하는 것은 실제로 밝혀진 사실이다. 따라서 이 검정으로 두 기업그룹 간에 차이가 발견되지 않는다고 하더라도 그것이 금융시장의 불완전성이 중요하지 않기 때문이 아니라 오히려 두 그룹 모두에게 중요하기 때문일 가능성이 있다.

을 찾는 것은 투자에 대한 현금흐름의 인과적 영향을 나타낼 것이라는 것이다.[5]

비록 이러한 논의는 Fazzari, Hubabard, and Peterson의 접근방법의 본질을 포착하지만 그들의 실제 설정은 식 (10.14)보다 훨씬 복잡하다. 그들은 현금흐름을 더미가 아니라 연속변수로 측정한다. 기업규모의 차이를 설명하기 위해 그들은 투자와 현금흐름 모두 기업의 자본스톡의 비율로 측정하였다. 더욱이 그들의 회귀는 시계열과 횡단면을 풀링(pooling)한 데이터를 이용하여 기업의 자본스톡에 대비한 투자의 비율을 자본스톡에 대한 현금흐름의 비율 q의 추정치, 각 기업과 각 연도를 표현하는 더미변수(모든 것은 직접적으로 들어가 있고 저배당기업의 더미와 상호작용한다)에 회귀하였다. 통계자료의 표본은 1970년부터 1984년까지 비교적 대규모의 미국기업 422개사로 구성되었다. 배당의 소득에 대한 비율이 일관되게 10%보다 낮은 기업을 저배당기업으로 정의하는 한편 배당소득비율이 일관되게 20%를 초과하는 기업을 고배당기업으로 정의하였다(Fazzari, Hubabard, and Peterson은 또한 중배당기업그룹도 고려하였다).

Fazzari, Hubabard, and Peterson은 고배당기업의 현금흐름의 계수는 0.230(표준오차 0.010)으로, 저배당기업의 현금흐름의 계수는 0.461(표준오차 0.027)로 각각 추정하였다. 두 계수가 0이라는 가설에 대한 t통계량의 값은 12.1로 나타나 이 가설은 압도적으로 기각되었다. 이 점추정치는 저배당기업이 고배당기업에 비해 자금흐름의 각 달러 당 23센트 더 투자한다는 것을 의미한다. 따라서 비록 고배당기업의 추정치는 현금흐름과 미래수익성의 상관관계만을 반영하는 것이라고 해석하더라도 저배당기업의 투자에는 금융시장의 불완전성이 커다란 영향을 미친다는 것을 시사한다.

Fazzari, Hubabard, and Peterson의 기업간 분류는 감추어진 것이 아니다. 저배당기업은 고배당기업과 체계적으로 다르다. 결과적으로 당기 현금흐름과 미래수익성 사이의 상관관계가 저배당기업과 고배당기업 사이에 중요하게 다르다는 것은 의문의 여지가 없으며 이 경우 현금흐름과 투자가 달라지는 관계는 외부자금조달에 대한 차등적인 접근 이외에 다른 이유로 발생할 수 있다.

많은 연구자들이 Fazzari, Hubabard, and Peterson의 접근방법을 응용하여 실증분석을 하였다. 예를 들어 Lamont(1997)는 1986년에 석유가격이 폭락한 후에 석유회사의 자회사인 비(非)석유회사의 투자행태와 석유회사와는 관계가 없지만 비슷한 규모의 기업의 투자행태를 비교분석하였다. 내부자금조달이 외부자금조달보다 비용이 싸다는 견해에 입각하면 석유가격의 하락에 의해 내부자금의 이용가용성이 낮아지면서 자회사의 투자가 감소할 것이다. 금융시장의 불완전성이 중요하지 않다는 견해에 의하면 유가하락은 어떠한 영향도 초래하지 않을 것

5 통제그룹의 어떤 상관이 인과적이지 않다는 강력한 증거가 있다면 이중차분을 사용하는 것이 훨씬 낫다. Fazzari, Hubabard, and Peterson의 설정에서 만일 고배장기업이 외부와 내부금융 비용의 차이가 없다는 믿는 강력한 이유가 있다면(그리고 이러한 기업에 현금흐름이 투자에 영향을 미치는 다른 이유는 없다) b_3의 추정치는 저배당기업의 투자에 대한 현금흐름 영향의 추정치이다. 그러나 Fazzari, Hubabard, and Peterson의 설정에서 그러한 해석은 설득력이 없다.

이라고 시사한다. 따라서 Lamont는 두 그룹의 기업 간에 보여준 행태는 통계적으로 유의하면서도 양적으로도 커다란 차이가 존재한다는 것을 밝혔다. 따라서 Lamont의 결과는 외부금융의 장벽이 회사 내 다른 부분 간 자금이동의 장벽보다 훨씬 크다는 것을 시사한다.

Fazzari, Hubabard, and Peterson의 접근방법에 대한 변형의 또 다른 예는 연금의 필요자금조달에 대한 규칙의 특이성이 어떻게 기업이 투자에 이용가능한 내부자금에 영향을 미치는 지에 초점을 둔 Rauh(2006)의 연구이다. Fazzari, Hubabard, and Peterson과 Lamont와 마찬가지로 그는 내부자금의 큰 효과를 발견했다. 더욱이 10.8절에서 논의하겠지만 신용가용성이 2008년 금융위기에서 기업의 행동에 중요했다는 광범위한 증거가 있으며 이는 금융시장의 불완전성이 중요하다는 견해를 다시 뒷받침한다. 또 다른 연구는 기업의 현금흐름이 아니라 기업이 담보로 사용할 수 있는 자산의 가치에 관한 금융시장 불완전성 이론의 예측을 살펴보는 것이다. 이론은 담보가치에 대한 양(+)의 충격으로 인해 기업이 자금을 쉽게 조달할 수 있도록 하므로, 투자를 증가시킨다는 것을 의미한다. 반대로 만일 금융시장의 불완전성이 중요하지 않다면 담보가치의 변화는 중요하지 않다. Gan(2007)과 Chaney, Sraer, and Thesmar(2012)는 투자기회와 관련이 없는 것처럼 보이는 기업의 담보가치에 대한 충격이 투자에 큰 영향을 미친다는 것을 발견하였다.

보다 넓은 의미에서 금융시장의 불완전성에 대한 문헌은 특이하게 실증적인 동의가 일어나는 것 중 하나이다. 내부자원에 대한 접근을 결정하는 현금흐름과 기타 요인이 투자에 영향을 미치고 이러한 관계가 금융시장의 불완전성의 결과임을 제시하는 방식으로 영향을 미친다는 강력하고 일관된 증거가 존재한다.[6]

10.4 잘못된 가격책정(Mispricing)과 과잉유동성(Excess Volatility)

금융시장 모형에서, 우리는 지금까지 – 8.5절과 9.7절에서 소비자의 자산배분과 투자의 결정요인의 부분균형, 그리고 10.1절의 일반균형 – 자산가격은 자산가격의 기초가격과 같다는 것을 가정하였다. 즉 자산가격은 주어진 주체의 정보와 확률적 할인인자를 사용한 자산 수익의 현재가치의 합리적 기대치이었다.

그러나 자산가격의 실제 움직임을 생각하면 이러한 관점은 옳은 지의 여부에 대한 의문이 발생한다. 많은 자산가격의 움직임 – 거시경제학적으로 중요한 것을 포함하여 – 은 쉽게 펀드멘탈에 의해 설명될 수 없다. 예를 들어 1987년 10월에 뚜렷한 주요 뉴스없이 하루 만에 주식시장이 20% 하락한 것과 1920년대 후반 전체 주식시장, 1990년대와 2000년대 초반에 인터

6 Kaplan and Zingales(1997)는 특히 Fazzari, Hubbard, and Petersen의 증거에 초점을 맞추어 이론적으로나 실증적으로 이러한 동의에 이의를 제기하였다. 그러나 반박에 대하여 Fazzari, Hubbard, and Petersen(2000)을 참조하라.

넷 주식, 2000년대 초반 주택가격의 전체의 급등과 급락이 있었다. 그러나 물론 단순히 몇 가지 수수께끼같은 자산가격 움직임을 지적하는 것이 크게 자산의 잘못된 가격책정이라고 증명하기 어렵다. 자산가격이 펀더멘털 가치와 동일한지 또는 펀더멘털에 의해 보장되는 것보다 훨씬 더 많이 움직이는지 여부에 대한 질문은 우리가 이 장의 시작 부분에서 논의한 금융시장과 거시경제에 대한 두 가지 핵심 문제에 있어 중요하다. 첫째, 금융시장이 경제에 대한 교란의 독립적인 원인이 될 수 있는지 여부에 대한 질문이 핵심이다 – 우리는 이 절의 마지막에 살펴볼 것이다. 둘째, 자산가격의 펀더멘털로부터 이탈이 펀더멘털 대비 급등한 후 역전이 발생하는 형태를 나타내면, 가계와 기업의 채무불이행, 금융중개기관의 파산의 결과가 발생할 수 있다. 결과적으로 10.7절에서 논의할 것처럼 이러한 움직임은 금융위기의 잠재적인 원인이 된다.

자산가격이 펀드멘털 가치와 동일하다는 가정은 자연스러운 기준이 된다. 일반적으로 합리성과 시장의 불완전성을 가정하여 시작하는 것이 좋다. 그리고 금융시장 참여자 중 극히 일부만이 합리적이라고 해도 잘못된 가격책정을 방지하기에 충분하다고 생각하는 것은 당연하다. 잘못된 가격책정은 이윤 기회를 창출하고 이윤기회는 잘못된 가격 책정에 대응하여 거래할 유인을 만들어낸다(Friedman, 1953).

그러나 실제로 자산가격이 펀더멘털과 다를 수 없다는 이론적 연구는 없다. 소수의 합리적인 주체가 잘못된 가격책정을 불가능하게 만들기 위해, 두 가지 조건 중 하나가 충족되어야 한다. 잘못된 가격책정을 이용하는 거래에 위험이 없어야 하거나(즉 무위험 차익거래 기회가 있어야 한다), 주체는 합리적일 뿐만 아니라 무제한 자원에 위험중립적이어야 한다. 두 조건 모두 실제로 적용되기 어렵다. 따라서 이 절은 펀더멘털에 의해 보장되는 가치로부터 자산가격이 이탈할 가능성을 살펴본다. DeLong, Shleifer, Summers, and Waldmann(1990)에 의해 그러한 이탈을 가능하게 하는 경제적으로 가장 흥미로운 요인이 무엇인지를 보여주는 모형으로 시작한다. DeLong et al.은 펀더멘털에서 가격이 이탈하는 것은 자기강화(self-reinforcing)될 수 있음을 보여준다. 이탈이 있을 수 있다는 바로 그 사실이 위험의 원인이 되므로 합리적인 투자자가 잘못된 가격책정을 바로잡기 위해 거래하려는 의지를 제한한다. 사실 그들은 잘못된 믿음에 근거하여 행동하는 일부 거래자의 존재로 인해 수익이 확실하고 일부 투자자가 완전히 합리적이더라도 자산의 가격이 펀드멘털 가치와 동일하지 않은 효과가 있는 모형을 개발하였다. DeLong et al.의 모형을 자세히 살펴본 후 잘못된 가격책정을 수정하는 요인을 제한하는 다른 요인을 살펴보고 우리 분석의 거시경제학적 시사점에 대해 논의한다.

■ 가정들

DeLong et al.은 두 개의 외관상 동일한 자산을 가진 경제를 고려하였다. 각 자산의 1단위는 매기에 경제의 단일 재화에 대해 알려진 일정 금액 $r>0$을 지급한다. 두 자산이 다른 점은 공급에 있다. 우리가 안전하다고 말하는 첫 번째 자산은 언제든지 경제의 재화 1단위로 전환될 수 있으며 재화 1단위는 자산으로 전환될 수 있다. 이러한 것은 자산의 가격(재화 단위로)은 항상 1이라는 것을 확인해 준다. 그렇지 않다면 주체는 재화에 대한 자산을 매도하고 수익금을 자산으로 전환(만일 그것의 가격이 1을 초과하면)하거나 재화로 자산을 매입하여 재화로 전환(만일 그것의 가격이 1보다 작으면)하여 즉각적인 무위험 수익을 얻을 수 있다. 반대로 위험하다고 말하는 다른 자산은 창출되거나 파괴될 수 없다. 따라서 위험자산은 상수이고 단순화를 위해 1로 정규화한다. 우리는 t기의 위험자산의 가격(t기의 재화로 표시한)을 P_t로 나타낸다.

경제는 두 가지 유형의 주체가 있는 중첩세대 경제이다. 그들은 두 기간을 살고 가격수취자이며 생애의 2기의 소비에만 가치를 둔다. 다루기 쉽게 하기 위해 각 주체의 효용은 절대적 위험회피가 일정한 형태인 $U(C) = -e^{-2\gamma C}$, $\gamma > 0$이고 여기서 C는 주체의 2기의 소비이다. 마지막으로 각 주체는 같은 금액의 1기 소득을 가지고 있고 시간에 따라 일정하다. 주체가 절대적 위험회피가 일정한 효용을 가지고 있을 때 소비가 양(+) 또는 음(−)인 지의 여부에 대해 특별한 가정이 없기 때문에 그 소득을 0으로 정규화한다.

유형이 다른 점은 위험자산의 수익에 대한 믿음이다. 첫째 유형은 합리적 기대치를 가지고 있다. 즉 이러한 유형은 자산을 보유하여 수익의 분포를 올바르게 인식한다. 이러한 주체를 차익거래자라고 한다. 둘째 유형은 자산에 대한 평균수익을 잘못 추정한다. 특히 t기에서 $t+1$기에 이러한 유형의 각 주체가 인식하는 자산의 가격 p_{t+1}의 전체 분포는 참인 분포에 비해 η_t의 금액만큼 이동한다. η_t는 시간에 따라 독립적이고 평균 0과 분산 V_η를 가지는 정규분포를 가진다. 이러한 주체를 **노이즈거래자**(*noise traders*)라고 하는데 이는 펀더멘털과 관련이 없는 고려사항을 기반으로 한 금융시장에서 거래하는 주체에 대한 전통적인 용어이다. 각 세대의 노이즈거래자의 비율은 f이고 $0 \leq f \leq 1$이다. 단순화를 위해 인구증가율은 0으로 가정하고 각 세대의 규모는 1로 설정한다.

■ 모형

모형의 가정은 자산가격이 충격에 선형이고 1기 정보에 따라 조건부인 2기 소비분포가 정규분포인 안정적인 균형이 있도록 선택된다. 두 가지 가정은 이러한 결과에 핵심이다. 가장 확실한 것은 모형에서 유일한 충격(노이즈거래자의 믿음의 전환)이 매기 동일한 분포로 정규분포를 따른다는 것이다. 나머지는 효용이 절대적 위험회피가 일정한 형태를 취한다는 것이다. 이 가정이 다루기 쉬운 결과로 이어지는 이유를 살펴보기 위하여 만일 C가 평균 μ와 분산 W를 가지는 정규분포를 가진다면 $-2\gamma C$는 평균 $-2\gamma\mu$와 분산 $4\gamma^2 W$를 가지는 정규분포를 따른다. 따라서 (로그정규분포의 특성에 의해) 기대효용 $E[-e^{2\gamma}C]$은 $2\gamma\mu - 2\gamma^2 W$이며 $\mu - \gamma W$에 비례한다. 즉 정규분포인 소비와 절대적 위험회피가 일정한 효용의 조합은 주체가 소비의 평균과 분산에 대해 선형인 선호를 갖는 것처럼 행동한다는 것을 시사한다. 이러한 것은 결과가 충격에 선형이 되도록 한다. 그리고 충격은 정규분포를 따르므로 이러한 선형성은 결과도 정규분포를 따르게 한다. 따라서 우리는 자산의 가격 P_t가 충격 η_t에 선형을 감안하여 안정적인 균형을 찾으면 된다. 그러한 충격을 찾기 위해 먼저 차익거래자를 고려하자. $E_t[p_{t+1}]$는 주어진 t기에 이용가능한 정보로 p_{t+1}의 합리적 기대치($t+1$기의 위험자산의 가격)를 나타내고 V는 $p_{t+1}-E_t[p_{t+1}]$의 분산을 나타낸다고 하자. 만일 차익거래자가 t기에 위험자산 X_t^a를 매입하면 안전자산 $-p_tX_t^a$ (1기 소득은 0이라고 가정한 것을 상기하라)을 보유해야 한다. 두 자산 모두 $t+1$기에 단위당 r을 지급한다. 위험자산은 p_{t+1}의 가격으로 팔리는 반면, 안전자산은 가격 1으로 팔린다. 따라서 주체의 2기 소비는 다음과 같다.

$$\begin{aligned} C_{2t}^a &= r(X_t^a - p_tX_t^a) + p_{t+1}X_t^a - p_tX_t^a \\ &= [r + p_{t+1} - (1+r)p_t]X_t^a \end{aligned} \tag{10.15}$$

식 (10.15)는 주어진 시간 t에 이용가능한 정보로 C_{2t}^a는 평균 $[r+E_t[p_{t+1}]-(1+r)p_t]X_t^a$과 분산 $(X_t^a)^2V$를 시사한다. 또한 C_{2t}^a에 대한 식에서 유일한 변수는 t기에 불확실한 p_{t+1}이라는 것을 유의하라. 따라서 만일 p_{t+1}이 η_{t+1}에 선형이면 C_{2t}^a의 분포(주어진 시간 t에 이용가능한 정보)는 정규분포이다.

우리는 주체의 기대효용이 자신의 소비의 평균에서 분산의 γ배 만큼 뺀 것에 비례한다는 것을 보았다. 따라서 차익거래자의 기대효용은 $[r+E_t[p_{t+1}]-(1+r)p_t]X_t^a-\gamma(X_t^a)^2V$에 비례한다. 따라서 주체의 기대효용을 극대화하는 X_t^a의 수준에 대한 1계 조건은 다음과 같다.

$$[r + E_t[p_{t+1}] - (1+r)p_t] - 2\gamma X_t^a V = 0 \tag{10.16}$$

이를 X_t^a에 풀면 다음을 얻는다.

$$X_t^a = \frac{r + E_t[p_{t+1}] - (1+r)p_t}{2\gamma V} \tag{10.17}$$

모든 기간 t의 차익거래자는 같기 때문에 각각 이러한 양의 위험자산을 구매한다. 대표적 노이즈거래자의 행동을 분석하는 것은 $E_t[p_{t+1}]$를 주체의 p_{t+1}의 평균에 대한 올바르지 못한 믿음인 $E_t[p_{t+1}]+\eta_t$로 대체되는 것을 제외하면 동일하다. 따라서 노이즈거래자의 수요는 다음과 같다.

$$X_t^n = \frac{r + E_t[p_{t+1}] + \eta_t - (1+r)p_t}{2\gamma V} \tag{10.18}$$

경제가 t기로 진입할 때 위험자산의 고정된 공급은 노인 주체에 의해 보유되는데 가격에 상관없이 그들의 보유를 매도한다. 따라서 균형은 $1-f$의 차익거래자의 수요와 f의 노이즈거래자 수요의 합은 고정된 공급과 같아야 하는 것을 필요로 하며, 1로 설정한다.

$$(1-f)X_t^a + fX_t^n = 1 \tag{10.19}$$

식 (10.17)과 식 (10.18)의 X_t^a와 X_t^n에 대입하고 p_t에 관해 풀면 다음과 같다.

$$p_t = \frac{r + E_t[p_{t+1}] + f\eta_t - 2\gamma V}{1+r} \tag{10.20}$$

식 (10.20)을 미래 기간(그리고 t기로 양변에 기대치를 취하면)에 적용하는 것은 $E_t[p_{t+1}] = (r + E_t[p_{t+2}] - 2\gamma V)/1 + r$, $E_t[p_{t+2}] = (r + E_t[p_{t+3}] - 2\gamma V)/1 + r$ 등임을 시사한다.[7] 따라서 식 (10.20)에 반복 대입하면 다음을 얻는다.

$$\begin{aligned} p_t = & \left(\frac{1}{1+r} + \frac{1}{(1+r)^2} + \frac{1}{(1+r)^3} + \cdots\right)(r - 2\gamma V) \\ & + \lim_{n\to\infty} \frac{E_t[p_{t+n}]}{(1+r)^n} + \frac{f\eta_t}{1+r} \end{aligned} \tag{10.21}$$

우리가 안정적인 균형에 초점을 두고 있다는 사실은 p의 평균은 시간에 따라 일정하다는 것을 의미하므로 $\lim_{n\to\infty} E_t[p_{t+n}]/(1+r)^n$은 0이다. 더욱이 식 (10.21)의 무한 합은 $1/r$로 단순해진다. 따라서 식 (1.21)은 다음과 같다.

$$p_t = 1 - \frac{2\gamma V}{r} + \frac{f\eta_t}{1+r} \tag{10.22}$$

모형을 푸는 마지막 단계는 V, $p_{t+1} - E_t[p_{t+1}]$의 분산을 원시모수(primitive parameter)로 다시 쓰는 것이다. 식 (10.22)에서 유일한 확률적인 항은 $f\eta_t/(1+r)$이다. $V = [f^2/(1+r)^2]V_r$을 따른다. 이러한 식을 식 (10.22)에 대입하면 주어진 기간에 균형가격에 대한 최종 방정식을 얻는다.

$$p_t = 1 - \frac{2\gamma}{r}\frac{f^2}{(1+r)^2}V_\eta + \frac{f\eta_t}{1+r} \tag{10.22}$$

가격이 η_t에 선형이라는 것에 유의하라. t기에 이용가능한 정보를 조건으로, t기에 태어난 주체의 소비의 분포는 정규분포이다(식 10.15 참고). 식 (10.23)은 또한 p의 분포가 매기 동일함을 시사한다. 따라서 우리가 찾던 형태의 균형을 찾았다.

---

7 우리는 V를 $p_{t+1} - E_t[p_{t+1}]$의 분산으로 정의한 것을 상기하자. 따라서 이 단계는 암묵적으로 $p_{t+2} - E_t[p_{t+2}]$, $p_{t+3} - E_t[p_{t+3}]$ 등의 분산은 모두 V와 같다고 가정하는 것이다. 식 (10.22)는 이러한 가정이 우리가 찾으려고 하는 균형에서 올바르다는 것을 보여준다. 다른 접근방법은 안정성의 가정과 $E_{t-1}[p_t] = E_{t-1}[p_{t+1}] = E_t[p_{t+1}]$를 추측하는 식 (10.20)에 나타나는 과거 변수가 보이지 않는다는 사실을 이용하는 것이다. 식 (10.20)의 양변을 $t-1$로 기대치를 취하고 추측을 사용하면 $E_t[p_{t+1}] = 1 - (2\gamma V/r)$을 얻는다. 이 식을 식 (10.20)에 대입하면 식 (10.22)를 얻고, (10.22)는 추측이 옳다는 것을 보여준다.

■ 논의

이 모형의 주요 시사점은 수익에 대한 불확실성이 없다는 사실에도 불구하고 자산가격이 위험하다는 것이다 – 모든 사람은 확실하게 매기 r을 지급할 것이라는 것을 안다. 그 이유는 노이즈거래자들의 믿음의 변동 자체가 위험의 원인이기 때문이다. 자산매입을 고려하는 합리적인 거래자는 배당 지급뿐만 아니라 자산을 매도할 가격에 대해서도 걱정한다. 노이즈거래자의 심리가 자산의 당기가격을 하락시킨다 하더라도 합리적인 가격으로 자산을 매입하는 합리적인 거래자는 자산을 매도해야 하는 시점까지 심리가 더 악화될 가능성에 직면하므로 가격이 훨씬 더 하락할 수 있다.

따라서 노이즈거래자 위험은 합리적이지만 위험을 회피하는 투자자가 펀더멘털에서 가격의 이탈을 상쇄하기 위해 거래하려는 의지를 제한한다. DeLong et al.이 말한대로 노이즈거래자들은 "자신만의 공간을 만든다". 결과는 위험자산 가격의 과잉변동성이다. 위험자산 가격의 분산(양(+))이 펀더멘털 가치의 분산(0)을 초과한다.[8]

합리적인 거래자의 짧은 생애(horizon)는 여기서 매우 중요하다. 만일 그들이 무한생애를 가지고 있다면 위험자산을 무한으로 보유할 수 있으므로 매도가격은 관련이 없다. 결과적으로 자산가격이 펀더멘털 가치에서 벗어날 수 없다. 그러나 제한된 생애를 가정하는 것은 합리적이다. 자산의 궁극적인 소유자는 개인이다. 예를 들어 퇴직 후 소비에 대한 비용을 지급하거나 노동소득의 변동에 직면하여 소비를 평준화하기 위해 어느 시점에서 자산을 매각해야 할 가능성이 높다. 더욱이 아래에서 논의하겠지만 포트폴리오 관리자의 생애를 기초자산 보유자의 생애보다 짧게 만들 수 있는 요인이 존재한다. 이 모형은 위험자산의 가격이 변동할 뿐만 아니라 평균적으로 펀더멘털 가치인 1보다 작다는 것을 시사한다(식 10.23 참조). 이러한 결과는 노이즈거래자 위험의 직접적인 결과이다. 자산은 펀더멘털에 의해 보장되는 것보다 더 위험한데 모형의 주체(위험회피적인)는 그 자산에 대해 지급하려고 하는 평균금액을 감소시킨다.

마지막으로 모형은 모수들의 변화의 효과에 대해 시사점을 가지고 있다. 대부분은 놀라운 것은 아니다. 식 (10.23)은 주체가 보다 위험회피적일 때, 더 많은 노이즈거래자가 있을 때, 그리고 감정 충격의 분산이 더 클 때에 펀더멘털에서 가격의 평균이탈이 더 크다는 것을 보여준다. 그리고 r이 클 때 작아지며 이는 다음 기에 지급될 자산에 대한 수익의 현재가치의 더 큰 부분에 해당된다. 마찬가지로 주어진 감정의 전환의 효과는 노이즈거래자가 많을 때 더 크

8 비록 노이즈거래자의 감정에 따라 자산가격이 변동하는 균형이 있더라도 그렇지 않은 또 다른 균형이 있을 것으로 예상할 수 있다. 결국 만일 합리적인 거래자들이 '위험한' 자산의 가격이 항상 1이라는 것을 안다면 자산은 무위험하므로 자산에 대한 수요는 완전탄력적이다. DeLong et al.의 모형에서 이러한 잠재적 균형을 배제하는 것은 외생적이고 일정한 것은 노이즈거래자들이 수요하는 위험자산의 양에 대한 충격의 분산이 아니라 다음 기 가격의 평균에 대한 노이즈거래자의 믿음의 오차의 분산이라는 가정이다. 결과적으로 자산가격이 일정하고 1로 제안된 균형에서 노이즈거래자의 매기 수요는 무한하다(양수 또는 음수). 이러한 논의는 노이즈거래자가 가격을 펀더멘털에서 이탈하게 하지 않는 두 번째 균형이 없다는 결과가 일반적이지 않다는 것을 시사한다. 오히려 DeLong et al.은 이러한 균형을 제거하는 특정한 가정을 하여 펀더멘탈에서 이탈하는 흥미로운 경우를 살펴본다. 이러한 문제에 대한 자세한 내용은 문제 10.10을 참조하라.

고 r이 더 크면 더 작다.

놀랄 수 있는 모수의 효과에 대한 유일한 시사점은 식 (10.23)의 마지막 항에 나타나지 않는 두 가지 모수에 관한 것이다. 위험회피 γ나 감정 충격의 분산 V_η은 주어진 감정의 전환의 효과가 자산가격에 영향을 미치는 방법에 영향을 주지 않는다. 그 이유는 감정충격이 수요양보다 다음 기의 가격에 대한 기대치의 변화에 대응하기 때문이다. 결과적으로 더 높은 위험회피와 감정충격의 더 큰 분산은 잘못된 가격책정을 수정하기 위한 차익거래자의 거래 의지를 약화시킬 뿐만 아니라 감정을 기반으로 한 노이즈거래자의 거래 의지를 약화시킨다(식 10.18 참조). 이러한 두 힘은 서로 상쇄되며 결과적으로 γ와 V_η는 식 (10.23)의 마지막 항에 포함되지 않는다.

잘못된 가격책정을 수정하기 위한 차익거래자의 의지를 제한하는 다른 요인들

연구자들은 노이즈거래자 위험 외에도 정교한 투자자들은 자산가격이 펀더멘털에서 이탈하는 경우 자산가격을 펀더멘털로 되돌리기 위해 거래하려는 정도를 약화시키는 두 가지 요인을 확인하였다. 노이즈거래자 위험과 마찬가지로 이러한 요인들은 자산가격이 펀더멘털과 더 쉽게 다르게 할 수 있다.

가장 명백한 추가 요인은 **펀더멘털 위험**(*fundamental risk*)이다. 주어진 현재 이용가능한 정보에서 자산이 저평가되었다고 가정하자. 자산을 매입하는 투자자는 미래의 수익에 대한 새로운 정보의 도달때문에 자산가격이 하락할 위험에 직면한다. 즉 저평가된 자산의 가격은 자산가격 펀더멘털 아래로 더 하락했기 때문(노이즈거래자 위험 모형에서와 같이)일 뿐만 아니라 자산의 펀더멘털 가치가 하락했기 때문에 떨어질 수 있다. 잘못된 가격책정에 대항하여 거래하려는 정교한 투자자의 의향을 줄임으로써 펀더멘털 위험은 다른 원인에서 오는 펀더멘털에서 이탈하는 영향을 증폭시킨다.

두 번째는 **대리인 위험**(*agency risk*)이다(Shleifer and Vishny, 1997). 잘못된 가격책정을 이용하기 위해 거래할 가능성이 많은 투자자는 주로 다른 사람의 자금조달에 의존한다. 만일 자금제공자가 투자자의 능력에 대한 평가를 단기성과에 부분적으로 기반으로 하면 자금제공자는 회수할 수 있는데 – 저평가된 자산을 매도하도록 할 수 있으므로 – 정확히 단기적으로 잘못된 가격책정이 악화된 상황에서 투자자에게 저평가 자산의 가격은 하락한다. 즉 정교한 거래자가 지식이 부족한 개인의 대리인처럼 행동하는 사실은 정교한 투자자가 짧은 생애를 가진 것처럼 행동할 수 있다. 노이즈거래자 위험의 기본적인 모형과 대조적으로 이러한 경우에 정교한 투자자의 짧은 생애는 내생적으로 발생하고 펀더멘털에서 자산가격의 이탈은 더 커질 때만 발생한다.[9]

문제 10.6과 10.7은 노이즈거래자 위험, 펀더멘털 위험과 대리인 위험이 함께 존재하는 모

9 대리인 위험의 본질은 때때로 케인즈가 (잘못된) 다음과 같은 진술로 요약된다. "시장은 당신이 지급할 수 있는 더 길게 비합리적으로 남아있을 수 있다".

형을 발전시킨다.[10]

■ 거시경제학적 시사점

우리의 분석은 가능한 잘못된 가격책정에 대항하는 요인이 무한히 강하지 않다는 것을 보여준다. 무제한 자금을 마음대로 사용할 수 있는 위험중립 대리인은 존재하지 않는다. 결과적으로 합리적인 투자자들이 가능한 잘못된 가격책정을 수정하기 위해 거래하려는 의지가 본질적으로 제한된다. 우리는 잘못된 가격책정을 억제하는 요인을 약화시키는 세 가지 요소를 논의했다. 노이즈거래자 위험, 펀더멘털 위험과 대리인 위험이다. 그러나 펀더멘털에서 가격의 이탈이 가능하다는 사실이 경제에 중요하다는 것을 증명하지는 않는다. 첫 번째 질문은 그들이 정량적으로 클 수 있는지 여부이다. 간단한 계산으로 만일 두 가지 주요 조건이 충족되면 가능하다. 가격이 상대적으로 변동적이고, 평균적으로 상당히 지속적인 자산을 포함한다. 합리적인 투자자들이 펀더멘털에 비해 30% 과대평가되었다고 추정하는 자산의 종류를 고려하자. 먼저 자산 종류가 모두 주식이고 평균적으로 잘못된 가격책정의 10분의 1이 1년에 걸쳐 사라진다고 가정하자. 8.5절에서 무위험이자율에 대한 주식의 평균 연간 초과수익률은 약 6% 포인트이고 초과수익률의 표준편차는 약 17% 포인트임을 상기하자. 따라서 합리적인 투자자들은 내년의 기대 초과수익률이 3% 포인트이고 (수익률이 정상이라면) 초과수익률이 장기평균보다 클 확률이 통상적인 50%가 아니라 43%라고 믿는다. 이 정보에 대한 최적 반응은 단순히 평소보다 적은 수의 주식을 보유하며 그것들에 대응하여 큰 거래를 하지 않는 것이다. 따라서 그러한 잘못된 가격책정을 방지하기 요인은 특별히 강하지 않다. 반대로, 잘못된 가격책정이 초과수익률의 표준편차가 5% 포인트인 자산의 종류와 관련되고 잘못된 가격책정의 평균 1/3이 1년에 수정되면 합리적인 투자자는 내년의 예상 초과수익률이 −4%이고 초과수익률이 마이너스가 될 확률은 약 80%이다. 따라서 잘못된 가격책정에 대응하는 거래에 대한 유인이 훨씬 더 크므로 그러한 잘못된 가격책정을 방지하는 요인이 훨씬 더 강하다.[11]

자산가격이 펀더멘털에서 이탈하는 것이 경제에 중요할 수 있는지에 대한 두 번째 질문은 상당한 가격 책정오류가 거시경제에 큰 효과를 미칠 수 있는지 여부이다. 다시 대답은 예인 것 같다. 자산가격의 큰 움직임은 경제활동의 구성요소와 수준에 큰 영향을 미치는 것으로 보인다.

---

10 잘못된 가격 책정을 수정하기 위해 정교한 투자자의 거래 의지를 잠재적으로 제한하는 네 번째 요소는 모형 기반의 위험이다. 차익거래자는 펀더멘털 가치의 추정치가 주어진 이용하능한 정보 하에서 실제로 가장 좋은 추정치인지 확신할 수 없다. 이 위험은 펀더멘털 위험의 미묘한 형태로 생각될 수 있다. 자산의 펀더멘털 가치는 전통적인 뉴스가 도달했기 때문만이 아니라, 정교한 투자자들이 펀더멘털을 추정하기 위해 사용했던 모형이 잘못되었음을 보여주는 새로운 정보 때문에 현재 기대보다 작은 것으로 판명될 수 있다.

11 내생적인 정보 취득은 이러한 효과를 자기강화적으로 만들 가능성이 있다. 펀더멘털로부터 가격이탈이 빠르게 수정되는 낮은 변동성을 가지는 자산의 잘못된 가격책정에 대한 정보는 펀더멘털로부터 이탈이 매우 지속적인 높은 변동성을 가지는 자산의 잘못된 가격책정에 대한 정보보다 훨씬 더 가치가 있다. 따라서 잘못된 가격책정에 대항하여 거래를 통해 수익을 얻는 데 관심이 있는 개인은 첫 번째 유형의 정보를 얻는 데 집중한다. 결과적으로 크고 상당히 지속적인 잘못된 가격책정을 충분히 식별하는 주체의 풀과 이에 대응하여 거래하는 주체의 풀은 내생적으로 감소한다.

이론적으로 자산가격은 투자와 소비 모두에 영향을 미친다는 것을 안다. 투자의 q 이론 모형에서 다양한 자본재의 시장가격은 기업의 투자결정에 중요한 투입요소이다. 그리고 10.2절에 설명한 것처럼 자산가격의 상승은 금융시장의 왜곡을 줄이므로 투자를 증가시킨다. 마찬가지로 항상소득가설은 자산가격 상승의 결과로 자산의 증가가 소비를 증가시킨다는 것을 시사한다. 그리고 만일 가계가 유동성 제약에 있다면 자산의 증가는 제약을 완화하므로 잠재적으로 항상소득가설이 시사하는 것 이상으로 소비를 증가시킨다. 극단적으로 소비선택에 대한 모서리 해에 있는 가계는 자산의 증가에 1:1로 소비를 늘릴 수 있다(8.6절의 식 8.64 참조).

실증적으로 1990년대 후반 기술주 가격의 폭등은 광케이블 투자, 다양한 인터넷 스타트업의 자본재 등에 대한 큰 투자의 증가를 이끌었으며 그 기간에 전체 경제활동에 호황의 원인이었다. 마찬가지로 2000년대 초반의 큰 주택가격 상승은 주택투자의 매우 큰 증가를 야기한 것으로 보인다. 흥미롭게도, 주택소유자가 새로운 자산을 활용함에 따라 특히 저소득 주택소유자의 소비가 크게 증가했다는 증거가 있다(Mian and Sufi, 2014). 1990년대 닷컴 붐과 마찬가지로 이러한 요인은 다시 전체 경제에 눈에 띄는 영향을 미쳤다.

따라서 자산가격이 펀더멘털에서 상당히 벗어날 수 있고, 만일 그러한 이탈이 발생한다면, 상당한 거시경제적 결과를 가지고 있다는 강력한 이유가 된다. 그러나 그것이 발생하는지 여부를 알려주지 않는다. 따라서 다음 절에서 이러한 이슈에 대한 실증적 증거를 살펴본다.

10.5 실증적 응용: 과잉유동성의 증거

이전 절의 분석은 큰 범주에서 자산가격이 펀더멘털에서 크게 이탈할 수 있고 이것은 경제에 중요한 효과를 가질 수 있음을 보여준다. 그러나 그러한 일이 실제로 발생하는지 여부는 알려주지 않는다.

불행하게도 이러한 질문에 대한 직접적인 답은 통찰력이 있을 것 같지 않다. 앞에서 논의한 바와 같이 1990년대 기술주 가격과 2000년대 초반 주택가격이 급등하였다. (자산가격이 처음에 크게 올랐다가 급락한 다른 에피소드와 마찬가지로) 이러한 가격이 급격히 떨어지는 사실을 때때로 가격이 펀더멘털에서 크게 이탈함을 보여주는 것으로 해석하려고 할 수 있다. 이러한 판단은 "닷컴버블", "주택버블"과 같은 문구에 함축되어 있다. 그러나 자산가격의 급등과 붕괴가 존재할 수 있는 이유는 잘못된 가격책정 때문이 아니라 가장 이용가능한 정보가 먼저 이익의 현재가치에 대한 합리적인 기대치에 대한 대폭 상향 수정을 제시하고 그 다음에 그러한 수정이 부당하다고 제시하기 때문이다. 더욱이 자산가격이 급등하는 시기에 전문가들의 실시간 평가는 펀더멘털 가치를 결정하는 것이 어려우므로 큰 사후 오류는 기껏해야 잘못된 가격책정의 약한 증거임을 보여준다. 예를 들어 Alan Greenspan 연방준비제도(Fed) 의장은

1996년 12월 주식시장의 "비합리적인 과열"에 대해 경고한 후 주가는 향후 3년 동안 거의 두 배로 뛰었다–이는 주식이 과대평가되었다는 Greenspan의 시사와 쉽게 맞지 않는 결과이다. 더 확실하게도 Gerardi, Foote, and Willen(2011)은 전문 주택경제학자들이 2000년대 초반에 집값이 급등하는 동안 주택가격의 합리성에 대하여 여러 견해를 가졌다고 분석하였다. 그리고 Cheng, Raina, and Xiong(2014)은 급등시기에 부동산 전문가의 개인적인 투자결정은 주택이 과대평가되었다고 믿지 않는다는 것을 보여준다.[12]

보다 광범위하게 잘못된 가격책정을 수정하기 위해 거래하려는 주체의 의지를 억제하는 동일한 요인이 자산(또는 자산의 범주)의 잘못된 가격책정을 감지하는 것을 거의 불가능하게 만들 수 있다. Summers(1986)는 펀더멘털에서 자산가격 이탈의 표준편차가 30%인 예를 만들었지만 자산가격의 이탈의 지속성과 변동성 때문에 가격이 임의보행이라는 귀무가설을 신뢰적으로 기각하기 위해 전형적으로 수천 년의 데이터가 필요하다. 그리고 자산가격이 임의보행이 아니라는 것을 설정하더라도 펀더멘털에서 이탈이 있다는 것을 보여주지 못한다. 제대로 작동하는 금융시장에서 자산의 수익은 일정한 할인율이 아니라 적절한 확률적 할인인자를 사용하여 가치평가된다. 결과적으로 기대수익은 소비의 한계효용의 기대 변화와 자산의 수익에 대한 동조화의 변동에 따라 시간이 지남에 따라 변화할 수 있다.

이러한 어려움 때문에 자산가격이 펀더멘털에서 거시경제학적으로 중요한 이탈이 있는지 여부를 평가하기 위한 보다 강력한 노력은 일반적으로 미시경제학적 증거로부터 살펴본다. 개별 주식 수준에서 잘못된 가격책정의 명백한 증거가 있는 경우가 있다. 특히 비록 주식의 펀더멘털 가치를 신뢰적으로 결정하는 것은 거의 불가능하지만 두 자산이 밀접하게 관련되어 있어 상대적인 펀더멘털 가치를 확신할 수 있는 설정이 있다. 만일 두 자산이 동일한 수익에 대한 청구권을 나타내면 이러한 것에 따라 한 가지 유형의 사례가 발생한다. 예를 들어 역사적 이유로 Shell Oil의 주식과 Royal Dutch Petroleum의 주식은 보유자에게 동일한 배당 흐름을 부여한다. 따라서 두 자산의 펀더멘털 가치는 동일하다. 그러나 Rosenthal and Young(1990)과 Froot and Dabora(1999)가 연구한 것처럼 두 주식의 가격은 종종 상당한 금액만큼 다르다. 그들은 또한 의결권과 세금과 같은 복잡함으로도 그 차이를 설명하기 어렵다는 것을 보여주었다.

또 다른 유형의 경우는 하나의 자산이 다른 자산을 하나의 구성요소로 포함할 때 발생한다. 매우 특이한 상황을 제외하고 넓은 자산의 펀더멘털 가치는 좁은 자산의 펀더멘털 가치보다 높아야 한다. 그러나 Lamont and Thaler(2003)는 더 좁은 자산의 가격이 더 넓은 자산의 가격을 초과하는 자산 쌍의 여러 경우를 연구하였다. 한 가지 놀라운 예는 그림 10.5에 나타난 2000년의 3Com과 Palm의 사례이다. 이 기간 동안 3Com은 Palm의 대부분을 보유했지만 Palm의 주식도 별도로 거래되었다. 따라서 투자자들은 Palm의 수익에 대한 청구권을 얻는 두

12 이 논의의 한 가지 결론은 "거품(버블)"이라는 용어가 만일 합리적인 거품을 설명하는 데 사용되지 않는다면, 명확한 의미가 없다(문제 8.9 참조). 따라서 이 용어를 사용하는 것은 그것이 의미하는 바에 대한 명확한 설명이 따라야 한다.

가지 방법이 있었다. 3Com의 주식을 매입하거나 Palm의 주식을 직접 매입하는 것이다. 첫 번째 접근방법은 투자자에게 다른 것 즉 3Com의 비-Palm 수익에 대한 청구권을 부여했기 때문에(Lamont and Thaler의 연구에 따르면 그럴듯하게 음(−)의 값을 가질 수 없었다), 첫 번째 자산의 펀더멘털 가치는 두번 째 자산의 펀더멘털 가치보다 필수적으로 더 커져야 한다.

그러나 그림 10.5이 보여주듯이 두 자산의 가격은 종종 그 관계가 매우 다르게 나타난다. 2000년 3월 초부터 5월 중순까지 3Com의 비-Palm 수익의 내재가치는 종종 실제로 음(−)이었다. 따라서 두 자산 중 적어도 하나는 잘못된 가격책정이다. 두 가격 사이의 관계는 3Com이 Palm을 투자철회하려 한다는 사실이 알려졌을 때 합리적이게 되었으므로 3Com 주식보유자는 곧 Palm의 주식을 받게 되었다.

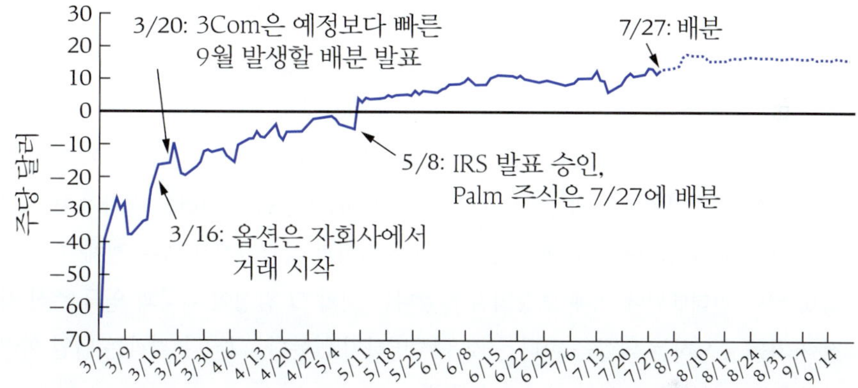

그림 10.5 2000년 3월 2일–9월 18일까지 3Com의 비-Palm 부문의 내재가치(Lamont and Thaler, 2003)[13]

미시경제학 수준에서 잘못된 가격책정이 있다는 사실은 거시경제학적으로 중요한 잘못된 가격책정이 있다는 것을 더 그럴듯하게 만들지만 그 이상은 아니다. 거시경제학 수준에 더 가깝게 만드는 단계는 폐쇄형 뮤추얼 펀드와 펀더멘털 자산을 비교하는 것이다. 폐쇄형 펀드는 공개적으로 거래되는 다른 주식의 지분을 보유한다. 폐쇄형 뮤추얼 펀드의 주식은 포트폴리오에 대한 청구권이므로 펀더멘털 가치는 포트폴리오 자산의 펀더멘털 가치의 합과 동일하다. 그러나 폐쇄형 펀드의 지분은 펀드로 상환할 수 없다. 대신, 다른 투자자에게만 매도할 수 있다.[14] 따라서 기초 포트폴리오의 가격에서 폐쇄형 펀드의 가격이 이탈하는 것은 즉각적인 무위험 이익의 기회가 창출되지 않는다.

Lee, Shleifer, and Thaler(1991)는 폐쇄형 펀드의 가격이 기초 포트폴리오의 가격과 종종 다른 것을 연구하였다. 중요하게도, 만일 노이즈거래자가 특히 폐쇄형 펀드를 거래할 가능성이 있고 만일 그러한 펀드가 노이즈거래자 위험에 노출되면 그 차이가 예상할 수 있는 것과 일

13 *Journal of Political Economy*에 승인을 얻어 사용하였다. University of Chicago의 2003 저작권.

14 이것이 폐쇄형 펀드의 특징이다. 반면 개방형 펀드의 지분은 펀드로 상환할 수 있다.

치한다고 보여준다. 폐쇄형 펀드의 지분은 평균적으로 기초 포트폴리오에 비해 할인된 가격으로 거래된다(만일 추가적인 위험요인이 있는 경우 예상되는 바와 같이-식 10.23 참조). 그들은 때때로 위에서 거래한다(일반적으로 새로운 폐쇄형 펀드가 생성될 때). 그리고 그들의 수익은 기초 포트폴리오의 수익보다 더 변동적이다.

분석을 한 단계 더 발전시켜 Lee, Shleifer, and Thaler(1991)와 DeLong and Shleifer(1991)는 폐쇄형 펀드에 대한 할인과 전체 주가의 움직임 사이의 관계를 연구하였다. 만일 노이즈거래자가 특히 폐쇄형 펀드를 거래할 것 같다면 폐쇄형 할인의 움직임은 주식에 대한 "감정"을 반영할 수 있다. 즉 펀더멘털이 보장되지 않는 주식에 대한 낙관론이 폐쇄형 할인을 낮추고 비관주의가 할인을 높일 수 있다. 따라서 그들은 현재 배당금이나 수익에 비해 전체 주식시장의 가치가 폐쇄형 할인이 낮거나 음(-)일 때 더 높은 때와 폐쇄형 할인이 높을 때 낮은지의 여부를 묻는다. 예를 들어 그들은 폐쇄형 할인은 1929년 폭락 이전의 엄청난 주가 급등에서 급격히 음(-)이(즉, 상당한 폐쇄형 프리미엄이 있었다) 되었다는 것을 발견하였다. 유사한 의미로 Froot and Dabora(1999)는 Shell Oil(주로 영국 거래소에서 거래됨) 가격에 비해 Royal Dutch Petroleum(주로 미국 증권 거래소에서 거래됨)의 가격이 영국 주식에 비해 미국 주식 전체 가치에 따라 움직인다는 것을 보여준다. 물론 이러한 결과가 1920년대 후반의 주가 상승(보다 일반적으로 폐쇄형 할인의 움직임과 상관관계가 있는 전체 주가 움직임의 구성요소)이 펀더멘털에 의해 보장되지 않았다는 것과 그 감정이 미국과 영국 주식 시장의 상대적 가치를 주도하는 역할을 한다는 것을 증명하지 않는다. 그러나 결과는 만일 이러한 것들이 사실이라면 예상할 수 있는 것과 일치한다.

잘못된 가격책정과 관련된 증거를 얻는 매우 다른 방법은 시장참가자에게 그들의 생각에 대해 묻는 것이다. 예를 들어 Case, Shiller, and Thompson(2012)은 주택구입자들이 10년 동안 두 자릿수의 연간 가격상승에 대한 기대와 같은 합리적인 근거로 정당화하기 매우 어려워 보이는 견해를 보고하는 것을 발견하였다. 더욱이 이러한 기대는 주택가격이 급격히 상승하는 시기에 특히 일반적이다. 다시 이것은 논쟁의 여지가 있는 비합리적인 기대가 가격변동의 원인임을 증명하지는 않지만 패턴은 확실히 그러한 견해와 일치한다.

주어진 이용가능한 정보에서 적절하게 할인된 자산수익의 가치의 합리적 기대치와 같다는 아이디어는 매우 매력적이다. 그러나 이전 절과 이번 절의 분석은 그럼에도 불구하고 그 가설이 현실에 대한 설명과는 거리가 멀 수 있다는 결론에 이르게 된다. 이론적으로 만일 잘못된 가격책정이 발생하면 이를 바로잡을 수 있는 요인은 제한적이므로, 자산가격이 펀더멘털에서 크게 이탈할 수 있다. 실증적으로 큰 종류의 자산 수준에서 크게 잘못된 가격책정을 기각할 수 없다. 미시경제학 수준에서 잘못된 가격 책정의 명백한 증거가 있기 때문이고 일부 미시경제학적 패턴은 중요한 거시적인 잘못된 가격책정이 있는 경우 예상할 수 있는 것과 일치한다.

10.6 Diamond-Dybvig 모형

우리는 비대칭적 정보가 투자에 어떻게 중요한 영향을 미칠 수 있는지와 그것이 어떻게 충격의 거시경제학적 영향을 확대할 수 있는지 논의하였다. 그리고 우리는 자산 가격이 펀더멘털이 보장하는 가치에서 이탈할 수 있고 그러한 이탈이 경제에 중요한 결과를 초래할 수 있음을 보았다. 그러나 지금까지 우리가 수행한 분석 중 어느 것도 금융시장의 핵심 특징을 다루지 않았다. 즉 금융시장은 갑작스럽고 경련적인 변화를 겪을 수 있다. 이러한 변화는 미시경제학적 수준과 거시경제학적 수준 모두에서 발생한다. 미시경제학적 수준에서 이자율 어느 날 정상적으로 운영되는 것처럼 보이는 은행이 다음 날 파산에 직면할 수 있다. 또는 낮은 이자율로 단기 대출을 만기연장하여 자금을 조달하는 투자은행은 갑자기 어떤 이자율로도 차입할 수 없음을 발견한다. 그리고 거시경제학적 수준에서 이와 같은 급격한 변화는 많은 기관에 거의 동시에 영향을 미칠 수 있다.

이 절은 개별 기관 수준의 격변에 초점을 둔다. 특히 뱅크런 가능성에 대한 고전적인 Diamond-Dybvig모형을 제시한다(Diamond and Dybvig, 1983; Bryant, 1980 참조). 모형에서 런을 이끄는 것은 유동성에 대한 수요 즉 저축자들이 언제든지 자금을 회수할 수 있기를 바라는 욕구이다. 만일 금융중개자가 자금을 조달하는 기초 투자 프로젝트가 장기적이라면 만기불일치를 만들어낸다. 중개자의 자산(투자 프로젝트 수익의 일부에 대한 청구권)은 장기이지만 부채(중개자에 대한 저축자 청구권)는 언제든지 상환될 수 있으며 단기적이다. Diamond and Dybvig은 은행이 유동성 수요를 충족시키기 위해 만기불일치를 만들어낼 수 있는 이유와 이러한 불일치가 어떻게 런을 만들어내는지에 대해 보여주는 모형을 개발하였다.

가정들

Diamond and Dybvig은 전통적인 요구불예금과 유사한 자산에 대한 수요가 있는 모형을 개발하였다. 즉 자산은 현재가치를 가지고 있고 언제든지 상환될 수 있다. 이후 그들은 투자 프로젝트가 장기적이면 요구불예금을 발행하는 금융기관이 런에 취약하다는 것을 보여준다.

구체적으로 0, 1, 2로 표시하는 3개의 기간이 있다. 경제는 연속적인 주체로 구성되며 각 개인은 0기에 경제의 단일 재화 1단위를 부여받는다. 만일 재화가 투자되고 2기까지 보유하면 $R>1$ 단위의 재화를 생산하지만 1기에 프로젝트가 중단되면 1단위만 생산한다. 2기의 수익률이 1기의 수익률을 초과한다는 사실은 투자에 장기적인 특성을 부여한다.

사전적으로 모든 개인은 같다. 그러나 1기에 비율 θ는 1기 소비에만 가치를 둔다는 것을 학습한다. 나머지는 1기나 2기에 소비하려고 한다. 1기에만 소비하려는 개인을 "유형-a" 개인, 나머지를 "유형-b" 개인이라고 하고 $0<\theta<1$으로 가정한다. 중요하게도 개인의 유형은 다른 사람들이 관찰할 수 없다.

c_t^i는 유형-i 개인의 t기 소비라고 하자. 두 유형의 효용은 다음과 같이 주어진다.

$$U^a = \ln c_1^a \tag{10.24}$$

$$U^b = \rho \ln\left(c_1^b + c_2^b\right) \tag{10.25}$$

여기서 $0 < \rho < 1$이고 $\rho R > 1$이다.

확실히 일반적이지 않은 이러한 가정은 모형이 경제적으로 흥미로운 가능성으로 이어지도록 선택되었다. 예를 들어 $\rho < 1$이라는 가정은 유형 a가 특히 소비에 가치를 두는 효과를 가진다.

■ 두 가지 기본적인(baseline) 경우

금융중개자의 가능성을 도입하기 전에, 모형의 두 가지 간단한 변형을 고려하자. 첫 번째 경우는 자급자족(autarchy)이다. 즉 개인 간의 모든 유형의 거래 또는 보험을 배제한다. 이러한 경우 개인의 최적화 문제는 자명하다.

그들은 0기 소비를 가치평가하지 않기 때문에 각 개인은 자신의 1단위 부존(endowment)을 투자한다. 1기에 자신이 유형 a임을 알게 된 사람들은 투자 프로젝트를 조기에 청산하고 1기 소비는 1, 2기 소비는 0을 가진다. 유형 b로 판명된 개인은 프로젝트를 2기까지 보유하고 1기 소비는 0이고 2기 소비는 R이다.

따라서 자급자족 하에서 기대효용은 다음과 같다.

$$\begin{aligned} U^{AUTARCHY} &= \theta \ln 1 + (1-\theta)\rho \ln R \\ &= (1-\theta)\rho \ln R \end{aligned} \tag{10.26}$$

두 번째 특별한 경우는 개인의 실현된 유형을 관찰할 수 있는 사회계획자가 존재한다. 유형 a는 2기 소비에서 효용을 얻지 못하기 때문에 계획자는 분명히 $c_2^a = 0$을 선택할 것이다. 그리고 유형 b는 두 기간의 소비 사이에 무관심하고 프로젝트가 만기까지 보유되면 더 많은 수익을 얻기 때문에 계획자는 분명히 $c_1^b = 0$을 선택할 것이다. 따라서 흥미로운 선택변수는 c_1^a와 $c_2^a = 0$이다.

조기 청산된 프로젝트는 1단위를 생산한다. 조기 청산된 프로젝트의 비율은 θ(1기에 소비하는 개인의 비율)와 c_1^a (1기에 소비하는 개인당 1기 소비)의 곱과 같아야 한다. 이것은 만기까지 보유되는 비율 $1-\theta c_1^a$을 남긴다. 각각은 R을 생산하고 생산은 모집단의 비율 $1-\theta$인 유형 b로 나눈다. 따라서 계획자의 자원제약($c_2^a = c_1^b = 0$일 때)은 다음과 같다.

$$c_2^b = \frac{(1-\theta c_1^a)R}{1-\theta} \tag{10.27}$$

대표적 개인의 기대효용은 $\theta \ln 1 + (1-\theta)\rho \ln c_2^a$이다. 예산제약식(10.27)을 사용하고

c_2^b에 대입하면 다음과 같이 쓸 수 있다.

$$E[U] = \theta \ln c_1^a + (1-\theta)\rho[\ln(1-\theta c_1^a) + \ln R - \ln(1-\theta)] \tag{10.28}$$

c_1^a의 효용극대화 값에 대해 풀기 전에 만일 사회계획자가 c_1^a를 한계적으로 자급자족 결과를 변화시킨다면 어떤 일이 일어날 지에 대해 질문하는 것은 도움이 된다. 앞에서 본 바대로 자급자족 결과는 $c_1^a = 1$이다. 따라서 다음과 같다.

$$\begin{aligned}\left.\frac{\partial E[U]}{\partial c_1^a}\right|_{c_1^a = c_1^{a,AUTARCHY}} &= \left.\frac{\partial E[U]}{\partial c_1^a}\right|_{c_1^a = 1} \\ &= \theta + \frac{(1-\theta)\rho}{1-\theta}(-\theta) \\ &= (1-\rho)\theta \\ &> 0\end{aligned} \tag{10.29}$$

$\partial^2 E[U] / \partial c_1^{a2}$을 확인하는 것은 쉽다. 따라서 대표적 개인은 기대효용을 극대화하기를 원하고 유형을 관찰할 수 있는 계획자는 어떤 자원을 유형 b에서 유형 a로 이전할 것이다. 유형 a는 특히 소비에 가치를 두므로 직관적으로 간단하다.

식 (10.28)은 완전정보 하에서 c_1^a의 최적수준에 대한 1계 조건은 다음과 같다.

$$\frac{\theta}{c_1^{a*}} + \frac{(1-\theta)\rho}{1-\theta c_1^{a*}}(-\theta) = 0 \tag{10.30}$$

이는 다음과 같다.

$$\begin{aligned}c_1^{a*} &= \frac{1}{\theta + (1-\theta)\rho} \\ &> 1\end{aligned} \tag{10.31}$$

이러한 식을 식(10.27)에 대입하면 다음과 같다.

$$\begin{aligned}c_2^{b*} &= \frac{\rho R}{\theta + (1-\theta)\rho} \\ &< R\end{aligned} \tag{10.32}$$

비록 c_1^{b*}가 자급자족 하의 수준보다 작다고 하더라도 $\rho R > 1$의 가정은 c_1^{a*}보다 크다는 것을 시사한다.

■ 은행

Diamond and Dybvig의 주요 결과 중 하나는 최선을 달성하기 위해 유형의 관찰 가능성이나 사회계획자가 필요없다는 것이다. 만일 어떤 개인이 은행을 설립하면 어떻게 되는지 생각해보자. 은행은 다음 조건에 따라 예금을 제공한다. 1단위를 예금하는 개인 – 유형과 관계없는 – 은 만일 은행에 이용가능한 자금이 있다면 1기에 c_1^{a*} 를 인출할 수 있다. 은행이 2기에 보유한 자금은 무엇이든 1기에 인출하지 않은 예금자들에게 균등하게 배분된다. 은행은 프로젝트에 예금을 투자하고 조기 인출수요를 충족하기 위해 필요에 따라 프로젝트를 청산하여 예금자에게 지급한다. 이러한 가정은 은행 소유주가 손익분기점을 넘겼다는 것을 의미한다. 그는 자신의 자원을 투입하지 않고 예금자의 자원으로 얻은 생산은 모두 예금자에게 지급된다.[15]

투자된 각 단위는 1기에 청산되고 c_1^{a*} 이 1보다 크면 1단위만 생산하므로 만일 많은 예금자 비율(구체적으로 $1/c_1^{a*}$ 이상)이 조기인출을 요청하면 어떤 일이 발생하는 지에 대해 설정해야 한다. Diamond and Dybvig은 이러한 상황에서 은행이 가능한 많은 조기인출자에게 c_1^{a*} 를 제공하고 나머지는 아무것도 제공하지 않는다고 가정한다. 은행은 개인을 구분하는 방법이 없기 때문에 c_1^{a*} 을 받는 사람들은 무작위로 선택되는 것으로 가정한다. 은행이 가능한 많은 조기인출자에게 약속된 금액을 지급하고 나머지는 아무 것도 지급하지 않는다는 가정은 어떤 개인이 유동성이 필요하고 조기에 현금을 인출하는 순간 대신에 유동성 요구는 서로 다른 개인에 대해 다른 시간에 발생하므로 조기 인출시점에 이질성이 있다는 아이디어를 모형화하는 지름길 방법이다. 은행업의 맥락에서 이 선착순 가정은 **순차적 서비스 제약 조건**(*sequential service constraint*)으로 알려져 있다. 예금자의 $1/c_1^{a*}$ 이상이 조기에 인출하는 경우 은행은 1기에 모든 프로젝트를 청산하므로 2기까지 기다리는 예금자는 아무 것도 얻지 못한다.

이러한 가정 하에서 사회적 최적 – 유형 a는 c_1^{a*} 을 받고 유형 b는 c_2^{b*} 를 얻는 것 – 이 내쉬균형이다. 이것을 살펴보기 위해 모든 사람이 오직 a형만이 1기에 인출할 것이라고 믿는다고 가정하자. 은행의 2기 자원은 2기 인출자에게 균등하게 배분되므로 제안된 균형에서 2기 인출자가 받는 금액은 다음과 같다.

$$\begin{aligned} c_2 &= \frac{(1-\theta c_1^{a*})R}{1-\theta} \\ &= c_2^{b*} \end{aligned} \tag{10.33}$$

여기서 둘째 줄은 경제의 자원 제약식(10.27)을 사용하였다. 대표적인 a유형 개인은 1기 소비에만 가치를 두기 때문에 확실히 1기에 인출하는 것을 선택할 것이다. 그리고 $c_2^{b*} > c_1^{a*}$ 이고 유형 b는 소비의 시간에 대해 무차별하므로 유형 b는 2기까지 기다릴 것이다. 즉 비록 개인의 유형이 관찰되지 않고 정부간섭도 없다고 하더라도 경제가 최선을 성취할 수 있는 곳에 내쉬균형이 존재한다. 따라서 Diamond and Dybvig의 핵심 결과 중 하나는 은행이 유동성을 제공할 수 있다는 것이다. 그것은 장기투자를 하게 하지만 투자 만기 전에 예금자들이 자

15 따라서 우리는 이윤이 0이 되도록 암묵적으로 은행업에 무료로 진입한다고 가정한다.

금에 접근할 수 있도록 한다. 예금자들은 자금을 가장 원하는 때에 대한 불확실성 때문에 유동성을 중요하게 생각한다. 그리고 은행은 예금자들이 서로 다른 시간에 자금을 원하기 때문에 유동성을 제공할 수 있고 예금자들 간에 원하는 인출 시기에 대한 위험을 공유할 수 있다.

또한 조기인출자는 시장 이상의 수익을 얻는 것을 주목하라. c_1^a은 1기에 청산된 투자의 실현된 가치인 1보다 크다. 이러한 결과는 현실적이다. 예금에 대한 이자를 지급하는 은행은 일부 투자(예를 들어 대출의 형태)를 하지만 조기인출을 허용하기 위해 일부 현금과 유동성이 높은 저이자율 자산(예를 들어 재무부 채권)도 보유하고 있다. 은행이 이러한 자산에 대해 얻는 낮은 이자율에도 불구하고 조기에 인출하는 예금자들은 그렇지 않은 예금자들과 동일한 이자율을 지급받는다.

런의 가능성

불행하게도 비록 사회적 최적이 내쉬균형이라고 하더라도 두 번째 균형이 존재한다. 뱅크런이다. 유형 a뿐만 아니라 유형 b가 모든 주체는 1기에 자신의 예금을 인출하려고 한다면 어떤 일이 일어날지 생각해보자. 위에 서술한대로 $c_1^{a*} > 1$이라는 사실은 만일 모든 주체가 조기인출하려고 한다면 은행은 모두를 만족시킬 수 없다는 것을 의미한다. 모든 투자를 청산하고 2기에 남은 것은 아무 것도 없다. 따라서 만일 유형 b가 모든 다른 유형 b가 1기에 인출하려고 한다는 것을 믿는다면, 2기까지 기다리는 것(그리고 확실히 0을 얻는)보다 1기에 인출하는 것(양(+)의 확률로 c_1^{a*}를 얻는)이 더 낫다. 즉 뱅크런 – 모든 주체가 조기인출하려고 하는 것 – 은 내쉬균형이다.[16]

논의

은행이 비유동자산과 유동부채를 가질 때 파산가능성이 내재되어 있다. 유동부채는 예금자에게 조기 인출옵션을 제공한다. 그러나 은행의 자산은 비유동적이기 때문에 만일 모든 예금

16 이러한 분석은 한 가지 복잡한 문제를 무시하고 있다. 효용은 로그(대수)이기 때문에(식 10.24와 10.25 참조) 런이 있을 때 0의 소비를 할 가능성에 직면한다는 사실은 런균형에서 기대효용이 무한한 음(−)임을 의미한다. 결과적으로 뱅크런이 발생할 양(+)의 확률은 개인이 자신의 부존을 은행에 예금하지 않도록 하게 된다. 즉 이러한 뱅크런에 대한 후보 설명을 제공하기보다 모형은 은행이 어떤 예금을 유치하지 못하도록 할 수 있는 뱅크런이 존재할 가능성을 보여주므로 경제가 개인들마다 유동성 위험을 공유하는 이점을 얻지 못할 수 있음을 보여준다.

이러한 복잡한 문제를 해결하는 방법은 최소한 두 가지가 있다. 첫째, Diamond and Dybvig이 지적한 바와 같이 만일 런의 양(+)의 확률이 있다면 개인은 여전히 부존의 일부를 은행에 예치하기를 원할 수 있다. 부존의 일부를 예치하고 일부를 투자하기 위해 유지하여 런이 발생하더라도 확실히 자신에게 양(+)의 소비를 보장할 수 있다. 따라서 예금을 유치하는 은행과 양(+)의 런의 확률이 있는 곳에 균형이 존재할 수 있으므로 모형은 런에 대한 후보 설명을 제공한다. 두 번째 접근방법은 효용함수를 약간 변경하는 것이다. 구체적으로 식 (10.24)와 식 (10.25)를 1에서 R까지의 범위에서 로그함수이지만 소비가 0일 때 무한히 음(−)이 아닌 함수로 대체한다고 가정하자. 이러한 변경으로 자급자족과 최선의 결과(이 경우에 기대효용)는 변경되지 않는다. 그러나 런균형에서 기대효용은 이제 잘 정의되었다. 결과적으로 런의 확률이 너무 크지 않은 한 개인은 런의 확률이 엄격하게 양(+) 경우에도 은행에 자신의 부존 전액을 예금하려고 할 것이다. 따라서 다시 모형은 런에 대한 후보 설명을 제공한다.

자가 조기에 인출하려고 하면 은행이 이를 만족시킬 수 없다. 결과적으로 각 주체가 다른 모든 사람들이 조기인출을 시도하고 있다고 믿는다면 은행이 채무를 만족시킬 수 없다고 믿으므로 그들도 또한 조기인출을 시도한다.

이러한 논의의 한 가지 시사점은 유동성에 대한 주체의 정확한 욕구가 런에 중요하지 않다는 것이다. Diamond and Dybvig모형에서 유동성에 대한 욕구는 소비의 필요시기에 대한 주체의 불확실성에서 발생한다. 그러나 예상치 못한 투자기회를 추구할 수 있는 유연성에 대한 기업가측의 욕구에서 대신에 발생한다면 결과는 비슷할 것이다(Holmström and Tirole, 1998; Diamond and Rajan, 2001). 보다 흥미롭게도 Dang, Gorton, and Holmström(2015)은 유동성에 대한 욕구가 비대칭적 정보의 문제에서 발생할 수 있다고 주장한다. 만일 자금제공자가 문제의 첫 징후가 나타날 때 자금을 인출할 수 있다는 것을 알게 되면 투자하고 있는 기초자산의 질을 주의스럽게 평가할 필요성이 크게 감소한다. Dang, Gorton, and Holmstrom의 용어로 비대칭인 정보는 **정보적으로 민감하지 않은**(*informationally insensitive*) 자산에 대한 욕구를 불러일으킨다 – 그 중 언제든지 미리 결정된 가격으로 청산될 수 있는 자산이 대표적인 예이다.

마찬가지로 런은 다양한 형태를 취할 수 있다. 요구불예금이 있는 전통적인 은행에서 예금자들은 자금을 인출하기 위해 은행에 물리적으로 달려가야 하는 것을 포함한다. 그러나 현대의 뱅크런은 이것을 거의 닮지 않았다.

소매투자자(즉 개인 가계)로부터 예금을 유치하고 도매투자자(즉 머니마켓 뮤추얼 펀드와 같은 기관)로부터 초단기 대출을 만기연장하여 스스로 자금을 조달하는 은행을 생각하자. 또는 그러한 단기 대출로 거의 전적으로 자금을 조달하는 투자은행을 생각하자. 이후 런은 많은 도매투자자들에게 동시에 대출 만기연장을 거부하거나 대출 조건을 훨씬 더 부담스럽게 만드는 형태를 취할 수 있다. 결과적으로 은행은 강제로 투자를 조기에 청산해야 하고 파산할 수 있다(Gorton and Metrick, 2012). 많은 대출자들이 대출을 만기연장하지 않을 때 은행이 피해를 입기 때문에 다른 대출자들은 대출을 만기연장하는지 여부에 대해 각 대출자의 믿음은 자신의 대출을 만기연장할지 여부를 결정하는 데 중요하다. 따라서 Diamond-Dybvig 모형의 은행 런에서처럼 대출 만기연장을 광범위하게 거절하는 것은 자기실현적 균형이 될 수 있다. 또는 만기가 다른 중기 대출을 만기연장하여 자체 자금을 조달하는 금융기관을 고려하자. 이후 런은 나중의 대출자들이 똑같이 할 것이라는 믿음에서 만기가 도래할 때 대출을 만기연장하는 것을 거절하는 각 대출자의 형태를 취할 수 있다. 이러한 경우 "런"은 한꺼번에 일어나는 것이 아니라 시간이 지남에 따라 전개된다(He and Xiong, 2012).

Diamond-Dybvig 모형에서 런은 은행에 대한 순수한 **유동성 위기**(*liquidity crisis*)이다. 모든 주체는 유형 b가 1기에 인출을 시도하지 않으면 은행은 2기에 약속된 지급을 할 충분한 자금을 갖게 된다는 것을 알고 있다. 그러한 의미에서 은행은 완전히 지급가능하다. 모든 예금자가 즉시 자금을 원하는 경우에만 채무를 이행할 수 없다는 사실이다.

유동성 위기의 대안은 **지급능력 위기**(*solvency crisis*)이다. 예를 들어 은행관리자가 자금의 일부를 가지고 도주하거나 투자 프로젝트의 상당 부분을 실패하게 만드는 1기의 충격 가능성이 있다고 가정하자. 이러한 모형의 확장으로 만일 은행이 2기까지 기다리더라도 가끔 모든 유형 b에게 상환하지 못할 수 있다. 즉 때때로 지능불능이 된다. 그러한 상황에서 모든 주체는 자금을 조기에 인출할 유인을 가진다 – 그러나 다른 주체도 또한 조기인출을 시도하고 있다고 믿는 지 여부에 관계없다.

그와 같은 경우에 유동성 런과 지급능력 런의 구분이 명확하다. 그러나 다른 경우에는 그렇지 않다. 예를 들어 유형 b가 기다리면 은행이 유형 b에 대한 모든 채무를 충족할 수 없을 작은 가능성이 있지만(엄격히 양(+)), 유형 b 사이에 약간의 이질성이 있다고 가정하자(아마도 위험회피 또는 조급함의 정도에 의해). 지급불능의 작은 확률은 조기인출하는 일부 유형 b(가장 위험적이거나 인내심이 가장 적은 것과 같은)에 대해 우월적 전략으로 하게 할 수 있지만 이는 다른 사람들이 조기인출하게 할 수 있으며 이는 다른 사람들이 또 그렇게 하도록 이끌 수 있다. 최종 결과는 지급불능의 작은 확률이 은행을 확실히 파산하게 만드는 런으로 이끌 수 있다. 그러한 런은 순수한 유동성 런이나 순수한 지급능력 런으로 제대로 설명될 수 없다.

■ 런을 방지하는 정책

Diamond and Dybvig은 유동성 런을 방지할 수 있는 세 가지 정책을 고려한다. 첫 째는 은행에 의해 이행될 수 있는 반면 나머지 두 가지는 정부 조치가 필요하다.

은행이 이행할 수 있는 정책은 **지급 정지**(*suspension of payments*)이다. 구체적으로, 우리가 고려해 온 계약의 약간의 변형이 있다고 가정하자. 1기에 기껏해야 예금자의 비율 θ까지 c_1^{a*}를 지급한다. 이러한 계약으로 일부 유형 b 주체가 조기인출을 시도하는 결정은 은행이 1기에 지급하는 금액에 영향을 미치지 않으므로 은행이 2기에 이용가능한 자원에 효과를 미치지 않는다. 따라서 각 유형 b 주체는 다른 사람들이 무엇을 할 것이라고 생각하는 지에 관계없이 2기까지 기다리는 것이 낫다. 따라서 정책은 런균형을 제거한다.

그러한 정책은 정부예금보험이 등장하기 전에 은행이 실제로 했던 것과 유사하다. 런에 직면한 은행은 예금자들이 할인된 금액으로만 자금을 인출할 수 있다고 발표할 것이다. 모형에서 2기까지 기다리는 어떤 예금자가 1기에 얻을 수 있는 것보다 더 많은 것을 확실히 얻도록 할인을 설정하면 런이 제거된다. 실제로 몇 퍼센트의 할인은 전형적으로 런에 직면한 은행을 안정시키는 데 도움이 되었지만 즉시 런이 없는 균형으로 이동하지 않았다.

이 모형에서 1기에 예금의 θ만큼만 상환하는 정책은 최선의 결과로 복구시킨다. 그러나 Diamond and Dybvig는 θ가 불확실한 모형의 확장에서 그렇지 않음을 보여준다. 따라서 그들은 두 가지 가능한 정부 정책을 고려한다.

첫째는 예금보험이다. 정부가 2기까지 기다리는 사람이 c_2^{b*}를 받는다고 보증할 수 있다면 이는 런균형을 제거한다. 이러한 상황에서 유형 b는 항상 기다리므로 은행은 2기에 항상

c_2^{b*} 를 지급할 수 있다. 따라서 정부는 자금을 결코 지급할 필요가 없다.

그러나 이러한 간단한 분석은 다음과 같은 중요한 이슈를 남긴다. 보증을 신뢰할 수 있으려면 정부는 만일 일부 유형 b가 1기에 런을 하면 2기까지 기다리는 예금자들에게 지급하는 데 필요한 자원을 확보할 방법을 가지고 있어야 한다. 이러한 능력이 없으면 런은 여전히 균형이다. 신뢰할 수 없는 보증은 예금자가 만일 다른 사람들이 런을 하고 있다고 믿는다면 런을 하지 않을 이유가 없다.

Diamond and Dybvig은 보증을 신뢰할 수 있게 만드는 것은 세금을 부과할 수 있는 정부의 권한이라고 주장한다. 구체적으로 정부의 정책이 만일 1기에 θ 비율 이상의 주체가 인출하여 은행의 2기 자원이 남아있는 예금자당 c_2^{b*} 미만이 되도록 하면 1기에 인출하지 않은 예금자의 소비를 c_2^{b*} 로 늘리기에 충분할 정도로 1기에 각 주체 대해 세금을 부과한다고 가정하자. 따라서 각 주체는 런을 할 유인이 없다.

Diamond and Dybvig이 고려하는 또 다른 정부 정책은 **최종대부자**(*lender of last resort*)로서 행동하는 것이다. 구체적으로 실제로 정부 – 특히 중앙은행 – 가 c_2^{b*}/c_1^{a*} 의 총이자율로 은행에 대출할 준비가 되었다고 발표한다고 가정하자. 그러한 정책이 시행될 때인 1기에 만일 예금자의 비율 $\phi > \theta$가 자금을 인출하면 어떤 일이 발생할지 고려하자. 은행은 프로젝트를 청산하여 그것 중에 θ를 지급하고 중앙은행에서 차입하여 나머지 $\phi - \theta$를 지급할 수 있다. 은행은 프로젝트의 일부인 θ 비율만 청산했기 때문에 만일 1기에 예금자의 일부인 θ만 인출한 것처럼 2기에 자원의 $(1-\theta)c_2^{b*}$ 를 가지고 있다. $(\phi-\theta)c_2^{b*}$ 를 사용하여 중앙은행에 상환하고 나머지 $(1-\phi)c_2^{b*}$ 를 사용하여 2기에 인출한 예금자에게 지급할 수 있다. 따라서 각 예금자는 1기에 얼마나 많은 예금자가 인출했는지에 관계없이 2기에 c_2^{b*} 를 얻을 수 있음을 알고 있다. 결과적으로 유형 b 예금자는 만일 다른 사람들이 조기 인출 한다고 하더라도 조기 인출을 원하지 않을 것이다. 즉 중앙은행의 정책은 런균형을 제거한다.[17]

이러한 논의는 두 가지 이슈를 제기한다. 첫째는 예금보험에 대한 논의와 병행하여 초과인출이 발생할 경우 은행에 자원을 대출하는 중앙은행의 제안을 어떻게 신뢰하는 지이다. 결국 중앙은행의 존재는 경제에서 재화의 양을 증가시키지 않는다. 한 가지 가능성은 중앙은행이 과세 권한을 가진 재정당국의 지원을 받는 것이다. 이러한 경우 최종대부자 정책은 예금보험과 유사하다.

또 다른 (더 흥미로운) 가능성은 화폐와 인플레이션 가능성을 모형에 도입하는 것이다. 예금이 1기 또는 2기에 재화금액이 아니라 화폐금액에 대한 청구권라고 가정하자. 그러한 설정에서 중앙은행은 은행에 돈을 빌려줌으로써 많은 수의 1기 인출에 대응할 수 있다. 화폐공급의 증가 결과는 1기의 재화가격을 상승시킨다. 이는 차례로 조기인출자의 소비를 c_1^{a*} 미만

17 최종대부자 정책이 런에 직면했을 때 은행의 생존 가능성에 큰 효과를 미칠 수 있음을 보여주는 자연실험의 설득력 있는 증거는 Richardson and Troost(2009)를 참조하라.

으로 감소시키고(이 시나리오에서 인출은 재화가 아니라 달러로 표시되기 때문에) 이는 조기인출 횟수에 관계없이 경제가 자원 제약을 계속 충족한다는 것을 의미한다. 인플레이션 가능성으로 인해 중앙은행의 약속이 신뢰할 수 있게 되면서 유형 b는 조기인출할 유인이 없으므로 중앙은행은 결코 약속을 이행할 필요가 없다. 비록 이러한 아이디어가 흥미롭긴 하지만 명시적으로 모형을 화폐모형으로 만드는 것은 복잡하므로 공식적으로 살펴보지 않을 것이다.

최종대부자 정책에 의해 제기되는 두 번째 문제는 중앙은행이 은행에 대출하는 조건에 관한 것이다. 두 기간의 재화 사이의 기술적인 거래는 1에서 R이다. 그러나 만일 중앙은행이 R의 총이자율로 은행에 대출할 준비가 되어 있으면 은행은 런을 방지할 만큼 충분한 자금을 차입할 수 없다. 이러한 이자율로 만일 모든 예금자가 1기에 인출하면 은행은 1기 수요를 충족하기 위해 $(1-\theta)c_1^{a*}$ 을 차입해야 하므로 2기에 $(1-\theta)c_1^{a*}R$을 상환해야 한다. 그러나 $(1-\theta)c_2^{b*}$ 만 이용가능하다. 따라서 대출상환에 필요한 금액에 대한 이용가능한 금액의 비율은 다음과 같다.

$$\begin{aligned}\frac{(1-\theta)c_2^{b*}}{(1-\theta)c_1^{a*}R} &= \frac{c_2^{b*}}{c_1^{a*}R} \\ &< 1\end{aligned} \tag{10.34}$$

여기서 둘째 줄은 c_2^{b*}/c_1^{a*} 가 R보다 작다는 사실을 사용하였다. 즉 만일 은행이 총이자율 R로 $(1-\theta)c_1^{a*}$ 를 차입하면 대출을 상환할 수 없다 – 중앙은행이 그러한 조건으로 $(1-\theta)c_1^{a*}$ 를 대출하는 것이 실현가능하지 않다는 것을 의미한다. 중앙은행이 대출에 총이자율 R을 부과하면 런균형이 남아 있을 것이다.

이러한 분석은 런균형을 제거하기 위해 중앙은행이 시장이자율보다 낮은 이자율로 은행에 대출할 준비가 되어 있어야 할 필요가 있다는 것을 보여준다. 특히, 앞에서 설명한 것처럼 R보다 작은 c_2^{b*}/c_1^{a*} 의 총이자율로 기꺼이 대출을 하면 문제를 풀게 된다. 그러나 필요이자율이 시장이자율보다 낮다는 것은 중앙은행이 무조건적으로 은행에 대출을 제안할 수 없다는 것을 의미한다. 그렇다고 가정하자. 그렇다면 은행은 프로젝트를 청산하는 것보다 중앙은행에서 차입하여 1기 인출에 대한 모든 요구를 충족시키는 것이 낫다. 예를 들어 만일 유형 a가 1기에 인출하면 은행은 프로젝트를 청산하지 않고 1기에 θc_1^{a*} 를 차입하고 2기에 자원 R을 가진다. 중앙은행에 θc_2^{b*} 를 상환하고 $(1-\theta)c_2^{b*}$ 를 2기 인출자에게 지급하고 중앙은행의 비용으로 $R-C_2^{b*}$ 의 이윤을 남긴다.[18]

이러한 위험에 대한 해결책은 중앙은행이 은행에게 자산을 청산하여 1기 인출의 첫째 θ를 충족하도록 요구하고 그 수준을 초과하는 인출에 대해서만 대출을 제공하는 것이다. 이러한

18 은행의 이윤을 기록하는 또 다른 방법은 은행이 차입한 금액 θc_1^{a*} 에 시장이자율과 중앙은행이 부과하는 이자율의 차이 $R-(c_2^{b*}/c_1^{a*})$를 곱한 것이다. 이러한 곱은 $\theta Rc_1^{a*}-\theta c_2^{b*}$ 이다. 경제의 자원 제약 $\theta c_1^{a*}+[(1-\theta)c_2^{b*}/R]=1$ 은 $R\theta c_1^{a*}=R-(1-\theta)c_2^{b*}$ 를 시사한다. 따라서 우리는 은행의 이윤을 $[R-(1-\theta)c_2^{b*}]-\theta c_2^{b*}$ 또는 $R-c_2^{b*}$ 로 쓸 수 있다. 따라서 이러한 접근방법은 동일한 결론을 이끌어 낸다.

규칙을 지급준비로 생각할 수 있다. 은행은 자산에서 요구불예금의 일부(전부는 아님)를 즉각적인 인출에 대한 수요를 충족할 수 있도록 요구된다.

정책입안자들이 은행 공황에 어떻게 대응해야 하는지에 대한 가장 유명한 처방은 좋은 담보에 대해 징벌적 이자율로 자유롭게 대출해야 한다는 Bagehot의 격언이다(Bagehot, 1873, 제7장). Bagehot의 처방은 오늘날 자주 인용된다. Diamond-Dybvig모형은 좋은 담보에 대한 처방의 일부를 지지한다 – 모형에서 중앙은행의 대출은 확실히 상환되어야 한다. 그러나 그것은 처방전의 다른 부분과 반대의 결론에 이르게 한다. 이 모형의 최종대부자 정책에 따라 중앙은행은 자유로운 것이 아니라 제약 하에 벌금이 아닌 할인된 가격으로 대출한다. 흥미롭게도 공황 상태에 있는 현대 중앙은행의 행동은 Bagehot의 규칙보다 Diamond-Dybvig모형의 시사점을 따르는 것으로 보인다.

마지막으로 경제 전반에 걸쳐있는 런의 경우(다음 절에서 고려할 이슈이다) 민간 부문은 예금보험을 제공하거나 최종대부자로서 대출을 제공할 수 없다는 것이 내재되어 있다. 모형의 맥락에서 경제의 자원 제약은 모든 개인이 1기에 c_1^{a*} 을 가지는 것을 불가능하게 한다. 보다 광범위하게 만일 금융시스템 전체가 단기부채를 발행하고 장기자산을 보유하여 유동성을 제공하고 만일 모든 채권자가 자산을 상환하려고 하면 수요를 충족할 만큼 단기자산을 가지고 있을 필요가 없다. 따라서 전체 금융시스템에 보험을 제공하거나 대출을 제공할 수 있는 민간기업이 없다. 세금을 부과하거나 인플레이션을 유발할 권한이 있는 정부가 필요하다.

10.7 전염과 금융위기

우리는 이 장에서 차입자의 자금조달 능력에 갑작스러운 변화가 있을 수 있는 두 가지 모형을 만났다. 가장 확실하게 이것이 Diamond-Dybvig모형의 핵심 특징이다. 그 모형에서 은행은 런의 대상이므로 갑자기 예금을 유치하거나 유지하지 못할 수 있다. 그러나 이는 금융시장의 불완전성이 있을 때 10.2절의 투자모형의 특성이기도 하다. 우리가 논의한 바와 같이 그 모형에 기업가가 어떤 조건으로도 자금을 조달할 수 없는 모수 공간의 영역이 있다. 모수 값의 작은 변화는 기업가의 차입금이 엄격하게 양(+)에서 0으로 불연속적으로 떨어지게 할 수 있다. 더욱이 이러한 신용할당의 가능성은 10.2절의 모형의 설정한 가정이 아니라 비대칭적 정보 하에서 자금 조달이 있을 때 자연스러운 결과이다. 우리가 보았듯이 높은 이자율은 대리인 비용을 증가시킨다. 한 가지 결과는 높은 이자율이 반드시 대출자에 대한 기대지급액을 증가시키는 것은 아니라는 것이다. 결과적으로 투자자가 자금을 공급하려는 이자율이 존재하지 않는 상황이 있을 수 있다.

불행하게도 우리는 미시경제학적 수준에서 금융관계에 급격한 변화가 있을 수 있다는 발견에서 거시경제학적 수준의 금융위기에 대한 설명을 찾았다는 결론으로 뛰어넘을 수 없다. 여러 은행을 포함하도록 확장된 Diamond-Dybvig모형에서 동시에 많은 은행으로 런을 하는 특별한 이유는 없다. 마찬가지로 이질적인 기업가에 대한 10.2절의 모형을 고려하자. 펀더멘털의 어떤 변화는 차입할 수 없는 많은 기업가를 변화시킬 가능성이 있다. 그러나 그 작은 변화가 그 숫자의 큰 변화로 이어지려면 할당의 경계에 있는 많은 기업가들이 있어야 하고 그럴만한 명확한 이유는 없다. 더욱이 미시경제학적 붕괴에 직면하여 전체 금융 시스템을 안정시키는 경향이 있는 요인이 있다. 만일 어떤 기업가가 어떤 이자율로 차입을 할 수 없게 되면 시중이자율이 하락하여 다른 기업가가 쉽게 차입을 할 수 있다. 마찬가지로 만일 차입자가 하나의 Diamond-Dybvig 은행으로 런을 하면 다른 은행에 대한 자금공급이 증가할 수 있다.

■ 전염

그러나 거시경제에 대한 중요한 사실은 금융위기가 있다는 것이다 – 즉 많은 금융기관의 동시적 어려움과 많은 주체의 차입능력의 붕괴이다. 따라서 재정적 붕괴에 대한 중요한 질문은 그것이 어떻게 확산되는지에 대한 것이다. 연구자들은 그러한 **전염**(*contagion*)의 네 가지 가능한 원인을 확인하였다.

첫 번째이고 가장 직관적인 전염의 원인은 **상대방 전염**(*counterparty contagion*)이다. 금융기관은 종종 서로에 대해 다양한 유형의 청구권을 보유한다. 한 기관이 런으로 인한 파산의 위험에 직면할 때 일반적으로 다른 기관의 청구권의 가치가 하락한다. 따라서 금융거래 상대방 – 즉 금융거래의 반대편에 있는 기관 – 의 재무건전성이 악화될 수 있다. 이것은 그들을 파산에 이르게 하거나 적어도 그들의 지급능력에 대한 충분한 의문을 일으켜 런을 촉발할 수 있다. 유사하게, 만일 10.2절 모형의 기업가 중 한 명이 다른 기업가에 대한 채무가 있는 경우첫 번째 기업가가 더 이상 차입할 수 없도록 하는 것이 다른 기업가의 재무건정성을 악화시켜 잠재적으로 차입할 수 없게 만드는 등으로 진행된다.[19]

두 번째 가능성은 **신뢰성 전염**(*confidence contagion*)이다. 한 기관이나 주체가 자금을 조달할 수 없도록 하는 개발은 자금공급자가 다른 기관 또는 주체의 조건을 재평가하게 하여 잠재적으로 대출을 하지 않으려고 하게 된다. 예를 들어 유동성 런과 지급능력 런 사이의 구분이 모호하고 지불불능 확률이 낮다는 정보가 런을 촉발하는 Diamond-Dybvig모형의 변형을 상기하자. 그러한 상황에서 많은 은행이 있고 예금자는 은행의 건전성에 대한 이질적인 정보를 가지고 있으며 다른 은행의 자산가치는 양(+)으로 상관되어 있다고 가정하자. 따라서 만일 한 은행의 예금자들이 다른 은행의 런을 관찰하면 그 은행의 예금자들이 그 은행의 건전성에 대

19 이러한 논의는 차입자에서 대출자로 상대방 전염에 초점을 둔다. 대출을 상환할 수 없는 차입자는 대출자에게 피해를 주어 대출자가 자신의 대출자에 대한 상환할 수 없도록 하는 등으로 진행된다. 그러나 상대방 감염은 반대 방향으로도 작용할 수 있다. 만일 어떤 대출자가 자금이 적다는 사실을 알게 되어 일반적인 차입자에게 대출을 줄이면 차입자는 자신의 차입자에 대한 대출을 줄이는 방식으로 조정하는 등으로 진행된다(Glasserman and Young, 2016).

해 부정적인 정보를 갖고 있다고 추론하여 그들의 은행 자산가치에 대한 추정치를 낮춘다. 그 결과 그들의 은행에 런을 할 수 있다 – 예금자들이 다른 은행의 자산 가치의 추정치를 낮추도록 이끌면서 잠재적으로 추가적인 런을 촉발하는 등으로 이어진다. 신뢰성 전염이 있으면 비록 한 은행에 대한 런이 다른 은행 자산의 가치에 직접적인 영향을 미치지 않더라도 전염이 발생하는 것에 주목하자.

세 번째 유형의 전염은 **헐값매각 전염**(*fire–sale contagion*)이다. 런에 직면한 기관은 예금자의 수요를 충족시키기 위해 자산을 매각할 가능성이 높다. 만일 금융시장에 마찰이 없다면 어떤 자산의 가격은 매 상태에서 상태조건부 수익과 소비의 한계효용에 의해 결정될 것이며 자산을 판매하는 기관의 결정은 자산가격에 효과를 미치지 않을 것이다. 그러나 금융시장이 덜 완전할 때 매각은 자산가격을 낮출 가능성이 있다. 만일 다른 기관도 자산(또는 유사한 자산)의 일부를 보유하고 있다면 자산가치가 하락한다 – 잠재적으로 지급불능 또는 런으로 이어질 수 있다.

감염의 마지막 유형은 **거시경제적 감염**(*macroeconomic contagion*)이다. 일부 기관이나 차입자의 어려움이나 도산은 전체 경제활동을 감소시킬 수 있다(예를 들어 기업이 공급자나 노동자에게 지급하기 위해 차입을 더 어렵게 하거나 일부 기업을 폐쇄하게 하여). 비록 이는 원칙적으로 다른 기업에 도움이 될 수 있지만(예를 들어 수요를 해당 기업으로 이동시켜), 전체 수요를 감소시켜 피해를 줄 수 있다. 만일 음(–)의 효과가 지배적이라면 금융기관이 더 이상 대출을 하지 않을 점까지 기업의 상황을 약화시키거나 일부 금융기관을 지급불능하도록 하거나 런을 촉발할 정도로 대출불이행 가능성을 증가시킬 수 있다. 이러한 것은 경제활동을 더욱 감소시킬 수 있으며 그 과정은 계속될 수 있다. 더욱이 그러한 효과들이 발생할 가능성이 있다는 지식은 경제활동이 감소할 때만 발생하기보다 기관의 건전성과 차입능력에 대한 일부 효과를 즉각적으로 야기할 것이다.

네 가지 유형의 모든 전염병은 거의 확실하게 2008년 9월 Lehman Brothers의 파산 선언에 따른 대규모 금융위기에서 거의 확실한 역할을 하였다. 대형 머니마켓 뮤추얼 펀드인 Reserve Primary Fund가 Lehman Brothers에 대출을 하였다. 결과적으로 Lehman Brothers의 도산은 상대방 감염을 통해 Reserve Primary에 영향을 미치며 런으로 이어졌다. 그 결과 다른 단기자금시장 뮤추얼 펀드의 런을 이끌었다. Reserve Primary와 직접적인 관련이 없었기 때문에 그 효과는 신뢰성 전염을 통한 것으로 보인다. 반면 많은 기관은 채권자의 요구를 충족시키거나 정상적인 자금출처의 일부가 고갈되었다는 사실을 보완하기 위해 자산을 매각해야 했다. 비록 그러한 자산의 가격이 펀더멘털에 의해 보장되는 가격 이하로 떨어졌는지 확신할 수는 없지만 매각규모와 자산가격 간의 많은 정상적인 관계가 무너졌다는 사실 모두가 매각이 헐값매각 전염으로 이어졌음을 제시한다. 마지막으로 붕괴는 이미 진행 중인 경기침체를 악화시키고 주식과 가장 안전한 채권을 제외한 모든 가격이 폭락할 것이 명확했다. 이러한 거시경제적 전염은 재정난을 전파하는데 확실한 역할을 했다.

금융위기를 이해하는 일부 이슈들

이러한 논의는 금융위기에 관한 많은 질문을 제기한다. 이것은 명확한 답변이 거의 없는 활발한 연구 영역이기 때문에 세부적으로 탐구하지 않고 몇 가지 광범위한 이슈만 논의하자.

한 가지 분명한 이슈는 다양한 유형의 전염의 상대적 중요성에 관한 것이다. 대부분의 금융위기에서 지배적인 역할을 하는 것이 있는가? 다른 경우에 다른 것이 지배적인가? 일반적으로 네 가지가 모두 중요한가? 이 질문에 대한 정직한 대답은 이 시점에서 우리가 아는 것이 거의 없다.

감염으로 인해 제기된 두 번째 이슈는 탈중앙화된 결과의 효율성에 관한 것이다. 만일 하나의 금융관계의 붕괴가 그러한 관계에 관여하지 않은 주체에게 영향을 미치면 이러한 것은 외부효과의 가능성을 제시하며 비효율성의 가능성을 제시한다. 그러한 외부적인 효과는 신뢰성, 헐값매각, 그리고 거시경제적 전염에 존재하는 것으로 보인다. 상대방 감염과 함께 발생하는지 여부는 명확하지 않다. 음(−)의 외부효과로 전염될 수 있는 설정에서 금융위기의 균형확률은 비효율적으로 높을 것 같다. 만일 금융계약의 형태를 주어진 것으로 가정하면 더 많은 채무를 취하거나 더 많은 요구불예금을 발행하는 것과 같이 전염위험을 발생시키는 과도하게 높은 수준의 조치로 비효율성이 나타날 수 있다. 그러나 한 걸음 물러서면, 비효율성은 사회적으로 최적이 아닌 계약형식을 포함할 수도 있다. 예를 들어, 사회적 최적은 채무계약의 사용을 줄이고 거시경제적 결과에 의해 촉발된 조건부 계약의 사용을 더 많이 포함할 수 있다. 그리고 금융기관 간의 과도한 상호연결(만일 상대방 감염의 가능성이 비효율성을 이끈다면)이나 다른 기관이 보유한 자산유형의 과도한 상관관계(만일 헐값매각 전염이 중요하다면)와 같은 다른 유형의 비효율성이 있을 수 있다.

다양한 감염 유형의 상대적 중요성과 잠재적인 비효율성에 대한 이슈는 자연스럽게 정책에 대한 질문을 제기한다. 만일 비효율성이 있다면 후생개선의 정부개입에 대한 범위가 있을 수 있다. 그러나 어떤 개입이 가장 유익한지 결정하는 것은 어떤 외부효과가 가장 중요한지를 알아야 한다.

2008년에 발생한 글로벌 금융위기의 여파로 정책입안자들은 어떠한 외부효과가 가장 중요하거나 많은 외부효과가 중요하다고 믿는 것에 대해 매우 확실히 제시하면서 미래 위기의 가능성을 줄이기 위해 광범위한 개입을 추구해 왔다. 정책은 금융기관에 대한 더 높은 자본 요건(만일 자산 가치가 하락하면 덜 지급불능이 되도록)을 포함한다. 더 높은 유동성 요건(런에 직면했을 때 덜 도산할 수 있도록)인 "시스템적으로 중요한" 금융기관에 대한 특별한 자본 및 유동성 요건 또는 금융기관 규모에 대한 상한 설정, 일부 유형의 계약이 계약 단위가 아닌 중앙에서 집계 및 청산되도록 요구(상대방 감염을 줄이는 것을 목표로 하는 것으로 보이는 정책), 기관이 좋은 시기에 완충장치를 만들어 나쁜 시기에 멈출 수 있도록 하는 주기적인 자본 요건 만들기, 기관이 불리한 시나리오에서 어떻게 대처하는지 보여주기 위한 "스트레스 테스트"(정책입안자들이 정보 제공의 균형수준이 너무 낮다고 믿는다는 것을 시사하는), 정부가 보증하는 예금을 발행하거나 최종대부자에 대한 후보가 될 수 있는 금융기관의 일부 유형의 활동에 대한 전면 금지, 금융기관의 직원 또는 임원이 보상을 받을 수 있는 방법의 변화, 채권의 위험을 평가하는 기업이 보상을 받을 수 있는 방법의 변화 등의 방법이 있다.

이러한 목록은 단순히 정책낭독과 정책제안이 아니라 연구 주제로 볼 수 있다. 각 제안에 대해 다음과 같이 질문할 수 있다. 개입을 보장하는 외부효과는 무엇인가? 외부효과가 현존하는 완전한 모형을 쓸 수 있는가? 외부효과의 양적 중요성에 대한 증거는 무엇인가? 제안된 정책이 외부효과를 다루는 최적의 방법인가 아니면 피구세(Pigovian tax)와 같은 다른 접근방법이 더 선호되는가? 제안된 정책이 다른 효과를 미칠까?

전염에 대한 논의에서 제기된 보다 미묘한 이슈는 금융위기가 끝나는 이유이다. 만일 소수의 기관의 문제가 금융시스템의 많은 부분을 붕괴에 빠뜨리는 전염을 촉발할 수 있다면 그러한 추가 혼란으로 나타나는 추가 전염이 훨씬 더 강력하여 훨씬 더 많은 문제를 이끄는 것으로 예상할 수 있다. 전체 금융시스템을 파괴하는 폭발을 일으킬 때까지 전염은 연속적으로 확대된다. 그러나 정부의 개입이 없는 경우에도 우리는 이것을 볼 수 없다. 예를 들어 대공황 때 은행의 1/3이 파산했지만 나머지 2/3(모든 기관은 다양한 유형의 전염병에 확실히 상당하게 영향을 받았다)는 살아남았다. 이것은 전염에 대한 단순한 강조가 무언가를 놓치고 있음을 시사한다. 우리가 관찰하는 것의 광범위한 윤곽에 맞는 한 가지 이야기는 전염으로 인한 중요한 불안정화 요인뿐만 아니라 중요한 안정화 힘도 있다는 것이다. 그리고 초기에 불안정한 요인이 지배하지만 금융도산과 붕괴가 누적됨에 따라 안정화 요인이 결국 승리하였다. 그러나 이것은 가장 눈에 띄는 몇 가지 기본적인 질문으로, 가장 중요한 안정화 요인이 무엇인지, 그리고 왜 일부 범위에서는 전염되지만 다른 범위에서는 그렇지 않은지에 대해서 설명을 시작도 하지 않는 아이디어의 스케치일 뿐이다.

우리가 다룰 이 논의에서 제기되는 마지막 이슈는 잘못된 가격책정과 금융위기 간의 연결이다. 주식이나 주택과 같은 중요한 자산 범주의 가격이 크게 떨어지면 차입자의 자산과 담보 가치, 금융기관의 대차대조표의 자산 측면 항목 값, 그리고 총생산 수준에 미치는 영향을 통해 금융 위기를 유발할 수 있다. 그리고 자산가격의 급격한 하락은 펀더멘털 가치의 합리적 추정치가 이전보다 훨씬 낮다는 것을 의미하는 뉴스 때문에 또는 자산의 대규모 과대 가격책정이 끝났기 때문에 발생할 수 있다. 따라서 대규모 잘못된 가격책정은 금융위기가 만들 가능성을 높인다. 잘못된 가격책정과 금융위기 사이의 연결의 가능성은 연구와 정책 모두에 이슈를 다시 제기한다. 연구 측면에서 실제 대규모 잘못된 가격책정이 발생했는지 여부와 발생한 경우에 원인이 무엇인지 결정하는 것이 중요하다. 정책적 측면에서 대규모 잘못된 가격책정을 방지하기 위한 방법(무엇일 그것을 유발시켰는 지를 이해하는 것이 필요하다)과 이를 실시간으로 감지하는 중요성이 높아진다.

■ 현재 연구 일부에 대한 빠른 개관

우리가 논의한 이슈는 모두 활발한 연구 분야이다. 헐값매각은 최근 작업에서 특히 많은 연구의 주제였다. 고전적인 분석은 Shleifer and Vishny(1992)에 의한 것이다. 이론적 측면에서 Gromb and Vayanos(2002), Lorenzoni(2008), Dávila and Korinek(2017)은 헐값매각 효과에서 발생하는 외부효과를 식별하고 결과가 과도한 총위험감수때문에 금융위기의 비효율적으로 높은 확률 하의 조건을 보여주는 논문의 주요 예이다. 최근 헐값매각에 대한 실증적 조사는 Mitchell, Pedersen 및 Pulvino(2007)가 포함된다. Ellul, Jotikasthira, and Lundblad(2011); Merrill, Nadauld, Stulz, and Sherlund(2014); Koijen and Yogo(2015) 등이 있다. 모두 헐값매각 효과의 강력한 증거를 찾는다.

최근 연구의 두 가닥은 과도한 총위험감수를 이끌어 다시 위기의 위험을 증가시키는 헐값매각 외부효과 이외의 요인을 조사한다. 첫째, Farhi and Werning(2016), Korinek and Simsek(2016), Schmitt-Grohé and Uribe(2016)는 명목이자율(12.7절에서 논의할 것이다)에 대한 제로 하한 또는 통화동맹(currency union) 가입은 경기침체기에 총수요 효과와 거시경제적 전염을 상쇄할 수 있는 통화정책을 방지하기 때문에 호황기에 높은 신용창출 수준으로 인한 음(−)의 외부효과가 있을 수 있다는 것을 보여준다. 둘째, Farhi and Tirole(2012)과 Gertler, Kiyotaki, and Queralto(2012)는 위기 발생 시 금융시스템을 지원하기 위해 사후적으로 개입하려는 정부의 유인이 위험감수에 대한 은행의 사전적인 결정을 어떻게 왜곡하는지 연구한다.

놀랍지 않지만 주요 연구영역이었던 또 다른 영역은 금융기관에 대한 런이다. 예금보험 때문에 은행에서 소매예금자들의 구식 런은 최근 위기의 핵심 부분이 아니었다. 그러나 위기는 중요한 "런과 같은" 행동을 포함한다. Gorton and Metrick (2012); Iyer and Puri (2012); Covitz, Liang, and Suarez(2013); Schmidt, Timmermann, and Wermers(2016)는 모두 런의 미시경제학을 연구하며 많은 경우에 고도로 세분화된 초고빈도 자료를 살펴보았다. 런에 대한 최근 이론적 연구의 예는 Gertler and Kiyotaki(2015)가 많은 은행을 사용하는 일반균형 설정으로 Diamond-Dybvig 모형을 확장하였다.

많은 흥미로운 연구들은 우리가 논의한 주제와 관련된 더 좁은 이슈를 포함한다. 통찰력 있는 최근 연구가 있었던 좁은 영역의 예는 신용평가기관이다. 신용평가기관은 평가대상 채권의 발행자로부터 신용평가를 받았다는 사실이 제도적으로 너무 관대한 신용평가로 이어졌고 이로 인해 매입자는 위기까지 급등하며 매입한 채권의 위험도를 시스템적으로 과소평가하게 되었다는 주장이 매력적이다. 그러나 이러한 주장은 매입자가 기관의 동기를 설명할 수 있어야 한다는 이론적인 문제와 평판 고려가 "평가자 지급" 모형이 재화의 안전성을 평가하는 Underwriters Laboratories의 경우에 가장 유명한 다른 맥락에서 성공할 수 있도록 하는 실증적 문제에 직면한다. 따라서 단순한 논쟁을 넘어설 필요가 있다. Coval, Jurek, and

Stafford(2009)는 누락된 요소가 많은 채권 매입자가 등급을 해석할 때 체계적 위험과 고유 위험 간의 구분을 설명하지 않았다는 증거를 제시한다. 반대로 Skreta and Veldkamp(2009)는 채권 매입자가 신용평가기관 간의 경쟁 상호 작용과 평가기관이 평가한 자산의 복잡성 증가가 균형 등급에 어떻게 영향을 미치는지 완전히 이해하지 못했다는 누락된 요소가 있다고 주장한다. 평가기관에 대한 최근 연구의 다른 예로 Becker and Milbourn(2011), Griffin and Tang(2011), Bolton and Freixas(2012)가 있다.

이러한 짧은 여행은 전염, 위기, 그리고 정책과 관련된 이슈에 대한 현대 연구의 중요한 영역을 생략하고 있다. 예를 들어 Allen and Gale(2000), Elliott, Golub, and Jackson(2014), Acemoglu, Ozdaglar, Tahbaz-Salehi(2015)는 상호 연결 네트워크를 통한 전염에 대해 논의하여 상대방 전염에 대해 조명한다. 또 다른 예로 Hachem(2014)은 금융기관 내의 대리인 문제와 보상 정책이 사회적으로 비효율적인 수준의 위험감수로도 이어질 수 있는 조건을 조사한다. 그리고 매우 다른 맥락에서 Admati and Hellwig(2013)과 Mian and Sufi(2015, 제12장)는 금융시스템과 관련된 정책의 주요 전환을 제안한다.

이러한 빠르고 매우 불완전한 설문조사에서 두 가지 메시지가 전달되어야 한다. 첫째, 2007년에 시작되어 2008년 가을에 극적으로 악화된 위기가 거시경제학에 지대한 효과를 미치고 있다. 그 분야의 주변부이거나 거시경제학의 일부로 전혀 인식되지 않고 경제학의 어떤 부분에서도 거의 주목받지 못했던 이슈들이 이제는 집중적인 연구의 대상이 되고 있다. 둘째, 그 연구는 아직 초기 단계에 있다. 많은 새로운 질문이 제기되고 많은 새로운 아이디어가 제안되고 있지만 우리는 답을 얻지 못하고 있다. 한 가지 시사점은 오늘이 거시경제학에 특히 흥미롭고 특히 중요한 시기라는 것이다.

10.8 실증적 응용: 금융위기의 거시경제학적 효과에 대한 미시경제학적 증거

금융위기가 경제 전반에 미치는 효과를 결정하는 것은 어려운 일이다. 주요 문제는 우리가 실증적 질문을 다루면서 반복적으로 마주하게 되는 문제이다. 상관관계와 인과관계를 푸는 것이다. 현대 경제의 대규모 금융위기는 진공 상태에서 발생하지 않는다. 가계와 기업부채가 크게 증가하고 비슷한 시기에 자산가격이 크게 하락하는 시기에 자주 발생한다. 그리고 때때로 한 국가의 통화나 정부부채에 대한 신뢰성 상실과 함께 발생한다. 결과적으로 경제에 직접적인 영향을 미칠 수 있는 금융위기와 상관관계가 있는 요인이 존재한다. 더욱이 금융시장은 미래지향적이기 때문에 경제의 기대경로에 대한 정보를 제공하는 뉴스(예를 들어 주택건설이 떨어질 가능성이 있음을 시사하는 뉴스)는 금융기관의 지급능력에 대한 의문을 불러일으키므로 즉각적인 금융위기를 촉발할 수 있다. 따라서 비록 금융위기가 생산을 직접적으로 감소시키려는 다른 발전보다 선행하더라도 위기가 생산감소의 원인이라고 확신할 수 없다.

금융위기의 거시경제적 효과를 결정하기 위해 종합적인 증거를 사용하려는 이러한 고유한 어려움 때문에 많은 연구에서 이러한 이슈를 조명하기 위해 미시경제적 증거를 사용한다. 놀랍지 않게 이 연구의 대부분은 최근의 글로벌 금융위기에 초점을 둔다. 이 절은 이러한 연구의 두 가지 주요 예에 대해 논의한다.

Ivashina and Scharfstein의 대출에 대한 증거

매우 시기적절한 논문인 Ivashina and Scharfstein(2010)은 주요 금융기관의 대출에 대한 위기의 영향을 조사하였다. 그들의 논문의 한 가지 장점은 어떤 이슈를 연구할 때 관련된 제도적 세부사항을 이해하는 것이 중요하다는 공통적인 설명이다.

Ivashina and Scharfstein의 분석의 출발점은 2008년 9월 Lehman Brothers의 파산 직후 은행 대차대조표상의 상업 및 산업 대출스톡이 급격히 증가했다는 Chari, Christiano, and Kehoe(2008)의 관찰이다. 이것을 신용공급을 앞당기지 않았다는 것을 보여주는 것으로 해석하기 쉽다. 그러나 Ivashina and Scharfstein은 이러한 제안된 해석이 대출계약의 중요한 특성을 무시한다고 지적한다. 많은 계약은 차입자에게 신용한도 – 즉 그들이 원하는 대로 인출할 수 있는 신용금액에 대한 접근이다 – 를 부여한다. 대출자의 건전성과 경제상황 악화에 대한 차입자의 두려움은 Lehman 파산 이후 기업이 신용한도를 끌어올리고 싶어하게 만들 수 있었다. 따라서 대출의 급격한 증가는 기업의 기존 신용한도 사용만을 반영하고 새로운 대출의 이용가능성에 대한 정보를 제공하지 않는다.

불행하게도, 신용한도 축소에 대한 포괄적인 자료는 존재하지 않는다. 따라서 Ivashina and Scharfstein은 이 기간에 인출의 중요성에 대한 정보를 얻기 위해 몇 가지 간접적인 접근방법을 취하였다. 하나는 신용한도를 사용하는 기업에 대한 언론 보도를 검색하는 것이다. 그들은 2008년 8월 중순 이전 3개월 동안 그러한 보도를 찾지 못했지만 8월 중순과 12월 사이에 많은 보도를 찾았다. 보도된 축소액의 합계는 이 기간 동안 상업 및 산업 대출의 전체 증가분의 약 1/4이다. 보도되지 않은 많은 하락이 분명히 있기 때문에 이 증거는 비록 명확하지 않지만 대출의 큰 증가가 축소를 크게 반영했다는 견해와 일치한다. 그리고 대출의 큰 증가가 신용공급의 감소가 있을 수 없었다는 것을 보여준다는 주장은 치명적이다.

그러나 Ivashina and Scharfstein의 주요 관심은 이 기간의 금융붕괴가 은행의 파산에 영향을 미쳤는지 여부이다. 다시 그들은 금융위기가 자금조달 능력에 어떤 영향을 미쳤는지에 대한 은행 간의 차이와 상관관계가 있을 수 있는 두 가지 변수를 식별하기 위해 제도적 지식에 의존한다. 첫째 변수는 은행이 두 가지 주요 자금출처를 가지고 있다는 사실에 기반한다. 소매예금과 도매 단기부채이다. 예금은 일반적으로 안정적인 반면에 단기부채 발행 능력은 빠르게 변할 수 있다. 따라서 Ivashina and Scharfstein은 총부채에서 단기부채가 차지하는 비중이 더 큰 은행은 Lehman 사태 이후 계속 자금을 조달하는 데 더 많은 어려움을 겪었을 것이라고 주장한다.

두 번째 변수는 많은 대규모 대출과 신용한도가 복수 은행에서 공동으로 이루어졌다는 사실에 기반한다. Ivashina and Scharfstein은 Lehman과 더 많은 공동연합된(cosyndicated) 신용한도를 보유한 은행이 더 많은 신용한도 감소를 볼 가능성이 있다고 주장하였는데 Lehman의 파산으로 인해 이제 신용한도에 따른 대출의 더 많은 부분을 담당하게 되었기 때문이고 대출기관 중 하나가 파산하면 차입자가 다른 대출자에 대해 더 긴장할 수 있기 때문이다. 더 많은 신용한도 축소가 있다면 이러한 은행은 다른 대출을 할 수 있는 자금이 줄어들 것이다.

따라서 Ivashina and Scharfstein은 자금의 더 많은 부분을 도매 출처에서 얻었고 Lehman과 공동연합된 대출 형태로 대출의 더 많은 부분을 차지하는 금융기관이 위기가 닥쳤을 때 새로운 대출을 더 많이 줄였는지 검증하였다. 그들은 다음을 발견하였다. 위기이전 기간인 2006년 8월~2006년 7월과 위기 기간 2008년 8월 2008년 11월까지 대출의 변화를 살펴보면 두 변수 모두 대출에 있어 통계적으로 유의미하고 경제적으로 큰 감소와 관련이 있음을 발견하였다. 점 추정치는 도매 예금에서 나오는 부채비율이 평균보다 1표준편차 큰 은행은 평균적인 은행보다 대출을 약 30% 포인트 더 줄였다는 것을 시사한다. Lehman에 대해 익스포저가 평균보다 1표준편차 큰 은행과 평균 은행 사이의 추정치 차이는 비슷하다.

Ivashina and Scharfstein의 증거에 대한 가장 명확한 우려는 은행이 대출한 회사 유형에 도매 예금에 대한 의존도와 Lehman에 대한 익스포저와 상관관계가 있는 체계적인 차이가 있었을 가능성이다. 예를 들어 도매 자금조달에 더 많이 의존하거나 Lehman과 더 많은 대출을 공동연합된 은행은 더 많은 부동산 대출 또는 더 위험한 차입자에게 대출을 제공했을 것이다. 만일 그렇다면 위기 동안 대출을 더 줄였을 수 있는데 신용공급이 어려워서가 아니라 매력적인 대출 기회가 적었기 때문이다. Ivashina and Scharfstein은 이러한 가능성에 반대되는 다양한 증거를 제시하였다. 가장 주목할만한 점은 여러 은행 유형의 차입자가 다양한 차원에서 유사하게 보인다는 것을 보여준다. 물론 그들이 관찰할 수 없는 차원에 중요한 차이가 있을 가능성을 배제할 수는 없다. 그러나 그들의 결과의 가장 그럴듯한 해석은 위기가 많은 은행이 대출하는 능력을 붕괴시켰다는 것이다.

Ivashina and Scharfstein이 지적하듯이 그들의 발견의 더 깊은 한계는 위기가 일부 은행의 신용공급을 감소시켰다는 논란의 여지가 없는 증거라고 하더라도 그러한 감소가 중요한 결과를 가져왔다는 것을 입증하지 못한다는 것이다. 차입자들이 위기에 더 많은 영향을 받은 은행에서 덜 영향을 받는 은행으로 전환함에 따라 위기는 단순히 대출을 재편성했을 수 있다. 그리고 비록 전체 신용공급이 영향을 받더라도 아마도 신용공급은 기업의 고용과 생산 결정에 중요하지 않았다. 따라서 Ivashina and Scharfstein의 분석은 금융위기의 경제적 결과에 대한 이슈를 부분적으로만 다루고 있다.

Chodorow-Reich의 고용 효과에 대한 증거

Chodorow-Reich(2014)는 Ivashina and Scharfstein의 연구를 바탕으로 분석을 더 발전시킨다. 그의 연구는 거시경제학(그리고 다른 분야)에서 미시경제학에 기반을 둔 많은 실증적 연구에 막대한 기여를 하는 두 가지 방법을 보여준다. 서로 다른 자료의 병합과 설문조사 자료가 아닌 행정 자료의 이용이다.

Chodorow-Reich의 목적은 위기 상황에서 신용공급을 더 많이 줄인 은행과 연결된 기업이 고용을 더 줄이는지 여부를 결정하는 것이다. 이 질문에 답하는 것은 쉽지 않다. 사실 Chodorow-Reich의 분석에 5가지 단계가 있다.

첫 번째 단계는 특정 은행과 연결된 기업에 대해 이야기하는 것이 상식적인 지의 여부를 결정하는 것이다. 만일 기업이 대출자들을 쉽게 전환할 수 있다면 특정 기업과 은행 간의 관계는 중요하지 않을 것 같다. 비대칭적인 정보가 많은 금융관계의 중심에 있다는 사실은 중요한 지속적인 대출자–차입자 관계가 있을 수 있음을 시사하지만 근본적으로 질문은 실증적이다. 이를 설명하기 위해 Chodorow-Reich는 대출자–차입자 관계에 중요한 관성이 있는지에 대해 질문한다. 구체적으로, 그는 만일 은행이 회사의 이전 신디케이트론에 대한 주요 대출자였다면 해당 회사에 대한 신디케이트론의 주요 대출자가 될 가능성이 더 높은지 질문한다. 그리고 그는 신디케이트론에 참여하지만 주요 대출자는 아닌 은행에 대해 유사한 질문을 한다. 이 단계의 결과는 명확하다. Chodorow-Reich는 대출자–차입자 관계에서 매우 큰 관성의 압도적인 증거를 발견하였다.

두 번째 단계는 Ivashina and Scharfstein의 분석 맥락에서 방금 논의한 것과 유사한 우려를 해결하는 것이다. 만일 어떤 은행이 대출을 하고 있는 회사 유형 때문에 곤경에 처했다면 곤경에 처한 은행과 연결된 회사에서 더 나쁜 결과를 관찰하는 것이 기업에 대한 은행건전성의 영향에 대해 말해주지 못한다. 그러나 Chodorow-Reich는 이러한 우려가 2008년 금융위기에서 중요하지 않다고 주장한다. 이 기간 동안 은행의 어려움의 원인이 기업에 대한 대출과 크게 관련이 없었다는 많은 증거가 있다. 은행건전성 변동의 대부분은 부동산 대출 변동, 예를 들어 주택저당증권 보유를 통해 나왔다. 따라서 Chodorow-Reich의 출발점은 위기 동안 기업에 대한 대출 변동에 있어 은행들 사이의 모든 변동을 대출공급 변동에 반영하는 것으로 보는 것이다. 그러나 그는 또한 수많은 기업 특성에 대해 통제하는 설정과 기업 대출을 위한 도구로 은행의 부동산 익스포져 측정치를 사용하는 것을 고려하였다. 결과는 다양한 설정마다 유사한데 이는 은행이 대출한 기업 유형의 체계적인 차이가 중요하지 않다는 그의 주장과 일치한다.

가장 중요할 수 있는 세 번째 단계는 고용 결과를 대출 관계와 연결하는 데 필요한 자료를 구성하는 것이다. 문제는 Chodorow-Reich가 민간회사에서 수집하는 신디케이트론에 대한 자료와 Bureau of Labor Statistics(BLS)에서 수집되는 기업별 고용에 대한 별도의 자료를 가지고 있다는 것이다. BLS 자료는 기업이 아닌 설립 수준이므로 기업 수준으로 집계되어야 한다.

더욱이 기업은 종종 두 자료에서 다소 다른 이름을 사용한다. Chodorow-Reich는 일치가 명확하지 않은 수백 가지 경우를 수동으로 확인하는 것을 포함하여 여러 가지 다른 방법을 사용하여 두 데이터를 연결하였다.[20] 그는 최종적으로 대출 자료에 있는 회사의 약 절반을 고용 자료와 일치시킬 수 있었다.

네 번째 단계는 분석을 수행하는 것이다. 우리는 이미 Ivashina and Scharfstein에서 건전성이 좋지 않은 은행이 위기 동안 대출을 더 줄였다는 것을 알고 있다. 그러나 우리가 논의한 바와 같이 그들의 분석은 차입자가 단순히 다른 은행으로 전환했을 가능성을 배제하지 않는다. 따라서 Chodorow-Reich는 위기 상황에서 대출을 더 많이 줄인 은행에서 차입한 기업이 어떤 은행에서도 대출을 받을 가능성이 낮았는지 묻는 것으로 결과의 분석을 시작한다. 그는 그러한 기업들이 있었다는 강력한 증거를 찾았다. 그런 다음 주요 변수인 고용으로 돌아가서 그는 통계적으로 유의하게 고용에 대한 기업 신용공급 감소의 영향을 발견하였다. 더욱이 경제적 규모의 영향이 큰 것으로 나타난다. 점 추정치는 신디케이트 건전성의 10번째 백분위수에 있는 신디케이트로부터 차입한 기업의 고용 성장(구성 은행의 대출 성장 측면에서)이 신디케이트 건전성의 90번째 백분위수에서 신디케이트에서 차입한 기업의 고용 성장보다 4%포인트 더 낮았다.

Chodorow-Reich는 또한 이러한 효과의 이질성을 조사하였다. 그는 고용 효과가 소규모 기업과 채권시장에 접근할 수 없는 기업(신용등급이 있거나 상장된 부채를 발행한 적이 있는 것으로 측정된)에서 훨씬 더 크다는 것을 발견하였다. 만일 이들은 일반 대출기관에서 차입할 수 없다면 다른 자금을 조달하는 데 가장 어려움을 겪을 것으로 예상되는 회사의 유형이다. 따라서 이질성에 대한 결과는 기본적인 결과가 나오는 메커니즘을 보여주고 이러한 결과에 대한 신뢰성을 높이는 데 도움이 된다.

Chodorow-Reich의 마지막(그리고 가장 잠정적인) 단계는 기업에 대한 신용공급 감소의 전반적인 영향을 추정하는 것이다. 그는 세 가지 큰 문제에 직면한다. 첫째, 그의 결과는 기업의 하위 집합에만 관련되고 이러한 기업은 전체 경제를 대표하지 않을 수 있다. 둘째, 그의 결과는 상대적이다. 그의 증거는 만일 한 기업이 다른 기업보다 신용공급이 큰 감소에 직면하면 고용이 더 많이 감소한다는 것이다. 그러나 전반적인 효과는 상대적인 영향이 아닌 절대적인 효과에 의존한다. 세 번째(그리고 두 번째 문제와 다소 관련이 있는)는 일반균형 효과가 있을 수 있다. 한 기업의 고용과 생산감소가 만일 시중임금을 낮추거나 소비자가 기업에서 멀어짐에 따라 다른 기업의 생산물에 대한 수요를 증가시키면 다른 기업의 고용을 증가시킬 수 있다. 대안적으로 한 기업의 생산감소로 인한 소득감소는 다른 기업의 생산물에 대한 수요를 감소시켜, 다른 기업의 고용을 감소시킬 수 있다.

20 더 복잡한 것은 BLS 자료가 기밀이며 연구자가 이 데이터를 사용하는 데 원격으로 접속하거나 외부로 가져올 수 없다는 것을 포함하여 수많은 제약이 적용되는 것이다. Chodorow-Reich의 연구에서 본질적인 부분은 워싱턴 D.C.에 있는 Department of Labor 건물 지하에서 많은 날을 보냈다.

Chodorow-Reich는 이러한 이슈들에 대해 첫 번째 통과만 취한다. 그는 합리적인 모수 값에 대해 음(-)의 일반균형 효과가 양(+)의 효과보다 클 수 있으므로 부분균형 효과만 보는 것이 총효과의 보수적인 추정치를 산출하는 것 같다고 주장한다. 그런 다음 그는 그의 표본(그가 고용 효과의 주요 원인을 찾은 곳이다)에서 중소기업이 경제에서 중소기업을 대표하고 신디케이트건전성의 90번째 백분위수에 있는 신디케이트로부터 차입해 온 기업은 신용공급에 변화가 없다는 것을 직면하는 것에 가정하는 시사점을 고려하였다(이는 아마도 2008년 위기의 신용공급 감소에 대한 보수적인 추정치이다). 그는 이러한 경우에 기업에 대한 신용공급의 역전이 Lehman 파산 이후의 연도의 미국 전체 고용감소의 약 20%의 원인이 되었다고 계산하였다. 그러나 결과는 단순화된 설정에 민감하다. 그리고 단순화를 수용하더라도 이 추정치와 관련된 신뢰구간은 상당히 넓다. 그러나 중요하게도 이러한 추정치가 경제의 한 부분에 대해 한 가지 유형의 신용만을 포함한다. 가장 주목할만한 것은 가계가 아닌 기업에 대한 신용에만 해당된다. 그리고 우리가 방금 논의한 바와 같이 추정치는 아마도 낮은 쪽에서 틀린다. 따라서 Chodorow-Reich의 결과는 신용 이용가능성의 붕괴가 대공황의 핵심이라는 전통적인 견해를 매우 지지한다.

■ 논의

10.3절에서 논의된 바와 같이 많은 연구에서 금융시장의 불완전성이 기업의 행동에 영향을 미친다는 것을 발견하였고 8.6절은 소비자에 대한 유사한 증거를 기술한다. 그리고 Chodorow-Reich의 논문은 금융위기 시기에 신용붕괴가 미시경제학적 결과에 영향을 미친다는 사실을 발견한 유일한 논문이 아니다. 다른 예는 Campello, Graham, and Harvey(2010); Amiti and Weinstein(2011); Almeida, Campello, Laranjeira, and Weisbenner(2012); Edgerton(2012); Ziebarth (2013); Duygan-Bump, Levkov, and Montoriol-Garriga(2015); Mondragon(2017); and Benmelech, Meisenzahl, and Ramcharan(2017)를 포함한다.

동시에 우리가 방금 보았듯이 미시경제학적 증거에서 거시경제학적 추정치로 이동하는 것은 어렵다. Chodorow-Reich가 수행한 계산 유형에 정확성을 평가하기 어려운 수많은 가정이 필요하다. 따라서 보다 종합적인 증거를 살펴보는 것도 가치가 있다.

한 가지 접근방법은 개별 기업이나 가계 수준이 아니라 국가 내의 지역을 보는 것이다. Peek and Rosengren(2000)은 이러한 접근방법의 초기 예를 제공한다. 그들은 1990년대 일본의 금융위기가 미국 주에 미친 효과를 검증하였다. 그들은 일본의 위기가 일본 은행의 자회사에 의한 미국 대출을 감소시켰고 더 중요하게도 일본 은행이 대출의 더 많은 부분을 제공한 주에서 건설 활동이 더 많이 감소했다는 것을 발견하였다. 지역 수준을 살펴보는 보다 최근의 연구는 Huber(2017)이다. 그는 국내 대출과 관련이 없는 해외 익스포저로 인해 2008년 위기에 큰 손실을 입은 주요 은행에 대한 기업의 의존하는 독일 카운티의 변동을 검증하였다. 그는 추정된 기업 수준 효과를 집계하여 얻은 것보다 클 뿐만 아니라 상당히 더 큰 카운티 수준 효과를 찾았다. 따라서 그의 결과는 카운티 수준에서 큰 음(−)의 일반균형 효과를 나타낸다.

물론 궁극적으로 우리의 관심의 대부분은 전체 경제 수준에서의 효과에 있다. 개별 기업과 가계 수준의 효과를 지역적 결과로 외삽하는 것이 어려운 것처럼 지역적 효과에서 경제 전반에 걸친 효과로 외삽하는 것도 어렵다. 따라서 종합적인 증거를 직접 보는 것이 가치가 있다. 불행하게도 이 절의 시작 부분에서 논의한 바와 같이 거시적 증거를 사용하여 위기의 인과적 영향을 식별하는 것은 매우 어렵다. 거시적 데이터를 사용한 연구에 따르면 금융위기는 평균적으로 생산이 크게 감소하고 위기 전반에 걸쳐 상당한 이질성이 있지만 지금까지 위기의 인과적 영향을 결정하는 데 제한적인 성공을 거두었다.[21]

21 이 분야에 대한 연구의 몇 가지 예는 Bordo, Eichengreen, Klingebiel, and Martinez−Peria(2001); Hoggarth, Reis, and Saporta(2002); Cerra and Saxena(2008); Reinhart and Rogoff(2009); Gilchrist and Zakrajsek(2012); Jordà, Schularick, and Taylor(2013); and C. Romer and D. Romer(2017)이다. Jalil(2015)은 신문의 정보를 사용하여 19세기 미국에서 발생한 일련의 공황을 식별하는데 이는 주로 고유한 요인에 기인한 것으로 보이므로 위기의 인과적 영향을 밝힐 수 있다. 그는 이러한 공황에 따라 생산이 크게 떨어지는 것을 발견하였다. 불행하게도, 이러한 발견의 외적 타당성(즉 현대 선진경제와 같은 다른 설정에 적용되는 정도)을 결정하기 어렵다.

10.1 10.1절의 모형을 고려하자. 효용이 로그(대수)이고 $\beta = 1$이고 그리고 두 가지 상태만 있다고 가정하며 각 상태는 1/2의 확률로 발생한다. 더욱이 하나의 투자 프로젝트만 있다고 가정하자. 상태 G에서 R_G와 상태 B에서 R_B를 지급하며 $R_G > R_B > 0$이다. G를 "좋은" 상태로, B를 "나쁜" 상태라고 하자.

(*a*) 균형 조건은 무엇인가?

(*b*) C_1, K, C_2^G, C_2^B, q_G, 그리고 q_B는 무엇인가?

(*c*) 이제 새로운 투자 프로젝트가 발견되었다고 가정하자. 그것은 세상의 단 하나의 상태에만 지급한다. $R_{NEW} > 0$은 그 상태에서 수익을 나타낸다고 하자.

(*i*) 새로운 프로젝트에서 엄밀하게 양(+)의 투자가 되는 조건은 무엇인가?

(*ii*) (*i*)의 조건이 만족된다고 가정하자. K(이전 프로젝트에 대한 투자)와 K_{NEW} (새로운 프로젝트에 대한 투자)의 균형 수준은 얼마인가?

(*iii*) 새로운 프로젝트가 성공하는 상태가 B라고 가정하자. C_2^B가 C_2^G보다 크거나 같아서 B를 "나쁜" 상태로 설명하는 것이 더 이상 합리적이지 않은 조건은 무엇인가?

10.2 10.1절의 모형을 고려하자. 그러나 M의 가계가 있고 가계 j의 효용은 $V_j = U(C_1) + \beta_j^s U(C_2)$ 모든 j와 s에 대해 $\beta_j^s > 0$이라고 가정하자. 즉 가계는 다른 상태의 소비에 대해 이질적인 선호를 가질 수도 있다.

(*a*) 균형의 조건은 무엇인가?

(*b*) 만일 β가 가구에 따라 다르다면 각 주체는 각 투자 프로젝트의 생산에 대한 청구권의 동일한 부분을 소유하여 주어진 s에 대한 C_{2j}^s가 모든 j에 대해 동일하도록 하는 상황이 균형이 될 수 있는가? 왜 그런가 또는 왜 그렇지 않은가?

10.3 10.2절의 비대칭적 정보 하에서 투자모형을 고려하자. 초기에 기업가는 프로젝트를 수행하고 $(1+r)(1-W)$는 R^{MAX}보다 엄밀하게 작다고 가정하자. 다음의 각 경우가 D에 어떻게 영향을 미치는 지에 대해 서술하라.

(*a*) W의 작은 증가

(*b*) r의 작은 증가

(*c*) c의 작은 증가

(*d*) $[0, 2\gamma]$에 균일하게 분포된 것 대신에 프로젝트의 생산은 $[\gamma - b, \gamma + b]$에 균일하게 분포되고 b의 작은 증가

연습문제

(*e*) $[0, 2\gamma]$에 균일하게 분포된 것 대신에 프로젝트의 생산은 $[b, 2\gamma + b]$에 균일하게 분포되고 b의 작은 증가

10.4 **대리인 비용에 대한 단순한 접근방법: 제한된 담보권.**(*Lacker and Weinberg*, 1989; Holmstrom and Tirole, 1998.) 다른 마찰을 가지는 10.2절의 모형을 고려하자. 생산을 증명하는데 비용은 없지만 기업가는 투자자로부터 프로젝트의 생산의 비율 $1-f$을 숨길 수 있다 $(0 \leq f \leq 1)$. 따라서 기업가는 프로젝트 생산의 비율 f만 확실하게 상환한다고 약속할 수 있다.

(*a*) 기대수익 γ가 $1 + r$을 초과하는 프로젝트를 고려하자. 프로젝트를 수행하기 위한 조건은 무엇인가?

(*b*) (*a*)에서 찾은 조건이 엄밀한 부등식으로 만족된다고 가정하자. 투자자와 기업가 사이의 계약은 유일하게 결정되는가? 만일 그렇다면 계약은 얼마인가? 그렇지 않다면 이유를 설명하라.

(*c*) 만일 $\gamma > 1 + r$이지만 프로젝트가 수행되지 않는다면 제한된 담보권은 비효율성을 초래한다(마찰이 없는 경우에 비해). 다음 각각으로 인해 $\gamma > 1 + r$인 프로젝트가 수행되지 않을 수 있는지 여부를 설명하라.

(*i*) 기업가의 자산 W의 하락

(*ii*) 기업가가 숨길 수 있는 프로젝트의 비율 $1-f$의 증가(즉, f의 감소)

(*iii*) 고유위험의 증가. 구체적으로 (문제 10.3의 (*d*)처럼) 프로젝트의 생산이 $[0, 2\gamma]$에 균일하게 분포되기보다 프로젝트의 생산은 $[\gamma - b, \gamma + b]$에 균일하게 분포된다고 가정하고 b의 증가

10.5 (*a*) 10.4절의 식 (10.15) ~ (10.23)에서 분석된 모형에서 C_{2t}^{a}와 C_{2t}^{n}의 무조건부 분포가 정규분포가 아님을 보여라.

(*b*) 로그(대수)정규분포의 속성을 사용하는 본문의 분석이 그럼에도 불구하고 올바른 이유를 한 두 문장으로 설명하라.

10.6 **펀드멘털 위험과 노이즈거래자 위험** 식 (10.15)–(10.23)에서 노이즈거래자 위험 모형에 대한 다음 변형을 고려하자. 0, 1, 2로 표시된 세 개의 기간이 있다. 두 개의 자산이 있다. 첫 번째는 완전탄력적인 공급의 안전자산이다. 수익률은 0으로 정규화된다. 0기에 이 자산에 투

자한 경제의 단일 재화 1단위는 1기에 1단위의 재화를 확실하게 생산하고 1기에 이 자산에 투자된 재화 1단위는 2기에 확실히 1단위를 생산한다. 두 번째는 위험자산이다. 2기에서 실현되는 수익은 $1+F_1+F_2$ 이며 여기서 F_t는 평균이 0이고 분산이 V_t^F인 정규분포이다. F_1은 1기에 관찰되고 F_2는 2기에 관찰된다. 이 자산의 순공급이 0이다. 따라서 균형은 주체 사이에 수요되는 자산양의 합은 0이 되어야 한다.

두 가지 유형의 거래자가 있다. 첫 번째는 노이즈거래자이다. 그들은 0기에 위험 자산의 양 N_0와 1기에 N_0+N_1을 수요하는데 여기서 N_0는 외생적이며 N_1은 평균이 0이고 분산이 V_t^F인 정규분포이다. F_1, F_2, 그리고 N_1은 독립적이다. 두 번째는 차익거래자이다. A_0는 0기에 태어나고 A_1은 1기에 태어난다. 그들은 두 기간 동안 산다(0기에 태어난 사람들은 0과 1, 1기에 태어난 사람들은 1과 2). 그들은 생애의 두 번째 기에만 소비에 가치를 두고 효용은 $U(C)=-e^{-2\gamma C}$, $\gamma>0$을 가진다. 그들은 초기 자산을 가지고 있지 않다.

(a) 첫 번째 1기를 고려하자.

- (i) 1기에 태어난 대표적인 차익거래자를 고려하자. P_1, F_1, F_2와 위험자산 X_1^a 매입에 따른 2기 소비양은 얼마인가? P_1, F_1, X_1^a, 그리고 V_t^F의 함수로서 2기 소비의 평균과 분산은 얼마인가? X_1^a을 선택하기 위한 1계 조건은 무엇인가?
- (ii) 1기의 균형을 위한 조건은 무엇인가?
- (iii) (i)과 (ii)의 결과를 사용하여 1기에 가격이 펀더멘털 가치에서 이탈하는 $P_1-(1+F_1)$에 대한 식을 찾아라.
- (iv) 이러한 결과는 더 큰 펀더멘털 위험이 펀더멘털에서 자산가격의 이탈을 상쇄하기 위해 거래하려는 정교한 투자자의 의지를 약화시키므로 펀더멘털에서 자산 가격의 더 큰 이탈로 이어진다는 본문의 진술을 지지하는가?

(b) 이제 0기를 고려하자.

- (i) 모형의 $E_0[P_0]$과 $Var(P_1)$ 그리고 모수로 X_0^a (대표적인 정교한 투자자의 위험자산 매입)에 대한 1계 조건은 무엇인가?
- (ii) (a)의 결과를 사용하여 외생적인 모수로 $E_0[P_1]$과 $Var(P_1)$을 찾아라.
- (iii) (i)과 (ii)의 결과를 사용하여 펀더멘털 가치로부터 0기에 가격의 이탈인 P_0-1의 표현식을 찾아라.
- (iv) 펀더멘털 위험(V_1^F와 V_2^F)의 증가가 펀더멘털에서 자산가격의 이탈을 증가시키는가? 노이즈거래자의 위험이 증가하는가? 상호작용이 있는가 – 즉, 노이즈거래자 위험의 증가가 펀더멘털 위험의 영향을 증가, 감소 또는 영향을 미치지 않는가?

연습문제

10.7 **간단한 대리인 위험 모형** 이전 문제를 생각하라. 단순화를 위해 $A_0 = 0$이다. 그러나 이제 세 번째 유형의 주체가 있다. 헤지펀드 운용자이다. 그들은 0기에 태어나고 오직 2기의 소비에만 관심을 가진다. 정교한 투자자와 같이 그들은 효용 $U(C) = -e^{-e\gamma C}$을 가지고 초기 자산을 가지고 있지 않다. 그들 중 A_H가 있다. 그들은 0기에 위험자산에 대한 시장에 참여하고 1기에 추가 거래를 하지 않는다. 그러나 만일 단기적 손실이 발생하면 비용에 직면하고 단기적 수익을 얻으면 보상을 받는다. 구체적으로 만일 헤지펀드 운용자가 위험자산의 H 금액을 매입하면 1기에 $aH(P_1 - E_0[P_1])$을 받는데 여기서 $a > 0$이고 P_1은 1기의 위험자산 가격이다. 이후 운용자는 1기에서 2기까지의 안전자산에 이 지급금을 보유하여 2기 소비에 추가(또는 차감)한다.

(*a*) 첫 번째 1기를 고려하자. 헤지펀드 운용자의 0기 매입 $X_o^h A_H$를 주어진 것으로 취하여 $P_1 - (1 + F_1)$에 대한 표현식을 찾아라. (힌트: 1기에, 헤지펀드 운용자의 수요가 고정되고 자산가격에 반응하지 않는다. 결과적으로 1기에 노이즈거래자와 같은 방식으로 그들의 수요가 유입된다.)

(*b*) 이제 0기를 고려하자.

(*i*) 대표적 헤지펀드 운용자의 2기 소비에 대한 식을 P_0, F_1, F_2, a, $P_1 - E_0[P_1]$, 그리고 X_0^h의 함수로 나타내라.

(*ii*) P_0, a, V_1^F, V_2^F, γ, A_1, V_2^N, 그리고 X_0^h의 함수로 나타낸 2기 소비의 평균과 분산은 얼마인가?

(*iii*) X_0^h의 선택에 대한 1계 조건은 무엇인가?

(*iv*) 결과를 이용하여 $P_0 - 1$에 대한 식을 찾아라.

(*v*) 더 큰 대리인 위험(더 높은 a값)이 자산가격에 대한 0기의 노이즈거래자의 영향을 증가시키는가?

10.8 문제 10.6을 고려하자. 그러나 0기의 노이즈거래자의 수요는 완전히 지속되지 않으므로 1기의 노이즈거래자 수요가 $\rho N_0 + N_1$, $\rho < 1$이라고 가정하자. 노이즈거래자가 0기의 가격에 어떻게 영향을 미치는지에 대한 문제인 (*b*) (*iii*)의 답변에 이러한 것이 영향을 미치면 어떻게 되는가? 만일 $\rho = 0$이면 어떻게 되는가?

10.9 이 문제는 문제 10.7의 대리인 위험을 모형화하는 접근방법에 대한 몇 가지 자연스러운 변형을 사용하여 소비는 충격에 선형이 아니고 모형을 다루기 쉽도록 되게 한다.

(*a*) 문제 10.7의 모형을 고려하자. 그러나 대표적인 헤지펀드 운용자는 1기에 지급을 받거나 비용을 발생시키는 대신에 1기에 위험자산 $b(E_0[P_1]-P_1)H$, $b>0$의 양을 매도해야 한다고 가정하자. 이러한 경우 운용자의 소비는 F_1에 대해 선형이 아님을 보여라.

(*b*) 문제 10.7의 모형을 고려하자. 그러나 A_1이 외생적이지 않지만 0기의 정교한 투자자의 성공에 의존한다고 가정하자. $A_1=\overline{A}+b(P_1-E_0[P_1])X_0^a$, $b>0$이다. 이러한 경우 0기에 태어난 정교한 투자자의 소비는 F_1에 대해 선형이 아님을 보여라.

10.10 DeLong–Shleifer–Summers–Waldmann 모형에서 가격 대 수량[22] 10.4절의 식 (10.15)–(10.23) 모형에서 노이즈거래자들을 자산가격에 대한 기대치보다 위험자산에 대한 수요량에 대한 충격으로 모형화하는 것을 고려하자. 구체적으로 대표적인 노이즈거래자의 수요가 $X_t^a+w_t$라고 가정하는데 여기서 X_t^a는 대표적인 차익거래자의 수요(식 10.17 참조)이고 w_t는 i.i.d., 평균 0, 분산 V_w를 가지는 정규적으로 분포된 충격이다. 직관적으로 다음을 기대할 수 있다. (1) 10.4절의 모형과 동일한 균형을 산출하는 V_w의 값이 있다(식 10.18은 이것을 제안한다 – 그러나 V는 모형의 원시모수가 아닌 것에 유의하라). (2) 이를 수행하는 V_w는 V_η의 증가 함수이다(직관적으로 더 높은 V_w와 더 높은 V_η는 모두 "노이즈가 더 많은" 노이즈거래자에 대응한다). (3) 모든 V_w에 있어 모든 t에 대해 $P_t=1$인 균형도 있다(각주 8 참조). (1), (2), (3)은 실제로 모두 사실인가? 만일 그렇지 않다면 이러한 추측 중 하나 이상이 잘못된 이유에 대한 경제학을 직관적으로 설명하라.

10.11 10.6절의 서술한 Diamond–Dybvig모형을 고려하지만, $\rho R<1$로 가정하자.

(*a*) 이러한 경우 c_1^{a*}와 c_2^{b*}는 무엇인가? c_2^{b*}는 여전히 c_1^{a*}보다 더 큰가?

(*b*) 은행이 본문에 설명된 계약을 제공한다고 가정하자. 0기에 1단위를 예금한 사람은 자금 이용가능성 하에서 1기에 c_1^{a*}를 인출할 수 있으며 2기에 남아있는 자산으로 1기에 인출하지 않은 예금자들에게 균등하게 배분된다. 유형 a가 1기에 인출하고 유형 b가 2기에 인출하는 것이 균형이 아닌 이유를 설명하라.

(*c*) 은행이 자급자족 결과를 개선하기 위해 제공할 수 있는 다른 조치가 있는가?

10.12 10.6절의 Diamond–Dybvig모형에서 예금보험을 고려하자.

---

22 이 문제는 대부분의 다른 문제보다 해결 방법에 대한 단계별 지침을 덜 제공하므로 결과적으로 더 어렵다(사실 처음 이 문제를 학생들에게 숙제를 냈을 때 나는 그 답을 완전히 확신하지 못했다). 한 가지 목표는 구조화된 문제를 통해 푸는 것보다 시사점이 알려지지 않은 모형을 해결하는 것이 어떤 것인지 보여주는 방향을 찾는 것이다.

연습문제

(*a*) 만일 1기에 인출하는 예금자의 비율 $\phi > \theta$라면 두 기간에 비인출자의 총소비를 c_2^{b*} 로 증가시키기 위해 정부는 1기의 각 주체에게 얼마나 많은 세금을 부과해야 하는가? $\phi = \theta$일 때 답이 0으로 단순화되어야 하는 이유를 설명하고 그렇게 되는지 확인하라.

(*b*) 세금이 (*a*)에서 찾은 금액보다 한계적으로 작다고 가정하자. 유형 *b*는 여전히 1기에 인출하는 것보다 2기까지 기다리는 것을 선호하는가?

Chapter 11

실업

거의 어떤 시대, 어떤 경제에서도 실업상태에 놓여 있는 사람들이 많이 있다. 즉 일을 하지 못하고 있지만 그들과 비슷한 개인들이 종사하는 직장에서 그들이 받는 임금을 대가로 노동하기를 원한다고 말하는 사람들이 다수 존재한다.

실업의 가능성은 거시경제학의 중요한 과제이다. 먼저 기본과제로서 다음의 두 가지를 들 수 있다. 첫째는 장기간에 걸쳐 나타나는 실업의 평균수준을 결정하는 요인에 관한 것이다. 평상시에 상당한 수준의 실업이 존재한다는 것은 적어도 세 가지 매우 중요한 질문을 제기한다. 첫째, 노동시장이 상당한 실업을 유발하는 방식으로 왈라스적 시장과 다른 근본적인 이유는 무엇인가? 즉 왜 모든 노동자는 시장임금으로 원하는 노동량을 공급할 수 없는가? 둘째, 국가와 시간에 따라 정상적인 실업의 큰 변동을 설명하는 것은 무엇인가? 예를 들어 정상적인 실업률은 일본의 경우 5% 미만이지만 프랑스의 경우 약 10%이고 일부 저개발 국가에서 10%를 훨씬 웃도는 것으로 보인다. 마찬가지로 대부분의 유럽 국가에서 정상적인 실업률은 1950년대와 1960년대의 미국보다 훨씬 낮았지만 지난 수십 년 동안 미국보다 높았다. 그리고 셋째, 정상적인 실업의 후생적 결과는 무엇인가? 극단적으로 말하면 순수한 자원의 낭비일 수 있다. 다른 한편으로 노동자와 일자리를 매칭하는 복잡하고 가치있는 과정의 필수적인 부작용일 수 있다.

둘째는 노동시장의 순환변동이다. 6.3절에서 기술한 바와 같이 실질임금의 움직임은 안정적으로 경기순응적이기는 하지만 그 정도는 그다지 강하지 않다. 이는 노동공급이 매우 탄력적이거나 노동공급의 이동이 고용변동에 중요한 역할을 하는 경우에만 노동시장이 유연한 임금의 수요와 공급모형으로 잘 설명된다는 견해와 일치한다. 그러나 5.10절에서 살펴본 바와 같이 노동공급의 탄력성이 매우 높다는 가정은 통계자료에 의해 지지를 거의 받지 못하고 있다. 그리고 노동공급곡선의 이동이 경기순환변동 또는 고용변동의 중심이 된다는 것도 성립하지 않는 것 같다. 이것은 노동시장의 순환변동이 유연한 임금이 존재하는 수요와 공급모형의 시사점과 중요한 방식으로 다를 수 있다. 따라서 이 장의 이러한 차이가 무엇이며 노동 시장의 경기순환 특성에 어떤 영향을 미치는지 파악하는 것에 초점을 둔다.

노동수요의 이동이 고용의 커다란 변동으로 이어지지만 실질임금에는 단지 약간의 변동만을 초래하는 이유는 무엇인가 하는 문제는 모든 경기변동이론의 입장에서 대단히 중요하다. 예를 들어 제6장에서 만일 실질임금이 총수요충격에 반응하여 고도의 경기순응성을 나타내면서 움직이면 명목조정을 저해하는 낮은 장벽만으로는 상당한 정도의 명목경직성을 만들어 내기가 근본적으로 불가능하다는 것을 살펴본 바 있다. 또 다른 예로, 총수요가 감소된 경우 만일 물가가 고정적이라고 하면 실질임금은 급격히 하락하여야 한다. 결과적으로 각 기업에게는 자기 제품의 가격을 인하하고 추가적인 생산을 위하여 노동자를 더 고용하려고 하는 강한 유인이 발생한다. 그러나 만일 노동시장에 어떤 비왈라스적(비경쟁적) 특성이 있어 전반적인 경제활동 수준에 노동비용이 거의 반응하지 않는다고 한다면 명목가치의 조정에 작은 마찰을 고려하는 이론에도 얼마간의 희망을 기대할 수 있다.

이 장에서는 노동시장이 경쟁적이고 교과서적인 시장과는 이탈이 있는 시장으로 바뀌는 여러 가지 방법을 검토한다. 이러한 이탈이 상당한 명목실업의 이어질 수 있는지와 고용과 실질임금의 순환변동에 중요한 영향을 미칠 수 있는지의 두 가지 문제를 탐구한다.

노동시장을 비왈라스적으로 모형화하는 데에는 두 가지 광범위한 접근방법이 있다. 전통적인 것과 현대적인 것이다. 즉 이러한 관점에서 노동공급곡선과 노동수요곡선이 있다(또는 노동시장의 다른 부문을 반영하는 다중 공급과 수요곡선). 결과적으로 실업은 반드시 임금이 수요와 공급을 동일하게 하는 수준으로 떨어지는 것을 막는 어떤 힘을 반영한다. 대조적으로 현대적 접근은 노동시장의 본질적인 특징으로써 노동자와 직업 사이의 이질성을 고려한다. 이러한 관점에서 노동시장을 단일 시장으로 생각하거나 심지어는 다수의 상호연결된 시장으로 생각하는 것은 근본적인 오류를 범하는 것이다. 대신에 이 견해에 따르면 각 노동자와 각 직업은 별개의 것으로 고려되어야 한다. 결과적으로 노동자와 직업을 잘 연결시키는 것은 시장을 통해 이루어지지 않고 복잡한 **탐색과 매칭**(*search and matching*) 과정을 통해 이루어지게 된다. 이러한 환경에서는 일부 실업이 불가피하고 다양한 교란이 실업 수준을 변화시킬 수 있다.

비록 개념적으로 전통적 접근방법과 현대적 접근방법은 매우 다른 것처럼 보이지만, 이러한 방법들이 대면해야 하는 이슈에 상당히 중복되는 것이 있다. 가장 중요한 것으로 노동수요의 감소를 고려하자(아마도 케인즈 모형에서 총수요 감소나 실물경기변동 모형의 음(−)의 기술 충격으로부터). 그리고 왈라스적 시장에서 노동자의 선호는 노동공급이 매우 탄력적일 것이라고 가정하자. 이것이 전통적인 접근방법에 대한 도전을 제기한다는 것은 거의 확실하다. 임금 조정에 어떤 장벽이 없다면 임금은 급격히 떨어지고 우리가 관찰한 것과 달리 고용은 거의 변하지 않을 것이다. 따라서 전통적인 접근방법은 수요와 공급에만 의존할 수 없다. 임금의 변동에 영향을 미치는 추가적인 요인도 필요하다. 그러나 이러한 비슷한 발전은 현대적 접근방법과 매우 유사한 도전에 놓인다. 선호에 대한 가정은 실직노동자의 유보임금이 급격히 하락한다는 것을 의미한다. 결과적으로 실업자가 공석이 있는 기업을 만났을 때 노동자와 기업이 합의한 임금은 노동수요가 감소하기 이전보다 훨씬 낮아질 가능성이 높다. 그러나 이것은 결국 기업이 공석을 만들려는 강력한 유인을 제공한다—전통적인 접근방법에서와 같이 결과적으로 임금은 크게 떨어지고 고용은 약간 감소하게 된다(Shimer, 2005). 따라서 전통적인 접근방법이 노동시장의 순환적 변동을 수요와 공급만으로 설명할 수 없는 것처럼, 현대적인 접근방법은 탐색과 매칭만으로는 설명할 수 없다.

두 가지 접근방법을 직면하는 기본적인 이슈 중 많은 부분이 비슷하고 전통적인 접근방법이 더 간단하기 때문에 이 장은 전통적인 접근방법으로 시작한다. 우리는 노동시장의 전통적인 수요와 공급모형과 유사한 모형에서 임금조정에 대한 두 가지 유형의 잠재적 장벽을 살펴볼 것이다. 11.1절과 11.2절은 더 낮은 임금을 지급하는 데 비용뿐만 아니라 편익이 있기 때문에 기업은 수요와 공급이 일치하는 수준으로 임금을 낮추지 않기로 선택할 수 있는 모형을 살펴본다. 그러한 이론은 **효율임금이론**(*efficiency wage theory*)으로 알려져 있다(이 명칭은 더 높은 임금이 노동의 생산성 즉 효율을 제고시킬 수 있다는 아이디어에서 유래한다). 11.1절에서는 먼저 낮은 임금이 기업에게 해가 될 수 있는 가능성을 논의하고 임금이 생산성에 영향을 주는 기본모형을 분석하지만 이 모형에서는 임금과 생산성의 관련성에 관한 이유 즉 그 인과관계는 명시적으로 특정되어 있지 않다. 11.2절에서는 보다 높은 임금을 지급하는 것이 왜 이익을 가져올 수 있는가의 견해를 공식화한 모형을 소개한다. 이 모형의 중심적인 아이디어는 만일 기업이 노동자의 근로노력을 완벽하게 감시할 수 없다면 노동자들이 게으름 피우는 것을 방지하기 위해 노동시장을 청산시키는 임금수준보다 더 높은 임금을 지급할 수 있다는 것이다.

두 번째 이유는 기업이 임금을 삭감하기를 원하지만 노동자들과 명시적으로 또는 묵시적으로 계약을 체결하여 임금삭감을 할 수 없는 경우이다.[1] 교섭과 계약이 노동시장의 거시경제학에 영향을 미친다는 이론들을 **계약모형**(*contracting model*)이라고 한다. 계약모형은 11.3절의 주제이다.

11.4절과 11.5절은 현대적인 접근방법으로 돌아간다. 11.4절에서는 탐색과 매칭모형의 구성요소를 소개하고 기본모형(baseline) 경우에 정상상태를 도출하며 확장에 대해 설명한다. 11.5절에서는 정상적인 실업, 노동시장의 순환적인 변동과 후생에 대한 모형의 시사점을 분석한다. 마지막으로 11.6절은 몇 가지 실증적 응용을 제시한다.

1 최저임금법 때문에 기업이 임금을 삭감하지 못하는 경우도 있다. 많은 설정에서 이것이 중요하게 되는 것은 대부부의 경우 비숙련노동자에 한정된다. 따라서 최저임금제도가 실업의 거시경제학에서 중심적이지 않은 것으로 보인다.

11.1 효율임금에 대한 기본모형

■ 효율임금이 발생하는 잠재적 이유

효율임금모형의 중심적 가정은 기업이 보다 높은 임금을 지급하는 것이 해당기업에게 비용뿐만 아니라 편익도 초래한다는 것이다. 이러한 명제가 성립하는 이유는 충분히 찾아 낼 수 있다. 여기서는 가장 중요한 네 가지를 소개한다.

첫째, 가장 단순한 견해로서 높은 임금수준은 노동자로 하여금 음식물의 소비를 증대시킬 수 있으므로 영양공급이 충분히 이루어져 노동자가 더 생산적이 된다는 것을 생각할 수 있다. 이러한 가능성은 선진국에서는 그다지 중요하지 않다. 그럼에도 불구하고 높은 임금을 지급하는 것이 이점을 갖는다는 구체적인 예를 제시한다. 이 때문에 유용한 준거로 흔히 인용된다.

둘째, 높은 임금은 기업이 노동자를 완전히 감시할 수 없는 상황에서 노동자의 노력을 증가시킬 수 있다. 왈라스적(경쟁적인) 노동시장에서 노동자들은 직업을 잃더라도 그것과 동일한 직업을 즉각적으로 얻을 수 있기 때문에 직업의 상실에 개의치 않는다. 따라서 만일 게으름을 피우는 노동자를 처벌할 수 있는 방법이 단지 해고하는 것이라면 이러한 노동시장의 노동자들에게는 열심히 노력해야 할 유인이 없다. 그러나 기업이 시장청산임금보다 높은 임금을 지급한다면 노동자가 평가하는 직업의 가치는 높아진다. 따라서 게으름을 피우는 것이 발각되지 않을 가능성이 어느 정도 있어도 노동자들이 열심히 노력하는 것을 선택할 것이다. 이러한 사고 틀은 11.2절에서 논의된다.

셋째, 고임금을 지급하면 기업에게는 관찰되지 않는 차원에서 노동자의 능력이 향상된다는 것이다. 구체적으로 능력이 높은 노동자일수록 더 높은 유보임금(reservation wage)을 원한다면 고임금을 제시함으로써 응모자 그룹의 평균능력을 높일 수 있으며 따라서 기업이 고용하는 노동자들의 평균능력도 높아진다는 논리이다(Weiss, 1980).[2]

마지막으로 고임금으로 노동자들이 기업에 대한 충성심이 생기며 이것이 노동자의 노력을 촉구할 수 있다. 이와 반대로 낮은 임금은 분노와 복수심을 일으키며 게으름을 피우거나 태업으로 이어질 가능성이 높다. Akerlof and Yellen(1990)은 노동자의 노력이 분노, 질투 및 감사 등과 같은 요인에 의해 좌우된다는 주장을 지지하는 증거를 광범위하게 제시하고 있다. 이들은 하나의 예로서 자신의 임금이 부당하게 낮다고 믿는 노동자들이 때때로 자신이 그렇게 하는 것이 힘들더라도 고용주의 이익을 줄이는 방식으로 업무를 수행하는 경우가 있다는 것을 제시하고 있다.[3]

2 능력이 관측 가능한 경우 기업은 보다 유능한 노동자에 대하여 더 높은 임금을 지급할 수 있다. 따라서 능력격차가 관측 가능하다면 경쟁적(왈라스적) 세계로부터 이탈이 일어나지 않는다.

3 이러한 아이디어를 엄밀하게 개진하는 것에 대하여는 연습문제 11.5를 참조하라. 고임금이 갖는 다른 이점은 고임금이 이직(이직 후 채용 및 훈련의 비용을 기업이 부담하는 경우 이 비용)을 감소시키는 것, 노동자가 조합을 결성할 가능성을 낮추는 것, 그리고 이윤극대화 이외의 목적을 보유한 경영자의 효용을 높이는 것 등의 3가지가 있다.

■ 별도의 보상계획

이상의 논의에서는 기업과 노동자 사이에 맺은 금전상 재무협약(financial arrangement)은 매기당 얼마의 임금이 지급된다는 형태를 취한다고 암묵적으로 가정하고 있다. 여기서 중요한 문제가 되는 것은 고임금의 편익을 실현시킬 수 있는 훨씬 복잡하지만 보다 값싼 노동자 보상방법이 존재하는가이다. 예를 들어 고임금이 가져오는 영양상 편익의 경우라면 보수의 일부를 현물(직장에서 식사를 제공하는 등)로 지급함으로써 달성할 수 있다. 다른 예로서는 근무태만이 발각되는 경우 그 권리가 상실되는 공탁금을 요구함으로써 노동자로 하여금 노력을 다하도록 하는 유인을 갖게 할 수 있다.

만일 싼 비용으로 기업이 고임금을 지급하는 것과 동일한 편익을 향유할 수 있다면 이러한 편익을 얻기 위해 고임금에 의존하지 않고 좀 더 정교한 보상정책이 채용될 것이다. 편익이 이러한 보상정책으로 얻어질 수 있는가의 여부는 고임금이 유리하다고 여겨지는 구체적인 이유에 의존한다. 따라서 이하에서는 포괄적인 논의는 더 이상 하지 않을 것이다. 11.2절의 마지막 부분에서 노동자 노력에 대한 불완전한 감시에 바탕을 두고 개진하는 효율임금이론에 입각하여 이 주제를 논의한다. 그러나 이 절에서 보상은 전통적인 임금의 형태를 취하는 것으로 단순하게 가정하며 이러한 가정 하에서 효율임금의 영향을 검토한다.

■ 가정들

효율임금모형에 대한 논의를 시작하자. 다수 N개의 똑같은 경쟁적인 기업들을 가정하자.[4] 대표적인 기업은 다음의 형태로 주어지는 이윤의 극대화를 추구하는 것으로 가정한다. 여기서 Y는 기업의 생산량, w는 실질임금, L은 고용된 노동량을 각각 나타낸다.

$$\pi = Y - wL \tag{11.1}$$

기업의 생산량은 고용된 노동자의 수와 그 근로노력(노력) 쌍방에 의해 결정된다. 단순화를 위해 다른 생산요소의 투입을 무시하며 노동과 노력은 생산함수에 양자의 곱하기 형태로 포함되는 것으로 가정한다. 따라서 대표적인 기업의 생산은 다음과 같다.

$$Y = F(eL), \quad F'(\bullet) > 0, \quad F''(\bullet) < 0 \tag{11.2}$$

여기서 e는 노동자의 근로노력을 표시한다. 효율임금모형의 핵심을 이루는 가정은 노동자의 노력이 기업이 지급하는 임금과 양(+)의 상관관계를 갖는다는 것이다. 이 절에서는 임금이 노력을 결정하는 유일한 요인이라고 하는 가장 간단한 경우(Solow, 1979)를 살펴본다. 따라서 다음과 같은 함수를 설정한다.

$$e = e(w), \quad e'(\bullet) > 0 \tag{11.3}$$

4 기업 수에 대하여는 단기적으로 고정된 경제의 자본량에 의해 결정된다고 생각할 수 있다.

마지막으로 $\bar{L}$ 만큼의 동질의 노동자가 존재하며 이들 각자는 1단위의 노동을 비탄력적으로 공급한다고 가정한다.

■ 모형

대표적인 기업이 직면하는 문제는 다음과 같다.

$$\max_{L,w} F(e(w)L) - wL \tag{11.4}$$

만일 실업상태의 노동자가 존재하면 기업은 임금을 자유롭게 선택할 수 있다. 반면에 만일 실업자가 0이라면 기업은 적어도 다른 기업이 지급하는 수준의 임금을 지급해야 한다.

기업이 임금의 제약을 받지 않는 경우 L과 w에 대한 1계 조건은 다음과 같다.[5]

$$F'(e(w)L)\,e(w) - w = 0 \tag{11.5}$$

$$F'(e(w)L)Le'(w) - L = 0 \tag{11.6}$$

식 (11.5)를 변형하면 다음과 같이 바꾸어 쓸 수 있다.

$$F'(e(w)L) = \frac{w}{e(w)} \tag{11.7}$$

식 (11.7)을 식 (11.6)에 대입한 다음 L로 나누어 주면 다음을 얻는다.

$$\frac{we'(w)}{e(w)} = 1 \tag{11.8}$$

식 (11.8)에 의하면 노력의 임금탄력성은 최적점에서 1이 된다. 이 조건을 이해하는 데에는 생산량이 유효노동의 양 eL의 함수인 점에 주목할 필요가 있다. 따라서 기업은 이 유효노동을 가능한 한 싸게 고용하기를 원한다고 생각한다. 기업이 노동자 1명을 고용하는 경우 기업은 비용 w로 $e(w)$단위의 유효노동을 얻기 때문에 유효노동 단위 당 비용은 $w/e(w)$이 된다. e의 w에 관한 탄력성이 1인 경우 w를 한계적으로 변경하더라도 이 비율은 변화하지 않는다. 따라서 식 (11.8)은 유효노동의 비용을 최소화시키는 w의 선택문제에서 1계 조건이 된다. 식 (11.8)을 만족시키는 임금을 **효율임금**(*efficiency wage*)이라고 부른다.

그림 11.1은 (w, e)의 평면에서 w의 선택을 그림으로 묘사한 것이다. 원점으로부터의 선분은 e와 w의 비율이 일정하게 되는 선을 나타내고 있으며 상방의 선분일수록 그 비율이 높다. 따라서 기업은 그 선이 가능한 한 높아지도록 w를 선택할 것이다. 이것이 실현되는 곳은 선분이 $e(w)$ 함수에 정확히 접하는 점, 즉 노력 e의 임금 w에 관한 탄력성이 1이 되는 점이다. 그림의 (a)는 노력이 임금에 대하여 충분히 반응하는 결과, 어떤 범위 내에서는 기업이 고임금을 선호하는 경우를 보이고 있다. (b)의 경우에는 기업은 항상 저임금을 선택한다.

5 여기서 2계 조건은 충족된다고 가정한다.

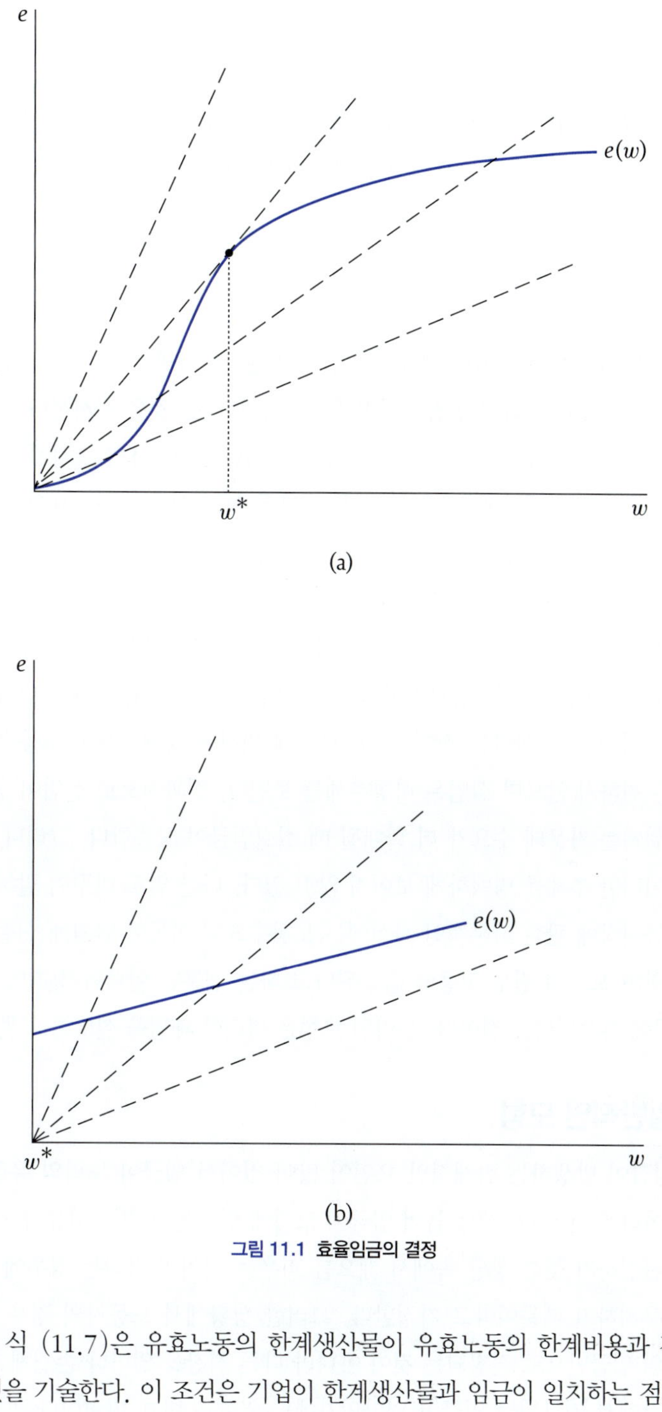

그림 11.1 효율임금의 결정

마지막으로 식 (11.7)은 유효노동의 한계생산물이 유효노동의 한계비용과 같아질 때까지 고용한다는 것을 기술한다. 이 조건은 기업이 한계생산물과 임금이 일치하는 점까지 노동량을 고용한다고 하는 표준적인 노동수요 문제의 조건과 유사하다.

식 (11.7)과 식 (11.8)은 단일 기업의 행태를 기술한 것이다. 그러나 경제전체의 균형이 어떻게 되는가를 간단히 설명할 수 있다. 식 (11.7)과 식 (11.8)을 동시에 만족시키는 w와 L의 값을 w^* 및 L^*라고 하자. 각 기업은 동일하다고 가정하고 있기 때문에 각각의 기업은 동일한

w와 L의 값을 선택한다. 따라서 총노동수요는 NL^*가 된다. 만일 노동공급 $\bar{L}$가 이 NL^*를 상회하면 기업은 w의 선택에 있어서 제약을 받지 않는다. 이러한 경우에 임금은 w^*, 고용은 NL^*이며 $\bar{L}-NL^*$ 만큼의 실업이 발생한다. 역으로 NL^*가 $\bar{L}$을 상회하면 기업은 제약을 받게 된다. 이러한 경우에 수요와 공급이 균형을 이루는 점까지 임금이 경쟁적으로 상승할 것이며 실업은 발생하지 않는다.

■ 시사점

이 모형은 효율임금에 의해 어떻게 실업이 발생하는가를 제시하고 있다. 더욱이 실질임금은 노동수요의 이동에 대하여 민감하게 반응하지 않는다는 것을 시사한다. 노동수요가 증가한다고 상정하자. 효율임금 w^*는 전적으로 근로노력함수 $e(\cdot)$의 속성에 의해 결정되기 때문에 기업이 임금을 조정해야 할 이유가 없다. 따라서 이 모형은 노동수요의 이동이 고용에 커다란 변동을 초래하는 반면에 실질임금에는 적은 변동을 일으키는 것을 설명하는 가설을 제시한다. 게다가 실질임금이나 노력이 변하지 않는다는 것은 기업의 노동비용도 변하지 않는다는 것을 시사한다. 그 결과 가격을 설정하는 기업이 존재하는 모형에서도 가격을 조정할 유인은 작다.

불행하게도 이들 결과는 겉보기만큼 설득력이 있지 못하다. 문제는 단기뿐만 아니라 장기에도 정합성이 있어야 한다는 점이다. 이 모형에 의하면 경제성장이 노동수요를 확대시켜도 실질임금은 변하지 않으며 실업은 하향추세를 보인다. 결과적으로 실업이 궁극적으로 0의 수준에 가까워지는 가운데 수요가 더 확대될 때 실질임금이 상승한다. 그러나 현실의 실업은 장기적으로 이러한 추세를 명백하게 보이지 않고 있다. 다른 말로 바꾸어 말하면 우리가 설명해야 하는 노동시장에 관한 기본적인 사실에는 노동수요의 이동이 단기에 실질임금에 거의 영향을 주지 못하며 오로지 전부 고용에 흡수된다고 하는 점뿐만 아니라 장기에는 그것이 거의 전부 실질임금에 흡수된다는 점이다. 우리의 모형은 이러한 패턴을 설명하지 못한다.

■ 보다 일반적인 모형

효율임금이 발생하는 잠재적인 요인이 많이 있어서 임금이 노력의 유일한 결정요인이라고 하기는 어려울 것 같다. 예를 들어 임금이 노력에 영향을 미치는 이유가 기업의 노동자에 대한 감시가 완전하지 못한 상황 속에서 게으름 피우는 것이 발각되는 경우에 노동자가 실직할 가능성을 우려하기 때문이라고 가정한다. 그러한 상황에서 노동자의 경우 해고되는 비용은 단지 직장의 임금만으로 결정되는 것이 아니라 다른 직장을 얼마나 손쉽게 구할 수 있는가와 새로운 직장에서 지급되는 임금이 얼마인가에도 영향을 받게 마련이다. 따라서 노동자는 소정의 임금 하에서도 실업자가 많을 때에는 한층 노력하며 또한 다른 기업의 임금이 높을수록 노력을 하지 않게 될 것이다. 이와 유사한 논의가 관찰이 불가능한 능력이나 감사나 분노로 인해 임금이 노력에 작용하는 경우에도 잘 들어맞는다.

따라서 노력함수 식 (11.3)의 자연스러운 일반화로서 다음을 고려한다.

$$e = e(w, w_a, u), \quad e_1(\bullet) > 0, \quad e_2(\bullet) < 0, \quad e_3(\bullet) > 0 \tag{11.9}$$

여기서 w_a는 다른 기업의 임금수준, u는 실업률, 하첨자는 편도함수를 표시한다.

각 기업은 경제전체에 비해 그 규모가 충분히 작으므로 w_a와 u는 주어진 것으로 가정한다. 이들 w_a와 u가 노력함수에 영향을 미치는 것을 제외하면 대표적인 기업의 문제는 이전과 전적으로 같다. 따라서 1계 조건을 정리하면 다음과 같다.

$$F'(e(w, w_a, u)L) = \frac{w}{e(w, w_a, u)} \tag{11.10}$$

$$\frac{we_1(w, w_a, u)}{e(w, w_a, u)} = 1 \tag{11.11}$$

이들 조건 각각은 앞에서 설명한 단순한 모형의 식 (11.7)과 식 (11.8)와 유사하다.

$e(\cdot)$는 주어진 w_a와 u의 조합에 대하여 w의 최적해가 유일하게 결정되는 함수로 가정한다. 이러한 가정 하에 균형에서는 $w = w_a$가 성립할 필요가 있다. 만일 그렇지 않으면, 각 기업이 시장일반의 임금과는 다른 임금을 지급하는 것이 되기 때문이다. w^*과 L^*는 $w = w_a$가 성립하는 가운데 식 (11.10)과 식 (11.11)을 만족시키는 w와 L의 값을 표현하는 것으로 정의한다. 이전처럼 만일 NL^*가 $\bar{L}$를 하회하면 균형임금은 w^*이며 $\bar{L} - NL^*$ 만큼 실업이 발생한다. 그리고 만일 NL^*가 $\bar{L}$를 상회하면 임금은 경쟁적으로 상승하며 보다 높은 임금수준에서 노동시장의 균형이 이루어질 것이다.

확장된 모형에 의하면 실업이 장기에 추세가 존재하지 않는 것과 노동수요의 이동이 단기에 실업에 커다란 영향을 준다는 것을 함께 설명할 가능성이 있는 것으로 평가된다. 이것을 가장 간단하게 확인시켜 주는 한 가지 방법으로 다음에 제시되는 예를 고찰하여 보기로 한다. 구체적으로 이 예는 Summers(1988)를 따르고 노력수준이 다음의 형태로 주어진다고 하자.

$$e = \begin{cases} \left(\dfrac{w - x}{x}\right)^{\beta} & w > x\text{인 경우} \\ 0 & \text{기타의 경우} \end{cases} \tag{11.12}$$

$$x = (1 - bu)w_a \tag{11.13}$$

여기서 $0 < \beta < 1$이고 $b > 0$이다. x는 노동시장의 상황을 나타내는 지표이다. 만일 $b = 1$이면 x는 다른 기업이 지급하는 임금에 취업률을 곱한 값이 된다. 만일 $b < 1$이면 노동자가 실업을 보다 경시하는 것이 되는데, 이것은 실업급여(unemployment benefits)가 있거나 노동자가 여가에 가치를 보다 더 두는 경우에 발생한다. $b > 1$이면 노동자들은 실업을 중시한다는 것을 의미한다. 이것은 일단 직장을 잃게 되면 실업이 계속될 가능성이 이례적으로 높은 경우이거나 노동자가 위험회피적인 경우에 발생한다. 마지막으로 식 (11.12)에 의해 $w > x$의 범위에서 $w-x$가 상승함에 따라 노력수준도 상승하지만 그 상승폭은 $w-x$의 상승폭보다 작다는 것을 알 수 있다.

식 (11.12)를 미분하면 이러한 함수형의 경우 노력의 임금탄력성이 1과 동일하게 된다고 하는 조건(식 11.11)은 다음과 같이 바뀌어 진다.

$$\beta \frac{w}{[(w-x)/x]^{\beta}} \left(\frac{w-x}{x}\right)^{\beta-1} \frac{1}{x} = 1 \tag{11.14}$$

간단한 대수를 이용하여 위의 식 (11.14)를 정리하면 다음과 같다.

$$\begin{aligned} w &= \frac{x}{1-\beta} \\ &= \frac{1-bu}{1-\beta} w_a \end{aligned} \tag{11.15}$$

여기서 둘째 줄은 식 (11.13)을 사용하여 x에 대입하였다. β가 충분히 작으면 근사로서 $1/(1-\beta) \approx 1+\beta$이 성립한다. 따라서 식 (11.15)에 의하면 β의 값이 작은 경우 기업은 노동시장 기회의 지표인 x보다도 β만큼 프리미엄을 더 지급한다고 해석할 수 있다.

균형에서는 대표적인 기업이 시장일반의 임금과 동률의 임금을 지급하므로 $w = w_a$가 성립할 필요가 있다. 이것을 식 (11.15)의 조건에 대입하면 다음의 관계가 얻어진다.

$$(1-\beta)w_a = (1-bu)w_a \tag{11.16}$$

이 조건을 만족시키기 위해서는 실업률은 다음의 식을 충족시켜야 한다.

$$\begin{aligned} u &= \frac{\beta}{b} \\ &\equiv u_{\text{EQ}} \end{aligned} \tag{11.17}$$

식 (11.15)에서 알 수 있는 것처럼, 실업률이 u_{EQ}보다 낮은 경우 각 기업은 시장일반의 임금보다도 높게 지급하며 역으로 u_{EQ}보다 높은 경우 낮은 임금을 지급한다. 따라서 균형상태에서는 $u = u_{EQ}$가 성립하여야 할 필요가 있다.

■ 시사점

이 분석에 의하면 다음에 열거하는 세 가지 중요한 시사점을 가진다. 첫째, 식 (11.17)은 균형실업률이 단지 노력함수의 모수만으로 결정되며 생산함수와 무관하다는 것을 시사한다. 따라서 생산함수에 상향의 추세가 존재하더라도 실업에는 이러한 추세가 발생하지 않는다.

둘째, 기업이 노동시장 조건의 지표 이상으로 지급하는 임금 프리미엄에 대한 노력의 탄력성이 비교적 작다고 하더라도 무시할 수 없는 실업이 발생할 가능성이 있다. 예를 들어 $\beta = 0.06$과 $b = 1$의 조합이나 $\beta = 0.03$과 $b = 0.5$의 조합에서 둘 다 6%의 균형실업률이 발생한다. 여하튼 이 결과는 제시된 것처럼 강한 것이 아닐지도 모른다. 이들 모수 값들은 $(w-x)/x$에 대한 노력의 탄력도가 저수준의 값을 제시하지만 이 값들도 임금이 상당히 높은 수준에 이를 때까지는 노동자들이 전혀 노력을 발휘하지 않는다는 것을 시사하고 있다. 예를 들어 만일 $b=0.5$이고 균형실업률이 6%라면 기업의 임금이 시장일반의 임금수준의 97%에 도달할 때까지 노력은 0이다. 이러한 점에서 효율임금의 효과는 이들 모수의 값에 대하여 상당히 강력한 것으로 나타난다.

셋째, 경제 전체의 실업률의 변화에 반응하여 기업이 임금이나 가격(또는 이들 양자)을 조정하고자 하는 유인은 현실적인 조건 하에서 별로 크지 않을 것으로 보인다. 임금과 노력에 관한 이 모형을 제6장의 가격설정 기업 모형에 편입하여 고려하자. 경제는 당초 균형상태에 머무르고 있어 $u=u_{EQ}$가 성립하며 대표적인 기업의 경우 한계수입과 한계비용이 같은 상황이라고 가정하자. 이때 통화공급이 감소하면 기업들이 명목임금이나 가격을 변경하지 않는 경우에 실업은 u_{EQ} 이상으로 높아질 것이다. 6.6절에서 살펴 본 바와 같이 대표적인 기업으로서는 조정의 유인이 작은 경우 임금이나 가격의 조정에 관한 작은 장벽의 존재로 인해 이와 같은 실업이 높아지는 상황이 균형이 된다.

구체적으로 임금을 조정하는 유인을 생각하자. 식 (11.15) $w=(1-bu)w_a/(1-\beta)$은 비용극소화의 임금이 실업률의 감소함수라는 것을 의미한다. 따라서 기업은 (실업률이 상승한 경우) 임금을 삭감함으로써 비용을 절감하여 이윤을 증대시키는 것이 가능하다. 문제의 핵심은 이윤확대 폭의 크기이다. 노력에 관한 식 (11.12)로부터 기업이 임금을 시중임금 w_a와 동일한 수준에 계속 머무르게 하는 경우 유효노동 1단위 당 비용 w/e은 다음과 같음을 알 수 있다.

$$
\begin{aligned}
C_{\text{FIXED}} &= \frac{w_a}{e(w_a,w_a,u)} \\
&= \frac{w_a}{\left(\frac{w_a-x}{x}\right)^{\beta}} \\
&= \frac{w_a}{\left[\frac{w_a-(1-bu)w_a}{(1-bu)w_a}\right]^{\beta}} \\
&= \left(\frac{1-bu}{bu}\right)^{\beta} w_a
\end{aligned}
\tag{11.18}
$$

반면에 만일 기업이 임금을 변동시키면 임금은 식 (11.15)에 반응하여 $w=x/(1-\beta)$으로 설정될 것이다. 이러한 경우에 기업의 유효노동 1단위 당 비용 w/e는 다음과 같다.

$$
\begin{aligned}
C_{\mathrm{ADJ}} &= \frac{w}{\left(\dfrac{w-x}{x}\right)^{\beta}} \\
&= \frac{x/(1-\beta)}{\left\{\dfrac{[x/(1-\beta)]-x}{x}\right\}^{\beta}} \\
&= \frac{x/(1-\beta)}{[\beta/(1-\beta)]^{\beta}} \\
&= \frac{1}{\beta^{\beta}}\frac{1}{(1-\beta)^{1-\beta}}(1-bu)w_a
\end{aligned} \tag{11.19}
$$

$\beta = 0.06$이고 $b = 1$이어서, 균형실업률이 $u_{EQ} = 6\%$라 가정하자. 이제 실업률이 9%로 상승하였고 다른 기업들은 임금을 변경하지 않는다고 가정하자. 식 (11.18)과 식 (11.19)에 의하면 이 실업률의 상승에 의해 C_{FIXED}는 2.6%, C_{ADJ}는 3.2% 낮아진다. 따라서 기업이 임금을 삭감하더라도 그 비용 삭감효과는 단지 0.6%에 지나지 않는다. 그리고 $\beta = 0.03$, $b = 0.5$의 경우는 C_{FIXED}와 C_{ADJ}의 감소는 각각 1.3%와 1.5%에 지나지 않는다. 따라서 이러한 경우에 임금을 삭감할 유인은 더욱 작아지게 된다.[6]

대조적으로 경쟁적인 노동시장에서는 균형임금은 고용의 감소율을 노동공급의 탄력성으로 나눈 값만큼 낮아진다. 예를 들어 고용이 3% 감소하고 노동공급의 탄력성이 0.2라고 할 때 균형임금은 15%만큼 하락한다. 그러면 노력수준이 내생적이 아닌 상황 하에서 임금의 15% 감소는 곧장 15%의 비용 삭감으로 직접 이어진다. 따라서 이러한 경우에 기업에게는 임금이나 가격을 인하하고자 하는 엄청난 유인이 존재하게 된다.[7]

따라서 효율임금은 총생산량의 변동에 반응하여 임금을 조정하는 유인에 커다란 영향을 미칠 수 있는 가능성을 갖게 된다. 결과적으로 노동수요의 이동이 왜 단기적으로는 주로 고용에 영향을 미치는가에 대하여서도 설명할 수 있는 잠재성이 생긴다. 직관적으로 경쟁적 시장의 기업은 당초에 임금에 관하여는 모서리 해(corner solution)의 아래에 있다. 즉 기업은 노동자들을 고용할 수 있는 최소한의 임금을 지급한다. 따라서 임금삭감이 가능하다면 그것은 분명히 이익을 가져온다. 대조적으로 효율임금의 경우 기업은 처음부터 임금인하의 한계편익과 한계비용이 같은 내부점으로서의 최적해 상에 위치하고 있는 것이다.

6 기업이 임금을 변경하지 않는 경우, 현실적인 설정 하에서 자기 제품가격을 조정하는 유인도 작아지는 것을 보일 수 있다. 그러나 만일 임금이 완전히 신축적이라면, 가격을 조정하는 유인도 작지 않다. u가 u_{EQ}보다 큰 경우 각 기업은 다른 기업들보다 임금을 낮추기를 원하는 것으로 상정한다(식 11.15를 참조). 따라서 임금이 완전히 신축적이라면, 임금이 0의 수준까지 하락해야 한다. 만일 노동자가 양(+)의 유보임금을 보유하고 있다면 그 유보임금까지 하락해야 한다. 그 결과 기업의 노동비용은 대단히 낮아지게 되며 가격을 인하하여 생산량을 증가는 유인이 높아진다. 따라서 임금변경에 장벽이 존재하지 않는다면 가격변경에 작은 비용이 소요되더라도 이 모형에서 가격조정을 억제하여 이전의 수준에 머물게 하는 것은 가능하지 않다.

7 실제로 경쟁적인 노동시장에서는 다른 기업들이 임금조정을 하지 않는 경우에 개별기업의 임금인하유인은 균형임금의 하락의 경우보다 더욱 커지게 된다. 만일 다른 기업들이 임금을 인하하지 않는다면 실업자가 출현하게 되며 기업은 그 노동자를 임의의 저임금 (또는 노동자의 유보임금)으로 고용할 수 있다.

11.2 Shapiro-Stiglitz 모형

효율임금이 발생하는 요인 가운데 아마 가장 많은 주목을 받은 것은 기업의 감시능력의 한계로 인해 노동자에 대하여 노력을 발휘하게 하는 유인을 기업이 제공할 필요가 있다고 하는 논의이다. 이 절에서는 이러한 가능성에 대해 Shapiro–Stiglitz (1984)에 의해 개발된 모형을 소개한다.

불완전한 감시에 대하여 엄밀한 모형을 제시하는 데에는 세 가지 목적이 있다. 첫째, 이 사고 틀이 정밀한 조사에 견딜 수 있는 것인가를 검토한다. 둘째, 추가적인 의문들도 분석할 수 있게 해 준다. 예를 들어 정부의 정책이 후생을 개선시키는가 여부에 대한 의문이 엄밀한 모형의 존재로 인해 처음으로 분석이 가능하게 된다. 셋째, 이 모형은 연속형 시간, 포아송 과정, 그리고 특히 우아하고 다루기 쉬운 동태적 계획법을 사용한다. 결과적으로 이러한 조합은 다른 설정에서도 유용하다. 예를 들어 이 장의 후반부에 탐색과 매칭모형 분석에 이러한 방법론을 사용할 것이다.

■ 가정들

경제는 다수 $\bar{L}$의 노동자와 다수 N사의 기업으로 구성되어 있다. 노동자는 기대 할인효용을 극대화하며 기업은 기대 할인이윤을 극대화한다. 모형은 연속시간으로 설정된다. 논의를 단순화하기 위해 분석에서는 정상상태에 초점을 둔다.

먼저 노동자에 대하여 고려하자. 대표적인 노동자의 생애효용은 다음과 같다.

$$U = \int_{t=0}^{\infty} e^{-\rho t} u(t) dt, \qquad \rho > 0 \tag{11.20}$$

여기서 $u(t)$는 시점 t의 순간효용이고 ρ는 (시간)할인율이다. 순간효용은 고용 및 실업의 상태에 따라 다음과 같이 정의된다.

$$u(t) = \begin{cases} w(t) - e(t) & \text{고용시} \\ 0 & \text{실업시} \end{cases} \tag{11.21}$$

w는 임금이고 e는 노동자의 노력수준이다. 노력수준에 대하여는 두 가지의 가능성인 $e = 0$과 $e = \bar{e}$만이 존재한다고 가정한다. 따라서 어떤 시점에도 노동자는 다음의 세 가지 상태 중 어느 하나에 있을 것이다. 즉 노동자는 고용되어 노력을 하고 있거나(E로 표기), 고용되어 있지만 노력은 하지 않고 게으름 피우고 있거나(S로 표기), 고용되지 않아 실업의 상태에 있거나(U로 표기)의 세 가지이다.

이 모형의 중요한 구성요소는 이 세 가지 상태의 사이를 노동자가 어떻게 전이하는 가에 관한 가정들이다. 첫째, 직업이 종료되는 확률(해당 일 또는 작업이 외생적으로 해체될 확률)은 외생적으로 주어져 있는 것으로 가정하자. 구체적으로 노동자가 어떤 시점 t_0에서 한 직업에 근무하기 시작하였다(그리고 만일 근로자가 노력한다면)고 한다면 어느 정도의 시간이 경과한 t시점에 그 노동자가 계속 고용되어 있을 확률은 다음의 식으로 표현할 수 있는 것으로 가정한다.

$$P(t) = e^{-b(t-t_0)}, \quad b > 0 \tag{11.22}$$

식 (11.22)에 의하면 $P(t+\tau)/P(t)$는 $e^{-b\tau}$와 같으므로 t와는 독립적인 것을 의미한다. 만일 노동자가 어떤 시점에 고용되었다면 그 사람이 τ의 시간이 흐른 뒤에도 여전히 고용되어 있을 확률은 그때까지 얼마만큼의 기간 동안 고용되어 왔었는가에 관계없이 e^{-b}가 된다. 이러한 가정은 이처럼 시간의존성(time dependence)을 소멸시켜서 노동자가 그 직업에서 얼마동안 근무하였는가에 주의를 기울일 필요가 없게 함으로써 분석을 대폭 단순화시킨다. 식 (11.22)와 같은 과정을 포아송 과정(Poisson process)이라고 부른다.

이것은 직업이 매기당 b의 확률로 종료되고 있다, 또는 직업종료의 **위험률**(*hazard rate*)이 b라고 표현하는 것과 같은 이야기이다. 즉, 현재 고용되어 있는 노동자의 직업이 다음의 dt 단위의 시간 중에 종료될 확률은 dt가 0으로 근접해 감에 따라 $b\ dt$로 접근한다. 우리가 설정한 가정으로부터 이렇게 말할 수 있다는 것을 확인하기 위해 식 (11.22)에 의해 $P'(t) = -bP(t)$가 도출된다는 사실에 유의하라.

노동자의 상태간 전이에 관한 두 번째의 가정은 기업이 게으름 피우고 있는 노동자를 적발하는 것도 포아송 과정을 따른다고 가정하자. 구체적으로 적발은 매기당 확률 q로 발생하는 것으로 가정한다. q는 외생적으로 주어지며 적발과 직업 종료의 확률과정은 독립적이다. 게으름 피우는 것이 발각된 노동자는 해고된다. 따라서 노동자가 고용되어 게으름 피우고 있는 경우 그 노동자가 γ시간 후에도 여전히 고용되어 있을 확률은 $e^{-q\gamma}$ (그 노동자가 적발 및 해고되지 않을 확률)과 $e^{-b\gamma}$ (직업이 외생적으로 종료되지 않을 확률)을 곱한 값이 된다.

셋째, 실업상태에 있는 노동자는 매기당 a의 비율로 직업을 구하여 고용된다고 가정한다. 각 노동자는 a의 값이 주어진 것으로 간주한다. 그러나 경제 전체적으로 a의 값은 내생적으로 결정된다. 노동자를 고용할 필요가 있는 경우 기업은 실직노동자의 집단으로부터 노동자를 무작위로 선택한다. 따라서 a는 기업이 고용하는 비율(이것은 고용노동자의 수와 직업이 종료되는 비율에 의해 결정됨)과 실직노동자의 수에 의해 결정된다. 노동자는 동질적이기 때문에 직업을 찾아내는 확률은 그 노동자가 어떻게 하여 실업자가 되었는가와 실업기간이 얼마인가의 등에는 좌우되지 않는다.

기업의 행동은 단순 명료하다. t시점의 기업의 이윤은 다음과 같다.

$$\pi(t) = F(\bar{e}L(t)) - w(t)[L(t) + S(t)], \quad F'(\bullet) > 0, \quad F''(\bullet) < 0 \tag{11.23}$$

여기서 L은 노력을 발휘하고 있는 고용자의 수, S는 게으름을 피우고 있는 고용자의 수이다. 기업이 직면하는 문제는 노동자가 게으름 피우지 않도록 충분히 높은 w를 설정하여 L의 수준을 선택하는 것이다. 임의의 날짜에 이루어지는 기업의 의사결정은 어느 것이나 그 당일의 이윤에만 영향을 미치기 때문에 기업이윤 흐름의 현재가치를 분석할 필요가 없으며 기업은 각 순간에 그 시점의 이윤흐름을 극대화하도록 하는 w와 L의 수준을 택한다.

이 모형의 마지막 가정은 $\bar{e}F'(\bar{e}\bar{L}/N) > \bar{e}$ 또는 $F'(\bar{e}\bar{L}/N) > 1$이다. 이 조건은 각 기업이 총노동력의 $1/N$만큼 고용하더라도 노동의 한계생산물은 노력을 발휘하게 만드는 데 소요되는 비용을 초과한다는 것을 말한다. 따라서 감시의 불완전성이 존재하지 않는다면 완전고용이 실현된다.

■ E, U와 S의 가치

8.7절에서 논의한대로 동태적 계획법의 기본적인 아이디어는 미래를 요약하기 위해 가치함수를 사용하는 것이다. 따라서 상태 $i(i=E,\ S,\ U)$일 때의 "가치"를 V_i로 표시하기로 한다. 즉 V_i는 상태가 i인 노동자가 현시점 이래로 예상하는 할인된 생애효용의 기대치이다. 상태 간의 전이는 포아송 과정을 따르기 때문에 V_i는 그 노동자가 지금까지 얼마 동안 현 상태에 있었는가와 같은 과거의 경력에는 의존하지 않는다. 또한 우리는 정상상태에 초점을 맞추기 때문에 V_i는 시간에 관계없이 일정하다. 따라서 이러한 모형에서 가치 "함수"는 간단하다. 즉 주어진 상태에 있는 값은 단지 상수일 뿐이다.

이산형 시간에서 우리는 한 기간 앞을 미리 내다봄으로써 가치(또는 가치함수)를 찾았다. 연속형 시간에서 우리는 짧은 간격을 미리 보고 간격을 0으로 줄인다. 어떻게 이러한 것이 되는 지를 살펴보기 위해 먼저 시점 0에 고용되어 노력을 발휘하고 있는 노동자를 생각하여 보자. 시간이 길이 Δt의 간격으로 분할되어 있고 한 기간 내에 직업을 상실한 노동자는 다음 기간이 시작하기까지는 새로운 직업을 탐색하지 않는 것으로 가정한다. $V_E(\Delta t)$와 $V_U(\Delta t)$는 이와 같은 전제하에 어떤 기간의 개시시점에서 각각 고용 및 실업의 가치를 표현하는 것이라고 정의한다. 그 후에 우리는 Δt를 0으로 근접시켜 나간다. 그 경우 어떤 기간 중에 직업을 상실한 노동자가 그 기간 안에 새로운 직업을 찾아 나서지 않는다는 제약은 무의미하게 된다. 따라서 $V_E(\Delta t)$는 V_E에 접근하게 된다.

만일 노동자가 임금 w를 지급받는 직업에 종사하고 있다면 $V_E(\Delta t)$는 다음 식으로 주어진다.

$$V_E(\Delta t) = \int_{t=0}^{\Delta t} e^{-bt}e^{-\rho t}(w-\bar{e})\,dt + e^{-\rho\Delta t}[e^{-b\Delta t}V_E(\Delta t) + (1-e^{-b\Delta t})V_U(\Delta t)] \tag{11.24}$$

식 (11.24)의 첫 번째 항은 기간 $(0, \Delta t)$의 효용을 나타낸다. 시점 t에 노동자가 계속 고용되어 있을 확률은 e^{-bt}이다. 만일 노동자가 고용되어 있다면 효용은 $w-\bar{e}$이다. 이것을 0의 시점까지 소급하여 할인하면 생애효용에 대한 기여분의 기대치는 $e^{-(b+\rho)t}(w-\bar{e})$가 된다.[8]

식 (11.24)의 두 번째 항은 Δt 이후의 효용을 반영한다. 먼저 Δt시점에 이 노동자는 $e^{-b\Delta t}$의 확률로 고용되어 있고 $1-e^{-b\Delta t}$의 확률로 실직 상태에 있다. 이 확률들과 V들을 곱한 것의 합에 대하여 할인하면 두 번째 항이 구하여진다.

식 (11.24)에 포함된 적분을 계산하면 다음과 같이 고쳐 쓸 수 있다.

$$\begin{aligned} V_E(\Delta t) = &\frac{1}{\rho+b}\left(1-e^{-(\rho+b)\Delta t}\right)(w-\bar{e}) \\ &+ e^{-\rho\Delta t}[e^{-b\Delta t}V_E(\Delta t)+(1-e^{-b\Delta t})V_U(\Delta t)] \end{aligned} \tag{11.25}$$

이 표현을 $V_E(\Delta t)$에 대하여 풀면 다음과 같다.

$$V_E(\Delta t) = \frac{1}{\rho+b}(w-\bar{e}) + \frac{1}{1-e^{-(\rho+b)\Delta t}}e^{-\rho\Delta t}(1-e^{-b\Delta t})V_U(\Delta t) \tag{11.26}$$

앞에서 기술한대로 V_E는 Δt가 0으로 접근하는 경우 $V_E(\Delta t)$의 극한값과 같게 된다(마찬가지로 V_U는 Δt가 0으로 접근할 때 $V_U(\Delta t)$의 극한값과 같게 된다). 극한값을 구하기 위해서는 식 (11.26)에 로피탈의 공식(L'Hôpital's rule)을 적용하면 충분하며 그 결과 다음 식이 얻어진다.

$$V_E = \frac{1}{\rho+b}[(w-\bar{e})+bV_U] \tag{11.27}$$

식 (11.27)은 직관적으로 도출할 수 있다. 노동자가 고용되어 있는 경우에는 매기당 $w-\bar{e}$의 비율로 배당을 지급하고 실직된 경우에는 무배당인 자산을 상정하자. 더욱이 이 자산의 가격이 필요수익률 ρ의 위험중립적인 투자자에 의해 매겨진다고 하자. 그러한 자산의 생애기간 총배당금의 기대현재가치는 노동자의 생애효용 기대현재가치와 동일하기 때문에 자산가격은 노동자가 고용되어 있는 경우에는 V_E, 노동자가 실직되어 있는 경우에는 V_U가 된다. 이러한 자산이 보유되기 위해서는 ρ의 기대수익률이 제공되어야 할 필요가 있다. 즉 자산의 매기당 배당에 매기당 모든 기대자본이득 또는 기대자본손실(capital gain or loss)을 더한 것이 ρV_E와 동일해져야 할 것이다. 노동자가 고용되어 있는 경우 매기당 자산의 배당은 $w-\bar{e}$이며 $V_E - V_U$의 자본손실이 발생할 확률은 매기당 b가 된다. 따라서 다음의 식이 성립한다.

$$\rho V_E = (w-\bar{e}) - b(V_E - V_U) \tag{11.28}$$

이 식을 정리하면 구하고자 하는 식 (11.27)을 얻는다.

---

8 정상상태의 가정에 의해, 초기시점에 노력을 하는 것이 노동자로서 최적상태라면 노력을 계속 하는 것이 최적상태이다. 따라서 정상상태의 노동자가 게을러지기 시작하는 가능성에 대해 배려할 필요는 없다.

노동자가 게으름을 피우는 경우 "배당"은 매기당 w이며 매기당 기대자본손실은 $(b+q)(V_S - V_U)$이다. 따라서 식 (11.28)을 도출하는 추론과 마찬가지로 생각하면 다음 식이 성립해야 한다.

$$\rho V_S = w - (b + q)(V_S - V_U) \tag{11.29}$$

마지막으로 만일 노동자가 실직하여 있는 경우 배당은 0, 기대되는 자본이득은 (기업이 고용노동자가 노력을 발휘하는데 충분한 임금을 지급한다고 가정하여) 매기당 $a(V_E - V_U)$이다.[9] 이에 의해 다음의 관계를 얻는다.

$$\rho V_U = a(V_E - V_U) \tag{11.30}$$

■ 비태업의 조건

기업은 $V_E \geq V_S$가 성립하도록 충분히 임금을 지급할 필요가 있다. 그렇지 않으면 일을 하는 노동자는 노력을 발휘하지 않고 아무것도 생산하지 않을 것이다. 동시에 노력이 $\bar{e}$를 초과할 수 없기 때문에 노력을 발휘하도록 하는데 요구되는 최저수준의 임금을 초과하여 지급할 필요도 없다. 따라서 기업은 V_E가 V_S와 일치하도록 하는 w의 수준을 선택한다.[10]

$$V_E = V_S \tag{11.31}$$

V_E와 V_S는 동일할 필요가 있기 때문에 식 (11.28)과 식 (11.29)로부터 다음의 관계가 얻어진다.

$$(w - \bar{e}) - b(V_E - V_U) = w - (b + q)(V_E - V_U) \tag{11.32}$$

또는

$$V_E - V_U = \frac{\bar{e}}{q} \tag{11.33}$$

식 (11.33)으로부터 기업은 노동자가 실업보다도 고용되는 것을 엄밀하게 선호하도록 하기 위해 충분히 높은 수준의 임금을 설정한다는 것을 이해할 수 있다. 따라서 노동자는 지대를 얻고 있다. 임금 프리미엄의 크기는 노력을 발휘하게 하는 비용 $\bar{e}$에 대하여 증가함수이며 기업이 태업을 적발하는 효율성 q의 감소함수이다.

다음 단계는 고용의 초과이윤이 $\bar{e}/q$과 같아지는 데는 임금수준이 얼마가 되어야 하는가를 알아내는 일이다. 식 (11.28)과 식 (11.30)은 다음을 시사한다.

$$\rho(V_E - V_U) = (w - \bar{e}) - (a + b)(V_E - V_U) \tag{11.34}$$

---

9 식 (11.29)와 (11.30)은 $V_u(\Delta t)$와 $V_S(\Delta t)$을 정의하여 식 (11.27)을 도출한 방법에 의해서도 구할 수 있다.

10 모든 기업은 질적으로 같기 때문에 그것들은 모두 동일한 임금을 선택한다.

이 식에 $V_E - V_U$가 $\bar{e}/q$을 대입하면 임금은 다음의 수준이 되어야 한다.

$$w = \bar{e} + (a + b + \rho)\frac{\bar{e}}{q} \tag{11.35}$$

따라서 이 조건은 노동자가 노력을 발휘하게 하는데 요구되는 임금은 노력의 비용 $\bar{e}$, 구직의 용이성 a, 직업이 종료되는 비율 b, 그리고 시간할인율 ρ의 증가함수이며 게으름을 피우는 노동자를 적발할 확률 q의 감소함수라는 것을 시사한다.

고용된 노동자의 게으름을 방지하는데 필요한 임금은 실업자가 직업을 발견해내는 구직의 용이성(a)으로 표현하는 것보다는 기업 당 고용(L)으로 바꾸어 표현하는 것이 편리하다. a를 소거하는 데는 정상상태에 있는 경제에서 실업으로의 진입과 실업으로부터의 퇴출이 동일해야 한다는 점을 이용하면 충분하다. 매기당 실직하는 노동자의 수는 N(기업의 수), L(기업 당 노동자의 수) 및 b(직업이 종료되는 비율)의 곱이 된다. 직업을 발견해 내는 실업자의 수는 $(\bar{L} - NL)$의 a배가 된다. 이들 두 가지의 양이 동일할 때 a에 대하여 풀면 다음처럼 얻어진다.

$$a = \frac{NLb}{\bar{L} - NL} \tag{11.36}$$

식 (11.36)은 $a + b = \bar{L}b/(\bar{L} - NL)$로 변형하여 식 (11.35)에 대입하면 다음의 식을 구할 수 있다.

$$w = \bar{e} + \left(\rho + \frac{\bar{L}}{\bar{L} - NL}b\right)\frac{\bar{e}}{q} \tag{11.37}$$

식 (11.37)은 **비(非)태업조건**(*no-shirking condition, NSC*)이다. 비태업조건은 노동자가 노력을 발휘하도록 하기 위해 기업이 지급해야 하는 임금을 고용수준의 함수로 표현하고 있다. 한층 많은 노동자가 고용되어 있는 경우일수록, 실업자의 수는 감소하며 직업을 떠나는 노동자의 수는 많게 된다. 따라서 실업자가 직업을 찾는 일이 쉽게 이루어진다. 따라서 태업을 방지하는데 필요한 임금은 고용의 증가함수가 된다. 완전고용 하에서는 실업자가 즉시 일자리를 찾을 수 있기 때문에 해고되는 데 따른 비용은 없으며 어떠한 임금으로도 태업을 방지할 수는 없다. 비태업조건(NSC)을 만족하는 점의 집합을 (NL, w)의 공간에 묘사한 것이 그림 11.2이다.

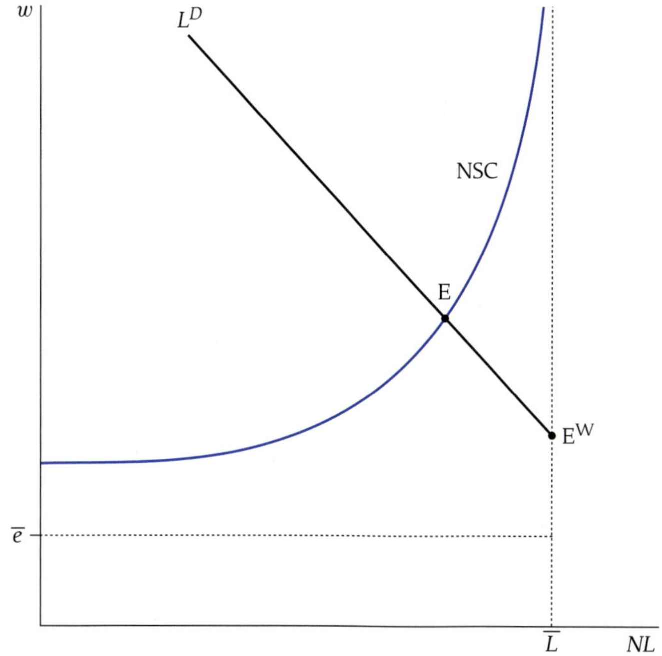

그림 11.2 Shapiro–Stiglitz 모형

■ 모형의 완성

기업은 노동의 한계생산물이 임금과 일치하는 수준까지 노동자를 고용한다. 식 (11.23)에 의하면 고용된 노동자들이 노력을 발휘할 때 기업의 이윤흐름은 $F(\bar{e}L) - wL$이다. 따라서 노동의 한계생산물이 임금과 같다는 조건은 다음과 같다.

$$\bar{e}F'(\bar{e}L) = w \tag{11.38}$$

그림 11.2에는 식 (11.38)을 충족시키는 점들의 집합도 표시되어 있는데 이는 다름 아닌 전통적인 노동수요곡선이다.

노동공급은 $\bar{e}$의 수준에서 노동자의 수 $\bar{L}$에 도달할 때까지 수평선이며 이후에는 수직선의 모습으로 나타난다. 감시의 불완전성이 없다면 노동수요와 공급의 교차점이 균형이 된다. 완전고용 하에서는 노동의 한계생산물이 노력의 비효용(disutility)을 초과한다고 하는 우리의 가정 $F'(\bar{e}L/N) > 1$로부터 이 교차점은 노동공급곡선의 수직선 부분에 위치한다. 따라서 왈라스적 균형은 그림에서 E^W로 표시된 점에서 이루어진다.

감시가 불완전한 경우 균형은 노동수요곡선(식 11.38)과 비태업조건(식 11.37)의 교차점에서 결정된다. 이는 그림에서 점 E로 표시된다. 이러한 경우의 균형에서는 실업이 존재한다. 실업자는 실직상태보다 현행의 임금으로 고용되어 노력을 발휘하는 편을 분명히 더 선호한다는 것이다. 그럼에도 불구하고 이들 노동자가 현행의 임금을 경쟁적으로 낮추는 것은 가능하지 않다. 이는 만일 시장임금보다 약간 싼 임금으로 노동자를 추가로 고용한다면 이들 노동자들이 열심히 노력을 발휘하기보다 게으름 피울 것이라는 것을 기업이 잘 알기 때문이다. 따라서 임금은 하락하지 않고 실업문제는 계속 남게 되는 것이다.

모형의 작동을 명확히 이해하기 위해서는 다음에 열거하는 2가지 예가 유용하다. 첫째, q가 상승하면 – 즉 근무에 태만한 노동자가 적발되는 매기당 확률이 상승하면 – 비태업곡선을 하방으로 이동시키는 반면 노동수요곡선에는 영향을 주지 않는다. 이러한 상황을 그림 11.3에 나타내고 있다. 이에 따라 임금은 하락하고 고용은 증가한다. q가 무한대로 접근함에 따라 근무에 태만한 자가 임의의 유한한 시간 내에 적발될 확률은 1로 접근한다. 그 결과 완전고용을 하회하는 임의의 고용수준에서 비태업임금은 $\bar{e}$로 근접하여 간다. 따라서 경제는 왈라스적 균형으로 접근한다.

둘째, 만일 이직(turnover)에 의한 사람의 교체가 존재하지 않는다면($b=0$), 실업 노동자가 고용되는 일은 없게 될 것이다. 결과적으로, 비태업임금은 고용수준과 독립적이 된다. 식 (11.37)로부터 이 경우의 비태업임금은 $\bar{e}+\rho\bar{e}/q$이다. 직관적으로 말하면 노력발휘에 대비한 근무태만의 상대적 편익은 매기당 $\bar{e}$가 된다. 한편 그 비용은 영구적으로 실업상태에 빠질 확률이 매기당 q이며 이러한 경우에 직업으로부터 얻어지는 잉여의 할인가치 $(w-\bar{e})/\rho$ 만큼을 상실하게 된다. 비용과 편익을 동일하게 놓으면 $w=\bar{e}+\rho\bar{e}/q$를 얻는다. 이 경우를 묘사한 것이 그림 11.4이다.

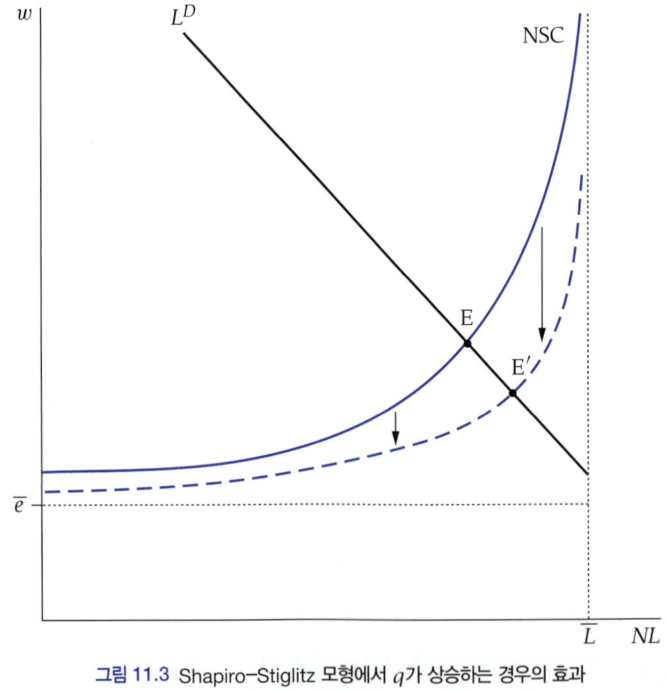

그림 11.3 Shapiro–Stiglitz 모형에서 q가 상승하는 경우의 효과

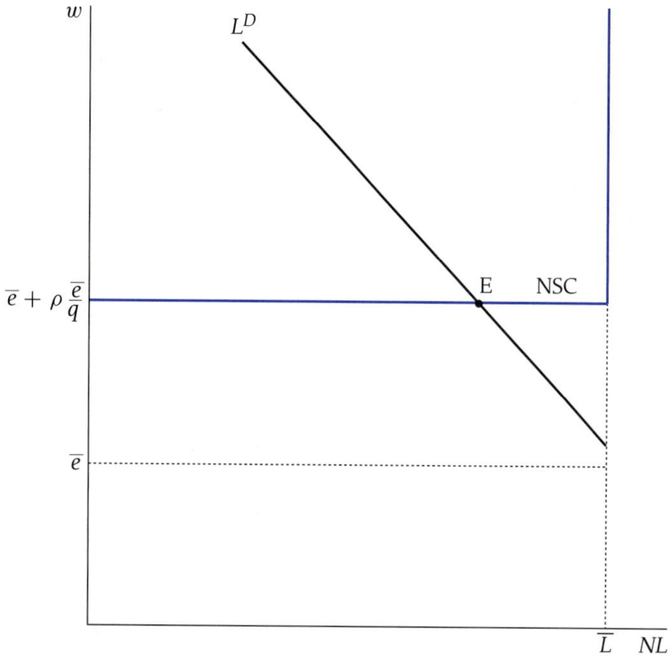

그림 11.4 이직(turnover)이 없는 Shapiro–Stiglitz 모형

■ 시사점

모형은 균형실업이 존재하는 모습을 보여주며 또한 균형실업에 영향을 준다고 생각되는 많은 요인을 제시하고 있다. 따라서 이 모형은 실업의 설명가설로서 유망한 면이 있다. 불행하게도, 모형이 지나치게 도식적이어서 모형을 이용하여 실업의 특정수준을 예측한다든지 실업의 시간적인 움직임을 구체적으로 도출한다든지 하는 것은 용이한 일이 아니다.

단기의 변동과 관련하여 그림 11.5에서와 같이 노동수요의 감퇴가 가져오는 영향을 생각해 보기로 하자. w와 L은 비태업곡선을 따라 함께 감소한다. 노동공급곡선은 완전비탄력적이기 때문에 감시의 불완전성이 없는 경우에 비하면 고용의 반응은 필연적으로 크다. 따라서 이 모형을 이용하면 총수요의 이동에 의한 생산량의 변동에 따라 발생하는 임금의 반응이 노동자가 항상 노동공급곡선 상에 있다고 상정했을 때의 반응에 비하여 작다는 것을 설명할 수 있는 이유를 제공한다(왈라스적 균형에서는 고용은 변함이 없고 임금이 크게 하락한다.).[11]

불행하게도, 이 영향의 크기는 작은 것으로 보인다. 실업이 보다 낮은 수준일 때, 해고되는 노동자는 보다 빠르게 새로운 일을 찾아낼 수 있다. 그리고 태업을 방지하기 위해 지급해야 할 임금은 보다 증대된다. 이것이 태업방지의 궤적이 상향의 기울기를 갖는 이유이다. 모형의 캘

11 여기서 소개되는 단순한 모형에는 11.1절의 단순한 효율임금모형과 같은 문제점이 있다. 그것은 기술진보가 끊임없이 노동수요곡선을 상방으로 이동시키면서 실업은 하락추세를 나타낸다는 것이다. 이와 같은 사실과 반하는 예측을 제거하는 하나의 방법은 노력 $\bar{e}$을 발현시키는데 드는 비용을 내생화하면서 $\bar{e}$와 노동자 1인당 생산량이 장기적으로 같은 비율로 증가해 가도록 모형을 구축하는 것이다. 이것은 NSC곡선이 장기적으로 노동수요곡선과 같은 비율로 상방으로 이동하게 만들며 따라서 실업의 하향추세가 사라지게 된다.

리브레이션 결과에 의하면 우리가 관측하는 수준의 실업에서는 이 궤적이 상당히 가파른 것을 시사하고 있다. 즉, 모형은 노동수요 변동의 영향이 대부분 임금에 파급되며 상대적으로 적은 부분만이 고용에 미친다는 것을 시사하고 있다(Gomme, 1999; Alexopoulos, 2004).[12]

마지막으로 이 모형에 따르면 분권화된 경쟁균형은 비효율적이다. 이를 확인하는 데에는 완전고용 하에서의 노동의 한계생산물 $\bar{e}F'(\bar{e}L/N)$이 노동자의 노력비용 $\bar{e}$를 상회하는 경우에 있어서 최선의 자원배분이란 전원이 고용되어 노력을 발휘하는 상태라는 것을 생각하면 충분하다. 물론, 완전고용이 달성될 때까지 노동수요곡선 상을 따라 하방으로 이동하도록 정부가 기업에게 명령을 내린다고 해서 완전고용이 실현될 수 있는 것은 아니다. 그와 같은 정부정책은 노동자에게 게으름을 피우는 유인을 제공하여 결과적으로 생산량이 0이 된다. 그러나 Shapiro and Stiglitz는 정액세 또는 수익세로 조달하여 임금보조에 사용하면 사회의 후생이 개선될 수 있다는 것을 제언하고 있다. 그러한 정책은 노동수요곡선을 위로 끌어올려서 임금과 고용이 비태업곡선을 따라 상승한다. 생산물을 추가로 증가시키는 것의 가치는 그것을 생산하는 데 드는 기회비용을 초과하기 때문에 사회 전체의 후생은 증가한다. 그 증가분이 노동자와 기업 사이에 어떻게 분할될 것인가는 임금보조금의 조달방법에 의존한다.

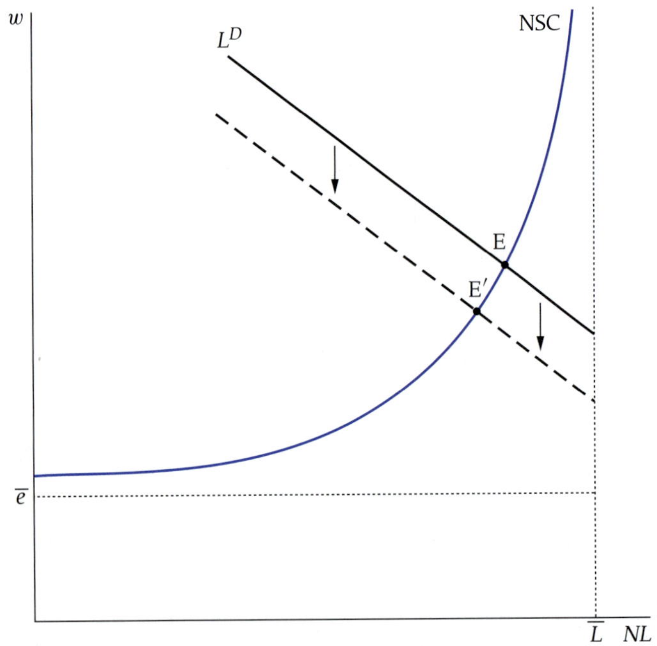

그림 11.5 Shapiro–Stiglitz 모형의 노동수요 감소 효과

12 교과서의 단순한 분석과 대조적으로 이들 저자는 정상상태를 상이한 수준의 노동수요를 가지고 비교하기보다 오히려 노동수요의 변동이 지니는 역동적 영향을 분석하고 있다.

■ 확장

지금까지 논의한 기본모형은 여러 가지로 확장이 가능하다. 여기서는 네 가지 확장방안을 소개한다.

첫째, 노동시장에 관한 한 가지의 중요한 의문은 실업이 노동자에게 대단히 유해하다는 것을 시장참여자 모두가 잘 이해하고 있는데도 고용하는 측은 왜 그 고용량의 축소에 작업공유제(work-sharing)보다 일시해고(layoff : 근속년수가 짧은 노동자부터 해고하고 근속연수가 긴 노동자부터 복직함)를 이용하는가라는 점이다. 실업의 위험을 줄이는데 큰 가치를 부여하는 노동자라면 일시해고보다 작업공유제를 활용하는 기업에 보다 낮은 임금으로 일하려고 할 것이다. (피고용자의 노동시간이 변화할 수 있게 수정된) Shapiro and Stiglitz 모형은 작업공유제가 왜 별로 사용되지 않는 방식인가를 그럴듯하게 설명할 수 있다. 노동시간의 축소는 피고용자가 그 직업에서 얻는 잉여의 감소로 이어진다. 그 결과 근로태만을 방지하기 위해 기업이 지급해야 하는 임금이 상승한다. 역으로 만일 기업이 일시해고를 이용하는 경우 나머지 노동자들의 잉여는 변하지 않으므로 임금이 상승할 필요가 없다. 따라서 일시해고가 노동자에게 커다란 위험을 가져온다고 하더라도 기업으로서는 작업공유제보다 일시해고제를 선호할 수 있다.

둘째, Bulow and Summers(1986)는 노력의 완전감시가 가능한 유형의 직업도 포함시키는 방향으로 모형을 확장하였다. 이러한 종류의 직업으로서는 생산물의 관찰이 가능한 직업으로서 그 임금이 성과급으로 지급하는 경우를 들 수 있다. 이 부문에는 비대칭적인 정보가 존재하지 않으므로 이러한 유형의 직업에는 잉여가 존재하지 않으며 고용할당도 발생하지 않는다. 현실적인 가정 하에서 잉여가 존재하지 않으면 이직(노동자의 교체)의 수준은 높아진다. 한편 감시가 불완전한 직업에서는 시장균형이 이루어지게 하는 수준보다 높은 수준의 임금이 계속 지급될 것이다. 따라서 그러한 직업의 한계생산물은 상대적으로 높으며, 일단 이러한 직장에 취업한 노동자는 사직하려 하지 않는다. 모형이 더욱 확장되어 직업에 대한 애착(job attachment)의 정도가 상이한(실직확률 b가 상이한) 노동자 그룹이 존재하는 경우 직업에 대한 애착이 낮은 사람들로 하여금 노력을 발휘하게 하는 데에는 더 높은 임금이 필요하게 된다. 결과적으로 감시가 필요한 직업을 제공하고 있는 기업은 직업에 대한 애착이 적은 노동자를 고용하는데 소극적이 되는데다가 그러한 노동자의 임금은 낮은 수준이기 때문에 이직률이 높은 기업에 매우 높은 비율로 근무하게 된다. 임금수준, 이직 및 직업의 분리(occupational segregation)에 관한 이들 모형의 예측은 Doeringer and Piore(1971)가 **이중노동시장**(*dual labor markets*)이론에서 정의한 **1차적 노동**(*primary jobs*)과 **2차적 노동**(*secondary jobs*)에 관한 정형화된 사실과 잘 들어맞는다.

셋째, Alexopoulos(2004)는 게으름을 피우는 노동자가 발각되는 경우 실직되기보다는 일정기간 보다 낮은 임금을 받는다는 변형을 모형에 고려하였다. 이러한 변형은 단기경기변동에 대한 모형의 시사점에 커다란 영향을 초래한다. 주어진 임금소득의 상실비용은 현행 실업률에 의존하지 않게 된다. 그 결과 비태업조건의 궤적은 평평하며 노동수요의 변동이 가져오는 단기적인 영향은 전적으로 고용수준에만 미치게 된다.

마지막의 확장은 이론 상 한층 커다란 문제가 내포된다. 지금까지 우리는 노동의 보수가 전통적인 임금의 형태로 지급된다고 가정하여 왔다. 그러나 효율임금(efficiency wages)의 잠재적인 요인에 관한 일반적인 논의에서 제시된 바와 같이 보다 복잡한 보수지급의 방법을 이용함으로써 불완전한 감시가 초래하는 효과를 극적으로 변화시킬 수가 있다. 그와 같은 보수지급수단의 예로서 **보증계약**(*bonding*)과 **직업 판매**(*job selling*)의 두 가지를 들 수 있다. 보증계약이란 기업이 신규노동자 개개인에 대하여 그 개인이 게으름을 피우는 것이 발견될 경우에 몰수할 수 있는 보증금의 공탁을 요구하는 것이다. 충분한 금액의 공탁을 부과함으로써 기업은 시장균형임금으로도 노동자로 하여금 태만히 작업하지 않도록 하는 것이 가능해진다. 즉 보증금에 의해 비태업조건의 곡선을 노동공급곡선과 중첩되게 만들 때까지 하방으로 끌어내릴 수 있다. 만일 기업이 보증금의 공탁을 요구할 수 있다면 기업은 그것을 실행에 옮기며 실업은 모형으로부터 배제될 것이다. 직업판매란 기업이 고용된 노동자에 대하여 수수료의 지급을 요구하는 경우이다. 만일 기업이 신규 노동자로부터 수수료를 지급받을 수 있다면 그 노동수요는 소정의 임금에 대하여 늘어날 것이 분명하다. 그러면 비태업조건의 곡선을 따라서 임금과 고용이 상승한다. 이 경우도 직업 판매가 가능하다면 기업은 그것을 실행할 것이다.

보증계약이나 직업 판매, 그리고 이들과 유사한 것은 완전한 자본시장이 존재하지 않기 때문에 제약을 받는다(완전한 시장이 없기 때문에 노동자가 고액의 공탁을 실행한다든지 고용될 즈음 높은 수수료를 지급하는 것은 용이하지 않다). 또한 기업이 노동자에 대하여 게으름을 피운다고 트집을 잡고 공탁금을 몰수한다든지 또는 수수료를 징수한 상태에서 해고한다든지 하는 가능성을 노동자가 우려한다고 하더라도 그러한 계약은 제약을 받을 것이다. 그러나 Carmichael(1985)이 강조하고 있는 것처럼 이러한 점들을 고려하더라도 이들 계약수법의 가능성이 모두 사라지고 만 것은 아니다. 예를 들어 노동자가 실업보다 고용을 강하게 선호하고 있는 경우 기업은 직업의 대가로서 한계적으로 보다 많은 것을 요구함으로써 자신들의 이익을 크게 만들 수 있다. 이와 같은 상황 하에서는 직업의 할당이 발생하지 않고 직업은 그것에 대하여 가장 많은 대가를 지급할 의욕이 있는 자에게로 돌아가게 된다. 따라서 이러한 수법은 자본시장의 불완전성 등의 요인에 의해 제약을 받지만 그것도 실업을 사라지게 하는 효과를 가진다. 요약하면 왜 직업을 제공하는 데에 대하여 수수료나 공탁금이 존재하지 않는가는 이 이론으로 설명할 수가 없다.

마지막으로 Shapiro–Stiglitz 모형은 효율임금의 원천 가운데 특별한 한 가지에 초점을 맞추고 있다는 점에 유의하는 것이 중요하다. 따라서 모형의 결론은 일반적이 아니라고 할 수 있다. 예를 들어 높은 임금이 취업을 위한 응모자들의 자질을 기업으로서 가늠할 수 없는 차원에서 개선하기 때문에 기업은 높은 임금이 보다 더 매력적이라는 것을 발견하였다고 하자. 직업의 매력은 현실적으로는 전체적인 보상패키지에 달려있기 때문에 이 경우에는 기업이 직업의 판매처럼 보상체계를 수정할 유인을 갖지 못한다. 마찬가지로 Shapiro–Stiglitz 모형에 의해 시사되고 있는 노동수요 이동에 따른 영향을 이 경우로 적용할 수 있으리라고 기대할 이유는 없다.

11.6절에서 기술한 바와 같이 감사, 분노 그리고 공정성에 대한 노동자의 감정은 임금설정에 중요한 것으로 생각된다. 만일 이러한 고려가 노동시장의 불균형이라는 이유에서 비롯한 것이라면 다시 한 번 Shapiro–Stiglitz 모형의 시사점, 즉 보상체계에 관한 주장과 노동수요 이동의 효과가 성립할 것이라고 기대할 이유는 찾을 수 없다. 이러한 경우에 대하여는 이론이 어떠한 지침도 제공하지 못한다. 실업의 결정요인과 노동시장의 단기적 변동에 관한 신빙성 있는 예측을 제시하는 데에는 노동자의 태도를 결정하는 요인과 이것이 생산성에 미치는 효과를 보다 더 자세히 그리고 심층적으로 연구할 필요가 있다. 11.6절에서는 이러한 방향에서 예비적으로 이루어진 시도들 가운데 일부를 소개한다.

11.3 계약 모형

이 장에서 취급하는 왈라스적 가정으로부터 두 번째 이탈은 기업과 노동자 사이에 존재하는 장기적 관계의 존재이다. 기업은 매기에 노동자를 신규로 고용하는 것은 아니다. 대신에 수많은 직업은 양자의 장기적인 결합이나 노동자의 기업 특수적 기능을 포함하고 있다.

장기적 관계의 가능성이 있다면 매기에 노동시장이 균형이 이루어지도록 임금이 조정될 필요는 없다. 노동자는 자신의 직업으로부터 기대할 수 있는 소득의 흐름이 외부의 다른 기회보다 더 바람직하다고 생각하는 한 현재의 직업을 유지하는 것에 만족할 것이다. 이러한 비교에 있어서는 고용주와의 장기적 관계로 인해 당기 임금의 중요성은 감소한다. 이 절은 이러한 관찰의 결과를 살펴본다.

■ 기본모형(Baseline)

어느 노동자 집단과 고용관계를 가진 기업을 생각하자. 기업의 이윤은 다음 식과 같다.

$$\pi = AF(L) - wL, \qquad F'(\bullet) > 0, \qquad F''(\bullet) < 0 \tag{11.39}$$

여기서 L은 기업이 고용하는 노동량, w는 실질임금이다. A는 생산함수를 이동하게 만드는 요인이다. 구체적으로는 기술(A가 크다는 것은 기업이 일정한 노동량으로 보다 많은 양의 생산이 가능한 것을 의미한다)이나 경제 전체의 생산량(기업이 소정의 생산량에 대하여 보다 유리한 상대가격으로 판매할 수 있다는 것을 의미한다)을 반영한다.

다수의 기간보다 단일 기간만을 고려하고 A를 확률변수라고 가정하는 편이 분석하기 쉽다. 예를 들어 노동자가 어느 기업에서 일을 할 것인가 말 것인가를 결정할 때 A의 등락에 반응하여 소득이나 근로시간이 다수의 기간에 걸쳐 변동하는 결과로서 나타나는 평균효용보다 A의 무작위성 아래 단지 1기 동안에 얻을 수 있는 기대효용을 평가하여 결정한다는 것이다.

A의 분포는 이산형이라고 가정하자. A에는 K개의 가능한 값이 존재하며 각각을 하첨자 i로 표현한다. p_i는 $A = A_i$일 때의 확률이다. 따라서 기업의 기대이윤은 다음의 식으로 표현된다.

$$E[\pi] = \sum_{i=1}^{K} p_i[A_i F(L_i) - w_i L_i] \tag{11.40}$$

여기서 L_i와 w_i는 A의 실현치가 A_i인 경우의 노동량과 실질임금을 나타내고 있다. 기업은 위험중립자로서 위의 기대이윤의 극대화를 추구한다.

각 노동자는 모두 동일한 양의 일을 하는 것으로 가정한다. 대표적인 노동자의 효용함수는 다음과 같다.

$$u = U(C) - V(L),\ U'(\bullet) > 0,\ U''(\bullet) < 0,\ V'(\bullet) > 0,\ V''(\bullet) > 0 \tag{11.41}$$

여기서 $U(\cdot)$는 소비로부터 얻어지는 효용이고 $V(\cdot)$는 노동의 비효용이다. $U''(\cdot)$가 음$(-)$이므로 노동자는 위험회피자[13]이다.

노동자의 소비 C는 그의 노동소득 wL과 동일하다고 가정한다.[14] 따라서 노동자가 고용이나 임금의 변동에 대비하여 보험을 구입하는 것은 가능하지 않다. 한층 정밀한 모형에서는 노동자가 이질적이고 자신들의 노동시장에 관한 사적 정보를 보유하고 있기 때문에 보험 구입도 가능하게 된다. 그러나 이 모형에서는 외부보험은 존재하지 않는다고 단순하게 가정한다.

식 (11.41)에 의하면 대표적인 노동자의 기대효용은 다음의 형태를 취한다.

$$E[u] = \sum_{i=1}^{K} p_i[U(C_i) - V(L_i)] \tag{11.42}$$

노동자가 기업에서 기꺼이 일하기위해서는 기대효용의 유보수준 u_0가 존재한다고 가정하자. 노동자가 일단 계약에 합의하면 노동이동은 없다. 따라서 계약에 대한 유일한 제약조건은

13 기업의 소유자들은 광범위한 포트폴리오를 보유함으로써 기업의 특수한 위험을 기피하기 때문에 기업이 위험중립자라는 가정은 기업 특수적 충격과 관련하여 타당한 것이라고 생각된다. 그러나 거시경제적 충격과 관련하여 기업이 노동자보다 덜 위험회피적이라는 것을 정당화하는 것은 어렵다. 여기서의 이론의 주목적은 거시경제적 충격의 영향을 설명하는데 있기 때문에 이 점은 모형의 약점이 되고 있다. 이를 정당화하는 한 가지 가능성은 기업소유자가 노동자보다 자산을 많이 보유하고 있으며 위험의 기피도는 자산의 증대와 함께 감소하는 경향이 존재한다는 것에서 찾을 수 있겠다.

14 만일 노동자의 수가 $\bar{L}$이면 대표적인 노동자의 근로시간과 소비는 실제에서는 $L/\bar{L}$와 $wL/\bar{L}$가 된다. 따라서 효용은 $\tilde{U}(C/\bar{L}) - \tilde{V}(L/\bar{L})$의 형태를 취하게 되지만 $U(C) \equiv \tilde{U}(C/\bar{L})$, $V(L) \equiv \tilde{V}(L/\bar{L})$로 각각 정의하면 $\bar{L}$를 소거할 수 있다.

계약이 제공하는 효용의 평균수준뿐이며 개개의 상태에 있어서의 효용수준은 관계가 없다.

■ 암묵적 계약

단순한 유형의 계약은 임금만을 결정하고 고용수준은 A가 확정된 후에 기업이 선택하도록 위임하는 것이다. 현실의 많은 계약은 적어도 이와 같은 형태를 취하는 것으로 보인다. 이러한 **임금계약**(*wage contract*) 하에서 실업과 실질임금의 경직성이 즉각적으로 발생한다. 예를 들어 노동수요가 저하되면 고정된 실질임금 수준 하에서 그만큼 기업의 노동에 대한 수요가 감소되지만 다른 한편에서는 노동공급이 변하지 않기 때문에 실업(또는 만일 모든 노동자가 같은 양만큼 일하는 경우라면 과소고용(underemployment))이 추가로 발생한다. 가정에 의해, 실질임금이 고정되어 있기 때문에 노동비용은 이에 대하여 반응하면서 변화하지 않는다.

그러나 이것만으로는 실업이나 실질임금의 경직성에 대한 만족스러운 설명이라고 할 수 없다. 문제는 이러한 종류의 계약이 효율적이 아니라는 점이다(Leontief, 1946). 임금은 고정되어 있고 기업은 그 임금을 주어진 것으로 하여 고용량을 결정하기 때문에 노동의 한계생산물은 A와는 무관하게 결정된다. 그러나 고용량은 A와 함께 변동하기 때문에 노동의 한계비효용은 A에 영향을 받는다. 따라서 노동의 한계생산물과 노동의 한계비효용은 일반적으로는 동일하지 않게 되며 이러한 상황 하에서는 계약의 양 당사자 모두에게 상황을 보다 개선시킬 수 있는 여지가 발생하게 된다. 따라서 노동공급이 대단히 탄력적이지 않는 한 그 비효율성은 클 것이다. 예를 들어 노동수요가 낮아진 경우 노동자의 한계비효용은 작아지게 되며 이때 노동자들로 하여금 약간만 더 일하도록 조치한다면 기업과 노동자 쌍방의 상황은 개선될 수 있다.

임금계약의 개선이 어떻게 하면 이루어질 수 있는가를 살펴보기 위해 먼저 기업이 확률변수 A의 실현가능한 값들에 대하여 각각 임금과 노동시간을 규정하는 계약을 노동자에게 제시할 수 있다고 가정하자. 현실의 계약에는 고용량과 임금을 상태의 함수로서 명시적으로 규정하고 있지 않기 때문에 이러한 종류의 계약을 **암묵적 계약** 또는 **묵시적 계약**(*implicit contracts*)이라고 부른다.[15]

이미 가정한 바와 같이 기업은 노동자에게 적어도 어떤 최저한의 기대효용수준 u_0을 제시할 필요가 있지만 그 외의 점에서는 제약을 받지 않는다. 이에 더하여 L_i와 w_i가 결정되면 C_i도 결정되기 때문에 각 상태 하에서 기업의 선택변수는 L과 w가 아니라 L과 C라고 생각할 수 있다. 따라서 기업이 직면하는 문제의 라그랑지 함수는 다음과 같다.

$$\mathcal{L} = \sum_{i=1}^{K} p_i[A_i F(L_i) - C_i] + \lambda\left(\left\{\sum_{i=1}^{K} p_i[U(C_i) - V(L_i)]\right\} - u_0\right) \tag{11.43}$$

C_i에 관한 1계 조건은 다음과 같다.

15 암묵적 계약이론은 Azariadis(1975), Baily(1974) 그리고 Gordon(1974) 등을 참조하였다.

$$-p_i + \lambda p_i U'(C_i) = 0 \tag{11.44}$$

또는

$$U'(C_i) = \frac{1}{\lambda} \tag{11.45}$$

식 (11.45)에 의하면 소비의 한계효용은 발생한 상태에 관계없이 일정하며 따라서 소비 자체가 상태에 관계없이 일정하다는 것을 시사한다. 따라서 위험중립적인 기업은 위험회피적인 노동자에게 완전한 보험을 제공한다.

L_i의 1계 조건은 다음과 같다.

$$p_i A_i F'(L_i) = \lambda p_i V'(L_i) \tag{11.46}$$

식 (11.45)로부터 $\lambda = 1/U'(C)$, 여기서 C는 일정수준의 소비가 되기 때문에 이것을 식 (11.46)에 대입하고 양변을 p_i로 나누면 다음과 같은 식이 얻어진다.

$$A_i F'(L_i) = \frac{V'(L_i)}{U'(C)} \tag{11.47}$$

■ 시사점

효율적인 계약 하에서 노동자의 실질소득 ($w_i L_i = C_i = C$)은 일정하게 된다. 그러한 의미에서 이 모형은 실질임금이 강한 경직성을 지니고 있는 것을 시사하는 것처럼 보인다. 실제로 L이 높아지는 것은 A가 큰 경우이기 때문에 이 모형의 시간당 임금은 경기역행적이 된다. 그러나 불행하게도, 이 결과에서는 노동수요의 이동이 고용의 커다란 변동으로 연결된다고 하는 수수께끼를 해명할 수 없다. 문제는 장기계약의 경우 임금은 이미 배분기능을 수행하지는 못한다는 점에 유의할 필요가 있다(Barro, 1977; Hall, 1980). 즉 기업이 임금을 주어진 것으로 보고 고용량을 선택하지 않는다는 것이다. 오히려 고용수준을 상태의 함수로 계약에 명시한다. 그래서 식 (11.47)로부터 알 수 있는 것처럼 고용수준은 노동의 한계생산물과 추가적인 노동의 한계비효용을 일치시키는 점에서 결정된다.

이 모형에 의하면 기업이 고용량을 변화시키는 데에 드는 비용은 고용수준에 따라 크게 변화한다. 예를 들어 상태 i에서 기업이 고용을 한계적으로 증가시키기를 원한다고 가정하자. 이것을 실행하기 위해서 기업은 노동자의 상황이 이전보다 악화되지 않도록 노동자의 보수를 올려주어야 한다. 이때 노동자의 기대효용의 감소분이 $p_i V'(L_i)$이므로 C는 $p_i V'(L_i)/U'(C)$만큼 상승해야 한다. 즉 기업으로서는 주어진 상태 i에서 고용을 증대시키는 데 드는 한계비용은 $V'(L_i)$에 비례한다. 만일 노동공급이 상대적으로 비탄력적이라면 $V'(L_i)$는 L_i의 증가에 따라 급격히 상승하기 때문에 기업으로서의 노동비용은 고용수준이 높은 경우에 낮은 경우보다 훨씬 높아지게 된다. 따라서 예를 들어 이 계약의 모형을 6.6절에서 살펴본 바와 같은 가격결정모형에 편입시키더라도 비교적 비탄력적인 노동공급에 의해 경기후퇴기에는 가격을 하락시켜 고용을 증가시키며 황장기에는 가격을 상승시켜 고용을 감소하도록 하는 강한 유인이 기업에 있다고 하는 결론은 변하지 않는다.

이 모형은 노동비용의 비순환성을 예측할 수 없을 뿐만 아니라 실업을 예측하지도 못한다. 이미 강조한 바와 같이 묵시적 계약에서는 노동의 한계생산물과 노동의 한계비효용이 같게 된다. 그러나 이 모형은 현실세계에 분명한 실업에 대하여 한 가지 가능한 설명을 시사해 준다. 효율적인 계약 하에서 노동자는 주어진 임금수준에서 자신들의 노동공급량을 자유롭게 선택할 수 없다. 대신에 임금과 고용수준은 최적의 위험부담과 배분적 효율성을 동시에 달성하도록 규정된다. 고용이 낮은 수준인 경우 노동의 한계비효용은 낮아지고 시간당 임금 C/L은 높다. 따라서 노동자는 기업이 지급하는 현행 임금 하에서도 더 많은 노동을 원한다. 결과적으로 고용과 임금이 최적으로 선택되더라도 노동자는 노동공급에 제약을 받는 것으로 보인다.

■ 내부자와 외부자

노동시장의 주요 특징을 설명하는 계약모형의 능력을 향상시키는 한 가지 가능한 방법은 회사가 고정된 근로자 집단을 다루고 있다는 가정을 완화하는 것이다. 실제로 잠재적 노동자에는 두 그룹이 존재한다. 제1그룹(insider) – 내부자 – 은 교섭을 수행하는 시점에서 그 기업과 어떤 관계를 맺고 있는 노동자의 집단이며 따라서 그들의 이익은 고용계약에서 고려되고 있다. 제2그룹(outsider) – 외부자 – 은 그 기업과는 어떤 관계도 맺지 않고 있지만 계약에 의해 그곳에 고용될 가능성이 있는 노동자의 집단이다. 이 두 그룹을 구별하는 이유는 경기변동과 실업의 양면에서 이러한 구분이 중요할 수 있기 때문이다.

Oswald(1993)와 Gottfries(1992)는 Lindbeck and Snower(1986), Blanchard and Summers(1986), Gregory(1986)의 초기 작업을 기반으로 노동시장에는 기업이 직면하는 문제에 큰 영향을 주는 두 가지 특징이 존재한다고 주장한다. 첫째, 정상적인 고용증대와 이직 상황 하에서는 통상 내부자는 완전고용상태에 있으며 고용에 대한 의사결정은 오로지 얼마만큼의 외부자를 고용할 것인가에 한정된다는 것이다. 이것은 전통적인 노동수요 문제에서와 같이 기본적·암묵적 계약모형에서 일어나는 것과 극명하게 대조적으로 고용은 노동의 한계생산물을 임금과 동일하도록 선택되는 것을 시사한다. 이를 살펴보기 위하여 이러한 조건이 성립하지 않는다면 고용된 외부자의 수를 변경하여 내부자의 기대효용의 변화없이 회사의 이윤을 증가시킬 수 있다는 점에 유의하라. 따라서 내부자와 회사(원래 교섭에 참여한 유일한 사람)가 그러한 약정에 동의하는 것은 이치에 맞을 수 없다.

Oswald와 Gottfries가 강조한 노동시장의 두 번째의 특징은 두 종류의 노동자에게 지급하는 임금이 상호독립적으로 결정될 수 없다고 하는 것이다. 실제로 기업은 기존의 노동자에게 더 높은 임금을 지급하고 있는 경우일수록 새로운 고용자에 대하여서도 더 많이 지급할 필요가 있게 마련이다. 예를 들어 단순화를 위해 외부자의 임금이 내부자의 임금과 연결되어 있을 뿐만 아니라 동일하다고(또는 고정된 상수만큼 다르다) 가정하자. 그리고 내부자와 회사가 내부자에게 완전한 보험을 제공하기 위해 고정된 실질임금을 유지하기로 합의했다고 가정하자.[16] 따라서 회사가 충격을 받았을 때 고용은 노동의 한계생산물을 일정한 실질임금과 동일하게 유지하기 위해 변화한다.

임금은 이제 보험과 배분적 역할을 모두 수행하기 때문에 일반적으로 최적 계약은 상태와 독립적이지 않다. 그러나 자연스러운 가정 하에서 이것은 실제로 결과를 강화하게 된다. 최적 계약은 일반적으로 A의 실현이 높을 때 더 낮은 임금을 설정하므로 고용변동이 더욱 확대된다. 직관적으로 고용이 높은 상태에서 임금을 낮추어 내부자와 회사는 회사가 제공하는 보험금액을 줄이지만 외부자를 고용하는 데 소요되는 평균금액도 낮춘다. 최적 계약에는 이 두 가지 목표의 균형이 포함되므로, 다소 경기역행적인 임금이 포함된다.[17] 따라서 이러한 모형은 실질임금이 경기역행적이며 실질임금이 기업에 대한 실제 노동비용을 나타낸다는 것을 시사한다.

이 모형의 가장 중요한 가정은 외부자의 임금과 내부자의 임금이 연관되어 있다는 것이다. 이러한 연관성이 존재하지 않는다면 기업은 시중임금으로 외부자를 고용할 수 있다. 이러한 경우에 노동공급이 비탄력적이라면 임금은 경기불황기에 하락하며 호황기에는 상승한다. 따라서 노동의 한계비용은 강한 경기순행적인 성격을 가진다.

불행하게도, 내부자–외부자 모형의 연구에 의해 내부자와 외부자 간에 존재한다고 가정하고 있는 임금 연관성이 성립한다는 것을 부인할 수 없는 결정적인 증명은 아직까지 이루어지지 않고 있다. 그런데 Gottfries는 이러한 연관성이 생성되는 이유로서 기업에는 무능하든지 게으름을 피우든지 하는 내부자를 해고할 자유가 있으며 내부자와 외부자의 임금격차가 지나치게 확대되는 경우에 기업에게 이러한 재량권을 행사하고자 하는 유인이 발생하기 때문이라고 추론하고 있다. Blanchard and Summers(1986)는 다수의 외부자를 낮은 임금으로 고용하는 것에 내부자가 소극적인 것은 그 자체가 장기적으로 교섭과정에서 외부자의 영향력 강화로 연결되기 때문이라고 주장한다. 그러나 내부자와 외부자의 임금을 연관시키는 것이 이러한 문제를 해결하는 최선의 방법인가 그렇지 않은가는 분명하지 않다. 만일 시장일반의 통상적인 임금이 내부자의 임금보다 훨씬 낮은 수준인 경우 내부자와 외부자의 임금을 연결시키는 것은 높은 비용만 소요될 뿐이다. 이러한 경우에 기업과 내부자는 기업의 외부자 고용에 어떤 제한을 설정하는데 합의하거나 또는 새로운 고용에(내부자 임금과 시중임금과의 격차에 호응하여 변화하는) 수수료를 부과함으로써 양자가 함께 편익을 얻을 수 있다.

11.1절에서 논의한 충성심에 기반한 효율임금모형에 따라 내부자와 외부자의 임금 사이의 연결이 공정성에 대한 노동자의 개념과 이러한 개념에 위배되는 회사의 잠재적인 효과로부터

16 한계고용 결정에는 외부자가 포함되기 때문에 내부자가 일하는 양은 상태와 독립적이라는 점을 상기하라. 따라서 기본적인 암묵적 계약모형에서 발생하는 것과는 대조적으로 여기에서는 일정한 임금이 내부자의 소비를 일정하게 만든다.

17 문제 11.8을 참고하라.

발생할 수도 있다. 그러나 이러한 경우 계약과 내부자–외부자 고려가 중요할 것인지는 분명하지 않다. 효율임금의 요인만으로도 노동시장을 크게 변화시키기에 충분할 수 있다. 요컨대 내부자와 외부자의 임금 사이에 연결 고리가 설정될 수 있다면 내부자–외부자 고려가 중요한 시사점을 가질 수 있다는 결론만 내릴 수 있다.

■ 이력효과와 유럽의 실업

앞 절에서 논의한 모형의 구성요소의 하나로 내부자는 항상 고용된다고 하는 가정이 있었다. 그러나 어떤 상황에서는 이러한 가정이 붕괴되기 쉽다. 가장 중요하게도 만일 내부자가 교섭력이 대단히 강하면 실업의 위험을 무릅쓰더라도 높은 임금을 설정하려고 하는 경우가 존재한다는 것이다. 왜냐하면 만일 내부자의 고용이 확실히 보증되어 있다면 임금을 보다 더 인상하는 것은 그들에게 편익을 가져올지언정 비용을 초래하지는 않기 때문이다. 그리고 고용의 변동은 내부자의 수에도 동태적 변화를 일으킬 수 있다. 제도상의 약정에서 대부분의 경우 실직한 노동자는 임금설정에서 발언권을 상실한다. 마찬가지로 새로이 고용된 노동자는 누구나 교섭에 있어서 궁극적으로 자기의 지위를 높여 나간다. 따라서 노동수요의 감소에 의해 야기된 고용의 감소는 내부자 수의 감소로 이어지며 고용의 확대는 내부자 수의 증가로 연결된다. 이와 같은 내부자 수의 변화는 미래의 임금설정이나 고용에 영향을 준다. 내부자의 수가 더 작아질 때 그들은 더 높은 임금을 설정할 여유가 있을 수 있다. 일회적인 교란현상이 경제의 경로에 항구적인 영향을 가져오는 상황을 **이력효과**(*hysteresis*)라고 부른다.

이력현상의 가능성은 유럽의 경험을 통하여 상당한 주목을 받아왔다. 유럽의 실업률은 1950년대와 1960년대에는 매우 낮은 수준을 중심으로 변동하였으나 1970년대 중반에서 1980년대 중반까지 10% 이상으로 꾸준히 상승하였으며 그 후 단지 약간 하락하는 경향을 보여 왔다. 따라서 충격 후에 되돌아 갈 안정적인 자연실업률(natural rate of unemployment)이 존재한다는 증거는 발견할 수 없다. Blanchard–Summers(1986)는 1970년대와 1980년대의 유럽은 이력현상을 만들어 내는 내부자–외부자 조건이 충족되었다고 주장하였다. 유럽에서는 노동자가 임금설정에 관하여 강력한 힘을 가지고 있고 음(–)의 커다란 충격들이 발생하였으며 또한 직업을 상실한 노동자는 교섭과정의 참가권을 어느 정도 상실하는 제도와 준칙이 존재하였다는 것이다.

실업과 관련하여 위에서 살펴본 내부자–외부자의 구별 이외에 이력효과를 낳을 가능성이 있는 요인으로 두 가지가 주목을 받고 있다. 그 중 하나는 노동자의 능력저하이다. 실직노동자는 현장연수(on the job training, OJT)를 받지 못하고 이에 따라 그 사람의 인적자본이 열등하게 변하거나 시대에 뒤떨어진다. 결과적으로 노동수요가 감소할 때 직장을 상실한 노동자는 수요가 회복된 후에도 직장을 얻기가 어려워진다. 특히 경제의 부진이 장기간 지속되면 더욱 그렇다. 이력현상의 두 번째 추가적인 원천으로 고려되는 것은 노동력에 존재하는 집착이다. 장기에 걸쳐 실업상태에 있는 노동자는 소득보장 프로그램으로 제공되는 낮은 생활수준에 익숙해져 있을지도 모른다. 더욱이 실업이 높은 상태가 장기간 계속된다면 곧 취업하지 않는 것에 대한 사회적인 낙인을 감소시킬 수 있다. 이러한 효과 때문에 수요가 정상으로 회복되더라도 노동공급이 훨씬 낮은 수준에 머물러 있을 수 있다. 이력현상의 이러한 추가적인 잠재적인 원천은 1970년대와 1980년대의 유럽 이외의 상황과 관련이 있을 수 있다. 예를 들어 대공황이 미국 노동시장에 장기효과를 미칠 수 있다는 광범위한 우려가 있었다.

개략적으로 말하면 유럽의 실업률에 대한 견해는 두 그룹으로 나누어진다. 하나는 이력현상이 아니라 후한 실업수당과 같은 유럽의 노동시장 특징의 결과로 인하여 자연실업률이 이동(shift)하였다는 것을 강조한다. 이들 제도의 주된 특징 가운데 대부분은 실업률이 상승하기 전에 자리를 잡았기 때문에 이 견해가 설득력이 있으려면 제도의 효과가 장기간의 시차를 두고 작동한다는 전제가 요구된다. 예를 들어 실업의 사회적인 낙인은 천천히 변하기 때문에 후한 실업수당 등 실업편익이 자연실업률에 미치는 효과는 매우 점진적으로만 느낄 수 있다는 식의 논리가 필요하다(예를 들어 Lindbeck and Nyberg, 2006을 참조하라). 다른 하나는 이력현상을 강조한다. 이 견해에 따르면 노동시장 기구로 인해 노조의 임금설정, 기술력의 약화나 노동력에 대한 집착의 상실 등이 복합적으로 작용하여 실업률의 상승이 단기적인 현상에 그치지 않고 대단히 장기적이고 지속적인 것으로 변화되었다고 주장한다.[18]

11.4 탐색과 매칭모형(Search and Matching Models)

이제 노동시장의 비왈라스적 특징을 모형화하는 보다 현대적인 접근방법으로 전환한다. 이 장의 도입부에서 서술한대로 이러한 접근접의 시작점은 노동자와 직업은 이질적이라는 단순한 사실이다. 마찰이 없는 노동시장에서 비용을 들이지 않고서도 동질의 노동자를 같은 임금으로 고용할 수 있기 때문에 기업으로서 고용노동자를 상실하는 것은 대수로운 일이 아니다. 노동자도 직업을 잃어버려도 마찬가지일 것이다. 그러나 이러한 견해는 현실의 노동시장을 정확한 설명하는 것이라고 말하기 어렵다.

노동자와 직업이 대단히 이질적일 때 노동시장은 왈라스적 시장과는 다른 시장이 된다. 노동자와 기업은 공급곡선과 수요곡선이 교차하여 고용량과 임금을 결정하는 중앙화된 시장이 아니라 분권화된 시장에서 1:1형태로 만나며 쌍방은 고유의 선호, 기술 및 필요를 서로 매칭하기가 용이하지 않은 과정에 참여하게 된다. 이러한 과정은 즉시 결정되는 것이 아니기 때문에, 노동시장에서는 얼마간의 실업이 발생한다. 나아가 임금과 고용이 충격에 어떻게 반응하는가에 대하여서도 시사점을 제공하고 있다.

18 이들 주제에 대하여는 Siebert(1997); Ljungqvist and Sargent(1998, 2006); Ball(1999a); Blanchard and Wolfers(2000); Rogerson(2008); and Alesina, Glaeser, and Sacerdote(2005) 등을 참조하라.

이 절에서는 기업과 노동자의 이질성과 양자의 매칭(matching)과정을 다루는 모형을 소개한다. 무엇보다도 이질성의 모형화에는 통상 우리가 이용하고 있는 분석도구 가운데 많은 것을 포기할 수밖에 없기 때문에 기본모형의 경우에도 상당히 복잡하게 된다. 결과적으로 여기서 다루는 모형은 관련된 문제들 가운데 몇 가지를 소개하는 데에 머무른다. 이러한 종류의 모형은 통칭하여 Diamond–Mortensen–Pissarides모형으로 알려져 있다(예를 들어 Diamond, 1982; Mortensen and Pissarides, 1994; Pissarides, 2000).

■ 가정들

모형은 연속형 시간으로 설정된다. 경제는 노동자와 일자리로 구성된다. 질량(mass) 1인 노동자의 연속체(continuum)로 구성된다. 각 노동자는 고용상태 또는 실업상태의 두 가지 상태 중 하나에 있을 수 있다. 고용된 근로자는 매기당 외생적이고 일정한 양 y를 생산하고 매기당 내생적이고 잠재적으로 시변임금(time–varying) $w(t)$를 받는다. 실업상태인 근로자는 단위시간당 $b \geq 0$의 외생적으로 일정한 소득을 받는다(또는 b의 소득만큼 가치를 두는 여가로부터 효용을 얻는다).

노동자는 위험중립적이다. 따라서 만일 노동자가 고용되었다면 노동자의 매기당 효용은 $w(t)$이고 실업이면 b이다. 노동자의 할인율은 $r > 0$이다.

일자리가 충원되었거나 결원될 수 있다. 만일 일자리가 충원되었다면 매기당 y의 생산이 있고 매기당 $w(t)$의 노동비용이 있다. 만일 결원이면 생산도 노동비용도 없다. 충원과 결원의 여부과 관계없이 모든 일자리가 유지되지 위해 매기당 일정하고, 외생적인 비용 $c > 0$가 존재한다. 따라서 일자리가 충원되었다면 매기당 이윤은 $y - w(t) - c$이고 결원이면 매기당 $-c$이다. y는 $b + c$를 초과한다고 가정하면 충원된 일자리는 양(+)의 가치를 생산한다. 결원된 일자리는 자유롭게 생성될 수 있다(그러나 일단 일자리가 만들어지면 유량인 유지비용이 발생한다). 따라서 일자리의 수는 내생적이다.

탐색마찰이 없으면 모형의 균형은 자명하다. 질량 1의 일자리가 있으며 모두 충원되어 있다. 만일 일자리가 적으면 일부 근로자는 실업자가 되므로 일자리를 창출하면 이익이 될 것이다. 만일 일자리가 더 많다면 결원인 일자리는 편익의 상쇄없이 음(−)의 이윤을 만들어 내므로 시장에서 빠져 나갈 것이다. 노동자는 한계생산물 $y - c$를 얻는다. 만일 노동자가 더 많이 벌면 이윤은 음(−)이 될 것이다. 만일 노동자가 덜 벌면 새로운 일자리를 만들어 임금을 인상하는 것이 이익이 될 것이다. 따라서 모든 노동자는 고용되어 한계생산물을 얻는다. 노동수요의 이동 − y의 변화 − 은 임금의 즉각적인 변화로 이어지고 고용은 변하지 않고 유지된다.

그러나 모형의 중요한 특징은 탐색마찰이 있다는 것이다. 즉 실업자와 결원인 일자리는 비용없이 서로를 찾을 수 없다. 대신에 실업자와 결원의 재고는 노동자와 기업 사이에 유량적인 만남(meeting)을 만들어 낸다. $E(t)$와 $U(t)$는 시간 t에서 고용자와 실업자의 수를 나타낸다고 하고 $F(t)$와 $V(t)$는 충원된 일자리와 결원인 일자리를 나타낸다고 하자. 따라서 매기당 만남의 수는 다음과 같다.

$$M(t) = M(U(t), V(t)), \qquad M_U > 0, \qquad M_V > 0 \tag{11.48}$$

이러한 **매칭함수**(*matching function*)는 고용주의 채용과 노동자의 직업탐색 그리고 양자에 의한 상호 평가 등 일련의 복잡한 과정을 표현하고 있다.

새로운 매칭의 유량과 함께, 기존 일자리의 이직(turnover)이 있다. Shapiro–Stiglitz 모형과 마찬가지로 일자리는 매기당 외생적인 비율 λ로 종료된다. 따라서 만일 모든 만남이 고용하는 것으로 이어진다면 고용된 근로자 수의 동학은 다음과 같이 주어진다.

$$\dot{E}(t) = M(U(t), V(t)) - \lambda E(t) \tag{11.49}$$

탐색마찰 때문에 경제는 완전경쟁적이지 않다. 실업자와 결원이 있는 기업 만났을 때 그 자리를 수락하는 것에 대한 노동자의 대안은 계속 탐색하는 것이며 이는 무작위 기간의 실업 기간 후에 결원이 있는 다른 기업을 만나는 것으로 이어질 것이다. 마찬가지로 기업이 노동자를 고용하는 대안은 탐색을 재개하는 것이다. 따라서 노동자와 기업은 그 자리를 채우는 경우가 그렇지 않은 경우보다엄격하게 더 낫다. 마찬가지로 노동자의 유보임금은 그 노동자의 한계수입생산물보다 엄격하게 작다.

여기서 시사점은 노동자가 유보임금보다 엄격하게 더 많이 벌거나 기업이 노동의 한계수입생산물보다 엄격하게 더 적게 지불하거나 또는 둘 다이다. 우리가 보게 될 기본모형에서 양쪽의 부등식이 모두 엄격하게 성립한다. 따라서 비록 모든 주체의 크기가 작다고 하더라도 표준적인 경쟁 결과는 성립하지 않는다.

만나는 기업과 노동자는 집합적으로 노동자를 고용하면 더 낫기 때문에 기업이 노동자를 고용하지 않으면 서로에게 유리한 거래를 포기하게 된다. 따라서 모든 만남이 고용으로 이어진다는 가정은 합리적이다. 그러나 이것이 임금을 유일하게 결정하는 것은 아니다. 임금은 노동자가 그 직장에서 일하기를 원할 만큼 충분히 높아야 하고 기업은 노동자를 고용하기를 원할 만큼 낮아야 한다. 매칭에서 엄격하게 양(+)의 잉여가 있기 때문에 이러한 요구사항을 만족하는 다양한 범위의 임금이 있다. 따라서 우리는 임금을 고정하기 위한 더 많은 요건이 필요하다. 표준적인 접근방법은 임금이 **내쉬교섭**(*Nash bargaining*)에 의해 결정된다고 가정하는 것이다. 즉 $0 \leq \phi \leq 1$인 외생적인 모수 ϕ가 있다. 임금은 매칭을 형성하는 잉여의 비율 ϕ가 노동자에게 돌아가고 $1 - \phi$가 기업에 간다는 조건에 의해 결정된다. 매칭을 형성하는 당사자의 잉여를 어떻게 설정하는 지를 살펴보면 이러한 가정이 임금을 어떻게 고정하도록 하는 지에 대한 설정이 명확해질 것이다.

■ 매칭함수(Matching Function)

매칭함수의 특성은 모형에서 매우 중요하다. 원칙적으로 이 함수에 대하여는 규모에 대한 보수불변이라는 가정을 하지 않는다. 이 함수가 규모에 대한 보수증가일 때 **두터운 시장효과**(*thick-market effects*)가 있다고 말한다. 이는 매칭의 전체수준이 높아짐에 따라 단위투입(실업과 결원)당 한층 많은 산출(고용의 매치)이 얻어진다는 것으로 매칭(matching)과정이 한층 더 원활하게 기능한다는 것을 의미한다. 역으로 매칭함수가 보수감소일 때 **혼잡효과**(*crowding effects*)가 나타나고 있다고 말한다.

그러나 실제로 규모에 대한 보수불변이 합리적인 근사치라는 것이 지배적인 견해이다. 대규모 경제의 경우 적절한 범위의 두터운 시장과 혼잡효과는 상대적으로 중요하지 않거나 대략적으로 균형을 이룰 수 있다. 매칭함수를 추정하기 위한 실증적 노력은 보수불변에서 이탈하는 강력한 증거를 찾지 못했다(예를 들어 Blanchard and Diamond, 1989).

보수불변의 가정에서 결원과 실업의 비율의 단일 숫자는 노동시장의 경직성(tightness)을 요약한다는 것을 시사한다. 이를 살펴보기 위해 $\theta(t) = V(t)/U(t)$로 나타내고 보수불변은 다음을 의미한다.

$$\begin{aligned} M(U(t),V(t)) &= U(t)M(1,V(t)/U(t)) \\ &\equiv U(t)m(\theta(t)) \end{aligned} \tag{11.50}$$

여기서 $m(\theta) \equiv M(1,\theta)$이다. 따라서 **구직률**(*job-finding rate*) – 실업상태의 근로자가 일자리를 찾는 매기당 확률 – 은 다음과 같다.

$$\begin{aligned} a(t) &= \frac{M(U(t),V(t))}{U(t)} \\ &= m(\theta(t)) \end{aligned} \tag{11.51}$$

마찬가지로 **결원충원율**(*vacancy-filling rate*)은 다음과 같다.

$$\begin{aligned} \alpha(t) &= \frac{M(U(t),V(t))}{V(t)} \\ &= \frac{m(\theta(t))}{\theta(t)} \end{aligned} \tag{11.52}$$

가정에 따라 $M(U, V)$가 보수불변을 나타내고 두 가지 인수 모두의 증가함수라는 가정은 $m(\theta)$가 θ에 대해 증가함수이지만 증가는 비례적으로 더 작다는 것을 의미한다. 따라서 노동시장이 경직적일 때(즉 θ가 더 클 때) 구직률은 더 높고 결원충원율은 더 낮다.

연구자들은 매칭함수에 대해 함수 형태를 가정하기를 원하므로 거의 일반적으로 콥–더글라스라고 가정한다. 여기서 이러한 접근방법을 사용하면 다음과 같다.

$$m(\theta) = k\theta^{\gamma}, \quad k > 0, \quad 0 < \gamma < 1 \tag{11.53}$$

■ 균형 조건들

Shapiro–Stiglitz 모형처럼 동태적 계획법을 사용하여 여러 가지 상태의 가치를 구한다. 이전 모형을 분석한 방법과 대조적으로 경제가 처음부터 정상상태에 있다는 가정을 부과하지 않는다. 추후에 그러한 경우에 초점을 둔다.

$V_E(t)$는 시간 t에 고용되어 있는 가치를 나타낸다. 즉 $V_E(t)$는 t에서 고용된 근로자의 시간 t 이후부터의 기대생애효용을 시간 t로 할인한 것이다. $V_U(t)$, $V_F(t)$, 그리고 $V_V(t)$도 비슷하게 정의된다.

경제가 정상상태에 있다고 가정하지 않기 때문에 고용된 상태의 "수익"은 세 가지 항목으로 구성된다. 매기당 $w(t)$의 "배당", 경제가 정상상태에 있지 않은 사실으로부터 고용되어 있는 데 대한 잠재적 "자본이득" $\dot{V}_E(t)$, 그리고 실직되는 결과로 매기당 확률 λ로 발생하는 $V_E(t)-V_U(t)$의 "자본손실"이다. 따라서 다음이 성립한다.

$$rV_E(t) = w(t) + \dot{V}_E(t) - \lambda[V_E(t) - V_U(t)] \tag{11.54}$$

비슷한 추론은 다음과 같다.

$$rV_U(t) = b + \dot{V}_U(t) + a(t)[V_E(t) - V_U(t)] \tag{11.55}$$

$$rV_F(t) = [y - w(t) - c] + \dot{V}_F(t) - \lambda[V_F(t) - V_V(t)] \tag{11.56}$$

$$rV_V(t) = -c + \dot{V}_V(t) + \alpha(t)[V_F(t) - V_V(t)] \tag{11.57}$$

모형을 완결시키는 데에는 나머지 네 개의 조건이 더 필요하다. 첫째, 식 (11.49)와 $M(\cdot)$의 가정으로 고용되어 있는 노동자 수의 진화는 다음과 같다.

$$\dot{E}(t) = U(t)^{1-\gamma}V(t)^{\gamma} - \lambda E(t) \tag{11.58}$$

둘째, 내쉬교섭의 가정을 상기하자. 계속해서 일하는 것보다 매칭을 형성하는 노동자의 잉여는 $V_E(t)-V_U(t)$이다. 마찬가지로 매칭 기업의 잉여는 $V_F(t)-V_V(t)$이다. 따라서 내쉬교섭의 가정은 다음을 시사한다.

$$V_E(t) - V_U(t) = \frac{\phi}{1-\phi}[V_F(t) - V_V(t)] \tag{11.59}$$

셋째, 위에서 서술한 바와 같이 새로운 결원은 자유롭게 생기든지 소멸되든지 하는 것은 비용이 들지 않는 것으로 가정하므로 결원의 가치는 0이다. 즉 모든 t에 대해 다음이 성립한다.

$$V_V(t) = 0 \tag{11.60}$$

마지막으로 초기 고용수준 $E(0)$는 주어져 있다. 이것으로 이 모형의 설정이 완료되었다.

■ 정상상태의 균형

임의의 초기 조건에서 시작하여 경제의 전체 동적 경로를 특정화하는 것은 V의 시변 경로에 따라 복잡하다. 따라서 모형의 정상상태에 주로 추점을 둘 것이다. 경제가 정상상태에 있다는 가정은 모든 $\dot{V}(t)$와 $\dot{E}(t)$가 0이고 $a(t)$와 $\alpha(t)$는 일정하다는 것을 의미한다.

여기에서는 두 가지의 변수인 고용 E와 결원상태의 가치 V_V에 주목하여 모형을 풀어 보기로 한다. 우선 주어진 고용수준에 대응하는 V_V의 값을 구하고 다음으로 V_V가 0이어야 한다는 자유진입의 조건을 부과한다.

먼저 a와 α가 주어져 있을 때 임금과 결원상태의 가치를 결정하는 것으로부터 시작한다. 식 (11.54)로부터 식 (11.55)를($\dot{V}(t)$ 항을 0으로 설정하여) 빼준 다음 정리하면 다음을 얻는다.

$$V_E - V_U = \frac{w-b}{a+\lambda+r} \tag{11.61}$$

마찬가지로 식 (11.56)과 식 (11.57)로부터 다음 식을 얻는다.

$$V_F - V_V = \frac{y-w}{\alpha+\lambda+r} \tag{11.62}$$

내쉬교섭 가정(식 11.59)에 의해 $V_E - V_U$는 $\frac{\phi}{(1-\phi)}$와 $V_F - V_V$의 곱과 동일하다. 따라서 식(11.61)과 식 (11.62)로부터 다음이 성립한다.

$$\frac{w-b}{a+\lambda+r} = \frac{\phi}{1-\phi}\frac{y-w}{\alpha+\lambda+r} \tag{11.63}$$

이러한 조건을 w에 대하여 풀면 다음을 얻는다.

$$w = b + \frac{(a+\lambda+r)\phi}{\phi a+(1-\phi)\alpha+\lambda+r}(y-b) \tag{11.64}$$

식 (11.64)를 해석하기 위해 $a=\alpha$일 경우를 먼저 생각하자. 이후 임금은 $b+\phi(y-b)$이다. 생산물과 여가의 가치 사이의 차이의 비율 ϕ는 노동자에게 가고 $1-\phi$는 기업에게 간다. $a>\alpha$일 때 노동자가 새로운 직업을 발견하는 속도가 기업이 새로운 고용노동자를 구하는 속도를 상회하며 그 결과 더 많은 생산물이 노동자에게 분배된다. α가 a보다 큰 경우 반대의 결과가 초래된다.

우리가 결원상태의 가치에 초점을 맞추고 있다는 것을 상기하자. 식 (11.57)에 의하면 rV_V는 $-c+\alpha(V_F-V_V)$와 동일하다. V_F-V_V에 대한 식 (11.62)의 표현을 대입하면 다음을 얻는다.

$$rV_V = -c + \alpha\frac{y - w}{\alpha + \lambda + r} \tag{11.65}$$

이 방정식의 w에 식 (11.64)의 표현을 대입하고 정리하면 다음과 같다.

$$rV_V = -c + \frac{(1 - \phi)\alpha}{\phi a + (1 - \phi)\alpha + \lambda + r}(y - b) \tag{11.66}$$

이 식에서 a와 α는 내생변수이다. 따라서 다음 단계는 이들 변수를 E로 표현하는 일이다. 정상상태에서, $\dot{E}(t)$는 0이므로 매기당 새로운 매칭의 수는 매기당 종료되는 일자리의 수 λE(식 11.49)와 같아야 한다. 따라서 구직률 $a = M(U, V)/U$ 는 다음과 같이 주어진다.

$$a = \frac{\lambda E}{1 - E} \tag{11.67}$$

여기서 노동자의 질량이 1이라는 사실을 사용하였으므로 $E + U = 1$이다.

결원충원률 α는 $M(U, V)/V$ 이다(식 11.52). 정상상태에서는 $M(U, V)$가 λE와 동일하다는 것을 알고 있다. 따라서 α를 E로 표현하기 위해서는 주어진 E에 대해 $M(U, V) = \lambda E$인 V를 찾아야 한다. $M(U, V) = kU^{1-\gamma}V^{\gamma}$ 라는 사실을 사용하면 다음을 도출할 수 있다.

$$V = k^{-1/\gamma}(\lambda E)^{1/\gamma}(1 - E)^{-(1-\gamma)/\gamma} \tag{11.68}$$

$$\alpha = k^{1/\gamma}(\lambda E)^{(\gamma-1)/\gamma}(1 - E)^{(1-\gamma)/\gamma} \tag{11.69}$$

식 (11.68)과 식 (11.69)에 의하면 a는 E의 증가함수($da/dE > 0$)이고 α는 감소함수($d\alpha/dE < 0$)이다. 따라서 식 (11.66)로부터 rV_V는 E의 감소함수임을 알 수 있다($dV_V/dE < 0$). E가 1에 접근함에 따라 a는 무한대로, α는 0으로 접근한다. 따라서 rV_V는 $-c$의 값으로 점근적으로 가까워진다. 마찬가지로 E가 0으로 접근하면 a는 0으로, α는 무한대로 접근한다. 따라서 이러한 경우에 rV_V는 $y - (b + c)$로 접근하고 이 값은 가정에 의해 양(+)이다. 이상의 정보를 모아 정리한 것이 그림 11.6이다.

균형수준의 고용은 rV_V의 궤적과 자유진입 조건인 $rV_V = 0$과의 교점에서 결정된다. 이 조건을 식 (11.66)에 부과하면 다음을 얻는다.

$$-c + \frac{(1 - \phi)\alpha(E)}{\phi a(E) + (1 - \phi)\alpha(E) + \lambda + r}(y - b) = 0 \tag{11.70}$$

여기서 함수 $a(E)$와 $\alpha(E)$는 각각 식 (11.67) 및 식 (11.69)로 주어진다. 이 표현은 음함수의 형태로 E를 정의하고 있으므로 모형의 해는 완벽하게 얻어진 것이다.

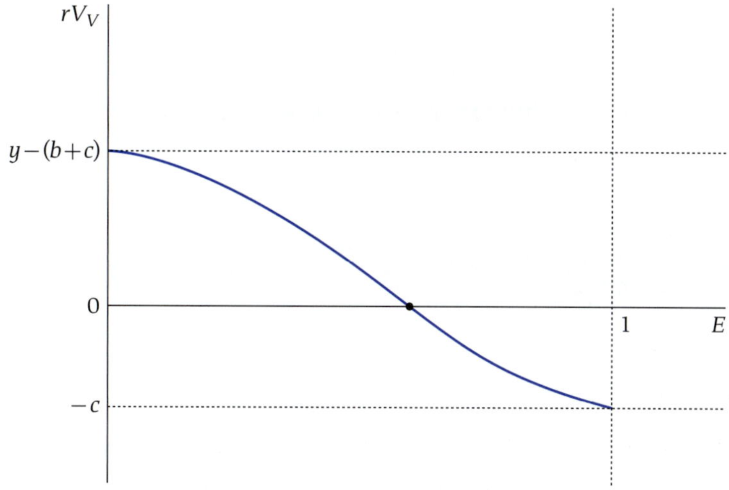

그림 11.6 탐색과 매칭모형에서 균형고용수준의 결정

■ 확장

이 모형은 여러 방향으로 확장될 수 있다. 여기에서 우리는 가장 중요한 몇 가지를 논의한다.[19]

주요한 확장 중 하나는 더 큰 이질성을 도입하는 것이다. 비록 탐색과 매칭모형은 노동자와 일자리 사이의 엄청난 다양성에 의해 시작되지만, 우리가 고려한 모형은 노동자와 일자리가 모두 동질적이라고 가정한다. 이질성 및 탐색과 매칭의 이유를 도입하는 간단한 하나의 방법은 노동자와 일자리가 만날 때 노동자의 생산성 y가 확실하지 않지만 어떤 분포에서 도출된다고 가정하는 것이다. 이러한 가정은 만일 실현된 생산성 수준이 너무 낮으면 만남은 매칭으로 이어지는 것이 아니라 쌍방의 지속적으로 탐색하는 것을 의미한다. 더욱이 생산성의 기준(cut-off) 수준은 내생적이므로 일자리로 이어지는 만남의 비율은 경제의 기초 모수에 따라 의존하며 시간에 따라 달라질 수 있다. 마찬가지로 만일 직장에서 노동자의 생산성이 충격을 받으면 기본모형에서 외생적이고 일정한 직업종료율(job breakup rate)은 내생화될 수 있다. 비슷한 의미에서 또 다른 확장은 노동자가 고용되어 있어도 계속 탐색하고 기업은 자리가 채워져도 계속 탐색할 수 있도록 하는 것이다. 그 결과 일부 노동자의 이동은 한 일자리에서 다른 일자리로 직접 이루어지고 기업은 때때로 노동자를 다른 노동자로 대체한다.

또 다른 중요한 확장에는 탐색과 정보과정이 보다 정교하게 흐르도록 하는 것이 포함된다. 기본모형에서 탐색은 완전히 무작위적이다. 그러나 실제로 노동자는 일자리에 대한 약간의 정보를 갖고 있고 가장 매력적으로 보이는 일자리에 탐색을 집중한다. 즉 탐색은 어느 정도 무작위가 아니라 지향된다. 마찬가지로 기업과 노동자는 일반적으로 노동자가 고용되는 매기에 처음부터 보상에 대해 교섭하지 않는다. 많은 기업들이 어느 정도 약속한 임금정책을 가지고 있

19 이러한 확장 중 많은 부분이 Rogerson, Shimer, and Wright(2005)에 의해 조사되었다.

다. 즉 어느 정도 임금이 게시된다. 임금을 게시하는 효과 중 하나는 노동자의 탐색에 영향을 미치기 때문에 임금이 게시된다는 가정과 탐색이 지향된다는 가정을 결합하는 것은 자연스럽다. 이러한 모형은 **경쟁적인 탐색모형**(*competitive search models*)으로 알려져 있다.

11.5 시사점

■ 실업

탐색과 매칭모형에 의하면 평균적 실업에 대하여 명쾌한 설명이 가능하다. 즉 실업은 복잡한 변화를 계속하는 경제에서 근로자와 직업의 매칭이 계속되고 있는 결과라고 볼 수 있다. 이러한 경우에 관찰된 실업의 대부분은 통상 **마찰적 실업**(*frictional unemployment*)이라고 부르는 실업을 반영한다.

노동시장에서는 높은 이직률로 특징지어지는 면이 있다. 예를 들어 미국의 제조업에서는 통상 매월 3%를 초과하는 노동자가 직장을 그만두고 있다. 더욱이 많은 전직의 경우에는 임금상승(특히 젊은 노동자의 임금상승)이 수반되고 있다(Topel and Ward, 1992). 따라서 적어도 이직의 일부분은 유복한 것으로 생각할 수 있다. 또한 직업 자체의 교체도 높다. 미국의 제조업에서는 매년 적어도 10%의 일자리가 소멸되고 있다(Davis and Haltiwanger, 1992). 이러한 통계는 실업의 무시할 수 없는 부분이 경제의 역동성(dynamics)과 노동시장의 복잡성으로부터 비롯하는 것으로서 피하기가 어렵다는 것을 웅변적으로 보여주고 있다.

불행하게도, 이러한 일반론을 벗어나 논의를 더 진전시키는 일은 쉽지 않다. 기존의 이론모형이나 실증결과로부터는 예를 들어 탐색과 매칭의 문제가 평균 실업률의 1/4을 설명한다고 하는 가설과 3/4을 설명한다고 하는 가설을 구분하는 명료한 방법을 제공하는 것은 불가능하다. 그러나 실업 전체에서 점하는 장기간 실업의 비중이 무시할 수 없는 점에 비추어 볼 때 적어도 실업의 상당한 부분은 마찰적 실업이 아니라고 말할 수 있다. 미국에서는 실직한 노동자의 태반이 1개월 이내에 재고용되고 있지만 임의의 시점에서 본 실직상태의 노동자는 대부분 3개월 이상의 실직기간을 경험하고 있으며 더욱이 그 실업자의 절반 이상이 6개월 이상의 실업상태를 경험하고 있다. 그리고 1980년대 후반의 유럽공동체(EC)에서는 실직노동자의 과반수가 1년 이상 직업을 구하지 못한 것으로 나타났다(Bean, 1994). 이와 같이 장기간에 걸쳐 파급되는 실업의 태반이 탐색과 매칭의 요인에 의해 설명할 수 있다고 하는 것은 생각하기 어렵다.

더욱이 미시경제학적 수준의 실업이 탐색과 매칭 마찰을 반영하는 것처럼 보일지라도 이러한 마찰이 총실업의 주요 원인이 아닐 수 있다. 일반적인 비유는 Manhattan의 노상 주차이다. 개별 운전자의 관점에서 보면 자리를 찾는 것이 어려워 보인다. 주차 공간이 계속 바뀌고 충분한 탐색을 통해 결국 자리를 찾을 수 있다. 그러나 종합적인 관점에서 문제를 보면 항상 많은 운전자들이 자리를 찾는 주된 이유는 단순히 주차 공간보다 주차를 원하는 사람들이 더 많기 때문이라는 것을 알 수 있다(결과적으로 노상 주차 자리의 가격이 시장청산 수준보다 낮다는 사실을 반영한다). 마찬가지로 이직률이 높은 노동시장의 개별 노동자에게 실업은 마찰처럼 보인다. 결원은 항상 나타나고 있으며 충분한 탐색을 통해 노동자는 결국 일자리를 찾을 것이다. 그러나 이것이 실업의 주요 원인이 탐색과 매칭 마찰이라는 의미가 아니라 임금을 시장청산 수준 이상으로 유지하는 다른 요인(예를 들어 효율임금이나 교섭, 그리고 내부자-외부자 고려)이다. Michaillat(2012)은 임금경직성과 탐색과 매칭 마찰을 모두 갖춘 모형을 구축하여 이러한 아이디어를 형식화하였다. 그는 모형을 미국 자료로 캘리브레이션 할 경우 실업률이 낮을 때 본질적으로 모든 것이 마찰 때문이지만 실업률이 높을 때는 아주 작은 부분만 마찰 때문이라는 것을 발견하였다.

마지막으로 많은 최근 연구는 이직의 평균율을 강조하는 것에서부터 벗어나는 대신에 이직률의 주기적인 변화에 관해 집중적으로 다루고 있다. 기업 측면에서, 이것은 종종 실업의 변화에 대한 **일자리 창출**(*job creation*)과 **일자리 소멸**(*job destruction*)의 변화의 상대적 중요성의 관점에서 표현된다. 즉 이러한 연구는 실업의 증가가 어느 정도 기존 일자리가 사라지는 비율의 증가로 인한 것인지, 그리고 그것이 어느 정도 새로운 일자리가 나타나는 비율이 감소한 결과인지를 묻는 것이다. 노동자 측면에서, 초점은 실업으로의 유입과 유출 비율의 변화의 상대적 중요성에 있다.

두 가지 관점은 단순히 서로에게 반대로 보이는 거울상이 아니다. 예를 들어 일자리 창출률이 경기순환 동안 일정하고 일자리 소멸률이 경기역행적이라고 가정하자. 따라서 노동자 측면에서 두 가지 차이는 모두 순환적이다. 경기후퇴기에는 일자리 소멸률의 증가때문에 유입률이 상승하고 실직노동자의 수의 증가와 일정한 일자리 창출률 때문에 유출률이 하락한다. 이러한 문헌의 한 가지 결론은 실업 변화에 대한 다양한 차이의 기여도에 대한 단순한 질문에 답하는 것이 매우 어렵다. 자료 기간의 세부 사항, 사용된 정확한 측정값, 그리고 자료의 미묘함이 결과에 큰 영향을 미칠 수 있다. 이러한 연구가 보다 확고한 결론에 도달하는 한 기업이나 노동자의 관점에서 두 차이는 모두 전체 실업의 변화에 중요하다.[20]

노동수요 이동의 영향

이제 통상적인 질문 즉 우리가 다루고 있는 시장의 불완전성 – 여기서는 중앙화된 시장의 부재 – 이 노동시장의 순환변동에 어떠한 영향을 미치는가를 고찰하여 보자. 구체적으로 그 불완전성 하에 노동수요의 이동이 왈라스적 경쟁시장과 비교하여 한층 커다란 고용변동과 한층 작은 임금변동으로 연결되는가가 문제이다.

실업에는 장기적인 추세가 존재하지 않는다는 것을 상기하자. 따라서 노동시장 모형이 성공

20 이러한 연구에 대한 몇 가지 기여를 한 것은 Blanchard and Diamond(1990); Davis, Faberman, and Haltiwanger(2006, 2013); Elsby, Michaels, and Solon(2009); 그리고 Shimer(2012)이다.

적이라고 말하려면 장기적인 생산성 성장에 상응하여 실업이 변하지 않는다는 것을 보여주어야 한다. 이 모형에서는 직업으로부터의 생산물(y)과 비(非)노동비용(c), 그리고 실업자들의 소득(b)은 같은 비율로 증가한다고 설정하는 것이 장기적인 생산성 성장을 모형화하는 자연스러운 방법이다. 그림 11.6에서는 rV_V선이 수평축을 교차하는 점이 이러한 변경으로 인해 어떠한 영향을 받는지를 금방 알기가 어렵다. 그 대신에 균형조건식 (11.70)를 면밀히 조사하여야 한다. 이 균형조건에 의하면 만일 y, b, 그리고 c가 동일한 비율로 변동한다면 이 조건을 충족하는 E의 값은 변하지 않는다. 따라서 이 모형에 의하면 장기생산성의 성장은 고용에 영향을 끼치지 못한다는 것을 시사하고 있다. 이는 또한 a와 α가 변하지 않는다는 것을 의미하지만 임금은 y와 같은 비율로 변동한다(식 11.64 참조). 요약하면 이 모형의 장기적 시사점은 현실에 비추어 볼 때 조리있게 부합한다.

순환변동을 b와 c는 불변인 채 y가 이동하는 것으로 모형화해 보자. 구체적으로 y가 상승한다고 가정하고 계속 정상상태에 초점을 맞춘다.[21] 식 (11.70)에 의하면 이 이동은 rV_V선을 상승시킨다. 따라서 그림 11.7에서 나타난 바와 같이 고용이 증가한다. 대조적으로 왈라스적(경쟁)시장에서는 고용수준이 1에서 변동하지 않는다. 이것은 직관적으로 말하면 마찰이 없는 시장에서는 추가적인 비용을 지급함이 없이 노동자를 시중임금으로 채용할 수 있기 때문이다. b와 c가 고정된 채 y가 상승한다는 것은 기업이 노동자를 채용함으로써 얻는 이윤이 노동자를 탐색하고 채용하는 데에 소요되는 비용보다 크다는 것을 의미한다. 따라서 기업의 수와 나아가서는 고용이 증가한다.

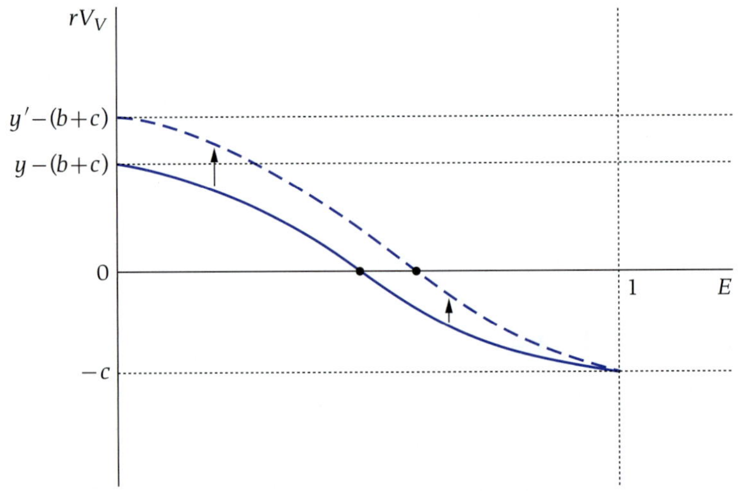

그림 11.7 탐색과 매칭모형에서 노동수요 증가의 효과

21 순환변동의 효과를 조사하기 위해 비교 정상상태 분석을 수행하는 것은 명확한 지름길이다. 그러나 합리적인 모수 값의 경우 탐색과 매칭모형에 의해 암시된 조정속도는 순환변동의 지속 시간에 비해 충분히 빠르므로 정상상태 가정이 좋은 근사값으로 보인다.

더욱이 식 (11.68)에 의하면 정상상태의 결원은 $k^{-1/\gamma}(\lambda E)^{1/\gamma}(1-E)^{-(1-\gamma)/\gamma}$가 된다. 따라서 y의 상승과 그 결과로서의 기업 수의 증가는 결원 수도 증가시킨다. 따라서 이 모형으로부터 실업과 결원과의 사이에는 음(−)의 관계가 도출된다. 이러한 관계를 **베버리지 곡선**(*Beveridge curve*)이라고 부른다.

이 모형으로부터 임금에 강한 경직성이 존재한다는 결과는 도출되지 않는다. 그러나 식 (11.67)와 식 (11.69)에 의하면 E의 상승은 a의 증가와 α의 하락을 초래한다. 즉 실업이 낮아지면 노동자들은 이전보다 신속하게 일자리를 구할 수 있고 기업은 종전처럼 쉽게 빈자리를 채울 수 없게 된다. 그리고 식 (11.64)에 의해 임금은 y의 변화율보다 더 크게 상승한다는 것을 시사한다.[22]

노동수요의 이동이 가져오는 고용효과는 새로운 결원이 창출된 결과로서 발생한다. 그러나 노동수요의 이동에 임금이 충분히 반응한다는 것은 새로운 결원을 창출하고자 하는 유인을 축소시킨다. Shimer(2005)는 그 결과 여기서 다룬 것과 같은 종류의 합리적인 모수 값의 탐색과 매칭 모형에서는 노동수요의 변동에 따른 고용의 반응이 작은 것으로 나타난다

이 장의 시작 부분에서 설명한 바와 같이 이러한 결과의 근본적인 이유는 임금조정의 장벽이 없는 노동시장의 수요와 공급모형에서 노동수요의 증가가 고용에 미치는 영향이 미미한 것과 같은 이유이다. 수요와 공급모형과 현재 모형 모두에서 노동자의 유보임금의 큰 상승은 임금의 큰 상승으로 이어지는데 수요와 공급모형에서 직접 고용을 억제하고 간접적으로 탐색과 매칭 모형에서 일자리 창출 통해 고용을 억제한다.

이러한 문제를 설명하기 위해 최근의 연구는 이러한 종류의 모형을 통해 임금의 경직성을 조사하고 있다. 이들 작업은 두 가지의 문제를 중점적으로 다루고 있다. 첫 번째는 임금경직성의 효과이다. 노동수요의 증대에 임금이 덜 반응할 때 결원을 채우는데 따른 이윤은 더 커지며 결원을 창출하는 데에 대한 보상도 더 커진다. 결과적으로, 더 많은 결원이 창출되며 노동수요의 증대는 고용에 더 큰 영향을 끼친다. 따라서 탐색과 매칭의 아이디어와 임금경직성의 조합은 노동시장의 순환변동을 설명하는 데에 결정적인 것으로 보인다(Hall, 2004; Shimer, 2004).

두 번째로, 보다 더 중요한 문제는 이러한 설정에서 임금의 경직성을 낳는 힘이 존재하는가의 여부이다. 물론 모형에 효율임금 또는 계약 인력을 추가할 수 있지만 탐색과 매칭의 고려사항이 중요한 역할을 하는지 명확하지 않다. 우리가 지금까지 다루어 온 모형에는 기업과 노동자 쌍방에게 초과이윤을 제공하는 임금의 범위가 존재한다. 따라서 Hall이 관찰한 바와 같이 경제주체들로 하여금 어떠한 교환의 이득도 포기하지 않게 하면서 임금경직성이 유지되는 일정한 범위가 존재할 수 있다. 그러나 이러한 관찰은 더 이상의 이윤추구의 기회가 존재하지 않는 효율적인 시장과 모순되지 않는 다른 임금행태 대신 왜 임금의 경직성이 존재하는지에 대

22 왈라스적 시장에서 $w=y-c$이기 때문에 그 시장에서도 동일한 결과가 성립한다. 따라서 어느 편이 더 큰 임금조정을 보이는가는 확실치 않다. 그렇다고 해도 단순히 이질성이나 매칭의 요소를 부가하는 것만으로는 강력한 임금경직성이 나타나지 않는 것으로 보인다.

한 설명을 제공하지 못하고 있다. 더욱이 어떤 범위 내에서 임금이 본질적으로 부정적(또는 불확정적)이라는 것은 현실적으로 받아들이기가 대단히 어렵다.

이들 아이디어의 변형판으로서 기대되는 것은 6.7절에서 다룬 바 있는 기업 이윤함수의 곡률성(curvature)에 관한 논의이다. 왈라스적 노동시장에서 노동수요의 증대에 상응하여 임금을 인상하지 못한 기업은 모든 노동자를 잃게 된다. 이와는 대조적으로 탐색과 매칭의 환경 하에서 임금을 인상하지 못하는 데에는 비용과 편익의 양면이 존재한다. 만일 기업이 임금을 인상하지 않으면 임금을 인상할 때에 비해 노동자들을 끌어 모아서 채용하는데 더욱 어려움을 겪을 것이지만 보다 저렴한 비용으로 노동자를 채용하게 된다. 따라서 기업의 이윤은 이윤극대화를 도모하는 임금으로부터의 이탈에 덜 민감하게 된다. 결과적으로 임금조정을 막는 장벽이 낮더라도 상당한 수준의 임금경직성을 창출하게 될 것이다.

■ 후생

이 모형의 경제는 왈라스적이 아니기 때문에 진입에 관한 기업의 의사결정(노동자의 탐색에 나설 것인가 또는 말 것인가)은 노동자의 경우와 다르게 기업 모두에게 외부효과를 초래한다. 어떤 기업의 진입이 있게 되면 실직노동자가 직업을 구하기가 용이하게 되며 노동자의 교섭력이 높아진다. 그러나 다른 기업들은 노동자를 구하기가 어려워지며 그들의 교섭력은 약화된다. 결과적으로 이 경제에서의 균형실업이 효율적이라고 기대할 수 없다.

후생에 대한 탐색과 매칭모형의 시사점을 예를 들기 위하여 다음의 정태적 예제를 고려하자(Rogerson, Shimer, and Wright, 2005). U의 실직노동자가 있다. 만일 결원 V가 창출되면 고용되는 노동자의 수는 $E = M(U, V) = kU^{1-\gamma}V^{\gamma}$이다. 각 결원은 비용 c를 가지고 각 고용된 노동자는 y를 생산한다. 사회적인 후생은 기업의 이윤과 노동자의 효용의 합과 같은데 $E(y-w)+Ew-Vc$ 또는 $Ey-Vc$이다(정태적 모형에서 V는 초기에 창출된 결원의 수이며 채우지 못해 남아있는 수가 아니다).

처음에 분권화된 균형을 고려하자. 결원의 가치는 자리가 채워지는 확률 $M(U, V)/V$ 곱하기 노동자를 고용하는 기업의 잉여 $y-w$ 빼기 결원을 창출하는 비용 c이다. 따라서 균형은 다음과 같을 때 일어난다.

$$\frac{M(U,V)}{V}(y-w)-c=0 \tag{11.71}$$

또는

$$k\left(\frac{U}{V}\right)^{1-\gamma}(1-\phi)y-c=0 \tag{11.72}$$

따라서 창출된 결원의 수는 다음과 같이 주어진다.

$$V^{EQ}=\left[\frac{k(1-\phi)y}{c}\right]^{1/(1-\gamma)}U \tag{11.73}$$

이제 최적 분배를 생각하자. 사회계획자는 $Ey-Vc$ 또는 $kU^{1-\gamma}V^{\gamma}y-Vc$를 극대화하는 V를 선택할 것이다. 1계 조건은 다음과 같다.

$$\gamma kU^{1-\gamma}V^{\gamma-1}y-c=0 \tag{11.74}$$

이는 다음과 같다.

$$V^{*}=\left(\frac{k\gamma y}{c}\right)^{1/(1-\gamma)}U \tag{11.75}$$

식 (11.73)과 식 (11.75)를 분권화된 균형이 효율적이기 위한 조건은 $\gamma=1-\phi$ 즉 결원에 대한 매칭의 탄력성이 기업으로 가는 매칭 잉여의 몫과 같다. 만일 $\gamma<1-\phi$이면(즉 결원에 대한 매칭의 탄력성이 회사에 돌아가는 잉여의 몫보다 작으면) 너무 많은 결원이 창출된다. 만일 $\gamma>1-\phi$이면 너무 적게 창출된다.

이러한 결과 – 분권화된 균형이 효율적이기 위한 조건은 결원에 대한 매치의 탄력성이 기업보유로 가는 잉여의 몫과 같다 – 우리가 고려한 동태적 모형을 포함하여 다른 많은 모형에서 성립한다(Hosios, 1990).[23] 그러한 것을 직관적으로 보기 위해 결원을 창출하는 것은 실업자에게 양(+)의 외부효과를 가져오는 반면에 구직자를 찾는 다른 기업에는 음(−)의 외부효과를 갖는다는 점에 주목하자. γ가 클 때 양(+)의 외부효과가 크고 음(−)의 외부효과가 작아진다. 따라서 γ가 더 클 때 분권화된 균형이 효율적이려면 결원을 만들 유인이 더 커야 한다. 즉 $1-\phi$는 더 커야 한다.

자원배분이 집권적인 시장이 아닌 1대 1의 만남을 통하여 결정되는 경제에서는 후생효과가 이처럼 애매모호해진다. 우리의 모형에서 이루어지는 내생적 의사결정은 기업의 진입에 관한 결정 하나 뿐이므로 균형이 효율적인가의 여부도 1차원의 요소로 결정된다. 그러나 현실의 경제에서는 그러한 시장참가자에게 많은 선택 기회가 있다. 노동자는 노동시장에 참가할 것인가, 실업 상태일 때 얼마나 열심히 일자리를 찾아 나설 것인가, 어느 분야에서 직업을 탐색할 것인가, 취업 상태일 때 일과 관련된 특정의 기술(job-specific skill)이나 일반적 기술(general skill)의 습득을 위해 투자를 할 것인가, 고용되어 있는 기간 중에도 다른 직업을 탐색할 것인가 등에 대하여 의사결정을 할 수 있다. 기업도 마찬가지로 일련의 의사결정에 직면하고 있다. 따라서 분권화된 경제가 이러한 각각의 차원에서 효율적인 결과를 낳으리라는 보장이 없다. 대신에 경제주체의 의사결정은 여타 주체의 잉여에 대하여 직접적인 영향이나 매칭과정의 효율성에 대한 영향을 통하여 또는 쌍방을 통하여 외부효과를 가져온다고 생각하는 편이 보다 자연스럽다.

23 동태적 모형의 특이한 경우에 대한 설명은 문제 11.17을 참조하라.

이상의 분석으로부터 자연실업률이 최적이라고 생각할 이유는 없다는 것을 알 수 있다. 그러나 이로부터 관찰되는 실업이 비효율적으로 높은지, 비효율적으로 낮은지 또는 근사적으로 효율적인지 등에 대하여 어떤 지침도 얻을 수 없다. 이들 가운데 어느 것이 옳은가 그리고 균형실업률을 변경시켜 효율성을 높이는 정책변경은 가능한가 하는 문제는 미해결의 중요한 과제이다.

11.6 실증적 응용

고용의 계약효과

11.3절에서 다룬 계약에 대한 분석에서 임금이 교섭에 의해 설정될 때 수반하는 고용량의 결정방법에 대하여 2가지의 견해를 논의한 바 있다. 첫 번째의 견해에 따르면 기업과 노동자는 임금수준에 관해서만 교섭을 하고 그 후에 노동의 한계생산물과 합의된 임금이 같아지도록 하는 수준에서 기업이 고용량을 선택한다. 이미 살펴본바와 같이 이 방법은 비효율적이다. 그런 까닭으로 두 번째의 견해에서는 고용과 임금 모두를 기업이 직면하는 상황에 어떠한 형태로 의존시킬 것인가가 교섭에 의해 결정되도록 한다. 현실의 계약에서 그와 같은 약정이 일자일구 자세히 기재되지 않는 것이 일반적이다. 따라서 이 견해에는 기업이 노동비용을 임금에 의해 결정되는 여건으로 취급하지 않는다고 하는 점에 대하여 노동자와 기업의 사이에 어떤 비계약적인 양해가 존재한다는 것을 가정하고 있다. 예를 들어 기업이 노동의 한계생산물과 노동자의 근로시간의 기회비용을 같게 하는 고용수준을 선택하면 노동자는 장래의 계약에서 임금이 낮아지는 것을 받아들이기 쉽다.

이러한 견해 가운데 어느 것이 옳은가는 중요한 문제이다. 만일 기업이 임금을 주어진 것으로 하고 고용을 자유로이 선택한다면 명목임금이 어느 정도의 기간에 고정되어 있다는 사실은 명목적 교란이 실질적 효과를 갖는다는 주장을 뒷받침하는 직접적인 증거가 된다. 한편, 만일 임금이 고용결정에 중요하지 않다면 명목임금의 경직성은 명목충격의 효과에 중요한 의미를 갖지 못한다.

Bils(1991)는 이러한 두 가지의 견해를 검증하는 방법을 제시하였다(Card, 1990도 참조하라). 만일 고용이 효율적으로 결정되고 있다면 고용에 의해 각 시점의 노동의 한계생산물과 노동의 한계비효용은 같게 된다. 따라서 고용의 행태는 기업과 노동자가 교섭을 진행하는 시점과 어떠한 체계적인 관계를 갖지 않아야 한다.[24] 만일 고용의 변동이 계약 일시와 관계가 있다면, 예를 들어 계약체결 직후에 이례적으로 신속히(또는 서서히) 고용이 증가한다든지, 한 계

24 노동의 한계비효용에 대해 소득효과가 있는 경우에 추론은 성립하지 않는다. 그러나 Bils는 그러한 효과가 그의 검정에 중요하지 않다고 주장한다.

약기간 중의 고용변동이 어떤 계약과 그 다음 계약 사이에 나타난 고용변동보다 컸다든지 하면 그것은 고용이 효율적으로 결정되고 있지 않다는 증거가 된다.

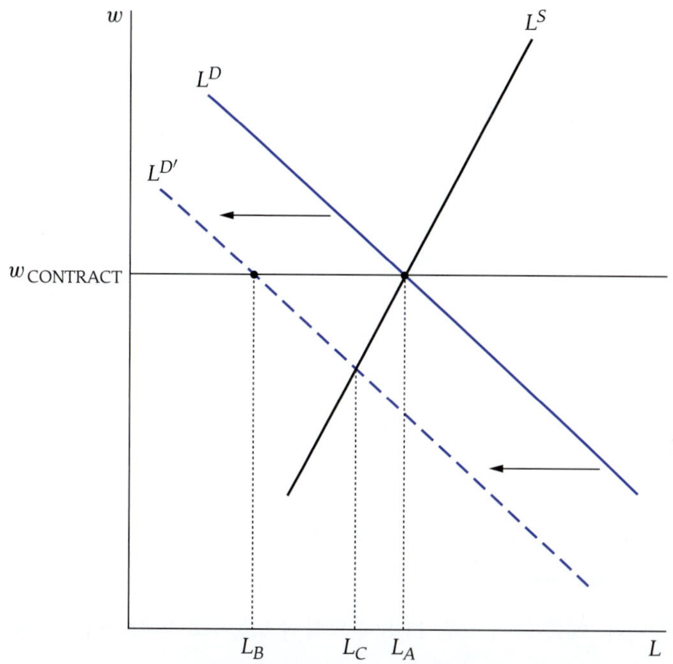

그림 11.8 임금계약 하에서의 고용변동

더욱이 Bils는 고용이 노동의 한계생산물과 임금을 일치시킨다고 하는 대안적 견해가 고용변동과 계약 시점의 관계에 대하여 어떤 구체적인 예측을 한다는 것을 보였다. 노동의 한계생산물과 노동의 한계비효용, 계약임금이 그려져 있는 그림 11.8을 보자. 노동비용이 계약임금으로 고정되어 있다고 생각하는 기업의 경우 노동수요에 발생하는 음(−)의 충격에 반응하여 고용을 대폭 감소시킨다. 그림에서 보면 고용이 L_A에서 L_B로 낮아진다. 이제 노동의 한계생산물은 노동시간의 기회비용을 상회한다. 따라서 기업과 노동자의 사이에 새로운 계약교섭이 진행된다면 확실히 고용은 증가할 것이다. 이것을 그림에서 표현한다면 양자는 고용을 L_B에서 L_C로 증가시키려 할 것이다. 즉 임금이 고용을 결정하면 (그리고 노동수요의 충격이 고용변동의 주요인이라면) 계약기간 중 고용의 변동은 새로운 계약이 체결될 때 일부 상쇄될 것이다.

이들 두 가지 견해의 추론을 검증하기 위해 Bils는 미국 제조업의 고용변동을 조사하였다. 구체적으로 노동조합의 조직률이 높고 산업내 노동자의 태반이 거의 같은 시기에 장기계약을 체결하는 12개의 산업에 초점을 맞추었다. 그는 다음과 같은 형태의 회귀식을 추정하였다.

$$\Delta \ln L_{i,t} = \alpha_i - \phi Z_{i,t} - \theta(\ln L_{i,t-1} - \ln L_{i,t-10}) + \Gamma D_{i,t} + \varepsilon_{i,t} \qquad (11.76)$$

여기서 i는 산업을 표시하는 지수, L은 고용량, $D_{i,t}$는 산업 i에서 새로운 계약이 발효된 분기에 1이 되는 더미변수이다. 여기서의 검정에 열쇠가 되는 것은 변수 $Z_{i,t}$이다. 만일 t기에 산업 i에서 새로운 계약이 발효된 경우(즉 $D_{i,t}=1$의 경우), $Z_{i,t}$는 산업 i에서 이전 계약의 기간 전체를 통하여 발생한 고용(대수치)의 변화분이고 그 이외의 경우에는 0의 값을 갖는 변수이다. 따라서 계수 ϕ는 계약기간 전체의 고용의 변화분이 신계약 체결의 시점에 상쇄되는 정도를 나타낸다. Bils는 신계약이 없는 경우에도 고용변동에 대하여 상쇄적인 움직임이 존재할 가능성을 통제하기 위해 $\ln L_{i,t-1}-\ln L_{i,t-10}$의 항을 설명변수로 추가하였다. 그가 $t-10$이라는 시차를 선정한 것은 그가 사용한 표본의 평균 계약기간이 10분기였다는 점을 반영한 것이다. 마지막으로 $D_{i,t}$는 새로운 계약을 맺는 최초 분기에 이례적인 고용확대가 발생할 가능성을 고려해 주는 항이다.

Bils의 추정결과에 의하면 $\phi=0.198$(표준오차는 0.037), $\theta=0.016$(표준오차는 0.012), $\Gamma=-0.0077$(표준오차는 0.0045)로 나타났다. 이 결과는 새로운 계약기일과 관련하여 통계적으로 유의할 뿐만 아니라 양적으로도 큰 고용변동이 있다는 것을 제시하고 있다. 즉 계약이 체결되는 시점에 이전의 계약기간 중에 발생한 고용변동의 평균 20%가 상쇄되고 있다.

그러나 Bils가 얻은 결과에는 잘 이해가 가지 않는 점이 한 가지 있다. 새로운 계약이 체결되는 시점에 이전의 계약기간에 발생한 비효율적인 고용을 해소하는 가장 자연스러운 방법은 임금의 조정이다. 예를 들어 그림 11.8에 묘사된 노동수요가 감소하는 경우 신규계약 시점에 있어서 임금은 인하되어야 할 것이다. 그러나 Bils는 새로운 계약에 의한 임금설정의 방식과 이전 계약기간 중의 고용의 변화에는 거의 관계가 없는 것으로 보고하고 있다. 더욱이 산업별로 살펴보더라도 새로운 계약이 체결될 때 고용변동을 상쇄하는 정도와 임금이 조정되는 정도의 사이에는 거의 관계가 없다는 것도 발견하였다.

Bils는 이 발견에 대하여 두 가지 설명이 가능하다고 주장한다. 한 가지는 보수의 조정이 주로 부가급부(fringe benefit)와 같이 그가 사용한 임금지표로 포착할 수 없는 여타의 형태로 이루어지기 때문이다. 다른 한 가지는 실제의 고용결정은 여기서 고려하고 있는 두 가지 견해 가운데 어느 것보다 훨씬 복잡한 형태로 이루어지고 있기 때문이다.

■ 산업간 임금격차

효율임금모형의 기본 아이디어는 기업이 시장균형임금수준 이상으로 임금을 지급할 수 있다는 점이다. 만일 기업이 그러한 행동을 취할 이유가 있다면 그 이유가 경제의 모든 분야에서 똑같이 중요하다고 생각하기 어렵다. 이러한 점에 착안하여 Dickens and Katz(1987a)와 Krueger and Summers(1988)는 산업들 사이에 임금의 격차가 체계적으로 존재하는가를 검증하였다.

이들은 먼저 임금에 관한 통상의 회귀방정식에 노동자가 고용되어 있는 산업을 나타내는 더미변수를 추가하였다. 전형적인 회귀식의 정식화는 다음의 형태를 취한다.

$$\ln w_i = \alpha + \sum_{j=1}^{M} \beta_j X_{ij} + \sum_{k=1}^{N} \gamma_k D_{ik} + \varepsilon_i \tag{11.77}$$

여기서 w_i는 노동자 i의 임금, $X_{i,j}$는 노동자의 특성(예를 들어 연령, 학력, 직업 등), $D_{i,k}$는 개별산업에서의 고용을 나타내는 더미변수이다. 마찰이 없는 경쟁적인 노동시장에서 임금은 노동자의 특성에만 의존할 것이며 어떤 산업에서 취업하고 있는가와는 관계가 없어야 할 것이다. 따라서 만일 각종의 X들이 노동자의 특성을 적절히 나타낸다면 산업을 나타내는 더미변수의 계수는 0이 될 것이다.

Dickens and Katz와 Krueger and Summers의 기본적인 발견은 추정된 γ_k가 큰 값을 갖는 점이다. 예를 들어 Katz and Summers(1989)는 1984년에 대분류(two-digit) 산업 간 미국 노동자의 임금격차를 검증하였다. 그들은 10만 명을 초과하는 노동자의 표본을 검토하였기 때문에 그들의 γ가 거의 다 높은 수준에서 유의한 것으로 나타났다고 하더라도 놀랄 것까지는 없다. 그러나 그들이 찾아낸 결과는 양적으로도 큰 것이었다. 예를 들어 추정된 γ의 표준편차(산업의 규모로 가중하여 계산한 것)는 0.15 즉 15%나 되었다. 이 결과는 임금에 현저한 산업간 격차가 있다는 것을 시사한다.

Dickens and Katz와 Krueger and Summers는 그러한 임금격차에 대하여 고려할 수 있는 많은 설명들이 통계자료와 잘 들어맞지 않는다는 것을 제시한다. 예를 들어 표본의 대상을 비조합 노동자로 한정하더라도 추정된 격차는 기본적으로 변화가 없었다. 따라서 임금격차가 노동조합의 교섭력의 차이에서 비롯한 결과라고 말할 수 없다. 또한 임금격차는 시간이나 국가가 다르더라도 아주 안정적인 것으로 나타났다. 따라서 이것이 노동시장의 일시적인 조정을 반영하는 것이라고 생각하기가 어렵다(Krueger and Summers, 1987). 보수에 관하여 한층 광의의 지표를 쓸 경우, 임금격차의 추정치는 일반적으로 더 확대되는 것으로 나타났다. 이로부터 앞에 기술한 결과는 임금과 임금외 보수의 구성이 산업마다 상이하기 때문에 일어난 것이 아님을 알 수 있다. 마지막으로 임금이 높은 산업에 있어서 노동조건이 열악하다는 것을 제시하는 증거를 찾을 수 없었으며, 따라서 임금격차는 노동조건의 차이를 벌충하기 위한 것도 아니다.

임금격차가 순수한 지대(rent)를 반영하고 있다는 것을 보여주는 몇 가지 직접적인 증거도 있다. Krueger and Summers(1988)와 Akerlof, Ross, and Yellen(1988)은 높은 수준의 임금프리미엄을 갖는 것으로 추정된 산업의 노동자는 다른 산업에 비하여 이직하는 빈도가 훨씬 낮다는 것을 발견하였다. Krueger and Summers는 한 산업으로부터 다른 산업으로 이동하는 노동자에게 평균적으로 그 두 산업 간 추정된 임금프리미엄의 격차에 상당하는 분만큼 임금이 변동하는 것도 발견하였다. 그리고 Gibbons and Katz(1992)는 공장폐쇄에 의해 실직하는 노동자들을 분석하였는데, 이들이 새로운 직장에 취직할 때 받아들이는 임금의 삭감규모는 노동자가 고임금 산업에 종사하고 있었던 경우일수록 더 커지는 것을 발견하였다.

그러나 이러한 결과는 두 가지 측면에서 효율임금 가설에 대하여 더욱 논란거리가 되고 있다. 첫째, 비록 결과를 경쟁시장으로 설명하는 것은 대부분 통계자료에 의해 전혀 지지되지 않고 있지만 그 중에서 쉽게 무시할 수 없는 설명이 한 가지 남는다. 어떠한 임금방정식으로도 노동자의 모든 유용한 특성을 통제할 수는 없다. 따라서 밝혀진 산업간 임금격차를 설명하는 한 가지 방법은 산업간 임금격차가 지대를 반영하는 것이 아니라 산업간 근로자 능력의 측정되지 않은 차이를 반영하는 것이라고 생각하는 것이다(Murphy and Topel, 1987b).

이러한 아이디어를 이해하기 위해 프로야구리그(메이저리그/3A/2/1A) 간에 임금격차를 연구하는 계량경제학자를 상상해 보라. 만일 계량경제학자가 포착할 수 있는 노동자 특성의 종류가 산업간 임금격차의 연구에서 사용되는 것과 같은 것들 – 연령, 경험 등 – 에 한정된다면 이 계량경제학자는 리그 간에 임금에는 체계적인 격차가 존재한다는 결과를 찾아낼 것이다. 즉 메이저리그 팀의 임금은 AAA 마이너리그 팀의 임금보다 높으며 AAA 마이너리그 팀의 임금은 AA 마이너리그 팀의 임금보다 높다는 등이다. 더욱이 선수가 그만두는 비율은 임금이 높은 리그일수록 낮아지며 저임금의 리그로부터 고임금의 리그로 이적하는 선수는 임금이 대폭 인상된다. 그러나 야구의 리그 간에 볼 수 있는 임금격차의 태반은 지대가 아닌 능력격차를 반영한다는 것은 거의 틀림이 없다. Dickens and Katz나 Krueger and Summers의 방법을 야구리그 간 임금격차의 연구에 적용한 계량경제학자가 혼란스런 결과에 빠지는 것과 마찬가지로 산업 간 임금격차를 연구하는 계량경제학자도 그 결과에 혼란스러워 할 뿐이다.

이 견해를 지지하는 증거도 몇 가지 찾아 볼 수 있다. 첫째, 만일 일부 기업이 시장균형 이상으로 임금을 지급하고 있다면 그러한 기업은 노동의 초과공급에 직면하기 때문에 능력이 높은 노동자를 선택할 여지가 높아질 것이다. 따라서 추정된 임금격차가 전연 능력격차를 반영하지 않는다면 그것 자체가 놀라운 사실일 것이다. 둘째, 고임금산업은 자본–노동비율도 높으며 한층 숙련된 노동자가 필요하다고 생각된다. 셋째, 고임금산업의 노동자는 (교육, 경험, 기타의 점에서) 계측된 능력에서 높은 평가를 받고 있으며 계측되지 않은 능력도 우수할 가능성이 높다. 마지막으로, 동일한 패턴의 산업간 수입격차는 다소 약하긴 하지만 자영업자 간에도 관찰된다는 점이다.

그러나 추정된 산업간 임금격차가 계측되지 않은 능력격차를 반영한다고 하는 가설이 임금격차에 대한 모든 발견사항을 용이하게 설명할 수 있는 것은 아니다. 첫째, 격차의 어느 정도까지가 계측되지 않는 능력으로 잘 설명할 수 있는가를 양적으로 추정하고자 하더라도 통상적인 격차의 상당부분은 설명할 수 없는 상태로 드러나고 만다(예를 들어 Katz and Summers, 1989를 참조). 둘째, 계측되지 않은 능력에 기초한 가설로는 Gibbons and Katz가 얻은 해고 노동자의 임금삭감에 관한 연구결과를 잘 설명할 수 없다. 셋째, 추정된 임금프리미엄은 고이윤산업에서 한층 높은 것으로 나타나는바 이것은 계측되지 않은 능력에 기초한 가설로부터 자연스럽게 도출되는 예측은 아니다. 마지막으로 고임금을 지급하는 산업에서는 일반적으로 모든 직종의 사람들, 그야말로 청소부부터 경영자까지 모두에게 높은 임금을 지급하고 있는데 계측되지 않은 능력격차가 모든 직종에 걸쳐 그 정도로 강하게 연관되어 있을 이유는 없다. 따라서 비록 산업간 임금격차가 계측되지 않은 능력을 반영하고 있다는 견해가 지대에 기초하여 격차를 설명하는 데에 번거로운 문제를 초래하지만 지대에 기초한 설명을 결정적으로 부정할 수 있는 정도의 것은 아니다.

이 분야의 연구에서 찾아낸 사실 가운데 효율임금 이론으로는 용이하게 설명할 수 없는 두 번째의 측면은 높은 임금을 지급하는 산업의 특징에 관한 것이다. 위에서 기술한 바와 같이 고임금 산업은 자본-노동비율이 높고 보다 고학력의 경험이 풍부한 노동자를 고용하고 있으며 이윤도 크다. 더욱이 그러한 산업에서는 대기업이 많으며 남성의 비율과 조합가입노동자의 비율도 높다(Dickens and Katz, 1987b). 어떠한 효율임금이론의 모형도 이러한 패턴 모두를 정합적으로 설명하지 못한다. 그 결과 추정된 임금격차는 지대를 반영하는 것이라고 믿는 연구자들은 뒤엉킨 설명을 하기가 쉽다. 예를 들어 Dickens and Katz와 Krueger and Summers는 불완전한 감시에 기초한 효율임금이론, 공정함에 관한 노동자의 인식에 기초한 효율임금이론 및 임금설정에서의 노동자의 교섭력, 이 세 가지를 결합하여 설명하고 있다.

요컨대 산업간 임금격차에 관한 연구는 노동시장에 관한 단순한 이론들이 예측하는 것과는 크게 상이하면서도 흥미로운 일련의 규칙성을 찾아냈다. 그러나 이러한 규칙성의 원인에 관하여는 현재 납득할 수 있는 설명이 이루어지지 않고 있다.

■ 임금경직성에 관한 설문조사의 증거

우리가 노동시장에 흥미를 갖는 주된 이유 가운데 하나는 노동수요의 감소가 기업으로 하여금 고용을 상당히 줄이게 하지만 임금의 삭감은 상대적으로 소폭에 그치게 하는 원인을 파악하는데 있다. 이는 자연스럽게 다음과 같은 의문을 일으킨다. 기업의 임금 및 고용정책을 담당하는 사람들에게 왜 그렇게 하는지를 단순히 질문해 보면 될 것 아닌가?

임금설정자에게 그들의 행태에 대한 이유를 질문하는 것은 문제를 근본적으로 해결하는 방책이 되지 못한다. 가장 중요한 것은 그들도 의사결정의 배경에 있는 모든 요인들을 충분히 파악하지 못할 수 있다는 점이다. 그들은 아마도 시행착오, 전임자의 교훈, 그리고 다른 기업의 정책에 관한 관찰 등을 통해서 성공적인 정책을 찾아낼 수 있었을 것이다. Friedman and Savage(1948)는 전문적인 당구선수와의 유사점을 제시하고 있다. 당구선수와 대화하는 것은 그 선수가 어떻게 당구공을 칠 것인가를 예측하거나 경기 중에 특정방법을 선택하는 이유를 이해하는 데에 별 도움이 되지 않는다. 오히려 당구공의 탄력성, 당구대 표면의 마찰정도, 당구공의 회전력이 그 바운드에 미치는 영향 등(비록 이들 요인들이 선수들의 생각에 직접적으로 들어가지 않는다고 하더라도)을 고려하여 최적의 타격을 계산하는 것이 좋다.

임금설정자가 자신들의 의사결정에 대한 이유를 완벽하게 확신하지 못할 때 질문의 표현방식과 관련하여 드러나는 작은 차이는 중요할 수 있다. 예를 들어 경제학자들은 임금삭감에 노동자들이 어떻게 반응하는가를 묘사하는데 "게으름을 피운다"(shirk), "노력을 덜 한다"(exert less effort), "덜 생산적이다"(be less productive)를 얼마간 섞어가면서 사용한다. 그러나 이들 문구는 임금설정자에게는 상당히 다른 어감을 지닐 수 있다.

이러한 어려움에도 불구하고 임금설정자에 대한 설문조사(survey)는 잠재적으로 유용하다. 만일 예를 들어 어떤 이론이 어떻게 표현되었든 간에 임금설정자가 그 이론에 동의하지 않고 이론의 메커니즘이 어떻게 기술되든 비현실적이라고 비판한다면 우리는 그 이론의 타당성을 의심해야 한다.

임금설정자에 대한 설문조사의 예로서 Blinder and Choi(1990), Campbell and Kamlani(1997), Bewley(1999) 등을 들 수 있다. 여기서는 Campbell and Kamlani의 설문조사에 초점을 맞춘다. 이들 연구자들은 미국의 기업으로서 1000개의 가장 큰 기업 중 약 100개의 대기업과 약 100개의 중소기업을 선정하고 해당기업의 급여를 관리하는 경영인을 설문조사하였다. 그들은 이들에게 임금경직성에 관한 여러 이론과 그 이론의 주요 배경이 되는 메커니즘에 대하여 그들의 견해를 물었다. 중심적인 질문은 "기업이 통상 경기후퇴기에 자격이 있는 응모자를 필요한 만큼 고용할 수 있는 최저수준까지 임금을 삭감하지 않는" 현실적인 여러 가지 이유들과 그 이유들의 중요성이었다.

경기침체기에 임금을 삭감하지 않는 이유로 설문조사의 응답자들이 가장 중요하다고 생각한 관점은 "만일 당신네 기업이 임금을 삭감하면 가장 생산적인 노동자들이 이직할 것이다. 그 대신에 노동자들을 일시해고하면 가장 생산성이 낮은 노동자를 일시해고할 수 있다"는 것이다. Campbell and Kamlani는 이 명제에 대하여 경영인들이 긍정적으로 응답을 한 것을 역선택(adverse selection)의 중요성을 지지하는 것이라고 해석하고 있다. 그러나 불행하게도 이 질문은 주로 설문조사의 위험을 설명하는데 도움이 될 뿐이다. 문제는 위와 같이 기술할 때 어느 노동자가 더 생산적인가를 기업이 안다는 것을 전제로 하고 있다는 점이다. 그러나 노동자들 사이에 오직 **관찰할 수 없는**(*unobservable*) 차이만으로 역선택이 일어날 수 있는 것이다. 따라서 급여를 관리하는 경영인이 위 명제에 강하게 동의한 것은 다른 이유에서 비롯된 것으로 보인다.

다른 설문조사들은 역선택의 중요성에 대하여 훨씬 덜 지지하는 것으로 나타났다. 예를 들어 Blinder and Choi의 질문은 다음과 같다.

> 동일한 일자리에 관심을 가지고 있는 두 명의 노동자가 있다. 당신이 이야기할 수 있는 한 두 노동자는 그 일자리에 똑같이 적임이다. 한 사람은 당신이 제시한 임금으로 일할 것을 동의한 반면에 다른 노동자는 보다 많은 임금을 요구한다. 이러한 차이에 기초하여 이들 노동자 중 한 사람이 기본적으로 더 생산적인 노동자라고 생각하는가?

Blinder and Choi의 응답자 18명 모두가 이 질문에 대하여 부정적으로 대답하였다. 그러나 이것 역시 결정적인 것이 되지 못한다. 왜냐하면 예를 들어 한 노동자에 대하여 "기본적으로 더 생산적"이라고 언급한다는 것은 역선택가설에 반하는 결과를 초래할 만큼 충분히 강한 것이기 때문이다.

설문조사에서 보다 성공적인 가설은 퇴직에 대한 우려가 임금설정에 결정적이라는 것이다. Campbell and Kamlani 설문조사의 응답자가 기업이 임금을 삭감하면 가장 생산적인 노동자들이 이직하게 될 것이라는 명제에 대하여 강하게 동의하였다는 사실이 이러한 견해를 지지한다. 또한 응답자들은 임금삭감을 하지 않는 중요한 이유는 임금삭감이 퇴직을 증가시키고 그로 인해 모집 및 훈련의 비용이 늘어날 뿐만 아니라 기업 특유의 인적자본에 중요한 손실을 야기한다는 명제에 대하여 강하게 동의하고 있다. 다른 설문조사의 결과 역시 퇴직을 피하고자 하는 기업의 욕구가 그들의 임금정책에 중요하다는 것을 제시한다.

퇴직에 대한 우려가 임금설정에 미치는 효과는 Shapiro–Stiglitz 모형의 정신에서 잘 찾아볼 수 있다. 노동자의 통제 하에 있는 행동(Shapiro–Stiglitz 모형에서는 게으름 피우기이고 여기서는 퇴직)이 기업에 영향을 끼친다. 어떤 이유로 기업의 보수정책은 노동자로 하여금 기업에 미치는 그들의 행동의 효과가 내면화되지 않도록 한다. 따라서 기업은 이러한 행동을 억제하기 위해 임금을 인상하는 것이다. 그러한 의미에서 설문조사 결과는 Shapiro–Stiglitz 모형을 지지한다. 그러나 만일 우리가 모형을 좀 더 좁게 본다면 설문조사 결과는 보다 덜 우호적이 된다. 즉 응답자들은 불완전한 감시와 직업에 대한 근로노력이 기업의 임금 결정에 중요하다는 아이디어에 대하여 일관성 있게 별로 동의하지 않고 있다.

임금설정자에 대한 설문조사의 주제로서 퇴직의 중요성 외에 공정한 대우가 결정적인 역할을 담당하는 것으로 나타난다. 설문조사의 결과는 일관성 있게 노동자의 사기와 그들이 적절히 대우를 받고 있는가에 대한 인식이 노동의 생산성에 매우 중요하다는 것을 시사하고 있다. 설문조사는 또한 노동자들이 기업의 어떤 행동이 적절한가에 대하여 강한 의견을 가지고 있으며 그 결과 그들의 만족감은 불안정하다는 것을 나타내고 있다. 이상의 결과는 11.1절에서 다룬 바 있는 Akerlof and Yellen(1990)에 의해 개진된 효율임금의 공정성 견해를 지지한다. 이들 역시 기업이 내부자와 외부자의 임금을 완벽하게 독립적으로 설정할 수 없다는 내부자–외부자 모형의 핵심적인 가정을 지지하고 있다.

이러한 증거에 대한 한 가지의 중요한 우려는 만일 다른 힘들에 의해 특정 정책이 균형의 결과를 달성하고 따라서 정상적으로 일어난 것으로 보인다면 그 정책이 공정하다고 간주될 수 있다는 점이다. 즉 적절하다는 것에 대한 견해가 그 독자적인 이유에 의존하기 보다는 균형의 결과가 반영된 것일 수 있다.

이러한 효과는 공정성의 중요성을 명시하는 원천의 일부이지만 유일무이한 원천이 되지는 않을 것 같다. 공정성에 대한 우려는 지나치게 강하면 다른 요인들의 단순한 반영이라고 보기에는 너무 강하다. 게다가 경우에 따라서는 공정성의 배려(fairness considerations)로 인해 기대하지 않았던 방향으로 임금설정을 추진하기도 한다. 예를 들어 어떤 보상정책이 공정한가에 대한 개인의 견해가 보수를 한계생산물에 대하여 같게 하기보다 보수를 획일적으로 같게 하는데 가중치를 둔다는 증거가 있다. 그리고 설문조사 결과에 따르면 기업은 실제로 임금을 설정할 때 관측된 노동자 간 한계생산물 격차에 대해 1:1보다는 낮은 비율로 설정하는 것으로 드러났다. 이로 인하여 기업들은 보다 생산적인 노동자들로부터 보다 많은 잉여를 거두어들인다. 역선택이 아닌 이것이 임금삭감보다 일시해고가 낫다고 하는 Campbell and Kamlani의 주장에 대하여 설문조사의 응답자들이 강력한 지지를 보내는 이유를 현실적으로 수긍이 가게 설명하고 있다. 공정성의 배려가 임금설정을 어떻게 이례적으로 변경시키는가를 제시하는 다른 예로는 Kahneman, Knetsch, and Thaler(1986)를 위시하여 많은 연구자들이 발견한 것을 들 수 있다. 그것은 노동자들이 명목임금의 삭감으로 비롯되는 실질임금의 감소는 대단히 불쾌하게 받아들이지만 명목임금의 증가율이 인플레이션율에 미치지 못하여 초래되는 실질임금의 감소는 특별히 불쾌하게 받아들이지 않는다는 것이다.

마지막으로 비록 Campbell and Kamlani는 기업이 경기침체기에 임금을 삭감하지 않는 이유에 초점을 맞추었지만 그들의 설문조사 결과는 아마도 임금의 순환변동보다는 왜 기업이 시장청산임금보다 더 많은 임금을 지급하는가에 관하여 더 많은 이야기를 제공하고 있다. 왜냐하면 호황기에 기업의 임금설정에 관한 증거는 설문조사의 결과에서 찾을 수 없기 때문이다. 예를 들어 만일 퇴직에 대한 우려가 기업으로 하여금 불황기에 지급해야 할 수준보다 많이 지급하게 한다면 호황기에도 같은 논리가 적용될 것이다. 참으로 퇴직에 대한 우려는 불황기보다 호황기에 임금에 더 큰 영향을 미칠 것이다.

11.1 노동조합 임금프리미엄과 효율임금(Summers, 1988) 식 (11.12) ~ (11.17)에서 분석한 바 있는 효율임금모형에 대하여 고찰하여 보자. 그러나 여기서는 노동자 전체 가운데 f의 비율의 사람이 조합에 소속되어 있으며 임금은 비조합원보다 μ의 비율만큼 높은 것으로 가정한다. 따라서 w_u 및 w_n을 각각 조합원, 비조합원의 임금으로 설정하면, $w_u = (1+\mu)w_n$이다. 또한 평균임금 w_a는 $fw_u + (1-f)w_n$으로 주어진다. 비조합원을 고용하는 고용주는 여기서도 임금을 자유로이 설정한다. 따라서 (본문 중의 식 (11.15)을 도출하는 과정과 같은 논리에 의거하여) $w_n = (1-bu)w_a/(1-\beta)$가 된다.

(*a*) 균형실업률을 β, b, f, 그리고 μ로 표시하라.

(*b*) $\mu = f = 0.15$라고 가정한다.

(*i*) $\beta = 0.06$이고 $b = 1$인 경우의 균형실업률을 구하라. 조합원의 유효노동당 비용은 비조합원보다 얼마만큼 높아지는가?

(*ii*) $\beta = 0.03$이고 $b = 0.5$인 경우에 대하여 (*i*)과 같은 질문에 대하여 답하라.

11.2 효율임금과 교섭(Garono and Martin, 2000) Summers(1988, p. 386)는 "효율임금의 환경하에서 노동자에게 프리미엄 임금을 지급해야 하는 기업은 2차적(second-order)인 손실만 입을 뿐이다. 이 때문에 현실적인 교섭의 틀에서 거의 모든 경우 노동자는 기업으로부터 용이하게 양보를 이끌어낸다"라고 서술하고 있다. 이 질문에서는 이 주장에 대하여 조사한다.

이윤함수가 $\pi = [(eL)^{\alpha}]/\alpha - wL$, $0 < \alpha < 1$인 기업과 목표함수가 $U = (w-x)L$인 조합을 가정한다. 여기서 x는 조합에 소속하는 노동자가 해당회사 이외의 곳에서의 노동기회를 나타내는 지표이다. 기업과 조합은 임금을 둘러싸고 교섭을 하며 그 결과를 바탕으로 하여 기업은 w를 주어진 것으로 간주하고 L을 선택한다고 가정한다.

(*a*) e가 1로 고정되어 효율임금에 대한 고려는 필요하지 않은 것으로 가정하자.

(*i*) w가 주어진 경우에 기업이 선택하는 L의 값을 구하라. 그 경우 이윤은 얼마가 되는가?

(*ii*) 기업과 조합은 $U^{\gamma}\pi^{1-\gamma}$가 극대화되도록 w를 선택한다고 가정한다(이것을 **내쉬교섭 해**(Nash bargaining solution)라 한다). 여기서 $0 < \gamma < \alpha$는 교섭에서 조합의 힘을 나타내는 지표이다. 기업과 조합이 선택하는 w의 값을 구하라.

(*b*) e는 본문 중의 식 (11.12)에 의한 것으로 가정하자. 따라서 $w > x$의 경우 $e = [(w-x)/x]^{\beta}$, $(0 < \beta < 1)$이다.

(*i*) w가 주어진 경우에 기업이 선택하는 L의 값을 구하라. 그 경우 이윤은 얼마가 되는가?

연습문제

(*ii*) 기업과 조합은 $U^{\gamma}\pi^{1-\gamma}$ $(0<\gamma<\alpha)$가 극대화되도록 w를 선택한다고 하자. 기업과 조합이 선택하는 w의 값을 구하라. (**힌트**: $\beta=0$의 경우 그 해답은 단순화되며 (*a*)의 (*ii*)와 동일해진다)

(*iii*) Summers의 주장처럼 효율임금이 없는 경우보다 있는 경우에 임금에 대한 노동자의 교섭력이 더 커지는가? 효율임금효과가 β가 클 때 더 커지는가?

11.3 다음에 열거하는 변화가 Shapiro–Stiglitz 모형의 균형고용량과 임금수준에 어떤 영향을 주는가를 서술하라.

(*a*) 노동자의 (시간선호)할인율 ρ의 상승

(*b*) 직업이 종료하는 확률 b의 상승

(*c*) 생산함수에 초래하는 양(+)의 충격(여기서는 생산함수를 $AF(L)$로 상정하며 A의 값이 증가하였다고 가정하라)

(*d*) 노동자 수 $\bar{L}$의 증가

11.4 Shapiro–Stiglitz 모형에서 현재 실업중인 노동자는 무작위로 고용되는 것이 아니라 고용되지 않은 기간의 장단에 상응하여 고용된다고 가정하자. 구체적으로는 가장 긴 기간 동안 고용되지 않고 있던 노동자가 최초로 고용되는 사람이라고 가정하자.

(*a*) 태업이 없는 정상상태에 대하여 고찰한다. 실직한 사람이 재차 직업을 획득하기까지에 소요되는 기간을 b, L, N 그리고 $\bar{L}$의 함수로 표현하라.

(*b*) V_U를 새로이 실직한 노동자가 되는데 따른 가치를 나타낸다고 하자. V_U를 직업을 얻을 때까지 소요되는 시간, 노동자의 할인율 ρ 그리고 고용되는 데 따른 가치 V_E의 함수로 표현하라.

(*c*) (*a*)와 (*b*)의 답을 이용하여 이 모형의 비태업조건을 구하라.

(*d*) 장기간 실직상태에 있는 사람에게 고용의 우선권이 주어진다면 균형실업률에 어떤 영향을 주는가?

11.5 **공정임금–노력수준가설**(Akerlof and Yellen, 1990) 많은 기업 N개의 기업이 각각 $F(eL)-wL$, $F'(\cdot)>0$, $F''(\cdot)<0$이라는 이윤함수를 보유한다고 가정하자. L은 각 기업이 고용한 노동자의 수, w는 기업이 지급하는 임금, 그리고 e는 노동자의 노력수준이다. 노력수준은 $e=\min[w/w^*,1]$에 의해 결정되는 것으로 설정하며, 여기서 w^*는 "공정임금"

(fair wage)이다. 즉 이 공정임금보다 낮은 액수를 주는 경우 노동자는 그 부족액에 비례하여 노력수준을 감소시킨다. 어떠한 양(+)의 임금이라도 받고 일을 하려고 하는 노동자가 $\bar{L}$ 만큼 존재한다고 가정한다.

(*a*) 기업이 어떤 임금으로도 노동자를 고용할 수 있다면 유효노동 1인당 비용 w/e를 극소화시키는 w의 값(또는 그 값의 범위)은 얼마인가? 이하의 질문에서는 기업이 어떤 일정한 범위의 임금에 대하여 무차별인 경우에는 기업은 그 범위 안에서 최고액을 지급하는 것으로 한다.

(*b*) w^*는 $w^* = \bar{w} + a - bu$이며, u는 실업률이고 $\bar{w}$는 경제에서 기업이 지급하는 평균임금이다. $b > 0$이고 $a/b < 1$을 가정하자.

(*i*) (*a*)의 해답을 바탕으로 하여 ($\bar{w}$와 u을 주어진 것으로 하고) 자유로이 임금을 결정할 수 있는 경우에 대표적인 기업이 지급하는 임금은 얼마가 되는가?

(*ii*) 어떤 조건이 갖추어지면 균형상태에서 실업률이 양(+)의 값을 가지지만 기업이 w를 선택하는 데에 제약이 없게 되는가? (**힌트** : 이러한 경우에 균형상태에서 대표적인 기업은 $\bar{w}$를 주어진 것으로 보고 $\bar{w}$를 지급하고자 한다) 이러한 경우에 실업률은 얼마가 되는가?

(*iii*) 어떠한 조건 하에서 완전고용이 달성될 수 있는가?

(*c*) 대표적인 기업의 생산함수가 $F(Ae_1L_1 + e_2L_2)$, $A > 1$로 수정된다고 가정한다. 여기서 L_1과 L_2는 각각 기업이 고용하는 생산성이 높은 노동자(유형1)와 생산성이 낮은 노동자(유형2)의 수이다. 노력수준은 $e_i = \min[w_i/w_i^*, 1]$에 의해 결정된다고 가정한다. 여기서 w_i^*는 유형 i의 노동자로서의 공정임금이다. w_i^*는 $w_i^* = (\bar{w}_1 + \bar{w}_2)/2 - bu_i$, $b > 0$으로 지급되며 u_i는 유형 i의 노동자의 실업률이다. 마지막으로 각 유형에는 $\bar{L}$인의 노동자가 존재하는 것으로 가정한다.

(*i*) (*a*)의 해답(그리고 기업이 무차별인 경우 기업이 지급하는 것에 대한 가정)이 주어졌을 때 각 유형의 노동자는 해당 유형의 공정임금보다 적게 임금을 받지는 않는 이유를 설명하라.

(*ii*) w_1이 w_2를 A배만큼 웃도는 이유를 설명하라.

(*iii*) 균형점에서 생산성이 높은 노동자(유형1)들 중에 실업자가 존재하는가? 설명하라. (**힌트** : u_1이 양(+)이면 기업은 w_1의 선택에 제약을 받지 않는다)

(*iv*) 균형상태에서 생산성이 낮은 노동자(유형2) 중에 실업자가 존재하는가? 설명하라.

연습문제

11.6 **노동시간 조절이 불가능한 경우의 묵시적 계약** 각 노동자는 일정시간 동안 일을 하거나 아니면 실업상태에 있다고 가정한다. C_i^E는 상태 i에 고용되어 있는 노동자의 소비, C_i^U는 상태 i에 실직상태에 있는 노동자의 소비를 나타낸다. 따라서 상태 i에 기업의 이윤은 $A_iF(L_i) - [C_i^E L_i + C_i^U(\bar{L} - L_i)]$, ($\bar{L}$는 노동자의 수)이다. 마찬가지로 상태 i에 노동자의 기대효용은 $(L_i/\bar{L})[U(C_i^E) - K] + [(\bar{L} - L_i)/\bar{L}]U(C_i^U)$이다. 단, 여기서 $K > 0$는 노동의 비효용이다.

(*a*) 기업이 대표적인 노동자의 기대효용이 u_0라는 제약 하에서 L_i, C_i^E 및 C_i^U의 선택에 의해 기대이윤을 극대화하는 문제를 풀기위해 라그랑지 함수를 설정하라.[25]

(*b*) L_i, C_i^E, 그리고 C_i^U에 관한 1계 조건을 구하라. C^E나 C^U는 상태 i에 따라 변화하는가? 상태에 따라 변화하는 경우 어떤 형태로 변화하는가? C_i^E와 C_i^U는 무슨 관계가 있는가?

(*c*) A의 값이 실현된 후 일부 노동자는 고용된 반면 나머지 노동자는 고용되지 않고 실업상태에 있다면 어떤 노동자가 더 바람직한 상태에 있는가?

11.7 **정보의 비대칭성 하에서의 묵시적 계약** (Azariadis and Stiglitz, 1983) 11.3절의 모형에 대하여 고찰한다. 그러나 여기서는 기업만이 A를 관찰한다고 가정하자. 나아가 A는 A_B, $A_G(A_B < A_G)$의 두 가지의 값을 취할 수 있으며 그 각각의 확률은 1/2이라고 가정하자.

계약은 w와 L을 경제상태(A_B 또는 A_G)에 대하여 기업이 공식적으로 발표하는 것에 의한 함수로서 표현하는 것으로 생각할 수 있다. 이 때 경제의 상태에 대하여 실제가 아닌 허위의 상태를 발표하는 것이 결코 기업 자신의 이익이 되지 않는다는 제약이 필요하다. 경제학의 용어로 말한다면 계약은 **유인합치적**(*incentive-compatible*)이어야 한다.

(*a*) 11.3절에서 도출한 바 있는 정보가 대칭적인 상황 하에서의 효율적 계약은 정보가 비대칭적인 경우에도 유인합치적인가? 구체적으로 A가 A_B인데도 기업은 A_B라고 공표하기보다 A_G(따라서 C는 C_G가, L은 L_G가 된다)라고 공표하는 것이 자신의 이익이 되는가? 또한 A가 A_G임에도 불구하고 기업은 A_G라기 보다 A_B라고 공표하는 것이 자사의 이익이 되는가?

(*b*) 기업은 상태가 좋을 때 나쁘다고 주장하지 않아야 한다는 제약은 구속력이 없으나(not binding), 상태가 나쁠 때에 좋다고 주장해서는 안된다는 제약은 구속력 있다(binding)는 명제를 증명할 수 있다. 노동자의 기대효용이 u_0이고 A가 A_B인 경우에는 어느 상태

25 단순화를 위해 L이 $\bar{L}$를 초과하지 않는다고 하는 제약은 무시한다. 이 제약을 고려한다면 A_i가 어떤 일정한 임계치를 초과하면 L_i는 다음의 (b)로 도출되는 조건에 의해 결정되지 않고 $\bar{L}$와 동일하게 된다.

를 공표하더라도 기업에게 무차별적이라고 기업에게 무차별하다는 두 가지 제약 하에서 기업이 C_G, C_B, L_G 및 L_B를 선택하는 라그랑지 함수를 설정하라. C_G, C_B, L_G 및 L_B에 대하여 1계 조건을 구하라.

(c) 나쁜 상태에서는 노동의 한계생산물과 한계비효용이 동일한 값을 갖는다는 것(즉 $A_BF'(L_B) = V'(L_B)/U'(C_B)$)을 보이라.

(d) 좋은 상태에서는 "과잉고용"이 존재한다는 것(즉 $A_GF'(L_G) < V'(L_G)/U'(C_G)$)을 보이라.

(e) 이 모형은 고수준의 평균실업을 이해하는 데에 유용한가? 또한 커다란 고용변동을 이해하는 데에 유용한가?

11.8 내부자-외부자 모형 식 (11.39)-(11.42)에서 모형의 변형을 생각하자. 기업의 이윤은 $\pi = AF(L_I + L_O) - w_IL_I - w_OL_O$, 여기서 L_I와 L_O는 기업이 고용하는 내부자와 외부자의 수이고 w_I와 w_O는 그들의 임금이다. L_I는 항상 $\bar{L}$과 같고, 따라서 상태 i에서 내부자의 효용은 $u_{Ii} = U(w_{Ii})$, $U'(\cdot) > 0$, $U''(\cdot) < 0$이다. w_{Oi}가 $w_{Oi} = Rw_{Ii}$, $0 < R \leq 1$로 주어졌다고 가정함으로써 내부자와 외부자의 임금은 독립적으로 설정할 수 없다는 것을 포착한다.

(a) w_{Oi}와 $w_{Oi} = Rw_{Ii}$는 주어진 것으로 각 상태에서 w_I와 L_O를 기업의 선택변수로 생각하라. 내부자의 기대효용이 u_0이라는 제약 조건 하에서 기대이윤을 극대화하는 기업의 문제에 대해 식 (11.43)과 유사한 라그랑지 함수를 설정하라.

(b) L_{Oi}의 1계 조건은 무엇인가? 기업은 모든 상태에서 노동의 한계생산물과 실질임금이 동일하도록 고용을 선택하는가? (L_{Oi}에 대한 내부 해가 항상 존재한다고 가정하자.)

(c) w_{Ii}의 1계 조건은 무엇인가? L_{Oi}가 더 높을 때 w_{Ii}는 더 높은가 또는 낮은가, 아니면 변하지 않는가? (L_{Oi}에 대한 내부 해가 항상 존재한다고 계속 가정하자.)

11.9 Harris-Torado 모형 (Harris and Torado, 1970) 경제에 두 부문이 존재한다고 가정한다. 제1부문에서의 근로에는 임금 w_p가 지급되고 제2부문에서의 근로에는 w_s가 지급된다. 노동자는 어느 부문에서 노동을 할 것인가를 각자가 결정한다. 제2부문을 선택한 노동자는 모든 자리를 얻을 수 있다. 그러나 제1부문에서 일자리 수는 N_p로 고정되어 있다. 제1부문의 일자리는 이 부문을 선택한 노동자 간에 무작위로 배분된다. 자리를 얻지 못한 제1부문의 희망노동자가 실직하면 실직수당 b를 받는다. 노동자는 위험 중립적이며 노동의 비효용은 0라

고 가정하자. 이상에 의해 제1부문의 노동자의 기대효용은 $qw_p + (1-q)b$ 이고, 여기서 q는 제1부문의 희망노동자가 고용될 확률이고 $N_p/\overline{N} = (w_s - b)/(w_p - b)$ 이다.

(*a*) 균형실업 수준을 w_p, w_s, N_p, b와 노동력인구 $\overline{N}$ 의 함수로 표시하라.

(*b*) L_p가 증가하는 경우 실업에는 어떤 영향을 미치는가? 실업이 제1부문의 직장을 기다리는 형태를 취함에도 불구하고 이 부문의 일자리 수가 증가하는 것이 실업의 상승으로 이어지는 것은 무슨 이유인가? 직관적으로 이해할 수 있도록 설명하라.

(*c*) 실직수당이 상승하면 어떠한 영향이 초래되는가?

11.10 부분균형 탐색 직장을 탐색하고 있는 노동자에 대하여 생각하자. 임금 w는 직장마다 상이하며 $f(w)$라는 확률밀도함수에 따라 분포한다. 이 함수는 노동자에게는 이미 알려져 있다. $F(w)$는 이에 대응하는 누적분포함수이다. 노동자가 이 확률분포로부터 직장을 추출할 때마다 노동자는 C, $0 < C < E[w]$의 비용을 부담한다. 노동자가 직장을 추출하면 그것을 받아들이거나(그 경우는 이 탐색과정이 종료된다), 별도의 직장을 추출할 수가 있다. 노동자는 $w - nC$의 기대치를 극대화한다. w는 노동자가 최종적으로 취득하는 직장에서 지급되는 임금이며 n은 노동자가 최종적으로 직장의 추출을 끝낼 때까지 검토하는 직장의 수이다.

어떤 직장을 이제 막 거절하고 난 노동자의 $w - n'C$ 에 대한 기대치를 V라 하자. 여기서 n' 은 이 노동자가 그 후에 추출하는 직장의 수이다.

(*a*) 노동자가 $\hat{w} > V$ 일 때 임금 $\hat{w}$ 의 직장을 받아들이고 $\hat{w} < V$ 이면 그 직장을 거부하는 것은 무슨 이유인가? (임금이 어떤 기준을 초과하는 경우에, 그리고 오직 그 경우에 한하여 직장을 받아들이는 직장탐색의 문제를 **유보임금의 속성**(*reservation-wage property*)을 가진다고 말한다)

(*b*) V가 $V = F(V)V + \int_{w=V}^{\infty} wf(w)dw - C$ 를 만족시키는 이유를 설명하라.

(*c*) C가 증가할 때 V가 감소하는 것을 보이라.

(*d*) 이 모형에서 노동자가 이전에 거부한 직장을 받아들이고 싶다는 경우가 있을 수 있는가?

11.11 문제 11.10에서의 설정 중에서 w가 $[\mu - a, \mu + a]$의 구간에서 균일분포하고 있으며 $C < \mu$라고 가정한다.

(*a*) V를 μ, a 및 C의 함수로 나타내라.

(*b*) a가 증가하면 V는 어떠한 영향을 받는가? 직관적으로 이해되도록 설명하라.

11.12 11.4절의 Diamond–Mortensen–Pissarides모형에서 다음 각각의 변화는 정상상태 고용 수준에 어떠한 영향을 초래하는가를 설명하라.

(*a*) 직장이 종료하는 확률 λ의 상승

(*b*) 이자율 r의 상승

(*c*) 매칭의 효율성 k의 상승

(*d*) 고용될 때 소득 b의 상승

(*e*) 노동자의 교섭력 ϕ의 상승

11.13 11.4절의 Diamond–Mortensen–Pissarides모형의 정상상태를 고려하자.

(*a*) $\phi = 0$이라고 가정하자. 임금은 얼마인가? 균형조건식 (11.70)은 무엇으로 단순화되는가?

(*b*) $\phi = 1$이라고 가정하자. 임금은 얼마인가? 균형조건식 (11.70)은 무엇으로 단순화되는가? 균형조건을 만족하는 E의 값이 있는가? 이러한 경우에 모형의 정상상태는 무엇인가?

11.14 11.4절의 모형에 대하여 고찰한다. 경제는 초기에 균형상태에 있었는데 y가 항구적으로 감소하였다고 하자. 그러나 여기서 진입과 퇴출은 도외시한다. 따라서 일자리의 총수 $F + V$는 일정하다. y의 감소에 대응하여 실업수준과 결원은 시간의 흐름에 따라 어떠한 변화를 보이는가?

11.15 11.4절의 모형을 생각하자.

(*a*) 식 (11.65), 식 (11.69), 그리고 균형에서 $V_V = 0$인 사실을 함께 사용하여 E를 임금과 모형의 외생적인 모수의 함수로 표현하라.

(*b*) y의 상승이 E에 미치는 영향은 $V_E - V_U$가 $V_F - V_V$와 동일하게 유지되도록 조정하는 경우보다 W가 고정되어 있을 때 더 크다는 것을 보여라.

11.16 식 (11.71) ~ (11.75)에서 분석한 정태적 탐색과 매칭모형을 고려하자. 그러나 매칭함수 $M(\cdot)$은 콥–더글라스로 가정하지 않고 보수불변을 가정하지 않는다. 결원에 대한 매치의 탄력성 $VM_V(U,V)/M(U,V)$가 기업으로 가는 잉여의 몫 $1 - \phi$와 같을 때 분권화된 균형의 조건은 여전히 효율적인가?($M(\cdot)$은 미분가능하고 V^{EQ}와 V^*는 엄격하게 양(+)이라고 가정하라.)

연습문제

11.17 탐색경제에서 분권화 균형의 효율성 11.4절의 모형의 정상상태를 고찰한다. 이자율 r은 0의 수준에 접근하고 각 기업은 가계에 의해 소유된다고 가정하자. 따라서 경제후생은 매기당 효용과 이윤의 합으로서 측정할 수 있으며 이것은 $yE-(F+V)c+bU$와 같다. N을 총 일자리 수라고 하면 경제후생은 $W(N)=(y-b)E(N)+b-Nc$라고 쓸 수 있다. 여기서 $E(N)$은 균형고용수준을 N의 함수로 표현한 것에 지나지 않는다.

(a) 매칭함수 (11.53)과 정상상태에 관한 조건식 $M(U,V)=\lambda E$을 이용하여 직장 수의 변화가 고용에 미치는 영향 $E'(N)$을 $E(N)$과 모형의 모수로 표현하라.

(b) (a)의 답을 $W(N)$에 대입하여 $W'(N)$을 $E(N)$과 모형의 모수로 표현하라

(c) 식 (11.66)과 $a=\lambda E/(1-E)$와 $\alpha=\lambda E/V$를 이용하여 c를 N_{EQ}, $E(N_{EQ})$, y의 식으로 표현하라. 여기서 N_{EQ}는 분권화된 균형에서의 직장의 수이다.

(d) (b), (c)의 답으로부터 $\gamma>1-\phi$이면 $W'(N_{EQ})>0$이고 $\gamma<1-\phi$이면 $W'(N_{EQ})<0$임을 보이라.

Chapter 12

통화정책

마지막 두 장은 거시경제정책을 논의하는 데에 할애한다. 이 장에서는 통화정책, 제13장에서는 재정정책을 다루기로 한다. 정책의 주된 측면 가운데 두 가지에 초점을 맞추고자 한다. 첫째는 정책의 단기적 시행이다. 경제에 부딪쳐오는 여러 교란요인에 직면하여 정책입안자들이 어떻게 대처해야 하는가를 알고자 한다. 두 번째 중심적 측면은 정책의 장기적인 성과이다. 통화정책은 때때로 상당 기간에 걸쳐 높은 인플레이션을 초래하기도 하며 재정정책이 대규모의 재정수지 적자를 지속시키는 경우도 드물지 않다. 대다수의 경우 이들 인플레이션율과 재정수지 적자는 사회적으로 최적인 수준보다 더 높게 나타난다. 즉 적어도 어떤 환경 하에서는 통화정책에는 **인플레이션 편향**(*inflation bias*)이, 재정정책에는 **재정적자 편향**(*deficit bias*)이 존재하는 것으로 보인다.

12.1절과 12.2절에서 인플레이션은 왜 거의 언제나 통화공급이 빠르게 증가한 결과인가를 설명함으로써 통화정책의 분석을 시작한다. 또한 통화증가가 인플레이션, 실질화폐잔고와 이자율에 미치는 영향을 분석한다. 이후 우리는 안정화 정책을 살펴본다. 12.3절은 인플레이션과 총생산 변동의 비용에 대해 알고 있는 것과 안정화에 상당한 잠재적인 이익이 있는지 여부에 대해 논의하여 이러한 정책의 토대를 고려한다. 12.4절과 12.5절은 우리가 이러한 이슈를 이해하고 있다는 가정 하에 12.4절에서 과거지향적 모형과 12.5절의 미래지향적 모형의 두 가지 기본모형에서 최적 안정화 정책을 분석한다. 12.6절은 안정화 정책의 수행과 관련된 몇 가지 추가적인 이슈를 논의하고 12.7절은 명목이자율이 0 아래로 떨어질 수 없다는 사실로부터 통화정책의 중요한 제약에 초점을 둔다.

이 장의 마지막 절은 인플레이션 편향에 대해 논의한다. 이러한 편향성이 어떻게 발생할 수 있는지를 설명하는 사고의 틀로서 주요한 것이 두 가지가 있다. 첫 번째는 총생산–인플레이션 상충관계를 강조하는 것이다. 통화정책이 실물효과가 있다는 사실 때문에 정책입안자들은 총생산을 증대시키는 노력의 일환으로 통화공급을 증대시키려 하게 된다. 이러한 정책의도가 어떻게 인플레이션, 보통은 지나치게 높은 인플레이션을 초래할 수 있는가에 관한 이론이 12.8절에서 논의되고 12.9절에서 관련 증거 중 일부를 검토한다.

통화공급의 빠른 증가를 설명하는 두 번째의 사고 틀은 **화폐주조이익**(*seignorage*) – 정부가 화폐를 발행함으로써 얻는 수입 – 에 초점을 맞춘다. 이들 이론은 선진국보다는 개발도상국에 더 관련이 있고 초인플레이션(hyperinflation)의 핵심이 되는바 12.10절의 주제이다.

12.1 인플레이션, 통화증가율, 그리고 이자율

■ 인플레이션과 통화증가율

인플레이션이란 화폐로 평가한 재화와 서비스의 평균가격이 상승하는 현상이다. 따라서 인플레이션을 이해하기 위해서는 화폐시장을 검토할 필요가 있다.

6.1절에서 우리는 실질화폐잔고에 대한 수요가 명목이자율과는 감소관계, 실질소득과는 증가관계에 있다는 것을 알았다. 따라서 실질잔고에 대한 수요함수를 합리적으로 설정한다면 다음과 같다. $L(i, Y)$, $L_i < 0$, $L_Y > 0$, 단 i는 명목이자율, Y는 실질소득이다. 이러한 설정 하에서 화폐시장의 균형조건은 다음과 같다.

$$\frac{M}{P} = L(i,Y) \tag{12.1}$$

여기서 M은 통화스톡, P는 물가수준이다. 이 조건은 물가수준이 다음과 같이 주어진다는 것을 의미한다.

$$P = \frac{M}{L(i,Y)} \tag{12.2}$$

식 (12.2)는 인플레이션의 잠재적인 원천이 많이 존재한다는 것을 보여 준다. 물가수준은 통화공급이 증대하거나, 이자율이 상승하거나, 실질총생산이 감소하거나, 주어진 명목이자율 i와 실질소득 Y의 수준에서 통화수요가 감소하거나 함으로써 상승할 수 있다. 그럼에도 불구하고 장기적 관점에서 인플레이션을 이해하는 문제와 관련하여 경제학자들은 전형적으로 단지 하나의 요인을 강조한다. 그것은 통화공급의 증가이다. 이는 통화공급량 증가 이외의 다른 요인이 물가수준의 지속적인 상승을 야기할 가능성은 거의 없기 때문이다. 장기간에 걸쳐 총생산이 감소한다는 것은 현실성이 없다. 명목이자율의 구성요소 중 기대인플레이션은 인플레이션 자체를 반영하며 실질이자율의 변동에는 한계가 있다. 끝으로 실질화폐잔고에 대한 수요가 주어진 명목이자율 i와 실질소득 Y의 수준에서 계속 감소할 것으로 기대할 만한 이유는 찾을 수 없다. 이와는 대조적으로, 통화공급은 거의 어떠한 율로도 증가할 수 있으며 실제로 매우 큰 폭의 통화공급 변동이 관찰된다 – 통화공급이 디플레이션의 기간에는 대폭적인 감소를, 초인플레이션의 기간에는 엄청난 규모의 증가를 나타낸다.

이러한 관점들을 정량적으로 살펴볼 수 있다. 통화수요함수에 대한 통상적인 추정치에 의하면 통화수요의 소득탄력성은 약 1이며 이자율 탄력성은 약 −0.2로 나타난다(예를 들어 Goldfeld and Sichel, 1990를 참조). 따라서 통화공급의 변동없이 물가수준이 배로 상승하려면 실질소득이 대략 반으로 줄거나 이자율이 약 32배만큼 상승하여야 한다. 아니면 실질잔고에 대한 수요가 주어진 이자율과 소득의 수준에서 반으로 줄어야 한다. 이러한 가능성들은 별로 들어볼 수 없다. 이와는 대조적으로 완만한 인플레이션의 과정에서는 수년간에 걸쳐서, 초인플레이션의 절정기에는 단지 며칠 사이에 통화공급이 배가되는 현상은 그리 드물지 않다.

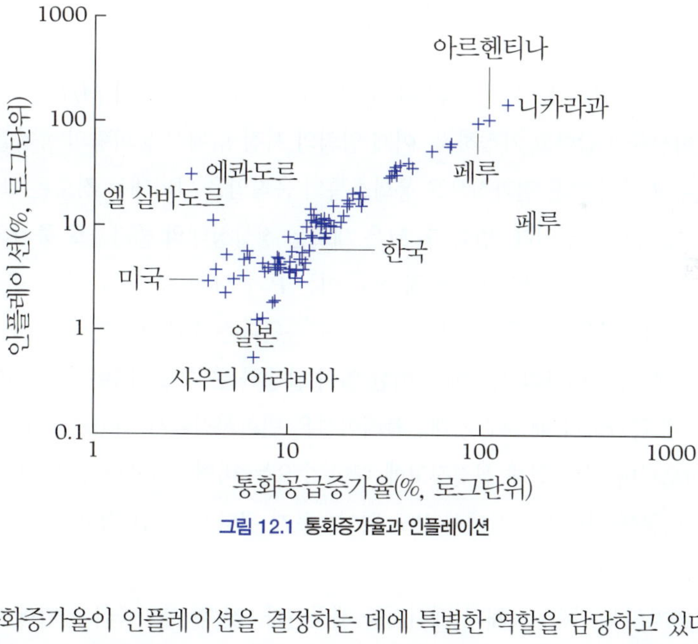

그림 12.1 통화증가율과 인플레이션

따라서 통화증가율이 인플레이션을 결정하는 데에 특별한 역할을 담당하고 있다. 이는 통화가 다른 요인들에 비해 보다 더 가격에 직접적으로 영향을 주기 때문이 아니라 통화량의 증가율이 실제로 다른 인플레이션 요인들에 비해 훨씬 더 많이 변동하였기 때문이다. 그림 12.1에서 인플레이션에 대한 통화공급 증가의 중요성을 확인할 수 있다. 이 그림은 1980~2006년 기간 중 88개 국가의 평균 인플레이션율과 평균통화증가율을 점으로 나타낸 산포도이다. 이들 두 변수 간에 분명하고 강력한 양(+)의 관계가 존재함을 알 수 있다.

■ 통화증가율과 이자율

통화량 증가가 인플레이션을 결정하는 주된 요인이기 때문에 좀 더 자세히 그 효과를 분석해 볼 필요가 있다. 먼저 가격들이 완전한 신축성을 갖고 있는 경우로부터 시작한다. 이는 아마도 장기의 모습을 잘 표현한 것이 될 것이다. 경기변동에 대한 분석에서 본 것처럼 이 가정은 통화공급량이 실질총생산이나 실질이자율에 영향을 주지 못한다는 것을 의미한다. 단순화를 위해 이들 두 변수가 각각 $\overline{Y}$와 $\overline{r}$의 상수 값을 가진다고 가정한다.

정의에 의해 실질이자율은 명목이자율과 기대인플레이션율 간의 차이이다. 즉 $r \equiv i - \pi^e$ 또는

$$i \equiv r + \pi^e \tag{12.3}$$

식 (12.3)은 **피셔항등식**(*Fisher identity*)으로 알려져 있다.

식 (12.3)과 r과 Y가 일정하다는 가정을 이용하여 식 (12.2)를 다음과 같이 다시 고쳐 쓸 수 있다.

$$P = \frac{M}{L(\overline{r} + \pi^e, \overline{Y})} \tag{12.4}$$

초기에 M과 P가 동일한 정상상태의 비율로 증가하고(따라서 M/P는 일정함) π^e는 실제 인플레이션율과 같다고 가정하자. 이제 임의의 시점 t_0에서 통화량의 증가율이 영구적으로 증가하였다고 가정한다. 결과적으로 통화스톡의 움직임을 나타내는 경로는 그림 12.2의 가장 위의 패널에 제시되어 있다. 변화 후 M은 새로운 정상상태의 증가율로 증가하고 r과 Y가 일정하다는 가정으로 인해 M/P는 일정하다. 이는 P가 M의 증가율과 같은 율로 증가하고 π^e가 새로운 통화증가율과 같을 때 식 (12.4)가 충족된다는 것을 의미한다.

그러나 이러한 변화의 시점에 어떠한 일이 발생하는가? 물가수준은 종전에 비해 변화 후 보다 빠르게 증가하기 때문에 기대인플레이션은 변화시점에서 뛰어오른다. 따라서 명목이자율도 뛰어오르며 이로 인해 실질잔고에 대한 수요는 비연속적으로 감소한다. M은 연속적으로 변하기 때문에 변화의 시점에서 P도 뛰어오르게 된다. 이러한 정보가 그림 12.2의 나머지 그림에 요약되어 있다.[1]

지금까지의 분석은 두 개의 메시지를 제공한다. 첫째, 통화공급 증가에 따른 인플레이션의 변화는 1:1로 명목이자율에 반영된다. 인플레이션이 명목이자율에 1:1로 반영된다는 가정은 **피셔효과**(*Fisher effect*)라고 알려져 있다. 이 효과는 피셔 항등식과 인플레이션이 실질이자율에 영향을 주지 못한다는 가정으로부터 도출된다.

1 여기서 설명한 P의 경로에는 식 (12.4)를 충족하는 거품경로(bubble path)가 존재할 수도 있다. 거품경로 상에서는 P가 가속적으로 상승하고 이에 수반하여 π^e가 상승하며 실질잔고에 대한 수요는 감소한다. 예를 들어 문제 2.21을 참조하라.

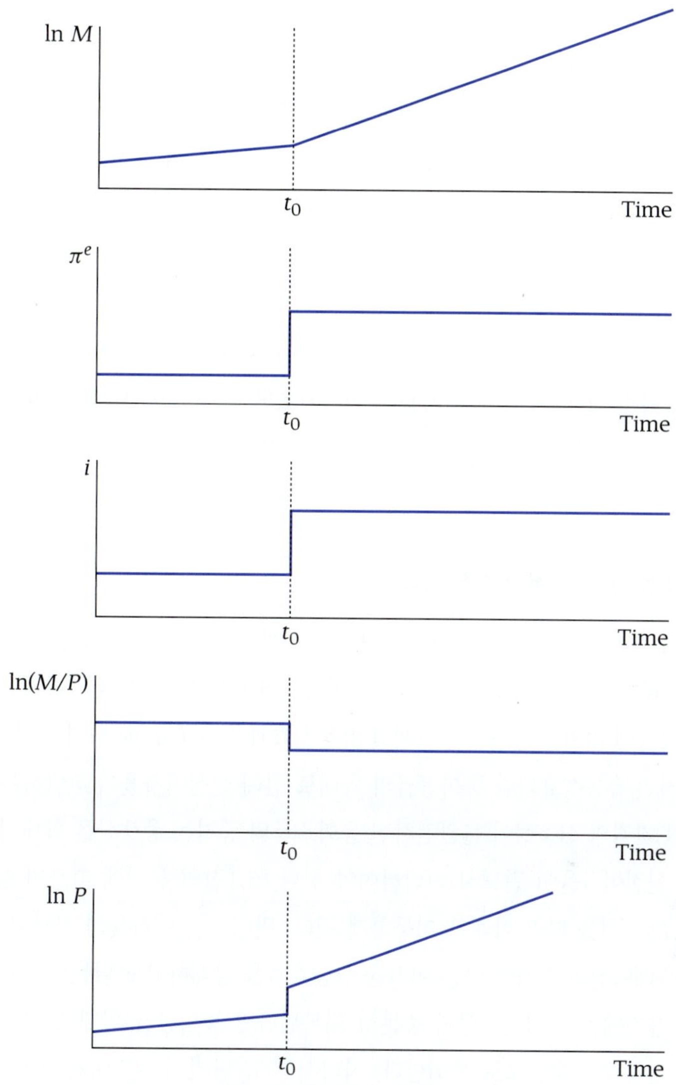

그림 12.2 통화증가율 증가의 효과

둘째, **명목** 통화스톡의 높은 증가율은 **실질** 통화스톡을 감소시킨다. 통화증가율의 상승은 기대인플레이션을 증가시키며 따라서 명목이자율의 상승을 초래한다. 이는 다시 화폐보유의 기회비용을 상승시켜 개인들이 보유하기를 원하는 실질잔고의 양을 감소시킨다. 따라서 균형을 이루려면 P는 M의 증가보다 더 많이 증가하여야 한다. 즉 인플레이션율이 통화증가율을 초과하는 시기가 존재해야 한다는 것을 의미한다. 이러한 모형에서 통화증가율이 증대되는 시점에서 이러한 현상이 발생한다. 이와는 대조적으로 가격들이 충분히 신축적이지 못하거나 개인들이 비용을 치르지 않고서는 실질잔고 보유량을 조정할 수 없는 모형의 경우에는 장기에 걸쳐서 앞에서 지적한 현상이 발생한다.

여기에서 인플레이션이 하락하더라도 통상 보다 높은 통화증가율이 일시적인 기간 동안 지속될 수 있다는 것을 유추할 수 있다. 정책입안자들이 인플레이션을 하락시키고자 하되 물가수준이 불연속적으로 변동하는 것을 원하지 않는다고 가정하자. 이를 위해 어떠한 M의 경로가 요구되는가? 인플레이션의 하락은 기대인플레이션을 감소시킬 것이며 따라서 명목이자율의 하락과 실질잔고에 대한 수요의 증대를 초래한다. 통화시장의 균형조건을 $M = PL(i, Y)$로 설정할 때 $L(i, Y)$는 불연속적으로 증가하며 P는 뛰어오르지 않기 때문에 M이 뛰어올라야 한다. 물론 인플레이션을 낮은 수준에 머무르게 하기 위해 통화스톡은 이 높은 수준으로부터 서서히 증가하여야만 한다.

따라서 인플레이션의 영구적인 하락과 부합하는 통화정책은 통화공급량이 갑자기 상방으로 뛰어올랐다가 그 뒤에 낮은 증가율이 이어지도록 하는 것이다. 실제 인플레이션의 하락을 보여준 명백한 사례 – 초인플레이션의 종말 – 들을 보면 물가가 안정된 후에도 한동안 매우 높은 통화증가율이 이어진 현상이 나타났다(Sargent, 1982).[2]

■ 가격신축성이 불완전한 경우

앞서의 분석에서 통화증가율이 확대되면 명목이자율이 상승한다. 그러나 실제로 통화공급 확대에 따른 즉각적인 효과는 단기 명목이자율이 낮아지는 것이다. 이처럼 통화공급의 확대가 명목이자율에 미치는 음(−)의 효과를 **유동성효과**(*liquidity effect*)라고 부른다.

전통적인 유동성효과란 통화공급의 확대로 인해 실질이자율이 하락하는 현상이라고 설명된다. 만일 가격의 신축성이 불완전하면 통화스톡의 증가는 총생산을 확대시키지만 이것이 성립하려면 실질이자율이 반드시 하락하여야 한다. 6.1절의 분석에 따르면 통화공급이 확대되면 경제는 IS곡선을 따라 아래로 이동하게 된다. 만일 실질이자율의 하락이 충분히 크다면 이는 기대인플레이션의 증가에 따른 이자율 상승효과를 상쇄하고도 남는다.[3]

만일 장기에는 가격신축성이 충분히 회복된다면 통화공급 확대로 일시 변동하였던 실질이자율은 결국 정상수준으로 복귀한다. 따라서 만일 단기에 실질이자율 효과가 기대인플레이션 효과를 압도하면 실질이자율의 변동으로 인해 단기에는 명목이자율이 하락하게 되지만 장기에는 상승하게 되는 것이다. 프리드먼(Friedman, 1968)이 지적한 바와 같이 이러한 과정이 실제 통화정책의 효과를 정확하게 나타낸다. 예를 들어 1960년대 후반에 미 연준에 의해 수행된 통화공급의 확대정책은 수년간 명목이자율을 낮추었으나 인플레이션을 유발함으로써 장기적으로 명목이자율 상승을 초래했다.

2 이 분석으로부터는 통화공급이 폭발적으로 증대하고 있을 때에 왜 기대인플레이션율이 낮아지는가 하는 의문이 발생한다. 이 점에 대하여는 12.10절에서 다룬다.

3 문제 12.2를 참조하라. 또한 만일 인플레이션이 어떤 기간 동안 통화정책에 전혀 반응하지 않는다면 이 기간 중 기대인플레이션은 상승하지 않는다. 따라서 이러한 경우에는 단기 명목이자율이 반드시 하락하게 된다.

12.2 통화정책과 이자율의 만기구조

많은 경우 우리들은 단기이자율의 움직임뿐만 아니라 장기이자율의 행태에 대하여도 관심을 두고 있다. 통화정책이 어떻게 장기 이자율에 영향을 미치는지를 이해하기 위해 먼저 단기이자율과 장기이자율 간의 관계를 고찰해야 한다. 만기가 다른 이자율들 간의 관계를 **이자율의 만기구조**(*term structure*)라고 하며 이 관계에 대한 표준적인 이론은 **만기구조에 대한 기대이론**(*expectations theory of the term structure*)으로 알려져 있다. 여기서는 이 이론을 소개하고 통화정책의 효과에 대한 시사점을 살펴본다.

■ 만기구조에 대한 기대이론

어떤 투자자가 향후 n기간 동안에 1달러를 어떻게 투자할까 하는 문제를 생각하자. 단순화를 위해 미래의 이자율에 대하여 불확실성이 존재하지 않는다고 가정한다. 먼저 투자자가 1달러를 n기간 0%쿠폰채 – 즉 모든 수익이 n기 이후에 나오는 채권 – 에 투자한다고 가정하자. 만일 이 채권의 수익이 매기 i_t^n의 이자율로 연속적으로 복리계산이 된다면 투자자는 n기간 후 $\exp(n\, i_t^n)$달러를 받게 된다. 이제 1달러를 매기 각각 $i_t^1, i_{t+1}^1, \cdots, i_{t+n-1}^1$의 복리이자를 지급하는 일련의 1기 채권에 n기간 동안 투자하는 경우를 생각하자. 이러한 경우에 투자자는 최종적으로 $\exp(i_t^1 + i_{t+1}^1 + \cdots + i_{t+n-1}^1)$을 받게 될 것이다.

균형은 투자자가 1기 채권과 n기간 채권 모두를 보유하려고 할 때 이루어진다. 따라서 투자자가 두 가지 투자전략으로 얻을 수 있는 투자수익은 동일하여야 하므로 다음이 필요하다.

$$i_t^n = \frac{i_t^1 + i_{t+1}^1 + \cdots + i_{t+n-1}^1}{n} \tag{12.5}$$

즉 이 식은 장기채권의 이자율이 만기까지 적용되는 각각의 단기채 이자율을 평균한 값과 같아야 한다는 것을 의미한다.

이러한 예에서 불확실성이 존재하지 않기 때문에 만기구조는 단기 이자율이 취하는 경로에 의해 결정된다는 것을 쉽게 알 수 있다. 불확실성이 존재하는 경우 적절한 가정이 필요하지만 여전히 장래의 단기이자율에 대한 기대값이 만기구조를 결정하는데 중요한 역할을 한다. 이에 대한 전형적인 공식은 다음과 같다.

$$i_t^n = \frac{i_t^1 + E_t i_{t+1}^1 + \cdots + E_t i_{t+n-1}^1}{n} + \theta_{nt} \tag{12.6}$$

여기서 E_t는 t기 현재의 기대 연산자이다. 불확실성 하에서 n기간 채권을 구입하는 전략과 일련의 1기 채권을 매입하는 전략은 서로 다른 위험을 수반하게 된다. 따라서 이들 두 전략의 기대수익은 동일하지 않다고 가정하는 것이 합리적이다. 따라서 식 (12.6)에서 장기 채권을 보유하는데 요구되는 조건에 **만기 프리미엄**(*term premium*) θ가 포함된다.

만기구조의 기대이론은 만기구조의 변화가(만기 프리미엄의 변동에 의하기보다) 미래 이자율에 대한 기대의 변화에 의해 결정된다는 가설이다. 비록 항상 그렇지는 않지만 전형적으로 기대형성은 합리적으로 이루어진다고 가정한다.

12.1절의 마지막 부분에 기술된 바와 같이 가격이 완전히 신축적이지 않더라도 통화증가율의 영구적인 상승은 결국 단기 명목이자율을 영구적으로 상승시킨다. 따라서 단기이자율이 어떤 기간에 하락한다고 하더라도 식 (12.5)에 의하면 충분히 긴 만기의 이자율(즉 충분히 큰 값의 n)이 즉각적으로 상승하는 것을 알 수 있다. 따라서 지금까지의 분석에 따르면 통화공급의 확대는 단기이자율을 하락시키지만 장기이자율을 상승시킬 것을 시사하고 있다.

실증적 응용: 만기구조와 연방기금 목표이자율의 변경

미 연준은 전형적으로 특정한 이자율인 연방기금이자율(Federal funds rates)의 목표수준을 설정하고 불연속적으로 동 목표수준의 변경을 통해 통화정책을 수행하여 왔다. 연방기금이자율란 은행 간 지급준비금의 일일대출거래에 적용되는 이자율, 즉 초단기 이자율이다. 연준의 연방기금 목표이자율이 불연속적으로 변동되기 때문에 목표수준이 무엇이며 언제 변동되는지가 분명한 경우가 일반적이다. Cook and Hahn(1989)은 이러한 사실을 이용하여 통화정책이 서로 다른 만기의 채권 이자율에 미친 영향을 조사하였다. 이들은 미 연준이 연방기금이자율의 목표수준을 설정하여 운영하였던 1974~1979 기간을 분석하였다

Cook and Hahn은 먼저 이 기간 중 연방기금 목표이자율이 변동한 자료를 수집하였다. 이를 위해 뉴욕 연준은행(Federal Reserve Bank of New York: 실제 이자율변경 정책을 집행함)의 기록과 The Wall Street Journal의 보도내용을 함께 조사하였다. 이들은 WSJ지의 보도가 거의 항상 옳았다는 것을 확인했다. 따라서 WSJ에 의해 보도된 목표이자율의 변경을 공표된 자료로 간주하는 것이 합리적이라고 받아들였다.

Cook and Hahn이 기술한 바처럼 연방기금이자율의 실적치는 그 목표이자율에 근접하여 움직였다. 더욱이 미 연준이 통화정책 변경과 관계없이 연방기금이자율 변동을 초래하는 요인들에 반응하여 목표이자율을 조정한다는 것은 거의 생각할 수 없는 일이다. 예를 들어 미 연준이 행동을 취하지 않았는데도 연방기금이자율이 비연속적으로 변동하는 일은 있을 것 같지 않다. 이에 더하여 때때로 미 연준이 목표이자율을 변경하겠다고 하는 정책결정과 실제의 정책변경과의 사이에 여러 날의 시차가 있는 경우가 많다. 따라서 미 연준이 연방기금이자율을 움직이는 요인들에 반응한다고 주장하는 것은 미 연준이 이러한 요인들을 사전에 알고 있었다고 주장하는 것이 된다.

연방기금이자율의 실적치와 목표치와의 밀접한 관련은 통화정책이 단기이자율에 영향을 미친다고 하는 주장에 강력한 증거를 제공한다. Cook and Hahn이 기술한 바에 따르면 이 문제에 대한 초기의 연구들은 주로 분석대상기간 중 월별 또는 분기별 이자율의 변동치를 통화공

급의 변동치에 회귀시키는 것이었다. 회귀방정식의 추정결과는 이자율에 영향을 미치는 미 연준의 능력에 대하여 명백한 증거를 제공하지 못하고 있다. 이는 5.9절에서 논의한 통화–총생산의 회귀방정식을 복잡하게 만드는 문제와 동일한 형태의 문제점에 의해 회귀방정식의 처리가 어렵게 되었기 때문이다. 즉 통화공급이 미 연준에 의해 일방적으로 결정되는 것이 아니며 미 연준은 경제상황 등에 대한 정보에 대응하여 정책을 조정한다.

Cook and Hahn은 미 연준의 목표이자율 변경이 장기이자율에 미치는 영향에 대하여 조사하였다. 이들은 다음과 같은 형태의 회귀식을 추정하였다.

$$\Delta R_t^i = b_1^i + b_2^i \Delta FF_t + u_t^i \qquad (12.7)$$

여기서 ΔR_t^i는 t시점에서 만기가 i인 채권의 이자율 변동폭이며 ΔFF_t는 t시점에서 미 연준 목표이자율의 변경폭을 나타내고 있다.

이 절 처음 부분의 예들과 달리 Cook and Hahn은 연방기금 이자율목표의 상승은 모든 만기에 걸쳐서 명목이자율의 상승으로 이어지는 것을 발견하였다. 목표이자율이 100 베이스 포인트(즉 1%포인트) 상승할 때 3개월 만기 이자율은 55 베이스 포인트(표준오차 6.8 베이스 포인트), 1년 만기 이자율은 50 베이스 포인트(5.2 베이스 포인트), 5년 만기 이자율은 21 베이스 포인트(3.2) 그리고 20년 만기 이자율은 10 베이스 포인트(1.8) 상승하는 것으로 나타났다.

Kuttner(2001)는 이 연구를 1990년대까지 확장하였다. 그는 1989년부터 예상된 연방기금 선물시장(Federal funds future market)이 개장된 점을 분석에 고려하였다. 합리적인 가정하에서 선물시장 이자율의 주된 결정요인은 연방기금이자율 의 경로에 대한 시장참여자들의 기대일 것이다. Kuttner는 선물시장으로부터 얻은 데이터를 이용하여 미 연준 목표이자율의 변경폭을 시장참여자들에 의해 예상된 부분과 예상치 못하였던 부분으로 분해하였다.

장기이자율은 미래의 단기이자율에 대한 기대를 포함하기 때문에 예상된 연방기금이자율의 변동은 장기이자율에 영향을 미치지 못할 것이다. Kuttner는 이러한 예측과 잘 들어맞게도 1989년 이후의 기간에 통화정책의 변경 중 예상된 부분은 만기가 3개월에서 30년에 이르는 채권의 이자율에 어떠한 영향도 주지 못한 사실을 발견하였다. 이와는 대조적으로 예상치 못하였던 변경은 매우 크고 대단히 중요한 영향을 끼친 것으로 나타났다. 1970년대처럼 연방기금 목표이자율의 상승은 모든 종류의 만기에 대하여 명목이자율의 상승과 연관된 것으로 나타났다. 실제로 그 영향은 Cook and Hahn이 1970년대의 목표이자율 변경에 대하여 발견하였던 것보다 더 컸다. 이는 1970년대의 목표이자율 변경은 그 일부만이 예상되었기 때문이라고 설명할 수 있겠다.

긴축적인 통화정책이 즉각적으로 장기명목이자율을 하락시킬 것이라는 생각은 직관적으로 이해할 수 있다. 긴축정책은 일시적으로만 실질이자율을 상승시키고 장기에 걸쳐 인플레이션을 하락시킬 것이기 때문이다. 그럼에도 불구하고 Cook and Hahn과 Kuttner의 실증분석 결과는 이러한 견해를 지지하지 않고 있다.

이러한 이례적인 분석결과에 대한 한 가지 가능한 설명은 미 연준이 때때로 시장 참여자가 갖지 못한 장래의 인플레이션에 대한 독자적인 정보를 바탕으로 정책을 변경한다는 것이다. 결과적으로 시장참여자들이 긴축통화정책으로의 전환을 관측할 때 자기들이 당초 믿었던 것보다 미 연준이 인플레이션에 대하여 더 단호한 자세를 취한다고 생각하지 않는다. 그 대신에 자신들이 전에는 알지 못했던 인플레이션에 관한 비우호적인 정보가 있다고 추론한다.

C. Romer and D. Romer(2000)는 인플레이션에 대한 상업적인 예측과 미 연준의 예측을 상세히 조사하여 이러한 설명에 대한 검정을 수행하였다. 미 연준의 예측치는 5년이 경과한 후에만 공개되기 때문에 이들 예측치를 미 연준에게는 알려져 있지만 시장참여자들에게는 알려지지 않은 정보의 기록으로 간주할 수 있다. Romer and Romer는 상업적인 예측치를 알고 있는 개인들이 미 연준의 예측치에 대한 접근이 가능할 경우 예측의 정도를 보다 더 개선할 수 있는지 여부를 분석했다. 이들은 다음 형태의 회귀방정식을 추정하였다.

$$\pi_t = a + b_C \hat{\pi}_t^C + b_F \hat{\pi}_t^F + e_t \tag{12.8}$$

여기서 π_t는 실제 인플레이션율, $\hat{\pi}_t^C$와 $\hat{\pi}_t^F$는 각각 π_t에 대한 상업적인 예측치와 미 연준의 예측치를 나타낸다. 이들의 주된 관심사는 미 연준의 예측치에 대한 계수 b_F이다.

회귀방정식의 설정형태 중 대부분의 경우 b_F의 추정치는 1에 가까운 값으로, 그리고 통계적으로도 압도적으로 유의한 것으로 나타났다. 더욱이 b_C의 추정치는 0에 가까우며 통계적으로 높은 수준에서 유의적이지 못한 것으로 보고되었다. 이러한 결과는 미 연준이 인플레이션에 관해 유용한 정보를 보유하고 있음을 의미한다. 실제로 이는 상업적 예측과 미 연준의 예측치 양자에 접근이 가능한 개인들이 취하여야 할 최적예측전략은 상업적 예측치를 버리고 미 연준의 예측치를 받아들이는 것임을 시사한다.

한편 긴축통화정책에 부응하여 장기이자율이 상승하는 현상을 설명하는 요인의 하나로서 미 연준의 추가적인 정보가 타당성이 있으려면 이러한 움직임에서 미 연준이 보유하고 있는 우월적인 정보가 드러나야 할 것이다. 따라서 Romer and Romer는 미 연준의 예측치를 추론하려고 노력하는 시장참여자의 문제를 고찰하였다. 이를 위하여 이들은 다음의 회귀방정식을 추정하였다.

$$\hat{\pi}_t^F = \alpha + \beta \Delta FF_t + \gamma \hat{\pi}_t^C + \varepsilon_t \tag{12.9}$$

여기서 ΔFF는 미 연준 목표이자율의 변경폭이다. β에 대한 전형적인 추정치는 약 0.25로 나타났다. 이러한 추정결과는 목표이자율이 1%포인트 인상될 때 미 연준의 인플레이션 예측치는 상업적 예측치에 의해 개인이 예측했던 것보다 1/4% 포인트 높다는 것을 의미한다. 목표이자율의 인상이 인플레이션에 대한 미 연준의 예측의 결과라는 점에서 이자율인상은 시장참여자들의 인플레이션 기대를 그 만큼 상승시킬 것이다. 이 결과는 Cook and Hahn이 발견한 사실을 충분히 설명하는 것 그 이상이다. 불행하게도, β의 추정치는 그다지 정확하지 않다. 이는 2배의 표준오차에 의해 설정된 신뢰구간이 0보다 적은 값에서부터 0.5 이상의 범위를 갖기 때문이다. 따라서 비록 Romer and Romer의 분석결과가 장기이자율에 대한 정책효과의 정보현시(information-revealaton)가설과 부합하지만 이에 대한 결정적인 증거를 제시하지는 못한다고 할 수 있다.[4]

12.3 안정화 정책의 미시경제학적 토대

이제 우리는 안정화 정책-정책입안자가 인플레이션과 총생산의 변동에 영향을 미치기 위해 정책입안자가 사용해야 하는 방법을 살펴보자. 안정화 정책에 대한 논의는 종종 정책입안자들의 목표가 인플레이션을 낮고 안정적으로 유지하고 일부 추세에서 총생산의 이탈을 극소화해야 한다는 가정에서 시작된다. 그러나 아마도 정책입안자들의 궁극적인 목표는 후생을 극대화하는 것이다. 인플레이션과 총생산이 후생에 어떤 영향을 미치는지는 명확하지 않다. 따라서 안정화 정책의 분석하는 적절한 시작점은 인플레이션과 생산 변동의 후생 효과를 고려하는 것이다. 우리는 인플레이션으로 시작하고 총생산을 살펴본다.

■ 인플레이션 비용

인플레이션 비용을 이해하는 것은 중요한 문제에 부딪힌다. 많은 모형에 있어서 지속적인 인플레이션은 모든 가격과 임금의 증가율 및 모든 자산의 명목이자율을 동일한 양만큼 상승시킨다. 결과적으로 이러한 사실이야말로 인플레이션의 큰 비용을 식별하는 작업을 어렵게 만들고 있다.

가장 쉽게 식별할 수 있는 인플레이션 비용은 본원통화의 명목수익률이 0으로 고정되어 있기 때문에 인플레이션이 높아지면 사람들이 보유한 화폐를 줄이기 위해 더 많은 노력을 기울이게 된다는 사실에서 발생한다. 예를 들어 사람들이 다른 자산을 더 적게 더 자주 바꾼다. 본원통화는 본래 정부가 무비용으로 생산하기 때문에 이러한 교환활동은 어떠한 사회적 편익을 발생시키지 않는다. 따라서 이것이 인플레이션의 비용이 된다. 명목이자율(즉 화폐보유의 기회비용)이 0이 되는 인플레이션을 선택한다면 화폐보유액을 절약하는 데 부심하는 사회적으로 비생산적인 노력이 사라지도록 할 수 있다. 일반적으로 실질이자율은 그다지 크지 않은 양

4 이 분야에 대한 보다 최근의 연구는 Cook and Hahn이 연구한 기간 이후의 또 다른 제도적 발전을 이용한다. 1997년 이후 미국은 수익이 달러로 고정된 기존 명목채권뿐만 아니라 물가연동채권(inflation-indexed bonds)도 발행하였다. 또한, 영국은 1981년부터 물가연동채권을 발행하였다. 식 (12.6)과 같은 논리에 따라 n기간 물가연동채권의 이자율은 n기간 동안의 기대 1기 실질이자율과 기간 프리미엄을 반영한다. 만일 만기 프리미엄의 변화가 작으면 연방기금 목표이자율과 기타 발전의 예상치 못한 변화가 명목이자율 뿐만 아니라 실질이자율과 기대인플레이션에 개별적으로 미치는 영향을 연구할 수 있다. 이러한 분석의 예로는 Gürkaynak, Sack, and Swanson(2005), Gürkaynak, Levin, and Swanson(2010), Beechey and Wright(2009)이 있다.

(+)의 값을 갖기 때문에 이를 위해서는 약간의 디플레이션이 요구된다.[5]

두 번째 쉽게 식별할 수 있는 인플레이션 비용은 개별 가격이 연속적으로 조정되지 않는다는 사실에서 발생한다. 결과적으로 지속적인 인플레이션 상황에서도 기업들은 다른 시기에 가격을 조정함에 따라 상대가격에 변동이 발생한다. 이러한 상대가격 변동은 사회적 비용과 편익에 대응되는 것이 없으므로 잘못된 재배분을 유발한다.

마찬가지로 기업이 인플레이션을 따라잡기 위해 가격을 변경하는 데 사용되는 자원은 인플레이션 비용을 나타낸다. 상대가격 충격의 분포에 대한 일반적인 가정 하에서 상대가격의 가성적 움직임과 가격조정에 사용되는 자원은 인플레이션이 0인 상태에서 극소화된다.

용이하게 식별할 수 있는 마지막 인플레이션의 비용은 조세제도 왜곡이 발생하는 데 있다(예를 들어 Feldstein, 1997). 대부분의 국가에서 자본이득(capital gain)과 이자소득을 계산하거나 이자지급비용 및 감가상각에 의한 공제액을 계산할 때 모두 명목가치를 기준으로 한다. 결과적으로 인플레이션은 투자와 저축의 유인에 커다란 영향을 미친다. 미국의 경우 이러한 여러 가지 경로를 통해 초래되는 인플레이션의 순효과가 자본소득에 대한 실효세율이 현저히 높이는 요인이 되고 있다. 더욱이 인플레이션에 의해 다른 종류의 투자들 사이에 존재하는 상대적 매력의 정도가 크게 변경된다. 예를 들어 소유자가 거주하고 있는 자가주택이 제공하는 서비스에 대하여는 일반적으로 과세되지 않는 반면 보통의 사업자본이 창출하는 소득에 대하여는 과세되기 때문에, 인플레이션이 발생하지 않는 경우라도 조세제도는 사업자본에 비하여 소유자거주 주택에 투자를 촉진하는 영향이 있다. 주택담보대출의 이자 지급액은 과세소득에서 공제되기 때문에 인플레이션은 이러한 왜곡을 더욱 심화시킨다.

불행하게도, 이러한 비용 중에 어느 것도 정책입안자가 사람들의 인플레이션에 대한 강한 혐오를 설명할 수 없다. 양(+)의 명목이자율이 존재하기 때문에 빈번하게 돈을 인출하러 가야 한다고 하는 소위 **구두창비용**(*shoe-leather cost*)은 실제로 관찰되는 거의 모든 인플레이션율에 비하여 얼마 되지 않는다. 비록 물가수준이 매달 배로 뛰어오른다고 하더라도 화폐가 상실해 가는 가치는 하루에 단지 몇 퍼센트에 불과한 비율이다. 따라서 이러한 경우에 개인들은 자신들의 화폐보유량을 줄이기 위해 막대한 비용을 치르지는 않을 것이다. 마찬가지로 가격조정 비용과 연동비용은 거의 확실히 작기 때문에 인플레이션을 따라잡기 위해 가격을 조정하는 비용과 인플레이션에 의해 유발된 상대가격 변동성으로 인한 직접적인 왜곡 모두 작을 가능성이 높다. 더욱이 Nakamura, Steinsson, Sun, and Villar(2017)는 펀더멘털과 관련이 없는 상대가격 변동성이 인플레이션이 10%에 가까웠던 때인 1970년대 후반의 볼커 디스인플레이션이 인플레이션을 훨씬 더 낮은 수준으로 낮추었던 그 이후 수십 년보다 더 크지 않은 것을 발견하였다. 이러한 결과는 잠재적인 인플레이션 비용이 적절한 범위에서 중요하지 않다는 것을 제시한다. 마지막으로 비록 조세제도 왜곡을 통한 인플레이션 비용이 크다고 하더라도 이러한 비용은 상당히 구체적이며 물가연동제의 이용으로 극복할 수 있다. 그러나 인플레이션에 대한

5 이러한 논쟁은 Friedman(1969)와 연관된다. 그러나 실제로 Tolley(1957)까지 거슬러 올라간다.

혐오는 훨씬 더 뿌리 깊은 것으로 보인다.

따라서 경제학자들은 인플레이션이 덜 간단한 채널을 통해 중요한 비용을 초래할 수 있는지 여부를 조사하는 데 상당한 노력을 기울였다. 이러한 비용은 지속적이고 예상한 인플레이션 또는 인플레이션 수준과 변동성 간의 연결로부터 발생할 수 있다.

지속적 인플레이션이 큰 비용을 발생시킬 수 있는 메커니즘은 세 가지가 있다. 첫째, 위에서 설명한 인플레이션에 의해 유발된 상대가격 변동성이다. Okun(1975)과 Carlton(1982)은 인플레이션에 의한 상대가격 변동이, 기업과 소비자가 장기적인 관계를 맺고 가격을 빈번하게 조정하지 않는 시장에 교란을 초래한다는 것을 비정형적으로 논증하고 있다. 예를 들어 이러한 변동은 잠재적인 소비자가 장기적인 관계를 맺을 것인지의 여부를 결정하는 것을 어렵게 하거나, 장기적 관계를 맺고 있는 당사자가 다른 가격과 비교하여 자신이 거래하는 가격이 공정한지 여부를 검증하는 것을 어렵게 할 수 있다. 정형적 모형분석에 인플레이션이 시장 구조, 장기적 관계, 그리고 효율성에 복잡한 영향을 미친다는 것을 보여주고 있다(예를 들어 Benabou,1992 ; Tommasi, 1994를 참조). 이들 연구들은 인플레이션의 영향에 대하여 아직 어떤 합의에 이르지는 못하고 있으나 인플레이션이 상당히 큰 비용을 초래할 수 있는 몇 가지 방법을 제시하고 있다.

둘째, 개인과 기업은 인플레이션을 감안한 계산에 어려움을 느낄 수 있다(Modigliani and Cohn, 1979; Hall, 1984). 연 10%의 인플레이션은 40년 동안에 물가수준을 45배나 상승시킨다. 연 3%의 인플레이션이라면 같은 기간 중 물가는 3배에 이르게 된다. 따라서 인플레이션이 존재하면 금전적인 계획을 통상 명목가치기준으로 세우고 있는 가계와 기업은 은퇴에 대비한 저축, 주택담보대출(mortgage)의 실질적 부담 평가, 장기투자의 의사결정 등에 있어서 커다란 오류를 범할 가능성이 있다.

셋째, 지속적 인플레이션은 실질효과가 없다고 해도 단순히 사람들이 그것을 혐오하고 있다는 이유만으로도 비용을 발생시킬 수 있다. 사람들은 달러의 가치를 통하여 경제환경을 파악한다. 따라서 달러로 계산한 가격과 임금의 대폭적인 변동은 가령 실질소득에는 어떤 영향을 미치지 않더라도 괴로운 것이다. Okun(1975)의 추론에 의하면 매년 1마일의 길이를 일정한 길이만큼씩 줄이는 정책을 실시하면 실제의 의사결정에는 그것이 거의 영향이 주지 않는다고 해도 큰 불쾌감을 초래할 가능성이 있다. 그리고 실제로 Shiller(1997)는 사람들이 앞서 서술한 경제적인 효과보다 다른 이유로 인플레이션을 강하게 싫어한다는 것을 제시하는 서베이 조사 결과를 보고한 바 있다. 정책의 궁극적인 목적은 아마도 사람들의 행복을 증진하는 것이기 때문에 이러한 인플레이션의 영향은 진정한 비용이 된다.[6]

---

6 물론 사람들의 지속적인 인플레이션에 대한 회피가 경제학자들이 피해 왔던 인플레이션의 효과에 대한 깊은 이해나 인플레이션 자체를 극도로 혐오하는 것도 아니라 오해를 나타내는 것일 수도 있다. 예를 들어 아마도 대중은 인플레이션이 임금이 아니라 물가에 어떻게 영향을 미치는지 인식할 것이다. 따라서 물가가 오를 때 개인은 물가의 빠른 증가만을 탓하고 그 변화로 인해 생활 수준이 낮아졌다고 잘못된 결론을 내린다. 만일 이러한 주장이 옳다면 인플레이션에 대한 사람들의 혐오로부터 그것이 실제로 후생을 감소시킨다고 추론하는 것은 잘못된 것이다.

큰 인플레이션 비용의 다른 가능한 원인은 인플레이션 변동성에 대한 잠재적 영향에서 나온다. 인플레이션은 그 증가율이 높을 때 그만큼 불안정해지며 또한 예측하기가 어렵다(예를 들어 Okun, 1971; Taylor, 1981; Ball and Cecchetti, 1990을 참조). 이러한 관계는 인플레이션이 정책에 영향을 줌으로써 발생한다. 인플레이션이 낮은 경우 그 낮은 수준을 유지해야 한다는 합의가 이루어지고 그로 인해 인플레이션은 안정적으로 예측이 가능하게 된다. 그러나 인플레이션이 어느 정도 이상 높은 경우 그것을 낮추는 것이 중요한지 그렇지 않은지에 대하여 의견의 불일치가 발생한다. 실제로 인플레이션의 수준이 약간 높아지더라도 그 비용은 클 것이라고는 생각되지 않는다. 결과적으로 인플레이션은 불안정하게 되며 예측이 어려워진다.

만일 이러한 주장이 옳다면 인플레이션의 평균과 분산 간의 관계는 평균이 분산에 대하여 미치는 실제의 영향을 나타낸다. 이는 보다 더 중요한 인플레이션의 비용이 몇 가지 존재할 가능성을 제시한다. 첫째, 수많은 자산이 명목기준으로 표시되기 때문에 예상치 못한 인플레이션의 변화가 발생하면 부가 재분배된다. 따라서 인플레이션의 변동성이 높아지면 불확실성이 증가하고 후생을 감소시킨다. 둘째, 채무가 명목기준으로 표시되기 때문에 인플레이션의 불확실성이 증가하면 기업과 개인은 투자사업, 특히 장기투자 사업을 꺼리게 된다.[7] 그리고 마지막으로 인플레이션 변동폭이 크면(또는 인플레이션 평균이 높기만 해도) 기업과 개인은 정부정책이 실패하여 앞으로 가혹한 과세나 자본보유자에게 유해한 여타 정책을 시행할 징조로 간주하기 때문에 장기투자를 저해할 수 있다.

실증적으로 인플레이션과 투자의 사이에 그리고 인플레이션과 경제성장의 사이에는 강한 음(−)의 상관관계가 존재한다(예를 들어 Bruno and Easterly, 1998). 그러나 현시점에서 이러한 관계가 인과관계인지의 여부에 대해서는 증거가 거의 없다. 또한 이러한 관계가 인플레이션의 영향력을 나타낸 것이 아닐 수 있다는 이유를 찾아내는 것도 그리 어렵지 않다. 결과적으로 이러한 증거는 인플레이션 비용 모두에 대해 설명하기 어렵다.

■ 인플레이션의 잠재적인 편익

지금까지는 인플레이션의 비용만을 고찰하여 왔으나 인플레이션에는 편익도 있을 수 있다. Tobin(1972)은 인플레이션이 노동시장에 "바퀴에 기름을 쳐라" 할 수 있다고 하였다. 즉 만일 명목임금을 낮추는 것이 기업으로서 특히 어렵다면 인플레이션이 높을 때 실질임금이 특정 부문의 충격에 대한 조정을 한층 신속히 이루어지게 할 수 있다고 주장한다. 실증적으로 명목임금 변화의 분포의 0에서 상당한 스파이크와 상대적으로 적은 명목임금 삭감이 관찰된다. 그러나 두 가지 풀리지 않은 질문은 이것이 상당히 잘못된 배분을 초래하는지 여부와 명목임

7 그러나 이러한 인플레이션 변동성의 비용이 크면 개인과 기업이 명목조건이 아닌 실질조건으로 계약을 체결하거나 인플레이션 위험을 보장할 수 있는 시장을 창출하는 데 큰 유인이 있을 수 있다. 따라서 이러한 채널을 통한 큰 인플레이션 비용에 대한 완전한 설명은 이러한 제도의 부재를 설명해야 한다.

금 삭감에 대한 저항이 평균 인플레이션율에 크게 의존하는지 여부이다.[8]

12.7절에서 논의할 것과 같이 보다 높은 평균인플레이션율은 통화정책이 명목이자율의 제로 하한에 의해 속박을 받게 될 가능성이 대단히 낮아진다. 예를 들어 만일 2007년에 시작한 금융위기는 보다 높은 평균 인플레이션의 환경에서 발생했고 따라서 보다 높은 명목자율을 발생시켰다면 중앙은행은 이자율을 낮출 여지가 있었을 것이다. 결과적인 부양책은 경기침체를 거의 확실히 완화했을 것이다(Williams, 2009). 보다 일반적으로 보다 높은 평균인플레이션은 통화정책이 제로 하한에 도달하는 빈도가 줄어들어, 총생산을 보다 안정적으로 유지하는데 기여할 것이다(예를 들어 Kiley and Roberts, 2017).

이상의 논의가 보여준 것처럼 기존연구들은 아직 인플레이션의 비용과 최적 인플레이션율에 대하여 어떠한 결정적인 결론도 제공하지 못하고 있다. 따라서 경제학자와 정책당국은 자신들의 판단에 기초하여 여러 가지 고려사항의 중요성을 가늠하여야 한다. 대략적으로 말한다면 이들은 두 개의 그룹으로 나누어진다. 한 그룹은 인플레이션을 유해한 것으로 보고 정책은 인플레이션의 억제에 전념해야 하며 그 이외의 논점에는 전혀 주의할 필요가 없다고 생각한다. 이들 그룹의 구성원은 일반적으로 정책은 0% 인플레이션 또는 안정적인 디플레이션에 그 목표를 두어야 한다고 믿고 있다. 다른 그룹은 극단적으로 낮은 인플레이션은 이익이 거의 없거나 오히려 해로울 수 있다고 결론을 내리고 정책은 평균 인플레이션을 낮거나 완만한 수준으로 유지하는데 그 목적을 두며 다른 목적도 고려하여야 한다고 믿고 있다. 이 그룹의 구성원은 정책의 목표로 채택해야 하는 인플레이션의 수준은 일반적으로 몇 %에서 5%에 이르는 범위여야 한다는 의견을 제시하고 있다.

■ 안정화 정책은 총생산 측면에서 무엇을 달성할 수 있는가?

이제 우리는 실질생산량, 실업, 그리고 고용에 대한 정책입안자의 관심을 살펴보자. 정책입안자들이 경기침체와 호황을 완화하기 위해 노력해야 하는 것은 분명해 보일 수 있다. 그러나 사실 이 주제는 훨씬 더 복잡하다.

한 가지 중요한 고려사항은 모든 경기변동이 바람직한 것은 아니다. 중기적으로 총생산 변동의 상당 부분은 확실히 총수요충격과 가격경직성이 아니라 경제의 생산능력 성장률의 변동을 반영한다. 통화 및 재정정책이 이러한 변동을 방지하려고 할 이유가 없다. 그리고 심지어 단기적인 변동은 무역, 기술, 그리고 완전하게 신축가격 하에서 총생산에 영향을 미칠 수 있는 기타 요인의 변동으로 인한 것일 수 있다. 왈라스적 결과는 파레토 효율적이기 때문에 정책입안자들이 이러한 요인들로 인해 발생할 수 있는 총생산 변동을 방지하려고 노력해야 한다는 강력한 경우라고 하기 어려운 것 같다.

통화정책의 힘은 가격이 완전히 신축적이지 않다는 사실에서 나온다. 따라서 정책은 신축가

8 이러한 이슈에 보다 많은 것은 Akerlof, Dickens, and Perry, 1996; Card and Hyslop, 1997; Bewley, 1999; and Elsby, 2009를 참고하라.

격 수준에서 총생산의 이탈을 극소화하도록 노력해야 한다고 말하는 것은 유혹적이다. 그러나 이것 역시 옳지 않다. 신축가격의 총생산 수준에서 모든 변동이 바람직한 것은 아니다. 총생산 변동이 비효율적이라면(예를 들어 기업의 시장지배력이 변화하여 마크업이 변경되기 때문에) 통화정책은 이를 완화하여 후생을 개선할 수 있다. 요약하면 정책입안자들은 총생산의 추세나 신축가격 수준이 아니라 왈라스적 수준 주변에서 생산량의 변동을 극소화하려고 노력해야 하는 것이 올바른 설명이다. 두 번째 중요한 고려사항은 이러한 유형의 안정화에 상당한 잠재적 이득이 있다는 것이 명백하지 않다. 통화정책은 평균인플레이션에 강력한 영향을 미칠 수 있기 때문에 정책을 나쁘게 수행하기보다 잘 수행함으로써 인플레이션 측면에서 잠재적 이득은 분명히 크다. 그러나 많은 모형에서 안정화 정책은 평균생산량에 거의 또는 전혀 영향을 미치지 않는다. 따라서 비록 왜곡으로 인해 생산량이 체계적으로 왈라스적 수준보다 낮을지라도 평균생산량을 증가시켜 후생을 향상시키는 안정화 정책의 여지가 거의 없을 수 있다. 총생산 측면에 대한 주요 잠재적인 후생 영향은 왈라스적 생산량과 실제 생산량 사이에 차이의 분산을 줄이는 것일 수 있다. 그리고 이러한 이득이 크다는 것은 명확하지 않다.

이러한 것을 보다 살펴보기 위해 총공급에 대한 두 가지 기본적인 관점을 생각하자. 첫째는 Lucas 공급곡선이다.

$$y_t = y_t^n + b(\pi_t - \pi_t^e) + u_t \tag{12.10}$$

여기서 y^n은 신축가격(또는 자연스러운) 수준의 생산량을 나타낸다. 다른 것은 가속화 필립스 곡선이다.

$$\pi_t = \pi_{t-1} + \lambda(y_t - y_t^n) + v_t \tag{12.11}$$

더욱이 사회적 후생은 인플레이션과 총생산의 함수라고 가정하고, 당분간 총생산에 선형이라고 가정하자. 따라서 다음이 성립한다.

$$W_t = -c[y_t^* - y_t] - f(\pi_t), \quad c > 0 \tag{12.12}$$

여기서 W는 생산량과 인플레이션이 왈라스적 결과에 비해 후생에 미치는 영향을 나타내고 y^*는 왈라스적 생산량 수준이다. $f(\cdot)$는 $f''(\cdot) > 0$, $\lim_{n \to -\infty} f'(\cdot) = -\infty$, $\lim_{n \to \infty} f'(\cdot) = \infty$를 만족한다고 가정하므로 잘 정의된 최적 인플레이션율이 존재하고 인플레이션이 무한히 증가하거나 감소하도록 두는 것은 엄청난 비용을 초래한다.

총공급에 대한 이러한 가정 중 하나에서 정책은 평균생산량에 영향을 미치지 않는다. 식 (12.10)에서 만일 π_t가 π_t^e과 체계적으로 다른 경우에만 $y_t - y_t^n$이 0에서 체계적으로 다를 수 있는데 이는 체계적으로 비합리적인 기대를 필요로 한다. 그리고 식 (12.11)은 인플레이션이 경계없이 상승하거나 하락하는 경우에만 $y_t - y_t^n$이 0과 체계적으로 다를 수 있음을 의미하며 이는 우리가 파국적이라고 가정하였다. 그리고 사회적 후생이 y에 선형이라면 생산량의 변동성을 줄이는 데 어떤 이득도 없다. 따라서 이러한 기본적인 경우에서 정책입안자들이 생산량에 대해 얼마나 관심을 갖고 있는지에 관계없이(즉 c에 관계없이) 정책입안자들은 인플레이션을 가능한 최적 수준에 가깝게 유지하고 생산량에 주의를 기울이지 말아야 한다.

■ 안정화 정책에 대한 경우가 있는가?

안정화 정책의 이득이 거의 없다고 하는 앞서의 주장은 분명한 결함이 있는 것 같다. 개인들은 위험회피적이며 거시경제 활동의 변동은 소비의 변동을 초래하는 원인이 된다. 따라서 사회후생함수는 총체적인 경제활동과 선형의 관계에 있지 않다는 것이 분명하다. 그러나 Lucas(1987)는 그의 유명한 논문에서 대표적 개인의 소비를 그 평균치에 근접하도록 안정화시킴으로써 얻을 수 있는 잠재적인 후생의 증가는 적다는 것을 밝혔다. 즉 사회후생함수가 안정화 정책에 의해 커다란 이득을 얻을 수 있을 정도로는 생산량에 대하여 비선형이 아니라는 것을 시사하고 있다. 그의 논리는 간단하다. 효용함수는 상대적 위험회피도가 일정한(constant relative risk aversion : CRRA) 다음과 같은 함수 형태로 가정한다.

$$U(C) = \frac{C^{1-\theta}}{1-\theta}, \quad \theta > 0 \tag{12.13}$$

여기서 θ는 상대적 위험회피도의 계수이다(2.1절 참조). $U''(C) = -\theta C^{-\theta-1}$이므로 $U(\cdot)$를 소비의 평균 $\overline{C}$의 주변에서 2차 테일러전개를 하고 양변에 기대치를 취하여 주면 다음의 식이 얻어진다.

$$E[U(C)] \simeq \frac{\overline{C}^{1-\theta}}{1-\theta} - \frac{\theta}{2}\overline{C}^{-\theta-1}\sigma_C^2 \tag{12.14}$$

여기서 $\overline{C}$와 σ_C^2은 각각 소비의 평균과 분산이다. 따라서 소비의 변동성을 제거하면 기대효용은 약 $(\theta/2)\overline{C}^{-\theta-1}\sigma_C^2$ 만큼 증가한다. 마찬가지로 소비의 분산을 배로 증가시키면 후생은 거의 동일한 양만큼 감소한다.

이를 해석할 수 있는 단위로 바꾸기 위해 먼저 $\overline{C}$에서 한계효용은 $\overline{C}^{-\theta}$이라는 점에 주목하자. 따라서 σ_C^2를 0으로 설정함으로써 평균소비가 $(\theta/2)\overline{C}^{-\theta-1}\sigma_C^2/\overline{C}^{-\theta} = (\theta/2)\overline{C}^{-1}\sigma_C^2$ 만큼 늘어날 때와 거의 같은 기대효용을 증대시킬 것이다. 평균소비에 대한 비율로서 계산하면 이것은 $(\theta/2)\overline{C}^{-1}\sigma_C^2/\overline{C}$ 또는 $(\theta/2)(\sigma_C/\overline{C})^2$과 같다.

Lucas에 의하면 단기변동에 기인하는 소비의 표준편차의 대략적인 추계치는 많아야 평균소비의 1.5% 정도이며 상대적 위험회피도계수의 추계치는 크게 보아도 5 정도에 그친다. 따라서 안정화 정책이 성공적으로 진행되어 최대한 가능한 후생이득은 낙관적으로 보더라도 평균소비의 $(5/2) \times (0.015)^2$, 즉 0.06%로서 아주 작은 값에 불과하다는 결론을 내렸다.

얼핏 보면 Lucas의 결론은 대표적 개인의 존재라고 하는 가정에 결정적으로 의존하고 있는 것처럼 생각할 수도 있다. 실제의 경기불황에서는 모든 경제주체의 소비가 조금씩 감소하는 것이 아니라 일부 사람들의 소비가 크게 감소하기 때문에 후생비용은 대표적 개인을 고려하는 경우보다도 커지게 된다. 그러나 Atkeson and Phelan(1994)은 소비의 분산을 고려하게 되면 안정화 정책을 실시한 경우의 잠재적인 이득이 늘어나기보다는 오히려 감소한다는 것을 제시하고 있다. 사실 그들의 분석에 따르면 극단적인 경우에 안정화 생산량에서 전혀 이득이 없다고 제시한다. 개인들이 직장에 취업하고 있을 때의 소비수준을 C_E, 실업상태에 있을 때의 소비수준을 C_U로 하고 C_E와 C_U는 경제의 상태와는 무관하게 결정된다고 가정하자. u를 실업상태에 있는 개인들의 비율이라 하면 소비로부터 얻는 평균효용은 $uC_U + (1-u)C_E$가 된다. 따라서 소비로부터 얻는 사회후생의 기대치는 $E[u]C_U + (1-E[u])C_E$가 된다. C_E와 C_U는 가정에 의해 일정하고 총수요 변동은 u에 변동하는 형태를 취하는데 선형으로 평균효용에 영향을 미친다. 직관적으로 말하면 이러한 경우에는 실업의 안정화를 도모하더라도 개인의 소비 변동에는 어떠한 영향도 주지 못하게 된다. 각 개인은 전기간 중 $1-E[u]$의 비율에 해당하는 기간에는 C_E의 소비를 하며, $E[u]$의 비율에 해당하는 기간에는 C_U의 소비를 한다.

이러한 분석은 안정화 정책이 약간의 잠재적 이득만을 가지고 있음을 의미한다. 만일 이것이 맞다면 대공황과 2007년에 시작된 금융위기와 같은 에피소드는 대략적으로 후생적 이득을 상쇄하는 정상이상의 생산량으로 균형을 이룬다. 따라서 우리는 확실히 더 평준화된 생산경로를 선호했지만 그러한 경로에서 이탈하는데 드는 전체 비용은 작다.

비록 이러한 분석이 안정화 정책의 잠재적 이득이 작은 조건을 식별하지만 이러한 조건이 실제로 가장 관련성이 높은 조건은 아니다. 우려에 대한 네 가지 주요 이유가 있다 – 세 가지 중요한 것은 불확실하고 네 번째는 중요해 보인다.

처음 두 가지 이슈는 불황과 호황의 후생효과에 있어서 비대칭성이다. 첫째, 개인들은 Lucas가 추계치를 산정할 때 생각했던 것보다 훨씬 더 위험회피적일지도 모른다. 8.5절에서 논의한 바와 같이 주식이 채권보다 그 수익률이 매우 높은 점을 상기하자. 한 가지 가능한 설명으로서 개인들은 위험을 혐오해 안정적인 수반하는 주식을 보유하는데 상당히 높은 수준의 프리미엄을 요구한다는 것이다(예를 들어 Campbell and Cochrane, 1999). 만일 이러한 주장이 옳다면 단기적인 경기변동과 관련한 완만한 변동의 후생비용은 매우 클 수 있다.

둘째, 안정화 정책은 소비의 안정화를 통해서가 아니라 근로시간을 안정화시킴으로써 상당한 이득을 거둘 수 있다. 근로시간의 변동은 경기순환과정에서 소비 변동보다 훨씬 크다. 그리고 만일 노동공급이 비탄력적이라면 효용함수는 소비보다 근로시간에 대하여 훨씬 급격한 곡선을 그리게 된다. Ball and Romer(1990)는 그 결과 근로시간의 변동을 통한 경제변동의 비용이 상당히 클 가능성이 있다는 것을 발견했다. 직관적으로 생산량이 정상수준을 하회하는 기간에 추가적인 여가의 소비로 얻어지는 한계효용은 이에 따른 소비의 감소로 인한 효용비용을 충분히 커버하지 못하는 반면에 경기가 호황일 때 추가적인 근로시간으로 인한 비효용은 소비증가의 이득을 거의 다 상쇄한다.

세 번째 이슈는 투자와 경제의 신축가격의 생산량 수준의 경로와 관련이 있다. 당연하게 받아들이고 있는 비공식적인 견해에 따르면 거시경제의 안정성은 전통적인 물적 자본투자로부터 연구개발에 이르기까지 모든 형태의 투자를 촉진한다. 만일 그렇다면 안정화 정책은 장기에 걸쳐 소득수준을 현저하게 증가시킬 수 있을 것이다.[9]

마지막으로 그리고 비판적으로, 이전 분석은 인플레이션 동학이 Lucas 공급곡선(12.10) 또는 가속화 필립스곡선(12.11)(또는 이 둘의 일부 조합)에 의해 합리적으로 잘 포착된다는 가정에 달려 있다. 그러나 이 가정은 매우 비현실적이다. 이론적으로 우리는 수많은 가격설정과 인플레이션 모형을 보았는데 식(12.10) 및 식(12.11)과 크게 다르다. 실증적으로 정상보다 낮은 생산량 기간은 비교가능한 정상보다 높은 생산량 기간에 의해 대략적으로 균형을 이루는 것으로 보이지 않는다. 예를 들어 대공황의 인플레이션은 생산량이 정상으로 돌아오기 훨씬 전에 양(+)의 수준으로 돌아갔다. 그리고 대공황의 인플레이션은 거의 하락하지 않았다. 따라서 두 경우 모두 인플레이션의 변동으로 인해 정책입안자들은 낮은 인플레이션으로 정상보다 훨씬 높게 생산량을 상쇄하는 기간을 추구할 수 있는 위치에 놓이지 않았다.

이러한 주장은 결국 안정화 정책에 아마도 중요한 역할이 있음을 제시한다. 만일 성공적인 안정화 정책은 다른 시기에 낮아지는 효용이나 낮아지는 생산량에 대해 적은 비용으로 대공황이나 대침체를 방지할 수 있다면 그 이득은 분명히 매우 크다.

결론

이러한 논의는 인플레이션 비용과 총생산 변동에 대한 우리의 이해가 매우 제한되어 있음을 보여준다. 인플레이션의 주요 비용이 무엇인지, 어떤 수준의 인플레이션을 목표로 하는 것이 가장 좋은지, 생산량 안정화의 이득이 얼마나 큰 지와 같은 기본적인 이슈에 대해 상대적으로 거의 알지 못한다. 안정화 정책을 어떻게 수행해야 하는지에 대한 질문을 다루기 전에 이러한 이슈가 해결될 때까지 기다리는 것은 실현가능하지 않다. 이러한 이슈는 지속적으로 발생하며 정책입안자는 이에 대해 결정을 내릴 수 밖에 없다. 따라서 안정화 정책모형화의 표준적인 접근방법은 우리가 적절한 목적함수를 이해하고 있다고 잠정적으로 가정하는 것이다. 통상적으로, 인플레이션 및 총생산과 같은 소수의 변수에 대한 단순함수로 가정한다. 인플레이션과 관련하여 가장 일반적인 접근방법은 최적 인플레이션율이 0(왜곡된 상대가격 변동과 가격조정 비용이 극소화되는 곳이라는 근거에서)이며 이러한 수준을 이탈하는 비용은 2차형이다. 생산량과 관련하여 가장 통상적인 접근방법은 왈라스적 수준에서 이탈하는 2차형의 비용을 가정하는 것이다.

그러나 이러한 가정은 지름길일 뿐이며 정책목표의 미시경제학적 토대에 대한 이해가 진화

9 이러한 주장을 공식화하려는 시도는 두 가지 어려움에 직면한다. 투자에 대한 불확실성의 순효과는 복잡하고 반드시 음(−)이 아니며 개별 기업과 기업가가 총체적인 경기변동에 직면하는 위험은 다른 원천에서 발생하는 위험에 비해 작다.

함에 따라 정책이 어떻게 수행되어야 하는지에 대한 이해가 크게 바뀔 가능성이 있음을 기억하는 것이 중요하다.

12.4 단순한 과거지향적 모형에서 최적 통화정책

이제 우리는 안정화 정책의 목표가 무엇이어야 하는지에 대한 일반적인 논의에서 정책이 어떻게 수행되어야 하는지에 관한 정확한 설명을 산출하는 모형을 살펴본다. 이 절에서는 민간의 행동이 과거지향적인 자연스러운 기본모형을 고려하고 12.5절에서는 민간의 행동이 미래지향적인 기본모형을 고려한다. 두 모형 모두 이전 절의 끝 부분에 있는 설명에 따라 정책입안자의 목적함수가 도출되기보다 가정된다. 따라서 모형은 예시일 뿐이다. 그럼에도 불구하고 그들은 형식적인 모형에서 정책에 대한 처방을 도출하는 방법과 최적 정책을 제어하는 고려사항의 유형을 보여준다.

■ 가정들

모형은 Svensson(1997)과 Ball(1999b)에 의해 논의된 모형의 변형이다. 경제는 두 개의 방정식으로 구성되는 표준적인 경제로서 한 방정식은 총수요를, 다른 하나는 총공급을 묘사한다. 전통적인 케인즈 모형의 정신에 따라, 어떤 민간의 행동의 미래지향적 요소도 누락한다. 이러한 것은 상대적으로 명확하고 풀기 쉽게 한다. 케인즈 형식의 교과서와 주요 차이점은 시차변수를 포함한다는 점이다. 총수요함수는 총생산이 전기(前期)의 실질이자율에 의존하되 그 관계는 음(−)이다. 반면에 총공급함수는 인플레이션의 변동이 전기의 총생산과 양(+)의 관계가 있다. 이러한 시차구조로 인해 실질이자율의 변동은 다음 기에 이를 때까지 총생산에 영향을 주지 못하며 따라서 인플레이션에 대하여는 다음 기에 이를 때까지 영향을 미치지 못한다. 이로 인해 정책의 작동은 시차를 두고 이루어지며 정책의 효과가 인플레이션보다 총생산에 신속하게 미친다고 하는 전통적인 통념을 포착한다. 이에 더하여 총생산의 시차변수가 총수요함수에 포함되고 총수요와 총공급의 양면에서 교란요인이 존재한다고 가정한다.

구체적으로, y_t^n과 y_t^*는 경제의 신축가격의 생산량과 왈라스적 생산량 수준을 나타내고 둘 다 로그(대수)이다. 표기의 나머지는 표준적인 것을 사용한다. 따라서 모형은 다음과 같다.

$$y_t = -\eta r_{t-1} + u_t^{IS}, \quad \eta > 0 \tag{12.15}$$

$$\pi_t = \pi_{t-1} + \alpha(y_{t-1} - y_{t-1}^n), \quad \alpha > 0 \tag{12.16}$$

$$u_t^{IS} = \rho_{IS} u_{t-1}^{IS} + \varepsilon_t^{IS}, \quad -1 < \rho_{IS} < 1 \tag{12.17}$$

$$y_t^n = \rho_Y y_{t-1}^n + \varepsilon_t^Y, \quad 0 < \rho_Y < 1 \tag{12.18}$$

$$y_t^* - y_t^n = \Delta, \quad \Delta \geq 0 \tag{12.19}$$

첫 번째 방정식은 편의상 0으로 정규화한 상수항을 가지고 이자율에 대한 시차를 포함하는 전통적인 IS곡선이다. 여기서 r_{t-1}은 실질이자율이고 $i_{t-1} - E_{t-1}[\pi_t]$이다. 두 번째 방정식은 실제 생산량과 신축가격 생산량 수준의 갭으로 결정되는 인플레이션의 변동을 포함하는 가속화 필립스곡선이다. 다음 두 개의 방정식은 두 가지 영향이 과정의 움직임을 나타낸다—IS곡선에 대한 충격과 신축가격 생산량 수준에 대한 충격이다. 두 방정식에 포함된 ε^{IS}와 ε^{Y}는 독립적인 백색잡음 과정이다.[10] 마지막 방정식은 왈라스적 생산량과 신축가격 생산량 수준 사이에 일정한 갭이 있을 수 있다는 것을 말한다.

중앙은행은 u_t^{IS}와 y_t^n를 관측한 다음 r_t를 선택한다. 중앙은행은 왈라스적 생산량 수준에서 이탈하는 것과 선호되는 인플레이션에서 이탈하는 것을 혐오한다. 구체적으로, $E\left[(y-y^*)^2\right] + \lambda E[\pi^2]$을 극소화하고자 한다. 여기서 λ는 인플레이션에 부여하는 상대적인 가중치를 나타내는 양(+)의 모수이며 y^*는 총생산 수준 가운데 가장 선호하는 수준을 나타낸다. 인플레이션의 경우 최선으로 선호하는 수준은 단순화를 위해 0으로 표준화한다. 여기서 진행하고자 하는 분석은 일반성을 유지하면서 단지 경제의 상태를 나타내는 변수들의 선형결합으로 나타나는 실질이자율에 관한 준칙을 그 대상으로 한다.[11]

■ 모형 분석

모형 분석의 첫 단계는 생산 갭 $\tilde{y}$를 $y-y^n$으로 정의하고 식 (12.15)와 식 (12.16)을 다음과 같이 다시 쓴다.

$$\tilde{y}_t = -\eta r_{t-1} + u_t^{IS} - y_t^n \tag{12.20}$$

$$\pi_t = \pi_{t-1} + \alpha \tilde{y}_{t-1} \tag{12.21}$$

두 번째 단계는 중앙은행의 r_t 선택이 $\tilde{y}_t$, π_t 또는 π_{t+1}에 영향을 주지 못한다는 점에 주목하는 것이다. 첫 영향은 $\tilde{y}_{t+1}$에 미치며 또한 $\tilde{y}_{t+1}$에 대한 영향을 통해서만 이후 이어지는 기간의 인플레이션과 생산에 영향을 준다. 따라서 정책은 r_t에 관한 준칙이라기보다 $t+1$기의 $\tilde{y}$에 대한 t기의 기대에 관한 준칙이라고 간주할 수 있다. 따라서 중앙은행이 선택하는 것은 r_t 대신에 $E_t[\tilde{y}_{t+1}] = -\eta r_t + \rho_{IS} u_t^{IS} - \rho_Y y_t^n$라고 생각할 수 있다($t+1$를 적용한 식 12.20 참조).

$t+1$기에 시작하는 인플레이션과 총생산의 경로는 (중앙은행의 t기 정책에 의해 결정되

10 세 번째 유형의 충격으로 식 (12.16)에 ε_t^{π}항을 추가하는 것은 모형의 메시지에 영향을 주지 않는다. 문제 12.7을 참조하라.

11 보다 공식적 접근방법에서는 함수의 비선형성을 가정하고, 중앙은행은 $(y_t - y^*) + \lambda\pi_t^2$이라는 항목의 기대치의 할인된 합계를 극소화한다는 것, 그리고 할인된 현재가치는 할인기간이 장기화할수록 0에 근접한다는 것을 가정한다. Svensson이 증명한 바와 같이 이 접근방법에 따르면 아래에서 논의되는 준칙이 도출된다.

는) $E_t[\tilde{y}_{t+1}]$과 (t기에 알려져 있고 t기에 중앙은행이 통제할 수 없는) π_{t+1}, 그리고 그리고 미래의 충격에 의해 결정된다는 점에 유의하라. 이것 때문에 최적 정책은 $E_t[\tilde{y}_{t+1}]$가 π_{t+1}의 함수가 되도록 할 것이다. 더 나아가 총공급함수 식 (12.21)은 인플레이션이 일정한 범위 내에 있기 위해 $\tilde{y}$의 평균은 0이 되어야 한다는 것을 시사한다. 따라서 π_{t+1}가 0일 때 중앙은행은 $E_t[\tilde{y}_{t+1}]$를 0으로 설정한다고 추측하는 것은 합리적이다(공식적으로 이를 입증할 수 있다). 선형성의 가정이 주어졌다면 최적정책은 다음 식과 같은 형태를 취할 것이다.

$$E_t\tilde{y}_{t+1} = -q\pi_{t+1} \tag{12.22}$$

여기서 q는 그 값이 결정되어야 할 모수이다. q의 값을 구하려면 $E\left[(y-y^*)^2\right]+\lambda E[\pi^2]$가 q의 함수라는 것을 알 필요가 있다. 이를 하기 위하여 식 (12.20)은 다음을 시사한다.

$$\begin{aligned}\tilde{y}_t &= E_{t-1}\tilde{y}_t + \varepsilon_t^{IS} - \varepsilon_t^Y \\ &= -q\pi_t + \varepsilon_t^{IS} - \varepsilon_t^Y\end{aligned} \tag{12.23}$$

여기서 두 번째 줄은 식 (12.22)의 1기 시차를 사용하였다. 따라서 식 (12.21)은 다음을 시사한다.

$$\begin{aligned}\pi_{t+1} &= \pi_t + \alpha\tilde{y}_t \\ &= (1-\alpha q)\pi_t + \alpha\varepsilon_t^{IS} - \alpha\varepsilon_t^Y\end{aligned} \tag{12.24}$$

모형의 구조가 선형이고 독립동일분포(i.i.d.)를 가정하기 때문에 장기적으로 π_t의 분포는 시간이 흐름에 따라 일정한 값을 갖게 될 것이며 경제의 초기조건과 독립적일 것이다. 즉 장기적으로 $E[\pi_t]^2$ 과 $E[\pi_{t+1}]^2$은 같은 값을 갖는다. 따라서 식 (12.24)를 $E[\pi]^2$의 장기 기대값에 대하여 풀 수 있다. 이로써 다음의 식을 구한다.

$$\begin{aligned}E[\pi^2] &= \frac{\alpha^2}{1-(1-\alpha q)^2}(\sigma_Y^2+\sigma_{IS}^2) \\ &= \frac{\alpha^2}{\alpha q(2-\alpha q)}(\sigma_Y^2+\sigma_{IS}^2)\end{aligned} \tag{12.25}$$

여기서 σ_Y^2와 σ_{IS}^2는 ε^Y와 ε^{IS}의 분산이다.

$E\left[(y-y^*)^2\right]$를 구하기 위하여 먼저 $y-y^*$는 $(y-y^n)-(y^*-y^n)$과 같다는 것을 유의하고, ($\tilde{y}$의 정의와 식 12.19에 의해) $\tilde{y}-\Delta$와 같다. 따라서 식 (12.23)을 사용하여 다음을 얻을 수 있다.

$$E[(y-y^*)^2] = \Delta^2 + q^2E[\pi^2] + \sigma_Y^2 + \sigma_{IS}^2 \tag{12.26}$$

이제 q의 최적 값을 구하는 일은 단지 대수의 문제가 되었다. 식 (12.25)와 식 (12.26)은 중앙은행의 손실함수 $E\left[(y-y^*)^2\right]+\lambda E[\pi^2]$의 값이 기대했던 바대로 q의 함수임을 시사하고 있다. q에 대한 1계 조건은 2차함수로 나타나며 이의 해 가운데 하나는 음(−)이다. 음(−)의 q 값은 y와 π의 분산으로 하여금 무한의 값을 갖게 하므로 이 해는 제외하여야 한다. 나머지 해는 다음과 같다.

$$q^* = \frac{-\lambda\alpha + \sqrt{\alpha^2\lambda^2 + 4\lambda}}{2} \tag{12.27}$$

■ 논의

중앙은행의 정책은 $E_t[\tilde{y}_{t+1}] = -q^*\pi_{t+1}$으로 표현된다(식 12.22 참조). q^*에 대한 식 (12.27)을 해석하기 위해 q^*가 중앙은행이 인플레이션의 안정화에 부여하는 가중치인 λ에 따라 어떻게 변하는 지에 대한 시사점을 생각하는 것이 도움이 된다. 식 (12.27)은 λ가 0으로 접근함에 따라 q^*도 0의 값으로 접근한다는 것을 시사한다. 즉 중앙은행은 $E_t[\tilde{y}_{t+1}]$는 0이 되도록 항상 정책을 운영한다. 따라서 총생산은 0을 중심으로 하는 백색잡음이 된다. 이때 총공급방정식 (12.16)은 인플레이션이 임의보행을 한다는 것을 시사하고 있다.

식 (12.27)은 λ의 값이 상승함에 따라 q^*의 값도 상승함을 시사한다. 즉 중앙은행이 인플레이션의 안정화에 가중치를 크게 두면 둘수록 총생산이 자연생산량 수준으로부터 이탈하게 되며 이에 따라 인플레이션이 최적수준으로부터 이탈한 후에 다시 최적수준으로 되돌아간다. λ가 무한대로 접근하면 q^*의 값은 $1/\alpha$로 접근한다. 이는 충격이 일어난 이후 가능한 한 빠르게 인플레이션을 0으로 되돌아가게 하는 정책과 상응한다. q^*의 값이 $1/\alpha$이면 $E_t[\tilde{y}_{t+1}]$는 $-(1/a)E_t\pi_{t+1}$가 된다. 총공급방정식 (12.16)은 $E_t[\pi_{t+2}]$이 0이 됨을 시사하고 있다. λ가 무한대의 값에 접근하면 총생산의 분산은 무한대로 접근하지 않는다는 점에 유의하라($q = 1/\alpha$일 때 식 (12.26)을 참조). 비록 중앙은행이 단지 인플레이션에만 관심을 집중한다고 하더라도 인플레이션의 커다란 변동을 방지하기 위해 총생산이 자연생산량 수준에 가깝게 유지되기를 바라는 것이다.

Svensson과 Ball은 최적정책을 일종의 **물가안정목표제**(*inflation targeting*)로 해석할 수 있다고 지적한다. 이를 알아보기 위해 식 (12.24)에 π_{t+2}를 적용하면 $E_t[\pi_{t+2}]$는 $(1-\alpha q)\pi_{t+1}$과 같다는 것에 주목하자. q는 0에서 $1/\alpha$의 범위 내에서 값을 가지므로 $(1-\alpha q)$가 0과 1 사이의 값을 갖는다. 따라서 최적정책의 집합은 기대인플레이션의 행태에 대하여 다음과 같은 형태의 방정식을 취하는 준칙들로 구성된다.

$$E_t[\pi_{t+2}] = \phi\pi_{t+1} \tag{12.28}$$

여기서 ϕ는 0과 1 사이의 값을 갖는다. 따라서 모든 최적정책은 순수하게 기대되는 인플레이션의 행태에 대한 준칙으로 기술될 수 있다. $\lambda = \infty$와 같이 극단적인 경우(즉, 인플레이션에만 관심이 있는 중앙은행) q는 $1/\alpha$와 같으므로 ϕ는 0과 같다. 이러한 경우에 $E_t[\pi_{t+2}]$는 항상 0이다. 중앙은행은 항상 가능한 빨리 물가안정목표를 이루려고 한다.[12] 이러한 방식으로 행동하는 중앙은행을 엄격한 **물가안정목표자**(*strict inflation targeter*)라고 한다.

모든 유한한 양(+)의 λ, ϕ값에 대해 엄격하게 0과 1사이에 있다면 정책은 **신축적 물가안정목표제**(*flexible inflation targeting*)를 취한다. 특히 최적정책은 충격이 한번 휩쓸고 지나간 후에 인플레이션율을 가장 선호하는 수준(여기서는 0으로 정규화됨)으로 되돌아가도록 하는 형태를 취한다. 이러한 최적정책들 사이에는 이 목적을 달성하는 속도에 차이가 있을 뿐이다. 즉 중앙은행이 인플레이션을 보다 더 우려할수록(즉 λ의 값이 클수록) 인플레이션의 변동을 원 상태로 보다 빠르게 회복시킬 것이다(즉 ϕ의 값이 작아진다).

중앙은행의 정책 준칙이 이자율에 어떤 의미를 주는지를 알아보기 위해 자연이자율(natural rate of interest) r_t^n은 생산량이 신축가격 수준과 같아지도록 하는 이자율로 정의하자. 구체적으로, r_t는 y_{t+1}에 영향을 주기 때문에 r_t^n은 $y_{t+1} = y_{t+1}^n$을 만드는 r_t 값이다. 식 (12.15) 또는 식 (12.20)으로부터 이자율은 다음과 같이 주어진다.

$$r_t^n = -\frac{1}{\eta}(y_{t+1}^n - u_{t+1}^{IS}) \tag{12.29}$$

정의에 의해 식 (12.20)을 다음과 같이 다시 쓸 수 있다.

$$\tilde{y}_t = -\eta(r_{t-1} - r_{t-1}^n) \tag{12.30}$$

이것은 다음과 같다.

$$E_t[\tilde{y}_{t+1}] = -\eta(r_t - E_t[r_t^n]) \tag{12.31}$$

(r_t^n보다 $E_t[r_t^n]$이 식에 보이는 이유는 r_t^n은 u_{t+1}^{IS}와 y_{t+1}^n에 의존하며 t에 알려져 있지 않기 때문이다.) 이제 중앙은행은 r_t를 선택하여 $E_t[\tilde{y}_{t+1}]$는 $-q\pi_{t+1}$과 같고, π_{t+1}은 $\pi_t + \alpha\tilde{y}_t$와 같다. 이러한 사실을 식 (12.31)에 대입하면 다음을 얻는다.

$$-q[\pi_t + \alpha\tilde{y}_t] = -\eta(r_t - E_t[r_t^n]) \tag{12.32}$$

또는

$$r_t = E_t[r_t^n] + \frac{q}{\eta}\pi_t + \frac{\alpha q}{\eta}\tilde{y}_t \tag{12.33}$$

따라서 최적정책은 **이자율 준칙**(*interest-rate rule*)으로 나타난다. 중앙은행은 실질이자율과 균형의 실질이자율 추정치 또는 자연 실질이자율에 생산량과 인플레이션의 선형함수를 더한 값과 동일하게 설정한다.

이러한 분석은 모든 이자율 준칙이 다 최적이 아니라는 것을 보여 준다. 특히 식 (12.33)은

12 t에서 중앙은행의 조치는 π_t 또는 π_{t+1}에 영향을 주지 않는다는 것을 상기하라.

네 가지 제한을 부여하고 있다(모형의 선형성과 2차식의 목적함수에서 자연스럽게 따르는 선형성 이외에). 실질이자율은 균형실질이자율의 변동과 1:1로 조정되어야 한다. 균형 수준에 대한 실제 생산량의 변동은 그 자체로 바람직하지 않고 인플레이션의 변화로 이어지기 때문에 중앙은행은 이를 피하려고 하다. 둘째, λ는 0에서 무한의 범위에 있고 q^*는 0에서 $1/\alpha$의 범위에 있기 때문에 인플레이션의 계수는 0과 $1/\alpha\eta$ 사이에 있어야 하고 생산 갭에 대한 계수는 0과 $1/\eta$ 사이에 있어야 한다. 계수가 음(−)일 수 없는 이유는 인플레이션 변동을 악화시키는 것이 합리적이지 않기 때문이다. 계수들이 너무 클 수 없는 이유는 $E_t[\pi_{t+2}]$가 $E_t[\pi_{t+1}]$과는 반대의 부호를 가질 만큼 경기변동에 적극적으로 반응하는 것은 비용만 발생할 뿐 편익은 없기 때문이다.

식 (12.33)이 이자율 준칙에 부여하는 두 번째 제한은 두 계수 간 관계이다. 구체적으로, 식 (12.33)에서 y의 계수는 α와 π에 대한 계수의 곱과 같다. 따라서 π의 계수가 커질 때는 y의 계수도 커져야 한다. 직관에 따르면 예를 들어 만일 중앙은행이 인플레이션을 대단히 우려한다면 지속적으로 인플레이션을 통제하기 위하여 총생산과 인플레이션의 변동에 대하여 적극적으로 반응하여야 한다는 것이다. 이는 하나에 반응하면서 다른 하나에 반응하지 않는 것은 비효율적이다.

12.5 단순한 미래지향적 모형에서 최적 통화정책

12.4절의 모형은 매우 전통적이다. 재화의 수요는 미래소득에 대한 기대치의 역할이 없는 실질이자율의 시차에 의존하고 기대인플레이션의 역할이 없는 인플레이션은 인플레이션 시차와 생산 갭 시차에 의존한다. 기대는 중앙은행이 주어진 실질이자율을 달성하기 위해 선택해야 하는 명목이자율에 대한 기대인플레이션의 영향을 통해서만 중요하다. 비록 이 모형은 귀중한 통찰력을 제공하지만 재화수요와 인플레이션의 동학에 미래지향적인 요소를 도입하면 어떤 일이 발생하는지 묻는 것이 중요하다. 따라서 이 절에서는 이전 절의 모형과 반대 극단으로 이동하여 거의 완전히 미래지향적인 모형을 고려한다. 앞으로 보게 되겠지만 이것은 우리의 이전 결론을 극적으로 바꾸고 중요한 새로운 이슈를 제기한다.

가정들

모형에서 중요한 두 가지 방정식은 7.8절에서 검토한 세 가지 정법 방정식의 새 케인즈학파 *IS*곡선과 새 케인즈학파 필립스곡선이다. 구체적으로 우리는 다음과 같이 가정한다.

$$y_t = E_t[y_{t+1}] - \frac{1}{\theta}(i_t - E_t[\pi_{t+1}]) + u_t^{IS}, \quad \theta > 0 \tag{12.34}$$

$$\pi_t = \beta E_t[\pi_{t+1}] + \kappa(y_t - y_t^n), \quad 0 < \beta < 1, \ \kappa > 0 \tag{12.35}$$

(식 7.84와 7.85를 참고하라.) 이전 절처럼 y^n은 신축가격 수준의 생산량이다. 그리고 그 절에서와 같이 영향을 주는 과정의 움직임은 $u_t^{IS} = \rho_{IS} u_{t-1}^{IS} + \varepsilon_t^{IS}$, $y_t^n = \rho_Y y_{t-1} + \varepsilon_t^Y$로 주어지는데 여기서 ρ_{IS}와 ρ_Y는 −1과 1 사이에 있고 ε^{IS}와 ε^Y는 독립적이며 백색잡음 과정이다(식 12.17과 식 12.18 참고)

당분간 생산측면에서 중앙은행의 목표는 왈라스적 수준의 생산량 y^*보다 신축가격 수준의 생산량 y^n을 이탈하는 것을 극소화하는 것이다. 아래에서는 왈라스적 수준에서 생산량 이탈을 극소화하는 것이 목표인 경우 어떤 일이 발생하는지 논의한다. 인플레이션 측면에서 우리는 이전과 같이 0으로 정규화한 최적 수준에서 인플레이션 이탈을 극소화하기를 원한다고 다시 가정한다.

■ 신성한 우연의 일치("Divine Coincidence")

모형의 구조와 중앙은행의 목적함수에 대한 가정은 최적정책이 단순한 형태를 취한다고 가정하는 것을 의미한다. 새 케인즈학파 필립스곡선은 π_t가 0과 다르고 $E_t[\pi_{t+1}]$ 또는 $y_t - y_t^n$ (또는 둘 다)은 0과 달라야 한다는 것을 의미한다. 그러나 이는 생산량 안정화와 인플레이션 안정화 사이에 충돌이 없다는 것을 의미한다. 만일 중앙은행이 $y_t - y_t^n$와 $E_t[\pi_{t+1}]$이 0으로 유지하는데 최선을 다한다면 π_t를 0과 같도록 유지하는 것에도 최대한 노력할 것이다.

보다 형식적으로 보기 위해 중앙은행은 $E_t[\pi_{t+1}] = 0$이 되도록 정책을 수행한다고 가정하자. 따라서 식 (12.34)와 식 (12.35)는 다음과 같다.

$$y_t = E_t[y_{t+1}] - \frac{1}{\theta} i_t + u_t^{IS} \tag{12.36}$$

$$\pi_t = \kappa(y_t - y_t^n) \tag{12.37}$$

만일 중앙은행이 $y_t = y_t^n$이 되도록 i_t를 선택하면 생산목표 뿐만 아니라 (식 12.37에 의해) 인플레이션 목표도 달성한다. Goodfriend and King(1997)에 따른 이러한 결과는 Blanchard and Galí(2007)는 **신성한 우연의 일치**(*divine coincidence*)이라고 하였다.

직관적으로 신성한 우연의 일치의 이면을 보기 위해 y_t^n의 상승을 고려하자. 예를 들어 이는 유리한 기술충격의 결과일 수 있다. 충격은 자연스럽게 기업이 주어진 가격 수준에서 더 많이 생산하기를 원하게 만든다. 따라서 만일 중앙은행이 인플레이션을 변화시키기 위한 조치를 취하지 않으면 중앙은행이 원하는 대로 신축가격 수준의 생산량과 함께 실제 생산량이 증가한다.

직관적으로 설명하는 또 다른 방법은 가격설정에서 과거지향적 행동의 부족함에서 기인한다고 말하는 것이다. 만일 어떤 교란이 경제를 신축가격 균형에서 멀어지게 하는 것이라면 그것을 막는 힘은 없을 것이다. 결과적으로, 중앙은행이 인플레이션(또는 기대인플레이션)을 조작하여 경제를 신축가격 균형으로 되돌릴 필요가 없다.

■ 최적정책의 이행

이 논의는 최적정책을 수행하는 것이 자명한 것처럼 보인다. 중앙은행은 매기 $y = y^n$과 $\pi = 0$을 달성하기를 원한다. 따라서 식 (12.34)가 $y_t = y_t^n$, $E_t[y_{t+1}] = E_t[y_{t+1}^n]$, 그리고 $E_t[\pi_{t+1}] = 0$로 성립되기를 원한다. 이러한 조건을 식 (12.34)에 부과하고 i_t에 대해 풀면 다음을 얻는다.

$$\begin{aligned} i_t &= \theta\left\{\left(E_t\left[y_{t+1}^n\right] - y_t^n\right) + u_t^{IS}\right\} \\ &= r_t^n \end{aligned} \tag{12.38}$$

12.4절의 모형처럼 경제의 자연이자율 r^n은 신축적인 가격이 널리 퍼진 실질이자율이다. 이것은 식 (12.38)의 표현으로 주어진다. 따라서 정책처방으로 중앙은행이 명목이자율을 자연이자율과 동일하게 설정해야 한다는 것이다.[13]

불행하게도, Clarida, Galí, and Gertler(2000)와 Galí(2015, 4.3절)가 강조한 바대로 일이 그렇게 간단하지 않다. 6.4절에서 미래지향적인 모형은 태양흑점균형–즉 자기실현적 믿음을 가진 균형을 가지기 쉽다는 것을 상기하자. 이러한 문제는 만일 중앙은행이 식 (12.38)을 따르면 발생한다. 비록 바람직한 결과는 모든 t에 대해 $\pi_t = 0$과 $y_t = y_t^n$이 균형이지만, 균형에서 실제 및 기대인플레이션이 0에서 이탈하는 자발적이고 자기실현적인 균형도 있다. 구체적으로 인플레이션과 생산량이 급증하고 경제주체가 점진적으로 정상으로 돌아올 것으로 기대한다고 가정하자. 명목이자율이 자연이자율과 같다면 기대인플레이션의 증가는 실질이자율을 낮춘다. 이것은 새 케인즈학파 IS방정식이 만족되려면 생산량 감소가 필요하다는 것을 의미하는데, 이는 우리가 가정한 것이다. 그리고 인플레이션이 기대인플레이션보다 높으면 새 케인즈학파 필립스곡선은 정상이상의 생산량을 필요로 하는데 이는 또한 우리가 가정한 것이기도 하다. 결과적으로 정상으로의 적절한 복귀 속도와 생산량과 인플레이션 변동 사이의 적절한 관계에 대한 믿음은 자기실현적일 수 있다.

$E_t[\pi_{t+1}] = 0$과 $E_t[y_{t+1}] = E_t[y_{t+1}^n]$일 때 식 (12.38)과 일치하는 이자율 준칙을 따르는 것이 가장 많은 주목을 받아온 이러한 문제를 중앙은행이 피하는 방법이지만 태양흑점균형을 제거하는 방식의 다른 경우와 다르다. 변동에 영향을 미치는 것은 $E_t[\pi_{t+1}]$와 $E_t[y_{t+1}]$이므로 이를 수행하는 자연스러운 방법은 이자율을 이 두 변수의 함수로 만드는 것이다. 구체적으로, 이전과 같이 $\tilde{y} \equiv y - y^n$으로 정의하고 다음 형태의 준칙을 고려하자.

---

13 이전 모형과 마찬가지로 이 모형은 명목이자율이 음(−)이 될 수 없다는 사실을 무시한다. 이 제약 조건은 다음 절에서 논의된다. 문자 그대로 이 모형은 명목 율이 0을 중심으로 대칭적으로 변동한다는 것을 의미하며 이는 제약조건이 매우 중요함을 시사한다. 그러나 양(+)의 인플레이션 목표와 양(+)의 평균생산성장률로 평균명목이자율은 양(+)이 된다.

$$i_t = r_t^n + \phi_\pi E_t[\pi_{t+1}] + \phi_y(E_t[\tilde{y}_{t+1}]) \tag{12.39}$$

(식 7.86을 참고하라.) $E_t[\pi_{t+1}] = 0$이고 $E_t[\tilde{y}_{t+1}] = 0$일 때 이러한 준칙은 즉각적으로 (12.38)로 단순화된다. 적절한 계수 값들이 태양흑점균형을 배제할 수 있는 방법을 직관적으로 보기 위해 $\phi_y = 0$이고 ϕ_π가 1보다 크다고 가정하자. 따라서 인플레이션의 자기실현적 상승은 실질이자율의 상승을 필요로 하므로 가계는 새 케인즈학파 *IS*방정식이 만족되기 위해 시간이 지남에 따라 y가 상승할 것으로 기대해야 한다. 그러나 이것은 중앙은행이 $i_t = r_t^n$으로 설정할 때 발생할 수 있는 자기실현적 기대의 유형을 가질 수 없다는 것을 의미한다. 즉 기대인플레이션의 증가에 반응하여 이자율을 인상하겠다는 위협은 인플레이션이 발생하지 않도록 방지하므로 수행할 필요가 없다.

우리는 6.4절에서 이와 같은 모형에서 자기실현적 균형이 가능한 경우와 불가능한 경우의 이슈를 다루었다. 이러한 문제를 보다 형식적으로 이해하기 위해 다음 형식을 취하는 단일 변수 x_t가 있는 모형이 있다고 가정하자.

$$x_t = AE_t x_{t+1} \tag{12.40}$$

그리고 x의 가능한 값은 속박된다. 식 (12.40)의 하나의 해는 단순히 모든 t에 대해 $x_t = 0$이다. 어떠한 조건 하에서 이러한 해가 있을까? 식 (12.40)과 일치하기 위해 t기의 x에서 $\bar{x} \neq 0$으로의 자연스러운 변화에 대해 $\bar{x} = AE_t x_{t+1}$이 필요하고 이는 차례로 $E_t x_{t+1} = AE_t x_{t+2}$ 등이 필요하다. 따라서 $E_t x_{t+1} = \bar{x}/A$, $E_t x_{t+2} = \bar{x}/A^2$ 등이 필요하다. 만일 $|A| < 1$이면 경제주체는 x가 폭발할 것으로 기대해야 하는데 이는 발생할 수 없다. 한편 만일 $|A| \geq 1$이면 그러한 기대는 가능하다.

따라서 이러한 간단한 예에서 태양흑점균형을 배제하는 조건은 $|A|$이 1보다 작은 것이다. x가 단일 변수가 아닌 벡터인 경우 조건은 유사하다. 만일 x_t와 $E_t x_{t+1}$과 관련된 행렬의 고유값이 절대값으로 1보다 작거나 **단위 원 내부**(*inside the unit circle*)에 있으면 다중균형은 배제된다.[14]

이것이 실제로 어떻게 작동하는지 보기 위해 충격이 없다고 가정하고 $\phi_y = 0$인 식 (12.39)의 이자율 준칙을 다시 고려하자. 이러한 준칙(충격이 없는 경우 모든 t에 대해 $r_t^n = 0$이라는 사실)을 식 (12.34)과 식 (12.35)에 대입하면 다음과 같이 쓸 수 있다.

$$\begin{bmatrix} \tilde{y}_t \\ \pi_t \end{bmatrix} = A \begin{bmatrix} E_t \tilde{y}_{t+1} \\ E_t \pi_{t+1} \end{bmatrix}, \quad A = \begin{bmatrix} 1 & \frac{1-\phi_\pi}{\theta} \\ \kappa & \beta + \kappa \frac{1-\phi_\pi}{\theta} \end{bmatrix} \tag{12.41}$$

A의 고유벡터는 다음과 같다.

14 절대값이 1보다 작은 값은 복소평면의 원점을 중심으로 반지름이 1인 원 안에 있다는 사실에서 이름이 유래되었다.

$$\gamma = \frac{1 + \beta + \alpha \pm \sqrt{(1 + \beta + \alpha)^2 - 4\beta}}{2} \tag{12.42}$$

여기서 $\alpha \equiv \kappa/(1 - \phi_\pi)/\theta$이다. $\phi_\pi \le 1$일 때 양(+)의 해는 1보다 크거나 같으므로 체계는 다중균형을 가진다. ϕ_π가 1보다 큰 값이 될 때 다중균형은 배제된다. ϕ_π의 값이 충분히 커지면 다중균형은 다시 나타나는 것을 보일 수 있다. 구체적으로 $\kappa(1 - \phi_\pi)/\theta < -2(1+\beta)$일 때 식 (12.42)에서 음(−)의 해가 −1보다 작으므로, 인플레이션과 생산량에 자기실현적 진동 변동(oscillatory fluctuation)이 있을 수 있다. 그러나 Galí(2015, 4.3.1.3절)에서 설명하는 것처럼 다른 모수의 합리적인 값의 경우에 이것이 발생하는데 필요한 ϕ_π 값은 매우 크다.

식 (12.39)의 명백한 변형은 중앙은행이 인플레이션과 생산 갭의 현재가치에 대응하는 준칙을 채택하는 것이다.

$$i_t = r_t^n + \phi_\pi \pi_t + \phi_y \tilde{y}_t \tag{12.43}$$

다시 계수 값의 적절한 선택을 위해 이러한 준칙은 태양흑점균형을 제거하므로 실제 이자율은 단순한 규칙 $i_t = r_t^n$에서 이탈하지 않는다. 예를 들어 $\phi_y = 0$일 때 즉 $\phi_\pi > 1$일 때 이러한 것이 발생한다(Galí, 4.3.1.2절).

■ 신성한 우연의 일치가 성립하는 않는 경우

중앙은행의 인플레이션과 생산량 목표 사이에 상충관계가 없다는 발견은 놀랍고 대부분의 중앙은행인의 믿음에 반대된다. 실제로 신성한 우연의 일치가 없을 수 있는 이유는 무엇일까? 한 가지 가능성은 12.4절의 모형에서 상충을 초래하는 과거지향적 고려사항이 중요하다. 그러나 신성한 우연의 일치는 순수한 미래지향적인 모형에서도 성립하지 않을 수 있다.

상당한 관심을 끌었던 두 목표 사이에 우연히 일치하지 않을 수도 있다는 한 가지 이유는 최적가격 생산과 신축가격 생산량 간의 격차가 시간에 따라 변할 가능성이 있기 때문이다. 지금까지 이 절에서 생산측면에서 중앙은행의 목표가 실제 생산량 y를 신축가격 생산량 y^n에 최대한 가깝게 유지하는 것이라고 가정한 것을 상기하자. 그러나 12.3절의 논의에서 적절한 목표는 생산량을 가능한 왈라스적 생산량 y^*에 가깝게 유지하는 것이라고 제시했다는 것을 상기하자.

y^n와 y^* 사이에 차이의 가능성을 도입하는 것은 몇 가지 이슈를 제기한다. 먼저 시장의 불완전성과 왜곡적 조세 때문에 y^*는 거의 확실히 y^n보다 크다. 이러한 것은 정책입안자들이 가장 선호하는 수준인 0보다 높은 평균 인플레이션 수준을 선택하도록 유도한다. 새 케인즈학파 필립스곡선 $\pi_t = \beta E_t[\pi_{t+1}] + \kappa(y_t - y_t^n)$을 상기하자. β가 1보다 작기 때문에 이 관계는 장기생산량과 인플레이션의 상충을 시사한다. 만일 인플레이션이 어떤 수준 π에서 일정하

다면 $y-y^n$은 $(1-\beta)\pi$에서 일정하다. 따라서 정책입안자들은 양(+)의 평균인플레이션율을 선택하여 평균생산량을 높일 수 있으므로 이를 사회적으로 최적수준에 더 가깝게 만들 수 있다.

이러한 논의는 중앙은행이 평균인플레이션을 한 번만 선택하면 0보다 큰 이자율을 선택할 유인을 가지고 있다는 것을 보여준다. 만일 중앙은행이 매기간 정책을 선택하면 또 다른 문제가 발생한다. 중앙은행은 y^n 이상의 생산량과 0의 인플레이션을 달성하기를 원한다. 새 케인즈학파 필립스곡선은 만일 경제주체가 음(−)의 인플레이션을 기대하도록 유도하고 0의 인플레이션을 만들어 경제주체를 놀라게 할 수 있다면 두 가지 목표를 모두 달성할 수 있음을 시사한다. 중앙은행은 이를 지속적으로 수행할 수 없다. 이렇게 하려면 경제주체를 체계적으로 속일 수 있어야 하기 때문이다. 그러나 중앙은행이 경제주체가 기대하는 인플레이션율이 기대가 형성된 후 전달하고자 하는 인플레이션율과 다르다는 사실은 최적 통화정책에 **동태적 비일관성**(*dynamic inconsistency*)이 있음을 의미한다. 이러한 동태적 비일관성은 12.8절의 주제이다.

이러한 복잡한 문제의 어느 것도 y^*와 y^n 사이의 갭의 가능성을 도입하는 원래의 유인에 영향을 미치지 못하며 정책이 충격에 대해 어떻게 반응해야 하는지에 있어서 신성한 우연의 일치가 성립하지 않는 것이다. 그러한 이슈에만 초점을 맞추려면 y^*-y^n이 백색잡음 교란의 영향을 받지만 평균이 0이라고 가정한다. 이러한 가정은 체계적인 인플레이션을 추구하려는 중앙은행의 희망을 제거하게 된다.

이러한 환경에서도 신성한 우연의 일치가 성립하는 지를 확인하기 위하여 중앙은행이 $E_t[\pi_{t+1}]=0$와 $E_t[y_{t+1}]=E_t\left[y_{t+1}^n\right]=E_t\left[y_t^*\right]$이 되도록 정책을 수행할 때 $y_t=E_t\left[y_{t+1}^n\right]-(i_t/\theta)+u_t^{IS}$, $\pi_t=\kappa\left(y_t-y_t^n\right)$가 된다(식 12.34–12.35 참조). 이러한 목표를 달성하기 위해 중앙은행은 첫 번째 식이 $y_t=y_t^*$이 성립하도록 i_t를 선택해야 한다. 그러나 이러한 중앙은행의 인플레이션 목표를 달성하기 위해 중앙은행은 $y_t=y_t^n$이 되도록 i_t를 선택해야 한다. 따라서 두 가지 목표 사이에 충돌이 발생한다 – 신성한 우연의 일치는 성립하지 않는다.

최적정책이 취하는 정확한 형태를 특정짓는 것은 비록 y^*-y^n이 평균적으로 0이 라고 하더라도 다시 동태적 비일관성의 이슈가 발생한다. y^*-y^n이 일시적으로 높다고 가정하면 중앙은행은 특히 생산량을 증가시키는데 관심을 가진다. 한 가지 접근방법은 중앙은행이 $E_t[\pi_{t+1}]$를 0으로 유지하지만 y_t가 y_t^n을 초과하도록 하여 인플레이션 목표에 대한 비용으로 생산량 목표에 가까워지게 한다. 그러나 잠재적으로 훨씬 더 나은 것은 민간 경제주체가 π_{t+1}이 음(−)인 것을 기대하도록 설득하는 것이다. 적절한 $E_t[\pi_{t+1}]$의 값에 대해 중앙은행은 t기에 완전하게 목표를 달성할 수 있다. 그러나 $t+1$기에 도달했을 때 그 시점에서 이득이 없기 때문에 중앙은행은 실제로 음(−)의 π_{t+1}의 값을 만들지 않으려고 할 것이다. 즉 중앙은행의 정책은 다시 동태적 비일관적이다.

이러한 논의는 심지어 매우 단순한 모형에서 신성한 우연의 일치가 성립하지 않는 최적정책은 복잡한 것을 보여준다. 이러한 점에서 통상적인 접근방법은 중앙은행이 정책선택에 대한 준칙을 구속할 수 있다고 가정하는 것이므로 경제주체가 기대하도록 이끄는 것으로부터 체계적으로 이탈하려고 시도하는 것은 실현가능하지 않다. 그러나 이후에도 추가적인 이슈가 발생한다. 신성한 우연의 일치가 성립하지 않는 다른 이유와 함께 이러한 이슈들은 Clarida, Gali, and Gertler(1999); Woodford(2003, 제7-8장); Blanchard and Gali(2007); Gali (2015, 제5장)에서 논의된다.

12.6 이자율 준칙에 대한 몇 가지 추가적인 이슈들

■ 이자율 준칙 대 통화량 준칙

통화정책의 전통적인 정책 처방은 통화량에 초점을 맞추는 경우가 많다. 예를 들어 Friedman(1960)과 기타 저명한 학자들은 중앙은행은 ***k* 퍼센트 준칙**(*k-percent rule*)을 따라야 한다고 주장한다. 즉 중앙은행은 통화량의 증가율을 일정한 연율 *k*%(여기서 *k*는 2나 3과 같은 작은 숫자)의 수준에서 안정적으로 유지하는 것을 목표로 해야 하며 경제를 안정화하고자 하는 다른 시도를 포기해야 한다고 주장하여 왔다.

통화량에 대한 준칙은 상당히 매력적이다. 12.1절에서 본 바와 같이 통화증가율은 장기적으로 인플레이션의 중요한 결정요인이며 중앙은행이 이자율을 변경하는 것은 통화공급을 조정하는 것이다. 다수의 경제학자들이 통화량 준칙을 열정적으로 옹호함에도 불구하고 중앙은행들은 정책상 통화량의 행태에 대하여 단지 부수적인 역할 이상으로 취급하는 경우는 매우 드물다. 중앙은행이 엄격하게 통제할 수 있는 본원통화와 같은 통화량은 총수요와 밀접하게 관련되어 있지는 않다. 그리고 총수요와 밀접한 관계를 유지하면서 움직이는 *M*2와 같은 통화량은 중앙은행이 통제하기가 어렵다. 더욱이 최근 수십 년에 걸쳐 통화량에 대한 모든 측정치들과 총수요의 관계는 와해되어 버렸으며 따라서 통화량 준칙의 경우는 더욱 약화되었다.

이러한 문제들 때문에 중앙은행은 대부분의 경우 여러 교란요인(물론 배경으로 이러한 것을 가능하는 것은 통화공급에 대한 교란의 통제이다)에 반응하여 통화량의 목표증가율을 달성하기보다는 단기의 명목이자율을 조정하는 작업을 통하여 통화정책을 수행한다. 이것은 이전 두 개의 절에서 취한 접근방법이다. 정책의 수행과 관련하여 이러한 기본적인 사실은 통화량 준칙의 단점과 더불어 연구자들로 하여금 이자율은 어떻게 조정되어야 하는가에 대한 준칙에 몰두하게 한다.

통화량 준칙과는 대조적으로 이자율 준칙은 수동적일 수가 없다. 예를 들어 중앙은행이 명목이자율을 일정한 수준으로 유지한다고 가정하자. 과거지향적 행태가 있다면 불안정으로 이어진다. 양(+)의 총수요 교란은 생산량의 수준을 자연생산량 이상으로 밀어 올려 인플레이션을 상승시킨다. 명목이자율이 고정되어 있으므로 이로 인해 실질이자율이 하락하고 생산량이 보다 더 증가한다. 이는 다시 인플레이션을 보다 더 상승시키며 이러한 과정은 지속된다(Friedman, 1968). 그리고 이전 절에서 논의한 바대로 행태가 미래지향적일 때 거시경제적 발전에 반응하는 명목이자율을 조정하지 않는 것은 태양흑점균형의 가능성으로 이어진다.

따라서 Taylor(1993)와 Bryant, Hooper, and Mann(1993)은 단기 명목이자율에 대한 준칙으로 통화정책의 수행에 대해 생각해야 한다고 주장한다. 즉 우리는 중앙은행이 경제 상황에 반응하지 않는 명목이자율 경로를 선택하는 것으로 생각해서는 안 되며(이는 불안정성이나 불확정성으로 이어진다) 사후적 기준으로 명목이자율을 조정한다고 생각하지 말아야 한다(중앙은행의 행태나 경제주체의 기대를 분석하는 방법을 제공하지 않는다). 대신에 중앙은행이 경제 발전에 따라 예측가능한 방식으로 명목이자율을 조정하는 정책을 따르는 것으로 생각해야 한다. 비록 중앙은행이 하는 일을 완전히 포착할 수 있는 준칙은 없지만, 이자율 준칙은 실제 중앙은행 행태에 대한 합리적인 근사치를 제공할 수 있으며 형식적으로 분석할 수 있다. 이것은 이전 절에서 사용한 접근방법이다.

아마도 가장 유명한 이자율 준칙은 Taylor가 제안한 것이다. 이 준칙은 다음의 두 요소를 포함한다. 첫째, 명목이자율이 인플레이션과 1:1의 비율보다 더 많이 상승하여 인플레이션이 진행할 때에는 실질이자율이 상승한다. 둘째, 명목이자율은 생산량이 정상수준을 하회할 때에는 하락하고 생산량이 정상수준을 상회할 때는 상승한다. 테일러의 이자율 준칙은 퍼센트 포인트로 측정된 생산량과 자연생산량과의 차이와 인플레이션율에 선형관계가 존재하는 것으로 가정한다. 즉 이 준칙은 다음과 같은 형태를 취한다.

$$i_t = a + \phi_\pi \pi_t + \phi_y\left(\ln Y_t - \ln Y_t^n\right), \quad \phi_\pi > 0, \ \ \phi_y > 0 \qquad (12.44)$$

만일 r_t^n이 $Y_t = Y_t^n$일 때 성립하는 실질이자율이고, 그 수준이 시간이 흘러도 일정하다고 가정하면 식 (12.44)는 다음의 식과 같아진다.

$$i_t = r^n + \phi_\pi(\pi_t - \pi^*) + \phi_y\left(\ln Y_t - \ln Y_t^n\right) \qquad (12.45)$$

여기서 $\pi^* \equiv (r^n - a)/\phi_\pi$이다. 이자율 준칙에 대한 이와 같은 표현은 인플레이션이 목표수준을 초과하거나 총생산이 자연생산량 수준을 초과하면 중앙은행은 이에 맞추어 장기 균형수준을 상회하는 수준으로 실질이자율을 인상시켜야 한다는 것을 의미한다. 식 (12.44)과 식 (12.45)로 표현되는 이자율 준칙은 **테일러 준칙**(*Taylor rules*)으로 알려져 있다.

Taylor는 식 (12.45)에서 $\phi_\pi = 1.5$, $\phi_y = 0.5$, 그리고 $r^n = \pi^* = 2\%$로 설정한 경우의 이자율 준칙이야말로 미 연준의 정책 기조가 명시적으로 이자율 조정 정책으로 전환된 이후 인플레이션을 낮은 수준에서 억제하고 경제활동 수준을 안정적으로 유지하기 위한 미 연준의 통화정책을 잘 설명한다고 주장한다. 구체적으로 준칙에 의해 예측된 이자율은 1985년경에 시작하여 2008년 후반에 단기 명목이자율이 0에 도달했을 때 끝나는 실제이자율을 놀라울 정도로 잘 추적하고 있다고 강조하고 있다. 그는 또한 이들 모수 값의 준칙은 상황이 좋은 거시경제 결과에 상대적으로 잘 적용할 수 있다고 주장하였다.

■ 이자율 준칙의 디자인과 관련한 이슈들

최근의 연구들은 바람직한 결과를 얻을 수 있는 이자율 준칙을 구체적으로 구축하는데 많은 노력을 기울이고 있다. 중앙은행은 이러한 준칙의 수행에 있어서 자신으로 하여금 실질적인 구속력을 받게 하거나 준칙의 지시사항을 기계적으로 따르는 데에는 거의 관심을 보이지 않는다. 따라서 이 분야의 연구는 정책당국에게 유용한 지침이 될 수 있는 이자율 조정방식에 초점을 맞추고 있다.

이러한 연구는 대부분 중앙은행이 사후적으로 준칙을 이탈하고 싶어하더라도 이자율 준칙을 따라야 하도록 구속할 수 있다. 즉 이러한 작업은 일반적으로 중앙은행이 이전 절에서 만난 동태적 비일관성 유형의 문제를 극복하는 방법을 찾았다고 가정하고 12.8절에서 더 자세히 검토할 것이다.

앞의 두 절은 이자율 준칙 분석의 간단한 예를 제공한다. 거기에서 중앙은행에 대한 목적함수와 경제 모형을 설정하고 최적정책을 찾았고 이것이 어떻게 이자율 준칙으로 특징지어질 수 있는지 보여주었다. 이 분야의 대부분의 연구는 이러한 접근방법을 따른다. 다른 논문들은 최적정책을 도출하지 않고 다른 이자율 준칙의 상대적인 성과를 고려한다. 그리고 다른 연구들은 덜 형식적이다. 예를 들어 특정 중앙은행이 어떤 준칙을 따랐다면 일정 기간 동안의 정책이 실제 정책과 어떻게 달라졌을지 물을 수 있고 그것이 더 나은 결과로 이어졌는지 여부를 평가하려고 할 수 있다.

이자율 준칙에 대한 연구는 광범위한 문제를 제기한다. 그 중 많은 부분이 측정 이슈를 중심으로 이루어진다. Taylor는 균형실질이자율이 일정하고 알려져 있다고 가정한다. 준칙에 들어가는 다른 변수(인플레이션, 생산량, 그리고 자연생산율)는 확실히 알려져 있다. 그리고 인플레이션의 경우 4분기 전의 인플레이션에서 당분기의 인플레이션까지의 평균치를 인플레이션으로, 총생산의 경우 당분기의 실적으로 측정할 것을 제안한다. 이러한 가정은 적어도 네 가지 문제를 제기한다.

첫째, 균형 또는 자연실질이자율은 아마도 시간이 지남에 따라 변한다. Taylor의 주장의 논리(12.4절과 12.5절의 형식적 모형)는 정책입안자들이 실제 이자율을 자연이자율의 변동과 1:1로 움직여야 하며 따라서 식 (12.45)의 상수 r^n은 시변 r_t^n으로 대체되어야 한다.

둘째, 준칙의 변수 중 확실하게 알려진 변수는 없다. 중앙은행이 언제 이자율을 설정하는지 정확히 알 수 없다는 사실은 상대적으로 중요하지 않은 것으로 나타난다. 예를 들어 연구자들은 이전 분기의 값을 사용하는 것은 준칙의 성과에 거의 영향이 없다는 것을 발견하였다. 보다 더 심각한 측정의 문제는 총생산의 자연생산량 수준에 관한 것이다. 이자율 준칙은 대부분의 경우 총생산의 자연생산량이 알려진 것으로 가정한다. 그러나 여기서의 자연생산량은 그 불확실성의 정도가 대단히 높다. 예를 들어 Staiger, Stock, and Watson(1997)은 95% 유의수준에서 설정한 자연실업률의 신뢰구간 추정은 적어도 2% 포인트의 오차를 포함한다. 결과적으로 정책당국은 총생산이 현재 자연생산량을 상회하고 있는지 또는 하회하고 있는지를 파악하기가 어려운 경우가 자주 발생한다. 따라서 r_t^n과 Y_t^n은 이러한 변수의 당기 추정치로 대체될 필요가 있다.

셋째, r^n과 Y^n을 추정하는 이슈는 인플레이션의 계수 ϕ_π와 ϕ_y가 취해야 하는 값의 문제와 밀접한 관련이 있다. 통상적인 발견은 측정 이슈가 없는 경우 Taylor가 제안한 것보다 큰 계수 값, 특히 ϕ_y에 대해 적절하다. 직관적으로 인플레이션이 생산 갭에 시차를 두고 반응하는 것처럼 보인다. 결과적으로 아마도 2만큼 높은 ϕ_y 값을 사용하여 자연율로부터 생산량의 이탈에 적극적으로 반응하는 것이 바람직하다. 그러나 Y^n 추정치의 상당한 측정 오류는 이러한 전략을 위험하게 만든다. 일단 측정 오류가 설명되면 Taylor가 제안한 값에 더 가까운 값이 적절해 보인다(아래에서 논의하지만 측정 오류는 준칙의 형식을 변경하는 것이 바람직할 수도 있음을 제시하기도 한다).[15]

마지막으로 정책이 당기와 과거 인플레이션과 생산 갭의 값에 반응해야 하는지는 전혀 명확하지 않다. 왜냐하면 그것들은 당기 정책결정에 크게 또는 전적으로 영향을 받지 않기 때문이다. 명백한 대안은 12.5절에서 고려한 것과 같은 미래지향적인 이자율 준칙이다. 예를 들어 Clarida, Gali, and Gertler(2000)는 다음 형식의 준칙을 생각하였다.

$$i_t = r_t^n + \phi_\pi(E_t[\pi_{t+k}] - \pi^*) + \phi_y E_t\left[\ln Y_{t+k} - \ln Y_{t+k}^n\right], \quad k > 0 \tag{12.46}$$

여기에서 정책은 중앙은행과 관련된 변수의 미래값에 대한 정보에 반응한다. 가장 일반적으로 고려되는 k값은 단순함의 이점이 있는 1사분기와 통화정책이 상당한 영향을 미칠 것 같은 시계에 더 가까운 4사분기이다.[16]

많은 다른 이슈는 다른 변수들이 추가로 준칙에 포함되어야 하는가이다. 가장 주목을 받는 추가적인 세 변수는 환율, 이자율, 금융지표의 시차변수이다. 환율의 절상은 이자율의 상승처럼 경제활동을 위축시킨다. 따라서 이로 인해 주어진 수준의 총수요를 생산하는데 필요한 이자율의 수준은 낮아진다. 따라서 이를 식 (12.45)에 반영하면 다음과 같이 수정된 식을 얻는다.

$$i_t = r^n + \phi_\pi(\pi_t - \pi^*) + \phi_y\left(\ln Y_t - \ln Y_t^n\right) + \phi_e e_t \tag{12.47}$$

여기서 e는 실질환율(즉 외국 상품 1단위를 국내 상품의 수량으로 표시한 가격)이다. 이 표현에서 우변의 환율 항을 좌변으로 옮기면 다음의 식을 얻는다.

$$i_t - \phi_e e_t = r^n + \phi_\pi(\pi_t - \pi^*) + \phi_y\left(\ln Y_t - \ln Y_t^n\right) \tag{12.48}$$

15 예를 들어 Rudebusch(2001)와 Orphanides(2003a)를 참고하라.

16 정책입안에서 예측치의 사용에 관하여 보다 상세한 것은 Bernanke and Woodford (1997)와 Tayor(1999)에 있는 다수의 논문을 참조하라.

식 (12.48)의 좌변을 **통화상황지수**(*monetary condition index*)라고 부른다. 이는 실질환율과 실질이자율의 선형결합이다. 만일 실질환율의 계수 ϕ_e에 대한 값을 적절히 선택한다면 이 지수는 총수요에 대한 환율과 이자율의 전체적인 영향을 나타낸다. 따라서 식 (12.48)은 인플레이션과 총생산의 함수로서 통화상황지수의 준칙이다.

이자율 시차를 포함하는 것은 세 가지 이유에서 바람직할 수 있다. 첫째, 주어진 이자율의 변화가 경제에 더 큰 영향을 미칠 수 있다. 예를 들어 이자율의 상승은 이자율이 장기간 높은 상태를 유지한다는 것을 의미한다는 것을 경제주체는 깨달을 것이다. 둘째, 주어진 이자율 변화의 영향을 증가시킴으로써 이자율 변동성을 감소시킬 수 있으며 이는 그 자체로 바람직할 수 있다. 그리고 셋째, 자연이자율과 생산량을 추정하는데 준칙이 오차에 보다 강건하게 할 수 있다. 예를 들어 이자율 시차의 계수가 1인 극단적인 경우는 인플레이션이 목표를 상회할 때 실질이자율을 계속 인상하라는 처방에 대응한다. 그러한 준칙은 아마도 인플레이션을 결국 목표 수준으로 되돌릴 것이 확실하다(예를 들어 Levin, Wieland, and Williams, 2003, and Orphanides and Williams, 2002을 참조하라). 이러한 장점 때문에 일부 모형에서 최적정책은 과거 이자율에 양(+)의 가중치를 두는 것이 아니라 당기 이자율을 과거 이자율에 비해 1:1 이상으로 인상한다. Rotemberg and Woodford(1999b)는 그러한 정책을 **초관성**(*super-inertial*)이라고 불렀다.

이자율 시차를 포함하는 것의 잠재적인 단점은 간단하다. 정책입안자들에게 직접적인 관심이 없는 변수에 의해 영향받는 정책을 가지는 것은 정책입안자들이 관심을 가지는 변수 측면에서 비효율적인 결과를 초래할 수 있다. 특히 이자율 시차에 큰 가중치를 두는 것은 다른 변수들에 대한 정책의 반응을 느리게 하여 불필요한 거시경제적 변동성으로 이끌 수 있다. 이에 대한 잠재적인 구체적인 예는 2004년부터 2006년까지 미 연준이 17회 연속적인 회의에서 이자율 목표치를 0.5%포인트 인상한 행태이다. 이는 이자율 평준화에 거의 가중치를 두지 않았다면 했을 것에 비해 경제 발전에 대한 반응을 상당히 지연시켰을 수 있다.

대부분의 분석에 따르면 정책은 자연이자율과 미래 인플레이션 변동과 생산 갭에 대한 정보를 제공하는 범위에서만 주가와 이자율 스프레드와 같은 금융부문 변수에 반응해야 한다(예를 들어 Bernanke and Gertler, 2001를 참조하라). 이러한 관점에서, 금융변수는 식 (12.46)과 같은 미래지향적 준칙에 적용되는 기대를 형성하고 자연이자율을 추정하는 데 가치있는 정보를 포함할 수 있지만 준칙에 직접 포함되지 말아야 한다. 이러한 결론의 논리는 자산가격이 경직적이지 않기 때문에 재화가격 인플레이션과 달리 자산가격 인플레이션이 가성적 상대가격 변동성이나 가격조정 비용에 대한 낭비적인 지출로 이어지지 않는다.

비록 금융변수가 이자율 준칙에 직접 들어가면 안되지만 금융변수가 중요하지 않다는 의미는 아니다. 특히 중요할 수 있는 금융변수 중 하나는 이자율 스프레드이다. 다른 이자율과 은행 간 단기 대출이자율(일반적으로 이자율 준칙이 중점을 두는 이자율) 사이의 차이는 상당히 다를 수 있다. 그리고 종종 가계와 기업의 지출 결정과 관련된 다른 이자율이다. 따라서 스프레드가 더 높고 다른 모든 것이 동일할 때 신축가격 수준과 동일한 생산량을 만드는 은행 단기 실질이자율은 더 낮다. 따라서 식 (12.46)과 같은 이자율 규칙 이면의 논리는 이자율 스프레드가 중앙은행의 결정에 영향을 미쳐야 함을 강력하게 시사한다. 보다 형식적인 분석은 동일한 결론으로 이어진다(예를 들어 Cúrdia and Woodford, 2015).

만일 자산가격이 펀더멘털에 의해 보장되는 가치에서 이탈하고 정책입안자가 이러한 이탈을 식별할 수 있다면 금융부문 변수가 중앙은행의 준칙에 들어가지 않아야 한다는 주장은 무너진다. 그러한 이탈은 자원의 비효율적인 배분으로 이어질 것이기 때문에 사회적 후생에 관심이 있는 정책입안자들이 이에 대응하는 것이 적절할 것이다(Cecchetti, Genberg, and Wadhwani, 2003). 그러나 어려운 점은 비록 자산가격이 펀더멘털에서 이탈하고 중요할 수 있다는 10.5절의 증거를 받아들인다 해도, 예를 들어 주가 또는 주택가격의 특정한 변동이 어떤 유형의 비합리성 또는 펀드멘털에 대한 새로운 정보 또는 위험을 감수하려는 의지의 변화 때문인지의 여부를 확인하는 것은 극히 어렵다. 결과적으로 대부분의 관찰자들은 자산가격이 정책에 미치는 직접적인 영향이 기껏해야 매우 작아야 한다고 계속 믿게 된다.

■ 실증적 응용: 이자율 준칙 추정

당연히 많은 저자들이 중앙은행의 이자율 준칙을 추정하려고 시도하였다. 두 가지 두드러진 노력은 1879년까지 거슬러 올라가는 미국 역사의 다양한 기간에 걸쳐 식 (12.45)와 유사한 이자율 준칙을 추정한 Taylor(1999b)와 Clarida, Galí, and Gertler(2000)는 전후 미국 역사의 다양한 기간에 걸쳐 식 (12.46)과 같은 미래지향적 준칙을 추정이다. 여기에서 Clarida, Galí, and Gertler의 절차를 살펴본다.

Clarida, Galí, and Gertler는 연준 이사회의 선호되는 연방기금금리에 대해 식 (12.39) 또는 식 (12.46)과 유사한 방정식으로 시작한다.

$$i_t^* = r^n + \phi_\pi(E_t[\pi_{t+k}] - \pi^*) + \phi_y E_t[y_{t+k} - y_{t+k}^n], \quad k > 0 \tag{12.49}$$

여기서 $y \equiv \ln Y$ 이다. 그러나 저자들은 이자율 평준화가 있다고 가정하였으며 연준은 선호되는 이자율로만 점진적으로 움직인다.

$$i_t = \rho i_{t-1} + (1-\rho)i_t^*, \quad 0 \le \rho < 1 \tag{12.50}$$

식 (12.49)와 식 (12.50)은 다음을 시사한다.

$$\begin{aligned} i_t &= \rho i_{t-1} + (1-\rho)r^n - (1-\rho)\phi_\pi \pi^* \\ &\quad + (1-\rho)\phi_\pi E_t[\pi_{t+k}] + (1-\rho)\phi_y E_t[y_{t+k} - y_{t+k}^n] \\ &\equiv a + \rho i_{t-1} + b_\pi E_t[\pi_{t+k}] + b_y E_t[y_{t+k} - y_{t+k}^n] \end{aligned} \tag{12.51}$$

$E_t[\pi_{t+k}]$와 $E_t[y_{t+k} - y_{t+k}^n]$을 관찰할 수 없기 때문에 Clarida, Gali, and Gertler는 8.3

절의 항상소득가설의 검정과 같은 절차를 사용하였다. 그들은 기대변수를 실현된 값에서 기대오차를 뺀 값으로 대체한 다음 기대오차를 포함하는 항을 잔차로 이동한다.

$$\begin{aligned} i_t &= a + \rho i_{t-1} + b_\pi \pi_{t+k} + b_y\left(y_{t+k} - y_{t+k}^n\right) - b_\pi(\pi_{t+k} - E_t[\pi_{t+k}]) \\ &\quad - b_y\left\{\left(y_{t+k} - y_{t+k}^n\right) - E_t\left[y_{t+k} - y_{t+k}^n\right]\right\} \\ &\equiv a + \rho i_{t-1} + b_\pi \pi_{t+k} + b_y\left(y_{t+k} - y_{t+k}^n\right) + e_t \end{aligned} \tag{12.52}$$

e_t는 실현된 값과 기대치 사이의 차이에만 의존하기 때문에 시간 t의 기대치는 0이다. 따라서 식 (12.52)를 시간 t에 도구로 알려진 변수를 사용하며 도구변수로 추정할 수 있다. Clarida, Galí, and Gertler의 가정 하에서 결과는 기초 준칙 식 (12.51)의 모수에 대한 일치추정치가 된다. 이것이 Clarida, Galí 및 Gertler가 연구한 본질이다. 기본적인 설정에서 그들은 $k=1$ (시간을 분기 단위로 측정)로 설정하고 의회 예산처에서 구성한 추정치를 사용하여 생산 갭을 측정하고 다양한 거시경제 변수의 시차 값을 도구로 사용하였다. 그들은 두 기간에 초점을 두었다. 1960Q1−1979Q2의 "볼커(Volcker) 전" 기간과 1979Q3−1996Q4 "볼커−그린스펀(Volcker−Greenspan)" 기간이다.

볼커 전 기간 동안 추정된 모수(괄호 안은 표준오차)는 $\pi^* = 4.24\,(1.09)$, $\phi_\pi = 0.83\,(0.07)$, $\phi_y = 0.27\,(0.08)$, 그리고 $\rho = 0.68\,(0.05)$이다. 볼커−그리스펀 기간 동안 $\pi^* = 3.58\,(0.50)$, $\phi_\pi = 2.15\,(0.40)$, $\phi_y = 0.93\,(0.42)$, 그리고 $\rho = 0.79\,(0.04)$이다.[17] 이 결과의 가장 두드러진 특징은 첫 번째 기간에 작은 ϕ_π 값인데 이는 인플레이션이 상승할 때 미 연준은 평균적으로 실질이자율을 인하했음을 시사한다. 그러한 정책은 과거지향적 모형에서는 폭발적인 인플레이션이나 디플레이션을, 미래지향적 모형에서는 태양흑점균형으로 이어진다. Clarida, Galí, and Gertler는 이것이 1970년대의 높은 인플레이션을 설명할 수 있다고 주장한다.

Clarida, Galí, and Gertler의 접근방법의 한 가지 제약사항은 식 (12.52)가 기대 오류 외에 완전하게 성립되지 않는 이유를 포함하지 않는다는 것이다. 즉, 연준은 식 (12.51)의 준칙을 정확히 따른다고 가정한다. 만일 연준이 식 (12.51)에서 이탈하면 Clarida, Galí, and Gertler의 추정치가 편향될 수 있다. 예를 들어 시간이 지남에 따라 인플레이션 목표에 약간의 변동이 있다고 가정한다. 따라서 식 (12.52)의 상수항은 $(1-\rho)r^n - b_\pi\bar{\pi}^*$ 가 되는데 여기서 $\bar{\pi}^*$ 는 평균인플레이션 목표이고 $-b_\pi(\pi_t^* - \bar{\pi}^*)$가 오차항에 추가된다. 따라서 b_π ($(1-\rho)\phi_\pi$와 같다)는 거의 확실히 양(+)이고 $\pi_t^* - \bar{\pi}^*$ 와 π_{t+k}는 거의 확실히 양(+)의 상관관계가 있으므로(인플레이션 목표가 높아질 때 인플레이션이 일반적으로 더 높다고 가정하면) 인플레이션과 오차항 사이에는 음(−)의 상관관계가 있을 가능성이 매우 높다. 결과적으로 b_π의 추정치에 하향 편향이 있고 따라서 ϕ_π의 추정치에 하향 편향이 있다. 식 (12.51)

17 π^* 이외의 모든 모수는 식 (12.52)의 추정치에서 직접적으로 추론할 수 있다. π^*를 추론하려면 r^n의 추정치가 필요하다. Clarida, Galí, and Gertler는 두 표본 기간 각각의 r^n이 해당 기간의 평균실질이자율과 같다고 가정한다.

에서 이탈하는 다른 원인(r^n의 변동과 같은)도 편향된 추정으로 이어질 가능성이 있다. 다른 많은 응용에서 많은 요인이 잔차에 기여할 수 있고 잔차에 비기대항의 존재를 인식하면 좋은 도구를 찾기 어렵다는 사실은 기본 모수를 추정하는 것을 매우 어렵게 한다.

Clarida, Galí, and Gertler를 비롯한 많은 저자들이 확증되고 강건한 이러한 문헌의 발견은 주어진 인플레이션율과 생산 갭에 대해 연준이 1960년대, 특히 1970년대는 1980년대와 1990년대보다 더 많이 훨씬 더 낮은 실질이자율을 선택했다는 것이다. (Taylor, 1999b; Orphanides, 2003b; C. Romer and D. Romer, 2002). 대부분의 모형에서 주어진 거시경제 조건에서 실질이자율 낮추는 정책은 평균인플레이션을 높인다. 그러한 의미에서 연준의 이자율 정책을 검토한 결과는 1970년대 높은 인플레이션의 원인이 될 가능성이 있음을 시사한다. 이것이 열어놓은 더 깊은 질문은 연준이 이 기간 동안 저이자율 정책을 따랐던 이유이다. 우리는 12.9절에서 그 질문으로 돌아갈 것이다.

12.7 명목이자율의 제로 하한

지금까지의 논의에서는 중앙은행은 이자율을 준칙에 의거하여 설정할 수 있는 것으로 간주했다. 그러나 만일 준칙이 음(−)의 명목이자율을 처방한다면, 이는 불가능한 것이다. 본원통화는 그 명목수익률이 0이기 때문에 누구도 마이너스의 명목수익률을 제시받으면 해당자산을 구입하려고 하지 않을 것이다. 따라서 명목이자율은 0% 이하로 하락할 수 없다.[18]

명목이자율의 제로 하한은 대공황과 관련이 있지만 현대 경제에는 중요하지 않은 주로 역사적, 이론적 관심에 관한 것으로 오랫동안 생각되었다. 우리는 이제 이러한 견해가 틀렸다는 것을 알고 있다. 일본의 경우 1990년대 말경부터 단기국채의 명목이자율이 거의 0%의 수준에 머무르고 있다. 그리고 미국의 연방준비은행은 2003년에는 0%와 거의 차이가 없는 수준까지 단기명목이자율을 인하하였다. 그리고 가장 중요한 것은 2007년에 시작된 금융 및 경제위기로 인해 대부분의 주요 중앙은행이 명목이자율 목표를 거의 0에 가깝게 낮추고 장기간 유지했다. 일본과 최근의 위기의 경우 제로 하한이 통화정책에 대한 제약을 속박하는 것이라는 것은 합리적으로 명확하다. 예를 들어 기존의 이자율 준칙에 따르면 2009년 연방기금금리의 적절한 목표 수준은 하한선이 없는 경우 −4% 이하였다(Rudebusch, 2009).

따라서 이 절에서는 제로 하한을 조사한다. 여기서 Krugman(1998)에 따르면 경제가 경계

18 고성능통화(즉 본원통화)를 직접 보유하는 데 약간의 불편함과 위험이 있기 때문에 이러한 설명은 약간 너무 강하다. 논리와 증거 모두 중앙은행이 명목이자율을 0보다 약간 낮게 설정할 수 있음을 시사한다. 그럼에도 불구하고 명목이자율을 0보다 훨씬 아래로 설정하려고 하면 본원통화를 보유하려는 전체적인 움직임으로 이어질 것이므로 정책은 실패할 것이다. 단순하게 하기 위해 이 절에서는 0의 명목이자율에서 급격히 발생하는 것으로 경계를 취급한다. Rognlie(2016)는 제약 조건이 실제로 급격하기보다는 점진적이라는 사실에 의해 제기된 몇 가지 이슈를 분석한다.

에 의해 제약을 받을 수 있고 관련된 이슈 중 일부를 식별하는 간단한 모형을 고려하는 것으로 시작한다. 그런 다음 명목이자율이 0일 때 총수요를 증가시킬 수 있는 가능한 정책과 통화정책의 미래 수행에 대한 제로 하한의 의미에 대해 더 폭넓게 논의한다.

■ Krugman 모형의 가정들

Krugman은 통화정책과 제로 하한 모형을 개발하고 분석한다. 주요 장점은 미시경제학적 토대를 기반으로 구축된 완전한 일반균형 모형이며 단순하다. 첫 번째 강점은 제로 하한이 실제로 속박조건이 될 수 있음을 공식적으로 보여주고 완전한 모형없이 훨씬 더 어려운 방식으로 기간간 연결을 분석할 수 있기 때문에 중요하다(예를 들어 전통적인 $IS-LM$ 접근 방식을 사용한다면). 두 번째 강점은 모형의 시사점 이면의 메커니즘을 비교적 쉽게 확인하고 변형과 확장을 고려하기 쉽다.[19]

모형은 이산형 시간을 설정하고 불확실성은 없다. 많은 무한생애 가계가 있으며 각 가계는 모든 t에 대해 다음과 같은 목적함수를 가진다.

$$U = \sum_{t=0}^{\infty} \beta^t a_t \ln C_t, \quad 0 < \beta < 1, \quad a_t > 0 \tag{12.53}$$

여기서 C_t는 t기의 가계 소비이다. 결정적이고 알려져 있는 a_t의 목적은 시간에 따른 재화 소비를 변화시키는 것을 가능하게 하므로 균형실질이자율의 변화도 가능하다.

각 경제주체는 매기 경제의 유일한 재화 y를 부여받는다. 재화는 저장할 수 없고 경제주체는 자신의 부존이나 물물교환에 소비할 수 없다−재화는 화폐로만 거래될 수 있다.[20]

모형의 중요한 가정은 가계의 자산 보유와 화폐가 재화 구매에 사용되는 방법을 포함한다. 가계는 **선지급제약**(*cash-in-advance constraint*)을 받는다. 즉 가계는 t기의 부존을 판매하여 얻은 화폐를 t기의 재화를 구매하는 데 사용할 수 없다. 직관적으로 가계를 두 개인, 즉 가계의 부존을 파는 가계 주인과 물건을 사는 구매자로 구성되어 있다고 생각하고 가계 주인이 일정 기간 내에 구매자에게 돈을 송금할 수 없다고 가정한다.

다른 자산은 채권이다. 채권은 잠재적으로 이자를 지급하지만 재화가 아닌 화폐로만 교환될 수 있다. 제2장의 Ramsey−Cass−Koopmans모형에서와 같이 어떤 시점에서 가계의 채권 보유량은 양(+) 또는 음(−)일 수 있지만 가계는 폰지사기를 실행할 수 없다.

---

19 Eggertsson and Woodford(2003)는 7.8절과 12.5절의 새 케인즈학파모형에 정신에 훨씬 더 가까운 더 복잡한 모형에서 제로 하한을 분석한다. 그들은 제로 하한에 관한 모형의 주요 의미 중 많은 부분이 Krugman모형의 것과 유사하다는 것을 발견하였다.

20 자신의 재화와 물물교환을 직접적으로 배제하는 것은 지름길임에 틀림없다. 보다 완전한 모형은 다양한 유형의 상품, 이질적인 선호도, 그리고 적은 거래 비용을 도입할 것이다. 경제주체는 자신의 상품이 아닌 다른 상품을 소비하기를 원할 것이며, 물물교환 사슬을 통해 원하는 상품을 얻는 것은 엄청난 비용이 들 것이다. 그러한 상황에서 경제주체가 자신의 부존을 화폐로 거래한 다음, 그 돈을 사용하여 상품을 구매하려는 결정은 내생적으로 발생할 수 있다(Kiyotaki and Wright, 1989).

가계에 추가하여 정부도 존재한다. 정부는 화폐와 채권을 발행하고 채권에 대한 이자를 지급하고 세금을 부과하며 이전(정액으로 가정한다)하여 기간간 예산제약을 만족하도록 한다.

시간의 설정은 다음과 같다. 가계는 $t-1$기가 끝에서부터 화폐와 채권을 보유하면서 t기를 시작한다. 그러면 화폐와 채권을 거래할 수 있는 시장이 있다. 정부는 이 시장에 참여할 수 있다. 따라서 이 단계에서 모든 통화정책 조치가 발생한다. M_t는 이러한 거래 후 대표적인 가계의 화폐보유량을 나타낸다. 가계의 구매의 제약조건은 다음과 같다.

$$C_t \leq \frac{M_t}{P_t} \tag{12.54}$$

여기서 P_t는 t기 재화의 가격이다. 마지막으로 가계가 소비하고 부존을 판매한 후 채권보유에 대한 이자를 받는다. 이 시점에서 정부는 또한 어떤 세금 또는 이전을 실행한다. i_t는 t기 채권에 지급된 이자율을 나타낸다.

기본모형에서 시장은 경쟁적이며 가격은 완전히 신축적이다. 이러한 가정은 재화의 일부가 판매되지 않는 균형이 결코 있을 수 없다는 것을 시사한다. 만일 균형이 있다면 판매되지 않은 생산물을 가진 경제주체가 그 상품을 시중가격보다 약간 낮은 가격에 판매하겠다고 제안할 것이다. 언뜻 보기에 이러한 결과는 모형을 사용하여 이해하려는 핵심 이슈를 무시하는 것처럼 보일 수 있다. 그러나 Krugman이 설명했듯이 기본모형은 실제로 매우 유용하다. 중요한 문제는 제로 하한이 실질생산량에 영향을 미치는지 여부가 아니라 총수요에 영향을 미치는 통화정책의 능력을 제한하는지의 여부이다. 총수요의 변화가 가격이나 수량에 영향을 미치는지는 별개의 이슈이다. 결과적으로 경쟁과 가격신축성에 대한 가정은 우리가 중요한 문제에 집중할 수 있도록 하는 가치있는 단순화이며 가격경직성으로 인해 발생하는 복잡한 것을 해결할 필요가 없다.

■ 예비 단계

모형 분석의 첫 번째 단계는 대표적인 가계의 최적화 문제를 고려하는 것이다. 확실성에 대한 가정은 명목이자율이 엄격하게 양(+)이면 가계는 그 기간에 구매 자금을 조달할 수 있을 만큼 충분한 화폐를 보유하는 것을 시사한다. 한편 명목이자율이 0이면 가계는 화폐와 채권에 대해 무차별하므로 재화 구매자금을 조달할 만큼의 최소한의 화폐를 보유한다고 말할 수 있을 뿐이다(만일 명목이자율이 음(−)이면 가계는 자의적으로 많은 음(−)의 채권과 양(+)의 화폐를 보유하여 확실하게 무한 수익을 얻을 수 있다. 따라서 이러한 가능성을 배제할 수 있다). 따라서 다음이 성립한다.

$$C_t \begin{cases} = \dfrac{M_t}{P_t} & i_t > 0\text{이라면} \\ \le \dfrac{M_t}{P_t} & i_t = 0\text{이라면} \end{cases} \tag{12.55}$$

가계 최적화의 또 다른 핵심 조건은 연속 기간의 소비와 관련된 표준 오일러 방정식이다. 가계가 최적화를 하고 있다고 가정하고 C_t에 대해 적은 금액인 dX를 지출하고 그 수익금을 사용하여 C_{t+1}을 늘리는 것을 고려한다고 가정하자. 지출 감소는 C_t를 dX/P_t만큼 낮추고 t기로 할인된 한계 효용은 a_t/C_t이다. 따라서 변화의 효용비용은 $(dX/P_t)(a_t/C_t)$이다. 명목이자율은 음(−)일 수 없기 때문에 가계는 그 결과로 얻은 저축을 화폐가 아닌 채권으로 보유한다(또는 만일 i_t가 0이면 무차별하다). 그런 다음 $t+1$기가 시작될 때 채권과 이자를 화폐로 전환하고 수익을 사용하여 C_{t+1}을 늘릴 수 있다. 따라서 C_{t+1}의 증가는 $(1+i_t)(dX/P_{t+1})$이다. $t+1$기에 t기로 할인된 한계효용은 $\beta a_{t+1}/C_{t+1}$이다. 따라서 가계 최적화는 다음이 필요하다.

$$\frac{1}{P_t}\frac{a_t}{C_t}dX = \frac{(1+i_t)}{P_{t+1}}\frac{\beta a_{t+1}}{C_{t+1}}dX \tag{12.56}$$

위에 나타난 것처럼 경쟁과 가격신축성 가정은 모든 기간에 $c_t = y$를 시사한다. 따라서 식 (12.56)은 $a_t/P_t = (1+i_t)\beta a_{t+1}/P_{t+1}$ 또는

$$i_t = \frac{a_t P_{t+1}}{\beta a_{t+1} P_t} - 1 \tag{12.57}$$

식 (12.55)와 식 (12.56)은 모형의 두 가지 중요한 방정식이다.

제로 하한에 대한 모형의 의미를 고려하기 전에 통화공급(M)과 수요전환자(a)가 모두 일정할 때 정상상태를 설명하는 것이 도움이 된다. 만일 i가 일정한 정상상태가 있다면 식 (12.57)은 이자율의 정상상태값 i^*는 다음을 만족해야 한다.

$$\begin{aligned} i^* &= \frac{aP^*}{\beta aP^*} - 1 \\ &= \frac{1-\beta}{\beta} \end{aligned} \tag{12.58}$$

여기서 P^*는 정상상태 가격 수준이다. β가 1보다 작다는 가정은 i^*가 완전히 양(+)임을 시사하며, 이는 차례로 가계가 선지급제약을 등식으로 충족할 것임을 시사한다. 식 (12.55)과 소비가 정상상태에서 y와 같다는 사실은 다음을 시사한다.

$$P^* = \frac{M^*}{y} \tag{12.59}$$

따라서 M과 a가 일정할 때 실제로 정상상태가 존재한다. 더욱이 명목이자율은 양(+)이고 물가수준은 통화공급에 비례한다.

■ Krugman 모형에서 유동성 함정

첫 번째 질문은 통화정책이 총수요를 증가시키지 않는 위치에 경제가 있을 수 있는지 여부이다. 이 질문에 답하기 위해 Krugman은 특히 분석하기 쉬운 경제 경로의 유형을 고려한다. 그는 경제가 2기에서 시작하는 정상상태에 있다고 가정한다. 그런 다음 1기에 중점을 둔다. 가계의 기간간 최적화 조건인 식 (12.57)을 상기하자. 경제가 2기에 시작하는 정상상태에서 이러한 조건은 t기에 다음을 시사한다.

$$i_1 = \frac{a_1 P^*}{\beta a^* P_1} - 1 \tag{12.60}$$

$(P_1,\ i_1)$ 평면에서 식 (12.60)을 만족하는 점들의 집합은 그림 12.3의 CC곡선으로 나타난다. 하향하는 기울기를 가진다. 직관적으로 주어진 미래물가 수준에 대해 오늘 더 높은 물가수준은 인플레이션이 더 낮다는 것을 의미한다. 실질이자율이 상승하지 않도록(그리고 이에 따라 1기와 2기 모두에 가계의 y를 소비하려는 의지를 유지하려면) 명목이자율은 하락해야 한다.

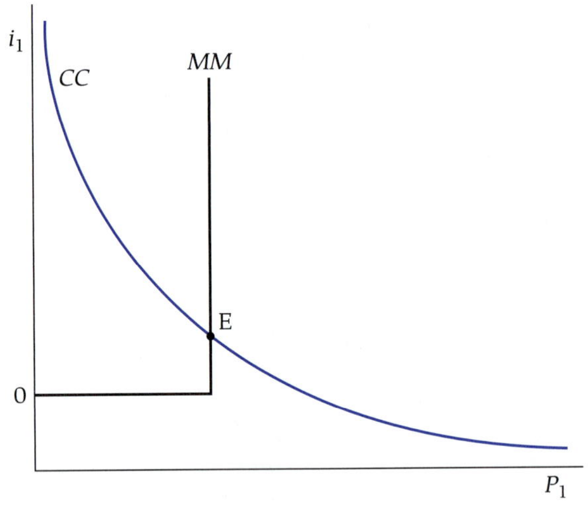

그림 12.3 Krugman모형에서의 균형

균형에 대한 다른 요구 조건은 선지급제약을 포함한다. 가계는 제약조건을 만족해야 하며 명목이자율이 엄격하게 양(+)이면 등호로 만족해야 한다. 제약조건이 $c_t \leq M_t/P_t$이고 정상상태에서 $c_t = y$이므로 1기에 다음을 따른다.

$$P_1 \begin{cases} = \dfrac{M_1}{y} & i_1 > 0 \text{ 이라면} \\ \le \dfrac{M_1}{y} & i_1 = 0 \text{ 이라면} \end{cases} \tag{12.61}$$

이 조건을 만족하는 점들의 집합을 그림에서 MM곡선으로 나타내었다. $i_1 = 0$에서 $P_1 = M_1/y$가 될 때까지 수평이고 그 다음 수직이다. 직관적으로 선지급제약과 명목이자율이 엄격하게 양(+)이면 화폐를 보유하는 기회비용이 완전히 양(+)이지만 명목이자율이 0이면 화폐를 보유하는 기회비용은 0이다. 명목이자율이 엄격하게 양(+)이면 가계는 명목이자율($M_1/P_1 = y$ 또는 $P_1 = M_1/y$를 시사함)과 관계없이 구매하기에 정확히 충분한 돈을 보유한다. 명목이자율이 0이면 최소한 구매에 필요한 만큼 보유하지만 더 많이 보유하는 데에는 무차별하다($M_1/P_1 \ge y$ 또는 $P_1 \le M_1/y$를 시사함).

두 조건이 모두 충족될 때 균형이 발생한다. 이것은 그림에서 점 E로 표시된다. 두 곡선은 MM곡선의 수직 부분에서 교차하므로 균형은 양(+)의 명목이자율을 포함한다. 그러나 교차점이 MM곡선의 수평 부분을 따라 있으면 명목이자율은 0이다.

화폐량 M_1의 증가의 효과를 고려하기 위하여 그림을 사용할 수 있다. M_1은 MM곡선에 대한 방정식을 들어있지만 CC곡선에는 들어있지 않다. 특히 M_1/y의 상승으로 인한 통화량의 증가는 MM곡선의 수평 부분을 확장하고 수직 부분을 오른쪽으로 이동시킨다.

그림 12.4의 (a)는 명목이자율이 M_1 상승 전과 후 모두 양(+)인 경우를 보여준다. 이러한 경우 통화팽창은 총수요를 증가시키는 통상적인 효과를 가진다. 특히, P_1은 상승하고 i_1은 하락한다. 식 (12.61)은 이 경우 $P_1 = M_1/y$이므로 물가수준의 증가는 M의 증가에 비례함을 보여준다. 또한 가격은 신축적이기 때문에 명목이자율의 하락은 실질이자율의 하락보다는 기대인플레이션의 하락(당기의 물가수준이 더 높고 M^*가 변하지 않는다는 사실에서 비롯됨)을 반영한다는 점에 유의하자.

그림 12.4의 (b)는 초기 명목이자율이 이미 0인 경우를 고려한다. 이러한 경우 변화의 효과는 없다-CC곡선과 MM곡선의 교차점은 이전과 동일한 점에 있다.

따라서 Krugman의 모형은 당기 통화공급의 증가가 경제에 영향을 미치지 않는 상황에 경제(완전히 설정되고 미시경제학적으로 기반을 둔 일반균형 설정에서)가 있다는 것이 가능하다는 것을 보여준다. 직관은 간단하다. 명목이자율이 0일 때 화폐보유의 기회비용은 0이다.

결과적으로 가계는 유동성은 소진하거나 유동성이 제공하는 편의서비스를 소진하기에 충분한 돈을 보유한다. 모형의 맥락에서 이러한 서비스는 선지급제약 조건을 만족하는 형태를 취한다. 일단 그러한 것이 발생하면 화폐와 채권은 완벽한 대체제가 되므로 서로를 교환해도 아무런 효과가 없다. 따라서 명목이자율이 0인 상황은 **유동성 함정**(*liquidity trap*)이라고 알려져 있다.

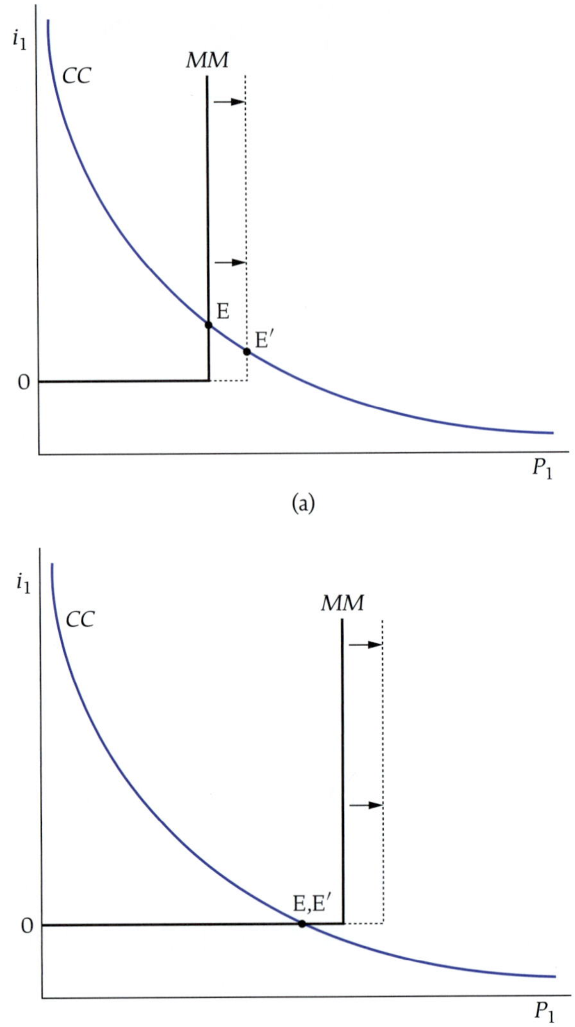

그림 12.4 Krugman 모형에서 통화팽창의 효과

■ Krugman 모형에서 유동성 함정의 대응

방금 발견한 결과를 유동성 함정에서 전통적인 통화정책이 무력하다는 것을 보여주는 것으로 설명하는 것은 매력적이다. 그러나 이러한 설명은 정확하지 않다. 더 정확한 설명은 미래 통화공급에 대한 기대의 변화없이 당기 통화공급의 변화는 유동성 함정에서 효과적이지 않다는 것을 보여준다.

Krugman이 그의 모형을 사용한 두 번째 중심 실험은 경제가 제로 하한에 있을 때 모든 통화정책 조치가 비효과적이지는 않다는 것을 보여준다. 구체적으로 M^*의 증가를 고려하자 – 즉 경제가 유동성 함정에서 벗어났을 때 통화공급에 대한 기대의 증가를 고려하자. 앞에서 보았듯이 정상상태 화폐공급 M^*의 증가는 정상상태 물가수준 P^*를 높인다(식 12.59 참조).

그리고 P^*는 CC곡선에 대한 식 $i_i = (P^* / [\beta P]) - 1$에 들어간다(식 12.60 참조). 따라서 CC곡선은 오른쪽으로 이동한다. 결과는 그림 12.5에 나타나 있다. 물가수준이 상승한다. 그림의 경우 이자율은 0으로 유지되지만 이동이 충분히 크면 i_1도 함께 상승한다.

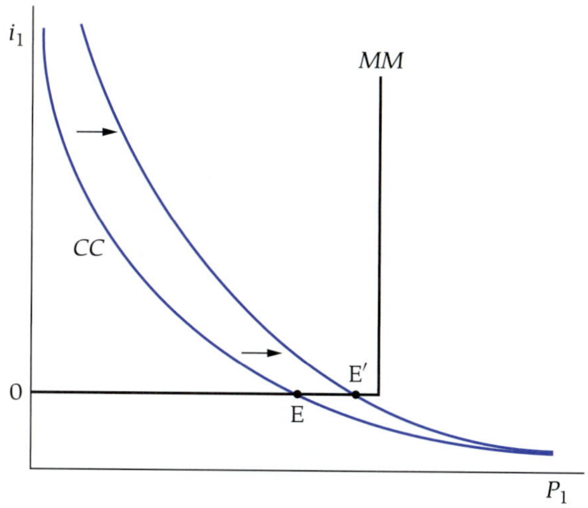

그림 12.5 Krugman모형의 제로 하한에서 미래 통화팽창의 기대효과

직관적으로 미래 통화공급에 대한 기대가 높아지면 미래 물가수준에 대한 기대가 높아진다. P_1과 i_1 모두가 변하지 않으면 기대인플레이션은 더 높아지고 명목이자율은 변하지 않으므로 실질이자율은 더 낮아질 것이다. 결과적으로 재화에 대한 수요가 공급을 초과하게 된다. 이러한 것은 일어날 수 없기 때문에 최종 결과는 물가각 상승하는 것이다. 말하면 Krugman의 모형은 경제가 더 이상 유동성 함정에 빠지지 않을 때 어떤 통화정책이 될지에 대한 기대가 함정에 빠진 총수요에 영향을 미친다는 것을 보여준다.

a_1을 증가시키는 모든 정책은 또한 유동성 함정에서 총수요를 자극한다. a_1은 P^*와 정확히 같은 방식으로 CC와 MM곡선에 영향을 미친다. 곱 a_1 P^*는 CC곡선의 방정식에 들어가고(식 12.60 참조) a_1과 P^*는 모두 MM곡선의 방정식에 들어가지 않다(식 12.61 참조). 따라서 a_1이 증가하면 CC곡선이 오른쪽으로 이동하므로 경제가 유동성 함정에 빠진 경우에도 P_1이 증가한다. 나중에 a_1에 영향을 미칠 수 있는 정책에 대해 논의한다.

이러한 실험의 가능한 변형과 기본모형의 확장이 많이 있다.[21] 예를 들어 경제가 1기 이상 유동성 함정에 빠진 경우를 고려할 수 있다. 이러한 경우 경제가 함정에서 벗어났을 때 물가수준이 어떠할 것인지에 대한 기대는 시간을 거슬러 경제가 함정에 있는 모든 기간의 총수요에 영향을 미친다. 또 다른 예로 경직된 가격을 가지는 변형을 고려할 수 있다. 이러한 모형에서는 생산이 신축가격 수준보다 낮을 수 있다. 당기의 통화팽창(미래 통화공급이 고정된 상태에

21 이러한 것의 일부는 문제 12.12–12.14에서 검토된다.

서)은 생산량을 늘리지 못할 수 있다. 미래 통화팽창에 대한 기대는 현재 물가수준뿐만 아니라 당기 실질이자율과 생산량에 영향을 미칠 수 있다. 더욱이 Werning(2012)이 강조한 바와 같이 물가가 경직적일 때 미래의 통화팽창에 대한 기대는 실질이자율을 낮출 뿐만 아니라 미래의 실질소득에 대한 기대를 높여 경기를 자극한다.

마지막 예로 만일 중앙은행이 통화공급에 대한 준칙을 따르지 않고 물가안정목표자라면 어떤 일이 일어나는지 생각해 보자(12.4절 참조). 구체적으로 중앙은행이 1기에서 2기까지 어떤 목표 인플레이션율 π^*을 가지고 이에 따라 M^*을 조정한다고 가정하자. 이전과 마찬가지로 경제는 2기부터 일정한 M과 a(따라서 일정한 물가수준과 양(+)의 명목이자율)로 시작하는 정상상태에 있다고 가정한다.[22] 경제는 2기부터 시작하는 전통적인 정상상태에 있기 때문에 2기의 통화정책은 2기의 물가 수준에 영향을 미치므로 중앙은행은 1기에서 2기까지 목표 인플레이션율에 도달할 수 있다. 따라서 $P^* = (1+\pi^*)P_1$과 식 (12.60)은 다음과 같다.

$$\begin{aligned} i_1 &= \frac{a_1(1+\pi^*)P_1}{\beta a_2 P_1} - 1 \\ &= \frac{a_1(1+\pi^*)}{\beta a_2} - 1 \end{aligned} \tag{12.62}$$

P_1은 더 이상 방정식에 들어가지 않으므로 CC곡선은 이제 수평이 된다. 그림 12.6은 두 가지 가능한 경우를 보여준다. 그림 (a)에서 CC곡선은 수평축 위에 있으므로 경제는 기존 균형에 있다. 그러나 그림 (b)에서 CC곡선은 수평축 아래에 있으므로 MM곡선과 교차하지 않는다 – 경제에는 균형이 없다. 이러한 결과를 이해하기 위해 $i_1 = 0$일 때 어떤 P_1 값에 대해 재화의 공급이 수요를 초과하는 경우 물가안정목표에서 어떤 일이 발생하는지 고려하자. 가격은 신축적이기 때문에 판매자는 가격을 인하한다. 만일 P^*가 변하지 않는다면 이것은 기대인플레이션을 증가시키므로 실질이자율을 낮추고 수요를 증가시킬 것이다. 그러나 물가안정목표제 하에서 중앙은행은 당기 물가수준의 하락과 함께 미래 물가수준에 대한 목표치를 1:1로 낮추기 때문에 기대인플레이션과 실질이자율에 영향을 미치지 않는다. 결과적으로 공급이 여전히 수요를 초과하므로 가격 수준은 더 하락한다. 최종 결과는 물가수준이 무한히 하락한다.

이러한 분석은 가격이 신축적일 때 물가안정목표제는 경제가 균형이 가지지 않을 가능성을 생성한다는 것을 보여준다. 실제 경제는 완전히 신축적인 가격을 특징으로 하지 않기 때문에, 이러한 결과 자체는 그다지 중요하지 않다. 그러나 더 광범위한 메시지는 물가안정목표제가 가격조정의 안정화 역할을 제거한다 – 물가안정목표제 하에서 당기 가격이나 인플레이션의 하락은 주어진 명목이자율에 해당하는 실질 이자율에 효과를 미치지 않으므로 경제를 자극하

22 2기 이후 인플레이션이 0인 정상상태를 가정하는 대신 인플레이션이 일정하고 2기 이후 π^*와 같다고 가정하는 경우의 분석과 유사하다.

는 데 어떠한 효과도 미치지 않는다.

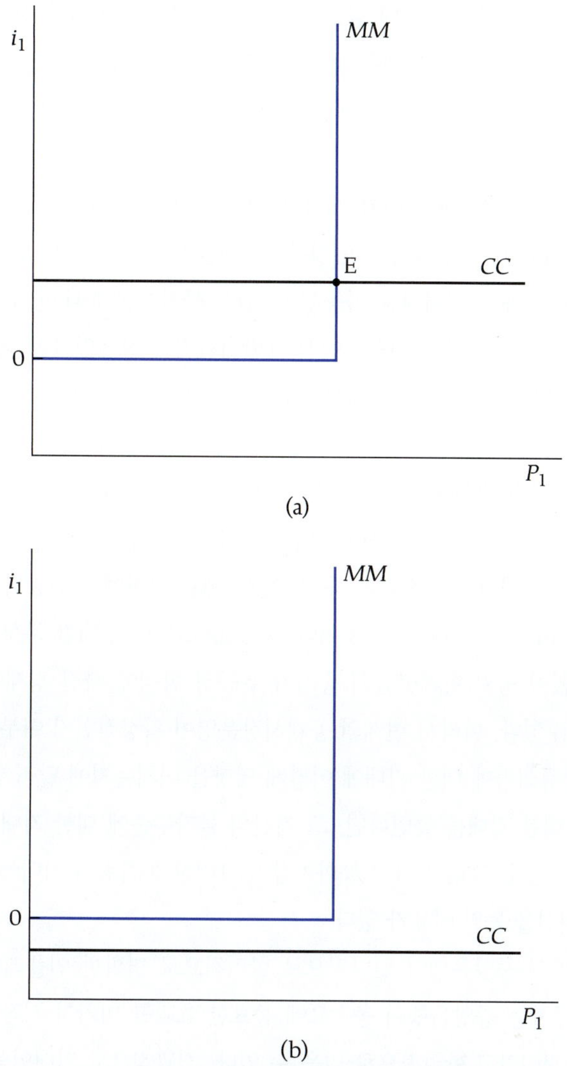

그림 12.6 Krugman모형에서 물가안정목표제

■ 유동성 함정에서 기대인플레이션을 높이는 정책

우리의 분석은 유동성 함정에 빠진 경제를 자극하는 한 가지 접근방법은 경제가 어떤 통화정책이 함정에서 벗어나도록 하는 지에 대한 기대를 바꾸는 것임을 의미한다. 경제학자와 정책입안자들은 이를 위한 다양한 방식을 고려하였다.

아마도 가장 간단한 접근방법 – 그리고 Krugman이 제안한 접근방법 – 은 중앙은행이 영구적으로 더 높은 인플레이션 목표를 채택하는 것이다. 만일 중앙은행의 목표 물가상승률이 높아지면 미래물가 수준에 대한 기대도 높아진다. 우리가 보았듯이 이것은 오늘날 경제를 자극한다.

그러나 Eggertsson and Woodford(2003)가 관찰한 것처럼 명목이자율이 0일 때 충분히 낮은 실질이자율을 생성하는 데 필요한 목표는 다른 근거에서 최적이자율보다 높을 수 있다. 그들은 이러한 경우에 중앙은행은 중앙은행의 정책이 항상 높은 인플레이션을 목표로 하는 것이 아니라 명목이자율이 0으로 떨어진 후에만 목표를 정한다고 발표하는 것이 더 낫다고 주장한다.

Eggertsson and Woodford가 제안한 정책과 대체로 비슷한 정책은 목표 **물가수준 경로**(*price-level path*)이다. 중앙은행이 명목이자율을 0으로 낮추는 경기침체는 인플레이션을 중앙은행의 목표 아래로 밀어넣을 가능성이 있다. 물가수준에 대한 경로를 목표로 하는 정책으로 중앙은행은 정상 이상의 인플레이션 후반기까지 통상적인 인플레이션 목표에서 부족분을 상쇄한다. 따라서 이러한 정책하에서, 인플레이션의 하락은 자연스럽게 기대인플레이션의 증가를 가져온다. 물가수준 경로의 명백한 단점은 완전히 최적정책과 거의 일치하지 않는다는 것이다. 그러나 명목이자율이 0으로 떨어진 이후에만 고정 인플레이션 목표에서 이탈하는 정책보다 더 간단하다(그리고 소통하기 더 용이하다)는 장점이 있다.

미묘한 이슈를 제기하는 전략은 중앙은행이 제로 하한에서 전통적인 공개시장운영(open-market operation)에 참여하는 것이다. Krugman모형에 대한 분석은 미래 통화공급에 대한 기대의 변화없이 당기 화폐공급의 증가가 유동성 함정에 빠진 경제에 영향을 미치지 않는다는 것을 보여주었다. 따라서 현재의 공개시장운영이 확장적인지 여부는 명목이자율이 다시 양(+)이 될 때 통화량에 대한 기대에 어떻게 영향을 미치는지에 달려 있다. 만일 통화확장이 미래 통화량에 대한 기대를 높인다면, 그 기간의 물가수준에 대한 기대를 높여 오늘날의 기대인플레이션을 높인다. 그러나 만일 통화확장이 그러한 통화량의 기대에 영향을 미치지 않는다면 기대인플레이션을 높일 이유가 없다.

현대 경제에서 중앙은행이 일반적으로 합리적으로 명확한 인플레이션 목표를 가지고 있는 경우에 경제주체는 중앙은행이 총수요에 중요한 효과를 미치기 시작하는 대로 통화량 증가를 크게 되돌릴 것이라고 합리적으로 믿을 수 있다. 결과적으로 기대인플레이션이 상승하지 않을 수 있으며 공개시장매입이 거의 영향을 미치지 않을 수 있다.[23] 그러나 인플레이션 목표는 통화정책의 보편적인 특징이 아니다. 예를 들어 대공황 동안 연준은 통화량 또는 인플레이션에 대한 장기목표에 대해 명확한 견해를 갖고 있지 않았다. 그러한 상황에서 당기 통화량의 확장은 이후 통화량의 기대를 높일 수 있다. C. Romer(1992)는 미국에서 1933년부터 시작된 통화증가율의 빠른 상승은 인플레이션 기대를 높은 수준에서 형성시켰으며 이자율에 민감한 경제부문들을 자극함으로써 대공황으로부터 회복하는데 추진력을 제공하였다는 증거를 제시하고 있다.

23 이는 – 제로 하한에서 통화팽창의 최근 에피소드에서 발생한 것처럼 – 만일 정책입안자들이 통화량 증가를 일시적으로 의도하고 인플레이션이 크게 증가하지 않도록 조치할 것이라는 결정문과 함께 통화량 증가를 동반하는 경우에 특히 진실이다.

우리가 논의한 바와 같이 현대 중앙은행은 일반적으로 통화정책의 주요 단기도구로 통화량보다 안전한 단기이자율을 사용한다. 따라서 중앙은행이 미래 통화정책에 대한 기대에 영향을 미치려고 시도하는 한 가지 방법은 통화량이 아니라 안전한 단기이자율에 대한 계획에 대한 결정문을 사용하는 것이다. 중앙은행이 낮은 이자율을 유지할 계획이라는 결정문은 기대인플레이션을 증가시켜 경제를 자극할 가능성이 있다. 그러한 전략 – **포워드 가이던스**(*forward guidance*)로 알려진 – 은 유동성 함정에 대한 최근 경험에서 연방준비은행 및 기타 중앙은행에 의해 널리 사용되었다.[24]

마지막으로 기대인플레이션을 높이기 위한 모든 방법은 중요한 문제에 직면한다. 그러한 이득은 실제 미래인플레이션의 상승이 아니라 미래인플레이션에 대한 당기 기대의 상승이 오늘날의 결과에 미치는 영향에서 나온다. 일단 미래가 도래하면 오늘날의 결과는 이미 일어났고 중앙은행은 더 이상 그것에 영향을 미칠 수 없다. 따라서 중앙은행이 다른 이유로 인플레이션을 혐오한다면 그 시점에서 최선의 정책은 이전에 발표된 인플레이션을 일으키지 않는 것일 수 있다. 즉 유동성 함정의 최적정책(12.5절 모형의 최적정책과 같이)은 동태적으로 비일관적일 수 있다. 동태적 비일관성에 대해서는 12.8절에서 자세히 논의할 것이다.

■ 유동성 함정에서 경제를 자극하는 다른 정책

지금까지 주어진 i와 P에서 기대인플레이션을 높여 실질이자율을 낮춤으로써 제로 하한의 경제에서 총수요를 증가시킬 가능성에 초점을 두었다. 유동성 함정에서 총수요를 증가시키는 다른 방식은 주어진 실질이자율에서 수요를 증가시키는 것이다. Krugman모형에서 이러한 접근방법은 a_1을 높이고 CC곡선을 이동시키는 실험에 해당한다.

이러한 작업을 수행할 수 있는 여러 가지 방법이 있다. 명확한 것은 재정정책을 사용하는 것이다. 그러나 제로 하한에 있는 경제를 활성화하기 위해 재정정책을 사용하는 데 장벽이 있을 수 있다. (적어도 표준 형태의) 경기부양적 재정정책은 재정적자를 증가시켜야 하는데 이는 단점을 가지고 있다 – 특히 심각한 장기예산 문제가 있는 경제에서 단점이 있다. 그리고 경기부양적 재정정책이 바람직하더라도 정치적으로 실현가능하지 않을 수 있다.

통화정책을 사용하여 CC곡선을 이동시키는 방법도 있다. 2008년과 2009년에 연방준비은행과 기타 중앙은행은 상업어음 발행과 주택담보대출 등을 지원하면서 특정 유형의 신용시장

24 Krugman 모형의 포워드 가이던스 분석은 문제 12.14의 (b)를 참조하라. 그러나 Campbell, Evans, Fisher, and Justiniano(2012)는 미래이자율에 대한 결정문이 명백히 확장적이지 않다는 것을 보여준다. 예를 들어 이자율 준칙에 대한 식 (12.45) $i_t = r^n + \phi_\pi(\ln Y_t - \ln Y_t^n)$을 고려하자. 미래이자율이 시장참가자들이 이전에 기대했던 것보다 낮을 것이라는 중앙은행의 결정문은 두 가지 가능성을 반영한다. 첫째, 중앙은행은 평소의 준칙에서 이탈할 것으로 기대한다고 말할 수 있다. 이러한 발표는 향후 통화정책에 대한 기대치를 바꾸어 경제를 자극할 것으로 기대된다. 그러나 대안적으로 시장참가자들은 이번 발표를 경제가 일단 유동성 함정에서 벗어나면 중앙은행이 통상적인 이자율 준칙을 따를 계획이지만 준칙의 미래 주장에 대한 기대가 시장참여자보다 낮다는 결정문으로 해석할 수 있다. 이러한 경우 포워드 가이던스는 혼합된 효과를 잔다. 명목이자율에 대한 낮은 기대는 경제를 자극하는 역할을 하지만 미래인플레이션과 생산량에 대한 낮은 기대값은 반대 방향으로 작용한다.

을 겨냥한 조치를 취했다. 그러한 조치는 목표로 하는 특정 시장이 붕괴되었을 때 가장 효과적일 가능성이 높지만, 그때도 효과를 알 수 없다. 따라서 제로 하한에 의해 생성된 제약조건에 대한 일반적인 해가 존재하지 않는다.

가장 주목받고 있는 CC곡선 이동을 위한 통화정책의 유형은 **양적완화**(*quantitative easing*)이다. 원래 양적완화는 중앙은행이 본원통화로 이자율이 0인 단기 정부부채를 사들여 유동성 함정에서 전통적인 공개시장운영으로 사용하는 것을 의미했다(따라서 이름처럼 정책은 본원통화의 양을 늘리는 것에 초점을 두게 되었다). 그러나 시간이 지나면서 이 용어는 장기 정부부채나 위험한 민간부채와 같이 여전히 이자율이 양(+)인 자산을 매입하기 위해 공개시장운영을 사용하는 것을 지칭하게 되었다. 공개시장운영에 이어 대체자산에 대한 단기 무이자 정부부채의 교환과 같은 거래를 생각하는 것이 유용하다.[25] 기존의 공개시장운영에 비해 양적완화의 잠재적 이득은 두 번째 단계에서 나온다. Cúrdia and Woodford(2011)가 강조한 것처럼 이러한 단계가 중요하지 않은 자연스러운 기본적인 경우가 있다. 직관적으로 중앙은행이 위험자산을 대차대조표에 포함한다고 해서 민간 경제주체가 더 이상 그 위험을 부담하지 않는다는 의미가 아니다. 대신에 그들은 이제 직접적이라기보다는 미래 정부예산에 미치는 영향을 통해 간접적으로 부담한다. 일부 조건하에서 민간 경제주체가 위험을 감수하는 방식이 변경되어도 그들의 행동에 영향을 미치지 않는다. 그러나 그럼에도 불구하고 중앙은행이 양(+)의 이자율로 자산을 매입하면 그러한 자산의 이자율이 낮추는 경우가 있다. 이러한 경우 양적완화는 CC곡선을 오른쪽으로 이동시킨다.

양적완화는 최근 통화정책의 주요 도구였다. 그 효과에 대한 연구는 특히 매입에 직접적으로 관련된 자산에 대해 0이 아닌 낮은 이자율로 제공한다는 것을 일관되게 발견하였다(예를 들어 Gagnon, Raskin, Remache, and Sack, 2011; Joyce, Lasaosa, Stevens, and Tong, 2011; and Krishnamurthy and Vissing-Jorgenson, 2011). 그러나 그러한 정책은 잠재적으로 CC곡선뿐만 아니라 MM곡선을 통해서도 작동한다. 시장참가자가 중앙은행의 미래에 안전하고 단기적인 이자율에 대한 의도에 대해 확신이 없으면 양적완화는 그러한 의도에 대한 정보를 제공하는 것으로 해석할 수 있다. 실제로 Krishnamurthy and Vissing-Jorgenson은 양적완화가 미국 장기이자율에 미치는 영향의 중요한 부분이 안전한 단기이자율 경로에 대한 기대를 통해 작동했다는 증거를 제공한다.[26]

25 마찬가지로 화폐조달 세금인하는 제로 하한에 직면한 경제를 자극하는 것이 확실하다는 주장이 자주 제기된다. 그러나 그러한 감세는 전통적인 감세와 전통적인 공개시장운영의 조합이다. 어느 구성 요소도 경제를 자극하지 않는다면 (중요하지 않을 것 같은 상호작용 효과 제외) 조합도 비효율적일 것이다.

26 두 곡선을 통해 작동하는 또 다른 정책은 환율개입이다(Svensson, 2001). 외화 또는 기타 외국자산을 매입함으로써 중앙은행은 아마도 국내통화를 절하시킬 수 있다. 예를 들어 당기 수준에 비해 상대적으로 높게 절하된 수준에서 환율을 일시적으로 고정하는 것은 간단해야 한다. 만일 중앙은행이 고가에 외화를 매입하겠다고 발표하면, 많은 외화공급에 직면하게 될 것이다. 그러나 국내 통화를 발행할 수 있기 때문에 약속한 거래를 수행하는 데 어려움이 없다. 그리고 환율하락은 경제를 자극할 것이다.

결론

10년 전에 제로 하한의 중요성에 대해 상당한 이견이 있었다. 한 가지 견해는 이것이 통화정책에 대한 강력한 제약이며 통화정책이 도움을 주기에 무기력하고, 낮은 총수요 상황에 경제가 갇힐 가능성이 심각한 우려라는 것이었다. 다른 견해는 단기 명목이자율에 대한 통제 외에 중앙은행이 이용할 수 있는 많은 도구, 특히 0의 비용으로 본질적으로 무제한 통화를 공급할 수 있는 능력을 강조하였다. 이것은 명확하게 장기적으로 인플레이션을 만들어낼 수 있는 능력을 부여하므로 거의 확실하게 기대인플레이션을 만들어낼 수 있다는 것을 시사한다.

2007년에 시작된 위기는 이 논쟁을 대부분 해결하였다. 제로 하한이 구속이 없었다면 명목이자율의 추가 인하로 제공되었을 총수요에 대한 자극을 중앙은행이 제공하기 위해 다른 도구를 사용할 수 있었는지 여부에 관계없이 사실은 그렇지 않았다. 결과적으로 경계는 매우 큰 영향을 미쳤다. 제약없는 중앙은행이 목표치 이하의 인플레이션을 동반한 수년간의 높은 실업률에 이어 급격한 생산량 감소의 전망에 직면했다면 의심의 여지가 없이 중앙은행이 목표이자율을 급격히 인하하여 상당히 다른 결과로 이어졌을 것이다. 예를 들어 Williams(2009)는 제로 하한을 제거하면 미국의 GDP가 2009–2012년 기간 동안 평균 약 3% 증가하여 누적 생산량이 약 1조 7천억 달러 증가할 것으로 추정하였다.

이러한 논의에서 제기되는 마지막 이슈는 앞으로 정책을 다르게 추진해야 하는지 여부이다. 오늘날 정상 실질이자율이 금융 및 경제위기 이전 수십 년보다 낮고 이러한 상황이 지속될 가능성이 있다는 상당한 증거가 있다(Holston, Laubach, and Williams, 2016; Christensen and Rudebusch, 2017; Del Negro, Giannone, Giannoni, and Tambalotti, 2017). 시사점은 주어진 인플레이션 목표와 관련된 정상 명목이자율이 이전보다 낮기 때문에 주어진 인플레이션 목표의 하한이 0에 도달할 확률이 이전보다 높아졌다. 예를 들어 Kiley and Roberts(2017)는 미국의 당기 통화정책 국면에서 안전한 단기이자율이 기간의 거의 절반에 이르고 평균생산량에 상당한 부정적인 영향을 미치는 것으로 추정하였다. 이러한 분석은 연구자와 정책입안자가 제로 하한을 덜 자주 만나게 하거나 그 결과를 덜 심각하게 만드는 방법 또는 둘 다를 모색해야 하는 것을 강력하게 시사한다. 적절하게 덜 자주 경계를 만드는 확실한 방법은 인플레이션 목표를 높이는 것이지만 정상 실질이자율을 인상하는 정책을 통해서도 가능하다. 정책이 제로 하한에 도달할 때 일시적으로 정상 이상의 인플레이션을 요구하는 준칙(목표 물가수준 경로와 같은)과 제로 하한에서 보다 공격적이고 체계적인 양적완화의 사용을 포함하여 경계의 결과를 덜 심각하게 만드는 다양한 가능한 방법이 있다. 이것은 연구를 위해 시급한 영역이다.

12.8 저인플레이션 통화정책의 동태적 비일관성

이전 네 개의 절은 다양한 환경에서 정책이 어떻게 수행되어야 하는지를 분석하면서 주로 최적통화정책에 전념하고 있다. 그러나 실제 정책은 자주 최적정책과 멀어 보인다. 예를 들어 충격에 반응하지 못한 통화당국이 대공황의 중요한 원인이었다. 급속한 통화증가는 1970년대에 많은 산업화된 국가에서 높은 인플레이션을 초래했으며 종종 다른 시간과 장소에서 높은 인플레이션을 초래하였다. 폭발적인 통화증가는 초인플레이션을 초래한다. 지금까지 분석은 그러한 정책 실패에 대한 설명을 제공하지 않았다.

최적정책에서 이탈하는 것은 무작위로 나타나지 않아 보인다. 통화증가과 인플레이션이 너무 높은 에피소드는 너무 낮은 에피소드보다 훨씬 더 일반적으로 보인다. 결과적으로, 통화정책에서 인플레이션 편향의 가능한 원인에 상당한 관심이 있다.

화폐발행을 통한 정부수입이 그다지 중요하지 않은 것으로 보이는 주요 선진국의 경우는 이러한 요인의 기초 원인으로 이들 국가에 존재하는 총생산-인플레이션의 상충관계를 들 수 있다. 만일 정책입안자들이 총수요의 변동으로 실질총생산을 변동시킬 수 있다고 믿는다면 총생산을 정상수준 이상으로 끌어올리기 위해 통화량의 공급을 늘릴지도 모른다. 또는 정책당국자들이 너무 높은 수준의 인플레이션에 직면하고 있더라도 경기후퇴를 겪을 정도까지 이를 낮추는 데에는 주저할 수도 있다.

총생산-인플레이션 상충관계가 어떻게 인플레이션을 초래하는가 하는 데에 대한 이론은 어느 것이나 장기적으로 그런 상충관계가 존재하지 않는다는 사실에 반드시 봉착한다.[27] 평균인플레이션은 평균생산량에 영향을 미치지 못하므로 단기 상충관계의 존재는 평균인플레이션의 결정에 관련이 없는 것으로 보인다. 예를 들어 어떤 통화정책이 다른 통화정책에 비해 단지 통화공급의 증가율이 항상 일정한 상수만큼 낮다는 점 외에는 차이가 없는 두 가지의 통화정책을 생각하자. 만일 대중들이 이를 감지하였다면 높은 인플레이션정책 하에서의 총생산의 행태가 보다 낮은 인플레이션정책 하에서의 그것과 다른 모습을 보여야 할 이유는 없다.

그러나 Kydland-Prescott(1977)는 그 유명한 논문에서 정책입안자들이 낮은 인플레이션 정책에 헌신할 수 있는 능력이 없기 때문에 장기 상충관계가 존재하지 않음에도 불구하고 초과 인플레이션을 발생시킬 수 있다는 것을 보여주었다(Barro and Gordon, 1983a 참조). Kydland-Prescott의 기본적인 관찰은 만일 기대인플레이션이 낮고 따라서 추가적인 인플레이션에 수반하는 한계비용이 낮은 경우라면 정책입안자들은 총생산이 일시적으로 정상수준을 상회하도록 하기 위해 확장적인 정책을 추구한다는 것이다. 그러나 정책입안자들이 이러한 유인을 가지고 있다는 사실을 민간경제주체가 안다는 것은 이들이 낮은 인플레이션을 기대하지

27 12.5절에서 언급했듯이 새 케인즈학파 필립스곡선은 약간의 장기적 상관관계를 의미한다. 그러나 할인인자가 1에 가까울 때 평균인플레이션이 평균생산량에 미치는 영향은 작다.

않는다는 것을 말하는 것이다. 이 최종결과는 정책입안자가 재량적 정책을 추진할 수 있는 능력으로 인해 총생산에 어떤 증가도 없이 인플레이션을 발생시킨다는 것이다. 이 절에서는 이러한 아이디어를 공식화할 수 있는 단순한 모형을 소개하기로 한다.

가정들

Kydland–Prescott의 주장은 세 가지 중요한 구성요소를 필요로 한다. 인플레이션에 관한 기대는 생산량 변동에 영향을 미치면서 통화변동은 실물효과를 가지고 경제의 신축가격 수준의 생산량은 사회적으로 최적수준보다 작다. 첫 번째 두 가지 효과를 함께 고려하기 위해 총공급은 Lucas 공급곡선에 의해 표현되는 것으로 가정한다(식 (6.25) 및 식 (6.86) 참조).

$$y = y^n + b(\pi - \pi^e), \quad b > 0 \tag{12.63}$$

여기서 y는 총생산량의 로그(대수)이며 y^n는 가격이 신축적인 경우 총생산량 수준의 로그(대수)이다. 새 케인즈학파 필립스곡선과 미래지향적인 요소가 혼합된 다양한 혼합 필립스곡선과 같이 기대에 대한 역할을 하는 다른 모형도 대체로 유사한 의미를 가진다. 세 번째 구성요소를 모형화하기 위해 y^n은 왈라스적 생산량보다 작다고 가정한다.

Kydland–Prescott은 어떤 수준을 상회하는 인플레이션에는 비용이 수반하며 인플레이션의 한계비용은 인플레이션이 높아짐에 따라 증가한다고 가정한다. 이러한 가정을 포착하는 간단한 방법은 사회후생함수를 생산량과 인플레이션의 2차함수로 설정하는 것이다. 따라서 정책입안자는 다음의 비용후생함수를 극소화하게 된다.

$$L = \frac{1}{2}(y - y^*)^2 + \frac{1}{2}a(\pi - \pi^*)^2, \quad y^* > y^n, \quad a > 0 \tag{12.64}$$

모수 a는 사회후생에서 생산량과 인플레이션의 상대적 중요도를 나타낸다.

마지막으로 정책당국자는 통화공급을 통제하며 이것에 의해 총수요의 행태를 결정한다. 불확실성이 존재하지 않기 때문에 정책당국은 인플레이션과 생산량이 총공급곡선 (12.63)에 의해 연결된다고 하는 제약 하에서 직접 인플레이션을 선택한다고 생각할 수 있다.

모형 분석

모형의 시사점을 확인하기 위해 통화정책과 기대인플레이션의 결정에 대하여 두 가지 방법을 생각해 본다. 첫 번째 방법에서는 정책당국이 기대인플레이션이 형성되기 전에 인플레이션에 대하여 구속력이 있는 약속(commitment)을 한다. 이러한 약속에는 구속력이 있기 때문에 기대인플레이션과 실제인플레이션은 일치하며 이로 인해 식 (12.63)에 의한 생산량은 자연량 수준과 일치하게 된다. 따라서 정책당국의 문제는 $(y^n - y^*)^2/2 + a(\pi - \pi^*)^2$를 극소화하도록 하는 π를 구하는 일이다. 이 해는 단순히 $\pi = \pi^*$ 이다.

두 번째 상황에서는 정책입안자가 기대인플레이션을 주어진 것으로 간주하고 인플레이션을 선택한다. 이러한 경우가 발생하는 것은 기대인플레이션이 통화공급 결정 전에 형성되거나 π와 π^e가 동시에 결정되거나 할 때이다. 식 (12.63)을 식 (12.64)에 대입하면 정책당국의 문제는 다음과 같이 된다.

$$\min_{\pi} \frac{1}{2}[y^n + b(\pi - \pi^e) - y^*]^2 + \frac{1}{2}a(\pi - \pi^*)^2 \tag{12.65}$$

1계 조건은 다음과 같다.

$$[y^n + b(\pi - \pi^e) - y^*]b + a(\pi - \pi^*) = 0 \tag{12.66}$$

식 (12.66)을 π에 대하여 풀면 다음과 같이 된다.

$$\begin{aligned}\pi &= \frac{b^2\pi^e + a\pi^* + b(y^* - y^n)}{a + b^2} \\ &= \pi^* + \frac{b}{a+b^2}(y^* - y^n) + \frac{b^2}{a+b^2}(\pi^e - \pi^*)\end{aligned} \tag{12.67}$$

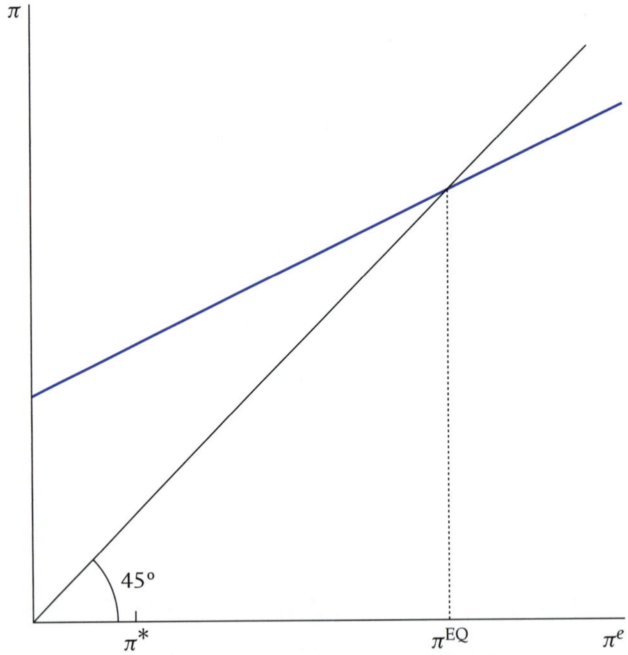

그림 12.7 구속력이 없을 때의 인플레이션 결정

그림 12.7은 정책당국이 선택한 π를 π^e의 함수로 표현한 것이다. 양자의 관계는 기울기가 1보다 작은 우상향의 직선이다. 그림과 식 (12.14)는 정책당국에게 확장적인 정책을 추구할 유인이 존재한다는 것을 제시하고 있다. 만일 정책당국이 최적 인플레이션 π^*를 선택한다고

사람들이 예상한다면 인플레이션이 얼마간 높아지는 것의 한계비용은 0이 되는데 비해 그 결과 생산량이 상승하는 편익은 양(+)이 된다. 따라서 이러한 상황에서는 정책당국은 π^*보다 높은 수준의 인플레이션율을 선택하게 된다.

불확실성이 존재하지 않으므로 균형에서 기대인플레이션율과 실제 인플레이션율은 동일하게 된다. 그림 12.7에서 나타난 바처럼 이러한 조건을 충족시키는 인플레이션율은 단 하나만이 존재한다. 만일 식 (12.67)에 $\pi = \pi^e$을 대입하여 인플레이션율에 대하여 풀면 다음과 같은 해가 얻어진다.

$$\begin{aligned} \pi^e &= \pi^* + \frac{b}{a}(y^* - y^n) \\ &\equiv \pi^{EQ} \end{aligned} \qquad (12.68)$$

만일 기대인플레이션율이 이 수준을 상회하면 실제의 인플레이션율은 개인이 예상한 것보다 낮아지므로 경제는 균형을 이루지 못한다. 마찬가지로 π^e가 π_{EQ}를 하회하면 π는 π^e를 상회하고 만다.

따라서 유일한 균형은 π와 π^e가 π_{EQ}와 같아지므로 y는 y^n와 같아지는 상황이다. 직관적으로 말하면 기대인플레이션은 정책당국이 π^e를 주어진 것으로 받아들이고 π가 π^e와 같도록 설정하는 점까지 상승하는 것이다. 요컨대 정책당국의 재량은 생산량에 영향을 미치지 못하면서 인플레이션만을 높이는 결과로 끝난다.[28]

■ 논의

기대인플레이션이 형성된 후에 인플레이션의 수준을 설정하는 것이 가능하다면 오히려 정책당국의 후생이 저하되고 마는 것은 인플레이션을 π^*로 설정한다고 공약하고 기대인플레이션이 정해진 후에 인플레이션율을 설정한다고 하는 정책에 동태적 일관성(dynamic consistency)이 없기 때문이다. 정책당국이 인플레이션은 π^*가 되리라고 ($\pi = \pi^*$) 선언하고, 사람들이 이에 따라 기대형성을 하는 경우 ($\pi^e = \pi^*$), 일단 기대가 형성되면 정책당국으로써는 약속한 정책으로부터 일탈하려는 유인이 생긴다. 사람들이 정책당국의 이러한 행동을 알고 있기 때문에 기대인플레이션율은 π^*보다 더 높아지게 된다. 이러한 기대인플레이션율의 상승으로 인해 정책당국이 취할 수 있는 정책의 선택사항은 한층 바람직하지 않은 것으로 변화되어 버리고 만다.

문제의 근원이 되는 것은 재량정책 그 자체라기보다는 정책당국이 재량권을 가지고 있다는 사실이다. 이 점을 확인하기 위해 사람들이 정책당국이 공약한 대로 행동할 수 있지만 실은 재

28 이들 결론은 구체적으로 어떠한 함수형을 사용하는가에 의존하지 않는다. 일반적인 함수 아래서 균형은 기대인플레이션율과 실제의 인플레이션율을 인플레이션의 한계비용과 보다 높은 생산량의 한계편익이 일치하는 점까지 상승시킨다. 따라서 생산량은 자연생산량과 같아지며 인플레이션은 최적의 수준을 상회한다. 정책당국이 구속력 있는 약속을 하는 것이 가능하다면 균형에서의 인플레이션은 최적수준과 같아지며 생산량은 자연생산량과 같아진다.

량적으로 행동한다고 ale는 경우에 어떤 일이 벌어지는가를 검토하도록 한다. 이 경우 정책당국은 인플레이션이 π^*가 되리라고 선언하며 그 결과 기대인플레이션도 π^*가 된다. 그러나 정책당국은 식 (12.67)에 의해 인플레이션율을 설정할 수가 있다. 식 (12.67)은 기대인플레이션이 주어진 상황 하에서 사회적 손실을 극소화하는 문제의 해이므로 약속을 "파기함"으로써 사회후생이 증대된다.

동태적 비일관성은 다른 많은 상황에서도 발생한다. 통화정책의 맥락에서 이미 12.5절의 모형에서 이미 만난 바 있다. 거기에서 정책입안자들은 충격에 대한 경제의 반응을 바꾸기 위해 인플레이션 기대를 바꾸고 싶어하지만 경제주체가 기대하는 인플레이션을 일으키지 않았다. 동태적 비일관성의 더 중요한 추가 사례는 통화정책 이외에서 발생한다. 자본과세의 방법을 결정하는 정책당국은 낮은 세율을 택하여 자본축적을 촉진하고자 할 것이다. 그러나 일단 자본축적이 이루어지고 나면 자본에 대한 과세는 자원배분의 왜곡을 초래하지 않는다. 따라서 정책당국으로서는 사후적으로 높은 세율을 과세하는 것이 최적이 된다. 결과적으로 자본에 대한 낮은 세율은 동태적 일관성을 보유하지 않는다.[29] 또 다른 예를 들어 보자. 개인들이 법을 지키기를 원하는 정책당국은 위반자들을 엄격하게 처벌한다고 약속하고 싶어 할 것이다. 그러나 일단 개인들이 그 법을 따를 것인가 따르지 않을 것인가를 결정하고 나면 위반자들을 처벌하는 것에 어떠한 편익도 없고 비용만 따를 뿐이다. 따라서 여기서도 최적정책이 동태적으로 비일관적이 되고 만다.

■ 동태적 비일관성 문제에 대한 대응

Kydland-Prescott의 분석은 재량적인 통화정책이 비효율적으로 높은 수준의 인플레이션을 일으킬 수 있다는 것을 제시하고 있다. 이로부터 자연적으로 발생하는 의문은 그런 가능성을 피하거나 혹은 적어도 완화시키려면 어떻게 해야 하는가이다.

물론 하나의 접근방법은 통화정책을 재량이 아닌 준칙에 의해 실행하는 것이다. 그러나 그 준칙이 구속력이 있어야 한다는 것을 강조할 필요가 있다. 정책당국이 환율을 일정한 수준으로 고정시킨다든지 통화스톡의 증가율을 일정한 율로 유지한다든지 하는 어떤 절차에 따라 통화정책을 수행하겠다고 단순히 선언만을 한 경우를 고려하여 보자. 만일 사람들이 이러한 공표의 내용을 믿고서 낮은 수준의 인플레이션을 예상한다면 정책당국은 당초 공표한 정책을 파기하고 보다 높은 통화증가를 선택함으로써 사회후생을 제고시킬 수 있다. 따라서 개인들은 이러한 공표를 믿지 않을 것이다. 정책당국이 통화량공급을 결정하는 능력을 포기할 때에만 준칙은 이와 같은 문제를 해결할 수 있다.

그러나 동태적 비일관성을 극복하기 위해서 구속력 있는 준칙을 채용하는 것에 는 두 가지

---

29 이로부터 생각하여 보면 저인플레이션 정책은 생산량과 인플레이션 간의 상충관계 때문이 아니라 정부채무 때문에 동태적으로 비일관적이 된다고 말할 수 있다. 정부채무는 명목가치로 표시되기 때문에 예측하지 못한 인플레이션은 채권자에 대하여 정액세가 된다. 결과적으로, 통화충격이 실물 면에 영향을 미치지 못한다고 하더라도 정부가 명목표시의 채무를 보유하고 있는 한, 로 설정하는 것은 동태적으로 일관성이 없다.

문제가 있다. 하나는 규범적인 문제이고 다른 하나는 실증적인 문제이다. 규범적인 문제는 준칙은 전혀 예상치 못한 상황에 대하여는 대처할 능력이 없다는 것이다. 실업의 변동이나 경기선행지수의 움직임 등으로 나타나는 정상적인 경제상황의 전개에 통화증가율이 상응하도록 하는 준칙을 세우는 일은 별 어려움이 없다. 그러나 때때로 발생할 것이라고 기대하지 않았던 사건들이 현실화되는 경우가 생긴다. 예를 들어 최근 수십 년간 미국은 유동성 위기를 초래한 거의 전례없는 주식시장의 하루 대폭락, 다양한 국제 위기의 사후충격, 주요 테러 공격, 대공황 이후에 전례없는 금융붕괴, 그리고 통화량에 대한 많은 표준적 측정치들과 경제활동 간에 존재했던 관계의 붕괴 등을 경험하였다. 구속력 있는 준칙이 이러한 모든 가능성을 예상하였다고는 거의 상상할 수 없는 것이다.

비일관성문제의 해로서 구속력 있는 준칙이 지니는 실증적인 문제는 정책이 고정된 준칙에 의해 수행되지 않는 국가에서 낮은 율의 인플레이션이 진행된 상황(예를 들어 1950년대와 최근의 미국, 그리고 제2차 세계대전 이후 대부분의 기간에 걸친 독일 등)을 많이 관찰할 수 있다는 것이다. 따라서 구속력 있는 약속에 의존하지 않고서도 동태적 비일관성의 문제를 완화할 수 있는 방법이 분명히 존재한다.

이러한 점들을 고려하여 동태적 비일관성에 대처할 다른 방법을 강구하고자 하는 연구가 활발하게 진행되어 왔다. 그 가운데 가장 주목을 받고 있는 것은 평판(reputation)과 위임(delegation)이라고 하는 두 가지의 접근방법이다.[30]

정책입안자가 1기 이상 직무를 담당하며 일반대중은 그 사람의 특성을 잘 모르는 경우에는 평판을 동태적 비일관성 문제에 대해 이용할 수 있다. 예를 들어 정책입안자가 생산량과 인플레이션에 대하여 어떠한 선호를 보유하고 있는가, 생산량과 인플레이션의 사이의 상충관계를 어떻게 인식하고 있는가, 또는 그의 미래 정책에 관한 공표가 어느 정도나 지켜질 것인가를 일반대중은 알지 못할 수 있다. 이러한 상황 하에서 정책입안자들의 행동은 그들의 특성에 관한 정보를 제공하게 되며, 이에 의해 차후 사람들이 형성하는 인플레이션의 기대가 영향을 받게 된다. 정책입안자는 기대인플레이션이 낮을 때 생산량-인플레이션의 선택에 관하여 한층 유리한 메뉴를 갖기 때문에 낮은 인플레이션 정책을 추구하는 유인이 존재한다. 이러한 아이디어는 Backus and Driffill(1985)과 Barro(1986)가 공식적으로 개발했으며 문제 12.16에 있다.

30 다른 두 가지의 가능성으로 처벌균형(punishment equilibrium)과 유인계약(incentive contract)이 있다. 처벌균형(평판모형으로서 묘사되는 경우가 대부분이지만 이하에서 검토하는 모형과는 근본적으로 다르다)은 무한기간의 모형에서 발생한다. 이 모형에는 통상 복수의 균형이 존재하며 그 중에는 인플레이션이 2기간의 모형에서 재량정책이 초래하는 수준을 하회하는(즉, π^{EQ}를 하회하는) 균형이 포함된다. 저인플레이션이 유지되는 것은 만일 정책당국이 높은 수준의 인플레이션을 선택한다면, 사람들은 후기에 높은 수준의 인플레이션을 예상함으로써 정책당국을 "처벌할" 것이라는 믿음이 있기 때문이다. 그런 처벌은 높은 수준의 인플레이션이 실제로 발생하는 경우에는 그렇게 기대하는 것이 정말로 합리적이 되도록 구조화된다. 예를 들어 Barro and Gordon(1983), Rogoff(1987) 및 문제 12.16~12.18을 참조하라. 한편 유인계약은 인플레이션을 일으킨 중앙은행에 (금전적으로 손해를 입히거나 혹은 명성을 손상시킴을 통해) 처벌이 가해지는 계약이다. 간단한 모형에서는 벌칙을 적절히 선택함으로써 바람직한 정책을 성안되도록 한다(Persson and Tabellini, 1993; Walsh, 1995). 그러나 그러한 계약이 실증적으로 타당한가는 분명하지 않다.

평판에 대한 우려가 정책입안자들로 하여금 덜 확장적인 정책을 추구하게 만든다는 생각은 이론적으로 매력적일 뿐만 아니라 현실적이기도 하다. 중앙은행은 인플레이션에 강하고 신뢰할 수 있다는 평판을 확립하는데 매우 관심이 있는 것으로 보인다. 사람들이 정책입안자의 선호와 믿음을 확신한다면 그럴 이유가 없다. 사람들이 불확실하고 기대가 중요한 경우에만 이 문제가 적절하다.

동태적 비일관성을 극복하기 위해 위임을 사용하는 기본 아이디어는 통화정책이 인플레이션을 특히 싫어하는 것으로 알려진 개인에 의해 통제되면 생산량-인플레이션 상충이 더 우호적이다(Rogoff, 1985). 여기서 고려한 모형의 직접적인 확장은 이것이 어떻게 동태적 비일관성 문제를 대응할 수 있는지 보여준다. 생산량과 인플레이션의 관계 및 사회후생은 식 (12.63)과 (12.64)에 의해 주어진다. 따라서 $y = y^n + b(\pi_t - \pi_t^e)$와 $L = [(y - y^*)^2/2] + [a(\pi - \pi^*)^2/2]$이다. 그러나 통화정책은 다음과 같은 목적함수를 가진 개인에 의해 결정된다.

$$L' = \frac{1}{2}(y - y^*)^2 + \frac{1}{2}a'(\pi - \pi^*)^2, \quad y^* > y^n, \quad a' > 0 \tag{12.69}$$

a'은 a, 즉 사회가 전체로서 인플레이션에 부여하는 가중치와는 다를 수 있다. (12.66)의 형식을 따라 정책입안자의 극대화문제를 푸는 것은 주어진 π^e하에서 정책입안자가 선택한 π는 식 (12.67)의 a를 a'으로 바꾼 것으로 표현된다.

$$\pi = \pi^* + \frac{b}{a' + b^2}(y^* - y^n) + \frac{b^2}{a' + b^2}(\pi^e - \pi^*) \tag{12.70}$$

그림 12.8은 a를 상회하는 a'의 가중치를 보유하는 개인에게 정책을 위임한 경우의 효과를 나타내고 있다. 정책입안자는 종전보다 인플레이션에 큰 가중치를 부여하기 때문에 주어진 임의의 기대인플레이션 수준(적어도 $\pi^e \geq \pi^*$의 범위에서) 하에서보다 낮은 인플레이션을 선택한다. 또한 정책입안자의 반응함수는 그 기울기가 한층 완만해진다.

지금까지와 마찬가지로 사람들은 인플레이션의 수준이 어떻게 하여 결정되는가를 알고 있다. 따라서 균형에서는 기대인플레이션율과 실제 인플레이션율이 같아지게 된다. 결과적으로 기대인플레이션율에 대하여 해를 구하는 데에는 식 (12.68)의 a를 a'으로 치환하면 충분하다.

$$\pi^{\text{EQ}} = \pi^* + \frac{b}{a'}(y^* - y^n) \tag{12.71}$$

균형에서는 실제 인플레이션율과 기대인플레이션율 모두 식 (12.71)로 주어지며 생산량은 자연량 수준과 같아진다.

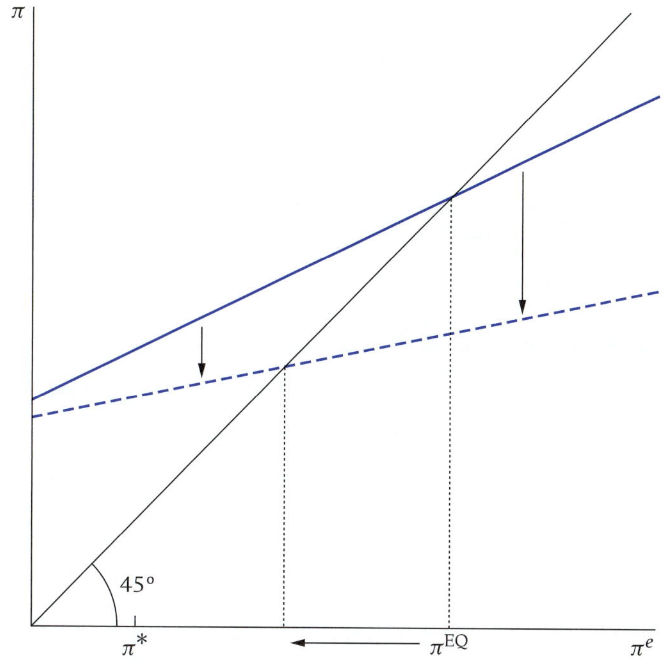

그림 12.8 보수적인 정책입안자에 대한 정책위임이 균형인플레이션에 미치는 영향

여기서 사회후생을 고찰하자. 사회후생은 $(y-y^*)^2/2+a(\pi-\pi^*)^2/2$의 값이 작으면 작을수록 커진다. 생산량은 a'의 값에 관계없이 y^n와 일치하지만, π는 a'의 값이 크면 클수록 π^*에 근접하여 간다. 따라서 a'이 크면 클수록 사회후생은 증대된다. 직관적으로 말하면 통화정책이 인플레이션에 보다 강한 관심을 보유하는 사람에 의해 운영되는 경우 사람들은 정책입안자가 확장적 정책의 실시를 바라지 않는다는 것을 이해하게 되며 그 결과 기대인플레이션은 낮아진다고 하는 것이다.

Rogoff는 이 분석을 경제가 여러 가지 충격의 영향을 받는 경우로 확장하고 있다. 현실적인 가정 아래서 생산량과 인플레이션에 대하여 사회와 다른 선호를 보유한 정책입안자의 충격에 대한 반응은 최적의 것은 아니다. 따라서 누구에게 통화정책을 위임할 것인가를 결정하는 데 있어서는 상충관계가 존재한다. 인플레이션을 훨씬 강하게 혐오하는 사람을 선정하면 평균 인플레이션에서는 보다 좋은 효과를 거둘 수 있으나 충격에 대한 반응에 있어서는 좋지 않은 성과를 거둔다. 결과적으로 중앙은행의 어떤 적정수준의 "보수성"이 존재하게 된다.[31]

다시 말하면 인플레이션을 강하게 혐오하는 인물에 통화정책을 위임함으로써 동태적 비일관성의 문제에 대처한다고 하는 것은 현실적이다. 대부분의 국가에서 통화정책은 중앙정부가 아닌 독립된 중앙은행에 의해 결정되고 있다. 그리고 중앙정부는 특히 인플레이션을 혐오하는 인물을 선출하여 중앙은행의 운영을 맡기는 경우가 많다. 결과적으로 통화정책을 결정하는

31 이 아이디어에 대하여는 문제 12.17을 참조하라.

사람은 사회전체보다 인플레이션에 대하여 강한 관심을 갖고 있다고 알려져 있는 경우가 많으며, 사회전체보다 관심이 작은 경우는 거의 없다.

12.9 실증적 응용

■ 중앙은행의 독립성과 인플레이션

인플레이션의 원인을 저인플레이션 통화정책의 동태적 비일관성에 돌리는 이론은 검정하기가 어렵다. 그러한 이론에서는 인플레이션이 인플레이션의 비용, 정책입안자의 공약준수능력, 평판을 확립하는 능력, 인플레이션을 강하게 혐오하는 개인에게 정책을 위임하는 정도와 같은 변수에 영향을 받는다. 이들 변수는 모두가 수량적으로 측정하기 어렵다.

이 가운데 가장 커다란 주목을 받아 온 변수는 중앙은행의 독립성이다. Alesina (1988)는 중앙은행의 독립성 정도가 보수적인 정책입안자에게 정책결정을 위임하고 있는 정도의 지표가 된다고 착안하였다. 직관적으로는 중앙은행의 독립성이 높으면 높을수록 정부가 인플레이션을 대단히 혐오하는 개인에게 정책을 위임하는 정도가 높아진다는 것이다. 실증연구에서 중앙은행의 독립성은 일반적으로 중앙은행 총재와 통화정책위원회의 위원이 어떻게 임명되고 해임되는가, 통화정책위원회에 정부대표가 출석하는가, 정부에 거부권이 주어지고 있는가, 정부가 중앙은행의 결정을 직접 통제할 수 있는가 등 일단의 요인들을 바탕으로 한 질적 지표에 의해 측정된다.

이러한 독립성지표와 인플레이션의 관계에 대한 연구로부터 일관된 결과가 얻어지고 있다. 즉 선진국의 경우 독립성과 인플레이션의 사이에는 매우 강한 음(−)의 관계가 존재한다(Alesina, 1988; Grill, Masciandaro and Tabellini, 1991; Cukierman, Webb, and Neyapti, 1992). 그림 12.9는 이러한 결과의 대표적인 예이다.

그러나 이 결론에는 세 가지 한계가 존재한다. 첫째, 동태적 비일관성과 위임의 이론으로부터 중앙은행의 높은 독립성이 저인플레이션을 초래한다고 말할 수 있는지가 명백하지 않다. 이러한 주장은 암묵적으로 중앙은행과 정부 정책담당자의 선호가 중앙은행의 독립성에 따라 체계적으로(systematically) 변화하는 것은 아니라고 가정하고 있다. 그러나 위임의 이론에서는 그것들이 변화하게 된다. 그러나 예를 들어 통화정책은 중앙은행과 정부 쌍방의 선호에 의존하며, 중앙은행의 독립성이 높아짐에 따라 중앙은행의 선호에 부여되는 가중치가 커지게 된다고 생각하자. 그렇다면 중앙은행의 독립성이 낮은 경우에는 정부관료는 보다 인플레이션을 혐오하는 인물을 중앙은행에 임명함으로써 그 부족함을 메우려 할 것이 분명하다. 마찬가지로 정부가 중앙은행에 그다지 정책을 위임하지 않는다면 유권자들은 보다 인플레이션을 혐오하는 정부를 선출하게 된다. 이러한 효과는 중앙은행의 독립성 저하의 효과를 완화시키거나 경우에 따라서는 상쇄시킬 것이다.

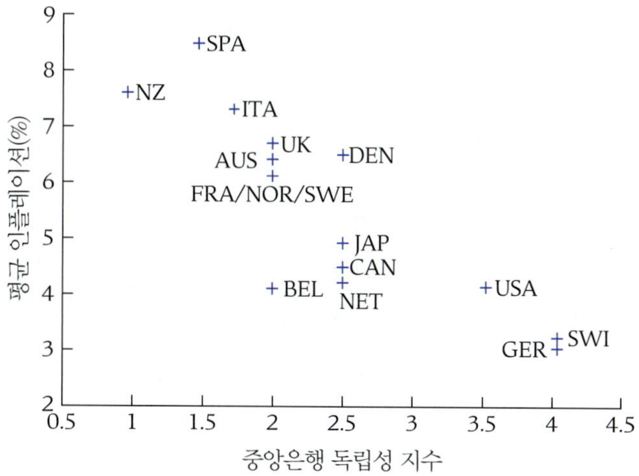

그림 12.9 중앙은행의 독립성과 인플레이션[32]

둘째, 중앙은행의 독립성과 인플레이션 사이에 음(−)의 관계가 존재한다 하더라도 중앙은행의 독립성이 저인플레이션의 원천이 된다고 할 수는 없다. Posen(1993)이 논의한 바처럼 국민들이 인플레이션을 강력하게 혐오하고 있는 국가에서는 중앙은행을 정치적 압력으로부터 독립시키고자 할 것이다. 예를 들어 아마 제1차 세계대전 후에 초인플레이션 경험 때문이겠지만, 일반적으로 독일국민은 인플레이션을 대단히 혐오하고 있다고 생각된다. 독일의 중앙은행에 관한 제반 제도는 인플레이션을 피하고 싶다는 바람이 주된 요인이 되어 형성된 것으로 보인다. 따라서 독일에서 낮은 인플레이션은 어느 정도 중앙은행의 독립성 때문이라기보다 일반적인 인플레이션 혐오의 결과라고 할 것이다.

셋째, 실증적 관계가 논의에서 제시되는 만큼 실제로 강하지 않다. 비선진공업국가인 경우 중앙은행의 독립성에 대한 법적 척도와 평균인플레이션 간에는 뚜렷한 관계가 존재하지 않는다(Cukierman, Webb and Neyapti, 1992). 더욱이 독립성에 대한 통상적인 척도는 독립성과 낮은 인플레이션의 관련을 찾아낼 수 있는 편으로 치우친 것처럼 보인다. 예를 들어 측정에 대해 중앙은행법에서 주요 목표로 낮은 인플레이션을 규정하고 있는지의 여부에 가중치를 부여하고 있다(Pollard, 1993).

마지막으로 비록 중앙은행 독립성이 낮은 인플레이션의 원천이라고 해도 이들 쌍방을 연결하는 메커니즘은 동태적 비일관성을 포함하지 않을지도 모른다. 이와 다른 가능성이 존재하는 것을 다음 응용으로 살펴본다.

32 그림 12.9는 Alberto Alwsina and Lawrence H. Summers, "Central Bank Independence and Macroeconomic Performance," *Journal of Money, Credit, and Banking*, Vol. 25, No. 2(may.1993)로부터 필자의 허가를 얻어 다시 게재한 것이다. Copyright 1993 by Ohio State University Press, All right Reserved.

■ 대인플레이션(Great Inflation)

대부분의 선진국은 1970년대에 높은 인플레이션을 경험하였다. 그림 12.10은 1961년부터 2000년까지 미국, 영국, 호주, 일본 4개국의 인플레이션을 나타낸다. 두 가지 사실이 두드러진다. 첫째, 국가 간에 상당한 이질성이 있었다. 이 4개국에서만 인플레이션의 최고수준은 미국의 10% 미만에서 거의 영국의 25%까지 다양하였다. 미국에서는 인플레이션이 1970년대 중반까지 점진적으로 상승하여 불규칙하게 변동하다가 1980년대 초반에 급격히 하락하였다. 그러나 호주에서는 1970년대 초반에 급격히 상승한 후 20년 동안 점진적으로 불규칙하게 하락하였다. 둘째, 다양성에도 불구하고 1970년대에 이러한 모든 국가와 더 많은 국가에서 이전이나 이후보다 훨씬 더 높은 인플레이션을 경험하였다. 이러한 높은 인플레이션 시기를 흔히 **대인플레이션**(*Great Inflation*)이라고 한다.

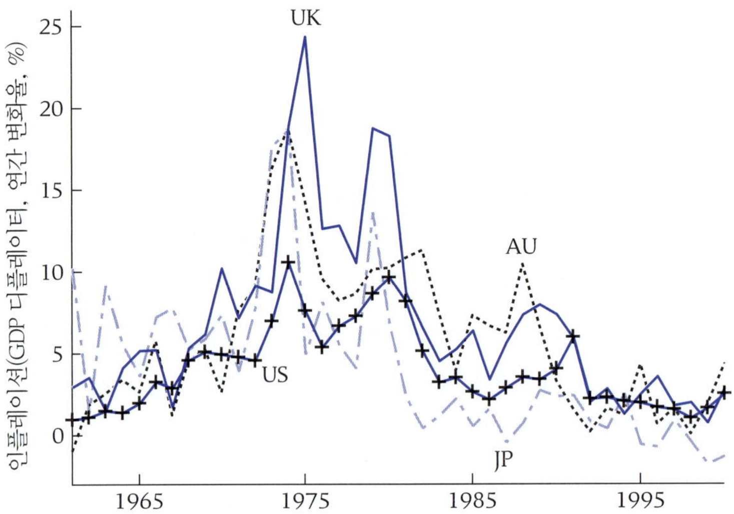

그림 12.10 1961–2000년 미국, 영국, 호주, 일본의 인플레이션

대인플레이션을 이해하는 것은 거시경제 정책 연구에서 중요한 과제이다. 불행하게도, 그 원인은 완전히 이해되지 않았다. 따라서 우리는 주요 후보를 찾는 것이 낫다.

12.8절의 분석에 비추어 볼 때 하나의 후보는 저인플레이션 정책의 동태적 비일관성이다. 실제로 1970년대의 높은 인플레이션은 Kydland and Prescott의 분석에 중요한 동기였다. 그러나 이러한 설명은 명백한 도전을 받고 있다. 따라서 이 이론은 제도에 변화가 없으면 높은 인플레이션은 지속될 것이라고 예측한다. 그런데 이것은 우리가 관찰하는 현상과 차이가 있다. 예를 들어 미국에서는 통화정책을 담당하는 기관을 뚜렷이 변화시키지도 않았으며 통화정책을 관장하는 준칙을 변동시키지 않고서도 정책당국은 인플레이션을 1970년대 말 10%에서 단지 몇 년 후에 5% 이하로 낮추었으며 그 후 낮은 인플레이션을 유지하였다. 마찬가지로

뉴질랜드와 영국과 같은 국가에서도 중앙은행의 독립성을 강화하는 개혁조치가 인플레이션의 뚜렷한 하락현상에 앞서 이루어지기보다는 뒤따라 이루어졌다.

따라서 대인플레이션을 설명하기 위해 동태적 비일관성 모형은 균형과 최적생산량 사이의 갭, 총생산–인플레이션 관계의 기울기와 같이 모형에서 인플레이션을 유발하는 요인의 변화에 의존해야 한다. 적어도 미국에서는 1970년대에 자연실업률이 비정상적으로 높았던 것이 사실이며 이는 $y^* - y^n$도 비정상적으로 높았을 수 있음을 의미한다. 그러나 그러한 변화가 인플레이션의 상승과 하락의 크기와 파급을 설명할 수 있을 것 같지 않아 보인다.

동태적 비일관성 설명의 변형은 Sargent(1999)와 Cho, Williams, and Sargent(2002)에 의해 제안되었다. 그들의 기본 생각은 정책입안자가 경제의 진정한 구조를 알지 못하지만 생산량과 인플레이션의 동학에서 추론해야 한다는 것이다. 경제가 실제로 Kydland–Prescott 모형에 의해 설명되더라도 정책입안자들은 때때로 총생산–인플레이션 상충관계가 없으므로, 저인플레이션 정책을 추구하는 데 비용이 들지 않는다고 추론할 수 있다. 따라서 정책입안자의 학습 시도는 높고 낮은 반복적인 인플레이션 기간으로 이어질 수 있다. 그러나 이러한 설명이 실제 경험과 일치하는지 여부는 불분명하다. 예를 들어 대인플레이션 기간 동안 정책입안자들은 단기적인 총생산–인플레이션 상충이 있다고 믿었던 반면에 그들의 전임자와 후임자들은 그렇지 않았다는 것을 의미한다. 이러한 견해에 대한 강력한 증거는 없어 보인다.

Kydland and Prescott의 연구 이전에 대인플레이션에 대한 일반적인 설명은 인플레이션을 더 높게 상승시킨 일련의 불리한 공급충격과 이러한 충격을 더 높은 내재된 인플레이션으로 변환하는 과거지향적 인플레이션 동학 때문이었다. 그러나 이 설명은 적어도 두 가지 문제에 직면한다. 첫째, 1960년대 후반과 1970년대 일부에는 공급충격과 명확하게 관련되지 않은 인플레이션의 중요한 증가가 있었다(DeLong, 1997). 둘째, 1970년대 이후 대규모 공급충격이 있었지만 다시 높은 인플레이션으로 이어지지 않았다.

또 다른 전통적인 설명은 높은 인플레이션이 정책입안자들에 대한 정치적 압력의 결과라는 것이다(예를 들어 Weise, 2009). 그러나 이러한 견해는 시기를 설명하는 데 문제가 있다. 많은 국가들이 통화정책 제도의 큰 변화없이 인플레이션을 낮출 수 있었다는 것을 상기하자. 따라서 특히 1970년대의 높은 인플레이션 현상의 이유를 설명하려면 이러한 견해로 왜 정치인들이 1970년대에 특히 통화당국에게 압력을 가했는지 또는 통화당국이 이 기간에 그러한 압력에 특히 취약한 이유를 설명해야 한다.

대인플레이션의 매혹적인 이론은 Orphanides(2003b)에 의해 제안되었다. 그는 Taylor가 제안한 계수 값을 가진 기본 테일러 준칙을 인플레이션과 총생산의 데이터에 적용하여 1970년대 정책입안자가 이용할 수 있는 자연생산량을 추정하였다. 그는 이자율의 추정치로 구성된 시계열이 실제 시계열과 상당히 잘 합치된다는 것을 발견하였다. 이러한 관점에서 1970년대의 인플레이션이 그 당시의 정책이 본질적으로 오늘날의 정책과 다르기 때문에 발생한 것이라기보다는 정책당국이 경제의 자연생산량 수준을 현저히 과대평가하였고 이에 따라 경제를 지나치게 자극한데 비롯한 것이라고 해석한다(정책입안자들이 이러한 가능성을 인식하지 못하여 정책결정에서 추정된 생산 갭에 과도한 가중치를 두게 된다).

Orphanides의 결론이 옳은지 그른지는 불분명하다. 앞서 기술한 바와 같이 1970년대의 정책당국은 인플레이션에 대한 전통적인 견해 하에서 자연생산량의 분석틀을 이용하여 경제를 고려하기보다는 이에서 벗어나는 경우가 빈번하게 있었다. 결과적으로 Orphanides가 자연생산량의 추정치로서 이해한 1970년대의 측정치는 경제의 최대 생산능력을 추정한 것일 수 있다. 예를 들어 Primiceri(2006)는 학습모형을 추정하여 1970년대 정책입안자들이 자연률 가설이 옳았다고 확신했다면 자연생산량 추정치는 당시 보고한 것보다 상당히 낮았을 것이라고 결론지었다.

경제를 이해하기 위한 다양한 틀에 대한 이러한 논의는 대인플레이션에 대한 최종 후보에 대한 설명으로 이어진다. 인플레이션을 정책을 추진하는 것이 적절하다고 하는 정책입안자의 경제에 대한 믿음으로부터 비롯한 결과라는 것이다(De Long, 1997; C. Romer and D. Romer, 2002, Nelson, 2005; Primiceri, 2006). 1960년대와 1970년대에 많은 경제학자와 정책입안자들은 생산량과 인플레이션의 사이에는 영구적인 상충관계가 존재한다고 생각하였다. 자연실업률이 극단적으로 낮았다. 긴축적인 통화정책은 인플레이션을 낮추는 것에 최소의 가치를 부여하여야 한다고 생각하였다. 또한 온건한 인플레이션의 비용은 낮다고 간주하였다. 예를 들어 Samuelson-Solow(1960)는 우하향하는 필립스곡선을 "실업률과 물가안정의 상이한 조합을 나타내는 선택의 메뉴"로 받아들이고 다음과 같은 결론을 내렸다. "비완벽주의자의 목표, 즉 3% 이하의 실업률을 보장할 수 있는 충분히 높은 생산량을 달성하기 위해 물가는 연간 4%에서 5%만큼 상승해야 할 것이다."[33]

그러나 대인플레이션의 원인에 대한 이러한 설명은 두 가지 주요 과제에 직면한다. 첫째, 다양한 유형의 질적, 정량적 증거를 제시할 수 있지만 이를 확정적으로 검증하기는 어렵다. 둘째, 믿음이 어디에서 오는지 설명하는 데 어려움이 있다. 예를 들어 Primiceri는 믿음의 변화 중 일부를 거시경제 발전에 대한 내생적 반응으로 설명할 수 있다. 그러나 그는 정책입안자들이 받아들일 수 있었던 일련의 가능한 믿음을 주어진 것으로 간주하므로 대인플레이션의 중요한 부분을 설명할 수 없었다.

33 믿음이 인플레이션의 중요한 결정요인이라는 관점은 중앙은행의 독립성과 낮은 인플레이션 간의 관련성에 대하여 대안적인 설명을 제공한다. 통화정책을 전공하는 개인들은 그 효과에 대하여 보다 더 식견이 있을 것이다. 따라서 이들은 확장적 통화정책의 비용과 이익에 대하여 보다 정확한 추정치를 갖고 있을 것이다. 만일 이러한 비용과 편익에 대한 불완전한 정보로 인해 인플레이션 편향(inflationary bias)이 발생하는 경우 통화정책을 결정할 때 이들 전문가의 역할이 증대되면 이와 같은 편향은 감소될 것이다.

12.10 화폐주조이익과 인플레이션

인플레이션은 때때로 이례적으로 높은 수준에 도달하는 경우가 있다. 이 가운데 가장 극단적인 예는 **초인플레이션**(*hyperinflation*)이다. 초인플레이션은 전통적으로 인플레이션이 월 50%를 초과할 때로 정의한다. 최초의 근대적인 초인플레이션은 제1차 및 제2차 세계대전 이후 유럽에서 일어났다. 그러고 나서 초인플레이션은 30여 년 동안 사라졌다. 그러나 지난 25년 동안에 라틴아메리카의 여러 나라, 구소련의 여러 나라, 전쟁을 치른 여러 나라 등에서 초인플레이션이 일어났다. 역사상 공전의 기록을 세운 초인플레이션은 1945년 8월부터 1946년 7월까지 헝가리에서 발생하였다. 이 기간에 물가수준은 개략적으로 10^{27} 배만큼 상승하였다. 인플레이션이 절정을 이루었던 달에는 물가가 평균적으로 매일 3배씩 상승하였다. 2007–2009년의 짐바브웨의 초인플레이션은 매일 2배씩 상승하였다. 그리고 그 외의 많은 국가들도 초인플레이션에 근접하는 높은 인플레이션을 경험하였다. 매년 100%에서 1000%의 인플레이션율을 상당기간 지속한 경우도 많다.

총생산–인플레이션의 상충관계 때문에 초인플레이션이 발생한다는 것은 물론 초인플레이션에 다소 못 미치는 매우 높은 율의 인플레이션이 발생한다는 것도 생각하기가 어렵다. 인플레이션이 세 자리의 숫자를 기록할 때 인플레이션 비용은 거의 최대치에 근접하게 되며 그 단계에서는 통화변동의 실물 면에 대한 영향은 거의 틀림없이 작아진다. 합리적인 정책당국이라면 정말로 생산량을 소폭 증대시키기 위해 경제가 그 정도로 큰 비용을 치르게 하지는 않을 것이다.

모든 경우가 반드시 그렇다는 것은 아니지만 고율의 인플레이션과 초인플레이션의 대부분의 사례에서 주요한 원인은 정부가 화폐주조이익(seignorage)에 대한 수요 즉, 화폐의 인쇄를 통해 수입을 확보할 필요가 있다고 하는 데에 있다(Bresciani–Turroni, 1937; Cagan, 1956). 전쟁, 수출가격의 하락, 탈세의 횡행 정치적 교착상태 등으로 정부가 거대한 재정적자에 빠지는 경우가 많다. 그러한 경우 투자자는 정부가 정부채무를 기일 내에 상환할 것이라는 것을 믿지 않으면 그 정부채권을 사려고 하지 않는다. 따라서 정부가 취할 수 있는 유일한 선택은 화폐주조이익에 의존하는 것이다.[34]

따라서 이절에서는 화폐주조이익에 대한 수요, 통화량 증가, 그리고 인플레이션 간에 존재하는 상호작용을 조사한다. 화폐주조이익의 필요가 지속가능한 상황을 고찰하는 것으로부터 시작하며 이것이 어떻게 높은 인플레이션으로 진행해 가는지를 살펴본다. 다음으로 화폐주조이익 수요가 지속가능하지 않을 때 무슨 일이 발생하는지를 고찰한 다음 이것이 어떻게 초인플레이션으로 발전하는지를 논의한다.

34 중요한 문제는 정치적인 과정이 어떻게 그러한 거액의 화폐주조이익을 필요로 하는 상황으로 연결되는가 하는 것이다. 결과적으로 생기는 인플레이션이 높은 비용을 초래한다는 것이 명확한데도 모든 당사자가 좋아하는 대안으로 받아들이는 것이 수수께끼이다. 이 주제에 대하여 13.6절에서 다루기로 한다.

■ 인플레이션과 화폐주조이익

12.1절과 같이 실질화폐수요가 명목이자율의 감소함수이고, 실질소득의 증가함수라고 가정한다(식 12.1 참조).

$$\begin{aligned} \frac{M}{P} &= L(i, Y) \\ &= L(r + \pi^e, Y), \quad L_i < 0, \quad L_Y > 0 \end{aligned} \tag{12.72}$$

여기서 화폐발행에 의한 정부의 수입에 관심이 있으므로 M을 본원통화(즉 정부에 의해 발행된 화폐와 지급준비예치금의 합계)라고 생각한다. 따라서 $L(\cdot)$는 본원통화(high-powered money)에 대한 수요이다.

당분간 정상상태에 초점을 맞춘다. 따라서 총생산과 실질이자율은 통화증가율이 변화하더라도 영향을 받지 않고 실제 인플레이션과 기대인플레이션이 같다고 상정하는 것이 타당하다. 단순화를 위해 총생산의 성장을 무시한다면 정상상태에서 실질잔고는 일정하게 된다. 이는 인플레이션율이 통화량의 증가율과 같다는 것을 시사한다. 따라서 식 (12.72)를 다음과 같이 다시 쓸 수 있다.

$$\frac{M}{P} = L(\bar{r} + g_M, \bar{Y}) \tag{12.73}$$

여기서 $\bar{r}$와 $\bar{Y}$는 각각 실질이자율과 총생산이며 g_M은 통화증가율 $\dot{M}/M$이다.

정부가 화폐발행의 수입으로 조달할 수 있는 매기당 실질정부지출은 매기당 명목화폐잔고의 증가액을 물가수준으로 나눈 것과 같다.

$$\begin{aligned} S &= \frac{\dot{M}}{P} \\ &= \frac{\dot{M}}{M}\frac{M}{P} \\ &= g_M \frac{M}{P} \end{aligned} \tag{12.74}$$

식 (12.74)는 정상상태에서 실질 화폐주조이익은 통화량의 증가율에 실질화폐잔고를 곱한 것과 같다는 것을 보여준다. 통화증가율은 명목화폐보유액의 실질가치가 감소하는 비율 π와 동일하다. 따라서 소위 화폐주조이익이란 실질화폐잔고에 대한 "세율" π와 세원 M/P을 곱한 것과 같다. 화폐주조이익 수입을 흔히 **인플레이션세수입**(*inflation-tax revenue*)이라고 부르는 것은 이 때문이다.[35]

35 Phelps(1973)는 명목이자율은 화폐를 보유하는데 드는 비용(명목이자율 그 자체)과 정부가 화폐를 생산하는 데 소요되는 비용(본래 0)의 차이라는 점에서 화폐잔고에 대한 세율은 명목이자율이라고 생각하는 것이 자연스럽다고 주장한다. 여기서 이용하고 있는 논의의 분석 틀에서는 실질이자율이 고정되어 있으며 그 결과 명목이자율이 인플레이션과 1:1의 관계를 가지면서 움직이기 때문에 이러한 구분은 중요하지 않다.

식 (12.73)을 식 (12.74)에 대입하면 다음의 식을 얻는다.

$$S = g_M L(\bar{r} + g_M, \bar{Y}) \tag{12.75}$$

식 (12.75)에 의하면 g_M이 상승하면 실질화폐잔고에 부과되는 세율이 상승하여 화폐주조이익이 증가하지만 세원이 감소하는 것에 의해 화폐주조이익이 감소한다. 수학적으로는 다음과 같이 된다.

$$\frac{dS}{dg_M} = L(\bar{r} + g_M, \bar{Y}) + g_M L_1(\bar{r} + g_M, \bar{Y}) \tag{12.76}$$

여기서 $L_1(\cdot)$은 $L(\cdot)$는 첫 번째 변수에 대한 도함수를 나타내고 있다.

식 (12.76)의 첫 번째 항은 양(+)이고 두 번째 항은 음(−)이다. g_M이 0으로 접근하면 $L_1(\bar{r} + g_M, \bar{Y})$이 음(−)의 무한대로 발산하지 않는 한 두 번째 항은 0으로 수렴한다. $L(\bar{r}, \bar{Y})$는 0보다 크기 때문에 g_M이 충분히 작은 값을 취할 경우에는 dS/dg_M는 양(+)의 값을 갖게 된다. 즉 세율이 낮은 경우 화폐주조이익은 세율에 관하여 체증적이다. 그러나 g_M의 값이 커짐에 따라 궁극적으로는 두 번째 항의 영향이 첫 번째 항의 영향을 상회하게 된다는 것을 알 수 있다. 따라서 조세율의 변화에 따라 어떤 극대값에 도달한 후 이어서 감소된다고 상정하는 것이 타당하다. 이러한 추론의 결과로서 가능한 "인플레이션세 래퍼곡선"(inflation−tax Laffer curve)이 그림 12.11으로 제시되고 있다.

인플레이션과 정상상태의 화폐주조이익 간의 관계에 대한 구체적인 예로서 Cagan(1956)이 제안한 화폐수요함수를 보자. Cagan은 화폐수요함수, 특히 높은 인플레이션 하에서의 화폐수요함수는 아래의 식으로 잘 표현할 수 있다고 생각하였다.

그림 12.11 인플레이션세 래퍼곡선

$$\ln\frac{M}{P} = a - bi + \ln Y, \quad b > 0 \tag{12.77}$$

식 (12.77)에서 로그를 수준으로 전환하고 그것을 식 (12.75)에 대입하면 다음의 식을 얻는다.

$$\begin{aligned} S &= g_M e^a \overline{Y} e^{-b(\overline{r}+g_M)} \\ &= C g_M e^{-bg_M} \end{aligned} \tag{12.78}$$

여기서 $C = e^a \overline{Y} e^{-b\overline{r}}$ 이다. 따라서 통화증가율의 변화가 화폐주조이익에 미치는 영향은 다음과 같은 형태로 주어진다.

$$\begin{aligned} \frac{dS}{dg_M} &= Ce^{-bg_M} - bCg_M e^{-bg_M} \\ &= (1 - bg_M)Ce^{-bg_M} \end{aligned} \tag{12.79}$$

이 식은 $g_M < 1/b$ 일 때 양(+)의 값을 가지며 g_M이 이보다 크면 음(−)의 값을 갖는다.

Cagan의 추정결과에서 b는 1/3에서 1/2 사이의 값을 갖는 것으로 간주되고 있다. 따라서 g_M이 2에서 3 사이에 위치할 때 인플레이션세 래퍼곡선은 최대치를 가진다. 이것은 통화증가율로 표현한다면 복리로 연 200% 내지 연 300%에 상당하며 매년 화폐잔고가 $e^2 \approx 7.4$ 와 $e^3 \approx 20$ 배로 증가한다. 대부분의 국가의 경우 인플레이션세 래퍼곡선이 최대가 되는 점에서의 화폐주조이익의 전통적인 추정치는 GDP의 약 10%에 달하는 것으로 제시되고 있다.

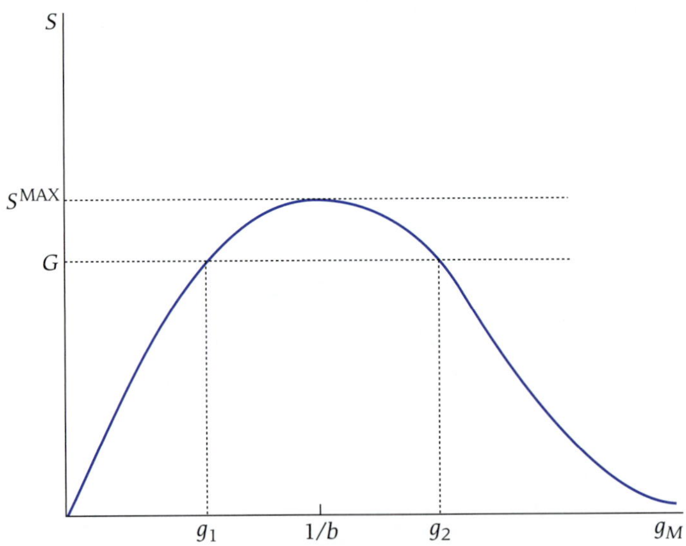

그림 12.12 화폐주조이익 수요에 의한 인플레이션의 결정

다음으로 실질지출 G를 화폐주조이익으로 조달하지 않으면 안 되는 정부에 대하여 생각하자. G는 달성 가능한 화폐주조이익의 최대치 S^{MAX} 보다는 작은 것으로 가정한다. 이 경우 그림 12.12에서 알 수 있듯이 이러한 정부지출을 가능하게 하는 통화증가율은 두 개 존재한다.[36] 하나는 인플레이션이 낮고 실질화폐잔고는 높은 수준인 인 경우이며 다른 하나는 인플레이션은 높고 실질화폐잔고는 낮은 수준인 경우이다. 그러나 고인플레이션 균형에는 독특한 비교정학 상 특성(comparatives-statistics properties)이 있다. 예를 들어 정부는 화폐주조이익을 감소시키기 위해서는 인플레이션을 상승시킬 것이 요구된다. 이러한 상황이 실제로 관측된 바가 없기 때문에 이하에서는 저인플레이션 균형에 초점을 맞추고자 한다. 이 경우 통화증가율 또는 인플레이션율은 g_1이 된다.

이러한 분석에 의해 고인플레이션은 왜 발생하는가를 밝힐 수 있다. 고인플레이션은 정부가 화폐주조이익을 필요로 하는 데에서 기인한다. 예를 들어 $b = 1/3$이며 인플레이션세 래퍼곡선의 정점을 기준으로 계산한 화폐주조이익 S^{MAX}는 GDP의 10%라고 가정한다. 화폐주조이익은 $g_M = 1/b$일 때 극대화되므로 식 (12.57)은 S^{MAX}가 $(Ce^{-1})/b$임을 시사한다. 그런데 b가 1/3일 때 S^{MAX}가 GDP의 10%가 되려면 C는 GDP의 약 9%($3 \times (2.71828)^{-1} C = 0.1Y \rightarrow (10/9)C \approx 0.1Y$)가 되어야 한다. 약간만 계산해 보면 이해하겠지만 화폐주조이익으로 GDP의 2%에 상당하는 수입을 얻기 위해서는 $g_M \approx 0.24$, GDP의 5%에 상당하는 수입을 얻기 위해서는 $g_M \approx 0.70$, 그리고 GDP의 8%에 상당하는 수입을 징수하기 위해서는 $g_M \approx 1.42$가 필요하다. 따라서 어느 정도의 화폐주조이익을 얻는 데에는 인플레이션을 상당히 상승시킬 필요가 있으며 다액의 화폐주조이익을 얻기 위해서는 고율의 인플레이션이 필요하게 된다.

■ 화폐주조이익과 초인플레이션

앞서의 분석에서 가령 정부가 화폐주조이익을 필요로 하더라도 왜 그것이 초인플레이션으로 연결되는가하는 점은 명백하지 않다. 만일 화폐주조이익 수입이 수백 퍼센트의 인플레이션율일 때 최대에 이르게 된다면 왜 정부는 인플레이션을 이보다 더 높게 하고자 하는 것일까? 이에 대한 해답은 앞서의 분석이 단지 정상상태에서만 성립한다는 점에서 찾을 수 있다. 만일 사람들이 자신의 화폐보유량과 인플레이션기대를 경제환경의 변화에 따라 즉각 조정하지 않는다면 화폐주조이익은 단기적으로는 화폐잔고의 증대에 수반하여 반드시 증가하므로 정부는

36 그림 12.12에서는 암묵적으로 화폐주조이익의 필요성은 인플레이션율과 서로 독립적이라고 가정하고 있다. 이 가정은 인플레이션이 초래하는 중요한 영향을 무시하고 있다. 즉 세금은 일반적으로 명목기준으로 표현되고 세금 징수에는 시차가 수반되기 때문에 인플레이션이 높아지면 통상 실질조세수입은 감소한다. 결과적으로 인플레이션율이 높아지면 화폐주조이익의 필요성이 더 커진다. 이러한 **탄지**(*Tanzi*)**효과**(또는 올리베라-탄지(Olivera-Tanzi)효과)가 존재하더라도 여기서의 분석은 기본적으로 바뀌지 않는다. 그것은 G를 통과하는 수평선을 단지 우상향하는 직선으로 대체하면 충분하기 때문이다. 그러나 그 영향은 정량적으로 상당히 클 수 있기 때문에 실제의 고인플레이션을 이해하는 경우에는 중요하다.

지속가능한 최대액 S^{MAX}를 상회하는 화폐주조이익을 얻을 수 있다. 따라서 초인플레이션은 정부가 S^{MAX}를 초과하는 화폐주조이익을 필요로 하는 경우에 발생한다(Cagan, 1956).

화폐보유의 조정이 점진적인 것과 기대인플레이션의 조정이 점진적인 것은 인플레이션의 동학에 대해 비슷한 시사점을 준다. 우리는 화폐보유고가 서서히 조정되는 경우를 고찰한다. 구체적으로 개인이 소망하는 화폐보유는 Cagan의 화폐수요함수 (12.77)으로 주어진다고 가정한다. 더욱이, 실질이자율과 총생산은 각각 $\bar{r}$와 $\bar{Y}$의 수준에서 고정되어 있는 것으로 계속 가정한다. 비록 이 두 변수는 시간을 두고 어느 정도 변할 것이지만 이들 변수의 변동이 미치는 영향은 인플레이션의 변동에 따른 영향에 비하여 상대적으로 작을 것이다.

소망하는 실질화폐잔고는 다음과 같게 된다.

$$m^*(t) = Ce^{-b\pi(t)} \tag{12.80}$$

이 모형의 열쇄가 되는 가정은 실제의 화폐보유고는 소망화폐보유고를 향하여 점진적으로 조정된다고 생각하는 것이다. 이 가정은 구체적으로 다음과 같다.

$$\frac{d\ln m(t)}{dt} = \beta[\ln m^*(t) - \ln m(t)] \tag{12.81}$$

또는

$$\frac{\dot{m}(t)}{m(t)} = \beta[\ln C - b\pi(t) - \ln m(t)] \tag{12.82}$$

위의 두 번째 식은 식 (12.80)을 $m^*(t)$에 대입한 것이다. 이 점진적 조정이라는 가정의 배경에는 개인이 자기의 화폐보유고를 조정하는 것이 어렵다고 하는 사고가 깔려 있다. 예를 들어 특정 형태의 정부지출은 화폐를 사용하도록 이미 확정되어 있을 수 있다. 결과적으로 개인은 그의 화폐보유고를 소망하는 수준으로 점진적으로 조절해 나갈 수밖에 없다. 여기서 구체적인 함수형태는 다루기 쉽도록 설정한 것이다. 끝으로 β는 양(+)의 값을 갖지만 $1/b$보다 작다 – 즉 조정이 그 정도로 신속하지 않다고 가정한다.[37]

앞서 설명한 바와 같이 화폐주조이익은 $\dot{M}/P$, 즉 $(\dot{M}/M)(M/P)$와 동일하다. 따라서 다음의 식이 성립한다.

$$S(t) = g_M(t)m(t) \tag{12.83}$$

이 경제에서 당초 G는 S^{MAX}보다 작은 수준인 정상상태에 위치하며 이후 G는 S^{MAX}보다 큰 값으로 증가한다고 가정한다. 만일 조정이 즉각적으로 이루어진다면 화폐보유가 양(+)이

37 실질화폐잔고의 변화가 m^*와 m의 당기 값에 의해서만 결정된다고 하는 가정은 개인이 장래를 고려하지 않는다는 것을 의미하고 있다. 제9장의 투자의 q모형과 마찬가지로 개인은 자신의 화폐보유를 어떻게 조절하는가를 결정하는 동안에도 장래의 인플레이션 경로를 고려에 포함시킨다고 가정하는 것이 타당하다. 다만 이 가정을 채용하더라도 주된 관심의 대상이 되는 이슈에 대한 시사점에는 변함이 없으나 분석은 대단히 복잡해진다.

되는 균형은 존재하지 않는다. 개인이 자신의 실질화폐잔고를 소망하는 수준으로 조정하는 경우 정부가 취득가능한 최대의 화폐주조이익이 S^{MAX}이기 때문에 순간적으로 조정이 이루어진다는 조건 하에서는 정부가 그 이상의 수입을 얻을 수 없다. 결과적으로 유일하게 이루어질 수 있는 것은 화폐가 즉시 그 가치를 상실하며 정부는 필요한 화폐주조이익을 얻지 못하는 사태이다.

한편 점진적인 조정의 조건 하에서는 정부는 통화증가율을 증대시킴으로써 필요한 화폐주조이익을 확보할 수 있다. 인플레이션이 상승하면 실질화폐잔고는 하락한다. 그러나 조정이 즉각적으로 진행되지 않기 때문에 실질화폐잔고는 $Ce^{-b\pi}$를 상회한다. 결과적으로 조정이 충분히 신속하게 진행되지 않는 한 정부는 S^{MAX} 이상의 수입을 얻을 수 있다. 그러나 실질화폐잔고의 하락에 수반하여 필요한 통화증가율은 높아져 간다. 이러한 결과가 발생하는 것은 폭발적인 인플레이션이다.

경제가 어떻게 움직이는가를 엄밀한 형태로 살펴보는 데는 실질화폐잔고 m의 움직임에 주목하는 것이 가장 알기 쉽다. 여기서 m은 M/P와 동일하므로 실질통화증가율 $\dot{m}/m$은 명목화폐잔고의 증가율 g_M에서 인플레이션율 π를 뺀 것과 같다. 또한 가정에 의해 $S(t)$는 일정하며 G와 동일하다. 이들 사실을 이용하여 식 (12.83)을 다음과 같이 고쳐 쓸 수 있다.

$$G = \left[\frac{\dot{m}(t)}{m(t)} + \pi(t)\right] m(t) \tag{12.84}$$

식 (12.82)와 식 (12.84)는 $\dot{m}/m$와 π에 의해 구성된 두 개의 방정식이다. 기간의 한 시점에서 $m(t)$는 주어지며 방정식의 다른 구성요소들은 모두 외생적으로 결정되고 일정한 값을 갖는다. 이 두 방정식을 $\dot{m}/m$에 대하여 풀면 다음의 식을 얻는다.

$$\frac{\dot{m}(t)}{m(t)} = \frac{\beta}{1 - b\beta} \frac{b}{m(t)} \left[\frac{\ln C - \ln m(t)}{b} m(t) - G\right] \tag{12.85}$$

G가 S^{MAX}보다 크다고 하는 가정에 의해 모든 m의 값에 대하여 대괄호의 식은 음(−)이 된다. 이 점을 확인함에는 먼저 소망화폐보유를 m과 일치시키는데 요구되는 인플레이션율은 $m = Ce^{-b\pi}$의 해라는 점에 주목하면 충분하다. 로그를 양변에 취하고 식을 변형하면 문제의 인플레이션율은 $(\ln C - \ln m)/b$이 된다는 것을 알 수 있다. 다음으로, 실질화폐잔고가 정상상태에 있다면 화폐주조이익은 πm이라는 것을 다시 상기하자. 따라서 실질화폐잔고 m의 조건 하에서 지속가능한 화폐주조이익의 수준은 $[(\ln C - Lnm)/b]m$이다. 더욱이 S^{MAX}는 지속가능한 최대의 화폐주조이익이라는 것을 상기하자. 따라서 S^{MAX}가 G보다 작다는 가정은 모든 m의 값에 대하여 $[(\ln C - \ln m)/b]m$가 G보다 작다는 것을 시사한다. 그러나 이는 식 (12.85)의 꺽쇠괄호 내의 식이 음(−)이라는 것을 뜻한다.

$b\beta$가 1보다 작기 때문에 식 (12.85)의 오른편은 항상 음(−)이 된다. 즉, 어느 점에서 출

발을 하더라도 실질화폐스톡은 지속적으로 낮아진다. 이와 관련한 위상도(phase diagram)는 그림 12.13으로 제시되고 있다.[38] 실질화폐잔고가 지속적으로 감소한다면 정부가 필요한 화폐 주조이익을 얻기 위해서는 통화증가율이 지속적으로 상승해야만 한다(식 12.83 참조). 요컨대 정부는 S^{MAX}를 상회하는 화폐주조이익을 얻을 수 있지만 그것을 위해서는 폭발적인 인플레이션이라는 비용을 치러야만 한다.

이와 같은 분석은 $G < S^{MAX}$인 경우 점진적인 화폐보유 조정의 조건 하에서 실질화폐잔고와 인플레이션의 동학이 어떻게 되는가를 이해하는 데에도 이용될 수 있다. 그림 12.12로 제시된 상황을 보자. 지속가능한 화폐주조이익 πm^*는 인플레이션율이 g_1이나 g_2일 때 G와 같아진다. 또한 인플레이션율이 g_1과 g_2 사이의 값을 가지면 G보다 커지며 다른 경우에는 G보다 작아진다. 이러한 경우에 식 (12.85)가 시사하는 실질화폐잔고의 동학은 그림 12.14로 제시되고 있다. 높은 수준의 실질화폐잔고(따라서 낮은 수준의 인플레이션)를 수반하는 정상상태는 안정적이고 낮은 수준의 실질화폐잔고를 수반하는 정상상태는 불안정적이다.[39]

여기서 제시한 화폐주조이익과 인플레이션의 관계에 대한 분석에 의해 고율의 인플레이션과 초인플레이션의 주된 특성 가운데 많은 부분이 설명될 수 있다. 가장 근본적인 것으로서 이 분석에 의해 인플레이션이 어떻게 해서 때때로 극단적으로 높은 수준에 도달하고 마는가라는 수수께끼가 해명될 수 있다. 또한 이 모형에 의하여 인플레이션이 왜 발산하지 않고 어떤 수준에 도달하는가라는 의문 – 실증적으로 세 자리의 범위 – 과 그러나 인플레이션이 이 수준을 벗어나면 왜 초인플레이션으로 발전하는가의 의문에 대하여 해답을 제공한다. 또한 이 모형은 높은 수준의 인플레이션과 초인플레이션을 발생시키는데 재정정책이 결정적인 역할을 한다는 것과 이를 해소해 나가는데 재정개혁이 중심적 역할을 담당한다는 것도 설명할 수 있다 (Sargent, 1982).

---

38 식 (12.85)를 2계 미분하면 $d^2(\dot{m}/m)/(d\ln m)^2 < 0$이다. 따라서 위상도는 그림에서 제시한 바와 같다.

39 여기서의 분석은 $\beta < 1/b$이라는 가정에 의존하고 있는 점에 유의하라. 이 가정이 성립하지 않을 때에는 식 (12.85)의 분모가 음(−)이 된다. 모형의 안정성과 동학은 이러한 경우에 이상한 형태를 띤다. $G < S^{MAX}$이면 고인플레이션 균형이 안정적이고 저인플레이션 균형은 불안정적이다. $G > S^{MAX}$이면 항상 $\dot{m} > 0$이고 따라서 폭발적인 디플레이션이 발생한다. G가 어느 영역에 있더라도 G가 증가하면 인플레이션은 하방으로 뛰어내린다.

이와 같이 실제에는 볼 수 없는 이례적인 결과가 유도되는 것은 모수가 이례적인 범위의 값을 갖기 때문이라고 해석하는 것도 가능하다. 그러나 보다 더 설득력이 있는 해석은, 이러한 결과가 얻어지는 것은 모형이 실제 경제의 중요한 측면을 무시하고 있기 때문이라는 것이다. 예를 들어 실질화폐보유와 기대인플레이션이 함께 서서히 조정된다면, 모형의 안정성과 동태적 특성은 조정속도에 관계없이 이해할 수 있게 된다. 보다 중요한 것은 Ball(1993)과 Cardoso(1991)가 주장하는 바와 같이 Y가 $\overline{Y}$로 일정하다고 하는 가정은 (초인플레이션에 대하여는 반드시 그러하지는 않지만) 고인플레이션 동학의 중요한 측면을 무시하고 있다. Ball과 Cardoso는 화폐주조이익을 추구하는 통화정책과 일시적으로 실질총생산을 감소시키는 조치에 의해서만이 총수요정책으로 인플레이션을 낮은 수준으로 진정시키는 것이 가능하게 되는 케인즈학파의 표준적 가정을 결부시킨 모형을 개발하였다. 이들은 이러한 가정 하에서 저인플레이션 균형만이 안정적이라는 것을 제시하고 있으며 그 위에 자신들의 모형에 의해 고인플레이션 경제의 다양한 측면을 분석하고 있다.

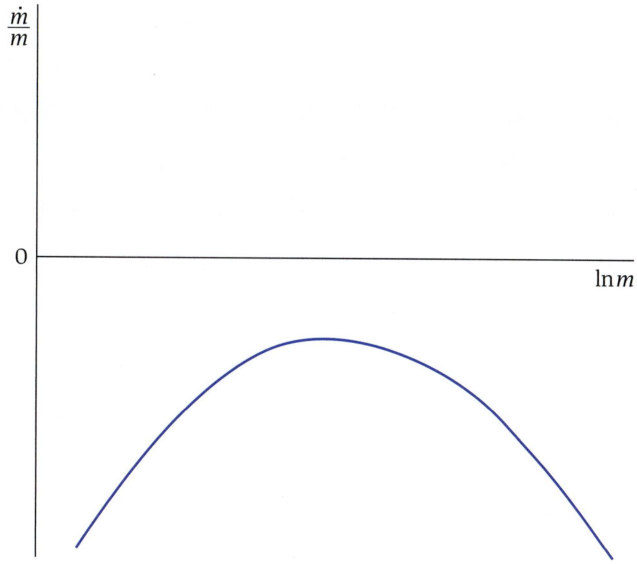

그림 12.13 지속가능하지 않은 화폐주조이익과 실질화폐잔고의 동학

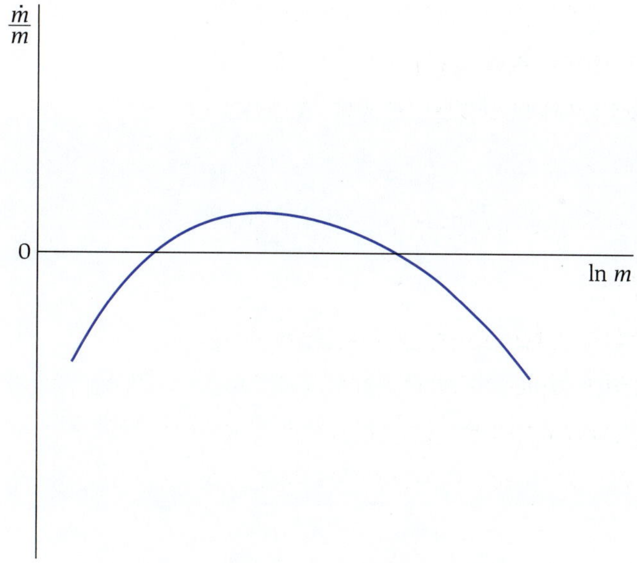

그림 12.14 화폐주조이익의 수요가 지속가능할 때 실질화폐잔고의 동학

마지막으로 초인플레이션에서 화폐주조이익이 중심적 역할을 하고 있다고 생각하면 왜 통화증가율이 안정화되기 전에 초인플레이션이 끝날 수 있는가를 이해할 수 있다. 12.1절에서 설명한 바와 같이 초인플레이션이 종결된 후 증대하는 실질화폐수요는 물가수준의 하락에 의하지 않고 명목화폐잔고가 빠르고 지속적으로 상승하는 것에 의해 충족된다. 그러나 그러한 경우 여전히 급속한 통화증가가 지속될 때에 왜 사람들이 인플레이션의 저하를 예상하고 있는가 하는 문제가 남는다. 이에 대한 해답은 재정 및 금융개혁에 의해 재정적자가 해소되거나

재정적자를 화폐주조이익으로 보전할 수 없게 될 때, 혹은 이 두 가지가 모두 이루어질 때, 초인플레이션이 종식된다고 하는 점이다. 예를 들어 1922-1923년에 걸친 기간에 진행된 독일의 초인플레이션은 제1차 세계대전 배상금이 감축되고 중앙은행이 독립성이 크게 강화되며 정부의 간섭이 배제된 기관으로 새로이 탄생된 시점에서 종식되었다. 이와 같은 개혁이 이루어지면 사람들은 통화증가가 일시적인 것에 지나지 않는 것으로 인식하게 되는 것이다(Sargent, 1982).[40]

40 통화증가가 일시적이라고 인식하는데 따른 영향을 우리의 분석에서 다루기 위해서는 어느 시점에 있어서 실질화폐보유의 변화가 현재의 보유고와 현재의 인플레이션에 의해 결정되는 것이 아니라, 현재의 보유고와 인플레이션의 기대경로 전체에 의해 결정되는 것으로 파악해야 한다. 각주 37을 참조하라.

12.1 12.1절에서 살펴본 통화공급, 인플레이션, 실질잔고에 대한 분석을 이산형 시간 모형으로 생각하자. 화폐수요는 $m_t - p_t = c - b(E_t p_{t+1} - p_t)$로 주어진다고 한다. m과 p는 각각 화폐잔고와 물가수준의 대수이며 여기서는 생산량과 실질이자율이 일정하다고 암묵적으로 가정한다(식 12.77 참조).

(a) p_t를 m_t와 $E_t p_{t+1}$의 식으로 표현하라.

(b) 기대치연산연쇄의 법칙을 이용하여 $E_t p_{t+1}$를 $E_t m_{t+1}$과 $E_t p_{t+2}$의 식으로 표현하라.

(c) 이 과정을 반복 적용하여 p_t를 m_t, $E_t m_{t+1}$, $E_t m_{t+2}$, …의 식으로 표현하라.

($\lim_{i \to \infty} E_t[\{b/(1+b)\}^i p_{t+1}] = 0$을 가정하라. 이것은 문제 8.8에서 거품의 가능성을 제외하기 위한 조건에 대응한다.)

(d) $i(>0)$가 어떠한 값이더라도 $E_t m_{t+1}$가 상승하면 p_t도 상승하는 것은 무슨 이유인가? 직관적으로 알기 쉽게 설명하라.

(e) 통화공급의 기대치가 일정하고 $E_t m_{t+i} = m_t + qi$가 성립한다고 가정한다. p_t를 m_t와 q의 식으로 표현하라. q가 상승하면 p_t는 어떠한 영향을 받는가?

12.2 이산형 시간의 모형으로 예상치 못한 화폐적 충격이 발생한 동안에 가격이 그 기에는 전혀 변화하지 않지만 그 후에는 완전히 신축적으로 조정되는 경우를 가정한다. *IS*곡선과 *LM*곡선이 각각 $y = c - ar$ 및 $m - p = b + hy - ki$라 한다. 여기서 y, m 및 p는 각각 생산량, 통화공급, 가격수준의 로그(대수)이다. 또한 r은 실질이자율, i는 명목이자율이고 a, h, k는 양(+)의 값을 갖는 모수이다.

당초 m은 어떤 일정한 값을 갖는 것으로 상정하고, 그것을 0으로 표준화한다. 여기서 어떤 시기–단순화를 위해 1기로 설정함–에 통화당국이 예기치 않게 정책을 변경하여 m을 매기 $g(>0)$만큼씩 증가시켜 나간다고 가정한다.

(a) 정책변경 전의 r, π^e, i, p의 값을 구하라.

(b) 가격이 완전히 조정된다면 $\pi^e = g$가 성립한다. 이로부터 2기째의 r, i, p의 값을 구하라.

(c) 1기의 r, i, p의 값을 구하라. 또한 1기로부터 2기까지의 인플레이션의 기대치, $E_1 p_2 - p_1$의 값을 구하라.

(d) 통화공급의 증가에 의한 단기효과가 명목이자율 변동의 방향(이자율이 상승할 것인가 하락할 것인가)을 좌우하는 요인은 무엇인가?

연습문제

12.3 문제 12.2와 마찬가지로 예상치 못한 화폐충격이 발생할 때 가격이 그 기에는 전혀 변화하지 않지만, 그 후에는 완전히 신축적으로 조정되는 경우를 가정한다. 또한 여기서도 각기에 $y = c - ar$, $m - p = b + hy - ki$가 성립하는 것으로 가정한다. 그러나 이제 통화공급이 임의보행에 따라 변화하는 것으로 한다. 즉 $m_t = m_{t-1} + u_t$이고 교란항 u_t는 평균이 0이며 계열상관이 없는 것으로 가정한다.

(a) E_t는 시점 t에서의 기대값을 나타낸다. $E_t[E_{t+1}[p_{t+2}] - p_{t+1}] = 0$이 모든 t에 대하여 성립하고 따라서 $E_t m_{t+1} - E_t p_{t+1} = b + hy^n - k r^n$이 성립하는데 그 이유는 무엇인가? 설명하라.

(b) (a)의 결과로부터 y_t, p_t, i_t, r_t를 m_{t-1} 및 u_t의 함수로 표현하라.

(c) 피셔효과는 이 경제에서도 존재하는가? 즉 기대인플레이션과 명목이자율은 동일하게 변화하는가?

12.4 실질이자율은 일정하고 명목이자율이 변화하면 그것은 기대인플레이션율의 변화를 반영하는 것이라는 가설을 검정하고자 한다. 즉 가설은 $i_t = r + E_t \pi_{t+1}$이다.

(a) i_t에 대하여 상수항과 π_{t+1}을 독립변수로 하는 회귀방정식을 생각하자. 실질이자율이 일정하다는 가설로부터 π_{t+1}의 계수는 일반적으로 어떤 값을 갖는다고 추측되는가? 설명하라. (**힌트** : 단순회귀의 최소자승법에서는 우변의 변수의 계수가 우변의 변수와 좌변의 변수의 공분산을 우변의 변수의 분산으로 나눈 것이다.)

(b) π_{t+1}에 대하여 상수항과 i_t를 독립변수로 하는 회귀방정식을 생각하자. 실질이자율이 일정하다는 가설로부터 i_t의 계수는 일반적으로 어떤 값을 갖는다고 추측되는가? 설명하라.

(c) 실질이자율이 일정하다는 가설에 의하면 장기적으로는 명목이자율과 실제 인플레이션율이 동일하게 변한다고 일부에서 논한다. 바꾸어 말하면 이 가설에 의하면 i를 상수항과 π 및 π의 시차변수들을 독립변수로 하여 회귀분석을 하면, 인플레이션변수의 계수의 총합계가 1이 된다는 것이다. 이 주장은 옳은 것인가? (실제 인플레이션율의 변동은 $\pi_t = \rho\pi_{t-1} + e_t$ (e는 백색잡음)에 의해 주어진다고 가정한다.)

12.5 **정책 준칙, 합리적 기대, 국면전환.** (regime change) (Lucas, 1976, Sargent, 1983) 총공급은 Lucas 공급곡선, $y_t = y^n + b(\pi_t - \pi_t^e)$, $b > 0$으로 주어졌다고 가정한다. 또한 통화정책은 $m_t = m_{t-1} + a + \varepsilon_t$ (ε은 백색잡음 교란항)에 의하여 실시된다고 가정한다. 민간부문은 m_t나 ε_t의 현재 값을 알지 못한다. 따라서 π_t^e는 m_{t-1}, ε_{t-1}, y_{t-1} 및 p_{t-1}이 주어

졌을 경우에 $p_t - p_{t-1}$의 기대치이다. 마지막으로 총수요는 $y_t = m_t - p_t$에 주어진다고 가정한다.

(a) y_t를 m_{t-1}, m_t 및 다른 관련변수나 모수의 식으로 표현하라.

(b) 통화정책에 관하여 m_{t-1}와 m_t만을 파악한다면 y_t의 값을 알 수 있는가? 직관적으로 이해할 수 있도록 설명하라.

(c) 당초의 통화정책은 앞서 서술한 바대로 실시되었으나(다만 $a>0$), 통화당국이 어느 시점에서 신체제로 이행하여 a를 0으로 한다고 발표하였다고 가정한다. 민간부문의 사람들이 이 발표를 믿을 확률은 ρ라고 한다. y_t를 m_{t-1}, m_t, ρ. y^n, b 및 a의 당초 값으로 표현하라.

(d) 이들 결론으로부터 통화공급과 생산량의 관계를 확인함으로써 국면전환의 발표의 신빙성을 측정하는 일이 가능해진다. 구체적으로 어떻게 추정하는지를 설명하라.

12.6 국면전환과 이자율의 기간구조. (Mankiw and Miron, 1986) 화폐중립적인 경제를 가정한다. 구체적으로, $\pi_t = \Delta m_t$이라고 가정하며 r은 0%로 일정하다고 가정한다. 또한 통화공급은 $\Delta m_t = k\Delta m_{t-1} + \varepsilon_t$($\varepsilon$은 백색잡음 교란항)에 의해 주어진다고 한다.

(a) 이자율의 기간구조에 관한 합리적 기대이론이 성립한다고 상정한다(식 12.6 참조). 구체적으로, 2기간의 이자율은 $i_t^2 = (i_t^1 + E_t i_{t+1}^1)/2$에 의해 결정된다. 여기서 i_t^1은 t기로부터 $t+1$기에 걸친 1기간 명목이자율이다. 따라서 피셔방정식에 의해 이것은 $r_t + E_t[P_{t+1}] - p_t$와 동일하다.

(i) i_t^1를 Δm_t 및 k의 함수로 표현하라(Δm_t는 t기에 이미 알고 있는 것으로 상정한다).

(ii) $E_t i_{t+1}^1$을 Δm_t 및 k의 함수로 표현하라.

(iii) i_t^2과 i_t^1는 어떠한 관계가 존재하는가? i_t^2를 i_t^1 및 k의 함수로 표현하라.

(iv) k가 변화하면 i_t^2과 i_t^1의 관계에 어떠한 변화가 발생하는가? 직관적으로 알기 쉽게 설명하라.

(b) 2기간 이자율에는 각 기에서 상이한 기간프리미엄이 포함된다고 한다. 따라서 $i_t^2 = (i_t^1 + E_t i_{t+1}^1/2 + \theta_t)$($\theta$는 e와는 독립적인 백색잡음 교란항)라고 가정한다. 여기서 $i_{t+1}^1 - i_t^1 = a + b(i_t^2 - i_t^1) + e_t$를 최소자승법에 의해 회귀를 한다고 가정한다.

(i) 이자율의 기간구조에 관한 합리적 기대이론 하에서(모든 t에 대하여 $\theta_t = 0$로 설정한다), b는 어떠한 값을 취한다고 생각되는가? (**힌트**: 단순회귀의 최소자승법에서는 우변의 변수의 계수는 우변의 변수와 좌변의 변수의 공분산을 우변의 변수의 분

산으로 나눈 것과 동일하다.)

(ii) 여기서 θ가 분산 σ_θ^2에 의해 변동한다면 b는 어떠한 값을 취한다고 생각되는가?

(iii) (ii)의 해답은 k의 변화에 의해 어떠한 영향을 받는가? k가 1에 접근함에 따라 b는 어떠한 값을 취하는가?

12.7 12.4절의 모형을 고려하자. 그러나 총공급방정식 (12.16)이 $\pi_t = \pi_{t-1} + \alpha(y_{t-1} - y_{t-1}^n) + \varepsilon_t^\pi$ 이라고 가정하자. 여기서 ε^π는 ε^{IS} 및 ε^Y와 독립적인 백색잡음 충격이다. 그렇다면 모형에 대한 변화는 q^*에 대한 식 (12.27)을 어떻게 변화시키는가?

12.8 (12.41)로 주어진 체계를 고려하자.

(a) $\phi_\pi = 1$일 때 체계는 어떻게 단순화되는가? 이러한 경우 체계의 고유값은 얼마인가? $\pi_t = \lambda^t Z$, $\tilde{y}_t = c\lambda^t Z$, $|\lambda| \leq 1$ 형식의 $\tilde{y}$와 π의 자기실현적 변동을 찾는다고 가정하자. $\phi_\pi = 1$일 때 λ와 c의 어떤 값이 식 (12.41)을 만족시키는 해가 되는가? 그렇다면 인플레이션과 생산량의 자기실현적 변동은 어떠한 형태를 취하는가?

(b) ϕ_π가 1보다 약간(즉 무한소만큼) 크다고 가정하자. 두 고유값이 모두 단위 원 내부에 있는가? ϕ_π가 1보다 약간 작으면 어떻게 되는가?

(c) $\kappa(1-\phi_\pi)/\theta = -2(1+\beta)$를 가정하자. 이러한 경우 체계는 어떻게 단순화되는가? 이러한 경우 체계의 고유값은 얼마인가? $\pi_t = \lambda^t Z$, $\tilde{y}_t = c\lambda^t Z$, $|\lambda| \leq 1$ 형식의 $\tilde{y}$와 π의 자기실현적 변동을 찾는다고 가정하자. $\kappa(1-\phi_\pi)/\theta = -2(1+\beta)$일 때 λ와 c의 어떤 값이 식 (12.41)을 만족시키는 해가 되는가? 그렇다면 인플레이션과 생산량의 자기실현적 변동은 어떠한 형태를 취하는가?

12.9 **통화정책목표 – 통화량인가 이자율인가** – (Poole, 1970) IS곡선과 LM곡선이 1차함수이고 외생적 충격을 받는 경제를 가정한다. 즉 IS곡선과 LM곡선은 각각 $y = c - ai + \varepsilon_1$ 및 $m - p = hy - ki + \varepsilon_2$로 설정된다. ε_1와 ε_2은 독립이고 평균이 각각 0, 분산은 각각 σ_1^2와 σ_2^2인 충격을 나타내는 확률변수이다. 그리고 a, h, k는 양(+)의 값을 갖는다고 가정한다. 정책당국은 생산량의 안정화를 원하지만 y의 값이나 ε_1 및 ε_2의 값을 파악할 수 없는 것으로 가정한다. 논의를 단순하게 하기 위해 는 일정하다고 가정한다.

(a) 정책당국은 i를 임의의 값 $\bar{i}$로 고정한다고 하자. 이러한 경우에 y의 분산을 구하라.

(b) 정책당국은 m을 임의의 값 $\overline{m}$로 고정한다고 하자. 이러한 경우에 y의 분산을 구하라.

(*c*) 통화충격만 있다고(즉 $\sigma_1^2 = 0$) 한다면 통화량을 정책목표로 하는 경우와 이자율을 정책목표로 하는 경우에 어느 편이 y의 분산을 작게 하는가?

(*d*) *IS* 충격만 있다고(즉 $\sigma_2^2 = 0$) 한다면 통화량을 정책목표로 하는 경우와 이자율을 정책목표로 하는 경우에 어느 편이 y의 분산을 작게 하는가?

(*e*) (*c*)와 (*d*)의 결과를 직관적으로 알기 쉽게 설명하라.

(*f*) *IS* 충격만 있는 경우 통화량이나 이자율을 정책목표로 하는 경우보다 y의 분산을 작게 하는 정책이 존재하는가? 존재하는 경우 그것은 어떠한 정책인가? 존재하지 않는 경우 그 이유를 서술하라. (힌트 : 화폐시장균형조건 $m-p = hy-ki$을 고려한다.)

12.10 불확실성과 정책. (Brainard, 1967) 생산량이 $y = x + (k+\varepsilon_k)z + u$에 의해 주어진다고 가정하자. 여기서 z는 정부에 의해 제어되는 정책수단이며 k는 이 정책수단의 승수에 대한 기대치이다. ε_k 및 u는 독립이고 평균은 0, 분산은 각각 σ_k^2, σ_u^2의 교란항이며 정책당국이 z를 선택하기 전에 그 값을 알아내는 것이 불가능하다. 마지막으로 z를 선택할 때 x는 이미 알려진 교란항이다. 정책당국은 $E\left[(y-y^*)^2\right]$을 극대화한다.

(*a*) $E\left[(y-y^*)^2\right]$을 x, k, y^*, σ_e^2 및 σ_u^2의 함수로 표현하라.

(*b*) z에 대하여 1계 조건을 구하라. 나아가 그것을 z에 대하여 풀어라.

(*c*) 정책이 충격(x의 실현치)에 어떻게 대응해야 하는가는 σ_u^2의 영향을 받는가? 받는 경우 그것은 어떠한 영향인가? 이것으로부터 경제의 상태에 관한 불확실성의 존재가 정책의 "미세조정"(*fine tuning*)을 지지하는 이론에 어떠한 영향을 준다고 말할 수 있는가?

(*d*) 정책이 충격(x의 실현치)에 어떻게 대응해야 하는가는 σ_k^2의 영향을 받는가? 받는 경우 그것은 어떠한 영향인가? 이것으로부터 경제의 상태에 관한 불확실성의 존재가 정책의 미세조정을 지지하는 이론에 어떠한 영향을 미친다고 말할 수 있는가?

12.11 제로 하한의 존재에서 탄약을 저장하기보다 사용하기의 중요성. 인플레이션은 가속화 필립스 곡선 $\dot{\pi}(t) = \lambda y(t)$, $\lambda > 0$으로 나타나고, 생산량은 단순한 *IS*곡선 $y(t) = -b[i(t) - \pi(t)]$, $b > 0$으로 결정된다고 가정하자. 초기에 중앙은행은 엄격하게 양(+)의 수준의 명목이자율 $i(0) > 0$로 설정하고 있다. $-b[i(0) - \pi(0)] < 0 < b\pi(0)$으로 가정하자.

(*a*) 중앙은행이 $i(0)$에서 i를 일정하게 유지한다고 가정하자. 시간에 따른 인플레이션 및 생산량의 변동을 그려라.

(*b*) 중앙은행이 $b\pi(t) < 0$일 때 $i(0)$에서 i를 일정하게 유지하고 영구적으로 i를 0으로

감소시킨다고 가정하자. 시간에 따른 인플레이션 및 생산량의 변동을 그려라.

(c) 중앙은행이 영구적으로 $t = 0$에서 i를 0으로 감소시킨다고 가정하자. 시간에 따른 인플레이션 및 생산량의 변동을 그려라.

(d) 결과들을 직관적으로 설명하라.

12.12 12.7절의 Krugman모형을 고려하자. 경제가 2기에 시작하는 그 절에서 설명된 유형의 정상상태에 있다고 가정한다. 그러나 가격이 1기에 가격은 완전히 경직적이므로 $P_1 = \overline{P}$ 이고 1기에 가격보다 생산량이 균형조건을 만족하기 위해 조정한다(이전과 같이, $c_1 = y_1$ 이라고 가정한다).

(a) 식 (12.60)과 식 (12.61)과 유사한 방정식은 무엇인가? (y_1, i_1) 평면에 그려라.

(b) 외생적인 모수(β, y, M^*, a_1, 그리고 $\overline{P}$)로 $i_1 = 0$의 조건은 무엇인가? 이러한 경우 y_1은 무엇인가? 이러한 경우 $y_1 < y$의 조건은 무엇인가?

(c) $i_1 = 0$으로 가정하자. M^*의 기대치를 고정한 상태에서 M_1의 증가는 y_1을 상승시키는가? M_1의 기대치를 고정한 상태에서 M^*의 증가는 y_1을 상승시키는가?

12.13 12.7절의 Krugman모형을 고려하자. $i_1 = 0$이고 경제가 2기에 정상상태에 있다고 가정한다. 그러나 y_1(1기의 y 값)이 y^*(2기의 y 값)와 같을 필요는 없다고 가정한다. y^*의 하락이 CC 또는 MM곡선에 어떻게 영향을 미치는가? 유동성 함정에서 영구적인 생산성 저하 충격이 확장되는 이유를 직관적으로 설명하라.[41]

12.14 12.7절의 Krugman모형을 고려하자. 경제는 3기에 시작하는 정상상태에 있고 $i_1 = 0$이다.

(a) $i_2 = 0$으로 가정하자.

(i) M_1과 M^*을 고정한 상태에서 M_2의 증가는 P_1에 어떻게 영향을 미치는가? 설명하라.

(ii) M_1과 M_2을 고정한 상태에서 M^*의 증가는 P_1에 어떻게 영향을 미치는가? 설명하라.

(iii) M_1, M_2, M^* 모두 같은 비율로 증가한다고 가정하자. P_1은 어떻게 영향을 받는가? 설명하라.

(b) $i_2 > 0$으로 가정하자. i_2를 0으로 떨어뜨리는 M_2의 증가(M_1과 M^*를 고정한 상태에서)가 P_1에 어떻게 영향을 미치는가? 유동성 함정이 더 오래 길게 하는 정책(i가 이제 1기

41 Eggertsson(2010)은 이러한 결과를 "노력의 역설"이라고 부른다. Wieland(2016)는 증거가 이러한 유동성 함정의 전통적인 모형 예측을 뒷받침하지 않는다고 주장하고 그의 발견에 대한 후보 설명을 제안하였다.

간이 아닌 2기간 동안 0이라는 의미에서)이 확장적인 이유를 직관적으로 설명하라.

12.15 (Fisher and Summers, 1989) 인플레이션율이 12.8절에서 논의된 바와 같이 결정된다고 상정하자. 정부가 인플레이션의 비용을 절감할 수 있다고 가정한다. 식 (12.64)의 모수 a가 하락하였다고 하자. 이 변경에 의해 사회후생은 개선되는가, 악화되는가? 직관적으로 알기 쉽게 설명하라.

12.16 **평판과 통화정책모형.** (Backus and Driffill, 1985, and Barro, 1986) 정책입안자가 두 기간 동안 담당한다고 가정하자. 생산량은 매기 (12.63)으로 주어진다. 정책입안자는 유형 1과 유형 2의 두 가지 가능한 유형이 있다. 확률 p로 발생하는 유형-1의 정책입안자는 단순화하여 $(y_1 - a\pi_1^2/2) + (y_2 - a\pi_2^2/2)$, $a > 0$로 주어지는 사회적 후생을 극대화한다. 확률 $1 - p$로 발생하는 유형-2의 정책입안자는 인플레이션에만 관심을 두므로 두 기간 모두 인플레이션을 0으로 설정한다. $0 < p < \frac{1}{2}$로 가정한다.

(a) 유형-1의 정책입안자는 어떤 π_2의 값을 선택하는가?

(b) 유형-1의 정책입안자는 항상 $\pi_1 \neq 0$을 선택하는 것이 가능한 균형을 고려하자. 이러한 상황에서 $\pi_1 \neq 0$라면 π_2^e는 무엇인가? 유형-1의 정책입안자는 어떤 π_1의 값을 선택하는가? 두 기간 동안 결과적인 사회적 후생 수준은 무엇인가?

(c) 유형-1의 정책입안자는 항상 $\pi_1 = 0$을 선택하는 것이 가능한 균형을 고려하자. 이러한 상황에서 $\pi_1 = 0$라면 π_2^e는 무엇인가? 두 기간 동안 결과적인 사회적 후생 수준은 무엇인가?

(d) (b)와 (c)에 대한 답변에 비추어 볼 때 균형은 무엇인가? 어떤 의미에서 평판에 대한 우려가 이러한 환경에서 평균인플레이션을 낮추는가?

(e) 질적인 측면에서 $\frac{1}{2} < p < 1$이면 균형이 어떤 형태를 취할 것인가? 왜 그런가?

12.17 **통화정책에 관한 권한을 위임한 경우에 충격에 반응한 낮은 평균 인플레이션과 유연성 간의 상충관계.** (Rogoff, 1985) 생산량이 $y = y^n + b(\pi - \pi^e)$에 의해 주어지고 사회후생함수는 $\gamma y - a\pi^2/2$ 여기서 γ는 평균 $\bar{\gamma}$, 분산 $\sigma_\gamma^2 > 0$의 확률변수라고 가정한다. π^e는 γ가 관찰되기 전에 결정된다. 이에 비하여 정책입안자는 γ가 알려진 후에 π를 선택한다. 정책당국의 목적함수는 $c\gamma y - a\pi^2/2$이라고 가정한다.

(a) 정책당국이 선택하는 π를 π^e, γ, c의 함수로 표현하라.

(*b*) π^e의 값을 구하라.

(*c*) 참의 사회후생함수 $c\gamma y-a\pi^2/2$의 기대치를 구하라.

(*d*) 사회후생의 기대치를 극대화하는 c의 값을 구하라. 결과를 어떻게 해석할 수 있는가?

12.18 12.8절에서 분석된 위임모형에서 π^e가 결정될 때 정책입안자의 선호가 $a'>a$인 식 (12.69)로 설명되는 것으로 믿어진다고 가정하자. 만일 이러한 것들이 실제로 정책입안자의 선호이거나 만일 정책입안자의 선호가 실제로 사회후생함수 식 (12.64)와 일치하면 사회적 후생은 더 높아지는가?

12.19 **처벌(punishment)을 통한 동태적 비일관성 문제 풀기.** (Barro and Gordon, 1983) $\sum_{t=0}^{\infty}\beta^t(y_t-a\pi_t^2/2)$, $a>0$, $0<\beta<1$의 목적함수를 보유하는 정책당국에 대하여 생각한다. y_t는 매기 Lucas 공급곡선(식 12.53)에 의해 결정된다. 기대인플레이션율은 다음과 같이 결정된다. 만일 π가 그때까지의 전체 기간에 있어서 $\hat{\pi}$($\hat{\pi}$는 모수 값)과 동일하다면 $\pi^e=\hat{\pi}$가 된다. 만일 π가 $\hat{\pi}$, 그 후 내내 $\pi^e=b/a$가 된다.

(*a*) π가 $\hat{\pi}$으로부터 벗어날 경우 이 모형은 그 후 기간에서의 균형이 어떻게 되나?

(*b*) π가 지금까지 계속 $\hat{\pi}$와 동일하며 따라서 $\pi^e=\hat{\pi}$가 성립한다. 여기서 통화당국이 $\pi^e=\hat{\pi}$에서 이탈하기로 결정한 경우 어떠한 π의 값을 선택하는가? 이러한 전략 하에서 전체기간에 걸쳐서 목적함수가 취하는 값은 어떤 것이 될까? 만일 통화당국이 매기 $\pi^e=\hat{\pi}$를 계속 선택하는 경우에는 목적함수는 어떠한 값을 취하는가?

(*c*) $\hat{\pi}$가 어떤 값이라면 통화당국이 $\pi^e=\hat{\pi}$를 선택하는가? $\hat{\pi}=0$의 경우에 통화당국도 $\pi=0$을 선택하는 a, b 및 β의 값이 존재하는가?

12.20 **Barro-Gordon 모형에서의 다른 균형.** 문제 12.19에서 설정한 상황에 대하여 계속 검토한다. 다음 각각의 경우가 균형일 모수의 값이 존재하는가? 존재하는 경우 그 값을 구하라.

(*a*) **1기만의 처벌.** π_t^e는 $\pi_{t-1}=\pi_{t-1}^e$일 때 $\hat{\pi}$와 같고 그렇지 않은 경우에는 b/a와 같다. π는 매기 $\hat{\pi}$와 같다.

(*b*) **엄한 처벌.** (Aberu, 1988; Rogoff, 1987) π_t^e는 $\pi_{t-1}=\pi_{t-1}^e$일 때 $\hat{\pi}$와 같고 $\pi_{t-1}^e=\hat{\pi}$이나 $\pi_{t-1}\neq\hat{\pi}$일 때는 $\pi_0(>b/a)$와 같으며 그 외의 경우에는 b/a와 같다. π는 매기 $\hat{\pi}$와 같다.

(*c*) **재량을 반복하는 균형.** 매기 $\pi=\pi^e=b/a$가 성립한다.

12.21 다시 한 번 문제 12.19에서 설정된 상황을 고려한다. 그러나 여기서는 기간이 무한이 아닌 유한하다고 가정한다. 유일하게 존재하는 균형은 어떠한 것인가?

12.22 정치적인 경기순환. (Nordhaus, 1975). 총생산과 인플레이션의 관계가 $\pi_t = \pi_{t-1} - \alpha(u_t - \bar{u}) + \varepsilon_t^S$, $\alpha > 0$으로 주어진다고 가정한다. 여기서 ε_t^S는 평균이 0인 독립동일분포(i.i.d)의 확률변수로서 누적분포함수는 $F(\cdot)$으로 주어진다. 1기에 π_0가 주어진 상황에서 취임하고 2기의 말에는 재선거에 직면하는 정치가를 고려한다. 실업에는 최소수준 u_L과 최대수준 u_H가 존재하고 이에 의해 제한을 받는다는 점을 제외하면 정치가는 2기 동안의 실업률 u_1과 u_2를 완전하게 제어한다. 정치가는 u_2와 π_2를 바탕으로 하여 평가된다. 구체적으로 정치가는 $\pi_2 + \beta u_2 < K$의 조건이 성립하는 경우 틀림없이 재선된다. 여기서 $\beta > 0$와 K는 외생적으로 주어진 모수이다. 정치가가 재선의 가능성을 최대로 하고 싶다면 어떤 값의 u_1을 선택하여야 하는가?

12.23 합리적 기대의 정치적 경기순환. (Alesina and Sachs, 1988) 총생산과 인플레이션의 관계가 $y_t = y^n + b(\pi_t - E_{t-1}\pi_t)$으로 주어진다고 가정한다. 여기서 $b > 0$이고 E_{t-1}은 $t-1$기에서의 합리적 기대형성을 의미한다. 정치가에는 "자유주의자"와 "보수주의자"의 두 가지 유형이 있는 것으로 생각한다. 자유주의자는 각 기간에 $a_L y_t - \pi_t^2/2$을 극대화하고 보수주의자는 $a_C y_t - \pi_t^2/2$를 극대화한다. 다만 $a_L > a_C > 0$의 조건이 성립하는 것으로 생각한다. 선출된 정치가는 2기간 동안 해당 직위를 담당한다. 0기에는 1기에 누가 리더가 될지 알려져 있지 않다. 자유주의자가 선출될 확률은 p이고 보수주의자가 선출될 확률은 $1-p$이다. 1기에서 2기의 리더에 대한 신원이 알려진다고 가정한다.

(a) $E_{t-1}\pi_t$이 주어졌을 때 자유주의의 리더가 선택할 y_t의 값은? 보수적인 리더가 선택할 값은 얼마인가?

(b) $E_0\pi_1$은 무엇인가? 자유주의자가 선출된다면 π_1과 y_1의 값은? 보수파가 선출된다면, π_1과 y_1의 값은?

(c) 자유주의자가 선출된다면 π_2와 y_2의 값은? 보수주의자가 선출된다면, π_2와 y_2의 값은?

12.24 성장과 화폐주조이익, 그리고 인플레이션-성장률의 관계에 대한 대안적 설명. (Friedman, 1971) 화폐수요가 $\ln(M/P) = a - bi + \ln Y$로 주어져 있고 Y는 일정한 비율 g_Y로 성장한다고 가정한다. 화폐주조이익이 가장 큰 경로에 이르기 위하여 필요한 인플레이션율을 구하라.

연습문제

12.25 (Cagan, 1956) 실질화폐잔고를 서서히 최적수준으로 조정해 가는 대신에 개개인이 기대인플레이션율을 실제의 인플레이션율에 서서히 조정해 간다고 가정한다. 따라서 식 (12.80)과 식 (12.81)이 각각 $m(t) = Ce^{-b\pi^e(t)}$와 $\dot{\pi}^e(t) = \beta(\pi(t) - \pi^e(t))$, $(0<\beta<1/b)$으로 대체된다.

(*a*) 식 (12.85)를 도출하는 과정에 따라 $\dot{\pi}^e(t)$를 $\pi(t)$의 함수로 표현하라.

(*b*) (*a*)의 결과로부터 $G > S^{MAX}$인 경우의 위상도를 그려라. π^e와 m은 어떠한 변화를 보이면서 움직여 나가는가?

(*c*) $G < S^{MAX}$인 경우의 위상도를 그려라.

12.11 **동태적 비일관성문제**의 "평판"에 의한 해결법. (이 문제는 Cukierman and Meltzer, (1986)에 기초한다.) 2기간 재직하면서 $E\left[\sum_{t=1}^{2}\{b(\pi_t - \pi_t^e) + c\pi_t - a\pi_t^2/2\}\right]$의 목적함수를 보유하는 정책입안자에 대하여 생각한다. 정책입안자는 다양한 선호를 가지고 있는 후보자의 풀로부터 무작위로 선발된다. 구체적으로는, 정책입안자의 후보자들에 걸쳐 c는 평균 $\bar{c}$, 분산 $\sigma_c^2 > 0$의 정규분포를 따르는 것으로 가정한다. a와 b는 모든 정책입안자의 후보자에 대하여 동일한 값을 갖는다.

정책입안자는 인플레이션을 완전하게는 통제하지 못한다. 그 대신 인플레이션율은 $\pi_t = \hat{\pi}_t + \varepsilon_t$에 의해 결정된다. $\hat{\pi}_t$는 정책입안자가 (π_t^e를 주어진 것으로 하여) 선택하며 ε_t는 평균 0, 분산 $\sigma_e^2 > 0$인 정규분포를 따른다. ε_1, ε_2, c는 독립이다. 일반 사람들은 $\hat{\pi}_t$와 ε_t의 값을 개별적으로 알 수 없으며 π_t만을 관찰할 수 있다. 마찬가지로 c의 값을 알 수 없다.

끝으로 π_2^e는 π_1의 1차함수라고 가정한다. 즉 $\pi_2^e = \alpha + \beta\pi_1$이다.

(*a*) 정책입안자가 선택하는 $\hat{\pi}_2$을 구하라. 결과적으로 정책입안자의 목적함수의 제2기 부분 $\{b(\pi_2 - \pi_2^e) + c\pi_2 - a\pi_2^2/2\}$가 취하는 기대치를 π_2^e의 함수로서 표현하라.

(*b*) α와 β를 주어진 것으로 하여 π_1의 π_2^e에 미치는 영향을 고려하는 경우에 정책입안자가 선택하는 $\hat{\pi}_1$의 값을 구하라.

(*c*) 합리적 기대를 가정할 때 β의 값은 얼마인가? (**힌트** : 6.2절에서 설명된 정보추출 (signal extraction)을 이용하라.)

(*d*) 정책입안자가 제1기에 2기보다 낮은 값의 $\hat{\pi}$을 선택하는 이유는 무엇인가? 직관적으로 알기 쉽게 설명하라.

Chapter 13

재정적자와 재정정책

통화정책과 더불어 거시경제 정책의 또 다른 분야는 재정정책이다. 거시경제학의 관점에서 재정정책은 조세와 정부지출의 전반적인 수준과 광범위한 구성, 그리고 재정정책이 전체 경제에 미치는 효과와 관련이 있다.

재정정책이 거시경제학에서 다루는 많은 중요한 이슈는 경제에 대한 단기적 영향과 안정화 정책에서의 잠재적인 역할을 포함한다. 시의적절하고 건전한 재정정책 조치에 대한 정치적 장벽때문에 일반적으로 안정화 정책을 통화정책에 맡기는 것이 가장 좋다는데 상당한 동의가 있다. 그러나 경제충격이 장기지속적일 때 특히 통화정책이 제로 하한에 의해 제약을 받을 때 재정정책을 사용하는 경우가 명확히 존재한다. 그러한 결과 2008년에 시작된 금융 및 거시경제 위기는 안정화를 위한 광범위한 재정조치로 이어졌다. 예를 들어 거의 모든 주요 선진국은 2008년과 2009년에 재량적 부양책을 시행하였다. 또한 그러한 위기는 경제학자들 사이에 안정화를 위한 재정정책 사용에 대한 새로운 관심으로 이어졌다.

통화정책에 대한 중요한 많은 질문들은 안정화를 위한 도구로써 재정정책으로 이어진다. 예를 들어 안정화 정책에 상당한 이득이 있는지 여부(12.3절에서 논의된다)와 인플레이션 기대의 중요성이 최적 안정화정책을 동태적 비일관적으로 만들 가능성(12.8절에서 논의된다)이 통화정책처럼 재정정책과 마찬가지로 관련이 있다.

재정정책이 통화정책과 별도로 연구되어야 하는 안정화 정책의 중요한 측면 중 하나는 정책효과이다. 최근 몇 년 동안 이 분야에서 연구가 폭발적으로 증가했는데 대부분은 금융 및 거시경제 위기에 기인한다. 그 중 일부는 전체적인 증거에 초점을 맞추고 일부는 지역적 증거를 검토하며, 일부는 개별 수준의 증거를 고려한다. 일반적인 합의로 재정정책은 기대하는 방향으로 작동한다는 것이다. 세금감소와 정부지출 증가는 단기적으로 생산량을 증가시킨다. 더욱이 대부분의 경우에 추정된 효과의 크기가 상당히 크다. 그러나 다른 유형의 재정정책 조치(예를 들어 지출 대 조세 또는 한 유형의 지출 대 다른 지출)의 효과에 중요한 차이가 있는지 또는 효과가 경제상황에서 강하게 의존하는지의 여부와 같은 것은 더 좁은 질문으로 들어가면 훨씬 더 많은 불확실성과 추가 연구의 여지가 있다.[1]

재정정책이 거시경제학에서 나타나는 또 다른 주요 이슈는 조세제도의 전반적인 특징과 그러한 특징이 경제에 미치는 장기적 영향과 관련된다. 여기서 중요한 질문의 예로는 총생산 수준이나 총생산 성장율에 대한 조세 수준의 장기적 효과, 노동소득, 자본소득, 그리고 소비에 대한 세금의 전반적인 구성이 생산량과 후생에 중요한 효과를 미치는지 여부가 있다. 13.3절의 끝에서 이러한 이슈 중 일부를 다룰 것이다.

거시경제학에서 재정정책이 다루는 주제의 범위는 매우 광범위하고 안정화 도구로써 재정정책과 관련된 많은 이슈는 통화정책을 포함하는 것들과 밀접하게 관련되어 있기 때문에, 이 장에서 포괄적으로 서술하지 않으려 한다. 그 대신 적자의 원천, 즉 정부의 전반적인 지출과 전반적인 수입의 차이로 초점을 더 좁힌다.

13.1절에서는 정부가 직면하는 예산제약을 설명하는 것으로 시작하여 예산과 관련된 몇 가지 회계 상의 논점을 기술한다. 또한 미국의 장기 재정수지 전망에 관련하여 그 특징들을 기술한다. 13.2절에서는 정부의 지출을 조세로 보전하든 공채발행으로 보전하든 경제에 영향을 주지 않는 기본모형을 구축하고 **리카도 동등성정리**(*Ricardian Equivalence*)이 성립하지 않게 되는 다양한 이유에 대해 논의한다.

다음의 몇몇 절에서는 리카도 동등성정리가 성립하지 않는 상황에서 재정적자의 원천을 고려한다. 13.3절에서는 적자의 재정적자를 시간을 두고 점진적으로 보전해가는 **조세평준화**(*tax–smoothing*) 모형을 분석한다. 기본적인 아이디어는 조세가 개인의 선택을 왜곡시키며 그 왜곡의 정도가 세율에 비례하기보다는 한층 더 빠르게 증가하기 때문에 높았다가 낮았다가를 되풀이하는 세율의 변화보다는 점진적이고 온건한 세율이 더 선호된다는 것이다. 앞으로 다루게 되겠지만 이러한 이론은 정부가 전쟁비용 조달을 재정적자에 의존하는 현상을 호소력 있게 설명할 수 있는 분석의 틀을 제공한다.

세금평준화 모형은 일반적으로 매력적이지만 다른 관점에서 보면 큰 한계가 있다. 조세평준화가 대규모의 재정적자를 지속적으로 발생시키거나 지속가능하지 않은 재정정책의 추진을 부추기지는 않는 것 같다. 예를 들어 미국 연방정부는 1980년대 초반부터 거의 계속하여 대규

---

1 재정정책의 단기효과에 대한 최근의 실증적인 일부 예는 Fisher and Peters(2010); C. Romer and D. Romer(2010); Ramey(2011); Barro and Redlick(2011); Chodorow–Reich, Feiveson, Liscow, and Woolston(2012); Auerbach and Gorodnichenko(2012); Parker, Souleles, Johnson, and McClelland(2013); Nakamura and Steinsson(2014); Guajardo, Leigh, and Pescatori(2014); and Hausman(2016)이다.

모 재정적자를 운영해 왔다. 더욱이 13.1절에서 논의할 것처럼 주요 정책변화가 없는 경우 사회보장 및 의료지출의 증가는 수십 년 이내에 적자 수준과 채무 규모를 폭발적으로 증가시킬 것이다. 많은 다른 선진국들은 최근 수십 년 동안 지속적으로 대규모 재정적자를 내고 있으며 유사한 장기예산 문제에 직면해 있다. 그리고 많은 개발 도상국에서 대규모의 지속적인 적자가 초인플레이션, 채무불이행, 또는 채무위기로 이어져 왔다.

이러한 명백한 적자편향은 경제학자들이 특히 재정적자의 원천에 관심을 가지는 주요한 이유이다. 따라서 이 장의 많은 부분은 과도한 재정적자(excessive deficit)를 초래하는 요인으로서 어떤 체계적인 경향이 정치적인 과정에 존재할 가능성에 대해 논의한다. 13.4절 정치학의 경제분석 틀을 소개한다. 13.5절에서는 정부지출의 구성과 관련하여 갈등이 존재하는 경우 과도한 재정적자로 이어질 수 있는 모형을 제시한다. 13.6절에서는 재정적자의 축소에 따르는 부담을 다른 경제 집단 간에 어떻게 분배할 것인가 하는 문제에 따르는 갈등으로 인해 초과재정적자가 발생하는 것을 보여주는 모형을 고려한다.

마지막으로 13.7절에서는 재정적자의 원천과 효과에 관한 실증적 증거들을 살펴본다. 13.9절에서는 재정적자의 비용을 논의하고 13.10절에서는 채무위기를 분석할 수 있는 단순한 모형을 소개한다.

13.1 정부의 예산제약

기본적인 예산제약

재정정책을 검토하기 위해 먼저 정부가 무엇을 할 수 있고 무엇을 할 수 없는지를 파악하는 것이 필요하다. 따라서 정부의 예산제약을 이해할 필요가 있다. 가계의 예산제약은 소비흐름의 현재가치가 주어진 초기 자산가치와 근로소득 흐름의 현재가치의 합계보다 적거나 같아야 한다. 정부도 이와 유사한 제약에 직면한다. 정부의 재화와 서비스에 대한 지출의 현재가치는 정부에게 주어진 초기 자산의 지속적인 세수 흐름(정부수입에서 이전지출을 제외)의 현재가치의 합과 같거나 작아야 한다. 이를 식으로 표현하기 위해 $G(t)$와 $T(t)$를 각각 t시점의 정부의 실질지출과 정부수입으로 $D(0)$를 초기시점의 장부상 정부의 실질부채로 정의한다. 그리고 2.2절에서와 마찬가지로 $R(t)$는 $\int_{\tau=0}^{t} r(\tau)d\tau$로 정의한다. 다만 여기서 $r(\tau)$는 τ시점의 실질이자율이다. 따라서 τ시점의 1단위당 생산량의 가치를 0시점을 기준으로 할인한 가치는 $e^{-R(\tau)}$(0시점의 생산으로 평가한 τ시점의 1단위 생산물의 가치)가 된다. 이들 표기를 이용하면 정부의 예산제약은 다음의 식으로 표현된다. 이 때 주의할 점은 D_0는 자산이 아니라 부채를 나타내기 때문에 예산제약식 상에서 음(−)의 부호를 가진다.

$$\int_{t=0}^{\infty} e^{-R(t)} G(t) dt \leq -D(0) + \int_{t=0}^{\infty} e^{-R(t)} T(t) dt \tag{13.1}$$

정부의 예산제약을 살펴보면 식에서 정부가 부채보유의 상태로 영원히 남아 있을 수도 있고, 나아가서 부채의 규모가 항상 증가할 수도 있게 표현되어 있다. Ramsey 모형에서 가정하고 있는 가계의 예산제약에 따르면 가계 자산의 현재가치의 극한값은 음(−)의 값을 가질 수 없다는 점을 상기하자(2.2절 참조). 마찬가지로 정부 예산제약식도 이와 유사한 제약이 부여된다. 즉 정부부채의 현재가치의 극한값은 양(+)의 값을 가질 수 없다. 이는 식 (13.1)이 다음의 식과 동치이다.

$$\lim_{s \to \infty} e^{-R(s)} D(s) \leq 0 \tag{13.2}$$

식 (13.1)로부터 식 (13.2)를 도출하는 단계는 식 (2.7)로부터 (2.11)을 유도하는 과정과 유사하다.

만일 실질이자율이 양(+)이고, 양이지만 상수인 D의 값 – 따라서 정부가 절대로 부채를 갚지 않는다 – 은 예산제약식을 만족한다. 마찬가지로 만일 정부부채의 증가율이 실질이자율보다 작다면 D가 항상 증가하는 정책은 예산제약식을 만족시킨다.

가장 단순한 재정적자의 정의는 부채잔고의 변동률, 즉 부채스톡의 증가율이다. 실질부채스톡의 증가율은 정부지출과 수입 간의 차와 정부부채에 대한 실질이자 지급액과의 합으로 다음과 같이 구성된다.

$$\dot{D}(t) = [G(t) - T(t)] + r(t)D(t) \tag{13.3}$$

여기서 $r(t)$는 t시점의 실질이자율이다.

위 식의 우변 중 대괄호 내에 있는 항을 **본원적 재정적자**(*primary deficit*)라 한다. 때때로 총재정적자(unified deficit)보다 본원적 재정적자를 고려하는 것이 재정정책이 주어진 기간 동안에 정부의 예산제약에 어떠한 영향을 미쳤는가를 가늠해 보는 데 보다 나은 방법이다. 이의 한 예로서 정부의 예산제약식 (13.1)을 다음 식과 같이 재구성하여 표현할 수 있다.

$$\int_{t=0}^{\infty} e^{-R(t)} [T(t) - G(t)] dt \geq D(0) \tag{13.4}$$

정부의 예산제약식이 식 (13.4)와 같이 표현될 수 있다는 것은 정부는 장기적으로 본원적 재정적자를 흑자로 운영해야 하며 그 흑자의 현재가치는 초기의 정부부채를 상쇄할 수 있을 정도가 되어야 함을 의미한다.

■ 몇 가지 측정방법 이슈

정부의 예산제약은 정부지출과 수입의 전체 경로의 현재가치를 포함하고 일정시점의 적자만을 다루는 것은 아니다. 결과적으로 본원적 적자 또는 총재정적자에 대한 전통적인 측정방법은 재정활동이 어떻게 예산제약에 기여를 하는가에 대해 오해를 불러일으킬 소지를 안고 있다. 이와 관련하여 여기서는 세 가지 예를 살펴본다.

첫 번째 예는 측정된 재정적자에 대한 인플레이션 효과이다. 정부부채잔고의 명목가치 변동 – 재정적자에 대한 전통적인 측정방법 – 은 경상지출과 경상조세수입 간의 차와 정부부채액에 대한 경상이자지급액의 합으로 표현된다. 만일 B를 경상정부부채라고 정의하면 경상가치로 본 본원적 재정적자는 식 (13.5)와 같이 표현할 수 있다.

$$\dot{B}(t) = P(t)[G(t) - T(t)] + i(t)P(t)D(t) \tag{13.5}$$

여기서 P는 물가수준이고 i는 명목이자율이다. 인플레이션이 상승할 때, 주어진 수준의 실질이자율에서 명목이자율이 상승한다. 따라서 이자지급액과 재정적자가 함께 증가한다. 그러나 인플레이션의 상승으로 정부부채잔고의 실질가치가 그만큼 감소하므로 이러한 이자지급액의 증가효과는 정확히 상쇄된다. 결과적으로 실질부채잔고의 움직임에는 아무런 영향을 미치지 못하므로 정부의 예산제약식은 영향을 받지 않는다.

이를 좀 더 형식적으로 살펴보기 위해 실질이자율과 인플레이션율의 합이 명목이자율과 동일하다는 정의를 이용한다.[2] 따라서 경상재정적자를 다음과 같이 바꾸어 쓸 수 있다.

$$\begin{aligned} \dot{B}(t) &= P(t)[G(t) - T(t)] + [r(t) + \pi(t)]P(t)D(t) \\ &= P(t)[\dot{D}(t) + \pi(t)D(t)] \end{aligned} \tag{13.6}$$

두 번째 줄은 정부부채잔고의 실질가치 변동을 나타내는 식 (13.3) $\dot{D}(t)[G(t) - T(t)] +$ $(t)D(t)$을 이용하였다. 이 식의 양변을 물가수준으로 나누면 다음의 식을 얻는다.

$$\frac{\dot{B}(t)}{P(t)} = \dot{D}(t) + \pi(t)D(t) \tag{13.7}$$

즉 부채스톡이 양(+)의 값을 가지는 한, 인플레이션의 상승은 재정적자에 대한 전통적인 측정치를 증가시키며 이러한 현상은 높아진 물가수준으로 인해 정부부채잔고의 실질가치가 하락할 때 조차에도 발생한다는 것을 시사한다.

두 번째의 예는 자산 매각이다. 만일 정부가 자산을 매도하면 정부는 당기에 수입을 늘릴 수 있으므로 당기의 재정적자를 줄일 수 있다. 그러나 매도한 자산을 팔지 않고 보유했을 때 그 자산이 가져다주는 미래에 발생하는 수입을 포기해야 한다. 자산의 가치가 자산이 미래에 가져다주는 모든 현금흐름의 현재가치로서 결정되는 정상적인 경우에는 자산의 매각은 정부수입의 현재가치에 영향을 미치지 못한다. 따라서 자산 매각은 당기의 적자에 영향을 주지만 정부의 예산제약식에는 영향을 주지 않는다.

세 번째의 예는 재원이 확보되지 않은 부채(unfunded liabilities)이다. 재원이 확보되지 않

2 여기서 우리는 단순화를 위해 인플레이션에 대한 불확실성을 무시한다.

은 부채는 정부가 미래에 발생하게 될 비용에 대해 상응하는 재정수입의 확보방안을 마련하지 않고서 책임을 지겠다고 약속한 정부의 부채를 말한다. 재원이 확보되지 않은 부채는 자산 매각의 경우와는 달리 당기의 적자에 대해 영향을 주지 않지만 예산제약식에 대해는 변동을 초래한다. 만일 정부가 자산을 매각하면 예산제약식을 만족시키는 정책의 집합은 변동없이 그대로 유지할 수 있다. 그러나 만일 재원이 확보되지 않은 부채가 발생하면 예산제약식을 만족시키기 위해 미래의 조세가 증가되거나 미래의 정부지출이 줄어들어야 한다.

재정적자와 예산제약식간의 관계가 긴밀하게 맺어져 있지 않다는 것은 정부가 본질적인 변화를 이끌어 내지 않고 재정적자를 제약하는 법률이나 입법조치를 만족시킬 수 있다. 자산 매각과 전통적인 재정지출 프로그램을 재원이 확보되지 않은 부채로 전환하는 것은 근본적인 정책의 변화없이 측정된 적자에 대한 요구조건을 만족시키기 위해 사용할 수 있는 두 가지 수단에 지나지 않는다. 그 밖에도 "예산외 계정"(off-budget) 지출, 민간부문 지출에 대한 의무규정, 비현실적인 예측, 다른 회계 연도에 걸친 지출시기의 분산 등이 있다.

이러한 측정 상의 문제에도 불구하고 재정적자에 대한 규제의 효과를 분석한 실증적 증거에 따르면 그 결론이 명확하지는 않지만 이들 규제가 정부의 행태 및 활동에 대해 근본적인 영향이 있다.[3] 만일 이 결론이 옳다면 근본적인 변화 없이 측정된 적자를 줄이기 위해 정부가 이들 정책도구를 사용하면 적지 않은 비용이 수반되리라는 것은 명백하다.

■ 폰지 게임(Ponzi Games)

정부의 예산제약은 당기의 현재가치뿐만 아니라 무한한 미래에 걸친 지출과 수입의 경로를 포함한다는 사실은 다른 복잡한 문제가 야기한다. 정부가 예산제약을 만족시키지 못하는 경우가 발생할 수 있다. 각 경제주체의 예산제약은 외생적으로 주어지는 것이 아니라 다른 경제주체들과 거래하려고 하는 것에 의해 결정된다. 만일 경제가 포만(飽滿)상태에 도달하지 않는 유한 수의 경제주체들로 구성되었다면 정부는 식 (13.1)을 실제로 만족시킬 수 있다. 만일 정부지출의 현재가치가 수입의 현재가치를 초과하면 정부부채의 현재가치의 극한값은 엄격하게 양(+)이다(식 13.1과 식 13.2를 참조). 그리고 만일 경제주체의 수가 유한한 경우 적어도 하나의 경제주체는 정부부채의 일부를 0보다 큰 값으로 보유해야 한다. 이는 경제주체가 보유한 자산의 현재가치가 가지는 극한값이 엄격하게 양(+)인 것을 의미한다. 즉 이 경제주체의 소비흐름의 현재가치가 세후소득의 현재가치보다 엄격하게 작아야 한다. 이 경제주체는 소비지출을 늘림으로써 보다 높은 효용을 얻을 수 있기 때문이다.

그러나 만일 무한하게 많은 경제주체가 있다면 이러한 논쟁은 적용되지 않는다. 비록 개별 경제주체의 지출흐름의 현재가치가 세후소득흐름의 현재가치와 같다고 하더라도 민간부문 전체의 지출흐름의 현재가치는 세후소득흐름의 현재가치를 하회할 수 있다. 이를 살펴보기 위해 제2장에서 다룬 Diamond의 중복세대모형을 보자. 이 모형에서 각 개인은 생애 초반에 저

3 많은 증거가 미국의 주정부들에 대한 조사결과에서 발견된다. 예를 들어 Poterba(1994)를 참조하라.

축을 하고 생애 후반에 저축을 인출한다. 결과적으로 일정 시점에서 어떤 개인들은 저축을 하고 아직 저축을 인출하지 않는다. 따라서 임의의 시점에서의 민간부문 소득의 현재가치는 그 시점까지 행한 민간부문 지출의 현재가치를 초과한다. 만일 차이가 0으로 접근하지 않는다면, 정부는 폰지 게임을 운영함으로써 이를 이용할 수 있다. 즉 정부는 어떤 시점에 부채를 발행하고 이를 영원히 차환해 나가는 것이다.

Diamond모형에서 정부가 폰지 게임을 운영하기 위해 만족해야 하는 구체적인 조건은 균형이 동태적으로 비효율적이어서, 실질이자율이 경제성장률보다 작아야 한다. 그러한 상황에서 만일 정부가 시점 0에서 작은 규모의 부채를 발행하고 이를 무한히 차환하여 발행하면 무슨 일이 발생할 것인가를 고려하자. 즉 매기에 전기 부채의 만기일이 도래하면 정부는 단지 새로운 부채를 발행하여 예전의 부채에 대한 원금과 이자를 지급한다. 이러한 정책으로 부채잔고의 가치는 실질이자율로 증가한다. 경제성장률이 실질이자율을 상회하고 있으므로 경제규모 대비 부채가치의 비율은 지속적으로 하락한다. 따라서 정부가 이러한 정책을 유지할 수 없는 이유를 찾을 수가 없다. 그러나 이러한 정책은 전통적인 예산제약식을 만족하지 못한다. 왜냐하면 정부가 부채를 영원히 차환하기 때문에 0의 시점으로 할인된 부채의 현재가치는 상수값이 되어 0으로 접근하지 않는다.

부채 발행은 동태적 비효율성에 대한 하나의 해결책이 될 수 있다는 것을 시사한다. 개인들에게 저축의 일부를 자본보다 정부부채의 형태로 보유하게 함으로써 정부는 자본스톡을 비효율적으로 높은 수준으로부터 낮출 수 있다.

그러나 정부가 폰지 게임을 이용할 가능성이 있는가는 아직까지는 이론적인 호기심에 지나지 않는다. 경제가 동태적으로 비효율적인 실제 상황에서 폰지 게임은 실현가능하지 않으며 정부는 반드시 전통적인 현재가치의 예산제약을 만족시켜야 한다.[4]

실증적 응용: 미국의 재정정책은 지속가능한 경로에 있는가?

미국 연방정부는 과거 40년의 대부분에 걸쳐 대규모 재정적자를 운영해 왔다. 더욱이 미국정부는 대규모 사회보장제도와 의료보험제도를 노년층 대상으로 부과방식(pay-as-you-go) 기준으로 운영하고 있는데 막대한 금액의 재원이 마련되지 않은 부채가 발생한다. 이러한 요인들 때문에 향후 미국 재정수지의 장기 전망에 상당한 우려가 있다.

장기적 재정상황을 평가하는 하나의 방법은 만일 당기의 정책이 유지된다면 정부가 예산제약을 만족시킬 수 있는가를 묻는 것이다. 제약조건을 만족시킬 수 없다는 것으로 발견되면 이는 정부지출이나 조세의 변화가 필요하다는 것을 의미한다.

4 이러한 상황은 불확실성 하에서 보다 더 복잡해진다. 불확실한 경제 하에서 경제가 동태적으로 비효율적이 아닐 때조차 실현된 정부부채의 수익률은 때때로 경제성장률보다 낮은 수준이다. 결과적으로 부채를 발행하려고 하는 시도와 영원히 차환하려는 시도는 양(+)의 성공할 확률을 가진다. Bohn(1995), Ball, Elmendorf and Mankiw(1998), Blanchard and Weil(2001)을 참조하라.

Auerbach(1997)는 재정불균형의 기대치를 측정하는 방법을 제안한다. 첫 단계에서는 현행 정책 하에서 정부지출, 조세수입, 소득, 그리고 이자율의 경로를 예측한다. 따라서 Auerbach의 측정치는 다음 질문에 답을 하는 것이다. 만일 예측이 옳다고 입증되면, 예산제약이 만족되기 위해 GDP의 몇 %만큼을 조세로 징수해야 하는가, 또는 정부지출은 GDP의 몇 %만큼 감축되어야 하는가 하는 질문이다. 즉, Auerbach의 측정치 Δ는 다음 식의 해이다.

$$\int_{t=0}^{\infty} e^{-R^{\mathrm{PROJ}}(t)}\left[\frac{T^{\mathrm{PROJ}}(t)-G^{\mathrm{PROJ}}(t)}{Y^{\mathrm{PROJ}}(t)}+\Delta\right]Y^{\mathrm{PROJ}}(t)=D(0) \tag{13.8}$$

Δ의 값이 클수록 재정정책의 조정규모는 보다 커져야 할 필요가 있다.[5]

Auerbach and Gale(2017)은 이 분석틀(framework)을 미국의 재정정책에 적용하였다. 이 분석틀을 적용함에 수반하는 문제점 가운데 하나는 "현행"의 정책을 어떻게 정의해야 하는가가 명확하지 않다는 점이다. 예를 들어 매년 지출의 상당한 부분은 해당년도의 예산에 배정된다. 어떤 예측이든 이러한 **재량적 지출**(*discretionary spending*)에 대한 가정들을 바탕으로 이루어져야 한다.

Auerbach and Gale은 의회예산처(Congressional Budget Office)에 의해 사용된 일련의 가정과 예측으로부터 출발한다. 이후 그들은 여러 가지 방식으로 가정을 수정하였다. 이미 연기되었던 일부 계획된 증세가 결코 발효되지 않을 것이라고 가정한다. 재량적 지출은 향후 10년 동안 1인당 실질 기준으로 대략 일정하게 유지될 것이며 그 이후 GDP에서 차지하는 비율(의회예산처가 가정한 다소 낮은 경로가 아니라)이 일정하게 유지될 것이다. 그리고 수익의 대부분의 주요 범주는 지금부터 10년 후부터 GDP의 일부로 일정하게 유지될 것이다. 더욱이 그들은 의회예산처만이 아닌 세 개의 다른 정부기관의 의료보험 지출 전망을 고려한다. 그들의 가정과 의료 지출의 세 가지 추정치 중 중간을 사용하였는데 놀랍게도 7.7%의 Δ 추정치를 얻는다. 비교를 위하여 연방정부의 재정수입을 보면 그 규모는 현재 GDP의 18%이다. 즉 Auerbach and Gale의 점추정치에 의하면 현행 재정정책은 정부의 예산제약을 만족시키는 것과는 상당히 거리가 멀다.

이러한 결과의 주된 원천으로 두 가지를 들 수 있다. 베이비붐의 첫 번째 세대가 이제 은퇴하고 2050년까지 65세 이상 인구 대비 근로연령 성인의 비율은 대략 65% 정도 하락할 것이다. 다른 하나의 원인은 의학부문에서의 기술진보이다. 기술진보로 인해 대단히 유용한 의료 절차와 신약들이 다수 개발되어 왔다. 그 결과 의료지출이 크게 늘어오고 있으며 이 비용 중 대부분(특히 노년 연령층의 경우)이 정부에 의해 지출되었다. 이러한 상황의 발전으로 인하여

5 조세수입과 정부지출의 변동이 Y와 R의 경로에 영향을 미치는 것은 거의 확실하다. 예를 들어 보다 높은 조세는 투자를 확대시켜 총생산을 증가시키고 이자율을 낮추거나 또는 유인효과를 통해 총생산을 감소시킬 지도 모른다. 결과적으로 불확실성이 없는 경우에도 각 시점에서 GDP에 대한 비율 Δ로 조세수입의 변동 또는 정부지출의 변동은 아마도 예산제약에 균형을 정확하게 가져오지는 않을 것이다. 그럼에도 불구하고 Δ는 현행 정책 하에서 불균형의 크기를 파악하는 데 유용한 정보를 제공한다.

현행의 법 하에서 사회보장, 의료보험(Medicare), 그리고 의료보조(Medicaid) 지출은 2010년 GDP의 10%에서 2060년에 GDP의 약 20%로 상승할 것으로 예측된다.

설상가상으로 Auerbach and Gale의 예측치는 아마도 재정불균형 기대치를 과소추정하였다. 그들의 계산에서 기초가 되는 정부의 인구통계 예측은 노년층의 수명 개선 정도를 과소평가한 것으로 보인다. 비록 그러한 예측이 과거에 반복적으로 틀렸고 기대 수명이 미국보다 훨씬 높은 국가들이 그러한 둔화의 조짐을 보이지 않음에도 불구하고(Lee and Skinner, 1999) 예측은 기대 수명의 증가세가 급격히 둔화할 것으로 가정한다. 또한 의학분야에 있어서 기술진보도 상당히 보수적으로 가정한 것으로 보인다.

요컨대 가장 이용가능한 증거도 정부가 예산제약을 만족시키기 위해서는 극단적으로 대폭적인 조정이 필요하다고 제시한다. 가능한 조정의 형태는 지출 축소, 조세수입 증가, 그리고 초인플레이션이나 채무불이행에 의한 정부부채를 묵시적 또는 명시적으로 취소하는 것이다.[6]

분명한 이슈는 이러한 추정치를 얼마나 신뢰해야 하는지이다. 한편 필요한 조정의 추정치는 매우 장기 시계에 대한 예측을 기반으로 한다. 따라서 이들 추정결과는 대단히 불확실하다고 생각할 수 있다. 다른 한편으로 이들 추정을 가능하게 하는 요인들 – 인구통계와 의료분야의 기술진보 – 은 단순하고 대단히 지속적이다. 따라서 요구되는 조정의 크기를 상당히 정확하게 추정할 수 있다고 생각할 수도 있다.

전자의 직관이 옳은 것으로 드러났다. 인구통계의 변화는 물론 인구통계의 변화를 감안하여 수정된 의료지출의 장기적 증가율은 매우 불확실하다. 예를 들어 Lee and Skinner(1999)가 추정한 2070년의 65세 이상 인구 대비 근로연령 성인의 비율에 대한 신뢰구간의 추정치는 95% 유의수준에서 [1.5, 4.0]으로 그 범위가 상당히 넓다. 보다 더 중요한 것으로 생산성의 증가추세는 상당히 불확실한데 이는 장기 재정전망에 엄청난 시사점을 가지고 있다. 예를 들어 생산성 증가의 회복과 주어진 GDP 수준에서 기대하지 못한 높은 조세수입의 결합은 작은 정책의 변화에도 불구하고 1990년대 후반에 장기 재정불균형의 추정치가 급격히 낮아진다. 비록 신뢰구간을 공식적으로 추정하지는 않았지만 만일 요구되는 실제조정의 크기가 Δ의 현재 추정치와 5% 포인트 또는 그 이상 다르다고 해도 그리 놀라운 일은 아니다.

그러나 요구되는 수정작업에 대해 불확실성이 매우 크다고 하는 사실은 아무 것도 하지 말아야 한다는 주장은 아니다. 요구되는 수정결과의 크기는 우리의 점추정치보다 대단히 작을 수도 있고 매우 클 수도 있다. 최적소비에 불확실성이 미치는 영향에 관하여 기술한 8.6절의 결과는 최적정책에 불확실성이 어떻게 영향을 미치는가를 생각하는데 도움이 된다. 예를 들어 만일 재정정책 조정의 비용이 조정의 크기에 대해 2차함수라면, 불확실성은 오늘날의 정부부채를 감축시키는 조치의 기대편익에 영향을 미치지 못한다. 그리고 만일 비용곡선이 2차함수보다 더 급격하게 굽은 함수인 경우라면 불확실성은 그러한 조치의 기대편익을 증가시킬 것이다.

6 미국의 재정불균형(fiscal imbalance)의 기초가 되는 요인들은 다른 대부분의 선진국에도 존재한다. 결과적으로 이들 나라들은 미국의 문제들과 유사한 장기 재정문제에 봉착한다.

13.2 리카도 동등성정리

■ 리카도 동등성 결과

이제 조세와 공채발행 사이에 정부의 선택의 효과를 살펴보자. 자연스러운 출발점은 제2장에서 정액세를 다룬 Ramsey–Cass–Koopmans모형인데 이 모형을 이용하면 시장의 불완전성 및 이질적인 가계와 연관된 모든 복잡한 문제를 피할 수 있기 때문이다.

조세가 존재할 때 대표적인 가계의 예산제약은 소비의 현재가치는 초기 자산과 세후 노동소득의 현재가치의 합계를 초과할 수 없다. 그리고 불확실성과 시장 불완전성이 없다면 일정 시점에 가계가 직면한 이자율은 정부가 직면한 이자율과 다를 이유가 없다. 따라서 가계의 예산제약은 다음과 같다.

$$\int_{t=0}^{\infty} e^{-R(t)}C(t)dt \leq K(0)+D(0)+\int_{t=0}^{\infty} e^{-R(t)}[W(t)-T(t)]dt \tag{13.9}$$

여기서 $C(t)$는 t시점의 소비, $W(t)$는 t시점의 노동소득, $T(t)$는 t시점의 조세를 나타낸다. $K(0)$는 0시점의 가계의 자산, $D(0)$는 0시점의 정부부채의 양을 나타낸다.[7]

식 (13.9)의 우변항 가운데 적분 항을 소득과 조세 부분으로 나누면 식 (13.10)을 얻는다.

$$\begin{aligned}&\int_{t=0}^{\infty} e^{-R(t)}C(t)dt \\ &\quad\leq K(0)+D(0)+\int_{t=0}^{\infty} e^{-R(t)}W(t)dt-\int_{t=0}^{\infty} e^{-R(t)}T(t)dt\end{aligned} \tag{13.10}$$

정부가 예산제약식 (13.1)을 등호로 만족시킨다고 가정하는 것은 합리적이다. 만일 그렇지 않다면 정부의 자산을 영원히 증가한다는 것을 뜻하며 이는 비현실적인 것으로 보인다.[8] 이러한 가정 하에 식 (13.1)은 조세의 현재가치 $\int_{t=0}^{\infty} e^{-R(t)}T(t)dt$는 초기 정부부채 $D(0)$와 정부지출의 현재가치 $\int_{t=0}^{\infty} e^{-R(t)}G(t)dt$ 의 합와 동일하다는 것을 시사한다. 이러한 사실을 식 (13.10)에 대입하면 다음의 식을 얻는다.

$$\int_{t=0}^{\infty} e^{-R(t)}C(t)dt \leq K(0)+\int_{t=0}^{\infty} e^{-R(t)}W(t)dt-\int_{t=0}^{\infty} e^{-R(t)}G(t)dt \tag{13.11}$$

식 (13.11)은 가계의 예산제약식은 임의의 시점에 대해 조세수입, 공채발행 또는 양자의 결

---

7 이와 같이 대표적 가계의 예산제약을 쓸 때 우리는 가계의 수를 암묵적으로 1로 정규화한다. 가구 수가 H이면 식 (13.9)의 모든 항을 H로 나누어야만 한다. t기의 대표적 가계의 소비는 총소비의 $1/H$이며 최초의 자산은 $K(0)+D(0)$의 $1/H$이다. 양변에 H를 곱하면 식 (13.9)를 다시 얻는다.

8 더욱이 정부가 그러한 정책을 시도하면 그 부채가 실질가치로 표시된 경우에 균형이 존재하지 않을 수도 있다. 예를 들어 Woodford(1995)를 참조하라.

합 등 정부지출의 재원조달 방식에 대한 정보를 언급하지 않고도 정부지출의 현재가치로 표현될 수 있다는 것을 보여주고 있다. 또한 조세는 가계의 선호에 직접 들어가지 않는다고 가정하는 것이 합리적이다. 이러한 가정은 효용이 소비, 레저 등과 같은 전통적인 경제재에만 의존하는 모형의 경우에 예외 없이 받아들여지고 있다. 조세의 경로가 가계의 예산제약이나 효용함수에 포함되지 않기 때문에 조세는 소비에 영향을 미치지 못한다. 마찬가지로 투자는 총생산에서 총소비와 정부지출의 합을 제외한 것이므로 자본축적에 영향을 주는 것은 조세가 아니라 정부지출이다. 따라서 핵심적인 결론은 다음과 같다. 정부지출을 조세나 공채발행을 통해 어떻게 보전하는가 하는 것은 경제에 영향을 주지 않으며 오직 정부지출의 규모만이 경제에 영향을 미친다.

이처럼 정부가 재정수지 보전방식으로 공채발행과 조세수입 중 어느 것으로 결정하든 간에 그 결과에 차이가 없다고 하는 명제가 그 유명한 리카도의 동등성정리(Recardian Equivalence)이다.[9] 이 논리는 간단하다. 이를 명확하게 이해하기 위해 정부가 t_1시점에 각 가계에 D만큼의 공채를 팔고, t_2시점에 이 공채를 회수할 계획을 가지고 있다고 가정한다. 이는 정부가 t_2시점에서 각 가계에 대해 $e^{R(t_2)-R(t_1)}D$ 만큼의 세금을 징수해야 한다는 것을 의미한다. 그러한 정책은 대표적 가계에 대해 다음과 같은 두 가지 효과를 가진다. 첫째, 각 가계는 t_1시점에 D라는 현재가치를 가진 채권자산을 보유한다는 점이며 둘째, 각 가계는 t_1시점에 D라는 현재가치를 가진 부채 즉 미래납세의무를 가진다는 점이다. 따라서 정부가 발행한 공권은 가계의 입장에서 볼 때 "새로운 자산"이 되지 못하며 이는 가계의 소비에 영향을 주지 못한다는 것을 뜻한다. 실제로 가계는 단순히 공채를 사고 이를 통해 t_2시점까지 공채보유에 따른 이자수입을 저축하여 이를 정부가 채권만기일에 부채를 상환하기 위해 부과하는 조세를 납입하는데 충당한다는 것을 의미한다.

전통적인 경제모형과 많은 비공식적인 논의과정에서 재정수지 보전방식을 조세에서 공채발행으로 변경하는 것이 민간의 소비를 증가시킬 것이라고 가정한다. 소비에 대한 전통적인 분석들은 종종 소비를 단지 당기의 처분가능소득 $Y-T$에 의존하는 것으로 모형을 구성한다. 이 같은 가정에 따라 공채보전에 따른 조세경감이 소비를 진작시킬 것으로 설명한다. 리카도 동등성정리를 따르는 입장과 소비에 대한 전통적인 견해를 따르는 입장은 많은 정부정책 논점들에 대해 서로 다른 해석을 내리고 있다. 예를 들어 미국은 2008년과 2009년에 감세를 하였다. 소비에 대한 전통적인 견해(조치를 동기화한)에서 감세는 소비를 증가시킨다. 리카도 동등성정리를 따르는 견해에서는 그렇지 않다. 또 다른 예로 과거 수십 년간 미국의 지속가능한 재정적자는 소비를 증가시키고 자본축적과 성장을 감소시켰다는 것으로 평가한다. 그러나 리카도 관점에서는 그 같은 대규모 재정적자는 자본축적이나 소비지출에 영향을 주지 않은 것으로 평가한다.

---

9 이 명칭은 David Ricardo가 이러한 아이디어를 최초로 제안(결국은 반대했지만)한데서 비롯한다. O'Driscoll(1977)을 참조하라.

■ 리카도 동등성정리의 실제

리카도 동등성정리가 얼마나 타당성이 있는지에 대해 매우 많은 연구가 있어 왔다. 물론 이러한 동등성정리가 정확히 성립되지 않는 데에는 많은 이유가 있다. 그러나 여기서 중요한 것은 그러한 연구결과가 실제와 얼마나 큰 차이가 있느냐 하는 것이다.

리카도 동등성정리가 정확하게 맞지 않는 이유의 하나로 먼저 인구의 구성변화를 들 수 있다. 새로운 개인들이 경제에 진입할 때 공채발행과 연관된 미래 조세부담의 일부는 공채가 발행된 시기에 살지 않았던 사람들에게 부과된다. 결과적으로 공채는 현재 살고 있는 사람들에게 순자산이 되어 그들의 행동에 영향을 주게 된다. 이러한 가능성은 Diamond의 중복세대모형으로 설명이 가능하다.

리카도 동등성정리에 대한 이 같은 반론은 두 가지 난점을 지니고 있다. 첫째, 세대간 연결은 일련의 유한한 생애기간을 가진 개인들이 하나의 가계인 것처럼 행동하게 할 수 있다(Barro, 1974). 둘째, 더 평범하게 – 그러나 더 중요하게는 – 생애가 충분히 길기 때문에, 정부의 재원조달 결정이 중요하고 유일한 이유가 생애가 유한하기 때문이라면 리카도 등등성정리가 좋은 근사치이다(Poterba and Summers, 1987).

현실적인 경우에 국채발행과 관련된 조세의 현재가치 가운데 대부분은 국채발행 시점에 생존하고 있는 사람들의 생애기간 중 징수된다. 따라서 세대 간 연결이 존재하지 않을 때 조차도 정부발행 채권은 가계의 순자산으로서 지니는 가치는 단지 적은 양에 지나지 않는다고 평가된다 . 더욱이 생애기간이 장기라는 사실은 만일 소비자가 항상소득가설을 반대하면 자산의 증가가 소비에 주는 영향이 그다지 크지 않을 수 있다는 것을 의미한다. 예를 들어 만일 개인이 예상치 못한 자산증가분을 나머지 생애기간에 균등하게 나누어 소비한다고 할 때, 자산이 증가한 이후 30년 동안 사는 사람의 경우 1달러의 자산 증가에 대해 소비는 겨우 3센트만큼 증가하는데 불과하다.[10] 이러한 고려 때문에 리카도 동등성정리가 실제로 좋은 근사치인지 여부는 주로 인구구성의 변화가 아니라 항상소득가설이 소비 행동을 잘 설명하는지 여부에 달려 있다. 항상소득가설모형에서 가계의 생애예산제약만 행동에 영향을 미친다. 세후소득의 시간 경로는 중요하지 않다. 미래 조세로 상환되는 국채발행은 생애예산제약을 변경하지 않고 세후소득 경로에 영향을 미친다. 따라서 항상소득가설이 소비 행동을 잘 설명하면 리카도 동등성정리가 좋은 근사치일 가능성이 높다. 그러나 항상소득가설에서 현저하게 이탈하면 리카도 동등성정리에서 현저하게 이탈할 수 있다.

제8장에서 살펴 본 바와 같이 항상소득가설은 실제로 다음과 같이 몇 가지 중요한 측면에서 성립하지 않는다. 대부분의 가계는 자산을 거의 보유하지 않고 있으며 예측 가능한 세후소득의 변화가 예측 가능한 소비의 변화를 초래한다. 이러한 점은 리카도 동등성정리가 정량적으로 유의한 수준에서 성립하지 않을 수 있다는 것을 시사한다. 만일 주어진 생애 예산제약 하에

10 물론 이것은 반드시 최적화하는 개인이 실행하는 최적화와 일치하지는 않는다. 예를 들어 문제 2.5를 참조하라.

서 현재의 처분가능소득이 소비에 현저한 영향을 미친다면 미래의 조세증가로 상쇄되는 현재의 조세삭감도 소비에 현저한 영향을 미칠 것이다.

항상소득가설이 성립하지 않는 것이 정확히 리카도 동등성정리가 성립하지 않는 것으로 이어질 수 있는지의 여부는 성립하지 않는 것의 원천에 의존한다. 여기서 두 가지 가능성을 고려한다. 첫째는 유동성제약이다. 정부가 가계를 대상으로 정부부채를 발행하고 미래의 특정시점에 세금을 부과하여 그것을 상환하려고 한다는 것은 사실 정부가 가계를 대신하여 차입하는 것에 지나지 않는다. 여기서 만일 가계가 이미 정부와 동일한 이자율로 차입할 수 있는 권리를 보유한 상태라면 그 정책은 가계가 선택할 수 있는 기회의 조합에 아무런 영향을 주지 못하므로 그 가계의 행태에도 아무런 영향을 주지 못한다. 그러나 가계는 자금조달에서 정부보다 높은 이자율의 적용을 받는다고 가정한다. 이때 만일 가계가 정부와 같은 이자율로 차입할 수 있는 기회가 허용되고, 가능하면 소비를 증가시키고자 하는 유인이 존재하는 상황이라면 가계는 가계를 대신한 정부의 차입에 응해 소비를 증가시킬 것이다.

둘째, 8.6절에서 예비적 저축동기는 항상소득가설이 성립하지 않도록 하였고 예비적 저축동기와 높은 할인율의 조합은 완충재고(buffer-stock) 저축과 소비선택에서 당기 처분가능소득이 중요한 역할로 가능했던 것을 상기하자. 이러한 영향들이 소비에 중요한 의미를 가진다고 가정하고 미래에 더 조세로 상환해야 하는 국채발행의 표준적인 예를 생각하자. 만일 세금이 정액세라면 국채발행은 가계의 예산제약에 영향을 미치지 못한다. 즉 미래의 상태가 어떠하든지 간에 가계의 생애 세후소득의 현재가치는 변하지 않을 것이다. 결과적으로 국채발행은 소비에 영향을 주지 않는다.

그러나 과세의 규모가 소득수준의 함수라고 할 때는 실질적으로 상황이 매우 달라진다. 만일 가계의 소득이 낮은 것으로 판단되면 국채발행은 가계의 미래 조세부담을 약간만 증가시킨다. 즉 현재의 조세삭감과 미래의 높은 과세의 조합은 미래소득이 낮을 경우에 가계의 생애 세후소득의 현재가치를 증가시키고 미래소득이 높을 경우에 소득의 현재가치를 감소시킨다. 결과적으로 가계는 저축을 늘릴 동기가 약화된다. 대신에 가계는 소득이 높아질 때만 조세부담이 높아진다는 사실을 인지함에 따라 가계가 높은 할인율을 받아들이고 소비를 증가시킨다 (Barsky, Mankiw and Zeldes, 1986).

이러한 논의들은 리카도 동등성정리가 현실 상황을 설명하는데 훌륭한 근사치를 제공하리라고 기대할 이유가 없다는 것을 시사한다. 리카도 동등성정리의 결과는 항상소득가설에 의존하고 항상소득가설은 중요한 측면에서 정량적으로 성립하지 않는다. 그럼에도 불구하고 리카도 동등성정리(항상소득가설도 마찬가지)는 단순하면서 논리적이기 때문에 가치있는 이론적 기본이 된다.

13.3 조세평준화(Tax-Smoothing)

이제부터 재정적자를 결정하는 요인에 대해 고려하기로 한다. 이 절에서는 재정적자가 최적으로 선택되는 Barro모형(Barro, 1979)을 발전시킨다. 그리고 13.4절에서 13.6절까지 재정적자의 수준이 비효율적으로 높아지는 이유를 고려한다.

Barro는 조세부과에 수반되는 자원배분의 왜곡을 극소화하려는 정부의 욕구에 초점을 둔다. 리카도 동등성정리의 결과의 도출과 이전 장의 대부분 조세의 모형에서 조세가 정액세라고 가정한다. 그러나 조금 전에 논의한 것처럼 리카도 동등성정리에서 이탈할 수 있는 요인의 맥락에서 실제 조세는 소득의 함수이다. 한 가지 결과는 조세가 행동을 왜곡하여 비효율을 초래한다. Barro의 시작점은 이러한 왜곡이 증가된 조세수입에 비례하여 더 많이 증가할 가능성이 있다는 관찰이다. 예를 들어 표준 모형에서 조세는 일차적으로 왜곡비용을 낳지 않는다. 따라서 낮은 세율의 구간에서 왜곡비용은 대략 조세수입의 제곱에 비례한다. 왜곡비용이 조세부담의 증가보다 더 커질 때 세율의 수준이 동일하더라도 세율이 안정적으로 운영되는 경우보다 가변적으로 운영되는 경우에 왜곡비용이 평균적으로 더 늘어난다. 따라서 왜곡비용을 극소화하고자 하는 욕구는 정부가 시간이 흐름에 따라 조세경로를 평준화하는 근거가 되고 있다.

Barro는 이러한 관찰이 제시하는 시사점을 살펴보기 위해 조세의 부과와 관련되는 왜곡비용이 리카도 동등성정리로부터 이탈하게 하는 유일한 원인으로 존재하는 환경을 고려한다.[11] 정부가 당면한 문제는 가계가 항상소득가설 하에서 직면하는 가계의 문제와 비슷해진다. 항상소득가설 하에서 가계는 생애지출의 현재가치가 어떤 수준을 넘지 않는다는 제약조건 하에서 할인한 생애효용을 극대화한다. 소비의 한계효용이 체감하기 때문에 가계는 소비의 평준화 경로를 선택한다. 여기서 정부의 최적화는 조세수입의 현재가치가 일정 수준보다 작지 않다는 제약조건 하에서 과세부과에 따른 왜곡비용의 현재가치를 극소화한다. 세수증가에 따라 한계왜곡비용이 증가하기 때문에 정부는 조세의 평준화 경로를 선택한다. 조세평준화의 분석은 8.1절 및 8.2절에서 본항상소득가설의 분석방식과 유사하다. 이러한 절에서 우선 확실성 하에서 고려해 본 다음 불확실성의 개념을 도입하여 분석한다.

■ 확실성 하에서 조세평준화

이산형 시간의 경제를 고려한다. 총소득 Y, 정부지출 G, 실질이자율 r의 경로는 외생적으로 주어지며 불확실성이 존재하지 않는다. 단순화를 위해 실질이자율은 일정하다고 가정한다. 초기에 정부부채스톡은 D_0이다. 정부는 조세부과로 왜곡비용의 현재가치를 극소화하는 반면

11 대안적으로 동등성정리로부터 이탈하는 다른 설정을 생각할 수 있으나 공채발행과 조세를 통한 자금조달 사이의 선택이 낳는 다른 효과들을 정부가 상쇄시킬 수 있다. 예를 들어 정부는 전체적인 경제활동의 수준에 미치는 영향은 통화정책으로 상쇄시킬 수 있고 소비와 투자에 분할되는 데에 미치는 영향은 조세유인으로 상쇄시킬 수 있다.

에 정부의 예산제약을 만족시키는 조세수입의 시간 경로 T를 선택한다.[12] Barro의 분석과 같이 왜곡비용의 원천을 모형화하지 않는다. 대신에 부과된 조세수입 T_t에 따른 왜곡비용이 다음의 식과 같다고 가정한다.

$$C_t = Y_t f\left(\frac{T_t}{Y_t}\right), \quad f(0) = 0, \quad f'(0) = 0, \quad f''(\bullet) > 0 \tag{13.12}$$

여기서 C_t는 t기의 왜곡비용이다. 이 식은 총생산 대비 왜곡비용은 총생산에 대한 조세수입의 비율인 조세부담률의 함수라는 것과 이러한 왜곡비용은 총생산에 대한 조세수입에 대해 누진적으로 증가한다는 것을 시사한다. 이들 시사점들은 합리적으로 보인다.

정부의 최적화문제는 예산제약 하에 왜곡비용의 현재가치를 극소화하는 조세징수의 시간경로를 찾는 것이다. 따라서 형식적으로 다음과 같다.

$$\begin{aligned} &\min_{T_0, T_1, \ldots} \sum_{t=0}^{\infty} \frac{1}{(1+r)^t} Y_t f\left(\frac{T_t}{Y_t}\right) \quad \text{subject to} \\ &\qquad \sum_{t=0}^{\infty} \frac{1}{(1+r)^t} T_t = D_0 + \sum_{t=0}^{\infty} \frac{1}{(1+r)^t} G_t \end{aligned} \tag{13.13}$$

정부의 문제는 라그랑지 함수를 설정하고 표준적인 절차를 거쳐 그 해를 구하거나 섭동논법(perturbation argument)을 이용하여 오일러 방정식을 구함으로써 풀 수 있다. 여기서는 후자의 방식을 이용한다. 특히 정부가 t기에 ΔT만큼의 조세를 감면하고 다음 기에 $(1+r)\Delta T$ 만큼 조세를 늘리며 모든 다른 기의 조세는 이전과 동일한 수준을 유지한다고 가정한다. 따라서 이러한 정책변화는 조세수입의 현재가치에 영향을 주지 않는다. 따라서 정부가 초기에 예산제약을 만족시키면 정책변화 이후 계속하여 만족시킬 것이다. 그리고 정부의 최초 정책이 최적이면 정책변화에 따라 목적함수에 미치는 한계적인 영향은 0이어야 한다. 즉 정책변화에 따른 한계편익과 한계비용이 같아야 한다.

정책변화에 따른 편익은 t기에 왜곡비용의 감축분이다. 구체적으로 식 (13.13)에 의하면 왜곡비용의 한계적 축소분의 현재가치 MB는 다음과 같다.

$$\begin{aligned} \text{MB} &= \frac{1}{(1+r)^t} Y_t f'\left(\frac{T_t}{Y_t}\right) \frac{1}{Y_t} \Delta T \\ &= \frac{1}{(1+r)^t} f'\left(\frac{T_t}{Y_t}\right) \Delta T \end{aligned} \tag{13.14}$$

정책변화에 따른 비용은 $t+1$기에 왜곡비용이다. 식 (13.13)과 $t+1$기의 세금이

12 이 장에서 다루고 있는 대부분의 모형에서 정부지출을 G로, 이전지출을 제외한 순조세수입을 T로 정의하는 것이 가장 간단하다. 그러나 이전지출을 조달하기 위해 세율을 증가시키는 것은 왜곡을 수반한다. 따라서 이 모형에서는 G를 정부지출에 이전지출을 더한 것으로, T는 총조세수입으로 생각해야 한다. 그러나 이 장의 다른 모형과의 일관성을 위해 여기에서는 G가 이전지출을 제외한 정부지출을 나타낸다.

$(1+r)\Delta T$ 만큼 늘어난다는 사실을 이용하면 왜곡비용의 한계적인 증가의 현재가치 MC)
다음과 같다.

$$\begin{aligned} \mathrm{MC} &= \frac{1}{(1+r)^{t+1}} Y_{t+1} f'\left(\frac{T_{t+1}}{Y_{t+1}}\right) \frac{1}{Y_{t+1}} (1+r)\,\Delta T \\ &= \frac{1}{(1+r)^{t}} f'\left(\frac{T_{t+1}}{Y_{t+1}}\right) \Delta T \end{aligned} \tag{13.15}$$

식 (13.14)와 (13.15)로 각각 계산된 한계편익 및 한계비용은 같을 조건은 다음과 같다.

$$f'\left(\frac{T_t}{Y_t}\right) = f'\left(\frac{T_{t+1}}{Y_{t+1}}\right) \tag{13.16}$$

이 조건을 만족시키기 위해서는 다음의 식이 성립해야 한다.

$$\frac{T_t}{Y_t} = \frac{T_{t+1}}{Y_{t+1}} \tag{13.17}$$

즉 이는 총생산량에서 조세가 차지하는 부분 – 조세부담률 – 이 일정해야 한다는 것을 의미한다. 앞에서 기술한 것처럼 직관적으로 조세부담률이 상승함에 따라 한계 왜곡비용이 증가하는 조건 하에서는 조세평준화가 왜곡비용을 극소화한다. 보다 정확하게 부과되는 세금의 단위당 한계왜곡비용이 세율의 상승에 따라 증가하기 때문에 세율평준화는 조세의 왜곡비용을 극소화한다.[13]

■ 불확실성 하에서 조세평준화

정부지출의 시간경로에 불확실성을 도입하여 분석을 확장하는 것은 간단하다. 정부가 직면한 새로운 문제는 세수증가에 따른 왜곡비용의 현재가치에 대한 기대치를 극소화하는 것이다. 예산제약은 이전과 동일하다. 조세수입의 현재가치가 초기 부채와 정부지출의 현재가치의 합과 같아야 한다.

이 문제의 분석은 확실성의 경우에서처럼 섭동논법을 이용하여 오일러 방정식을 구하여 풀 수 있다. 정부가 t기에 그 때까지 주어진 이용가능한 정보로 계획되어 있던 것보다 아주 작은 ΔT만큼의 세금을 삭감한다고 하자. 예산제약을 계속 만족시키기 위해서 $t+1$기에 주어진 정보로 선택하는 것과 관계없이 세금은 $(1+r)\Delta T$ 만큼 늘어나야 한다. 정부가 최적화하고 있다면 이러한 변화는 왜곡비용의 현재가치에 대한 기대치에 영향을 미치지 않는다. 식 (13.16)을 유도할 때의 논리처럼 이 조건은 다음과 같다.

13 해가 되는 세율의 수준을 찾기 위해 세율이 일정하다는 사실을 식 (13.13)의 정부의 예산제약과 결합시킬 필요가 있다. 이 계산에 따르면 세율이 정부가 징수해야 하는 조세수입의 현재가치의 비율을 총생산의 현재가치로 나눈 값과 같다는 것을 보여준다.

$$f'\left(\frac{T_t}{Y_t}\right) = E_t\left[f'\left(\frac{T_{t+1}}{Y_{t+1}}\right)\right] \tag{13.18}$$

여기서 $E_t[\cdot]$은 t기에 주어진 이용가능한 정보를 바탕으로 한 기대치를 나타낸다. 이러한 조건은 조세수입을 얻는데 소요되는 한계적인 왜곡비용의 예측가능한 변화는 존재하지 않는다는 것을 의미한다.

왜곡비용함수에서 $f(\cdot)$가 2차형이면 식 (13.18)을 단순화할 수 있다. $f'(\cdot)$은 1차식, 즉 선형함수이다. 따라서 $E_t[f'(T_{t+1}/Y_{t+1})]$는 $f'[E_t(T_{t+1}/Y_{t+1})]$와 같다. 따라서 식 (13.18)은 다음과 같다.

$$f'\left(\frac{T_t}{Y_t}\right) = f'\left(E_t\left[\frac{T_{t+1}}{Y_{t+1}}\right]\right) \tag{13.19}$$

따라서 다음과 같다.

$$\frac{T_t}{Y_t} = E_t\left[\frac{T_{t+1}}{Y_{t+1}}\right] \tag{13.20}$$

이 방정식은 세율의 예측가능한 변화는 없다는 것을 뜻한다. 즉 세율은 임의보행(random walk)을 따른다.

■ 시사점

조세평준화를 연구하는 동기는 재정적자의 행태에 미치는 영향을 검토하는 것이었다. 이 모형에 의하면 생산량의 일정비율로 결정되는 정부지출이 임의보행을 하면 재정적자가 없다는 것을 의미한다. 정부지출이 임의보행일 때 균형재정정책 하에서 세율을 임의보행을 따르게 된다. 따라서 이 모형에 의하면 총생산에 대한 정부지출의 비율이 변동할 것이라고 예상될 때 재정적자나 흑자가 발생한다.

전쟁과 경기불황은 정부지출－총생산의 비율을 변동시킬 것으로 기대되는 잠재적인 원천으로서 가장 분명한 경우이다. 전쟁 중에 일반적으로 군사비지출은 일시적으로 급증한다. 마찬가지로 정부지출은 대략 비경기적이므로 경기불황기에 총생산에 비하여 일시적으로 높을 가능성이 있다.[14] 즉 전쟁과 경기불황기에 정부지출－총생산의 비율이 높아질 것으로 예상되는시기이다. 조세평준화모형과 일관성이 유지되게 정부는 이러한 시기에 재정수지를 적자로 운영한다.

14 또한 이 모형의 관련변수가 실제로 정부지출이 아니고 정부지출과 이전지출의 합계라는 점을 상기하라(각주 12를 참조). 이전지출은 일반적으로 경기역행적이므로 경기불황기에 총생산 대비 이전지출의 비율이 일시적으로 높아질 가능성이 있다.

■ 확장

조세평준화의 기본분석은 여러 가지 점에서 확장이 가능하다. 여기서는 다음의 세 가지를 고려한다.

첫째, Lucas and Stokey(1983)는 정부가 조세평준화를 해야 한다는 것을 제시하는 논리는 정부가 조건부 채무를 발행해야 한다는 주장을 제시하는 논리와 동일하다는 것을 밝혔다. 정부지출에 양(+)의 충격이 있을 때 정부채무의 실질보상이 낮아지고 반면에 음(−)의 충격이 있을 때 실질보상이 높아지는 경우라면 자원배분왜곡의 기대치는 보다 작아진다. 상황의 변화에 대응하여 조건부 채무가 완벽하게 마련되어 있다면 정부가 발생가능한 상태에 대해 부여하는 세율을 균등화시킬 수 있으므로 세율은 결코 변하지 않는다(Bohn, 1990). 이러한 강력한 시사점은 명백히 오류이다. 그러나 Bohn(1988)은 정부채무가 상태에 따라 실질보상을 하는 조건부 채무가 되도록 하는 방법의 하나는 정부가 명목부채를 발행하고 아울러 정부지출에 대한 양의 충격에 대해서는 높은 물가상승률을 낳는 정책, 그리고 음의 충격에 대해서는 낮은 물가상승을 낳는 정책을 수행하면 가능하다고 지적하였다. 따라서 왜곡을 줄이려는 노력은 정부가 명목부채를 사용하는 것이 하나의 후보가 될 수 있다.

둘째, 분석은 자본축적 문제를 포함할 수 있도록 확장이 가능하다. 자연스러운 기본모형에서 정부가 구속력이 있는 정책을 실시하는 경우 자본에 대한 비과세조치는 최적이거나 거의 최적이다. 자본과세와 근로소득세는 둘 다 전반적으로 노동에 대한 매력을 감소시키기 때문에 개인의 노동–여가 선택을 왜곡시킨다. 그러나 자본소득세는 또한 개인의 기간간 선택을 왜곡시킨다.

사후적으로 기존 자본에 대한 과세는 자원배분을 왜곡시키지 않으므로 왜곡을 극소화한다는 관점으로 바람직하다. 결과적으로 자본에 대한 과세의 면제나 낮은 율의 자본과세는 동태적으로 일관적이지 않다(Kydland and Prescott, 1977). 즉 만일 정부가 미래의 조세정책에 대해 구속력 있는 공약을 할 수 없다면 자본에 대한 비과세정책을 따를 수 없을 것이다. 정책수행의 구속성이 있는 최적 조세모형의 해가 0에 가까운 세율이라는 것은 분명히 잘못된 것이다. 이것이 공약의 불완전한 구속을 반영하는지의 여부는 아직 알려지지 않았다.[15]

셋째, 조세평준화모형은 정부지출의 경로를 외생적으로 고려한다. 그러나 정부지출은 비용과 편익에 의해 영향을 받을 가능성이 있다. 조세감면을 수반하는 국채발행은 정부가 미래에 징수해야 할 조세수입을 증가시키므로 미래의 세율이 상승해야 한다는 것을 의미한다. 따라서 주어진 정부지출의 경로를 보전하는 한계비용은 높아진다. 정부가 비용과 편익의 상충관계를 감안하여 지출을 선택하면 정부는 고율의 세금과 낮은 지출의 조합으로 이러한 변화에 반응할 것이다. 정부지출의 축소는 가계의 생애자원을 증가시키므로 소비를 증가시킨다. 따라서 조

15 자본이 있을 때 최적과세에 대한 더 많은 연구는 Chari and Kehoe(1999); Golosov, Kocherlakota, and Tsyvinski(2003); Diamond and Saez(2011); and Farhi and Werning(2012)을 참조하라.

세가 왜곡적이라는 인식은 리카도의 동등성정리가 성립하지 않는 또 다른 이유가 될 수 있다(Bohn, 1992).

13.4 재정적자의 정치-경제이론

조세평준화가설은 시간이 흐르면서 재정적자의 설명변수 중 하나로 볼 수 있으나 큰 재정적자로 향하는 체계적인 경향을 설명하는 후보는 아니다. 1980년대와 1990년대에 많은 국가들의 지속적인 재정적자와 많은 국가의 재정정책은 더 이상 지속가능하지 않다는 증거에 비추어 재정정책에서 적자편향(deficit bias)의 가능한 원인에 대해 많은 연구가 수행되었다. 즉 이러한 연구들은 재정정책이 전반적으로 비효율적으로 많은 적자를 발생시키는 재정정책의 요인을 찾는데 초점을 둔다.

이러한 연구의 대부분은 **신정치경제**(*new political economy*)라는 주제 아래 모아놓을 수 있다. 이 분야는 경제학적인 도구를 정치학에 적용하려는 분야이다. 이들 연구에 따르면 정치가들은 사회의 자비로운 사회계획자가 아니라 주어진 자신들이 직면하고 있는 제약과 가진 정보로 목적함수를 극대화하고자 하는 개인으로 간주한다. 마찬가지로 유권자들도 고등교육을 받은 이상적인 시민이나 정치학에 밝은 능수능란한 배우가 아니라 합리적인 경제주체라고 가정한다.

신정치경제학의 흐름 중 하나는 정치후보자나 유권자들의 행동과 같이 전통적으로 정치학의 범주에 포함되어 있던 이슈들을 이해하기 위해 경제학적인 분석도구를 이용한다. 신정치경제학의 두 번째 흐름 – 우리가 초점을 맞추어야 할 분야 – 은 전통적인 경제적 이슈에 대한 정치적인 힘의 중요성을 관련된다. 아마도 이러한 연구에서 가장 중요한 질문은 정치과정이 어떻게 비효율적인 결과를 생산할 수 있느냐는 것이다. 얼핏 관찰하는 경우에조차 정부가 엄청난 비효율의 원천임을 제시한다. 관료들은 사회가 축적한 부를 훨씬 초과하는 비용을 지불하게 하여 자신을 부유하게 만든다. 또한 관료들은 조세 및 보조금보다 지나치게 왜곡된 가격통제와 명령 및 통제라는 규제를 사용하여 시장에 영향을 미친다. 입법부와 관료들은 개인과 소수집단에 수많은 혜택을 나누어 주고 이에 따라 다량의 자원이 지대추구에 몰두하게 한다. 높고 지속적인 인플레이션과 적자재정은 공통적으로 나타나는 현상이다. 이러한 예는 수없이 많다. 그러나 경제학의 기본 메시지는 대규모 비효율이 존재할 때 이러한 비효율을 제거할 유인도 크다는 것이다. 따라서 정치과정으로부터 야기되는 대규모 비효율은 해결되어야 할 중요한 문제이다.

신정치경제학의 연구는 비효율적인 정치적 결과를 설명하는 몇 가지 후보들이 존재한다. 비록 과도한 재정적자가 반드시 정치과정이 만들어낸 가장 큰 비효율은 아니라고 하더라도 많은 이들 후보 이론은 적자편향에 적용되어 왔다. 실제로 일부 이론은 이러한 맥락에서 발전되었다. 따라서 재정적자에 대한 이들의 주장을 알아보고 신정치경제학에 대한 소개하는 방식으로 적자편향의 정치적 원천을 다룬 연구를 살펴본다.

비효율적인 정책들의 잠재적인 원천의 하나는 정치인들과 유권자들이 무엇이 최적정책인지를 모를 수 있다는 것이다. 개인들은 경제학에 대한 이해나 여러 정책 대안들의 효과에 관한 이해가 서로 다를 수 있다. 다른 사람들에 비해 정보가 부족한 개인들은 충분한 증거에 의해 이미 비효율적인 것으로 평가된 정책을 지지할 수도 있다. 예를 들어 보호무역주의정책에 대한 지지자들이 광범위하게 퍼져 있는 이유는 아마 비교우위론을 많은 사람들이 충분히 이해하지 못하기 때문일 것이다.

유권자와 정책입안자의 지식이 불완전하다는 사실을 인식하지 않는다면 정책의 특징 가운데 일부는 이해하기가 어렵다. 새로운 아이디어는 일반적으로 널리 알려져 있지 않았을 경우에만 정책에 영향을 미칠 수 있다. 마찬가지로 개인의 지식이 이질적일 때에만 정책대안들의 효과에 관한 격렬한 논쟁이 그 의미를 가진다.[16]

Buchanan and Wagner(1977)는 불완전한 지식이 적자편향을 초래하는 중요한 원천이라고 주장한다. 정부지출을 늘리고 조세를 줄이는 정책의 편익은 직접적이고 분명한 반면에 정부의 예산제약조건을 만족시키기 위해 미래의 정부지출을 낮추고 세금을 늘리는데 따른 비용은 간접적이면서 덜 분명하다. 만일 개인들이 비용의 규모를 인식하지 못하면 과도한 재정적자를 초래하는 경향이 나타날 것이다. Buchanan and Wagner는 이러한 아이디어를 발전시키고 재정적자에 대한 견해의 역사가 재정적자 비용에 대한 제한된 이해가 1970년대까지 높은 재정적자의 체계적인 패턴을 만들어내지 못한 이유를 설명할 수 있다고 주장한다.

비록 제한된 지식이 과도한 재정적자의 주요 원천이 될 수는 있지만 유일한 원천은 아니다. 어떤 상황에서는 거의 대부분의 구성원에게 상당한 정도로 후생수준 향상의 혜택을 받도록 하는 정책이 있을 수 있다. 가장 명백한 예가 초인플레이션의 상황이다. 초인플레이션의 비용은 크고 분명하다. 따라서 정부가 일반과세의 증가나 재정지출의 감축을 통해 대규모 화폐발행의 억제에 성공함으로써 초인플레이션을 종식시키는 경우 대다수 구성원의 후생을 증가시킬 수 있다. 그러나 재정정책이 변화되기 전에 초인플레이션은 수개월 또는 몇 년 동안 계속되는 것이 일반적이다.

신정치경제학 분야에 속하는 연구의 거의 대부분이 제한된 지식에 초점을 맞추고 있지는 않다. 이것은 제한된 지식에 기인하지 않는 조인플레이션과 같은 경우들 때문이라는 것이 거의 확실하다. 또는 제한된 지식 모형이 아직 충분히 발전되지 않아서 새로운 상황에도 적용될 수

16 연구자, 교육자, 정책조언자로서 경제학자들의 활동이 정책에 영향을 미치는 것은 아이디어를 통해서이다. 관찰된 결과가 매우 바람직하지 않은 것이라고 하더라도 그것들이 정책대안의 결과에 대해 완벽하게 알고 있는 개인들의 상호작용에 의해 이루어진 균형이라면 우리는 그러한 결과를 지켜보고 이해하며 그것들을 바꾸지 않기를 바랄 수 있다. 그러나 참가자들은 정책의 결과에 대해 알아야 할 것들을 모두 파악하지는 못한다. 결과적으로 경제학자들은 연구를 통해 그것들에 대해 많이 알아내고 교육과 조언을 통해 이에 관한 정보를 제공함으로써 가끔 결과를 바꿀 수 있다.

있는 틀로서 인정받기에는 아직 부족하기 때문이거나 모형들로부터 실증적인 예측을 도출하기가 어렵기 때문일 수도 있다.

그러나 신정치경제학의 수많은 연구들 가운데 대부분은 이보다는 전략적인 상호작용으로 인해 정치적 의사결정과정이 비효율적인 결과를 파생시킬 가능성에 초점을 맞추고 있다. 즉 이러한 연구는 정책결정과정과 경제의 구조가 각 개별 경제주체로 하여금 자신의 목표를 추구하는 과정에서 비효율성을 낳을 가능성을 검토한다. 12.8절에서 살펴 본 저인플레이션 실현을 위한 통화정책의 동태적 비일관성의 모형이 이러한 예의 하나이다. 이 모형에서 낮은 인플레이션에 구속받지 않는 정책입안자들은 일단 기대인플레이션이 결정되고 나면 이를 더 확대시키고자 하는 유인이 발생하기 때문에 비효율적인 인플레이션을 촉발하는 것으로 분석된다.

재정정책의 경우 전략적인 상호작용이 다수 존재함으로써 비효율적인 재정적자를 유발할 수 있는 주요한 두 가지를 제시한다. 첫째, 선출된 지도자는 후임자의 지출에 제약을 받도록 하기 위해 비효율적으로 많은 양의 부채를 축적할 수 있다(Persson and Svesson, 1989; Tabellini Alesina, 1990). 예를 들어 미래의 정부지출을 제약하려는 소망이 중요한 동기였다고 하는 명제는 미국의 재정정책에 대해 이루어지고 있는 최근의 논쟁에서 종종 거론된다.[17]

둘째, 재정적자 축소 부담을 어떻게 나눌 것인지에 대한 의견 불일치로 각 이해집단에게 더 많은 부담을 전가시키려 하기 때문에 재정개혁을 지연시킬 수 있다.(Alesina and Drazen, 1991). 이러한 메커니즘은 거의 틀림없이 초인플레이션과 관련이 있다.

13.5절과 13.6절은 이러한 적자편향에 대한 두 가지 잠재적 원천을 설명하는 특정 모형을 제시한다. 이 두 가지 모형은 심각한 한계를 지니고 있다는 것을 알게 될 것이다. 어떤 모형도 적자편향이 일어나는 메커니즘을 분명하게 보여주지 못한다. 따라서 이러한 모형을 고려하는 목적은 적자의 원천에 대한 이슈를 해결하려는 것이 아니다. 오히려 중요한 논점과 이들 모형이 초점을 맞추고 있는 메커니즘 및 보다 일반적인 정치-경제모형과 관련된 미해결문제 등을 명시적으로 드러내고자 하는데 그 목적이 있다.[18]

17 그러나 적어도 미국의 경우 조세감면과 부채축적이 미래 지출에 실질적인 영향을 미친다는 증거는 거의 없다. C. Romer and D. Romer(2009)을 참조하라.

18 여기서는 적자편향에 초점을 맞춤으로써 이미 제안된 비효율적인 정치적 결과를 초래하는 잠재적인 원천 가운데 일부를 누락한다. 예를 들어 Shleifer and Vishny(1992, 1993, 1994)는 정치인들이 자신의 이익과 전략적인 상호작용을 추구함으로 인해 배급제, 부패와 비효율적인 공공고용을 일으킬 수 있는 이유를 제안한다. Coate and Morris(1995)는 신호행위(signaling)를 고려하면 정치가가 왜 자신의 친지와 지원자들을 도와주기 위해 직접적인 이전지출을 이용하기보다는 오히려 비효율적인 지역개발보조금(pork-barrel)지출을 때때로 사용하는가에 대해 설명할 수 있다고 주장한다. 그리고 Acemoglu and Robinson(2000, 2002)은 비효율성의 제거가 기존의 시스템으로부터 이익을 얻고 있는 개인들의 정치적 힘을 위축시키게 되는 환경에서 비효율성이 지속되기 쉽다고 주장한다.

13.5 전략적인 부채축적

이 절에서는 전략적 고려가 비효율적으로 과도한 적자를 발생케 하는 원인이 되는 구체적인 메커니즘을 조사한다. 여기서 핵심적인 아이디어는 현재의 정책입안자들은 자신들과 생각이 다른 사람들에 의해 미래의 정책이 결정된다는 것을 인식하고 있다는 점이다. 특히 미래의 정책입안자들은 현재의 정책입안자들이 바람직하지 않다고 판단하는 방향으로 자원배분을 늘리는 것을 선호한다고 가정한다. 현재의 정책입안자들로 하여금 미래의 정책입안자들의 지출을 줄이고자 하게 만드는 원인이 될 수 있다. 만일 높은 수준의 정부부채가 정부지출을 줄일 수 있다면 이는 현재의 정책입안자들이 부채를 쌓아나가도록 하는 이유를 제공한다.

이러한 일반적인 아이디어는 두 가지 방식으로 공식화되고 있다. Persson and Svensson (1989)은 정부지출의 **수준**(*level*)에 대한 불일치를 가정한다. 보수적인 정책입안자들은 정부지출의 축소를 선호하고 진보적인 정책입안자들은 정부지출의 확대를 선호한다. Persson and Svensson은 정부지출의 축소를 지향하는 보수적인 정책입안자의 선호가 충분히 강하면, 이는 정책입안자로 하여금 재정수지를 적자로 운영하게 만들 수 있다는 것을 밝혔다.[19]

Persson and Svensson 모형은 재정적자가 나타나는 일반적인 경향을 설명할 수 있는 논리를 제공하지 못한다. 그들의 모형에서 보수적인 정책입안자들로 하여금 재정적자를 운영하도록 하는 힘과 똑같은 힘이 진보적인 정책입안자들로 하여금 흑자재정을 실현토록 할 수 있다. 따라서 Tabellini and Alesina (1990)는 정부지출의 **구성**(*composition*)에 대한 불일치를 고려한다. 그들의 기본적인 아이디어는 각 유형의 정책입안자가 서로 상대방이 생각하는 유형의 정부지출이 바람직하지 않다고 믿는다면 두 유형 모두 부채를 축적할 유인을 가질 수 있다는 것이다.

이 절에서는 Tabellini and Alesina 모형을 살펴보고 그 시사점을 파악한다. 이 모형이 지니는 하나의 장점은 미시경제 토대로 정치행태를 분석함으로써 대부분의 정치-경제모형보다 더 진전된 모형이라는 점을 들 수 있다. 정치-경제모형은 많은 경우, 정당의 선호나 권력을 잡을 가능성이 외생적으로 주어진다. 그러나 Tabellini and Alesina의 분석에서 개별 유권자의 정치적 성향과 행태에 관한 가정으로부터 선거결과가 도출된다. 결과적으로 그들의 모형은 정치적 행태를 모형화하는 데에서 야기되는 미시경제 이슈들을 일부 설명한다.

■ 경제학적 가정

이 모형의 경제는 1기와 2기 즉 2개기 동안 지속된다. 실질이자율은 외생적이며 0이라고 가정한다. 정부지출은 두 가지의 공공재 M과 N에 전액 투입된다. 구체적으로 M은 군용재(軍

19 문제 13.10은 이러한 아이디어를 발전시킨 것이다. 이 문제는 또한 의견의 불일치가 보수적인 정책입안자로 하여금 재정적자보다 오히려 재정흑자를 유지하도록 하는 가능성을 조사한다.

用財)를, N은 비(非)군용재를 각각 나타낸다.

1기의 정책입안자는 1기의 두 재화 수준 M_1, N_1과 정부채무 D의 발행규모를 결정한다. 2기의 정책입안자는 2기의 두 재화 수준 M_2, N_2를 결정하고 1기에 발행된 정부채무 D를 상환해야 한다.

1기에 발행된 정부채무의 규모가 2기에 발생하는 상황에 영향을 미치기 때문에 동등성정리는 성립하지 않아야 한다. 전략적 부채축적을 다룬 문헌은 리카도 동등성정리가 성립하지 않는 원인으로 다음의 두 가지를 강조한다. 먼저 Persson and Svensson 모형에서 자원배분을 왜곡시키는 원천으로 조세가 부각되는데 이는 Barro의 조세평준화 분석에서 집중적으로 다루어진 조세의 특성이다. 부채의 수준이 보다 높아지면 주어진 정부지출 수준에서 조세규모가 상대적으로 더 늘어난다. 그러나 만일 조세가 왜곡시키고 왜곡이 한계비용을 증가시킨다면 이는 주어진 정부지출 수준에서 부채규모가 클 때 한계비용이 더 많이 늘어난다는 것을 의미한다. 13.3절에서 서술한 것처럼 이는 다시 최적화를 추구하는 정책입안자들이 보다 낮은 수준의 정부지출을 선택할 것이라는 것을 시사한다.

정부부채가 2기의 정책에 영향을 주는 두 번째 이유는 경제의 자산에 영향을 미치기 때문이다. 만일 1기의 부채발행이 2기의 자산을 감소시킨다면 이는 곧 2기의 정부지출을 줄이려고 한다. 부채발행에 의해 자산을 줄이는 방식 중 가장 타당하다고 생각되는 방법은 소비를 늘리는 것이다. 그러나 유동성제약을 통한 효과를 모형화하는 것, 예비적 동기에 의한 저축, 또는 또 다른 메커니즘을 고려하는 것은 분석을 보다 복잡하게 한다. Tabellini and Alesina는 지름길을 택하였다. 그들은 민간소비가 없고 부채의 차입은 외국으로부터 직접 이루어지고 즉시 1기의 정부지출을 늘리는데 충당하여 이로 인해 2기에 사용가능한 자원이 감소하는 것으로 가정한다.

이 경제의 1기 예산제약은 다음과 같다.

$$M_1 + N_1 = W + D \tag{13.21}$$

여기서 W는 매기 이 경제의 부존이고 D는 정책당국이 발행한 부채의 양을 나타낸다. 또한 이자율은 0으로 고정되어 있다고 가정했기 때문에 2기의 예산제약은 다음과 같다.

$$M_2 + N_2 = W - D \tag{13.22}$$

두 가지 재화인 군용재 M과 비군용재 N은 0보다 작지 않다. 따라서 D는 $-W \leq D \leq W$를 만족시켜야 한다.

이 모형에서 가장 핵심적인 가정은 개인들이 두 가지 재화에 대해 가지는 선호가 이질적이라는 것이다. 구체적으로 개인 i의 목적함수는 다음과 같다.

$$V_i = E\left[\sum_{t=1}^{2}\alpha_i U(M_t) + (1-\alpha_i)U(N_t)\right], \tag{13.23}$$

$$0 \le \alpha_i \le 1, \quad U'(\bullet) > 0, \quad U''(\bullet) < 0$$

여기서 α_i는 개인 i가 비군용재에 비해 군용재에 부여하는 가중치이다. 즉 모든 개인들은 두 가지 재화로부터 비음(非陰)의 효용을 얻지만 두 재화가 제공하는 상대적인 효용은 개인에 따라 다르다.

이 모형의 가정이 시사하고 있는 바는 국채발행이 결코 바람직하지 않다는 것이다. 실질이자율이 할인율과 같고, 각 개인의 한계효용은 체감하기 때문에 모든 개인에 대해 군용재 M과 비군용재 N의 소비를 평준화하는 경로가 최적이다. 국채발행이 이루어지면 1기 지출은 2기 지출을 초과하므로 이러한 요구조건을 만족시키지 못하게 된다. 마찬가지로 같은 논리로 저축(즉 D의 음(−)의 값)도 비효율적이다.

■ 정치적 가정

1기 정책입안자가 2기 정책입안자의 행태를 제약하는 데에 관심을 갖게 하기위해서는 2기 정책입안자의 선호가 1기 정책입안자의 선호와 다를 가능성이 약간이라도 있어야 한다. 이러한 가능성을 허용하기 위해 Tabellini and Alesina는 개인의 선호는 고정되어 있지만 그들의 정치과정 참가는 무작위적이라고 가정한다. 이러한 가정은 1기 정책입안자로 하여금 2기 정책입안자의 선호에 대해 확신하지 못하게 만든다.

정책입안자의 선호가 어떻게 결정되는가에 관한 Tabellini and Alesina의 가정의 구체적인 내용을 알아보려면 2기부터 문제를 시작하는 것이 가장 용이하다. 2기 군용재 M_2의 구입의 결정이 이루어진 상태에서 2기 비군용재 구입은 2기 예산제약에 의해 결정된다. 즉 $N_2 = (W-D) - M_2$. 따라서 2기에 사실상 하나의 선택변수 M_2만이 존재한다. 개인 i의 2기 효용함수를 2기의 군용재 M_2의 함수로 나타내면 다음과 같다.

$$V_i^2(M_2) = \alpha_i U(M_2) + (1-\alpha_i)U([W-D] - M_2) \tag{13.24}$$

여기서 $U'(\cdot) < 0$이므로 $V_i^{2''}(\cdot) < 0$이 성립한다. 이는 개인들의 2기 군용재 M_2에 대한 선호가 **단봉**(*single-peaked*)이라는 것을 의미한다. 개인 i가 가장 선호하는 M_2의 값이 M_{2i}^*라고 정의한다. M_{2i}^*와 동일한 편에 위치하는 임의의 2개의 M_2값 가운데 개인은 M_{2i}^*에 가까운 값을 더 선호한다. 예를 들어 만일 $M_2^A < M_2^B < M_{2i}^*$이면 개인은 M_2^B를 M_2^A보다 선호한다. 그림 13.1은 단봉선호의 두 가지 예를 보여주고 있다. 그림 (a)에서 개인이 가장 선호하는 2기의 군용재 값은 M_2의 선택가능한 군용재의 범위 [0, $W-D$]의 사이에 있다. 그림 (b)에서는 모서리 해(corner solution)인 극단 값이 된다.

하나의 선택변수만 있고 개인들이 단봉의 선호체계를 갖는다는 것은 **중위투표자 정리**

(*median-voter theorem*)가 성립한다는 것을 의미한다. 중위투표자정리란 선택변수가 하나의 스칼라이고 선호가 단봉선호일 때 선택변수 가운데 중위투표자가 가장 선호하는 값이 다른 어떤 값과의 2강구도 선택문제(a two-way contest)에서 항상 선택된다는 것이다. 이러한 현상이 발생하는 이유를 살펴보기 위해 M_2^{*MED}을 2기 투표자들이 선택하는 값 M_{2i}^* 가운데 중위수라고 정의한다.

이제 투표에서 유권자들로 하여금 M_2^{*MED}와 이와 다른 M_2의 값 M_2^0 가운데 하나를 선택하게 한다. 구체적으로 여기서 M_2^0는 M_2^{*MED}보다 큰 값이라고 가정한다. M_2^{*MED}는 M_{2i}^*의 중위수이기 때문에 대다수 유권자들이 선택한 M_{2i}^*의 값들은 M_2^{*MED}보다 작거나 같다. 그리고 선호가 단봉선호이기 때문에 모든 유권자들은 M_2^0보다 M_2^{*MED}를 선호한다. 이와 비슷한 분석은 M_2^0가 M_2^{*MED}보다 작은 경우에도 적용된다.

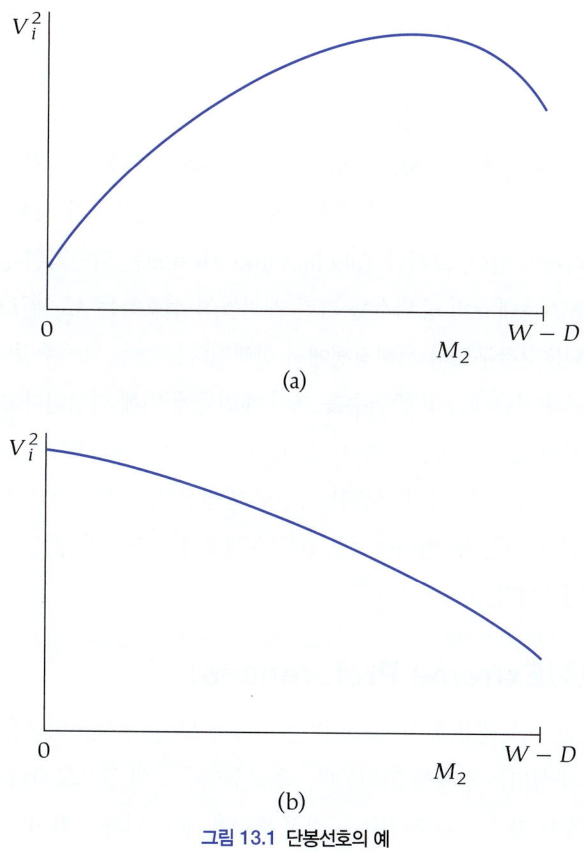

그림 13.1 단봉선호의 예

중위투표자정리에 따라 Tabellini and Alesina는 정치적 과정이 2기의 군용재 M_2의 값으로 M_2^{*MED}가 선택되는 것으로 가정한다. M_2^*는 α의 단조함수 – 높은 α값을 선호하는 유권자는 큰 값의 M_2값을 선호한다 – 이기 때문에 이는 2기 유권자들 가운데 α의 중위수를 가지는 개인의 선호에 의해 M_2의 값이 결정된다고 가정하는 것과 같다.

Tabellini and Alesina는 이러한 결과를 유발하는 정치과정을 명시적으로 모형화하지는 않았다. 그들의 아이디어는 합리적이며 중위투표자정리의 논리에 의해 어떤 M_2값보다 M_2^{*MED}가 출현할 가능성이 높은 값이라는 결과라는 것을 보였다. Downs(1957)는 M_2^{*MED}가 선택되는 특정한 메커니즘을 개략적으로 제시한 바 있다. 공직후보가 두 사람이 있고 두 사람의 목적함수는 공직에 선출될 가능성을 극대화하는 것이며 선출되면 표방한 정책을 지킬 수 있다고 가정하자. 또한 2기에 투표할 유권자들의 선호에 대한 분포가 선거 실시 이전에 알려진다고 가정한다. 이들 가정 하에서 유일한 내쉬균형은 선출될 경우 두 후보자가 다 같이 $M_2 = M_2^{*MED}$을 선택할 것이라고 공약하는 것이다.

유권자들의 참여에 무작위성(불확실성)을 부가하고 그것이 어떻게 유권자들의 중위수 M_2^*를 확률변수로 만드는가를 명시적으로 모형화한다고 해도 추가로 얻을 것이 별로 없다. 예를 들어 이들 모형의 특징들은 투표비용의 불확실성에 관한 가정으로부터 손쉽게 유도될 수 있다. 따라서 Tabellini and Alesina는 2기 중위투표자의 α의 분포 α_2^{MED}를 외생적으로 처리한다.

이제 1기에서 정책의 의사결정과정을 살펴본다. 2기에 비해 1기는 두 가지 측면에서 복잡하다. 첫째, 정책의 선택이 1차원적이 아니라 2차원적이라는 점이다. 구체적으로 1기 정책입안자는 M_1 및 D를 선택하고 $M_1 + N_1 = W + D$를 만족하는 N_1을 결정한다고 생각할 수 있다. 둘째, M_1과 D에 대한 선호를 결정함에 있어 개인들은 2기 정책입안자의 선호에 대한 불확실성도 고려해야 한다. 그러나 Tabellini and Alesina는 일반화된 중위투표자정리에 의해서 1기 유권자들 가운데 α의 중위수를 가진 개인들이 선호하는 M_1과 D의 조합이 다른 어떤 조합들과 형성되는 2강구도의 선택경쟁에서 선택된다는 것을 보여주었다. 따라서 그들은 1기 정책은 1기 유권자 가운데 α의 중위수를 가진 개인들에 의해 결정된다고 가정한다.

이로써 모형에 대한 설명을 모두 마친다. 비록 일반적인 모형을 소개했지만, 여기서 분석은 주요 결론을 보여주는 두 가지 특별한 경우로 한정한다. 첫째는 α의 모집단이 취할 수 있는 값들은 단지 0과 1이다. 두 번째는 α는 0보다 크고 1보다 작은 값을 가지며 효용함수 $U(\cdot)$가 로그함수인 경우이다.

■ 극단적 선호(Extreme Preferences)

우선 모든 재원을 군용재에 지출하려는 사람과 모든 재원을 비군용재에 사용하려는 사람의 두 유형으로 구성되는 경제를 고려한다. 즉 모집단은 α의 값으로 0과 1의 두 값만을 가진다.

이처럼 고정된 기간 수를 가지는 동태적 모형을 풀기 위하여 마지막 기에서부터 거꾸로 문제를 푸는 것이 가장 쉬운 방법이다. 따라서 마지막 기인 2기로부터 문제를 풀기로 한다. 2기의 중위투표자가 직면한 선택의 문제는 간단히 다룰 수 있다. 중위투표자는 자신이 선호하는 것에 모든 재원을 투입할 것이다. 따라서 만일 $\alpha_2^{MED} = 1$이면(즉 2기 투표자들의 대다수가 $\alpha = 1$이면) $M_2 = W - D$, $N_2 = 0$이 된다. 만일 $\alpha_2^{MED} = 0$이면 $M_2 = 0$, $N_2 = W - D$가 된다. 이 때 $\alpha_2^{MED} = 1$일 확률을 π라 가정한다.

이제 1기를 살펴본다. 우선 1기의 중위투표자는 $\alpha = 1$이라고 가정한다. 이러한 경우 비군용재는 전혀 효용을 주지 못하기 때문에 유권자는 군용재만을 구입한다. 따라서 $M_1 = W + D$이고, $N_1 = 0$이 된다. 이제 유일한 문제는 정책입안자가 부채규모 D를 선택하는 것이다. 정책입안자의 효용함수를 D의 함수로 표시하면 다음과 같다.

$$U(W + D) + \pi U(W - D) + (1 - \pi)U(0) \tag{13.25}$$

식 (13.25)의 첫 번째 항은 $M_1 = W + D$일 때 정책입안자의 효용이다. 나머지 두 항은 정책입안자의 2기 기대효용이다. 확률 π로 2기의 정책은 $\alpha = 1$인 개인에 의해 결정된다. 이러한 경우 $M_2 = W - D$이고, 1기 정책입안자는 $U(W - D)$의 효용을 얻는다. 확률 $1 - \pi$로 2기의 정책은 $\alpha = 0$인 개인에 의해 결정된다. 이 때 $M_2 = 0$이고, 1기 정책입안자는 $U(0)$의 효용을 얻는다.

식 (13.25)는 1기 정책입안자가 D를 결정하기 위한 1계 조건이 다음과 같아야 한다는 것을 의미한다.

$$U'(W + D) - \pi U'(W - D) = 0 \tag{13.26}$$

이를 정리하면 다음의 식을 얻을 수 있다.

$$\frac{U'(W + D)}{U'(W - D)} = \pi \tag{13.27}$$

이 식은 2기 정책입안자가 1기 정책입안자의 선호를 공유하지 않는 가능성이 다소라도 존재하면(즉 $\pi < 1$이면) $U'(W + D)$는 $U'(W - D)$보다 작아야 한다는 것을 의미한다. 이는 $U''(\cdot) < 0$이므로 D가 반드시 양(+)이 되어야 한다는 것을 의미한다. 그리고 π가 작아지면 $U'(W + D)$과 $U'(W - D)$사이에 요구되는 격차는 더 커지므로 D도 커진다. 즉 D는 π의 감소함수이다.[20]

1기 중위투표자가 $\alpha = 0$인 경우의 분석도 비슷하다. 이러한 경우 $M_1 = 0$, $N_1 = W + D$가 되고 정부부채 D에 대한 1계 조건은 다음과 같다.

$$\frac{U'(W + D)}{U'(W - D)} = 1 - \pi \tag{13.28}$$

여기서 $\alpha = 1$을 가지는 2기의 중위투표자가 1기 정책입안자로 하여금 양(+)의 적자를 선택하도록 할 가능성이 있다. 이러한 가능성이 커질 때(즉, $1 - \pi$가 낮아질 때) 적자의 규모는 커진다.

20 논의는 내부 해(interior solution)를 가정한다. D가 W를 초과할 수 없다는 것을 상기하라. 만일 $U'(2W) - \pi U'(0)$가 양(+)이라면 1기 정책 입안자는 $D = W$(식 13.26 참조)가 되도록 D를 선택한다. 따라서 이러한 경우 경제의 2기 부존은 모두 부채를 청산하는데 이용된다. 여기서 우리가 알 수 있는 시사점 하나는 π가 충분히 낮아서 $U'(2W) - \pi U'(0)$이 양(+)의 값을 가진다면 π가 더 낮아지더라도 D의 규모에는 영향을 미치지 않는다고 하는 것이다.

■ 논의

이 분석은 π가 엄격하게 0과 1 사이의 값을 가지는 한, 두 유형의 잠재적인 1기 정책입안자는 재정적자를 실현한다는 것을 보여주고 있다. 더욱이 이러한 재정적자는 1기 정책입안자에서 2기 정책입안자로 전환될 때 그 선호가 변화할 가능성이 높아질수록 그 규모가 증가한다.

이러한 결과에 대한 직관적인 설명은 간단하다. 1기 정책입안자의 관점에서 2기 정책입안자가 단순히 경제의 자원을 낭비하는 경제활동에 투입할 양(+)의 확률이 있다. 따라서 1기 정책입안자는 자원을 2기에서 1기로 이전함으로써 이 자원들을 자신이 유용하다고 판단하는 부문에 투입할 경향이 있다. 이는 차입을 통해 이루어진다.

따라서 정부지출의 구성에 대한 의견이 일치하지 않으면 비효율적인 재정적자가 발생할 수 있다. 이러한 비효율성을 피할 수 있는 한 가지 방법은 1기 정책입안자와 잠재적인 2기 정책입안자가 균형재정정책에 대해 구속력 있는 협약을 체결하는 것이다. 양(+)의 재정적자를 발생시키는 어떠한 정책도 파레토 비효율적이기 때문에 모든 관련 당사자들 간에 구속력이 있는 협약은 항상 적자를 내지 않는 것이다. 따라서 이러한 모형에서 적자가 발생하는 하나의 이유는 모든 개인들이 2기에 정책을 결정할 때 어떤 행동을 해야 하는지에 대해 구속력 있는 공약을 할 수 없다고 가정하기 때문이다.

정책입안자들이 자신의 행위에 대해 구속력 있는 협약을 공표하지 못하는 무능력의 근본적인 원인은 개인들이 자신의 투표행위에 대해 구속력 있는 공약을 하지 못하는 무능력과 그 원인이 같다. 1기 정책입안자와 정부지출에 대해 다른 선호 유형을 가지는 잠재적인 2기 정책입안자가 2기에 정책입안자로 선출되었을 때 양자가 자신들이 할 일에 대해 법적인 구속력을 가지는 협약을 체결할 수 있다고 가정한다. 만일 두 집단의 정책입안자들이 이러한 협약을 체결하면 이들 중 어느 누구도 2기 정책입안자로 선택되지 않을 것이다. 왜냐하면 2기 중위투표자는 자신의 선호를 공유하고 2기에 두 유형의 재화에 자원을 배분한다는 어떠한 공약도 하지 않는 개인을 정책입안자로 선택할 것이기 때문이다.

유권자들이 자신의 행동에 대해 공약을 할 수 없다는 가정은 합리적이다. 그러나 모형으로 설명되는 경제에서 비효율적인 재정적자를 방지할 수 있는 다른 메커니즘이 존재한다. 예를 들어 1기 정책입안자가 부채규모 D를 결정하기 이전에 2기 정책입안자를 선출하는 선거를 치를 수 있으며 두 정책입안자들로 하여금 구속력 있는 협약을 체결할 수 있도록 허용할 수 있을 것이다. 또는 재정적자에 대해 법적으로 제한을 부가할 수 있다.[21] 그러나 다른 기간의 지출과 군용재와 비군용재 지출의 상대적 가치에 충격을 통합하도록 모형을 확장하면 그러한 메커니즘이 자체적으로 불리한 점을 갖게 될 것 같다.

또한 Tabellini–Alesina 모형은 경제학의 분석도구를 이용하여 정치활동의 모형화를 시도하는 경우 어느 것에서나 거의 다 발생하는 기본적인 이슈들 가운데 일부를 설명하지 못하고 있다

21 재정적자 규모에 대한 규제를 분석하는 모형에 대해서는 문제 13.8을 참조하라.

는 것을 주목할 가치가 있다. 여기서는 두 가지를 언급한다. 첫 번째이면서 보다 중요한 문제는 왜 개인들이 정치과정에 왜 참여하는가이다. 많은 논문들이 제시한 것처럼 전통적인 경제적 사고의 틀을 바탕으로 광범위한 정치적 참여를 이해하는 것은 쉬운 일이 아니다. 대부분의 경우 개인이 정치적 결과에 미치는 영향은 크지 않으며 많은 사람들이 참여할 경우 각 개인이 정치적 결과에 미치는 영향은 극히 미미하다. 예를 들어 전형적인 유권자가 미국 대통령 선거 결과를 바꿀 수 있는 가능성은 100만 분의 1 이하이다. 이는 참여비용의 크기가 미미하더라도 광범위한 참여를 방해하여 균형을 이루지 못하게 하기에 충분하다는 것을 의미한다(Olson, 1965)

이러한 이슈를 다루는 통상적인 방법은 개인들이 참여한다고 단순히 가정하거나(Tabellini and Alesina 모형처럼) 개인들이 참여함으로써 효용을 얻는다고 가정하는 것이다(Riker and Ordeshook, 1968). 그리고 이 방법이 모형설정 전략으로서 타당하다. 정치과정 참여에 따른 영향을 모형화하기 전에 정치참여의 원천을 완전하게 이해했다고 주장하는 것은 불합리하다. 동시에 왜 유권자들이 참여하는지에 대한 이해는 그들이 참여하는 방법에 대한 분석에 변화를 줄 수 있다. 예를 들어 비록 개인의 의사표현이 결과에 영향을 줄 가능성이 아주 낮다고 하더라도 시민의식을 발휘하거나 후보자의 입장이나 행동에 대한 그들의 선호를 표현함으로써 효용을 얻는 것이 정치참여의 주된 이유라고 가정할 수 있다(P. Romer, 1996). 이러한 비표준적인 고려사항들이 사람들의 참여결정에 중요하다면 이들 고려사항은 참여를 전제로 한 개인들의 행태에도 역시 중요하다. 즉 참여자들이 전통적으로 정의되는 자기 이익을 극대화하는 결과를 지지한다는 가정도 오류일 수 있다. 그러나 이것은 Tabellini and Alesina모형(유권자들이 전통적으로 정의되는 자신의 효용을 극대화하기 위해 투표를 한다)이나 다른 대부분의 정치경제 모형들이 설정하고 있는 기본적인 가정이다.[22]

두 번째 이슈는 Tabellini and Alesina 모형 특유의 것이다. 이들의 모형에서는 개인들의 선호가 고정되어 있지만, 두 기간 사이에 참여가 바뀔 수 있기 때문에 정책입안자로 선택되는 사람 역시 두 기간 사이에 바뀔 수 있다. 그러나 실제로 개인들의 선호의 변화는 정책입안자의 변화에 중요하다. 예를 들어, 미국에서 민주당과 공화당의 상대적인 선거결과가 당에서 당으로 바뀌는 주요 원인은 참여의 변동이 아니라 스윙보터(마음이 흔들리는 투표자) 유권자의 견해가 바뀐 데에 기민한 것이다. 정책입안자 교체의 중요성을 분석하는데 있어 그 변화가 선호의 변화에 의한 것인지, 참여의 변화에 의한 것인지를 밝히는 것이 매우 중요하다. 예를 들어 두 유형의 지출이 지니는 상대적인 장점에 관한 새로운 정보로 인해 1기 정책입안자가 자신의 선호는 2기 정책입안자의 선호와는 다를 것이라고 믿는다고 가정한다. 그러면 1기 정책입안자는 2기 정책입안자의 지출을 억제하는데 대해 관심을 덜 둘 것이다. 실제로 1기 정책입안자는 새로운 정보에 기초하여 더 많은 정부지출이 2기에 이루어지도록 경제 내 자원을 1기에서 2기로 이전하기를 원할지도 모른다.

22 Green and Shapiro(1994)는 투표행태에 대한 경제모형을 강하게 비판한다.

■ 로그 효용함수(Logarithmic Utility)

이제 Tabellini–Alesina 모형의 두 번째 경우를 살펴보기로 한다. 핵심적인 특징은 잠재적인 정책입안자들 모두는 자원을 군용재와 비군용재에 투입하는 선호체계를 보유한다는 점이다. 이 문제를 보다 명확히 살펴보기 위해 효용함수 $U(\cdot)$가 로그함수인 경우를 고려한다. 그리고 정책입안자들은 항상 두 유형의 재화를 생산하는데 자원을 할애하도록 하기 위해 중위투표자의 α값은 엄격하게 0보다 크지만 1 미만의 값을 가진다고 가정한다.

이전처럼 2기의 극대화문제로부터 시작한다. 2기의 중위투표자가 당면한 문제는 당기의 가용자원 $W-D$를 효용극대화가 달성되도록 군용재와 비군용재 간에 적절히 배분하는 것이다. 형식적으로 다음과 같은 문제가 된다.

$$\max_{M_2} \alpha_2^{\text{MED}} \ln M_2 + \left(1-\alpha_2^{\text{MED}}\right) \ln([W-D]-M_2) \tag{13.29}$$

여기서 α_2^{MED}는 2기 중위투표자의 α값이다. 로그선호의 체계 하에서는 각 재화에 대한 지출규모는 각 재화가 효용함수에서 가중치에 비례한다는 일반적인 결과를 얻는다.

$$M_2 = \alpha_2^{\text{MED}}(W-D) \tag{13.30}$$

$$N_2 = (1-\alpha_2^{\text{MED}})(W-D) \tag{13.31}$$

이제 1기를 고려한다. 우리의 주된 관심사는 1기 정책입안자가 부채 D의 규모를 얼마로 선택할 것인가 하는 것이다. 이를 파악하기 위해 정책입안자의 최적화문제를 풀 필요는 없다. 대신에 D의 수준 및 α_2^{MED}의 실현치가 주어졌을 때 2기 정책입안자의 선택으로부터 1기 정책입안자가 얻을 수 있는 효용을 검토하는 것으로 충분하다. 이러한 효용을 $V_1^2\left(D, \alpha_2^{MED}\right)$라고 표현한다. 이는 다음의 식으로 주어진다.

$$\begin{aligned} V_1^2\left(D,\alpha_2^{\text{MED}}\right) &= \alpha_2^{\text{MED}} \ln\left[\alpha_2^{\text{MED}}(W-D)\right] \\ &\quad + \left(1-\alpha_2^{\text{MED}}\right) \ln\left[\left(1-\alpha_2^{\text{MED}}\right)(W-D)\right] \end{aligned} \tag{13.32}$$

여기서 식 (13.30)과 식 (13.31)을 이용하여 M_2와 N_2를 α_2^{MED}와 D로 나타내었으며, α_1^{MED}는 1기 정책입안자의 α값이다. M_2와 N_2의 값은 2기 정책입안자의 선호 α_2^{MED}에 의존하지만, 1기 정책입안자의 효용에 부여된 가중치는 정책입안자의 선호 α_1^{MED}에 의해 결정된다는 점에 유의하라.

식 (13.32)를 전개하여 단순화하면 다음의 식을 얻는다.

$$\begin{aligned} V_1^2\left(D,\alpha_2^{\text{MED}}\right) &= \alpha_1^{\text{MED}} \ln\left(\alpha_2^{\text{MED}}\right) + \alpha_1^{\text{MED}} \ln(W-D) \\ &\quad + \left(1-\alpha_1^{\text{MED}}\right) \ln\left(1-\alpha_2^{\text{MED}}\right) + \left(1-\alpha_2^{\text{MED}}\right) \ln(W-D) \\ &= \alpha_1^{\text{MED}} \ln\left(\alpha_2^{\text{MED}}\right) + \left(1-\alpha_1^{\text{MED}}\right) \ln\left(1-\alpha_2^{\text{MED}}\right) + \ln(W-D) \end{aligned} \tag{13.33}$$

식 (13.33)은 2기 정책입안자의 선호는 2기에 발생하는 것으로부터 얻을 수 있는 1기 정책입안자의 효용수준에 영향을 미치지만 D의 규모는 효용에 영향을 미치지 않는다는 것을 시사한다. 2기에 전개되는 상황으로부터 얻게 되는 1기 정책입안자의 효용에 미치는 D의 영향에 대해 α_2^{MED}의 실현치는 영향을 주지 않기 때문에 이는 또한 효용을 극대화시키는 D의 선택에 영향을 미치지 않는다. 즉 1기 정책입안자의 D의 선택은 α_2^{MED}의 분포와 서로 독립적이어야 한다. D의 선택은 모든 α_2^{MED}의 분포에 대해 동일하기 때문에 확실성 하에서 α_2^{MED}가 α_1^{MED}과 동일한 경우처럼 간주할 수 있다. 그러나 이러한 경우 1기 정책입안자는 $D=0$을 선택한다는 것을 알고 있다. 요컨대 로그함수의 선호를 가진 경우 Tabellini and Alesina 모형에서 적자편향이 생기지 않는다.

이러한 결과에 대한 직관적인 설명은 모든 잠재적 정책입안자들이 자원을 두 가지 재화에 투입할 때 1기 정책입안자들이 적자재정을 운영하는 데에는 편익뿐만 아니라 불이익도 존재한다는 것이다. 이를 이해하기 위해 1기 정책입안자들은 높은 α의 값을 보유하는 반면에 2기 정책입안자들은 낮은 α의 값을 보유하면 어떤 상황이 발생하는지 살펴본다. 1기 정책입안자에게 적자재정의 편익은 이전에 살펴본 것처럼 2기에 사용할 자원의 상당부분을 1기에 사용가능한 자원으로 전환함으로써 2기 정책입안자가 투입하는 부문보다 자신이 보다 더 바람직하다고 생각하는 부문에 더 많이 투입할 수 있다는 것이다. 즉 1기 정책입안자는 2기에서 1기로 전환한 자원의 대부분을 군용재에 투입한다는 것이다. 반면 적자재정의 불이익은 2기 정책입안자가 자원 가운데 일부를 2기에 군용재의 구입에 투입할 수 있다는 것이다. 결정적으로 2기 정책입안자의 낮은 α 값으로 인해 2기 군용재의 구입수준이 낮아지기 때문에 1기 정책입안자의 경우 이러한 추가적인 군용재 지출에 따른 한계효용은 높다. 로그함수 선호의 경우에는 이러한 적자재정에 따른 편익과 불이익이 균형을 이루며 1기 정책입안자는 균형재정을 운영한다. 일반적인 경우 전체적인 효과는 어떤 방향으로든 가능하다. 예를 들어 효용함수 $U(\cdot)$가 로그함수보다 가파른 기울기를 가지는 경우 1기 정책입안자는 흑자재정을 운영하게 된다.

이 분석은 로그함수의 선호를 가지는 경우 정부지출의 품목구성에 대한 의견 불일치가 적자편향을 만들지 않는다는 것을 보여준다. 이러한 선호체계는 일반적인 경우로서 고려해 볼 만한 대상이다. 그러나 정부가 다른 유형의 재화를 지출하는 경우와 관련한 개인들의 선호체계의 경우 이들 선호체계가 타당한 근사치인가에 대해 거의 알려진 바가 없다. 결과적으로 Tabellini and Alesina가 발견한 메커니즘이 적자편향을 발생시키는 중요한 원천인가는 아직도 미해결의 문제로 남아 있다.

13.6 안정화 정책의 지연

이제부터 다룰 두 번째 주제는 신정치-경제모형에서 강조하는 비효율적인 재정적자의 원천이다. 기본적인 아이디어는 주어진 시간에 어떠한 개인이나 이해집단이 정책을 통제하지 못할 때, 정책입안자들 사이의 상호작용으로 인해 비효율적인 재정적자가 발생하게 된다는 것이다. 특히 각 정책입안자나 이해집단은 상대방이 더 많은 부담을 지닐 것이라고 기대하면서 재정개혁에 동의하는 데에 지연하기 때문에 비효율적인 적자는 지속될 수 있다.

이러한 일반적인 아이디어에 합당한 경우가 많이 있다. 초인플레이션이 가장 명확한 예에 해당된다. 초인플레이션에 의해 큰 혼란이 야기되었을 때 구성원들 가운데 대부분의 후생수준을 상당히 개선시킬 수 있는 정책이 존재한다는 사실에 대해는 의심의 여지가 없다. 그러나 이해집단들이 개혁의 부담을 분할하는 방법을 가지고 논쟁을 벌임에 따라 개혁이 지연되는 경우가 종종 발생한다. 1차 세계대전 이후 발생한 초인플레이션의 경우 논쟁은 대체로 높은 세금부담을 자본가와 노동자 사이에 누구에게 더 부담시켜야 할 것인가 하는 것이었다. 근대적인 초인플레이션의 경우에 재정적자를 폭 넓은 세금증가에 의해 보전을 할 것인가, 아니면 정부의 고용억제 및 보조금의 삭감으로 대처할 것인가가 논쟁의 대상이 되어 왔다.

개혁의 부담을 누구에게 지울 것인가에 대한 논쟁이 재정적자를 지속시킬 수 있다는 아이디어는 Alesina and Drazen(1991)에 의해 제기되었다. 이들의 기본적인 아이디어는 타협 중에 있는 각 정당은 자신에게 보다 나은 결과를 얻기 위해 협상을 지연시키는 것을 선택할 수 있다는 것이다. 즉각적으로 개정에 동의하는 것보다 현 상황의 지속을 선택함으로써 해당 정당은 개혁을 받아들일 때 자신의 희생이 크다고 하는 신호를 보낸다. 결과적으로 지연을 선택한다는 것은 총체적인 경제상황을 악화시키는 희생으로 그 정당이 얻고자 하는 결과의 기대치를 개선시킬 수 있다. 최종적인 결과는 비록 모든 사람들을 개선시킨다고 알려진 정책이 있다 하더라도 안정화 정책의 지연이 일어날 수 있다.

Alesina and Drazen은 재정개혁은 실행되어야 하며 개혁의 부담은 두 이해집단 사이에 불균형적으로 배분되는 것으로 가정한다. 각 집단은 상대방이 더 많은 부담을 지게 될 것을 희망하면서 더 큰 몫의 부담을 요구하는 상대방 의견에 동의하기를 지연한다. 보다 큰 몫을 받아들이는 비용이 적을수록, 양보에 따른 편익이 계속된 지연의 편익보다 클수록 결정이 보다 더 빠르게 이루어 질 것이다. 공식적으로 Alesina and Drazen은 **지구전**(*war of attrition*)을 고려한 것이다.

여기서는 Hsieh(2000)에 의해 개발된 Alesina and Drazen 모형의 변형을 분석한다. Hsieh는 지구전 대신에 파업을 분석하는데 사용되는 모형에 기초한 단체교섭모형을 고려한다. 이러한 접근방법의 장점은 재정개혁의 불균형적 부담이 외생적으로 주어진 것이 아니라 단체교섭의 결과라는 것이다. 두 번째 장점은 Alesina and Drazen의 접근방법보다 더 단순하다는 점이다.

가정들

자본가와 노동자를 대표하는 두 집단이 있다고 하자. 이 두 집단은 재정정책을 개혁할 것인가와, 만일 개혁하면 개혁의 부담을 어떻게 배분할 것인가를 결정해야 한다. 만일 개혁이 없다면 두 집단은 아무런 보상도 받을 수 없다. 만일 개혁이 이루어지면 자본가들은 세전소득 R을 받으며 노동자들은 세전소득 $W > 0$를 받는다. 그러나 개혁을 위해 세금이 T만큼 부과되어야 한다. T는 $0 < T < W$의 조건을 만족한다고 가정한다. X를 자본가들이 지급하는 세금이라고 정의하자. 따라서 개혁 하에 자본가들의 세후소득은 $R - X$, 노동자들의 세후소득은 $(W - T) + X$이다.

이 모형의 중심적인 가정은 R은 확률변수이고 그 실현치는 단지 자본가들에게만 알려진다는 것이다. 구체적으로 R은 일정한 구간 $[A, B]$(단, $B \geq A \geq 0$)에서 균일분포(uniform distribution)인 확률변수이다. 이전 가정을 함께 고려하면, R이 A보다 작을 수 없다는 가정은 X가 0과 A사이의 임의의 값으로 선택되었을 경우 두 집단은 개혁으로 후생수준이 함께 높아진다는 것을 의미한다.

여기서는 두 집단 사이에 이루어지는 단체교섭에 대해 매우 간단한 모형을 고려한다. 노동자는 자본가에게 X에 대해 제안을 한다. 만일 자본가가 이를 받아들이면 재정정책은 개혁된다. 만일 거절하면 개혁이 이루어지지 않는다. 자본가와 노동자가 모두 세후소득에 대한 기대치의 극대화를 추구한다.[23]

모형 분석

자본가가 노동자의 제안을 수락하면 자본가의 보수는 $R - X$이다. 만일 거절하면 보수는 0이다. 따라서 $R - X > 0$일 때 제안을 수락한다. 따라서 노동자의 제안이 수락될 확률은 R이 X보다 클 확률이다. R은 구간 $[A, B]$에서 균일분포이므로 노동자의 제안이 수락될 확률은 다음의 식으로 정의된다.

$$P(X) = \begin{cases} 1 & X \leq A \text{ 일 때} \\ \dfrac{B - X}{B - A} & A < X < B \text{일 때} \\ 0 & X \geq B \text{일 때} \end{cases} \qquad (13.34)$$

노동자는 그들의 제안이 수락되면 $(W - T) + X$만큼의 보수를 받고 거절되면 0을 받는다. 보수의 기대치를 $V(X)$로 나타내면 $P(X)[(W - T) + X]$와 같다. 식 (13.34)의 $P(X)$를 이용해서 다음과 같이 표현된다.

23 이러한 교섭모형은 여러 측면에서 확장이 가능하다. 특히 제안의 거절은 개혁을 지연하게 만들며 이에 따라 양측에 비용을 발생시키지만 추가적인 제안의 기회가 허용되는 가능성을 고려하는 것이 자연스럽다. 예를 들어 Hseih의 모형에 의하면 제안에 두 개의 잠재적 라운드가 있다. 파업모형 가운데 많은 경우에 무한히 많은 잠재적 라운드가 존재한다.

$$V(X) = \begin{cases} (W-T)+X & X \leq A\text{일 때} \\ \dfrac{(B-X)[(W-T)+X]}{B-A} & A < X < B\text{일 때} \\ 0 & X \geq B\text{일 때} \end{cases} \quad (13.35)$$

노동자들은 거절이 확실시되는 제안을 만들지는 않을 것이다. 그러한 제안은 기대보수가 0이며, 다른 제안들의 기대보수는 모두 0보다 크다. 예를 들어 $W-T$가 가정에 의해 양(+)이므로 $X=0$의 제안 – 개혁의 모든 부담을 노동자들이 감당한다 – 은 양(+)의 보수가 기대된다. 또한 자본가들이 받아들일 것이 확실한 제안 가운데 가장 낮은 수준보다 더 X의 값을 낮추어서 제안한다는 것은 노동자들에게는 편익은 없고 비용만 발생한다는 것도 알 수 있다.

따라서 두 가지 가능성이 존재한다. 하나는 $[A,\ B]$구간 사이의 X를 선택하여 자본가들이 그 제안을 수락할 확률은 0보다는 크지만 1미만인 경우이다. 다른 하나는 노동자가 파악하고 있는 것으로서 자본가들이 확실하게 수락할 가장 낮은 수준의 관대한 제안을 제시하는 것이다. 즉 자본가들의 보수는 $R-X$이고 R의 가장 낮은 수준은 A이므로 이에 해당하는 제안은 $X=A$이다.

노동자들의 행동을 공식적으로 분석하기 위해 식 (13.35)를 이용하여 $A<X<B$의 구간에서 X에 대한 $V(X)$의 1계 도함수인 $V'(X)$를 구한다.

$$V'(X) = \frac{[B-(W-T)]-2X}{B-A} \qquad A < X < B\text{일 때} \quad (13.36)$$

이 구간 전체에서 $V''(X)$가 음(−)이라는 점에 유의하라. 따라서 $V'(X)$가 $X=A$에서 음(−)의 값을 갖는다면, $V'(X)$는 $[A,\ B]$의 구간에서 음(−)이다. 이러한 경우 노동자들은 $X=A$의 제안을 제시한다. 즉 그들은 자본가들이 수용하리라는 것을 알고 있는 제안을 하는 것이다. 식 (13.36)을 분석하면 $[B-(W-T)]-2X$가 음(−)일 때 이러한 경우가 발생하는 것을 알 수 있다.

이에 대한 대안은 $X=A$에서 $V'(X)$가 양(+)의 값을 가지는 경우이다. 이때 최적은 구간 $[A,\ B]$의 내부에서 이루어지는데 조건 $V'(X)=0$에 의해 정의된다. 식 (13.36)으로부터 이는 $[B-(W-T)]-2X=0$일 때 나타난다. 따라서 우리는 다음 식을 얻는다.

$$X^* = \begin{cases} A & [B-(W-T)]-2A \leq 0\text{일 때} \\ \dfrac{B-(W-T)}{2} & [B-(W-T)]-2A > 0\text{일 때} \end{cases} \quad (13.37)$$

식 (13.34)는 제안이 수락될 균형 확률을 다음과 같다.

$$P(X^*) = \begin{cases} 1 & [B-(W-T)]-2A \leq 0\text{일 때} \\ \dfrac{B+(W-T)}{2(B-A)} & [B-(W-T)]-2A > 0\text{일 때} \end{cases} \tag{13.38}$$

그림 13.2는 노동자들의 기대보수 V가 그들의 제안 X에 의해 어떻게 변하는지에 대해 두 가지의 가능성을 보여준다. 기대보수는 항상 제안이 확실히 수락되는 구간까지(즉, $X = A$까지)는 증가한다. 그리고 $X \geq B$일 때 노동자의 제안은 확실히 거절되므로 그들의 기대보수는 0이다. 그림 (a)는 기대보수가 $[A, B]$의 전 구간에 걸쳐 감소하고 노동자들은 $X = A$의 제안을 제시하게 된다는 것을 보여준다. 그림 (b)는 기대보수가 $[A, B]$ 구간에서 처음에 증가하다가 결국에는 감소함으로써 노동자들이 $[A, B]$의 구간에서만 제안한다는 것을 보여준다.

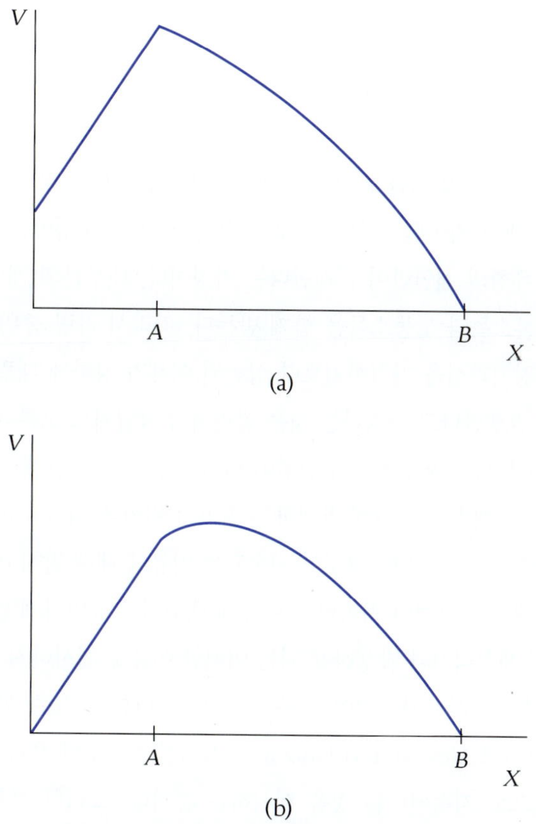

그림 13.2 노동자가 제안한 X와 X의 함수로 표현된 노동자의 기대보수

■ 논의

모형의 핵심적인 시사점은 $P(X^*)$가 1보다 작아질 수 있다는 것이다. 두 이해 집단은 쌍방의 후생을 함께 증진시킬 수 있는 개혁의 패키지가 있다는 사실을 분명하게 알면서도 이에 동의하는데 실패한다. 노동자들은 $T - A$만큼을 자신들이 지급하는 한편 자본가들에게는 A만

큼 지급하도록 하는 방안을 제의할 수 있는데 이 제안은 개혁의 성과가 확실하고 개혁이 없는 경우보다 양측의 후생수준을 개선시킨다. 그러나 $[B(W-T)]-2A>0$의 조건이 성립하게 되면 노동자들은 덜 관대한 제안을 내놓는데 이로 인해 합의에 도달할 수 없게 되는 위험이 생긴다. 이러한 행위의 동기는 자본가들의 기대소득을 희생시켜 노동자들의 기대소득을 증진시킨다.

비효율적인 결과가 출현할 가능성의 필요조건은 개혁의 결과로 자본가들이 얼마만큼의 기대소득을 얻을 수 있는지를 노동자들이 몰라야 한다는 것이다(즉 노동자들이 R의 규모를 알지 못하는 것이다). 이를 알기 위해 $B-A$, 즉 R이 가질 수 있는 가장 높은 값과 낮은 값의 차이가 0으로 접근하여 갈 때 무슨 일이 발생하는지 고려한다. 노동자들이 제시하는 제안이 자본가들에게 확실하게 받아들여지는 경우보다 더 열등할 조건은 $[B(W-T)]-2A>0$ 즉 $(B-A)-[(W-T)+A]>0$이다. $(W-T)+A$는 가정에 의해 양(+)이므로 $B-A$가 충분히 작아진다면 이 조건은 성립하지 않는다. 이 경우에 노동자들은 $x=A$ – 자본가들이 받아들일 것이 확실시되는 X의 가장 큰 값 – 의 제안을 제시할 것이며 그리고 확실히 개혁이 이루어진다.[24]

안정화 정책의 지연에 대한 분석은 이해당사자들에게 보다 더 우월한 대안이 존재함에도 불구하고 기존 정책이 지속되는 상황을 포착한다. 동시에, 모형에는 두 가지 중요한 한계가 있다. 첫째는 두 유형의 개인만이 존재한다는 가정이다. 대부분의 개인들은 단지 자본가나 노동자라기보다 자본소득과 노동소득을 함께 받는다. 따라서 가령 중위투표자들의 선호로 재빨리 수렴해간다는 정치과정을 가정하기보다 상반된 이해가 강하게 대립된 두 외생적인 집단 사이에 단체교섭이 발생한다고 가정하는 것은 합리적이 아닐지도 모른다.

두 번째로 이 분석은 재정적자의 편향이 발생하는 원천을 실제로 규명하지 못한다. 이 분석은 어떤 유형의 정책변화로 인해 발생하는 지연의 원인을 식별하고 있을 뿐이다. 따라서 과도한 재정적자가 발생하게 되면, 그것이 지속되는 이유에 대해 밝히고 있다. 그러나 이는 과도한 재정흑자가 발생하면 그것이 지속하는 이유에 대해서도 동일하게 밝히고 있다. 이 자체만으로는 평균 이상의 재정적자가 발생하게 되는 어떠한 이유도 제시하지 못한다.

이에 대한 설명으로서 가능성이 높은 것은 먼저 다른 고려로 재정적자의 평균수준이 과다해지는 것을 밝히고 Alesina and Drazen이 제시한 착안점에 의해 평균수준에서 이탈한 재정적자가 관성적으로 지속된다는 것을 제시하는 것이다. 그러한 상황 하에서 재정적자의 규모가 처음부터 너무 크기 때문에 재정적자가 통상수준을 상회하도록 만드는 경제충격과 이에 수반하는 관성은 사회적으로 큰 손실을 초래한다. 이와 달리 재정적자가 평균수준을 하회하도록 만드는 경제충격과 이에 수반하는 관성은 재정적자의 규모가 최적수준으로 더 가까이 접근하

24 이러한 논의의 시사점 하나가 $B-A$가 0으로 접근함에 따라 개혁으로부터의 모든 잉여가 노동자에게 귀속된다는 것이다. 이것은 그들이 자본가에게 양자택일(take-it-or-leave-it)의 제안을 할 수 있다고 하는 가정의 인위적 산물이다.

기 때문에 바람직한 것이다(따라서 주의를 덜 끈다).[25]

마지막으로 Alesina and Drazen의 분석은 개혁을 촉진하는 위기의 역할에 대해 시사점을 제시한다. 낡았지만 호소력이 있는 아이디어는 – 특히 현상의 지속이 매우 해로울 때 – 위기가 없었다면 발생하지 않았을 개혁을 초래함으로써 실제로 유익할 수 있다는 것이다. Alesina and Drazen이나 Hsieh의 모형에서는 개혁의 실패가 비용을 증가시키기 때문에 이해관계자들은 개혁이 좀 더 잘 이루어지도록 그들의 행동을 수정하게 될 수 있다고 설명한다. 이 효과가 충분히 강력하여 위기의 총체적 효과가 유익한 것으로 나타날 것인지에 대해는 아직 불분명하다. 이와 관련한 이슈는 Drazen and Grilli(1993), Hsieh, 그리고 문제 13.12에서 다루어지고 있다. 실제로 위기가 기대후생을 증진시키는 경우들이 존재한다는 것을 알 수 있다.

13.7 실증적 응용: 선진국의 정치와 재정적자

재정정책에 대한 정치–경제이론(political–economy theories)은 정치조직과 정치활동의 결과가 재정적자에 중요할 수 있다는 것을 제시한다. Roubini and Sachs (1989)와 Grilli, Masciandaro, and Tabellini(1991)에 의해 시작된 이래 여러 학자들은 정치적인 변수와 재정적자와의 관계를 조사해 왔다. 일반적으로 이 분야의 논문들은 정치경제이론들로부터 선명한 예측을 도출하고 이를 공식적으로 검정하려고 하지 않았다. 그 대신에 이들은 자료에 나타난 정형화된 사실이나 광의의 패턴을 식별하고 이것을 비공식적으로 재정적자의 원천에 대해 그 입장을 달리하는 여러 견해들과 연관시키는데 노력하였다.

예비조사 결과

Roubini and Sachs와 Grilli, Masciandaro, and Tabellini가 고려하는 기간 동안, 재정적자의 행태에 상당한 변화가 있었다. 벨기에, 이탈리아 같은 국가에서는 GDP에 대한 부채비율이 상당기간 동안 꾸준히 증가세를 지속하여 높은 수준으로 상승하였다. 한편 호주나 핀란드 같은 국가에서는 그 비율이 계속 낮은 상태를 유지하였다. 그리고 나머지 국가들은 보다 복잡한 패턴을 보이고 있다. 또한 대부분의 국가에서는 GDP에 대한 부채비율이 1970년대 초까지는 하락하였고 일반적으로 그 기간 끝까지 상승하였다.

이러한 행태의 다양성은 재정적자에 관한 정치–경제모형을 지지하는 온건한 증거인 셈이

25 1990년대 후반의 미국의 재정정책은 이 패턴에 맞는 것처럼 보인다. 일련의 우호적인 충격으로 재정흑자가 예상되었다. 비록 가장 우수한 예측치들은 이러한 흑자의 증가가 지속가능한 재정정책을 위해서 필요하다는 것을 시사했지만, 흑자를 감축하기 위해 정책전환이 이루어져야 한다는 주장이 정책입안자들 사이에 폭 넓은 지지를 얻었다. 이러한 변화의 각론에 대한 의견의 불일치로 합의에 도달하기는 어려웠으며 2000년 선거로 정치세력의 균형이 바뀔 때까지 중요한 정책전환이 이루어지지 않았다. 따라서 대규모 적자로부터의 이탈이 지속된 것으로 보인다.

다. 예를 들어 벨기에와 네덜란드 사이에 기초 경제여건의 차이가 두 국가 간 GDP 대비 부채 비율의 격차 50% 포인트를 설명할 만큼 크다는 것은 믿기 어려운 일이다. 만일 경제변수들만으로 재정적자의 변동을 설명할 수 없다면, 여기에는 다른 요인들이 작동하고 있음이 분명하다. 정치적인 변수들이 이러한 후보에 포함될 수 있다.

더욱이 Roubini and Sachs(1989)는 재정적자의 행태가 조세평준화로부터 중요한 방식으로 이탈한 것으로 보인다고 밝혔다. 그들은 1960−1986년 기간 중 15개 OECD 국가들을 다룬다. 이들이 고려한 모든 국가들에서 GDP 대비 조세의 비율이 상승하는 추세를 보이고 있고 대부분의 경우 이러한 경향은 정량적으로나 통계적으로나 유의한 것으로 나타났다. 이는 재정이 적자편향일 때 우리가 기대할 수 있는 것이다. 정부는 조세평준화가 요구하는 것과 비교할 때 상대적으로 너무 낮게 세금을 책정하며, 결과적으로 부채의 축적이 시작된다. 부채가 늘어남에 따라 정부는 예산제약을 만족시키기 위해 세금부과를 확대한다. 재정의 적자편향이 지속되면서 실제의 세율은 예산제약을 만족시키고자 할 때 책정되는 세율을 하회하게 되고, 계속 이러한 상황이 유지되는 경우 세금부담은 반복적으로 늘어날 것이다. 따라서 조세부담률의 증가 추세 역시 정치−경제모형을 지지한다.

■ 약한 정부와 재정적자

이제 우리는 특히 정치적 요인과 관련된 연구결과들에 대해 논의하고자 한다. Roubini and Sachs 논문에 의해 밝혀진 핵심적인 내용은 1973년 제1차 석유파동 이후 10년 동안 대규모 재정적자를 경험한 국가들과 경험하지 않은 국가들 사이에는 정치적 특성 측면에서 체계적인 차이가 존재하고 있다는 사실이다. 첫 번째 집단은 정권이 자주 교체되면서 여러 당의 연합 정권이 자주 출현하는 국가들로 구성되며, 두 번째 집단은 정권의 집권기간이 길고 강력한 정부를 가진 국가들로 구성된다. 이러한 패턴의 강도를 검정하기 위해 Roubini and Sachs는 GDP 대비 재정적자의 비율을 일련의 경제변수와 정부의 약한 정도를 측정하는 정치변수로 회귀분석하였다. 구체적으로 정치변수는 정책이 한 정당에 의해 통제되지 않는 정도를 측정하여 대통령제 또는 다수당 단독 정부를 나타내는 0으로부터 소수당 정부를 나타내는 3까지의 값을 가진다. Roubini and Sachs의 회귀방정식은 다음과 같다.

$$D_{it} = a + b\ \mathrm{WEAK}_{it} + c' X_{it} + e_{it} \tag{13.39}$$

여기서 D_{it}는 i국가 t연도의 GDP 대비 재정적자, $WEAK_{it}$는 정치변수, 그리고 X_{it}는 다른 변수들의 벡터를 각각 나타낸다. 자료는 15개국을 대상으로 하였으며 1960년부터 1986년까지의 연간통계자료이다. 추정결과를 보면 b는 0.4이고 표준편차가 0.14이다. 즉 이 점추정치는 0에서 3으로 정치변수 값이 변화하면 GDP 대비 재정적자의 비율이 1.2% 포인트 증가한다는 것을 의미하며 이는 상당한 양의 변화이다.

약한 정부의 중요성을 가장 잘 생각나게 하는 이론은 Alesina and Drazen 모형이다. 그들 모형에 따르면 하나가 아닌 둘 이상의 이해집단이나 정당이 정책을 마련하기 때문에 비효율성이 발생한다는 것을 보여준다. 그러나 이들 모형은 약한 정부가 곧 높은 수준의 재정적자로 이어지는 것을 의미하지는 않는다는 점을 상기하라. 그 보다는 약한 정부가 기존의 재정적자나 재정흑자를 지속시킨다는 것을 모형이 시사한다. 따라서 회귀방정식에 정치변수와 재정적자의 시차변수를 곱하여 만든 새로운 변수, 즉 두 변수 간 상호작용을 나타내는 변수의 항을 포함하여 검정할 수 있다. 즉 회귀방정식 (13.39)를 다음과 같이 수정할 수 있다.

$$D_{it} = a + b_1 \mathrm{WEAK}_{it} + b_2 D_{i,t-1} + b_3 D_{i,t-1} \mathrm{WEAK}_{it} + c' X_{it} + e_{it} \tag{13.40}$$

이렇게 설정한 식에 의하면 어떤 연도에서부터 다음 연도까지의 재정적자의 지속성 $\partial D_{it}/\partial D_{it-1}$은 $b_2 + b_3 WEAK_{it}$이다. 가장 강한 정부($WEAK = 0$)의 경우 재정적자의 지속성은 b_2이고 가장 약한 ($WEAK_{it} = 3$)인 경우는 $b_2 + 3b_3$이다. 따라서 Alesina and Drazen 모형에서 b_3은 0보다 크다는 것을 시사한다.

상호작용의 항을 고려한 회귀방정식을 추정할 때 상호작용을 구성하는 변수들을 개별적으로 회귀방정식에 포함시키는 것도 거의 언제나 중요하다. 식 (13.40)에서 $b_1 WEAK_{it}$와 $b_2 D_{i,t-1}$의 항을 별도로 설정한 것이 이에 해당된다. 만일 $b_2 D_{i,t-1}$의 항이 제외되었다면 재정적자의 지속성은 $b_3 WEAK_{it}$가 될 것이다. 따라서 $b_2 D_{i,t-1}$을 제외하고 식을 설정한다는 것은 $WEAK_{it}$가 0일 때 재정적자의 지속성이 0이 되게 만든다는 것을 의미한다. 이는 합리적으로 부과되는 제한이 아니다. 더욱이 이러한 제한으로 인하여, 적절한 설명변수가 누락되는 경우 주요한 계수 b_3의 추정치에 편의가 발생하게 된다. 예를 들어 재정적자의 지속성이 존재하지만 정부가 약한지 또는 강력한 권력을 지니고 있는지의 여부와 상관이 없다고 가정한다. 따라서 $b_2 > 0$이고 $b_3 = 0$이다. 이 때 $b_2 D_{i,t-1}$의 항이 누락된 회귀방정식에 의해 얻을 수 있는 추정식으로서 자료에 적합한 것은 $\hat{b}_3$ 가 양(+)의 값을 가지는 경우이다. 이는 회귀방정식으로 하여금 최소한 약한 정부 하에서 재정적자가 지속되는 사실을 표현할 수 있게 허용하기 때문이다. 따라서 $b_2 D_{i,t-1}$이 제외되는 경우 b_3의 추정치가 상향 편의를 가지게 된다. 이와 유사한 분석에 의해 $b_1 WEAK_{it}$의 항을 포함해야 한다는 것을 보일 수 있다.[26]

Roubini and Sachs는 식 (13.40)을 추정한 결과, b_2와 b_3의 추정치로 각각 0.66(표준오차 0.07) 및 0.03(표준오차 0.03)을 얻었다. 따라서 정부의 강약 정도는 재정적자의 지속성에 상관이 없다는 귀무가설을 기각할 수 없는 것으로 나타났다. 이들 점추정치가 제시하는 시사점으로서 더 중요한 것은 재정적자는 가장 약한 정부의 경우에 가장 강한 정부에 비해 약간 더 지속적이라는 점이다(0.75 vs. 0.66). 따라서 이 결과는 Alesina and Drazen 모형의 핵심적인 시사점을 거의 지지하지 않고 있다.

26 하나의 변수가 직접 설명변수와 상호작용의 설명변수로 모두 회귀방정식에 포함될 때에는 그 변수의 계수는 이미 종속변수에 미치는 해당변수의 평균적 영향을 나타내는 적절한 측정치가 되지 못한다는 점에 유의하도록 한다. 예를 들어, 식 (13.40)에서 D에 대한 $WEAK$의 평균적 영향은 b_1이 아니고 $b_1 + b_3 \overline{D}_{i,t-1}$이다. 여기서 $\overline{D}_{i,t-1}$은 $D_{i,t-1}$의 평균치이다. 따라서 $b_1 + b_3 \overline{D}_{i,t-1}$에 대한 점추정치와 신뢰구간 추정치는 b_1의 추정치보다 훨씬 큰 관심의 대상이 될 것이다.

인과관계의 여부

약한 정부일수록 보다 큰 규모의 재정적자를 운영한다고 하는 연구결과는 통상적인 통계적 관계에 불과할 수도 있다. 즉 이러한 연구결과는 정부의 약함이 재정적자에 미치는 영향을 반영한 것이 아닐지도 모른다. 구체적으로 회귀모형에서 우리가 통제할 수 없는 음(−)의 경제적 충격과 음(−)의 정부예산상 충격은 재정적자와 약한 정부를 동시에 유발할 수 있다.

실증분석 결과에 따르면 두 가지 측면에서 이러한 잠재적인 문제가 재정적자와 약한 정부 사이에 존재하는 상관관계의 주요한 원천이 될 수 없다는 것을 제시한다. 첫째, Grilli, Masciandaro, and Tabellini(1991)는 재정적자와 비례대표제의 채택여부 사이에 강한 상관관계가 존재한다는 것을 발견하였다. 여러 국가들이 경제에 불리한 충격에 대응하여 비례대표제를 채택한 것은 아니다. 하지만 비례대표제를 채택한 국가들에는 평균적으로 더 약한 정부가 들어섰다.

둘째, Roubini and Sachs는 약한 정부가 높은 수준의 재정적자를 초래하였는지의 여부를 알아보기 위해 제5공화국 설립 전후의 프랑스의 경우를 연구사례로 조사하였다. 이러한 사례조사는 단 하나의 자료나 소량의 자료를 면밀히 조사하는 공식적인 통계분석이다. 어떤 사례조사들은 다양한 변수의 행태를 기술하는데 그침으로써 이들 변수들에 대한 통계분석보다 그 유용성이 낮다. 그러나 사례연구가 제대로 수행되면 건설적인 목적을 두 가지 더 달성할 수 있다. 첫째, 연구에 대한 아이디어를 제공할 수 있다. 검정하기 위한 가설을 아직 설정하지 못한 상황 하에서 사례를 자세히 검토하여 이에 대한 가능성을 발견할 수 있다. 둘째, 사례연구는 변수의 누락으로 인한 추정치의 편의문제와 통계적 결과를 손상시키는 역의 인과관계를 해결하는데 도움을 줄 수 있다.

Roubini and Sachs의 사례연구는 앞서 언급한 두 번째의 유형에 속한다. 1946년부터 1958년까지 프랑스는 비례대표제를 시행하였는데 국론은 분열되고 정부가 불안정한 모습을 보였으며 높은 수준의 재정적자를 나타내었다. 1958–59년의 기간 중 대통령제가 도입되었다. 도입 이후 드골이 대통령으로 취임한 이래 재정적자는 급격히 줄어들었으며 이후 낮은 수준의 상태가 지속되었다.

이러한 간략한 설명은 통계작업의 결과에 어떠한 정보도 추가하지 못한다. 그러나 Roubini and Sachs는 정치변수들이 재정적자에 커다란 영향을 미쳤다는 것을 보여주는 여러 증거를 제시하였다. 첫째, 정치체제를 제외하면 1950년대의 대규모 재정적자를 설명할 수 있는 근거가 되는 요인을 찾을 수 없다. 프랑스는 이 기간 동안 베트남 및 알제리 문제와 연루되어 비정상적으로 큰 규모의 국방비 지출을 했지만 국방비 지출 규모는 재정적자의 큰 부분을 설명하기에는 너무 적었다. 둘째, 이 기간 중에 예산에 대한 국회의 동의를 얻는데 큰 난관이 있었다. 셋째, 예산을 통과시키기 위해 정치적 후원 및 지방분권적 프로젝트와 관련하여 지출을 크게 증액해야 하는 것이 종종 불가피하였다. 마지막으로 새 헌법 하에서 드골은 그의 권력을 사용하여 옛 정치제도 하에서는 실패했거나 정치적으로 불가능해 보였던 재정적자 삭감 수단들을 채택하였다. 따라서 Roubini and Sachs가 제시한 추가적인 증거, 즉 제4공화국의 약한 정부와 높은 수준의 재정적자와의 관계, 그리고 제5공화국의 강한 정부와 낮은 수준의 재정적자와의 결합은 정치권력의 강력함과 안정성이 예산상의 성과에 영향을 미친다는 것을 강하게 제시한다.

사례연구 증거가 정치변수들과 재정적자 사이의 인과관계를 밝히는 또 다른 예가 있다. Grilli, Masciandaro, and Tabellini는 재정적자의 평균치가 정권의 지속기간이 짧을수록 더 커진다는 것을 발견하였다. 특히 재정적자는 정부의 중요한 변화의 빈도보다는 집행부의 변화의 빈도에 보다 더 강하게 관련되고 있다. 그러나 Roubini and Sachs의 프랑스에 대한 사례연구는 이러한 관련성에는 인과관계가 존재하지 않을 수 있음을 시사한다. 적어도 1950년대 프랑스에서는 정권의 교체는 종종 예산에 동의를 얻는 데에 실패한 결과였다. 따라서 사례연구에 의해 확보된 추가적인 증거는 회귀계수를 인과적으로 설명하는 것을 지지한다기보다 그러한 해석에 의문을 제기한다.

■ 결론

두 가지 주요 결론은 Roubini and Sachs와 Grilli, Masciandaro, and Tabellini의 분석에서 나온다. 첫째, 국가의 정치적 특성은 재정적자에 영향을 미친다. 둘째, 자료의 기간동안 가장 문제가 될 것으로 보이는 정치적 특성은 분열된 정부나 예산결정권의 분산과 같이 Alesina and Drazen 모형이 제시하는 합의의 지연을 초래하는 것이다. 그들의 증거들은 일련의 정책입안자들이 차기 정책입안자들의 지출을 억제하기 위해 큰 규모의 부채를 후임자들에게 떠넘기려는 의도적인 결정으로부터 재정적자가 발생한다는 Tabellini and Alesina 모형과 같은 견해를 지지하지 않는다. Grilli, Masciandaro, and Tabellini는 영국과 같이 매우 다른 이념을 가진 정당들이 교대로 정책을 강력하게 통제하는 국가에서 대규모 재정적자에 대한 체계적인 경향을 찾지 못했다. 대신에 벨기에나 이탈리아와 같이, 연합 또는 소수 집권당의 정부가 계속 수립되고 있는 국가에서는 대규모의 재정적자가 발생하고 있음을 알 수 있다.[27] 이는 권력 분산이 어떻게 재정적자를 이끌어 내는지를 이해하는 것이 중요한 것을 시사한다. 특히 우리는 Alesina and Drazen 모형을 직접적이고 간단히 수정하여 얻은 모형이 분열된 정부와 재정적자 사이의 연결고리를 설명할 수 있는지, 아니면 다른 어떤 요소가 작동하고 있는지에 대해 알기를 원하고 있다.

27 그러나 Pettersson and Lidbom(2001)은 Tabellini and Alesina 모형과 Persson and Svensson(1989)에 의해서 예측되는 영향의 증거를 지방정부로부터 발견했다.

13.8 재정적자의 비용

이 장의 많은 부분이 과도한 재정적자를 일으키는 요인들에 대해 논의하였다. 그러나 과도한 재정적자에 따르는 비용의 규모와 그 성격에 대해서는 거의 다루지 않았다. 이 절에서는 이 문제를 소개하고자 한다.

인플레이션 비용과 마찬가지로 재정적자의 비용도 빈약하게 이해되고 있다. 그러나 그 이유는 전혀 다르다. 인플레이션의 경우 어려움은 인플레이션이 매우 비싼 비용을 치르게 한다는 일반 인식이 있으나 경제학자들이 중요한 영향을 미치는 파급효과를 식별하는데 어려움을 겪고 있다는 점에 있다. 재정적자의 경우 현저한 영향을 주는 이유를 찾기가 어렵지 않다. 문제는 효과가 복잡하게 얽혀 있다. 결과적으로 크게 신뢰할 수 있을 만한 후생분석을 수행하기 어렵다.

이 절의 첫 부분에서는 먼저 지속가능한 재정적자 정책의 영향을 다룬다. 두 번째 부분에서는 지속불가능한 정책에 빠졌을 경우의 영향을 다루되 특히 지속불가능한 정책이 위기나 "경착륙"(hard landing)으로 끝날 경우 발생할 수 있는 일에 초점을 둔다. 13.10절은 어떻게 위기가 발생할 수 있는지를 제시하는 단순한 모형을 소개한다.

■ 지속가능한 재정적자의 영향

과도한 재정적자로 인해 경제가 치르는 가장 명백한 비용은 조세평준화로부터 이탈하는 것이다. 만일 세율이 정부의 예산제약을 만족시키는데 요구되는 수준보다 낮을 경우 기대미래세율은 현행 세율을 초과할 것이다. 이는 조세수입의 증가에 따르는 왜곡비용이 늘어나는 것을 의미하며 왜곡비용의 할인된 현재가치의 기대치가 불필요하게 높다는 것을 의미한다.

조세수입 증가의 한계왜곡비용이 조세수입 증가규모가 커짐에 따라 급격히 증가하지 않는 한 재정적자규모가 적당히 늘어나는 온건한 시기에는 이러한 경로에서 발생하는 비용은 아마도 작을 것이다. 그러나 조세평준화로부터의 이탈이 결코 중요하지 않다는 것을 의미하지는 않는다. 일부 연구결과에 따르면 다음 수십 년 동안 미 재정정책의 어떠한 변화도 발생하지 않는다는 전제 하에서 조세수입 증가만을 통해 정부의 예산제약을 만족시키려면 평균세율이 50%를 초과해야 가능한 것으로 분석되고 있다. 이러한 정책에 수반하는 왜곡비용은 확실히 클 것이다. 또 다른 예로, Cooley and Ohanian(1997)은 2차 세계대전 기간 중 영국의 정부지출재원의 조달을 부채발행보다 조세에 크게 의존한 것 – 이는 조세평준화에 비추어 볼 때 비효율적으로 **낮은** 재정적자 정책에 해당한다 – 은 큰 후생비용을 의미한다고 주장한다.[28]

리카도 동등성정리가 성립하지 않는 결과라는 관점에서 재정적자는 큰 후생효과를 가지는

28 그러나 그들이 추정하는 비용의 일부는 조세평준화로부터의 일탈이라기보다는 오히려 자본소득에 대한 고율의 세금으로부터 나온다.

것처럼 보인다. 리카도 동등성정리가 성립하지 않을 때 재정적자는 분명히 총소비를 증가시키고 경제의 미래 자산을 감소시킨다. 불행하게도 결과로 나타나는 후생효과의 추정치를 구하는 것은 다음과 같은 세 가지 이유 때문에 매우 어렵다. 첫째, 단순히 소비, 자본, 해외 자산보유 등과 같은 경제변수의 경로에 미치는 재정적자의 영향에 대한 추정치를 구하는 것은 리카도 동등성정리로부터 이탈하는 규모의 추정이 필요하다. 불행하게도 리카도 등등성정리가 성립하지 않는 것은 분명하지만 성립하지 않는 것에 대한 크기에 대한 일반적인 합의는 없다.

둘째, 후생효과는 리카도 동등성정리로부터 이탈하는 크기뿐만 아니라 이탈의 원인에 의존한다. 예를 들어 리카도 동등성정리가 유동성제약으로 인해 성립되지 않는다고 가정하자. 이는 현재소비의 한계효용이 미래소비의 한계효용에 비해 더 높으므로 현재소비를 더 늘리는 것이 유리하다는 것을 의미한다. 이러한 경우 조세평준화와 일치되는 재정적자보다 더 높은 수준의 적자를 운영하는 것이 후생을 더 증진시킬 수 있다(Hubbard and Judd, 1986). 다른 예로 소비가 부분적으로 경험법칙에 의해 결정되기 때문에 리카도 동등성정리가 성립하지 않는다고 가정하자. 이러한 경우, 우리는 가계의 선호를 추정하는데 이들이 선택한 소비조합을 이용할 수 없다. 이는 소비의 대안적인 경로가 바람직한가를 평가하는데 어떤 명확한 방법을 제시하지 못한다는 것을 의미한다.

세 번째의 어려움은 재정적자가 분배효과를 갖는다는 점이다. 새로운 부채를 상환하기 위해 징수하는 조세 가운데 일부는 미래의 세대에 부과되기 때문에 재정적자는 미래세대로부터 현재세대로 소득을 재분배한다. 더욱이 재정적자는 자본스톡을 감소시키는 정도만큼 임금을 억제하고 이자율을 상승시키기 때문에 노동자로부터 자본가로 소득을 재분배한다. 재정적자가 파레토 후생의 개선이나 악화를 창출하지 못한다고 해서 재정적자의 장점에 대해 어떤 의견도 내서는 안된다는 것을 의미하지는 않는다. 예를 들어 대부분의 개인들(대부분의 경제학자들을 포함)은 대다수 사람들의 후생을 증진시켜 주지만 어떤 소수 사람들에게는 약간의 비용이 생기는 정책을, 비록 손해를 보는 사람들이 결코 보상을 받지 못한다고 하더라도 바람직한 것이라고 믿는다. 노동자로부터 자본가로의 소득재분배의 경우 자본가보다 노동자들이 일반적으로 가난하다는 사실이 재분배가 바람직하지 못하다는 이유가 될 수 있다. 미래세대로부터 현재세대로의 소득재분배는 더 복잡한 문제이다. 한편 미래세대가 현재세대보다 더 나은 삶을 살 수 있는 것처럼 여겨진다. 이는 재분배를 좀 더 호의적으로 생각하게 한다. 다른 한편으로 저축이 너무 낮다는 공통의 견해에는 암묵적으로 자본의 수익률이 충분히 높아 현재세대들로부터 미래세대들에게 소득을 재분배하는 것이 바람직하다는 견해가 내포되어 있다. 이는 미래세대로부터 현재세대로의 소득재분배는 바람직하지 못하다는 것을 의미한다. 이러한 이유들로 인해 지속가능한 재정적자의 후생효과는 평가하기가 어렵다.

지속가능하지 않은 재정적자의 영향

지속될 수 없는 재정정책의 경로를 추진하는 국가들이 종종 있다. 예를 들어 이들 국가는

GDP 대비 부채비율이 계속 높아지는 정책을 흔히 추구한다. 정의에 의해 그 자체에서 이해할 수 있듯이 지속가능하지 않은 정책은 무한히 계속될 수 없다. 따라서 정부가 그러한 정책을 따른다는 사실은 경로를 바꾸기 위해 고의적인 행동을 취할 필요가 있다는 것을 의미하지 않는다. 이러한 아이디어는 Stein의 법칙으로 알려진 Herbert Stein에 의해 표현되었다. 법칙은 "영원히 지속될 수 없다면, 멈출 것이다." 그러나 문제는 그러한 정지가 갑자스럽고 예상치 못한 가운데 일어난다는 점이다. 정부가 예산제약을 지키지 못하고 이를 벗어나는 행동을 고집할 때 정책은 지속가능하지 않게 된다. 그러한 상황에서 어떤 시점이 되면 외부여건의 진전으로 인해 이러한 시도를 포기하게 하는 압력을 받게 된다. 그리고 다음 13.10절에서 알 수 있듯이 이같이 강요된 변화는 유연한 전환이기보다는 위기의 형태를 취하는 것이 일반적이다. 이러한 위기는 전형적으로 재정정책의 급격한 위축, 총수요의 대폭적인 감소, 자본시장과 외환시장의 충격을 초래하며 정부부채의 채무불이행을 야기할 수도 있다.

재정위기의 가능성은 재정적자에 추가적인 비용을 치르게 만든다. 그러나 정부의 채무불이행(government default) 그 자체는 비용이 아니라는 점에 유의하는 것이 중요하다. 채무불이행은 채권보유자로부터 세금부담자로의 소득이전이다. 전형적으로 이는 부자에서 가난한 자로의 소득이전이다. 더욱이 정부채무를 외국거주자가 보유한 정도만큼 채무불이행은 외국거주자로부터 국내거주자로의 소득이전이 된다. 국내거주자들의 입장에서 이것은 채무불이행의 이점이다. 마지막으로 채무불이행은 정부가 미래에 증가시켜야 할 조세수입의 규모를 감소시킨다. 조세수입의 증가가 왜곡비용의 증가를 수반하기 때문에 채무불이행은 소득이전을 발생시킬 뿐만 아니라 효율성을 증진시킨다는 것을 의미한다.

그럼에도 불구하고 위기에는 비용이 수반된다. 가장 중요한 것 중 일부는 자본시장을 교란한다는 사실에서 비롯된다. 간단히 말해서 재정위기는 금융위기를 일으킬 가능성이 있다. 정부의 채무불이행, 자산가격의 폭락, 생산량 감소는 많은 기업과 금융중개기관을 파산시킬 가능성이 있다. 그리고 2008년에 시작된 금융위기의 증거와 10.8절에서 논의한 연구결과는 금융위기에 막대한 비용이 든다는 점을 강력하게 지적한다.

재정위기가 수입품의 가격을 급격히 상승시킬 수 있기 때문에 재정위기의 비용이 발생한다. 국가의 재정적자가 현저히 감소할 때 자본계정과 금융계정의 잉여 역시 현저히 감소하기 마련이다. 즉 경제는 외국인들이 국내발행자산을 대량 매입하는 상황에서 거의 매입하지 않는 상황으로 바뀐다. 그러나 이는 무역수지가 급격히 흑자로 전환된다는 것을 의미한다. 이러한 상황이 발생하면 실질환율이 크게 절하된다. 예를 들어 멕시코의 1994−1995년 위기 때에 페소화의 가치는 대략 반으로 줄어들었다. 그리고 1997−1998년 동아시아의 위기 때에는 영향을 받은 많은 통화들의 가치가 상대적으로 큰 하락폭을 나타내었다.

그러한 실질환율의 평가절하는 여러 경로를 통해 후생을 감소시킨다. 이는 수입품의 실질가격이 상승한다는 것을 의미하므로 후생의 실질수준을 직접적으로 감소시킨다. 또한 수출 분야 및 수입품과의 경쟁분야에서 생산량을 증가시키는 한편 다른 분야에 대해는 생산량을 감소시키는 경향이 있다. 즉 이는 산업부문 간에 노동 및 다른 생산요소들을 재분배시키는 부문 간 충격(sectoral shocks)이다. 재분배가 즉각적으로 이루어지지 않기 때문에 일시적인 실업 증가와 다른 자원의 가동률 저하를 초래한다. 또한 기업 및 금융중개기관의 부채가 외화로 표시되는 경우가 많기 때문에 평가절하가 직접적으로 재무상황을 악화시켜 금융위기를 유발할 수 있다. 마지막으로 평가절하는 인플레이션의 상승으로 이어지기 쉽다. 노동자들이 수입품의 일부를 구매하기 때문에 평가절하는 생계비를 늘어나게 하므로 임금의 상승압력으로 작용한다. 더욱이 투입요소들 가운데 일부는 수입된 것이기 때문에 평가절하는 기업의 비용을 증가시킨다. 6.4절의 용어로 실질환율의 평가절하는 경제활동을 위축시키는 비우호적인 공급충격이다.

미시경제학적 수준에서 위기는 심각한 결과와 함께 대규모 재분배를 유발할 수 있다. 예를 들어 연금과 노인의료비를 지급하기 위해 차입하고 있는 정부가 더 이상 차입을 할 수 없도록 하는 갑작스러운 채무불이행에 직면했다고 가정하자. 한 가지 결과는 자산보유가 정부채무에 집중된 노인과 함께 노인의 생활수준이 갑자기 하락할 가능성이 있다.

위기는 또 다른 비용도 포함한다. 위기는 예상하지 못한 것이기 때문에 지속가능하지 않은 정책을 따르고자 하는 노력은 불확실성을 증가시킨다. 채무불이행이나 부채상환의 실패는 미래에 정부의 차입능력을 약화시킨다.[29] 마지막으로 위기는 광범위한 무역의 제한, 초인플레이션, 그리고 자본에 대한 매우 높은 세율의 적용 등과 같은 해로운 정책들을 유발할 수 있다.

재정위기의 거시경제학적 영향을 요약하는 한 가지 방법은 위기는 전형적으로 생산수준의 대폭적인 감소를 가져온 다음 점진적인 회복이 뒤따른다고 하는 것이다. 그러나 이 요약은 지속가능하지 않은 재정정책을 추진하는데 따른 비용을 두 가지 이유에서 과대평가한다. 첫째, 지속가능하지 않은 재정정책은 일반적으로 위기를 일으키는 유일한 원천이 아니다. 따라서 위기의 모든 비용을 재정정책의 탓으로 돌리는 것은 적절하지 않다. 둘째, 위기 전에는 정책이 편익을 발생시킬 수 있다. 예를 들어 정책으로 인해 실질환율의 평가절상이 발생할 수 있는데 이는 실질환율의 평가절하로 야기되는 비용의 역에 해당하는 편익을 가져오고 일정기간 동안 생산량을 높일 수 있다. 그럼에도 불구하고 경제위기를 끝내는 지속가능하지 않은 재정정책을 추구하는 비용이 클 것이라는 것은 거의 확실하다.

13.9 국가채무 위기 모형

여기에서는 채무의 발행을 시도하는 정부를 대상으로 한 단순한 모형을 고려한다. 투자자가 어떠한 이자율로도 정부채무를 구입하는 것을 꺼리는 요인은 무엇인지 그리고 이러한 위기가

29 국제금융거래에 있어서는 차입자에게 상환을 강제하는 국내 법정과 유사한 기관이 존재하지 않기 때문에 국제적인 차입과 관련한 중요한 이슈가 제기된다. 이에 대한 소개는 Obstfeld and Rogoff(1996, 제6장)를 참조하라.

예상치 않게 일어날 수 있는지에 대한 문제에 초점을 맞춘다.[30]

■ 가정들

상환기일이 도래하는 채무를 D만큼 보유한 정부를 고려한다. 정부는 즉시 이용할 수 있는 다른 자금을 보유하고 있지 않으며 따라서 정부는 만기가 도래하는 채무를 차환발행하기를 원한다(즉 정부채무를 D만큼 신규로 발행하여 만기도래하는 채무를 상환한다). 다음 기에 조세징수로 재정수입을 얻을 수 있기 때문에 정부는 투자자들이 이 채무를 1기간 동안 보유하기를 원한다.

정부는 **이자율인자**(*interest factor*)로서 R을 제시한다. 즉 차입의 대가로 $R-1$만큼의 실질이자율을 지급한다. 다음 기의 조세수입을 T라 하자. T는 확률변수이며 그 누적분포함수는 연속함수로서 $F(\cdot)$이다. 만일 T가 총정부채무 규모 RD를 초과하면 정부는 투자자들에게 채무를 상환한다. 만일 T가 RD보다 작다면 정부는 채무불이행의 상황에 처한다. 정부의 채무불이행은 채무위기(debt crisis)를 의미한다.

단순화를 위해 두 가지 가정을 추가함으로써 모형을 명시적으로 분석할 수 있다. 첫째, 채무불이행은 모든 채무에 대해 발생하며 일부만 한정적으로 발생하지 않는다고 가정한다(all-or-nothing). 즉 정부가 RD를 지급할 수 없으면, 모든 부채상환에 대한 요구를 거절한다. 둘째, 투자자는 위험중립적이고 무위험투자의 이자율인자 $\bar{R}$는 R 및 D와는 독립적이다. 이들 가정은 모형이 제시하는 주요 메시지에 대해 결정적인 것으로 보이지 않는다.

■ 모형 분석

균형은 채무불이행 확률 π와 정부채무의 이자율인자 R로 설정된 두 개의 방정식에 의해 표현된다. 투자자들은 위험중립적이므로 정부채무 보유에 따른 기대수익은 무위험투자의 수익인 $\bar{R}$와 같아야 한다. 여기서 정부채무 보유에 대한 기대수익은 상환이 가능할 때 $1-\pi$의 확률로 R을 지급하고 상환이 불가능할 때 π의 확률로 0을 지급하는 것이 된다. 따라서 균형에서는 다음 식의 성립이 요구된다.

$$(1-\pi)R = \bar{R} \tag{13.41}$$

두 번째 균형 조건식과의 비교를 위해 π에 대해 다시 정리하면 다음과 같다.

$$\pi = \frac{R-\bar{R}}{R} \tag{13.42}$$

식 (13.42)를 만족하는 점들의 궤적을 (R, π)의 공간에 그리면 그림 13.3과 같다. 정부채

30 채무위기에 대한 보다 풍성한 모형의 예는 Calvo(1988), Cole and kehoe(2000), Ghosh, Kim, Mendoza, Ostry, and Qureshi(2013)를 참조하라.

무의 상환이 확실할 때(즉, $\pi=0$일 때) $R=\overline{R}$이다. 채무불이행의 확률이 높아질수록 정부가 제공해야 하는 이자율인자는 상승한다. 따라서 궤적은 우상향의 모습을 보인다. 마지막으로 채무불이행 확률이 1에 접근할수록 R의 값은 무한대로 접근한다.

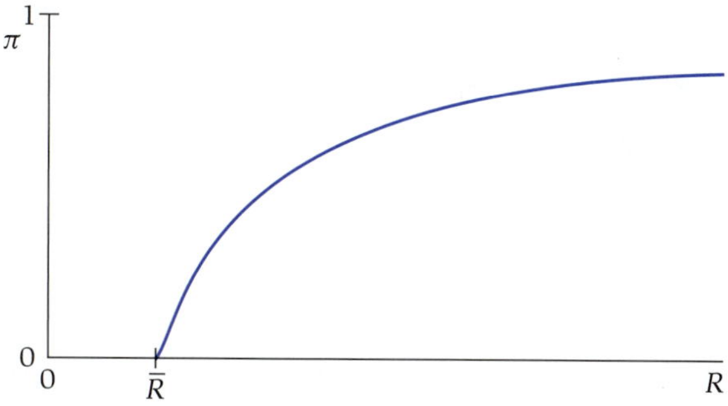

그림 13.3 투자자들이 정부부채를 보유하고자 하는 조건

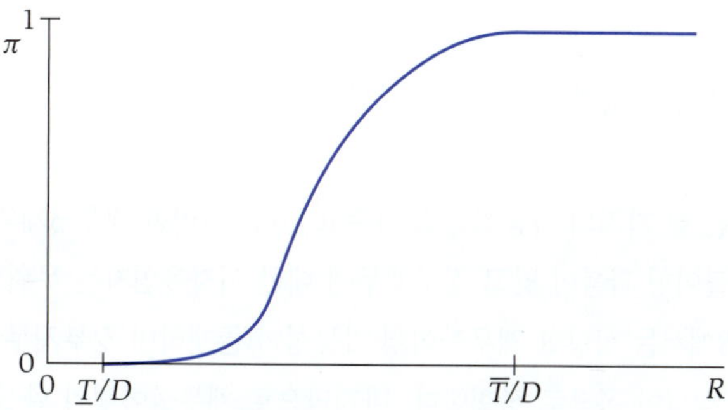

그림 13.4 이자율인자의 함수로 나타낸 채무불이행 확률

다른 균형조건은 채권보유자들이 보유한 정부채무의 만기도래액에 비해 조세수입이 충분한지의 여부에 의해 채무불이행이 결정된다는 사실로부터 도출된다. 구체적으로 정부는 T가 RD보다 작을 때에만 채무불이행을 하게 된다. 따라서 채무불이행 확률은 T가 RD보다 작을 확률이다. T의 누적분포함수는 연속함수인 $F(\cdot)$이므로 이 조건을 다음과 같이 쓸 수 있다.

$$\pi = F(RD) \tag{13.43}$$

식 (13.43)를 만족하는 점들의 궤적은 그림 13.4와 같다. 만일 T의 최소치와 최대치가 존재하며 각각 $\underline{T}$ 및 $\overline{T}$이라 하면 채무불이행 확률은 $R<\underline{T}/D$의 구간에서 0이고 $R>\overline{T}/D$의 구간에서 1이 된다. 만일 T의 확률분포가 종 모양(bell-shaped)의 확률밀도 함수를 가진다면 누적확률분포함수는 그림과 같이 S모양을 나타난다.

균형은 식 (13.42)과 식 (13.43)이 동시에 만족되는 점에서 성립한다. 그러한 균형점에서 정부채무의 이자율인자는 투자자들로 하여금 채무불이행 확률이 주어진 정부채무를 보유하게 만들고 이때 채무불이행 확률은 잠재적으로 조세수입이 이자율인자가 확정된 정부채무를 상환하기에 충분하지 못한 상황이 발생할 확률이다. 그러나 이 두 조건을 만족하는 균형에 덧붙여 투자자들이 정부가 채무를 상환하지 않을 것이라고 확신하는 균형이 항상 존재하며, 따라서 투자자들은 어떠한 이자율인자의 수준에서도 정부채무를 보유하지 않으려 할 것이다. 만일 투자자들이 어떤 이자율인자 수준에서도 정부채무를 보유하지 않으려고 하면 채무불이행 확률은 1이 될 것이다. 그리고 만일 채무불이행 확률이 1이면 투자자들은 어떠한 이자율인자의 수준에서도 정부채무를 보유하는 것을 꺼려할 것이다. 대략 말하면 이러한 균형은 그림에서 $R = \infty$, $\pi = 1$인 점과 일치한다.[31]

■ 시사점

모형은 적어도 네 가지의 흥미로운 시사점을 제시한다. 첫째, 채무불이행의 확률 에서 여러 개의 균형을 창출해 내고자 하는 단순한 힘이 존재한다. 채무불이행 확률이 높아질수록 투자자들은 더 높은 수준의 이자율인자를 요구한다. 그러나 투자자들이 요구하는 이자율인자의 수준이 상승할수록 채무불이행 확률은 높아진다. 그림으로 이를 표현하면 균형조건을 만족시키는 곡선들이 모두 우상향하며 이러한 사실은 이들 곡선이 여러 개의 교차점을 가질 수 있다는 것을 의미한다.

그림 13.5는 한 가지의 가능성을 보여주고 있다. 이러한 경우 3개의 균형이 존재한다. 점 A에서는 채무불이행 확률이 낮고 정부채무에 대한 이자율인자는 무위험 이자율인자를 약간 상회한다. 점 B에서는 상당한 채무불이행 가능성이 존재하며 정부채무에 대한 이자율인자도 안전한 수준을 상당한 폭으로 상회한다. 마지막으로 채무불이행이 확실시되는 균형이 존재하며 이 때 투자자들은 어떠한 수준의 이자율인자에서도 정부채무를 보유하는 것을 기피한다.[32]

그럴듯한 동학 하에서 B점의 균형은 불안정하고 다른 두 균형은 안정적이다. 예를 들어 투자자들이 채무불이행 확률이 π_B보다 약간 낮을 것으로 믿는다고 하자. 그러면 이러한 믿음이

---

31 채무불이행이 전부 또는 전무의 양자택일(all-or-nothing)이 아닌 경우로 분석을 확장하는 것은 간단하다. 예를 들어 조세수입이 RD보다 적을 때 정부가 채무보유자에게 그것을 모두 지급한다고 가정하는 것이다. 이러한 경우의 모형을 분석하기 위해 투자자의 만기도래분 RD에 대해 그들이 상환을 받지 못할 것으로 기대되는 분의 비율을 π로 정의한다. 정부채무를 기꺼이 보유하고자 하는 투자자의 조건은 $(1-\pi)R = \overline{D}$로 종전과 같으며 식 (13.42)도 여전히 성립한다. 투자자가 상환을 받지 못할 것으로 기대되는 비율이 정부가 제시하는 이자율인자에 의해 표현되는 함수는 식 (13.43)보다 더 복잡하게 된다. 그러나 그 함수는 (R, π)의 공간에서 여전히 같은 모습의 기본적인 형태를 가진다. 그것은 충분히 작은 R의 값에 대해 0이고 R이 무한대로 접근해 감에 따라 우상향하면서 점차 1로 접근한다. 가정이 변경되더라도 곡선은 전혀 변화하지 않으며 나머지 주된 특징이 그대로 유지되기 때문에 모형의 주요한 시사점은 영향을 받지 않는다.

32 하나의 자연스러운 질문은 정부가 가장 낮은 균형이자율로 정부채무를 발행함으로써 다수의 균형을 피할 수 있는가하는 것이다. 이에 대한 답은 투자자가 채무불이행 확률에 대해 어떠한 기대형성을 하는가에 달려있다. 하나의 가능성은 정부가 제공하는 이자율인자로 정부채무를 계속 발행할 있다고 투자자들이 잠정적으로 가정한다는 것이다. 그러면 이렇게 주어진 가정 하에서 기대수익률이 적어도 무위험수익률과 동일하다면 투자자는 정부채무를 구입한다. 이 경우에 두 개의 곡선이 교차하는 점 중 가장 낮은 이자율인자에서 정부채무를 발행할 수 있다. 그러나 이것만이 유일한 가능성은 아니다. 예를 들어 다른 투자자들이 정부의 채무불이행이 발생한다고 확실하게 믿고 따라서 어떤 이자율로도 정부채무를 구입하지 않을 것이라고 믿는다면 각 투자자는 정부채무를 구입하지 않으므로 그 믿음이 옳은 것으로 된다.

주어진 상황에서 정부채무를 보유하도록 하는데 요구되는 이자율인자의 수준을 바탕으로 계산한 채무불이행의 실제 확률은 그들이 추측하는 수준보다 낮다. 따라서 채무불이행 확률에 대한 이들의 추정치는 하락하며 이러한 과정은 A점의 균형에 도달할 때까지 계속되기 쉽다. 유사한 추론에 의해 투자자들이 채무불이행 확률이 π_B를 초과할 것으로 추측한다면 경제는 투자자들이 어떤 이자율인자의 수준에서도 정부채무를 전혀 보유하지 않는 균형으로 수렴한다는 것을 제시한다. 따라서 두 개의 안정적인 균형이 존재한다. 하나는 이자율인자의 수준과 채무불이행 확률이 모두 낮은 경우이다. 다른 하나는 정부가 어떠한 이자율인자 수준에서도 투자자들에게 정부채무를 보유하게 만들 수가 없으므로 즉시 채무불이행을 선언하게 되는 경우이다. 요컨대 채무불이행은 자기실현적(self-fulfilling)이라는 특성을 지니고 있다.

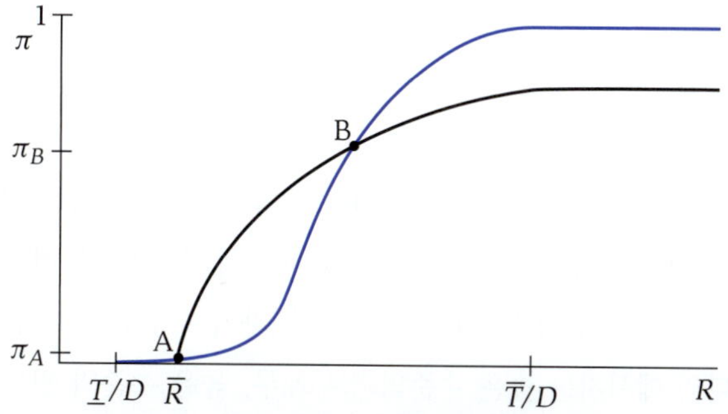

그림 13.5 이자율인자와 채무불이행 확률의 결정

두 번째 시사점은 결과의 큰 차이를 낳는데에 기초여건의 커다란 차이가 반드시 필요한 것은 아니라는 점이다. 하나의 이유는 앞서 설명한 것처럼 복수균형이 존재한다는 데 있다. 두 경제가 동일한 기초여건을 가지지만 한 경제는 낮은 R과 낮은 π로 구성된 균형을 이룰 수 있고, 다른 경제는 어떤 이자율인자 수준에서도 정부채무 구입을 하지 않으려는 투자자로 구성된 균형을 이룰 수 있다. 이러한 커다란 차이의 더 흥미로운 원천은 일단의 균형들 사이의 차이에서 비롯한다. 두 개의 곡선이 그림 13.5에서와 같은 모습을 보이고, 경제는 A점에서 낮은 R과 낮은 π의 조합으로 균형에 있다고 가정하자. $\bar{R}$의 상승은 $\pi(R-\bar{R})/R$ 곡선을 오른쪽으로 이동시킨다. 마찬가지로 D의 증가는 곡선 $\pi=F(RD)$를 왼쪽으로 이동시킨다. $\bar{R}$와 D의 변화가 충분히 작더라도 R과 π는 이들 변화에 반응하여 유연하게 변화한다. 예를 들어 그림 13.6은 $\bar{R}$가 $\bar{R}_0$의 수준에서 $\bar{R}_1$의 수준으로 온건하게 변화하는데 따른 효과를 보여준다. 낮은 R과 낮은 π의 균형은 A에서 A'으로 부드럽게 움직인다. 그러나 여기서 $\bar{R}$가 더욱 증가한다고 가정하자. 만일 $\bar{R}$의 변동수준이 충분히 크면 – 만일 $\bar{R}_2$의 수준까지 상승하면 – 두 곡선은 더 이상 교차하지 않게 된다. 이러한 상황에서 유일한 균형은 투자자들이 더 이상 정부채무를 보유하려고 하지 않는 균형이다. 따라서 두 경제는 유사한 기초여건을 가질 수 있으나 한 경제에서는 낮은 이자율 수준에서 정부가 채무를 발행할 수 있는 균형에 있는 반면에 다른

경제에서는 어떤 이자율 수준에서도 정부가 채무를 발행할 수 없는 균형에 있다.

세 번째, 모형은 채무불이행이 발생하면 이는 항상 예상치 못하게 갑자기 일어난다는 것을 시사한다. 즉 현실적인 사례로서 상당히 높은 수준이면서 1보다 엄격하게 작은 π의 값은 균형값이 될 수 없다. 만일 채무상환을 위한 조세 T의 징수에 대해 불확실성이 거의 존재하지 않는다면, $\pi = F(RD)$의 궤적은 $\pi = 0$과 $\pi = 1$의 부근에서 그림 13.6처럼 가파르게 휘어질 것이다. $\pi = (R - \overline{R})/R$의 궤적은 급격히 휘어지지 않으므로 이 경우 채무불이행이 유일한 균형인 상황으로의 전환은 낮은 수준의 π에서 발생한다. 즉 투자자들이 채무불이행 확률이 상당한 수준이지만 엄격하게 1보다 작다고 믿는 경우는 거의 일어나지 않는다. 결과적으로 채무불이행은 항상 놀랍고 뜻밖인 사건으로 발생한다.

마지막 시사점은 가장 간단하다. 채무불이행의 발생은 자기실현적 믿음뿐만 아니라 기초여건에도 의존한다. 특히 정부가 차입하고자 하는 금액의 증가, 무위험 이자율인자의 상승, 잠재적 조세수입 분포의 하방이동 등은 모두 채무불이행의 가능성을 높게 만든다. 이들 여건 변화는 각각 $\pi = (R - \overline{R})/R$의 궤적을 아래로 이동시키거나, $\pi = F(RD)$의 궤적을 위으로 이동시킨다. 결과적으로 이러한 상황의 변화는 임의의 안정적 균형에서 π를 상승시킨다. 게다가 이들 상황의 변화로 경제가 유일한 균형으로 이동할 수 있는데 이 균형에서는 투자자들이 정부채무를 보유하게 할 수 있는 어떠한 이자율인자의 수준도 존재하지 않는다. 따라서 모형이 제시하는 하나의 메시지는 높은 수준의 정부채무, 높은 수준의 필요수익률, 낮은 미래조세수입 모두 채무불이행의 가능성을 높인다는 것이다.

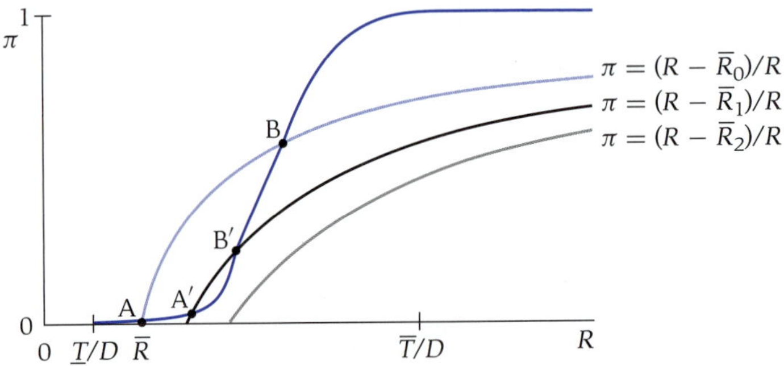

그림 13.6 안전한 이자율인자의 증가효과

■ 다기간 모형

다기간 모형은 흥미롭고 새로운 쟁점들을 불러일으킨다. 예를 들어, 정부가 2기 동안 채무를 발행하기를 원한다고 가정하자. 정부는 0기에서 D_0의 채무를 인수받는다. R_1은 0기에서 1기까지 지급하는 이자율인자이고 R_2는 1기부터 2기까지의 이자율인자이다. 단순화를 위해 정부는 2기에서만 조세를 징수한다고 가정한다. 따라서 정부의 가용조세수입 T가 $R_1R_2D_0$을 초과하는 경우에만 2기에 정부채무를 상환한다. 마지막으로 다기간 모형은 복수균형의 가능성에 대해 별다른 시사점을 제공하지 않으므로 복수균형이 존재할 때 가장 낮은 π의 값(가장 낮은 수준의 R)을 가지는 균형이 선택된다고 가정한다.

가장 흥미롭고 새로운 쟁점은 투자자들의 믿음이 중요하다는 것인데 여기에는 다른 투자자들의 믿음에 대한 믿음 등도 포함된다. 투자자들이 균형에서 언제 서로 다른 믿음을 갖느냐에 대한 의문은 어렵고도 중요하다. 그러나 이 논의를 위해 단순히 이질적인 믿음이 가능하다고 가정한다. 0기의 투자자를 고려하자. 복수균형의 쟁점이 없다고 가정한 1기의 모형에서는 다른 투자자들의 믿음에 대한 자신들의 믿음은 그의 행동과 아무런 상관관계가 존재하지 않는다. 만일 조세수입으로 정부채무를 충분히 상환할 수 있는 확률에 대한 투자자들의 추정치와 이자율인자와의 곱이 무위험 이자율인자보다 크거나 같다면 투자자는 정부채무를 보유한다. 그러나 2기 모형의 경우 투자자들이 정부채무를 보유하려고 하는 의사결정은 R_1과 T의 확률분포뿐만 아니라 R_2가 어떻게 될 것인가에도 의존한다. 이는 다시 T의 확률분포에 대해 1기의 시점에서 다른 투자자들이 가지는 믿음이 무엇인가에 의존한다. 예를 들어 어떤 R_1 수준에서 $F(\cdot)$에 대한 투자자 자신들의 믿음이 만일 정부가 무위험 이자율인자를 약간 상회하는 수준에서 R_2를 제시하면 채무불이행 확률은 낮고 따라서 정부채무를 보유하는 것이 분별력이 있다는 것을 시사한다고 하자. 그러나 투자자가 다른 투자자들의 믿음이 어떠한 이자율인자 수준에서도 1기와 2기 사이에 정부채무의 보유를 꺼리게 만들 것이라고 믿는다고 가정하자. 그러면 투자자는 정부가 1기에 채무불이행에 처할 것이라고 믿게 된다. 따라서 투자자 자신은 경제의 기초여건을 바탕으로 정부의 정책이 합리적이라고 판단하고 이에 믿음을 가진다고 하더라도 0기에 정부채무를 매입하지 않게 된다.

1기에 다른 투자자들의 믿음이 자신들로 하여금 어떠한 이자율인자 수준에서도 정부채무를 보유하지 않게 만드는 확률이 작지만 양(+)이라고 믿는 것도 문제가 될 수 있다. 그러한 믿음은 0기에서 투자자들이 정부채무를 매입하는데 요구되는 R_1의 상승을 초래한다. 이는 정부가 1기에 차환발행을 해야 할 채무의 규모를 증가시키며 이는 다시 차환발행의 가능성에 대한 확률을 낮추고 다시 R_1을 더욱 상승시킨다. 종국적으로 정부는 0기에서 채무를 매각할 수 없게 될지도 모른다.

보다 많은 기간을 도입하면 더 복잡한 믿음이 문제가 될 수 있다. 예를 들어 기간이 2개가 아니라 3개인 다기간 모형이 있다면 0기에 투자가가 정부채무를 매입하지 않으려 할 수 있다. 왜냐하면 그 투자가가 1기에 들어가서 다른 투자가들이 2기에 정부채무를 보유할 가치가 있도록 하는 이자율인자 수준이 존재하지 않는다고 믿을 수 있다는 것을 예상하기 때문이다.

따라서 투자자들은 정부의 지급능력에 대한 다른 투자자들의 믿음과 다른 사람들의 믿음에 관한 또 다른 사람들의 믿음 등에 관심을 두는 것이 합리적이다. 그러한 믿음들은 정부의 채무상환능력에 영향을 주며 나아가서 정부채무보유와 관련한 기대수익률에도 영향을 미친다. 추가적인 시사점은 기초여건에 대한 정보보다는 기초여건에 대한 믿음 혹은 기초여건에 대한 믿음에 대한 믿음이 채무시장의 변화를 초래하고 심지어 위기까지 초래할 수 있다는 것이다.

연습문제

13.1 **재정정책의 안정성.** (Blinder and Solow, 1793) 정의상으로 재정적자는 정부채무잔고의 변화율과 동일하다. 즉 $\delta(t) \equiv \dot{D}(t)$. $d(t)$를 총생산 대비 부채의 비율로 정의한다. $d(t) = D(t)/Y(t)$. $Y(t)$가 일정한 비율 $g > 0$로 성장한다고 가정한다.

(a) 총생산에 대한 재정적자의 비율이 일정하다고 가정한다. $\delta(t)/Y(t) = a$, 단 $a > 0$.

(i) $\dot{d}(t)$을 a, g, 그리고 $d(t)$로 표현하라.

(ii) $\dot{d}(t)$을 $d(t)$의 함수로 나타내라. 이 시스템은 안정적인가?

(b) 총생산 대비 본원적 재정적자의 비율이 $a(>0)$로 일정하다고 가정한다. 따라서 t기의 총재정적자 $\delta(t)$는 $\delta(t) = aY(t) + r(t)D(t)$로 주어진다. 여기서 $r(t)$은 t기의 이자율이다. r은 총생산 대비 부채비율에 대해 증가함수로 가정한다. 즉 $r(t) = r(d(t))$, $r'(\cdot) > 0$, $r''(\cdot) > 0$. 또한 $\lim_{d \to -\infty} r(d) < g$ 및 $\lim_{d \to \infty} r(d) > g$으로 가정한다.

(i) $\dot{d}(t)$을 a, g 및 $d(t)$로 표현하라.

(ii) $\dot{d}(t)$을 $d(t)$의 함수로 나타내라. a가 충분히 작은 값이어서 d의 어떤 값에 대해 $\dot{d}(t)$이 음(−)의 값을 취하면 이 시스템의 안정성의 성질은 무엇인가? 만일 a가 충분히 큰 값이어서 d의 어떤 값에 대해 $\dot{d}(t)$가 양(+)의 값을 취하는 경우일 때 안정성의 성질은 어떻게 달라지는가?

13.2 **예비적 저축, 비정액세**(non-lump-sum taxation)**와 리카도 동등성정리.** (Leland, 1968, and Barsky, Mankiw, and Zeldes, 1986) 2기간 동안을 사는 개인을 고려하자. 개인은 최초에 자산을 보유하지 않으며 각기에 노동소득 Y_1과 Y_2를 벌어들인다. Y_1은 알려져 있으나 Y_2는 무작위적인 확률변수이다. 그런데 여기서 단순화를 위해 $E[Y_2] = Y_1$이 성립한다고 가정한다. 정부는 1기에 τ_1을, 2기에 τ_2를 소득세로 부과한다. 개인은 고정된 이자율로 자금을 대여할 수도 있고 차입할 수 있다. 단순화를 위해 여기서 이자율이 0이라고 가정한다. 따라서 2기의 소비는, $C_2 = (1-\tau_1)Y_1 - C_1 + (1-\tau_2)Y_2$이다. 개인은 기대생애효용 $U(C_1) + E[U(C_2)]$을 극대화하기 위해서 C_1을 선택한다.

(a) C_1에 대한 1계 조건을 구하라.

(b) Y_2가 확률변수가 아니거나 효용함수가 2차함수일 때 $E[C_2] = C_1$임을 보이라.

(c) $U'''(\cdot) > 0$이고 Y_2가 확률변수라면 $E[C_2] > C_1$가 성립함을 보이라.

(d) 정부가 한계적으로 τ_1을 올리고 그만큼 τ_2를 내리므로 기대총조세수입은 $\tau_1 Y_1 + \tau_2 E[Y_2]$로 변함이 없다고 가정한다. (a)에서 구한 1계 조건을 음함수 미분을 하여 C_1이 이러한 변동에 어떠한 반응을 하는지를 보여주는 표현을 구하라.

(e) Y_2가 확률변수가 아니거나 효용함수가 2차함수일 때 C_1은 이러한 변동에 영향을 받지 않는다는 것을 보이라.

(f) $U'''(\cdot) > 0$ 이고 Y_2가 확률변수일 때에는 G_1은 이러한 변동에 증가한다는 것을 보이라.

13.3 Barro의 조세평준화 모형을 고려하자. 총생산 Y와 실질이자율 r은 모두 일정하며 정부채무의 잔액은 0기에 0이라고 가정한다. 0기부터 τ기까지 일시적으로 전쟁이 있다고 가정한다. 따라서 $0 \leq t \leq \tau$일 때 $G(t)$는 G_H와 같으며 그 이후에는 G_L과 동일하다. 다만 $G_H > G_L$이다. 조세 $T(t)$의 경로와 정부채무잔고 $D(t)$의 경로를 구하라.

13.4 Barro의 조세평준화 모형을 고려하자. $G(t)$가 취할 수 있는 값으로 G_H와 G_L가 있고 $G_H > G_L$가 성립한다고 가정한다. $G(t)$가 이들 두 가지 값의 사이를 전이할 때는 포아송 과정을 따른다(7.4절과 11.2절 참조). 구체적으로 만일 $G(t)$가 G_H와 동일하다면 매기당 정부지출이 G_L로 하락할 확률은 a이며, 또한 만일 $G(t)$가 G_L와 동일하다면 매기당 정부지출이 G_H로 하락할 확률은 b이다. 총생산 Y와 실질이자율 r은 모두 일정하며 조세의 왜곡비용은 2차함수라고 가정한다.

(a) 주어진 기의 조세를 G_H이거나 아니면 G_L인 G, 정부채무잔고, 그리고 외생적으로 주어진 모수들의 함수로 표현하라. (힌트 : 11.2절에서 동태적 계획법을 이용하여 정부가 징수해야 하는 기대조세수입의 현재가치를 정부지출 G, 정부채무잔고 그리고 외생적인 모수의 함수로 표현하라.)

(b) 앞에서 구한 결과를 검토하라. G가 G_H와 동일할 때의 기간에 조세의 경로는 무엇인가? 이 기간 중에 왜 조세는 일정하지 않은가? G가 G_L로 하락할 때 조세에는 무슨 일이 일어나는가? G가 G_L과 동일할 때의 기간에 조세의 경로는 무엇인가?

13.5 만일 세율이 임의보행이고 (세율의 확률과정 상 오차항의 분산이 양(+)의 하한을 가진다면) 세율은 결국 100%를 초과하거나 또는 음(−)이 되라는 것은 확실하다. 이러한 관찰은 2차함수의 조세왜곡비용을 고려한 조세평준화 모형은 실제의 세계를 설명함에 있어서 오류를 범하고 있을 뿐만 아니라 정책의 처방으로서 바람직하지 못하다는 시사점을 함축하고 있기 때문에 재정정책에 대해 실증적 모형으로나 또는 규범적 모형(a positive or normative model)으로서 유용하지 못하다는 것을 제시한다. 이에 대해 간단하게 답을 서술하라.

연습문제

13.6 **콩도르세의 역설**. (The Condorcet paradox). 세 명의 투표자 1, 2, 3과, 세 개의 가능한 정책 A, B, C가 있다고 가정하자. 투표자 1이 자기의 선호에 따라 매긴 순서는 A, B, C이고 투표자 2의 경우는 B, C, A이며 투표자 3의 경우는 C, A, B이다. 정책 대안 중 어느 것이 2강구도 선택문제에서 대다수 표를 얻을 수 있는가? 설명하라.

13.7 α의 값이 단지 0과 1만을 취할 수 있는 경우의 Tabellini and Alesina 모형을 고려한다. 정부채무가 초기에 D_0로 존재한다고 가정한다. D_0가 1기 재정적자에 어떻게 영향을 미치는가?

13.8 α의 값이 단지 0과 1만을 취할 수 있는 경우의 Tabellini and Alesina 모형을 고려하자. 1기의 중위투표자의 선택이 알려지기 전에 발행될 부채의 규모 D가 결정된다고 가정한다. 구체적으로 $\alpha_1^{MED} = 1$의 확률과 $\alpha_2^{MED} = 1$의 확률이 동일할 때 투표자들은 D에 관해 투표한다. π를 이러한 공통의 값을 나타낸다. 두 중위투표자의 추첨은 독립적이라고 가정한다.

(*a*) $\alpha = 1$일 때의 개인의 기대효용을 D, π, 그리고 W의 함수로서 표현하라.

(*b*) 이 개인의 가장 선호하는 D의 가치에 대한 1계 조건은 무엇인가? 이와 관련된 D의 값은 얼마인가?

(*c*) $\alpha = 0$일 때 개인이 가장 선호하는 D의 값은 무엇인가?

(*d*) 이들 결과가 주어진 상황 하에서 1기의 중위투표자가 알려지기 전에 투표자들이 D에 투표하면 중위투표자가 선호하는 D의 값은 얼마인가?

(*e*) 1기의 중위투표자의 선호가 알려지기 전에 균형예산이 제안된다면 개인들이 균형예산의 필요사항을 지지할 것인가의 문제와 (d)에서 다룬 문제가 차이가 있는가? 있다면 어떻게 다른지를 간단히 설명하라.

13.9 α의 값이 단지 0과 1만을 취할 수 있는 경우의 Tabellini and Alesina 모형을 고려하자. 그러나 2기 대신 3기가 존재한다고 가정한다. 1기의 중위투표자가 정책을 설정한다. 1기의 중위투표자의 경우 $\alpha = 1$이며 3기의 중위투표자의 경우 $\alpha = 1$일 확률은 π라고 가정한다.

(*a*) $M_1 = M_2$가 성립하는가?

(*b*) 1기에 정부지출을 결정한 후 1기의 중위투표자는 제3기의 투표자의 경우 $\alpha = 1$일 확률은 π가 아니라 π' ($\pi' < \pi$)이라는 사실을 알게 되었다고 하자. 이 뉴스는 2기의 정부지출을 선택함에 있어서 어떠한 영향을 미치는가?

13.10 **Persson–Svensson 모형**. (Persson and Svensson, 1989) 2기가 존재한다고 가정하자. 정부정책은 두 기간에서 서로 다른 정책입안자에 의해 통제된다. t기에 정책입안자의 목적함수는 $U+\alpha_t[V(G_1)+V(G-2)]$이다. 여기서 U는 민간소비(private consumption)로부터 얻어지는 시민의 효용이고 α_t는 t기의 정책입안자가 공적 소비(public consumption)에 부여하는 가중치이며 G_t는 t기의 공적 소비를 나타낸다. 그리고 $V(\cdot)$은 $V'(\cdot)>0$ 및 $V''(\cdot)<0$을 만족한다. 민간 효용 U는 $U=W-C(T_1)-C(T_2)$으로 주어지며 여기서 W는 부존량이다. T_t는 t기의 조세이며 $C(\cdot)$은 조세의 징수를 늘리는데 따른 비용으로서 $C'(\cdot)\geq 1$ 및 $C''(\cdot)>0$을 만족한다. 모든 정부채무는 2기의 마지막에 청산되지 않으면 안 된다. 이것은 $T_2=G_2+D$를 의미한다. 여기서는 $D=G_1-T_1$은 1기에 발행된 정부채무이며 이자율은 0으로 가정한다.

(*a*) 2기의 정책입안자가 D가 주어진 상황 하에서 선택하는 G_2에 대해 1계 조건을 구하라. (주의: 정책입안자의 극대화 문제에 있어서 내부해가 항상 존재한다고 가정한다.)

(*b*) D의 변화가 G_2에 어떠한 영향을 주는가?

(*c*) 1기의 정책입안자가 G_1과 D를 선택하는 것으로 생각한다. 정책입안자가 선택하는 D에 대해 1계 조건을 구하라.

(*d*) α_1이 α_2보다 적다면, 균형은 1기의 조세부과가 조세평준화보다 비효율적으로 낮은 경우를 포함한다(즉 $T_1<T_2$). 이것이 왜 일어나는지를 직관적으로 설명하라.

(*e*) (*d*)의 결과가 만일 α_1이 α_2보다 작다면 1기의 정책입안자가 반드시 재정적자를 운영한다는 것을 의미하는가? 설명하라.

13.11 Alesina and Drazen 모형을 고려하자. 다음과 같은 상황 전개에 따라 개혁에 대한 노동자의 제안과 확률이 어떠한 영향을 받을 것인가를 서술하라.

(*a*) T의 하락.

(*b*) B의 증가.

(*c*) A와 B의 동일한 증가.

13.12 **위기와 개혁**. 13.7절의 모형을 고려한다. 그러나 개혁이 없다면, 노동자와 자본가는 0이 아니라 오히려 $-C(C\geq 0)$의 보수를 받는다고 가정한다.

(*a*) 개혁에 관련한 노동자의 제안과 개혁의 확률에 대해 식 (13.37) 및 식 (13.38)과 유사한 표현을 구하라.

연습문제

(b) 노동자의 기대수입과 자본가의 기대수입의 합계를 사회후생지표로 정의하자. C의 증가가 이러한 사회후생의 측정치를 증가시킬 수 있다는 것을 보여라.

13.13 조건과 개혁. 13.6절의 모형을 고려한다. 국제기관이 개혁에 동의하는 조건으로 노동자와 자본가에게 $F>0$의 원조를 제공하기로 제안하였다고 가정하자. 문제 13.12와 같은 분석을 이용하여 이러한 원조정책이 명백하게 개혁의 확률을 높임과 아울러 같은 문제의 (b)에서 정의한 사회후생의 측정치도 증가시킨다는 것을 보여라.

13.14 정부지출의 공동소유(common–pool) 문제. (Weingast, Shepsle, and Johnsen, 1981) 경제가 $M>1$의 하원의원 선거구로 구성된다고 가정하자. 지역구 i에 살고 있는 대표적인 개인의 효용은 $E+V(G_i)-C(T)$이다. 여기서 E는 부존량, G_i는 지역구 i의 지방공공재의 수준, 그리고 T는 조세(모든 지역구에서 동일한 것으로 가정한다)를 각각 나타낸다. $V'(\cdot)>0$, $V''(\cdot)>0$, $C'(\cdot)>0$, $C''(\cdot)>0$을 가정한다. 정부예산제약은 $\sum_{i=1}^{M} G_i = MT$이다. 각 지역구의 대표는 해당 지역구의 G 값을 정한다. 각 대표는 자신의 출신 지역구에 거주하는 대표적 개인의 효용을 극대화한다.

(a) 다른 대표에 의해 선택된 G_j의 값을 주어진 것으로 받아들이고 정부예산제약 $\left(\sum_{i=1}^{M} G_i/M = T\right)$의 조건하에서 지역구 j의 대표가 선택하는 G_j에 대한 1계 조건을 구하라. (주의 : 내부 해가 존재하는 것으로 가정하라.)

(b) G의 내쉬균형값에 대한 조건을 구하라. 즉 다른 모든 대표가 자신들의 G_j값을 선택한다는 조건하에서 주어진 대표가 선택하기를 원하는 값으로 G 값을 구할 때의 조건을 구하라.

(c) 내쉬균형은 파레토 효율적인가? 설명하라. 이 결과에 대한 직관은 무엇인가?

13.15 공동소유 문제를 완화하는 수단으로서의 정부채무. (Chari and Cole, 1993) 문제 13.14의 경우와 동일한 설정을 고려한다. 그러나 여기서는 최초의 부채수준이 0이 아닌 양(+)의 값을 가진다고 가정한다. 따라서 정부예산제약은 $D+\sum_{i=1}^{M} G_i = MT$ 이다.

(a) D의 증가가 G의 내쉬균형 수준에 어떠한 영향을 미치는가?

(b) (a) 및 문제 13.14의 결과가 왜 G의 1기 가치가 결정된 뒤, 대표가 D를 선택하는 2기 모형에서 대표가 $D>0$를 선택하는지를 직관적으로 설명하라.

(c) G의 제1기 가치가 결정되기 전에 대표가 D를 선택하는 2기 모형에서 대표가 $D>0$를

선택한다고 생각하는가? 직관적으로 설명하라.

13.16 13.9절에서 다룬 위기의 모형을 고려하자. T는 $X>0$ 및 $\mu-X\geq 0$의 조건으로 정해지는 $[\mu-X,\ \mu+X]$의 범위에서 균일분포라고 하자. 아래의 내용과 같이 상황이 변화할 때 (R, π)의 공간에서 R과 π를 결정하는 두 곡선에 미치는 영향이 있다면 어떠한 영향을 미치는지 그 내용을 기술하라.

(a) μ의 증가.

(b) X의 하락.

찾아보기

ㄱ

ㄴ

ㄷ

찾아보기

ㅅ

찾아보기

ㅇ

찾아보기

ㅈ

찾아보기

ㅎ

찾아보기

숫자

영문